了还想读的中国史

读了还想读的大唐史

第一卷 从李唐开国到贞观长歌

崔克顶 著

中国经济出版社
CHINA ECONOMIC PUBLISHING HOUSE
·北京·

图书在版编目（CIP）数据

读了还想读的大唐史 . 从李唐开国到贞观长歌 / 崔克顶著 . -- 北京：中国经济出版社，2025. 7.
ISBN 978-7-5136-8033-2

Ⅰ . K242.09

中国国家版本馆 CIP 数据核字第 2025CA1864 号

责任编辑　龚风光　张意妮
责任印制　李　伟
封面设计　柒拾叁号

出版发行　中国经济出版社
印 刷 者　三河市嘉科万达彩色印刷有限公司
经 销 者　各地新华书店
开　　本　710mm × 1000mm　1/16
印　　张　17.5
字　　数　236 千字
版　　次　2025 年 7 月第 1 版
印　　次　2025 年 7 月第 1 次
定　　价　158.00 元（全四卷）
广告经营许可证　京西工商广字第 8179 号

中国经济出版社 网址 www.economyph.com 社址 北京市东城区安定门外大街 58 号 邮编 100011

序　言

穿越四百多年的动荡和分裂，沿着隋帝国的故园荒丘，走进泱泱大唐。

从唐高祖李渊晋阳起兵，到年仅十七岁的唐哀帝李柷（chù）被朱温鸩杀，二百八十九年的大唐帝国，经历了怎样的肇始与鼎盛、动荡与挣扎？

强盛的隋朝，为什么仅三十八年就轰然倒塌？隋末风起云涌，为什么最终李唐能够定鼎天下？

东至朝鲜半岛，南到越南顺化一带，西达中亚咸海，北抵贝加尔湖。如此庞大的帝国疆域，却是在武则天称帝之前就已经尘埃落定。

农业大帝国、混血新民族，守成的底蕴之下，进取与开拓拨动着那个时代的律动和走向。深厚累积、高度发达的中华文化，使他们有足够的底气和博大的胸怀，去选择和践行向外开放与对内包容。

中华数千年的古老文明，在经历了四百多年的混乱磨难后，又由五胡和鲜卑注入了新鲜血液，从而兼具了农业民族的沉稳和游牧民族的血性。深厚的人文底蕴加上无可匹敌的孔武有力，大唐此时有着超越两汉的文化优势。

李唐的肇兴，似乎就这样直面着整个世界。民族团结，文化交融，大唐自开国就奠定了海纳百川、兼容并蓄的基本国策。

大唐帝国以其恢宏的气度、强大的军事力量、富庶的经济实力、深厚的文化渊源、公平且宽松的政策措施，演绎了世界帝国的风华绝代。

壁画、书法、瓷器、印刷，美不胜收；美食、醇酒、丝绸、香茶，应有尽有；马球、诗文、歌舞、琵琶，盛极一时。“万国衣冠拜冕旒（liú）”的盛况，烘托出大唐的鼎盛和繁华。

“稻米流脂粟米白，公私仓廪俱丰实”的开元全盛之时，大唐王朝为什么轰然崩塌，再无复兴与和平的可能？一个唐玄宗口称的“杂胡”，又为什么能挑起长达八年之久的安史之乱？

大唐王朝的历史，被安史之乱截为几乎等长的两段。一段是朝气蓬勃与蒸蒸日上，另一段是歧路多艰与日暮西山。泾渭分明之间，也令人不胜唏嘘感叹。

公元618年，关陇集团出身的李渊剑指天下，定鼎河山。玄武门之变是萧墙之祸，还是历史的必然？“天可汗”李世民“加冕”之时，太上皇李渊的弹奏与舞蹈，是情之所至，还是形势所迫？

唐太宗李世民，文韬武略，贞观之治是不是大唐帝国再也难以企及的“天花板”，抑或能否成为难以动摇的“地基”？如若不然，很难解释，安史之乱后的大唐，为什么还能苟延残喘一百余年？

武则天，中国历史上唯一一位女皇，如何评价她，可能见仁见智。论功绩，她重视农业生产、稳固边疆安定、打击门阀、发展完善科举制、整顿吏治、轻徭薄赋、广开言路为朝廷积累中流砥柱；论过失，均田制在她手里开始遭到破坏；府兵制从她这里开始废弛；酷吏、告密制度，在她治下开始施行，国防的孱弱，强敌的跋扈，也在她的统治时期渐露端倪。

唐玄宗的一生，可谓大唐王朝的缩影，只不过他困厄的时间短了点而已。前半生，他可谓雄姿英发，武则天时代的阴霾，没有他，不知道还要延续多久。唐朝之所以在开元年间达到全盛，自然是李渊和李世民等人的奠基之功，但唐玄宗李隆基显然也功不可没。

安史之乱，唐玄宗难辞其咎。他的余生，不知道有没有过反思，还是一直都在垂泪思念那个风姿绰约又英年早逝的杨贵妃。

唐德宗李适（kuò）上台伊始，似乎有那么一刻耀眼的灵光乍现。但可谓一切都是虚幻，一切都是假象。当时的刘晏、陆贽，甚至是杨炎，他只要信任哪怕其中的一个人，就能把政治搞好，把经济搞上去。然而，鬼使神差般，他对于这样的干才偏偏不是杀，就是贬。

本想有所作为的唐德宗李适，经历“奉天之难”，最后却比谁都因循守旧，神策军指挥权也在他的时代完全交给了宦官。

之后的所谓“元和中兴”，唐宪宗李纯确实扭转了些局面，说其是中兴之主，也有道理。但积重难返之下，即便李纯没有英年早逝，以他后期的作为，谁又能保证不会功败垂成？

大唐王朝最后一位所谓的英主，是唐宣宗李忱（chén）。但那也是风雨飘摇之际的一盏孤灯，忽明忽暗独承外面的风吹雨打。

大唐的繁华尽落，是所谓的朋党之争、藩镇割据和宦官乱政导致的吗？从公元618年到公元907年，最后的一百多年里，大唐随时都处在亡国的边缘，原因何在？

大唐灿若星辰的诗赋诸家，以他们坎坷悲欢的人生，将他们各自的答案，融入了他们的诗赋文章。王朝凋零，却掩盖不住这些诗赋的璀璨光芒。

不算武则天，大唐二十位皇帝，近三百年的国祚，无疑以其恢宏的气度和开放的胸怀，书写了中国历史上最为强盛的篇章。

开放、兼容、自信且雍容的大唐，将辉煌灿烂的中华文明传播到东亚、中亚、西亚、南亚、西欧和北非。鼎盛的大唐，也以世界帝国的姿态和形象定格在历史的长河之中。

让我们沿着大唐帝国的轨迹，从开辟定鼎的肇始，四海升平的全盛，狼烟四起的兵乱，繁华尽落的衰亡，走进这一段繁荣昌盛，而又风流尽散的历史，回望家国情怀，体悟悲喜人生。

目 录

序 章 短命的隋朝 / 001

怎一个“乱”字了得 / 001

你方唱罢我登场 / 003

杨坚：关陇集团的代理人 / 008

好饭不怕晚，时机很关键 / 012

隋朝为什么短命？ / 016

这个“富二代”真折腾 / 019

第一章 杀出重围的李渊 / 022

独孤氏的女婿们 / 022

帝王家族“寻亲记” / 023

有个先祖叫李虎 / 025

唐朝国名原来是这么来的 / 033

被低估的李渊 / 034

造反缘于“仙人跳” / 038

第二章 群雄的混战 / 041

杨玄感：打响反隋的第一枪 / 041

瓦岗军的死结 / 045

一代更比一代强 / 047
扫清北方群雄 / 052
花开花落洛阳城 / 055
李世民剑指洛阳 / 057
虎牢关大捷 / 062

第三章　豪赌逆袭 / 065
并不低调的李世民 / 065
李渊的困惑 / 067
亮明底牌 / 069
血色玄武门 / 072

第四章　天可汗是怎么“炼”成的 / 074
打脸来得如此之快 / 074
反间计也不是屡试不爽 / 077
等待秋后算账 / 079
单骑退敌 / 081
颉利可汗的折腾 / 083
加冕天可汗 / 087

第五章　西域被纳入版图 / 089
养虎成患 / 089
反间计重出江湖 / 091
自不量力的高昌 / 093
收复西域 / 096

第六章　丝绸之路保卫战 / 098

深陷迷途的吐谷浑 / 098

丝绸之路，驼铃再次传响 / 100

大唐军神李靖 / 104

第七章　东成西就 / 109

松赞干布的别样求亲 / 109

绿度母的化身，文成公主 / 112

高句丽的“前世今生” / 113

东征高句丽 / 115

第八章　李世民的治国之路 / 119

治国这道难题 / 119

明君贤臣、王道仁政之路 / 125

“三省”是这样斗争出来的 / 129

“一本正经”的“三省六部” / 135

权力也不是万能的 / 138

第九章　大唐新政 / 145

科举之前，如何选官？ / 145

并不容易的科举 / 148

租庸调制的工作量 / 153

权宜之计的两税制 / 156

府兵制的光荣与梦想 / 157

第十章　道教兴起 / 162

占卜也是对未来的期盼 / 162

曾经的文化大碰撞 / 165

对“上天”的态度 / 175

道教与老子的“道” / 179

“玄上加玄”的故事 / 181

第十一章　玄奘的《大唐西域记》/ 184

佛经流入中原 / 184

为佛经做出贡献的鸠摩罗什 / 185

禅宗的起源 / 186

哪里都有门派 / 188

西天取经第一人 / 191

偷渡客 / 193

《大唐西域记》的诞生 / 197

第十二章　贞观长歌 / 200

“小人”与“君子” / 200

魏徵和封德彝的辩论 / 205

李世民的选择 / 207

魏徵并不是直肠子 / 210

水能载舟，亦能覆舟 / 213

第十三章　论功行赏 / 218

画像凌烟阁 / 218

宰辅之臣 / 220

王侯之臣 / 225

其他功臣 / 234

第十四章 政治遗嘱 / 245

明君手下也有叛徒 / 245

教育是个大学问 / 250

太子真是不争气 / 253

做一个“好皇帝”有多难 / 256

权力的交接 / 260

序　章
短命的隋朝

怎一个“乱”字了得

大定元年（公元 581 年）二月，北周静帝宇文阐被迫禅让帝位于杨坚，隋朝建立。公元 589 年，隋军南下灭陈（南朝），统一中国，结束了自东汉末年以来中国长达四百多年的动荡和分裂的局面。

四个多世纪的悠长岁月，这是一个怎样的历史时期呢？可以用一个字来形容，那就是“乱”。

首先，我们沿着时间轴来看。

这段岁月，大的历史时期可以分为魏、晋和南北朝。曹魏肇始于公元 220 年曹丕废汉称帝，终止于公元 265 年司马炎接受曹奂禅位，共计四十五年；晋朝肇始于公元 265 年司马炎称帝，终止于公元 420 年刘裕建立刘宋，共计一百五十五年；南北朝肇始于公元 420 年南朝宋建立，终止于公元 589 年隋灭陈，共计一百六十九年。

从公元 220 年曹魏建立到公元 589 年隋灭陈，共计三百六十九年，这就是魏、晋和南北朝时期。

加上之前东汉末年的黄巾起义（公元 184 年）和董卓入京（公元

189 年)，从起初的军阀混战到曹魏建立的三十年。

这就是前面所说的四百多年的动荡和分裂的历史时期。

尽管有过魏(实际上魏还包含在三国时期中)、晋的短暂统一，但那只不过是岁月在动荡中的急促喘息和暂时休憩而已，甚至它只是为之后更大的动荡和分裂做的铺垫。

鉴于这个时期实在过于纷繁复杂、混乱不堪，后人又把它单列为三国和五胡十六国时代。甚至像南北朝是南朝和北朝的合称一样，连晋也被细分为西晋和东晋。

这段时间，各个朝代的历史时期相互重叠、犬牙交错，确实是错综复杂得令人眼花缭乱。比如，说起三国时期，我们熟知的官渡之战(公元 199 年)和赤壁之战(公元 208 年)，却都不包含在这个时期之内。

曹操平定北方，充其量也只是奠定了三国鼎立的雏形而已。这就有如一道选择题，给出曹操、刘备、孙权和诸葛亮四个选项，让你找出哪个人不属于三国时期的人物一样，答案无疑只能是曹操。尽管曹操厥功至伟，在所谓的魏、蜀、吴“三国演义”中显得那么不可或缺；但严格来说，他确实不属于三国时期的人物，因为他病逝于建安二十五年(公元 220 年)正月，那个时候还是东汉的末期，所以他只能算作汉朝的人物。而三国是从延康元年(公元 220 年)冬十月曹丕称帝开始，直到公元 280 年晋武帝司马炎伐吴，孙皓投降，东吴灭亡为止，共计六十年的历史。

再看两晋，划分西晋、东晋的时间点是公元 317 年。

背景是当时的西晋王朝已经四分五裂、摇摇欲坠。导火索就是历时十六年之久的“八王之乱”，司马家族内部骨肉相残，可谓无所不用其极。直接原因是汉化的匈奴人刘渊建立的刘汉政权军队攻陷洛阳和长安，西晋最后一位皇帝晋愍(mǐn)帝司马邺被杀，西晋就此灭亡。

标志是司马睿在建康（今江苏南京）即位，是为东晋元帝。

接着，历史就来到了所谓的“五胡十六国”，这更是一个乱成一锅粥的时期。

五胡，分别是指匈奴、羯（jié）、鲜卑、氐（dī）和羌（qiāng）五个少数民族。十六国，是指主要由这些少数民族建立的政权；但实际上，这样的割据政权多达二十个。这个历史时期起于刘渊建国的公元304年，止于北魏统一北方的公元439年，历时一百三十五年。自此，北魏拓跋氏取代北方十六国，北朝由此开始。

所以，这段四百多年的历史概括起来就是：大一统的汉帝国经过三十多年的军阀混战，一分为三，是为三国。近六十年后，迎来晋朝短暂的统一，随后，晋又分裂成西晋和东晋。

西晋建立约半个世纪后，被五胡十六国取代。再经过一个多世纪，北魏统一北方，后来北魏分裂为东魏和西魏，而之后东魏和西魏又分别为北齐和北周取代，是为北朝。而东晋，在建立一个世纪后，为刘宋所灭，此后，宋、齐、梁、陈轮流坐庄，是为南朝。这就是南北朝。

你方唱罢我登场

如果沿着这样的时间轴，还对这段历史有点雾里看花，那么接下来，作者将以各个历史节点的代表人物为轴，再次打开一千多年前的这幅悠长的历史画卷，去寻觅、品味中华文明又一次的涅槃重生。

东汉末年军阀混战，袁绍无疑是当之无愧的重要推手。只不过这样的角色既不智慧，又不荣耀。本来外戚和宦官已经成为东汉朝廷的两大顽疾，此时的外戚，何太后的哥哥、大将军何进，正与以蹇

（jiǎn）硕、张让为首的一帮宦官斗得势同水火、不可开交。家世显赫、势力强大的袁绍却突发奇想，建议何进召董卓带兵进京，目的是对付宫廷里这一帮不听话的宦官。

历史有时候就是这么云谲波诡和变化莫测。袁绍与何进，这两个尸位素餐的草包一拍即合，联手将东汉推入四分五裂的万丈深渊。当时的曹操就说，诛杀宦官，一个狱卒就能办到，何必召外将？如此行事，必败无疑。

果然，董卓这匹“西北狼”将京师搅得一片混乱；随后，烽烟四起、军阀混战的时代正式开始。也正是有了这样一个时期，才有了以后的三国和魏晋南北朝。

魏、晋的建国极其相似，好像他们拿着同一个剧本，在半个世纪的跨度里上演了两次。因为曹丕是逼迫汉献帝禅位的；同样地，司马炎也是迫使魏元帝禅位而取得的皇权。不同的是，曹魏毕竟还有转战南北的所谓赫赫战功，而司马家族靠的却是奸诈和阴谋，当然还有忍耐和等待。

历史有时候也会展露出它公平的一面，司马家族的狠毒和残暴很快就报应在他们自己的身上。因为司马炎大肆给皇族封王，并允许每个王国都拥有自己的军队，后又因为晋惠帝司马衷的皇后贾南风阴险狡诈、霸道弄权，就这样，一把把现成的锋利的刀刃加上一个燃尽的导火索，“八王之乱”终于在一帮阴谋家构筑的腐败沃土上，水到渠成一般地上演了。这是他们司马家族骨肉血亲相互残杀、血雨腥风的十六年。难怪后来的刘聪问司马炽：“你们家骨肉相残起来，怎么那么厉害呢？”

由此可见，西晋无疑是亡于内讧，但助推它最后彻底倒掉的，却是刘渊。

刘渊原本是匈奴人，他是南匈奴单于於夫罗之孙、左贤王刘豹之子，他就是五胡十六国的揭幕者。刘渊虽是匈奴人，但随着南匈奴逐渐进入中原，入居塞内，他也早已被汉化。时值“八王之乱”，刘渊一开始就领兵参与了这场混战，后来竟然企图一统中原。

比较有“创意”的是，刘渊作为一个匈奴人，却打出了为大汉王朝续命的旗号。当然这个理由也算是说得过去，因为当年刘邦将宗室女子以公主的身份嫁给了匈奴的冒顿单于。既然冒顿是刘邦的女婿，那五百年后，刘渊随外祖父的姓氏，并自命为汉王朝的合法继承人又有何不可呢？

旗号已宣，名分已定，刘渊当机立断、说干就干。公元 304 年，刘渊在左国城（今山西方山）称汉王；四年后，公元 308 年，刘渊在平阳（今山西临汾）称帝，自称大汉皇帝，史称刘汉。也正是刘汉政权发动的“永嘉之乱”，最终直接导致了西晋的灭亡。

颠覆了西晋的刘汉，却没能够完成统一的愿望。别的原因暂且不说，单就他们内部，早就开始了惨烈的内讧。刘聪是刘渊的第四子，他就是通过同室操戈的方式登上的帝位。同样的方式，刘渊的侄子同时是他的养子刘曜于公元 319 年在长安称帝。只不过，他改“汉”为“赵”，史称前赵。

接替前赵的是后赵，后赵的皇帝是羯族人石勒。羯相对匈奴来说，是当时我国更小、更弱的一个少数民族。石勒本人更是以奴隶的身份揭竿而起，在刘汉——前赵政权的军中效力。枭雄遇乱世，石勒迅速崛起，建立后赵。

匈奴和羯的后继者是氐。氐人原本只是依附于前赵和后赵，但后赵为冉魏所灭，前燕又灭了冉魏。连绵不绝的混战之下，各方势力此消彼长，氐人苻健趁机崛起，建国大秦，史称前秦。

不过，后来使前秦发扬光大、一统中国北方的却是苻坚，也就是扬言他的百万雄师“每个人投根马鞭就能使长江断流”的那个自大狂。

结果长江没有断流，他率领的前秦将士的尸体倒是堵塞了淝水。

决定东晋和前秦命运的就是历史上有名的“淝水之战”，以东晋的完胜而告终。当时东晋谢安口中那句淡然的“小儿辈大破贼”说完之后，继续与客人悠然对弈。果真如此淡定吗？事实上以谢安的弟弟谢石、侄子谢玄为帅的东晋军队可谓命悬一线，胜败也在此一举。送走客人之后，狂奔进屋的谢安，连木屐上的齿跟被门框碰折都没有察觉，可见其狂喜的程度。至于之前的“淡定”，只不过是所谓的“魏晋风度”而已。

永嘉之乱之后，北方大族纷纷南下，流亡的难民云集建康，司马睿在南方建立的政权被称为东晋。其实，能够在这里建立流亡政府，得益于一个人的深谋远虑，此人就是王导。

王导，琅邪临沂（今山东临沂西北）人，出身名门望族。西晋灭亡的九年前，他就建议自己的老朋友，当时的琅邪王司马睿，让他谋取安东将军的职位，渡江镇守建业（晋愍帝时改名建康），以便为自己和晋帝国的将来做准备。因为他很早就预感到中国将大乱。

如此乱世，强如王导这样的人物，也只能做到这个份儿上了。此后，东晋灭亡，南朝时代开启，宋、齐、梁、陈轮番更替，和平与安定的大一统，还需要等上一段时间。

“淝水之战”后，前秦迅速衰落，随后在中国北方崛起的是羌。羌也是中国一个古老而弱小的民族，羌人姚苌原本率部在苻坚帐下为将，苻坚淝水兵败，姚苌游走在秦、燕周围，坐山观虎斗。等他们两败俱伤的时候，果断出手杀死苻坚，建立羌人政权，史称后秦。

此后的半个世纪，建国、亡国此起彼伏，战争、杀戮连绵不绝，最后胜出的是北魏。北魏是十六国的终结者，也是南北朝的开创者，维持北方统一的时间长达近一个世纪。

北魏是鲜卑人拓跋珪（guī）建立的政权。鲜卑源于东胡，当年，匈奴、东胡、月氏（zhī）三足鼎立于大漠草原，东胡为匈奴所灭，残部逃入现在的大兴安岭，他们以鲜卑山为名，称鲜卑人。

经过漫长的岁月，鲜卑人逐渐走出深山老林，再一次来到草原，接管了匈奴人的塞外故地，那里原本也是他们的家。只是，在此时，不知道他们有没有预感到，他们的部族即将迅猛崛起。

当然，由于迁徙，更由于在这个过程中，鲜卑人与不同民族联姻，在他们内部，也形成了不同的部族，像宇文部、慕容部、乞伏部、秃发部、拓跋部等。

我们来看拓跋部。

拓跋部沿着这样的轨迹一路崛起：公元 258 年，鲜卑拓跋部在阴山南麓的盛乐（今内蒙古和林格尔）隆重聚会，高调宣示了他们从部落到部落联盟的身份转换，标志着他们开始迈向所谓的国家时代。公元 386 年，拓跋珪在牛川（今内蒙古呼和浩特）称王，正式建国，国号魏。

十二年后，公元 398 年，拓跋珪又迁都平城（今山西大同）并称帝，开始了属于他们的帝国时代，史称北魏；公元 439 年，太武帝拓跋焘（tāo）结束了十六国的动乱纷争，一统北方，北魏真正成为北朝；公元 493 年，孝文帝拓跋宏迁都洛阳，实施“全盘汉化”的政策。

就这样，他们一步步走进了中原地域和中国文明的中心。

以鲜卑拓跋部为例，尽管这一路走来步履蹒跚、趺趺撞撞，尽管这里面少不了碰撞冲突、血雨腥风，但要完成历史的大一统，总是要付出代价的，试错就是这种代价的标志性行为。剩下的，就要交给时间来完成。

很显然，所有的努力、任何的转变，都需要一定的时间去反刍、发酵、调整、适应，才能创新和完善。其中，不仅是现实需要改变，意识和思想也需要转变，这些当然都需要时间。

四百多年的动荡和分裂，各种原因、各种目的之下，各色人等“粉墨登场”，他们的“唱念做打”，随着时间的流逝，无疑都深深刻进历史的印迹之中，无疑都在左右和影响着日后那个大一统的历史走向。

杨坚：关陇集团的代理人

隋朝的开国之君是隋文帝杨坚。杨坚之所以能通过禅让的形式登上帝位，原因很简单，就像昔日的曹丕和司马炎一样，他们都是位高权重，早已羽翼丰满，只需要等待一个时机。

而这样的时机，在当时乱世，即便不是俯拾即是，至少也是在他们的掌控之中；甚至正是由于他们一次次的“深谋远虑”，才出现了一个个对他们来说极为有利的机会。

杨坚具有这样的资格和实力，源于他出自“胡汉六镇关陇集团”。杨坚和以后的李渊，他们的先祖都是武川镇的职业军人，他们的家族都是这个集团的核心成员。

关陇集团是由历史大家陈寅恪先生首先提出，并得到学界普遍认可的一个名词和概念，主要用来划分和框定当时这个特殊的军事政治集团。

“胡汉”指的是这个集团的人员组成，既有少数民族，又有汉人。具体来说，前期以胡人为主，后期汉人逐渐掌控中枢。

“六镇”原指怀朔、武川、抚冥、柔玄、怀荒、沃野六镇，但后来演变为北方城镇的总称。六镇的设立，应该追溯到北魏道武帝拓跋珪。在北魏建国之初，他就在北方边境设置六镇，即六大军区，主要职责是防御日渐崛起的北方游牧民族柔然。当然，作为武装力量，对全面的国防，也负有不可推卸的责任。

此后，六镇军士的统率权随着当时实际统治者的不同，而不断地转手他人，由破六韩拔陵转至葛荣，再由葛荣转至尔朱荣，又由尔朱荣转到高欢的手上。由此可见，当时的政局是何等动荡，民生是何等凋敝，而和平与安定的大一统，又岂能不是此时的民心所向？

关陇集团是指盘踞在陕西关中和甘肃陇山（六盘山）一带的政治军事势力。“关中”，是一个地理概念，指“四关”之内，即东潼关（函谷关）、西散关（大震关）、南武关（蓝田关）、北萧关（金锁关）。今天的关中地区位于陕西省中部，包括西安、宝鸡、咸阳、渭南、铜川等地。

这个集团的形成，是在宇文泰时期。当时，正值北魏末年，天下大乱，烽烟再起。宇文泰改镇关中，武川镇的职业军人与当地土豪结盟，奠定了关陇集团的雏形。

这个关陇集团后来成为西魏、北周、隋和唐的统治集团。

西魏的执政者和北周的开创者宇文泰，是汉化的鲜卑人。而杨坚是鲜卑化的汉人，因为宇文泰不仅将关陇集团的核心成员改籍贯为关中，还赐给他们鲜卑的姓氏。像杨坚的父亲杨忠被赐姓普六茹，李渊的祖父李虎被赐姓大野。

可见，当时不仅少数民族在汉化，汉民族也在少数民族化，各民族的融合，在此时达到一个前所未有的高峰。

难怪杨坚登上帝位如此容易，因为这只不过是同一门派换了一个掌门人而已，而整个集团利益的基本面并没有改变。事实上，即便身处如此乱世，杨坚本人也没有赫赫战功，只是承父荫，得以袭封隋国公。

但要据此断定杨坚是一个纨绔子弟的话，那就大错特错了。

虽然我们不清楚具体的细节，但在公元 581 年隋朝建立之前，北周宇文家的王子皇孙几乎被杀光。尽管历史的晨烟暮霭遮蔽了事件的前因后果，但北周王子皇孙被断绝这样的结果却是杨坚登上帝位的重大利好。不管是他被迫还击，还是其本意就是在斩尽杀绝，至少我们由此看到更多的是他的霹雳手段，而少见其有菩萨心肠。

不是什么菩萨的杨坚，倒也不是所谓的暴君和昏君。甚至在历史上可以称其为一代贤主。他勤政爱民，日复一日地处理政务而不知疲倦，看到百姓食物掺杂了糠渣而感伤落泪。他朴素节俭，不仅约束百官穿着布制的袍服，就连自己的衣服也是缝缝补补的；甚至平时吃饭也只有一个荤菜。所有这些，与其说是他对自我的约束，不如说是天性使然。尤其是勤政和节俭，如果出于自我约束，日后很大程度会有一个比较大的反弹。杨广就是一个很好的例子，他原先只是在用“勤”和“俭”的手段去达到既定的目的。“勤”和“俭”是最违反一般人性的两件事，如果不是天性使然，用极致的“勤俭”达到目的后，在这两件事情上，一定会变本加厉地找补回来。而纵观杨坚的一生，都是始终如一地勤政和节俭。

当然，杀伐果决应该也是杨坚的天性之一。因为痛恨官员腐败，为防止动摇帝国统治的根基，他甚至使用“敲诈手段”去进行所谓的“钓鱼执法”，派亲信去引诱和贿赂自己的官员，那些中计的官员自然必死无疑。在用刑严酷方面，杨坚也没有丝毫的顾忌和心软。

具有如此性格和手段的杨坚，登上帝位后，自然要一统华夏。那么，他有这个实力吗？

应该是有的。因为当时隋朝可以调动的兵力有五十一万八千人之多，而陈朝的国土只不过是“手掌之地”而已。当隋军分两路渡过长江、兵临城下时，陈朝的文武大臣早跑得一干二净，连个像样的抵抗都没有；而那个只会写情诗的陈叔宝还在夜夜笙歌，当隋军把他从井里捞上来时，他怀里甚至还抱着两个美女。

“全无心肝”，也算是杨坚对陈叔宝比较公正的评价。然而，对于“全无心肝”的陈叔宝，客观来说，也确有他无能为力的地方。因为从陈霸先建立陈朝伊始，国土就已经支离破碎，再加上长江天险也被当时的西魏和后来的北周控制，如此一个无险可守的弹丸王朝，即便想要中兴，也实在有点勉为其难，更不要说碰上一个“玉树流光照后庭”的昏庸君王了。

相比“先天奶水不足，后天营养不良”的陈叔宝，杨坚可谓占尽天时、地利与人和。杨坚不仅根基深厚，而且背后集团的力量日益强大。

公元499年，拓跋宏驾崩，“山中无老虎，猴子称大王”的局面开始显现。强臣当权和宫廷政变此起彼伏，绵延三十多年，致使北魏一分为二，是为东魏和西魏。此时，拓跋氏早已大权旁落，那禅让的剧本就水到渠成般地再次上演了。

东魏由高洋（鲜卑化的汉人高欢次子）变成了北齐，西魏则变成了宇文氏的北周。

宇文泰首创府兵制，设立八柱国、十二大将军。其中“八大柱国”之一的独孤信就是杨坚的岳父。

随着宇文泰的去世，北魏末年强权和政变的戏码再次在北周的宫廷上演。然而，周武帝宇文邕（yōng）可不像北魏孝庄帝元子攸那样急切而鲁莽。

他以当年元子攸急切而鲁莽地杀死权臣尔朱荣为戒，韬光养晦，甚至刻意逢迎权臣宇文护（宇文泰之侄），待时机成熟，一举击杀宇文护，并将其势力连根拔起。此后，他又改进府兵制，使其兵强马壮；推进均田制，保障物资充盈。

公元 577 年，宇文邕挥师攻陷北齐首都邺城（今河北临漳），北周得以统一中国北方。

正当北周国富兵强、蒸蒸日上之时，周武帝宇文邕却病重身亡，年仅三十六岁。如此一个果决、隐忍且有远见卓识、能独断大事的君王英年早逝，这对他的国家和事业来说，当然是不幸的；但是对于时常感叹“时机还不成熟”的杨坚来说，却是最大的幸事。

出自如此“沃土”的杨坚，又得到这样利好的机会，再加上他勤政、俭朴、果决、严酷的性格和手段，那么，掀开历史新篇章的那个人会是他吗？

历史的走向，浩浩汤（shāng）汤。个人的力量虽不能左右历史的走向，但历史可能在某个特殊的节点，去选择恰好合适的人选，来引领历史的潮流。而在此时，杨坚就是这个最合适的人选。

那么，这是一个怎样的历史节点呢？

四百多年的混乱纷争，使全天下的人都觉得乱怕了、斗烦了，都盼望有一个安定的天下。历史的规律就是分久必合，合久必分。如今民心思定已是大势所趋。

但为什么要等待这么久呢？

好饭不怕晚，时机很关键

东汉末年，天下大乱，曹魏时期也有过短暂的稳定。但早在曹操时期，他就将“儒家士族”的统治模式拦腰斩断，建立起了所谓的“法家寒族”的政权形式。这种没有稳固的社会根基，又缺乏明确路线的治理形态，可能适用于“有枪就是草头王”的军阀时代，却不太可能承担大一统的历史重任。

正是这样的原因，以晋为代表的士族政权颠覆了曹魏。如果说曹魏还有些政治理想，只不过有点偏离现实，或者说有些超前；那么西晋统治集团可谓满嘴仁义道德，一肚子男盗女娼。

苟且到了东晋，可谓“金陵王气黯然收”，大一统已成幻觉，中华文明也被他们蹂躏得面目全非。即便到了南朝时代，也由于经济、军事、地理和人心等，南方再也没有一统的希望。

汉人轰然倒塌的精神支柱，却使当时北方早已汉化的各少数民族看到了曙光。

从小在洛阳宫中长大的匈奴人刘渊就感叹：汉人不能复兴汉室，那就交给我们好了。然而，对于刘渊这个匈奴人来说，打出承继汉室的旗号去完成大一统，至少在当时，还不是一个好时机。

这个时机指的当然是社会舆论和群众基础。当时的西晋将领、汉人刘琨就对石勒说：“反正你们胡人也做不了天子，不如到我们晋朝来做一个名臣。”而这个匈奴部将、羯族人石勒的回答是：“你是汉人，理应效忠晋朝；我本夷狄，你们的事我爱莫能助。”

管中窥豹，从这样的对话中也能看出，此时的胡汉不说是泾渭分明，至少融合还没有深入人心。这需要有所行动，更需要时间的沉淀。

胡汉融合是大势所趋，少数民族的汉化也在不断深入，就连各少数民族政权的国名也是他们积极汉化的标志。刘汉就不用说了，之后的赵、秦、燕、魏、齐和周等，之所以有这样的国号，缘于他们的根据地就在春秋战国时期这些国家的土地上。追溯得那么远，目的显然是以此表明自己才是中华本源。

至于文化风俗、言语举止，甚至膳食穿着，他们也全部汉化。

刘渊、刘聪等人自不必说；本是文盲的石勒，也高度重视文化教育；本就是汉学家的前秦皇帝苻坚更是“一月而三临太学”，唯恐周公和孔子的传统在他这里中断。

北魏拓跋氏的汉化更加彻底而全面，拓跋宏不仅下令禁止穿胡服和说鲜卑语，还强令贵族改汉姓，他自己的拓跋就改为元，因而史上也称他为元宏。他还倡导胡汉通婚，更命六位皇弟和自己一样娶汉女为妻。

尽管拓跋宏“全盘汉化”的举措有些冒进和超前，但正是他的失误，或者说是他的试错，才使得胡汉的融合、文化的传承得以发展。当然，这样的硕果元宏没有看到，因为这还要等到北周杨坚的时代才会出现。

为什么还要等上一段时间呢？

汉化自身的目的是要入主华夏的正统性，因为此时，但凡有点远见卓识的人，都明白刘渊那一套七拐八拐、非要给汉朝续命的方式，不但不能承担大一统的使命，甚至连巩固自己的统治都有点勉为其难。

北魏孝文帝拓跋宏之所以力排众议，甚至不惜采用欺骗性的手段也要迁都洛阳，占据中原地域的中心，就是出于这个目的。

然而，拓跋宏并没有来得及解决所谓的民族问题，因为迁到洛阳的鲜卑人虽得以汉化，但留在北方六镇的鲜卑人仍沿袭旧俗。民族认同感和由此产生的地位、利益上的巨大差异，使北方军镇鲜卑化武人集团与洛阳汉化文官集团产生了尖锐矛盾，并且由此引发六镇暴动，导致北魏一分为二。

其中当然有拓跋宏天不假年、英年早逝的原因。那么“白日光天兮无不曜，江左一隅独未照”是不是拓跋宏最大的憾事呢？他们之所以都执意南征，就是自“衣冠南渡”之后，当时的士族阶层在南方，也就似乎意味着汉人的正统在南方。不南征，怎么占据汉人心中的正统地位？

正因如此，前秦的苻坚也是坚决进攻东晋，尽管他拼凑的是包括汉族和各少数民族在内的所谓“胡汉多民族联军”，然而，他失败的核心原因，正是没有来得及调和各民族的利益和关系，或者他想的就是通过这一场战争的胜利，来理顺所谓的民族关系。显然，他没有这样的幸运。

当然，汉化的过程也不是一帆风顺的。

早期的石勒、石虎到冉闵等人，不但没有处理好胡汉关系，甚至利用民族矛盾挑起战争，屠杀他们眼中所谓的“异类”。从策略的失误蔓延成倒行逆施，这哪里还会有一统的希望？

即便到了北齐，汉人和汉化的胡人也多被排斥，连高洋的妻子李祖娥也曾被娄氏（高欢之妻）骂作“汉老妪”，更不用说那些中央大员了。高纬的权臣韩凤就曾说：“狗汉大不可耐，唯须杀却。”可能正是这样的原因，才最终导致经济、军事力量远胜北周的北齐，反倒为北周所灭。

反观北周，虽然宇文泰一开始也不赞成拓跋宏“全盘汉化”的政策，但他颇有曹操的才能与手段，抛开民族成见，唯才是举，苏绰、卢辩等人得到信任和重用。这些汉人士族帮助宇文泰创立府兵制和均田制，一路沿袭发展下来，兵农合一之下，民族界限也在军队中逐渐消融。

然而，从开始对待汉化的消极态度，再联系到他曾赐鲜卑姓予汉人，可以看出，汉化似乎并不是宇文泰的初衷；或者说，汉化并非他刻意的设计和规划。他的所作所为，只是在当时高欢政权的高压下不得已而采取的自保措施。只不过，他恰好走在了正确的道路上。

一路走来，胡人汉化虽是主流，但出现波折，甚至逆流也是事实。

这是一个反复吐故纳新的过程。只有不断地将胡人汉化，才能涤荡当时汉人的腐朽、没落之气。当然，如果一直不汉化，胡人就没有复兴的可能。所以，这样的过程正如陈寅恪先生所说：“取塞外野蛮精悍之血，注入中原文化颓废之躯。”

而最终完成这一任务的就是杨坚。随着他将自己的鲜卑名字普六茹·那罗延改回汉族名字杨坚，标志着民族融合问题告一段落。

所有这些，就是杨坚的隋朝能够完成大一统的原因。

当然，这样的大一统带有很大的偶然性。也就是说，历史发展到此时，谁站在杨坚的位置上，谁有如此的个性和手段，谁就能完成大一统，可能是他杨坚，也有可能是张坚或者李坚。

因为无论贤愚不肖，四百年来，所有人的努力、试错甚至掣肘、倒退，在此刻，都汇聚到了历史的合力之中。这种更具开放性和兼容性的合力，已经冲刷和催生出胡汉结合的文明之花，新的文明呼之欲出，只待有人将之发扬光大。

隋朝能够承担这样的历史重任吗？

隋朝为什么短命？

三十八年的隋王朝，在数千年的中国历史长河之中，可谓白驹过隙。

隋朝为什么会如此短命？难道是大乱之后无大治？难道是得之易失之亦易？难道是出了败家子？也许，这些原因都有。

混乱已久，必须重塑秩序，再立伦理，其过程必然艰辛。但杨坚治下的二十四年，外征突厥而不穷兵黩武，内安百姓而致国富民强。其富裕和强大的程度，冠绝整个中国古代王朝的历史。

可见，崭新的民族在元气升腾之时，具有多么巨大的力量，优秀的文明又将会散发出怎样璀璨的光芒。但仅仅二十四年，历史留给杨坚的时间似乎太少了。或者说，留给杨广的时间太多了。

杨坚登上皇位太过容易是事实，但这既有别于司马氏的篡位，也不同于王莽的乱政，因为阴谋和虚伪显然不是杨坚和隋朝的标签。再加上杨坚职业军人世家出身，虽无骄人战绩，但对于军事政变和武装斗争来说，他无疑是行家里手。事实上，杨坚文治的成绩一点也不比武功差。颠覆这样的政权，似乎也不可能太过容易。

难道是出了败家子？从丢失了如此锦绣江山的角度看，杨广无疑是个败家子；但从杨广的所作所为来看，他又不是绝对意义上的败家子。

那么，隋朝之所以短命，看来还是历史的合力在起作用。这是一种什么样的力量？它又是如何汇聚形成的呢？

隋朝脱胎于北周，在关陇集团内一枝独秀，而后一统天下。登上皇位的杨坚，势必要打压这个集团内的其他权贵；这是古代帝王的传统习惯和规定动作，与君王的仁慈或暴虐无关；区别也仅仅是根据情况的不同，所采取的措施松紧和范围大小不同而已。

这就像有人拿秦始皇不杀功臣来佐证他不是暴君一样，本身就是逻辑不通的。这里不讨论秦始皇是不是暴君，单说他不杀功臣，一方面，是某些人的断章取义，请问吕不韦是怎么死的？王翦为什么要用自污的方式去韬光养晦？另一方面，如果非要说他不杀功臣，那最核心的原因，就是暂时还无此必要，席卷天下、君权一统的秦始皇，实在没有必要急着对功臣下手。

而杨坚，针对当时的实际情况，采取了两项重大措施。一是要在当前，限制关陇集团其他贵族的权力；二是要在以后，减少他们后代的晋升之阶。目的当然是防止他们继续坐大，威胁到帝国的统治。

所以，杨坚一方面加强中央集权，另一方面推行科举制。科举制的好处自不必说，但提拔和重用了寒门庶族，势必挤占那些贵族后代的仕途空间。强力推行之下，不满、怨恨，甚至试图反抗的种子已悄然生根发芽。再加上日益完善的中央集权，削弱了大臣的权力，使君王更加无拘无束。

作为古代帝王的杨坚，说到底，关心的只是他的家天下。至于百姓的疾苦，也只是出于维护统治的需要才可能去考虑的问题。

像在建造大兴城时，大量死难的民夫尸体，就被随意地填埋在地基之下。宫殿落成典礼时，酷热拥挤之下，死人的尸体堵塞了道路，杨素索性命人焚尸来清理道路。此情此景，杨坚虽也心里不悦，但看到巍峨的大兴城时，却将这些许的不快忘得一干二净。可以看出，他骨子里还是视百姓如草芥。

杨广登基之后，进一步完善科举制度，首创进士科的考试。这种“朝为田舍郎，暮登天子堂”的盛况，虽然更加招致关陇贵族的不满；但这样的选拔制度，显然意义重大、影响深远。

杨坚的中央集权，无疑是留给杨广的最大“红利”。但没有约束的权力，必然导致为所欲为的结果。如果说“创一代”因为经历过艰辛，还知道害怕、懂得收敛，那“富二代”就很可能因为这种无上的权力，而将作威作福发挥到极致。而杨广，无疑就是这样的一个“超级富二代”。

公元605年杨广登基伊始，在不到半个月内，就连续三次下诏，同时上马营造东都洛阳、开凿通济渠和建造龙舟这三项超级大工程。仅建造龙舟这项工程，需要建造的护卫船只就达到五千多艘。

如此大手笔，本就令人惊叹，更出人意料的是，五个月后舰队建造就告完工，通济渠贯通；就连东都洛阳的营造，前后也不过用了十个月。

如此神速，怎不令本就好大喜功的杨广更加忘乎所以？

紧接着，公元608年，疏通永济渠；公元610年，又打通江南河。至此，一条南起余杭（今浙江杭州）、北至涿郡（今北京），贯通海河、黄河、淮河、长江与钱塘江五大水系，全长四千多里的大运河全线贯通。

如此“伟业”，杨广怎么可能“锦衣夜行”？

他不仅乘坐龙舟舰队沿运河风光地南巡，还带着折叠式千人大帐和装上轮子能自由移动的观风行殿，声势浩大地到北方巡狩。甚至在新都洛阳，大搞风头十足的入城仪式，又在洛阳和长安两地举行规模空前的元宵“联欢晚会”。

这个“富二代”真折腾

此时的杨广，开始玩儿命地折腾。

国内折腾不算，他还要折腾出国门。终于，三征高句丽、三巡突厥后，随着杨素之子杨玄感的反叛，朝廷内部分裂；随着山东农民起义的爆发，全国皆反。据说，当时起义的人数多达全国总人口的十分之八九，文献中记载的起义武装力量就达二百多个。

隋朝灭亡，最直接的原因就是杨广的折腾。杨广之所以能够如此折腾，就是因为他手中掌控着无上的权力；而这个权力，来源于他们不断加强和完善的中央集权。那么，杨广为什么要如此折腾呢？就是因为荒淫无度吗？似乎这个结论也不全面。

实际上，完善于杨广的科举制，直到清末还是选拔人才的主要方式。大运河更是堪称功在当代、利在千秋。营造东都洛阳，那是早在拓跋宏时期就有的愿望，目的就是沟通南北，实现完全意义上的大一统。

而杨坚当时没有去做这些浩大工程的原因，一是他认为巩固北方更加急迫；二是新朝新气象之下，南北矛盾并不突出。到了杨广这里，却成为他非解决不可的问题。至于征伐高句丽，那更是从杨坚开始一直到李世民的共同心愿，显然，维持所谓国际秩序，本就是他们那几代君王的重要职责。

至少从以上几项工程或者征伐来说，杨广的初衷似乎是无可指摘的。但问题在于，他为什么会如此地火急火燎？他的做法为什么如此地急功近利呢？

像当时三管齐下，同时上马三大工程时，仅营造洛阳一项，每个月用工就多达二百万人次，十个月就是二千万人次。征伐高句丽时，第一次就征兵一百三十多万，用于后勤保障的民夫更是多达近三百万。如此做法，除好大喜功外，就是他骨子里原本就视百姓如草芥。

至于“水能载舟，亦能覆舟”，那是到李世民时代才有的觉悟。

好大喜功与穷奢极欲本就是一对孪生兄弟。不但杨广的龙舟巡游极度铺张，就连他的晚会派对也极尽奢华。街头巷尾张灯结彩，莺歌燕舞通宵达旦，仅参加的管弦乐队就多达一万八千人，甚至把丝绸都缠裹到树上来烘托气氛。

此时，就连胡商都不解地问道：“我看你们中国人也有衣不蔽体的，为什么要让外国人免费吃饭，还要把丝绸都缠到树上呢？”对于此种疑问，杨广选择充耳不闻、视而不见。

“帝王苦竭生灵力，大业沙崩固不难。”失去了百姓的根基，侵占了关陇集团的利益，专制之下为所欲为的权力，正好碰到一个空有“伟略”而毫无“雄才”，精力旺盛又刚愎自用的君王，隋亡，也算是合情合理、顺理成章的事情。

此时，中华大地上历经四百多年、浴火重生的新的民族正在崛起，新的文明正在含苞待放，历史的洪流，正推动着中华民族的鼎盛与辉煌滚滚而来，势不可当。

此时，谁能成为历史潮流的引领者？他们又是怎么做的呢？

第一章
杀出重围的李渊

独孤氏的女婿们

隋朝建立那一年，隋文帝杨坚刚好四十岁。当他看到十五岁的李渊时，估计做梦也不会想到，日后埋葬他王朝的，竟然会是当初这个叫他姨父的小孩子。

这两个王朝的开国之君，不但是熟悉到低头不见抬头见的程度，而且有亲近的姻亲关系，这一切均缘于一个叫独孤信的人。

独孤信是一个颇有传奇色彩的人物。他的传奇，不仅表现在他是宇文泰时期的“八柱国”之一，还在于他独具一双挑选女婿的慧眼。大女儿嫁给了宇文泰的儿子，成了北周明帝宇文毓（yù）的皇后；七女儿嫁给隋文帝杨坚为后；四女儿则嫁给了唐国公李昞（bǐng），生了个儿子叫李渊，后来成为唐高祖。

正是因为独孤信的存在，才使得北周、杨隋乃至李唐这三个皇族都带有混血的基因。

虽然不能确定独孤信到底是匈奴、鲜卑还是突厥的后裔，但他胡人或混血的身份是确定无疑的。独孤信的先祖叫伏留屯，是北方游牧民族的部落酋长，他的家族与北魏几乎同时兴起。

独孤信长相英俊，举止潇洒，权倾朝野，名震一时，还曾留下“侧帽风流”的典故。有一次独孤信狩猎归来，策马入城时，帽子意外被风吹歪，没想到，第二天满城的人都像他那样歪戴着帽子。可见，独孤信就是当时的全民偶像。

如此俊杰，女儿当然也不会简单。他的七女儿、隋文帝杨坚的独孤皇后，也就是李渊的小姨妈，更是女中豪杰。

事实上，颇有执政能力的独孤皇后，不但匡补了杨坚的不少过失，而且绝不会为自己的家族谋取私利，是一个手腕老辣的厉害角色。一次，她的一个亲属犯了死罪，就连杨坚都打算赦免时，独孤皇后却说：“国家之事，焉可顾私？”坚持要求杨坚依法判决这个亲属死罪。然而就在她的亲戚们因此而不满，有人使出巫术对她进行诅咒时，她又以绝食三天的方式向杨坚求情放过此人，理由竟然是：“此人如果是残毒百姓，自然罪该万死；但他诅咒的只是妾身，那就请陛下网开一面。”最后杨坚当然赦免了此人。通过此事自然可以看出独孤皇后的深谋远虑和心思缜密。

具有如此家国情怀的独孤皇后，姐妹关系自然非常深厚，李渊是她四姐的儿子，从小就是被她留在宫中照看长大的。

帝王家族“寻亲记”

关于李渊的先祖，有一种很是高大上的传说。传说李渊的先祖起源于颛（zhuān）顼（xū）帝高阳氏，传到道家创始人老子（李耳），再传到汉朝名将李广，后传到西凉的开国皇帝李暠（hào），最后一路高调地传承到李渊。

但这种“同姓而因缘攀附”的手法，其实已经成为帝王家族的惯例。

像前面提到的杨坚，就曾找到东汉的太尉杨震认亲。而杨震的先祖，就是有“史上抱大腿第一人”美誉的杨喜，资质平平，功勋不显的杨喜，在项羽自杀后汉将哄抢项羽尸体的过程中，因为奋勇争先抢得项羽的一条大腿，而被刘邦封土授爵为赤泉侯。如此有些不堪的经历，估计杨坚也是羞于示人的，只好找到他的八世孙杨震来装点门面。

后来的武则天，显然是吸取了杨坚的经验教训，既然要找，为什么不干脆找一个根正苗红的先祖？可杨坚的困惑在于，历史上实在没有比杨震更合适的姓杨的人物了。而武则天的做法，却是惊世骇俗的，说她厚颜无耻也不为过。

武则天当时思来想去也没有找到武姓的古代名人。为什么一定非要找姓武的呢？无所畏惧且为所欲为的性格，本来就贯穿了武则天的一生。如此一想，思路一下子就打开了——那样的话办法还不多得是吗？她直接攀附到周代周平王的小儿子姬武。周朝不是姬姓吗？那不重要，重要的是这个小儿子出生时，掌纹就与众不同，分明呈现出一个“武”字的形状，所以起名叫“姬武”。这不就有“武”了吗？武则天就这样认了“姬武”为先祖。

相比之下，杨坚的确没有如此信马由缰的“思路”和“魄力”。他似乎还能要点“脸面”，尽管不多。然而，正是诸如此类为了突出一贯伟大、世代显赫而祭出的操作手法，才使得这些帝王自称的家谱，实在太不可信。

关于李唐家族的传承，比较可靠的说法是这样的：李唐王朝的始祖能够追溯到的是李熙，李熙曾任北魏武川镇将，娶妻汉女张氏，生子李天赐；李天赐曾在北魏朝中为官，娶妻汉女贾氏，生子李虎；李虎初任西魏左仆射、太尉，后为“八柱国”之一，李虎娶妻汉女梁氏，生子李昞；李昞为北周安州总管、柱国大将军，后袭封唐国公，李昞娶妻独孤信第四女，公元566年在长安生子李渊；李渊七岁袭封唐国公，娶妻窦毅之女，公元599年，生子李世民；李世民娶妻长孙氏，是为长孙皇后。

因为李昞的妻子是独孤信的女儿，所以李唐家族自此便有了混血的基因。唐高祖李渊的皇后是窦毅的女儿，窦毅是宇文泰的女婿，窦毅的女儿，也就是李世民的生母因而就具有鲜卑血统。唐太宗李世民的长孙皇后，祖上原姓拓跋，因为担任宗室之长而改姓长孙，所以原本就是鲜卑人。由此可见，唐朝乃至隋朝，两代的皇族早就世代混血，胡汉不分。

正因如此，李唐根本不需要像昔日西晋的匈奴人刘渊那样，以少数民族的身份，打出承继汉人的旗号，企图入主中原；也不需要像其同时期的石勒那样，干脆就以胡人的身份，企图来征服中原。

李唐家庭原本就以华夏正宗自居，名正言顺。他们不会拘泥于胡汉之分的羁绊，开放而兼容。这也许就是李唐王朝恢宏与博大的根本原因。

有个先祖叫李虎

促使李唐家族真正崛起的先祖，无疑是李虎。

李虎是武川镇职业军人出身。北魏末年和西魏时期，他先追随贺拔岳讨伐叛乱，深受器重。后又征讨元颢（hào），平定万（mò）俟（qí）丑奴，立下赫赫战功，被封为食邑三百户的开国功臣。

贺拔岳死后，李虎转而投靠宇文泰，在平定各方势力及对抗东魏的战斗中屡立战功，斩首侯莫陈悦，生擒灵州（今宁夏吴忠）曹泥，深得宇文泰的信赖和倚重。

让我们走进那一段烽火连天的岁月，去看看李唐的先祖，是怎样在血雨腥风中闪展腾挪、舍命拼杀，去感受即使强如李唐先祖这样的人，在历史的洪流之中，是怎样地风雨飘摇、九死一生，而他们又是如何突出重围、身居高位的。

故事要从一个名叫贺拔岳的人讲起。

贺拔岳，神武郡尖山县（今山西寿阳宗艾镇神武村）人，祖父曾为武川镇将，父亲曾为怀朔镇将。出身武人豪门世家的贺拔岳，与哥哥贺拔允、贺拔胜三人皆勇猛善战，尤其是贺拔岳，不仅能在马上左右驰射，而且对兵法无师自通，天生就是为帅遣将、驰骋疆场的好材料。

贺拔岳生活的年代，正值六镇起兵的烽火狼烟之时。

前文说过，六镇反叛最主要的原因就是北魏孝文帝“定鼎伊洛”之后，迁到洛阳的朝臣受到汉化的洗礼，个个位高爵重；而留在六镇的将士，因无法汉化，社会地位甚至被降为府户。原为贵族身份的六镇军人逐渐成为府户后，不仅以前的仕宦、复除（免除劳役）权利没有了，而且将永远地被人贱视。

公元 523 年，怀荒镇守边士兵杀死镇将于景，六镇反叛自此拉开序幕。沃野镇破六韩拔陵聚众起事，杀死镇将，据境称王，竖起了反对北魏的大旗。

就在破六韩拔陵派卫可孤率军攻占了怀朔镇的时候，贺拔岳和哥哥贺拔胜、父亲贺拔度拔与宇文肱（宇文泰之父）合谋，杀死了卫可孤。后贺拔度拔战死，贺拔岳、贺拔胜兄弟二人投到北魏主帅广阳王元渊麾下。

此后，镇守恒州（今山西大同）的贺拔岳兄弟，被风卷残云一般的起义军攻破城池。兵败后的他们又投奔了北魏安北将军尔朱荣。此时的尔朱荣，在镇压六镇起义的过程中，收编了各镇被起义军打散的

官军和豪杰以及部落首领，俨然成为实力雄厚的一方军阀。

公元 528 年，北魏孝明帝因为权力之争，被他的母亲胡太后毒死。尔朱荣在高欢的建议下，抓住时机，派贺拔岳率军为先锋，攻破洛阳，杀死胡太后，并将朝中文武百官两千多人几乎全部杀掉，并立长乐王元子攸为帝。这就是历史上的“河阴之变”。

此时北方的形势是起义军首领已由葛荣取代了当初的破六韩拔陵。

贺拔岳任尔朱荣的前军都督，跟随尔朱荣在滏口（今河北磁县西北）击败了以葛荣为首的河北农民起义军，并俘虏了葛荣。六镇数十万军士，就这样归属了尔朱荣。

公元 529 年，南梁武帝萧衍派将军陈庆之护送北海王元颢兵进洛阳争夺帝位。贺拔岳随尔朱荣击败陈庆之，杀死元颢。公元 530 年，尔朱荣又以贺拔岳为帅，率军剿灭万俟丑奴，一举荡平关陇之地。在征讨元颢、剿灭万俟丑奴这两大战役中，李虎跟随贺拔岳参与平乱，功勋卓著，被任命为左厢大都督。此时的李虎，已成为贺拔岳的左膀右臂。至此，尔朱荣一手遮天，彻底控制了北魏朝政。

如此背景之下，高欢和贺拔岳有了第一次的针锋相对。同在尔朱荣手下为将的两人，本来就不和睦，这次又在尔朱荣称帝的问题上发生激烈争执。不赞成尔朱荣称帝的贺拔岳，甚至建议尔朱荣杀了高欢，理由看似是指责高欢怂恿尔朱荣称帝的不义，实际上，同为不甘人下的两人，怎么会互相欣赏呢？

其实这一点非常重要。当时的军阀混战之下，哪里有什么正义和信仰可言呢？有枪就是草头王的时代，不是胜利就是失败，失败就意味着灭亡；胜利倒有两条路可走：要么为王，要么为将，就看你如何选择。天与弗取，莫辞其咎；但逆天而行，逆流而动，也是会粉身碎骨的。

个人的结局和走向，与当初的选择有一定的因果关系。这样的选择，与其说是智慧在起作用，不如说是性格使然。稍后，我们会看到李唐家族在各个历史节点，都做出了什么样的选择。

这一时期，北魏的皇帝都有一个显著的特点，就是虽为傀儡，但总是心有不甘。像前面的孝明帝，做自己母亲的傀儡都不愿意；后面的元修，也是想方设法不做高欢的傀儡。

此时，坚决不做傀儡的孝庄帝元子攸，设计将尔朱荣杀死在明光殿内。但这样鲁莽的举动，也导致他日后被杀时只有二十四岁。

接替尔朱荣的是高欢。高欢本是一个破落家庭的鲜卑化汉人子弟，之所以能够异军突起，除他的智慧勇武之外，最主要的原因就是他接手了葛荣手下二十余万的六镇军士。

尔朱荣死后，由他的侄子尔朱兆主持大局。尔朱荣的后辈子侄本就平庸，加上权力之争，尔朱氏再也不是铁板一块。高欢乘虚而入，先把这二十万军士说成难以驾驭的“洪水猛兽”，再设计让贺拔允推荐自己来统领，还不失时机地大发脾气，用打掉贺拔允门牙的举动，表示自己非常不想接下这块“烫手山芋”。当然，为防止自己“戏份”太过，失去了这个千载难逢的机会，高欢紧接着又“义正词严”地说：我从前只听命于尔朱荣，现在唯尔朱兆马首是瞻。

高欢的意思自然是他忠心可鉴，要交给他如此艰巨的任务，不是不行，但不能由你贺拔允来说，因为我只听尔朱兆的命令。如此操作，实在高明。

反观贺拔允，帮了别人的大忙，自己赔上门牙不说，还弄了个里外不是人，尔朱兆不体谅他，高欢也不感激他。贺拔允比起他弟弟贺拔岳，实在是差得太远。

贺拔允愚钝，尔朱兆也精明不到哪里去，他被高欢这一顿马屁拍得晕头转向，当即就把这二十余万六镇军士交由他统领。虎归深山、龙游大海的道理，高欢比谁都清楚，他立即找了个理由，率军占据了邺城。

就这样，高欢将鲜卑族和河北的名门望族联合起来，迅速崛起。公元 532 年，清除了尔朱氏后，大权在握的高欢拥立元修即位，是为孝武帝，而贺拔岳被任命为关中大行台。

此时的孝武帝同样不愿意做傀儡，他密令拥有关陇重兵的贺拔岳伺机除掉高欢。为此，他将豳（bīn）、巴、蔚、宁、泾等二十州的兵权悉数交给贺拔岳，同时任命贺拔胜为荆州刺史。

看来，元修是把所有的赌注都押到了贺拔岳兄弟的身上，他能赌赢吗？

也就是从这个时候起，贺拔岳开始整合关陇地区的各方力量，组建所谓的关陇集团。他到北部边境，布置边疆防务；又在平凉（今甘肃平凉西南）西界，安营扎寨数十里，借口要在原州牧马，扩大辖区范围。秦州、南秦州、河州、渭州四州刺史也在平凉会面，表示愿意接受贺拔岳的指挥。

可以说，贺拔岳就是关陇集团第一代首领。

贺拔岳的迅速崛起，使本就忌惮他的高欢更欲除之而后快。高欢想到的办法是让侯莫陈悦除掉贺拔岳，承诺事成之后，侯莫陈悦可以取代贺拔岳。

如此乱世，朝廷的任命哪里有什么权威可言？高欢又拿什么来兑现他的承诺呢？但愚蠢的侯莫陈悦，似乎想都没想就答应下来。事实上，高欢想的却是，不管你们谁死谁活，只要两败俱伤就足够了。

公元 534 年，贺拔岳召集各州军马，准备讨伐不愿归附的灵州刺史曹泥。蒙在鼓里的贺拔岳还非常信任地任命侯莫陈悦为先锋。但他在高平（今宁夏固原）军营中和侯莫陈悦商议军情的时候，却被侯莫陈悦的女婿元洪景刺杀身亡。

贺拔岳可能至死都不明白，自己怎么会死在侯莫陈悦的手里，这个人不是一向都被自己轻视的吗？看来，提防蠢人也是枭雄的必修课呀！

贺拔岳突然死亡，刚具雏形的关陇集团将何去何从？我们首先来看当时的局势及各方势力。

高欢坐拥晋阳及河北之地，和南边的侯莫陈悦遥相呼应。西边、北边的州郡、部族虽是一盘散沙，但也蠢蠢欲动。近在咫尺的灵州曹泥更是虎视眈眈。

此时在贺拔岳军中，位高权重的是寇洛、李虎、赵贵和侯莫陈崇。

侯莫陈悦能够接替贺拔岳吗？显然是不能的。深受贺拔岳恩遇提拔的将士集体投降这个杀人凶手的可能性实在不大。不仅侯莫陈悦不可能领导和统率这支部队，就是朝廷派来的任何人都不可能轻易镇住这支虎狼之师。

贺拔岳的惨剧就在眼前，自他死后，子弟、部属相互倾轧之下，偌大的武装力量，早就四分五裂，如同一盘散沙。

唯一的可能，就是从内部产生继承人，为此，他们提出了三个方案。

第一个方案是一致推举寇洛扛起大旗，理由自然是他年高德劭。但寇洛坚决推辞，无论如何都不肯担此重任。

在寇洛的一再推辞之后，李虎提出了第二个方案：由贺拔胜来做这个盟主。李虎之所以提出这样的方案，应该是他的忠心所致。此时的李虎是军中仅次于寇洛的第二号人物，没有任何证据表明，李虎有接替贺拔岳的企图。相反，贺拔岳死后，李虎伤心欲绝。至于接班人，李虎想到贺拔胜也是顺理成章。他还启程亲自到荆州去请贺拔胜前来主持大局。但与李虎的急切和渴盼大相径庭的是，贺拔胜对这个盟主之位没有表现出太大的热情。

其实，贺拔胜持这样的态度也是事出有因的。就像当年的刘邦，也是在谁都不愿当义军首领的情况下，勉为其难地坐上了那个位置。目前的情况也有些类似，军心涣散、各不统属之下，要想捏沙成团，的确有一定的难度。

但贺拔胜执意不来，却是令人费解的。和别人相比，贺拔胜来做这个盟主，难度不是低得多吗？如此乱世，他不趁此良机有所作为，究竟意欲何为呢？难道他甘愿守在一个荆州之地，只想做个富家翁吗？那怎么可能呢？再说，他的弟弟贺拔岳尸骨未寒，作为哥哥，就是奔丧也该亲自来一趟吧？

贺拔胜到底是怎么考虑的，我们不得而知。只知道他派了一个叫独孤信的人，代表他来接收他弟弟留下的庞大的政治和军事遗产。此时，时常跟随独孤信左右的，是一个小名叫“奴奴”的年轻人，这个年轻人的大名叫作杨忠。贺拔胜如果能看到日后的他们及他们的家族，不知会做何感想。

此时的李虎，没有随独孤信一同返回，他还滞留在荆州，唯一的可能就是还在苦口婆心地劝说贺拔胜要亲自来到军中执掌大任。不知此时的李虎是确有远见还是忠心可嘉，也可能二者兼而有之吧。

瞬息万变的局势，哪能任由贺拔胜如此地拖泥带水？各方势力的暗流涌动，又哪里是当时的独孤信之辈就能平复的？

于是，赵贵提出了第三个方案：请夏州刺史宇文泰前来主持大局。

宇文泰是贺拔岳的得力干将，不用介绍此人，单就他接到邀请就立刻赶赴军中的事实来看，就能看出他的超世绝伦之处。如果我们后人，或者说看了“底牌”的当局者，非要问一句：“为什么是宇文泰？”最接近正确答案的回答可能就是：因为他是宇文泰。这样的回答一点也不晦涩，因为即便现在不是宇文泰，以后也一定会是他。

当初的刘邦，面对一个小小的首领位置，还会推三阻四，而且随时准备撂挑子走人。此时的盟主之位，贺拔胜兴趣不大，寇洛明确拒绝，李虎、赵贵等人没有争取，恐怕也不全是出于高风亮节。

勇气、担当甚至牺牲，是对自己能力的自信，更是对前途的渴求，或者也可以说是对事业的执着。乱世之下，是要有一点舍我其谁的气概的，而这种秉性和勇气，却不是人人都能具有的。至少在这个时候，人们没有看出李虎有这样的性格特质。

此时的李虎，在从荆州返回的途中，却为高欢部下所擒。万幸的是，他们没有把李虎押解到高欢那里，而是直接送到了洛阳。这位被“上天”搭救了的李虎，意外地被孝武帝元修封为卫将军。

元修的赌注原本全部押在了贺拔岳的身上，但随着贺拔岳被害，眼看自己就要输得倾家荡产了，此时，李虎的出现又点燃了元修翻盘的希望，他怎能不牢牢抓住这根救命稻草呢？

此后，回到军中的李虎，看到宇文泰已成盟主的既定事实，他选择了服从。估计他对贺拔胜彻底失望了，也认为宇文泰确实比自己合适。虽然我们不知道当时李虎的真实想法，但他后期甘心追随宇文泰是事实。

唐朝国名原来是这么来的

公元 534 年，李虎随宇文泰兵进原州，剿灭侯莫陈悦；随后，李虎又以水攻之计，引河水灌城，大胜灵州曹泥军；公元 535 年，李虎再次攻打灵州，生擒曹泥，将灵州地区的豪强悉数迁徙到咸阳；在后来东西两魏连绵不绝的相互征伐中，李虎也是驰骋疆场，屡立战功。

宇文泰全面接收了贺拔岳的部队，承继了他的衣钵。主要占据关中和陇西的关陇集团，在宇文泰这里最终成形。

李虎因战功显赫，一跃而成为宇文泰之胡汉六镇关陇集团的核心成员。公元 537 年，李虎受封陇西郡公、西魏柱国将军；北周时，又被追封唐国公。

所以，李唐王朝的基业，来自李虎正确的政治站位，以及在疆场拼杀得来的赫赫战功，他把后代子孙的起跑线，提前到离终点仅有一步之遥。

这种国有世袭、族有郡望、家有门第的制度和现象当然不合理，但之所以能够长期存在，就是因为谁是既得利益者，谁就会去拼命地维护它。而这个既得利益者，也是最大话语权的拥有者，他们的维护，就会使这种制度更加牢不可破。

然而，这种现象也不可能永远地存在下去。先不说来自下层的反对和抗争，他们内部就会因分赃不均而大打出手；相互消耗之下，新的阶层和观念必然会介入和渗透。久而久之，这种现象就会减少，乃至消失。

历史的发展就是这样无情。其实，历代君王，那些具有最大话语权的人，他们也是这么做的，只不过处于有意和无意之间，动作有大有小而已。

但不得不说，任何一种制度和现象，绝不可能凭空出现。就像当时皇位的世袭，钱穆先生的说法很有道理："是中国已往政治条件上一种不得已或说是一种自然的办法。"他的比喻也很形象："这正如一个壮年人，不要睡摇篮，便认为睡摇篮是要不得的事。但在婴孩期，让他睡摇篮，未必要不得。"

此时，即将登上历史舞台的，是年仅七岁的唐国公李渊。

被低估的李渊

李渊作为开国之君，在历史上的存在感有些差强人意。他在位时间短是一个原因，后来刻意地去李渊化恐怕更是主要原因。事实上，李渊的一生，是一直被低估的一生，不仅后人对他的评价不高，就连当时的人也几乎没有高估过他。

李渊七岁袭爵唐国公，位极人臣，风光无限。但同时，也就意味着他幼年丧父，缺少依靠。作为姨妈的独孤皇后十分心疼这个可怜的外甥，时常把李渊留在宫中照看。爱屋及乌，作为姨父的隋文帝杨坚也十分喜爱和关照李渊。公元581年，年仅十五岁的李渊就被任命为千牛备身，成为杨坚最信任的贴身侍卫。

这样的孩童时期的经历，注定了李渊不可能养成霸道、凌厉的性格。

哪个孩子都明白，姨妈再亲，也只有亲娘怀里才好撒娇，何况李渊时常面对的是开国的帝王。从李渊进入职场的第一步，也能看出他必定是恭谨勤勉、干练上进。此后，在杨坚一朝，李渊多次被调动，转任谯州（今安徽亳州）、陇州（今陕西陇县）、岐州（今陕西凤翔）。职场之路，也算走得平稳踏实。

自幼在姨妈家里长大的李渊，比姨妈的二儿子杨广大两岁。杨广不仅天资聪慧，而且俊朗帅气，精通音律又擅长诗赋。如此风流倜傥、多才多艺的杨广，正事既不耽误也不含糊。挂帅督军伐陈时，攻破都城建康，俘获陈叔宝；随后，封府库、惩奸佞、秋毫不犯。此时，文韬武略的杨广收获了朝野上下的一致赞誉。

与这样的表弟一块儿玩闹长大，少年的李渊，怎么会骄横？哪里敢狂妄？事实上，杨广就以“阿婆面”取笑过李渊。在杨广的心目中，这个长得实在太像老太太的表哥，根本不可能成气候。

正因如此，后来当上皇帝的杨广对懦弱且稳重的李渊格外放心，对他十分信任和重用。大业年间，李渊历任荥（xíng）阳（今河南荥阳）、楼烦（今山西静乐）二郡太守，殿内少监、卫尉少卿。杨广远征高句丽时，命李渊坐镇怀远（今辽宁辽中），负责粮草物资的转运；时值杨玄感反叛，李渊又被任命为弘化（今甘肃庆阳）留守，统领关右各郡兵马；公元 615 年，再官拜山西河东慰抚大使；直至公元 617 年，成为太原留守。

人的造化有时候真的是变幻莫测。有的人看似精明强干，光芒四射，让人避之不及，却在慨叹“天生我材必有用”的怀才不遇中蹉跎了人生。而有的人，似乎对任何人都不构成威胁，每个人都不觉得他有什么比自己强的地方，然而，不经意间，他会不断地得到机会，不断地得到历练，悄然间，他就可能长成了参天大树。李渊就是后者。

李渊能娶到“八柱国”之一窦毅的女儿为妻，也不只是因为家世，而是在比武招亲的现场，李渊一箭射中屏风画像上孔雀的眼睛而抱得美人归。李渊的正妻窦氏的母亲是宇文泰的女儿，杨坚篡周，窦氏就曾伤心地说过，恨自己不是男儿身，不能替舅舅报家国之仇。

如此“大逆不道”的话出自伉俪情深的正妻之口，可以想见，当时的李渊会是怎样的惊惧和意外，他赶紧反复地叮嘱，千万要小心，避免祸从口出。中年的李渊怎么可能不懂三缄其口？怎么可能不是城府深沉？然而，职业军人世家出身的李渊，因从小耳闻目睹开国君王的治国理政，他骨子里应该很少带有怯懦与犹豫的特征。

《旧唐书·高祖本纪》中这样评价李渊：“倜傥豁达，任性真率，宽仁容众，无贵贱咸得其欢心。”如此的评价，除去一些溢美之词，基本说出了李渊的性格特点。那就是潇洒、大度，人缘好、性格好，能广交朋友。

另外，老谋深算、扮猪吃老虎也应该是他最大的特点。但与其他开国之君不同的是，李渊做事确实不钻牛角尖，这点倒是真的倜傥豁达、任性真率。

终其杨坚一朝，可谓李渊乃至李唐王朝的个性形成期。而到了杨广时代，这种逐渐形成的个性得到实践和调整，从而趋向完善和定型。所以，这段时间正是李唐王朝个性的成熟期。

杨广之所以任用李渊，认为其忠诚的因素要多于才能。后来即便是灭隋的谶（chèn）言指向了李渊，也没有引起杨广对李渊的足够重视。

杨广在位末期，“杨花落，李花开”“桃李子，有天下”的民谣盛传。一位叫安伽（qié）陁（tuó）的方士密奏杨广：“有李氏当为天子，应尽诛天下李姓。”

当时关陇集团中就有很多李姓世族，最为显赫的是李弼、李虎和李远这三大家族。李弼的曾孙李密，因参与杨玄感反叛而早已逃之夭夭。李虎的孙子李渊，深谙韬晦之术，但贪污受贿，纵情享乐，使杨广更加确信他就是烂泥扶不上墙。剩下的就是李远的孙子李敏。

李敏被怀疑，似乎顺理成章。

首先，李敏家世显赫。他的爷爷李远有个同胞兄弟叫李穆，李穆贵为隋朝开国第一功臣。此后在隋朝，李敏家族中五品以上的官员就达一百多人。李敏的父亲又在与突厥的战斗中为国捐躯。功臣、烈士之后的李敏自然占尽祖荫。

其次，李敏是杨广的外甥女婿。杨广的外甥女宇文娥英贵为隋朝第一公主，她能下嫁给李敏，可见李敏的个人能力也是出类拔萃的。李敏具有如此强大的根基和突出的个人能力，杨广怎能不把怀疑的目光锁定在他的身上？

杀心既起，理由还不多的是？李敏的小名叫洪儿，杨坚做过一个洪水冲了大兴城的梦；杨广就以此为借口，找李敏郑重地谈话，问他要不要改个名字。杨广和风细雨地与他谈话，之后的李敏却陷入了极度的惊惧之中：这哪里是让他改个名字，这分明是要他改个住处。毫无意外，随后在宇文述的审理之下，李敏连同他的堂叔李浑谋逆大罪成立，斩决两家三十二口，其余人发配岭南。

李敏仅因小名叫洪儿便遭此惨祸，那李渊的大名还叫“渊”呢，怎么平安无事呢？显然，李敏被杀是一桩冤案。

说这是一桩冤案的人正是李渊，给李敏平反的人也是李渊，平反的理由是："李氏当为天子"的谶语本来说的是我呀，李敏和李浑是代替我死的，他们太冤了。

才几年光景，李渊当初憋死都要烂在肚子里、打死也不敢承认的话，在李唐朝堂上却说得理直气壮。真是现在有多狂，当初就得有多㞞。然而，谁又能低估这样的"㞞"呢？

公元 617 年，天下大乱、烽火连天。隋帝国的战略要地除长安、洛阳和江都（今江苏扬州）之外，就只剩下太原了。而作为拱卫首都长安和东都洛阳的北方军事重镇，太原却出奇的平静，太原留守李渊更是一如既往地沉湎酒色、贪污腐败，一副任谁看起来都是既胸无大志又没心没肺的样子。

李渊这副亲者痛、仇者快的做派，可急坏了以李世民为首的一帮心腹亲信。于是一出密谋劝进、胁迫造反的戏码上演了。

造反缘于"仙人跳"

李世民联络刘文静和裴寂密谋造反。刘文静早年承袭仪同三司的官职，现任晋阳县令。裴寂的父亲裴瑜曾在北周时任绛州（今山西新绛）刺史，幼年丧父的裴寂现任晋阳宫副监。因为他们两人与李渊交情深厚，所以被李世民找来，准备一同说服李渊起事。但无论他们怎么劝说，李渊就是无动于衷。

无奈之下，三人商定由裴寂出面在晋阳宫请李渊吃饭。晋阳宫是杨广在太原辖区所在地建立的行宫，李渊兼领晋阳宫总监。晋阳宫副监宴请总监似乎理所当然，欣然赴宴的李渊照例喝得酩酊大醉。当他第二天醒来的时候，发现怀里多了几个美女。

裴寂适时地来到李渊的床前，厉声正告李渊睡了隋炀帝杨广的女人。五雷轰顶的李渊愣在床上，大惊失色请教裴寂该怎么办？裴寂给李渊指了条明路，还告诉他：造反的时机现已成熟，我们也已经准备妥当，就等你一句话了。

看到这样的官修正史，真的令人禁不住哑然失笑。这不就是所谓的“仙人跳”吗？看来早在一千多年前，这种伎俩就被古人运用得炉火纯青了。

很可惜，这个故事虽然设计巧妙、手法新奇、情节完整，但不是事实。

原因很简单，“仙人跳”的关键环节是从与不从，从了万事皆休，不从就会被检举揭发。李渊睡了皇帝女人这件事情，天下皆知，已经捂不住了，还是目前只有裴寂等少数人掌握实情？如果天下皆知，不得不彻底和杨广翻脸而造反的话，如此所谓的“明牌”之下，怎么不见杨广的愤怒和天下人的不齿？如果仅是裴寂等少数人知情，那这些人当真会去检举揭发吗？不消说父子情深，也不消说友情深厚，单就一个设计构陷的罪名，他们也难逃干系。这样的检举揭发真的可能发生吗？就算是会发生，那李渊为什么不能先下手为强，杀了这几个知情人呢？

“仙人跳”在关键的环节出现违背逻辑和常理的漏洞，怎么可能会成功呢？接着，司马光在《资治通鉴》里的画蛇添足，更为我们佐证了这个“仙人跳”的子虚乌有。他说不久之后，李渊又反悔了，并要将李世民送官查办。李世民大义凛然地说：“世民睹天时人事如此，故敢发言；必欲执告，不敢辞死。”面对儿子的孝心与大义，李渊再一次妥协，这才下定决心造反。

这段记载本意是再次强调和拔高李世民的作用和形象，因为一个如此反复，另一个如此坚定，高下立判之后，伟岸的形象不就呼之欲出了吗？但这个故事实在经不起推敲，李渊能够心疼儿子而不检举揭发，那儿子会设计并检举揭发父亲吗？

事实上，李渊在韬光养晦的外表之下，内心早已波涛汹涌。但他沉稳的个性，使他有耐心等待一个最好的机会。此时的太原，东有窦建德，西有梁师都，南有李密，北有刘武周，四面被困，密不透风；再加上长城之外北邻突厥。先不提隋炀帝杨广的威力，就是这些武装力量，哪一个不让李渊头疼呢？他岂能轻举妄动？

李靖在任马邑（今山西朔州）郡丞时，曾和李渊共同抗击突厥，从李渊对突厥的暧昧态度和作战方式上，他早就看出李渊的不臣之心。那时的李靖还准备把此事上奏杨广，只是由于战乱导致道路不通而作罢。

直到以后李渊敢于直抒胸臆的时候，面对来降的宇文士及，李渊大方地对裴寂等人说："彼与我论天下事，逮今六七年，公等皆在其后。"可见，当时李靖的判断是正确的。

李渊有四方之志，或者说，他想造反不是一天两天了。正如王夫之所说的那样，李渊处至危之地，观天下之崩，伺机而动，以求一逞。至于那个"仙人跳"，怎么可能左右李渊的判断？事实上，李渊打出的旗号是复兴隋室，明里暗里都与苟且之事扯不上半点关系。

一路被低估的李渊，以其深沉、稳健而又豁达、果敢的性格和作风，在云谲波诡的风云变幻之中，寻得一线生机，开始了属于他的精彩演出。

第二章
群雄的混战

杨玄感：打响反隋的第一枪

隋炀帝杨广，其性格作风与他的父皇杨坚大相径庭。

一个是老农民般勤恳，守财奴般节俭；另一个是大干快上立显大作为，大肆铺陈力求大功德。其实，父子间有所不同也很好理解。一位个性鲜明的父亲，在儿子眼里，其个性往往会成为缺点；所以，在儿子的潜意识里，从小就做好了改变的准备。我们常说的“隔代亲”，其实应该是“隔代像”更为准确。

像李渊和李世民的性格差异就很大。由于上一代的原因，李世民更加霸气，也更加执着。由于各自不同的经历，李渊可以豁达到似乎没心没肺，李世民却会执着地防患于未然。但无论如何，李唐皇室不可能像杨广那样极致地好大喜功，因为他们既没有杨广那些经历，也不存在杨坚那样的反面典型。其实，从李虎、李渊和李世民身上，就能看到以后李唐皇室的性格和作风。

玩儿命折腾的杨广，迟早会丢掉江山。而反隋的第一枪是杨玄感打响的。

杨玄感是杨素的嫡长子，袭封楚国公。杨素的先祖世代为官，爷爷杨暄，官至北魏辅国将军、谏议大夫；父亲杨敷，曾为北周汾州刺史。杨素本人，更是文韬武略冠绝当世，又是杨广的铁杆死党，官至司徒、司空，袭封楚国公。

杨玄感是在礼部尚书任上，在黎阳（今河南鹤壁浚县东北）督运粮草时起兵造反的。其实，早在公元609年，杨玄感就想对杨广下手。那是在杨广征讨吐谷（yù）浑后、回程走到大斗拔谷时，杨玄感看到杨广的随从官员都疲惫不堪、防守松懈，就想趁此良机、刺杀杨广，改立秦王杨浩为帝。但那个时候，杨玄感的叔父杨慎制止了他的鲁莽举动，因为杨慎认为，现在的隋朝士心尚一，国未有衅，不可图也。

杨玄感为什么如此仇恨杨广呢？又为什么如此胆大妄为呢？最主要的原因应当是杨广对他们杨家的猜忌使他感到了不安。累代显赫的家境使他感到不能束手就擒，杨家门生故吏的庞大规模也使他有底气去改朝换代。但正如他叔父所说，此时显然时机未到。

可见，杨玄感有些急躁，对时机的把握不够准确，这将成为他以后失败的主要原因。但此时反隋，似乎已成天下潮流。

李子雄、李密就是杨玄感反叛的支持者。李子雄，是冀州刺史李桃枝之子，曾跟随北周武帝宇文邕平定北齐，隋朝时历任民部尚书、右武卫大将军。李密的家世更为显赫，是昔日“八柱国”之一李弼的曾孙，又袭其父李宽的蒲山公爵位。李密曾受杨素大恩，又与杨玄感志趣相投，遂成莫逆之交。

公元613年春，隋炀帝第二次东征高句丽，命杨玄感在黎阳郡督运粮草，杨玄感决定趁机起兵造反。

这一次倒是做了充足的准备。首先，以反贼断路为由，延迟发运粮草，企图掐断大军的后勤保障；其次，在征辽大军中安插亲信，通过时任兵部侍郎的斛斯政，不但能够掌握大军的动向，还把他的两个弟弟，武贲郎将杨玄纵、鹰扬郎将杨万硕早早地从前线召了回来；再次，为了掩人耳目，他借来护儿率军前往平壤的机会散布谣言，谎称来护儿领兵造反，这样他就名正言顺地率军进入了黎阳县驻防；最后，他以讨伐来护儿为名，号令征召黎阳周边州郡兵马。一时之间，杨玄感得以统兵近万人。

此时，李密接到消息，也由长安来到军中，即刻为杨玄感定下上中下三大策略：北据幽州，断隋炀帝后路，为上策；西入长安，控制潼关（今陕西潼关附近），为中策；就近攻洛阳，则胜负难测，为下策。

我们来看李密的策略。

擒贼先擒王，先解决掉杨广行不行？应当可行。此时已与四年前大不相同，农民起义渐成星火燎原之势，军心涣散已至崩溃边缘，所有矛盾和怨恨都集中指向杨广。此时，如果杨玄感率军扼守蓟州要道，南有大海、北有胡戎的形势之下，杨广远征的疲惫之师很快就会弹尽粮绝。登高一呼，成功的可能性很大。

退而求其次，如果率军迅速占领首都长安，即便杨广率军返回，也可以据天险与之抗衡。这条策略应当也是可行的，稍后的李渊就是这么干的。但不足之处在于李渊这么干时，杨广在江都已朝不保夕；而此时的杨广，似乎还没到山穷水尽的地步，这就是这条策略的风险。

那么，如果直取东都洛阳呢？从位置上来看，当然是最近的；但从形势上来看，此时的洛阳，已成为沟通南北方的重要枢纽，不仅城池坚固，而且有重兵把守，最关键的是此处交通便利，援军顷刻间就能赶到，不能速战速决，必定会对杨玄感不利。

但杨玄感偏偏采用了就近攻打洛阳的策略。

他的理由是正因为东都繁华，所以文武百官都把家安在了洛阳，不取洛阳，怎么能震慑百官、号令天下？这是门阀豪族出身的杨玄感犯下的第一个致命错误：一出场就企图所有的聚光灯都打到他一个人的身上。

于是，杨玄感率军从汲郡（今河南卫辉一带）渡过黄河，围攻东都洛阳。留守东都的越王杨侗，命民部尚书樊子盖调兵防御。刑部尚书卫玄，率军队数万从关中赶赴洛阳。杨广又派武贲郎将陈棱（líng）进攻黎阳，武卫将军屈突通屯兵河阳（今河南孟州一带），左翊卫大将军宇文述和右骁卫大将军来护儿相继率军驰援洛阳。

四面围困之下，杨玄感虽然英勇善战，却不得不放弃洛阳。

此时，如果杨玄感采纳李密的建议，直取关中，也可据此根据地与隋军抗衡。但此时的杨玄感又犯下第二个致命的错误：当他率军接近弘农宫（今河南陕县，三门峡西）时，贪念此地粮仓丰裕，又误以为当地兵力空虚，便执意留下来攻打弘农宫。

三天，足够隋朝追兵再次完成对杨玄感的合围。至此，他插翅难飞。

如果说攻打洛阳是杨玄感的战略失误，攻打弘农宫就是他战术的失误。不敢采用上策，回避正面与杨广的对决，至少说明他缺少点帝王的霸气。但他企图以占据洛阳来宣示他的横空出世，又至少说明他缺少步步为营的脚踏实地。

上没有够到天，下没有踩到地，可能就是像杨玄感这样的豪门子弟的通病。这样的天然缺陷，势必导致其战术不断失误。即便他不在弘农宫折戟，也会败在其他地方，所以，杨玄感失败是必然。失败的杨玄感，不愿受辱，死在他弟弟杨积善的刀下。

杨玄感叛乱很快被平息，杨家满门被灭。

杨玄感虽然失败了，但他的起兵造反动摇了隋朝的统治，揭开了反隋大潮的序幕。梁郡（今河南商丘）韩相国、余杭（今浙江杭州）刘元进、吴郡（今江苏苏州）朱燮、晋陵郡（今江苏常州）管崇等人纷纷起兵，天下穷苦百姓更是一呼百应，揭竿而起。

杨玄感兵败之后李密被俘，设计逃脱后便隐姓埋名流落江湖。辗转多地后，在公元616年，通过王伯当的介绍，李密投奔翟让。因翟让在东郡（今河南滑县）发动农民起义，以韦城瓦岗寨（今河南滑县南）为根据地，所以他的部队也称瓦岗军。

瓦岗军的死结

李密初来乍到，就遇上荥阳太守杨庆和齐郡通守张须陁（tuó）带兵讨伐瓦岗军。面对强敌翟让惊恐不已，李密自告奋勇率军出战，设伏大败杨庆，并斩首张须陁。此后，李密建议翟让夺取兴洛仓，翟让犹豫不决，李密又领兵作为先锋攻克兴洛仓，开仓放粮，赈济百姓，受益的人数达几十万之多。

从兴洛仓储粮的丰富，可见隋朝的富裕程度；而由李密的放粮之举，也可想而知瓦岗军此时的影响力。看到瓦岗军日益壮大，越王杨侗派遣虎贲郎将刘长恭率兵二万五千人讨伐李密，又被李密一举击溃。

如此乱世，如此手段，如此功绩，再加上李密的豪族身份和战略眼光，他当仁不让地成为瓦岗军首领的不二人选。当上首领的李密称魏公，将起义大军驻扎在洛口（今河南巩义东北），直逼东都洛阳。

李密为什么要把进攻洛阳作为他的战略首选呢？难道他忘记了西进长安吗？那可是他当年一再给杨玄感提出的建议呀！难道虎贲郎将裴仁基等隋朝众臣的归附，再加上山东民变首领孟让等人的加入，使李密认为他们的力量今非昔比了吗？不能排除这样的原因，李密的实力，确非当初的杨玄感可比，攻取洛阳，似乎也是可以接受的方案。

其实，实力的空前强大，反倒成为他西进的主要障碍。正如李密所说：队伍中主要将士都是山东人，没有攻克洛阳，谁愿意跟我向西入关？何况许多部将出身于绿林，把他们留下必会各自称王，真到了那个时候，局面将难以收拾。

可见，李密的众将不和，源于理念的不统一；理念不统一，源于不同的地缘和出身；这种根深蒂固的观念，又指导着他们的行动。尽管这样的行动与当时的形势并不相符，但这些又不是靠短期的所谓思想改造就能轻易解决的问题。

李密的死结，在李渊那里压根儿就不存在；李密梦寐以求的战略，在李渊那里水到渠成般地就能实施。这是李渊的幸运，也是李渊用隐忍换来的结果。

李渊的力量积蓄，是悄无声息地进行的。

李渊留守太原，他密令长子李建成在河东广交天下英雄，命次子李世民在晋阳秘密招揽人才。时值马邑军吏刘武周起兵反隋，他更是以此为借口在太原招兵买马、囤积粮草、打造兵器，并将这些兵马交给心腹长孙顺德、刘弘基等人训练和节制。

已经看出李渊有异动迹象的两个太原副留守王威和高君雅，在武士彟（yuē）的软硬兼施、百般阻扰下，还没来得及将情报送给杨广，就被李渊以勾结突厥为借口而杀人灭口。

其实真正勾结突厥的正是李渊。为了解除后顾之忧，他答应突厥的始毕可汗，攻下长安后，宫中的女人和财宝归突厥所有。李渊的承诺甚至让始毕可汗都觉得无功受禄而不好意思，特意提出可以派兵助李渊一臂之力。不想引狼入室的李渊只是接受了他们赞助的战马，婉拒他们派遣大军前来。

熟知李密谋略的李渊，怎么会忽略这个强大对手的存在，他低声下气地写信给李密，衷心表示拥戴他登基称帝，至于自己，能再做唐国公也就心满意足了。

不知是李密低估了李渊，还是他实在抽不开身，事实上，全力攻打洛阳的李密，反倒成了李渊的挡箭牌，替他挡住了东南方的隋军主力。

万事俱备，公元 617 年，李渊打出复兴隋室的旗号，在晋阳起兵，直取长安。

一代更比一代强

此时的天下，狼烟四起，群雄逐鹿。杜伏威占据历阳（今安徽和县），王世充入据洛阳，刘武周兵进汾阳，梁师都据朔方郡起兵，窦建德乐寿加冕称王；李密更是以反隋盟主的身份，攻下兴洛仓，逼近洛阳。

现在李渊又横空出世，立杨侑（yòu）为帝，尊杨广为太上皇，打着复兴隋室的旗号，在大业十三年（公元 617 年）七月，率军三万誓师南下。尽管是“司马昭之心，路人皆知”，但这样的旗号，至少规避了造反的罪名，可以在政治上立于不败之地。

可见，李渊一开始就走在正确的道路上。

七月晋阳起兵的李渊，令四子李元吉留守太原，带领李建成、李世民兄弟二人，率军向关中进军，十一月就攻克长安。次年，杨广在江都被他的骁果（御林军）杀死。同年五月，李渊威逼杨侑退位，自己即皇帝位，唐朝由此建立，年号武德。

至此，李渊基本完成了他的历史使命。

虽说在之后扫荡群雄、东征洛阳、统一全国的战争中李渊继续坐镇中枢，虽说他为初唐的建章立制、治国理政奠定了根基，但属于他的时代却将渐行渐远。

这不是历史的厚此薄彼，也不是记载的刻意弱化，而是因为李渊的性格、作风以及能力等方面，已经不能适应扑面而来的新的形势变化。

这绝不是李渊的无能，一代人有一代人的经历、责任和担当，不能要求任何人成为超越时代的“超人”。其实，正是这样一代接续一代的努力，才能推动历史前进和发展。李渊在他这一代，已经做得相当出色。

接下来要登场的就是李世民。

李世民为李渊的正妻窦皇后所生。窦皇后共生四子，老大李建成，老二李世民，老三李玄霸（早亡），老四李元吉。

李世民所谓的初出茅庐的第一战，是去救援隋炀帝杨广。隋朝末年，杨广在雁门（今山西忻州代县北）被突厥围困，李世民随屯卫将军云定兴部前往救援。鉴于当时敌众我寡的情势，李世民建议云定兴大张旗鼓，用瞒天过海的方法误导突厥，使其深信遇到了隋军主力。果然，突厥上当，不战而走。

年轻的李世民已经洞悉突厥人“打不赢则跑”的特点，而且他深知突厥关注的只是财物，并无政治企图。即便围困杨广，也没有非要将其置于死地的想法，所以，他敢于建议虚张声势而不出击。他这样的建议其实存在风险，本来不是主将的他可以什么话都不说。可见，即便不说此时的李世民有多么智慧和果敢，至少他敢于，或急于发表自己的意见。

公元617年，李世民十八岁，随父亲李渊留守太原。当时高阳起义首领魏刀儿领兵进攻太原，李渊率部抵挡被围困。李世民率骑兵突入敌阵，一马当先，于乱阵之中救出李渊，再和外围步兵合力，大破敌军。

英勇善战的李世民，礼贤下士，豪放疏财，士人、侠盗无不聚其麾下，听命效死。这倒是符合李世民的出身、经历和志向。如此出身，自然不会小家子气；如此经历，自然不会妄为狂傲；如此志向，自然能够海纳百川。

晋阳起兵，李世民率先攻下西河，任右领军大都督，统领右三军，封敦煌郡公。

大军西进贾胡堡时，遇到了起兵以来的第一个挫折。

隋将宋老生率精兵二万，屯驻霍邑（今山西霍州）阻挡大军西进。当时恰逢阴雨连绵，粮草又接济不上，李渊就想返回太原再做打算。李世民和李建成兄弟两人苦劝李渊，言若临阵脱逃，必遭灭顶之灾，李渊终于接受了他们的建议不再撤退。

统一思想、调整方向后的李渊军队，利用李世民引蛇出洞的计策，斩杀宋老生。

此后他们一路势如破竹。大军行至河东（今山西西南部），又兵分两路：李建成、刘文静屯兵永丰仓（今陕西华阴）以守潼关；李世民率军渡过黄河，平定渭北。

李世民所到之处，可谓百姓箪（dān）食壶浆以迎王师，络绎不绝投军报效。率军至泾阳时，又剿灭胡贼刘鹞（yào）子，此时，李世民仅精锐之师就达九万多人。李世民留下殷开山、刘弘基固守长安，又率军杀奔司竹，与农民起义首领李仲文、何潘仁、向善志等会合，屯兵阿城，李世民再获兵力十三万之多。

这里要说一下平阳公主这位女中豪杰。平阳公主是李渊的三女儿，是李世民的同胞妹妹。隋朝末年，她随丈夫柴绍居住在长安。李渊晋阳起兵后，平阳公主立即回到鄠（hù）县自家庄园，散尽家财，招揽侠士数百人，又招降了多支像丘师利这样的起义队伍，实力大增之后，领兵攻取武功、始平数县，威震关中。这次，她和柴绍就是带着这支

七万多人的队伍来和李世民会合的。

晋阳起兵，用时四个月，攻取长安。李世民被封秦国公，也称秦王。此后，李世民更是带领他的部队扫荡群雄，在统一全国的战争中，厥功至伟。

扫清北方群雄

坐镇长安第一战，是迎战薛举的十万精兵。逼近渭水之滨的薛举，被李世民率部斩杀一万多人，成就了李世民的率部凯旋。

薛举，因其父在金城校尉任上造反起家，到他这里，尽占陇西之地。公元 618 年，薛举的儿子薛仁杲（gǎo）继位。李世民再次率军征伐，双方互筑营垒，深挖壕沟，对峙相持六十多天。等到敌军锐势逐渐消退之时，李世民采用声东击西的战术：在浅水原南，派庞玉率军列阵佯攻；而大军主力则埋伏在浅水原北。战斗打响，李世民出其不意，亲率数十名精锐骑兵杀入敌阵，斩杀数千人，不但大获全胜，还对薛仁杲的老巢完成了合围，无力回天的薛仁杲被迫投降。

此战一举荡平陇西匪患，俘获精兵一万多人，随军男女更是多达五万余口。李世民也因此战之功，加授左武侍侯大将军、凉州总管，总揽关东兵马。

平定了陇西，太原、晋阳又烽烟再起，可谓按住葫芦起了瓢。李仲文、裴寂部抵挡不住，以至于李渊都想弃车保帅：守住关西，抛弃河东之地。

在此危难之际，李世民再次请缨，力保太原、河东这样的王业根基和京城屏障之地。

太原被刘武周占据，晋阳被宋金刚攻陷。刘武周是在马邑校尉任上起兵造反，依附突厥，迅速崛起。在易州界（今河北易县）起义的宋金刚，曾和魏刀儿结盟，魏刀儿先被李世民打败，后为窦建德所灭，于是孤掌难鸣的宋金刚投靠了刘武周。他建议刘武周占领太原，以此为根据地向南争夺天下。刘武周非常欣赏宋金刚，采纳了他的建议。宋金刚作为先锋，一路攻城略地，直至攻陷晋阳。

事后回顾，从当时的形势以及他们的处境来看，除了投降唐军，占据太原确实是他们最好的选择。以后的窦建德也有过这样的考虑。但不够幸运的是，他们碰上了李世民这样的对手。

李世民率军渡过黄河，进驻柏壁（今山西新绛西南）与宋金刚大军对峙。李世民审时度势，认为敌军的精锐尽在先锋宋金刚部，太原必然空虚，为确保老巢安全，敌方必欲速战。依此判断，他命令大军高筑营垒、养精蓄锐。果然，孤军而粮尽的宋金刚只能率军仓皇突围，李世民趁机挥军一路斩杀，刘武周和宋金刚兵败，逃往突厥。后二人在背弃突厥想逃回马邑重整旗鼓时，为突厥所杀。

隋末苦役激起民变，确实是因为民不聊生，不得不反。但起事者也良莠不齐、目的各异，大浪淘沙之下，像刘武周、宋金刚这样也算一代枭雄的人物逐渐退出历史舞台。

这些人认不清形势，摆不正位置。号令天下，似乎不能服众；追随别人，确又心有不甘。当老板不行，当员工也不行，挣扎到最后，别说他们自己认为不行，就是别人也不敢再用他们，失败的标签就这样牢牢地贴在他们身上。但个人的悲剧不能掩盖他们投身历史洪流的事实，历史的合力，当然也有他们的一份贡献。

值得一提的是，此战之后不久，原来追随刘武周的尉迟恭等人就率领残部八千多人归降李世民，后来成为李世民手下不可多得的悍将。此战河东之地全部收复，李世民因功加封为益州道行台尚书令。

扫清北方群雄，李唐大军将直指东都洛阳。

洛阳城防坚固，叛军林立，确实是一块难啃的骨头，难怪李密当年把攻取洛阳定为下策。然而，风云际会之下，轮到他的时候，他却别无选择。因为执意，或是无奈地攻打洛阳，致使他功败垂成。

斩杀翟让，使得瓦岗军内部人心涣散；接受杨侗册封，攻伐宇文化及，使得瓦岗军遭受重创；渔翁得利的王世充再给李密最后一击。走投无路的李密，先降唐后又反唐，最后被杀。文韬武略的李密彻底倒下了，倒在他壮志未酬的烽火狼烟之中。

李密的失败，看似是战略的失误，似乎又有点膨胀的骄傲，还有些战术手段的运用不当。事后看，无疑这些因素都是存在的，但关键的是，他没有自己的核心团队，没有自己的所谓“子弟兵”，所以战略无法实施。

杨广在江都被杀，直接原因就是人心思归。李世民的所向披靡，依仗的班底就是关中子弟。“子弟兵”最大的好处并不在于忠诚和善战，而在于理念的高度一致，这种天然一致的理念，会使他们的方向、利益，甚至行为、习惯自然而然地趋向一致。这种根深蒂固的统一，尤其是在戎马倥偬、转瞬就要做出决策、立即就要投入行动的关键时刻，将会爆发出惊人的力量。

以这样的团队为核心，不断吸纳新鲜和优秀的力量，同化他们的理念，倚重和学习他们的能力，就可以打造出一支战无不胜的钢铁之师。显然，李密没有做到，但李世民做到了。他不仅几乎全部接纳了李密的班底，而且水乳交融地将他们整合在自己的队伍之中。不只他们，像之前的尉迟恭和屈突通等人，都是投诚后受到李世民的重用，从而心悦诚服地追随李世民的。之后，这样的人和事更是层出不穷。其实，这是李世民一贯的做法。

尉迟恭和屈突通都是唐朝名将，但原本都不在李世民帐下。尉迟恭曾跟随刘武周起兵，兵败归唐，赐名尉迟恭，追随李世民南征北战。屈突通，北周邛州刺史屈突长卿之子，隋初，袭封邑川县公，曾参与征讨高句丽和平定杨玄感叛乱；李渊晋阳起兵，屈突通虽力战，无奈兵败投降，后授兵部尚书、蒋国公，李世民行军元帅长史。

尉迟恭和屈突通就是李世民不计前嫌、知人善任的典型代表。正如李世民所说："昔萧王推赤心置人腹中，并能毕命，今委任敬德，又何疑也。"

其实，早在公元617年，李世民就对洛阳做过试探性的进攻。当时任右元帅的李世民统兵十万前往攻伐洛阳，前方形势复杂，战况胶着，后方关中不稳，为避免腹背受敌，才果断撤军。

但在回程的路上，李世民设下三道防线，隋将段达果然领兵追击，李世民趁机杀了一个回马枪，率军一直将段达追到洛阳城下。此战之后，李世民在占据的宜阳和新安两地，分别设置熊、谷二州，驻军防守。

此次远征，虽然没有攻克洛阳，但也相当于在洛阳城下、敌军的眼皮子底下建起了堡垒，嵌入了钢钉。班师回京的李世民进封秦王，领雍州牧。

花开花落洛阳城

地处中原、沟通南北的东都洛阳，自然是兵家必争之地，其形势变化之快，早已不是李世民三年前征伐时的情景。

公元616年秋，隋炀帝杨广离开洛阳前往江都，他的孙子杨侗留守东都洛阳。公元618年春，宇文化及等人在江都杀死杨广。同年夏，杨侗在元文都、王世充和卢楚等大臣的拥立下登基称帝，而在江都的宇文化及也拥立杨浩为帝，他自任大丞相，总揽朝政，召集十万兵马，胁迫杨浩御驾亲征洛阳。

说来也是可笑，两个杨家的所谓皇帝，放着已经称帝的李渊不管，自己先打起来了。当然，他们只是台前的那个木偶，幕后提线的那帮家伙，如宇文化及、王世充等愚蠢贪婪之徒，不要说家国情怀，就连一点战略先后都分不清。但能分清楚的李密又能怎么样呢？他只能死战宇文化及。

此时的李密正在围攻洛阳，王世充屡屡战败，宇文化及又兴兵北上。自知不敌的杨侗突发奇想，派使者盖琮、马公政去招安李密，诱饵是官封太尉、尚书令，封魏国公，条件是阻击宇文化及。

李密会答应吗？

事实上，他答应了，也去做了。宇文化及是挡住了，但损失惨重之下，余部被以逸待劳的王世充尽数剿灭。

李密这种近乎戏剧性的操作和转变，的确匪夷所思。

穷究之下，所谓的“精于术者，必死术下”是有道理的，以谋略见长的人，很有可能会为他所谓的谋略所害。可能是李密想的太多了，什么好处都要获得；也可能是他太急了，什么机会都不放过。他不能眼睁睁地看着进入中枢、掌控朝廷的巨大利好旁落，也没有坐山观虎斗而等待对方两败俱伤的耐心。

显然，他没有把洛阳众臣和宇文化及的十万兵马放在眼里，盲目的自信最终害了他。而所有这些，归根结底还是因为他没有“子弟兵”，他能做的只有用一场又一场胜利来奠定他的地位，他终究会累死在追求下一场胜利的路上。

剿灭李密的王世充，又相继清除了洛阳宫中的异己大臣，杀死杨侗，登基称帝，国号郑。此时的洛阳，坐拥兴洛仓和黎阳仓，富甲天下。此时的王世充，聚集了秦琼、李君羡、罗士信、裴行俨、程咬金、李孟常、单雄信、张亮等将领，可谓人才济济。

本可以大展宏图的王世充气量狭小、任人唯亲，又缺乏把这些文臣武将捏沙成团的魄力和手段，最终致使这些瓦岗旧将集体出走。后来他们在李世民手下如鱼得水，建功立业。

王世充，原姓支，西域胡人，后随母改嫁姓王，自小也算博览群书，后因军功不断升迁。他在担任江都宫监一职时，得以近距离溜须拍马杨广。后参与平定杨玄感叛乱，又因镇压山东农民起义有功，声名鹊起。公元 617 年，被李密打败，入据洛阳。

李世民平定河东之后，心腹大患除了王世充，就是占据河北的窦建德。

窦建德，山东人，世代务农，公元 611 年率众随高士达起义，攻城略地，屡破隋军，逐渐占据河北之地。公元 618 年，窦建德在河北乐寿（今河北献县）称帝，国号夏。

李世民剑指洛阳

公元 620 年秋，李渊派李世民率军东征洛阳。

唐军定下的策略是先攻占洛阳，铲除王世充，再剿灭窦建德，夺取河北。随着战局的发展，唐军却被打了个措手不及，因为他们没想到窦建德和王世充联手。

显然，这是战略的失误。昔日取长安时，他们知道联络突厥，以防腹背受敌，这次为什么不对窦建德稍作安抚？是不能还是不为？估计轻敌的可能性比较大。

反观王世充，则是高度重视、积极备战。他明白，这是倾国之战，决定的是他最终的前途命运。为了固守洛阳，他设置了内外两条防线。首先，他调防东都各州精锐部队集结洛阳，设置四镇将军分守四城；其次，他在虎牢［今河南荥阳汜（sì）水］、怀州（今河南沁阳）、襄阳等外围要地设置重兵把守。此外，在加强防御的基础上，王世充又亲率三万骑兵和步兵的混成部队，用来加强进攻。

从双方对战争的态度和准备情况来看，王世充显然胜出一筹。

唐军远道而来，取攻势；郑军以逸待劳，呈守势。攻守的难易程度本来就存在差别，再加上唐军来攻，还有退路，而郑军是被欺负到了家门口，自然退无可退。

从战争前期的所有这些因素似乎能看出这场战争的走向，但双方谁也没想到，这场战争的打响，是从一场意外开始的。

进入洛阳战场的李世民，安营扎寨之后，就命先锋大将罗士信进攻慈涧（今河南洛阳新安磁涧），王世充急率他的三万大军前来增援。然而，此时的李世民正率领一支轻骑兵在慈涧周围侦察，双方不期而遇，李世民被团团围住。

如此天赐良机，王世充是否喜出望外？

事实上，他没能笑得出来。他一定没有意识到，他此时的笑声，本可穿越千年而余音绕梁。可惜，镇定自若的李世民左右开弓、箭到人亡，带领这样一支轻骑兵，纵横冲杀，如入无人之境。后又在屈突通率军接应之下，大败郑军。

如此巧遇的仓促应战，李世民的临场应变能力显然胜过王世充。

冲破重重包围、毫发无损地回到军营，二十出头的李世民此时该是何等飒爽英姿。带领数骑独闯敌阵这种事情，李世民以前可没少干，之后也经常这么干。这不仅是艺高人胆大，还需要足够的智慧。

第二天，李世民卷土重来，亲率五万大军进攻慈涧，王世充不战而走，率军撤出慈涧，退守洛阳。看到唐军如此声势浩大，洛阳周边郡县纷纷望风归附。不到两个月，不战而降的就达三十多个州。

为了完成对洛阳的合围，李世民开始调兵遣将：王君廓兵出洛口（今河南巩县），史万宝占领龙门（今洛阳龙门），黄君汉攻占回洛仓，刘德威包围河内。企图从东南西北四个方向将洛阳团团围住。李世民亲率主力，驻扎于北邙（máng）山，调度策应全局。

随着包围圈不断缩小，不愿意坐以待毙的王世充率一万精兵，在洛阳城北摆下战场，决定与唐军来一次正面交锋。但实力过于悬殊，此战郑军一千多人战死，六千多人被俘，王世充只身逃走。而唐军少有伤亡。王世充逃回洛阳后紧闭城门，加强戒备，再也不敢出城迎战。

面对闭门不战的王世充，唐军却一刻也没有闲着。

十月，罗士信连续攻克了洛阳城西北据点硖（xiá）石堡和东北据点千金堡；十一月初，李大亮攻克襄阳外围的樊城镇，占领十四座城池；十一月末，李大亮再度攻占沮州（今湖北南漳）、华州（今陕西渭南）等地；十二月，许州、亳州、随州等十余州先后降唐。

坐困愁城的王世充，困兽犹斗之际想到了占据河北之地的窦建德。

此时，能救他的也只有窦建德了。两人早年也算交好，只是王世充杀杨侗自立为帝后，窦建德才与他绝交。窦建德此人也算仗义本分，尤其是“忠君”观念根深蒂固，当年宇文化及杀杨广，他就发誓要为隋炀帝讨还血债。事实上，他也做到了，宇文化及称帝后不久就被窦建德杀害。

窦建德这样的人都能造反称帝，可见当时的隋炀帝杨广把老百姓逼到了什么地步。而与王世充有如此隔阂的窦建德，能答应他的请求出兵救援吗？

事实上，窦建德答应了。毕竟当初因为王世充杀杨侗而与之翻脸，高举的是所谓“政治正确”的大旗，窦建德还不至于愚蠢到要为隋朝殉葬的地步。否则，他为什么造反？为什么称帝？再说，隋朝那面“破旗”，早已被连他在内的“群狼”撕扯得粉碎零落。

窦建德明白，没了王世充，就会轮到他窦建德了，唇亡齿寒的现实使他不得不选择去救王世充。但救又有各种方式，窦建德采用了拖延的战术。显然，他想要坐山观虎斗，以收渔翁之利。

与窦建德的悠闲相反，洛阳这边激战正酣。

武德四年（公元 621 年）正月，屈突通带兵巡营时，突然遭遇郑军，郑军将领葛彦彰将屈突通部团团围住，却被及时赶到的李世民率领玄甲军歼灭六千多人，葛彦彰被俘。

二月，王世充的长子王玄应从虎牢关押运粮草到洛阳，被早已接到情报的李君羡一举击溃，截获全部粮草。

遭遇战不胜，对攻打不赢，现在连情报战也处于下风，窦建德的救兵又迟迟不到。恼羞成怒的王世充决定找机会与唐军殊死一搏。

这一战，就是李世民东征洛阳以来，与王世充的第一场恶战，即青城宫之战。

武德四年（公元 621 年）二月，王世充趁李世民移防青城宫之际，率二万精兵出洛阳城北，铺天盖地地杀向唐军。正在扎营立足未稳的唐军一时阵脚大乱。

李世民首先派精锐骑兵在北邙山下列阵迎敌，接着命屈突通率五千步兵渡谷水进击王世充。李世民自己又一次仅带数十骑精锐从敌军背后直插敌阵。最危险时，李世民身边仅剩丘行恭一人跟随。当时，就连他的战马也中箭倒毙，换上丘行恭的战马后，马上马下二人联手冲杀，突出重围。

青城宫之战打得极为惨烈，双方从早晨一直厮杀到下午。正如李世民所说，这次王世充是倾巢而出，背水一战。实在没有办法的王世充妄图靠此战扭转局势。但由于硬实力的落后，王世充最终还是无奈

撤军。唐军此战大胜，斩杀并俘虏了郑军七千余人。

此时，虎牢关也被李勣（jì）与沈攸攻陷。李世民大军顺利完成了对洛阳的合围，王世充困守孤城。然而，攻打洛阳城却成了东征以来第一块难啃的骨头。

洛阳城防坚固自不必说，城内还装备了大量的重型武器，如可以将五十斤的石头射出二百步远的大炮等，再加上王世充的防御极为严密，唐军猛攻十几日，伤亡巨大，洛阳城却岿然不动。

面对这样的实际情况，李世民改变策略，他命军士深挖壕沟、高筑营垒，切断了洛阳城与外界的一切联系，围而不打，企图困死郑军。因为他判断，王世充看似占据的地方很多，但不过都是些名义上的部属，他实际能够管辖的只有洛阳城。而且，这一段时间以来，向唐军投诚的州郡络绎不绝，更让李世民坚定了围城的策略。

但他此时却忽略了窦建德，所以他“围点”而不“打援”的策略显然不够完善，而他也即将为这样的不完善付出代价。

东征洛阳的战事即将进入第二个阶段。

虎牢关大捷

唐军的围困无疑害惨了洛阳城内的军民。就算不忍描述，也可以想见百姓饿死大半的洛阳城该是怎样的一座人间炼狱。

看热闹不嫌事大的窦建德也没有想到，王世充会败得这么快、这么惨。他不能再作壁上观了，于是即刻起兵南下，驰援洛阳。三月，窦建德率领十万大军，攻克了唐军驻守的管州（今河南管城）、荥阳、阳翟（zhái）（今河南禹州）等地，直逼虎牢关。

腹背受敌的李世民遭受出兵洛阳以来第一次巨大的危机。他果断调整策略，决定兵分两路：一路由李元吉与屈突通率领，继续围困洛阳；另一路则由自己亲率三千五百名精锐骑兵赶赴虎牢关，扼守通往洛阳的咽喉要道。

在虎牢关窦建德至少犯了两大错误：其一，他本来先到虎牢关，但他没有扼守关口，反而分兵去占领更远的阳翟；其二，他没有听从凌敬占领汾、晋两州的建议。

犯错就要付出代价，在虎牢关前，和李世民僵持一个多月的窦建德屡次战败，军心士气锐减。此时，凌敬建议：渡河北上，夺取怀州、河阳，翻越太行山，进入上党，占领汾州（今山西汾阳）、晋州（今山西临汾），向蒲津（今山西永济西）进攻。

这样做有三个好处：一是如入无人之境，可获全胜；二是可以开疆拓土，壮大实力；三是起到围魏救赵的作用——后院起火，唐军必然放弃洛阳。

有时真可谓“不是没有好员工，缺的是一个好领导”。窦建德显然不是一个好领导。昏庸的领导自然会昏招频出——窦建德要和李世民决一死战。

当然，如果结合以后的战况和实力，窦建德即便采纳凌敬的建议，充其量也只是苟延残喘而已，刘武周走不通的路，窦建德也实在高明不到哪里去。何况此时的唐朝可谓天下归心，再加上李世民所率领的军队已经呈现席卷天下之势，此时割据造反实在不合时宜。

公元621年，窦建德和李世民在虎牢关开始了他们的巅峰对决。

李世民事先散布假消息，以去黄河北岸放牧为由，诱使窦建德出击。信以为真的窦建德决定趁机对虎牢关发起总攻。倾巢而出的窦建德部铺天盖地，前后连绵二十多里。

以逸待劳的李世民却只率领着三千五百名精锐骑兵，迅捷、勇猛地杀入敌阵。谁想秦叔宝、程咬金等猛将一顿“砍瓜切菜”般地冲杀，就冲散了敌军阵型，窦建德大军全线崩溃，残兵败将四散奔逃，窦建德被生擒。

虎牢关一战，李世民以三千五百骑兵，击溃了窦建德的十万大军，实乃战争史上的奇迹。李世民之所以能够创造这个奇迹，除战略的失误将他直接带入这场战争外，在判断敌情、果断决策、抢占先机，乃至谋略调度、临场指挥，甚至英勇善战等方面，无疑都和窦建德不在一个层面。

虎牢关大胜，李世民将俘虏的窦建德五花大绑，送到洛阳城下。此时的王世充已回天乏术。武德四年（公元 621 年）五月初九，王世充身穿白衣，带领文武百官两千余人出城投降。

第三章
豪赌逆袭

并不低调的李世民

李世民可不是一个低调的人。

凯旋回京的李世民亲自导演并领衔上演了一出盛大的入城仪式。

一万名黑色铁甲骑兵开道，三万名重装武士殿后，鼓乐吹奏分列两旁。如此浩荡的仪仗部队，绵延排开达两公里以上。众星捧月一般走在队伍最前面的自然是李世民，他身披黄金盔甲，胯下高头战马，英姿飒爽，春风得意。

如此高调的李世民意欲何为？

上有父皇李渊，下有兄长、太子李建成，李世民的这些成绩难道不应该归功于这两位“顶头上司”吗？这些可能真的只是我们现代人的臆想吧。

先来看看当时的唐朝皇帝李渊是怎么做的。

李渊觉得自古以来已有的所有官职称号，都不能与此时李世民的功勋相匹配。所以，他特意为李世民独创了一个官号叫“天策上将”，明确说明此官职的荣誉、地位在所有的王公之上。

至少从这点来看，李渊是一个好领导。肯定和嘉奖好员工难道不是好领导应该做的吗？也正是因为有这样一个好领导，李世民才能够如此高调。然而此时，他的高调难道不是李唐的幸事吗？难道非要像张良不问世事，像萧何贪腐自污那样才是明智的做法吗？

把一个曾经的热血青年逼到托名神仙而遁世，把一个旷古的治国奇才逼到与民争利而自保，这样的所谓低调，难道不丑陋吗？显然，那一定是他们所处的环境出了大问题。

而此时，历经数百年的磨难和洗礼，新的民族正在蓬勃崛起，新的文明正在孕育发轫。猎猎的历史雄风浩荡，孱弱正在被连根拔起，坚韧即将摇曳在历史的罡风之中，那必将是舍我其谁，那必将是傲然挺立，那必将是光辉璀璨。

站在历史潮头的李世民，怎么可能老气横秋？怎么可能萎靡世故？他怎么可能不高调？那本来就是他的性格特点，而他的这个特点，又和他所处的时代丝丝相扣。

但据此就认定他此时就有夺嫡之心、篡位之举，似乎太早了些，更似乎有点武断。

因为随着国内逐渐安定，李世民卸下鞍马，转而专心研读经典，开设文学馆以接待天下士子。像以后大名鼎鼎的杜如晦等人，就是在这段时间，经常通宵达旦地与他讨论经义，从而彼此相熟、相知。

此时二十岁出头的李世民，好学上进、深谋远虑、英勇善战，甚至不加掩饰地高调，都应该是他性格的自然流露和本真表现。

试想，独闯万军丛中，难道只是为了争夺帝位而刻意地表现吗？不说这样的表现能不能夺得帝位，就算是让你冲一次，就给你个皇帝的宝座，又有几人当真能够付诸行动？在讨伐刘黑闼（tà）时，李元吉不就多次坚辞带兵冲锋的重任吗？再说，当上皇帝的李世民也没少单枪匹马对阵敌军。那时，他又是什么目的呢？所以，以夺嫡为目的来解读李世民的行为，显然不够严谨。

李渊的困惑

但说李世民压根儿就没有夺嫡之心，那似乎也不符合事实。事实是，随着李世民的功绩越来越大，别说太子忌惮，恐怕就连李渊也会心有芥蒂。

随着李世民再次披挂出征，剿灭窦建德旧部刘黑闼，回师途中又全歼徐圆朗，从此天下大定。

从公元 617 年晋阳起兵，仅用了六年，四海一统。要论功劳，李世民至少占一半。究其原因，除能力超强之外，实在找不出别的解释。这其实也不难理解。秦始皇统一六国，王翦父子就独占其五；刘邦赢得天下，韩信一人之功冠绝群雄。任何一个朝代，尽管都是人才济济，但所谓的“擎天白玉柱，架海紫金梁”也就区区几人而已，李世民显然就是这样的人物。

客观来说，就算此时的李世民没有任何的夺嫡之心，李建成能放过他吗？

李建成唯一的优势就是出生比李世民早，依照祖宗成法成为太子。仅有的几次率军作战，成绩也不突出。在如此的时代背景之下，他当太子，就算李世民愿意，天下百姓会愿意吗？天下百姓愿意，跟随李世民南征北战的弟兄们会愿意吗？即便这些人都愿意，难道李建成没有自知之明吗？

李建成不会放过李世民，几乎是板上钉钉的事实。那李渊会作何考虑呢？

即便李渊笃定自己会寿终正寝，但身为开国之君的他就不去为帝国的以后考虑吗？难道他笃定李建成也会和他一样寿终正寝吗？

军人世家出身、武装政变开国的李渊，不会天真到如此的地步吧？

隋朝杨勇和杨广的故事，他就是亲历者，这样关乎江山社稷的大事，对他能没有任何的触动吗？没有任何证据表明，李渊对李建成有特殊的恩宠；相反，倒是有李渊想让李世民成为太子的记载。

即便我们不采信这样的说法，至少李渊没有反感李世民的理由。一个儿子由于太出色而遭到父亲的厌恶，似乎理由有点牵强。但这种事情也不是绝对的，如果放到帝王之家，它就有可能发生。问题是，目前这个儿子的优秀威胁的只是太子，似乎还没有威胁到自己的皇位。

一个古代的帝王，需要考虑的主要是两件事：一是自己目前皇位稳固；二是自家以后江山永固。然而，这又是最难处理的两件事。其他的不说，单就萧墙之祸、手足相残就是一个死结。比如后来的康熙朝最为典型，九子夺嫡几乎使康熙焦头烂额。

然而，当时的李渊对待接班人的问题却是态度暧昧的。其实这一点也不奇怪，李建成名分早已确定，无故而换储君显然是不行的；没有缘故地打压李世民，对李渊来说，更不是个好办法。他所能做的就是等待，耐心地等待事态的发展。这个事态就是李世民和李建成两大势力集团相互角力的结果。

亮明底牌

“首先发难的是李建成，李世民一直在隐忍退让。”诸如这样的说法，我们当然不能完全采信。

李建成利用太子的职权，先是诬告程咬金、房玄龄等李世民身边的重臣，之后再想方设法将他们一一调迁外地。不仅以此剪除李世民的臂膀，还重金收买尉迟恭、段志玄等人，妄图将其收归麾下。而李世民在如此的境况下，又面对一帮重臣要他绝地反击的哭诉，导致一直犹豫不决。

这个时候，李建成因担心太子之位被夺而先下手为强，还算是合乎情理的。但李世民之所以犹豫，无疑是还不到他认为的最佳时机；而心慈手软和不忍手足相残，应当不是他犹豫的主要原因。

其实，就连李建成宴请李世民的时候下毒致使李世民口吐鲜血，差点儿丢了性命这件事也是扑朔迷离的。

有人认为这分明是李建成下毒，证据就是李世民当时口吐鲜血，见证人是一起赴宴的淮安王李神通；也有人认为这是李世民的苦肉计，理由是如果真的下毒，李建成岂能让李世民活着回去？而且，关键且耐人寻味的是李渊的态度，他只是告诫李建成，以后不要让弟弟过量饮酒。

如果真的是李建成下毒，李渊为什么会这么淡定？不久前，因为李建成的诬告，李渊就准备降罪李世民；那今天这桩事情的性质如此恶劣，李渊岂能袖手旁观？

但就算这次李建成真的没有下毒，他与李世民的关系也早已势同水火。此时的李渊甚至提出让李世民带领自己的人马驻扎洛阳，使用天子的旗号统治今天陕西以东的所有地区。李渊的想法是，东西两都，天下一家。

这样的设计和安排，无疑是个大昏招。但如此定性李渊的做法，也只是局外人的看法。可能身为帝王就有他们不得已的地方。昔日的赵武灵王怎么样？最后还不是因为心疼两个儿子，左右为难之下，也想着把国家一分为二，从而导致国败身亡吗？

一个帝王，也是一个父亲。如果仅拿权力和杀戮来看待他们所有的行为，也不够全面。父亲对待儿子总会有因过分怜爱以致宠溺而举止失当的时候，帝王也不可能完全避免。李渊很可能就是因为这个而左右摇摆、举棋不定。

试想，李渊此时可能从心里有个潜在的想法：他在盼望着，或者在耐心地等待着这两个儿子，看谁能够证据确凿地犯下大错，来帮助他做出最终的取舍。若不是这样，他为什么不去刻意地削弱李世民的势力，来稳固太子的地位？或者，不断增强李世民的影响力，以便为他接班铺平道路？无论怎么做，目前的李渊都有足够的理由和实力。

但这些举动李渊都没有做。相反，他十分热衷于听取他们相互攻击的汇报；为了公平，或者为了查明真相，他还喜欢让他们当面对质。除了那种父亲对两个儿子都有的怜惜心绪，实在找不出他采取这种做法的其他原因。

正是李渊的暧昧态度和明显和稀泥的行为方式，使得李世民和李建成的矛盾愈加深重以致集中爆发，最终结束在欲往对质的道路上。

双方将要对质的事情是太子和齐王是否淫乱后宫。告状的是李世民，李世民在被李渊叫去问话时告诉李渊，太子和齐王李元吉淫乱后宫。李世民之所以被召进宫，是因为李渊接到报告，说当天的太白金星划过天际，预示着秦王当有天下。

李渊是什么意思？

从他当年极力躲避到后来亲口承认“天命在李”的经历，可以看出他原本想告诫李世民要收敛一点，但没考虑李世民不是当年的他，而且李世民所处的时代环境今非昔比。所以，李世民的回答是，太子和齐王淫乱后宫。

李世民是什么意思？

他大方地承认这个预示非常正确。理由就是太子和齐王淫乱后宫，既然他们如此不堪，那我成为太子，不就是秦王当有天下了吗？这个回答坦率又智慧。既不恐慌失措，赌咒发誓地表白自己绝无夺嫡之心；又把秦王当有天下，自然而然地嫁接到他来做太子这件事上面，表明自己做太子对李渊的皇位毫无威胁。

李世民此举等于亮了自己的底牌。如果李渊依此罪名，即可着手更换太子。倘若真是这样，也许就不会发生历史上著名的玄武门之变了。但李世民费尽心机找到的却不过是类似淫乱后宫这样的罪名，那至少说明李建成、李元吉他们确实没有实质性的大罪。

无罪而更换太子，李渊也确实有难处。所以，他再一次准备让双方当面对质。但此时，李渊情感的天平无疑是偏向李世民这一边的。否则，一个太子，国家的储君，如此对质本身就失了威严，丢了脸面。

令李渊没有想到的是，李世民向父皇袒露心迹之后，没有得到他想要的结果，因此他决定不再等待。这源于李世民那种雷厉风行、坚定果敢的行事作风。当晚，李世民同房玄龄、杜如晦、长孙无忌和尉迟恭等人反复商讨，最终敲定了第二天的行动细节。

血色玄武门

武德九年（公元 626 年）六月初四早晨，秦王李世民率领长孙无忌、尉迟恭、房玄龄、杜如晦、高士廉、侯君集、程咬金、秦琼、段志玄、屈突通、张士贵等人在玄武门外布下天罗地网。

李建成和李元吉两人并马而行，他们的计划是在朝堂对质时，反咬李世民的欺君之罪，把他置于死地。因为淫乱后宫这事，实在是难以举证。他们也知道，要是有证据，李世民也不必等到今天，李渊更不必让他们当面对质。

打着如意算盘的二人，并肩走到玄武门外，到了这个时候，一切都来不及了。

李世民的悍将从暗处跑出来，迅速将他们团团围住。李世民一箭洞穿了李建成的咽喉，尉迟恭也随即射杀了李元吉。当东宫和齐王府的人赶来救援时，尉迟恭高高举起李建成和李元吉那两颗滴着鲜血的脑袋，救援部队见此情状随即一哄而散。

此时的李渊正和裴寂、萧瑀（yǔ）及陈叔达等几位重臣在海池的游船上商议事情。当他从手持长矛、一身戎装又满脸血污的尉迟恭口中得知事情的经过后，便问身边的人怎么办。裴寂、萧瑀和陈叔达一众人等一致认为：秦王功盖宇宙，天下归心，若能立为太子付以国务，则陛下如释重负，苍生欢欣鼓舞。

李渊当即表示：这正是我早就想做的。

立李世民为太子，李渊如释重负，这应当是事实。但要说他早就想要这么做，也不完全准确，至少他昨天还没有想要这么做。但李渊不是一个钻牛角尖的人，识时务是他最大的特点。他马上按照尉迟恭的要求手书敕（chì）令，将一切指挥权交给李世民。一切停当之后，李世民被召进皇宫，父子俩恍若隔世，抱头痛哭。

此时的哭声，犹如宣告婴儿的降生一般，一个新的时代来临了。

尽管是由杀戮开场，尽管带着斑斑血迹，但这就是历史发展的必由之路，这就是试错阶段的惨痛代价，无法回避，更无须回避。

唐朝以其绚烂无比的文明，毋庸置疑地代表着中华的鼎盛与辉煌。

武德九年（公元 626 年）六月初七，李世民被立为皇太子；六月十六日，李渊下诏，加封自己太上皇尊号；八月初九，李渊颁布制书，将皇帝位传给太子李世民；武德九年（公元 626 年）八月初十，李世民在京师长安的东宫显德殿即皇帝位。

第四章
天可汗是怎么“炼”成的

打脸来得如此之快

一个新的王朝，平定国内纷争而建立之后，就会面对所谓的“国际”争端。像昔日刚刚建国的刘邦，差点儿就被当时北方的匈奴颠覆了政权。

现在的唐太宗李世民，遇到了同样的问题，只不过当时的匈奴换成了现在的突厥。而唐太宗李世民对于突厥的熟悉程度，显然远远超过刘邦。再者，目前唐朝的国力，也远非昔日的汉初时可比；而突厥的强悍程度，也不如冒顿时期的匈奴。随着国力的此消彼长，唐太宗李世民保境安民、开疆拓土的成就，自然就会比汉初时的刘邦大得多。

突厥是继匈奴、鲜卑和柔然之后，在北方崛起的又一大强盛的少数民族。他们以狼为图腾，兴起于准噶尔盆地以北，曾臣服于柔然，为他们在阿尔泰山打铁，因此得名突厥。

直到公元 542 年，因突厥从连谷（今陕西榆林）入侵中原，开始进入中原史册。不过到了北周时期，我们看到的突厥已经是一个强大

的汗国。它东至辽河上游，南到瀚海沙漠，西至中亚里海，北到贝加尔湖。

实际上，从西魏末到隋初，突厥都是欧亚草原上最强大的国家。不仅控制着东西方的交通和贸易，而且经常越过长城，侵掠中原，成为自匈奴之后，中国北方最大的边患。

中国和突厥的往来，始于公元 545 年的西魏宇文泰时期。公元 550 年，突厥吞并铁勒，与西魏交好，西魏长乐公主远嫁突厥。在西魏的支持下，公元 552 年，突厥打败柔然，势力逐渐延伸到西域。从公元 553 年开始，突厥东破契丹，西灭嚈（yàn）哒（dā），北并坚昆，随后一统草原。

突厥能够在短时间内迅速崛起，一个关键的因素就是中原战火纷飞，无暇北顾。甚至当时北周与北齐两个分庭抗礼的政权，还争先恐后地向突厥纳贡、和亲，以换取突厥的支持。

当时突厥的他钵（土门之子）可汗甚至扬言：但使我在南两个儿孝顺，何患贫也。北周和北齐被比作两个孝顺的儿子，可谓屈辱至极。即便到了李渊时代，为了争夺天下，也曾臣服于突厥。也难怪后来的李世民立志要剿灭突厥，因为他想起此事就痛心疾首到“坐不安席，食不甘味”。

所以，国内的动荡势必导致外交的屈辱和国防的废弛，而征伐突厥、重整山河就是此时的李世民必须做的事。

其实，这样的事，早在杨坚时代就开始去做了。

公元 581 年，随着隋朝的建立，杨坚停止向突厥岁贡，并修筑长城，积极防御。鉴于国内的局势和当时突厥的实力，隋文帝对待突厥还是以政治手段为主，军事手段为辅。

没想到，杨坚恰好走在正确的道路上。因为突厥的汗位传承本就毫无章法，连父死子继、兄终弟及的原则也时常被打破，这样势必产生矛盾和冲突。

公元 580 年，突厥在西域设立小可汗，统管阿尔泰山以西的地区，这为突厥日后的分裂留下了隐患。

杨坚针对突厥内部各怀异心的形势，派使者前去，以结盟为由对突厥各部进行分化瓦解。对于谙熟宫廷斗争的中原使者来说，三十六计都不需要用完，就轻松地完成了任务。

公元 583 年，突厥分裂为东、西两部。

当时东突厥的可汗是沙钵略。沙钵略的叔父，就是扬言他有两个孝顺儿子的那个他钵。他可能不会想到，生前做别人的父亲只是他的一厢情愿；但他死后，他的侄子却心甘情愿地管杨坚叫爹。

这里有沙钵略的书信为证：“皇帝是妇父，即是翁，此是女夫，即是儿例。两境虽殊，情义是一。今重叠旧亲，子子孙孙，乃至万世不断，上天为证，终不违负。”看看，多么情真意切，又是多么急迫，拐弯抹角以当年和亲的北周千金公主（后被赐姓杨，封为大义公主）攀附到隋文帝的亲属关系（翁婿）上，彻底被杨坚给“拿捏”住了。

报应来得真是好快呀！他钵根本想不到，在李世民父子时代，就连叫爹的机会都不会给，唐朝的这位文武大圣皇帝要的是彻底的征服。

真是风水轮流转，三十年河东，三十年河西啊。

反间计也不是屡试不爽

西突厥的可汗是达头。达头就是昔日在西域设立的那个小可汗，也是在西域开疆拓土的室点密可汗的儿子；他是他钵的堂兄弟。

沙钵略还算是个好“儿子”，他说到做到，在位期间，与隋朝相安无事。但杨坚对突厥来说，可不是一个好“父亲”，他一刻也没有忘记分化瓦解突厥。

公元587年，东突厥都蓝可汗即位，他是沙钵略的儿子。但此时沙钵略的侄子突利可汗（小可汗）主动向隋朝靠拢。这样的机会，杨坚岂能放过，他大力支持突利反叛。

公元599年，反叛失败的突利受到杨坚的隆重迎接，不但册封他为启民可汗，还让他的部众作为隋的盟邦，在河套地区重新建国。

这种情景，与西汉时呼韩邪单于和东汉时匈奴南迁倒有几分神似。自此，东突厥再次分裂，像极了当年南匈奴的一次又一次四分五裂。真是历史越千年，还似当年的魏武在挥鞭。一样的病，当然就需要同样的药方。

公元609年，启民可汗死，杨坚立他的儿子为始毕可汗。这就是晋阳起兵时，李渊低声下气去求他助自己一臂之力的那个突厥可汗。

得到隋朝的支持，又居住在水草丰茂之地，数年过去，到始毕可汗时，突厥的力量又强大起来。这不是杨坚愿意看到的，他再次挑拨离间，封始毕可汗的弟弟叱吉设为南面可汗，想以此挑起突厥的内斗。

此时，如果熟悉匈奴的历史，当真就会穿越回六百多年前的新莽时代。那时的王莽，也是加封咸为单于，想让他与乌珠留内斗。一模一样的是，相隔六百多年的咸和叱吉设二人，都选择了向他们的单于和可汗自首，而乌珠留单于和始毕可汗也都选择了和当时的新与现时的隋彻底翻脸。

究其原因，草原上长大的他们，深刻理解狮王和头狼到底是怎么来的。严酷的自然环境，教会了他们对自然心生敬畏。“人定胜天”的固执，从来就不包括在他们的信仰之内。就像汉朝末年的於夫罗，自封为单于又怎样？在中原混吃混喝，就是不回草原，他知道，回去就是死。

中原所谓“名正言顺”的概念，突厥怎么能够理解呢？他们认可的分明是“言顺才能名正”！这就是为什么那时的中原王朝可以用反间计对付草原民族，但指望这样的计策一直奏效，却是不大可能的事情。原因很简单，美人计奏效，首先得是对方喜欢美女。他本身没有那么多的“无间道”，你却一直使用“反间计”，“间”都没有，“计”将指向何处？

公元 615 年，始毕可汗率领数十万骑兵南下，攻克雁门郡三十九座城池，将第三次北巡的隋炀帝杨广围在雁门（今山西代县），差点儿要了他的命。这次增援杨广的就有李世民，这也是李世民第一次直面突厥大军。

看来，始毕可汗比他的那些老祖宗精明多了。尽管挑拨离间成本低、收益大，但毕竟不是正路，对付匈奴时，就无数次地证明了这一点。而且因为这种计谋用得太多，这个技巧被始毕可汗学会，反过来用以对付隋朝。他把天子的名号“批发”来，再“零售”出去，谁来依附他，他就封谁为天子。隋末那些反隋武装，就这样纷纷投靠了突厥。

等待秋后算账

当年的李渊就是在这种背景下与突厥达成协议，直取长安。

隋末天下大乱，始毕可汗抓住这个机会快速发展。历史就是这样，此消就一定会彼长，随着契丹、室韦、吐谷浑、高昌诸国的归附，突厥的控弦之士达一百多万，东突厥再次强盛起来。

公元 619 年，始毕可汗死，其弟继位，为处罗可汗。仅过了一年，处罗可汗死，其弟继位，为颉利可汗。颉利是启民可汗的第三个儿子。

颉利可汗在位期间，连年侵扰中原，掠夺人口和财富。自己不争气，也怪不得别人，国内烽烟四起，作为邻居，怎能不趁机大捞一把？

公元 624 年，颉利可汗亲率三十万骑兵，大举入侵关中。这是突厥对唐朝的试探性进攻，当然也不排除有趁机灭国的想法。

一个新王朝建立，试探你外交底线的最好方法，当然是亮出我的强弩弯刀。再说，你本来臣服于我，现在你得了天下，不大兵压境，怎么在“赃物”的分配上占得先机？

形势危急之下，万般无奈的李渊想出了两个应对方案：一是自焚长安旧城，坚壁清野，防御突厥；二是迁都襄州（今湖北襄阳），以躲避突厥。而且当即决定让宇文士及前往襄州，统筹规划迁都事宜。可想而知，当时局势的紧迫程度。

危难时刻，李世民坚决反对坚壁清野和迁都襄州，一番慷慨陈词征得李渊同意后，他亲自率军迎战突厥。双方在豳州（今陕西彬州）相遇，史称五陇阪（今陕西凤翔西）之战。此场战争，单从兵力上说，唐军明显处于劣势。

时逢关中连日大雨，突厥的弓箭受潮，弦松胶裂；唐军也遭遇粮运阻绝，兵士疲惫。双方的实际情况显然不符合大战的条件。此时李世民仅率一百多骑兵对阵突厥，先斥责他们不守盟约、背信弃义，占领政治制高点；又命令先头部队冒雨趁夜疾进，直插敌军背后待命；另外，李世民当然不会忘记分化瓦解敌人，他利用突厥小可汗有意交好的机会，一边极力抚慰，一边将这个消息透露给颉利可汗。

三管齐下的措施和手段，既表明现在的唐朝愿意遵守当初与始毕可汗签下的友好条约，又以李世民自己千乘之躯独自挑战千军万马的英勇，加上陈兵列阵的姿态，表明自己和唐军已经做好殊死一搏的准备，更让颉利可汗明白，你们突厥那里也并非铁板一块。

是战是和？留给突厥决定。而李世民显然做到了他能做的一切。无须多言李世民的智慧和勇气，显然，由于对游牧民族的了解，此时的李世民走在正确的道路上。虽已决心背水一战，但也留出缓和的空间；虽然表明谨遵盟约不变，但也正告突厥，不可变本加厉、欲壑难填。

此战颉利可汗虽然撤军，但唐朝应该是在金钱、财物上给予了相应的补偿。这符合突厥的一贯作风和出兵目的，这也是百废待兴的唐朝完全可以接受的结果。

只不过在唐太宗李世民的心里，对突厥秋后算账的账簿上又重重地记上了一笔。

单骑退敌

当初李渊为了夺取天下，不惜屈尊降贵，向始毕可汗俯首称臣，此事的主谋就是李世民。当时李世民通过刘文静劝李渊与突厥交好，又怂恿裴寂等重臣上奏李渊，促成与突厥的结盟。

因为当时形势所迫不得已而为之的事情，在以后让李唐君臣耿耿于怀。这就像昔日刘邦在白登山的突围解困一样，当时不得已而为之的手段，由于实在不光彩而使后世讳莫如深。

更何况自唐朝建立之后，始毕可汗仗着助唐有功，向唐朝索求无度且态度傲慢。到了颉利可汗更是隔三岔五地兴兵侵扰。

显然，不解决突厥问题，将国无宁日。甚至就连玄武门之变也可能与突厥有关。当时，突厥骑兵包围了乌城（今内蒙古乌审旗或陕西定边），李元吉被任命为统兵元帅前往救援。李元吉准备在饯行宴上谋杀李世民，在战场上处决尉迟恭。接到线报的李世民果断地选择在玄武门发动政变。

当然，促成玄武门之变的因素很多，突厥只是其中之一，也可想见其对唐朝的侵扰有多么频繁。事实上，玄武门之变之后，突厥就再次出兵大举进犯中原。

公元626年，唐太宗李世民刚刚即位，得知唐朝权力变更的颉利可汗就兴兵二十余万南下泾州，挺进武功。虽然尉迟恭率军顽强抵抗，在泾阳之战中杀敌一千多人，但仍然无法遏制突厥大军的前进。不到一个月颉利可汗的主力就进抵渭水之北，直逼长安。当时引得朝野震动，人心惶惶，长安城也因此戒严。

登基伊始，突遇乱局。此时的唐太宗李世民是体会到不当家不知柴米贵的难处，还是终于可以按自己的意图大展拳脚了呢？

事实当然是后者。而且击退突厥的希望自然就指向了唐太宗李世民。谁让你一贯英勇善战？谁让你昔日的暗中策划、明里抗争，结果都是那么英明正确？

可问题是勇猛如尉迟恭，不也没有阻挡住突厥吗？再说，目前长安城里也没有太多兵力。唐太宗李世民将如何退敌？

李世民原本就没有用大军退敌的意思。他面对颉利可汗的密探，义正词严地痛斥突厥的背信弃义。随后，亲率高士廉、房玄龄等五位大臣出玄武门，六人骑马来到渭水边，与颉利可汗隔水相望。

年仅二十八岁的年轻帝王，孤身面对数十万虎狼之师，闲庭信步般地催马前行——这是怎样的镇静从容！这是何等的飒爽英姿！崇尚武力、膜拜英雄的突厥人，被震慑到心悦诚服，他们不自觉地向这位年轻的皇帝行突厥大礼。如此场面，一度让人恍惚这到底是两军对阵还是检阅部队。

随后，唐朝军队抵达渭水，猎猎军旗下，兵戈铠甲与强弓硬弩在阳光下熠熠生辉。中华帝国展现出了凛然不可侵犯的威严，这种蒸蒸日上的气象，使突厥人再次感到震撼。

唐太宗李世民令部队退后，他自己打马上前，与颉利可汗单独谈判。虽不知具体的谈话内容，但两年前颉利可汗入侵时，李世民提出要与他单独对战并斥责他背信弃义。这次估计也不例外。

两天后，双方签订了和平条约。这就是历史上的“渭水之盟”。

显然，这样的结果是唐太宗李世民冒着生命危险换来的，而为了和平付出的金钱和财物，也是百姓的贡献。李世民绝不是莽夫，逞匹夫之勇从来就不是他的性格和作风。

事实上，当唐太宗李世民决定单枪匹马去见颉利可汗时，就说过这是他深思熟虑的决定。因为他太了解突厥，也太熟悉颉利可汗了。昔日杨广被围，始毕可汗那么恨杨坚、杨广父子，也没有非要置其于死地。可见，今日之突厥，像极了昔日的匈奴，只追逐财物，而少有吞并中原的政治抱负。

唐太宗李世民的沉着冷静还表现在他不主张追击撤退的突厥上。即便唐军已经在突厥退兵的路上设好了埋伏，李世民还是没有下令开战。理由自然是时机未到，没有必胜的把握。深谋远虑的李世民等待的是将其一网打尽。

善于隐忍与等待是一个合格统帅的必备素质。显然，唐太宗李世民从不缺乏这样的素质。

颉利可汗的折腾

唐太宗李世民的判断没有错，突厥汗国的确不过是乌合之众。签订“渭水之盟”、突厥退兵之后不久，东突厥内部就出现了分裂。

李

像杨广瞎折腾一样，颉利可汗在草原上也开始了他的瞎折腾。本无雄才大略的他愚蠢而又不安分，非要搞政治改革，目的只有一个，就是加强他自己的集权统治。

为此，他任用逃亡到草原的汉人赵德言，开始了“水土不服”并“嫁接水平”欠佳的所谓改革，激起了突厥贵族们的强烈不满。此时的颉利可汗不仅没有疏导这种不满情绪，反而火上浇油，借提拔重用的粟特人之手，来打压他自己的突厥贵族。

他实在搞不清楚自己到底“从哪里来”，又究竟要“到哪里去”。事实上，他根本分不清谁是他的朋友，谁是他的敌人。

祸不单行，此时的颉利可汗应该感受最深。薛延陀、回纥（hé）部纷纷起兵造反的当口儿，东突厥又恰逢严重的雪灾，冻死的百姓和牲畜难以尽数。

此时，东突厥汗国风雨飘摇。相反，唐太宗李世民励精图治，积极备战。

此时的唐朝，一方面，扶植薛延陀部，册封其首领夷男为可汗，分化瓦解东突厥；另一方面，派柴绍率军剿灭梁师都部，夺取河套地区，作为反攻突厥的前沿阵地。

公元630年，秣马厉兵近四年的唐太宗李世民调集十五万大军，由李靖挂帅，六路同时出击。

看看这次唐军的阵容，将星云集的盛况岂是之后的中晚唐可比？如此将帅军威，就是放在整个历史的长河中也足以令人豪气顿生。

兵部尚书、代国公李靖，为定襄道行军总管，代州都督张公瑾为副将，率领中军袭击突厥；

并州都督、英国公李勣，为通漠道行军总管，率领主力从东路进攻东突厥腹地；

华州刺史、霍国公柴绍，为金河道行军总管，在西路顺黄河前进，与李靖、李勣遥相呼应；

礼部尚书、任城郡王李道宗，为大同道行军总管，张宝相为副将，从灵州往西北挺进，防止东突厥西逃或者迂回包抄唐军；

检校幽州都督卫孝杰，为恒安道行军总管，镇守燕云地区防止突厥军队东逃；

灵州都督薛万淑，为畅武道行军总管，借道东北出击突厥后方。

唐朝骁将精锐尽出，发起了对东突厥的灭国之战。

加冕天可汗

李靖率三千精锐从马邑出发，进驻恶阳岭（今内蒙古和林格尔），突袭占领定襄（今山西中部偏北）。颉利可汗没想到李靖竟敢孤军深入，慌忙将牙帐撤至碛（qì）口（今山西临县西南部、吕梁山西麓），以躲避唐军主力。

李靖在战斗的间隙，也没忘了离间东突厥各部。他说服颉利的心腹大将康苏密，让他带着隋炀帝皇后萧氏及其孙杨政道到定襄降唐。李靖此举也标志着隋朝杨氏子孙全部退出历史舞台。

见康苏密降唐，无奈的颉利继续率部向阴山撤退，在浑河边与柴绍部交战，又在白道（今内蒙古呼和浩特西北）遭到兵出云中（今山西北部）的李勣部截击。两战大败的颉利退守铁山（今内蒙古白云鄂博一带）。

不甘失败的颉利可汗一面派执失思力到长安向唐太宗李世民请降；一面收拢军队，欲伺机东山再起。

唐太宗李世民和他的众将哪一个不是经过南征北战、九死一生的，岂能被颉利可汗这种两面三刀的把戏蒙蔽？李靖和李勣商定，趁唐俭和安修仁去突厥办理受降之际，率军夜袭阴山。果然，毫无防备的突厥被歼一万多人，被俘十余万人。

突厥大将执失思力、阿史那社尔、阿史那思摩（后改名为李思摩）以及契苾（bì）何力等悉数归降，之后的他们都受到了唐朝的重用，为唐朝立下赫赫战功。

趁乱逃走的颉利可汗撞上李道宗部，被唐将张宝相生擒。颉利可汗被送到长安后，唐太宗李世民倒也没有为难他，封他为归义王、右卫大将军。

优待颉利可汗，分明就是一面统战的旗帜，唐太宗李世民要让它高高飘扬，传送出怀柔抚远的唐朝气象。

西起阴山、北至大漠的广阔地带，随着东突厥的灭亡，尽被收入唐朝的版图。消息传来，举国欢庆。更让唐太宗李世民满意的是，原本由突厥人统治的北方各族酋长，一致推举他为“天可汗”，意思就是各族人民的“总皇帝”。

自古以来，从来没有出现过这样的称呼，但对李世民的称呼总在推陈出新。还是皇子时，他被授予没有人听说过的“天策上将”名号；做了皇帝，他又被北方各族酋长共同推举为“天可汗”。

唐太宗李世民笑容满面，谦虚地向众酋长发问：“我是大唐天子，还可以再做可汗吗？”得到的回答是：“万岁！万岁！万万岁！”

此时的太上皇李渊也高兴地弹起了他的琵琶，跳起了舞蹈。他的高兴应该是由衷的，因为他有一个好儿子，一个极为优秀的儿子。

第五章
西域被纳入版图

养虎成患

西域我们并不陌生。像张骞凿空西域、班超收复西域等故事早已耳熟能详。但那是汉朝的景象，目前的西域由匈奴的地盘变成了突厥的辖区；准确地说，由西突厥统治。

像匈奴的头曼单于一样，突厥被记入历史的第一位可汗叫土门。土门带领突厥打败铁勒部，从而在草原立足。为了对付柔然，土门娶当时西魏的长乐公主为妻。后来在西魏的支持下，突厥逐渐发展壮大。

公元553年，土门的儿子木杆继汗位，随后，木杆和波斯王联手，攻灭嚈哒，共分国土。至此，突厥的势力深入中亚。

在这样的背景下，土门的弟弟室点密在西域崛起。公元576年，室点密的儿子达头继汗位，继续经营西域。自室点密到达头初年这段时间，尽管他们父子一直统治西域，但也是以小可汗的身份受突厥可汗的节制。

这就是突厥的政治体制。它和匈奴较为严格的官制和层级不同，倒和以后成吉思汗的蒙古有些类似。继位之君是谁，老可汗也可能说了不算，要经过国人大会推定，而各部之间基本各自为政，只不过名义上统一在可汗的旗下。

公元580年，突厥封达头为小可汗管理西域，这和以后成吉思汗西征时，分封长子术赤相似；只不过突厥分裂的速度快了一点。也正是这样松散的体制，才导致各种矛盾的集中爆发，突厥正式分裂为东、西两部。

占据西域的西突厥，自室点密实际统治时起，就国分十姓，也就是十个部落，这是当初跟随室点密西征的十大首领所率的十万部众。每部赐以一箭为标志，又称“十箭”。这和以后清女真的八旗有些相似。

“十箭”分左、右两厢，分驻南、北两廷。南廷设在天山北路，即现在新疆维吾尔自治区哈密市附近；北廷设在千泉，又名屏聿（yù），即现在吉尔吉斯斯坦北部的吉尔吉斯山脉北麓库腊加特河上游一带。

随着东突厥汗国的灭亡，作为曾经的抗突主力，唐朝扶植的薛延陀逐渐成为新一代的草原霸主。

薛延陀的大汗夷男，比昔日的颉利厉害得多，颇有当年匈奴冒顿单于的风采。昔日冒顿单于统一草原后，没有像日后的颉利那样，一味死磕中原，而是掉头向西，准备先拿下西域，巩固后方之后，再进攻中原。

现在的夷男像当年的冒顿单于一样，盯上了西域。他率军击败西突厥，进入准噶尔盆地；随后又征服了葛逻禄等部。薛延陀企图扼守丝绸之路的咽喉要道，进一步全面控制西域。

唐朝当然不能坐视。

反间计重出江湖

关键是怎么管的问题。如果直接征讨薛延陀，那不是在西域开战，就是要在漠北摆下战场。劳师远征，北定事倍功半。

那就用老办法。这种方法唐太宗李世民驾轻就熟——昔日怎么扶植的你，今天就照样扶植一个用来对付你。

唐太宗李世民找到的要扶植的人，就是昔日的东突厥余众。颉利灭亡后，这些人本来被分而治之地安排在黄河以南，但为了牵制薛延陀向西发展，现在又把这些人迁到黄河以北、白道川以南，由李思摩统领抗衡薛延陀。

夷男作为这种方法曾经的最大受益人，当然一眼就看出唐太宗李世民的真正用意。他假惺惺地向李世民痛陈这些人当初的罪恶，并自告奋勇地要替唐朝彻底除掉他们。而唐太宗李世民同样假意表示已时过境迁，要求他们双方以大漠为界，共享太平。

这样的外交对话，充其量就是体现个文明礼貌，而战争是迟早的事。关于这一点，双方都心知肚明。

公元 641 年，夷男趁唐太宗李世民到洛阳筹备封禅泰山之际，纠集二十万人马，大举进攻李思摩部。李思摩背靠大树好乘凉，打不过带人就跑，一路跑回长城内。没有任何后顾之忧的他将沿途粮草烧了个精光。

李思摩的坚壁清野，使此时的薛延陀进退两难。想前进，有长城阻拦，更重要的是，总不能打进中原吧；想撤退，什么好处没捞到，又碰上坚壁清野，千里回军，连吃喝都无法保证。

而唐太宗李世民却高举正义的大旗——说好的共享太平，你这是意欲何为？分明是想进犯中原。于是，唐朝兵分五路，直扑薛延陀。此战没有任何悬念，李勣率军大胜，薛延陀实力受到了极大的削弱。

随后，为了进一步削弱薛延陀的实力，唐太宗李世民以和亲为名，要夷男备好聘礼，亲自送来。据实而言，这次动辄成千上万乃至十万的马、牛、驼、羊等礼物，本就令薛延陀捉襟见肘，而且长途跋涉地送来，既耽误了时间，途中又死去了很多牲畜。唐太宗李世民以误期和数量不对为借口，再次将薛延陀揍得满地找牙。

形成这种局面，可能连现在的我们都觉得唐太宗李世民有些过分了，当时的大臣也有人劝他不要“失信于夷狄”。可唐太宗李世民的意思是，薛延陀本来就是想靠攀附唐朝，再去压制其他部族；我们只有打压他，才能让其他部族放开手脚去瓜分薛延陀。

这就是帝王视野——不能再让薛延陀狐假虎威、发展壮大了。唐太宗李世民就是要削弱薛延陀的威信，使他彻底陷入孤立。

夷男死后，薛延陀逐渐衰落。公元646年，唐朝兵发漠北，远征薛延陀。战斗如摧枯拉朽一般，薛延陀土崩瓦解，自此灭亡。

剿灭薛延陀既是军事上的胜利，又是对政治的自如运用；是战术上的成功，更是战略的完美布局。彻底征服了漠南和漠北的唐朝，把他们的战略版图伸向了西域。

当时的西域处在西突厥乙毗（pí）射匮可汗的统治之下。乙毗射匮原本也是唐朝在公元642年所册立的。扶植乙毗射匮，正是为了分化瓦解西突厥。

西域原本是一个宽泛的概念，就像我们常说的西域三十六国，乃至后来的五十多国均包括在内。大约自阳关（今甘肃敦煌西南）和玉门关（今甘肃敦煌西北，唐时在今玉门西北）以西的地方都是，最远可到伊朗高原，最近也要到葱岭（今帕米尔高原）。本书这里主要指葱岭以东的汉唐西北疆域。

自不量力的高昌

西域是东西方文明和商贸的交会点，而位于吐鲁番盆地的高昌国（今新疆吐鲁番一带），坐拥丝绸之路的咽喉要道，成为进出西域的重要门户。

基于地理位置的优越和重要，高昌自然成为唐朝和西突厥都极力争取的统战对象。此时的高昌和汉朝的乌孙很相似，那时的乌孙也是在西汉和匈奴的反复示好下迷失了自我。

据实而言，像乌孙以至现在的高昌，确实有他们的为难之处。身处如此美丽富饶的地方，军事实力却孱弱到不堪一击，周围两大强国让他们如何选择？类似于在一头肥羊的眼中，到底哪头狼更友好一点。这样的选择，是不是太难为他们了？

正如昔日乌孙的猎骄靡所说："我们久离汉境，对汉朝实在是不熟悉了。"猎骄靡的肺腑之言可能正是他们选择的重要依据。在他们的眼中，明知道都是狼，在必须二选一的情况下，选择自己熟悉的，生活习俗相近的，甚至地理位置更近的，回旋的余地是不是能够更大一点呢？

估计他们就是这样想的。显然，他们似乎还不具备所谓"远交近攻"的智慧，而且没有运用这种策略的实力。甚至他们压根儿就没想着要如何消灭强敌。

可能是他们的环境太优越了，生活太安逸了，导致西域各国在数百年的历史中，军事实力一如既往地不尽如人意。

夹缝当中求生存，固然有其难处，但像汉武帝时期大宛的国王毋寡那样，以为山高路远，就不把西汉放在眼里，盛气凌人到团灭西汉使团的地步，就有些自取灭亡的味道了。

今天的高昌似乎就有些当年毋寡的做派。

高昌是在胡人的车师前国故地建国的，当时的国王麴（qū）文泰是胡化的汉人，也是一位虔诚的佛教徒。玄奘法师去西天取经，途经高昌时，不仅受到麴文泰的隆重招待，还执意挽留玄奘在高昌给他讲了一个多月的佛经。而且在第二年，也就是唐太宗李世民成为天可汗的公元 630 年，麴文泰还归顺了唐朝。

按说麴文泰不至于不了解唐朝，但他在西突厥的一再示好之下，竟决定与唐朝翻脸。如此决定，除了追求利益，剩下的就是盲目自大到不可一世，似乎别的理由都不能解释他的这种行为。而好利和自大正是佛教的禁忌，真不知道麴文泰到底是怎么领会佛教教义的。

弱小可能有多种原因，要改变需要努力，也需要时间。但愚蠢就不值得同情了，如果再愚而不安其愚地瞎折腾，就令人厌恶了。

麴文泰显然就是这样一个利令智昏的存在。他彻底倒向西突厥的表现是，任意扣留前往长安的西域各国使臣，恣意威胁已经归属唐朝的伊吾（今新疆哈密）的安全。更为恶劣的是，麴文泰多次置唐朝朝廷的警告于不顾，我行我素且态度傲慢。

委曲求全从来不是唐太宗李世民的性格，更不是初唐的气象。

公元 639 年，唐太宗李世民力排众议，决定派遣大军征伐高昌。此时的高昌王麴文泰仍然大梦不醒，活脱脱一个近七百年前的毋寡重生，和毋寡分毫不差的麴文泰，也在幻想着长安到高昌，山高水远且千难万险，七千余里的距离，仅其中两千里“地无水草、寒风如刀、热风如烧”的茫茫大漠，就足以使唐朝军队望而却步。

显然，麴文泰君臣忽略了中原王朝的决心和魄力，当年的汉武帝刘彻，今天的唐太宗李世民，在捍卫国家尊严、维护领土完整方面的做法如出一辙。没有从历史中吸取任何教训的麴文泰重走当年毋寡覆灭的老路也算合情合理。

公元 640 年，唐太宗李世民以侯君集、薛万均和契苾何力等人为将，率领由汉、铁勒和东突厥混编而成的数万唐军征讨高昌。大军长驱直入，直逼高昌边境。

见了棺材才落泪的麴文泰自然是惊恐万状，一心指望能与自己共存亡的西突厥却早已星夜撤离，逃之夭夭。麴文泰忧惧之下，发病而亡。

侯君集也算是厚道，没有乘人之危，反而在麴文泰治丧期间，命令大军缓缓前进。即便如此，仍然轻取高昌属地田地城［今新疆吐鲁番鄯（shàn）善鲁克沁］，俘获七千多人。第三天就兵临高昌城下。此时的征伐是何等自信、从容！

值得一提的是麴文泰的儿子麴智盛。如此没有自知之明，是与遗传有关，还是潜移默化地影响？总之，盲目自大似乎是人类的顽疾，而且越是虚弱越是自大。

麴智盛这个年轻人真是麴文泰的“好儿子”。大兵压境之下，他还态度傲慢地希望唐军放他一马，理由幼稚得近乎可笑。他认为与唐朝交恶只是先王的事，但如今先王已死，唐军便该撤军，还反过来质问唐军“意欲何为”。

距他四百多年前，孔融那两个八九岁的儿子都明白“覆巢之下，安有完卵”的道理，麴文泰父子这是怎么了？这样的国王还能传国九世，历经一百三十四年，唯一的原因可能只是地理位置太优越了吧。

高昌亡国，麴智盛作为战俘被带回长安，连他随身携带的镶满宝石的战刀也被收缴，转赐给随军作战的原突厥将领阿史那社尔。不知此时的麴智盛作何感想。然而历史上，麴智盛这样的人却很多。

高昌随即成为唐朝的西州，从西突厥手中夺得的可汗浮图城（今新疆吉木萨尔）也成为唐朝的庭州。唐朝又在车师前国的交河故城（今新疆吐鲁番西）设置安西都护府，由郭孝恪担任安西都护，管辖西域。

收复西域

公元 644 年，高昌之西的焉耆（qí）勾结西突厥起兵反唐。焉耆在博斯腾湖西北岸，国都在今天新疆焉耆回族自治县。他们原本与高昌是宿敌，在唐军攻伐高昌时，焉耆还起兵助唐。按说他们应该了解唐朝的决心和实力，但出人意料的是，在高昌灭国后，他们却倒向了西突厥。看来高昌的教训焉耆是一点也没吸取。

这所有的例子，反过来也证明：能够以史为鉴，并身体力行，唐太宗李世民确有其过人之处。显然，谁都知道应该“以史为鉴”，但真正能够做到的又有几人？

反叛自然迎来平叛，唐太宗李世民讨伐焉耆正当而合理。有趣的是，唐太宗李世民身在数千里之外，对战局的把握却精准到几乎分毫不差，他甚至算准了焉耆灭亡的具体时间。据《新唐书》的记载，当唐太宗李世民对宫中侍从宣布自己的推算结果时，前方的捷报居然如期而至。

如此统帅，如此地知彼知己，焉耆焉能不灭？

下一个自取灭亡的是龟兹（qiū cí）。龟兹的国都在今天的新疆库车县。当时的龟兹也是背靠西突厥，不断派兵侵扰唐朝在西域的属国。

决心控制整个北亚的唐太宗李世民当然不会放过龟兹。

公元 648 年，唐太宗李世民派阿史那社尔、契苾何力、郭孝恪等人，率领十万各民族联军，从西北方向翻越天山，征伐龟兹。由于龟兹背后的西突厥早已日暮西山，战斗的过程毫无悬念。

龟兹的灭亡使整个西域大为震惊。另外两个和龟兹国土面积差不多大的于阗（tián）（今新疆和田）和疏勒（今新疆喀什）望风而降。唐朝将安西都护府迁到了原龟兹的都城，统领龟兹、于阗、疏勒、碎叶（今吉尔吉斯斯坦托克马克），合称“安西四镇”（安西四镇时置时废，曾以焉耆代碎叶）。

此时的西突厥已被驱逐到了中亚楚河流域。至于彻底剿灭西突厥，那是唐太宗李世民子孙的事情了，我们稍后再讲。

西域再次被纳入了中国的版图。这时的西域比汉朝时的范围更广，已经扩大到了中亚深处，与强大的阿拉伯帝国接壤。

这里必须说明的是，从汉至唐，尤其是现在的唐朝，收复西域是为了经济目的而进行的自卫之战。

因为在唐初，船舶海运还远远没有兴盛，东西方的官私往来、商品贸易以陆路为主。像高昌、龟兹以及西突厥等国，扼守交通要道，阻断丝绸之路，唐朝不能不全力维系这条经济大动脉。所以，唐朝用兵西域，是形势所迫、情非得已，绝不是什么侵略战争。

再说，唐朝收复西域之后，畅通的丝绸之路也令“诸胡大悦”。因为唐朝对兄弟民族的政策本来就是不强迫同化，不掠取俘虏为奴婢，不使杂处通婚，不排斥各族不同的信仰。

尽管这样的政策使汉化的进程迟缓，但换来的是各民族自然的融合。

第六章
丝绸之路保卫战

深陷迷途的吐谷浑

在唐朝与西域之间，有一条地形狭长的交通要道，被称为河西走廊。

河西，顾名思义，就是在黄河以西。而之所以称它为走廊，是因为它位于甘肃祁连山南麓，是一块自东南到西北、长约两千里的狭长谷地。

这里不仅土地肥沃、水草丰茂，而且和内蒙古高原与青藏高原首尾相连，是汉唐时中原通往西域的必经之路。从长安往西北方向出发，经过河西走廊，出玉门关，就可以到达西域。再穿过西域，可以直抵中亚、西亚诸国，甚至远抵欧洲大陆。

这条贯穿欧亚大陆的重要交通线和贸易通道，就是著名的“丝绸之路”。而吐谷浑汗国就位于河西走廊的南侧，扼守着丝绸之路的咽喉。

吐谷浑是鲜卑慕容部的政权，西晋末年从辽东迁至今天的青海、甘南和川北一带。南北朝时，先后投靠宋、齐和北魏；公元 535 年，吐谷浑的国王慕容夸吕开始称可汗，并建都伏俟（sì）城（今青海湖西岸布哈河口附近，一说今青海共和西北石乃亥西北铁卜加古城）。

隋朝时，通过和亲一度稳定了双方的关系。到了隋炀帝杨广时代，由于吐谷浑时常打劫过路的商人，杨广直接派兵灭了吐谷浑。当时的可汗伏允带着残部投靠了党项。隋末，伏允趁中原大乱之机复国。

唐朝建立后，李渊曾与吐谷浑相约共击河西李轨。因平定李轨有功，唐朝与吐谷浑建立了友好的同盟关系。

显然，吐谷浑与唐朝的友好关系，就是丝绸之路安全与畅通的保障。

事与愿违的是，吐谷浑似乎并不珍惜此睦邻友好关系。不知道是他们没有意识到这条经济大动脉对于唐朝来说意味着什么，还是他们劫掠的本性一直在驱使着他们的行为。

上次被隋炀帝杨广灭国的教训，看来他们转头就已经忘得一干二净。

吐谷浑不但时常侵扰河西走廊，而且在伏允年老、宰相天柱王当政时期，更是把阳奉阴违奉为国策。表面上遣使朝贡，臣服于唐朝；背地里又不断入侵唐朝西北边境，纵兵大肆抢掠兰州、鄯州（今青海乐都）、廓州（今青海化隆西）等地。

吐谷浑今天的做法和当年的匈奴一样，既想和中原维持关系，光明正大地捞取好处，又要纵兵抢掠，背地里再捞点外快。只是今天唐朝的实力早已不像昔日汉初时那样羸弱。

就在吐谷浑再次犯边，甚至扣押了唐朝使臣赵德楷时，唐太宗李世民“频遣宣谕，使者十余返”。即便如此，竟也不能令吐谷浑迷途知返。

在疯狂作死的路上，吐谷浑真的是义无反顾。

丝绸之路，驼铃再次传响

公元634年年底，忍无可忍的唐太宗李世民命李靖为最高统帅，侯君集与李道宗为副统帅，契苾何力、执失思力、薛万均、薛万彻等人为将，兴兵征伐吐谷浑。

公元635年，李道宗部进抵库山（今青海湟源南），大败吐谷浑的前锋部队，首战告捷。

慕容伏允的应对措施是充分利用吐谷浑广袤国土的战略纵深，带领主力后撤到西部的山区和沙碛地带（今青海柴达木盆地），以逸待劳；同时，焚毁草场实施坚壁清野，断绝唐军后勤补给；最后，再利用高原气候和复杂的地形，派出小股部队袭扰唐军，从而达到消耗其有生力量并最终拖垮唐军的目的。

伏允的应对措施不可谓不完善，但在坚强的决心、顽强的意志和绝对的实力面前，他的这些举措都不能影响战局的走向。

李靖率主力刚刚抵达鄯州，伏允就按他的计划，从伏俟城撤退两千余里，率军进入了沙碛地带。

如此形势之下，侯君集力主应抓住时机，斩草除根，以绝后患。这种看法与李靖不谋而合。于是李靖下令兵分两路：北路由李靖统领李大亮部和薛万均、薛万彻部，沿青海湖南岸由北向南作战，扫荡盘踞在大非川（今青海共和西南切吉平原）一带的吐谷浑主力；南路由侯君集、李道宗率部，直插吐谷浑后方，进攻黄河源头的吐谷浑各部据点，实现南北夹击、包抄合围吐谷浑的目的。

北路的第一战，率先在曼头山（今青海共和西南）打响。首战告捷的唐军在李靖的带领下，再战牛心堆（今青海西宁西北），接着转战赤水源（今青海共和一带）。

赤水源之战是征伐吐谷浑以来的第一次恶战。接连失败的吐谷浑在赤水源布下重兵；北路先锋薛万均、薛万彻部在这里遭遇猛烈的抵抗。战斗激烈时，不仅薛氏兄弟身上多处受伤，连他们的战马也都双双倒毙。无奈之下，两位先锋主帅只好徒步冲杀。万分危急的关头，契苾何力奉李靖之命率援军赶到，扭转了战局。

此后李靖率北路军长驱直入。李大亮部在蜀浑山（今青海共和西）击败吐谷浑军；薛万均、薛万彻部在赤海（今青海共和东南）大破吐谷浑宰相天柱王率领的主力部队；执失思力又在居茹川（今青海共和西北柴集河）击退了吐谷浑军队的反击。

李靖的北路军以所向披靡之势横扫青海湖南岸，不到一个月就把盘踞在这一带的吐谷浑主力全部歼灭。

侯君集和李道宗率领的南路军可谓历尽艰难险阻。因为他们的目标是直指分布在黄河源头的吐谷浑各部落，行军路线必须经过绵延数千里的不毛之地和雪域冰川。盛夏时节，这里竟是一片白雪皑皑，且时有冰雹和狂风。这次远征的艰难程度可想而知。

翻越汉哭山，进抵乌海（今青海玛多一带）的南路军遭遇吐谷浑名王梁屈葱部，一番大战下来，吐谷浑军大败，梁屈葱被唐军俘虏。

用以战养战的方式得以补给的南路军，从星宿川（今青海的星宿海）一路打到柏海（今青海鄂陵湖和扎陵湖），彻底摧毁了吐谷浑在黄河源头一带的军事力量。

南北两路大军历尽千难万险，奔袭数千里，历经大小数十场战斗，彻底扫荡了吐谷浑境内的有生力量，胜利会师于大非川。

此时的伏允已经穿过柴达木盆地的戈壁荒漠，越过阿尔金山脉，

逃到了塔克拉玛干沙漠东南部的且末城（今新疆且末）。这里也是吐谷浑国境的最西端。

李靖下达了开启对吐谷浑最后一战、彻底消灭伏允的命令。

如丧家之犬的伏允，沿着突伦川（今新疆塔克拉玛干沙漠）的南缘一直向西跑。唐军前锋将领契苾何力率一千精锐骑兵在后面紧追不舍。

在盛夏的沙漠，缺水加上暴晒，唐军不得不杀马生饮其血，一路突进追入突伦川。面对从天而降的唐军，伏允的残部只能四散逃命，伏允的妻子和儿子被唐军生擒。

东躲西藏十几天的伏允被他的亲兵杀死，且提着他的脑袋投降了唐军。伏允为他的行为付出了代价，吐谷浑之战以唐军的彻底胜利而宣告结束。

善后工作唐朝驾轻就熟，因为他们拥有一贯的政策和具体的方案，那就是将吐谷浑变为属国，再扶植一个亲唐政权，把守唐朝的西大门。

伏允的长子慕容顺久居汉地，伏允一死，他就斩杀了“鹰派”的宰相天柱王，归附了唐朝。唐太宗李世民特意准许吐谷浑复国，册封慕容顺为吐谷浑第十八任可汗，兼唐朝的平西郡王。为了防止吐谷浑再次反叛，唐太宗李世民派凉州都督李大亮率军进驻吐谷浑。

平定吐谷浑，扫除了吐谷浑对河西走廊的威胁，丝绸之路又一次响起驼铃声。

大唐军神李靖

至此，我们有必要认识一下李靖。这位像汉朝时卫青和霍去病一样的人物，因其超凡的才干、完整的军事理论以及赫赫战功而被尊称为“大唐军神”。

李靖，字药师（另说本名药师），出生于公元571年，雍州三原（今陕西三原）人，祖籍陇西狄道（今甘肃临洮）。祖父李崇义曾任殷州刺史，封永康公；父亲李诠曾任隋朝赵郡太守。

出生于官宦之家的李靖自幼好学上进，志向远大。稍长的李靖，不仅仪表魁伟，而且颇具文武才略。隋朝名将、李靖的舅舅韩擒虎就欣慰地说过：“可与之讨论孙吴之术的人，唯有李靖。”

李靖初年曾历任长安县功曹、驾部员外郎等职。尽管身在基层，此时李靖的才干和名声却传到隋朝宫廷。隋朝吏部尚书牛弘称赞他有“王佐之才”，重臣杨素更是指着自己的办公座席对他说：“你终当坐到这个位置。”

如果以上记载属实，那李靖真是身处了一个好的时代。越是超凡的才干，越需要合适的平台，显然，李靖是幸运的，他赶上了奋进的时代。

隋朝末年，李靖任马邑郡丞，在李渊帐下和突厥作战。前文说过，此时的李靖已判断出李渊有异动迹象，由于职责所在，李靖伪装成囚徒前往江都，准备向隋炀帝告密；但仅走到长安，关中已经大乱，道路受阻而未能成行。

李靖的判断非常准确。不久后，李渊就在晋阳起兵，迅速攻占了长安。作为异己，李靖毫无悬念地被俘，后为李世民所救，召入幕府，任命为禁卫军统帅。

良将遇明君，千里马遇伯乐，李靖在李世民帐下如鱼得水。君臣二人携手摧城拔寨、所向披靡，共同成就了一代军神的佳话。

李靖跟随李世民东征洛阳，在剿灭王世充之战中崭露头角。当时盘踞在江陵的南梁萧铣政权的大军趁乱溯江而上，企图夺取唐朝峡州、巴、蜀等地。

为了彻底铲除南梁萧铣的割据势力，李靖被派往夔（kuí）州（今重庆奉节）。先战蛮人邓世洛部，再破开州（今重庆开州）冉肇则数万蛮兵。

公元621年，李靖上奏攻灭萧铣十策，被任命为行军长史，统辖十二总管，发起对萧铣的灭国之战。李靖在操练水军的同时安抚巴、蜀之地刚刚归附的各个部族。解除了后顾之忧的李靖兵发江陵。

适值秋雨季节，江水暴涨，李靖力排众议，率军顺江东下。萧铣本就以长江为天险，再加上此时江水咆哮，更让他觉得高枕无忧。在萧铣毫无防备之下，唐军连破荆门、宜都二镇，并乘胜抵达夷陵城（今湖北宜昌）下。

李靖剿灭萧铣的骁将文士弘部之后，率轻骑五千为先锋，直扑南梁都城江陵，先后击败杨君茂、郑文秀等部，推进到江陵城下。此时的李靖巧用瞒天过海之计，将夺得的舟舰散弃江中，让其顺流而下，以此使萧铣的援军深信江陵已被攻克。

果然，萧铣的援军看到江中到处是遗弃散落的舟舰，以为江陵已破，都疑惧不敢靠前。坐困愁城的萧铣走投无路之下开城投降。

仅用了两个月，李靖就率部彻底消灭了江南最大的割据势力南梁。

同年年底，李靖又率部越过南岭，到达桂州。在李靖“怀柔抚远”

的感召下，唐军所到之处皆望风归降。李靖连下九十六州，所得民户六十余万。

自此，岭南全部归属唐朝。

公元 623 年，辅公祏（shí）窃据丹阳（今江苏南京），举兵反唐。当时的局势是辅公祏坐镇丹阳，冯惠亮据守当涂，陈正通驻防青林。

李靖审时度势，决定先攻击冯惠亮和陈正通部。他的理由是，冯惠亮和陈正通都是行伍出身的悍将，擅长野战，而辅公祏所在的丹阳城防坚固，如果先攻辅公祏，两军来救，唐军就会腹背受敌。之所以先攻冯惠亮和陈正通部，是因为他俩的任务是守城拖延时间，这样就发挥不出他们野战的优势，唐军的胜算就会增大。

不出李靖所料，唐将黄君汉打败冯惠亮，李靖又轻兵直取丹阳。辅公祏、冯惠亮、陈正通相继被擒，李靖一战平定江南。

此时的李渊也喜出望外地说："古之名将如韩信、白起、卫青、霍去病者，也没有一个能比得上李靖！"

稳定了江南局势，北方的东突厥又不断举兵南下，侵扰中原。公元 629 年，时任兵部尚书的李靖又一次挂帅出征，讨伐东突厥，率军攻克定襄，转战阴山，最终彻底剿灭东突厥。

公元 634 年，六十四岁的李靖再次临危受命，率军征伐吐谷浑。他采用南北夹击、迂回扫荡的战术，一举平定西北。

综观李靖一生，年少成名；随秦王李世民东征洛阳，崭露头角；公元 621 年，平定萧铣，招抚岭南；公元 623 年，覆灭辅公祏，一统江南；公元 625 年，转战北疆，抵御东突厥；公元 629 年，夜袭定襄，驰骋阴山，灭亡东突厥；公元 635 年，统军西破吐谷浑。

当初杨素的预言实现了。正如李世民所说："李靖南平吴会，北扫突厥，西定吐谷浑。大唐四境，只有东边的高句丽没有亲自征服，但那也只是因为李靖年龄实在太大了。厥功至伟的李靖配得上杨素的

李

称赞。”

李靖像卫青一样，虽然战场上勇猛善战，在朝堂上却性情沉厚。甚至和朝臣商议国事时，恭谨温顺得像是不太会说话一样。战功赫赫的大唐军神却没有丝毫的“刀剑之气”，也可谓真英雄自风流。

李靖被奉为大唐军神，当然实至名归。不说东南西北四境由他率军打下了三个，也不说他写的《六军镜》《卫公兵法》等多部兵书，单就他与唐太宗李世民谈论兵事的《唐太宗李卫公问对》中对孙武兵法思想鞭辟入里的分析，就足以成就他一代大唐军神的传奇。

公元 649 年，李靖病逝，终年七十九岁。唐太宗李世民诏令其坟茔规格依照汉代卫青、霍去病的旧例，把坟墓修筑成突厥境内的铁山、吐谷浑境内的积石山的形状，以彰其功。

晚唐以后，李靖逐渐被神化，在民间故事中，李靖更被演绎得颇具神奇色彩。但真实的李靖的功勋一点也不逊色于民间故事。

第七章
东成西就

松赞干布的别样求亲

高昌亡国的第二年，即公元641年，文成公主走进了青藏高原。

这是一片一亿多年前从特提斯海中逐渐隆起的土地。六千多万年前的造山运动使喜马拉雅、冈底斯及昆仑山脉从帕米尔高原喷薄而出，周围的阿尔金山、祁连山、阿尼玛卿山将这里围成一片俯视万方的绝域高原。

这就是青藏高原。

青藏高原是平均海拔四千多米的世界屋脊，这里有奔腾不息的雅鲁藏布江；有蔚蓝清澈的纳木错和羊卓雍措湖；墨绿的牧场，茂密的森林，点缀其间的格桑花漫山遍野地盛开。这是一片令人神往的天堂般的土地。同时，刺骨的寒风，稀薄的空气，连绵逶（wēi）迤（yí）的雪山，又使之成为世人眼中遥不可及的神秘世界。

一个民族和王朝，即将在这片雪域高原上蓬勃兴起，它的名字叫吐蕃。

关于吐蕃的起源尚无定论，可能源于上古的羌族。吐蕃王朝的建立是在公元7世纪初，与李唐开国的时间大致相同。

当时的吐蕃在松赞干布的带领下，用武力降伏了古代羌人的苏毗（今西藏北部及青海西南部）和羊同（今西藏北部）等各部落，并将自己的首都迁到了逻些（luó xiē，唐代藏文的音译。今西藏拉萨）。从此屹立于青藏高原。

松赞干布是吐蕃历史的真正缔造者。因为在他之前，吐蕃既无文字，也少人关注。直到公元623年，吐蕃攻陷芳州（今甘肃迭部），他们才进入了中原的视野。

松赞干布被称赞普，赞的意思是雄强，普的意思是汉子。赞普不仅代表雄强的汉子，还相当于匈奴的单于、突厥的可汗和唐朝的皇帝，意思就是吐蕃王。松赞是他自己的名字，干布的意思是深沉。松赞干布赞普翻译过来就是：深沉的松赞，雄强的汉子，吐蕃人民的王。

松赞干布配得上这样的称呼，因为他不仅年少继位，一统雪域高原，而且即将让世人刮目相看。

公元634年，松赞干布向唐朝求婚。因为从汉高祖刘邦开始，中华帝国就有"和亲"的传统。西魏、北周及隋朝都有"和亲"的先例。唐太宗李世民即位之后，也推行这一政策，多位公主或宗女嫁给了外族豪酋。例如，英勇善战的突厥王子阿史那社尔就娶了唐太宗李世民的妹妹。此时的松赞干布认为自己也应当享有这样的荣耀。

然而，唐太宗李世民却低估了此时的吐蕃，他草率地拒绝了松赞干布的请求，甚至让吐蕃的使者感受到了唐朝的怠慢。松赞干布对此做出的回击是出兵吐谷浑。

为什么出兵吐谷浑？吐蕃给出的解释是："大唐原本对吐蕃的使臣礼遇甚隆，而吐谷浑的使团一到，待遇马上就变了，本来答应的婚事也告吹了。"

或者唐朝因为吐谷浑而冷落了吐蕃，或者吐谷浑背地里说了吐蕃的坏话，无论是哪种情况，吐蕃显然都不能容忍。这样的出兵理由似乎也顺理成章。但此时的吐谷浑已经成为唐朝的属国，吐蕃出兵吐谷浑，当然也带有打狗给主人看的意思。

吐谷浑自然不是已经崛起的吐蕃的对手。吐蕃大军一直将吐谷浑赶到了青海以北，雄强的松赞干布大军还捎带征服了吐谷浑旁边党项和白兰这两个羌人部落。

如此敲山震虎，依然没有引起唐太宗李世民的特别重视。究其原因，一方面是当时的唐朝太忙了：外部高句丽的问题正等着解决，朝廷内部的一切制度体系也等待完善；另一方面是遥远的吐蕃对于唐朝来说，实在是不太熟悉。所以，百废待兴之下，疏于对吐蕃给予关注也情有可原。

但松赞干布显然不甘于成为这样一个被唐朝忽视的角色。公元 638 年，他率军二十万屯驻在唐朝边镇松州（今四川阿坝）境内，目的是前来迎娶唐朝公主，但口气强硬得吓人："若大国不嫁公主与我，即当入寇。"

对这一等同于宣战的求亲，唐朝皇帝当然不能再坐视不理。唐太宗李世民派侯君集、执失思力、牛进达、刘兰等将，率领五万步骑混成部队前往迎战。先锋牛进达部夜袭吐蕃，斩首一千余人。松赞干布领兵而退。

这里需要说明的是，松赞干布渐慕华风而求亲应当是诚心诚意的，但他袭击吐谷浑，破党项，犯松州，也应当是他既定的方针。因为从柴达木盆地通往西域的交通要道就在吐谷浑，而且吐谷浑的治下还有不少的藏民，吐蕃迟早要对吐谷浑下手。

从公元 663 年吐蕃灭亡吐谷浑也能看出，这就是吐蕃的战略方向。

而此时的陈兵松州尽管声势很大，口气挺硬，但最终目的应该只是为了求亲。因为不管此时的松赞干布如何桀骜不驯，还不太可能有和唐朝抗衡的想法和实力。他们号称的屯兵二十万，其实也是虚张声势之举，因为松州境外怎么可能屯兵二十万？再说，拥兵二十万又岂能因被斩杀一千多人而退兵？

尽管如此，松赞干布此举，也完全达到了他的目的。唐朝皇帝清醒地意识到，不能再轻视这个可怕的邻居了。因此，当松赞干布再次求婚时，唐太宗李世民马上表示同意。

绿度母的化身，文成公主

松赞干布诚意求婚表现在两个方面。一是派出吐蕃第一能臣大宰相禄东赞，带着五千两黄金及诸多奇珍异宝的厚礼前往长安；二是迎亲时，由衷地说："我父祖未有通婚上国者，今我得尚大唐公主，为幸实多。"

精明机智的禄东赞不辱使命，据说在"六试婚使"中拔得头筹，在拉萨的布达拉宫内，至今还完好地保存着描绘这一故事的壁画。唐朝画家阎立本的名作《步辇图》所绘的正是禄东赞朝见唐太宗李世民的场景。

禄东赞的才干甚至引起唐太宗李世民的另眼相看，他不顾禄东赞的婉拒，强制性地将自己姐姐的外孙女嫁给了禄东赞。这在唐朝的和亲史上也是不多见的事情。唐太宗李世民此举除有笼络人心的目的外，也体现出对英雄的真心欣赏。

松赞干布的婚事自然没有任何问题，新娘就是文成公主。

婚礼盛大有排场。唐朝方面派礼部尚书、江夏郡王李道宗一路护送公主，自长安出发，经西宁，翻日月山，长途跋涉，到达拉萨。松赞干布则从拉萨迎亲至柏海，欢迎仪式上，松赞干布脱下藏袍换上唐装，向李道宗行女婿之礼，一派祥和欢乐的气氛。

文成公主进藏时，不但携带了开元寺释迦牟尼十二岁等身像，还陪嫁大量的奇珍异宝、服装家具和烹饪食材。更重要的是，携带着诗书礼乐、医疗器械、农具良种的学者、乐师、医生和工程技术人员，作为先进文化和技术的代表，无疑将对吐蕃的发展作出积极贡献。

文成公主本人在藏四十年，致力于加强唐朝与吐蕃的友好关系，热爱藏族同胞，深受吐蕃百姓爱戴。在藏传佛教中，文成公主被认为是绿度母的化身。

松赞干布还向唐朝派去了留学生，也正是在这个时期，吐蕃民族创造了自己的文字，文明程度得以飞跃式提升。

事实上，文成公主入藏至少为两地人民赢得了二十年的和平。唐太宗李世民在这段时期成功遏制了西突厥的进犯，并收复西域。松赞干布也在和平崛起中将扩张事业做到了极致。他不仅从尼泊尔迎娶了公主，还从印度引进了文化。汉传佛教与印度佛教一起，在雪域高原被融合成现在的藏传佛教。

吐蕃王朝的故事将延续到 9 世纪，我们以后再讲。

高句丽的“前世今生”

高句丽和高丽一字之差，有些人认为高丽是高句丽的简称，其实二者大相径庭，甚至没有丝毫的传承关系。

高丽王朝建国是在唐朝灭亡之后，由王建在公元 918 年建立。

而隋唐及以前的高句丽，直到北齐时才去掉“句”字，那也是在历史上的习惯性称呼而已。为了区别以后的高丽，这里我们还是称其为高句丽。

高句丽人原属于古老的濊貊（wèi mò）部族的一支，最早生活在我国东北地区。公元前 37 年，扶余人朱蒙建国于玄菟（tú）郡高句丽县境内。初期都城在今辽宁桓仁，公元 3 年迁都至今天的吉林省集安市。魏晋南北朝时，高句丽人不断发展壮大，在北魏拓跋焘时期的公元 427 年，再迁都至朝鲜半岛的平壤。

汉朝以来，高句丽都处于历代中原政权的羁（jī）縻（mí）藩属体制之下。迁都平壤以后，高句丽与朝鲜半岛南部的百济、新罗呈三国鼎立之势。

百济和新罗是朝鲜半岛南部韩人建立的国家。韩人最早分为三支：马韩、辰韩与弁（biàn）韩，号称“三韩”。此后，马韩建立了百济，辰韩建立了新罗，弁韩建立了金官。这是朝鲜半岛南部最早的三国。

高句丽南下之后，新罗兼并了金官，朝鲜半岛鼎足之势的三国就变成了西南的百济、东南的新罗和北边的高句丽。

而此时的高句丽，东邻日本，南靠百济和新罗，西是南朝和北朝，北有靺鞨（mò hé）、室韦、契丹和突厥。如此格局，初来乍到、觊（jì）觎（yú）东亚地区霸权已久的高句丽，自然要搅动风云。

此时的朝鲜半岛，不断上演结盟与背叛、战争与谈判，一时之间热闹非凡。

为了争取同盟，战争之外，各国纷纷大打外交牌。高句丽、百济、新罗与日本，争相与中华建立各种联盟，南朝与北朝倒也来者不拒。各自的算盘都打得噼啪直响，目的就是要建立一种独占性和排他性的联盟关系，即希望对方在分裂中灭亡，而自己来一统江山。

最先一统江山的是隋文帝。

和这样一个强大的国家接壤，高句丽首先感到了不安，但他们没有意识到新的时代已经来临，还在试图用老办法来应对新局面。

他们找到了东突厥，企图与其结盟，来对抗隋朝。显然，南北朝的时代已经结束。此时东突厥既不是南朝，也不是北朝，它只是隋朝扶植的政权。没有认清形势的高句丽，自然成为隋朝必须拔除的眼中钉、肉中刺。

公元598年，隋文帝杨坚就派汉王杨谅为帅，集结水陆三十万大军征伐高句丽。隋炀帝杨广时代更是起兵三征高句丽。

到了唐太宗李世民时代的公元643年，他要求高句丽停止与新罗的战争，以畅通新罗至唐朝的道路。遭到高句丽拒绝后，唐太宗李世民决定东征高句丽。

东征高句丽

公元644年，唐太宗李世民任命刑部尚书张亮为平壤道行军大总管，率军四万，又征兵三千，率领战舰五百艘，从山东莱州走海路进军平壤；任命李勣为辽东道行军大总管，率军六万，集结西北归降的胡人兵马，从陆路向辽东进军。

第二年，即公元645年，唐太宗李世民从洛阳出发，到达定州（今河北保定），留太子李治在定州监国，程咬金留守京都长安。自己坐镇中军，从定州发兵，亲征高句丽。

李勣率军经过幽州，北上营州，过柳城，渡辽水，到达玄菟，迅速攻下了高句丽的盖牟城（今辽宁抚顺），俘获两万多人，缴获粮食十余万石；张亮也率军从东莱渡海，攻占了卑沙城，进驻鸭绿江，逼近平壤城。

唐太宗李世民与李勣会师于辽东城（今辽宁辽阳）下，后一路连克辽东城、克新城、建安城、白岩城。

在白岩城的战斗中，阿史那思摩被弩箭射中，唐太宗李世民亲自为其吮血，可见战况之激烈，也可见唐太宗李世民是怎样的统帅。如此举动，将士又怎能不感恩戴德、拼死效命？

安市城之战是这次征伐高句丽的最后一战。

贞观十九年（公元 645 年）九月，唐军抵达安市城（今辽宁鞍山海城）外，高句丽纠集包括靺鞨族在内的十五万人马前来救援。

唐太宗李世民调兵遣将，先命阿史那社尔率领一千多名突厥骑兵前去诱敌，将战场摆到安市城东南八里的山下；又命李勣率军一万五千人在西岭布阵；后命长孙无忌率精兵一万一千人攻击敌军的后方；自己则亲率四千骑兵在北山之上指挥战斗。

战斗打响，诱敌进入战场之后，李勣部率先与敌正面交锋，长孙无忌率军攻敌后方。各路唐军一起进攻，高句丽的军队阵脚大乱。

此时恰逢天降大雨，雷电交加之下，首次应征入伍的薛仁贵单枪匹马，所向披靡。他的横空出世，标志着唐朝又一颗璀璨的将星升起。

此战唐军大胜，斩杀敌军两万多人。其余军士全部跪下膝行至唐军大营受降。唐太宗李世民下令将这次俘获的靺鞨族士兵全部活埋，以警示靺鞨族不要再为虎作伥。

唐太宗李世民选出高句丽军中都督以下的酋长三千五百人迁往内地，其余将士全部释放，让他们返回平壤。这些人都举起双手以头顿地，欢呼声传到数十里之外。

十月，唐军开始围攻安市城，深秋时节，辽东的天气实在不利于攻城，久攻不下，又粮草不济，无奈的唐太宗李世民只好下令班师。

唐太宗李世民虽然因为没有剿灭高句丽而遗憾，但实际上，唐军的战果远远大于损失。

唐太宗李世民此次亲征高句丽，用战死近两千人的代价斩杀敌军四万多人，高句丽的精锐部队几乎遭受了毁灭性的打击；共攻克了高句丽的十座城池，高句丽百姓迁徙到辽州、盖州、岩州三州，加入唐朝户籍的共有七万余人。

自此，被高句丽占据了二百余年的辽东地区重新成为唐朝领土。

此后的两年，唐朝朝议之后认为，高句丽依山为城，易守难攻。不如派军深入，轮番袭扰，使高句丽百姓疲于奔命，耽误农时。几年之内，高句丽便会千里萧条，人心离异。鸭绿江以北地区，可以不战而得。

在这样的指导思想下，唐军前后发起一百多次战斗，袭扰、消耗高句丽，而且战无不胜。其中两次比较大的战斗是：公元 647 年，唐太宗李世民命牛进达、李勣、李海岸率军从水陆两路进扰高句丽；公元 648 年，古神感率唐军渡海攻打高句丽。

最终，高句丽王迫于压力，派他的儿子入朝谢罪，双方停战。

彻底覆灭高句丽是唐高宗李治登基二十年之后的故事了，我们稍后再讲。

需要说明的是，当年杨广三征高句丽，致使民怨沸腾，天下大乱，如今唐太宗李世民，以后的李治同样征伐高句丽，为什么不见天下百姓怨声载道？

答案可能就在唐太宗李世民的话里："炀帝无道，征辽东时，人们宁愿打断自己的手足来躲避出征与徭役。朕现在征伐高句丽，都是选那些愿意出征的人，募十得百，募百得千，一些没能跟随出征的人，都愤叹不已。"

但愿唐太宗李世民说的是实情，因为只有他才是这段历史的第一见证人。

第八章
李世民的治国之路

治国这道难题

汉高祖刘邦开国百余年后，到了汉武帝时期才征伐匈奴，开拓西域。而唐太宗李世民自玄武门之变登上皇位伊始，就灭突厥，破西域，廓清四域，使蛮夷归附。

唐朝设立羁縻州，羁是马笼头，縻是牛缰绳，羁縻其实就是放风筝，这里指专属管理归属唐朝的边疆少数民族的部门，根据其行政单位的大小，依次叫羁縻府、羁縻州和羁縻县，简称羁縻州。

府的都督和州的刺史，由当地原来的那些可汗和酋长担任，羁縻州的长官还可以世袭。如此一来，不但仍然由他们统治部族，而且所有赋税原则上也由他们自行支配。

羁縻州之上再设六大都护府，由汉人出任长官，代表唐朝行使主权。这种由唐朝负责保护其安全，地方基本实行所谓“自治”的少数民族政策，对于那些战败国和附庸国来说，当然是非常乐意接受的。

这六大都护府即安北、单于、安西、北庭、安东及安南。

安北在大漠之北，即现在的外蒙古；单于在大漠以南，黄河以北，即现在的内蒙古；安西在新疆的天山南麓，过葱岭到波斯边境；北庭在天山北麓，即现在的乌鲁木齐；安东在朝鲜的平壤；安南在现在的越南。

共有三百多州府的唐朝，国土疆域东西九千五百一十一里，南北一万六千九百一十八里。如此庞大的国家将如何治理？这是摆在唐太宗李世民这位青年君主面前的第一道难题。

自启废禅让开始，中华民族就进入了所谓国家时代。区别于氏族部落推举管理者的方法，此时的管理者，逐渐成为统治阶级，并采用世袭的方式进行传承。

这些被采用的统治和治理国家的模式和方法，就称为政治制度。

时代不同，政治制度当然也会不同，和特定的历史时期、社会条件、人文风俗及传统习惯等因素紧密相连。抛开这些而单纯地谈论政治制度，不仅是缘木求鱼，还会陷入历史虚无。

任何一种政治制度当然都涵盖统治阶层的诉求，甚至就是他们利益的体现方式。然而，政治制度并非一成不变，也说明它具有与时俱进的属性。

在秦之前的邦国时代，为了进行有效的统治，实行的是封建制。所谓封建，就是天子、那位得到“上天授权”的人，将天下分封给诸侯，诸侯建国，称邦国；诸侯再把邦国分封给大夫，大夫成家，称采邑。诸侯对邦国，大夫对采邑，都享有独立的治权，是为封建。

那什么人可以成为天子呢？

追根溯源，以大禹为例，他接父亲鲧（gǔn）的班，继续治水十三年，河清海晏，以此成为所谓的天子。后来“三代之英”的周文王阴修道德，随着武王伐纣，牧野一战而成为天子。

一人而管理天下百姓，这是连传说中的尧舜也力不能及的事情，到底怎样才能实现呢？

他们的逻辑是找帮手。但要找什么样的帮手呢？当然是天子信得过的人，如他的亲戚、朋友和邻居，也就是王族、功臣和世代的贵族。

这些人受天子封侯而建国；诸侯同样再分封他们信得过的人，这些人就被称为大夫。大夫之于诸侯、诸侯之于天子这样的链条，之所以能够成立，固然有能力、功绩及统战需要等因素，但最重要的无疑是信任。

但这种信任能够维系多久呢？意识到这个问题的他们，在分封制之外，又制定了井田制、礼乐制和宗法制，从生产生活、行为规矩和身份等级等各个方面加以框定和规范，目的就是让人们从灵魂深处认可并一直遵守这套政治制度。

显然，他们忽视了生产力的变化。可能他们没有意识到，生产力对人们的影响，远远超过那些强制的规范。但就他们的时代而言，他们做了他们应当做的，而且做得不错。

为天下共主的天子，为邦国国君的诸侯，为采邑家君的大夫，他们的爵位和权力都是在家族内部世袭。具体的方式就是嫡长子继承制，而没有继承权的其他子弟则成为士。所有这些人，就是在这样一整套政治制度下，催生出的一个特殊阶层——贵族。

所以，此时也可以称为贵族政治。贵族管理采邑就叫齐家，治理邦国就叫治国，维持国际秩序就叫平天下。无论齐家、治国还是平天下，他们既不是被谁雇用，又没有薪酬可领。原因很简单，家和国都是他们自己的。所以，无论如何，他们的所作所为，都不能称为腐败，最多可以叫作腐化。

但问题是，腐败虽然可能导致猝死，但还有药可救。可以监察用来惩前毖后，可以审理用来治病救人，实在不行，还有缉拿、流放、杀头乃至诛九族，至少能够起到杀鸡儆猴的效果。

而腐化是一个潜移默化的过程。这样的过程极具传染性，不知不觉间，整个贵族阶层就会集体感染。腐化的下一步就是堕落，一旦堕落，就无药可救，万劫不复。尽管这个过程可能会很漫长。

首先出问题的当然是天子。所有的制度对其约束力最小的，自然是权力最大的那一个。不笃信这样的制度，并首先违反制度的，只可能是制度的制定者，或制定者的继承人。因为只有他们才最了解这样的制度当初是怎样地被刷上了一层厚厚的金粉，也只有他们才会不受任何制度的约束；尽管针对他们的只是像“刑不上大夫”这样的条款，也令他们如坐针毡。

而百姓哪有资格、胆量和机会去和这样一套完整的制度体系对抗呢？不提国家的暴力机器，单就一顶“离经叛道”的大帽子，就会压得你抬不起头、做不了人。

西周最后的时代很快结束，结束在周幽王的手里。他废黜太子宜臼，亲手颠覆了他们自己的宗法制。东周是诸侯的时代，但随着三家分晋，大夫阶层又趁势崛起，自甘堕落的诸侯让位给那些励精图治的家臣大夫，历史进入春秋时期，这是大夫的时代。

战国则是一个思想极其自由的时代，唯其如此，才能从众多的思想中择优而用；这也是一个无比实事求是的时代，因为任何的好大喜功、粉饰太平招致的只可能是灭顶之灾；这还是一个执行力极强的时代，任何的议而不决、决而不行、行而无效都无疑是拔剑自戕（qiāng）。这样的时代，是士这一阶层演出的最好舞台。

他们因为没有继承权，反而解放了思想；有一定的身份，保证了能力的培养；没有实际的权力，反倒激发了斗志。所以，战国是士的时代，以苏秦、张仪、商鞅等人为代表，搅动了天下风云。

西周到战国，贵族阶级每况愈下，这是封建制的必然结果。依据父系血缘关系的亲疏来维系政治等级、巩固社会统治的制度，必将腐化堕落，邦国制也将随之解体。

商朝时，夏走下了贵族的神坛，他们曾贵了十四代；周朝时，商走下了贵族的神坛，他们曾贵了十七代；秦朝时，周走下了贵族的神坛，他们曾贵了三十二代。而依次取代前者而成为贵族的，就是当时所谓的蛮夷。

由此看来，不管是不是所谓的贵族，只要不保持拓荒的精神，只要不付出血汗的代价，只要紧盯的只是金银的餐具，只要显摆的只是像托盘传送之类的优雅，就一定会与蒸蒸日上渐行渐远。

精神是需要传承的，然而像筚路蓝缕、以启山林般的精神传承似乎并不多见；而一味躺在前人的功劳簿上骄奢淫逸、腐化堕落的现象却比比皆是。公元前 221 年，秦灭六国，秦王嬴政亲历封建制下诸侯国的隐患和纷争。基于前车之鉴，他创建了新的国家制度，这就是大秦帝国。

与封建制下各诸侯国并存的模式不同，帝国之下的各郡县紧密隶属中央，这无疑是重新定义了统一政府的职能。唯一的领袖、紧密的隶属——帝国制度的显著特点，无疑就是中央集权。

推翻了封建制度，普天之下的产权和治权都属于一个人，或者说一个家族，而皇帝就是这个家族的唯一代表。皇帝之下，士农工商作为百姓，统统编入户籍。

除皇室一家可以世袭外，政府里没有第二个职位或家庭可以世袭承继。像郡太守或县令，都不能把他们的职位传给自己的儿子。功臣勋贵和皇亲国戚虽然也封王封侯，但和封建制不同的是，封国不再是领地，更没有治权。

目前的“化家为国”，也就是由封建而郡县制之后，一切贵族原来的“家”，现在都融合成了“国”。也就是说，现在只有一个家，就是皇家，这个家变成了国家。这与之前政府和家庭分不开的关系相比，已是政治制度上的一大进步。

如此一来，所谓“特权”阶层就由原来的很多人变成了如今只有一个皇家。所以，此时的贵族阶级不但在理论上不存在，实际上也在日趋消失。这样的政治制度，显然是应运而生、顺势而为的结果。贵族政治，是在他们自己腐化堕落之下土崩瓦解的。

那么问题来了，当初之所以封建，是因为一人治不了天下。如今靠皇帝一个人就能平治天下了吗？幅员辽阔，人口众多的国家，靠一个人治理既不现实，也不可能。

帝国统治靠的是官员，其实这也与生产力的发展相关。以前靠血缘的纽带建立信任，除头脑的禁锢、眼光的局限，还由个人能力及技术条件等因素促成。时过境迁，如今受教育情况和传输、管理等技术手段肯定强于数百年前，任用官员管理国家已经可行。

显然，在帝国的统治下，即便是任用官员，这些官员也只能在皇权政治的框定之下，去充当代理人和执行人，既不能改变皇帝的治权，又不能动摇皇帝的产权。

这样的政治制度也有问题。

封建制实际上是自己管理自己，他们的争斗集中表现为诸侯国之间争夺领地。至于之后大夫的参与，也是为了所谓的领地。大夫争诸侯的，诸侯争天子的。本质上说，至少他们内部没有解不开的矛盾。

而帝国的统治模式，最大的弊病就是权力与责任、付出与收益之间的平衡实在不好掌控。

没事时，你说产权归皇帝，所谓的“普天之下，莫非王土；率土之滨，莫非王臣”；有事需要出力了，你又说要有家国情怀，所谓的“天下非一人之天下，乃天下人之天下也”。这种看似归大家所有，实则谁也看不见、摸不着，反而皇帝一人得利的模式，能够长久吗？

就算老百姓傻，那些识文断字的官员可不傻。明知不是自己的东西，长期监守，能不自盗吗？再说，皇帝一言九鼎、生杀予夺，官员负责的对象怎么可能是百姓，百姓又不能动他们丝毫，他们凭什么对百姓负责？即使稍微有点理想和人性，在百姓和皇帝的冲突中偏向百姓，受到几次摧残后，也就自动掐灭了这点理想和人性的火苗。

如果说以前的封建制天子是把矛盾下放，要他们各自管好自己的“家”，至于天子和诸侯之间的隶属和约束，他们靠的是伦理道德和礼教宗法；那么如今的帝国就是皇帝要直面各种社会问题。

在这种情况下，皇帝与其代理人宰相之间应当是一种什么样的关系呢？又靠什么来维持这样的关系呢？更进一步，就算像封建制一样，明确了彼此的关系，而且有了维持这种关系的办法，就能保证不出问题吗？

其实，这就是帝国政治制度的先天性顽疾。而之所以有政治制度的多次变革，其实也是我们的先祖在努力调整，积极地向他们认为正确的道路靠近。

明君贤臣、王道仁政之路

这样的政治制度，无疑需要一个贤明的君主，还需要一个有理想的官僚集团。明君贤臣共治天下，携手行王道施仁政。其实，这就是贞观之治在后世备受推崇的原因所在。

但理想化只可能是昙花一现，不可能是普遍规律。而我们要做的是从政治制度沿革的过程中寻找普遍规律。

邦国时代的统治阶级是领主贵族。秦汉的帝国时代，首先由贵族地主阶级登上历史舞台。这是有历史原因的。西汉初年，刘邦看到秦始皇用力过猛，十几年就丢了江山，不管是不是废分封的原因，总之，谨慎的刘邦虽然看到分封的不合时宜，但还是采用了分封和郡县并行的管理模式。

这一时期，皇族与功臣集团共掌朝政，勋贵出身的列侯担任宰相已成惯例。像我们熟知的刘邦安排后事时说的那样：汉朝的宰相，依次可以是萧何、曹参、王陵、陈平和周勃。

这些功勋卓著的人再跻身朝堂高位，当然让皇帝感到“如芒刺背”，所以才有了刘邦和吕雉联手杀戮功臣的先例。

他们这样的行为与个人的品德无关，只与帝国的本性紧密相连。杀没杀功臣，或杀多杀少，只是依据他们自己的控制力和当时的实际情况而定，与仁慈和开明没有必然的联系。

唐太宗李世民没有像刘邦那样大开杀戒，除了他在制度上做出了改变，充其量也只是说明，他比刘邦更自信，更有能力驾驭群臣。事实上也确是如此，杀戮本来就是愚蠢、胆怯和暴戾的明证。然而，在帝国统治的本质上，所有的帝王没有根本区别。

汉初分封与郡县并行统治模式的隐患，终于以“七国之乱”的形式爆发。之后的汉武帝，又是“推恩令”，又是任用平民出身的公孙弘为相，费了那么大的劲去抢班夺权，不正说明他意识到贵族地主不能成为统治阶级吗？

尽管汉朝功臣和外戚的问题始终没有得到很好的解决，但汉武帝的独尊儒术也算是为读书做官开辟了一条新路。至少能够让人们知道，躺在祖辈的功劳簿上，或靠姻亲关系就能一劳永逸的日子，不会那么踏实了。正因如此，新的社会群体孕育、发展，逐渐壮大，这就是士族，或者说是士族地主阶级。

由此，原来那些与皇家共分天下的功臣与外戚集团，就变成了贵族。而真正行使国家管理职能的官僚集团，由于没有与皇权抗衡的资格和资本，他们才是最合适的统治阶级。所以，此时登上历史舞台的，就是士族地主阶级。

士族，顾名思义，就是士人的家族。我们知道，在春秋时期，他们是最低一级的贵族，即所谓的天子、诸侯、大夫、士中的“士”。到了秦汉，他们是最高一级的平民，即所谓的士、农、工、商中的“士”。事实上，他们就是读书人、知识分子，或者说是以读书为职业的人。

读书本没有效益，他们的出路是做官。汉武帝的独尊儒术使读书做官成为风尚。于是读书的世代读书，也世代做官，官越做越大，书越读越多。如果一个家族人丁兴旺，再加上门生故吏遍天下，就会形成势力集团。这样的家族，就叫士族，这样的士族集团，就是职业官僚集团。

与士族相对应的是贵族和庶族。贵族就是皇族、外戚和开国公侯，他们虽然显贵，但未必有文化和声望，所以，读书传家的士族才能叫望族。望族必是名门，名门多有权势，所以，也称势族。

贵族有权势有爵位，士族有权势有声望，什么也没有的就是庶族。庶族往往贫寒，所以也叫寒门或寒族。尽管他们也是读书人，但可能官运不佳，或家道中落，才没有跻身士族。但追根溯源，现在成为士族的，也是庶族出身。

随着士族的发展壮大，他们逐渐垄断了仕途。像汉末的袁绍家族就号称“四世三公”。三公，就是太尉、司空和司徒。在东汉，三公的地位相当于宰相，仅次于皇帝，在九卿之上。可见当时士族的势力之大。

士族势必发展为门阀。“阀”的本义，就是功劳和等级。古时仕宦人家的大门外通常有两根柱子，左边用来标榜功绩的叫“阀”，右边用来标榜经历的叫“阅”，合称“阀阅”。所以，后来人们就用阀来指代其“老大”的地位。成为阀，当然因其具有权势和实力。

阀不是贬义。成为门阀，首先要有门望和门第。门望就是名气声望，名气大、声望高的叫望族。门第就是高低贵贱，既高且贵的叫高门。

所以，门阀就是那些读书做官，且世代读书、累世做官的显贵之家。只不过这官必须是读书读来的，靠的是真才实学，不能是买来的，也不能是打仗打来的。靠武力成为豪强的，不叫门阀，叫军阀。

显而易见，所谓的秀才遇到兵，有理说不清，门阀斗不过军阀。随着董卓进京，渐成气候的门阀统治模式逐渐衰落。

魏晋南北朝时，天下大乱，进入军阀统治的时期。直到隋唐建立，沿用的还是关陇集团的班底，军阀统治是这一时期的显著特点。

自隋朝一统，杨坚、杨广两代帝王都在试图改变政治制度。他们已经意识到，帝国的统治只能依靠庶族地主阶层，因为这个阶层既无高贵的血统，又无显赫的门第。通过帝国的考试入仕，既能保证皇帝的中央集权，又能按照伦理规范来治理国家。

这样的考试就是科举制。为了避免庶族入仕后发展为门阀，隋朝在政治上确立了三省六部制，目的就是实现皇权与官僚之间的和谐与平衡。

如此的创新和变革不可谓不大，但能够达到他们的目的吗？

从后来的唐太宗李世民对山东望族的态度上可见端倪。唐太宗李世民说过："贩鬻（yù）婚姻，是无礼；依托富贵，是无耻。"而且一直到唐文宗李昂时，他还有"民间修婚姻，不计官品而上阀阅，我家二百年天子，顾不及崔、卢"的愤愤不平。

那时的山东门第不再以官宦、名流自居，也不一定是富裕人家，更不是依附皇权来压迫百姓。他们只是以婚姻为纽带，恪守汉族世代相传之礼教习俗，就能得到世人的仰慕。可见，门第和郡望的含义在悄然地改变。

唐太宗李世民真的不用生气，山东崔、卢、王、谢等家族的“矜伐”，不是你说的既“无礼”又“无耻”。“世代衰微”“全无官宦”的情况下，崔幹（gàn）还能在官修的《氏族志》上被毫无争议地列为第一等，这是多大的进步呀！

但这样的曙光对于作为帝国统治者的唐太宗李世民来说，可能太过于刺眼。

“三省”是这样斗争出来的

唐朝的制度大致遵循了隋朝的前例，只是实施细则在李世民的主持下，由唐朝臣进行了修订完善。其原因在于隋、唐统治者都出身于关陇集团，一脉同出，相隔的时间又不长，感受到的痛点和解决问题的办法大同小异。

唐朝的辉煌和鼎盛，不能说没有隋朝的功劳。历史的发展一定是建立在传承的基础上。尤其对于唐来说，隋的贡献不可磨灭。

三省六部制是隋唐两代中央政府的组织制度。尽管具体的名称在隋、唐两朝稍有不同，但基本的组织框架一脉相承。

唐朝时，三省指中书省、门下省、尚书省。六部则是尚书省下属的六个职能部门，分别是吏部、户部、礼部、兵部、刑部、工部。

三省六部制可谓意义重大、影响深远。直到现在，我国中央政府的职能部门仍然叫部，日本的则仍然叫省。

什么是省？这里有一个渊源。

此处省的本义是王宫禁署，也叫禁中，意思是“入此中皆当察视，不可妄也”。那禁与省有什么关系呢？汉朝的蔡邕在《独断》中有言：“孝元皇后父大司马阳平侯名禁，当时避之，故曰省中。”意思就是，“禁”之所以改为“省”，是因为要避汉元帝皇后王政君父亲王禁的名讳。

显然，不管是“禁”还是“省”，原来都不是政府机构的名称。但因为它们的本义是宫禁（省），后来就用省来指代宫廷中皇帝侍从的办公处，最后发展成为三省这样的实权官署。

这一发展历程涉及皇室与政府的关系问题。“化家为国”之后，皇室就是政府吗？显然不是。如果是，那不又回到封建的老路上去了吗？当初封建时代的他们，不就是这样的管理模式吗？

所以，帝国时代，原则上说，皇室和政府应该分开，事实上也确实依照此原则在不断演进。

皇帝是国家元首，象征国家的统一；宰相是政府的领袖，负责国家的行政。皇权和相权的划分始自秦朝。之后宫廷的权力之争，几乎都是围绕皇权和相权这一问题而展开。

这里面的原因，也许从丞相或宰相的字面意思上就可见端倪。

丞的本义是副、贰；相的本义也是副。汉语中，两个意思相同或相近的字连用成词，就有加强语气、强调这个单字意思的作用。顾名思义，丞相是谁的“副”？自然是皇帝。

那么，为什么又叫宰相呢？简单点说，宰相是统称，丞相是具体的官职；宰相可以是一个集体的名称，丞相则多指个人。宰的由来是宰杀牲牛。封建时代，国之大事，在祀与戎，两件大事，尤其是祭祀，离不开宰杀牲牛。意义引申之下，当时天子、诸侯及一切贵族公卿的管家都称宰。

在内管家称宰，出外做副官称相。这就是宰相的原意和由来。显然，做谁的管家？又做谁的副官？当然是皇帝。

由此可见，不管是丞相还是宰相，从称呼上就定义为“副”，相权

与皇权又怎么能够分得开呢？事实上，想要分清都不容易。

汉朝初年，刘邦沿用大秦的制度，由宰相作为政府首脑开府建衙，宰相所处为府，叫相府，所辖的衙门机构为曹，合称府曹。府曹就是宰相的“秘书处”。

汉代宰相的“秘书处”共有十三个部门，即所谓的十三曹。其负责管辖的范围从农桑祭祀到法律民事，从漕运交通到兵役贼盗，从吏治枢密到盐铁仓谷。可见，全国政务都汇集于宰相。

而皇帝作为国家元首，所处为宫，叫皇宫，所辖机构为尚，尚就是掌管的意思。汉代皇帝有六尚，分别是尚衣、尚食、尚冠、尚席、尚沐与尚书。其中，五尚都只管皇帝私人的衣食起居，只有尚书是管理文书，做些上传下达等秘书方面的工作。与相府十三曹的行政管理职能既不冲突也不矛盾。

可见，汉代一切实际事权，按照法理，在相府而不在皇室，宰相成为政府的领袖。所以，此时的皇室，按制度来说，也只不过是政府下面的一部分；宫廷的事，当然也要由宰相来管。

于是忙于政务的宰相无暇之际，就设置了一个职位，专门管理皇家事务，即御史中丞。当时，凡带有“中”字的官，都是住在皇宫的。皇室的一切事务都归御史中丞管。

御史中丞是御史大夫的“副”，而御史大夫是副丞相，丞相当然管辖御史中丞。所以，丞相不仅管理政务，还管理皇家事务，以至于九卿都有些职责不清。当然，此乃后话。

汉朝中央政府的产生，是“因人设岗”，即先选定宰相人选，再由他去组建内阁。显然，这样的制度下，宰相的权力就会大到有架空皇帝的可能。

汉武帝刘彻就对他的舅舅、当时的宰相田蚡（fén）说过：“君除吏已尽未？吾亦欲除吏。”意思就是，你任命官吏这事还有完没完？我也想任命几个，行不行呢？

君臣关系到如此地步，可见宰相权力大到什么程度。

不能容忍皇权旁落的汉武帝决定从宰相手里夺权。

他发明了“一国两府”的政治体制——既然宰相不听我的，我就找听我的人来办事。于是，在宫外，以宰相为首组成“外府”；在宫内，以大司马为首组成“内府”；内外两府共理朝政。这就是当时的卫青、霍去病被任命为大司马的历史背景。

汉武帝一方面从朝中选调青年才俊担任尚书，处理政务；另一方面任命心腹能臣为大司马，代表皇帝主持工作，这一职务在后来的西汉叫领尚书事，到了东汉又叫录尚书事。

汉武帝此举彻底改变了原来尚书的职责，使大司马和尚书的意见变成国策，相府反倒由决策机构变成了单纯的执行机构。

不过，汉武帝这样的体制，从某种意义上说，还不如汉初刘邦的宰相制。同是“因人设岗”，那时虽然可能导致宰相的权力过大，但毕竟名正言顺，管理有序。如今由大司马领导主持的“尚书事”，甚至连领、录尚书事也不是正规官职。

汉武帝使“因人设岗”变本加厉。

这样的情况其实危害更大。因为是他首创，又由他提拔，在他的时代可能没事，但混乱怎么可能传承？又怎么可能长久？

然而，我们不能太过苛求汉武帝刘彻，因为每一代人有每一代人的责任和局限。事实上，在他的那个时代，他已经做了他能做的和该做的。至于遗憾，那是后人应该弥补的事情。而且仅就政治制度来说，他也作出了有益的尝试。

看到弊端的东汉光武帝刘秀建立了尚书台，也叫台阁。从此，尚书不再是宫廷秘书的角色，也不再只是管理临时事务，而成为正式的国家机关。

尚书事（事务）变成尚书台（机构）以后，汉武帝时的一国两府就成了正式制度。宰相官职保留，但已经有名无实，政务交给尚书台，台阁成为真正的实权部门。

曹魏时的公元222年，尚书台移出宫外，成为真正的中央政府。到了西晋，又变成尚书省。之所以改为尚书省，是因为尚书的称谓本就来源于皇宫之内，台和阁又都是皇家建筑的名称，台在后宫禁省之内，阁在皇城宫墙之中，所以台阁又叫台省。改台为省，换个说法，算新朝新气象。

中书省的来历和尚书省的演变大同小异。

当年汉武帝让尚书越权管理朝政，尚书原来要做的收发、保管文件之类的工作，就只好转交给其他人，这就是中书。

但正如前文所说，汉武帝这样的体制并不能保证他的继任者皇权永固。随着主持“尚书事”的大司马成为实际上的宰相，又开始威胁到皇权。当年的大司马霍光总揽朝政，汉宣帝刘询便效法他的曾祖父汉武帝的办法，用中书去取代尚书，用来把大司马架空。

担任大司马的外戚集团当然不能接受，到了汉成帝时，外戚王莽一家先后有五人担任大司马，他们又把权力夺了回来。这样的体制便成了君臣博弈。

到了曹魏时期，由于尚书台移到宫外，宫内的秘书令要担负更多更重要的职能，就被曹丕改了个响亮的名字，叫中书令，官署设在宫中，叫中书监，晋以后改叫中书省。

改来改去的结果就是，宫禁之中的中书省逐渐取代外面的尚书省成为决策机构，又成为事实上的宰相府。

如此心腹治国的办法实不可取。

谁距离皇帝近，谁就可能成为心腹；谁成为心腹，谁所在的机构就可能一枝独秀，力压群雄，最终掌握实权。那目前谁距离皇帝最近呢？

当然是侍中寺。侍中寺是宫内侍从官的办事机构，曾与东寺和西寺合称“禁中三寺”。由于设在内廷，常在皇帝身边，大事小情、机密枢要，无所不闻，自然深得皇帝信任。东汉末年，侍中寺改成侍中省，曹魏时与散骑省并称“禁中二省”。到东晋哀帝时，二省合并为门下省，又逐渐成为实际的宰相府。

这就是尚书省、中书省和门下省的由来。

“一本正经”的“三省六部”

从这样的发展历程也能看出，皇族为了维护皇权，经历过什么样的挣扎和努力。但此时的努力颇有点像今天某些学子的“假努力”。表面上看，三更灯火五更鸡，刷题刷到天昏地暗。实际上，由于没有掌握学习规律，对知识缺乏系统的把握，东一榔头西一棒槌式地忙乱，怎么能够做到循序渐进、融会贯通？

所以，这一时期的三省究竟是哪一个省掌控中枢，全凭当时的皇帝与谁亲近，全凭他感觉对谁放心。像东汉时实权在尚书，南朝时实权在中书，北朝时又改为门下掌握实权。直到隋唐时才三省并重，一起成为中央政府机构，并沿袭汉代尚书台旧例，称台阁或台省。唐高宗时，又把尚书台改为中台，门下省改为东台，中书省改为西台。

唐初时，尚书、中书、门下三省三足鼎立、相互制衡。

门下省与中书省都分内外两省：门下内省位于皇宫内太极殿东侧，后随着大明宫而迁到宣政殿东，门下外省位于皇城的承天门东侧，即现在西安城北广济街中段以东；中书内省则位于太极殿西侧，后随着大明宫而迁到宣政殿西；中书外省位于承天门西侧，即现在西安城北广济街中段以西。

门下和中书两省衙署面对面，一个在东，另一个在西，又合称两省或北省。而尚书省离皇宫较远，位于承天门大街，在中书省和门下省的南边，又称南省或南宫。

中书省是决策机构，负责政令的制定和发布。设长官“中书令”二人，另设“侍郎”二人、“中书舍人”六人等。

门下省是监督机构，负责审核政令，有封驳之权。设长官“侍中”二人，另设“侍郎”二人、“给事中”四人等。

尚书省是执行机构，负责执行国家政令。设长官“尚书令”一人，另设“左仆射”“右仆射”各一人、“左丞”“右丞”各一人等。

其中，尚书省下辖六部二十四司。吏部管官员，相当于组织和人事等部门；户部管国家财计，相当于财政、民政、农业、工商税务和商务等部门；礼部管祭祀和教育，相当于文化和教育等部门；兵部管军政，相当于国防部；刑部管刑律，相当于公安和司法等部门；工部管营造，相当于建设、交通、水利等部门。

六部的长官都叫尚书，同为正三品。副长官都叫侍郎，除吏部侍郎为正四品上之外，其他的同为正四品。每个部下面还有四个司，司官为从五品上的郎中，副司官为从六品上的员外郎。司官之下为从九品上的主事。

六部二十四司，每部第一司为本司，如吏部第一司为吏部司，户部第一司为户部司等。

尚书省的办公厅叫都省，也叫都堂。各部的办公厅则叫部堂。六部的尚书和侍郎，每天中午都要到都堂集中开会，下午再回到本部堂办公。

中书省、门下省和尚书省构成朝廷的中枢。三省长官同为宰相，共议国政。三省在国家政务决策、监察和执行的过程中，互相配合、互相制衡。

尚书、门下、中书三省的长官，本来以尚书令一人、侍中和中书令各两人，共五人同为宰相。但因为在李渊时期，李世民曾任尚书令一职，后来的大臣都回避再任此职，故此时的尚书令由其副职左、右仆射代任，宰相就由五人变成了六人。

这就像后世的赵匡胤在黄袍加身之前，任职“殿前司都点检”，在他当了皇帝之后，就再也没有人担任此职一样。

唐朝时的宰相虽由三省长官共同出任，但随着时间和情势的推移，也出现了一些变化。为了改变论资排辈、因循守旧的积习，李世民曾拔擢（zhuó）杜淹以检校吏部尚书的身份参议朝政。此后，同样参议朝政的有秘书监魏徵、御史大夫萧瑀、兵部尚书侯君集、黄门侍郎刘洎（jì）等，而他们原来都不是三省的长官。

为了解决所谓名正言顺的问题，唐朝曾设立“参知政事”一职。如此一来，既可提拔和使用青年才俊，也可变相地削弱相权。意识到这一点的李世民，在此后又任命萧瑀为从一品的太子太保，任命李勣为正二品的特进，等等。

其实，这也是帝国统治的顽疾。一边在加强着制度的建设，一边在破坏着他们自己建立的制度。而对于他们自己来说，从来感觉不到这样的行为有不对的地方。

贤明的君主，如李世民，任用贤臣，成就了贞观之治，更加使他笃信他“天马行空”的正确。而以后的不肖子孙，没有制度的约束和传承，怎么去保证、检验和修正他们行为的正确性呢？

唐朝就在这种欲说还休、犹抱琵琶半遮面的操作之下，延续着他们的政治制度。随着尚书省长官完全退出宰相之列，又规定参与政事的非两省长官必加“同中书、门下三品”的职衔。

公元682年，唐高宗再次规定非侍中、中书令而执政者，都称同中书、门下平章事。自唐玄宗时起，中书令、侍中就很少授人，而“同平章事”转变成了职衔，变成官号，成为名副其实的宰相。

唐朝宰相制度的演变，其实质还是因人设岗，核心依然是皇帝心腹在掌控中枢。尽管遮遮掩掩，但这种欲盖弥彰的行为，本来就是帝王本性的表现，并无改变。

以三省长官为宰相，但又选择其他官员参与议政，成为实际上的宰相。其后又有以同中书、门下三品和同中书、门下平章事为名的他官参政，他们又成为实际上的宰相。不管是以前无职衔的宰相，还是以后有职衔的宰相，结果都是将三省长官先后排斥在宰相行列以外，成为荣誉职务。

安史之乱后，连尚书省各部司的职权也被各种其他职务瓜分。所以，唐中叶后，三省六部制已经名存实亡。

权力也不是万能的

在帝国统治下，制度与权力是一种说不清、道不明的关系。

制度与权力究竟哪一个更大，又是哪一个优先？如果制度大于权力，那为什么运用权力就可以改变制度？如果权力大于制度，那为何要费尽心力去建立制度？这就涉及另外一个问题：是制度催生出了权力，还是有了权力之后才能去制定制度？

显然，通过前文的叙述，我们知道制度是权力的产物。既然有权力就能够制定制度，那么，用权力可不可以改变制度呢？事实证明，是能改变的，而且权力越大，改变起来就越轻松。

这就回到上一个问题，权力既然可以制定制度，又可以改变制度，那为什么要去建立制度呢？这里的原因只可能是存在用权力不能解决的问题，而这些问题需要用别的办法解决，这个办法就是制度。

而不能用权力解决的问题，其实就是权力本身。

权力，追根溯源，是靠武力得来的。品德好的人，叫德高望重；学问好的人，叫学富五车；技艺好的人，叫鬼斧神工。但德高望重、学富五车、鬼斧神工等，充其量换来的是景仰和爱戴。权力虽然可以换来景仰和爱戴，但仅凭借景仰和爱戴换不来权力。

权力的核心属性一定要使人畏惧，而武力天然就具有这样的属性。所以，武力开国就是权力的源头。

得到权力的这些人又创造发明了世袭传承的方式，企图一直保留这样的权力。试想，这怎么可能？秦始皇试图“递三世可至万世而为君”，岂非痴人说梦？

原因很简单，得到权力的这一小撮人，怎么可能永远震慑广大百姓。而他们最怕的，就是丧失了这种权力。所以，用权力不能满足永远拥有权力的诉求。

而且那些开国的人大部分明白，他们的家族到他们这一代，不管是“奋六世烈”，还是“揭竿而起”，也算是达到了鼎盛；至于以后，不管从任何角度来说，都只能走下坡路了。

不愿意失去权力的他们知道用目前的权力保证不了以后的既寿永昌，那就只能用制度的形式来苟延残喘。

制度的形式，一方面是规范他们以后的不肖子孙；另一方面当然是框定百姓。为此，他们甚至规定祖宗成法不可破。此举虽然迂腐，但绝不是自大。事实证明，但凡明智点的，只可能是筚路蓝缕的先祖；原因也很简单，只有这些人才稍微有点敬畏之心。只是他们没有想到，百姓确实被框定在制度的樊笼之中；而他们的不肖子孙可以用权力改变制度，以得到更大、更无节制的权力。

帝国的制度就在这样一步步的中央集权之下走向崩溃，直至灭亡。

而此时的唐太宗李世民显然不会想到这一点，更不会看到这样的景象。作为新兴力量的代表，踌躇满志的他正企图改变制度去创造历史。事实上，他不但做到了，而且做得很成功。

隋唐时期，尤其是李世民，他们为什么要政改？如何政改？这是怎样的一个过程呢？

汉代中央政府的组织制度是三公九卿制。三公同为宰相，在西汉是丞相、太尉和御史大夫，在东汉是太尉、司徒和司空。九卿是九个或九个以上的部门负责人，相当于政府的各部部长。三公有府，公府相当于三省；九卿有寺，卿寺相当于六部。

为什么要把三公九卿改为三省六部呢？

首先来看九卿。九卿制最大的弊病就是前文中说过的职责不清，具体表现就是把政府事务与皇家事务混为一谈。

汉代的九卿是太常、光禄勋、卫尉、太仆、廷尉、大鸿胪、宗正、大司农和少府。

太常在秦代叫奉常，“常”本是“尝”。原意是奉上时令食品，供祖先尝鲜。如此官名，自然是掌管祭祀，所以贵为九卿第一卿。祭祀谁的祖先？当然是皇家的祖先，那么太常算不算“公职人员”，还真是不好界定。

光禄勋这个官名虽沿用至清朝，但早已不是原意。勋从音、义来说，就是阍（hūn），阍的意思是皇家的门房；光是大的意思，光禄，音同相借是大麓，大麓就是门房。尚书上说舜管尧的大麓，意思就是舜当了尧的门房，当然这里是指当了宰相。可见，光禄和勋，原意指的都是门房，用作官名，当然是皇帝的“总门房”。

其他的像卫尉，是皇宫的卫兵司令；太仆，是皇帝的司机；宗正，管理皇帝的家族；少府，管理皇室的经济。

虽然太常也管理教育，太仆也管理武器装备，但似乎只有管理国民经济的大司农，管理司法的廷尉和管理外交的大鸿胪，才是正经的公职。

为了把政务和事务彻底分开，隋唐时，把政务全归六部，而事务则归到寺监。至于皇帝的衣食住行等，就交给殿中省和内侍省。

皇家与国家分离，政务与事务分类，使尚书省下属的六部真正成为国家机关和职能部门。

至此，原来只有“家务”而没有“政务”，再由一家的“家务”转变成“政务”，从而导致政务与事务含混不清的时代结束了。这是政治制度上划时代的进步。

再来看三公。

汉朝时，帝国的行政、军事和监察之权都掌握在三公手里。三公各自开府，独立办公。遇大事则由三公会商，制订方案后，再报皇帝批准。显然，这种制度下的皇帝不参与决策。

皇帝自然不能接受权力太大的三公，于是才有了内府和外府，有了尚书事和尚书台，之后又有了中书，中书之后又有门下。随着皇帝的喜好和控制力的强弱，这样没完没了地改变和转换，根本就是治标不治本。

所以，就要用三省取代三公。这里面有三点变化。

其一，宰相由个人变成了机构的负责人。

汉代的三公虽然也有公府这样的机构，但那时是因人设岗，即先任命三公，再由他们去开府建衙。隋唐时却是先有三省这样的机构，然后再去任命长官。

简单点说，就是汉代长官在前，机构在后。隋唐是机构在前，长官在后，这就把国家对个人的依赖转化为国家对机构的依赖。两者的根本区别就是汉代还停留在人治，而隋唐已渐成官治的雏形。

其二，决策权与行政权的分离。

中书省和门下省作为最高决策部门，负责诏令的起草和审核，但是他们不负责执行。而尚书省负责诏令的执行，但并不负责诏令的出台，即管决策的不管执行，管执行的不管决策。这就是决策权和行政权的分离。

其三，保证了决策的程序性分工。

三省制中，任何一个诏令的出台，都是在皇帝的指导之下，由中书省起草具体的文件，称为“定旨出命”。把草拟的文件交给门下省去审核。如果审核通过，再交由尚书省去执行，此时，一个诏令才算真正形成。这种程序分工就意味着中间任何一个环节出问题，都不可能形成真正的决策。

然而，手握决策权的中书省由于没有执行的职能，会不会脱离实际而只是纸上谈兵呢？或者，怎么保证中书省这样的决策部门不犯错误呢？

针对这一问题，应对的办法就是集思广益、畅所欲言。为了做到这一点，在制度上设计了两个关键环节：一是增加诏令的起草人，起到集思广益的作用；二是采用匿名提案的方式，达到畅所欲言的目的。

诏令的起草人叫中书舍人，定员六名。凡遇到国家大事，中书舍人都要畅所欲言，写出各自的提案，并杂属其名。也就是张三的提案要写上李四的名字，李四的名字要签在王五的提案上。这种类似匿名的方式称为“五花判事”。“五花判事”的方法可以最大限度地保证中书舍人可以各抒己见。另外，中书省长官中书令和副长官中书侍郎，在审阅这些草拟文件时不能带有成见，具体的要求是，他们要将所有不同意见一并向皇帝汇报。

有了如此制度上的规定，除了处心积虑地存心捣乱或渎职，中书省起草的文件应该不至于太过离谱。何况还有门下省的审核把关。

和中书省的中书舍人一样，门下省初审的人员称为给事中，定员四名。给事中一旦认为中书省拟定的文件有问题，便可将文件批注送还，称为“涂归”，意思就是将原文件涂改后送还中书省重拟，也称为封驳、封还或驳还。这样的涂归，连敕令也不例外。

给事中如此作为，源于门下省有审核权和副署权。审核权是针对中书省而言，而副署权则针对的是皇帝。没有门下省官员的副署，敕令也没有法律效力。

唐初就有过这样的例子。当时的李世民采纳封德彝的建议，签署敕令征召一些十八岁以下男孩补充兵源。尽管敕令已经到了门下省，魏徵就是坚持不肯签字，逼得李世民不得不认真考虑魏徵的意见，从而收回成命。

能够对皇帝的言行和朝廷的政令提出意见和批评的给事中，显然也肩负着谏官的职能。唐朝时的给事中就有权与侍御史和中书舍人组成合议庭受理冤假错案，称“三司受事”。

显然，这样的制度，除突出行政的审慎之外，就是保证权力能够得到制衡——没有谁的权力不受限制，连宰相都是监督对象，甚至连皇帝都能批评。

但“三司受事”时的给事中和中书舍人，都不是位高权重；而侍御史是御史台的官员，官阶更是低到只是从六品下。如此低的身份，想要起到预想的作用无疑需要遇到一位开明的皇帝。

经过以上改革而形成的三省六部制，贯彻了君主集权、宰相分权和行政合理化的原则。这些原则显然符合中国古代社会的发展方向，所以，具有非常旺盛的生命力，其影响力一直延续到后来的清朝。

然而，这样的制度尽管在相互制衡的原则下力图趋向行政的合理化，但这样的制衡不包括皇帝，或者说，不能真正起到制衡皇权的效果。就算开明如李世民，虽然还算“从谏如流”，但正如前文所说，首先破坏宰相制度的，也正是他。尽管初衷是好的，但无疑，他开了一个坏头。

帝国的本性决定了只要皇权存在，就不可能有真正的制度。这就是虽有制度，但通融的现象也时常发生的原因所在。此后，因批评“不经凤阁鸾台何名为敕”就惨遭杀身之祸的刘祎（yī）之就是明证。唐中宗时也有不经两省就封拜官职的举动；不过，他的“斜封墨敕”也从反面表明了制度的作用——起码在制度之下，皇帝不至于太过为所欲为。

但目前的三省六部制还是为唐太宗李世民开创的新政治提供了制度上的有力保障。崭新的政治当然需要焕然一新的官僚，因此新的官员选拔制度必然诞生。

第九章
大唐新政

科举之前，如何选官？

我国的选官制度由来已久。

由于官员职责重、权力大，所以，历朝历代对此都非常重视和谨慎。但指导原则和普遍规律之下是具体的操作。在操作的层面，一定会涉及当时的具体情况，各种原因又会促使当时的选官制度存在某种瑕疵。所以，选官制度的变化，其实就是根据实际情况不断修正的过程。

秦朝以前施行的基本上是“世卿世禄”的选官制度。尽管期间有所谓的“乡举里选”的方式，其基本原则就是“贤与能”，即选择那些品德好、有才能的人来担任官职、治理国家。

但在夏商周时代，只有统治集团家族的成员，才有可能接受教育而成为知识分子，所以，那时国家机构的各个组成部分，实际上主要由统治集团内部成员世袭领有。即使有某种举荐选拔，也基本上不超出宗法家族的范围；而通过举荐选拔冲破世袭血缘关系的罗网登上高位只是极其偶然的现象。

到了春秋战国时期，一些庶族士子才得到破格任用，通过举荐考核而任用的官僚制度逐渐萌芽。而社会生产力的提高实际上也在加速这一过程。

两汉时，选拔官员实行的是察举制与征辟制。

公元前196年，汉高祖刘邦下诏求贤，要求各郡国推荐具有治国才能的贤士大夫，从而开创察举制一代先河。所谓察举，就是由州郡等地方官在自己的管辖区域内考察、发现并起用人才。

随着汉代惠、文两朝的不断推进，汉武帝时期采纳董仲舒的建议，察举制又有了具体的科目。比如，才能卓越的叫秀才，品行端正的叫孝廉。

汉代的察举，虽以举荐为主，但还是要通过考试。当然，这时的考试只是象征性的，基本不存在考试落选的现象。由此也能反证出，当时的察举具有强大的生命力，至少在举荐的环节还没有出现大的问题。

然而，察举并不是两汉仕进的最主要渠道，因为还有征辟制。

征辟即徵辟。皇帝征召称“徵”，意思就是由皇帝征聘社会知名人士到朝廷任职；官府征召称“辟”，意思就是由中央官署的高级官僚或地方政府的官员征聘、任用署吏。二者合称征辟，包括皇帝下诏征聘和公府、州郡征调两种方式。

在具体的操作中，察举制与征辟制并不是泾渭分明的，而是相互补充，用来甄选官员。汉初以来，社会知名人士被皇帝直接征召当然一直没有中断，而那些一般的士子则是先被辟召为州郡吏员，再由上司向中央察举为秀才、孝廉。

这样的制度，尽管初期可能有些效果，但没有门路的布衣平民几乎没有被察举的可能性也是事实。原因当然在于那些有察举之权的人。

看到如此弊病的魏文帝曹丕采纳当时的尚书令陈群的建议，创立九品中正制。

九品中正制与察举制最大的区别是，察举制的举荐人是帝国的各级官员，从宰相到郡守均有考察推荐人才的义务；而九品中正制将举荐人改为“中正官”这样的专职官员，由特定的官员按出身、品德等考核民间人才。

而且察举制中的秀才和孝廉不分品级，也就是秀才或孝廉没有高低优劣之分；而九品中正制虽然不分秀才和孝廉等科目，却要求将人才划分等级，从上上品到下下品分为九等，所以又叫“九品官人法”。

尽管有如此详尽的方式和办法，但无疑还是沿用考察举荐的基本原则。人为的因素起决定作用的一切制度，最终都会因人为的因素而面目全非。

东汉末年出现的“举秀才，不识书；举孝廉，父别居”的普遍现象到了魏晋时期，由于士族势力的影响，又催生出了“上品无寒门，下品无势族”这样的门阀政治格局。

所以，改革选官制度势在必行。

改革的关键点就在于改变考察举荐的方式。这种方式当然不是一无是处，否则也不会沿用至今；但从实际效果来看最终都事与愿违，完全失去控制。

改革后，由国家统一组织考试来选拔官员。需要说明的是，考试的方法一直都在进行，只不过和举荐相比，考试的分量相对较小。到了隋朝，由于实行了科举才加大了考试的分量；然而即便纵观整个唐朝，也不是只看考卷而完全摒弃举荐的方式。

比如，徐凝和张祜（hù）的故事。

由于他们两人要争夺州考的第一名，于是就在杭州刺史白居易的宴会上作诗。张祜写下：“日月光先到，山河势尽来。”徐凝则吟诵出：“千古长如白练飞，一条界破青山色。”诗一出口，高下立判，在场的达官贵人和社会名流一致认为徐凝胜出。

类似这样公开推荐，实质上也是考试方式的一种，甚至比批改考卷更公平、更严格。但毋庸置疑的是，只要有推荐形式的存在，就一定会出现面目全非的结果。

到了中晚唐之后，这种推荐人才的方式就完全演变成了营私舞弊，甚至是仗势欺人。其中以唐文宗开成三年（公元 838 年）戊午科状元裴思谦的故事最为典型。

当时的裴思谦拿着朝廷权臣、宦官仇士良的推荐信闯进贡院，找到主考、礼部侍郎高锴（kǎi），直接索要状元。战战兢兢的高锴只好说："别的名次行不行？"裴思谦朗声回答："推荐信说得明白，状元非裴思谦不可。"高锴无奈，最后挣扎一句："那我总要见见他本人吧？"没想到裴思谦立即答道："我就是裴思谦。"

这就是推荐这种方式的必然结果，不管它的初衷是什么，也不论它采取了什么样的方式，历史一再证明，面目全非是对这种方式最客气的评价。

并不容易的科举

所以，宋朝时，科举考试就成为入仕的主要途径；到了明清两代，更是把只认考试推到极致。频频发生的泄露考题、冒名顶替、挟私夹带等科场舞弊行为，都可能让人因此丢掉脑袋。

可以说，坚持科举考试和只以科举考试为依据，是相对最公平的方式。这种方式历经近两千年的演变，萌芽于南北朝，成形于隋，不断完善于唐，成熟于明清。

科举，顾名思义，就是以科目举人。意思就是设立科目，统一考试，公平竞争，从而拔擢人才。在这种方式下，只要控制考题不泄露、考场不舞弊、判卷不偏私，基本就能做到公平、公正。

那么，科举都考些什么内容呢？唐朝时的科举是分科的。大的方面分常科和制科，以后又加入武举科。

所谓制科，就是皇帝临时下制诏举行的考试。这种考试科目和时间都不确定，属于临时性和特殊选拔的考试。制科科目达六十三种之多，主要包括文学、儒学、韬略、超拔和理人等。

常科就是常贡之科，常年按制度举行，也就是我们通常所说的科举考试。

唐朝的科举并不像明清时那样，仅限定在四书五经的范围，只考八股文。此时的科目曾达五十多种，考试的范围更是从经文到时政，从历史、法律到民生，从文学到算学，不仅考儒家，还考道家，考试的难度可想而知。

常科中主要有六大科目，即秀才科、明经科、进士科、明法科、明书科和明算科。明法科主要考查法律知识，选拔的是司法人才；明书科主要考查文字理论和书法水平；明算科主要考查数学和天文学知识。

秀才科作为常科之首，考的是方略策。这就要求在通晓时事的同时要引经据典地提出对策，所以难度很大，而且如果秀才科的举子全部落第，所在州的长官就要受到处分。结果导致此科因渐渐无人报名而被唐高宗李治废弃，秀才也在明清变成了生员的代名词。

比秀才科容易、比明经科难的是进士科。明经科偏重考儒、道经义，进士科则侧重对诗赋和时务的考查。显然，明经只要死记硬背，进士却要有真才实学。所以，当时会有“三十老明经，五十少进士”的说法。

尽管进士科并不容易，而且录取比例只有百分之一二，但进士及

第后就能成为高级官员的候选人，意味着前程远大，再通过吏部的考试，获得“春关”之后，就可以正式成为官员，飞黄腾达指日可待。

所以，唐朝时，人们对进士科趋之若鹜，及第的进士，当然是志得意满且万众瞩目。正如唐代诗人孟郊诗中所言：“春风得意马蹄疾，一日看尽长安花。”

不过，这一路走来并不容易。

唐代科举考试要经过三个阶段，即乡试、省试和关试，级级筛选，层层把关，真正是千军万马过独木桥。

唐朝有资格参加科举的人，首先要没有违反过国家法律；再者不能是商人或工人，因为商人或工人被认为是专为私家谋利，而考试求取功名的人，则必须专心为公家服务。具有科举资格的人，当时被称身家清白。

身家清白的考生分两种。

第一种叫生徒，专指官办学校，即国学、州学和县学毕业的学生。因为在这种学校上学需要一定的资格，有名额的限制，所以也叫生员。他们不需要参加乡试，只要通过毕业考试，便可以直接参加省试。

第二种叫乡贡，也就是那些自学或上私塾的读书人，他们要先通过乡试，来获取参加省试的资格。乡试一般在八九月进行，因此也被称为“秋闱（wéi）”，考试通过后，会颁发“解状”，考生的身份就变为了乡贡，也称举子，这样就具备了参加省试的资格。

这样的资格认定，无疑扩大了招生面，而且使门第身份变得不再重要，大受庶族地主知识分子的欢迎。正因如此，才有了李世民那由衷的一句：“天下英雄入吾彀（gòu）中矣！”

取得省试资格的举子，必须在头一年的十月以前向尚书省报到，经过一系列验明正身的程序后，于次年的正月参加考试，因此也叫

“春闱”。

唐朝前期，省试由尚书省吏部考功司负责，主考官由考功员外郎担任，考试地点在尚书省都堂。唐玄宗以后，省试则交由礼部负责，主考官由礼部侍郎担任，考试地点改在礼部贡院。

在二三月，朝廷会选定一个吉日良辰放榜，还会安排专人将榜单发送全国各地。开元年间，朝廷发放给及第举子的榜帖用泥金撰写，被称“泥金帖子”；唐朝后期，这样的榜帖因使用金粉装饰，所以被称“金花帖子”，也叫“黄花笺”。

不管是泥金帖子，还是金花帖子，它们突出的都是奢华和尊贵，它们烘托的都是喜悦和荣耀，它们代表的都是“十年寒窗无人问，一举成名天下知”。

拿着这样的榜帖，告慰家人的付出，作别曾经努力的自己，拜谢考官，参谒宰相，奔赴宴会，探花杏园。莺歌燕舞、觥筹交错之际，一个新的官僚集团和社会阶层悄然诞生。

但此时和以后的明、清有所不同。明、清时科举进士及第后，就具备了做官资格。唐朝省试之后，还要经过吏部的“关试”，这是入仕做官的最后一道流程。

也可以说，礼部考的是学问，检验的是文化底蕴；吏部考的是能力，考查的是任职做事。

不管如何，尽管步履蹒跚，尽管跌跌撞撞，尽管科目的设置有些混乱，尽管层级的安排有些粗放，尽管还不是严格意义上的开科取士，但毕竟以科举的形式对选官制度进行了划时代的改革。

这样的改革，无疑吸引了精英，提高了帝国的管理效率；无疑削平了门槛，涤荡了门阀士族的势力；无疑推动了文化发展，繁荣了社会的文化结构。

但同时，官本位的思想得以根深蒂固并影响深远。

租庸调制的工作量

唐朝的田赋财税制度分为两种形式，即初期的租庸调制和后期的两税制。

采用这样两种形式，固然是顺应历史发展的结果，同时是技术跟不上思想的无奈之举。由此也能看出，任何完美的制度都需要人力及技术的保障；人员素质、技术条件跟不上，再完美、再天才的制度设计，最后也会因无法实施而终结。

这就像现在的任何一个产品，都是建立在整个工业体系水平的基础之上，任何一个环节出现短板，一定会在产品上表现出来，或者说一定会制约产品趋向完美。政治制度也是一样，从君臣到吏员，从百姓到民生，从理念到技术，方方面面都在影响着它的出台及实施。所以，单纯谈论政治制度而忽视它的根源与保障，将毫无意义。

唐初的田赋制度称为“租”“庸”和“调”。

租，实际上是均田制的一种。无田可种的人就由政府出面，将土地租借给他们，从中收取租额。这样的租额不多，仅为四十税一。但无力耕种或年老时，政府要收回土地。

庸，即役，是人民对国家所尽的义务劳役。唐初时规定每人每年服役的时间为二十天。

调，是一种土产的贡输，人民要把各地的土产贡献给中央。这里所说土产的范围，一般限于丝织物和麻织物。

可见，根植于农业社会的唐朝田赋制度，首先就是要保障人民有田可种，种田打粮，再向国家交“公粮”；耕田种地的自然是壮丁，其又可抽出空闲时间，为国服役；男耕女织，自然有布，国家征调一部分盈余的丝麻织物，也在合理的范围。

唐初的租庸调制，相比汉朝时定额更轻，说得上是轻徭薄役。而且这项制度项目分明：有田才有租，有丁才有庸，有家才有调。所以，唐时的百姓役税负担相对较轻。

这样的制度起于北魏，沿用至初唐。之所以推行得不彻底，其实我们从制度的本身可以看出端倪。

均田制的核心是国家手里要有大量的土地，并准确掌握人口的数量，或者说土地的增减要匹配人口对它的需求。显然这里涉及技术的环节，而且可能需要精细化的管理。

丈量土地和统计人口，历来是艰巨、烦琐而又实在难以精确的两项工作。唐初时，为了推行租庸调制，在账籍整顿上下了功夫。

唐初的人口册叫籍，自小孩出生到成年，一直到死，都要登记在账籍之上，而且依照经济情况分列九等。此账籍须造三份，一本存县，一本送州，一本呈户部。

更为严格的是，唐初制度规定：这样的账籍每年都要整体统计一次。对于个人，成年人需要年年统计，未成年人也要三年统计一次。如有人员变动，对于田地匹配人口的租种情况，地方政府要能查对到十五年之内，户部也要能查对到九年之内。

这样一来，工作量之庞大可想而知。即便放到今天，借助现代技术手段，也是一项浩繁的工程，更不要说在一千多年前的唐代了。

随着承平之世的迅速到来，人口激增，富裕程度提升，人们对土地的依赖程度也相对减弱，惰政偷懒的事情在所难免，加上地方豪门兼并土地，各种原因之下，租庸调制落下帷幕。

权宜之计的两税制

代之而起的是两税制。两税制开始于唐德宗时代，由当时掌管财务的大臣杨炎首创。因农业生产有夏秋两季，故每年分两次征税，所以得名两税制。

两税制的特点可以用两句话来概括：一是“户无主客，以见居为簿”，意思就是不管你来自哪里，只要今天住在这里，就加入这里的户口册，依此征税；二是“人无丁中，以贫富为差”，意思就是有多少田，政府就收多少税。

如此一来，可为人口自由流动大开方便之门。而且不用再交织物，也不用再服义务劳役，这无疑是两税制的优势。但平均地权一经打破，民间土地兼并必将兴起。事实上，自此直到清代，土地田亩都是容许自由买卖、自由兼并的。

两税制的弊端还表现在，如果政府要用钱和用劳役的时候，就会临时增加新的税收项目，而百姓明明已经在两税制下交过税了，再增加项目，岂不是重复征收？

不但如此，在征收数额上也做了改变，原来是四十税一，稳定不变。现在是依据前一年的标准，每年更改。长此以往，随地摊派的情况怎么可能杜绝？兼并土地之后的税收又怎么可能公平？

事实上，两税制自施行以来，全国各地就不再有田租额一律平等的现象了。

再加上后来的两税制，规定不收米谷而改收货币，农民只能卖粮换钱交税。可想而知，富豪及商人自然能够从中渔利，而农民则又多受了一层盘剥。

两税制彻底改变了土地平均分配的理想，无疑成为中国历史上经济、土地制度的重大变革。

综观唐代的经济政策，总体指导思想还是轻徭薄役、富民兴国。初期不但不对商业收税，还能让穷人都有田种，保障了他们的基本生活。

此后的两税制对盐茶各项也都一一收税，其中固然有工商业发展的原因，但也不能排除满足对外开疆拓土需求的因素。昔日的汉武帝为了征伐匈奴不就是这么干的吗？唐朝末年内战频起，也与税收和经济政策有很大的关系。

府兵制的光荣与梦想

唐代的兵役制度，在三个不同的历史时期，呈现出三种形式。

唐朝建立到唐玄宗前期，唐代的兵役制度为府兵制；唐玄宗前期到安史之乱，唐代的兵役制度是府兵制与募兵制并行；安史之乱后到唐代灭亡，唐代的兵役制度以募兵制为主。

李唐出身于关陇军事贵族，初期的兵役制度沿袭了宇文泰所创立的府兵制。最初的府兵可谓“非权势子弟辄退番，柱国子有白首不得进者”。那时的府兵负责镇守边疆和宿卫京师，以权贵子弟为主要兵源。

“宁为百夫长，胜作一书生。”以武力作为立世之基的军阀混战时代，踊跃当兵的盛况也不足为奇。即便到了唐初，要成为府兵，也有一定的门槛限制。

尚武的社会风气之下，施行府兵制所招募的兵员，主要是地主贵族的子弟，这样的子弟兵也是李世民开疆拓土的绝对优势和最大倚仗。

什么是府兵制？

府兵制是一种新型“兵农合一”的制度。在唐朝以前，中国的兵役制度是“寓兵于农，全农皆兵”。到了唐朝则是“寓农于兵，全兵皆农”。

这样转变后，就是军人要种地，但并不是每一个种地的都要当兵。军人种地，避免军人安逸偷懒、坐吃粮饷；不全农皆兵，又保证了军人的训练有素。

这种始于北周苏绰策划、宇文泰创始的全兵皆农制，就称为府兵制。

什么是府？

府兵的府，就是指军队的屯驻地，相当于现在的军区。是区别于地方行政区域，即除当时的州、县之外，另一种军事区域的名称。

这些府兵是怎么来的呢？

当时政府根据各家财富、产业状况，把户口簿分成九等。下三等民户没有当兵资格；其余六等，按自愿的原则，再经政府挑选，才能成为府兵。

当兵的人家，除了豁免租庸调，并没有别的补助，不仅无工资，就连随身武装也要自己置办。这样的人家集合到八百人，便成府。

府分三等，一千二百人为上府，一千人为中府，八百人为下府。

唐代有八百多个府，总兵力在八十万人左右。打一半的折扣，也有四十万人。他们不要国家一文钱、一粒米，因为他们有田有地，一面保家卫国，一面自力更生。

这八百多府的三分之一，也就是三百多府在长安附近，即驻扎关内；其余的分布全国。府兵从二十岁开始服役，每个府兵都要到首都宿卫一年，此外都在本府耕田为生。府兵平时为农，战时为兵；一年四季，三时耕稼，一时治武，即在一年中，有九个月在种地，三个月用来进行军事训练。

至于军官，除在每一个府里有一位折冲都尉主管平时的训练外，其他将领都在中央直辖的十六个卫中当职，各卫都设有大将军。打仗时，由大将军统领；战事结束，兵归府，将归卫。

将军不问政事，平时也不统领军队；立功受奖也只是有勋无品，有爵无职。最高的在朝做大将军，多数还是回家种田。当然，对于将军来说，所谓的名誉财富，在唐初时还是有相应保障的。

府兵制最大的好处就是解决了钱粮不够、兵员不够的问题，既不耽误农耕，战时又能迅速聚集起一支大军。而且这样的府兵分散各地，加上将领与部队剥离，很难形成地方割据的局面。

但这样的制度也有问题。府兵制下的兵，其主体仍然为民，而且一年内务农的时间远远超出训练的时间。承平日久之后，战斗力远远不能与李世民时代的府兵相比。

跟随李世民逐鹿天下的那帮府兵，常年征战，高勋重爵，能力和名誉自不必说。天下太平之后，随着第一批老兵逐渐被淘汰，新府兵大部分时间又在务农，经验及战斗力自然下降。

最关键的是府兵制与租庸调制紧密相连。随着均田制被破坏，土地越来越少，而府兵最大的待遇就是免除租庸调，这就相应减少了他们的待遇。如此一来，就会使人们想方设法逃避兵役。

再者，府兵的荣誉感也在逐渐丧失。天下太平日久，那些勋位在身的人，因为不是朝廷官员，也常常被随意差遣服役；到首都换岗宿卫的士兵，也沦为大兴土木的苦役；即便是阵亡将士，政府的抚恤也迟迟不能到位。随着军人荣誉感的丧失，府兵在内部相互之间的歧视、怨恨等情绪积压之下，变得离心离德。

再加上人事不修、管理松散，府兵的复员制度没有得到很好的贯彻执行，以至于出现后来杜甫形容的“去时里正与裹头，归来头白还戍边”的情景。

种种原因之下，府兵制难以为继，逐渐走向崩溃。

到开元中期，由于府兵“逃亡略尽”，无奈之下，兵部尚书张说提出“招募壮士充宿卫，不问色役，优为之制，逋逃者必争出应募”。于是，募兵制由此拉开序幕。

刚开始政府采用募兵制与府兵制相结合的方式招募兵员，并在边疆设立节度使，统管军用物资。这个时期的唐军内部成员结构较为复杂，既有传至数代的关陇、河东军事贵族，又有因失去土地而到处流亡的农民，还有许多因骁勇善战而被吸收进唐军的少数民族兵员。

这些复杂的兵员，显然提高了唐军的战斗力，使天宝年间的唐军可以在西南、西北与中亚对劲敌吐蕃形成绝对压制；然而其消极面也在之后的安史之乱中体现得淋漓尽致。

在中晚唐时期，府兵制彻底被募兵制取代。

府兵制下的兵源，由于采取了“财均取强，力均者取富，财力又均先取多丁”的原则，保证了其“子弟兵”的基本属性。而募兵制下的兵源则包括市井屠沽、亡命无赖，尤其是蕃蛮。像后来的安禄山、史思明等，身为边疆大吏，肩负国防重任，实际上都是所谓的蕃蛮。

军队这种结构的改变，使其拥有更多的野蛮和凶悍的属性，积极的作用表现在安史之乱后，唐朝中央很快就拥有了一支强大的军队，在唐宪宗时甚至可以短暂地结束河朔三镇的割据局面。

但如此一来，也使府兵一跃而成为藩镇，军阀割据，兵乱四起，导致局面一发而不可收拾。这就是在前文中我们多次提到“子弟兵”的重要性。新鲜血液当然要持续地补充，但基本盘始终要坚如磐石。

尤其是对于军队来说，“子弟兵”无疑就是那颗“定盘的星”。

据实而言，府兵制不仅为李唐打下江山，就是在外战中也曾大放异彩。但受田租及税收制度的影响，府兵制走向没落，除人事不修之外，也确实有无奈的地方。募兵制登上历史舞台，也算是顺应时代的结果，其专业化水平更高，战斗力更强，也是军制改革的必由之路。

李隆基改行募兵制后发生的事情不是制度的失败，而是执行制度不到位，或者说是监管监察不力。府兵制逐渐退出用了近三十年，这个时期，李隆基有足够的时间分析利弊、做出调整；遗憾的是，他什么都没有做。

也许他根本认识不到“子弟兵”的重要性，或者他根本就没有想明白要“依靠谁，又为了谁”这样的大问题。相反，他以任人唯亲的原则，给予了藩镇节度使过大的权力，缺乏审计监察的制度之下，使节度使总揽一方军事、行政、经济大权。

其中，仅安禄山一人便手握二十万人马，充任平卢、范阳、河东三镇节度使。边帅坐大的局面之下，安禄山的造反也是顺理成章、水到渠成。

没有能够妥善处理中央和藩镇的关系，放任边帅坐大以致无法控制，显然李隆基的责任更大，募兵制不能替他背这个“黑锅”。

第十章
道教兴起

占卜也是对未来的期盼

从尧舜到汉唐，从《周易》到诸子百家，中华大地上极其丰厚的文化，似乎早已将中国人的精神世界包裹得密不透风。

远古时代，由于对自然的懵懂而产生恐惧，在公元前一千多年左右，《易经》应运而生。它的作用就是用来占卜，因为恐惧来源于无知，而了解未来，无疑是消除恐惧的最好办法。这个了解未来的手段就是占卜，占卜用到的理论就是《易经》。之所以称为经，就是这样的理论不但得到了普遍的认可，而且被奉为圭臬，而“经”本就是“经常”“恒常”“恒久之至道”的意思，即永恒且绝对的真理。

那么，富含永恒且绝对真理的《易经》，它的实战效果怎么样呢？

从理论上来说，它肯定有一定的作用，而且对于占卜这件事来说，当时的所有理论无出其右，否则凭什么奉它为圭臬？但它肯定有不完美的地方，否则人们为什么不一直用它来占卜呢？难道只是因为遗失，或者像后来的朱熹所说“后人天分不高”吗？陷入这样无法证伪的泥潭毫无意义。而且立足农业耕种的古人，自然懂得“一分耕耘，一分收获”的道理，似乎不会过多纠缠无法证伪的事情。

说它有一定的作用，至少涉及两个方面：一是理论本身；二是实际效果。

《易经》这个理论本身，从大的方面来说，有周遍、周转之意，即不仅无所不包般地全面，而且用周而复始的方法，将这样的无所不包解释得严丝合缝；此外还有简易、变易之意，即用简约平易的形式去表达变和不变的道理。

认识到了规律不变、变的只是现象的道理，那就存在透过现象找出规律的可能性。但现象又实在太过于纷纭繁杂，为此就要把现象框定在某一个范围之内，这就是周而复始。宇宙、天地及人类所有的事物，都具有从一个点出发，转一圈之后又回到起点重新开始的现象。于是，《易经》就完成了能占卜的理论准备。

有了理论，下一步就要给出具体的方法。《易经》的方法是一套符号系统，阴阳两爻填在六个空中排列组合，这样的变化形式共有六十四种，这就是六十四卦，而人们就是透过这些卦象去预测未来。

这样的方法是如何一路演进的呢？

这就涉及占卜的实际效果了。任何一种方法和形式都来源于实践。早期的占卜是用龟甲和蓍（shī）草，即在龟甲上钻一个小洞，用点燃的蓍草穿过这个小洞去烧，因为热胀冷缩的原理，这时的龟甲就会裂成不同的纹路，有长有短，有连着的，也有断开的，总之，什么形状的都有。

人们就根据这样的纹路去判断吉凶、预测未来。之所以有一定的准确性，最核心的原因，就是当时影响吉凶的因素（我们称为变量）实在太少，少到似乎只有天气这一种因素。小到出行、种田，大到建房、打仗，只要天气条件有利，基本就“大吉”。

而且有资格分析这种纹路的，是特定的一群人，他们是当时的高级知识分子，还兼管星象，无疑是当时的天文学家。天文学家通过预测天气判断吉凶，准确性自然大大提高。再说，吉凶两个结论，怎么说也有一半准确的概率，长期观察之下，不说察言观色的经验，就是他们那套说辞，即便不准，也能让占卜者感到是自己这边出了问题。

但随着生产力的发展，社会分工日益精细化，再加上人心不古、欲望膨胀等各种原因，影响吉凶的因素（变量）增多，仅依靠对天气的判断，已经承担不了预测吉凶的重任。

就连周武王在牧野之战前，不也踩碎龟甲，迎着暴至的风雨，吹响了进军的号角吗？他们抛弃了龟甲关于天气的预测，因为他们看到了此时影响吉凶的变量很多，而天气这样的因素已经变得无足轻重。

他们取其精华、去其糟粕，继承了龟甲纹路的形式，变成了阴爻和阳爻的符号。他们试图用多达六十四种图案的形式，去涵盖日益增多的变量。事实上，他们并没有成功，因为阴阳的基本内核，岂能将所有的变量分类排序？

此后，看到这一问题的阴阳家邹衍在阴阳的基础上阐发出五德的概念，企图用五德来归类万事万物。结果，仅一个夏、商、周、秦、汉的朝代排序，就让他用“五德说”演绎得“五个锅盖却显然盖不住五个锅”。到了董仲舒时代，就算有儒家的进入，仍然只是把“五德”改成了“五行”。因为他们清楚地知道，不管用多少“行”，都不能涵盖日益增多的变量。

这其实就是《易经》占卜功能逐渐弱化的根本原因，实用性不强，就会被抛弃，逻辑上也说得通。

所以他们逐渐弱化了《易经》的占卜功能，把原来穿凿附会的占卜换以抽象的形式，智慧地融入了天地自然，用来阐发宇宙、社会和人生的道理。

这就是荀子那句“善为易者不占”的原因所在。而且完成由占卜向哲学的转变，也是我们对待大自然的态度。我们总是能在“为我所用”的基础上，将之前所有对大自然的粗放解释，都统一到目前的认识范围之内，甚至上升到文化的层面。

中国人的兼容并蓄是刻在骨子里的。一路走来，太多的艰难困苦使古人早就认识到没有谁能够完全了解自然。既然都是片面的，那么把各种视角的观察统一起来，是不是会更加全面呢？

曾经的文化大碰撞

对待自然如此，对待社会我们又是什么样的态度呢？

孔子说：“天下有道，丘不与易也。”他的意思是，天下太平，自己就不瞎折腾了。那天下无道呢？回答自然是挺身而出，这就是所谓的“入世”。

不但儒家的孔子入世，道家、法家、墨家等先秦诸子都入世，不然怎么会有百家争鸣呢？而百家争鸣不正是各说各话的表现吗？当时就在相互批驳，可见他们的观点不是尽善尽美，不是绝对且永恒的真理。

虽然不是绝对且永恒的真理，但他们的观点和主张还是有“成败”之分的，当然这里说的成败是指被采用的频次和程度。对于没有被采纳而去实施的主张，在这里做纯学术的讨论，显然不是我们的目的。

昔日的商鞅与秦孝公嬴渠梁坐而论道，几天几夜不眠不休，纵论诸子百家，最终选中法家为立国之基。以此事为例，来看看当时的他们是怎么考虑的吧。

为什么没有选择道家?

道家反对把天下交给想治理它的人,因为他们认为,“治理”本身就是导致天下大乱的根源。这样的结论是怎么来的呢?

从观察社会和分析提炼中得来。黄帝治理天下,“使民心一”,即让人民心地纯朴,不分亲疏远近,大家一律平等;到了帝尧的时候,他让人们爱自己的亲人,即“使民心亲”,因为有了亲疏的分别,势必导致隔阂的产生;到了舜的时代,他引进了竞争机制,即“使民心竞”,竞争一定要分高低,高低自然就区分了人我的不同;禹治天下时,更是“使民心变”,“心变”的具体表现就是阴谋诡计大行其道,害人利己天经地义。

我们看道家的观察视角:有亲疏,就会产生隔阂;有隔阂,就出现竞争;有竞争,就会分高低;为了争个高低,就会使用各种手段,阴险狡诈、巧取豪夺尽数登场,天下大乱自此开始。

这一切的根源,都出在“治理”上,也就是黄帝及尧舜禹等人的折腾上。这就是道家分析提炼出的天下大乱的根本原因。

那么,他们为什么要“治理”呢?道家的解释是自以为是。“天下本无事,庸人自扰之”,坚决不承认自己平庸的他们,以“圣人”之姿,开始了他们的“平治天下”。

“圣人生而大盗起”“圣人不死,大盗不止”。道家如此反感“圣人”,就是因为他们认为天地生万物,万物自有生存之道,圣人就要“处无为之事,行不言之教”,什么也别说,什么也别做,最好让百姓感觉不到“治理者”的存在,那就再好不过了,这就是所谓的“太上,不知有之”。

那么,道家认为理想的社会是什么样的呢?

道家理想的社会形态是回归到“道的时代”,即领导清静无为,百姓自由自在。这样的社会,主打一个不折腾,正所谓“治大国如烹小鲜”。

正因为折腾，才“失道而后德”，不得已进入“以德治国”的夏商周时代；折腾得“德”也不管用之后，到了春秋晚期，又抬出了“仁爱”，即所谓的“失德而后仁”；到了战国，“失仁而后义”，只好再去讲“义”；到了战国晚期，也就是秦孝公所处的时代，道家认为天下已经糟糕到不可收拾的地步，即所谓的“失义而后礼”，此时的礼，被道家认为是“忠信之薄而乱之首”。

没有了道，只好用德；德没了，用仁；仁没了，用义；义没了，用礼。礼成为道家口中天下大乱的最后“见证人”。

此时的秦孝公，面对商鞅的娓娓道来，可能早就发现了问题。

天下大乱，是“治理者”折腾的结果，他们之所以折腾，是自以为是的表现。道家如此的逻辑，似乎不能自洽。

既然“使民心一”这种近于“道”的时代如此美好，为什么要使“心亲”“心竞”“心变”而一路走来呢？这种由道、德、仁、义、礼一路下滑到谷底的状况，为什么一定是“治理者”折腾的结果？

有没有可能是“治理者”在每一个阶段都努力截停，而又实在拦不住“这匹脱缰的野马”，不得已步步败退的结果呢？

要不然为什么不直接“使民心变”而到达“礼治”的时代呢？以德治国就会失德，以仁治国就会失仁，这样的道理是不是有些牵强？如果成立，以道治国最后会不会失道呢？如果会，那到底以什么治国呢？如果不会，“失道而后德”又从何说起呢？

这里，唯一的理由和解释就是“治理者”的自以为是。

那么，为什么会出现“治理者”，难道不是应运而生的吗？难道真的会有一个什么“神仙”，由他指定一个人出任“治理者”？这个人为了显示自己的“圣明”，就一步步教会了人们用尔虞我诈去进行刀光剑影般的搏杀，从而导致天下大乱吗？

此时的道家代表人物他们没有看到“礼”之后的社会状况，东汉末年到隋朝建立的这四百多年，不知道他们会作何评价。显然，他们的逻辑比不上《易经》，因为他们没有提出循环往复的概念，急于解决当时问题的他们估计也没想到要让他们的理论自洽于各个时期。

即便在当时，道家也没有解释清楚天下“失道”的真正原因。或者他们就是有意回避这个问题。有没有可能，当时的天下已经不需要这个“道”了呢？或者说，是不是到了应该给这个“道”赋予新的含义的时候呢？

前提与结论没有严格的逻辑关系，似乎是古人的通病，但这丝毫不影响他们结论的正确，似乎也是古人的本领。

这就是儒、法、墨各家能够相互挑驳，但又实在驳不倒对方的原因所在。因为他们相互指责的多是对方的前提，而对方又多是以自己的结论来回应对方。驴唇不对马嘴的争辩，怎么会有最后的赢家？

道家的前提和假设如果反过来，即不是治理导致了混乱，而是混乱之后有了治理，但由于治理不力，一步步滑向更大的混乱，那么，能得出什么样的结论呢？

这其实就是儒、法、墨等家将要告诉我们的答案。可见，在社会逐步混乱的前提下，不同的假设，就会有不同的结论。这种把“结论”植入前提，再得出“结论”的方式虽不是我们现在认为的科学，但它就是文化的产生方式，而且这样的结论都有道理，也都有作用。

像面对生老病死等人生所谓的苦难，有人试图通过心灵慰藉的方式来“脱离苦海”，有人致力于以医学的发展来解除病痛，甚至两者还会相互补充、相互促进。这里哪有什么高低优劣之分？有的只是根据实际情况，从不同的角度出发，而决定采用哪种方式而已。

就像此时的秦孝公，如果把道家作为施政纲领，他应该怎么做呢？像后来汉武帝的奶奶窦太后那样“垂拱而治”吗？他要怎么呼吁才能让“血脉偾张”的天下人回归“道”的时代呢？他要怎么教育秦人放下“大争”之心呢？他要这么做，是不是“折腾”呢？他这样的折腾，还是不是道家的思想呢？此时的他能什么都不做吗？

刻薄点说，估计他现在还不想死。事实上，刚刚父死继位、割让河西之地的秦孝公面对的局面比我们说的还要危急。他此时不是坐而论道，更不是无病呻吟，他不是刻意去彰显什么，也不是有意去回避什么，他直面的就是生死考验，他的选择决定的就是一人、一族乃至一国的生死。如此紧要关头，他的选择对于自己来说，能不具有实战的作用吗？对于我们来说，能没有借鉴的意义吗？此时，不想死的秦孝公自然毫不犹豫地摒弃了道家。

不采用道家学说，倒不是道家理论完全错误，只是因为它没有治理乱世的具体措施和方法。即便“道”无限美好，但没有“登天之梯”也是枉然。

再说，此时道家描绘的“道”真的就是理想中的“桃花源”吗？其实也未必。

远古的时候，人们一穷二白，有什么可以防范的？表现出来的自然是天真无邪。即便“婴儿之未孩”之时元气充盈，但不可能永远不让他长大。一味地追根溯源，看似找到了事物的本质，其实是执拗于某一个阶段而忽略了变化。

如果返璞归真没有错，那道家很可能在路径上出现了问题。

他们不应该往前，前面似乎也不是“风景这边独好”。他们忽视了生产力的发展，忽略了婴儿长大过程中的变化。所以，他们应该向后，提出生产力高度发展、物质资料极大丰富之后，社会及百姓如何返璞归真。

如果说“道”的源头在“婴儿之未孩”之时，那“道”的归宿是不是应该在“婴儿成长为身强力壮的成人”的时候呢？至于这个婴儿衰老消亡之后，这个“道”又会有怎样的轮回，是不是也是道家应该回答的问题呢？

至于目前的乱世，道家似乎不太胜任“帝王之师”的角色。相反，道家应该深入基层百姓，去教化他们向“道”而行。待海晏河清，再据此深厚的群众基础，去影响“治理者”，使整个社会回归“道”的正确道路。

道家这种自下而上教化功能的特性，使它具备了成为某种宗教的可能，因为宗教在汉语中的本义就是“宗奉某种教化”的简称。

道家的主张没有被采用，那儒家呢？

儒家倒是有具体的办法，不仅有办法，还有明确的目标。有目标有办法，为什么秦孝公依然没有采纳呢？

儒家的目标是回到西周时期，办法是礼乐制。他们的立论倒是简单直接：天下大乱起自东周，那西周自然没有乱，既然没有乱，那我们回到西周时代不就行了吗？

怎么回去呢？那就要看当初是怎么乱的。儒家认为是“礼崩乐坏”：当年周公制礼来维持社会秩序，制乐来保证百姓和谐，但“人心变坏”之后，就渐露大乱端倪。所以，要回去，就要“克己复礼”，即克制自己，回归周礼。

周代是以血缘关系为纽带的社会形态，要回去，自然就要维系这种关系。儒家的办法是“亲亲之爱”，即仁爱孝悌。行仁爱，就少纷争，少纷争，就和睦，家和自然万事兴。

依此维持住了家族，那社会呢？就是“正名”，各安其位，各尽其分，君要像君，臣要像臣，父要像父，子要像子。这就是我们所熟悉的君君臣臣、父父子子那一套。

到这里，我们已经能够看到，儒家的理想社会，也是往前，只不过不像道家往前得那么远，他们只回到了西周。如果寻根溯源才能找到事物本质的话，儒家显然没有道家“深刻”。怪不得孔子要问礼于老子。

他们相同的思维方式，成了他们的目标呈现出异曲同工之妙的原因所在。

如果说道家的目标太过缥缈而无法实现，却也正因为缥缈，这样的朦胧之美才使得人们心向往之。永远努力，永远达不到，或者说，即便达到了，也实在搞不清楚这算不算是真正的达到，这不就是人类追求的“终极目标”吗？

道家说“道”的时代最好，反对者充其量只能说未必。儒家直接说西周就是最好的时代，那反对者就可以坚决地否认。确实，西周不算最好的时代。但照儒家所说，就是这样一个时代，还要如此费劲才能达到。

且不说这样的方法和路径人们喜不喜欢，就是这样的目标，人们愿不愿意达到都是问题。这样的主张，秦孝公怎么会接受呢？不要说秦孝公肩负一国的使命，就是当时一个看城门的小吏，就曾对子路说过：“你们老师明知做不到，为什么还要去做呢？”

此时，不但孔子在做，墨子也在做。那么，墨家也是“明知不可而为之”吗？

墨家终于不再往前了，他们立足于社会改良。他们走在正确的路上了吗？至少墨子认为他们路线正确。正确与否不说，至少终于有人站在百姓的立场去观察社会了。

相比周公时西周的等级制度，墨家更强调人人平等。墨家定义天下大乱的原因，就是以前制度的不平等，这样的不平等致使“无故富贵”。千万别以为墨家的“无故富贵”，仅是指躺在祖宗的功劳簿上不劳而获的那帮“寄生虫”，他们将概念扩大到“攻其邻国，杀其民人，取其牛马、粟米、货财”的那帮战争贩子的身上。

社会的公平，民间的正义，正是墨家的追求。为了打破以前制度的枷锁，他们的主张是重塑秩序。他们重新塑造的这个理想社会是："赖其力者生，不赖其力者不生""各从事其所能""与其劳，获其实""官无常贵而民无终贱"，即自食其力，各尽其能，按劳分配，机会均等。

这样的社会是不是很理想？应该是。那怎么实现呢？

墨家的方案是"兼爱"。什么是兼爱？就是像爱自己一样爱别人。他们认为，之所以存在侵伐掠夺，弱肉强食，根本原因就是"不爱"。那使大家相亲相爱，问题不就解决了吗？这样的逻辑，似乎说得通。

但墨家还是在前提上出现了问题，"不相爱"是出现混乱的全部原因吗？或者说"兼爱"了，就会出现墨家描绘的理想社会吗？"兼爱"和理想社会之间具备充分且必要的关系吗？

试想，以两个家族作为独立的观察对象，假设各自同样兼爱，呈现出的情景会一样吗？有哪些地方不一样？是什么原因导致不一样的呢？显然，兼爱不能解决所有问题。

兼爱之后还会出现很多极端的例子，我们就不举例了，刻薄的话留给稍后的法家说，反正他们已经做了恶人。

墨家的目标尽管看起来不错，但前提乃至方法和路径实在没有可操作性，因此秦孝公同样摒弃了墨家。甚至连墨家描绘的理想社会也在相当长的历史时期被人们遗忘殆尽。

尽管墨家的理想社会最终还是交给精英治理，这就是他们"尚贤"的思想，他们对"治理者"还抱有幻想，也就是说，他们还是不太"相信"百姓，但遥远时代的他们，包含公平、正义思想的墨家，理应被百姓牢牢记住。立碑纪念他们，难道不比磕头跪拜"上天"更能够体现人性的光辉吗？

但法家似乎从不承认也不在乎什么人性的光辉。

法家的登场，使昏昏欲睡的秦孝公眼前一亮，其实这也是商鞅刻意的安排。虽然是法家代表人物，商鞅却用道、儒、墨各家学说来游说秦孝公。显然，老板面试员工，员工也在面试老板。没有比较，就没有伤害，商鞅用欲擒故纵、欲扬先抑的手法，最后才烘托出了法家。

法家的“恶”真可谓恶起来连自己都不放过。韩非子被害时，秋毫之察、滔滔之辩竟无一用；商鞅最后的无处藏身，竟也是因为他自己曾经定下的制度。沟壑万千的韬略，密不透风的规章，竟没有一计、一条可以留给自己脱身之用。

法家这样的行为，如果不是倾囊无私地献于君王，而是设身处地为百姓着想，可谓壮哉！法家的代表人物也配得上百姓为他们树碑立传！

但他们认为，即便是“如果”成立，百姓也不会为他们树碑立传。

法家认为治国既不需要德，也不需要爱。怎么保证君主贤德？很难，既然难，那干脆就绕开它。为什么要让百姓有爱？不就是希望他们行善吗？也很难，也绕开它。这就是韩非子说的“守中拙之所万不失”及“不恃人之为吾善也”。

绕得过去吗？法家说绕得过去。

因为在他们看来，“好利”为人之本性，即所谓的“好利恶害，夫人之所有也”。君主只要抓住这个“纲”，自然就会纲举目张，牵住了牛鼻子，一切就尽在掌握中。

为此，君主就要牢牢掌握赏、罚这两种权力，像老虎爪牙一样的这两种权力，法家称为“二柄”。怎么使用呢？就是像俗话说的“挥金如土，杀人如麻”，也就是法家说的“赏莫如厚而信，使民利之；罚莫如重而必，使民畏之”，即赏得他没齿不忘，罚得他倾家荡产。

要掌握这样的权力，就要有“势”。法家算是彻底看透了君王的真相，因为脱了“龙袍”，谁也不是什么“五爪金龙”。与百姓一般无二的君王，凭什么手握“二柄”呢？那就是“势”，前呼后拥之下，“势”自然显现。为什么有人喜欢排场？凸显的就是这种“势”，“乘势扶摇”的“势”。

法家这里的“势”专指权力。也就是说，君主需要的不是爱戴，也不是威望，更不是贤德，因为那些东西在法家的眼里统统没用。法家对此的论述具体而详尽，把人性之恶剖析到令人不寒而栗的地步。我们在此不再赘述。

相比于威望、爱戴和贤德等，法家认为君主只需要权力。这就是法家说的“势位之足恃而贤智之不足慕”。至此，法家也出现了问题。因为就算这样的观点正确，权力是怎么得来的呢？他们没有回答这个问题，他们不想知道也不需要知道权力是怎么来的。他们关心和防范的是权力是怎么没的。

他们面对的是世袭的君主，他们从来不考虑这样的世袭有什么不对，因为他们压根儿就不在乎谁是君主。他们虽然竭力维护君主的统治，但从骨子里瞧不上君主的也正是他们。这其实就是法家代表人物最终都不容于君主的主要原因之一。

有了权力之后，要面对两种人：一种是官吏，另一种是百姓。为了管理他们，法家教给了君主“术”和“法”两种方法。

“术”是谋略，专门用来对付官吏；“法”是法规，专门用来对付百姓。

既是谋略，就要“藏之于胸中”，才能“潜驭群臣”。一个“藏”字，再加一个“潜”字，讲透了谋略的本性，那就是“悄悄地进行，打枪的不要”。

相反，作为法规，却要“宪令著于官府，刑罚必于民心，赏存乎慎法，而罚加乎奸令”。意思就是，制定的法规要广而告之，条文要深入人心，赏罚要有规有据。

这就是法家说的“法莫如显而术不欲见”，即一明一暗，一阳一阴，一手对付百姓，一手对付官吏，两手都要硬的君主统治之道。

带着赏罚“二柄”的基本内核，由“势”“术”“法”织成的统治大网就这样摆在秦孝公的面前。目标就是称霸天下，手段就是“依法治国”。

可行吗？至少秦孝公认为可行。

对“上天”的态度

如何治国理政不是我们关注的重点，我们要说的是诸子百家的代表道、儒、墨、法等各家，他们是怎样应运而生，又是如何乘势而起，在乱世中，为了他们各自心中的理想社会，做出了什么样的探索和努力的。

任何的探索都要有目标，任何的努力都要有目的。然而，哪有一帆风顺的过程？哪有不历经艰难困苦的跋涉？

在这样的过程中，因为坚持，他们会更加执着于他们的目标；因为崎岖，他们会不断调整他们的路径。所以，他们越来越执拗于他们心中的理想社会，会不断丰富补充他们的理论。

因为这样的理论都是围绕他们的目标而展开，所以，必然存在强词夺理的一面。虽然如此，但他们的理论是根植于某一个特定的角度而不断挖掘阐发而来，所以，单就某一个角度来说，他们已经做到了无以复加。

像法家，对人性之恶的阐述，历史上已经无出其右；讲仁爱，无人能自居儒家之上；要“悟道”，除了道家，其余的都是“假冒伪劣”；能把“非攻”“兼爱”说得天花乱坠的，除了墨家，试问天下，还有谁？

可见，学术的研究，是要有一点执拗的精神，攻其一点，精深悟透。而具体使用这些工具的人，却要兼容并蓄，海纳百川。

对于道、儒、墨、法各家而言，尽管他们的目标没有完全达到，但就像《易经》成了以后的《易传》一样，他们留下的是如此丰富的文化遗产，以至于后人需要什么，从里面舀上一瓢，就足以生津解渴。

不需要比较他们的高低优劣，更不要指责他们哪一个百无一用。如果比较和指责，只能是你另起炉灶，再找角度，做出另一番鞭辟入里的阐述。即便是这样的阐述，如果要比较和指责，命运也同他们一模一样。何况指责的人大多没有过“韦编三绝”和“周游列国”的经历。

敬畏文化遗产，不应该从指责开始，因为这样的思维源泉，或好或坏，所有的花朵和果实，都盛开和收获在这样的沃土之上。如果不承认是沃土，改良之前，起码要深入了解目前的土质状况。而且，什么地里开什么花，花各有特色，每一朵都精彩纷呈。

正是诸子百家将我们认识自然、认识社会及认识自我上升到系统和理性的层面，原本用来改造社会的学说，再一次被我们拿来以哲学的形式观察社会和人生。

这就是我们思维的根源，这就是我们认识的沃土。可以不相信占卜，也可以摒弃他们的理想社会，因为那样的目的早已在前人追求它们的过程中，自觉地扬弃、无奈地放弃或斑驳得面目全非。

取而代之的是哲学的工具，想看自然、社会和人生的哪一个侧面、哪一个角度，不妨就拿起其中的一本。而且似乎不用去研究，甚至不用去看他们具体的学说，潜移默化之下，我们和他们早就“心脉相通”。

周公的“皇天无亲，惟德是辅”，《尚书》的“天视自我民视，天听自我民听”，甚至孟子干脆说“天与之，人与之”，意思就是天能干什么？天没有眼睛，又没有耳朵，民众看到的、听到的，就是天看到的、听到的。

所以，民意即天意。这不仅是当时统治阶级的言论，民众当然也这样认为。就像统治阶级自称天子，有哪个百姓相信他就是“天”的儿子？也像小孩子看动画片，你以为他们真的相信狗会说话，还会开车吗？

这就是我们传统的宗教观，信上天，但百姓不与上天沟通。沟通的形式是祭天，盛大且隆重，自然由天子作为代表去做这样的事。民众不向上天“倾诉衷肠”般地“窃窃私语”最根本原因在于：我们对民意的认识，就是任何个人都不能代表民意，如果能，这个人只会是天子。

天子能够代表民意，一方面，是因为他本来就是按“天意”治理天下；另一方面，如果天子违反“民意”，首先受到惩罚的也是他。权利与责任集于一身的天子，就这样代表了民意。

可见，我们对上天的态度，其实就是对民意的态度，只不过民意太过重要又难以把握。包括天子在内，谁都不敢说他掌握了民意。或者说，民意毕竟是具体而真实的存在，所以，必须找到一个更加“虚无缥缈”的东西来过渡一下，以便在民意的问题上，留出“闪转腾挪”的空间。

于是找到了上天，以此来推卸统治阶级的责任，润滑其与百姓之间的关系。

渐渐地，这样的目的也发生了转变，“上天”变成了心理的慰藉。因为谁不遇到困难？谁又能说努力就可以解决当下所有的问题？无能为力的事情，交给“上天”，是不是至少保留了一份希望？这样的希望与其说是迷信，倒不如说是对未来的憧憬。

既然是希望和憧憬，那不妨多来几个“上天”，也可以使未来的美好更加精彩纷呈。所以，我们在“上天”之下，还有土地公、财神、海神及城隍等。这就像道、儒、墨、法等诸子百家一样，我们有什么需求，就到相应的“庙门”里去“憧憬”一番。

这样的“憧憬”，我们一般称为祷告。像周公，也向上天祷告，但他的“天不可知，尽其在我”也说明了他祷告的目的不是“实现”，而是“憧憬”。孔子也一样信上天，但更注重“尽人事”，即所谓的“尽人事，听天命”。

墨子坚定地相信上帝，而老庄则坚决地反对神。阴阳家倒是相信上帝，而且一下子整出了好多上帝，上有昊天上帝，下有五色上帝。但这些上帝似乎没有谁一家独大，因为他们之间存在相生相克的关系。

推翻了上帝的道家，却在后人手中衍生出了神仙的思想。人怕死，神仙能够不死，“道”的社会形态转变为人生的形态，虽然怪异且南辕北辙，但也人情味十足。

而法家却是无论如何也不会与上帝、神仙沾边。他们对人性之恶的分析太过触目惊心，他们对社会人生的规划太过清晰明了，这样的人性，怎么好意思去向上帝祷告？这样的规划又需要向上帝祷告什么呢？

中国的传统宗教就是在这样的背景和基础之上萌芽、发展起来的。以后外来的佛教要想在中国立足和发展，也一定离不开这样的背景和基础。

道教与老子的“道”

任何事物的诞生和发展都是一个漫长的过程，没有人会去关注什么“小荷才露尖尖角”。道教也是一样，孕育发展的过程早已淹没于历史的晨烟暮霭，但人无出路之下另寻他途，应当是道教萌芽的原因之一。

事实上，我们看到的情况是正是如此。

公元184年黄巾起义，为什么要称作黄巾起义？因为起义军头戴黄巾。为什么要头戴黄巾？因为他们提出的口号是“苍天已死，黄天当立”。苍天属木德，已经被属火德的汉朝烧成了灰烬。谁能灭火？自然是土德，土是黄天，所以头戴黄巾就是亮明身份，天下轮到我们来坐了。

这就是黄巾军的首领张角和他的太平道发动的黄巾起义，目的很明确——活不下去了，要造反。

从他们起义的口号及头戴黄巾的寓意，可以想见，他们依靠的理论至少契合于一本叫《太平青领书》的所谓神书。这本书主要讲阴阳五行，其中当然还有很多巫术道法。据说这本书早就被一位名叫宫崇的人献给了朝廷，尽管朝廷将之深藏宫中，但不知什么原因，这本书张鲁手上也有一本。巧的是，张鲁的祖父叫张陵，张陵就是道教的张天师，他创立的教派叫天师道。由于入教或找他看病要交五斗米，所以也称“五斗米道”。

如此神秘的故事固不可信，但此类学说的基本原则就是神秘，神秘不仅能够用来吸引受众，还能够用来掩饰他们学说的残缺不全；所以这里面一定要加上巫术道法之类的东西，来强化这种吸引和掩饰的作用。

因为没有理论功底，这类学说一定要借用某种成熟的理论来装点门面，所以这本书里出现了阴阳五行的概念。五行的根源在《周易》，经阴阳家乃至儒家的不断推演，对错先不说，理论体系已经极其完备，完全照搬，他们既无此水平，又无此必要。

所以，《太平青领书》哪里是什么神书？不过是将装神弄鬼装进阴阳五行的外皮之下而已。当然，这里面的装神弄鬼是其基本原则，在具体的操作中，可能有魔术，也可能有医术；总之真真假假之间，以假乱真才是他们真正的目的。

这就是早期的太平道和天师道。随着黄巾军的失败，太平道逐渐融入了天师道，后张鲁投降曹操，天师道逐渐得到发展。

因为没有坚实的理论基础，早期的所谓道教一方面打着黄帝和老子的旗号，机械地照搬套用几句“名言警句”，像什么“无为而治”，像什么“夫唯不争”，又肤浅地将周易、五行、神仙等概念糅在一起，于是衍生出黄老道。另一方面“装神弄鬼”的东西迅速发展。这也不奇怪，深刻的思想，招致的往往是昏昏欲睡；眼花缭乱的方术总能挑动人们的感官神经。于是衍生出方仙道。

随着魏晋南北朝的天下大乱，前途渺茫、精神空虚的门阀士族将目光转移到道教的身上。道教既无笃定的理论，就为他们的高谈阔论提供了空间；道教又有足够的灵药和金丹，而且有吐纳、按摩及房中术，可使他们感到可长生、可健体、可享受、可作乐。

匡扶社稷、解民倒悬不是当时这些门阀士族的长项；开宗立派、继圣绝学似乎也与他们无关。吹拉弹唱、诗酒书画他们倒是样样精通；愤世嫉俗，标新立异方面，他们更可谓开创了一代先河。

高贵的身份没有展示的空间，躁动的心灵又无处安放，闲暇的日子总要打发，空虚的精神总要有所寄托。“大才”实在没有，“小才”又层出不穷的他们，自然转向道教寻求慰藉。

正是因为门阀士族的加入，道教得以进入当时的上层社会，直至走入宫廷变成皇家道教。此时的道教和老子说的那个“道”是不是一回事，却不是人们关心的事了。

“玄上加玄”的故事

得到皇帝的认可和保护，是任何宗教合法性的前提和基础。促使道教完成这一转变的代表人物叫寇谦之。

寇谦之是北魏时上谷昌平（今北京昌平）人，父亲为东莱太守寇修之。出身世家大族的他从小痴迷仙道，虽态度虔诚，但服药练功数年，仍不得要领。直到他遇到一位叫成公兴的世外高人。

说成公兴为世外高人，一点也不夸张。事实上，成公兴本是神仙的弟子，因火烧仙宫，师傅罚他到民间七年。这七年，也就是他先将寇谦之带往华山采得仙药，又定居嵩山的少室山石室潜心修炼的七年。

成公兴的故事有些玄幻，寇谦之的故事更是。七年后，成公兴回归仙界，寇谦之则在人间“替天行道”。替天行道首先就要解决身份问题，于是，在公元415年和公元423年，太上老君和太上老君的玄孙李谱文分别驾临嵩山。一个传授他《云中音诵新科之诫》，即《老君音诵戒经》；一个传授他销炼金丹、云英、八石、玉浆之法。

道教的秘籍和方术尽得掌握的寇谦之受命“天师”之位，负责治理整顿道教，目的就是将天师道的张陵、张衡和张鲁请下“神坛”；做法就是除去“三张伪法”，专以礼度为首，而勤加服食闭炼。不仅如此，寇谦之还被授予“劾（hé）召百神”之能，即统领人鬼之权，用来辅佐北方的太平真君。

故事当然不可信，但目的很明确，那就是“替天行道”，即统领道教，辅佐皇帝。

寇谦之的“修炼”也算走在正确的道路上。天师道历经三百多年，渐入低俗、混乱及危害政权的谷底，以修炼房中术为名，行淫乱苟且之实；以方术为名，勒索钱财；以进行宗教活动为名，散布流言蜚语乃至聚众闹事等。

道教的改革势在必行。而寇谦之显然十分清楚自己该干什么，他完成了身份的转变之后，会怎么做呢？

他进行了制度和组织创新，形式上类似于佛教，核心价值则取法儒家。之所以形式上类似佛教，是因为佛有寺，道有观；佛有僧尼，道有道士；佛有袈裟，道有道袍；等等。而取法儒家，却得益于一位叫崔浩的人。

崔浩是北魏太武帝拓跋焘的亲信大臣，出身名门望族的他尊崇儒家学说，坚定维护华夏文明，对佛教这种外来宗教与生俱来地排斥和反感。

当寇谦之于公元 424 年走下嵩山，来到北魏都城（今山西大同）时，与崔浩不期而遇，心有灵犀的两人自然结为盟友，崔浩帮寇谦之恶补儒学，寇谦之则向崔浩传授养生秘方。

当时的崔浩要灭佛，自然极力推荐道教。道教能够被朝廷认可，崔浩功不可没。他向太武帝拓跋焘鼓吹道教时抓住了一个要点，那就是像寇谦之这样的清德隐仙，居然不请自到，正说明陛下所受的天命能够直追当年的轩辕黄帝。

此时的太武帝正在进行全面汉化，目的就是以华夏正宗自居，崔浩抬出轩辕黄帝，他怎能不怦然心动？此后的太武帝不仅改元太平真君，还让寇谦之在北魏首都建立了天师道场。至此，道教正式成为北魏国教。

但灭佛却不是寇谦之想做的。事实上，由于崔浩对佛教的极端态度，寇谦之不仅规劝过他，而且规劝无果后，还因此疏远了崔浩。个人关系的疏远，却保证了道教的发扬光大。崔浩被杀灭族，寇谦之的道教却以新天师道的面目立足于世。

看来宗教也不是非此即彼般地水火不容，赶尽杀绝这种事情，看来佛祖和太上老君都不会支持。有这样观点的寇谦之，看来还是比崔浩更具“慧根”。

第十一章
玄奘的《大唐西域记》

佛经流入中原

关于佛教传入中国的时间，说法不一。目前普遍认可的，是追溯到汉哀帝时期的公元前 2 年。这一年，西域大月氏使臣伊存来朝，在帝都长安向中国博士弟子景卢口授《浮屠经》。“伊存授经”一事，就成为佛教传入中国的标志。

浮屠就是佛陀，当时大月氏使者伊存讲述的就是释迦牟尼的生平故事。这其实就是后来我们所知道的关于佛祖释迦牟尼的传说。

到了东汉明帝时期，佛教在中国已颇有影响，以楚王刘英为代表的一些王公大臣都非常崇尚浮屠。

相传，公元 64 年，汉明帝刘庄夜宿南宫，梦到有金人身长六丈，顶有白光，飞绕殿庭。次日得知所梦为佛，遂遣使臣蔡愔（yīn）、秦景等人前往天竺寻求佛法。

出发的使团在大月氏遇上了天竺高僧迦叶摩腾与竺法兰。蔡愔等人盛情邀请二位高僧到中国宣扬佛法，于是，一行人用白马驮载佛经、佛像回到洛阳。这就是“白马驮经”的故事。

可能因为经书被白马驮回，也可能因为白马本就是佛教的吉物，总之，公元 67 年，在洛城的雍门之西，以白马为名建寺，即洛阳白马寺，成为佛教在中国的第一座寺院。之所以称“寺”，原是借用当时的外交机构鸿胪寺中的“寺”，以后渐成专用词汇。

在洛阳白马寺中，第一部汉译佛经《四十二章经》诞生，《僧戒心》及《四分羯磨》被译出，最早传入中国的梵文佛经《贝叶经》也收藏于此。

佛教讲开悟，开悟有渐悟与顿悟之说。我国最早提出顿悟说的是竺道生，竺道生是地地道道的中国人，之所以改姓竺，是因为僧侣来自当时的天竺和大月氏，所以中国人出家，要么改姓竺，要么改姓支。而僧徒姓释，始自道安，释姓为释道安所创，不是外国姓，只具有宗教的意义。

竺道生的“顿悟”说，从人们对未来的期盼和向往程度来看，无疑具有更加清晰的方向、更加积极的意义。竺道生革命性的创新在于，由研究宇宙本体转向了探究人生心性，由此，也成为唐代禅宗理论的渊源。

为佛经做出贡献的鸠摩罗什

鸠摩罗什出身天竺世家望族，父亲受龟兹国王所邀，做了龟兹国师，娶了龟兹国王的妹妹为妻，生下鸠摩罗什。在他年仅七岁时就跟随母亲出家。

据说，鸠摩罗什七岁时，就能日诵千偈（jì）。此后的十多年，他随母亲四处游历求学，初学小乘，后遇莎车国大乘名僧，再学大乘。

博读大、小乘经论的鸠摩罗什，不仅学习经论，还广泛涉猎医学、星占等外道，知识体系极为丰富。年仅二十岁就不仅名闻西域诸国，而且声望传到中原。

前秦皇帝苻坚曾盛邀释道安，但释道安推荐了鸠摩罗什。公元382年，苻坚派吕光攻伐焉耆，后为了得到鸠摩罗什，苻坚命吕光继续进军，攻灭龟兹后，劫持鸠摩罗什行军至凉州。

也是鸠摩罗什命运多舛。此时，苻坚淝水兵败，回不去的吕光只好拥兵割据凉州。就这样，鸠摩罗什随吕光滞留凉州十七年。公元401年，姚兴攻灭后凉，亲迎鸠摩罗什入长安，以国师之礼相待，并在长安组织了规模宏大的译场，请鸠摩罗什主持译经事业。

在此期间，鸠摩罗什与其弟子译出《大品般若经》《妙法莲华经》《维摩诘（jié）经》《阿弥陀经》《金刚经》等经和《中论》《百论》《十二门论》《大智度论》《成实论》等论，总计三十五部二百九十四卷，也有说是七十四部三百八十四卷。

鸠摩罗什所译佛经文义圆通、内容信实、字句流畅，在中国译经史上具有划时代的意义。

禅宗的起源

禅宗的起源据说可以追溯到佛祖释迦牟尼的一次灵山说法。

当时的佛祖拿起一朵花给大家看。佛祖此举大家都不明白什么意思，只有弟子摩诃（hē）迦叶微笑示意。于是佛祖说，从今天起，我另辟一条传法的途径，什么话都不说，只靠彼此的心领神会。这个新的法门和宗派就交给摩诃迦叶。

这就是所谓的“拈花一笑”，诞生了禅宗。显然，它的宗旨就是“不立文字，见性成佛”。故事可以编纂，但“拈花一笑”的内核颇类似于竺道生提出的顿悟命题。摩诃迦叶本人可以说是将佛经编纂成书的发起人，“如是我闻”的开头格式，即“我是这样听佛祖说的”，就是他编纂经书的依据。但他又怎么会成为“道体心传”的开创者呢？

实际上，禅宗只是中国佛教的宗派，不仅与摩诃迦叶没有关系，甚至连对菩提达摩被尊为中国禅宗初祖也有不同的看法。像《楞伽师资记》就认为《楞伽经》译者求那跋陀罗为初祖，而菩提达摩为第二祖。

菩提达摩在公元527年见到梁武帝时开口便说他并无功德。没有因缘，菩提达摩继续西行。据说，他站在一根芦苇上渡过了长江，即“一苇渡江”。来到嵩山少林寺后，在一个山洞里打坐，即“面壁九年”。

之后一位僧人为了拜他为师，不仅在大雪中站了一夜，还砍断自己的左臂以示心诚。两人的对话也颇具禅宗意味：菩提达摩问：“你如此这般，要求什么？”僧人答：“我心不安。”菩提达摩说：“把心给我，我帮你安。”僧人再答：“我心拿不出来。”菩提达摩接着说：“我已经给你安好了。”于是这位僧人豁然开朗。

这位僧人就是慧可，得到真传的他成为菩提达摩的衣钵传人。衣就是袈裟，钵就是钵盂，慧可得到的衣钵据说是佛祖释迦牟尼传给摩诃迦叶，历经二十八代传承到了菩提达摩的手里。这种说法的真实性先不论，但意义重大，因为只有这样，禅宗才名正言顺。

“学术”的传承，可以靠“拈花一笑”般的心领神会，而“宗派”的传承却不能少了“衣钵”的见证。再加上菩提达摩传授衣钵时的十六个字：“内传法印，以契证心；外付袈裟，以定宗旨。”至此，禅宗起源于佛祖亲传的故事，可以说是名正言顺。

得到菩提达摩传授衣钵的慧可也成为中土禅宗的二祖。此后，慧可传僧璨，僧璨传道信，道信传弘忍，是为禅宗五祖。

到弘忍选择法嗣，也就是接班人的时候，却出现了插曲。

哪里都有门派

正常情况下，弘忍之后应该由神秀接班，因为神秀从小饱读诗书，不但精通佛学，对儒、道二家也很有研究，尤其是对《老子》和《周易》，可谓洞悉其旨、尽得其妙。四十六岁时，神秀更是以得道高僧的身份拜在弘忍门下，从挑水砍柴做起，六年来，苦修求道。当时位居上座的神秀似乎是唯一的接班人选。

但弘忍不这么看，因为他另有意属。弘忍看上的这个人当时还是没有剃度的行者，而且正在厨房打杂。这人就是目不识丁的慧能。

慧能三岁时，父亲死在了罢官流放地岭南，家道中落的慧能与母亲相依为命，靠上山砍柴艰难度日，后得一居士赞助，到双峰山东禅寺（位于今湖北黄梅境内）弘忍那里学佛。

公元 661 年，初见慧能，弘忍就对他刮目相看。弘忍问："从哪里来？"慧能答："岭南。"弘忍再问："来干什么？"慧能答："作佛。"弘忍继续问："岭南人野蛮，怎么能学佛？"慧能反问："人有南北，佛性也有吗？"

弘忍吃惊之下，认定肉身菩萨来了。但此时禅宗的衣钵早已成为暗中争夺的对象，弘忍知道，稍有不慎后果就会很严重。于是，他不动声色地让慧能到厨房挑水劈柴。

八个月后，弘忍让弟子们各作一偈。因为按照当时的规矩，传法要作偈，禅师以此指点迷津，弟子以此汇报心得，即所谓的“示偈法”。

弘忍就是要通过这样的方法为自己选择法嗣。

神秀写的是：“身是菩提树，心如明镜台；时时勤拂拭，莫使惹尘埃。”而慧能口述的是：“菩提本无树，明镜亦非台；本来无一物，何处惹尘埃。”

两者相比，一个心中既有菩提树，又有明镜台，需要时时拂拭，才能不惹尘埃，这其实是渐悟的途径。另一个却是“四大皆空”，正如弘忍当年说的那样，“性空，故无”，这讲的就是顿悟。

看来，慧能和弘忍当年一样，都是“未入佛门，已然成佛”。

接下来的故事情节我们很熟悉。弘忍拿起禅杖在地上敲了三下，慧能三更时分就进入方丈室。弘忍为他讲《金刚经》，当讲到“应无所住而生其心”时，慧能已然大彻大悟。他说：“众生的本性原来清净，众生的本性不生不灭，众生的本性具足佛性，众生的本性不可动摇，众生的本性包罗万象。”

慧能的慧根，或者说天赋使弘忍明白：“禅宗六祖，非他莫属。”于是当即传他袈裟与钵盂，并叮嘱道：“初祖西来，无人相信，才以衣钵为信物。现在立足已稳，不可再传。衣钵本是争端，传之命若悬丝。此处不可久留，快走快走。”

师徒二人连夜来到江边，上船之后，慧能说：“和尚请坐，弟子摇橹。”弘忍一语双关地说道：“本该我来度你。”慧能却说：“迷时师度，悟了自度。”弘忍当然明白慧能的意思，长叹道：“是呀，正是这样，三年后我会圆寂，佛法就靠你弘扬了。”

辞别师傅的慧能一路南下，隐姓埋名于广东四会、怀集一带长达十五六年。

公元676年，感到时机成熟的慧能现身广州法性寺。当时寺中一众僧人刚刚听完住持印宗法师讲的《涅槃经》，就对着寺前随风飘动的幡（旗帜）各抒己见。有人问：“幡是无情物（没有意识），怎么会动？”有人答：“风吹幡动。”有人又问：“风也是无情物，怎么会动？”有人答：“因缘相和。”也有人答：“幡不动，风自动。”

此时，人群中的慧能站出来，断喝道：“什么风动，什么幡动，都不过是你们心动。”一旁的印宗法师大吃一惊，随后将慧能请进方丈室，讨教关于“风幡”的问题。随着慧能鞭辟入里地娓娓道来，早就风闻五祖的法嗣到了岭南的印宗心想，眼前的人莫非真的是他？

印宗说：“请出示衣钵，以告众人。”慧能这才取出衣钵，印宗为慧能剃度之后，拜在慧能门下。此后，慧能在岭南升坛，讲经说法，广收门徒。

这就是六祖慧能升坛说法之前的故事。而前面说的神秀，在慧能南下之后，也来到江陵当阳山（位于今湖北当阳东南）的玉泉寺继续修行。声名远播之下，在公元700年，被武则天迎至洛阳，此后更是被尊为“两京（长安、洛阳）法主”“三帝（武则天、唐中宗、唐睿宗）国师”，从而开创禅宗“北宗”一派。神秀与慧能（南宗禅创始人）并称“南能北秀”。

但随着时间的推移，安史之乱后，北宗禅逐渐没落，风行中华大地的是南宗禅。后来人们说到的禅宗指的就是南宗禅；而提到北宗禅时，才需要特别加以说明。

而南宗禅自慧能之后，选择法嗣不再采用衣钵相传的方式。如此一来，既避免了为争夺衣钵而祸起萧墙，又因为不限制接班的人数，必将有利于佛法的弘扬。更何况，本来无一物，要什么衣钵？

西天取经第一人

东汉末年，佛法西来。此后，到东方宣扬佛法的高僧络绎不绝，而西行求法者也不乏其人。

曹魏时期的朱士行，可谓西行求取佛法的先驱。公元250年，印度律学沙门昙柯迦罗在白马寺设戒坛，朱士行首先登坛受戒，成为中国汉家沙门第一人。

朱士行受戒以后，苦心钻研《道行般若经》，因为当时翻译的原因，总感到经中译理未尽，为寻求佛理，他决心西行去寻找原本。

公元260年，法号八戒的朱士行从雍州（今陕西西安北）出发，通过河西走廊到敦煌，经西域南道，横渡流沙，直抵于阗国（今新疆和田一带）。于阗是沟通东西的交通要道，印度佛教就是经此地传入中原的。

在这里得到《大品般若经》梵本的八戒抄经九十章，共六十多万字。由于大、小乘佛教当时的纷争，八戒克服千难万险，派弟子弗如檀等人在公元282年将手抄经书送回洛阳。后经印度籍僧人竺叔兰等人翻译成汉本，取名为《放光般若经》。而朱士行以八十岁高龄终老于阗。

虽然求取的经典有限，虽然之后的翻译也不尽完美，但朱士行的至诚之心、西行之举，为后世西行求法者树立了一个光辉的榜样。

后秦时的法显是我国第一位西行求法而到达天竺（印度）的高僧。

身处乱世的法显幼年出家，二十岁受大戒。立志奉佛的他久困于当时中国佛教戒律的混乱，为矫正时弊，他不惜万里投荒，西行取经。

公元 399 年，六十二岁的法显同慧景、道整、慧应、慧嵬（wéi）四人一起，从长安出发，路过张掖时，遇到智严、慧简、僧绍、宝云、僧景五人，后又加入了慧达，一行十一人，经敦煌，西出阳关渡“沙河”（白龙堆大沙漠），过鄯善（今新疆若羌），到蔦（niǎo）夷国（今新疆焉耆），同样因为大、小乘佛教的纷争，在这里，他们又辗转高昌（今新疆吐鲁番）和罽（jì）宾（在今克什米尔）。

一行人又从龟兹向西南，穿越塔克拉玛干大沙漠，到达于阗。于阗是当时西域佛教的中心，他们在此驻留了三个多月。于阗的经书抄本令他们大开眼界；于阗的佛诞节也令他们印象深刻。

但法显等人没有满足于此，他们要越过葱岭，寻求佛法根源。

就这样，法显等人经西域至天竺寻求佛法戒律，一行人游历三十余国，收集了大批梵文经典，前后历时十四年。一路上的人文地貌、风俗见闻都被法显写进那本《佛国记》。

回国后的法显在临终前的七年里翻译了六部六十三卷佛教经典，其中的《摩诃僧祇（qí）律》，也称大众律，更是成为佛教五大戒律之一，对中国佛教界产生了深远的影响。

八戒是因为译理不明而西行求法，法显是因为戒律混乱而西行求法，唐初的玄奘是因为各种经典的说法不尽相同，而决定西行取经。

从他们遇到的问题也能看出佛教在中国的发展之路。佛法初来之时，甚至连一本完整的经书都没有，翻译的错漏之处更是在所难免。后来，由于戒律的缺失使广大佛教徒无法可循，从而导致一片混乱。到了唐初，历经数百年风雨沧桑的佛教，应该到了正本清源的时候了。

偷渡客

玄奘，生于公元600年，俗名陈祎，洛阳缑（gōu）氏（今河南偃师缑氏镇陈河村）人。陈家本为儒学世家，乃东汉名臣陈寔（shí）之后。高祖陈湛，曾任北魏清河太守；曾祖陈钦，曾任东魏上党太守；祖父陈康，为北齐国子博士；其父陈慧，隋初曾任江陵县令，大业末年退隐居家，潜心儒学。

玄奘自幼天资聪颖，勤学上进。他二哥陈素早年在洛阳净土寺出家，法号长捷。后父母去世，家道中落，玄奘便跟随其兄长捷法师到净土寺学佛。

公元612年，年仅十三岁的玄奘就被破格以沙弥的身份剃度出家。此时的他已广泛涉猎大、小乘佛教，熟读《妙法莲华经》《维摩诘经》等经典。

当时，中原战火纷飞，为避战乱，玄奘跟随长捷法师西入长安，再到成都，公元622年，玄奘在成都大慈寺受具足戒。此后的十数年间，他参谒宿老，拜访名师，辗转于陇、蜀、荆、赵等地，足迹踏遍大半个中国。

贞观年间，再次回到长安的玄奘已是深悟佛理，誉满京师。然而，在他穷尽各家经典的过程中，深感分歧而无法统一。于是，他萌生了亲游天竺、寻求经典、问惑辨疑之志。

玄奘曾上表朝廷，奏请去西方求法，但没有得到批准。究其原因，刚刚建国的唐朝，内忧未定，外患纷起，战争成为当时的头等大事，一切为战争让路，就是当时的实际情况。

没有得到批准的玄奘决心已定，乃孤身“冒越宪章，私往天竺”。

自长安到天竺共有四条路：一条是西线，即我们常说的丝绸之路，从长安向西北，经河西走廊进西域，翻越葱岭，穿过印度河平原，到恒河平原，最后抵达灵山；一条是南线，从长安向西南，经四川、云南、贵州、缅甸等地，到达灵山；一条是中线，自长安向西，经吐蕃，翻越青藏高原，直达灵山；还有一条水路，从长安向南，到广州出海，通过马六甲海峡直抵印度。

水路当然方便快捷，又省时省力，而且昔日菩提达摩来华和法显回国都是走的这条水路，但玄奘“偷渡者”的身份根本就不允许他选择这条路；而距离最短的中线，不仅要途经吐蕃这个当时不信佛的国度，而且单凭喜马拉雅山就足以令人望而却步；南线距离也不远，而且属于古代南丝绸之路，也称“蜀身毒道”，是中国最古老的国际通道之一，但此时，这条官道早就因战乱而废弃，复杂的地形使这条通道变得凶险无比，要想经此道穿过缅甸到印度，当时已非人力可为。

因此，玄奘选择了距离最远却相对安全的西线。

这就是在西汉时，由张骞出使西域时开辟，又经卫青、霍去病打通的以长安为起点，经甘肃、新疆，到中亚、西亚，最后通往地中海各国的陆上通道。丝绸之路发展到此时，路段和驿站等通商设施已经非常完备。而且佛教就是通过这条通道传入中原的，走这条路，也能感知佛教的影响。

公元 627 年（也有说公元 629 年），玄奘从长安出发，昼伏夜行，经秦州（今甘肃天水）、凉州（今甘肃武威），来到瓜州（今甘肃酒泉瓜州东南），瓜州刺史独孤达设宴款待他。宴席之上，州吏李昌对玄奘的身份和此行目的产生怀疑，因为他接到一份从凉州发来的文件，要沿途缉拿擅自出境的玄奘。

李昌问:“法师可是玄奘?只要实言相告，弟子一定成全。”玄奘无奈只得回答:“贫僧就是玄奘。”李昌果然放走了玄奘，而此时的独孤达选择了“睁一只眼闭一只眼”。他们的行为在玄奘的功劳簿上显然应该记上一笔。

继续西行的玄奘依然千难万险，直到到达伊吾后，情势迥然不同，因为高昌王麴文泰早已派人在此恭候。前文中说过的麴文泰作为一个虔诚的佛教徒，自听闻玄奘西行求法之后，一直在此翘首以待。

见到玄奘的麴文泰以佛家弟子之礼盛邀玄奘讲经说法，并一再恳请玄奘以高昌国师的身份接受供养。执意西行求法的玄奘甚至以绝食三天的方式坚辞国师一职。万般无奈的麴文泰与玄奘结为兄弟，并约定西行归来再到此讲经说法。

玄奘临行之时，麴文泰给西突厥可汗及沿途各国写下亲笔书信，请求给予玄奘方便。成为麴文泰的“御弟”，手拿高昌国“通关文牒”的玄奘，继续西行。

虽然有了麴文泰的鼎力资助，西行之路却也并不是一帆风顺。沿途的强盗，终年不化的雪山，人为和地理的因素，无疑都成为西行之路的重重障碍。

历经三年的艰难险阻，公元631年，玄奘终于抵达了释迦牟尼的故乡——迦毗罗卫，位于今天的尼泊尔境内。

然而，佛祖家乡的断壁残垣也使玄奘意识到，佛祖去世千年之后，这里的人们已不信佛教，改信婆罗门教了。

印度的古文明被称为哈拉帕文明。不知道什么原因衰落之后，雅利安人来到了印度。他们建立了所谓的婆罗门教，将所有人分成了四个等级，也就是所谓的种姓制度。

后来，为反对婆罗门教的特权，印度出现了“百家争鸣”的诸多思想。其中就有释迦牟尼创建的佛教。而这些所有非婆罗门教的思想统称为沙门思想。

就在这个时候，不仅波斯人入侵印度，马其顿的亚历山大也来凑热闹。外患的重压之下，印度内部开始起义，最后建立起了新的政权，因为他们的王室以前是养孔雀的，所以被称为孔雀王朝。

孔雀王朝完成了印度的统一。当时在位的阿育王改信佛教，佛教才开始在印度地区盛行。但随着阿育王去世，印度再次分崩离析。此时的大月氏趁机在印度打下大片土地，建立了所谓的贵霜帝国，他们也信仰佛教。

就是在这个时期，佛教来到了中国。

两百多年后，随着贵霜帝国的不断衰落，笈多王朝崛起。笈多王朝的统治者是印度本土的后裔，他们信仰婆罗门教，印度的佛教又开始衰落。

所以，玄奘抵达印度的时候，印度其实正处于一个佛教的末法时代。

当时在印度，佛教虽然没落，但还是被很多人信仰。此时的那烂陀寺可谓佛教在印度的最后根据地，也是东南亚最大的佛教寺院。抵达那烂陀寺的玄奘受到了极为热情的欢迎。因为在此之前，他西行万里，自东土远道而来的故事早已在印度盛传。

在那烂陀寺的五年里，玄奘搜集、整理、学习各种佛教知识，对佛学融会贯通的他被称为“唐三藏”。这是对精通所有佛门经典的玄奘至高的尊称。

此后的玄奘游历印度各地，在盛大的佛学辩论大会上，面对数千佛教学者的提问，他对答如流。这个时候，他已经功德圆满，被印度大乘佛教尊称为大乘天，被小乘佛教尊称为解脱天，誉满印度僧俗两界。

此时的玄奘已经是印度第一等的佛学宗师，后被一致推举担任那烂陀寺的住持。但决意东归的他谢绝了众僧的挽留，于公元643年启程东归。

这次回国，玄奘本来可以走水路，但因与高昌王麴文泰有约在先，他决定先到高昌。另一个原因是，他昔日偷渡出国，今天回来要得到唐朝的许可。所以，他一边上书朝廷，一边走陆路等待批准。

但此时的麴文泰已死，高昌国已灭，归途中的玄奘听闻消息，伤感之下，遥空祭拜之后经于阗回到了长安。

《大唐西域记》的诞生

公元645年，前后历时十九年，徒步行程五万余里的玄奘带着请得的释迦牟尼佛舍利一百五十粒、金银佛像七尊、佛教梵文原典六百五十七部，回到了长安。

丝绸之路上的驼铃传响，早已将玄奘西行求法的壮举传回长安。归国后的玄奘受到了"道俗奔迎，倾都罢市"般的迎接，说是万人空巷争睹尊容也毫不过分。

因为此时的玄奘已不仅是西行路上传奇的亲历者，也不仅是带回了佛教经典，更重要的是，玄奘已成为中国佛教界拥有最大话语权的人。一切对佛教原典的争议，在他这里都能得到统一，而且是最终的解释。

这不是依靠权力，也没有任何的强制，这是心悦诚服之外，再加上崇敬之情的自然流露。如此情景，作为唐朝皇帝的李世民怎么可能不紧张?

但事实证明，玄奘作为一位真正的得道高僧，把他的一生都奉献给了佛学。他践行的是西天虽远，但只要一步一步前进，终有抵达之日；西天无佛，但可以靠自己的努力，重新搜集、整理出完整的佛学知识。

此后的十九年间，还算开明的唐朝朝廷为玄奘的译经活动提供了种种方便和大力支持。玄奘先在长安弘福寺，后搬到大慈恩寺，潜心翻译佛教经典。

另外，玄奘在翻译经典的过程中还独自开创了中国佛教的一个分支，即法相宗唯识论。遗憾的是，在唐朝之后，这一脉的传承彻底断绝了。

没有传承不是因为理论的对错，只是因为这一套理论太过艰深、太过专业以至于太过难懂。单就“穷究万法之性相”就足以吓退很多人，而且一个“万法唯识”的论证就复杂到要动用所谓“微积分”般的推理过程。何况就算深悟了“内识非无”的佛理，又能怎么样呢?能立地成佛吗？不能。

当然，作为帝王的李世民首先想到的还是他的帝国利益。他劝玄奘还俗为官被拒之后，就想到要把玄奘西行的所见所闻记录下来，说不定在日后能起到军事地图的作用。

于是，一本十二卷、十余万字的《大唐西域记》诞生了。玄奘亲身经历一百一十国，传闻得知二十八国，总计一百三十八个国家和地区的国名、地理形势、国土面积、都邑大小、国王、族姓、宫室、农业、物产、货币、衣饰、语言、文字、艺术、礼仪、兵刑、风俗及宗教等内容，均在此书中做了详细的记载。

公元 664 年，一代佛学大师玄奘病逝。玄奘去世后，先是被安葬于白鹿原云经寺，后又被改葬凤栖原，之后，唐朝朝廷又兴建了兴教寺。直到今天，兴教寺内还有玄奘大师的舍利塔。

第十二章
贞观长歌

“小人”与“君子”

“贞观”是唐太宗李世民的年号，出自《易·系辞下》：“天地之道，贞观者也。”意思就是以天地正道示人。

唐太宗李世民在位期间出现的政治清明、经济复苏、文化繁荣的治世局面，史称“贞观之治”。它起自李世民登基后改元的公元 627 年，止于李世民去世的公元 649 年。

贞观之治为后来全盛的开元盛世奠定了重要的基础，将中国传统农业社会推向鼎盛。

由于隋炀帝杨广的折腾，使原有六百九十万户的国人到唐初时锐减至二百余万户。目睹隋朝兴亡、亲历帝国再造的李世民怎能不改弦更张，避免重蹈覆辙？

于是，君臣论治，讨论历代王朝的兴衰成败，尤其以隋朝为戒确定治国理政的理念、路线和方针，就成为摆在李世民这位年轻帝王面前的头等大事。

武德九年（公元 626 年）十月，李世民登基不过两个月，一场关

于政治路线的辩论就在李世民的主持下，在大臣们之间展开。

这场论治观点针锋相对的双方代表人物是魏徵和封德彝。

封德彝，北齐太保封隆之之孙，隋朝通州刺史封子绣之子，出自官宦世家的他，可谓将官场那点潜规则、阴暗面玩得熟透。

论能力，封德彝从来不缺。初入官场作为幕僚跟随杨素平定江南时，就因出众的才能得到杨素的赏识。后来，因仁寿宫建造得过于奢华而受到杨坚的责备，就连杨素也感到惶恐之时，封德彝却坦然劝道："公当弗扰，待皇后至，必有恩诏。"果然，杨素等来的是隋文帝夫妻的盛赞。此时的杨素也不得不承认："揣摩之才，非吾所及。"

杨素可谓一语中的，封德彝揣摩圣心的能力确实首屈一指。这样的才能是幸事还是不幸？对于封德彝如果无法下定论，那么对于隋炀帝杨广来说，肯定是不幸，甚至是灾难。

得到杨素的举荐、当上内史舍人的封德彝又攀附上虞世基这棵大树，这同样是他独到眼光的杰作。因为他看到虞世基虽受杨广宠信，但行政能力实在一般，削尖脑袋成为虞世基幕僚的封德彝正好可以大展拳脚。

他确实是大展了拳脚，但基于揣摩的一番作为，彻底祸乱了隋朝。具体的做法就是凡杨广不喜欢的奏章、不愿听的消息他一律不报；凡杨广厌恶的人，他必落井下石，该判罚的必加重量刑，该奖励的必想方设法地削减，总之将投其所好发挥到极致。

如此做法很像秦时的赵高之于胡亥。但封德彝的高明之处是躲在虞世基的背后，隋朝的日益腐败尽管都是封德彝的手笔，但由虞世基背了黑锅。

江都之变，虞世基被杀，封德彝见风使舵，又转投宇文化及。但他独到的眼光使他看到宇文化及就是秋后的蚂蚱，审时度势的封德彝再投唐朝。

人性有时候真是难以捉摸。投唐之前的封德彝歪才尽出；归唐初期的封德彝却屡出奇谋，尽显正才大道本色。

难怪古人要假托神话故事的形式向我们揭示出人性的复杂。这不就是神话中的妲己吗？所谓“纣王有道，你就助他国泰民安；纣王无道，你就助他国破家亡”。

帮助杨广国破家亡的封德彝此时又来助李渊、李世民一统天下了。

当年李世民东征洛阳，战略失误之下，深陷王世充和窦建德的两面夹击。正是封德彝在朝堂上痛陈利弊的慷慨陈词，才为李世民扭转战局提供了坚实的政治保障；面对突厥的一再挑衅，封德彝率先提出先打再和、打痛了再施加恩惠的策略，保证了唐朝北方边境的安宁；另外，像反对大肆分封亲王、与民争利，像反对御史到各部门巡视、过度行政等，都体现出封德彝的公正干练。

作为唐朝开国元勋的封德彝，行政、军事和管理能力确实出色，此时的他出任尚书右仆射也算名副其实。

但首鼠两端始终是封德彝的本性，他“双面间谍”的身份连此时的李世民也被蒙在鼓里。谁能想到在玄武门之变前，封德彝明里支持李世民，暗地里却鼓动李建成杀了李世民以绝后患？

此事东窗事发已是在封德彝死了十七年之后，大吃一惊的何止李世民。

封德彝归唐，除在夺嫡之争中偶露獠牙之外，其他时间还算老成谋国。从这点也能反证出，李世民除玄武门之变的瑕疵之外，至少初期还算开明通达。

和封德彝出身官宦之家不同，魏徵自幼贫寒，虽好读书却身逢乱世，曾出家为道，后加入瓦岗军。公元618年随李密降唐，并说服李密旧部李勣献地归唐。

魏徵原是李建成的人，官职太子洗马，官阶从五品。职位虽然不高，但他颇受太子李建成倚重，成为当时“太子党”的核心人物。李建成就是采纳了他的建议，才请战讨伐刘黑闼，平定山东。不仅如此，他还经常劝谏太子对李世民动手，及早把他安排到别的地方。

所以，玄武门之变后，李世民派人找来魏徵，第一句话就是：“你为什么要离间我们兄弟？”

魏徵回答得也很坦然：“先太子要是按我说的去做，就没有今日的祸事了。”

李世民这样问什么意思？你们兄弟之间的矛盾，难道都是下面的人离间挑唆造成的吗？谁都明白，这根本就不是矛盾的症结所在。

之所以有此问，固然有转移矛盾焦点的目的，但如此既定事实的事情，李世民当然不会天真地靠这样的一问一答来作出定论。

他的目的应该只有一个，那就是最大限度地招揽人才。

试想，如果当时的魏徵以宗法制立论，以太子为国本展开论述，估计就会像日后的方孝孺一样人头不在了。显然，玄武门之变的谁是谁非都在其次，关键是这种上升到理论的认识很难改变。而坚持这种认识的理论，恰恰是人为炮制出来，强行灌输到人们头脑中的，本身就是维护家天下的错误理论，谁用谁有理，哪有什么对错？相反，每一方使用的人都在坚定地相信对方大逆不道。那换不了认识，就只有换换脑袋了。以后的朱棣（dì）登基，为什么流传出“诛十族”的事情，不就是有人认为他大逆不道吗？但此后他那么多儿孙相继登基的时候，怎么就那么水到渠成了呢？

魏徵面对李世民的问题，如果真痛哭流涕地表示自己曾一时糊涂不识“真龙”，就算能保住项上人头，也不大可能受到重用。这里面的原因倒不在于什么“软骨头”的问题，而是如此作为，本身就丧失了信念理想。你可以不受所谓礼教的束缚，但作为朝堂官员，不能丧失政治理想，不能没有家国情怀。

魏徵的回答堪称完美，这种完美不是拿捏辞藻的功夫，更不是封德彝那样的揣摩之能，它就是魏徵理想和人格的本真流露。因为在他看来，国家利益就是高于个人恩怨，唐朝的未来、民生的走向远比李家兄弟谁是谁非更为重要。

最关键的是魏徵的弦外之音，那就是谁听我的，谁就可以免祸，至于君主，谁当都一样。正如昔日的周瑜面对曹操派人劝降时所说的那样："外托君臣之义，内结骨肉之亲，言必听，计必从。"

周瑜死心塌地追随孙权，原因就是他说的那个"言必听，计必从"，而不是什么汉家正统。其实，这就是士为知己者死。换句话说，就是在哪里能实现自己的政治理想，当然就去哪里。帝国世袭时代，魏徵有此认识和作为，实在是难能可贵。

李世民当然不缺政治智慧，看似简单的谈话之后，君臣二人已心意相通。为显示胸怀和情义，李世民还采纳魏徵的建议，同意太子余党参加李建成和李元吉的葬礼。

魏徵和封德彝的辩论

魏徵和封德彝就这样一路走来，站在唐朝的朝廷之上，开始了关于政治路线的君臣论治。唐太宗李世民首先提出问题："方今正值大乱之后，天下恐怕很难治理吧？"

魏徵却认为不但能够治理，而且很容易。他的理由是乱世之民心思治，反倒比骄奢淫逸的久安之民更好治理。措施就是施仁政，休养生息；行王道，德治天下。

反对魏徵的封德彝提出不同的观点，他认为："秦始皇严刑峻法，汉武帝杂用霸道，不是他们不想垂拱而治，而是因为人心不古，世风日下，不得不用。”封德彝的主要观点就是王道的时代已经过去，不是不想用，而是不能用。

魏徵反驳封德彝的观点时说：“尧舜行帝道而大同，汤武行王道而小康。可见社会形态是由政治路线决定的，其原因就在于人心和人性的亘古不变。如果像封德彝所说的越来越坏，那世间早就变成了鬼蜮，还讨论什么治理？”

魏徵和封德彝谁是谁非？

单从以上的记载来看，虽不是全貌，也代表了他们各自的主要观点。类似这样纯哲学方面的讨论，如果只从他们的字面意思去探究，必然没有结果。

封德彝没有道理吗？

秦国为什么不施行王道？商鞅变法的故事早就告诉我们结论了。就算不赘述当时的情景，看看其他六国的结局，施行王道在当时走得通吗？汉武帝又为什么不恪守黄老之术？别的原因不说，单就立国半个多世纪，除了和亲，对国防问题压根儿就没有其他的办法，这正常吗？

那魏徵的观点错了吗？

宽仁厚德不说占据道义的制高点，也可以说它无论什么时候都没有错。

没有错，就意味着正确吗？或者，仅以辩论的胜负就能确定治国理政的路线方针吗？事实上，当时的朝中大臣大多数支持封德彝的观点。

这就涉及决策的问题了。这也是一个帝王应该做，而且必须做的事。

原则上乱世用霸道，治世行王道。摧枯拉朽之际，就不是写诗作赋、绘画绣花的时候，它需要用霹雳手段去显示你的菩萨心肠。国家如此，个人也一样，待大风起兮，你就要乘势扶摇，握发吐哺，去铸就那云翻雨覆。但你不可能永远地血脉偾张，风静浪止之时，你就要宁静致远，淡泊明志，去复归那浅斟低唱。

道理很简单，开创一个新的王朝，哪能不一鼓作气？但延续一个百年基业，为什么要什么事情都毕其功于一役呢？前者只要解决一个问题，那就是战场上的胜利，随着捷报频传，一切问题都可以迎刃而解。而后者，千头万绪，牵一发而动全身，此时，有足够的时间让你从容不迫地去条分缕析，为什么要那样霸道地抽出快刀，不分青红皂白地一通乱斩呢？

其实，这就是得天下易、治天下难，也就是马上可以得天下，但马上治不了天下的道理，因为后者比前者繁复和艰巨得多。

原则上如此，实际操作起来的情况是什么样呢？

远的不说，隋文帝杨坚开国之后就偃武修文，施仁政休养生息，终于有了开皇之治。到了杨广，好大喜功，横行霸道，毫无意外地丢掉了锦绣江山。

李世民的选择

李世民采纳了魏徵行王道施仁政的建议。选定决策之后，剩下的就是贯彻执行了。效果怎么样呢？

可以说成效显著得能够用立竿见影来形容——不到四年就实现了天下大治。据记载：四年后的唐朝境内，人人安居乐业，户户丰衣足食，死刑犯一年只有二十九人，物价更是低到斗米三钱。要知道，隋末的洛阳斗米曾达到三千钱；安史之乱后，斗米曾一度达到万钱；即使后来的开元盛世，斗米也在二十钱上下；其他时期斗米维持在一二百钱已是常态。

而且这是历经饥荒、蝗灾和水灾之后的第一年，即便在灾害时的三年，由于政府的救灾赈济，百姓虽缺衣少食，却也没有怨天尤人。此时民心思治已是大势所趋，魏徵也算是说到了点子上。

这里有个故事似乎更能说明当时的情况。公元632年，李世民在调阅死囚犯的卷宗时，发现此时的死刑犯由两年前的二十九人突增到三百九十人。深入询问之下得知其中有一个叫张全宝的穷苦人和妻子一起在一位富商家里干活，因为富商的公子强占张全宝的妻子，还命仆人将护妻心切的张全宝暴打一顿，激愤之下张全宝顺手抄起棍子砸向这位公子，没想到竟然一棍致死，所以被判死刑，待秋后斩决。

在这三百九十个死囚中，类似张全宝这样的误伤，甚至误入歧途的人不在少数，而且如今轻罪重判的根源就在李世民身上。

公元631年，大理寺丞张蕴古负责审理一起诽谤皇帝案，具体就是有一个叫李好德的精神病人，胡言乱语中涉及李世民得位不正，详查之下，李好德确实有病，按唐朝律法，李好德被判无罪释放。大动肝火的李世民不顾朝臣的反对，找个理由把张蕴古杀了。

此后得知张好德确实是疯子的李世民也追悔莫及，但由于他的行为导致刑部人人自危，轻罪重判逐渐蔚然成风，成为死刑犯骤增的根本原因。

他想悔过就要给出明确的信号，又由于多数的死囚本不至死，所以李世民做出一个大胆的决定：放这三百九十人悉数回家与家人团聚，来年再回来接受刑罚。如此决定下，这些死囚是怎么做的呢？除了感恩戴德，第二年竟全部按时回来，等待接受死刑。当然，李世民将他们全部释放了。

张蕴古被杀当然能够说明皇权的不受约束，但事后知错就改，帝国时代的李世民也算是开明。由于时代的局限，不可能对皇帝有太多要求也是事实。像此时李世民这样的君主能够做到从谏如流已是难能可贵。

在营造洛阳的问题上，也能看出李世民的过人之处。

公元630年，李世民下令营造洛阳。张玄素表示反对，理由当然是劳民伤财。他举例说，当年杨广营造洛阳时，仅一根柱子就需要动用数十万人工。他甚至警告李世民："当今国力远不及隋朝，如果大兴土木，重蹈覆辙，那就连隋炀帝也不如。"

李世民肯定是憋了一肚子的火，反问他："我不如隋炀帝，那比得上夏桀和殷纣吗？"张玄素针锋相对地答道："只要营建洛阳，那就没什么区别。"

我们该为张玄素和李世民哪位点赞？显然，他们两人都受得起后人的夸赞。

张玄素说得没错，想当年，李世民东征洛阳，李渊下令毁灭宫殿的时候，就是李世民提出，要将拆下来的砖瓦木材分给洛阳百姓。这件事被洛阳的百姓传颂至今。

李世民能成为一个开明的君主，其中的原因也有他根子不坏的因素；至于之后的一些事，那是皇位这个东西实在不能使人向好的原因所致。至少目前营造洛阳一事在张玄素的坚持下，不了了之。

但此举也导致打通南北的战略要交给后人了。

魏徵并不是直肠子

给唐太宗李世民上名为《大宝箴（zhēn）》的奏疏、劝诫李世民“以一人治天下，不以天下奉一人”的张蕴古被杀了，但他奏疏上的话却被李世民记住，并付诸行动。

正如魏徵所说：“臣等畅所欲言，全由陛下引导。”否则，魏徵又岂敢屡犯龙鳞？这是魏徵在拍马屁吗？现在听来，多少有点讽刺的意味，但在皇权时代，这却毫无疑问至少是称赞的话。显然，这也是实话。

前后进谏二百多项事情的魏徵被李世民评价为“至诚报国”，魏徵除清醒和能力之外，不能忽视他确实碰到了好时候。

同样是李世民，在击败窦建德、俘获孔德绍时，曾指责孔德绍为什么替窦建德写檄（xí）文骂自己。这还用问吗？当初陈琳替袁绍写的檄文不是骂了曹操祖宗三代吗？气得曹操头痛欲裂，但陈琳的一句“箭在弦上，不得不发”，不但说出了原因，也得到了曹操的谅解。以后的骆宾王为徐敬业写的檄文不也是将武则天骂了个狗血喷头吗？武则天看到檄文后还说：“有如此才，而使之沦落不偶，宰相之过也！”

但那时的李世民面对孔德绍“犬吠非主人”的解释，以一句“贼乃主耶”斥责，就命人将孔德绍从汜水楼上扔下摔死。孔德绍都把自己比作狗了，狗听主人的合情合理，这不比魏徵的“早听我的，免于此祸”那句来得更为恭顺？

可见，今日的李世民已不是烽火连天时的做派了。这样的转变，岂止是魏徵一个人的幸运？至少皇甫德参也是幸运者之一。

公元 634 年，中牟县丞皇甫德参上书朝廷，指出皇帝的三大错误：“修宫殿劳民伤财，收地租与民争利，宫女梳高髻带坏社会风气。”一个从八品的基层小官搞得李世民哭笑不得：“难道要朕一个人不用，一文钱不收，宫女都剃光头，他才称心如意吗？”

确实有些过分的皇甫德参按律应以讥讽和诽谤定罪。但此时魏徵劝谏李世民：“自古以来，为了引起君王的注意，这样的上书未免都言过其实。”李世民马上明白了魏徵的意思，那就是如果治了这个人的罪，以后谁还敢说话？

于是，李世民决定奖励皇甫德参绢二十匹。但魏徵却想借此事开创政治清明之风，于是再次劝谏李世民要心胸更加开阔一点。就这样，皇甫德参被提拔为正七品的监察御史，享有不必请示汇报就可以直接弹劾官员的独立监察权。

皇甫德参的幸运意味着清明的政治之风吹进了唐朝的朝廷，惠及的自然是天下亿兆百姓。

贞观之治魏徵是有首倡和掌舵之功的，而杜如晦、房玄龄以及长孙无忌、杨师道、褚遂良的功劳主要体现在综理朝政方面，他们固然重要，但魏徵在平衡皇权、廓清政治氛围方面功勋卓著。

在没有任何法律限制和社会舆论监督之下的皇权，要保持一定的清明程度，不是一件容易的事情。为君者，没有任何的可能会永远开明；为臣者，不但要有坚定的政治理想，还要有超凡的勇气与技巧，而且需要一点运气。

强如魏徵这样也差一点就被砍了脑袋。

有一天，唐太宗李世民下朝回宫，气呼呼地对长孙皇后说：“魏徵这个乡巴佬老是让朕难堪，总有一天朕要杀了他。”闻听此言的长孙皇后盛装贺道：“妾身听说，主明臣直。魏徵这样耿直，岂非因为陛下是明君，妾身又岂敢不贺？”唐太宗李世民幡然醒悟。

能有贞观之治，绝不是一人之力，一定是在特殊的历史节点众人合力的结果，这中间长孙皇后也功不可没。

十三岁就嫁给李世民的长孙皇后可谓贤良淑德。在为秦王妃时，不仅尽孝服侍高祖，而且对李渊的妃嫔们也极为恭顺，称得上一位好儿媳；玄武门之变时，她亲临现场慰劳将士，称得上一位贤内助；唐太宗李世民即位，她以节俭治理后宫，并助哥哥请辞相位，防止外戚专权，称得上一位好皇后。

在君臣之间，长孙皇后也在起着调和作用，也可见魏徵担着怎样的风险。其实，早就有人对唐太宗李世民说魏徵为人处世不拘小节，但魏徵却说：“君臣本就该同心同德，存公道而去私迹，如果一味拘泥小节，对国家兴亡何益？”

不拘小节的魏徵还提出做良臣而不做忠臣的观点，因为他认为：“稷、契、皋陶就是良臣，而龙逄、比干就是忠臣。忠臣的特点就是只管提意见，而不管君王能不能接受，结果就是自己丢了性命，而使君王也背上了骂名，如此于事无补的作为，实不可取。而良臣则相反，他们要做的是让君王成为明君。”

如何成为明君？魏徵的答案是：“兼听则明，偏信则暗。”

基于如此认识的魏徵，既坚持原则，又灵活运用技巧。他的原则就是所有的批评和建议都出于公心；他的技巧就是所有正确的决定都归功于皇帝。

公而废私，坚持自己的理想信念；居功不傲，保证自己立于不败。在那个时代，显然魏徵已经把他能做的都做到了极致。

水能载舟，亦能覆舟

帝国统治，君主政治的框架之下，怎么保证民生？如何约束皇权？偌大的国家又将如何治理？李世民在魏徵和一众大臣的辅佐下，给出了他们的答案。

首先，遥远时代的他们开始清楚地认识到人民是君主存在的前提和基础，这就是李世民说的“君依于国，国依于民”，也就是“水能载舟，亦能覆舟”的道理。

认识到这一点其实并不容易，至少秦始皇及以前的君主没有这样清晰的认识。由氏族、部落、部落联盟到国家一路走来，尧舜禹及夏商周秦一脉同出于黄帝，或者说黄帝的两个儿子玄嚣和昌意。

那时的君王“血统高贵，地位神圣”，他们以“大家长”的身份存在和发号施令，以下各级的统治者原本就是以君王为主干而开枝散叶的“小家长”，所有的矛盾和问题只可能发生在他们集团内部，至于所谓人民，只不过是他们的“财产”而已。

他们对“上天”的敬畏远远大于对人民，因为自然灾害对他们的威胁显然更大。夏朝时有“天有不测风云，人有旦夕祸福。吾今不福，事莫过于此矣，一死复何辜”，就连商汤的革命宣言也是“愿上苍给我以好人帮助，给我以德政，给予我天地的支持，即使万民欲叛，亦不能得逞”。如此霸气的话语，祈求的仍然不过是“上天”的护佑。甚至商纣王在国破家亡时念叨的还是“我生不有命在天？”可见，他们从未曾想到过百姓。

如果不是这样，陈胜、吴广也不会喊出那句“王侯将相宁有种乎？”的心声。但即便如此，到了隋炀帝杨广还是视百姓如草芥一般地随意驱使、无度奴役。

所以，在“以一人治天下”的格局之下，能够提出并践行“不以天下奉一人”的观念和行为是多么弥足珍贵啊！

再者，为了约束君主，他们强调君主必须有道德，尊重并维护民众的生命权和生存权。李世民就清醒地认识到：“为君之道，必须先存百姓。”也就是要重视并满足人民的利益。如慎重刑罚，停建洛阳，等等，都是这方面的具体表现。

其实能够做到这一点也不容易。昔日的刘邦面对萧何主持修建的未央宫，刚开始“上见其壮丽，甚怒”，并斥问“是何治宫室过度也？”最后却也扬扬得意地感叹“吾乃今日知为天子之贵也”。近在眼前的杨坚面对杨素建造的奢华宫殿，由刚开始的不满，转脸也笑逐颜开。

要知道，刘邦可是由平民一步登天，没有见过所谓的“世面”，才有刚开始的疑问。杨坚本性更是守财奴。即便这样的两个人，为了满足一己之欲，也未曾体恤过百姓。对比之下，唐太宗李世民的所作所为，当真难能可贵。

在这样的基础和原则之下，初唐的朝廷基本上做到了“量材器使”，贞观年间，一大批文武精英被拔擢到适合的位置；同时，“治国与养病无异……天下稍安，尤须兢慎”的居安思危思想，也是当时君臣的共同认知；在审慎法令方面，李世民不仅以身作则，不以严刑治国，就是对于律法的制定，也清晰地认识到“法令数变，则吏得为奸”的弊病，从而采取“宜详慎而行之”的态度和作为，初唐虽“去奢省费，轻徭薄赋，选用廉吏，使民衣食有余，则自不为盗，安用重法”，但也正如李世民所说：“不欲数赦，恐小人恃之，轻犯宪章故也。”

对皇权、行政和百姓有如此认识的唐朝朝廷又如此小心，如此谨慎，如此“欲观其全”，那“君臣一体，共治天下”可谓当时最好的选择，也可以说是仅有的选择。

正如李世民所说：“没有人真的能日理万机，就算能，也不能保证他不犯错误。如果所有的决定都出自一人，那么，只要一天犯一个错误，十天就是十个。日积月累，怎么可能不亡国？”

所以，在民为邦本、君道有德的基础上，君臣同心，天下才可能得到有效的治理。这就是一千多年前唐太宗李世民和以魏徵为代表的一众大臣追求的政治理想。同时开启了初唐君主政治的一代新风。

在这样的理想和追求之下，唐太宗李世民创建了唐朝的典章制度。在他的掌舵下，唐朝这艘世界级的航船扬帆启航。

第十三章
论功行赏

画像凌烟阁

凌烟阁二十四功臣是唐朝的开国元勋，也多是贞观年间的朝廷大员。他们和唐太宗李世民一起从血雨腥风中走来，携手开创政治清明的贞观之治，为辉煌壮丽的唐朝奠定了坚实的基础。

为表彰他们的功绩，公元 643 年，唐太宗李世民在长安皇宫内三清殿旁，整修凌烟阁，亲自作赞，令褚遂良题阁，由画家阎立本绘制二十四位功臣等身画像陈列其中。

凌烟阁分为三层：最内一层所画为功勋最高的宰辅之臣，中间一层所画为功高的王侯之臣，最外一层所画则为其他功臣。二十四功臣画像真人大小，面北而立，挂在了凌烟阁上，供后人瞻仰。

他们配得上这样的表彰。

要表彰就要排名，正如每一个人心中对他们都有一个排名一样，估计李世民自己也会为此犹豫不决。因为无论功绩、能力乃至声望，他们实在难分伯仲，每一个人的熠熠星光都将初唐的夜空照得雪亮，他们必将永恒闪烁在历史的星辰大海中。

李世民排名的标准是官职的大小而非严格按照功劳和能力。虽有偏颇但也不失为一种消除争议的办法。正因为这样的标准，使得那些已经去世的人，排名会稍稍靠前，因为在当时会为去世的大臣赠官，死后赠官一般会远远高于生前真正的职务，按官职排名，他们就会排在前面。

例如，当时的房玄龄为司空，而已经去世的李孝恭、杜如晦、魏徵是赠司空，同样的官职，按“死者为大”的原则，真正的实职司空房玄龄就排在他们三位赠司空之后。又如，李靖，初唐一代军神，但去世较晚，因没来得及获得死后赠官，所以位列第八。

排名先后现在看来其实无关紧要，所谓“古今多少事，都付笑谈中”。这里只是说明唐太宗李世民十分重视他设置和任命的官职，就连大臣死后的哀荣，也是被郑重地排入官职的序列体系。

此时的唐太宗李世民相对于明码标价、公开卖官鬻爵的汉灵帝来说，真是天壤之别！

二十四位功臣中，文臣武将的人数占比为三比五。文臣有长孙无忌、杜如晦、魏徵、房玄龄、高士廉、萧瑀、虞世南、刘政会、唐俭九人；武将有李孝恭、尉迟恭、李靖、段志玄、刘弘基、屈突通、殷开山、柴绍、长孙顺德、张亮、侯君集、张公谨、程咬金、李勣、秦琼十五人。武将的占比较重也没有什么奇怪的，因为开疆拓土需要他们冲锋陷阵。

下面我们将一一走近凌烟阁这二十四位功臣，倾听他们奠基唐朝的铿锵，体味他们别样人生的悲欢。

宰辅之臣

司徒、赵国公长孙无忌排名第一。

长孙无忌出身北魏皇族鲜卑拓跋氏，其父为隋朝右骁卫将军长孙晟，母亲是北齐乐安王高劢（mài）之女。父亲早亡，他便和妹妹一起跟随舅舅高士廉长大。后来他的妹妹嫁给李世民，是为长孙皇后。

公元 617 年，李渊晋阳起兵，长孙无忌被任命为渭北道行军典签。正如李世民所言，长孙无忌的能力并不在军事方面。虽在征伐高句丽之战中，有过率领一万多精锐断敌后路的战绩，但其更突出的能力体现为主持修订《唐律疏议》，奠定了唐朝两百多年的律法根基。

所以，虽然跟随李世民南征北战，但直到玄武门之变，长孙无忌才崭露头角，当时的李世民一度窘迫到身边只有一位心腹幕僚，这个人就是长孙无忌。在他的居中联络、运筹谋划之下，李世民才顺利登上皇位。

厥功至伟的长孙无忌先后被封为齐国公、赵国公。

贞观初年，长孙无忌担任尚书右仆射。当时有人认为他权势日隆，曾进密表弹劾；但李世民将密表直接拿给长孙无忌看，以示君臣无猜；而且在朝堂上，李世民再次当着群臣的面，表示了对长孙无忌的信任。

此时的长孙无忌不但没有恃宠而骄，反而一再请辞相位；他的妹妹长孙皇后也支持哥哥的决定，极力劝说李世民批准长孙无忌的请辞。李世民不但不准，反而在公元 633 年将长孙无忌拔擢到司空的位置。

这次就连的他舅舅高士廉也上书，以招致“圣主私亲”的理由，奏明外戚不宜担任三公的职位。

李世民的挽留正如他所说：“以你的功绩、才干和声望，完全能够胜任三公之职。”但长孙无忌的请辞应该也不完全是作戏。

似乎我们的古人也不全是削尖脑袋非要做官不可，不说那些饿死、烧死都不出来做官的人，就是那些求着甚至打着都不出来做官的人也比比皆是。就是做了官，有人也似乎毫不留恋官位，不说圣贤王阳明多次拒绝高官厚禄，就是严嵩也有做了官又回家读书的经历。

他们中的一些人，似乎并不在意是否会输在起跑线，更不在意要紧紧抓住人生的所谓“七次”机会。如此“散漫”的王阳明却能在建功立业的同时，开创一代“心学”。官声如此糟糕的严嵩，书法成就也可谓震古烁今。

可能这些只是个例吧，然而此时的长孙无忌就是这样的个例。在他和家人的一再恳求下，李世民只得答应，将长孙无忌降为开府仪同三司。后房玄龄病重，他才重新出山，再次执掌朝政。

在二十四功臣排位时，长孙无忌为正一品司徒，居群臣之首，所以排名第一。

公元 649 年，李世民病逝，遗命长孙无忌和褚遂良为辅政大臣。以后的长孙无忌还会有另一番悲欢人生。

司空、凉州都督、河间郡王李孝恭排名第二。

李孝恭的祖父李蔚是李虎的第七子，李孝恭就是李渊的堂侄，他和李世民是堂兄弟的关系，正宗的李唐皇室血脉。

李渊晋阳起兵，攻下长安这一年，李孝恭二十六岁。坚定支持李渊的他，被任命为山南道招慰大使，领兵出巡巴蜀。

李孝恭在巴蜀之地的第一战就连下三十余州。旗开得胜的他马不停蹄，转攻朱粲，大胜后采取怀柔政策。消息传开，各部相继归附。

在李世民东征洛阳时，为了拖住南方的萧铣，李渊派出三路大军。前两路都无功而返，只有李孝恭这一路，不仅拖住了萧铣的问题，甚至直接剿灭了他。

当然，仅依靠李孝恭可能不够，因为在面对萧铣的骁将文士弘时，李孝恭就吃了败仗。我们知道，此战主要是李靖的功劳，但身为主帅的李孝恭仍然功不可没。

同样，在平定杜伏威的部将辅公祏的叛乱中，李靖、李勣等人的功勋卓著，主帅李孝恭又怎么可能没有功劳?

而且李唐天下可以说是李世民和李孝恭堂兄弟两人一块儿打下来的。尽管说法有点夸张，因为难易程度及两人的参与度存在根本的不同，但从李世民平定北方，李孝恭平定南方的角度来说，李孝恭确实功勋卓著。

平定整个南方的李孝恭自知功高盖主、树大招风，于是更加谨慎谦恭，在玄武门之变中，他保持中立。即便如此，在贞观初年，他仍被加封河间郡王，公元640年，因病去世的李孝恭获赠司空，得以位列功臣榜第二。

司空、莱国公杜如晦排名第三。

杜如晦，京兆杜陵（今陕西西安长安）人，其祖父杜果曾官至隋朝工部尚书，其父杜吒为隋朝昌州长史。官宦世家的他自幼聪慧好学，初为秦王府兵曹参军，在征讨薛仁杲、刘武周、王世充、窦建德等割据势力时，杜如晦跟随李世民参赞军事，研断军情、运筹帷幄。后在玄武门之变中厥功至伟，被任命为兵部尚书，贞观初年，与房玄龄共执朝政。

但公元630年，年仅四十六的杜如晦重病而亡，追封莱国公。李世民为此痛哭，以致三天不能上朝理政，此后甚至因为过于想念，时常梦到他。

然而，有王佐之才的治国能臣杜如晦治家却似乎能力不足，他的小儿子杜荷就是明证。这是血腥政变的惯性还是人性的无限贪欲？之后的故事很值得玩味。

司空、相州都督、太子太师、郑国公魏徵排名第四。

魏徵，唐魏郡馆陶（今属河北）人，贞观之治的代表人物。曾任谏议大夫、左光禄大夫，封郑国公，以直谏敢言著称。魏徵去世时，唐太宗李世民悲恸至极，留下那句著名的论断："人以铜为镜，可以正衣冠；以古为镜，可以见兴替；以人为镜，可以知得失。魏徵没，朕亡一镜矣！"对魏徵的追忆，还表现在李世民亲征高句丽之后，面对死伤的将士、损失的战马，他慨然叹息："魏徵若在，不使我有是行也。"

司空、梁国公房玄龄排名第五。

房玄龄，齐州临淄（今山东淄博临淄北）人，隋朝泾阳令房彦谦之子。十八岁时本州举进士，授羽骑尉。早期的房玄龄跟随秦王李世民出征，出谋划策，后在玄武门之变中，厥功至伟，李世民即位后，房玄龄一路升迁为中书令、尚书左仆射，直到司空，封梁国公。和杜如晦一起，被称为"房谋杜断"，成为良相合作的典范，合称"房杜"。

房玄龄有识人之才、荐人之量，像张亮、李大亮、薛收，甚至杜如晦，都是经他的推荐而受到李世民的重用。他执掌政务达二十年，其间参与制定典章制度，主持律令、格敕的修订，监修国史，又曾与魏徵同修唐礼。

他调整政府机构，精简政府官员，随材授任，不问贵贱。他恪守职责，从不居功自傲。同时他负责国史馆，先后监修成《高祖实录》《太宗实录》《晋书》。

公元648年，房玄龄病逝，追赠太尉。

开府仪同三司、尚书右仆射、申国公高士廉排名第六。

高士廉，渤海蓨（tiáo）县（今河北景县南）人。北齐乐安王高劢之子，唐太宗文德皇后的舅父。在隋朝时，因为受到昔日斛（hú）斯政叛逃高句丽事件的影响，被贬到岭南，依附萧铣，后归附李孝恭，坚定支持李世民，成为玄武门之变的功勋人物。

公元631年，高士廉任吏部尚书，后奉命参撰《氏族志》《文思博要》等。公元638年，封申国公，升任尚书右仆射。公元647年病逝，追赠司徒。

唐太宗李世民曾评价他：“涉猎古今，心术明达，临难不改节，当官无朋党，所乏者骨鲠规谏。”

王侯之臣

开府仪同三司、鄂国公尉迟恭排名第七。

尉迟恭，鲜卑族，朔州善阳（今山西朔州）人。早年追随刘武周起义，因为作战英武果敢，被任命为副将。公元620年，李世民在柏壁攻打宋金刚时，招降了尉迟恭。

由于此时局势胶着，降唐的叛军首领再次反水的事情屡有发生，像和尉迟恭一块儿降唐的寻相，著名的李密等人，都有再次叛逃的经历。如此局面之下，屈突通、殷开山等人建议李世民杀掉尉迟恭，以绝后患。

但当时的李世民不但没有采纳他们的建议，反而将尉迟恭请进寝殿之内，开诚布公地申明自己绝对相信他是忠义之士，如果自己看走了眼，这里有足够的金银财宝，尉迟恭尽可拿去远走高飞，鉴于相交一场的情谊，李世民当场表示，无论他何去何从，自己绝不阻拦。

此时的李世民既没有给尉迟恭分析局势，也没有画大饼许以高官厚禄，只是以忠义为基调，从情谊入手，就彻底收服了尉迟恭。那时军人之间的交流就需要这样简单直接。

死心塌地追随李世民的尉迟恭在东征洛阳时，首功就是单槊（shuò）救主，刺伤单雄信，活捉陈智略，与李世民一起，左冲右突于千军万马之中。事后李世民不无得意地说："公何相报之速也！"

李世民的"丈夫意气相期"得到了尉迟恭"士为知己者死"的回报。在虎牢关对阵窦建德时，李世民之所以能够成就以数千人战胜几十万大军的神话，与尉迟恭天人下凡般的战斗力不无关系。

公元622年，李世民在征伐刘黑闼时，突遭叛军奇袭，正是尉迟恭冲入包围圈再次救李世民脱险。在泾州道行军总管任上，尉迟恭在泾阳多次与突厥人交战，屡立战功。

玄武门之变时，李建成和李元吉就把矛头指向尉迟恭，可见谁都清楚李世民与尉迟恭的关系。他们先是笼络，笼络不成后又想干脆杀掉尉迟恭；当然，同样的操作也不同程度地发生在段志玄、程咬金、房玄龄、杜如晦等人的身上。

之后的尉迟恭授开府仪同三司，封鄂国公。除了在公元645年随军出征高句丽，基本没有参加大的战役。一方面，可能因为年纪大了；另一方面，居功自傲、恃宠而骄的毛病在他身上有着突出的表现。

口无遮拦的他，即便是长孙无忌等人的过失，也一定会不讲情面地直言指责。可能因为率直，也可能因为倨傲，总之，和平年代的尉迟恭和同僚的相处并不和谐。

这种性格，这样的心态，总有爆发到难以收拾的地步。在李世民大宴群臣的庆善宫，尉迟恭就暴怒到拳打任城王李道宗，致使李道宗的一只眼睛几乎失明。如此恶劣的行为，原因仅是尉迟恭斥责有人没有功劳却坐在自己的上位，而李道宗好意劝慰，就招致他拳脚相向。

可以想见，此时的尉迟恭膨胀到了什么程度，但征伐高句丽回来的他也算幡然醒悟，远离官场，沉迷炼丹，吞服云母，弹奏乐曲自娱自乐，整整十六年闭门不出。寿终正寝时享年七十四岁。

特进、卫国公李靖排名第八。

唐朝一代军神李靖文韬武略，是诸多将领中唯一可以和李世民媲美军功的人。他的事迹耳熟能详，我们不再赘述。公元649年，李靖病逝，享年七十九岁。

特进、宋国公萧瑀排名第九。

萧瑀是后梁明帝萧岿的第七子。出生于后梁帝王之家的萧瑀，与隋唐两朝有着千丝万缕的联系。他的姐姐就是杨广的皇后萧氏，他的妻子是独孤皇后的娘家侄女，而李渊又是独孤皇后的亲外甥，所以，李渊与萧瑀之妻是姑舅表兄妹，李世民管萧瑀叫表姑父。

萧瑀自幼孝顺好佛，善学能书，早年因骨鲠正直的性格进谏隋炀帝，被贬为河池太守。李渊晋阳起兵，他率河池所有兵马归附唐朝，任民部尚书，封宋国公。

玄武门之变后，李渊时代的宰相只有萧瑀一人位居权力中心二十年，六起六落，遍尝宦海沉浮。

因为严厉刻板，一次朝廷论事，萧瑀与陈叔达意见不合，发生激烈争辩，以至于李世民都制止不住，致使群臣乱作一团。震怒的李世民让二人回家闭门思过，这是萧瑀的第一次罢相。

发生这样的事情，显然是萧瑀心高气傲的表现，皇族出身，外戚身份，又颇多建树的他，自然带有颐指气使的毛病。但如此咄咄逼人也是他出于公心而维护唐朝江山社稷的急切表现。这就像自己家人进入所谓不正规的董事会，狂傲肯定免不了，但之所以如此强硬，也有真心为公司好的成分。

正因如此，公元627年，尚书右仆射封伦病故之后，萧瑀恢复尚书左仆射之职，再次出任宰相。

第三次沉浮是在不到半年后。当时的唐俭要出使突厥，萧瑀就请他带封家书给远在突厥的姐姐，也就是杨广的萧皇后。没想到，此事被人诬告成里通外国。普通的家书也能被人栽赃陷害，至少说明萧瑀不太擅长处理人际关系。

不管是严厉清正，还是不能容人，总之萧瑀时常受人弹劾。有一次是因为李靖征伐突厥，杀了颉利可汗的妻子和隋朝时与突厥和亲的义成公主，回到唐朝的萧皇后因感念在突厥时她们的恩情，时常伤心落泪。萧瑀就上奏弹劾李靖，没想到反被人弹劾说萧瑀的弹劾不当。

不知道是不是单纯因为姐姐的原因，致使萧瑀弹劾李靖，但功劳如此之大，为人如此谦恭的李靖，你弹劾他干什么？如果说前两次都情有可原的话，这次的萧瑀确实有点咎由自取。

李渊死后，李世民第四次起用萧瑀，加特进，参知政事，但由于和房玄龄不和，办事急躁、偏狭，而在一年后再次被罢相。在太子李承乾谋反案的审理时，萧瑀被第五次起用。皇家的事，由他参与审理名正言顺。

此后的萧瑀，虽忠诚耿直，但与同僚关系仍然紧张，加上常常忤逆李世民的意思，第六次被罢免相位并贬出京城。萧瑀和尉迟恭同样与同僚不和，但据实而言，尉迟恭似乎居功自傲的成分更大一点，而萧瑀是由耿直急躁所致。

萧瑀的六次沉浮固然是皇帝的决定，但与君王的无情似乎扯不上关系，根本的原因是他个人的性格和做事的风格。

七十四岁的萧瑀病逝于玉华宫，这本来是李世民让他休养的地方。亲自作诗“疾风知劲草，板荡识诚臣”来称赞萧瑀的李世民，终究没有忘了这位社稷之臣。

辅国大将军、扬州都督、褒国公段志玄排名第十。

段志玄，淄州邹平县（今山东邹平）人，并州法曹参军段偃师之子。段志玄年仅十四岁从军，李渊晋阳起兵时，段志玄募兵千余人，在李世民部担任先锋，夺取霍邑、绛郡，攻打永丰仓，官至左光禄大夫。

段志玄的高光时刻是随刘文静到潼关抵御屈突通。当刘文静被桑显和偷袭，唐军溃散之际，段志玄率领二十余骑，冲锋陷阵，虽身中流矢而不退。东征洛阳时，段志玄马倒被擒，反夺马驰归，追赶的数百人无一敢靠近，可见段志玄的英勇。

玄武门之变时，段志玄与尉迟恭并肩诛杀太子余部，厥功至伟。李世民登基后，任左骁卫大将军。公元634年，段志玄被任命为西海道行军总管，征讨吐谷浑。公元637年，封褒国公。

公元642年，段志玄病逝，终年四十五岁。

辅国大将军、夔国公刘弘基排名第十一。

刘弘基，雍州池阳（今陕西泾阳和三原）人。父亲刘升曾任隋朝河州刺史。

刘弘基早年投奔李渊，与李世民交情甚笃。晋阳起兵时，刘弘基就与李世民、刘文静、长孙顺德等到各地募兵；而且太原副留守王威、高君雅就是被他和长孙顺德擒杀。

作为最早的核心成员，刘弘基随李世民一路挺进长安。取西河，攻霍邑，斩杀宋老生；又率兵西进，占据扶风；南渡渭水，屯兵长安；攻克长安，刘弘基在诸将之中“功为第一”。

此后，刘弘基随李世民击败薛举，大败宋金刚，平定刘黑闼，攻克洛阳。公元624年，为应对突厥入侵，刘弘基镇守豳州，屯驻边疆。唐太宗李世民征伐高句丽，刘弘基又为前军大总管，力战有功。

功勋卓著的刘弘基在贞观年间却因多次贪污被弹劾，李世民不忍治罪，只是将他贬官。他自己也以年老为由，请求致仕，只有每月初一、十五才来点卯上朝。奇怪的是，贪腐的他临死的遗命却是：“只留给每个儿子奴婢各十五人，良田五顷。”理由是：“子孙若贤，固不藉多财；不贤，守此可以免饥冻。”那他当初的贪腐是不是真的？还是他知错能改呢？

公元635年，刘弘基被改封夔国公，后进授辅国大将军。公元650年，刘弘基病逝，终年六十九岁。

尚书左仆射、蒋国公屈突通排名第十二。

屈突通，北周邛（qióng）州刺史屈突长卿之子，自幼性格刚直、坚毅，擅长骑射，且颇好武略。

早年跟随杨广征讨高句丽，平定杨玄感叛乱，后在秦、陇一带镇压农民起义。公元616年，杨广南下江都，令屈突通率部随代王杨侑镇守长安。

李渊晋阳起兵时，屈突通就驻守河东，与驻守霍邑的宋老生遥相呼应，阻挡唐军入关。但李渊绕城而过，率主力直取长安，屈突通无奈，只好率部自武关出蓝田回救长安。此举正中刘文静部埋伏，相持月余，桑显和部全军覆没，屈突通虽竭力周旋，但大势已去，被俘后归降李渊。

此后，屈突通作为李世民的行军元帅长史，随军出战薛仁杲，又击败刘武周。东征洛阳，屈突通厥功至伟，“论功第一”的他任陕东大行台右仆射，镇守洛阳。

玄武门之变，屈突通坚定支持李世民。公元628年，屈突通病逝，享年七十二岁。唐太宗李世民痛惜不已，赠予尚书右仆射。

陕东道行台右仆射、勋国公殷开山排名第十三。

殷开山，雍州鄠县（今陕西西安鄠邑）人，隋朝秘书丞殷僧首之子。

年轻时的殷开山品行学问俱佳，尤其擅长写作和书法。早年在隋朝时任太谷县长，政绩卓著。晋阳起兵时，被李渊任命为大将军府掾（yuàn），成为辅佐李氏父子的一名干将。

兵进长安时，殷开山先跟随李建成攻克西河（今山西汾阳），后担任李世民渭北道元帅长史。受李世民之命，招抚关中群盗、流民，卓有成效。

作为渭北道大使刘弘基的副手，殷开山率军西进扶风，南渡渭水，屯驻长安故城，击败隋将卫文升，攻克长安。

唐朝建立后，殷开山随李世民征讨薛举、薛仁杲父子，又随军东征洛阳，讨伐王世充，以战功得以封爵郧国公。

公元 622 年，殷开山随军征讨刘黑闼途中因病去世。李世民临丧痛哭，追赠陕东道大行台右仆射，后在公元 640 年，再次以佐命之功赠司空。

荆州都督、谯国公柴绍排名第十四。

柴绍，晋州临汾（今山西临汾）人，祖父是北周骠骑大将军柴烈，父亲柴慎曾为钜（jù）鹿郡公。年少时的柴绍孔武有力，颇有侠义之风。早年在隋末时，任太子杨勇千牛备身，娶李渊的三女儿为妻，即以后的平阳公主。

晋阳起兵时，柴绍立即自长安启程，赶赴太原追随李渊，任右领军大都督府长史，兼领马军总管。在攻取霍邑、拿下临汾、平定绛郡之战中，柴绍都是身先士卒，登城破阵。大败桑显和之时，也是柴绍与史大奈率轻骑兵从侧后袭击而转败为胜。

此后，柴绍随李世民平薛举父子，破宋金刚，败王世充，擒窦建德。东征洛阳，因柴绍屡立战功，被授右骁卫大将军。

吐谷浑之战，柴绍率军兵进岷州，当时被困在绝壁山谷之中，面对敌军的箭如雨下，柴绍安然而坐，让两位美貌女子在悠扬的琵琶声中翩翩起舞。就在吐谷浑军卒莫名惊诧、放下弓箭、驻足围观之时，柴绍暗中命精锐骑兵绕到吐谷浑军背后，发动突然袭击，大败吐谷浑。

空城计还能这样用，柴绍也算是别开生面！至少英勇而智慧应该是柴绍的特点。

应对突厥的入侵，柴绍在杜阳谷（今陕西麟游西北）大败突厥；在鄯州多次击败突厥的侵扰；在秦州（今甘肃天水）斩杀突厥特勒（官名）一名及将士一千余人凯旋；公元 629 年，柴绍为金河道行军总管，五路出击之下，剿灭东突厥。

玄武门之变，柴绍坚定地站在李世民一边，诛杀太子余党；之后，柴绍又奉命与薛万均一起率军攻打梁师都，面对突厥的援军，柴绍率军出击，包围朔方城，威逼梁师都堂弟梁洛仁斩杀梁师都后举城投降。

公元 633 年，柴绍改封谯国公。五年后的公元 638 年，柴绍去世，赠荆州大都督。

荆州都督、邳（pī）国公长孙顺德排名第十五。

长孙顺德，河南洛阳人，鲜卑族，祖父长孙澄，曾任北周秦州刺史，父亲长孙恺，隋朝时官至开府，长孙顺德是长孙皇后的堂叔。

隋朝时，为逃避攻打高句丽的战役，投靠唐国公李渊。李渊以抵御突厥为名而招兵买马，这些武装力量的掌管者就有长孙顺德。在擒杀太原副留守王威、高君雅时，长孙顺德也是核心骨干之一。

晋阳起兵时，长孙顺德被任命为统军。在讨平霍邑、击破临汾、攻克绛郡之战中，皆有战功。围攻屈突通时，长孙顺德更是率军追至桃林，将屈突通擒获送到长安。

玄武门之变，长孙顺德作为李世民的坚定支持者，率军击讨李建成余党。唐太宗李世民十分信任长孙顺德，有时为了处理政事，特允许他夜宿于中书省。

后来的长孙顺德因为接受了贿赂，对偷盗宫中财宝的几个奴仆法外开恩。事发后，就连李世民都感叹：“长孙顺德论身份是外戚，论功劳是开国元勋，位高爵重，富贵已极，怎么会不守气节，不顾名誉，搞出贪污受贿的丑闻呢？”李世民解释的原因是：“长孙顺德不看古今典籍，没有从中吸取教训、引以为鉴。”

不读书，不借鉴大概是事实，而正因为外戚功臣的身份，致使他恃宠而骄、肆无忌惮是不是也是他贪腐的原因之一呢？

事实上，唐太宗李世民就是因为他的“无知”而没有降罪于他；相反，在朝堂上，当众赐给他几十匹丝绢。据记载，李世民不忍加罪于他，就采取了这样的方法，以达到刺激他愧悔之心的目的。但这种“给他这点绢对他来说胜于刑罚”的方法，到底有没有道理和作用呢？

公元627年，受李孝常谋反案牵连，长孙顺德被削爵罢官。不忍看到他颓废消沉的李世民不久之后再次起用长孙顺德为泽州刺史。此时的长孙顺德也算幡然悔悟，严守法度，勤勉办差，赢得了好官的名声。

但后来却因再次违法而被免官。正如李世民评价的那样：“长孙顺德儿女情长，没有慷慨的气节。”从他早年逃避兵役的经历来看，此语对他可谓比较中肯的评价。

长孙顺德去世，唐太宗李世民辍朝一日，派人吊唁（yàn），追赠荆州都督；公元639年，再次追封为邳国公。长孙顺德虽晚节不终，但唐朝朝廷也算没有太过辜负这位从龙之臣。

其他功臣

洛州都督、郧国公张亮排名第十六。

张亮，郑州荥阳人，出身贫寒，曾以务农为生。隋朝末年，张亮投奔李密率领的瓦岗军，当时有人密谋反叛，张亮向李密告密有功，被任命为骠骑将军，隶属黎阳李勣麾下。

公元618年，张亮随李勣降唐，被任命为郑州刺史。在当时瞬息万变的形势之下，郑州被王世充攻占，无法赴任的张亮被改封为检校定州别驾。公元621年，刘黑闼叛乱，李勣奉命讨伐，命张亮守卫相州。张亮见敌军势大，弃城逃走。

早年的张亮除了立场明确、政治站位相对稳定，战绩似乎并不显著。之后，由于房玄龄的推荐，被秦王李世民召入天策府，担任车骑将军，才逐渐得到李世民的赏识，直至被视为心腹之人。

公元626年，因为夺嫡之争，张亮被李世民秘密派往洛阳，暗中联络山东豪杰，以防局势变化。齐王李元吉得知此事，便据此告发张亮图谋不轨，唐高祖李渊派人索拿拷问张亮，酷刑之下，张亮仍然坚守秘密，没有出卖李世民，最后得以释放，被遣回洛阳。

玄武门之变张亮也因功被封为右卫将军、怀州总管、长平郡公。

贞观年间，张亮历任豳州、夏州、鄜（fū）州三州都督。公元633年，张亮任金紫光禄大夫，兼任相州大都督长史。公元637年，改封郧国公。公元640年，张亮入朝担任工部尚书。一年后，改任太子詹事，又出任洛州都督。

这一时期的张亮不仅抑制豪强、抚贫助困、治恶扬善的作为得到百姓的称赞，而且由于突出的行政管理能力，得到唐朝朝廷和李世民的信任和重用。

公元 644 年，本不同意征讨高句丽的张亮在李世民的执意之下，也自请随行，作为沧海道行军大总管，管理军船事宜。

张亮率兵从东莱渡海至辽东，攻陷卑沙城，屯兵于建安城下。此时发生了戏剧性的一幕，突遇劫营的张亮毫无对策，一言不发，军中将士却以为张亮临危不惧，在副将张金树的带领下鸣鼓奋击，竟大破敌军。事后，李世民得知实情，念及张亮生性怯懦，本没有将帅之才，也就没有多加指责。

公元 646 年，张亮因谋逆大罪成立，而被问斩于长安西市。

谋逆事发是陕州人常德玄告发张亮私养义子五百人，蓄意谋反。唐太宗李世民命马周调查此事，程公颖与公孙常都证实张亮谋反，虽然张亮辩称：自己是佐命旧臣怎么会谋反？程公颖和公孙常二人是贪生怕死而诬告自己。但李世民认为张亮之所以私养义子五百人，目的就是要造反，而且当时朝中群臣基本都认为张亮谋反罪名成立。

张亮走到这一步与他抛弃结发妻子，迎娶李氏不无关系。李氏生性淫荡且骄横，张亮对她既宠爱又惧怕，以至于李氏与人私通，张亮不仅忍气吞声，还将此人收为养子。可见张亮对他的这位妻子逆来顺受到了什么程度。

李氏喜好巫蛊左道，张亮受此影响，常与巫师之类的人来往，受其影响，入道颇深。这些人以谶语、面相的无妄之语蛊惑张亮，久而久之，张亮鬼迷心窍、想入非非。此间的术士程公颖、张亮义子的哥哥公孙常兄弟等众人，都是将张亮“龙形大贵”之相吹嘘得绘声绘色而又神乎其神的人。

此时的张亮即便没有谋逆之实，也不能确保他没有谋反之心；即便没有谋反之心，他的作为也败坏了他的官场名声。再说，秘结豪杰以待时变的手法本来就是他昔日起家和崭露头角的拿手好戏，如今私养五百义子死士，到底意欲何为？李世民的判断似乎也不无道理。

但要说曾密告李世民侯君集有谋反之心的张亮此时就是死心塌地谋反的话，从能力、声望以及胆识等各个方面来看，似乎也不是事实。那为什么李世民对昔日侯君集置之不理，今天却要对张亮处以极刑呢？

从已有的记载资料来看，理由也只是侯君集的谋反纯属捕风捉影，最多也是牢骚般的“口嗨”，至少还没有真凭实据；而此时的张亮私养五百死士的行为足以将他逼到绝境。以后的欧阳修对他“死有余责，又何咎哉”的评价也算中肯。

光禄大夫、吏部尚书、潞国公侯君集排名第十七。

侯君集，豳州三水（今陕西旬邑）人，北周平州刺史侯植之孙。早年加入秦王府，跟随李世民南征北战，屡立军功。

玄武门之变时，尉迟恭与侯君集分工协作，侯君集的主要任务是率军控制唐高祖和当时的朝廷众臣。李世民登基后，任命侯君集为左卫将军，封潞国公；之后，又任兵部尚书，参与朝政。

公元 635 年，侯君集作为李靖的副手，率军征讨吐谷浑。在鄯州李靖采纳侯君集的建议，兵分两路，长驱直入。走南道的侯君集面对恶劣的气候和复杂的地形，数千里转战于逻真谷、汉哭山、星宿川、柏海等地，一路追击伏允部至积玉山，与李靖在大非川会合，凯旋班师。

此时的侯君集虽行伍出身，但高官厚禄的他也开始读书学习，入朝为官的行政能力甚至能够与其战场上的运筹帷幄相媲美。

公元 639 年，侯君集被任命为交河道行军大总管，讨伐高昌。七千余里的距离，两千余里的沙漠，连高昌王都没有料到唐军会神兵天降；然后，侯君集率军经碛口，至柳谷，先行仁义之师，安抚人心，后以雷霆之举剿灭高昌，刻石纪功，班师回朝。

身拥如此灭国大功，侯君集恃功而骄，不但将高昌国的奇珍异宝占为己有，而且随意处置高昌国已降的官员百姓。事发之后，侯君集被下狱囚禁。

也就在这时候，侯君集对张亮发牢骚，说自己立有灭国大功而受到排挤，鼓动张亮与自己一起造反。事后来看，此时的侯君集说的造反确是牢骚之言；但受到一点委屈就想到造反，而且这样的委屈是自己咎由自取，从这点也能看出侯君集日后谋反的根源所在。因为其谋反涉及当时的太子李承乾，我们稍后再讲。

公元 643 年，侯君集参与谋反罪证据确凿，被处以死刑。

左骁卫大将军、郯（tán）国公张公谨排名第十八。

张公谨，魏州繁水县（今河南濮阳南乐）人，深州刺史张士儒之子。早年曾效力于王世充，任洧（wěi）州长史，后与洧州刺史崔枢一起降唐。

公元 621 年，徐圆朗反叛，张公谨率军坚守虞城而崭露头角。后在李勣、尉迟恭的引荐下，被召入秦王府。

玄武门之变时，张公谨坚定支持李世民。就在大家为是否起事而犹豫不决、命人占卜以测吉凶时，张公谨从外面进来，一把将龟壳扔到地上，并说出那句著名的论断：“卜以决疑，今事在不疑，尚何卜乎？卜而不吉，庸得以乎？”意思就是今天这事，吉也好，凶也罢，干就完了。张公谨此举无疑帮助李世民下了最后的决心；而且如此决绝的态度也高度统一了思想，避免了行动时的拖泥带水。要干大事，这样的态度无疑是决定性的。

具体行动中，张公谨更是以自己的实际行动践行了谋划时的态度，勇力过人的他独自关闭宫门，阻挡太子余党的救援，厥功至伟。

张公谨对时政和军事都有自己独特的判断。在东突厥的问题上，他就列举出六大可以讨伐的理由：颉利可汗奢华残暴，诛杀忠良，亲近奸佞，此其一；薛延陀等部落均已叛离，此其二；突利、拓设、欲谷设均得罪颉利，无地自容，此其三；塞北地区经历霜冻干旱，粮食匮乏，此其四；颉利疏离族人，委重任于外族，胡人反复无常，唐朝军队一到，必然内部纷乱，此其五；汉人早年到北方避乱，至此时人数较多，近来听说他们聚众武装，占据险要之地，大军出塞，自然内部响应，此其六。

我们看这六大理由，准确而详尽地指明了东突厥的问题所在，甚至连自然灾害、国计民生及民族隔阂等问题都考虑在内。如果不是在唐朝的朝廷，而是东突厥采纳了这样的建议，他们的面目也许会焕然一新！

再次帮助李世民下定决心的张公谨在平定东突厥的功劳簿上也写下了浓墨重彩的一笔。而且在讨伐东突厥时，他也是作为李靖的副总管率军出征；其间，他虽然反对李靖趁颉利兵败请降而偷袭东突厥，但他这样的战略思想，我们也不能以军事的成败来单纯地评判，就算张公谨在此事上有所局限，也不影响他的丰功伟绩。

公元632年，张公谨病逝，英年早逝的他仅三十九岁。唐太宗李世民追思张公谨旧功，改封郯国公；唐高宗时，再次追赠张公谨为荆州都督。

左领军大将军、卢国公程咬金排名第十九。

程咬金，济州东阿（今山东东阿西南）人，原名咬金，后更名程知节，祖父程哲，曾为北齐晋州司马，父亲程娄，曾为隋朝济州大都督。

隋末盗贼蜂起，程咬金组织了一支数百人的武装队伍，护卫乡里，后归附李密，任内军四骠骑之一。李密的内军按李密所说：“八千人抵得上百万大军。”可见，程咬金深受李密器重。

程咬金在对阵王世充时，乱军之中，救起被流箭射中的裴行俨，由于两人同骑一马，自己也被敌兵用槊刺穿身体，程咬金不但回身折断敌槊，而且一路冲杀，带裴行俨杀出重围。

后李密兵败，程咬金为王世充所俘，王世充待之甚厚。公元 619 年，程咬金、秦琼等将归唐。此后，程咬金先后击败宋金刚、窦建德、王世充，屡立战功。

玄武门之变前，程咬金就曾被李建成视为眼中钉，欲拔之而后快。起事时，程咬金当然是身先士卒，参与其中。李世民登基后，程咬金累次升任至左屯卫大将军、检校宫城北门驻军、加镇军大将军。

公元 644 年，李世民亲征高句丽，留守长安的就是程咬金。公元 649 年，李世民驾崩，程咬金更是自翠微宫奉敕统率飞骑军护卫皇太子李治回朝继位，并在左延明门外连续宿卫三个月。

公元 656 年，程咬金和苏定方、王文度一起率军讨伐西突厥阿史那贺鲁。此战王文度因与苏定方不和就以有密旨节制程咬金为由，不仅让程咬金放缓进攻节奏，还唆使他屠杀恒笃全城百姓。程咬金因此事连坐被免官，不久，他上书请求致仕，得到批准。

征战一生的程咬金晚年却受王文度唆使牵连而未竟全功，不能说他没有判断力，只能说他年事已高，战术打法过于保守。和此时的苏定方相比，程咬金可谓廉颇老矣。谁没有老的时候呢？历史本来就是一辈新人换旧人，年过古稀的程咬金此战也算劳苦功高。

公元 665 年，程咬金在长安城私宅中去世，享年七十七岁。李治下诏追赠骠骑大将军、益州大都督。

礼部尚书、永兴公虞世南排名第二十。

虞世南，越州余姚（今浙江宁波慈溪观海卫）人，陈朝太子中庶子虞荔之子，隋朝内史侍郎虞世基之弟。

虞世南自幼沉静好学，在文学家顾野王门下受教十多年，又师从王羲之七世孙智永和尚习练书法。文章尽得陈朝文坛领袖徐陵的精髓，书法更是与欧阳询、褚遂良、薛稷（jì）合称“初唐四大家”。

公元589年，陈朝灭亡，虞世南与虞世基一起到隋都长安，二人名重一时。江都之变后，虞世南随宇文化及到聊城，宇文化及兵败，虞世南被夏王窦建德擒获，任命为黄门侍郎。

秦王李世民灭窦建德，授虞世南为秦王府参军及记室参军。后李世民建文学馆，虞世南被授为弘文馆学士，同房玄龄一样，为“十八学士”之一。

李世民即位后，虞世南任著作郎，兼弘文馆学士。当时，虞世南年老体衰，上表请求辞官，太宗李世民下诏不允，升他为太子右庶子；虞世南坚决推辞不受，被授为秘书少监。

作为文学家、诗人和书法家的虞世南，也是政治家，他常常直言进谏李世民，以至于李世民都感慨道：“群臣都像虞世南这样，天下还愁有什么不能治理的？”

公元638年，被评价为德行、忠直、博学、文辞、书翰五绝的虞世南在长安逝世，享年八十一岁。唐太宗李世民盛赞其为“当代名臣，人伦准的”。加赠礼部尚书。

民部尚书、邢国公刘政会排名第二十一。

刘政会，滑州胙（zuò）城县（今河南滑县牛屯）人，早年任隋朝太原鹰扬府司马，后率兵归附李渊。

晋阳起兵时，就是李渊指使刘政会告发王威、高君雅二人暗中勾结突厥，借机囚斩二人。之后，随李渊攻陷长安，被任命为丞相府掾。

公元618年，唐朝建立，刘政会被授为卫尉少卿，奉命留守晋阳。刘武周进攻晋阳，晋阳土豪薛深开城迎接刘武周，晋阳城陷，刘政会被俘；但刘政会忠贞不贰，仍秘密向李渊报告敌情。一年后，李世民剿灭刘武周，刘政会回归唐朝，历任刑部尚书、光禄卿等职，封邢国公。

公元 635 年，刘政会病逝。因太原元谋功臣的身份，忠贞不贰的刘政会被追赠为民部尚书。

光禄大夫、户部尚书、莒（jǔ）国公唐俭排名第二十二。

唐俭，并州晋阳（今山西阳曲）人，北齐尚书左仆射唐邕之孙，隋朝戎州刺史唐鉴之子。

隋末，唐俭曾与李渊同管禁卫军，又与李世民交情颇好，很早就暗中怂恿李世民父子建立“商汤、周武”般的大业。晋阳起兵时，他随军攻占长安。

公元 619 年，吕崇茂占据夏县造反，联络刘武周进攻唐军，唐俭因出使而陷入军中，被刘武周擒获。唐俭被擒，却意外听说唐朝工部尚书独孤怀恩阴谋反叛，独孤怀恩正是李渊此次派去攻打刘武周和吕崇茂的唐军统帅。

透露这个消息的是独孤怀恩的部将王君实，他说独孤怀恩联络他，约定在征讨刘武周时率军反叛；但正是独孤怀恩的犹豫不决，还没来得及举事，反为刘武周所擒。得知此情的唐俭又听说独孤怀恩逃归朝廷，不明实情的李渊下诏仍然让他驻守蒲州。

这可急坏了唐俭，他暗中设法派刘世让回去告发独孤怀恩的阴谋。恰逢李渊驾临蒲津，船到中流之时，刘世让及时赶到，离独孤怀恩所部咫尺之遥的李渊得以逃生。

不久刘武周战败，逃往突厥。唐俭封存府库财物、登记兵器铠甲，以等待秦王李世民接收。唐俭身受幽禁折辱而不忘朝廷，功勋卓著的他回京后任礼部尚书，封莒国公。

公元 630 年，唐俭出使突厥诱使颉利可汗归附，李靖乘突厥防守松懈之机，奇袭得手。此战深入虎穴、九死一生的唐俭自然功不可没。

公元 631 年，唐俭就任民部尚书，但也有过因懈怠政事而遭贬官的经历。后年老致仕时，被加特进。

公元656年，唐俭去世，享年七十八岁。追赠开府仪同三司、并州都督。

光禄大夫、兵部尚书、英国公李勣排名第二十三。

李勣，原名徐世勣，字懋（mào）功。唐高祖李渊赐其姓李，也称李世勣，后为避李世民名讳，又称李勣。之所以李世勣与李勣的称呼没有严格区分，是因为李世民登基时曾明确说明只有“世民”二字连用时才需要避讳。就像唐之后的观世音菩萨都改叫观音菩萨一样，虽没有官方明确的避讳要求，但民间习惯之下，还是把“世”字去掉。

李勣是曹州离狐（今山东菏泽东明）人，出身富豪之家，史称其“家多僮仆，积粟数千钟”。

隋朝末年，李勣参加了翟让的瓦岗军。他给翟让出谋划策，让他远离家乡，到宋、郑两州靠近运河、商旅众多的地方去劫掠官私钱物。果然，瓦岗军迅速发展壮大。

后李密为瓦岗军之主，李勣被授为右武候大将军，用奇计多次打败王世充的进攻。其间，正是他建议李密攻陷黎阳仓，并亲自带兵奇袭得手，开仓放粮的十天之内，就招募兵士二十多万。

驻守黎阳期间，面对宇文化及的四面攻城，李勣命人从城中挖地道直通城外，和李密的援军里应外合，大败宇文化及。

公元618年，李密降唐，李勣以魏公李密之名，尽献所占土地、人民而归附唐朝。李渊因“李勣感怀主人的恩德、推辞功劳的行为”而赞其为“纯臣”，并赐姓李氏。

此后，驻守黎阳的李勣为窦建德所俘，并以其父李盖为要挟，李勣无奈只得先投降窦建德，后寻机和郭孝恪一起再次归唐。

公元620年，李勣随李世民大败宋金刚。同年，李勣又随李世民东征洛阳。此后在洺（míng）水之战中，李勣击败刘黑闼部将高雅贤。

在平定兖州之战中，擒获徐圆朗。

公元 623 年，李勣与李孝恭、李靖、黄君汉一同讨伐辅公祏时，率军在武康县斩杀辅公祏，平定江南。

公元 629 年，李勣在李靖的统帅下，领兵征伐突厥。此战就是采纳了他的建议，李靖才趁唐俭到突厥招降之机，发动突袭，一举歼灭突厥。

公元 637 年，李勣封英国公。在并州任职十六年，成为唐朝边境名副其实的钢铁长城。

公元 641 年，李勣被征调入朝，任兵部尚书，率军大破薛延陀。

公元 644 年，李勣坚定支持征伐高句丽，并率军出征。一路过辽水，抵玄菟，攻取盖牟城。此后，攻陷辽东，迫降白岩城。

从军近六十年，享年七十六岁，他的丰功伟绩远远不止于此。贞观之后的故事，我们稍后再讲。

徐州都督、胡国公秦琼排名第二十四。

秦琼，齐州历城（今山东济南）人，早年为隋将来护儿的部属，后随张须陀镇压反隋起义军。张须陀败亡，秦琼依附虎牢守将裴仁基，后随裴仁基归降李密。受到重用的秦琼与程咬金等一起统领八千内军。李密战败后，又投到王世充帐下，任龙骧将军。

公元 619 年，秦琼与程咬金等人投奔李唐，在李世民府上任马军总管，和李世民一起镇守长春宫。同年，随李世民征讨宋金刚，在美良川击败尉迟恭，秦琼当为首功。

东征洛阳时，李世民的精锐骑兵黑衣玄甲军就是由秦琼及程咬金、尉迟恭、翟长孙统领，攻无不克，所向披靡。李世民分兵虎牢抵御窦建德时，秦琼也是主力悍将之一。

随李世民前往河北平叛的秦琼在剿灭刘黑闼之战中，也厥功至伟。玄武门之变秦琼也是李世民的坚定支持者。

但之后的秦琼却经常生病。用他自己的话说:“吾少长戎马，所经二百余阵，屡中重创。计吾前后出血亦数斛矣，安得不病乎?”身体严重透支的秦琼病逝于公元638年，被追赠为徐州都督，后改封为胡国公。

凌烟阁二十四功臣，虽有宗室外戚，但排名至少有规矩标准;虽有违法就刑者，但也多是咎由自取。唐初的朝廷，既没有对功臣举起屠刀，也没有放任功臣的居功自傲，更没有对功臣的权势束手无策。

综观历史，如此开局当属难能可贵。

第十四章
政治遗嘱

明君手下也有叛徒

在古代，任何一个治世都必然有与之相配套的典章制度，必然有一位开明的皇帝和一大批有理想、有风骨的能臣干吏，也必然呈现出繁华和富庶的景象。

但无论多么蒸蒸日上的局面，也会有“不和谐”的声音和行为。直面这样的“嘈杂”，从另一个角度去感受繁华，会不会更加全面和深刻？

比如，庐江王李瑗（yuàn）反叛。

李瑗是李虎的曾孙，李渊的堂侄。唐朝建立后，李瑗封庐江郡王。

公元 621 年，李瑗曾率军参加攻打萧铣的战斗，但寸功未立。公元 626 年，李瑗任幽州都督，李渊深知他这个堂侄怯懦无能，没有将帅之才，就派右领军将军王君廓来辅佐他。王君廓骁勇强悍，深得李瑗倚重，并和他结成儿女亲家。

李瑗早年与李建成交好，玄武门之变后，李瑗被召入京，不知此去是福是祸的李瑗惊恐万分，便找来王君廓商议对策。王君廓明知李瑗不成气候，却极力劝说他反叛朝廷，李瑗听信王君廓的话，传召燕州刺史王诜（shēn）来和他计议起事。

兵曹参军王利涉劝李瑗杀王君廓而用王诜代之。李瑗还没有拿定主意时，得知消息的王君廓就先下手为强，不仅杀了王诜，还勒死了李瑗。

四十一岁的李瑗还没举事就死于内斗，确实是“沐猴而冠带，知小而谋强”的典型案例。但不得不说，其罪恶的根源就在那个所谓的“政治站队”。站错队的李瑗又能有什么更好的办法呢？

罗艺的反叛也有“政治站队”的原因，但他与李瑗似乎又有些不同。

罗艺，原籍襄州襄阳，后迁至京兆云阳（今陕西泾阳），隋朝监门将军罗荣之子。

罗艺能武善射，刚愎固执，隋朝年间，因屡立战功，官至虎贲郎将。隋朝末年，罗艺割据幽州，独霸一方。唐朝建立后，罗艺率领部众，献幽州（今北京）、渔阳（今北京密云西南）、上谷（今河北易县）等郡归附唐朝。唐高祖李渊封他为燕王，赐姓李氏。

投唐后的罗艺在攻伐窦建德、剿灭刘黑闼的战役中功勋卓著，官至左翊卫大将军。他与李建成交好，遂成其党羽。公元625年，为防突厥犯边，罗艺任天节将军，镇守泾州（今甘肃泾川）。

公元626年，李世民即皇帝位后大封功臣，拜罗艺为开府仪同三司，但罗艺因为李建成党羽，还曾经无故殴打过李世民亲信，内心恐惧，便图谋反叛。

公元627年，罗艺举兵反叛，李世民命长孙无忌与尉迟恭率军讨伐。由于罗艺军中内乱，被打败的罗艺在逃亡突厥的途中，被左右亲信斩杀。

作为皇族的李瑗、被赐李姓的罗艺，都因站队错误而举兵反叛。从当时的局势来看，反叛似乎不是最好的选择，事实也证明了这点。

那么，不反叛会遭到李世民的清算吗？显然，他们两人都没有留出时间来检验李世民到底会怎么做。

张亮的反叛，尽管没有发展到举事的地步，但与罗艺也有相似的地方。据说罗艺也是受方士蛊惑，言之凿凿地说罗艺的妻子孟氏有“显贵”之相，夫妻同谋之下，举兵反叛。但在罗艺兵败、抛妻弃子逃命之时，他可曾想到他妻子的“显贵”之相？而如此“显贵”之相的人被唐朝朝廷处斩之时，不知他们又会作何感想。

据此姑妄之说来做决定前途命运的大事，怎能不败？相对于此，玄武门之变时，张公谨扔掉龟甲后那一段慷慨激昂的话语似乎才是人间正道。

如果说李瑗和罗艺的反叛还有一点情非得已，那贞观年间，李孝常的反叛纯粹就是政治投机。不知是受玄武门之变的影响，还是此时有人欲望膨胀，总之，李孝常就是这样一个不知天高地厚的蠢材。

李孝常是隋朝大将军李圆通的儿子，唐高祖李渊的族弟，不过这种亲属关系已经疏远到出了五服。李孝常最大的功劳也可能是唯一的功劳，就是把永丰仓献给了晋阳起兵时的李渊。

那时的李渊缺兵少粮，捉襟见肘，时任隋朝华阴令的李孝常主动投降李渊，献出隋朝三大战略粮仓之一的永丰仓。此举可谓拔了弥留之际的隋朝的“氧气管子”，不仅彻底断绝了隋炀帝西归的可能，而且激化了隋炀帝与从行关中将士的矛盾，为江都之变的烽火加了最后一把柴。而刚刚崛起的李唐却被补充了一剂“强心针”，不仅保证了李渊军粮的供应，还在赈济饥荒、稳定民心的政治层面，为李唐朝做出了贡献。

唐朝建立之后，李孝常也凭借昔日献上永丰仓的功劳而得以封义安郡王。

唐太宗李世民登基后，为了减轻百姓负担，曾将那些待遇超过功

谷

谷

劳的王公大臣减爵降禄，碌碌无为的李孝常自然身在其中。但“愚而不安其愚”的李孝常却想奋起抗争，誓死捍卫自己的荣华富贵，他选择了反叛。

他打出的旗号是受太上皇李渊密诏清君侧；他找到的同伙是右武卫将军刘德裕、统军元弘善、左监门将军长孙安业、滑州都督杜才干等人；他选择动手的地点是长安城内；他具体的做法是让这些人夺门入宫；他的目的是斩杀李世民及其党羽，拥立李渊再次称帝，以保自己的高官厚禄。

面对异想天开到如此程度的李孝常，李世民甚至连早饭还没吃完，就轻松地将其一网打尽；事败后，李孝常被杀。

李孝常的反叛，除了他真是不知天高地厚外，唯一的解释就是玄武门之变的遗毒太深，以至于但凡是个人都认为只要政变就能成功。而且这样的想法似乎贯穿了整个唐朝。

血腥杀戮、武装政变的夺嫡方式确实挑动了他们后人的神经，他们神经质一般的操作在以后屡次上演。

在李孝常被杀后，面对当时复杂的内外形势，李世民反复权衡，最后任命武士彟为利州都督，统辖利、隆、始、静、西、龙六州军事。也就是因这次任命，在后世对于武则天的出生地还有过一番关于历史证据的讨论。此是后话。

教育是个大学问

除这些王公大臣的反叛之外，李世民的皇子们似乎也不甘寂寞，谋逆之事也曾在贞观年间发生。

唐太宗李世民有二十一个女儿，十四个儿子。嫡出的长孙皇后的三个儿子是长子承乾，四子魏王泰，九子晋王治。

公元619年，嫡长子李承乾出生于太极宫承乾殿，唐高祖李渊以出生地为名，给这个皇孙赐名“承乾”，尚在襁褓中的李承乾就被封为恒山王。

三岁开蒙的李承乾更是师承陆德明与孔颖达两位儒学大师，年仅八岁就被册立为太子的他，可谓“早闻睿哲，幼观《诗》《礼》”。

早年的李承乾也算“仁孝纯深”，太子太师李纲因为脚疾不便，年仅十岁的他不但亲自搀扶其上殿，而且礼敬有加。后李纲病逝，他又亲自为老师立碑以纪念。

李世民不但非常宠爱这个儿子，而且早就开始着意培养他的为政能力。在他十二岁的时候，李世民就下诏使他“宜令听讼”。在他生病时，本不信佛、道的李世民也请了道士秦英来为他祈福；病好后，又特地修建了西华观和普光寺。

公元632年，唐太宗李世民驾幸岐州，留京监国的就是太子李承乾。此时的李承乾也可谓显露出一些治国安邦的才干，李世民曾拿着他写的策论不无得意地说：“先论刑狱为重，深得经邦之要。”在李渊病逝，李世民居丧期间，受命监国的李承乾也被赞“颇识大体，颇能听断”。

一切都在向着利好太子李承乾的方向，水到渠成般地发展着。但随着长孙皇后的去世、李承乾足疾的严重，转折出现了。

这很类似于现在的一个好学生突遇变故、突遭打击之下，性情大变，叛逆得和以前判若两人。李承乾失去了母亲，自己足疾不治，又落下终身残疾，确实是人生路上的重大打击。然而，这与他含着“超级金汤匙”出生的经历也不无关系。再加上李世民见此情况，采取的措施是“搜访贤德，以辅储宫”，初衷当然是好的，但这些大儒名臣一个个引经据典，直言规劝，似乎只是加重了他的叛逆。这时候的人可能最需要的是心理的慰藉，也就是设身处地地和他说说心里话比板着面孔的说教更有用。但师生双方的身份不允许他们有这样的交流方式。不知道此时的李承乾是不是特别想念他的母亲。

据实而言，身为皇帝的李世民还曾气得想杀了魏徵，而作为太子，盖个房子、和宦官玩乐，就遭到于志宁的批评，说他过于奢华，甚至把他比作秦二世；孔颖达更是看到他稍有不对就“死无所恨”般地犯颜直谏；至于张玄素，更是无时无刻不谏。

劝谏当然没有错，就像老师的严格要求，什么时候都不能说错。但皇帝与太子不同，皇帝不能接受劝谏还只是个人面子的问题。太子面对劝谏，要考虑的还有皇帝的看法，这种积怨日久而不能缓解的压力，只会令叛逆更甚。所以，一味地压制看似并不是教育的最好办法。

在此期间的李承乾迫于父皇和大臣的压力，玩起了两面三刀。因宠幸的男宠为李世民所杀，他就偷偷在宫中祭奠，又私招突厥伶人入宫玩乐，扬言做了天子后，就率军投奔于突厥帐下，做一个将军。此时的他哪里还有一个储君的样子？世上没有不透风的墙，他越是叛逆，李世民就越是加大规劝的力度，以至于发展到李承乾暗中派人去刺杀张玄素和于志宁的地步。

驴唇不对马嘴式的教育方式，开始使父子两人产生隔阂和分歧。当然，“孩子没有错，错的只是大人”这句话绝不是完全正确，形成如此局面，李承乾也要承担他自己的责任。

太子真是不争气

太子不争气，其他皇子就觊觎储君之位，这也是历史的惯例。此时的魏王李泰就迅速崛起，公元642年，由他主编的《括地志》完稿，受到李世民的高度赞扬，赏赐的规格已超过太子。

在李世民觉察出由此传递出的信号不当时，又下诏取消了太子用度的限制，并表示："汝家之冢嫡，国之储两，故有斯命，以彰有殊。"不仅如此，他还任命魏徵为太子太师。所有举动的目的，就是要表明李承乾太子之位的稳固。

此时的李世民是真的喜欢李泰，但更爱太子。父亲对孩子这种"爱之深，责之切"的情感，皇帝也不例外。这点倒和当年的李渊有点相似，一面是名分早定的太子李建成，一面是功勋卓著的秦王李世民，那时的他，何曾没有过今日李世民这样的复杂心理？抛开皇位之争，这里似乎更要从父亲的角度来看待李渊和李世民对待儿子的态度和做法。

尽管李世民确实有"我儿虽患脚疾，但怎能舍弃嫡长子"的想法，但从左屯卫中郎将李安俨的上表"皇太子及诸王，陛下处置，未为得所"也能看出，李世民确实在储君的问题上有些摇摆不定。

如此矛盾纠结，显然只会是父亲的心态。而作为太子的兄弟，看到些许登上皇位的希望，无疑是鲨鱼嗅到了血腥，他们又怎能不全力以赴？

精明强干的李泰开始了夺嫡之争。他首先要做的是网罗人才，其间，柴绍之子柴令武、房玄龄之子房遗爱等二十余人都被他收为心腹；而且广结朝臣的李泰不惜重金将黄门侍郎韦挺、工部尚书杜楚客（杜如晦之弟）等人收归自己门下。

虽叛逆顽劣，但面对弟弟李泰“司马昭之心”般的步步紧逼，李承乾当然不能坐以待毙。他密召壮士左副卫率封师进、张师政、纥干承基等人刺杀李泰。

张师政、纥干承基等人是李承乾私养的一百多死士中的骨干成员，在刺杀于志宁的时候，派去的就是他们两人；由于他们良心未泯，才没有刺杀成功。而这次刺杀李泰，因李泰防守严密，也没有成功。

李承乾原本制订了暗杀和政变两套方案，也就是说，刺杀李泰不成，就发动政变逼宫。但人算不如天算，事出凑巧之下，一个不起眼的小人物决定了整个事件的走向，此人就是李承乾的卫士纥干承基。

事情的起因是公元 643 年的齐王李祐谋逆。就在李承乾紧锣密鼓地进行武装政变的时候，李祐谋逆案东窗事发。

李祐是李世民的第五子，为阴妃所生，封齐王，担任齐州都督。在舅舅阴弘智的教唆下，他结交奸邪，广招死士。阴弘智美其名曰：“你兄弟众多，皇帝死后，须武力自卫。”而且他不仅出谋划策，还积极付诸行动，立即推荐妻兄燕弘信来辅助李祐。

有这样的舅舅，李祐能好到哪里去呢？他游猎顽劣的行为受到长史权万纪的劝谏甚至斥责，长期僵持之下，李祐索性射杀了权万纪。消息传到京城，自知罪责难逃的李祐决定起兵造反，但还没等李世民的大军赶到，李祐就被兵曹参军杜行敏擒住，押送至长安，被李世民赐死。

这时的齐王李祐看起来比李渊时的齐王李元吉更加愚蠢。

但李祐的愚蠢和悲惨的结局似乎一点也不能使李承乾警醒。此时的他不仅联络了汉王李元昌（李渊第七子）、兵部尚书侯君集、左屯卫中郎将李安俨、洋州刺史赵昂（李渊外孙）、驸马都尉杜荷（杜如晦之子）等人，还不无得意地对卫士纥干承基说："我西畔宫墙，去大内正可二十步来耳，此间大亲近，岂可并齐王乎？"

如此骄矜的态度和张扬的行事作风，岂能不败？又岂能做一个好皇帝？在那个年代，就算要谋逆政变，至少要有一点敬畏之心吧？昔日的李世民可谓文臣武将尽归所有，文韬武略个个出类拔萃，但在政变之时，他们是何等谨慎，何等小心。

当时李世民派长孙无忌去召回杜如晦、房玄龄，特命：如果他们二人稍有异心，就地斩杀。对于他们二人都如此，可见当时的保密程度。在密室中完成政变策划的他们还要用龟甲再做最后一次的判断，虽然没有以此为据，但也可见他们当时的谋划周密到什么程度。

反观此时的李承乾，其谋逆之心对身边的一个卫士都能轻易地和盘托出。后来的李世民对刘洎也有过"君不密则失臣，臣不密则失身"的告诫。父子相比，真是高下立判。

而正是这个纥干承基，在李祐谋逆案的审理中被牵扯出来，因罪下狱的他，为了自保，检举揭发了李承乾。自认为比李祐占据地利的李承乾自己也武装政变失败。

为了将这个儿子栽培成合格的君主，李世民可谓呕心沥血。早年的李承乾也可谓没有辜负李世民如此的期望。但走到这一步，除了教育的问题，就是皇权实在是万恶之源。正如他面对李世民的质问回答的那样："我不想落得李建成那样的下场。"

此时李世民该怎样作答？他总不能说："你不想有李建成的结局，你就要有李世民之才。"显然，他什么都不能说，也不必说。他能做的只是把这个不争气的儿子废为庶人，流放黔州，因为他实在不忍对这个儿子再举起屠刀。

不仅李承乾，侯君集也是皇权之下的"厉鬼"。高昌一战，侯君集是除李靖之外唯一一个单独率军灭国的初唐将领，可谓厥功至伟。但沉迷奢华的他，生出反叛之心，加之玄武门之变时的成功经验，使他攀附上李承乾，梦想着可以重来一次，达到“百尺竿头，更进一步”的目的。

至于杜荷更是私欲膨胀到利令智昏的程度。要说侯君集的反叛情有可原，至少还有迹可查，不管他对不对，至少他的确曾心怀怨恨。而杜荷身为杜如晦之子，又娶了唐太宗李世民与长孙皇后的女儿城阳公主，封襄阳郡公，无论从哪方面来说，都没有参与谋逆的理由。但事实上，正是他提供了具体的行动方案：“天文有变，当速发以应之，殿下但称暴疾危笃，主上必亲临视，因兹可以得志。”他这种急迫的程度真如跳梁小丑一般，可见“虎父犬子”并不是个例。

深度参与此案的李元昌被赐令自尽，杜荷、侯君集等人尽皆伏诛。对于侯君集，李世民更是临刑痛哭与其永别，作为曾经着力培养的股肱之臣，李世民留其妻子和儿子以为其祭奠，也算是念及曾经的君臣情谊。

做一个“好皇帝”有多难

《十渐不克终疏》是魏徵在公元639年给唐太宗李世民的上书。“渐不克终”是指不好的苗头刚刚显露时，如果不予以遏止，就难以将善政或善事贯彻到最后。“十”就是十个这样的苗头。

上书的背景是魏徵觉察出当时的唐太宗李世民有渐好奢纵的倾向；上书的内容是指出唐太宗李世民在十个方面没有做到善始善终；而上书的目的是引起唐太宗李世民的警觉，劝谏他继续保持贞观初年那种节俭、纯朴和谨慎的作风。

魏徵上书说的十个方面的问题是事实吗？

首先，理论上是。没有约束的权力，势必发展到为所欲为的地步，这与君王的个性、人品甚至道德都没有关系，充其量与见识和经历有些许的联系，这里的见识和经历即忍辱负重与艰难困苦。而久居皇位，颐指气使、生杀予夺之下，哪里还会有当初的见识和经历，所以，善始善终对于任何一位帝王来说，原则上都不太可能。

再者，事实上也正如魏徵所说。

李唐家族本起自关陇勋贵集团，早就缺乏底层生活经历的他们，怎么可能感同身受百姓的疾苦？怎么可能深刻领悟并持续坚守为君之德？

从李渊开始，童年乃至青少年时期的特殊经历，可能使他具备了一些高出当时其他贵族的见识，但论其雄才伟略，他实在说不上出类拔萃。

当初李渊面对被擒的萧铣，只因萧铣一句“隋失其鹿，英雄竞逐。萧铣无天命护佑，故被陛下擒获。正如田横南面称王，难道对不起汉朝吗？”的回答，就因其言语憨直而大怒，遂斩于都市。

事实上，萧铣是梁宣帝曾孙，隋末起事，他也不过是要光复祖业，就算有志大才疏的毛病，但也有“应死者仅萧铣一人，百姓无罪，请不要杀掠他们”的认罪态度。再说，萧铣所部已归降唐朝，如此统战对象，为什么非杀不可？

还有被擒的窦建德，穷苦人出身，行事也算光明磊落。当初淮安王李神通被擒，窦建德不仅没有为难他，还派人将他送回长安。即便如此，也为李渊所杀。正因为这样的杀戮，才导致窦建德部下刘黑闼、范愿等将的反叛；显然，他们是被李渊滥杀的行为逼反的。

在量材用人方面，李渊也颇为偏私。无才又少功的裴寂就因为与李渊交好，就被任命为仆射、司空；像宇文士及等人，人品、能力都没有特别可取之处，就因为早年的关系而受到重用。

就连李世民都说：“武德之时，政刑纰（pī）缪（miù），官方弛紊，职公之由。”对父亲当初的为政之道颇有微词的李世民，登基之后确实重振朝纲，这源于他南征北战的经历，他亲历了太多的成败得失。但源起勋贵、作为君王的他，比起李渊，也只是更能领悟为君之德，至于持续坚守，恐怕也是勉为其难。这其实从贞观初年李世民的一些表现就能看出端倪。

比如，孙伏伽劝谏唐太宗李世民的故事。

孙伏伽是中国历史上有据可查的第一位科举状元，以敢于直言进谏著称。李世民即位之初，经常外出游猎。一次，他带着侍卫，背着弓箭，带着鹰、犬，正要出发的时候，孙伏伽却上前拉住马缰，劝谏李世民要以社稷、百姓为重，不能因玩猎而荒疏朝政。

正在兴头上的李世民在孙伏伽的反复劝阻之下，竟声称要因此杀了他。尽管最后采纳了孙伏伽的劝谏，但励精图治时期的李世民尚且如此，承平日久之后，怎么保证他初心依旧？

此外，从斩杀卢祖尚一事也能看出皇权之下李世民的暴戾。

卢祖尚称得上唐初名将，昔日越王杨侗继位时，他被封沈国公。后献地归唐，跟随李孝恭讨伐辅公祏，又击败冯惠亮、陈正通部，功勋卓著。历任蒋州刺史、寿州都督、瀛州刺史。

贞观初年，在考虑交州都督的人选时，李世民挑中卢祖尚。因为交州治所远在今天的越南境内，所辖区域包括今天的广东、广西及越南的北部和中部，卢祖尚以岭南瘴气严重为由，拒绝赴任。沟通无果的李世民一怒之下就斩杀了三十多岁的功臣卢祖尚。

不接受组织委派和调遣，固然是卢祖尚的不对，但至少罪不至死吧。

初登大位的唐太宗李世民就有如此举动，在贞观末年，即便是慷慨节义的罗道琮也因上书违背圣意，就被流放岭南（今广东一带），也就一点也不奇怪了。

后来的情况正如马周所说：“今京师及益州诸处，营造供奉器物，并诸王妃公主服饰，议者皆不以为俭。”贞观末年，就连唐太宗李世民的贤妃徐慧都说：“服玩纤靡，如变化于自然，织贡珍奇，若神仙之所制。”可见当时皇家奢靡的程度！

相比之下，百姓的感受马周说得很清楚：贞观初年，凶年饥岁之时，即便一匹绢只值一斗米，百姓也安定顺从；如今岁丰年稔，一匹绢就能换粟十余石，百姓却心有怨言，原因就在于百姓感到失去了皇帝及朝廷的关爱。

马周说得很客气，其实就是唐太宗李世民严重脱离了群众，百姓已不再是他的“载舟之水”，慢慢变成他“取之不竭”的享乐之源。

在此背景下，魏徵在公元639年陈奏了《十渐不克终疏》。

其一是骏马奇珍之于清静无欲；其二是苦役奢纵之于仁义简约；其三是纵欲劳人之于损己利物；其四是亲近小人之于疏远君子；其五是上好奢靡之于下望敦朴；其六是用人偏私之于审根察源；其七是驰骋游猎之于深视清静；其八是诘难猜忌之于君臣同心；其九是倨傲纵欲之于为君之德；其十是劳民伤财之于民心一统。

魏徵所说尽管震耳发聩，其实还是比较客气，也可以说是非常克制。因为诸如皇帝的营造宫室、居功怠政、奢靡游乐，甚至诘难大臣及不体恤百姓等这些问题，都是老生常谈。至少以前无数次地提出过，据实而言，作为皇帝的李世民，也曾知错而改过。这次只不过是针对这些问题，又一次集中提出来而已。

正如魏徵所说“国家的安危治乱，在于陛下一人而已”，在那个时代，魏徵也没有说错。所以，为了不至于“功亏一篑”，他劝谏君主抓住这“千载难得的良机”去“大有作为”。当然，他说的“良机”就是李世民治下的帝国，估计魏徵也很清楚，目前李世民这样的君王，的确是可遇而不可求。

而唐太宗李世民没有辜负魏徵的期待。他接到这一奏章后，深感言之有理，曾表示："我闻过能改，安不忘危，一定要善始善终。"并把它写在屏风上，朝夕阅读，引以为戒。

当然，像前文中说的随意破坏宰相制度、对待太子李承乾的事情等，似乎比魏徵上书的事情更源于本性，更涉及根本，但他都没有说。也许魏徵是对的，毕竟他坚持的原则是君王能够接受；完全不能接受的事情，又有什么说的必要呢？

权力的交接

李承乾谋逆失败之后，抱定必死之心的他面对父王李世民敞开心扉的一番话，不是检讨自己昔日行为的叛逆，不是痛悔自己逼宫谋逆的不忠，甚至对父亲此时的心情也没有只言片语的体谅，他唯一说的就是不能立魏王李泰为太子，理由是如果李泰为太子，会正中他的阴谋。

俗话说："人之将死，其言也善。"可此时的李承乾除了刻骨的仇恨，哪里有丝毫的善意？不忠不孝，至死也不反躬自省的他，恨之入骨的人是他一母同胞的亲弟弟，肯定还有他的亲生父亲。

如此行为和心态，这个人该是坏到了什么地步？然而，李承乾的过往，不说别的，就是那么多的名师大儒，也不至于使他如此变态和疯狂。

唯一的解释就是帝王之家、皇帝权杖把李承乾彻底逼疯了。道理上如此，但也不是每一个人都像他这样。作为个例，行为狂癫、德行缺失、寸功未立，甚至能力也捉襟见肘的他，对皇位也只能是"望眼欲穿"。李承乾的悲哀，不只属于那个时代。

无言以对的唐太宗李世民作何感想？创造过历史的他该如何对他

的后人讲述历史应该怎样创造？他的回答是立晋王李治为太子，理由是若立李泰，不仅李承乾和李治不能善终，而且等于宣称皇位可以用阴谋手段取得。

这就是唐太宗李世民对朝臣说的："自今太子不道，藩王窥伺者，两弃之，传之子孙，以为永制。"

作为父亲，唐太宗李世民尽最大的努力在保护他的儿女；作为君王，他尽最大的努力在保证政权的正统性和顺利交接。

他难道没有考虑选贤君以保证江山永固吗？事实上，他似乎有过这样的考虑。

在长孙无忌和褚遂良的坚定支持下，李治被立为太子。但此后，唐太宗李世民也有过改立吴王李恪的想法。李恪是唐太宗李世民的第三子，母亲是隋炀帝的女儿，也可谓出身高贵；而且李恪本人精于骑射，文武全才。

改立太子一事，虽在长孙无忌等人的劝谏下作罢，但至少能看出，唐太宗李世民对李治不太满意，或者说，他更看好李恪。原因就是李世民认为李治过于怯懦，而李恪英武果决的样子颇像自己。

虽然《新唐书》有这样的记载，但弃嫡立庶，在那个年代，尤其是当时的那个局面之下，可能性会有多大？再联系到日后李恪被杀，更加令此事扑朔迷离。无论如何，即便真有此事，最大的可能也只是唐太宗李世民的一次闪念而已；只不过这样的想法被长孙无忌放大了。要不然为什么李恪临刑之时，会有那句"社稷有灵，无忌且族灭"的咒语呢？

被立为太子的李治，事实上得到唐太宗李世民无以复加的关爱和期待，《两度贴》就是明证。《两度贴》是唐太宗李世民出征高句丽时给太子李治的私信。

开头的"忌欲恒死"，写出了一位父亲因接不到儿子的书信，焦虑担忧到什么程度；中间的“忧惶顿解”，表达了接到书信后，心情转忧为安的变化；最后的“死而更生”，更是告诫儿子要将身体的不适及时写信告知，以免牵挂。

作为父亲的唐太宗李世民可谓舐犊情深；作为帝王的唐太宗李世民更是为太子的以后铺平道路。刘洎之死，与此可能不无关系。

刘洎，荆州江陵（今湖北江陵）人。早年效力于萧铣，曾率军南攻岭表，夺取五十余座城池。萧铣败亡后归唐，因出色的行政能力曾任尚书右丞，官至唐朝宰相。

公元645年，唐太宗李世民亲征高句丽，命太子李治在定州（今河北定州）监国。刘洎被任命为检校民部尚书，兼任太子左庶子，与高士廉、马周一同辅佐太子。

面对唐太宗李世民临行前的嘱托，刘洎的回答是：“陛下不必忧虑，大臣有罪，我当立即予以诛罚。”听闻此言的李世民当时就曾告诫他应当慎重行事，否则必招灾祸。

这样的回答，确实是刘洎的鲁莽。皇帝亲征，太子监国，说什么也轮不到你诛杀大臣。但此时应当是刘洎衷心护国的急切之语。因为大军将行，表决心让皇帝放心也是应有之义；再说，刘洎还是太子的老师，经常入宫教导太子，没有把太子真正看作储君，也是刘洎此时的真实心境。但无论如何，这番不恰当的表态引起李世民的反感，甚至警觉也是事实。

同年，唐太宗李世民班师，返回定州。因为李世民在途中就曾患病，刘洎与马周前去探视。之后褚遂良问到唐太宗李世民的起居情况时，刘洎哭着说：“圣体患臃（yōng），极可忧惧。”褚遂良却因此向唐太宗李世民诬告说：“刘洎曾说过朝廷大事不足忧虑，只要依循伊尹、霍光的故事，辅佐年幼的太子，诛杀有二心的大臣，便可以了。”

唐太宗李世民病愈之后，召刘洎询问此事。刘洎说自己当时除了述说病情之外，没有说别的话，马周也为他做证。褚遂良却找来其他证人，指控刘洎说过“伊尹、霍光”这样的话。

据记载，以上就是刘洎被杀的原因。因为这些被杀，在那个年代，当然无可厚非。但是昔日的侯君集还说过谋反的话，李世民为什么查都不查？可见，在唐太宗李世民心中，刘洎的过错可能远远不止这些。

在李承乾逼宫失败之后，刘洎与岑（cén）文本曾站在李泰一边，此时的岑文本已在征辽战斗中牺牲，刘洎的处境可想而知。但刘洎由于本性使然，类似“伊尹、霍光”这样的话，尽管不是在特定的场合下有意去说的，但也不能保证他绝对没有说过。据记载，他在私下确实说过这样的话。

他可能没有图谋太子李治的意识和举动，事实上，这样的图谋谈何容易，尤其在此时，刘洎怎么会如此没有脑子？但对于朋党分争，李世民却不得不防。刘洎被杀，可能正是这个原因。

无疑，这是一桩冤案。公元684年，武则天为刘洎平反昭雪，也算是迟到的公正。

据说，李君羡的死也与刘洎一案有异曲同工之处。

早年的李君羡追随李密，后投到王世充帐下，归唐后，随李世民逐鹿中原，开疆拓土，屡立战功。

贞观末年，民间广传谶语：唐朝三代之后，女主武王取代李氏据有天下。这样的说法据说最早来源于术士李淳风，几经演变之下，被李世民得知。这样的事情颇类似于隋朝末年“当有李氏”的谶语。

暂不分析此谶语的有无和对错，但就李世民而言，当然对此深恶痛绝。

与当年杨广如出一辙的故事在李世民这里上演，遍查武姓女子之后，矛头指向李君羡。李君羡既不姓武，又非女子，为什么无端招致如此弥天大祸？

和当年的李敏一样，坏就坏在“小名”上。李君羡的乳名叫“五娘子”，“娘子”坐实了他“女子”的性别。而当时的他官职是左武卫将军，爵位是武连县公，封地在武安县，有一连串的“武”，“五”又和“武”发音相同，这个“五”字，又坐实了他“武”的姓氏。

当时的李君羡恰逢在华州任刺史，华州民风崇尚修炼辟谷术，入乡随俗的李君羡常常和这些方士往来，因此受到御史弹劾，说他与妖人勾结，图谋不轨。

倒霉到家的李君羡就这样在公元 648 年被罗织以“欺君压民”的罪名而下令处斩。

但此事历来存在争议。一种观点是，李淳风的预言和民间谶语不全是后世的捏造；另一种观点则认为，这样的故事出自李君羡家人事后的伪造，他们将李君羡的死与武则天的天命联系起来，目的就是以此作为李君羡平反的依据。

李君羡后人的目的达到了，公元 691 年，武则天为李君羡平反昭雪。

说刘洎和李君羡之死，完全没有涉及政权交接问题，似乎也不尽然。事实上，李世民对于李治的接班有着详尽的安排。

公元 649 年，唐太宗李世民将李勣外放为叠州（今甘肃迭部境内）都督。如此一来，李勣不但从正二品特进降为三品的叠州都督，而且不再是唐朝宰相。

李世民此举的目的，对儿子李治说得明白：“汝于李勣无恩，我今将责出之。我死后，汝当授以仆射。即荷汝恩，必致其死力。”意思很清楚，如何节制李勣，我已经给你安排好了。

另外，留给李治的佐命之臣还有长孙无忌和褚遂良。长孙无忌作为李治的亲舅舅，李世民自然放心。

褚遂良，杭州钱塘（今浙江杭州）人，弘文馆学士褚亮之子。早年追随薛举，博学多才，精通文史。归唐后，得到唐太宗李世民重用，得以执掌唐朝朝政，成为唐朝政坛上举足轻重的大臣。唐太宗李世民之所以选中褚遂良辅政，不仅因为他能力出众，更因为他始终坚定地站在李治一边。

唐太宗李世民如此善待李治，那李治是怎样对待父亲的呢？

应当说非常孝顺。不管是李世民还是众大臣，都把李治的“仁孝”时常挂在嘴边。在李世民最后的日子里，李治更是把孝顺表现得淋漓尽致。

公元 648 年，重病的唐太宗李世民卧床不起，李治不仅亲自给父亲端汤递药，晚上还陪在父亲的塌前，即便是累得不停打盹儿，也没有离开父亲而回宫歇息。久病床前的孝子李治，寸步不离患病的李世民，甚至因为忧惧父亲的病情，以至于在二十多岁的年纪竟两鬓斑白。

回想起自己亲征高句丽、返回定州养病时，背上生了个大毒疮，也是李治亲自用嘴吸取毒脓，晚年的李世民应该感受到了李治的仁爱之心，至孝之举。

公元 649 年，唐太宗李世民将手书的一封长信交给李治，这就是《帝范》。

《帝范》用君体、建亲、求贤、审官、纳谏、去谗、诫盈、崇俭、赏罚、务农、阅武、崇文十二个篇章，系统地阐述了一个皇帝的为君之德、为政之道。这封信既是一位皇帝的自我总结，也是对继任儿子的深情寄托。

《帝范》强调：“为君者应当如山岳一般高峻，如日月一样贞明，志向远大，心思平正，既具备威德，又仁慈厚道。为此，就要俭以养性，静以修身，饮水思源，节俭纯朴。”是呀，再伟大、艰巨的工作和任务，不都是以此为根基吗？

正如唐太宗李世民所说：“饬（chì）躬阐政之道，皆在其中，朕一旦不讳，更无所言。”《帝范》可谓李世民的政治遗嘱。而那个传位遗诏，更多的只是官方的宣言。

弥留之际的唐太宗李世民，托孤于李勣、长孙无忌和褚遂良三人。因李世民重病，天下局势晦暗不明，李勣被派镇守洛阳。病榻之前，仅留长孙无忌、褚遂良和李治三人。

唐太宗李世民对两位臣子说：“朕今悉以后事付公辈。太子仁孝，公辈所知，善辅导之。”又对太子说：“无忌、遂良在，汝勿忧天下。”后对褚遂良说：“无忌尽忠于我，我有天下，多其力也，我死，勿令谗人间之。”

一句“勿令谗人间之”，不知道唐太宗李世民意欲何指。最大的可能就是要褚遂良居中调停长孙无忌与李治之间将来可能出现的矛盾。不管是臣强君弱还是相反，此时的唐太宗李世民提到了长孙无忌的贡献，似乎他更担心李治会猜忌长孙无忌。但也不能排除他不方便说出李治的怯懦，而在提醒长孙无忌，要忠心辅佐李治。

不管怎样，此时的唐太宗李世民真心希望他们君臣同心。但不幸的是，他一语成谶。不是他能掐会算，而是帝国皇权的本性使然。

公元 649 年，唐太宗李世民溘（kè）然长逝，终年五十岁，谥号文武大圣大广孝皇帝。

读了还想读的中国史

大唐史

读了还想读的

第三卷

从开元盛世到藩镇割据

崔克顶 著

中国经济出版社
CHINA ECONOMIC PUBLISHING HOUSE
·北京·

图书在版编目（CIP）数据

读了还想读的大唐史 . 从开元盛世到藩镇割据 / 崔克顶著 . -- 北京：中国经济出版社，2025. 7.
ISBN 978-7-5136-8033-2
Ⅰ . K242.09
中国国家版本馆 CIP 数据核字第 2025RF7757 号

责任编辑　龚风光　张意妮
责任印制　李　伟
封面设计　柒拾叁号

出版发行　中国经济出版社
印 刷 者　三河市嘉科万达彩色印刷有限公司
经 销 者　各地新华书店
开　　本　710mm × 1000mm　1/16
印　　张　18
字　　数　232 千字
版　　次　2025 年 7 月第 1 版
印　　次　2025 年 7 月第 1 次
定　　价　158.00 元（全四卷）
广告经营许可证　京西工商广字第 8179 号

中国经济出版社 网址 www.economyph.com 社址 北京市东城区安定门外大街 58 号 邮编 100011
本版图书如存在印装质量问题，请与本社销售中心联系调换（联系电话：010-57512564）

目　录

第一章　契丹闹事了 / 001

东北有战事 / 001

牛皮吹大了 / 003

跟对手比谁更弱 / 004

怀柔政策也有不足之处 / 007

安禄山崭露头角 / 010

第二章　吐蕃覆灭 / 012

不打不相识 / 012

“离间计”结出的硕果 / 015

和平的代价 / 016

北斗七星高，哥舒夜带刀 / 020

升起两颗将星 / 021

开拓西域的功臣名单 / 023

第三章　西南边事 / 027

少数民族自治的设想 / 027

不忍受辱的阁逻凤 / 028

诈功也能得到嘉奖 / 030

夹缝中的南诏 / 031
战争狂人祐世隆 / 034

第四章　多面李林甫 / 037
已显端倪的隐患 / 037
李林甫的“贵人”们 / 039
不是只有口蜜腹剑 / 041
到底是谁的过错 / 043
整人确实有技巧 / 045

第五章　颓势渐显 / 048
李隆基也想改立皇后 / 048
画虎不成反类犬 / 051
这个太子不好当 / 053
亲戚关系也不可靠 / 056
儿媳变成情人 / 058
身份可以这样转换 / 062
杨贵妃不像武则天 / 063
大唐的皇后很“稀缺” / 066

第六章　安禄山的发迹 / 069
政策的最大受益者 / 069
精明且自律 / 071
会跳胡旋舞的胖子 / 073
安禄山是真怕李林甫 / 074

杨国忠的时来运转 / 076
死了才被斗倒 / 079
两个新贵又开始了内讧 / 080
安禄山是被逼反的吗？ / 082

第七章　安史乱起 / 086
历史的必然包括人祸 / 086
当然是蓄谋已久 / 091
三道防线也白搭 / 094
亡羊补牢本来不算太晚 / 097
比比谁的失误多 / 100
草莽哪有什么战略？ / 102
敌后抗战一点也不轻松 / 104
为啥要向火坑跳 / 106

第八章　仓皇逃亡 / 111
出征还是出逃？ / 111
预谋还是激变？ / 115
杨贵妃死在马嵬坡了吗？ / 117
得到喘息的李隆基 / 119
逃亡也有受益者 / 123
局势此消彼长 / 125
李泌的战略被搁置 / 128
抗战的钢铁长城 / 133

第九章　收复两京 / 140
传统就此断绝 / 140
人死祸不止 / 144
太原一战成名 / 146
收服河东，潼关受阻 / 149
念念不忘的两京 / 151
借兵也是无奈之举 / 154
盼来的却是抢掠 / 157

第十章　史思明降而复叛 / 161
此情可待成追忆 / 161
这是个狠角色 / 163
受降竟也如此烦恼 / 165
所托非人的策反 / 168
平叛依然不忘“帝王心术” / 171
不设“元帅”的倾国之战 / 173
谁都想来洛阳过过皇帝瘾 / 179

第十一章　叛乱的终结 / 181
李光弼独撑危局 / 181
哥舒翰的悲剧重演 / 183
大唐后院起火 / 185
叛军同室操戈 / 187
不动声色的李豫 / 189
终于落下帷幕 / 191

第十二章　安史遗祸 / 197

不稳定的平衡 / 197

二十年的处心积虑 / 203

你不仁，我不能不义 / 205

一生两次收复长安 / 207

满门忠烈的仆固家族 / 210

被逼反的嫌疑 / 212

颜真卿不懂代宗 / 216

郭子仪就是旗帜般的存在 / 218

第十三章　战后经济 / 220

“劣币驱逐良币”唐已有之 / 220

不只是经济奇才的刘晏 / 223

避不开的政治斗争 / 228

利大于弊的“两税法” / 229

百姓承担了所有 / 232

第十四章　藩镇割据 / 236

忍气吞声的大唐朝廷 / 236

皇帝是制度的最大破坏者 / 238

藩镇未必割据 / 244

这些是可以信任的人吗？ / 246

走向割据 / 250

安史余孽田承嗣 / 251

杀人又诛心的骗局 / 254

继承人是个大问题 / 257

第十五章　代宗朝局 / 260

“投机”世家 / 260

元载真让人一言难尽 / 264

肃宗的昏愚和代宗的懦弱 / 269

可怜杨绾“冯唐易老” / 272

沦为迷信治国 / 276

第一章
契丹闹事了

东北有战事

看过了唐朝时北方草原民族的情况，我们再来看看东北方的契丹。契丹在中国历史上可谓鼎鼎大名，享国两百多年，时间横跨唐朝、五代，又与北宋对峙，后为金国所灭，余部先后建立北辽、东辽、后辽和后西辽，最后为金国和蒙古所灭。

据说，契丹族是东胡后裔。先秦时的草原之上，匈奴、东胡与月氏（zhī）三足鼎立。秦汉时，东胡为匈奴的冒（mò）顿（dú）单（chán）于所灭，残部逃到大兴安岭，以山为名，一支称乌桓，一支称鲜卑。

东汉末年，曹操北征乌桓，鲜卑悄然崛起。南北朝时，鲜卑拓跋部击败诸部建立北魏，战败的柔然部退守东北地区，分为南北两部。北柔然称室韦，之后演变成蒙古；南柔然分为八部，在唐初时，由大贺氏首领摩会组成了大贺氏联盟，统称契丹。

公元 628 年，大贺摩会率部众背弃突厥，归附唐朝。两年后，唐太宗李世民派李靖灭东突厥，生擒颉利可汗送往长安，曾经饱受东突厥欺凌的契丹大酋长摩会切身感受到了大唐的强盛。

到了唐太宗亲征高句丽时，大贺摩会的继任者大贺窟哥更是主动充当先锋。面对李世民这样的“天可汗”，在仰慕之心的驱使之下大贺窟哥已不仅仅满足于依附大唐。他跪在李世民的马前，非要认下这个大哥，李世民也欣然收下这个小弟，并赐姓李，是为李窟哥。

之后，李世民专为契丹设置了松漠都督府，任命李窟哥为大唐都督，契丹在大唐的保护下度过了一段和平稳定的发展期。

李世民和李窟哥去世后，继任松漠都督的李窟哥之子大贺阿卜固开始对大唐不满。原因也很简单，力量的此消彼长再加上点无知狂妄。契丹在大贺阿卜固的带领下，开始了对大唐的第一次背叛。

有背叛就需要平叛，公元659年，薛仁贵于黑山大破契丹，生擒大贺阿卜固并献于东都洛阳。高宗李治沿袭大唐一贯的做法，让大贺摩会的孙子李尽忠接任松漠都督，继续统领契丹。李尽忠非常懂事，在接下来的近四十年里甘心臣服大唐。

公元696年，由于天灾，契丹部遭遇了严重的饥荒，李尽忠只能寻求大唐的帮助。然而，当时的大唐一方面忙于镇压徐敬业及诸王之乱，另一方面与吐蕃及突厥的边事不断。内忧外患之下的大唐，又怎么会照顾契丹的需求呢？

鉴于大唐朝廷捉襟见肘，无奈的李尽忠只有找自己的直属上司营州都督赵文翙（huì）求助。赵文翙也没有办法，更要命的是，他处理此事的办法太过简单粗暴：当场把李尽忠一顿乱棒轰了出去。

大唐朝廷及官员的做法点燃了李尽忠的反叛之心。契丹依附大唐的目的原本就是寻求保护，如今的局面下，李尽忠铤而走险也在情理之中。他回去后与自己的大舅子孙万荣一商量，两人一拍即合，再次背叛大唐。

牛皮吹大了

此次契丹反叛，大唐的确负有不可推卸的责任。肚子空空的契丹人带着委屈和怒火，打出“还我庐陵王（中宗李显）”的旗号，起兵数万,一举攻陷毫无防备的营州城，杀死赵文翙，随即攻陷崇州。

武则天听闻契丹反叛，命左鹰扬卫将军曹仁师、右金吾卫大将军张玄遇、左威卫大将军李多祚、司农少卿麻仁节等二十八将率军讨伐，又命侄子梁王武三思挂帅，坐镇榆关（今山海关）统筹全局。

气势汹汹的武则天，在进军征讨契丹的同时，又咬牙切齿地将李尽忠改名为李尽灭，孙万荣改名为孙万斩。但令她万万没想到的是，她这边刚改完名字，前方就送来战报：唐军全军覆灭。

此战就是史上有名的黄獐谷之战，李尽忠用此战告诉武则天及她的将领们什么叫“外战外行”。李尽忠首先把军队埋伏在黄獐谷，占据地利优势，以逸待劳；接着放出部分俘虏，释放契丹即将投降的烟幕弹，以弱示敌，引诱唐军前来；等唐军快到黄獐谷时，又派出一些老弱病残之兵佯装投降，麻痹唐军；在唐军快速推进时，又把老牛瘦马遗于路旁，以此诱敌深入。

完全放松戒备的曹仁师率军趾高气扬地冲进黄獐谷，等待他们的只有契丹伏兵，因而全军覆灭。

战斗还没有结束。随后，李尽忠用缴获的军印，迫使被俘虏的张玄遇等将领署名，诈称营州急需救援。果然，唐军大部队昼夜兼程，疾进至营州附近，毫无悬念地一头扎进契丹早已设下的包围圈，至此，武则天派出的二十八将就这样被分而化之，各个击破，全部被歼。

武周时期政治、外交及军事一再失误，武则天当然难辞其咎，只是可怜了这些将士。

好大喜功的武则天，面对如此失败自然感到颜面受损，于是派另一个侄子建安王武攸宜挂帅，还以陈子昂为总管府参谋，任命曾击败吐蕃（bō）和西突厥的名将王孝杰为主将，羽林卫将军苏宏晖为副将，动员了包括囚犯在内的十八万大军，继续征讨契丹。

契丹这边，黄獐谷之役后，年逾花甲的李尽忠病死，孙万荣统兵继续对抗唐军。孙万荣继承了李尽忠的战术打法，再次以全歼唐军的方式生动说明了武则天的“外战外行”。

公元697年，王孝杰统兵在东硖（xiá）石谷与孙万荣率领的契丹军队遭遇。以逸待劳的契丹军迅速包围了唐军，王孝杰亲率少量精锐为前锋，冲出一条血路，杀到了谷口外，掩护大部队撤离。没想到，统领后面主力大军的副将苏宏晖临阵脱逃，并未跟进。王孝杰孤军深入，又失去支援，无奈之下只得与契丹军展开殊死搏斗。

这支前锋军虽然在王孝杰的率领下奋勇拼杀，但毕竟人数太少，寡不敌众，没能逃过全军覆灭的结局，一代名将王孝杰也坠崖而死。

也许用陈子昂的《登幽州台歌》来总结这次战役更为恰当：

“前不见古人，后不见来者。念天地之悠悠，独怆然而涕下！”

如此政治环境，如此君王，有志之士怎么能够一展抱负？又怎会不痛心疾首？

跟对手比谁更弱

大唐虽然连续遭遇两次惨败，但从当时两方的实力来说，契丹又怎能与大唐长期抗衡？武则天又令河内郡王武懿宗出马，以张九节、杨玄基为将，统兵二十万出击契丹，此时的契丹已经是强弩之末。

墙倒众人推，树倒猢狲散，本来也算人之常情，在当时的环境下，这种情况表现得尤为突出。眼见大唐一而再，再而三地死磕契丹，后突厥的默啜可汗也清楚孙万荣这次在劫难逃。

此前默啜可汗被王孝杰打败，投降并归附了武周，现在这个表现自己的大好机会，怎能轻易错过？默啜可汗对武则天表了一通忠心之后，就亲率精锐对契丹的大本营发动了突然袭击。正在幽州备战唐军的契丹，怎么也没有料到会被后突厥端了老巢。

唐军趁势对契丹军发起总攻，而此时与契丹一起反唐的奚人首领李大酺（pú）见大势已去，也临阵反水，率众对契丹发起冲锋。回天乏术的契丹军队终于崩溃，孙万荣带着几百人突围而出，在逃亡路上被部下砍下脑袋送往东都洛阳请功。

契丹以区区数万之众，与大唐先后派出的近五十万大军连续大战，且歼灭唐军超二十万人，可见武则天治下的边事国防何等孱弱。但我们不能忽视的是，契丹最后还是败在唐军、后突厥、奚人的联军之下，可见，大唐实力尚存。

孙万荣死后，走投无路的契丹余部只好接受奚人首领李大酺的招纳。李大酺立李尽忠的堂弟李失活为契丹首领，一起投奔了后突厥，由此可见，此前他们之间的偷袭与背叛、联合与绞杀，不过是出于利益的权衡而已。

到了睿宗时期，奚和契丹经过十几年的休养生息，又开始大肆侵扰大唐。原因也很简单：大唐经过一段时间的政治混乱，国力下降，已无力震慑突厥，而奚与契丹依附上了后突厥这个靠山，自然肆无忌惮。

公元712年，因原来镇守幽州的薛仁贵之子薛讷与燕州刺史李进不和，唐睿宗改任薛讷为并州长史，委任左羽林将军孙佺（quán）为幽州都督。李大酺与李失活二人趁孙佺初来乍到，联合发兵进攻幽州。孙佺亲率十二万军队北击奚与契丹的联军。双方在冷陉山（今内蒙古巴林右旗西北坝后；一说今内蒙古扎鲁特旗南的奎屯山）摆下战场，激战之后，唐军全军覆灭。孙佺被奚与契丹生擒之后献于后突厥，被默啜可汗处死。

孙佺兵败被杀，固然有朝廷的原因，但他个人也负有不可推卸的责任。面对奚与契丹的联军，他犯下了一连串的错误。首先是轻敌，孙佺亲率大军远征之前，将军乌可利就曾以道险而天热为由劝阻，甚至远在并州的薛讷也传信告知不宜孤军远袭。但不知是立功心切还是信心爆棚，孙佺不但一意孤行，还讥笑劝阻自己出兵的乌可利和薛讷不懂兵法。

按说孙佺信心十足地出兵，那就应该奋勇杀敌，但他又犯下了临阵怯敌的错误。他命左骁卫将军李楷洛率领四千骑兵为前锋，自己率领主力殿后。当李楷洛的前锋骑兵在冷陉山与奚、契丹的联军短兵相接之时，孙佺吓得不敢前去支援，眼睁睁地看着这四千骑兵被击溃，然后自己带兵掉头就跑。

李大酺抓住战机，一路掩杀溃败的唐军，孙佺一口气狂奔出几十里，方才寻机收拢溃兵，依山结阵以求自保。唐军毕竟有十二万之众，李大酺也明白不能以这样连续作战的方式正面对抗，为了争得休整的时间，他反咬一口，派使者前去指责孙佺违背友好条约，主动进攻奚与契丹联军。

孙佺丝毫没有看出李大酺的力不从心，反而像抓住救命稻草一样，一再申明这就是一场误会，并赌咒发誓这次出兵只是为了犒劳奚与契丹联军。为了让李大酺相信自己的说辞，他把随军带着的一万多匹布帛悉数奉上，甚至把自己的紫袍、金带等贵重之物都脱了下来，送到李大酺军中。

面对自大、愚蠢而又怯懦的孙佺的这一番拙劣表演，不知李大酺作何感想，是窃喜，还是在心里嘲讽？总之，李大酺冷冷地表示：“告诉你们都督，回去吧，以后不要再有如此的误会了。”

孙佺听闻李大酺不再追究之后大喜，迫不及待地领军撤退，完全不成队形。而得到休整的奚和契丹铁骑开始了又一轮更为血腥和残酷的追杀，直至全歼唐军。

此战唐军大败，只有李楷洛、乌可利等极少数将士杀出重围，逃得性命。大唐这边恰逢李隆基登基称帝，又开始了新一轮的宫廷争斗，自然无暇顾及边事国防。所以这段时间李大酺频繁侵扰大唐边境，屡战屡胜，收益颇丰。

公元716年，大唐朝廷逐渐稳定，帝国呈现出勃勃生机；而后突厥由于默啜可汗的意外被杀出现内乱，自顾不暇。形势转变，李大酺和李失活权衡了一下，主动投靠大唐，希望唐玄宗重设松漠都督府。

怀柔政策也有不足之处

唐玄宗一改武则天对边事的强硬态度，回归太宗时的怀柔政策，不但重开松漠都督府，而且应李大酺和李失活所请，与奚和契丹和亲。

但和平的时间不长，李失活就死了，唐玄宗立李失活的堂弟李娑固为契丹首领。结果新君强臣的戏码又在契丹上演，功高盖主的契丹悍将可突于与李娑固的矛盾渐成水火不容之势。

公元718年，可突于向李娑固发起攻击，李娑固逃到营州。营州都督许钦澹命安东都护薛泰连同奚人首领李大酺一起发兵护送李娑固回到契丹，清剿可突于。没想到，此战联军大败，李大酺与李娑固被杀，薛泰被生擒，吓得许钦澹慌忙逃进了山海关。

但可突于还算明智，没有穷追猛打。他不但拥立李娑固的堂弟李郁于为主，而且旋即便遣使向大唐谢罪。既成事实之下，唐玄宗也只能顺水推舟，册立李郁于为契丹首领，又册立李大酺的弟弟李鲁苏为奚人首领。当然，唐玄宗也赦免了可突于的反叛之罪。

但可突于这样的权臣，害怕的只是大唐天威，在契丹内部，谁又能够约束得了他？果然，不到一年，李郁于就莫名其妙地“病死”了，唐玄宗又册立李郁于的弟弟李吐于为契丹首领。不久之后，李吐于携带家眷逃到长安，无论如何也不肯回营州了。

此时的唐玄宗对契丹到底发生了什么心知肚明，但他就是不立可突于为契丹首领。这也在情理之中，大唐朝廷岂能接受这样的威胁手段？而可突于在废立几任首领之后，也清楚了大唐的态度，他知道这个契丹之主的位置无论如何也轮不到自己，于是决心背叛大唐。

公元730年，可突于杀死了自己拥立的李尽忠之弟李邵固，又从契丹八部中的遥辇氏选了一位叫遥辇屈列的人为契丹首领，然后裹胁奚族一起投靠了后突厥。奚族首领李鲁苏无奈之下只得带着家小逃到了长安。

投靠后突厥后，可突于在新靠山的支持下开始攻击大唐。公元732年及公元733年，可突于连续两次率军侵扰大唐边境。

第一次，信安郡王李祎与幽州长史赵含章出塞迎战。唐军与可突于战于北山，大破契丹，可突于逃走，受其裹胁投靠后突厥的奚族临阵投降。唐玄宗又立李鲁苏的堂弟李延宠为奚人首领，并与之和亲。

第二次，幽州长史薛楚玉、副总管郭英杰、吴克勤等率奚族联军迎战，与可突于战于渝关都山之下。这次可突于有后突厥兵作为后援，奚人又临阵脱逃，致使唐军六千余人被杀，主将郭英杰、吴克勤阵亡。

唐军失利，唐玄宗不得不调任名将张守珪镇守营州。张守珪出任营州都督后连续出击，几场战斗下来，可突于损失惨重。

不甘心失败的可突于与契丹首领遥辇屈列商议之后，决定诈降行缓兵之计，等待后突厥援军。

张守珪将计就计，派部将王悔到契丹大营，表面上筹备受降事宜，实际上秘密联络李过折，以期里应外合，剿灭可突于。之所以联络李过折，不仅因为他是契丹另一部落的首领，更因为他是契丹大贺氏后人。

可突于弄权之时，明里暗里清除了三位契丹首领，都是大贺氏后人，最后还立了遥辇氏为首领。所以，身为大贺氏后人的李过折，早就对可突于恨之入骨。

张守珪敏锐地把握住了这一次机会。在王悔的游说下，李过折带领数十名心腹精锐趁夜冲进营帐，将可突于和遥辇屈列乱刀砍死，随即率领契丹部全体归降大唐。公元 735 年，可突于、遥辇屈列的首级被送到东都洛阳，李过折被唐玄宗封为北平郡王、松漠都督，成为契丹部新一任的首领。

但契丹的内乱似乎没完没了。就在这一年，李过折被可突于的部下泥礼杀死，宣告了契丹大贺氏时代的终结。

究其原因，国际形势瞬息万变，各国实力此起彼伏。没有昔日“天可汗”李世民这等威严人物坐镇，大唐周边的藩国自然少不了见风使舵的背叛；然而，更重要的原因是此时契丹内部缺少一位真正起到中流砥柱作用的铁腕人物。

正所谓“山中无老虎，猴子称大王”。可突于能够做到的事，自己为什么不能做？泥礼大概也是这样想的，所以他效仿昔日的可突于杀了李过折及其全家，拥立遥辇氏的迪辇祖里为阻午可汗，反过头来再向大唐皇帝请罪。

唐玄宗果然像昔日赦免可突于一样赦免了泥礼之罪。公元 736 年，泥礼公开背叛唐朝，唐玄宗又派张守珪挂帅出征。次年，张守珪在捺禄山（今辽宁兴城境）大败契丹，“杀获甚众”。公元 740 年，唐军又在幽州击破奚和契丹联军。

公元 745 年，被唐军追得四处逃窜的契丹又来投降大唐了。因为此时的后突厥被崛起的回纥（hé）彻底灭亡，契丹失去后突厥这个靠山后，无处可去了。

安禄山崭露头角

对率部众投降的阻午可汗，唐玄宗赐名李怀秀，拜松漠都督，封崇顺王，并将宗室女独孤氏封为静乐公主许配给他。但不到半年，李怀秀就杀了静乐公主，再次叛逃大唐，他的理由是不堪忍受安禄山的欺凌。

安禄山此时已是范阳节度使，正屯守在紧邻契丹的地方。要说契丹被安禄山欺凌也不意外，为了讨好朝廷和唐玄宗，安禄山必定没少敲诈勒索契丹；但要说熟知契丹风土人情的安禄山一定要置契丹尤其是李怀秀于死地，似乎也不至于。

安禄山与契丹的关系，应该处于类似昔日汉初卢绾与匈奴那样“连兵不决”的状态，甚至会更融洽，毕竟此时的契丹附属于大唐。只不过安禄山为了邀功，肯定会时不时地与契丹发生点摩擦，这也是大唐朝廷和唐玄宗乐意看到的事情。

至于李怀秀本人感到饱受欺凌，应该也是实情，这是草原民族的血性使然，他们似乎没有太多的“弯弯绕”，眼里容不下半点儿沙子。

李怀秀叛逃后，安禄山亲率大军追击，与契丹激战于潢水南，结果安禄山被击败，死伤惨重。从这次短兵相接来看，安禄山打了败仗，很大的原因就在于他及他的将士们多少还认为这不过是又一场“政治秀”，而对面的李怀秀和契丹人义愤填膺、殊死一搏。

如若不然，以安禄山的能力及大唐的军事实力，不致遭受如此重创；而且，在之后安禄山对契丹的战斗中，双方也是各有胜负。此战之后，安禄山就跟契丹杠上了，不断地对契丹发起打击，并且越打越强，这也是安禄山一步步坐大，直到发动“安史之乱”的重要原因。

单就契丹的这次反叛而言，固然有安禄山的原因，但根源显然在大唐朝廷、在唐玄宗李隆基那里。唐玄宗虽然延续了太宗时怀柔的民族政策，但放弃了必要的制约手段，听任契丹内部混乱而无所作为，又没有认真对待契丹部的真正需求，甚至纵容边将对契丹无故挑衅。一言以蔽之，对于边事国防，大唐朝廷及唐玄宗压根儿就没有系统而持续地思考，当然就不会有统一而稳定的政策。

有着如此朝廷与君王的大唐，边境的反叛与烽火自然层出不穷。

第二章
吐蕃覆灭

不打不相识

历史上，大唐与吐蕃可谓相伴相生、相爱相杀。几乎同时立国的大唐和吐蕃，各自拥有一代雄主——李世民和松赞干布，可惜的是，他们把各自的国家带上前所未有的高峰之后，于一年之内相继去世，可以说，两人都是英年早逝。

松赞干布死后，权臣禄东赞的家族实际掌权近半个世纪，直到公元 698 年，禄东赞之子钦陵兵败青海湟水后自杀，赤都松赞(也作器弩悉弄)才算真正夺回吐蕃王权。那边的吐蕃是强臣政治，这边的大唐更是被武周取代。赤都松赞完全夺回权力之时，大唐也刚刚还政李氏。安史之乱后，大唐逐渐衰落，吐蕃并没有乘势崛起，而是跟随李唐的脚步衰落下去，甚至衰落的速度更快，直至灭亡；而李唐也在吐蕃灭亡半个多世纪后湮灭。

大唐和吐蕃的发展历程非常相似，同时强盛，同时衰落，就连政局动荡的时间点也几乎达到了“同频共振”的程度，这既是历史的巧合，也是民族发展的必然。

综观大唐周边各国，像突厥、契丹、南诏，甚至回纥、吐谷（yù）

浑、党项等，与大唐立国时间不尽相同，或早已强盛，或正处衰落，或尚在萌芽。所以它们与大唐的对峙，要么一开始就趾高气扬，如突厥；要么早早就归属大唐，如吐谷浑；要么游走在各国之间，如回纥和党项；要么根据实力发展的不同阶段而相应地选择依附或背叛大唐，如契丹与南诏。当然，或依附或背叛是当时大唐周边民族普遍的做法。

正因为吐蕃与其他民族不同的发展特点，大唐与吐蕃的关系呈现出与众不同的独特之处。

唐蕃之间的深入了解，是通过战争的方式完成的。公元 623 年吐蕃攻陷芳州，但此时的大唐似乎无暇顾及这支雪域高原上的雄强之师。公元 634 年，吐蕃松赞干布带着示好大唐的初衷遣使请婚，却遭到拒绝，于是再次挑起松州之战。唐军先锋牛进达夜袭吐蕃大营，“斩首千余级”，之后松赞干布适时退兵。

试探性地短兵相接之后，松赞干布仰慕中华之心更甚，李世民也不再忽视吐蕃这一强大的存在。两位年轻的开国君王，都以务实而友好的态度重新审视两国关系。

公元 641 年，唐太宗封宗室女李氏为“文成公主”，嫁给松赞干布。随着文成公主的进藏，大唐与吐蕃进入了和平友好的蜜月期。公元 648 年，著名外交家王玄策率使团出使天竺，恰逢天竺政局动荡，被劫掠扣留。王玄策逃到吐蕃，松赞干布还派精兵助王玄策平天竺之乱。

李世民和松赞干布相继去世之后，吐蕃芒松芒赞继位，实权落入大相禄东赞之手。禄东赞实行对外扩张的国策，征服洛沃（今西藏阿里地区），灭吐谷浑，但他深知唐朝的强大，也没有完全放弃对大唐积极友好的策略。

禄东赞去世后，其子钦陵继任大相，采取了更为激进的对外策略。如果说禄东赞时期对外扩张的战略方向主要指向陇右（今新疆、甘肃、青海一带），那此时的钦陵针对的则主要是西域。

公元670年，钦陵攻占龟（qiū）兹（cí）、焉（yān）耆（qí）（一说碎叶）、疏勒、于阗（tián）安西四镇。唐高宗任命薛仁贵为逻娑道行军大总管，起兵十万抗击吐蕃。两军决战于大非川，在将帅不和等多种原因之下，薛仁贵率领的唐军全军覆灭。

公元678年，大唐又发兵十八万征伐吐蕃。因为朝中大臣相互攻讦，不辨是非曲直的唐高宗即委任没有将帅之才的李敬玄挂帅。两军于青海湖交战，再次以大唐的失败告终。

公元681年，大唐展开了反击吐蕃扰边的良非川之战。英勇多谋的黑齿常之夜袭敌营，小胜之后，在河源屯田种粮，驻军守边，使吐蕃不敢越雷池一步，史载“常之在军七年，吐蕃深畏惮之，不敢复为边患”。

然而，黑齿常之这样的吐蕃克星、一代名将，最后却死于武则天的酷吏之手。如此朝廷，难怪会有“大非川之战”“青海之战”及“西域安西四镇之战”的一败涂地。

公元676年，芒松芒赞去世，钦陵拥立芒松芒赞之子器弩悉弄为赞普，是为赤都松赞。随着赤都松赞逐渐长大成人，他与钦陵的矛盾也越发激烈。朝廷权力的争斗势必影响国情军力，大唐本来就比吐蕃强大太多，此时武周政权也渐趋稳定，两相对比之下，大唐终于可以扬眉吐气了。

公元682年，吐蕃进攻大唐河源军，两国展开白水涧之战。文臣出身的娄师德颇具文韬武略，率领唐军取得八战八捷的辉煌胜利。公元692年，名将王孝杰更是一战收复安西四镇。公元694年的冷泉之战中，王孝杰又重创吐蕃与西突厥的六万联军。

公元696年，武则天决定毕其功于一役，彻底剿灭吐蕃，于是起兵十几万，命王孝杰、娄师德领军深入吐谷浑腹地与吐蕃主力决战。

像吐蕃军如此劲旅，又占尽雪域高原的地利优势，再加上吐蕃的政治形态不像突厥那样松散，掌权的禄东赞家族也绝非等闲之辈，而且尽管赤都松赞猜忌钦陵，但国内矛盾远没到不可调和的地步。更重要的是，此时大唐的经济军事实力无法支撑对吐蕃进行灭国之战。

但武则天怎么会去考虑这样的问题。此前几次战役的胜利已经彻底鼓荡起她的好大喜功之心，她恣意挥霍帝国的财力与人命，只为给她的“辉煌”功绩锦上添花！

历史没有给武则天这样的机会。这年三月，唐蕃两军在素罗汗山交战，钦陵挥兵掩杀，前阻后截，此战以唐军的惨败告终。虽然史书上没有关于战斗经过的详细记载，但从“唐人坟之战”的说法来看，唐军战死者接近十万，几乎全军覆灭。冰冷的数字背后是一个个鲜活的生命，如此深重的罪孽，武则天难辞其咎。

“离间计”结出的硕果

此战后，吐蕃主动向大唐求和，武则天命郭元振出使吐蕃。钦陵要求武周撤去安西四镇的守军，并求取十姓突厥之地，郭元振提出，钦陵的要求既不能轻易答应，也不能直接拒绝，应该用计策拖延时间，每年派使者到吐蕃传达友好的信息，目的就是使钦陵找不到动员百姓侵扰大唐的理由。

郭元振在出使吐蕃时了解到，此时的钦陵显然已成“战争贩子”，企图依靠发动对外战争来巩固自己的权势地位，因此其扩张政策不但令吐蕃百姓怨声载道，而且得不到吐蕃王及多数吐蕃贵族的支持。郭元振敏锐地察觉到了吐蕃这一国情民意，并因势利导地提出对吐蕃使用缓兵之策、离间之计，武则天也欣然接受了郭元振的谏言，这与大唐一贯“怀柔抚远”的对外政策不无关系。

三年之后，郭元振的“离间计”在吐蕃开花结果。吐蕃君臣矛盾日渐加剧，大唐的友好态度更是让穷兵黩武的钦陵不得民心。公元699年，赤都松赞终于下决心除掉钦陵，出兵讨伐，钦陵兵败自杀身亡，其弟赞婆率部降唐，自此禄东赞家族退出吐蕃历史舞台，赤都松赞夺回王权。

就在吐蕃的宫廷斗争尘埃落定时，大唐也发生了“神龙政变”，顺利完成了还政李唐的权力交接。公元703年，吐蕃的赤都松赞在亲征叛变的泥婆罗门（吐蕃属国之一，今尼泊尔）时死于军中；公元710年，大唐的中宗李显被毒身亡，在位时间之短犹如昙花一现。吐蕃那边由赤都松赞七岁的幼子尺带珠丹即位，大唐这边接班的则是李显的弟弟李旦。

这一时期两国都处于多事之秋，相比之下，吐蕃的朝局更显混乱。钦陵之弟赞婆降唐后，驻守凉州，公元700年，吐蕃进攻凉州，与凉州都督唐休璟率领的唐军在洪源谷大战，六战六败；公元702年，吐蕃赞普亲率人马进犯茂州，被茂州都督陈大慈率军击败。无力再战的吐蕃，于公元707年主动向大唐求和。

和平的代价

吐蕃摄政太后没庐氏遣使入唐为其孙尺带珠丹请婚。基于“怀柔抚远”的一贯政策，中宗李显应吐蕃所请，晋封宗室女李奴奴为金城公主，出嫁吐蕃赞普。金城公主是邠（bīn）王李守礼的女儿，也是中宗的养女，自幼与其他公主一同成长于皇宫中，深得中宗宠爱。公元710年正月，中宗命左骁卫大将军杨矩护送金城公主入吐蕃。送亲当天，中宗亲自渡过渭河到始平县（今陕西兴平）为公主送行。在临别的宴席上，看到公主即将远嫁，中宗不禁涕泪交下。

这就是和平的代价，金城公主以及之前的弘化公主、文成公主等和亲公主，都为国家和人民做出了巨大的牺牲和贡献，实在可歌可泣。

金城公主沿着七十年前文成公主走过的旧道入藏，于公元 710 年年底抵达吐蕃逻些（今西藏拉萨）。吐蕃赞普专门为她修建宫城居住，并尊称她为“可敦”（赞普正妻）。金城公主进藏带去几万匹锦缎，还有许多书籍和乐工杂伎，对唐蕃之间的文化交流产生了深远的影响。

这次金城公主入藏，左骁卫大将军杨矩作为送亲大使与吐蕃人相识交好。睿宗李旦即位之后，时任鄯州都督的杨矩接受了吐蕃的巨额贿赂，应吐蕃所请，建议睿宗将大唐的河西九曲之地（今青海东南黄河曲流处）赠予吐蕃，作为金城公主的汤沐邑。

河西九曲之地不仅地肥草美，还是大唐边境要地。吐蕃得到此地后便开始畜牧屯兵，将其作为侵扰大唐的前哨和跳板。睿宗此番操作可见其昏聩无能到什么程度。

睿宗将河西九曲之地拱手让人，留下如此祸患，唐蕃两国边境怎能安宁？尽管因为金城公主，唐蕃之间有了数年的和平，但到了唐玄宗时期，两国烽烟再起。除了争夺西域，两国纷争主要便集中在河陇地区，吐蕃以河西九曲之地为后勤基地，不断攻掠河陇一带；而大唐依托军镇，机动防御并伺机反攻。

公元 714 年，吐蕃派其宰相尚钦藏及御史名悉猎来唐献盟书，商议唐蕃地界之事。两国盟誓后不到一个月，吐蕃大将岔达延、乞力徐等便率十万大军进攻临洮（今甘肃临洮）和兰州、渭州（今甘肃陇西东南）等地，掠群牧而去。眼见大唐蒙受巨大损失，自知罪孽深重的杨矩在悔恨与恐惧之下服毒自杀。

杨矩死不足惜，唐蕃之间此番战火重燃与吐蕃得到河西九曲之地迅速恢复国力不无关系。此时唐玄宗初登帝位，又怎么咽得下这口气，便命薛仁贵之子薛讷挂帅，起兵十万，出击吐蕃。

双方在武阶驿（今甘肃临洮）遭遇，唐太仆少卿、陇右群牧使王晙（jùn）派精锐两度夜袭吐蕃岔达延部，吐蕃军队死伤惨重。此时薛讷率主力赶到，与王晙前后夹攻，大败吐蕃。岔达延率部逃向洮水，唐军追击至长城堡，再次斩首吐蕃军一万七千余级，并将吐蕃掠走的牲畜全部夺回。

武阶之战后，金城公主三次上书请和，玄宗稍作让步，要求吐蕃遵守盟约，维持开战前的状态。直到公元 728 年，渐趋鼎盛的大唐才开始对吐蕃进行全面的反击。这一年，玄宗命李祎挂帅，率崔希逸、杜希望等将征伐吐蕃。

李祎是太宗李世民曾孙，吴王李恪之孙，大唐神武军的创建者，治军有方，战功卓著。李祎到达前线后，认为不摧毁吐蕃的根基就无法彻底改变唐军被动的局面，于是力排众议，决定首先夺取吐蕃据守的重镇石堡城。

面对易守难攻、城防坚固的石堡城，李祎没有掉以轻心。他四面佯攻，打乱吐蕃守军的阵脚，又集中精锐发动远距离奔袭战，奇袭石堡城并得手。此后，唐军以石堡城为根基，在河、陇等地四面出击，开拓疆域一千多里。此战，李祎可谓功勋卓著，当然，这与玄宗对待宗室敦厚和睦的态度和行为不无关系。

公元 734 年，吐蕃由于连连兵败，遣使向大唐请和，金城公主也从中斡旋，又遣使在赤岭（石堡城西二十里）立碑，划分两国边界，双方进入短暂的和平期。

公元 736 年，吐蕃西攻大唐在西域的藩属小勃律（今克什米尔吉尔吉特），小勃律遣使向大唐求救，玄宗诏令吐蕃退兵，吐蕃拒不受诏，攻破小勃律，玄宗勃然大怒。

此时吐蕃并没有主动进攻大唐，河西节度使崔希逸甚至与吐蕃守将乞力徐杀白狗为盟，约定双方各去守备，方便百姓放牧。公元 736 年，崔希逸派使者孙诲到京师奏事，孙诲为了取悦玄宗，建议趁吐蕃不备之际发兵偷袭。玄宗正因吐蕃攻破小勃律大怒，听了孙诲的话，派内侍赵惠琮与孙诲一块儿回河西节度使驻所凉州察看边境形势。赵惠琮到凉州后，却矫诏令崔希逸出兵袭击吐蕃。崔希逸不得已，只好率部深入，偷袭吐蕃，于青海西部大破之，乞力徐逃归本国，吐蕃大怒，自此断绝对大唐的朝贡。

此次对吐蕃发动突然袭击，大唐固然有失信的成分，但此前吐蕃对玄宗诏令置若罔闻，一意孤行，也算咎由自取；而赵惠琮之所以敢矫诏，也是因为他作为内侍，将上意揣度得七七八八，只不过没有得到明确的诏令……出击吐蕃，又怎么不会是此时玄宗的本意呢？

再说，唐蕃之间又怎么会一直和平？爆发战争只不过是时间问题而已。

北斗七星高，哥舒夜带刀

青海湖之战后，赤岭碑被捣毁，唐蕃战火重燃。公元 738 年，三万吐蕃大军进犯盐泉城（今青海循化东），唐将王忠嗣面对敌众我寡的情况，单骑冲进敌阵，杀死数百人，吐蕃军慌乱之中相互践踏，河西节度使杜希望所率主力乘机从侧翼袭击，大败吐蕃。

安戎城（今四川茂县西）在唐高宗时即被吐蕃占据，其地险要，唐军屡攻不克。公元 738 年，剑南节度使王昱领兵进逼安戎城，吐蕃大军赶来援救，两军交战，唐军死数千人，王昱脱逃，后被贬而死。公元 739 年，接任剑南节度使的章仇兼琼成功策反城中吐蕃将领，里应外合之下，唐军顺利攻入安戎城，尽杀城中吐蕃将卒。此后大唐击败吐蕃两次反扑，并将此城的名字改为平戎城。

公元 740 年，因金城公主去世，吐蕃以告哀为名遣使入唐请和，没有得到同意。公元 741 年，恼羞成怒的吐蕃再次起兵奇袭石堡城，尽杀城内守军。

石堡城位于河西走廊东端，在吐蕃进出河套地区的必经之路上；加上它东临陇西郡，南靠青藏高原，自然成为湟水流域与青海湖地区之间的战略要地，无疑会成为唐蕃反复争夺的焦点。

吐蕃此次夺取石堡城后，唐军数次展开攻城战，但终因山道险远加上石堡城易守难攻而未能攻占。直到公元 749 年，大唐才再次收复石堡城，而这全是名将哥舒翰的功劳。

哥舒翰是突厥族突骑施哥舒部人，仗义疏财，勇而有谋，初为王忠嗣衙将，因勇冠全军，屡立战功而官至陇右节度使。

公元 748 年，哥舒翰在青海湖边建造神威军城，但被吐蕃攻占。随后，哥舒翰在青海湖龙驹岛修筑应龙城，城中置神威军，并以此为基地，多次击败吐蕃，吐蕃一度不敢兵临青海。公元 749 年，哥舒翰统率朔方、河东之兵六万余人攻打石堡城，不到十天就攻克了，之后又乘势收复河西九曲故地。

此战之后，大唐西部边民开始传唱一首赞颂哥舒翰的《哥舒歌》：“北斗七星高，哥舒夜带刀。至今窥牧马，不敢过临洮。”这正是哥舒翰夜带宝刀守护边境，拒吐蕃于临洮之外，使得边疆安定的真实写照。

升起两颗将星

此时的大唐与吐蕃除在河陇一带反复争战外，也在西域战场频繁交手。公元 736 年，吐蕃攻破小勃律，自此进入西域，与后突厥联兵攻北庭（今新疆吉木萨尔），又联合突骑施部攻安西（今新疆库车），控制了西北二十多国，中断了这些国家对唐朝的朝贡。

唐朝几任安西节度使数次派兵讨伐依附吐蕃的小勃律，因其地势险要，加之吐蕃给予援助，皆无功而返。

公元747年，大唐将领高仙芝奉诏率骑兵万余，历时百余日，行军数千里，远袭小勃律，先后攻下吐蕃重兵镇守的连云堡（今阿富汗东北部萨尔哈德附近）和小勃律都城，生擒勃律王，附近依附吐蕃的二十余国重归大唐。公元750年，高仙芝又率军攻破依附吐蕃的石国（今乌兹别克斯坦塔什干）。

公元753年，唐将封常清先后攻破大勃律国（今克什米尔巴尔提斯坦）和西域东部要道上的播仙（今新疆且末）。至此，大唐在对吐蕃的战争中取得了全面胜利。

正当大唐打算进一步剿灭吐蕃之时，公元755年，安史之乱爆发。吐蕃趁火打劫，不仅控制了西域，而且占领了青海、河西、陇右等地，甚至将军队开进关中，占领长安，大唐帝国迎来了至暗时刻。

宝应二年（公元763年）九月，吐蕃大举东进，边将向朝廷告急，而镇军大将军程元振隐瞒军情不报，导致吐蕃一路长驱直入，几乎没有军队防御。十月，吐蕃军队攻至泾州，泾州刺史高晖不仅放弃抵抗，举城而降，而且替吐蕃当向导，引领敌军深入关中攻占唐都长安，唐代宗仓促起用郭子仪迎击吐蕃，自己出逃陕州。郭子仪临危受命，几乎以一己之力，挽唐帝国大厦于将倾。

郭子仪面对缺兵少将的困境，只能在长安周边遍布疑兵，“昼则击鼓张旗帜，夜则多燃火，以疑吐蕃”，十五日后，吐蕃不战而退，长安得以收复。

公元765年，谋叛的唐朝大将仆固怀恩联合吐蕃、回纥两国以及党项部族进攻大唐，二十余万大军杀入长安附近的奉天府，唐代宗急召郭子仪率兵抵御。郭子仪只身单骑直入回纥军营，气宇轩昂，恩威并施，说服回纥临阵倒戈，唐回联军合力夹击，大破吐蕃十万铁骑。郭子仪的成功与他天神下凡一般的英武胆略密不可分，大唐的底蕴及回纥的惯常操作也是一个重要原因。

随着吐蕃、回纥大军为郭子仪所平定，大唐取得了此次长安保卫战的胜利。但安史之乱后，吐蕃以河湟、河西和陇右为跳板，频繁攻击已经残破不堪的大唐，此时的大唐，已然丧失了对吐蕃的主动权。

开拓西域的功臣名单

公元 756 年，刚刚登基的唐肃宗调驻守西北的唐军回师平定安史之乱，吐蕃趁机在陇右道和河西道逐步推进。公元 766 年，河西、陇右地区全部陷落，大唐失去对河西走廊的控制，西域唐军被吐蕃四面围困，彻底和中原本土隔绝。在此期间，驻守安西四镇的郭子仪之侄郭昕与驻守北庭的曹令忠，为大唐坚守西域“孤地”，一守就是整整十五年。

直到公元 781 年，郭昕与曹令忠一起派使者借道回纥赶到长安上奏西域军情。此时大唐已是德宗时期，德宗感念二人忠义，正式任命郭昕为安西大都护，曹令忠为北庭大都护。这是郭昕与曹令忠及西域将士之功，更是大唐的无上荣光。

此时日渐衰落的大唐朝廷实际上已放弃了对西域的经营，但彻底孤悬在外的唐军仍在与吐蕃反复拉锯，逐地争夺。公元 784 年，曹令忠卒于任上；公元 790 年，北庭都护府被吐蕃攻陷，北庭大都护杨袭古血战身亡。随后几年，吐蕃接连攻陷安西都护府所属军镇。公元 808 年，吐蕃军夺占龟兹，安西四镇全部沦陷，坚守西域四十二年的安西大都护郭昕下落不明（一说在吐蕃攻陷龟兹后以身殉国），大唐与吐蕃在西域的争夺至此彻底失败。

公元779年，唐德宗即位，主动派遣使者谋求与吐蕃和好。公元783年，大唐与吐蕃在清水会盟，大唐割让了凤翔以西的广大地区，以求与吐蕃和平相处，但吐蕃对会盟并无诚意，盟约缔结后没多久就毁盟侵唐。唐德宗李适（kuò）在位前期，励精图治，大唐的国力有所恢复，这也表现在了对吐蕃的战事上。公元786年，吐蕃大军进犯唐境，先锋直逼长安。此时驻守泾州的西平郡王李晟派精兵伏击吐蕃军，差点儿生擒吐蕃大相尚结赞，不久，又派兵一举攻克吐蕃重镇摧沙堡。

摧沙堡之战的失败，使得吐蕃再次向大唐请和，德宗不许。无奈之下，吐蕃大相尚结赞找到时任四州招讨使的名将马燧，请他从中斡旋盟誓之事。马燧接受了吐蕃的厚礼，又认为与吐蕃交好利大于弊，因此答应下来。

公元787年，在马燧的一再斡旋下，德宗终于同意了吐蕃重修清水之盟的请求。但事情的发展显然出乎马燧的意料，双方在平凉盟誓之际，大唐使团遭到吐蕃军队的劫持，史称"平凉劫盟"。吐蕃的背信弃义，使得两国关系恶化，战事再起。

这一事件的最大责任人显然是马燧，他也因此被罢去兵权，身败名裂。但当时国内国际形势瞬息万变，正所谓"乱花渐欲迷人眼"，判断失误也在所难免，何况"怀柔抚远"本是大唐的一贯理念。

"平凉劫盟"后的三十余年是唐蕃百年战争史的末期，在这个时期，大唐名将韦皋成为抵御吐蕃的一座高山。

韦皋生于唐玄宗天宝年间，崛起于泾原兵变。公元783年，泾原军发生哗变，德宗李适从京师长安出逃到奉天（今陕西乾县）。危局之下，韦皋设计杀死叛军诸将，平定叛乱，一路被德宗委任为奉义军节度使、检校户部尚书、左金吾卫大将军。公元785年，韦皋官拜检校户部尚书，出任成都尹及剑南西川节度使，总镇川蜀，自此开始了他辉煌的军事生涯。

贞元四年（公元788年）十月，吐蕃起兵十万进攻西川，兵分数路，四万攻两林、骠旁，三万攻东蛮，七千入侵清溪关（今四川汉源西南），五千入侵铜山（今四川汉源西北）。韦皋派黎州刺史韦晋联合东蛮军队，在清溪关外大败吐蕃。十一月，吐蕃再以两万兵力攻清溪关，一万兵力攻东蛮，韦皋命韦晋都督诸军防御，又派巂（xī）州（今四川西昌）经略使刘朝彩出清溪关迎战，再次大败吐蕃。公元793年，为加强西北边防，朝廷修筑盐州城。因为担心在修筑过程中遭吐蕃偷袭，德宗命泾原、山南及剑南诸镇出兵牵制吐蕃。韦皋得诏，命大将董勔（miǎn）、张芬从西山、灵关出兵，攻破吐蕃峨和、通鹤等五城，拔堡栅五十余座。公元797年，韦皋又派兵光复了巂州城；公元800年，韦皋调兵遣将，屡次在黎州、巂州击败吐蕃。

因为韦皋镇守剑南，在四川占不到丝毫便宜的吐蕃转头向北，在公元801年相继攻陷麟州、盐州等战略要地，兵逼长安。此时韦皋并没有千里转战迎击吐蕃，而是采用围魏救赵的策略，趁吐蕃国内空虚之际，率精锐骑兵二万，分九路直插吐蕃腹地，三个月内击溃吐蕃军十六万，攻下城池七座、军镇五座，焚毁堡垒一百五十个。

剑南军一路势如破竹，进攻维州，吐蕃国内岌岌可危，吐蕃赞普不得不从西北前线调兵南下增援维州。公元802年，吐蕃大相莽热率军十万来解维州之围。韦皋以逸待劳，占据险要，设置伏兵，接着派一千多唐军将莽热引入伏击圈，一场大战，吐蕃军几乎全军覆灭，莽热也在乱军中被俘。

维州之战后，吐蕃再次向大唐请和，此时大唐内有藩镇割据混战、宦官弄权，外与南诏交战，也无力西进。公元821年，唐穆宗李恒登基，唐蕃双方会盟于长安西郊，重申“和同为一家”的舅甥亲谊，约定今后“各守本境，互不侵扰”，史称“长庆会盟”。自此之后，唐蕃之间再也没有发生大的战事，出现了最后的和平。

公元842年，吐蕃末代赞普朗达玛因为在位期间推行灭法运动，被僧人暗杀，两位王后各自支持两位年幼王子继赞普位，吐蕃王室及贵族因此分裂为不同阵营。各方混战之下，不堪重负的奴隶与平民起兵造反。这场大起义席卷了整个西藏地区，吐蕃王朝瞬间崩塌，实质灭亡，青藏高原地区出现了大大小小许多政权割据的局面。直到北宋建立后不久，吐蕃王朝赞普的后代唃厮啰在青唐（今青海西宁）建立了唃厮啰政权，才标志着青藏高原地区新的政治实体兴起。

第三章
西南边事

少数民族自治的设想

唐初时，黔、泸、戎、巂各州同为西南战略要地。公元664年，高宗李治于西洱河地区设置姚州都督府，治所在弄栋川（今云南姚安），每年差募五百名士兵镇守。公元707年，中宗派侍御史唐九征出兵讨伐西南地区的吐蕃军，拆除了吐蕃在漾水、濞水上的铁索桥，切断了吐蕃与大理洱海地区的交通，又在这里用铁索材料铸炼成铁柱纪功。自此，大唐朝廷得以直接管理、控制以西洱河为中心的滇西区域，姚州都督府渐成西南军事重镇。

武则天时期，张柬之先后出任合、蜀二州刺史，曾上表详述设置姚州都督府之弊。他在奏疏中说，昔日诸葛亮破南中之后，就地任用其首领统辖，不设汉族官员，也不留兵镇守，根本原因有三点，是为“三难”：历代新开之地，汉人与蛮夷杂居，必将引起猜忌怨恨，此为一；留兵就需要粮草供给，贪吏、奸民与外族的不肖之徒相互勾结，肆意盘剥当地土人，祸患日益加重，此为二；如若激起民变，平叛必然更加劳民费财，之后，将再次进入这样的循环，此为三。所以，他的主张是沿用诸葛亮的策略，将这些新开之地作为藩国对待，以笼络为主，粗立法规纲常，自然长久安定。具体到西南地区，做法就是罢姚州都督府，该地归巂州府管辖，向大唐岁岁朝贡。

张柬之的意见其实就是实行少数民族自治，即军事外交之权归大唐朝廷管辖，经济民生完全实行地方自治。其实，这也是当时大唐朝廷对待周边像突厥、契丹、吐谷浑等较为强大的民族时采取的策略，而且已经沿用多年。张柬之的建议就是把这样的方法运用到各个少数民族之中。

但张柬之的建议也有一个问题，那就是较为强大的少数民族有自治的基础，而太过弱小的少数民族，本来就是在夹缝中求生存，如果缺乏严格的管束，它们就会为了利益朝秦暮楚，反复依附与背叛周边势力。

事实上，唐朝时的西南边事正是如此。唐初时，朝廷开始经营今天云南的东境及北境，当地诸部落纷纷依附；到了高宗时，西洱河地区的蛮族又依附了吐蕃；睿宗时，在唐将李知古的征讨下，这些蛮族又降附于大唐，后来李知古掳掠各蛮夷部落幼童和女子当家奴、婢女，这些蛮族又引吐蕃军攻杀了李知古，用他的尸首祭祀上天。各蛮夷部落反复依附与背叛大唐，也致使西南局势动荡不安。就是在这样混乱的局面之下，南诏逐渐兴起。

不忍受辱的阁逻凤

隋末唐初时，洱海地区有六个实力较强的小国，分别被六个国王统领，被称为六诏，“诏”意为王。六诏分别是蒙巂诏（今云南漾濞巍山北境）、越析诏（今云南宾川）、浪穹诏（今云南洱源）、邆赕诏（今云南邓川）、施浪诏（今云南洱源）及蒙舍诏（今云南巍山），其中蒙舍诏在诸诏的南面，故又称“南诏”。

南诏首领原是哀牢王族后裔，在六诏中原本实力最弱。在大唐与吐蕃争夺云南的过程中，其他五诏游走于唐蕃之间，而南诏始终与大唐交好，因而得到大唐的支持。在大唐的帮助下，南诏王皮逻阁于公元738年兼并五诏，统一了洱海地区，正式建立起了南诏王国。唐玄宗册封皮逻阁为云南王，赐名蒙归义。

但采用这种扶植代理人管理大唐属国的方法，和平期不会维持太久，这已经被历史一再证明。根本原因就是属国由弱小变强大之后，必然会在资源的争夺和利益的分配方面与宗主国产生矛盾，战争在所难免。

南诏统一洱海地区之后，试图向云南东部地区扩张，可这里是连通四川与安南都护府的交通要道，大唐又岂能拱手让人？在这一根本利益的冲突之下，任何风吹草动都可能成为战争的导火索。

公元748年，皮逻阁去世，其子阁逻凤即位。这里需要说明的是，南诏人的名字不像中原，父子祖孙一个姓氏传承，而是上代名字的最后一个字为下代名字的第一个字，首尾相连传承，所以皮逻阁之子就叫阁逻凤。

公元750年，阁逻凤与大唐反目，以致兵戎相见。事情的起因是时任云南太守张虔陀借阁逻凤拜访之际，非礼了阁逻凤的妻子。张虔陀不但贪色，而且贪财，时常向南诏征求财物，还会因为索要不得而派人辱骂阁逻凤，甚至捏造阁逻凤的罪状上奏朝廷，令阁逻凤不能容忍。

忍无可忍的阁逻凤起兵造反，攻杀了张虔陀，攻陷姚州都护府治所及小夷州三十二座城池，投靠了吐蕃。阁逻凤的反叛，固然与张虔陀的行为有关，但也不能排除他与吐蕃早就暗通款曲。毕竟夹在两个大国之间的南诏，左右摇摆也是常规的操作。

消息传到长安，朝廷派鲜于仲通出任剑南节度使，率军八万讨伐南诏，大败而归。鲜于仲通本无将才，只是与杨国忠交好，就被委以如此重任。在战斗打响前，阁逻凤派使者谢罪求和，而且明确表示，如果唐朝不答应求和，就归附吐蕃，可见此时的南诏还是倾向于归附大唐的。可鲜于仲通不但没有因势利导地答应阁逻凤的请和，反而狂妄地宣称一定要剿灭南诏。结果两军在南诏首都太和城一战，唐军被杀六万余，鲜于仲通只身逃脱。

诈功也能得到嘉奖

公元 754 年，杨国忠又命李宓率军十万攻打南诏。李宓本是阁逻凤的好友，领命后痛苦不堪，怀着不得已的矛盾心情踏上了万里征途。唐军兵分三路强攻南诏，结果南诏请求吐蕃派兵增援，又使出诱敌深入之计，加上唐军因水土不服、暴发瘟疫而病死无数，三路大军全军覆灭，主帅李宓也落水而亡，震动朝野。

历史上将唐玄宗天宝年间唐朝与南诏之间的战争称为“天宝战争”。天宝战争中，大唐帝国与南诏小国两次交手，损兵折将合计竟达十六万之众，简直匪夷所思，但其中原因并不复杂。

鲜于仲通与李宓之败，大背景是杨国忠专权，唐玄宗沉溺于享乐。

而且，鲜于仲通文人出身，本就不擅长领兵作战，到了南诏之后，庸碌的他又忽略了吐蕃对南诏的支持，阁逻凤近乎威胁的警告，他也置若罔闻，缺乏对形势最基本的判断，岂能不败？

而李宓所率唐军大部分是北方人，原本就不适应南方的气候，深入南诏腹地后，蛮烟瘴雨带来了瘟疫，加上长途远征，补给不足，军士不得已沿途采摘蘑菇和野菜充饥，又导致不少人中毒，使得唐军还未开战已死大半。这样一来唐军还有何胜算？

更令人惊讶的是，李宓无论如何也算战死沙场，以身殉国；而鲜于仲通明明是弃军只身逃走，杨国忠却瞒天过海，隐瞒真相，伪造大胜的战报向唐玄宗李隆基报捷，为此李隆基不但举办了庆功宴，还擢升鲜于仲通为京兆尹。此时的朝廷，昏庸到了什么程度！

鲜于仲通南征南诏失败后，杨国忠一边诈败为胜，一边派军队再占姚州，修缮城池，以掩人耳目。但南诏没有给杨国忠机会，一方面截断唐兵粮道，另一方面联合吐蕃军合围姚州，唐军筑城未就即被一击而溃。至此，姚州都督府废置，南诏也彻底归附吐蕃。

李宓战败后，“天宝战争”以南诏的完胜告终。这几次征讨南诏之战掏空了大唐国内的兵力，以致安禄山起兵作乱之时，朝廷仓促之间竟组织不起有效的抵抗。所以“天宝战争”的惨败无疑是大唐衰落的原因之一。

公元 755 年，也就是李宓征伐南诏战败次年，安史之乱爆发，南诏趁大唐国内动荡之际频繁侵扰边境。公元 779 年，南诏与吐蕃联军侵犯剑南，此时，李晟站了出来，和左金吾卫大将军曲环合力阻击南诏，援救剑南。

夹缝中的南诏

在唐德宗的授命下，李晟率神策军四千人，横渡大渡河，大败吐蕃军；曲环率五千范阳军大破蕃诏联军，攻占维州、茂州。李晟追杀吐蕃军至大渡河外，与曲环所率军队会合，将近十万蕃诏联军围困在山谷中，致使其饿死或摔死者达十之八九。

对比之前“天宝战争”的失败，唐军这次对南诏的胜利，显然是因为选对了将领。被称为“万人敌”的李晟自不必说，就说曲环，也是自幼便喜读兵书，擅长骑射，不仅曾跟随名将哥舒翰征战陇右，还在平定安史之乱中战功卓著。这样久经沙场的将领，自然是克敌制胜的法宝。

晚唐时期的将领高骈，同样是南诏的克星。高骈出身于禁军世家，一直在军队任职，与李晟、曲环一样，是久经沙场的战将。

公元 863 年，南诏侵占安南（今越南），唐军退守岭南。公元 864 年，唐懿宗委任高骈为安南都护，前去收复安南。足智多谋又英勇强悍的高骈打得南诏军节节败退，不到两年就收复了安南。

公元 874 年，南诏又大举侵犯剑南西川，百姓都逃入成都躲避。次年，唐僖（xī）宗任命高骈为剑南西川节度使，入西川征讨南诏。高骈抵达成都次日，仅率五千精锐步骑兵迎击南诏，在大渡河边大破南诏，擒杀其酋长数十人。此后，南诏不敢再犯剑南。

南诏的兴起，得益于大唐的扶植，兴盛后的南诏，在西南地区又与大唐、吐蕃呈现出三足鼎立之势。相对弱小的南诏夹在大唐与吐蕃之间自然会有首鼠两端的行为。然而，历史上记载了南诏王阁逻凤在“天宝战争”前向大唐求和，战后又在南诏都城立南诏德化碑，表明自己叛唐是迫不得已，由此看来，南诏还没有走到坚决与大唐为敌的地步，这也是之后南诏不断向大唐请和乃至请婚的原因。公元 794 年，在南诏的恳请下，双方在点苍山举行会盟，约定南诏各部归唐，永不反叛，史称“苍山会盟”。至此大唐与南诏四十余年纷争化解，南诏被吐蕃侵略时，大唐还出兵援救。此后双方久经博弈，公元 883 年，大唐欲将安化公主嫁入南诏和亲，尽管可能并未成行，但至少说明了双方有着和平友好的共同心愿。

从南诏政权的兴亡史来看，至少南诏早期的战略没有大的失误，即便是游走在唐蕃两大强国之间，关键时刻也总能走在正确的路上。这与南诏拥有强大的军队和完善的军事机制不无关系，实力就是筹码；

同时，也与他们冉冉上升的国势密不可分，毕竟第一代南诏王皮逻阁和第二代南诏王阁逻凤还算励精图治。

反观此时的大唐，唐玄宗李隆基耽于享乐，再看臣子，从把持大权的宰相杨国忠到贪财好色的云南太守张虔陀，乃至狂妄无能的边将鲜于仲通，哪里是什么社稷之臣、栋梁之材？怎么能指望这些人去处理纷繁复杂的民族关系，克敌制胜？

在皮逻阁和阁逻凤的治理之下，南诏渐渐兴盛壮大，从联蕃攻唐到联唐攻蕃，可谓两头得利，这边从唐朝拿到了四川南部的大片地区，那边又从吐蕃手里夺取了神川一带，渐成大唐西南方向的重大边患。

公元 779 年，第二代南诏王阁逻凤去世，因其子早亡，其孙异牟寻即位。自异牟寻起的三位南诏王，还算能够与大唐和平相处，到了劝丰祐父子时期，大唐与南诏之间战火重燃。

南诏与大唐之间维持和平与爆发战争的原因也很简单。公元 808 年，异牟寻去世，其子寻阁劝即位。寻阁劝在位不到一年就病死，即位的是他十二岁的长子劝龙晟。劝龙晟在位七年，后因荒淫无道于公元 816 年被权臣王嵯（cuó）颠杀死。同年，王嵯颠拥立寻阁劝的次子劝利晟为南诏王。七年之后，也就是公元 823 年，二十二岁的劝利晟又“暴病而亡”，王嵯颠再立寻阁劝的第三子、年仅七岁的劝丰祐为王。由此看来，南诏在这段时间与大唐保持和平只是因为忙于宫廷政变，等到其肃清国内政治环境之后，战争的到来就是必然。

此时南诏朝政大权被权臣王嵯颠掌控。王嵯颠的崛起轨迹类似于大唐的安禄山。南诏效仿唐制，在地方设置六大节度使，王嵯颠就是其中之一，担任南诏弄栋节度使（今云南姚安）。

唐敬宗时期，杜元颖任西川节度使，不但武备废弛，而且克扣军饷，一门心思在西川搜刮珍奇玩物，只为投敬宗所好，朝贡的使者从成都到长安不绝于道。如此作为，西川百姓怎能不怨声载道？军中将士怎能不义愤填膺？

杜元颖所为，南诏早已了如指掌，公元 829 年，王嵯颠借口杜元颖不恤士卒，向西川发起了大规模进攻。他率南诏军攻入唐境，连陷巂、戎（今四川宜宾）、邛（今四川邛崃）三州，直入成都，掠夺大批人口、工匠和财物，致使“成都以南，越巂以北，八百里之内，民畜皆空”。此战使得汉族文化、工艺等传播于南诏与吐蕃。

南诏入侵之后，民不聊生，公元 830 年，唐文宗任命李德裕为成都尹、剑南西川节度使，前往镇守西川。

公元 831 年，南诏王劝丰祐上表请罪求和。他之所以在西川之战后再次归附大唐，不只是因为李德裕整顿边防，对南诏严阵以待，更核心的原因是南诏政权不稳。公元 859 年，在位三十六年的劝丰祐卒，其子祐世隆即位，王嵯颠继续摄政。不久之后，南诏大将段宗榜设计杀死王嵯颠，祐世隆终于得以独掌朝纲。

战争狂人祐世隆

祐世隆时期，大唐与南诏之间的战争再次被推向高潮，导火索是祐世隆认为受到了大唐的轻视，核心的原因则是他个人过度的膨胀。

劝丰祐死后，大唐没有按惯例派人吊唁（yàn），也没有按惯例册封即位的祐世隆为南诏王，使得祐世隆感到尊严大大受损。其实此事也有误会之处，一是劝丰祐死时，唐宣宗也恰好去世，到南诏告哀的唐使事先并不知道劝丰祐的死讯，到了南诏才知道劝丰祐已死。这些使者可能从来没有碰到过这种事情，一时之间不知道怎么应对，以致双方产生矛盾。二是祐世隆名字中的“世”字犯讳李世民，“隆”字犯讳李隆基，所以大唐没有册立他为王。

从这里也能看出，此时日趋没落的大唐还在以宗主国自居，觉得本国君主的丧事自然比属国君主的丧事重要，属国君主的名字犯了本国君主的忌讳就不能立其为王；而此时南诏国力鼎盛，祐世隆又不甘心处于从属的地位，所以战争在所难免。

对大唐心怀怨恨的祐世隆不再关心大唐的册封，他自称皇帝，改国号为“大礼”，变王国为帝国，正式与大唐分庭抗礼。

随后，祐世隆发兵连续侵入播州、武州、邕州等地，开始驾驶南诏这辆战车横冲直撞、隆隆前进。公元861年，南诏挥军攻破安南；第二年，又统兵攻蜀，取万寿寺石佛而归；第三年，再用兵西川；第四年，攻陷安南邕管；第五年，进占巂州；第六年，再攻安南，为高骈所败。公元869年，祐世隆遣使入朝，旋以使者被杀为由复率兵进击唐军，攻陷巂州、嘉州；次年，又率军攻取黎州，一路攻打雅州、眉州、邛州，围困成都，西川节度使卢耽固守，祐世隆被击败后退兵。公元873年，祐世隆再次侵掠西川；第二年，又入邛崃关，劫掠成都。公元875年，祐世隆再攻雅州，被高骈击败，遣使入朝乞盟。

公元877年，三十四岁的祐世隆再次攻蜀，败归，死在途中。祐世隆身为南诏第一位皇帝，在位十八年，征战了十八年，算是地地道道的“战争狂人”。他如此穷兵黩武，也致使国内丁壮伤亡惨重，后来不得不征召十五岁以下的人充军，又让妇女耕种以供军需；再加上财力枯竭，南诏国势渐衰。

但即便南诏再鼎盛，又怎能与大唐抗衡？一时的胜利并不能说明什么，也不是唐诏真正实力的展现。李晟、曲环、高骈等大唐名将一出手，祐世隆的南诏战车又能开多久？《孙子兵法》有言：“故不尽知用兵之害者，则不能尽知用兵之利也。”忧愤而死的祐世隆，估计从来没有好好考虑这样的问题。

祐世隆的儿子隆舜继任南诏帝之后，一改其父的作风，主动向大唐请和。双方在和亲问题上经历了短暂的风波，于公元880年达成一致意见，唐僖宗封宗室之女为安化公主许婚隆舜，只是最终可能未能成行，因为两国几乎同时爆发了内乱，即将走向末路。

公元897年，南诏清平官郑买嗣指使近臣杨登杀死隆舜，立隆舜之子舜化贞为帝。公元902年，二十五岁的舜化贞暴病而亡，郑买嗣起兵杀死南诏王族宗室八百余人，南诏灭亡。

第四章
多面李林甫

已显端倪的隐患

公元 713 年到公元 741 年，是唐玄宗李隆基统治下的开元时代，也是大唐君臣励精图治的二十九年。此时的玄宗对皇族虽亲厚和睦，但也防微杜渐；对朝臣虽求贤若渴，却也不失权变。君臣一心，打造出安定的政治环境，承贞观遗风，革武韦弊政，将大唐推向了鼎盛与繁华的顶峰。

然而，盛世之象下隐患早见端倪。公元 723 年，张说升任中书令，次年就鼓动玄宗封禅泰山，并立即着手草拟封禅的礼仪程序。公元 725 年，唐玄宗登临泰山封禅，一路车骑数万，王公大臣、妃嫔宫女、四夷豪酋相随，队伍蜿蜒数十里开外。

玄宗不仅封禅泰山，还打算在公元 750 年封禅西岳华山，只不过恰遇西岳庙火灾，再加上关中久旱无雨，才不得不作罢。这种名为封禅实为游览观光之举，正是唐玄宗骄矜奢靡本性的自然流露。

此后，唐玄宗更是常常流连忘返于洛阳与骊山的“朝歌夜弦”，仅在前往西京长安和东都洛阳的路途之上，就营造行宫千余间，供其往返暂住歇息。

玄宗还大肆扩建整修位于今天陕西西安临潼区的温泉宫，改名为华清宫，环绕华清宫修建百官区署，并挑选乐工数百人，亲自教授弹唱、舞蹈之技，号称“皇帝弟子”，因此地靠近禁苑的梨园，所以又称“梨园弟子”。

开元末期，玄宗奢靡享乐之心日盛，朝廷上阿谀谄媚之风也随之盛行。公元737年，大理少卿徐峤（hù）上奏玄宗说：“天下今岁断死刑五十八，几致刑措，鸟巢寺之狱。”意思就是今年天下被判处死刑的仅有五十八人，以致刑法几乎束之高阁，大理寺监狱的房梁上也遍布鸟巢。公元740年，他更是上奏说：“其时频岁丰稔，京师米斛不满二百，天下乂（yì）安，虽行万里不持兵刃。”意思就是当今大唐连年丰收，京师米价每斗不满二百文，天下太平到即使行走万里也不必携带任何兵器防身。

徐峤这样的上奏，虽有事实的成分，但像“鸟巢寺之狱”和“虽行万里不持兵刃”的描述，显然是夸大之词，出自阿谀之心。

外有谄谀之颂，内怀奢靡之心，大行享乐之实，这样的唐玄宗与昔日的隋炀帝何异？

开元时期，唐玄宗共任用多达十九位宰相，每位宰相的任职时间都不长，为相时间最久的是源乾曜。他先后两次为相，第一次不到一年就被罢相，第二次居相位九年零六个月，但他从政的秘诀是远离是非，充当老好人。而在源乾曜之前为相三年的卢怀慎更是毫无建树，甚至被称为“伴食宰相”，这样的称谓把他尸位素餐的做派描述得入木三分。

开元时期唐玄宗频繁换相，一方面，确有宰相间相互排挤倾轧的原因；另一方面，当时的玄宗还处在励精图治的阶段，任人唯贤，换相有其积极的一面。

到了天宝年间，唐玄宗总共只任用七位宰相，其中任用李林甫为相更是长达十九年。即便李林甫“每事过慎，条理众务，增修纲纪，中外迁除，皆有恒度。”确实堪称“多面手”，但身居相位十九年，也是太久。

李林甫的“贵人”们

李林甫出身大唐宗室，是长平王李叔良的曾孙。公元726年，李林甫得宇文融引荐，被授为御史中丞，后历任刑部侍郎、吏部侍郎。公元733年，侍中裴光庭病逝，李林甫被授为黄门侍郎。这一官场跃升，李林甫至少要感谢四个人：

一是武惠妃。当时武惠妃宠冠后宫，唐玄宗非常宠爱她的儿子寿王李清（后名李瑁，又有记为李瑁），对太子李瑛有所疏远。李林甫通过宦官与武惠妃拉上关系，表示愿意尽力保护寿王，两人就此结成政治同盟，武惠妃自然暗中帮助李林甫青云直上。

二是裴光庭的妻子武氏。她是武三思的女儿，曾与李林甫有私情，所以极力疏通关系，为李林甫的仕途搭桥铺路。

三是韩休。当初中书令萧嵩向唐玄宗推荐韩休，唐玄宗打算任命韩休为侍中，高力士提前将这个消息透露给武氏，让李林甫提前告诉韩休，以达到“贪天之功，据为己有”的目的。韩休拜相后，很感激李林甫。他与萧嵩不和，却认为李林甫有宰相之才，便向玄宗推荐李林甫。

四是高力士。高力士，原名冯元一，潘州（今广东高州）人，其曾祖父冯盎是“岭南圣母”冼夫人的孙子。公元693年，冯氏家族因岭南流人谋反案获罪，年幼的高力士遭阉割；公元698年，高力士被岭南讨击使李千里以“力士”之名送入宫中，后因小过被鞭打赶出。内侍省宦官高延福收其为养子，其改名高力士。

公元710年，高力士协助李隆基发动唐隆政变，平定韦后之乱，被提拔为朝散大夫、内给事。李隆基即位后，高力士于公元713年奉命率亲兵斩杀太平公主亲信，帮助李隆基铲除政敌，破格被授官为银青光禄大夫，不到三十岁就以宦官之身官居三品。

高力士对李隆基忠贞不贰，加上他天性谨慎细密，做事干练机敏，八面玲珑，所以深受玄宗宠信。当时朝臣的奏表，必先送呈高力士，再由高力士进奉玄宗；朝中小事，高力士便自行裁决。连玄宗都常说："力士应承于前，我歇息则安稳。"

高力士位高权重，欲求依附者众多，后来的唐肃宗李亨为太子时都称其为"二兄"，诸王公主皆称呼其为"阿翁"，驸马们则称其为"爷"。

高力士自武则天时代入宫，历经四代李唐统治者，到玄宗时，更是以宦官之身行文臣武将之责。高力士虽然颇有功绩，被《旧唐书》评价为"谨慎无大过"，但也确有干政之嫌。在高力士的引荐和建议下，不少人被提升了官职，像宇文融、李林甫、韦坚、安禄山等人的仕途都与高力士的建议有些关联。而通过高力士的建议获得其他职务者更是不计其数，其中不少人玩弄权术、互相倾轧，扰乱朝廷法纪，开元后期朝纲紊乱的政治局面与他不无关系。

此时高力士对待李林甫的态度，就是其所作所为的一个缩影。高力士的养父高延福出自武三思家，高力士与武家交往甚密，裴光庭的妻子武氏请求他向玄宗推荐李林甫为相，高力士没有照办，看似没有干预朝政，但他又将韩休为相之事拐弯抹角地通过武氏提前告诉李林甫，所以他确实没有祸乱朝纲吗？

公元735年，李林甫被拜为礼部尚书、同中书门下三品，加银青光禄大夫，与侍中裴耀卿、中书令张九龄一同担任宰相；公元736年，张九龄和裴耀卿同时被免去宰相之职，李林甫接替张九龄任中书令，牛仙客任工部尚书、同中书门下三品，两人同朝为相。李林甫的宰相时代从此开启。

不是只有口蜜腹剑

李林甫生性精于权谋，又与宫中宦官、妃嫔交情甚厚，对唐玄宗的举动了如指掌，每每奏对都符合玄宗心意，深受玄宗信任并得到重用。李林甫与裴耀卿、张九龄同朝为相时，太子李瑛因母亲失宠而颇有怨言，玄宗大怒，与宰相商议，欲废黜太子。张九龄坚持宗法制，极力劝阻，而李林甫坚定地站在玄宗一边，说：“此乃天子家事，何必与外人商议。”这与昔日高宗“废王立武”时李勣（jì）的说法如出一辙，看似没有任何个人观点，但支持玄宗的态度显而易见。

储君之事，综观所有古代帝王，上至秦始皇，下至康熙，英明也好，昏庸也罢，几乎没有哪个能办明白。当初的李勣、如今的李林甫选择站在皇帝一边，其实也无可厚非。臣子和老皇帝对着干而选出的接班人就一定英明神武吗？事实证明，也未必。

但李林甫对待储君之事有如此态度，可见他也不是犯颜直谏之臣。事实上，见风使舵就是他的做事风格，而现在的成语“口蜜腹剑”就来自《资治通鉴》对他为人的评价：“尤忌文学之士，或阳与之善，啖以甘言而阴陷之。世谓李林甫‘口有蜜，腹有剑’。”这个评语，即便不能代表李林甫的全部，至少也点出了他性格中有着狡黠的一面。公元 736 年，唐玄宗想让朔方节度使牛仙客兼领尚书，张九龄认为牛仙客学识不高，坚决反对，而李林甫对唐玄宗说：“只要有才识，何必满腹经纶；天子用人，有何不可？”换句话说就是，天子做事，为什么要受制于人？

这样的李林甫，在唐玄宗看来是不是既称心又懂事？事实上，李林甫不仅懂事，也会做事，精明能干应该是他这个人的显著标签，他能够从制度入手，从根本上解决问题。

比如，他为相后，曾组织一批法学家，根据当时的实际情况重新对大唐帝国的法典进行整理和修订，历时三年，完成了《开元新格》十卷；又组织人撰写了《格式律令事类》四十卷。李林甫此举不仅从法律的高度梳理出了行政程序的合理规范，而且以法律的形式保证了行政工作有条不紊地开展。

李林甫和牛仙客为相的前六年，朝廷政治清明，人民安居乐业，市场繁荣，国库充盈。公元749年，唐玄宗带领文武百官参观金银财宝堆积如山的左藏库，扬扬得意之情溢于言表。

这样的牛仙客，就真如张九龄所说一定不能用吗？这样的李林甫，就只是大奸巨恶之徒吗？盛世之功，固然是累积和渐进的结果，但李林甫显然也做出了一些贡献。

但盛世骤然转衰，李林甫罪责难逃。唐玄宗晚年骄奢淫逸、耽于享乐，作为宰相的李林甫难辞其咎，他的行事作风并不适合晚年的唐玄宗。此时的唐玄宗，需要敢于犯颜直谏的宰相，以使其回归昔日的励精图治。不幸的是，李林甫并不是这样的人，而且他“口如蜜”的风格让沉湎享乐的李隆基特别受用。此时的李隆基已全然不复昔日励精图治的模样，又怎么会喜欢魏徵那样的人呢？

安史之乱时，李隆基曾在成都与给事中裴士淹谈论各位宰相，提到李林甫时，只是说他“嫉贤妒能”。裴士淹于是说：“陛下既然知道，为什么还要让他当这么久的宰相？”史书记载唐玄宗此时的反应是“帝默不应”。还用去评价自己的宰相吗？你自己才是大唐衰亡的肇始者，如果只是宰相“嫉贤妒能”，怎么会丢掉江山？你一句“嫉贤妒能”就把自己的责任推得干干净净，可见你即便到了穷途末路，也还是没能好好地总结自己的成败得失！

到底是谁的过错

李林甫嫉贤妒能是真，但为李隆基的骄矜奢靡推波助澜才是他最大的问题所在。而安史之乱的爆发，李林甫也有着脱不开的责任，因为正是他提出了“以寒族胡人专大将军之任”。

唐朝将领中虽不乏胡人，但这些番将多为贵族，如突厥王子、铁勒酋长之类，而且他们都不是专职带兵的人，只是于战时在重臣节制下率军出征，战争结束后便归京。这样做的目的就是让番将不能统属士兵，杜绝番将拥兵自重。

但李林甫为相后，却向唐玄宗建议让寒族、胡人担任边疆各大军区常任军事长官。他的理由是：“文臣贪生怕死，贵族结党营私，显然都不能重用为边将。而胡人英勇善战，出身低微又无权无势，起用寒族胡人正当其时。”

李林甫说得没错，胡人确实具有强悍的战斗力，且出身寒微在朝中没有党援，相对安全可靠。但从长远来看，哪一个贵族往上溯源不是寒族？哪一个寒族掌握大权之后就一定安全可靠？昔日唐朝开国皇帝李渊的祖父李虎不就是生动的案例吗？

在兵制的完全改革之下，此时的朝廷不起用所谓“寒族胡人”，无人能依靠，但问题是，李隆基和李林甫作为帝国的皇帝和宰相，既然决定重用胡将，就没有任何的未雨绸缪之举吗？毕竟寒族成长壮大也是需要时间的，为什么不利用这段时间采取防范措施呢？从日后高仙芝、哥舒翰等少数民族将领成为独当一面的大将，安禄山得以长期控制河北的实际情况来看，大唐朝廷不说采取防范措施，就连必要的防

范意识也没有，也是匪夷所思。

李林甫提出这样的建议，自然是争权夺利的私心作祟。因为牛仙客就是以边帅的身份因功为相的，要是再多来几个这样的人，岂不是会威胁他李林甫的地位？如此不如多来一些无根无基的番将，至少短期内不会对他的地位构成威胁。

而玄宗之所以欣然接纳李林甫的建议，纯粹是他年过花甲之后对政治实在打不起精神——这位精通吹拉弹唱的帝王在歌舞中找到了生命的真正意义，甚至郑重其事地提出要将天下事都交给李林甫打理，自己专心搞“艺术”。

高力士虽然当初暗中帮助李林甫登上相位，但面对玄宗如此荒唐的想法，自然是极力劝阻。玄宗虽在他的谏止下打消了这个念头，但精明的高力士也算彻底看清了玄宗的本性，从此再也没有如此“忤逆”过玄宗。

公元753年，关中地区水灾频发，饥荒已成不可遏制之势。玄宗担心大雨会影响收成，杨国忠就专门拿着个别长势良好的禾苗对玄宗说：“虽然阴雨连绵，但还没有损害庄稼。”

还不算太糊涂的唐玄宗，后来曾就此事询问高力士：“大雨连续不断，你知道什么就说什么吧。”高力士答道：“自陛下把大权委托给宰相以来，赏罚不当，阴阳失调，我敢说什么呢！”玄宗默然不语。

连忠贞不贰的高力士都如此“顺从”，可想而知，此时朝野上下哪还能有犯颜直谏的声音？而缺少了这样的声音，朝堂政治哪里还有一点贞观遗风的影子，哪里还能清明？

整人确实有技巧

玄宗昏庸放纵，李林甫受到皇帝如此信任和重用，却不思报国，一心只想着结党营私，排除异己，那些受到玄宗宠信、威胁他相位的官员，他一定要想方设法地除去。兵部侍郎卢绚受玄宗赞赏，李林甫为防卢绚被玄宗重用，就使出他两面三刀的惯用手法，对卢绚的儿子说："你父亲素有名望，现在岭南道的交州、广州等地缺乏有能力的官员，圣上想派你父亲前去。如果你父亲不想远行，我给你出个主意，让他主动申请到东都洛阳做太子宾客或太子詹事，这也是清贵显职。"

卢绚当然不愿远行，于是听从李林甫的建议，主动请求担任太子宾客、詹事之职。李林甫为免众人议论，就任命卢绚为华州刺史。等卢绚到任不久，李林甫又奏知玄宗，称卢绚患病不能理事，将其贬为太子员外詹事。

李林甫还用同样的手法对付过严挺之。张九龄在朝为相时，严挺之与张九龄交好，张九龄很赏识他，举荐他任尚书左丞，主持吏部选调事务，甚至想推荐他为宰相共同辅政，因而引起李林甫对他的嫉恨，借故将他贬出京城。后来有一次玄宗问李林甫："严挺之现在在哪里？这个人很有才能，可以任用。"此时严挺之正在绛州担任刺史，李林甫担心他重新受到重用，就私下找来他的弟弟严损之，假装关心地说："陛下非常关心你哥哥，想要重用他，只是没有合适的理由。何不让你哥哥以得了风疾为由上书，请求回京就医，这样他就可以回到朝中了。"

严挺之不知是计，果然按李林甫的建议上书玄宗。李林甫拿到他的奏疏后，对玄宗说："严挺之年事已高，近来又患风疾，应该给他一个闲散官职，让他安心养病。"玄宗嗟叹良久，将严挺之打发到洛阳担任太子詹事。

李林甫排除异己的手法层出不穷，而且屡试不爽。

李适之拜相后与李林甫不睦，经常落入李林甫的圈套。有一次李林甫看似无意地对李适之说："华山有金矿，开采可以富国，皇帝还不知道。"李适之记在心里，一日上朝时将此事奏知唐玄宗。玄宗征询李林甫的意见，李林甫却说："臣早知此事，但华山是陛下本命，乃龙脉王气所在之地，不宜开凿，臣便没有提及。"唐玄宗听后，恼怒地对李适之说："你以后奏事时，要先与李林甫商议，不要自作主张。"因此逐渐疏远了李适之。

李林甫担任宰相十九年，大权独揽，专断跋扈，就连天宝年间的新贵杨国忠和安禄山都对他颇为忌惮。公元 752 年，南诏寇边，剑南告急。当时杨国忠兼任剑南节度使，李林甫便奏请玄宗，让杨国忠到剑南赴任。杨国忠哭着对玄宗说："臣一旦离开朝廷，必为李林甫所害。"而安禄山仗着皇帝宠信，平时飞扬跋扈，对朝中公卿多有侮慢，却唯独在李林甫面前恭谨趋拜，甚至回到范阳后，每每听到长安来人说李林甫称赞他，就心生欢喜，听到李林甫对他不满，就会惊惧得汗流浃背。

看看李林甫对卢绚、严挺之及李适之等的排挤打压手段，笑里藏刀、口蜜腹剑、两面三刀，哪里像一个堂堂宰相所为。

李林甫这种阴柔狡黠、精于权谋的人，实在不适合在盛世为相。这是因为雍容华贵、溢彩流光的盛世也难免会有潜在的隐患和未来的风险，但这些隐患和风险似乎太过遥远，就连提及它们都会使人感到是在杞人忧天，如果采取措施防范它们，更会让人感到另有所图。所以身处盛世时，对于隐患和风险，需要采取光明正大的手段和措施，最好是坦白磊落地"广而告之"，使"后知后觉"的人们在真正走到隐患和风险爆发出来的节点时，能够有章可循。毕竟"迷途知返"，也要清楚具体路径。这样的"风险防控"是盛世宰相必须做的事情，而做这样的事情显然需要"阳谋"而不是"阴谋"。

这就是擅长"阴谋"的李林甫不适合在盛世为相的根本原因。他的宰相生涯长达十九年，即便不考虑"忠奸"的因素，他的性格特点和做事方式也已然成为盛世的隐患之一。

第五章
颓势渐显

李隆基也想改立皇后

李唐王朝的太子命运多舛，似乎像个逃不开的诅咒。李建成是因为弟弟太出色；李承乾是因为自己太顽劣；李忠是生不逢时；李弘是天不假年；李贤、李显和李旦是因为碰上了冠绝古今的强势母亲；李重俊倒是奋起一搏，无奈兵败被杀；李重照（李重润）满月即被立为皇太孙，最后也死于非命；就是李隆基，也是以“老三”的身份，通过宫廷政变才登上皇位。

看来李唐王朝的储君实在不好当，不仅皇太子难得善终，就连皇太孙也没有好下场。唐玄宗李隆基即位后，也是早早确立了储君，在公元 715 年就将次子李瑛册封为太子，又在 737 年将其废杀。

李隆基的后宫要从王皇后说起。李隆基还是临淄王时，就娶妻王氏。王氏的父亲是甘泉府果毅都尉王仁皎，王氏虽没有显赫的家世，与李隆基却也是患难夫妻。

当年武则天临朝称制时，李隆基因是李氏一族，被“幽闭宫中，不出门庭者十余年”。武则天称帝之后，李隆基的生母窦妃更是因“厌咒”的罪名被秘密处死，当时李隆基的父亲李旦忍辱负重，硬是对此事不闻不问，还表现得举止如常。即便如此，李旦仍被诬告受到来俊臣的查办，幸得乐工安金藏剖腹明志，李旦才侥幸脱险。

在如此凶险复杂的政治环境之中，王氏一直陪在李隆基的身边。王氏贤良淑德，又颇有计谋，给予年轻的李隆基颇多宽慰。

“神龙政变”后，李隆基于公元 708 年出任潞州别驾。在潞州期间，生性风流的李隆基将娇媚善舞的伎人赵氏收为侧室，生子李瑛，也就是日后册立的太子。

中宗被杀后，韦后专权，朝廷乌烟瘴气，此时就是李隆基的发妻王氏坚定地支持他发动政变，铲除韦后一党。公元 712 年，李隆基登基，王氏被册立为皇后。在随后玄宗与太平公主的政治博弈中，又是王皇后在幕后帮忙运筹，最终除掉了太平公主。

但不知什么原因，王皇后一直无子，这在当时确实是皇后的硬伤，会导致其地位受损。而且，此时玄宗喜欢上了自己的小表妹武氏。

武氏是武则天的侄孙女，恒定王武攸止的女儿，因父亲早逝，自幼被武则天养在宫中，不仅姿色艳美，而且能歌善舞。她深受玄宗宠爱，被册封为武惠妃。

武惠妃和武则天一样心机深沉，不仅恃宠而骄，而且很能生养，为玄宗生下四男三女：夏悼王李一、怀哀王李敏，但都夭折，后又生寿王李瑁（玄宗第十八子）、盛王李琦（玄宗第二十一子），女儿上仙公主、咸宜公主、太华公主。

李隆基爱屋及乌，对武惠妃家人大肆赏赐和分封。但武惠妃并不满足，她一心效法武则天登上皇后之位，于是经常在李隆基面前大肆诋毁王皇后。长此以往，李隆基便动了改立皇后的心思。

玄宗密召私交甚厚的太常卿姜皎商议，想以皇后无子为由行废立皇后之事。但令玄宗没想到的是，他看作心腹的姜皎与王皇后的哥哥王守一交情更好，姜皎转头便将这个重大消息泄露给了王守一。

得知玄宗已起废后之心的王皇后也是沉不住气，她并没有隐忍而寻找机会，反而郑重其事地面见李隆基，将当年她父亲王仁皎拿衣换面粉做生日汤饼献给李隆基的事痛哭流涕地又诉说了一遍。显然，她这一“痛说革命家史”的做法，目的是希望李隆基不要忘了当年王家的恩情。可惜她太天真了，指望一个大权在握的帝王能念旧情而弃新欢，岂不是天方夜谭？

玄宗意图改立皇后的消息传出后，因为有武则天的前车之鉴，武惠妃又是武家之后，加上王皇后“颇预密谋，赞成大业”的功绩和婉淑贤顺的品性，遭到了以张九龄为首的大臣们的极力反对。

至此，玄宗也知道废后之事时机尚不成熟，于是暂时打消了这个念头。只可怜姜皎被玄宗以泄露禁中言语的罪名流放。

姜皎被发配一事让皇后之兄王守一很害怕。他明白，自己的妹妹要坐稳皇后之位，必须生下嫡子。于是，他从一个和尚那里讨到一块霹雳木，刻上天地文与玄宗名讳，让王皇后时时佩戴，按和尚所说，这样做必能生下儿子。

之后，武惠妃以这块霹雳木上刻有李隆基的名讳为由告发王皇后行“厌咒”之术，李隆基亲自搜查，果然搜出了那块霹雳木。证据确凿，李隆基不容王皇后做任何辩解，就下诏废黜了其皇后之位，并赐死了王守一。

曾经患难与共的结发妻子就这样被打入凄凉冷宫，不到三个月，王皇后就饮恨死去。

废黜了王皇后之后，玄宗又要册立武惠妃为后。此时御史潘好礼上书，表示武惠妃的族叔武三思、武延秀等人祸乱朝纲，“世人所共恶之”；而且，此时的太子李瑛不是武惠妃所生，武惠妃自己也有儿子，一旦她成为皇后，她的儿子就是嫡子，难免会生出私心，太子之位岂能安稳？

亲历过武皇、韦后之乱的李隆基岂能对这样的事情置若罔闻？此时的他还没有太过昏庸，采纳了潘好礼的意见，没有册立武惠妃为皇后。但宫中对武惠妃的礼仪与皇后无异，其母杨氏被封为郑国夫人，弟弟武忠与武信也都被加官晋爵。

画虎不成反类犬

此时武惠妃的女儿咸宜公主嫁给了唐中宗李显的外孙杨洄，杨洄揣摩武惠妃的心意，整天收集太子李瑛“结党”的证据，添油加醋地汇报给武惠妃，武惠妃再哭诉给玄宗听。玄宗听得多了也就信了，欲废太子。宰相张九龄以骊姬、江充、贾南风与独孤皇后等人的故事劝谏玄宗，此事遂作罢。张九龄罢相后，继任的宰相李林甫与武惠妃结成政治同盟，大唐朝局又是一变。公元 737 年，杨洄在武惠妃的授意下，再次构陷太子及鄂王李瑶、光王李琚，说他们与太子妃薛氏之兄薛锈图谋造反。

武惠妃不知道是不是受李林甫的启发，采取了与李林甫如出一辙的手法：她一面派人以宫中有贼为由，召太子及二王进宫帮忙；一面又告诉玄宗说：“太子及二王身穿铁甲进宫，意图造反！”

有没有贼，太子及二王没有看到，但玄宗派人查看时看到了全副武装的太子及二王。玄宗找到李林甫商议如何处置太子，李林甫回答说：“此盖陛下家事，臣不合参知。”

玄宗相信太子谋反吗？如果相信，他还用找李林甫商议吗？但玄宗对太子满意吗？显然不满意，不然为什么会有废黜太子之心呢？

而太子对武惠妃不满应该是事实，因为自武惠妃专宠之后，太子的母亲赵丽妃便遭到玄宗疏远，公元 726 年就已病逝；鄂王李瑶的生母皇甫德仪、光王李琚的生母刘才人，同样因武惠妃而失宠。后来随着武惠妃夺储之心膨胀，同病相怜的三王自然心生怨恨，多有怨言。

但要说他们披甲入宫一定就是要谋反，似乎也没有什么确凿的证据。三王一没有武将效命，二没有朝臣支持，仅“全副武装”的三个人就能逼宫吗？太子不会如此幼稚吧？

但是，太子李瑛再沉稳老练，又能如何解局脱困？他的母亲本为倡伎出身且早亡，而受到专宠的武惠妃不仅出身高贵、青春鼎盛，而且有两个儿子。李瑛即便真心投靠武惠妃，又如何取得其信任？这个太子之位，他怎么坐都尴尬，怎么都如坐针毡。他被废是迟早的事情。

李隆基本是靠宫廷政变起家，惯看血雨腥风，怎会看不透这样的局面？他很清楚，即便不废太子，太子也走投无路，到最后要么逼宫，搏一把锦绣前程；要么隐忍，等待时机再掀惊涛骇浪；要么就甘为羔羊，任人宰割。

这几个结局比照一下，对于朝廷和李隆基来说，代价最小的就是此时废黜太子。公元 737 年，太子及鄂、光二王被废为庶人，薛锈被赐死。被废为庶人的三位皇子不久也死于非命，显然，这是被废太子及同党的必然结局。民间因为三人之冤，称之为“三庶人”，人皆惜之。

再说武惠妃，她不但没有武则天之命，也没有武则天之胆。如今王皇后被废，太子也被废，可谓将政敌清除殆尽，她却因陷害太子之事而患上心病，屡次看到废太子等人的鬼魂，以致一病不起。请良医、用偏方、请巫师作法、为废太子等人迁坟改葬，各种方法都用尽了，就是无效。不到一年，年仅三十八岁的武惠妃就惊惧而死。

这个太子不好当

武惠妃突然去世，导致太子之位再生变数。李林甫极力推荐武惠妃的儿子寿王李瑁为太子，玄宗则倾向于立三子忠王李亨，他的理由是李亨“年长，且仁孝恭谨，又好学”。由此看来，立嫡立长应该就是李隆基挑选储君的标准。因为皇后无子，他挑选太子人选的重要指标就是“年长”了。

李隆基因为立储之事犹豫一年有余，“常忽忽不乐，寝膳为之减”。就在玄宗举棋不定之时，深谙上意的高力士以一句“推长而立，谁敢复争”促使玄宗拿定了主意。公元738年，玄宗立李亨为皇太子。当然，高力士敢如此建议，也是因为当时武惠妃已死。可见，李亨能成为皇太子，与武惠妃的早亡不无关系，而武惠妃到死也没能当上皇后，自然也与她是武氏后人有关。

新立的皇太子李亨，虽不像昔日的李瑛那样进退维艰，但也无法脱离复杂的政治旋涡。首先，宰相李林甫就看他很不顺眼。因为李林甫原本就是武惠妃一党，在李亨立太子一事中并无功劳，为避免日后的祸患，他自然有动摇东宫的想法。

有想法当然就会有行动，老谋深算的李林甫决定先将矛头指向李亨的身边人。他挑中了李亨的妻兄韦坚。李林甫的高明之处就在于他不是一味打压韦坚，反而将韦坚推到御史中丞的高位，再让心腹御史中丞杨慎矜暗中窥伺其过错。这种表面麻痹政敌，实则暗下狠手的做法，正是李林甫的惯用伎俩。

这里需要交代一下各方的关系。韦坚的妻子是李林甫舅舅姜皎的女儿，而李亨的妻子又是韦坚的妹妹。不仅姜皎是唐玄宗的好友，他的祖父姜行本更是开国功臣，李林甫能够青云直上，与舅舅姜皎的提携不无关系。因此，李林甫一开始与韦坚很亲热，甚至出于感恩提拔韦坚担任陕郡太守、江淮租庸转运使等要职。

韦坚在转运使这个位置上干得有声有色，因通漕有功，得到玄宗宠信，信心膨胀，就有了入相之志，和宰相李适之交好。李林甫本来就和李适之不对付，更不能容忍有人挑战自己的相位，于是就明升暗降，夺了韦坚转运使的实权。韦坚失去了原有职务，也开始怨恨李林甫。

波谲云诡的权力之争中，哪有什么真正的感恩戴德？哪会顾及什么手足亲情？至少李林甫判断的标准、行事的依据只是权力和利益的大小而已。

天宝五年（公元 746 年）正月，陇右节度使兼领河西节度使的皇甫惟明从驻地来到京师长安进献对吐蕃作战的战利品，见李林甫专权，向玄宗建议将其撤职查办，又大加赞誉韦坚的才干。皇甫惟明本来就是李亨为忠王时的好友，此次进京不仅与已是太子的李亨多有往来，还向玄宗表明了要将李林甫撤职查办的态度。边将介入朝廷政事，而且涉及太子与宰相，本来就触碰到了政治禁地，更不用说皇甫惟明的对手还是老谋深算的李林甫。

正月十五元宵之夜，出游的太子李亨在市井之中巧遇韦坚，之后韦坚与皇甫惟明夜游至城内崇仁坊中的景龙道观聚会。三人的行程均被李林甫掌握，他指使杨慎矜以皇亲国戚与边将“夜间相约，私相往来”为由，弹劾韦坚。

不仅如此，李林甫还亲自向玄宗奏称皇甫惟明与韦坚结谋，“欲共立太子”。玄宗得奏，毫不犹豫地下诏进行审讯。李林甫得旨，遂指使手下罗织罪状，意图非常明显，就是把太子李亨牵扯进此案。但经历了废黜太子李瑛一事之后的玄宗，显然不想再因为太子之位大动干戈，于是只将韦坚定了个“干进不已”的罪名，贬出京城，皇甫惟明也只被削去了兵权。

玄宗将皇甫惟明的兵权移交给了朔方、河东两道节度使王忠嗣。此人与太子李亨的交情深厚，朝廷人人皆知，李林甫怎么会放过他？公元747年，边将董延光进攻石堡城失利，为推脱责任，奏称是王忠嗣从中作梗。李林甫知道此事后，“因势利导”，趁机指使济阳别驾魏林诬告王忠嗣，说王忠嗣之所以不愿配合董延光出兵，是因为他要拥兵尊奉太子。

相比之下，董延光还是太嫩，一个“从中作梗，致使战事无功”的理由，岂能将王忠嗣置于死地？而李林甫就老辣多了，“拥兵而奉太子”的借口一出，就不得不令玄宗慎重对待。唐玄宗得奏后大怒，召见王忠嗣，命令三司详细审讯，即便查无此事，王忠嗣也落得个遭贬的结局。

再说韦坚被贬之后，他的弟弟韦兰、韦芝上书为他鸣冤叫屈。这一做法出于兄弟之情，本无可厚非，只是二人在政治上极不成熟，为达目的，举太子李亨作证。撇清关系还来不及的太子，怎么会再蹚这浑水？

面对震怒的玄宗，太子李亨诚惶诚恐之下自然是“丢车保帅”，不仅上表替自己辩解，还以与韦妃“情义不睦”为由请求玄宗准许他们和离，以表明“不以亲废法”。

李亨以这样谨慎而果断的操作，侥幸度过了这场政治危机，只是可怜与他共同生活多年的韦妃不得不从此削发为尼。而李林甫针对韦坚一案大搞株连，被杀者甚多。

然而，李亨提心吊胆的日子似乎没完没了。这年年底，太子良娣杜氏的父亲杜有邻与自己的另一位女婿柳勣发生口角，柳勣一怒之下便告杜有邻“妄称图谶，交构东宫，指斥乘舆”。

柳勣真是愚蠢至极，就因为要陷害岳父，还要将太子卷进去。他也不想想，如此操作，就算扳倒太子，他自己将何以立身？李林甫眼见有这个拉太子下水的机会，求之不得，当即派出心腹酷吏吉温和罗希奭（shì）主持审理此案。

吉温是宰相吉顼（xū）的侄子，罗希奭是御史台主簿，两人一起依附李林甫，成为李林甫构陷大臣、排除异己的左膀右臂，当时人称“罗钳吉网”，只要被他俩盯上，就像被铁钳夹住、罗网罩住一样，插翅难逃。

果然，在李林甫的授意下，柳勣大肆攀咬，致使原本简单的案情牵连的范围不断扩大，涉及不少中央和地方官员，大有不把太子李亨拉下马不罢休的势头。

而此时的太子李亨，故技重演，将杜有邻的女儿杜良娣废为庶人。他能怎么办？只能再一次用这种“丢车保帅”的方法让自己化险为夷。最后杜有邻和柳勣翁婿二人被杖毙，很多受到波及的地方官员也被诛杀，太子李亨未受牵连。

李林甫虽屡次想动摇太子之位，但他的奸谋最终未能得逞。这固然与李亨擅于隐忍，关键时刻不惜用“自断臂膀”的方式自证清白有关，但此时的玄宗没有决绝的废储之心也是重要原因。另外，此时的朝堂之上，除了李林甫，并没有非要废立太子的呼声，后宫之中也没有哪个宠妃执意废立，而且太子李亨仁孝谨慎，没有明显失德，其他皇子也没有明显优于太子之处。

亲戚关系也不可靠

李林甫针对太子不成，又对权位日盛的杨慎矜起了猜忌之心。杨慎矜是隋朝宗室后裔，兄弟几人都是当时著名的财政专家。李林甫为相后，杨氏家族站队李林甫，得以掌管全国的财政大权。

在处理韦坚一案时，身为户部侍郎兼御史中丞的杨慎矜虽然是李林甫的心腹，但不知他是看出玄宗不想牵连太子，还是良心发现，认为不应该嫁祸给太子，抑或害怕介入太深，自己难逃干系，总之，他保持了中立。

杨慎矜的态度自然得到了玄宗的信任和赏识，但也引起李林甫的不满。于是，李林甫又扶植王鉷作为心腹，对付杨慎矜。

其实，王鉷能进入御史台，靠的还是杨慎矜的引荐，而且杨慎矜与王鉷的父亲王晋是表兄弟，王鉷是他的表侄，二人小的时候常在一起玩耍，关系很好。

后来两人渐生嫌隙，主要原因当然是李林甫的态度，但杨慎矜忽略了人情世故也是原因之一。杨慎矜性情爽快，在王鉷成了御史中丞后，还是像对待子侄辈那样直呼他的姓名，又口无遮拦地把王鉷母亲出身低贱的事情告诉别人，王鉷自然心中不快。

但杨慎矜似乎对王鉷对自己怀恨在心毫无察觉，仍然像过去一样对王鉷很亲密，私底下还与王鉷谈论谶书。

王鉷抓住这个把柄，与吉温联手，在李林甫的授意下，告发杨慎矜是隋炀帝的玄孙，今又私藏谶纬之书，与妖僧来往密切，阴谋复辟隋室。杨慎矜三兄弟被打入大牢，屈打成招，玄宗大怒之下，将兄弟三人全部赐死。

杨慎矜一案，李林甫不仅处死了杨氏兄弟三人，而且大肆株连，大批官员被贬官流放。李林甫通过屡兴大狱的方式，一一清除了身边政敌。

李林甫能在玄宗的认可下，翻手为云覆手为雨，却仍不能动摇太子李亨之位，可见玄宗确无此意；杨慎矜不惜得罪李林甫，也不对太子落井下石，可见当时朝臣也不支持废黜太子。

而像王鉷这样的朝臣，不说家国情怀，就连士大夫的节操似乎也荡然无存，一心只讲政治攀附，一切行为只为谄媚悦上、荣华富贵。

王铁被任命为户口色役使时，见玄宗用度奢侈，毫无节制，就变着花样地征剥百姓财货，聚敛财物，供玄宗取用。他每年都上贡额外钱一百亿缗（mín）藏于国库，以供玄宗在宫中宴饮挥霍。

玄宗自然认为王鉷善于理财，能够富国，对他越发看重，升任他为御史中丞、京畿采访使。但玄宗哪里知道，也或者他根本不愿意知道，王鉷这种千方百计苛剥百姓以取悦皇帝的做法，早已使朝野内外怨声载道。

此时的盛世景象之下，贫富不均日益严重，天下百姓苦不堪言。即使国家轻徭薄赋，得实惠者也不是百姓，而是通过各种手段中饱私囊的官员，而最大的受益者无疑是皇帝。这种竭天下之资财供一人奢欲的做法，再加上想方设法敛财、与盗贼无异的臣子，已然埋下祸乱之根。

儿媳变成情人

太平盛世，宰相李林甫忙着排除异己，巩固权势；朝臣们忙着攀附权贵，敛财媚上；皇帝李隆基则掉入了一个女人的温柔乡，流连忘返。谁会去在意什么盛世隐患、大唐危机？

唐玄宗李隆基，说风流也风流，说专情也专情，昔日专宠武惠妃之时，就冷落了一众嫔妃。公元 738 年，武惠妃英年早逝，李隆基痛彻心扉，郁郁寡欢，后宫数千佳丽，无一人可使其一展笑颜。

公元 738 年，玄宗驾临骊山，高力士将杨玉环从寿王府接到温泉宫。美貌绝伦、艳丽无双的杨玉环，瞬间点亮了五十四岁的李隆基那颗寂如死灰的心。

杨玉环出身宦门世家，高祖父杨汪是隋朝的上柱国、吏部尚书，父亲杨玄琰曾担任蜀州司户，杨玉环的童年就是在蜀州度过的。公元729年，十岁左右的她因父亲去世，被寄养在洛阳的三叔杨玄璬（jiǎo）家中。

杨玉环天生丽质，性格婉顺，精通音律，擅长歌舞。公元735年，武惠妃的女儿咸宜公主在洛阳大婚，杨玉环应邀参加。就是在这次婚礼上，寿王李瑁对杨玉环一见钟情。在武惠妃的提议下，玄宗下诏册立杨玉环为寿王妃。

杨玉环十七岁就嫁给寿王，婚后二人十分恩爱。在高力士将杨玉环接到温泉宫之前，没有证据表明玄宗与寿王妃杨玉环有过交集，更不用说倾慕；但高力士此举，无疑又是投其所好，可见杨玉环的美貌早已名声在外。

尽管高力士给出的理由是玄宗怀念寿王的母亲，才让寿王妃来侍候玄宗，但玄宗就此将自己的儿媳变成情人也是事实。“春寒赐浴华清池，温泉水滑洗凝脂。侍儿扶起娇无力，始是新承恩泽时。”骊山的温泉宫内，二十出头的杨玉环与和她年龄相差三十四岁的李隆基，在音乐这一共同爱好的基础上碰撞出了“爱情”的火花。两人在骊山度过难舍难分的两个月后，开始为长相厮守布局谋划。

虽然大唐皇室之前有太宗霸占弟媳、高宗迎娶父妃的先例，但那两位是寡妇，此时寿王李瑁可还活着呢。而玄宗与儿媳杨玉环这样的关系，就算在一千多年前的大唐，也不符合所谓“公序良俗”，所以，瞒天过海、遮人耳目在所难免。

身份可以这样转换

公元740年，唐玄宗昭告天下，为成全杨玉环对玄宗母亲窦太后的孝心，特准许她出家为道，为太后祈福。为显示郑重其事，唐玄宗还为其取道号“太真”。

女道士太真并没有在道观过多停留，很快就住进了兴庆宫，而且饮食起居仪同皇后。没有任何名分的杨玉环在宫中要怎么称呼呢？这个问题可难不倒玄宗，他取法民间对家庭主妇的叫法，称杨玉环为“娘子”，这个称谓既肯定了杨玉环的地位，又没有僭越。

然而，这样的变通，是不是助长了李隆基肆无忌惮的行为呢？

李隆基与杨玉环在兴庆宫中肆无忌惮地缠绵，龙心大悦，于公元742年正月宣布改元“天宝”，结束了长达二十九年的开元时代。李隆基可能认为开创新纪元的伟业已经完成，现在已是太平盛世，自己作为伟大的帝王也该安享晚年了，恰在此时，天赐杨玉环如此“至宝”给他，“云想衣裳花想容，春风拂槛露华浓”，他怎能不沉醉其中？这一年，李隆基于骊山之上修建长生殿，又让人演奏自己亲谱的《霓裳羽衣曲》，表达对杨玉环的无限宠爱。

公元745年，唐玄宗正式册封二十七岁的杨玉环为贵妃，并举行了盛大的庆贺仪式。四年多遮遮掩掩、暗度陈仓的地下恋情终于大白于天下。

李隆基如此明目张胆地夺人之爱，夺的还是自己儿子寿王李瑁的妻子，那寿王有何反应呢？

寿王李瑁是武惠妃的第三子。武惠妃的前两个儿子都是在襁褓之中就夭折了，生下李瑁后，武惠妃为防意外再次发生，将李瑁送到宁王府，由宁王的元妃抚养成人。

宁王李宪（李成器）是李隆基的大哥。当年睿宗李旦立太子时，身为嫡长子的李宪主动提出让位给三弟李隆基，理由是："储君，是国家的职位，和平年代按长幼顺序立嫡长子没错，但国家动荡之时就该有功者居之，臣斗胆以死请求不要立我为储君。"

可以说，李隆基能够当上太子，以至后来当上皇帝，李宪功不可没，所以李宪死后谥号为"让皇帝"，其身份地位之尊崇可见一斑。

寿王李瑁乃武惠妃亲生，又由宁王妃抚养长大，身份何等尊贵，所以当年太子李瑛被废后，李林甫极力主张立寿王为皇太子。但李瑁最终还是无缘储君之位，究其原因，一是武氏家族流毒太深，二是玄宗不希望宁王势力太大。

李瑁为出身和声名所累，没能当上皇位继承人，如今连妻子都被夺走了，能做的却只有忍气吞声。玄宗为了弥补寿王，把韦昭训的女儿册立为寿王妃，"腾笼换鸟"式的一番操作之后，父子之间倒也相安无事。

杨贵妃不像武则天

杨贵妃得宠后，可谓"一人得道，鸡犬升天"，她大姐被封为韩国夫人，三姐被封为虢（guó）国夫人，八姐被封为秦国夫人，她的兄弟皆封高官。甚至连她的远房堂兄杨钊，原为市井无赖，只因精于计筹，在侍候玄宗与杨氏诸姐妹赌博取乐时深得玄宗欢心，不仅得赐名"国忠"，而且被委以重任，以致后来操纵朝政、权倾朝野。

李隆基与杨玉环感情很好，相处之时充满了生活情趣。二人在文艺方面有着共同的爱好，且都很有天赋，可谓志同道合。玄宗每得新词，便与贵妃合作谱曲，然后令梨园弟子演奏，著名宫廷歌唱家李龟年高歌，玄宗也吹起玉笛，伴奏其间，贵妃则笑吟吟地欣赏；表演完毕后，贵妃还会披上绣巾，跪于御前，以拜上意。

丝毫不关心政治的杨贵妃只沉醉于曼妙的歌舞和玄宗的宠爱之中。二人皆多才多艺，如果生于承平之世普通的富豪之家，可以称得上是神仙眷侣。

即便二人发生矛盾冲突，起因也不过是杨玉环恃宠而骄，而且，她撒娇的对象永远只是她的情郎李隆基，永远不会去关注什么政治因素。

从杨玉环两次被逐出宫就能看出，她不像武则天和韦后那样具有强烈的政治野心。公元 746 年，杨玉环第一次被逐出宫，原因不明，当时有人猜测她移情别恋宁王李宪。唐人张祜就写了这样一首诗："日映宫城雾半开，太真帘下畏人猜；黄翻绰指向西树，不信宁哥回马来。"这里的"宁哥"指的就是宁王李宪。

这个猜测实在不可信。宁王当初审时度势，将太子之位让给李隆基，玄宗对宁王颇为感恩，因深知宁王是个美食家，他曾让御厨一年给宁王府送饭三百多次。宁王与玄宗可谓互相体谅、互相关心，这样的兄弟情深，即便杨玉环有意，宁王怕也是无心吧。

不说权势地位，就是文艺方面的才能，宁王也不能望玄宗项背，杨玉环会看上宁王哪一点？最关键的是，宁王早在公元 742 年就已去世，杨贵妃怎么可能与死人有染？

从这里也能看出，就连当时的人们对杨玉环的看法也多取"香艳"的视角，这与玄宗和杨玉环的翁媳身份有关，而杨玉环又恰好与李隆基情投意合，在世人眼中更是"罪加一等"。但历史上并没有证据表明杨玉环生性放荡，她也只是特定时代皇权之下的一个牺牲品而已。

此次杨贵妃被逐出宫的原因，最大的可能是争风吃醋。风流成性的玄宗，曾派出所谓“花鸟使”到民间搜访美女。玄宗可能背着杨贵妃召幸这些女人，于是杨贵妃吃醋，与玄宗发生争吵，玄宗也生气了，下令将杨贵妃撵出宫。结果杨贵妃刚出宫，玄宗就后悔了。高力士看到玄宗茶饭不思，当天晚上就把杨贵妃从杨家接了回来。

公元750年，唐玄宗又与贵妃的姐姐虢国夫人关系暧昧，杨玉环伤心之下，与玄宗发生冲突，于是再次被遣送回哥哥的府中。

杨玉环出宫后痛不欲生，割下自己的一缕青丝，让使者交给玄宗，并说：“妾身的荣华是圣上所赐，但身体发肤受之父母，永别之日，唯有以此谢陛下恩宠。”

看到杨贵妃的头发，玄宗大惊，立即让高力士将她召回。二人虽为帝王贵妃，但情到浓处也是难分难舍；虽一时气极，但都心系对方，正可谓“在天愿作比翼鸟，在地愿为连理枝”。

唐玄宗与杨贵妃二人，将香艳的宫闱秘史硬生生演绎成心心相印的爱情故事，将波谲云诡的政治斗争硬生生化为情侣间争风吃醋的日常。不甘心看到这一幕的人们，自然要将两人的故事拉回香艳秘史，拉回政治斗争。

比如，有人说，玄宗将杨贵妃撵出宫去，就是要给日益跋扈的杨氏家族一个警示。警示什么？让杨家自我觉醒，自我收敛吗？那是神佛才能办到的事情，李隆基岂会不明白这样的道理。害怕杨家坐大，威胁朝廷吗？此时的李隆基不仅有足够的自信，也有足够的手段，他会如此害怕外戚杨家吗？

退一万步讲，就算李隆基真的想要警示杨家，为什么不直接对把持朝政的杨国忠采取行动？这样不是更有效吗？要知道，杨国忠权倾朝野，正是玄宗一手促成的。

所以，那个梳着玉环髻，穿着尖头小皮靴，随着《霓裳羽衣曲》翩翩起舞的杨贵妃有什么错？江山社稷的安危存亡，难道不是君王的责任吗？与一个醉心乐舞的后妃何干？

再说，太子早已确立，杨玉环无子，也没有任何的夺嫡之举，祸乱江山这样的责任，无论如何也不能算到这样一位容貌出众又多才多艺的弱女子头上。

杨玉环无子，很可能是因为她先天不孕。她嫁给寿王五年，夫妻情深，依然无子，而寿王再娶之后，子嗣不断；而且杨玉环遇到玄宗时，玄宗也才五十多岁，她盛宠之下仍然无子，要知道，玄宗一生子女可是有近六十位。

大唐的皇后很“稀缺”

无子可能也是杨玉环没有成为皇后的原因之一，但有子且受宠，也未必能够成为皇后，武惠妃就是个很好的例子。事实上，大唐的皇后本身就是一个“稀缺”的存在。

唐高祖李渊一生只有一位皇后窦氏，而且窦氏早在他登基五年前就去世了，但他此后再也没有册立皇后；太宗李世民一生也只有一位皇后长孙氏，长孙皇后去世后的十三年里，李世民也未再册立皇后；中宗李显和睿宗李旦一生也均只册立过一位皇后，而且李旦第二次登基时，刘皇后已经被害十七年之久，他仍然没有再立皇后；玄宗李隆基在位时也只册立过一位皇后，就是他的结发妻子王氏，武惠妃和太子李亨的生母杨氏都是死后追尊的皇后；肃宗李亨也只册立了一位皇后张氏，甚至没有将储君李豫的生母吴氏追尊为皇后，还是李豫登基后亲自追尊的吴氏。

此后的中晚唐时期，皇后缺位更是司空见惯。中晚唐的十四位皇帝中，代宗李豫、顺宗李诵、宪宗李纯、穆宗李恒、敬宗李湛、文宗李昂、武宗李炎、宣宗李忱、懿宗李漼（cuǐ）、僖宗李儇（xuān）、哀帝李柷（chù），共十一位皇帝至死没有册立皇后，当然，不包括因儿子当了皇帝而被加封的皇后和死后获得追封的皇后。

代宗之后的德宗李适曾在公元786年册封王淑妃为皇后，但当时王淑妃已经病入膏肓，册立当天就病死在两仪殿，这样的册立本来就具有追封的意味。

此后，直到唐昭宗李晔时，唐朝才出现了一位何皇后，这也是大唐最后一位皇后。唐朝二百八十九年的历史，不包括武则天，共有二十位皇帝，却只有十位皇后，其中唐高宗李治一人就册立了两位皇后。

唐朝皇后稀缺是事实，但这并非制度问题造成的。没有证据表明唐朝对册立皇后有什么特别苛刻的典章规定。李渊没有再册立皇后，一是没有必要，二是没有时间；李世民夫妻感情深厚，长孙皇后去世后，李世民忙着励精图治，为什么要因为册立皇后致使祸起萧墙呢?

从李治执意册立武则天的事件也能看出，即便是激烈反对废王立武的大臣，找出了几乎所有的理由，也没有搬出所谓“祖宗家法”；李隆基一度想册立武惠妃为皇后，也只是因她武氏后人的身份太过刺眼而作罢，并不是因为有什么特殊规定；至于此后中晚唐时期的皇帝极少立后，只不过是因为战乱纷起，受到各种条件的制约和各种原因的阻碍罢了。

从这样的事实也能看出，大唐皇帝册立皇后与个人感情以及宗法制度并没有必然关系。很多时候，他们不册立皇后，只是因为所宠爱的女人实在瑕疵太多，上不了台面，此外，也有朝局纷乱、后宫倾轧甚至机缘巧合的原因。

说回杨贵妃。因为深受玄宗宠爱，杨贵妃每次骑马时，高力士都为她牵马坠镫。不仅如此，专门为她织绣衣服的工匠就多达七百人，而且朝野上下竞相向她奉献珍宝器物，因此而被加官晋爵的人也不在少数，例如，岭南经略使张九章就被封三品官，广陵长史王翼得以入朝为户部侍郎。

还有我们耳熟能详的“一骑红尘妃子笑，无人知是荔枝来”。因为杨贵妃喜欢吃荔枝，所以唐玄宗每年都命人将荔枝从岭南用驿马飞驰数千里送到长安，荔枝到了长安，色、香、味依然不变。这样的做法与隋炀帝杨广何异？

但杨贵妃再怎么得宠，也没有为了皇后之位做出武则天那样的事情。可是，当时的人们乃至后世之人，都把“安史之乱”爆发的责任推到她的头上，认为正是她的出现，杨氏家族才得以鸡犬升天而操纵朝政，玄宗才更加奢靡享乐而疏于政务。其实，大唐江山社稷动摇，更多地要归罪于玄宗，杨玉环只是替罪羊。晚年的玄宗放纵本性、不思进取，即便没有杨贵妃，也会有张贵妃、王贵妃；“安史之乱”的爆发也是诸多原因导致的，用“红颜祸水”的说法一言以蔽之，实在有失偏颇。

第六章
安禄山的发迹

政策的最大受益者

初唐的兵制沿袭了南北朝以来的府兵制，到了唐玄宗时期，在宰相张说的主持下，府兵制被废除，取而代之的是募兵制。

为什么会出现这样的改革呢？

首先，府兵制存在的基础是土地。府兵制最大的特点就是“兵农合一”，士兵们战时为兵，无战为农，农闲时训练，这一模式存在的前提就是要有大量可供耕种的土地。

但在唐朝，随着经济的发展、人口的增加，官绅、豪强等地主阶级逐渐壮大，土地兼并现象日益严重，均田制遭到破坏。失去土地的农民为了活下去不得不逃亡外地，导致兵源逐渐枯竭，这是府兵制无法存续的原因之一。

其次，随着国土面积的增加，大唐边防线不断延长，边疆贫瘠的土地无法维持军队的开支；再加上战事频繁，导致服役的府兵常被强留以致久戍不归，于是百姓逃避兵役，大量府兵开始逃亡。

正是出于经济和军事两方面的原因，张说提出进行兵制改革。他先是建议裁军二十万，后又以发饷的形式重新招募职业军人。如此一来，百姓没有了兵役负担，可以安心务农；而军人完成了职业化的转变，兵员素质提高，战斗力相应得到极大提升。

这就是军人职业化的模式，即国家给军人发饷、军人当兵吃粮的募兵制。后来李林甫又力主提拔“寒族胡人”担任边疆军事长官，许多藩将由此脱颖而出，其中的佼佼者就是安禄山。

安禄山完全符合李林甫所说的“寒族胡人”这一提拔标准。首先，他是胡人，而且是混血的胡人。他的生父姓康，是粟特人，母亲阿史德氏是突厥巫婆。安禄山是他的母亲向古突厥战神祈祷所得之子，而这个战神的名字在突厥语里的发音是轧（zhá）荦（luò）山，所以安禄山的名字就叫轧荦山，“禄山”是汉译；又由于他从小就失去父亲，母亲改嫁突厥将军安延偃，所以他随之改姓安。

如此出身自然卑微，“寒族胡人”正是安禄山的标签。安禄山自幼跟着母亲在突厥部落中生活，年仅七八岁就非常凶悍骁勇，到了十三四岁时，已经成为部落里的第一勇士。

年轻的安禄山相当帅气，孔武有力、雄伟白皙，与日后“腹大垂膝，肥胖惊人”的样子反差很大。比他早出生一天的同乡史思明，虽然也是突厥混血儿，和安禄山相比却是其貌不扬。

安禄山和史思明从小一块儿长大，两人都非常聪明。由于特殊的地缘关系，两人都通晓多种民族语言，长大后当了牙郎，在大唐和突厥的边境集市中为买卖人协议物价。当然，在那个鱼龙混杂的环境中，他俩也没少干偷鸡摸狗的勾当。

一次，安禄山和史思明因偷羊被当场抓获。时任幽州节度使的张守珪在拷问之后，准备依律将二人乱棍打死。安禄山情急之下高喊：“用人之际，为什么要杀壮士？”张守珪见安禄山语言豪壮，虽为藩族，但不失强悍与机智，为了检验他们是否为可用之才，便让他们在限期之内活捉一个俘虏。

安禄山和史思明领命而去，按时完成了任务。于是，三十岁的他和史思明一起被张守珪编入“捉生将”（敢死队）。靠着对地形的熟悉和自身的狡黠，安禄山屡立战功，被提拔为偏将，从此开始了他的军旅生涯。

精明且自律

安禄山不仅骁勇，而且自律。张守珪嫌他过于肥胖，他就用节食的办法控制体重。这一时期的安禄山勤勉且谨慎，深得张守珪信任，张守珪甚至将其收为养子。

但初入军旅的安禄山毕竟年轻气盛，又立功心切，在一次战斗中因轻敌导致全军覆灭。张守珪只好将他押解到京，交由玄宗发落。张守珪的意思很明显，自己照章办事，足见忠诚，另外，张守珪也是投石问路，想看看朝廷对自己这样的边将到底是什么态度。

玄宗怎会不明白张守珪的意图？这件事明明张守珪自己就有权处理，他却交给朝廷处置，已是忠心可鉴；再说，哪里有常胜的将军？所以，即便当时的宰相张九龄力主杀掉安禄山，玄宗还是决定对其法外开恩。

安禄山也是“大难不死，必有后福”，此后他吸取了教训，战功不断，步步高升。他的养父张守珪反倒获罪遭贬，晚节不保。

公元740年，安禄山任平卢兵马使。他机敏又大方，时常用厚礼贿赂来往的朝廷官员，让他们帮忙在玄宗面前说他的好话，所以玄宗越发信任、喜爱他。公元742年，玄宗在平卢设置节度，任命安禄山为代理御史中丞、平卢节度使。在营州柳城（今辽宁朝阳市）长大的寒族胡人安禄山，自此获得了上朝议事的资格。

公元743年，安禄山来到气势恢宏的帝国首都长安，第一次见到了玄宗皇帝。估计他在来的路上，便早已在心中盘算好了怎么利用这次机会好好表现。此次朝见，安禄山虽然表面战战兢兢，却表现出了独特的“憨直”，将一片忠心演绎得淋漓尽致。

朝堂之上，安禄山一头磕倒在地，对着皇帝开口就说：“去年我们营州闹蝗灾，臣焚香对上天祈祷说：‘如果臣心术不正，就让蝗虫把臣的心吃了；如果臣是一片忠心，就让蝗虫离开营州。’结果，北方飞来一群鸟，把蝗虫吃得精光。”

事情的真实性不重要，关键是这种表述的方式让玄宗很受用。边将固然需要有能力，但朝廷更看重的是“忠心”二字，安禄山的所作所为可谓把准了玄宗及朝廷的脉搏。而且，大唐的朝廷之上不缺饱学之士，安禄山干脆反其道而行之，将一介蛮族武夫的形象演绎到极致，甚至到了装疯卖傻的程度，这正是他的心机深沉之处。

安禄山的表演自然深得玄宗的欢心，而且安禄山的精明之处就在于，他不仅攀附上皇帝这棵大树，还刻意地去结交和笼络朝中大臣。

张利贞就是安禄山攀附上的第一位朝中大臣。天宝年间，张利贞担任河北采访使，这个职位就相当于现在的稽查和纪检官员。凡地方官员处理的案件，都要由朝廷派出的采访处置使定期核查，可见张利贞职位之重，权力之大。前文提到的牛仙客，就是被张利贞发掘然后推荐给朝廷的。

张利贞在一次稽查过程中遇到了安禄山，安禄山刻意巴结，向张利贞送上了重礼。投桃报李的张利贞，不断地在玄宗面前说安禄山公正无私，正因如此，安禄山才得以升任平卢节度使。后来，安禄山又攀附上了礼部尚书席建侯及宰相李林甫等，这几位玄宗信赖的朝臣一齐说安禄山的好话，使得玄宗更加宠信他。

会跳胡旋舞的胖子

公元 747 年，安禄山被提拔为御史大夫，又一次觐见皇帝。当时四十五岁的他早已发福，体重达到三百多斤，肚子垂到膝盖处，据说骑马时要专门配一个马鞍放置肚子。然而，他在唐玄宗面前跳起胡旋舞来，却灵活得如陀螺转动一般。

唐玄宗看得忍俊不禁，开玩笑地问："你这杂胡，肚子这么大，都装些什么？"安禄山却一本正经地回答："全是赤胆忠心。"

玄宗让安禄山去拜见太子，他却问："太子是什么官？"当明白了太子是储君之后，他又一脸无辜地跪下请罪："我们胡人愚蠢，不懂中华礼仪，因为我们长期以来，只知道有陛下，不知道有太子，真是罪该万死。"

安禄山甚至主动认了杨贵妃为干妈，之后每次进宫，他都是先拜贵妃，后拜皇帝，理由是："我们胡人都是先敬母亲，再敬父亲。"

一脸"憨傻"的安禄山，真是句句都能说到玄宗心窝里。已经在官场混迹多年的安禄山，怎会不知道太子是什么？怎会不懂得应该先拜皇帝再拜贵妃？恰恰相反，他太懂皇帝与太子的关系，太了解杨贵妃的身份地位。他表现得不知道太子，就避免了结党的嫌疑；先拜贵妃，则只会让玄宗开心。

安禄山因为这些"憨态可掬"的表现，居然深得玄宗欢心，可见此时的李隆基昏庸到了什么程度。

公元 751 年，四十九岁的安禄山过完生日的第三天，三十三岁的杨贵妃特召其觐见，要亲自替她这个"干儿子"举行"洗三"仪式。

“洗三”，就是新生儿出生后第三天，要举行沐浴仪式。杨贵妃让宫女们把安禄山像婴儿一样放在华清池里洗刷，之后用锦绣料子特制的巨大襁褓将其包裹起来，抬上彩车，在后宫花园中转来转去，口呼“禄儿”，嬉笑取乐。

这样的游戏是不是过分？杨贵妃自然乐此不疲，那唐玄宗为什么也乐在其中呢？

玄宗深信安禄山是一个重要的原因。安禄山是胡人出身，在突厥部落长大，从小混迹于胡汉杂处之地，自然深谙多民族相处之道；他勇武彪悍，战功不断，又不遗余力地在皇帝面前将“忠诚”演绎成自己的标签。此时的玄宗将心比心，可能实在想不出安禄山有什么理由背叛。

而且，此时的唐玄宗沉溺于奢靡享乐，疏于政事，对李林甫担任宰相时排除异己、迫害贤才埋下的祸根毫无察觉。河西、陇右节度使皇甫惟明和刑部尚书韦坚被流放后赐死；韦坚案又牵扯李适之被流放后自杀；杨慎矜案、杜有邻案株连之下再掀血雨腥风，王忠嗣被贬为汉阳太守，一代名将在四十五岁就抑郁而终。

安禄山是真怕李林甫

李林甫的血腥清洗，不但使大批帝国精英损失殆尽，也使有识之士报国无门，小人权倾朝野。

在安禄山之前担任范阳节度使的裴宽就是被提升为户部尚书而入朝为官的。裴宽公正廉明，政绩卓著，李林甫担心裴宽声名日大，威胁其相位，就多方排挤，又挑唆裴宽的对头构罪陷害他，致使裴宽不但始终没能为相，而且几乎性命不保，最后心灰意冷，甚至想要出家为僧。裴宽尚有如此遭遇，那接任他的安禄山，又怎么可能不警醒呢？

所以安禄山极其畏惧李林甫，无论是才学、见识还是阴谋手段，他都自知不是李林甫的对手。后来，好不容易等到李林甫死了，大唐朝廷的宰相又换成了杨国忠。杨国忠不学无术，毫无底线，对安禄山甚至连“口如蜜”的假面都懒得用，直接与安禄山拼刺刀一般正面硬刚。

这些玄宗有所觉察吗？没有。他看到的只有安禄山不断送来的对契丹和奚人作战的捷报和每次进京都会献上的战利品，从来不管这样的战斗是不是因贪功而故意挑起的伤害边境百姓之举。

深受玄宗宠信的安禄山，接连成为平卢、范阳及河东三镇的节度使。平卢节度区的治所营州，即今天的辽宁省朝阳市；范阳节度区的治所幽州，即今天的北京市；河东节度区的治所太原府，即今天的山西省太原市。如此大片的区域，都为安禄山所占据。

玄宗时期，在边境设立十大节度使，辖区范围分别是：今新疆南路的安西节度使，今新疆北路的北庭节度使，今自甘肃到新疆的河西节度使，今宁夏的朔方节度使，今青海的陇右节度使，今成都的剑南节度使，今广州的岭南节度使以及平卢、范阳及河东节度使。

此时的节度使可全权调度当地与军政、经济、民情等有关的一切事务，可见身兼三镇节度使的安禄山权力之大；而且，安禄山所辖这三镇兵力加起来近二十万，占全国边防军总数（四十八万六千九百）的比重在百分之四十以上，更不用说这一兵力是当时中央军的两倍有余。

此外，此时大唐实行募兵制，需要朝廷发饷维持军队开支。开元初年，一年的边费为二百万贯左右；到开元末年，边费已经增加到五倍；到了天宝末年，一年的边费就需要一千五百万贯钱，军服用布也达到一年一千零二十万匹。如此巨大的军费开支，也使大唐不堪重负。

唐玄宗沉浸在歌舞升平的盛世景象中，显然没有看到这样的隐患。

他在朝中重用杨国忠，边防信赖安禄山，这两个毫无节操底线又针锋相对的文武重臣，一个祸国殃民，一个装傻充愣，联手毁灭了大唐的盛世荣光。

杨国忠的时来运转

杨国忠本性无赖，甚至遭到同族的鄙视。他本名杨钊，是杨玉环的远房堂兄，父亲是个小官，母亲则是武则天男宠张易之的妹妹。

出身卑微的他，不但沉湎酒色，而且热衷赌博，年近四十依然游手好闲，只好娶了个从良的妓女，在成都的军营中混日子。

公元 745 年，杨国忠的族妹杨玉环被册立为贵妃，三位姐姐也日益受宠。当时剑南节度使章仇兼琼与宰相李林甫不合，便与当地豪酋鲜于仲通商议如何前往长安结交杨家作为靠山，鲜于仲通就向章仇兼琼推荐了杨国忠。于是章仇兼琼让杨国忠带着价值百万的蜀地财货，前往长安疏通关系。

这里需要交代的是，章仇兼琼治理蜀地德政颇多，著名的四川乐山大佛就与他颇有渊源。

乐山大佛于唐玄宗开元初年（公元 713 年）开始动工，其间因主持人海通和尚圆寂而一度中断。后来时任剑南西川节度使的章仇兼琼捐赠俸金，工程才得以继续。等到章仇兼琼迁任户部尚书时，工程再次中断。又过了大约四十年，剑南西川节度使韦皋再次捐赠自己的俸金，并率人继续修建乐山大佛。

海通和尚主持修建乐山大佛十八年，也就是自公元 713 年至公元 730 年，其中策划与筹措资金就耗时约十年，实际用于开凿的时间仅八年。

乐山大佛自上而下开凿修建，海通和尚主持了开凿大佛的头部至胸部的工程就积劳成疾而病逝；章仇兼琼大约用了七年主持了开凿大佛胸部至膝部的工程；收尾部分的工程则是在韦皋的主持下完成的。

所以，乐山大佛的建造过程共历时九十年，自公元 713 到公元 803 年，经历了唐玄宗、唐肃宗、唐代宗、唐德宗四朝。三位工程主持人中，章仇兼琼处于承上启下的位置，对于乐山大佛的建成厥功至伟。

说回杨国忠。杨国忠受鲜于仲通推荐，被章仇兼琼派到长安之后挥金如土，将自蜀地带来的财物尽数送给杨氏姐妹。杨国忠身材高大，长得还算过得去，据说在这期间还曾与杨玉环的三姐虢国夫人关系暧昧。正因如此，杨氏姐妹经常在玄宗面前替杨国忠和章仇兼琼美言。

杨国忠能够时来运转，从蜀地到长安，无疑是托了杨贵妃的福，但他能够引起玄宗的关注，却是因为他精于赌博，尤其擅长一种名叫“樗蒲”的游戏。当时这种赌戏在宫中十分流行，玄宗也精于此道，还自认为天下无敌。杨国忠入宫之后，与玄宗棋逢对手，两人成为玩伴，从而建立起了好感。

此后，杨国忠常陪同玄宗与杨氏姐妹赌博嬉戏，每次都能快速而准确地算出输赢的具体数额，玄宗以此认定他是理财的好手，就让他担任了户部官员，这是杨国忠飞黄腾达的关键一步。

杨国忠似乎也没有辜负玄宗的期望。他升为度支员外郎的第三年，也就是公元 749 年，唐玄宗带领文武百官去参观左藏库，见到库房里堆满了绢帛与钱币，喜出望外，当即赏赐了杨国忠紫衣、金鱼袋，让其兼代太府卿事，不久还应其要求赐名“国忠”，意思显而易见，就是国之忠臣。

因为玄宗奢靡放纵，所以此时帝国财政其实很窘迫，那杨国忠是怎么做到让国库堆满财物，以至让玄宗龙心大悦的呢？

他首先盯上了全国的义仓粟。义仓粟原本是朝廷在丰收的年景将

各家各户多余的粮食拿出来一部分储存在义仓中，等到荒年的时候用于开仓赈灾的。

时任度支员外郎的杨国忠，下令把各地的义仓粟变卖成轻货，然后运往长安。这里的“轻货”，就是指小而贵重的财货，尤其是绢帛，绢帛在唐代甚至能起到货币的作用。

这些便于运输的轻货运到长安后，就被送入国库。杨国忠又依法炮制，将征得的丁租、地税全部换成布帛，用来充实天子的库藏。如此做法，自然能使国库财物堆积如山，好大喜功又挥霍无度的玄宗看到之后自然心花怒放。而义仓粟原有的赈灾功能，杨国忠就置之不理了。显然，杨国忠深知自己的价值就是会“搞钱”。对于赌徒出身的他来说，拆东墙补西墙本来就是强项，他原本就没有考虑什么荒年赈灾、未雨绸缪、百年大计的问题，他考虑的只是如何满足玄宗一人的需求。他想方设法聚敛财物，将国库维护得看似井井有条，不过是为了讨玄宗的欢心。

死了才被斗倒

杨国忠入朝为官时，李林甫还是当朝宰相。一开始，李林甫并未关注杨国忠这样才学浅薄的角色，但随着杨国忠的权势和野心越来越大，两人的矛盾逐渐尖锐。

名相宋璟的第四子宋浑，时任御史中丞，因与李林甫交好，被杨国忠抓住机会告发，在公元750年以受贿罪被判流放；公元752年，李林甫的心腹王鉷之弟王焊图谋作乱，玄宗命杨国忠审讯此案。杨国忠诬陷王鉷曾参与密谋，还谎称李林甫也与王鉷暗中勾结。最终，王鉷被赐死，李林甫虽未获罪，却也逐渐被唐玄宗疏远。

天宝十一载（公元 752 年）十月，南诏入侵，杨国忠当时兼任剑南节度使，李林甫便抓住机会，奏请玄宗让杨国忠到剑南赴任，想把他调离朝廷，借机进行绝地反击。不巧的是，李林甫算盘打得挺好，他却病了，而且病入膏肓。

杨国忠刚到剑南，便被唐玄宗召回朝中。在李林甫弥留之际，杨国忠前往探望，还诚惶诚恐地拜于床下，可见他对李林甫的畏惧。李林甫此时已无力与杨国忠争斗，泪流满面地向其托以后事。杨国忠嘴上连称不敢，但他这样的无赖，怎么会就此放过李林甫？

李林甫尸骨未寒之时，杨国忠就与安禄山合谋，上奏玄宗，诬告李林甫与突厥叛将阿布思同谋造反。此时李林甫的女婿、时任谏议大夫的杨齐宣因为害怕株连自己，竟依附杨国忠，出面举证自己的岳父。

真是树倒猢狲散，此时大唐的朝臣，为了一己私利，哪里顾得上什么正义和亲情？此时李林甫尚未下葬，玄宗丝毫没有念及李林甫给他当了十九年的宰相，当即下令削去李林甫的官爵，抄没家产；还下令打开棺材，剥下李林甫的金紫朝服，夺走所有陪葬品，改用小棺以庶人之礼安葬，李林甫的子孙，凡做官者，全部流放岭南。

两个新贵又开始了内讧

新贵杨国忠就这样成了大唐宰相，而此时的另一个新贵安禄山极其看不上杨国忠。

节度三镇、爵封郡王的安禄山一生只怕一个人，那就是李林甫。他的心思总能被李林甫看穿，甚至他想说的话，李林甫也总能先他一步说出来。正因为在李林甫面前几乎藏不住任何秘密，所以安禄山打心底里畏惧李林甫，不敢在李林甫面前妄自尊大，更不敢轻举妄动。

而杨国忠在安禄山的眼里，就是一个靠裙带关系上位的无赖，而且他认为正是杨国忠阻挡了自己入朝为相的道路。昔日的幽州节度使李适之都能为相，自己身为三镇节度使，不能拜相，不就是因为有李林甫在吗？现在李林甫已死，也该轮到自己了吧，可当上宰相的怎么会是杨国忠呢？肯定是杨国忠从中作梗。这就是安禄山与杨国忠产生矛盾的根本原因。

安禄山每次见到李林甫，即便在数九寒天，也会紧张得汗流浃背，但他根本不将杨国忠放在眼里。看到安禄山的表现，杨国忠自然也明白了他的心思，他于是一有机会就对玄宗说安禄山必反。为了验证自己说法的正确，他甚至对玄宗说："陛下可召安禄山进京，试其有无谋反之心，他肯定不敢来。"

公元754年，玄宗听从杨国忠的意见召安禄山入朝，令杨国忠没想到的是，安禄山召之即来。安禄山在华清宫最后一次面见了玄宗，再一次表演了自己的忠诚。他跪倒在地，泣不成声地哭诉："臣本胡人，幸得陛下恩宠才有今天，现在却被杨国忠所嫉妒，就要死在他的手里了。"

玄宗看着委屈又忠诚的安禄山，深感愧疚，于是打算让安禄山当宰相，并令翰林学士张垍（jì）起草诏书。杨国忠知道后立即劝阻，玄宗只好作罢，改任安禄山为尚书左仆射（yè）。

但文武大臣斗法、朝臣与边将不合，不正是玄宗希望看到的吗？这样他们至少不会结党营私，需要他这个做皇帝的居中调停、左右平衡。所以玄宗根本就不打算彻底解决两人之间的矛盾。

但玄宗可能没想到，手握帝国行政、人事和财政大权的宰相，与手握重兵的边将矛盾日益加深，将会对帝国产生怎样巨大的破坏作用。

玄宗只是一味安慰安禄山，安慰的办法就是不断地给他升职加薪。一大堆兼职头衔，将安禄山的威望越抬越高；丰厚的赏赐，又变成了安禄山的军费，让他实力越来越强。

此时的大唐朝廷，早已金玉其外，败絮其中：皇帝沉醉于风花雪月，宰相忙于排除异己，官员陷于欺瞒谄媚，中央军久疏沙场……纸醉金迷的景象之下，帝国财政早已捉襟见肘。

反观安禄山，这次到长安赚得盆满钵溢之后，他深知此处不可久留。尽管临别之时，玄宗体贴地把自己的御衣披在了他的身上，又命高力士将他送出京城，但他仍然乘坐着十五里一换的快船，日夜兼程，每天赶路数百里，一口气赶回了范阳。

相较于昏庸的玄宗，安禄山可谓机警无比。此时的安禄山显然比玄宗更加了解大唐的底细，他已经不对大唐朝廷及自己的仕途抱有任何不切实际的幻想。身为久居一线的边帅，入朝为相是安禄山的最高梦想，现在他知道这个梦想已经破灭了，在杨国忠的步步紧逼之下，他甚至性命堪忧。

对于此时的安禄山来说，造反已是箭在弦上，不得不发；而大唐朝廷中，不但杨国忠认为安禄山必反，几乎所有人都是这样认为的，唯有唐玄宗仍然执迷不悟。

安禄山是被逼反的吗？

每次朝中文臣被诬陷谋反，唐玄宗都深信不疑，如果文臣结交边将，他更是毫不手软。那他为什么唯独对安禄山谋反的野心和迹象置若罔闻呢？是因为安禄山太会表演忠诚？是因为他觉得胡人翻不起大浪，不能动摇国本？是因为安禄山的干妈杨贵妃吹枕边风？是因为他惰于国政，不想追究？还是因为他实在太喜欢这个跳起胡旋舞来就像陀螺一样的胖子？

我们不能排除以上的原因。李隆基靠宫廷政变起家，缺乏旷日持久的血与火的磨炼，加上他天性风流浪漫，又眼看着帝国在丰厚底蕴的加持之下冉冉上升，直至在自己手中绽放出盛世荣光，此时的他只觉得江山永固，百姓长宁。对安禄山这样的边将缺乏重视，也是李隆基这样的帝王必然会犯下的错误。

同样出身底层的杨国忠就和玄宗的看法截然相反。他推己及人，自然认为安禄山没有不造反的理由。

天宝十四载（公元755年）二月，安禄山派遣部将何千年进京，提出要把自己辖区的三十二位汉将换成胡人。杨国忠认为这就是安禄山蓄意谋反的铁证，便针锋相对地向玄宗提出两条建议：一是召安禄山进京，入朝拜相，剥夺他的兵权；二是将平卢、范阳、河东三镇的节度使全部换成忠诚可靠的汉人。

这个主意既能保全安禄山，又能消除帝国隐患，应该说是杨国忠为相时对大唐最大的贡献。但玄宗犹豫了，想要再试探一下安禄山的忠心。

玄宗这样做，自然有他昏庸的原因，但归根结底还是因为没有太过重视这个意见，因为提出这个意见的人是杨国忠。李隆基很清楚杨国忠针对安禄山根本不是为了国家和百姓，而是为了在自己面前争宠，是为了攻讦安禄山。

当初兼任剑南节度使的杨国忠被迫前往赴任向他哭诉会受到李林甫的陷害时，以及最后一次进京的安禄山哭诉自己会死在杨国忠的手上时，玄宗都只是安慰一番，并没有太当回事，对李林甫和杨国忠也没有任何的责备。

玄宗太清楚大臣们之间这些“恩怨情仇”了，所以哪怕这些人再“义正词严”，他也觉得他们纯粹是从个人利益出发的，又怎么可能真正打动他？他要做的，就是将大臣之间的这种矛盾控制在他认为合理的范围之内。

于是，玄宗派心腹宦官辅璆（qiú）琳以送珍果为名，到范阳见安禄山，打探虚实。安禄山怎会不明白玄宗的真正用意？他率领部下众将，联袂演出了一场大表忠心的好戏。更重要的是，他对辅璆琳极尽奉承之能事，又出手阔绰，不仅让辅璆琳在范阳时如沐春风，返回时也是满载而归。

回到京城的辅璆琳，不但没有汇报安禄山在范阳训练战马、补充粮草的实情，反而替安禄山大表忠心。信以为真的玄宗坦然地对杨国忠和韦见素两位宰相说："安禄山的一片忠心毋庸置疑，朕还要靠他抵御外敌保卫北疆。现在朕亲自为他作保，以后你们都不得以安禄山必反这样的妄言来烦朕。"

在玄宗看来，安禄山与杨国忠的矛盾应该到此为止了；但在杨国忠看来，唐玄宗如此定论，就是自己的失败。为了证明自己的正确，他决意不惜一切代价，把安禄山逼反。

杨国忠为了搜集安禄山谋反的证据，指使京兆尹派人查抄了玄宗赏赐给安禄山的京城豪宅，可并没有查到真凭实据。杨国忠还不死心，又命人将替安禄山看宅子的几个人带回御史台，刑讯逼供未果，便将这几个人缢杀在狱中。安禄山留在京城的人质长子安庆宗马上将此事报告给了安禄山。

安禄山蓄意造反是事实，但因为感念玄宗的知遇之恩，他想在玄宗死后再造反应该也是事实，而且从时机上看，等到那时造反也更为有利。

但杨国忠的步步紧逼，显然让安禄山把造反的计划提前了。史书上记载了一件颇为蹊跷的事情，似乎能够印证这一点。

天宝十四载（公元 755 年）七月，安禄山上表朝廷，说要派二十二位番将率领近七千部众入京，理由是进献马三千匹。

这一行为连玄宗都迷惑不解。安禄山到底意欲何为？一下子进献这么多马干什么？献马需要这么多全副武装的悍将精兵吗？如果安禄山是想派兵进京逼宫，这点兵力够吗？或者说，他只是打算用这些人作为起兵时的内应？这些献马的官兵走到半路就被地方官以不合礼制的名义挡了回去，从这个结果来看，难道安禄山只是想观察一下朝廷的应变？测试一下沿途官员的态度以及天下民意？

因为此次进京献马不了了之，所以安禄山真正的用意不得而知。但安禄山举兵造反只是时间的问题，而此时大唐朝廷似乎没有任何节制安禄山的手段和措施。

安禄山上表献马之前，玄宗曾以安庆宗与荣义郡主大婚为名，盛邀安禄山再次进京，但安禄山以生病为由拒绝赴京。

安禄山上表献马之后，玄宗再次派出宦官冯神威拿着手诏前往范阳，告谕安禄山冬天再献马，并邀请他到时候来华清池泡温泉。此时的安禄山一反当初对待辅璆琳时的热情，面对天子来使冯神威连拜都不拜，大大咧咧地半躺在胡床上对冯神威说："圣上可好？马不献也罢。你回去告诉陛下，我十月一定前往京师。"冯神威还来不及说话，就被拖了下去，数日后便被遣返长安。

其实，早在四个多月前，也就是三月时，玄宗曾命给事中裴士淹代表朝廷去河北慰问军民。裴士淹来到范阳后，就等了二十多天才见到安禄山。而他回到长安后，因为看到玄宗对安禄山的无条件信任，也没有敢将实情上奏。

八月，冯神威狼狈地回到长安，甚至连安禄山装模作样的谢恩折子都没有带回来一封。受尽委屈的他对玄宗哭诉道："奴才差点儿就无法回来见陛下了。"

至此，安禄山反迹已明，一切都来不及了。天宝十四载（公元755年）十一月，安禄山自范阳起兵，挥师南下，口号是诛杀祸国殃民的奸相杨国忠。

安史之乱爆发。

第七章
安史乱起

历史的必然包括人祸

天宝十四载（公元755年）十一月，安禄山于范阳起兵造反，史思明从之，史称“安史之乱”。安史之乱在此时此地爆发，不是一个偶然事件，而是大唐发展的历史必然。

首先是大唐兵制的改革。唐初的兵制是府兵制，于地方设军府，最少的时候也设置有六百三十四府，仅在关内的就有二百六十一府，屯驻了全国三分之一的兵力，可见当时朝廷对帝国内部安全的重视。

府兵制下的大唐士兵均为在籍农民，闲时耕种，战时出征；战事过后，兵散于府，将归于朝。所以，士兵不会失业且能自给自足，而将帅也不会拥兵自重。

大唐戍边的军队，规模大的叫“军”，小的叫“城”或“镇”，统称“道”。唐初时天下分为十道，可见戍边部队数量并不算多，也就没有了坐大的可能。

这就从制度上杜绝了地方拥兵威胁中央的可能，更不要说当时的太宗李世民，不但雄才伟略无人企及，冲锋陷阵也是称雄当世。面对如此帝王和军队，谁能够去拥兵反叛？

例如唐初，罗艺曾是李建成的党羽，得罪过李世民，因而在李世民登基后内心惶恐，于贞观元年（公元627年）发动叛乱。看看此次叛乱如何波澜不惊，就能明白安史之乱为什么不可能发生在唐初。又如陈国公侯君集，因攻灭高昌后私自将宝物据为己有而下狱，以致牢骚满腹，于贞观十七年（公元643年）与太子李承乾密谋造反；郧（yún）国公张亮，于贞观二十年（公元646年）被人告发私养义子五百人，蓄意谋反。二人被诛之时，太宗甚至涕泪交下。这样的表现哪里像是在对待谋逆之人？事实上，不说侯君集和张亮，就连皇子李祐反叛也被快速镇压，身为太子的李承乾的谋反计划更是胎死腹中。原因很简单，他们拿什么造反？又凭什么造反？

到了高宗和武后时期，府兵制逐渐解体，就连府兵到京城宿卫这一被视为无上荣耀的制度也无以为继。即便如此，当徐敬业在公元684年于扬州起兵反叛时，大唐剿灭起来也只用了不到两个月。正像如果不是说书人讲《隋唐演义》，人们甚至不会知道罗艺反叛一样，如果不是骆宾王那篇流传千古的《为徐敬业讨武曌檄》，人们也不会记得徐敬业发起的这场扬州兵变。

徐敬业的反叛被迅速扑灭倒不是因为武则天的文韬武略，而是徐敬业实在不堪一击。一帮破落贵族、失意官僚和落魄文人组成的叛军，与半个世纪前才经历过开国战争的大唐正规军根本不在一个量级。

之后，因为武后的弄权，谋杀与谋反层出不穷，清洗与清剿此起彼伏，太子能废，皇帝能换，将相更是说杀就杀，官员们个个噤若寒蝉。残酷黑暗的政治环境终于催生出武周这样的历史怪胎。内战内行、外战外行的武周政权，在国境线上几乎将大唐开国以来的军事遗产挥霍殆尽。

看看后来挂帅出征契丹的武懿宗、武攸宜这些武家子侄，我们不仅能看到大唐将星的凋零，更能明白此时武周对外屡战屡败的根本原因。更加荒唐的是，连冯小宝（薛怀义）这个街头卖大力丸的小混混，就因为是武则天的情人，也能挂帅领兵出征突厥。可见武则天恣意挥霍大唐国力到了什么程度。

归政李唐之后，唐玄宗李隆基起初倒是励精图治，但他显然在还没有解决制度性的根本问题时就陷入了奢靡享乐的温柔乡。本就没有百炼成钢的他，又天生文采风流，以致晚年时甚至要将国政交给李林甫、杨国忠等，自己乐得逍遥安逸。

李隆基既缺乏身为帝国中流砥柱的担当，也没有力挽狂澜的能力，这就决定了他骤临大事时想的不是如何扶大厦于将倾，而是如何自保。也许他的骨子里原本就带有李渊那样的“豁达”，只要能够独善其身，他似乎对于做一个“富家翁”也心满意足。

然而，如此的性格和作为，又哪里会成为一个合格的君王？在这样的君王治下，安史之乱的爆发和蔓延又怎会不在情理之中？

当然，安史之乱不是李隆基一个人的错误所致，张说的裁军和募兵制改革、李林甫提拔“寒族胡人”的动议，都起到了推波助澜的作用。

但张说和李林甫毕竟与后来的杨国忠不同，他们提出的改革和动议是大势所趋，有不得已而为之的成分。这里的“不得已”，一方面，要追责到高宗，尤其是武后，即人为主观犯下的错误必须拨乱反正；另一方面，有客观因素，也就是时代发展之后，国家制度确实有需要改变的地方。

作为宰相，张说和李林甫的错误在于没有未雨绸缪，没有做到防患于未然。府兵制改募兵制后，大唐帝国藩镇涌现，节度使甚至拥兵近五十万，相应地，军费开支数年间激增近十倍。而面对外重内轻，国内兵力大幅减少、战斗力急剧下降的局面，大唐朝廷没有任何防范和应对措施。

不仅如此，在开元中期，边将更是十余年不换防，皇子、诸王、宰相及朝中大臣又可以遥领（只担任职名，不亲往任职）、兼统（总领并管之意）边军。像玄宗长子、庆王李琮（cóng）就遥领安西大都护；

萧嵩入相后，遥领河西节度使；牛仙客入相后，遥领朔方节度使；李林甫在朝时，遥领陇右、河西节度使；杨国忠也遥领过剑南节度使。此外，像盖嘉运、王忠嗣等人都能专制数道，始开兼统之风。

这显然与唐初时边帅“不久任，不遥领，不兼统”的做法背道而驰。唐初时的四夷之将，即便如阿史那社尔、契苾何力这样才略出众、忠诚无二的人物，也不专任大将之职，而且领兵出征时受到大唐特使的制约。

不久任，就不会有军中根基；不遥领，就不会与朝中勾结；不兼统，就不会尾大不掉；有特使制约，就不能随意调动军队。边帅在朝中没有呼应，缺乏军中根基，实力不够强大，甚至连军队都无法擅自调动，如何能拥兵反叛？

玄宗时的大唐朝廷，既然是顺应形势而改变之前的政策，那为什么没有借鉴之前政策的优点？即便是为了推陈出新而将旧政策全盘推翻，那施行新政策之后，朝廷为什么没有看到新政不合理之处带来的隐患？还是说，虽然看到了，但视若无睹，抑或无能为力？从后来的实际情况来看，朝廷看到了隐患但视若无睹的可能性更大，因为即便在安禄山最后一次进京时，玄宗还是有机会控制安禄山的，而这样的机会之前更是俯拾皆是。

从制度的层面来看，李林甫提出重用“寒族胡人”原本也没有错，他错在断绝了边帅入相之路。唐初时的李靖、李勣，之后的刘仁轨、娄师德，就连此前不久的萧嵩、李适之等人，都是因功勋卓著而由边将拜相的。

李林甫断绝这一上升通道，无异于断绝了藩镇边帅出将入相的最高梦想。如果这是新制定的制度，那在新旧制度的转型期，就要做好善后安抚工作；如果只是李林甫心血来潮的一时举措，那当事人怎么可能不认为自己遭到了不公正的待遇？

与张说和李林甫的这些施政失误相比，杨国忠这个宰相可谓祸国殃民。别的不说，单就他对安禄山的所作所为就可见一斑。杨国忠千方百计地堵死安禄山的入相之路，玄宗几度要拜安禄山为相，都被杨国忠阻止。他甚至歇斯底里地要将安禄山置于死地，即便没有丝毫证据，也将安禄山抄家搜查，甚至重刑致其门人死亡。

且不说杨国忠此举纯粹是为了自己的功名利禄而在皇帝那里争宠，就算他是出于所谓“家国情怀”，宰相对边帅行此手段也是骇人听闻的。兼任三镇节度使的安禄山受到如此对待，岂能不反？

安禄山能够具备倾覆天下的实力，也有其历史原因。当时大唐边患以后突厥与吐蕃为重，所以西、北两个方面集中重兵囤守。守将之中，又以张守珪较为出色，安禄山恰好在张守珪帐下。张守珪虽勇，但并无远虑，将安禄山收为养子，重点培养。安禄山生于社会底层，长于胡汉边境，混迹于市井行伍，深谙投机取巧、左右逢源之道，加上他天生具有强悍狡黠的性格和狠辣的手段，所以很快就成长为手握重兵的一方大员。

安禄山还不遗余力地在朝中运作，诈功献宝邀宠玄宗，重金贿赂朝臣，甚至与很多奸佞之臣臭味相投、一拍即合，要不然，为什么颇有胆识和远见的张九龄一见他，就讨厌得非要杀了他。要知道，当时安禄山可是毕恭毕敬地到张九龄的府上请安，态度绝不像后来对待杨国忠那样傲慢和轻蔑，而那时张九龄就看到了安禄山的狼子野心。

总之，在包括李林甫在内的一大帮朝臣的称赞下，玄宗与安禄山一见如故。玄宗对安禄山的宠信可谓无以复加，不但经常请他泡温泉，还为他在京城建造了极其奢华的府邸，甚至允许了他认杨玉环为干妈，随意出入后宫。

不仅如此，玄宗还任命安禄山为平卢、范阳、河东三镇节度使，兼任河北采访使、御史大夫、左羽林大将军，爵封东平郡王，甚至要让大字不识的安禄山入朝为相，连拜相诏书都草拟好了。

在唐玄宗的宠信下，安禄山权势熏天，羽翼日渐丰满。而此时的玄宗年事已高，早已无心政事，大唐朝廷在杨国忠等人的胡作非为下，也是金玉其外、败絮其中。在经济和军事方面，由于玄宗奢靡放纵，帝国财政捉襟见肘；均田制随着不可遏止的土地兼并遭到严重破坏，府兵制早已被募兵制取代；大唐精兵几乎全部集中在西北、西南与东北边境，关内兵士减员、军备废弛，京师防备几乎到了形同虚设的地步。

当然是蓄谋已久

安禄山受到玄宗如此宠信，自然很清楚帝国的实际情况，此时拥兵自重的他，怎么会没有觊觎之心？形势的对比和实力的转换本来就是欲望、权势及个人利益膨胀与否的基础和依据。安禄山很早就开始暗中准备发动叛乱了。公元747年，安禄山借御寇之名，在范阳修筑雄武城，将大量军械和粮食储藏在城中；同时，他私下豢养同罗（铁勒部落）、奚、契丹降卒八千余人，将他们收为养子，号称“曳落河”，意为壮士，组成敢死队；他还挑选百名家童，对其严格训练、大加赏赐，培养出一支骁勇善战且对他竭诚尽忠的亲兵卫队。

在准备军械、笼络死士的同时，安禄山畜养了五万余只牛羊、一万余匹战马作为后勤保障。而且安禄山早就与他的本族粟特暗通款曲，粟特人虽为游牧民族，但也在边境进行商贸活动，积累起来的财富以各种方式流向安禄山的金库。

为了笼络藩镇的唐军将士，安禄山还不断地向玄宗讨要封赏。史书记载，他曾向玄宗送上一份请封名单，其中要求晋升为将军的就有五百多人，要求升为中郎将的更是有二千多人，而玄宗欣然应允。这种借朝廷名义收买人心的举动，怎会不令藩镇将士对安禄山感恩戴德呢？

就这样，安禄山网罗了一帮文臣武将放在自己身边。高尚、严庄、张通儒、孙孝哲等都成为安禄山的心腹谋臣，史思明、安守忠、李归仁、蔡希德、牛庭玠（jiè）、崔乾祐、田承嗣及阿史那承庆等都成为安禄山倚重的将领。

说实话，安禄山帐下也不全是庸碌无能之人。高尚就很有才学，因得不到朝廷任用而潦倒到连老母亲都养不起，安禄山却能礼贤下士，将其收为幕僚。高尚投桃报李，为大字不识的安禄山撰写文书，还借解释图谶劝其起兵造反。安禄山起兵时的前锋田承嗣，也是因为统兵之才而受到安禄山的器重。一次安禄山在大雪中巡视军营，到了田承嗣部，发现军营寂静无声，好像没人一样，走进去一看，士兵明盔亮甲，整肃列队，安禄山认为田承嗣治军严整，便让他镇守颍川。

玄宗之所以对安禄山深信不疑、委以重任，是想让他成为守卫大唐北大门的钢铁长城，抵御契丹和奚。而安禄山一面制造边境危机四伏的假象，一面伪造战功。边境不消停，朝廷就离不开他；战功不断，玄宗就会越发信任他。

为此，安禄山在边境制造了一桩又一桩谋杀案。安禄山先与契丹和奚族部落酋长交好，让他们放松警戒，再以请客吃饭为由将他们诱杀，将其部下收入麾下。安禄山一边对这些人施以巨大恩惠，一边告诉他们自己之所以杀了他们的酋长，完全是奉大唐朝廷之命，不得已而为之，所以现在赐予他们荣华富贵，以表对他们酋长的愧疚。

安禄山此举既建立了军功，又转移了仇恨；既消灭了对手，又壮大了自己的力量，但对于大唐来说，显然不是什么好事。

安禄山一切准备妥当，倾覆天下之势已成，也许他本来想等到玄宗去世之后再造反，但在杨国忠的步步紧逼之下，他决定提前举兵反叛。

天宝十四载（公元 755 年）十一月，安禄山命范阳节度副使贾循留守范阳，平卢节度副使吕知诲留守平卢，别将高秀岩守卫大同（今朔州东北马邑），自己亲率三镇及同罗、奚、契丹、室韦共十五万联军，以奉诏讨逆、诛杀杨国忠为名，誓师出征。

消息传到骊山华清宫，正在享受冬日温泉的李隆基拿起奏书草草看了一眼，就漫不经心地放到一边，笑呵呵地对杨玉环说："爱妃呀，又有人告你那个禄儿谋反了。"贵妃娘娘嫣然一笑，两人又开始了鸳鸯戏水。

麻木又迟钝的玄宗，直到范阳起兵七天之后，才确认安禄山已反。而杨国忠更加愚蠢，竟扬扬得意，因为他屡次预言安禄山必反，如今终于成真了。他信誓旦旦地对玄宗说："叛乱的只有安禄山一个人，其他人根本不会响应。不出十日，这家伙的脑袋就会送到行宫，兵不血刃就可平定叛乱。"

杨国忠的话令群臣面面相觑，玄宗却深以为然。这是什么样的皇帝和宰相？

难怪叛军之中，安禄山也在好奇："怎么一个月了，杨国忠的脑袋还迟迟没有送来？"

二人都在等着对方人头落地，那最先人头落地的又会是谁呢？

李隆基和杨国忠这对君臣，可能把安禄山这次叛乱视作当年徐敬业那样的谋反了，他们或许不清楚，此时帝国的中央军根本抵挡不住安禄山的凌厉攻势。

当时，对这次叛乱持乐观态度的还有名将封常清。封常清当初在名将高仙芝麾下，公元 741 年随高仙芝征讨达奚部叛乱；公元 747 年随高仙芝击败小勃律，任节度判官，赐紫金鱼袋；公元 752 年，升任安西副大都护；公元 753 年，率军攻破大勃律；公元 754 年入京朝见，摄御史大夫，受封权知北庭都护，持节充伊西节度等使。

久在军中、多年征战的封常清，对此时形势的估计竟与杨国忠如出一辙，也是匪夷所思。当玄宗询问群臣谁可以征讨安禄山时，封常清自请赶赴东都洛阳平叛，甚至在玄宗面前夸下海口，声称"计日取逆胡之首悬于阙下”。不知这是他军人气概使然，还是他也缺乏对大唐国情军力的清醒认知，抑或他作为一个久经沙场、战功卓越的大将自信的表现，不管怎样，从结果来看，封常清显然低估了安禄山的实力。

三道防线也白搭

眼看杨国忠、封常清这些文臣武将信心满满，李隆基也转忧为喜。他调兵遣将，在半个多月的时间里设下三道防线：第一道防线，由河南节度使张介然率军一万守陈留（今河南开封）；第二道防线，由新任范阳、平卢节度使封常清守洛阳，就地募兵六万；第三道防线，由高仙芝以兵马副元帅的身份统兵五万守陕郡（今河南陕州）。

玄宗又任命自己的第六子荣王李琬为此次平叛的元帅。李琬素有雅称，当时朝野内外都对他统率官军平叛寄予厚望，但不久后李琬突然去世，如此开局，也为平叛战事蒙上一层阴影。朝廷拿出内府钱帛，十日内在京城募兵十一万，多是市井商贩子弟，号称“天武军”，编入战斗序列。

大唐设下三道防线，又有高仙芝、封常清这两位名将并肩作战，安禄山将如何应对？

安禄山在范阳起兵，号令严厉整肃，有一班以死相拼的将士，朝廷军队碰上必然会吃败仗，再加上河北一带原本就是他的辖区，所以各州县的抵御很快瓦解，叛军长驱直入。安禄山经博陵（今河北保定定州）、藁城（今河北石家庄藁城）推进到黄河北岸，又从灵昌郡（今河南安阳滑县东）渡过黄河，攻陷灵昌。

兵马副元帅高仙芝十二月初一刚领兵离开长安，初五陈留就失守了。原因就是刚来陈留没几天的张介然根本指挥不动这里的将士，或者说，此时的陈留守军早已被铺天盖地的叛军吓破了胆。陈留太守郭纳率军稍作抵抗之后，便献城投降。安禄山几乎兵不血刃就冲破了大唐的第一道防线。

此时安禄山得知留在京城的儿子安庆宗已被玄宗处死，恼羞成怒，将投降的一万多唐军将士全部杀死，张介然也未能幸免。之后，安禄山任命部将李庭望驻守陈留，自己率军直扑荥阳。

当安禄山得知儿子被杀时，曾痛哭着说："我有什么罪，要把我的儿子杀死？"这句话让人颇为费解。你起兵反叛，都已经从北京打到开封了，还不知道自己有什么罪吗？若你真觉得自己无罪，那当初离开长安时，为什么十五里一换船，昼夜兼程赶回老巢范阳呢？

如果这是安禄山骤闻痛失爱子，情急之下口不择言、真情流露，倒是可以理解；哪怕是一贯演技出众的他为了激励部下而惺惺作态，也不算出人意料。但事已至此，如果他发自内心地坚信自己无罪，那就只能是因为他确信自己是"奉诏讨逆"，针对的只是杨国忠一个人。

但这显然不是事实。这样的理由甚至连他自己也说服不了，否则，当初高尚、严庄等为什么要为他解析图谶，劝其造反呢？高尚等吹嘘安禄山有帝王气象，真的相信自己有帝王气象的安禄山密谋起兵，就只是要诛杀杨国忠吗？都到这个时候了，还用再强调那个"奉诏讨逆"的出兵借口吗？咬住这样的借口不放，之后怎么扩大战果，又如何登基称帝呢？

而且安禄山将儿子留在京城，本来就是做人质的，儿子被杀这样的结局，他怎么可能没有心理准备？

安禄山这句令人费解的话，如果不是出于极度悲愤下的真情流露，也不是为了政治目的而进行的表演，那只能说明他的身体出了问题，开始显现神经错乱的迹象了。从安禄山没过两年就双目失明、全身长满毒疮，因病痛而变得歇斯底里的事实来看，此时的安禄山很可能已是百病缠身，意识也出现了间歇性的模糊。如果真是这个原因，那叛

军之后一些匪夷所思的决策和行动也就有了合理的解释。

亡羊补牢本来不算太晚

安禄山率军来到荥阳城下，荥阳守军疏于战阵，听到战鼓声就吓得双腿发抖，以致纷纷从城墙上坠落。双方根本不在一个水平线上，一番较量之后，荥阳被攻破，太守崔无诐（bì）被杀。

荥阳陷落，东都洛阳门户大开。安禄山命武令珣镇守荥阳，命部将田承嗣、安忠志、张孝忠为先锋攻打洛阳。此时已在洛阳募兵六万的封常清率军抵御，五战五败，虽浴血厮杀，但最终洛阳还是沦陷了。

究其原因，封常清新募的这些士兵"皆佣保市井之流"，也就是市井无赖。这些人没什么战斗经验，甚至没有经过正规的军事训练。洛阳保卫战中，面对强悍的叛军，驻守武牢（虎牢）的唐军一触即溃；封常清在葵园（今河南荥阳高阳竹园村一带）收拾残部再战，又被叛军冲散；接下来封常清退守洛阳东面的城门上东门，仍没能阻止叛军，叛军从城门鼓噪而入，开始杀掠百姓与胥吏。

封常清仍在拼死抵抗，又与叛军战于都亭驿。都亭驿位居南北交通要冲，是自洛阳向南至襄州的重要驿站，封常清此举意在掐断叛军南进之路，保障大唐后勤供给线的畅通，可惜再次兵败。

几乎山穷水尽的封常清只好退守洛阳东城东边的宣仁门，在这里他第五次被叛军击溃。事已至此，封常清只好从宫苑西墙的塌陷处败退而走，可谓狼狈至极，但他屡败屡战，誓死不降，还是体现出了一个军人的担当，值得赞扬。

从安禄山范阳起兵到洛阳沦陷，竟然只过去了短短三十四天。此时的封常清想必已经认清当下的形势和双方实力的对比。失败不可怕，只要能够找到原因并迅速拿出切实可行的方案去扭转战局，就有可能反败为胜。后来的事实证明，封常清做到了亡羊补牢，但也没有扭转最终的战局。这又是为什么呢？

封常清率残部西奔陕郡，将战况告知在此驻防的高仙芝，认为与叛军正面交锋不可取，高仙芝采纳了他的建议，退守潼关。这在当时是非常正确的选择，因为陕郡无险可守，而潼关又无重兵把守，如果此时占据洛阳的叛军趁势拿下陕郡，或者绕过陕郡直取潼关，首都长安就会危如累卵。

果然，高仙芝在领兵向西退守潼关的途中遭遇了安禄山的追兵，尽管唐军多有死伤，但总算抢先一步占据了潼关。高仙芝一到潼关，就下令抢修工事，加固城防。

但是，安禄山的叛军并没有强攻潼关，尝试了几次没攻下，竟撤军而归。此时的安禄山在干什么呢？他忙着为当皇帝做准备。天宝十五载（公元 756 年，同年七月，太子李亨登基，改国号为至德）正月初一，安禄山在洛阳称帝，自称雄武皇帝，国号大燕，定都洛阳。

安禄山于天宝十四载（公元 755 年）十一月初九起兵，天宝十五载（公元 756 年）正月初一称帝，中间仅隔了一个多月，他为什么急于完成这样的身份转变？

昔日孙权称，让他称帝是把他放在火上烤；曹操也说过“若天命在吾，吾为周文王矣”；刘邦更是不顾“先破秦入咸阳者王之”的约定，告诉项羽“毫毛不敢有所近，封闭宫室，还军霸上，以待大王来”。

这几个人，哪一个的称帝条件不比安禄山成熟？哪一个的称帝欲望比安禄山弱？他们之所以没有在当时称帝，只因认为时机没有成熟而已，在那时称帝没有任何必要。

那安禄山此时称帝有什么必要吗？是军中动荡，还是百姓迷茫，需要他登上帝位来安定军心和民心？事实上，此时安禄山手下的军队势如破竹，一路推进，临汝、弘农、济阴、濮阳及云中诸郡纷纷归降安禄山。那么是安禄山感到大功告成，可以安享太平了吗？事实上，他此时仅占据了洛阳，不说攻陷长安，就连潼关都还没有拿下，何来大功告成一说？

由此可见，安禄山急于称帝，只是他的沐猴而冠之举罢了，不但没有任何积极意义，还把他的短视与贪婪暴露无遗。一身华而不实的龙袍，恰恰印证了安禄山的才智完全配不上他的野心。他根本不明白，像夺取天下这样的大事，有时需要几代人的努力，或者说，他原本就没有“前人植树，后人乘凉”的想法。

后来李泌（bì）为肃宗分析天下大势时曾说：“安禄山目光短浅，根本没有雄踞四海之志，其手下叛军只是一群没有方针大略的匪寇。安禄山在攻城略地的过程中，还将搜罗来的金银布帛全部运回了范阳老巢；而且他一听说郭子仪、李光弼进入河北，打得史思明屡吃败仗之后，就放弃强攻潼关，紧急驰援史思明，可见他最关心的还是老巢范阳，很怕被切断退回老巢的道路。对于夺取天下这样的非常之事，哪有退回老巢自保的可能？”李泌的判断也点出了安禄山叛军必败的关键。

当时大唐朝廷征调增援的诸道兵马尚未到位，安禄山没有趁关中空虚一举拿下长安，而是为称帝停在洛阳，这就给了大唐喘息之机。大唐能够把握住这样的机会吗？

封常清洛阳兵败后，三次派人向玄宗报告战况，玄宗都拒不接见。无奈之下，封常清亲赴长安，准备向玄宗面陈方略。可他刚走到渭南，就被玄宗派来的使者挡回，使者向他传达了玄宗的旨意：削去官爵，回高仙芝军中白衣自效。就是让封常清以一个老百姓的身份到军中效力。

封常清到高仙芝军中后，高仙芝命他帮自己巡监左右厢诸军。前面说过，高仙芝采纳了封常清的建议，退守潼关是一个非常正确的选择，足以扭转战局。但为什么最终没有扭转战局呢？因为就在公元 756 年，唐玄宗派人赴军中斩杀了高仙芝与封常清。

比比谁的失误多

玄宗为什么会这么做？只因他听信了一个宦官的谗言。这个宦官便是玄宗派到高仙芝身边的监军边令诚。

监军制度是大唐惯例，但以宦官为监军是玄宗的发明。能有如此昏着儿，可见晚年的李隆基疏于政事到了什么程度——他熟知并信任的人只剩下身边的宦官了。

边令诚这个人无才无德，更不会打仗，却每每对战事指手画脚，干预高仙芝的军令，还不断向高仙芝索贿，高仙芝和封常清既没有采纳边令诚对战事的意见，也没有满足他索贿的要求，边令诚因此与二人交恶。于是，在高仙芝退守潼关后，恼羞成怒的边令诚上奏玄宗，说封常清贪生怕死，夸大叛军的实力，目的就是动摇军心；而高仙芝听从封常清的建议，不但放弃数百里陕地，还私吞军粮、克扣军饷。

那么，边令诚为什么要如此陷害高、封二人？或者说，边令诚此举，仅是前面提到的两个原因吗？之所以有此疑问，是因为高仙芝与边令诚还有过一段渊源。

公元747年高仙芝统兵大破小勃律时，边令诚就是他的监军。当时唐军攻占连云堡之后，边令诚不敢再深入敌境，高仙芝为了照顾他，就留下三千人让他守城。高仙芝大破小勃律后，因功受到上司夫蒙灵察的忌妒，很担心自己的安危，此时边令诚还密报玄宗说："如果高仙芝立了功却因为担忧而死，以后谁还会为朝廷出力？"于是玄宗不但提拔高仙芝为鸿胪卿、假御史中丞，还让他接替了夫蒙灵察的四镇节度使之职。

从这段过往来看，高仙芝与边令诚不但交好，彼此之间还有情谊和恩惠存在。

边令诚这个人，无能是真，但性格似乎也没有强势到非要干预军令的程度，为什么这次非要对战事坚持己见呢？而高仙芝一向豁达疏财，又怎么会为索贿之事与边令诚反目成仇呢？

有人会说，边令诚可能是对形势有自己的判断，所以坚持不能放弃陕郡。暂且不说一个长居深宫的宦官对此时天下形势的判断能有几分准确，边令诚此前也见识过高仙芝的军事能力，他会对高仙芝的判断如此没有信心吗？战时索贿被拒这件事也很不合理，即使边令诚会这样要求，以高仙芝的情商和二人之前的交情，他何至于使边令诚当场下不了台？

若说因为大敌当前，边令诚身为外行指手画脚，确实让高仙芝心生厌烦，而战时索贿也让高仙芝应接不暇；边令诚作为宦官，本来就兼具猥琐和跋扈两种性格，又自恃对高仙芝有恩，遭拒之下，愤然翻脸，非要将其置于死地，也合乎情理。

但是这里还有一个历史事实：潼关兵败之后，边令诚开城纳敌，投降了安禄山。从这件事来看，是不是还存在一种可能：边令诚早就成了安禄山的内应。尽管没有确凿的证据，但也不能完全排除这种可能，因为安禄山之前经常出入内宫，与边令诚不可能没有交集；而这次边令诚坚持驻守陕郡，又陷害高、封二人，不能不让人怀疑他为什么如此反常。

边令诚向玄宗进谗言后，玄宗信以为真，勃然大怒，派边令诚带着敕书赴军中斩杀高仙芝与封常清。可怜封常清，在洛阳失守后又忧虑又害怕，早早写下遗表谢罪，也就是流传后世的《封常清谢死表闻》。他在临刑前将此表文交给边令诚，拜托他呈送给唐玄宗。文中不仅提醒朝廷不能大意轻敌，还表达了自己甘心赴死，只求能使其他将领警醒的愿望，拳拳报国之心跃然纸上。

封常清被杀之后，有事外出的高仙芝才回来，边令诚带着一百名陌刀手，冷冷地对高仙芝说：“大人也有恩命。”知道自己必死的高仙芝翻身下马，悲愤地对边令诚说：“遇敌而退，我死有余辜。但以贪污军粮、饷银为罪名，这是诬陷。上有天，下有地，三军将士都在，足下当真不知道我高仙芝有没有贪污吗？”随后，他转头对手下的将士们说：“我把大家从京师招募而来，是要杀敌报国、建功立业，但叛军力量正强，所以撤退到这里，这也是为了加强潼关的防守。现在我只想讨句公道话，如果我真的贪污了粮饷，诸位就喊有罪；如果没有，请喊声冤枉。”

这是一位久经沙场的将军因即将死在自己人手里而无奈做出的最后抗争。尽管三军将士齐呼“冤枉”，震天动地，但显然无济于事，高仙芝随后便被杀死了。

唐玄宗丝毫没有发现自己的错误。他既不明白临阵换将乃兵家大忌，也不知道他杀的是忠心耿耿又英勇善战的名将。他更不清楚，如果不是高仙芝采纳封常清的建议退守潼关，现在的他，又怎么能够稳坐长安？

大敌当前，唐玄宗却因为一个宦官的谗言就自毁长城，可见他昏庸到了什么程度。而且唐玄宗开启了纵容宦官左右朝局这个祸端，必将影响之后的大唐，到那时，又将是另一番混乱和动荡。

草莽哪有什么战略？

安禄山自范阳起兵，由河北入河南，夺取洛阳之后，再向西取长安。从当时的情况分析，这样的战略部署并没有错，但从前朝的经验教训来看，隋末起兵的群雄中，先取洛阳的王世充、杨玄感、宇文化及、窦建德等人都以失败告终，而直取长安的李渊坐稳了天下。

对于其中原因，早在杨玄感起兵反隋时擅长谋划的李密就有过详细的分析：“若经城勿攻，西入长安，掩其无备，天子虽还，失其襟带。据险临之，固当必克，万全之势。”后来凌敬也建议几乎山穷水尽的窦建德先占汾、晋两州河东之地，成进可攻退可守之势。

此时的安禄山身兼平卢、范阳、河东三镇节度使，而河东镇的治所就在太原。他为什么没有从太原起兵，沿当年李渊进军的路线直取长安呢？

这是因为安禄山虽然名义上为三镇节度使，但根基主要还是在范阳，对河东之地的控制力较弱。他起兵时，针对河东地区的安排是让别将高秀岩守卫大同，从这也能看出，驻守太原的河东节度副使杨光翙并不是安禄山的人。

但是，安禄山绝没有对太原置之不理，相反，他很干脆地听从了高邈先拿下太原府的建议。安禄山正式起兵之前，高邈、何千年仅带二十余个射生手（射箭的士兵）来到太原城下，以送这些士兵协助太原城防为由，骗得杨光翙出城迎接，然后将其劫持。太原府将这一情况上报给了朝廷。

安禄山反迹显露的消息最早就是从这里传到京城的，可惜玄宗根本不相信。安禄山起兵后，将杨光翙带到博陵前线，以其依附杨国忠的理由杀死，也有祭旗之意。可见，安禄山原本就没有自太原取长安的打算，擒杀杨光翙，也只是为了安定河东局势，以防后院起火。

正是他这一策略，为之后前来平叛的李光弼、郭子仪留下了河东这大片战略要地。可以说，没能有效控制住太原，是安禄山叛军失败的一个重要原因。因为范阳所在的河北是平原，而太原所在的山西是高地，平叛的唐军正是通过占领“华北屋脊”这一战略要地，才得以将叛军压制在平原地带，不断蚕食，进而彻底剿灭。

其实，当时在进攻策略上，叛军内部也有不同意见。何千年就建议安禄山四路出击：一路由高秀岩率军三万，出振武，下朔方，诱诸蕃，扫荡西北；一路由李归仁、张通儒率军两万，自云中取太原，再入蒲关，以动关中；一路由蔡希德、贾循率军两万征讨东南的淄、青等州，以摇江淮；最后一路则由安禄山率主力五万直插洛阳。

从何千年的建议来看，无疑其志在鲸吞天下，因为安禄山没有采纳他的建议，我们也无从得知这一策略会产生怎样的变数，但就安禄山本人的身份根基乃至才学能力而言，即便采纳了这样的建议，估计夺取天下也不见得像何千年预测的那样简单。

就安禄山采取的进军策略而言，之所以前期势如破竹，主要还是因为唐玄宗昏庸，大唐朝廷应对不力。他进攻洛阳，掐断南北运输线，也算得上一步好棋。如果安禄山能够在夺取洛阳后兵分两路，一路西进夺取长安，一路南征突破江淮防线，占领江南腹地，到最后说不定还能获得个与大唐划江而治的结果。

事实上，安禄山既没有自太原取长安，也没有觊觎江南之心，反而留在洛阳，大张旗鼓地称帝了。可见，他关心的只是那一身龙袍，他关注的只是他的老巢——范阳的安危。这不禁让人疑惑，目光短浅如同土财主一般的安禄山，怎么能撑得起那一身“龙袍”？

敌后抗战一点也不轻松

安禄山刚起兵作乱时，河北震恐，无一能与之抗者，玄宗闻之，感叹道：“二十四郡曾无一义士耶！”他并不知道，此时颜真卿、颜杲（gǎo）卿兄弟站了出来，活跃在河北战场上。

颜真卿、颜杲卿是堂兄弟，同为颜师古五代孙，当时分别担任平原郡太守及常山郡太守。安禄山起兵之后，颜杲卿决定曲线救国。他诈降安禄山，暗中派人到平原郡秘密联络颜真卿，二人相约加固城防，储备粮草，招募壮丁，等待时机阻击叛军。

叛军攻下洛阳后，颜真卿兄弟二人在河北敌后不断鼓舞士气，截击叛军。颜杲卿设计击杀叛军将领李钦凑后，河北十七个郡同一天归顺朝廷，一致推举颜真卿为盟主，拥兵二十余万，成功截断了叛军与范阳的交通联络。

常山、平原二郡军威大振，此时安禄山正亲率军队向西进犯，已经到了陕县，听说河北有变，立即回师，命史思明、蔡希德率军北渡黄河围攻常山，俘获了颜杲卿年仅十几岁的儿子颜季明，借此逼迫颜杲卿投降。颜杲卿坚决不降，颜季明被杀。后来颜真卿找到侄儿的头颅，含悲写下那篇著名的《祭侄文稿》。颜季明死后，颜杲卿昼夜防守，拼死作战，但因寡不敌众，城池最终陷落。颜杲卿被叛军俘获，送到洛阳，其瞋目怒骂安禄山，被残忍杀害。

而此时的唐玄宗，甚至不知道颜真卿、颜杲卿兄弟长什么样子。但他认不认识已不重要，颜氏家族满门忠烈，浩气长存，将永远被后人铭记。

唐玄宗下诏杀了高仙芝和封常清后，面对来势汹汹的叛军，无奈之下想到了在家养病的哥舒翰。

哥舒翰和安禄山、高仙芝都是番将，安禄山是粟特人，高仙芝是高丽人，而哥舒翰属于西突厥的突骑施哥舒部。哥舒翰与安禄山素来不对付，常嘲讽安禄山是野狐狸，安禄山则骂哥舒翰是突厥狗。

哥舒翰勇冠全军，战功显赫，在公元 753 年大破吐蕃，占领了黄河九曲，得封西平郡王，节制西北，可谓春风得意，甚至连宰相杨国忠都送上厚礼笼络他。

然而，就在公元 755 年，喜欢喝酒又放纵无度的哥舒翰在洗澡时中风，卧床不起，于是入京养病。此时玄宗想到起用他，既因为他素有威名，又因为他原本就与安禄山不和，更重要的是，朝中确实无人可用了。

唐玄宗召见哥舒翰，任命其为太子先锋兵马元帅，统领河西、陇右、朔方、奴剌等十二部号称二十万的唐军，镇守潼关。这是大唐帝国的最后一道防线了，京师长安的安危，就这样交到了哥舒翰的手中。

哥舒翰这样一个风瘫病人担任潼关保卫战的总指挥确有不便之处，于是他把军政要务交给田良丘主管，又命王思礼主管骑兵，李承光主管步兵。

天宝十五载（公元756年）正月，安禄山派次子安庆绪进攻潼关，哥舒翰将其击退，首战告捷。

时任户部尚书安思顺是安禄山的族弟，因为事先向唐玄宗告发安禄山的谋反图谋，没有被问罪。但此时哥舒翰借着手握天下之兵的权势，上奏请求玄宗治他的罪。玄宗不想也不能违拗哥舒翰，于是以私通安禄山的罪名下诏将安思顺处死。

安思顺虽与安禄山是同姓亲族，但因为安禄山母亲为再嫁，所以二人并无血缘关系；而且安思顺很早就状告了安禄山谋反，站在了杨国忠的阵营，此时又怎会私通安禄山呢？

为啥要向火坑跳

史书上没有明确记载安思顺与哥舒翰有什么矛盾，但当时的人似乎知道这是冤案，哥舒翰这是公报私仇。看到哥舒翰不置安思顺于死地不罢休的势头，身为宰相的杨国忠不仅不能营救安思顺，甚至开始害怕了。

哥舒翰的头衔是“太子先锋兵马元帅”，而太子李亨对杨氏家族有多么痛恨，杨国忠可是心知肚明。杨国忠善于暗箭伤人，一贯喜欢以最大的恶意去揣测别人，眼下看着安思顺被杀，自然会考虑如果哥舒翰与太子联手对付自己，自己该如何应对。

此时，官军中反对杨国忠的声浪也越来越大。因为安禄山起兵打出的旗号就是奉诏诛杀杨国忠，很多人因此认为，只要杀了杨国忠，叛乱就会结束。

哥舒翰手下的得力干将、骑兵主管高丽人王思礼甚至提出，亲自率领三十骑，将杨国忠劫持到潼关杀掉。哥舒翰当然不敢同意，说："那样一来，谋反的就不是安禄山，而是我哥舒翰了。"

王思礼的计划虽然没有实行，但这些话很快就传到了杨国忠的耳朵里，杨国忠甚至听到了更加夸张的说法——有人建议哥舒翰效仿汉朝挫败七国叛乱的办法，留三万人守潼关，然后率主力精锐回师长安，剿灭国贼杨国忠。

即便这样的消息都是捕风捉影，杨国忠却不能不防。如今帝国重兵掌握在哥舒翰一人之手，杨国忠岂能坐以待毙？

杨国忠进宫求见唐玄宗，以大军全在潼关，万一作战失利，京城危险为由，请求玄宗同意他招募精兵守备京师。玄宗同意后，杨国忠便招募了三千精兵，日夜训练；又招募了一万兵士驻扎在灞上，派心腹杜乾运任主帅，名义上是后援部队，实则用来监视和防范哥舒翰的异动，是一道用来保护自己的屏障。

久在军中、历经战阵的哥舒翰怎么可能看不透杨国忠的真正用意？不愿腹背受敌的哥舒翰以集中兵力剿敌为由，奏请玄宗将这一万人马交由自己节制，并把杨国忠任命的统兵将领杜乾运骗到潼关，直接砍了脑袋。杨国忠听说之后，对儿子说："我死无葬身之地了。"

至此，杨国忠与哥舒翰的矛盾已不可调和。杨国忠深知，在目前的局势下，以往朝堂上那些倾轧的手段已奈何不了哥舒翰。要干掉哥舒翰，只有一个办法，那就是假借安禄山之手。

此时，安禄山已在洛阳称帝，因为几次进攻潼关不利，锐气大减；

李光弼、郭子仪部在黄河以北频频告捷，史思明被困河东；沦陷的河北地区民众也在颜真卿的带领下坚持敌后抗战，范阳到洛阳的交通被切断，驻守范阳的叛军不敢南下，安禄山还得频频回军救援。

战事进入胶着阶段，相比之下，对安禄山更为不利，因为叛军力求速战，而唐军只需固守。哥舒翰固守潼关，并且上奏玄宗，表示河北地区虽被叛军占据，但安禄山不得人心，唐军只要以逸待劳，等到叛军自己分裂，就可以不战而胜。安禄山无奈之下使用了疑兵之计，让崔乾祐带四千老弱残兵，漫不经心地游荡在陕郡周围，引诱唐军进攻。

探子报告说："叛军没有防备，可以进攻。"唐玄宗相信了，下诏命哥舒翰进兵。哥舒翰自然看出这是安禄山的疑兵之计，上奏玄宗说："安禄山久经沙场，现在又刚刚称帝，岂能毫无防备？他此举只是设下陷阱，引诱我军中计。我军只应坚守，不应轻率出关。"就连在河东地区平叛的李光弼和郭子仪也上奏玄宗说："哥舒翰的军队应该固守潼关，等我们直攻幽州，北伐范阳，捣毁安禄山老巢之时，再前后夹击，一举剿灭叛军。如果此时他出了潼关，京城出了问题，天下就危险了。"

尽管如此，唐玄宗仍执意下令要哥舒翰立即出关去讨伐叛军，这与杨国忠的煽风点火不无关系。杨国忠信誓旦旦地告诉玄宗，叛军并无准备，哥舒翰只是在故意拖延。唐玄宗只听身边人的说法，从不考虑一线将士的声音，这是典型的昏庸；杨国忠只顾自己保命，置帝国安危于不顾，这是典型的奸邪。昏庸奸邪的君臣二人凑到一起，传令让哥舒翰出兵的使者一个接一个，不绝于道。

唐玄宗和杨国忠如此急不可待地往火坑里跳也是历史奇景，只不过这样的景致实在让人觉得悲凉。正如韩非子所说，"上君之所与居，皆其所畏也；中君之所与居，皆其所爱也；下君之所与居，皆其所侮也"。看看唐太宗李世民用的都是什么人？是不是都是像魏徵那样敢于犯言直谏的人？这样的君主才称得上是雄才伟略的“上君”。

其实，即便是唐玄宗李隆基本人，也大致经历了“畏也”“爱也”及“侮也”三个阶段，从一开始的“上君”变为此时昏庸无能的“下君”。前期的宰相姚崇、宋璟、张九龄等，李隆基对他们多少都有点“畏惧”的意思吧？对中期的张说、李林甫是不是就只剩下“喜欢”了？到了杨国忠这里，“随意驱使”是不是已成常态？韩非子的这段话，也算说清楚了千年后的李隆基是怎么一步步沦落至此的。哥舒翰被逼得实在没有办法，于天宝十五载（公元756年）六月初四，大哭着引兵出关，三天后，与崔乾祐率领的叛军会战于灵宝县（今河南灵宝）的西原。战斗毫无悬念，叛军疑兵装出乌合之众的样子，引诱着唐军一步步踏进伏击圈。唐军被石头砸死、被大火烧死、被河水淹死、被自己人踩死，二十万人最后只剩八千，几乎全军覆灭，惨状无以言表。

六月初九，崔乾祐就率军轻而易举地攻下了潼关。退至潼津驿的哥舒翰还想召集残部再战，他的部将火拔归仁将他骗出关外，对他说：“元帅以二十万众而一战即溃，还有什么脸面回长安去见天子？高仙芝和封常清的下场，元帅难道全然不知吗？请公东行。”哥舒翰不从，于是火拔归仁不由分说，喝令随骑将哥舒翰劫持而走，带到洛阳。

安禄山见到哥舒翰自然十分高兴，满脸堆笑地问这位老相识：“过去你总是看不起我，现在感觉如何？”成为阶下囚的哥舒翰只能跪下来答道：“臣愚昧，以前肉眼不识圣主。”

安禄山倒也没有亏待哥舒翰，任命其为大燕的司空、同中书门下平章事。哥舒翰投桃报李，写信给自己的旧部，招他们归降，只不过没人响应。安禄山知道哥舒翰招降不成功，就把他关押了起来。一年多以后，唐军收复了洛阳，哥舒翰为兵败撤退的安庆绪所杀。

值得一提的是，劫持哥舒翰投降的火拔归仁被安禄山以“不忠不义”的罪名斩杀。说动主帅前来投诚，这是多大的功劳呀，难道不应该大张旗鼓地表彰吗？

事实上，安禄山此举只是在警告自己的部将，防止他们效仿火拔归仁，这也说明，连他自己都不那么确定大燕的合法性和正当性。正是因为安禄山打心底里没有真正把自己当作天下之主，才在兵进长安时犯下一系列错误，最终导致民心尽失。

潼关失守后，潼关到长安沿途的守将和兵士如鸟兽散，京师长安的最后一道防线土崩瓦解。

第八章
仓皇逃亡

出征还是出逃？

天宝十五载（公元 756 年）六月初九，潼关激战正酣时，哥舒翰派人到长安告急。唐玄宗情急之下，只好派剑南军将李福德率三千监牧兵赶赴潼关增援。所谓“监牧兵”，就是当初杨国忠为防哥舒翰而令心腹在苑中训练的兵士。除此之外，唐玄宗什么也没做。

他望眼欲穿地看着潼关方向，期待向长安报平安的烽火燃起。但平安火自初九晚上起就再也没有升起，二十万唐军全军覆灭的消息已经没人及时向玄宗报告了。

玄宗等来等去，过了好几天才等来潼关失守的消息。玄宗征询朝廷百官的意见，朝堂上却鸦雀无声，寂静得可怕。政府各职能部门没有任何反应，更没有任何应变措施。

什么三省六部？什么分权制衡？什么各负其责？政事堂议事和三省分工制度在开元年间就已经遭到破坏，到了天宝末年，更是一切军国大事都由皇帝和宰相临时决定和安排，原来的政府职能机构早已不能各司其职。

这样的政治体制和运作机制，一旦碰到安史之乱这样的局面，整个政府机关就会陷入瘫痪状态，根本无法正常运转。像这次潼关失守，连前线军报也不能及时传到朝廷。

散朝后，急得如热锅上蚂蚁一般的唐玄宗又找来宰相杨国忠商量对策。潼关失守、长安难保这样的结局，唐玄宗自然没有想到，但杨国忠已经想好了退路——蜀地，也就是今天的四川。杨国忠早年混迹于成都，后来又成为剑南节度使，自然把蜀中看作自己的老巢。

安禄山起兵叛乱之后，杨国忠更是加紧了对蜀地的控制和经营，并命留守蜀中的剑南节度留后崔圆广聚财货。正是有了这一退路，杨国忠才有底气极力怂恿玄宗，逼令哥舒翰出兵。所以，当此危急之时，杨国忠向玄宗提出的建议就是“幸蜀”，也就是逃往四川。这一建议也得到了杨贵妃的赞同，因为那里也是她的老家。当然，此时杨氏兄妹根本没有想到，他们永远回不到成都了。

六月十二日，百官上朝的不到十之一二，唐玄宗强打精神，当众宣布要御驾亲征，征讨安禄山。可到了夜里，他就让龙武大将军陈玄礼集合禁军，重赏金钱布帛，又挑选九百多匹骏马。第二天黎明时分，玄宗带着杨贵妃姊妹以及宫中的皇子、皇妃、公主、皇孙，还有杨国忠、魏方进、韦见素、高力士等，从延秋门出发，逃往四川。至于宫外的皇子皇孙、公主妃嫔等人，则一概不顾。

仓皇出逃的唐玄宗一行像过街老鼠一样悄悄地溜出宫城。当时长安城细雨蒙蒙，朱雀大街一片寂静，似乎连上天都不愿意看到唐玄宗那临阵退缩、只管自己逃命的猥琐嘴脸，所以用雨水遮挡了一切。

六月十三日的早晨，上朝的官员走到兴庆宫门外时，还清晰地听见报时的漏声，仪仗队也整齐地站在宫门前。然而，宫门打开之后却是一片混乱，宫女若无头苍蝇般到处乱跑，宦官们也冲出来说不知皇帝在哪里。

这宫门内外的巨大反差，是不是正好对应着大唐金玉其外、败絮其中的现状？

皇帝和宰相不知所踪的消息传出后，长安城陷入一片混乱。王公贵族、官员百姓四处逃命，明火执仗者有之，趁火打劫者有之，准备投降安禄山者亦有之。有人骑着驴子跑入宫殿，有人纵火焚烧左藏库，边令诚和留守京师的京兆尹崔光远带人赶来救火，又招募人代理府、县长官，杀了十多个人，长安局势才稳定下来。接着崔光远派他的儿子去见安禄山，表示愿献城投降，安禄山遂派心腹孙孝哲带兵进入长安。曾经的宰相陈希烈以及张说之子张均、张垍等三百余名大唐官员都投靠了安禄山。

边令诚就是在这个时候开宫城投降安禄山的，并奉上了自己掌管的皇宫钥匙。后来他逃出长安，为肃宗所杀，也算大快人心。但这一时期的忠诚与背叛，界限其实很难划分清楚。像崔光远，原是唐玄宗委任的京兆尹兼西京留守，因派儿子去示好安禄山，在叛军进入长安后仍得以留任京兆尹之职；但随着叛军势力渐衰，他又反安投唐，得到肃宗起用。崔光远这样的作为，也算乱世的特色吧。

唐玄宗此次出逃与难民无异。他派宦官王洛卿先行，通知郡县官员做好接驾准备，但当将近中午时分，一行人来到长安东边四十里处的咸阳望贤宫时，不仅咸阳县令早已逃走，他派去打前站的宦官王洛卿也一去不返。

习惯了锦衣玉食的唐玄宗，已过中午却连饭也吃不上一口。杨国忠亲自买来胡饼献给玄宗，又好不容易从周围百姓那里讨得一点掺杂麦豆的粗粮，皇孙们竟吃得狼吞虎咽。又累又饿的众人，无不以泪洗面。

半夜时，玄宗一行人走到距长安八十五里的金城县（今陕西兴平）。县令和城中百姓早就跑了，玄宗的随行官吏也逃跑了很多，就连玄宗身边的亲信宦官袁思艺也悄悄溜走了。驿站中空无一人，漆黑一片，疲惫不堪的人们只能挤在一堆和衣而卧，也顾不上身份的贵贱了。

预谋还是激变?

这些人哪里受过这样的罪?第二天中午，玄宗一行人走到距离京城长安一百多里的马嵬坡时，随行的禁军再也不肯前进一步。此时，王思礼从潼关赶来，向玄宗报告了唐军全军覆灭、哥舒翰被俘的消息。玄宗当即任命王思礼为河西、陇右节度使，让他立刻赴任，收集兵卒，向东讨伐叛军。

王思礼本来就曾力主擒杀杨国忠以平叛乱，如今他亲历潼关战争的惨败，又深谙前因后果，会不会对杨国忠欲杀之而后快?会不会把这个希望寄托在太子身上呢?史书上没有记载此时王思礼与太子李亨有没有交流，但我们知道，他在离开之后并没有按玄宗的旨意赴河西、陇右上任，而是在太子李亨即位后，立即追随了这位新皇帝，一路建功立业，最后官至司空，成为大唐开国以来唯一不曾担任宰相而位至三公的人。

此时的玄宗似乎没有想到王思礼带来的消息会在随行的禁军将士中产生怎样的波澜。此次一路行来狼狈不堪，潼关惨败的消息更是让人觉得帝国前景黯淡，何去何从的忧虑已经开始在禁军将士之间蔓延、扩散。可见，即便王思礼此时根本没有提及杨国忠，杨国忠被杀与他的到来也不无关系;即便他与太子没有任何交谈，二人也已经心照不宣地达成了默契。

首先发现情况不对的是禁军龙武大将军陈玄礼，也可以说，在随行禁军中弥漫开的这种异样气氛是陈玄礼愿意看到的。陈玄礼初任果毅都尉，后随李隆基起兵诛杀韦后及安乐公主，在李隆基即位后宿卫宫中，于王毛仲被杀后担任了禁卫军的统帅，其因清廉严谨、忠于职守而深得唐玄宗信任。

作为禁军的司令官，陈玄礼自然知道将士们的怨气从何而来，也知道如果这怨气不能宣泄出去，一旦部队哗变，后果不堪设想，更知道怎么让将士们宣泄这股怨气，那就是杀了杨国忠。

陈玄礼本人其实也早就想杀了杨国忠。早在安禄山叛乱之初，陈玄礼就通过太子李亨的亲信宦官李辅国密告太子，请求诛杀杨国忠，只是因为种种原因作罢。在长安没有得手的陈玄礼，此刻当然不会坐失良机。

他召集将士们说："如今天下分崩离析，罪责全在杨国忠一人，诛杀杨国忠以谢天下，大家意下如何？"群情激愤的禁军众口一词："念之久矣，事行身死，固所愿。"

有了将士们的支持，谨慎的陈玄礼又将诛杀杨国忠的想法上报给了太子李亨。太子没有立刻应允，但至少没有开口反对。于是，陈玄礼面见唐玄宗，慷慨陈词道："诛杀杨国忠，尽管是逆胡安禄山谋反的借口，但杨国忠民愤极大也是不争的事实。如今战事纷起，圣驾蒙尘，恳请陛下顺应民意，将杨国忠就地正法，以安社稷。"

这就是陈玄礼与王思礼处境的不同之处。王思礼什么都没有说，只以一身血污、满腔悲愤就能得到太子李亨的认同，而陈玄礼明确表态，甚至付诸行动诛杀了杨国忠，也未能得到太子的认可。

原因很简单，陈玄礼的身份摆在这里。他身为禁军统帅，就不能在此时以"逼宫"的方式去诛杀宰相杨国忠。尽管他的行为没有任何错误，不仅为玄宗制止了禁军哗变，还替太子李亨完成了心愿，但他此举必然会令帝王不寒而栗。所以，后来陈玄礼回到长安没几年，就被肃宗李亨安排提前退休了。身份所限，职责所在，他的结局其实在此时就已经注定。

杨贵妃死在马嵬坡了吗？

巧合的是，就在陈玄礼向玄宗进言诛杀杨国忠之际，驿站外面有吐蕃使节二十余人，拦住杨国忠的马，向他索要粮食。禁军中有人趁机大喊：“杨国忠里通外国。”群情激愤的将士们当即动手，乱箭齐发，射中了杨国忠的马鞍。杨国忠急忙逃命，逃到马嵬驿西门内，被追上的士兵杀死。士兵们甚至用刀把他的尸首砍得支离破碎，然后割下他的脑袋，用矛枪挑着插在驿站的门外示众。

杀红了眼的禁军士兵，又将杨国忠的儿子户部侍郎杨暄与杨玉环的姊妹韩国夫人、秦国夫人一并杀死，就连前来劝阻的御史大夫魏方进也死于乱刀之下。宰相韦见素听见外面大乱，跑出驿门察看，也被打得头破血流。好在他平时为人厚道、为官清正，才幸免于难。

士兵们包围了驿站，玄宗听到外面喧哗，惊问出了什么事，得到的回答是“杨国忠谋反”。此时的杨国忠怎么会谋反？他又拿什么谋反？靠宫廷政变起家的玄宗，怎会不明白这里面的文章？但事已至此，他十分清楚自己应该怎么做。

玄宗走出驿门，颤颤巍巍地站在将士们面前，还没等他开口，陈玄礼就抢先为士兵们的行为定了性，说：“杨国忠欺君乱政，祸国殃民，不杀不足以平民愤，臣等为安天下社稷而先斩后奏，请陛下治臣矫诏之罪。”

落魄的凤凰不如鸡，如此冠冕堂皇的请罪，皇帝又能如之奈何？玄宗只能说：“爱卿这是哪里话，此人之罪大恶极，朕早已心知肚明，原本打算到了蜀中再公开处决，以儆效尤。今日爱卿之举，已是成全了朕的心愿，明明是大功，哪里会有半点过错。”

李隆基说这样的话倒是驾轻就熟，只是他说完之后，将士们还是纹丝不动，不肯散去。茫然而尴尬的唐玄宗回到房间，派高力士前去打探将士们还有什么诉求。

陈玄礼直截了当地告诉高力士：“逆贼已诛，他的妹妹不适合再留下了吧？愿陛下能够割爱，把杨贵妃处死。”高力士委婉地向玄宗解释道，将士们认为“祸本尚在”，虽然杨国忠父子及韩国夫人、秦国夫人已经被他们杀了，但贵妃娘娘还在陛下身边，他们害怕日后遭到打击报复。

这一诉求可是大大出乎玄宗的意料，他喃喃自语一句“朕当自处之”后，就拄着拐杖低头不语。驿站内外陷入一片可怕的寂静，也不知此时玄宗的内心作何感想。

片刻之后，韦见素的儿子、时任京兆司录参军的韦谔上前打破了这可怕的寂静。他对玄宗说：“众怒难犯，陛下的安危在此一刻，请速下决定。”说完，叩首出血。

玄宗说：“贵妃长居深宫，哪里知道杨国忠造反？”高力士说：“贵妃的确无罪，但她继续留在陛下身边，将士们就没有安全感。将士安则陛下安，请陛下深思。”

李隆基哪里还用深思，他位居权力中枢大半生，怎么会不明白当前的处境？但他舍不得杨贵妃是真的，抛却皇帝与贵妃的身份、风流与香艳的表象，他与杨玉环志同道合、惺惺相惜，是有真正的感情在的，自然会恋恋不舍。

年过古稀的大唐皇帝，却保护不了自己心爱的女人，不得不面对如此生死诀别，也实在令人唏嘘。玄宗命高力士把杨贵妃引到佛堂内，一句“愿爱妃来世投生到一个好地方吧”之后，年仅三十八岁的杨贵妃被绞死在佛堂。唐玄宗甚至让陈玄礼等人前往验尸。

这一刻，唐玄宗清楚地知道，属于自己的时代已经结束。冰冻三尺非一日之寒，如果他不杀高仙芝、封常清，如果他采纳哥舒翰固守潼关的建议，至少不会落到今天的地步。唐玄宗与杨贵妃的诀别，何尝不是对盛世的告别？杨贵妃魂断马嵬坡，何尝不是对阵亡将士的祭奠、对唐玄宗骄奢淫逸的警示？

“渔阳鼙（pí）鼓动地来，惊破霓裳羽衣曲”，那个鼎盛辉煌的盛世大唐就此烟消云散。

这里要补充一句，杨国忠的妻子裴柔与儿子杨晞以及杨玉环的三姐虢国夫人与儿子裴徽等人逃难到陈仓（今陕西宝鸡），被县令薛景仙的士兵杀死。可见杨氏一族在当时激起的民愤之大。

得到喘息的李隆基

杨国忠和杨玉环死了之后，禁军将士的怨气似乎还没有完全平息。三天后，玄宗一行人到达扶风郡（今陕西凤翔），禁军再次人心浮动，这次连陈玄礼也无法控制了。

原因很简单，众人皆知“蜀道之难，难于上青天”，“幸蜀”本就是杨国忠的主意，现在杨国忠已死，将士们还要忍饥挨饿跟着七十二岁的老皇帝前往蜀地，前途渺茫不说，很可能再无北归之日，他们怎么会没有想法！

正在禁军将要再次哗变之际，濛阳尉刘景温押解着益州上贡的十万匹蜀锦到了扶风。这对于唐玄宗来说，可谓雪中送炭。

玄宗把将士们叫来，指着刚刚收到的蜀锦说：“诸位都是国家的功臣，为了朕不惜抛妻别子。此去蜀中，山高路远，崎岖难行，要吃的苦还很多。不如就此别过，共分此锦作为盘缠。诸位回去之后，见了长安的父老乡亲，请替朕问好，各人也好自为之吧。”说完，泪如雨下。

玄宗一边许以重赏，一边上演苦情戏码，这样收拢人心的做法效果相当不错。禁军将士都跪在地上哭着说："臣等愿意追随陛下，生死不渝！"就这样，众人定下了入蜀的计划，并统一了追随玄宗的思想。

安抚好随行的禁军将士后，玄宗让众人原地休整一天，为入蜀做一些安排和准备。玄宗升刘景温为监察御史，以示对他这次送蜀锦的表彰；将在剑南的节度留后崔圆升为剑南节度副使，让他做好迎驾的准备；又升监察御史宋若思为御史中丞，升韦谔为巡阁道使，负责沿途事宜。

玄宗逃离长安的第八天，也就是六月二十日，一行人经陈仓，来到了关中西边的门户散关。散关有着"川陕咽喉"之称，后来更因宋代陆游的"楼船夜雪瓜洲渡，铁马秋风大散关"而名扬天下。到了这里，玄宗一行人才算真正踏上了蜀道。

玄宗一行人从散关出发，于六月二十四日到达河池郡（今陕西宝鸡凤县），也就是说，一百多里的路程整整走了四天，可见蜀道之难名不虚传。玄宗在河池郡碰到了前来迎接他的剑南节度副使崔圆，崔圆报告说剑南安宁，物资储备充足。终于看到曙光的唐玄宗感慨万千，当即加封崔圆为中书侍郎、同中书门下平章事。

在这里，还有一人追上并拜见了唐玄宗，他就是我们耳熟能详的边塞诗人高适。此前高适跟随哥舒翰镇守潼关，兵败之后，哥舒翰被俘，高适一路西奔，终于赶上了玄宗。高适见到玄宗后，对着他就是一番慷慨激昂的陈词，痛诉潼关用兵得失。玄宗很欣赏高适的见解，带着他一起前往成都。此时玄宗倒能够平心静气地虚心纳谏了，早知如此，何必当初呀！

七月初二，唐玄宗逃出长安的第二十天，入蜀队伍行走在川陕间的崇山峻岭之中。玄宗坐在油壁车里，看着曲折蜿蜒的小路盘上天际。天色渐暗，又下起了细雨，队伍中无人说话，只有马匹脖子上的铃铛声在寂静的群山间回响。玄宗触景生情，写下一首《雨霖铃》。“行宫见月伤心色，夜雨闻铃肠断声”，这样饱含苦楚的诗句，应该是他此刻心情最真实的写照了吧。

七月十二日，玄宗一行人经益昌县（今四川广元），过剑门关，到达普安郡（今四川剑阁普安）。此时，刑部侍郎房琯追了上来。看到还有朝中大臣没有忘记自己这个落魄皇帝，玄宗惊喜交加，当即升房琯为吏部尚书、同中书门下平章事。

玄宗还在这里下诏任命太子李亨为天下兵马大元帅，统领朔方、河东、河北、平卢等镇兵马，收复两京。但因为道路阻绝，消息中断，所以玄宗并不知道，就在他到达普安郡的当天，李亨已经在灵武登基称帝了。

七月十八日，从长安出发后的第三十六天，玄宗到达巴西郡（今四川绵阳），总算走出了连绵群山，到达成都平原。巴西郡太守崔涣在城外隆重迎接了唐玄宗，心情大好的玄宗又升崔涣为门下侍郎、同中书门下平章事。算起来，这一路上玄宗总共任命了三个宰相，可见他一路行来，心情是如何大起大落、千回百转。

七月二十八日，在历经四十六天的艰苦跋涉后，玄宗及其追随者一千三百多人终于到达成都。

说到这里，可能有人会感到疑惑：唐玄宗从长安逃往四川的这四十六天，安禄山在干什么？他为什么不追杀唐玄宗？是做不到吗？

当时大唐总兵力有五十六万左右，而安禄山拥兵十八万，尽管在数量上仅占三分之一，但从战力上看，不说与官军旗鼓相当，至少也不会弱太多，否则安禄山也不能迅速占领两京。

唐军不敌叛军，即便有玄宗瞎指挥、杨国忠误国等因素，但玄宗逼令哥舒翰出战后，两军正面对垒，二十万唐军也没打过叛军。这样的差距连一开始的封常清和高仙芝都心知肚明，所以大唐军力显然未必胜出安禄山很多。

再说河东战场，李光弼、郭子仪一开始并没有取得压倒性的优势，否则，安禄山在久攻潼关不下时，为什么第一个想到的就是返回范阳老巢呢？抛开安禄山没有吞并天下之志不提，他的这个想法至少说明当时范阳是绝对安全的。

在河北地区，颜真卿坚持战斗是事实，十七个郡归降朝廷也是事实，但颜真卿所率领的毕竟是“游击”力量，更多的是起到一个精神上的“灯塔”作用，并不能真正地重创叛军，扭转河北战局。

在河南地区，南下的叛军遭到睢阳太守许远和真源县令张巡的顽强阻击。面对十三万敌军铁桶般的围困，许远和张巡能够以七千守军坚守睢阳十个月，歼敌十二万，可以想见当时战况之惨烈。他们的事迹当然慷慨悲壮，精神也可歌可泣，但外援始终不至，以致最后城破被杀。

睢阳被攻陷是在公元757年，此时安禄山已死。安禄山死后的叛军尚有如此实力，那安禄山在洛阳称帝之时没有决意南下，可能并不是因为叛军战力不足，而是他战略考虑上的问题了。

安禄山对唐玄宗和太子李亨没有做出任何斩尽杀绝的举动，这是事实。如果在叛军占领长安之前他没有这么做是因为他没有想到唐玄宗会弃长安而逃，又因为狐疑，所以没有在占据潼关后立即大举进攻长安；可等到崔光远的儿子拿着降表开城纳敌，叛军进驻长安时，距离玄宗逃亡已过去整整十三天。而且在叛军占领长安之后，安禄山也没派人去追杀唐玄宗和太子李亨。从这里来看，大概只有一个解释，那就是安禄山从来没有想过要对唐玄宗下手，不是“做不到”，而是“没想做”。

事实上，安禄山部将孙孝哲占领长安后，形势对叛军非常有利。然而，安禄山除继续派兵回救河北，又派兵南侵江淮之外，既未追击唐玄宗和太子李亨，也未继续西进切断唐廷南北的联系，扩大战果。

叛军就龟缩在已占领的关中地区，南不逾武关（今陕西丹凤东南)，西不出武功(今陕西武功西)，北不过云阳(今陕西泾阳北)。将领兵卒每日热火朝天地忙于抢掠宫中珍宝和民间财物。安禄山本人更是日夜酗酒，“专以声色、宝贿为事”。

此时的安禄山虽占据李唐王朝半壁江山，却既缺乏高瞻远瞩的战略眼光，也没有包容四海、抚育万民的胸襟和气魄——野心虽大，却没有相匹配的能力。

叛军除了杀戮抢掠，就是纵情声色，似乎并不明白“正统皇帝的名号胜过十万兵”这个道理。这可能就是安禄山没有千方百计地非要将唐玄宗及李唐王室斩尽杀绝的原因。

而得到这个喘息之机的李唐王室绝不会对安禄山及其叛军手软。

逃亡也有受益者

天宝十五载(公元756年)六月十五日，也就是杨贵妃香消玉殒的第二天，玄宗一行人准备离开马嵬坡。此时提议入蜀的杨国忠已死，是否继续入川成了问题。前路迷茫，玄宗让大家讨论，有人说去陇西，有人说去灵武，有人说去太原，还有人主张干脆杀回长安，七嘴八舌，莫衷一是。

此时韦见素的儿子韦谔力排众议说：“既无定见，此地又不可久留，不如先去扶风郡休整，再做打算。”大家都同意了，这才有了前文中说到的分蜀锦一事。

一行人即将西行之际，周围的百姓闻讯赶来，挡住了队伍前行的道路。这些纯朴的乡亲是来挽留玄宗的，他们跪在道旁言辞恳切地说：“陛下的宫室、祖坟都在这里，现在您弃宗庙、抛家室，是要到哪里去啊？”

玄宗坐在马上，无言以对。他能跟这些百姓说什么呢？良久之后，他灵机一动，说“太子在后面，他有话说”，然后自顾自地往前走了，留下太子安抚百姓。乡亲们又跑到太子李亨马前，对太子说：“既然皇上一定要走，就请太子留下，率领我们收复长安。我等生于圣代，世为唐民，愿戮力一心，讨伐逆贼。如果皇上和殿下都走了，谁为中原百姓做主？”

太子也不傻，让我留下？还要收复长安？我拿什么去收复长安啊？他执意要走，给百姓们的理由是：“父皇冒着风险远走避难，我这个做儿子的怎能忍心不陪在他的身边？再说，就算我要留下，也不能不辞而别，等我去跟父皇告个别。”说完，太子李亨一边流泪一边就要催马前行。

看看当时这些帝王、皇储吧。玄宗李隆基和太子李亨只顾自己逃命，不敢直面对手安禄山；而刚刚自立为帝的安禄山只顾享乐，也没想到要将对手斩草除根。互为对手的两方都假装对方不存在，又哪里会想到百姓需要团结在自己的大旗之下？或者说，他们何曾在乎过百姓的生死疾苦？

太子李亨想走，但此时围住太子的百姓越来越多，已有数千人。太子最终留了下来，却不是因为百姓。他有自己的考虑。回顾过往，李亨先是因立储问题遭李林甫打压，后又因权力争斗受杨国忠排挤。两任宰相都能够对太子如此猖狂，在太子看来，就是因为有自己的父皇李隆基给他们当靠山。

此时玄宗宠信的杨国忠和杨贵妃都死了。他们的死与太子真的一点关系都没有吗？从陈玄礼事先向太子汇报来看，太子至少是默许了的。太子李亨会想，如果自己跟随父皇入川，谁能保证将来不会因为杨氏兄妹之死再生事端？而且太子亲眼看到了一贯强势的玄宗在接连经受这么多打击后表现出来的一蹶不振。父皇已经垂垂老矣，不复当年的勇武果决，留下了大量的权力真空地带，身为太子的自己又怎能当断不断、坐失良机呢？

太子李亨思绪如潮，此时他的两个儿子建宁王李倓（tán）、广平王李俶（chù）（后来的代宗李豫）和宦官李辅国伸手抓住他的马笼头痛陈利弊，说："安禄山举兵造反乃逆天而行，平定叛乱是人心所向。殿下如要平叛，就不能去蜀中，而应该去西北。只有高举平叛大旗，收西北守边之兵，再召郭子仪、李光弼于河北，然后并力东讨逆贼，才能凝聚人心，重整河山。到那时，再迎接皇上返回京师，难道不是至善至孝吗？"

虽然这些话说得冠冕堂皇，但李亨怎能听不出弦外之音。他虽然缺乏留下来的勇气，但本来也没有很强烈的意愿入蜀，眼看自己的亲党更倾向于留下，便下定了最后的决心。

此时唐玄宗李隆基还骑着马在前面等太子，等了许久却得到消息说："太子殿下走不了啦。"玄宗皇帝长叹一声："此乃天意。"他给太子留下部分兵马，并对留给太子的众将说："太子仁义孝顺，可奉宗庙，你们要好好辅佐他。"这句话就相当于口头传位了，他口中的天意莫非指的就是这个？当然，此时的太子拒不接受。

父子二人就此分道扬镳。留下的李亨实在不知道自己应该到哪里，又能够到哪里。建宁王李倓提出了前往朔方的意见，理由是目前河西和陇右已成敌占区，而朔方不仅离此地较近，而且李亨曾遥领朔方节度使，可以先到那里，再慢慢共商大事。

局势此消彼长

于是，太子一行人转头向北，渡过渭水，连夜奔驰三百里，于六月十六日抵达新平（今陕西彬州），此时新平太守薛羽已弃郡逃走，后被抓到处死；十七日到达安定（今甘肃泾川），太守徐瑴（kū）正准备逃走，被杀；十八日来到彭原（今甘肃庆阳），终于得到了太守李遵出城迎接的待遇，稍作休整之后于当日离开；十九日到达平凉（今甘肃平凉西北），太子一行人在此停驻，招募兵士，等待朔方镇方面的消息。

此时朔方节度使郭子仪人在河东未归，朔方留后杜鸿渐、六城水运使魏少游、节度判官崔漪等商议后认为，平凉无险可依，而灵武兵强粮足，决定将太子迎到灵武。此时河西司马裴冕被玄宗提升为御史中丞，奉命入蜀，恰好路过平凉，见到太子后，也劝太子到灵武安顿。

李亨自在马嵬坡与玄宗分道扬镳之后，几乎一路狂奔，三天时间赶了近千里路，刚开始甚至一夜疾行三百里，可谓狼狈至极。但与玄宗纯粹逃亡不同，李亨走的是一条救亡之路。不管是形势所迫还是无心插柳，这一次，李亨选择了正确的路。

七月初九，太子李亨在杜鸿渐、崔漪等的陪同下到达灵武。此时李亨的境遇完全不同了，魏少游为他精心准备了行宫，各类器具完全比照皇宫标准，但李亨下令将这些豪华陈设全部撤走。

灵武在今天的宁夏回族自治区灵武市。公元721年，大唐在河西之地设置了朔方节度使，治所就在灵武。朔方位于黄河东岸，东邻安禄山的根据地河东、范阳和平卢，南接长安和洛阳；境内有大量的牧场和田地，杂居着突厥、同罗、党项、吐谷浑等游牧民族以及善于经商的粟特人。朔方军同安禄山的叛军一样，是多民族的混编部队。

七月十二日，李亨到达灵武仅三天，也就是跟玄宗分别不到一个月，就在这里登基称帝了，是为唐肃宗。当然，这是朔方留守官员拥戴的结果，裴冕和杜鸿渐等为此连续五次劝进，李亨才“勉为其难”地登上帝位。

这些拥戴的人中，杜鸿渐被任命为兵部郎中，崔漪被任命为吏部郎中、中书舍人，裴冕更是因定策之功而被任命为中书侍郎、同中书门下平章事，其余的像前蒲州刺史吕崇贲为关内节度使，陈仓县令薛景仙为扶风太守，等等。而唐玄宗被尊称为“上皇天帝”。

尽管此时到达普安郡的玄宗还不知道他已被登基称帝的儿子尊为太上皇，但李亨此举对于目前的局势乃至大唐的国运来说，无疑具有重大的积极意义。就像后世明朝“土木堡之变”后，于谦拥立朱祁钰为帝是大明最好的选择一样，此时的李亨即位，无疑更有利于平叛。即便从权力斗争的视角上考虑，救亡的太子为什么不能为帝，而非要奉那个逃亡的人为帝呢？

事实上，李亨继续奉父亲李隆基为帝这样的事情原本也不可能发生。自从父子二人在马嵬坡分手的那一刻起，就注定了这样的结局，这也许就是玄宗当时感叹那句“此乃天意”的真正原因吧。玄宗怎么可能不明白，属于他的时代已经翻篇。

从李亨登基后改元至德也能看出，此时的他站在道德的制高点。“至德”二字出自《孝经》，意为最高的道德就是孝。显然，这样的年号就表明此时李亨称帝只是因为平叛形势需要，作为曾经的皇太子，这样做才是至孝，也才是至德。

这就是玄宗能在马嵬坡任由太子李亨离开，之后又能对他的称帝进行追认的原因所在。一切看起来是那么巧合，又是那么顺理成章。

肃宗即位的消息传开之后，当月就有安禄山手下五千同罗将士向朔方投降；大唐京师的京兆尹崔光远和长安县令苏震则在长安西市率众剿杀叛军数千人后奔赴灵武。

崔光远让儿子献降表开城纳敌之后，就被安禄山任命为京兆尹。被敌对双方同时任命为京兆尹的崔光远之所以再次归唐，是不是因为叛军进入长安后的所作所为使他看清这原本只是一群乌合之众？又或许是叛军的倒行逆施让他良心发现了？无论如何，崔光远归唐，大大鼓舞了唐军的士气。

安禄山派孙孝哲率军进入长安后，叛军就彻底暴露了他们鼠目寸光且残忍贪婪的本性——既没有安抚百姓，以彰显师出有名；也没有重建秩序，以凸显大唐之弊；甚至连乘势扩张，占领更多地盘的动作也没有。

他们所做的，除了杀戮就是抢掠。在长安的孙孝哲，一方面搜罗宫女、珍宝运往洛阳，供安禄山享乐；另一方面在长安大开杀戒。睿宗李旦的女儿霍国公主，没来得及逃走的王妃、驸马，以及其余皇室宗亲等二十多人在崇仁坊被剖心而死；随玄宗逃亡的文臣武将留在长安的家属几乎被杀光。孙孝哲又纵容部下抢掠三天，京城百姓几乎被抢掠一空。一时之间，昔日繁华的帝都血流成河，满目疮痍。

安禄山的叛军已陷入癫狂，既得不到长安百姓的拥戴，又得不到官员的支持。相比之下，人们怎能不怀念那个昔日并不算完美的大唐？至少那时的日子还算安稳。

当太子李亨从马嵬坡北上的消息传出时，人们就盛传李亨将收复长安；如今太子即位，肃宗更加成为百姓的希望。他们日夜北望，哪怕大风从北方卷起烟尘，他们都笃定地认为是大唐的铁骑滚滚而来。

肃宗没有辜负百姓的期望，此时的局势也更是有利于大唐。

龟缩关中的叛军倒行逆施之下民心尽失，而且由于他们战略上的失误，此时的大唐仍然牢牢控制着江淮漕运的大动脉。江南的物资源源不断地运往四川与灵武，双方力量的对比在悄然发生变化。

说到推动大唐由被动防御逐渐转向战略反攻的中流砥柱，自然少不了这一时期最为重要的三个人：李泌、郭子仪和李光弼。正是有了他们，大唐的复兴才有了希望。

李泌的战略被搁置

大唐的平叛之路颇为曲折，但那是必须付出的代价。

自天宝十四载（公元 755 年）十一月初九安禄山起兵叛乱到天宝

十五载（公元756年）七月十二日肃宗在灵武城楼登基，八个多月的时间里，叛军连续突破大唐三道防线，占领了洛阳与长安。

天宝十五载（公元756年）正月初一，安禄山在洛阳登基称帝，国号大燕，改元圣武，自称雄武皇帝。六月，大唐皇帝李隆基一路逃亡到了四川成都。皇太子李亨则北上朔方，于七月在灵武称帝，竖起了平叛的大旗。

肃宗的即位显然未经玄宗授命，虽因战乱而事出有因，但也确实使得大唐面临二元政治的格局。肃宗李亨在灵武完成内阁组建的同时，远在成都的玄宗还在忙着调兵遣将，甚至任命李亨为天下兵马大元帅。

所以，重塑正统是必须解决的问题。那么，新老皇帝之间会有矛盾和冲突吗？从玄宗在马嵬坡时就要将皇位传给李亨来看，他应该不会对太子登基一事大惊小怪，这样的历史趋势，他怎么可能不明白？

肃宗当然也是一样，否则，他这样的行为无疑就是谋逆。一向谨小慎微、唯父皇马首是瞻的李亨，怎么会不清楚谋逆的后果？此时的他，必定是有足够的把握才登上帝位的。

李亨的把握，最重要的就是此时的帝位既是责任，也是担当，更是牺牲；既是平叛的需要，也是力挽狂澜的决心和表现。逃亡到成都的玄宗怎么会阻止？又怎么能阻止？

八月，肃宗即位的消息传到成都，毫无意外，玄宗“临轩册肃宗，命宰相韦见素、房琯使灵武，册命”。这里的“册命”指的是奉传国宝（玺）、玉册（帝王祭祀告天的册书，为天子受命的瑞征）。

于是，大唐的皇权就在这样的波澜不惊中，顺利完成了交接。当然，一年多之后“二圣”在长安相见时，又是一番惺惺作态：肃宗释黄袍而改穿紫袍以示为臣，玄宗也在臣民的见证下，亲自为肃宗披上黄袍，以示天命转移和帝位传承的彻底完成。

肃宗在灵武登基后召来了隐居在颍阳的李泌。李泌带来了平叛方略。八月，郭子仪和李光弼也带着精兵强将赶到了灵武。救亡君主肃宗，将带领他的文臣武将，开启他的平叛之路。

李泌，是北周太师、西魏“八柱国”之一李弼的六世孙，自幼聪颖，七岁能文，不仅得到当时一代文宗张说的赏识，大臣韦虚心、张廷珪等也很器重他。宰相张九龄更是喜爱李泌，甚至因他独到的见解而称其为“小友”。

得到朝中大臣一致好评的李泌引起了玄宗的关注，被安排到太子李亨的身边，成为太子属官。此时李亨待李泌极为优厚，两人遂成为莫逆之交。

当时李泌曾写诗讥讽宠臣杨国忠、安禄山等人，被杨国忠诬陷，以妄议朝政的罪名送往蕲春郡（今湖北蕲春）安置。此事之后，李泌脱离了朝廷，隐在颍阳，过起了“潜遁名山，以习隐自适”的生活。

肃宗自马嵬坡北上之后，就派人寻访李泌。二人在灵武相见，肃宗当即就要任命其为右相，但李泌坚辞不受。自称“山人”、颇有道家仙骨的李泌，早在做太子属官时就多次拒绝玄宗授予的官职。

明白他志不在此的肃宗，也只好授李泌银青光禄大夫的散官，但对于军国大事、平叛方略，肃宗对其言听计从，所以史书上说此时的李泌“权逾宰相”，毫不为过。

李泌更是没有辜负肃宗的信任和重托。他判断安禄山、史思明等人不过是一群乌合之众，在此基础上得出两年之内安史叛军必灭的结论。为此，他提出“务万全，图久安，使无后害”的平叛总方针，并且指出，要实施这样的方针，首先就要“无欲速”，即步步为营，稳扎稳打，不能寄希望毕其功于一役。

所以，李泌拟定的战略方针是：李光弼守太原，以此为战略反攻的根据地，兵出井陉，威逼河北；郭子仪取冯翊（今陕西大荔），入河东，直面范阳。以此从东、北两个方向，同时向叛军老巢发动攻击，目的就是隔断、牵制留守叛军，在歼灭其有生力量的同时，使其不敢南下。

为了避免留守叛军在困境下做出孤注一掷之举，李泌又建议密令郭子仪放开有“三秦要道，八省通衢”之称的华阴一角，让叛军能由此直通关中，使他们在北守范阳、西救长安之间千里奔袭。等到叛军疲敝劳损之时，以逸待劳的唐军再将其分段歼灭。

同时，李泌建议命建宁王李倓为范阳节度使，与李光弼互为犄角，以攻取范阳。如果叛军失去范阳这个根据地，河南的叛军将不攻自乱，平叛之功也将唾手可得。

平叛初期，肃宗完全按照李泌的战略规划行事。但等到眼看着郭子仪“战必胜，攻必取”，肃宗就开始急于收复两京了。他对李泌说：“哪里有空先取范阳？”李泌的回答是：“如果速得两京，必会令贼势重新强盛。”

李泌的理由是：“目前我军兵力的强大，主要依靠碛（qì）西突骑及西北诸戎的力量，他们耐寒而畏暑，如果此时进攻范阳，必能大获全胜；相反，如果不抓住机会彻底安定范阳的局势，大唐兵将回到两京后，谁愿意再辗转作战？而叛军休养生息之后，必定会再度南侵。到那时，局面将不可收拾。”

显然，李泌是正确的，他所制定的原本就是斩草除根、一劳永逸的方略。事实上，叛军正是因为在范阳坐大，才举兵南下，如果再给他们一次坐大的机会，他们怎么可能不变本加厉？但肃宗急于以收复两京的“盖世之功”来为他的登基称帝“增光添彩”。新老皇帝，一个光复，一个沦陷，两种天差地别的结局，收获的威望与民意怎么可能没有巨大差距？

这就是肃宗说“哪里有空先取范阳”的真正原因。人情练达、世事通透的李泌怎么可能不了解肃宗的本意？此时的他，除了痛陈利弊，又能说什么呢？但急于收复两京的肃宗这次没有采纳李泌的建议，由此便出现了郭子仪借回纥兵，随广平王李俶收复两京的一幕。

这就是安史之乱没能如李泌所料在两年内结束的核心原因。这场战乱之所以能够持续八年之久，何尝不是玄宗和肃宗父子两代皇帝联手导致的结果?

在君王的视角之下，皇位也是不得不考虑的重要因素，因此，急功近利，没有远见，甚至出卖国家利益，也是他们惯常的嘴脸。

尽管有此插曲，但肃宗仍然绝对信任李泌。这一时期，宫门的钥匙和符契都被肃宗委托给广平王李俶和李泌掌管，而李泌也尽心辅佐肃宗。建宁王李倓勇武果敢，屡立战功，肃宗想任命其为天下兵马大元帅，李泌就进言说:“李俶为兄，李倓为弟，既然没有废长立幼之意，为什么不让长子建功立业?”

从李世民兄弟的过往就能看出，此时的李泌一心只为大唐的江山社稷考虑，可谓深谋远虑。醒悟过来的肃宗改任李俶统率诸将东征。李俶以平叛之功相继进封楚王、成王，进而被册立为皇太子，顺理成章地登基为帝，也就是日后的代宗李豫。

当年李林甫想尽办法迫害李亨，以致李亨早上起来都不知道能不能活到晚上，所以此时每次提起李林甫，肃宗就愤恨地说:“等到收复长安的那一天，一定要将李林甫开棺鞭尸，锉骨扬灰。”李泌劝道:“李林甫固然死有余辜，但太上皇已流落巴蜀，要是知道陛下此举，定会惭愧悔恨，万一一病不起，陛下于心何安?”

李泌当然不是在对肃宗进行“孝心”的说教，而是以此为由，规劝肃宗如何当一个好皇帝。就目前的局势而言，当一个好皇帝至少要放下个人恩怨，以求同存异之心最大限度地扩大统一战线，壮大平叛的阵营。

李泌历经大唐四朝，更是成为肃宗、代宗、德宗三朝的重要人物，他的传奇还将延续，我们以后再讲。

抗战的钢铁长城

这一时期，功勋卓著的武将无疑首推郭子仪和李光弼。

郭子仪，华州郑县（今陕西渭南华州）人，寿州刺史郭敬之之子，早年以武举及第而入仕从军。公元 749 年，郭子仪升任正三品左武卫大将军；公元 754 年，任九原郡太守、朔方节度右厢兵马使。

公元 755 年，安史之乱爆发，在家为母守孝的郭子仪被朝廷“夺情”起用，率朔方军东讨安禄山。郭子仪收复静边军（今山西右玉），斩杀叛将周万顷，又在河曲击败叛将高秀岩，收复云中（今山西大同）、马邑（今山西朔县），开通东陉关（在今山西代县东南），成为大唐平叛的一支重要军事力量。

公元 756 年，郭子仪率军出井陉关，与李光弼部合兵，大败史思明数万军队，平定藁城，随即破叛军于赵郡（今河北赵县），斩杀叛军任命的伪太守郭献璆，回军常山。

郭子仪返回常山时，史思明又集结数万兵马，尾随其后。郭子仪率军在行唐县再次击败史思明，后又在沙河击破敌军，驻守常阳。安禄山派兵增援史思明，也被郭子仪打败，两千余人被斩。

之后，实力不断壮大的郭子仪，又联合李光弼、仆固怀恩、浑释之、陈回光等将，在常山郡以东的嘉山（今河北曲阳东）击破敌军，斩首四万余级，获得数万匹战马。此战是叛军占领长安前唐军取得的重大胜利，打得史思明逃往博陵，河北各郡县纷纷斩杀叛军守将，迎接大唐军队。

郭子仪正欲乘胜北征范阳之际，哥舒翰潼关兵败，玄宗入蜀，太

李

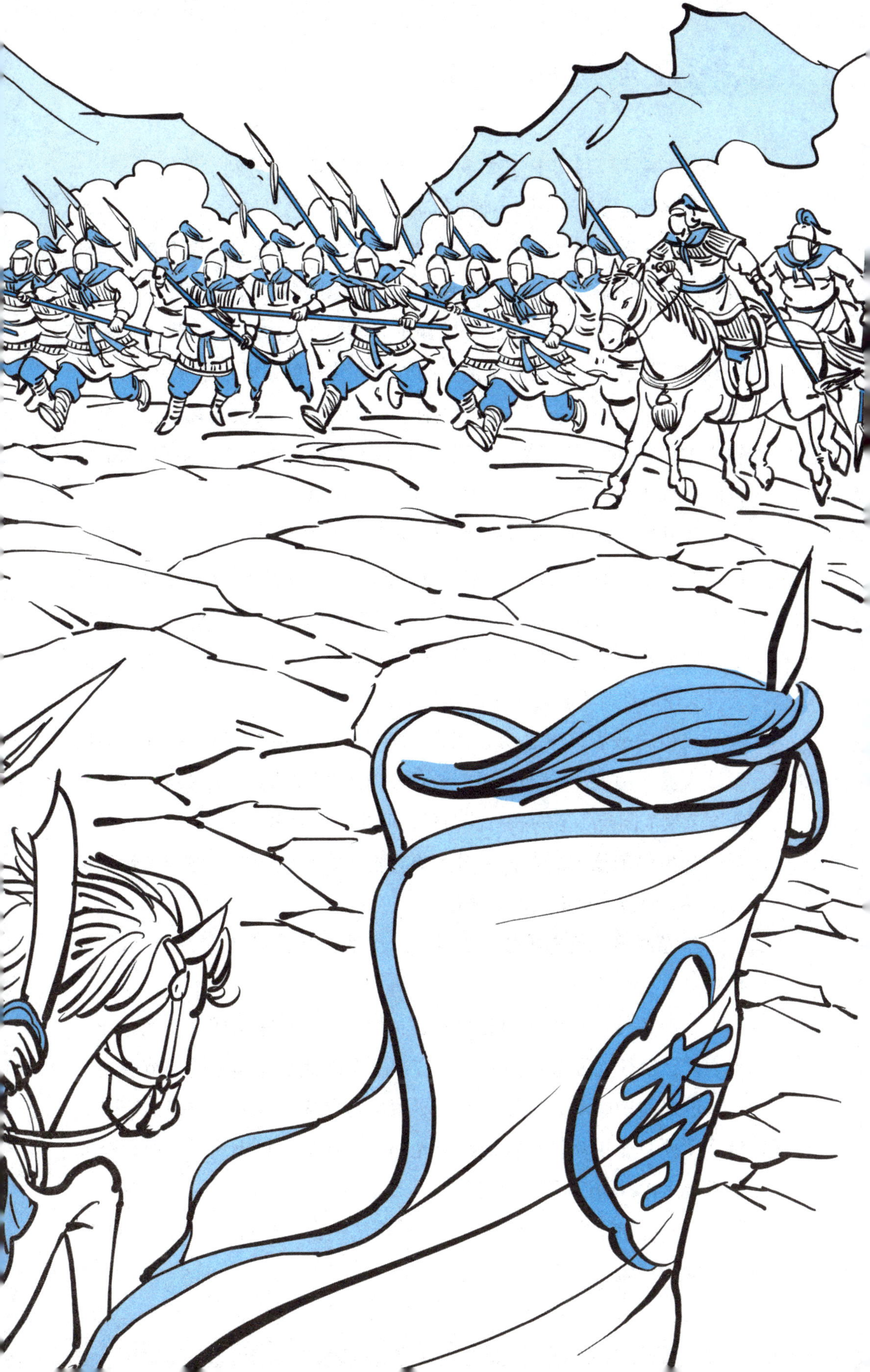
李

子李亨在灵武登基，于是郭子仪与李光弼率军五万赶到了灵武。

李光弼是契丹族人，他的父亲李楷洛原为契丹酋长，武周时自契丹来降，一路升任为朔方节度副使。李光弼自幼为人沉稳严毅，擅长骑射，少年时即入军旅，至天宝初年已在边镇声名鹊起。

曾经担任朔方节度使的王忠嗣非常器重李光弼，不无赞赏地说过：“光弼必居我位。”安史之乱前，朔方节度使安思顺看中李光弼的才能，奏请唐玄宗任命他为朔方节度副使，还想把自己的女儿嫁给他，李光弼闻讯后托病辞官。陇右节度使哥舒翰觉得十分可惜，便奏请玄宗，将他召回京师长安。

战乱纷起之时，李光弼受郭子仪举荐，被任命为云中太守，后转授魏郡太守、河北采访使。李光弼就任后，率五千朔方军会同郭子仪所部，自井陉东进，收复常山郡。在史思明率二万骑兵围攻常山城时，李光弼一面坚守城池，一面派精锐出城偷袭叛军得手，重创史思明部，逼得安禄山不得不从河南紧急驰援河北。

嘉山之战后，史思明狼狈逃往博陵。李光弼再度率军围困博陵，军威大振。河北十余郡闻讯，纷纷杀死叛军守将，重新归顺了唐朝。叛军老巢范阳与各地的联系被切断，河北形势为之一变。

如果郭子仪被后人视为对大唐有再造之功的战神，那李光弼就战功的层面而言一点也不比郭子仪差。

李光弼不但英勇善战，而且治军严整、执法如山，曾怒斩侍御史崔众。

当时的侍御史崔众因有肃宗在背后支持，在军中盛气凌人、狂妄自大，在接任太原节度使时，纵容部下全副武装地闯进前任节度使王承业的府衙中嬉戏，对王承业极尽侮辱与欺凌。后来，肃宗命李光弼镇守太原，让崔众将兵权交给李光弼，崔众却故技重演，不但对李光弼傲慢无礼，还迟迟不交兵权。

崔众违抗军令，贻误战机，本就军法不容，李光弼与其几番沟通，崔众仍然置若罔闻。李光弼盛怒之下，下令绑押了崔众，没想到第二天提拔此人为御史中丞的诏书却到了。李光弼面对传诏的宦官，凛然说道："我今天原本只是杀侍御史，如果宣诏，那我就杀御史中丞，如果他拜相，我就杀宰相。"李光弼的杀伐果断，吓得那位宦官不敢宣诏。次日，李光弼便在碑堂下将崔众当众杀死，从此威震三军。

李光弼不仅杀伐决断，而且足智多谋。公元759年的一天，史思明手下猛将李日越率五百精锐骑兵冲入唐军阵地，却见李光弼部下的兵士躺在战壕里悠闲地吹着口哨。李日越征战半生，哪里见过这样的场景？他忍不住问唐军："太尉（李光弼）在吗？"兵士回答："昨晚走了。"又问："你们有多少人？"再答："一千。"又问："带兵的是谁？"再答："牙将雍希颢。"李日越叹了口气说："那我投降吧。"

是不是有点莫名其妙？更匪夷所思的是，几天后，史思明手下的另一个猛将高庭晖也主动来降。想必看到这里，读者都会大呼惊奇。其实，不仅我们，就连当时的雍希颢也感到不可思议，而这正是李光弼的刻意安排，也体现了他的过人之处。

李日越与高庭晖皆有万夫不当之勇。当时史思明在河阳（今河南孟州）战败，李光弼乘势兵发怀州（今河南沁阳），而据守怀州城的正是李日越与高庭晖，李光弼强行攻城也没有多大胜算。

于是，李光弼就趁夜撤回河阳，仅在怀州外的战壕中留下一千人马，由雍希颢率领。他预料史思明必派李日越前来劫持自己，而李日越抓不到自己，一定不敢回去，只能投降；如果投降的李日越能受到好生款待和重用，那高庭晖一定会随之而降，怀州城就不攻自破。

事实果真如此。李光弼这样料事如神，难道不是因为他对形势和战局有着透彻的观察和精准的把握吗？难道不是他足智多谋和超人胆略的具体表现吗？

当初正是因为郭子仪和李光弼联手作战，牵制叛军兵力，哥舒翰才能固守潼关。尤其是嘉山之战，两人携手并肩大败叛军，才使得河北沦陷各郡纷纷起义，归顺大唐。

其实，郭子仪与李光弼所采用的策略与后来李泌的谋划有着异曲同工之妙。哥舒翰坚守潼关之时，郭、李二人率军在河北屡败史思明，更是以嘉山大捷切断了安禄山的归途。

一直将范阳作为自己唯一退路的安禄山，气急败坏之下曾大骂怂恿他造反的高尚："你不是说造反是万全之策吗？现在潼关不克，范阳又回不去，哪来万全之策？滚出去，我再也不想见到你。"

可见，郭、李二人在河北的军事行为，不但严重打击了留守老巢的叛军，使南下的叛军不得不频繁后撤救援，实际上还减轻了潼关防御的压力，这就是安禄山恼怒潼关不克的原因所在。

而哥舒翰坚守潼关也牵制了叛军回援的兵力。叛军被迫两线作战，就这样陷在潼关和河北之间，左右为难，这也是当时郭、李二人上疏反对哥舒翰贸然出战的根本原因。

郭子仪的策略就是在潼关的牵制之下，剿灭留守范阳老巢的叛军，再前后夹击，一举歼灭叛军。从事后来看，如果潼关不丢，这样的战略很可能彻底扭转战局。

原因很简单，范阳是叛军的根据地，他们的家属全在那里，一旦丢失，必然军心不稳；而且叛军的粮草辎重、钱粮补给也主要出自范阳，范阳一旦不保，唐军便可直接掐断叛军补给线；更重要的是，叛军中有大量的契丹、奚、同罗等少数民族士兵，夺取范阳，无异于断了他们的归途。

原本此时郭子仪、李光弼连战连捷，河北形势一片大好，河北十七个郡也共推颜真卿为首领，高举反燕大旗，配合政府军，不断收复失地。但形势突变，潼关失守，玄宗西逃入川，太子李亨北上灵武登基为帝。很快，失去潼关这个战略支点的郭子仪、李光弼接到肃宗命令："停止军事行动，火速赶赴灵武。"

肃宗做此决定的原因也很简单，他要集中所有优势兵力收复两京。从事后来看，叛军兵进长安之后，唐军的战略确实需要调整。李泌和郭子仪都把战略方向对准叛军的老巢范阳，是因为当时潼关尚在，唐军只需防守南向之敌，如今却是西北方向门户大开。所以李泌建议李光弼战略后撤，坚守太原，这样做就相当于在太原再造了一个“潼关”。

后来，李光弼在太原以数千“团练兵”（地方武装）固守，并打退叛军进攻。从这里来看，李泌的策略就是当初郭子仪想法的延续。虽然随着唐军撤出，河北之地又落入叛军之手，但李泌设想的策略同样是两线进击，又故意留出空间，让叛军千里奔袭，而后分段截击，这个策略实际上已见成效。

完全可以想象，如果当初唐玄宗不受杨国忠怂恿逼令哥舒翰出战，而是采纳他们三人的意见，让哥舒翰坚守潼关，派郭子仪和李光弼扫荡河北，进攻范阳，也不致沦落到如今的局面。即便潼关失守，如果当初杨国忠没有诬陷李泌，以致李泌归隐，那唐廷采纳李泌的策略，也不失为亡羊补牢之举。只可惜，历史不能假设。

我们在遗憾的同时不妨想想，叛军也在不断地犯错。安史之乱的敌我双方，似乎不是在比谁更正确，而是在反复地证明谁犯的错误更多、更大。

郭子仪、李光弼二人紧密配合，足智多谋，善于出奇制胜，世称“李郭”。无疑，他们两人都是大唐平定安史之乱的中流砥柱。

第九章
收复两京

传统就此断绝

安史之乱爆发时，大唐的兵力大部分集中在西北方向，而朔方之兵又都掌握在郭子仪和李光弼的手里。潼关失守后，李光弼从博陵撤围，与郭子仪一起入井陉，河北大部分地区随之陷入史思明、尹子奇率领的叛军之手。

此时肃宗手上的唐军除郭、李所部之外，还有河西节度副使李嗣业的七千兵士。肃宗又令仆固怀恩与回纥结好，向其借兵用以平叛。接着，在河北坚持敌后抗战的颜真卿也与肃宗取得了联系，肃宗即位及整军平叛的消息正是通过他才在河北诸郡及河南、江淮等地传开，大大鼓舞了大唐军民的士气。

李泌建议肃宗离开灵武，屯兵彭原（今甘肃庆阳），待与西北诸戎联军会合之后，再南下扶风。因为到了那里之后，从江淮调运的物资就可以保证大军的后勤供应了。

至德元年（公元756年）九月二十五日，肃宗李亨自灵武南下，到达顺化郡，遇到了奉册书从成都赶来的左相韦见素及文部（吏部）尚书、同中书门下平章事房琯等。就是在这里，李亨接受了玄宗的册命，结束了大唐二元政治的格局。

也是在这里，房琯因才学和谈吐受到肃宗的信任和重用。肃宗时常问政于房琯，房琯也当仁不让，以天下为己任，尽心辅佐肃宗，俨然救时宰相。

十月，房琯上表肃宗，请求亲自率军收复两京，正中肃宗下怀。肃宗本就对收复两京念念不忘，当此前所未有的兵强粮足之时，有如此“大才”的房琯主动请缨，君相之间这样不谋而合，怎能不令肃宗喜出望外？

于是，收复两京的战略决策迅速形成，唐肃宗任命房琯为持节、招讨西京兼防御蒲潼两关兵马节度等使，让他与郭子仪、李光弼等一同征讨叛军，并同意他自己选择幕僚。

房琯任命御史中丞邓景山为副将，户部侍郎李揖为行军司马，给事中刘秩为参谋，宋若思、贾至、魏少游等为幕僚。临行前，唐肃宗又命兵部尚书王思礼协助房琯。

房琯兵分三路：南路由杨希文率领，从宜寿（今陕西周至）进军；北路由李光进率领，从奉天（今陕西乾县）进军；刘悊（zhé）则率中军，从武功（今陕西咸阳）进军。

十月二十一日，作为前锋的中路、北路唐军与叛军安守忠部在咸阳县东的陈涛斜相遇。房琯采用春秋时期的车战之法，组织了两千辆牛车，在步兵和骑兵的护卫下向叛军发起冲锋。

叛军先是擂鼓惊吓牛群，又顺风纵火，焚毁唐军战车。唐军人畜相互踩踏，阵脚大乱，叛军趁机冲杀，唐军惨败。此战唐军伤亡四万多人。十月二十三日，房琯整军再战，再次被叛军打败，就连杨希文和刘悊也投降了叛军。这显然是战略失误所致，没有巩固的后方就急于收复两京，怎么可能不败？

肃宗乃至房琯等的急于求成，还不仅仅表现在战略层面。两军在陈涛斜相遇之时，身居前线的房琯总算亲眼看到了叛军的实力。他本来打算以固守的形式寻机歼敌，但潼关之失的悲剧再次上演。

作为监军中使的宦官邢延恩不断催促出战，无奈之下，房琯只好与叛军会战于陈涛斜。邢延恩固然有错，但错误的根源难道不在肃宗那里吗？一个宦官，不辨天下大事，不知排兵布阵，原也是身份所限，那为什么非要赋予他们监军的重任呢？

监军之时，这些宦官如此固执己见，难道仅是他们不知天高地厚吗？他们可以什么都不懂，但不能不懂皇帝的心思，尤其是皇帝的“小心思”，即那些虽不能明言，但一定要去做的事情。这些事情就需要这些宦官在心领神会之后出面帮助皇帝实现。

就像这次，催促房琯尽快出兵，对邢延恩个人没有任何好处，但这是肃宗的心愿，所以邢延恩不能不做；至于成败，以邢延恩的能力和眼界，他怎么可能预见？

皇帝信任和重用的都是这些整天琢磨自己“小心思”的人，怎能不败？再说，即便没有邢延恩的催促，此战唐军也未必能胜。毕竟房琯固守陈涛斜不能与昔日哥舒翰固守潼关相提并论。

房琯作为一个文官统兵，任用的也都是文官。尽管大唐有很多文官从戎而建功立业的先例，但毕竟时移世易，今非昔比。

首先，房琯把军务全部委托给书生出身的李揖和刘秩，而且不无骄矜地说：“叛军的诸戎骑兵虽强，但怎能敌得过我的谋士刘秩？”

刘秩是饱学之士毫无疑问，没有任何从军经验却喜欢大谈兵事也是他显著的特点。

而且，从刘秩的经历来看，他没有任何奇谋远虑的表现。他仅因为反对杨国忠罢免潼关守将哥舒翰一事就得到房琯的赏识。而反对罢免哥舒翰，几乎是当时还算忠义之士的共识，怎么能说明刘秩出类拔萃呢？可见房琯和刘秩之所以“惺惺相惜”，原本就是因为他俩具有“高谈阔论”的共同特点。

刘秩就类似于赵括，如果加以历练，很有可能将“纸上谈兵”很好地运用到实际的战场上，从而建功立业。但此时的房琯同当年的赵孝成王一样，纯粹因虚名而选择将军。他没有等待刘秩褪去“书呆子”的稚气，就委以如此重任。

而且，从房琯战前的话中便能看出，他本人也在轻敌。轻敌源于盲目，盲目源于自大，自大源于不了解对手。两军交战，你根本就不了解对方的实力，岂能不败？

其实，就算房琯不轻敌，唐军也未必能胜。因为房琯这次所统之兵原本就不是精锐之师，而是肃宗立足未稳之下，强行纠集起来的部队，本就良莠不齐，又怎么能与能征善战的叛军相比。

战略、战术错误、用人不当、时机把握不准，一连串的失误之下，本身就战力孱弱的唐军失败，也不是太过出人意料。从战后肃宗对房琯“待之如常”的态度来看，他也没有把这次的失败完全归罪于房琯。

陈涛斜之战失利，肃宗第一次收复两京的计划和行动宣告失败。然而，这样的挫败并没有使肃宗回归到李泌提出的正确战略方向上，他在重新集聚力量之后，再次把战略目标转向两京。可见，帝王紧盯的永远只是权力和地位，要他们做到深谋远虑，真正为天下苍生考虑，何其难呀！

房琯之败，看似只是一场战役的失利，但从长远来看影响深远。此战之前，即便肃宗急于求成，房琯自负才学，文官统兵还是有着广泛的历史和舆论基础的。如果房琯不败，文官统兵的传统也不会就此断绝，此后大唐的兵权也不可能尽归武将所有。

就因为房琯此次战败，之后朔方军将领完全掌控兵权，才致使各方节度使有样学样，骄狂自擅到割据一方的地步。房琯之败这一看似偶然的事件，却成为推动历史转向的重要力量。

人死祸不止

此次战败，朝廷一方错在哪里？错在敌方气焰正盛之时，肃宗起用一个生性虚浮、夸夸其谈的文臣。皇帝仓促授命之际，房琯、刘秩等欣然受命，虽其志可钦、精神可嘉，但怀骄矜之心，率不练之兵，岂能平叛？这难道不是肃宗的错误？而这样的积重难返，又怎么没有玄宗的责任？

有筚路蓝缕时的栉风沐雨，才有玉汝于成后的薪火相传。前人深陷泥淖而不懈跋涉，才能将后人举过头顶；相反，锦绣繁华中的每一次骄奢放纵，都将成为日后败亡的祸根。正因如此，大唐的贞观之治才显得弥足珍贵。遗憾的是，贞观君臣的后人，没有将贞观之风完全发扬光大。

在历史长河中，某个地区的不同文明似乎有着同兴同衰的特点。大唐鼎盛之时，四周蛮夷几乎同时崛起、兴盛。唐太宗时，突厥一度兵临长安；唐玄宗开元盛世之时，吐蕃也蒸蒸日上。此时的大唐，日渐凋敝，边军大部分参与到内战当中，外敌却也无力举国内侵。等大唐稍微能够喘口气时，周边蛮夷似乎也刚从“冬眠”中醒来，又开始蠢蠢欲动。

陈涛斜之战唐军惨败后，安禄山的叛军也没能乘势崛起，相反，他们正在经历更大的危机。至德二年（公元 757 年）正月，安禄山政权内部发生内讧。

安禄山本就异常肥胖，晚年更甚。自起兵以来，他的视力逐渐下降，到此时几乎已经失明，再加上身上长满了毒疮，性情大变，以致对身边的人非打即骂，动辄就杀。

安禄山在洛阳称帝之后，长居后宫，他最亲信的太监李猪儿也是遭受辱骂和毒打最多最狠的人；就连他最为倚仗的首席谋臣严庄，有时也遭到他的鞭打。所以二人早就对安禄山怀恨在心。

安禄山有十一个儿子，长子安庆宗在长安为质，安禄山反叛后为玄宗所杀。次子安庆绪以为哥哥死后自己会被册立为大燕皇太子，但安禄山因三子安庆恩是爱妾段氏所生，想立其为太子。安庆绪因此时常担心自己被杀。

这三个同病相怜的人为了自保，一拍即合，决定先下手为强，刺杀安禄山。行动非常顺利，因为此时大燕的文臣武将很难见到安禄山，只有这三个人常围绕在安禄山身边，他们联手对付一个双目失明的人，岂不容易？

正月的一天夜里，严庄与安庆绪持械站在帐外警戒，李猪儿手执大刀直入安禄山帐内，一刀砍在了安禄山的腹部。安禄山摇着帐幔留下了人生中的最后一句话："这一定是家贼干的。"说完就断气了。看来，他至死也不算太糊涂。三人旋即在床下挖了一个好几尺深的坑，用毛毯包着安禄山的尸体埋了。

第二天，严庄就召集众将，宣布安禄山重病不起，下诏传位于安庆绪。安庆绪即位后，将段氏及安庆恩杀害，安禄山的尸体也被偷偷运出宫草草埋葬。

安史之乱的贼首就这样结束了他罪恶的一生，但他挑起的滔天灾祸仍在蔓延。

房琯战败，河北诸郡又相继陷落，李泌就是在此时提出让李光弼自太原出井陉、郭子仪由冯翊入河东，肃宗本人率军进驻扶风的；其目的就是不急于收复两京，而是在攻取范阳之后，再联兵合围中原叛军，从而彻底平定叛乱。

新败之后的肃宗，暂时同意了李泌的建议，于至德二年（公元757年）二月进驻凤翔（今陕西宝鸡）。

太原一战成名

在洛阳城大燕政权内讧的同时，河北地区的叛军四路出击，围攻太原。

公元757年春，史思明率军从博陵出发，蔡希德从太行陉（太行八陉之二，今河南博爱北）出兵，高秀岩从大同（云中郡，今山西大同）出兵，牛廷玠从范阳出兵，共四路叛军，十多万人马，从四面八方蜂拥而至，将太原团团围住。

镇守太原的李光弼此时手下精锐全在朔方，守城的是“团练兵”且不满一万人。如此形势，史思明自然认为攻下太原不费吹灰之力。作为战略要地的太原一旦沦陷，叛军可长驱直入朔方、河西及陇右，这也是李泌当初提出要坚守太原的主要原因。

如何固守太原？常规的操作当然是修筑、加固城池，以抵御来势汹汹的叛军。李光弼却力排众议，决定率领士兵和百姓到城外开凿壕沟阻击叛军。他的理由是，太原城方圆四十多里，如果赶在叛军到来之前去修筑城池，无疑会导致敌兵未至，我军先疲。

李光弼又让士卒做了数十万块砖坯，等叛军攻城时，一面加高城墙，一面随时修补遭到损毁的城墙。

就这样，太原外有壕沟防御，内有随时加固的城墙，将士们在李光弼的坐镇指挥下坚守太原一月有余。久攻不下的史思明决定在太原城东西南北四门采取声东击西的战术，企图寻找防守薄弱的地方作为突破点，一举攻入城中。但防守工作做得滴水不漏的李光弼，始终没有让叛军找到任何漏洞。

死守毕竟不是长久之计，李光弼的策略是守中有攻。史思明因太原防备严密，派人到崤山以东运回大型攻城器械，李光弼闻讯立刻派部下慕容溢、张奉璋等将率军在广阳拦截，并全歼叛军三千多人。

此外，李光弼命善于挖掘地道的士兵，将地道一直挖到城外。史思明的叛军在城下骂阵时，被唐军从地下抓住脚脖，拖入地道，带回去斩于城上。此举对叛军的杀伤力虽然有限，但震慑意义重大，叛军惊呼李光弼为“地藏菩萨”，甚至在城外行走时都胆战心惊地时时看着地面。

叛军堆土山向城墙靠近想用云梯攻城时，唐军又在下方挖掘地道，使土山坍塌，云梯折断；此时，城头守军以投石机配合滚木雷石一起砸向叛军，叛军哪里见过如此战斗场景？死伤无数，惊心骇神。

面对十多万叛军的围困，李光弼守中有攻，可谓已经做到极致。为解太原之围，他再出奇计：一面遣使诈降，一面派人挖地道至叛军营帐之下，撑以木柱。至约定之日，唐军数千人出城伪降，等叛军放松警惕之时，地道中的士兵撤掉木柱，叛军营地塌陷，千余人被埋。

唐军趁机擂鼓进击，诈降的数千人冲杀于前，城内铁骑突击于后。此战唐军大获全胜，斩杀俘虏叛军一万余。

这时安庆绪下旨，命史思明归守范阳，留下蔡希德率军继续围攻太原。李光弼看出叛军意图龟缩，又趁着他们屡遭挫败而动摇懈怠之际，发动了对叛军的剿灭之战。他命城中守军倾巢而出，亲领精锐冲杀在前，一举歼灭叛军七万余，缴获大量军资器械，蔡希德等将逃走，太原解围。

太原大捷，是李光弼军事指挥的经典战例，坚守而不自锢，反攻且有计谋，以弱势之兵巧挖地道，以诈降之计出奇制胜，以决胜之心雷霆出击，最终，以完胜的战果保卫了太原，稳定了战局，巩固了大唐在朔方的战略基地。

收服河东，潼关受阻

正因李光弼的太原大捷，肃宗才有了兵指河东之地的意气风发。此时，陇右、河西、安西、西域等地的朝廷军队已陆续会齐，从江淮征发的物资也已运抵汉中。

此时的肃宗，早已忘记了房琯之败，似乎也忘记了李泌“先剿灭叛军老巢范阳”的谆谆告诫，开始重拾他收复两京的夙愿。或者说，肃宗根本没有把李泌深谋远虑的建议放在心上，只要稍有机会，他的战略目标一定是收复两京。

当此安禄山被杀、安庆绪登基称帝之时，肃宗命郭子仪平定河东。河东居于东、西两京之间，如果占据了河东，就可威逼潼关，收复两京指日可待。

此时，负责叛军河东防务的是崔乾祐，就是他在潼关击溃了哥舒翰的二十万大军。崔乾祐无疑是一员猛将，但他实在不善于治理，其镇守的河东早已民怨沸腾，人心思归。

鉴于目前的形势，郭子仪决定从敌军内部寻找突破口。他判断现在河东守军中，有相当一部分是被崔乾祐逼降的原大唐兵将，一旦有什么风吹草动，这些人很有可能会反水起事。于是，郭子仪派出心腹郭怀文、郭俊等秘密潜入河东，联络叛军中的大唐官兵，约为内应。

事实上，郭子仪的判断完全正确。至德二年（公元 757 年）二月初十，郭子仪进兵河东郡，次日兵围蒲州城。当天夜里，河东司户参军韩旻等翻城迎接唐军，杀敌近千人。崔乾祐仓促跳城而逃，组织城北守军发起反攻，郭子仪在城内将士的接应下发起猛攻，杀死叛军四千多人，俘虏五千多人。

战败的崔乾祐率残部逃到安邑（今山西运城夏县西北）。没想到，安邑守将早已降唐，故意打开城门放叛军入城，当叛军人马进去一半时，就突然关闭城门，向叛军发动突袭。崔乾祐侥幸尚未入城，得以率残兵从白径岭逃走。

郭子仪首战告捷，成功收复河东，占据了两京之间的咽喉要地。

战场形势瞬息万变。唐军在河东的行动，惊动了长安的叛军。他们立即制定反制措施，计划向西攻击凤翔，待解除长安西部威胁后再移师向东，击败蒲州的朔方军。

二月二十九日，叛军将领安守忠率军进攻武功。

武功位于渭水北岸一条南北走向的河川上，此川就叫中亭川。中亭川东西两侧是平缓的土塬，分别称作东原、西原。

唐军的兵力，在此由东往西呈纵深配置。驻守武功的是关内节度使王思礼，兵马使郭英乂和白水军使王难得分别扎营在武功的东、西两原。

安守忠首先率军向东原的郭英乂部发起攻击。混战之中，郭英乂脸部中箭，无奈撤出战斗；而驻守西原的王难得不仅不救，反而跟着落荒而逃。武功沦陷，王思礼不得不退守扶风。

安守忠的先锋部队一路势如破竹，很快就西进至大和关。此地距凤翔仅五十里，而此时凤翔正是肃宗的行宫所在地。

显然，安守忠也非等闲之辈，他以攻为守，企图用围魏救赵的办法阻止唐军收复两京。而郭子仪棋高一着，早就看穿了安守忠的伎俩，决定将计就计。

叛军兵锋直指凤翔，目的就是要郭子仪回军救援；而郭子仪分兵猛攻潼关，逼叛军增援潼关，以解凤翔之围。战斗进行到此时，双方对彼此的底牌都已经心知肚明，剩下的就是狭路相逢勇者胜了。

郭子仪在河东派儿子郭旰及兵马使李韶光、大将王祚、仆固怀恩率军南渡黄河，攻取冯翊，偷袭潼关。唐军初战告捷，斩敌五百人，攻克潼关。

安守忠、李归仁即刻率军东进，反攻潼关，安庆绪也紧急调兵增援。双方会战于永丰仓以南，苦战两日，唐军大败，死伤一万余，郭旰、李韶光、王祚力战而死，大将仆固怀恩抱着马头泅渡渭水，狼狈逃回河东。

可见，即便到了此时，叛军的战斗力依然强劲；同时，也能看出大唐军力孱弱到了什么程度，以致后来肃宗不得不借兵回纥。肃宗并不知道，为此，两京百姓又将付出多么大的代价。

潼关再次沦陷，叛军乘胜追击，重新攻占冯翊，刺史萧贲战死。三月，安守忠率骑兵二万进犯河东，被郭子仪击退，唐军杀敌八千多人，俘获五千多人，一战而稳定了河东局势。但是由于潼关沦陷，假如朔方军西攻长安，洛阳叛军即可经潼关进入关中，陷唐军于腹背受敌之境。无奈之下，郭子仪只好回师朔方。

念念不忘的两京

休整之后的唐军在肃宗的催促下再次把战略目标指向两京。四月，肃宗任命郭子仪为司空、天下兵马副元帅，授以平定叛乱、收复两京的重任。

郭子仪接到命令后，率朔方军走渭北，一路向西赶赴凤翔。探知朔方军动向的长安叛军，派李归仁率精锐骑兵五千到三原堵截，郭子仪则派仆固怀恩等五将率部迎敌。

仆固怀恩将战场选在了三原东南的留运桥附近，因为他观察到白渠从此流过，白渠是一条贯通三原南北的人工渠，自西北向东南连接泾河和渭河，既宽又深，人马要想通过，必须坐船或者过这座留运桥。仆固怀恩采取诱敌深入的战术，假装败退，往留运桥方向过渠。他预计叛军追击，必过留运桥，此处就是最好的设伏地点。果然不出他所料，李归仁率领的彪骑杀红了眼，不管不顾地追至留运桥。叛军刚过桥，唐军伏兵尽出，全歼叛军。李归仁无路可走，游过白渠逃回长安。

郭子仪率军沿渭河北岸东进，抵达长安西面的西渭桥，与王思礼部会师。唐军屯驻潏（yù）水西岸，兵临长安城下；叛军安守忠和李归仁则率兵驻扎在清渠北，在长安的西北方向隔潏水与唐军对峙。两军又一场正面大决战即将拉开帷幕。

潏水也称“沉水”，上游即今陕西西安长安区的潏河上游。而清渠，有人认为就是隋唐时期的漕渠京西段。漕渠兴建于汉朝，隋唐时不断开凿引水，玄宗时，陕郡太守兼水陆转运使韦坚又建造兴城堰截流渭水，使漕渠在汉长安城西南角合潏水入渭。

叛军平时驻扎在长安城北的禁苑里，此时移防到长安城西北部，目的显而易见，就是要以潏水和清渠两条水道为天然屏障，阻止唐军进攻长安。

双方隔潏河对峙七天。五月初六，安守忠指挥叛军首先发动攻势。他们乘木排登岸，向唐军发起进攻。混战之下，叛军败退，撤回对岸。

郭子仪挥军乘胜追击，唐军越过清渠，直追到长安城西。此时郭子仪才知道自己中了叛军的诱敌深入之计。只见叛军精锐早已在此布下一字长蛇阵：安守忠和安太清各率四千铁骑，分左右在延平门和金光门一字排开；一千精锐突前，居于中央位置。三军呈楔形直面追击而来的唐军。

战斗打响，郭子仪调唐军精锐从中路进攻，企图掐断叛军的左右呼应，没想到此举正中叛军下怀，安守忠指挥左右两翼的叛军迅速向唐军侧后移动，将唐军合围。至此，胜败已定，唐军回天乏术。

此战，唐臣韩液与监军孙知古被俘，军资器械丢弃殆尽，郭子仪无奈聚集余部退守武功。而后他只身前往凤翔请罪，被肃宗降为左仆射。

清渠之战的失败，作为副元帅的郭子仪固然难辞其咎，但郭子仪久经战阵，又多次与安守忠交手，这种诈败诱敌的小把戏，他难道没有警觉？还是他急于收复长安而一时冲动？毕竟这样的机会也是千载难逢的。

但联想到当时天下兵马大元帅广平王李俶也在军中，是不是还有一种可能，那就是李俶作为唐军名义上的统帅，延续了玄宗、肃宗的一贯做法，强令郭子仪出战呢？面对收复长安这样的不世之功，李俶有这样的动机，也有这样的权力，只是我们没有证据。

不过说实话，如果李俶如此决策，而郭子仪反对，史书上不会没有记载；如此惨败，如果乃李俶执意而为，郭子仪也不可能完全背这样的黑锅。事实很可能是，此乃李俶与郭子仪的共识，而且，仓促之间，军中很可能也没有明显的反对意见。

如果硬要找清渠之战失败的原因，只可能是此时大唐的文武百官、百姓将士都太想收复两京，他们中的绝大多数人把收复两京作为平定叛乱的标志。没必要苛求他们具备深谋远虑的智慧。当时除极少数人站在权势地位的角度考虑问题之外，绝大多数人还是因为向往和平导致急躁和冒进。

这也许才是清渠之败的主要原因。

借兵也是无奈之举

清渠之败打乱了唐军反攻的节奏，暂缓了唐军进攻长安的步伐。此战中唐军因冒进而中了叛军的诱敌深入之计，使肃宗和郭子仪君臣再次清醒地认识到了敌我双方战力的差距。

败退武功的郭子仪认为唐军现在兵力有限，直面叛军确实无能为力，于是，他建议肃宗向回纥借兵。而急于收复长安以证明自己帝位合法性的肃宗原本也等不及自身发展壮大，便欣然采纳了郭子仪的建议。

回纥很早就以雇佣兵的身份为大唐效力。在唐太宗征伐西突厥、高句丽时，回纥就随唐军作战；唐高宗时，回纥又配合唐军与后突厥对抗；到了唐玄宗时期，回纥更是帮助大唐灭了后突厥。

公元 744 年，唐玄宗册封骨力裴罗为怀仁可汗，回纥汗国由此诞生。回纥成为新的草原霸主后，仍然与大唐保持着和平友好的关系。

当然，这样的友好是建立在大唐富庶、繁华和强大的基础上的。回纥之前对大唐所有的出兵相助，要价之高都无异于趁火打劫。回纥助大唐灭后突厥之后，后突厥的土地尽归回纥所有，他们在此基础上建立了自己的汗国，并得到大唐的承认和册封。由此可见，回纥人做生意显然是行家里手。

既然是相互利用的生意关系，怎么能避免店大欺客或客大欺店的现象？值此大唐危难之际，怀仁可汗时的要价已然不能满足回纥的胃口，他的继任者葛勒可汗狮子大张口，向肃宗提出：收复长安和洛阳后，土地和百姓归唐朝所有，玉帛和女人归回纥所有。

除这样“额外奖励”性质的条约之外，据正史记载，按照当时肃宗与葛勒可汗的约定，大唐帝国每年付给回纥的雇佣军酬金，仅绢帛就多达两万匹。贪得无厌的回纥还强买强卖。有一次，他们一口气将两万匹马运往大唐，开价竟达绢帛五十万匹。大唐既用不了这么多马，也拿不出那么多绢帛，经反复交涉之后，才以半价成交了事。

虽然回纥出兵的条件苛刻，前往回纥谈判借兵的使臣也实在难堪，但他们清楚地知道肃宗真正关心的是什么，他们绝不会因考虑百姓的苦难而使这次生意谈判失败。此时大唐的肃宗皇帝，能做的只是对回纥忍气吞声、委曲求全。

宁国公主就是在这样的情况下嫁给了葛勒可汗。宁国公主是肃宗次女，临行之时，肃宗不禁潸然泪下，反倒是宁国公主含泪宽慰父皇：“为了国家安危，女儿何辞一死！”

再看葛勒可汗的态度，不但不出境迎亲，还大大咧咧地坐在牙帐里，身着便服接见了护送公主和亲的李宪之子汉中王李瑀一行。

两相对比，更衬托出了大唐皇室的无奈与悲凉。此时的境遇也是大唐皇帝必须付出的代价，只是这代价最后都转嫁到了大唐百姓的身上，何其悲哀呀！

大唐与回纥交易达成，葛勒可汗派太子叶护及将军帝德率精兵五千、战马万匹，前来协助郭子仪收复长安。为表诚意，回纥还送来了不少粮食，看来，他们这次又将赚得盆满钵满。

至德二年（公元757年）九月十二日，天下兵马大元帅广平王李俶和副元帅郭子仪，率领朔方军及回纥、西域之众十五万（为壮军威，号称二十万），自凤翔东进，兵发长安。

九月二十七日，唐军推进至长安城南的香积寺附近。郭子仪特意将会战地点选定在南部山麓，因为这里地形崎岖复杂，又能以沣水和大川掩护两翼，能够最大限度地回避叛军的骑兵优势。

选定会战地点后，郭子仪开始排兵布阵，以李嗣业部为前军，王思礼部为后军，自己与李傲则坐镇中军，摆出梯次配置的阵形，形成前后三条阵线，以便在前军失利时有足够的预备队可用。郭子仪甚至在每一条阵线背后都部署了第二线的支援力量。

就在这一天，十多万叛军在安守忠、李归仁的率领下与唐军会战于香积寺以北。此战异常惨烈，双方没有任何计谋与战术可言，有的只是前仆后继地拼杀。倒下一批士兵，补充一批士兵，再倒下，再补充，整个战场就像一台巨大的绞肉机，一刻不停地吞噬着双方士兵的生命。

战斗持续了数个时辰，从白天杀到了夜晚，尽管战场上尸骨如山、血流成河，但势均力敌的双方都死战不退，因为彼此都十分清楚此战意味着什么。如果唐军失败，士气将土崩瓦解，兵力将损耗殆尽，大唐将彻底走向分崩离析的万丈深渊；如果叛军败北，起兵两年来的战果将化为乌有，就算能回到范阳老巢，也是面目全非。

可见，双方都不能接受香积寺之战失败的后果，所以战况才会如此惨烈。相较而言，叛军似乎还有退路，而唐军必须一往无前。这也是郭子仪在战前立下军令状，不胜即以死谢罪的原因；也是李嗣业在战斗中身先士卒，舍死拼杀的原因。

正如李嗣业所说：“今天我们不拼死抵抗，就彻底失败了。”王难得在武功之战时不战而走，在今日的战场之上，却能够拔掉射在自己眼眉上的冷箭，血流满面仍浴血奋战。

唐军固然人数占优，有回纥的帮助，且占据地利优势，但最终能够取得胜利的关键，还是在毫无退路的情况下爆发出来的惊人能量。反观叛军，大燕政权混乱，洛阳内讧后更是缺乏唐军这样同仇敌忾的气势。我们纵览历史，总能看到这样由置之死地而后生的信念决定战场胜负的例子。

此战，唐军斩敌六万余，俘虏两万余，但也为此付出了惨重的代价，帝国最精锐的安西军、北庭军几乎伤亡殆尽。

值得一提的是，在这场战斗的末期，叛军大将安守忠和李归仁见大势已去，率残兵逃走。仆固怀恩请求李俶允许自己率两百骑兵追击，活捉二将，理由是如此骁勇之将，不能放虎归山，但李俶以作战疲惫、将士需要休息为由，三番五次地拒绝仆固怀恩的请命。

是当时战场上实在离不开仆固怀恩？还是李俶认为将士确实需要休息？总之，他可能与他的父皇肃宗一样，压根儿就没有认真考虑李泌为什么要坚持清剿叛军老巢。

肃宗执意先收复两京，固然有帝位正统性及合法性的考虑，但不得不说，从政治层面来看，这一决策也不能简单地认定为完全错误。从当时“永王之乱”事件中也能看出，在此帝国生死存亡的多事之秋，就算肃宗“一心无二虑”地“铁肩担道义”，也不能保证其他宗室诸王或类似安禄山之流的人，不会浑水摸鱼，再造分裂。

即便都是为了大唐社稷、黎民百姓，但如果肃宗一直孤处西隅，谁又能保证不会有人捷足先登，收复两京？退一万步说，即便此人无意与肃宗争雄，但面对他人如此盖世奇功，肃宗如何自处？大唐开国的“玄武门之变”，不就是在这种情况下上演的吗？李泌建议由李俶统率天下之兵，不也是出于这样的考虑吗？

正因如此，李泌才没有坚决反对肃宗收复两京；而且这样的决策显然顺乎民意，因为收复两京就是平叛胜利的显著标志。天下百姓谁不希望早点儿结束战乱呢？这就是香积寺之战唐军能够取胜的民意基础。

盼来的却是抢掠

然而，李亨与李俶作为帝王与未来储君，却不应该仅将收复两京作为战略目标，而应该把它作为战略支点，去撬动河北之地，彻底倾覆叛军的老巢范阳。李俶此时置仆固怀恩的请命于不顾，显然，他们父子从来没有这样的深谋远虑。

九月二十八日，唐军进入长安。昔日望着北方的烟尘都能联想到唐军铁骑滚滚而来的长安百姓，此时该是何等欢欣鼓舞。他们涕泪横流，他们夹道欢迎。

然而，他们怎么也不会想到，他们的皇帝早就出卖了他们。按合约规定，此时叶护就要带领回纥铁骑大肆抢掠长安百姓。但李俶拦在正要动手的叶护马前劝道："今日刚得长安，若马上抢掠，东京百姓必替叛军死守洛阳，不如等攻陷东京，再履行合约不迟。"

李俶是在体恤长安百姓吗？怎么可能？他说得十分清楚，他关心的只是能否顺利收复两京，为此，他要排除一切干扰。再说，长安的百姓应该得到体恤，那洛阳的百姓就不需要吗？

叶护反倒没有患得患失、斤斤计较，他信誓旦旦地表示："要为大唐直取东京。"这样的态度和表现，一是因为回纥早已赚得盆满钵满；二是此时的回纥有意与大唐交好。更重要的是，他们对自己的力量信心十足。的确，此时回纥铁骑可谓当世的一支劲旅。

收复长安后，郭子仪马不停蹄地追击叛军，在潼关杀敌五千，攻占弘农、华阴二郡。王难得也率军攻破武关，拿下上洛郡。李俶在长安停留三日后，率仆固怀恩统领的回纥、西域之军，东进洛阳。

身在洛阳的大燕皇帝安庆绪惊闻长安失守，立即调洛阳叛军在御史大夫严庄的率领下疾进长安增援。叛军刚走到陕郡就遇到了从战场上败退下来的张通儒部。两军会合，尚有步骑十五万，一起抵挡唐军。

十月十五日，郭子仪与李俶兵分两路，分别从新店（今河南陕州）与曲沃（今河南灵宝）夹攻叛军。战斗打响，回纥铁骑作为唐军后援埋伏于南山之北。对付叛军，唐军显得力不从心，交战之初就被打得节节败退。

等到回纥骑兵猝不及防地冲入敌阵，叛军顿时阵脚大乱。在唐军和回纥的内外夹击之下，叛军兵败如山倒。张通儒弃陕郡东逃，严庄也趁乱逃回洛阳。

兵败至此，安庆绪弃洛阳逃往河北，临走之时，还将此前俘虏的哥舒翰、程千里等三十余人杀死，可见其残暴和逃跑时的毫无章法。

十月十八日，李俶率领唐军进入洛阳。十月二十一日，郭子仪乘胜派朔方军左兵马使张用济、左武锋使浑释之收复了洛阳东北的河阳与河内。随后，李嗣业所率的安西北庭军随宰相张镐收复了河南失地；王思礼所率的关内道部队兵出河东道，扫清河东道南部的残敌。

此时，大燕御史大夫严庄见大势已去就投降了唐军，被封为司农卿。乱世之下，鼓动安禄山起兵造反的是他，弑君拥立新君的也是他，如今转而投降的还是他。如此严庄，他的一生，也是那个时代鬼魅一面的缩影，他就像一面魔幻的镜子，映照出那个时代魑魅魍魉的一面。

郭子仪收复两京，是安史之乱爆发以来唐军反败为胜的关键性战役。随着长安和洛阳相继收复，加上之前和之后收复的地区，朝廷和叛军的力量对比已经发生了根本的转变。

然而，或者是无力，更可能是无意，唐军没有及时清剿叛军老巢的有生力量，李泌的战略规划没有得到有效的贯彻执行，致使本应两年内结束的安史之乱，又延续了近六年。

而且这场安史之乱本就不应该发生；即使发生了，玄宗本来不致丢失长安，出逃四川；即使玄宗远逃蜀地，太子李亨北上朔方，本来完全有机会两年之内平定叛乱。然而现实不是这样，实际上，大唐两任皇帝留给当时百姓的，只是无尽的苦难。

洛阳收复后，百姓还没从欢欣鼓舞中回过神来，就遭到回纥铁骑的疯狂抢掠。回纥如此暴行与叛匪无异，但他们也的确是按照“合约”办事。三日后，洛阳城德高望重的老人以缯帛万疋（pǐ）贿赂回纥，他们才心满意足地满载而归。大唐朝廷自然以“盗匪”的借口糊弄百姓，而此时的百姓又怎么可能想到，五年后还会有更大的抢掠以同样的方式在这里上演。

十月二十三日，肃宗春风得意地进入长安；十一月，李俶和郭子仪从洛阳归来。肃宗拉着郭子仪的手，感慨万千地说：“我的国家，全凭你的再造之恩啊！”

第十章
史思明降而复叛

此情可待成追忆

至德二年（公元 757 年）十月二十三日，肃宗回到阔别近两年的都城长安；玄宗也于当天从成都启程，赶赴长安。十二月二十一日，玄宗在长安大明宫与肃宗完成了最后的权力交接。

玄宗一句“吾为天子五十年，未为贵，今为天子父，乃贵耳。”也算为这样的顺利交接画上了圆满的句号。再不要揶揄那位说出“此间乐，不思蜀”的刘禅了，从“全无心肝”的角度来看，此时的李隆基与昔日的刘禅又有什么不同？

难道要昔日的刘禅横眉冷对司马昭？难道要今日的李隆基痛自刻责以谢天下？帝王，有时候恰恰是最“识时务”的一群人。光明正大、舍生取义似乎与他们关系不大，“好死不如赖活着”倒似乎是他们表现出的显著特点。

至此，李隆基正式退出政治舞台，之后当了五年的“太上皇”。在这漫长的五年里，不知道他是否回忆过他的一生。从战战兢兢朝不保夕到英姿勃发挥斥方遒，再到壮怀激烈地指点江山；曾经沉醉于歌舞盛宴，曾经沉湎于香风美女，也曾经沉浸于阿谀奉承；还经历过国破家

亡，经历过香消玉殒，经历过皇权旁落。

他一手缔造出鼎盛繁华的江山，又亲手将其送入风雨飘摇。整整五年时间，足够他追忆一生，但他所有的心得体会已没有任何意义。太宗当年呕心沥血亲书的《帝范》，不也没有对儿孙起到什么示范作用吗？何况如今沦落至此的玄宗？

相较于玄宗落寞远去的佝偻背影，此时的肃宗站在了舞台中央，更因收复两京的不世之功被历史的聚光灯照得雪亮。志得意满的他又怎么可能想到，再强的光束照射之下，也会有阴影……

坐稳皇位的肃宗可否想到，此次平叛其实留下了重大的隐患？且不说在收复两京的过程中大唐精锐部队元气大伤，单就叛军能够从容退回河北而言，再想征讨他们的有生力量，就绝不会轻而易举。

唐军收复洛阳时，大燕皇帝安庆绪连夜从洛阳禁苑东门逃亡。他仅带领一千多步骑，渡过黄河，到达河北相州（今河南安阳）。此时，田承嗣、蔡希德、武令珣等各路叛军也陆续赶到相州，安庆绪又不断地招兵买马，短时间内总兵力已恢复到六万。

反观坐镇范阳的史思明，却一直没有主动与安庆绪取得联系。史思明如此态度也不奇怪，安庆绪弑父登基，不仅资历浅，还懦弱平庸，本就难以驾驭众将，更何况史思明这样的叛军二号人物，他怎么会心甘情愿地臣服安庆绪！

这是个狠角色

史思明，突厥族人，少年时与安禄山一起在营州柳城长大，后来二人一同追随张守珪，在军中并肩作战。

关系笃厚的两人并非没有嫌隙。天宝十载（公元 751 年）八月，史思明随安禄山征讨契丹，大败。安禄山诿过于部下哥解和鱼承仙，并斩杀二将。史思明逃入山谷近二十天，等他收拢残部七百人回到平卢城时，缺兵少将的安禄山大喜，拉着史思明的手说："有你在，我还有什么可忧虑的？"但事后史思明感叹："我若早点出谷，恐怕已经像哥解和鱼承仙一样被斩了。"

史思明的好运不仅表现在战场上，也表现在情场上。他出身微贱，而且相貌丑陋，却不知怎么竟被幽州大族辛氏的一位女子看中，仅一次偶然相见，她就对家人说"非史思明不嫁"。婚后的史思明曾不无得意地说："自从我娶了她，升官多子，这就是富贵命吧！"而这位辛氏女子也算有眼光，挑选的夫君怎么说也做过皇帝，虽然只有不到两年。

史思明为人狡黠，比安禄山毫不逊色，从他"计骗奚王"之事可见一斑。公元736年，史思明因欠下官府债款，走投无路，逃亡到奚族被抓。奚王想杀他，史思明却谎称自己是大唐派来和亲的使者，奚王信以为真，以隆重的礼仪接待了他。

安禄山领兵直取洛阳时，史思明坐镇河北，一南一北，遥相呼应，可见史思明在叛军中的权势地位。安庆绪刚登基时，为了拉拢史思明曾任命其为范阳节度使，但如今安庆绪已退到河北，又怎能容忍史思明手握重兵，坐拥财货而安居范阳呢？

决定要夺回范阳的安庆绪，派阿史那承庆与安守忠等将以到范阳征集兵马为名秘密除掉史思明；而范阳这边，史思明和他的心腹也在打自己的小算盘。

范阳节度判官耿仁智对史思明说："将军为安氏效力，不过是裹挟之下的不得已之举。今天下形势逆转，将军若能率部投唐，也不失为转祸为福之计。"裨将乌承玼（cǐ）也说："唐军接连收复两京，唐兴燕灭已是大势所趋，安庆绪正如釜中游鱼、叶上滴露，早晚为朝廷所擒，何必与其同归于尽！现在归附大唐，必不会遭到亏待。"

史思明和他的心腹都认为，以其目前的实力和处境，投唐是不错的选择。于是，他拘禁了阿史那承庆，斩杀了安守忠，扣押了他们带来的五千军兵，随后派衙官窦子昂奉表去长安，以所管十三郡、八万兵众与河东节度使高秀岩一同向大唐朝廷投降。

受降竟也如此烦恼

史思明降唐有诈降的可能，理由就是他降后又反；但仅从他后来再次反叛就认定他这次是诈降，也有些武断。因为大唐朝廷也有操作不当之处，只不过唐廷这时的操作不当，与昔日杨国忠逼反安禄山有根本的不同。

昔日承平已久，而且皇帝对杨国忠有绝对的信任；而此时的史思明无疑是惊弓之鸟，其与大燕皇帝安庆绪之间已经没有了基本的信任，任何风吹草动带来的都可能是腥风血雨，史思明所谓投降与背叛，仅是出于利益的权衡、形势的推动。

所以，面对来降的史思明，唐廷一定要小心翼翼、慎之又慎。显然，这是另一个战场，或许比列阵冲锋更加凶险，更需要智慧和胆略，但大唐朝廷显然没有这样的经验和手段。因此，史思明后来再次反叛，肃宗负有推卸不了的责任。即便史思明确实是诈降，肃宗也难辞其咎。

显然，此时史思明的投降，对于肃宗而言是收复两京之后最大的喜讯。如果没有之后的反叛，那这种不战而屈人之兵的意外惊喜估计连李泌也没有想到。

窦子昂到达长安献上降表时，肃宗喜出望外，加封史思明为归义王、范阳长史、御史大夫、河北节度使，加封高秀岩为云中太守，对其余众将也一一加封；又派内侍李思敬、将军乌承恩赴河北宣扬政令，安抚百姓，筹备受降事宜。

乌承恩、李思敬由云中（今山西大同）进入河北，沿途沧、瀛、安、深、德、棣等叛乱州郡纷纷请降。至此，除河北东南部安庆绪所控制的相州等几个州郡外，河北其余州郡全部归唐。

如此盛况与朝廷的招怀策略密不可分。事实上，大唐朝廷早就明确实施了优厚宽大的招怀政策，不仅优待已经投降的叛军旧部，而且明确表示降唐者既往不咎，如能斩杀逆党，即加倍厚赏。不仅如此，朝廷还为暂时没有降唐的叛军将领加官晋爵，昭告天下。例如，阿史那承庆投唐，可以被封定襄王；安守忠投唐，可以被封归德郡王；蔡希德投唐，可以任德州刺史等。虽出于各种原因未能如愿，但也起到了宣传和鼓动的作用。

史思明这次举部投唐，固然是叛军内部猜忌和分裂所致，但也有大唐招怀政策的作用。显然，直到此时，大唐朝廷在叛军投唐一事上，大的策略还没有出现失误，但之后，其在具体怎么对待降唐将士方面开始显得力不从心。

收复两京之后，由于史思明的归顺，大唐的平叛之事实际上只剩下如何解决河北叛军残部。如果直接用武力解决也不是不行。此时朔方、安西及北庭诸军分别屯于洛阳、河阳、怀州等地，完全可以完成对叛军的合围。然而，倾全国之兵去围剿河北叛军，新降的史思明会不会趁机作乱是大唐不得不考虑的因素，毕竟史思明手握数万精锐。所以，史思明的投降，对于大唐来说，可谓“幸福中的烦恼”。

这也是宰相张镐在这个节点被突然罢相的原因。张镐从河南战场回京后上奏肃宗，说史思明“因乱窃位……心如野兽，难以德怀，愿勿假以威权”；从范阳回来的宦官却说史思明“忠恳可信”。最终，肃宗听信了宦官的话，将张镐贬出京城。

张镐与宦官的说法大相径庭可能是事实，但要说肃宗只因宦官的话就将张镐罢相，似乎也不全面。从肃宗给张镐定性为“不切事机”也能看出，张镐作为宰相，此时说这样的话，显然是不合适的。

一般情况下，朝廷对于降将，会要求其先交出军队及地盘，再授予一定的官职，要么安排到异地，要么上调中央。但此时的史思明实力强大到“富可敌国”的程度，怎么会轻易交出地盘和军队？

双方还处在微妙的博弈中，大唐宰相却公然发声表示不信任史思明，不能让他执掌兵权，肃宗又能怎么处理？罢相就是明确的信号，传递出朝廷对史思明及他的将士们信任有加的态度。

肃宗表明态度安抚住了史思明，接下来就是怎么受降的问题了。立刻解除史思明的兵权？显然不可能。即便是调防和混编这些降军，唐廷目前也办不到；派唐将到降军中任职，则更是指挥不动。面对远在边陲、似乎铁板一块的史思明降军，大唐短时间内也没有太好的办法。

于是，肃宗令其征讨安庆绪。朝廷既然表达了信任，史思明就不能不听从命令，如果他是真降，这场战斗一经打响，无论如何也会消耗双方的有生力量。如此看来，肃宗的这个决策似乎没有失误。

但如果史思明是诈降呢？他会不会利用这个机会与安庆绪联手，再占河北？即便他们的矛盾不可调和，史思明自己也完全能够借此剿灭安庆绪，从而顺利占据河北。

事实上，史思明就是这样做的。大举南下的史军，迅速推进到冀州（今河北冀州）、赵州（今河北赵县）、恒州（今河北正定）一线。进出河东的井陉道就在恒州境内，而镇守此战略要地的就是安庆绪手下的恒州刺史张忠志（后来的李宝臣）。张忠志早在数月前就向肃宗上表表示臣服，史军到来后才打断了他与朝廷的联系。

恒州兵不血刃地被史思明的部将薛萼占据后，史思明并未将张忠志交给朝廷，反而将他召到了范阳，自己则全面接收了恒州。

张忠志及恒州的情况并非个案，史军兵进河北时采取了同样的策略，将有意归唐的邵说劫往范阳。史思明此举，不但严重干扰了大唐通过招怀的方式来瓦解叛军的策略，而且壮大了自己在河北的势力。

更令肃宗无法容忍的是，史思明不但没有向安庆绪盘踞的相州发起攻击，还与安庆绪暗通款曲。不论是史思明是真降还是假降，他如此利用朝廷的招怀策略来扩充自己的势力，都必将会成为下一个安禄山。

肃宗不得不紧急叫停史思明的南下之举。据实而言，当时肃宗确有无奈之处，即便我们综观全局，从后世的角度来看，大唐朝廷也没有更好的办法。

采纳张镐的建议吗？且不说肃宗是否完全信任史思明，就“勿假以威权”这一点，要如何变为现实？大兵压境，迫使史思明解除武装？那唐军立刻就会陷入叛军的前后夹击。而且，既然史思明名义上投降了，那唐廷再出兵威逼，招怀策略岂不名存实亡？那么，先剿灭安庆绪，再解除史思明的武装呢？且不说史思明会不会趁机异动，单就唐军而言，有没有把握剿灭安庆绪还是问题。剩下的就是策反史思明的部下了，从后来的史实来看，这个办法显然也不成功。

所托非人的策反

肃宗的确使用了策反的办法，执行这次策反计划的人就是乌承恩。乌承恩是羌族人，与史思明的渊源颇深。乌承恩的父亲乌知义曾任平卢军使，是史思明的老上司，早年对史思明有拔擢之恩。

公元 756 年下半年，史思明进攻信都（今河北衡水冀州），时任信都太守的乌承恩举城投降，被史思明送到洛阳。在唐军收复洛阳时，乌承恩又归降朝廷。此次史思明归唐，也得到乌承恩族弟乌承玼的鼎力支持。

乌承恩不仅在军中广有人脉，而且与史思明交好，就连同族兄弟乌承玼和自己的儿子乌从则也在范阳军中。他这样的身份，作为卧底去策反史军，无疑是最理想的人选。

乾元元年（公元 758 年）四月，乌承恩被肃宗任命为河北节度副大使。他以宣慰的名义来到范阳之后就展开了策反工作，但他的策反行动颇具戏剧性：他经常在晚间换上破烂的衣服，在夜色的掩护下到范阳诸将领的家中和军营里串联，简直是欲盖弥彰。

不仅如此，乌承恩还忽略了真正的保密性。乾元元年（公元 758 年）六月的一天，史思明特意安置乌承恩在馆舍住宿，当天夜里，又很有人情味地安排乌承恩在范阳的儿子去看望父亲。

如此盛情招待和贴心之举，是史思明惯用的手法。此前受安庆绪所派，到范阳名为调兵实为行刺的阿史那承庆与安守忠等，不就是被史思明设宴灌醉而被擒的吗？

没有任何警觉的乌承恩见儿子到来，关闭门窗，激动地悄声说："我受朝廷之命，来除掉史思明这个反叛的胡贼，事成之后我就是节度使。"话刚说完，床下就传来几声冷笑，史思明安排的两个人已经趴在床下很久了，这不就是最原始的"窃听器"吗？

史思明抓捕乌承恩，搜查行囊，没有任何意外地搜出许多铁证：有李光弼的文牒，上面明确写着让乌承恩联络阿史那承庆一起刺杀史思明；甚至有事成之后给阿史那承庆的免死铁券；此外，还有一本小册子，上面列满了史思明的心腹党羽，以便乌承恩按图索骥地联络。

至此，史思明的表演时间到了。他义愤填膺地指着这些证据，叱问乌承恩："我哪里对不住你，你要这么干？"第二天，史思明又召集部众、官吏和幽州百姓，面向西边痛哭流涕地说道："臣以十三州之地、十万众降朝廷，赤胆忠心，不负陛下，陛下为何欲杀臣？"然后将乌承恩父子乱棍打死。

之后，史思明向肃宗李亨上表鸣冤。肃宗能怎么办？卧底已经暴露且被杀，只能赶紧撇清干系。于是肃宗遣使宣慰道："此非朝廷与光弼之意，皆承恩所为。杀之，甚善！"

乌承恩策反诸将、意欲刺杀史思明应该是事实，否则史思明根本不用费那么大劲，用窃听的方式探知乌承恩的目的；但乌承恩行囊中搜出来的李光弼文牒和诸将名单，则有可能是史思明伪造的。

想想昔日汉献帝的“衣带诏”便知，要行秘密之事，需小心谨慎到什么程度！如今来到范阳的乌承恩，为什么要随身携带这样的东西？难道不向众将出示李光弼的文牒，就不能取得他们的信任吗？他既然携带此物，谁能认为策反之事只是他个人的意愿？再说，仅一份李光弼的文牒，就有收服史思明手下众将的作用吗？

不过，既然乌承恩供出了李光弼，至少李光弼不会与此事毫不相干。其实，早在史思明降唐之初，李光弼就认为史思明“终当叛乱”。但李光弼这样的看法也不算什么“洞察秋毫”，当年的安禄山还被那么多人认定必反，更何况今日的史思明呢？

但是，如果仅李光弼认定史思明必反，就指示乌承恩找机会杀掉史思明，不仅不符合逻辑，也不符合规矩。如果能够这样，岂不人人都是皇帝？显然此时的肃宗压根儿没有大权旁落到如此地步。

所以事实应该是：李光弼上奏肃宗，建议借宣慰之机，策反史军，刺杀史思明，甚至推荐了乌承恩作为行事人选。因此事关系重大，在肃宗默许之下，李光弼与乌承恩“单线”联系，但乌承恩实在不是“卧底”的料，也或者史思明防范得确实滴水不漏。总之，事情败露，乌承恩供出李光弼，史思明便顺水推舟，伪造了证据，坐实了李光弼的“罪状”。

乌承恩策反一事后，史思明还拿陈希烈被杀一事大做文章。前文说过，陈希烈、张垍等原是玄宗朝的高官，长安失陷后投降叛军，在唐军收复两京后又被唐军俘获。恰在此时，三司将这些投敌官吏定罪，陈希烈、张垍等七人被赐自尽于大理寺。

本来这是大唐朝廷对叛变官员的处理，不涉及对安禄山旧部的招怀政策。但史思明以此为由，拿着三司处置陈希烈等的通告文书对将士们说：“陈希烈辈皆朝廷大臣，上皇弃之不顾，自行幸蜀。如今天下收复，他们犹不免于死，况吾属本从安禄山反乎！”

这样的鼓动显然奏效。众将听后，大为激愤，纷纷请求史思明给朝廷上表，要肃宗诛杀李光弼。

史思明在这份表书中写道：“陛下不为臣诛光弼，臣当自引兵就太原诛之。”这与当年安禄山借诛杀杨国忠而起兵叛乱的情景何其相似。

就这样，史思明降而复叛，安史之乱也进入了一个新的时期。

平叛依然不忘“帝王心术”

事后来看，史思明降唐，即便不是诈降，至少也是无奈之下的权宜之举。唐军收复长安，扫清了西北和山西的叛军；收复洛阳，又致使叛军丢失中原。史思明退守河北一隅之时，安庆绪又急于对他下手。

接二连三的失败，再加上内部纷争，叛军似乎到了穷途末路，处在崩溃的边缘。史思明很可能就是基于这样的判断而选择降唐。此时的他，原本还有两条路：一是接过安禄山的衣钵，重整旗鼓，卷土重来；二是追随安庆绪，稳定河北，伺机南下。但安禄山都没有完成的事情，史思明会觉得自己有成功的把握吗？而且，要他像对待安禄山那样对待安庆绪，他会心甘情愿吗？

更重要的是，史思明和他的心腹，哪里会有李泌的深谋远虑？从本质上说，安禄山、史思明之流不过就是赌徒，当此新败之际、士气低落之时，哪里会想到立足范阳、经营河北，完全还有东山再起的可能？

史思明降唐后，与朝廷互相试探，来回博弈。很显然，如果他保留手中地盘和军队的相对独立性，那朝廷对他的猜忌就无法消除；如果他无条件地任由朝廷改编自己的军队，那他何以自保？而此时大唐因为急于修葺受损宫阙、迎回太上皇等，不但没有以雷霆之力迅速剿灭安庆绪，反而让史思明以进剿之名占据了大片河北之地。“赌本”的增加使持赌徒心态的史思明又开始蠢蠢欲动、跃跃欲试，想着是不是可以沿袭安禄山的造反之路。

大唐朝廷对待归唐的史思明，派卧底策反其手下将士不失为一种方法，但风险大，后果严重。风险大是因为不确定的因素太多，对卧底的要求太高，一着不慎就会满盘皆输；后果严重不仅是指史思明可能复叛，更重要的是将导致朝廷的招怀政策失去公信力，为之后的平叛增加难度。

所以，此时肃宗最好的选择，应该是趁收复两京的余威，一边用招怀政策招降叛军，一边迅速派军合围邺城（相州，今河北邯郸临漳邺城）的安庆绪，一举歼灭；在合围的同时，为防史思明异动，可在类似井陉道这样的战略要地驻军防御；随后兵进范阳，威逼史思明真正归附朝廷。

史思明之所以选择投降，一定有不愿与大唐开战的意愿，所以，肃宗与其不断地揣摩史思明是真降假降，不断地讨论到底应该如何应对新降的史思明，还不如把他的降唐看作名义上的归附，利用这段时间先行剿灭安庆绪。

但肃宗没有这样做，其原因很可能是他认为此时平叛之事已经由军事问题转化为政治问题。因为从目前的局势来看，围剿邺城已成为平叛的最后一战，而作为大唐皇帝的肃宗，不得不开始为战后考虑。当然，这里指的不是战后的民生和重建等问题，而是权力的分配格局。

安禄山之所以能够拥兵造反，不就是因为在藩镇中一家独大吗？如今的平叛过程中，朔方军一枝独秀，有“再造大唐”之功的郭子仪的声望、能力远超当年的安禄山，李光弼也远远强过史思明。如果

“郭李”率军剿灭安庆绪之后，再取代“安史”，掉头杀向长安，肃宗将如何应对？

让他像父皇李隆基当年一样出逃四川吗？再让李俶来个像他一样的灵武登基吗？所以，在肃宗看来，不但郭、李不能再委以重任，就连李俶，也不能再担任天下兵马大元帅之职。

就在这样的矛盾纠葛中，进攻邺城之事一耽误就是一年，直到公元 758 年八月，肃宗才派郭子仪等将率军进驻关中，准备讨伐安庆绪。

不设“元帅”的倾国之战

九月，郭子仪、李光弼等九路节度使共率军三十万云集河南、河北，与安庆绪决战。九路三十万人马，肃宗竟然不设元帅，仅派出宦官鱼朝恩监军。这就是肃宗的“奇思妙想”——将一场倾国之战的最终决策权交给一个宦官，也是匪夷所思。

由此来看，大唐后期的宦官专权，难道没有肃宗树立前例的责任吗？唐朝中晚期的帝王都把目光集中在“藩镇”之上，焦头烂额之下，他们想到的方法也只是“头痛医头，脚痛医脚”，而他们信任的“灵丹妙药”也仅是外戚和宦官。

但外戚和宦官的显著特点就是精于揣摩上意，只擅长宫廷内斗，至于治国安邦、保家卫国，一是他们原本就不是走这条路上来的，所以既无此理想又无此经验；二是这些人没有能力而身居高位、备受宠信，为了掩盖自己的无能反而会更加颐指气使、武断固执，再加上他们离开皇帝身边之后，无人可以制衡，虚荣心得到彻底放飞，所以任何不同意见都会让他们感到是戳向他们心窝的匕首。

如此一来，一个外行趾高气扬地充当内行，去行使最高决策权，又听不进任何意见，行事岂能不败？

乾元元年（公元758年）十月，郭子仪、鲁炅、季广琛、崔光远等部先后北渡黄河，会合李嗣业部，攻克卫州（今河南卫辉），然后乘胜追击，在邺城西南接连击败安庆绪的军队，两战共斩敌七万余。

安庆绪战败，只好退守邺城。唐军合围邺城，城中粮尽，安庆绪走投无路，派人向史思明求援，许诺的条件就是让位给史思明。

此时已经再次叛唐的史思明，在大燕皇位的诱惑之下，即刻率兵十三万自范阳南下。十二月，史思明率军击败崔光远部，攻陷魏州（今河北大名），接着屯兵魏州，停驻不前。可见此时的史思明并不是真想支援安庆绪，他明明是想隔岸观火，以图渔翁之利。

乾元二年（公元759年）正月，鉴于安庆绪坐困愁城，而史思明又按兵不动，李光弼建议分兵威逼魏州，将史军各个击破。他认为对邺城的策略应该是围而不攻，目前的主攻方向应该转向史军；击破史军，邺城就会不攻自破。

李光弼的建议是有道理的。邺城已成孤城，之所以不降，只因寄希望于史军；在邺城守军士气完全崩溃之前，唐军强攻，即便能够取胜，也将元气大伤，届时以此疲惫之师，很难完胜以逸待劳的史军。反之，如果围住邺城，趁唐军士气高涨之际击破史军，安军必灭。

但监军鱼朝恩没有采纳李光弼的正确建议。还用分析原因吗？这简直就是宦官监军的必然结果。果然，唐军强攻邺城四月不下；史思明却率部不断地向唐军逼近，并派兵截断了唐军粮道。

三月初六，三十万唐军与史思明的五万精锐在安阳河（今河南安阳北）之北展开激战。戏剧性的一幕出现了，数倍于史军的大唐精锐竟溃不成军，兵败如山倒。郭子仪部退守河阳（今河南孟州），其余各节度使更是退归本镇。

什么原因？直接原因是双方激战之时，狂风骤起，天昏地暗、飞沙走石，两军皆大惊而退。退出战场的史思明，率部屯驻邺城南，在诱杀安庆绪、高尚及崔乾祐等之后，从容入城，全面接收了安庆绪的地盘和人马，然后留下儿子史朝义守邺城，自己则满载而归，率部返回范阳。

反观从战场上撤下来的唐军，斗志全无，局面已不可收拾，真可谓风声鹤唳、草木皆兵，人人争先后撤，个个奋力逃窜，连兵仗辎重都丢弃不要了，大溃败、大逃亡的狼狈景象就这样定格在历史的长河之中。

然而，莫名而至的狂风绝不是唐军惨败至此的主要原因。邺城之战前，唐军的形势可谓一片大好，将安庆绪叛军压制在河北的弹丸之地，同时叛军内部发生了严重的内讧：

安庆绪在张通儒的唆使下，绞杀了蔡希德、武令珣等将，连锁反应下，邺城众将叛逃现象频出。可以说，此时的安庆绪已是强弩之末。

战前，唐军的作战计划是“攻点阻援”，即主攻安庆绪，防御史思明。这原本没有错，但随着战争前期唐军接连取得两场胜利，安庆绪已经被逼入邺城之内，唐军又在邺城周围挖下三道壕沟，安庆绪几乎插翅难飞。在这样的情况下，唐军布下重兵一味强攻邺城就是战略失误的开始。

史思明以救援安庆绪为名兵发河北固然是打破战局平衡的关键力量，但他的踌躇不前也给了唐军调整战略的机会。

四个月的围困已使邺城弹尽粮绝，城中一只老鼠都能卖到九千钱，甚至连马粪都成了粮食。

此时，唐军为什么不改“攻点阻援”为“攻援围点”？放着外围气势汹汹的“鬣狗群”不顾，紧盯着一只“死老虎”穷追猛打，正是其溃败的开始。

魏州的沦陷，一方面，暴露了唐军防御力量的薄弱，史思明强悍的援军似乎并没有引起唐军足够的重视，致使魏州失陷；另一方面，唐军内部矛盾重重、相互猜忌，也是丢失魏州的主要原因。

史思明兵围魏州时，郭子仪并没有分兵救援崔光远，具体原因不明，可能是此时的他没有居中调度之权，但758年郭子仪在汲郡与叛军作战时，崔光远增援不力也是事实。崔光远得不到救援，在魏州孤军作战，本已是独力难支，他又在叛军的离间之下杀了李处崟（yín），自毁军心。文官出身的崔光远为什么杀了骁将李处崟？直接原因是叛军在城下高喊："李处崟叫我们来又不出来迎接我们，是为什么？"

如此明显的离间计，怎么就能骗得了崔光远？郭子仪又岂能因崔光远曾经增援不力，就为了报复而袖手旁观魏州沦陷？但这样的事情确实就这么发生了，而且此后这类匪夷所思的事情会继续发生，这难道不能说明此时唐军各部之间的矛盾和猜忌吗？

史思明占领魏州，在河北战场建立起了自己的大本营，一方面，逼迫安庆绪做出更多承诺；另一方面，观察战场形势，寻找合适的战机。史思明的作战计划就是不断逼近唐军，伺机与唐军作战。

至此，双方的作战思路都已经非常清晰，但高下立判。

唐军继续强攻邺城，亲自率军攻城的悍将李嗣业中流矢而死，唐军士气大挫；随后唐军又引漳河水灌入城中，邺城河水四溢，此时，就算想投降的人也无法出城了。

史思明则不断派兵到邺城附近，敲起数百面大鼓，虚张声势，再以五百骑兵为单位，轮番侵扰唐军各营。唐军整军迎战，史军便迅速撤走；唐军坚守营地，史军便昼夜骚扰。就这样，在史思明以声威不断震慑加上精锐骑兵的持续打击之下，唐军各部心惊胆战、疲惫不堪。

当时唐军的军需补给一是江淮来的物资，由运河抵达前线；二是山西来的物资，由安阳河进入前线。史思明不仅令人假扮成唐军沿河杀掉船夫，抢夺物资，还命人潜入唐军仓库，纵火焚烧粮草等物资。后勤保障的中断更使唐军人心惶惶。

到三月初六的决战时刻，史思明仍然像往常一样，派出小股兵力进击唐军，唐军习以为常，未加留心。就在唐军准备不足的情况下，

史思明的五万精锐已经集结完毕。

史思明亲自率军奋力冲杀，刚开始，唐军只有李光弼、王思礼、许叔冀、鲁炅四部在前线迎战。许叔冀部没有经历过大战，鲁炅所率的淮西军将士又多来自南方，缺乏平原作战的经验，仓促之间，唐军开始节节败退。等到郭子仪率朔方军主力赶到战场时，一股“妖风”又将数十万唐军吹作鸟兽散。

此战郭子仪为什么率先撤出战场？单纯的怯战似乎不能说明问题。正史给出的解释是郭子仪认为仆固怀恩临阵造反，判断的依据就是仆固怀恩杀了吴思礼。

作为牙前兵马使的吴思礼与仆固怀恩的过节源于将帅间汉胡之别产生的矛盾。仆固怀恩是番将，常常遭到吴思礼的冷嘲热讽。史思明复叛时，吴思礼就对仆固怀恩说过：“像史思明这样的番将，怎么可能忠心为国？”

记恨在心的仆固怀恩，在这次战斗中将吴思礼射杀在阵中，并故意高喊：“吴思礼阵亡了。”如此明目张胆地射杀己军大将，郭子仪怎能不认定仆固怀恩临阵造反？于是他率先撤出战场。看到主帅郭子仪都不战而撤，唐军各部又怎能不溃败？

肃宗不设元帅而以宦官监军的战略失误、唐军不及时调整策略的战术失败、战场上临机应变的不足等原因加在一起，造成了邺城之败的最终结局。

事后，郭子仪以不救魏州、率先撤退而担下了这次战役失败的全部责任。然而，他没有主帅的权力，怎么居中调度？各节度使相互猜忌的局面，难道是郭子仪造成的吗？

邺城之战是安史之乱的重要转折点，改变了安史之乱的格局和走向，也影响了唐朝后期的政治和社会发展。

谁都想来洛阳过过皇帝瘾

邺城之战后，史思明返回范阳，于乾元二年(公元759年)四月自称大燕应天皇帝，改元顺天，立其妻辛氏为皇后。这位非史思明不嫁的大族女子，也算以今日的皇后之位证明了她当年的“眼光”。

史思明又加封儿子史朝义为怀王，任命周挚为宰相、李归仁为大将军，改范阳为燕京，就这样沐猴而冠地做起了皇帝。

唐军方面，邺城之败后，郭子仪率朔方军退守河阳，并切断河阳桥以确保东京洛阳的安全。李光弼和王思礼整饬部队，全军而归。其余各节度使率军一路逃回本镇，东京留守崔圆与河南尹苏震等官员向南逃奔襄州、邓州等地，洛阳的百姓也纷纷逃往山中避难。没有人能够制止这场溃败和逃亡，溃兵、官员、民众，慌不择路，各自逃命，混乱、抢掠、哭号不绝于道。

监军鱼朝恩因一直嫉恨郭子仪，就将邺城之败的责任完全推给了他。肃宗也不愿看到郭子仪一方独大，就顺水推舟，于七月召回郭子仪，任命李光弼为天下兵马副元帅，代领朔方节度使，接管了郭子仪的兵权。

李光弼受命后，以东都洛阳为基地，以手里的朔方、河东、河西三镇精兵为班底，陆续收拢邺城溃败兵士。八月，他又被加任为幽州大都督府长史与河北节度支度营田经略使，成为实际上的平叛主帅，几乎可以调动大唐所有的部队。

乾元二年(公元759年)八月，史思明兵分四路入寇河南，并于九月二十七日进入洛阳。东都之所以再次沦陷，是因为邺城之败后贬为汴滑节度使的许叔冀在史思明率军来攻时率部投降。

许叔冀投降后，汴州陷落，史思明占据了运河漕运的关键节点，洛阳的战略地位已经丧失。于是李光弼决定主动弃守东都，临行前，他将城内的物资清空，又将官吏民众都疏散到潼关之内，然后率唐军主力撤到黄河北岸，屯驻河阳。

第十一章
叛乱的终结

李光弼独撑危局

河阳是连接黄河南北的重要通道。河阳共有三座城，黄河以北为河阳北城，黄河以南为河阳南城，还有一座位于黄河沙洲上的中潬（tān）城。李光弼命人在河阳南城构筑要塞，在中潬城也建起了堡垒，再用船只拼成浮桥，连接起三城，彼此遥相呼应。这样的部署，一方面，可以随时进军邺城和范阳；另一方面，掐断了叛军的西进之路。

因为李光弼撤出洛阳时坚壁清野，叛军近十万主力在洛阳这座“空城”里物资日渐不济，汴州的储备难以支撑大军消耗，南方更不可能为叛军运输物资。

芒刺在背的史思明不得不进攻河阳。为造声势，叛军不但每日都到黄河南岸放牧，而且不断派人到城下大骂，向唐军挑战。此时还出现了一个有趣的插曲：李光弼命人挑选出五百匹母马放在北岸，将它们的幼崽留在城内畜栏之内，母马嘶鸣着奔回营地寻找小马时，也将对岸叛军的雄马吸引了过来。一千多匹契丹、同罗骑兵的坐骑争相泅渡，通通落入河阳的唐军之手。

可见，当时的战斗同时是心理的博弈。你用大造声威的方法来探查我军防守的薄弱环节，我就用声东击西的方法使你感到扑朔迷离。

史思明开始的作战计划是直取中潬城。他派出战船，以火船在前，欲顺流而下烧毁浮桥，突袭中潬城。李光弼早就命人将百尺长竿绑在浮桥之上，竿首捆着铁叉。行驶在前的火船被叉住，很快就自己烧尽了，行驶在后的战船也被叉住，唐军又在浮桥上发炮石攻击，战船纷纷沉没。见唐军防守严密，叛军不敢贸然进攻，只好无功而返。

也就是在这次战役中，前文中提到的叛军悍将李日越和高庭晖被李光弼用计收服。可见，即便是唐军新败之际，叛军也对李光弼敬畏有加；同时说明，史思明并不得人心，此前大唐方面的大溃退、大逃亡，只是因为作战不利而使很多人陷入恐慌。

这段时间内，叛军中不少人纷纷转投李光弼麾下，进一步激怒了史思明。十月十二日，史思明亲率精锐兵临河阳南城下，命周挚攻取河阳北城与中潬城，企图一举歼灭李光弼部。李光弼将河阳南城交给郑陈节度使李抱玉守卫，自己驻守中潬城。

李抱玉采取诈降之计，在拖延燕军攻城脚步的同时，抢修、加固防御工事，等燕军进攻之时，与援军前后夹击，成功守住了河阳南城。

驻守中潬城的李光弼，命人沿城建造栅栏，挖掘壕沟。面对周挚所率燕军的进攻，守将荔非元礼摆出一副轻敌的态势，任凭叛军拆除栅栏、填补壕沟，却无动于衷。此举连李光弼也感到不可思议，他责问荔非元礼："中丞看着贼兵越过城壕却不在乎，是为什么呢？"荔非元礼问："元帅想要守呢？还是要战？"李光弼答："打算战。"荔非元礼说道："既然要作战，贼兵为我军填实壕沟，又有什么奇怪的呢？"

果然，趁叛军疲惫松懈之际，荔非元礼挥军杀入敌阵，所向披靡。周挚部抵挡不住，转头攻打河阳北城。没想到，李光弼立刻率兵到了北城。他抱定必死之心，登上城头进行战前动员，对众将士说："此战关乎生死存亡，临阵脱逃者必斩；若你们在前战死，我也必当自刎，决不让诸君单独赴死。”这种没人能够活着离开战场的决心，使唐军爆发出惊人的能量，将周挚率领的叛军迅速击溃。此时史思明还在猛攻南城，李光弼将俘虏驱赶到河岸上向其展示，史思明只好解围撤兵。

河阳之战的胜利是李光弼军事生涯的又一经典杰作。这样的胜利，需要执行严格的军纪，需要各部队之间高度协同和严密配合，还需将士自上而下有视死如归、同仇敌忾之心。

反观叛军，刚刚称帝的史思明急于用一场胜利来为自己正名，难免急躁，责人过甚，致使悍将叛逃；在选择主攻方向时，一击不胜即掉转方向，企图以最小的代价打开突破口，缺乏强攻的决心。这种浮躁心理蔓延之下，呈现出来的结果只会是疲于奔命，节节败退。

此时的形势是：史思明虽占据洛阳，但没有将其转化为绝对优势；李光弼虽取得河阳之胜，却也没有彻底扭转战局。安史之乱进入双方对峙的关键节点。

哥舒翰的悲剧重演

李光弼固守河阳，史思明退守洛阳，双方对峙达十六个月。彼此都占据战略要地，因而僵持不下，这很容易理解；让人不能理解的是，此时的大唐朝廷在干什么呢？难道就没有一点趁叛军老巢空虚兵取河北，直逼范阳的考虑吗？

其实，在河阳之战的第二年（公元 760 年）闰四月的时候，百官就上书肃宗，请求起用郭子仪，肃宗也准备让郭子仪带兵出征。九月，肃宗任命郭子仪为诸道兵马都统，统领禁军与诸道蕃汉兵共七万人，自朔方进剿范阳，再回师平定河北。

如果郭子仪能出兵河北，就可以与在河阳的李光弼相呼应，令洛阳的史思明陷入腹背受敌的被动局面；而范阳一旦被攻克，失去根基的叛军怎么可能稳居中原？

然而，肃宗对郭子仪的任命刚刚下达，就遭到宦官鱼朝恩的阻挠，大唐再一次错失剿灭叛军的良机。

史思明多次引诱李光弼出城决战，李光弼都不为所动。于是史思明派人混入长安散布流言：“叛军将士都为北方人，长期背井离乡，目前都厌战思归。将士貌合神离，士气低落，如果趁机攻打他们，必能大获全胜。”

鱼朝恩听到此言论后，觉得与叛军决战的时机已经成熟。为了邀功献媚，他多次向肃宗进言，鼓动肃宗命令李光弼出河阳进攻史思明叛军。

此情此景，与昔日杨国忠怂恿玄宗催促哥舒翰出潼关与安禄山叛军决战的场景何其相似。

上元二年（公元 761 年）二月，肃宗对李光弼下达了出河阳进取东都洛阳的命令。

李光弼和当初的哥舒翰一样，上奏说：“贼军兵锋尚锐，不可轻举冒进。”

此时仆固怀恩因李光弼治军严厉，自己手下很多人受到处罚，对李光弼怀恨在心，就毫无原则地要和李光弼对着干，于是附和鱼朝恩的意见，坚决支持出兵。

再加上自陕州前线视察回来的鱼朝恩对肃宗说：“李光弼所言实乃姑息养奸，趁机发展他自己的势力。”于是历史重演，催促李光弼出兵的使者又一次不绝于道。

为什么宦官的意见总能被皇帝采纳？实在是他们太了解帝王的内心世界。什么家国百姓？帝王在意的只有手中的皇权，所以一句“李光弼拥兵自重”就足以使肃宗下定决心，逼令其兵进洛阳。

迫不得已的李光弼只好留下郑陈节度使李抱玉镇守河阳，自己与仆固怀恩率军会合鱼朝恩及神策节度使卫伯玉兵发洛阳。

二月二十三日，唐军抵达洛阳城北。李光弼命令部队占据险要地势，倚邙山扎营布阵，而仆固怀恩执意要在平原地带布阵。李光弼对他说：“依据险要地形布阵，进可攻，退可守；在平原地带布阵，战事一旦不利，就没有回旋余地。何况史思明绝非平庸之辈，绝不能掉以轻心。”可是，刚愎自用且怨恨李光弼的仆固怀恩哪会把他的话放在心上？

非常善于捕捉战机的史思明，趁唐军立足未稳之际，一面命令士卒在城郊林中丢弃财物，佯装溃逃，一面于邙山中设下埋伏。唐军军阵尚未完成，不少将士贪图钱物，毫无防备，争先抢夺，史思明见状挥军发起冲锋。此战唐军大败，数千人血洒疆场，损失了大批军资。李光弼、仆固怀恩渡过黄河，退守闻喜（今山西闻喜东北），鱼朝恩、卫伯玉仓皇逃奔陕州。留守河阳三城的李抱玉见孤城难守，也只好弃城而逃。

邙山战败，河阳、怀州相继陷入史思明叛军之手，不但李光弼构筑的河阳防线毁于一旦，唐军被迫放弃河南战场，而且再一次使潼关直面叛军，长安危在旦夕。

大唐后院起火

真是屋漏偏逢连夜雨，此时的大唐又“后院起火”，原本比较稳定的战略大后方，竟兵乱四起，这就是“襄荆兵变”。

乾元二年（公元 759 年）八月，襄州（今湖北襄阳）偏将康楚元、张嘉延率兵哗变。襄州刺史王政弃城逃奔荆州（今湖北江陵），而康楚元自称“南楚霸王”，割据一方。

肃宗派将军曹日升前往襄州慰谕康楚元，但康楚元根本不买账，还于九月派张嘉延攻破荆州，荆南节度使杜鸿渐弃城而逃，澧、朗、郢、峡、归等州的官吏争先恐后地逃往山中避难。十一月，康楚元拥兵已有万余，继续向荆、襄以外的地区扩张。韦见素的堂弟商州刺史韦伦奉命发兵讨伐，在邓州活捉康楚元，缴获了被康楚元掠夺的租庸二百万缗钱，平定了荆州与襄州。十二月十三日，唐肃宗下令将康楚元在长安斩首。

虽然襄荆之地的叛乱在短时间内被迅速剿灭，但暴露出来的问题不容忽视。正因唐军不能及时剿灭安史叛军，才致使“人心思动”，尤其是带兵之将，似乎感到“有枪就是草头王”，连康楚元这样的货色，也敢妄称“南楚霸王”，可见狂悖到了什么程度。而这样的心理和行为难道与大唐朝廷的腐败无能没有关系吗？此时的康楚元难道不是之后藩镇割据的预演吗？

由于邺城战役、邙山战役的失败，形势急转直下，叛军俨然回到安禄山叛乱之初的状态，眼看史思明就要西入潼关，再占长安。安史之乱历经六年，似乎又回到起点。上元二年（公元 761 年）三月，史思明兵分两路，命其子史朝义为前锋，率兵从北道进攻陕州；自己则率军经南道西进。

面对来势汹汹的叛军，大唐朝野再一次陷入了震惊和恐慌之中，肃宗紧急增兵驻守陕州，以拱卫京师长安。然而，在这生死存亡之际，峰回路转，大唐迎来了希望的曙光。不过，这样的转机并不是大唐自己争取来的，而是叛军主动送上门的——史思明的叛军同室操戈，内讧再起。

叛军同室操戈

史思明生性残忍好杀，部下稍不如他的意，动辄就被诛杀九族。当日李日越受命生擒李光弼，因找不到李光弼，宁可投降，也不敢回去复命。从此事来看，史思明的部将已惶恐到人人朝不保夕的程度。

史思明不但对部将如此，与其子史朝义之间的矛盾也日趋尖锐。史朝义是史思明的长子，常年跟随他南征北战，颇有战功，而且史朝义为人谦恭谨慎，体恤将士，深得将士爱戴。即便这样，史朝义也没有得到父亲的宠爱。相反，史思明十分偏爱小儿子史朝清，不但让他留守范阳，生怕他有什么闪失，更是时常想杀掉史朝义，立史朝清为太子。

史朝义对父亲的想法早有耳闻，常年领兵作战的他又怎么会坐以待毙？父子二人的矛盾由来已久，在进攻陕州时彻底激化。

上元二年（公元761年）三月初九，史朝义率兵进至礓子岭（今河南陕州东南），遭到唐军卫伯玉部的阻击，数次进攻不克，只能退守永宁（今河南洛宁）。史思明闻讯后，大骂史朝义怯懦无能，难成大事，并扬言要按军法斩杀史朝义及参战的诸位将领。

三月十三日，史思明又命史朝义修筑三隅城以贮存军粮，并限期一天完工。史朝义虽如期完成，但只因没来得及在外墙上抹泥，就引得史思明震怒，瞪着史朝义说：“等我攻克陕州，一定要杀了你这个家贼。”

当晚，史思明驻扎在鹿桥驿（今河南洛宁东北），由心腹曹将军值宿警卫。史朝义的部将骆悦、蔡文景首先发声，劝史朝义说：“我们已死到临头，而自古以来就有废立君王之事，为什么不召曹将军共商大计？”史朝义何尝不明白自己的处境？又何尝没有废立君王之心？

几人一拍即合，剩下的就是虚假的情谊表演和真刀真枪的谋逆篡位了。结果，史思明被骆悦率亲兵抓获。此时的史思明，还想像昔日计骗奚王那样，用如簧巧舌使自己安全脱身，说：“杀史朝义不过就是说说而已，自己的亲儿子怎么能下得去手？”见打这样的亲情牌不管用，他又改口道：“是我失言，有此下场，也是报应。但你们要杀我，为什么不等到攻克长安呢？这么早杀我，一统天下的大业，岂不成为泡影？”

这话他可能说对了，这么早杀他，确实不利于叛军逐鹿中原，但史朝义和他的部将们算得明白统一天下与自己人头落地孰轻孰重。

没有任何悬念，史思明和他的亲信周挚被杀，史朝义伪造史思明诏书即帝位，改年号为显圣。之后，史朝义秘密派人到范阳，命散骑常侍张通儒等杀掉史朝清及其母亲辛氏。不料事后几派势力火并，范阳叛军开始自相残杀，死了数千人。直到数月后，史朝义任命他的心腹李怀仙为范阳尹、燕京留守，才平定范阳内乱。

经过安禄山父子和史思明父子这样两次内讧，叛军集团内部土崩瓦解，四分五裂，实力极大削弱。当时西京洛阳四周叛军所任命的节度使悉为安禄山的老部下，与史思明同辈。史朝义即位后召见他们，他们多托词不来，与史朝义之间仅维持一种形式上的君臣关系，始终不能为其所用，叛军从此再也无力西进威胁长安。

不动声色的李豫

叛军内部纷乱丛生，大唐也没好到哪儿去。宝应元年（公元762年）四月初五，太上皇李隆基病死于长安神龙殿，终年七十八岁。

此时唐肃宗李亨也因重病卧床不起。皇帝弥留之际，内宫纷乱也是惯例，皇后与太子、外戚与宦官，各树势力，各找靠山，刀光剑影、腥风血雨在所难免。

此时的太子是李豫，皇后是张皇后，李豫并非张皇后亲生。张皇后于天宝年间被选入东宫为良娣，李亨为避嫌自保与太子妃韦妃和离后专宠张良娣。

安史之乱爆发后，李亨与父亲玄宗分道扬镳，北上灵武。当时兵荒马乱，一路艰险，而随行保卫李亨的兵力并不多，每当住宿时，张良娣总是睡在李亨的外面。李亨说："抵御敌寇不是妇人家的事，你为何要在外面？"她却说："我在前面挡着，万一有事，殿下可以从后面逃走。"到了灵武，张良娣产子，三天后就起来为将士们缝补衣服。李亨不想让她太劳累，她却说："现在不是我休养身体的时候，要先考虑殿下的事情。"

肃宗即位后，立张良娣为淑妃。乾元元年（公元758年）四月，册立她为皇后。然而，昔日那个寝前御寇、产后缝衣的张良娣，随着地位的提高，逐渐利欲熏心，强横暴虐。她与宦官李辅国勾结，把持朝政，干预政事，不仅将玄宗软禁于太极宫甘露殿，还诬陷建宁王李倓谋害太子李豫，致使肃宗赐死李倓。

之后，张皇后更是因李豫并非自己所出，要立自己的儿子为太子。

然而张皇后的两个儿子中长子李佋早夭，次子李侗年幼，所以她虽然几次欲动摇太子之位，却始终未能成功。

眼下肃宗病重，命太子监国，政治野心膨胀的张皇后又想改立越王李系为太子，从而实现自己独掌大权的目的。于是，她与李系、知内侍省事朱光辉、内谒者监段恒俊等合谋，矫诏召太子入宫侍疾。

此时，原来与张皇后沆瀣一气的李辅国与她产生了矛盾，一个阴柔狡黠，一个飞扬跋扈，这样的两个人，为了各自的利益怎么可能不分道扬镳？李辅国、程元振提前得知了张皇后欲加害太子的阴谋，于是率兵到凌霄门，等太子一到，便保护太子到禁军中。当晚，李辅国等领兵到三殿，将越王李系、朱光辉及段恒俊捕获，还假借奉太子之命，将张皇后从肃宗所在的长生殿带走软禁。肃宗死后，李辅国旋即将张皇后、越王李系杀死。

张皇后固然有错在先，但李辅国一个宦官就这样明目张胆地将皇后强行从皇帝的身边带走，也可谓嚣张跋扈到了骇人听闻的程度。但已经气若游丝的肃宗又能怎么办呢？

宝应元年（公元 762 年）四月十八日，玄宗死后十三天，肃宗也死了。四月二十日，李豫即位，是为唐代宗。李豫登基之初，因李辅国有拥立之功，一度尊称其为“尚父”；而李辅国自恃有功，更加专横，曾公然对代宗说：“陛下安心住在宫中，外面的事老奴处理就行了。”

这就是典型的一朝得势后不知死活的小人嘴脸。时年三十六岁的李豫也曾作为天下兵马大元帅而率军转战南北，怎么可能任由你这等“老奴”玩弄于股掌之中？

但是，一是因为李辅国当时掌控禁军，二是他确有诛杀张皇后、拥立李豫之功，加上叛军未平、大敌当前，不宜再使宫廷震动，无论如何都不能寒了立功将士的心。所以，尽管李辅国骄纵跋扈，代宗李豫却仍然对他礼敬有加。朝中大小事务，代宗总是首先征询李辅国的意见，甚至朝臣出入宫中，首先见到的也是李辅国，这一切，代宗都安然处之。

宝应元年（公元 762 年）十月十七日，代宗李豫命儿子李适为主帅、仆固怀恩为副帅，以御史中丞药子昂、魏琚为左右厢兵马使，中书舍人韦少华为判官，给事中李进为行军司马，统率河东、朔方及诸道行营、回纥骑兵等共十余万兵力，对史朝义部叛军发起强大攻势。代宗安排完出兵事宜的第二天，即十月十八日夜，就有盗贼进入了李辅国的宅第，不仅杀了李辅国，还带走了他的头和一条臂膀。听闻消息的代宗敕令有关部门缉拿盗贼，并派使者慰问李辅国的家属，不仅命人专门刻了一个木脑袋来安葬李辅国，还追赠他为太傅。

李辅国之死具体是谁干的？不得而知，反正有司追查盗贼的结果是查无此人。但李辅国死后，代宗给他的待遇可谓极尽哀荣。

安史之乱还没有结束，双方加起来已经死了五个“皇帝”。大唐的两个可能都是病故；叛军的那三个无疑都是被杀，而且有两个是被自己的亲生儿子杀死，剩下的一个也死在自己人手里。可见围绕权势地位的斗争是多么血腥。

玄宗和肃宗至死也没有看到安史之乱结束，怪谁呢？不知道他俩在人生的最后一刻，有没有想过这场叛乱为什么会如此旷日持久，但他们已成为历史，平叛的重担现在落在了代宗的肩上。

终于落下帷幕

宝应元年（公元 762 年）十月，被代宗李豫任命为天下兵马元帅的雍王李适奔赴陕州，前去会合诸道节度使和回纥军队，共同进军讨伐史朝义。

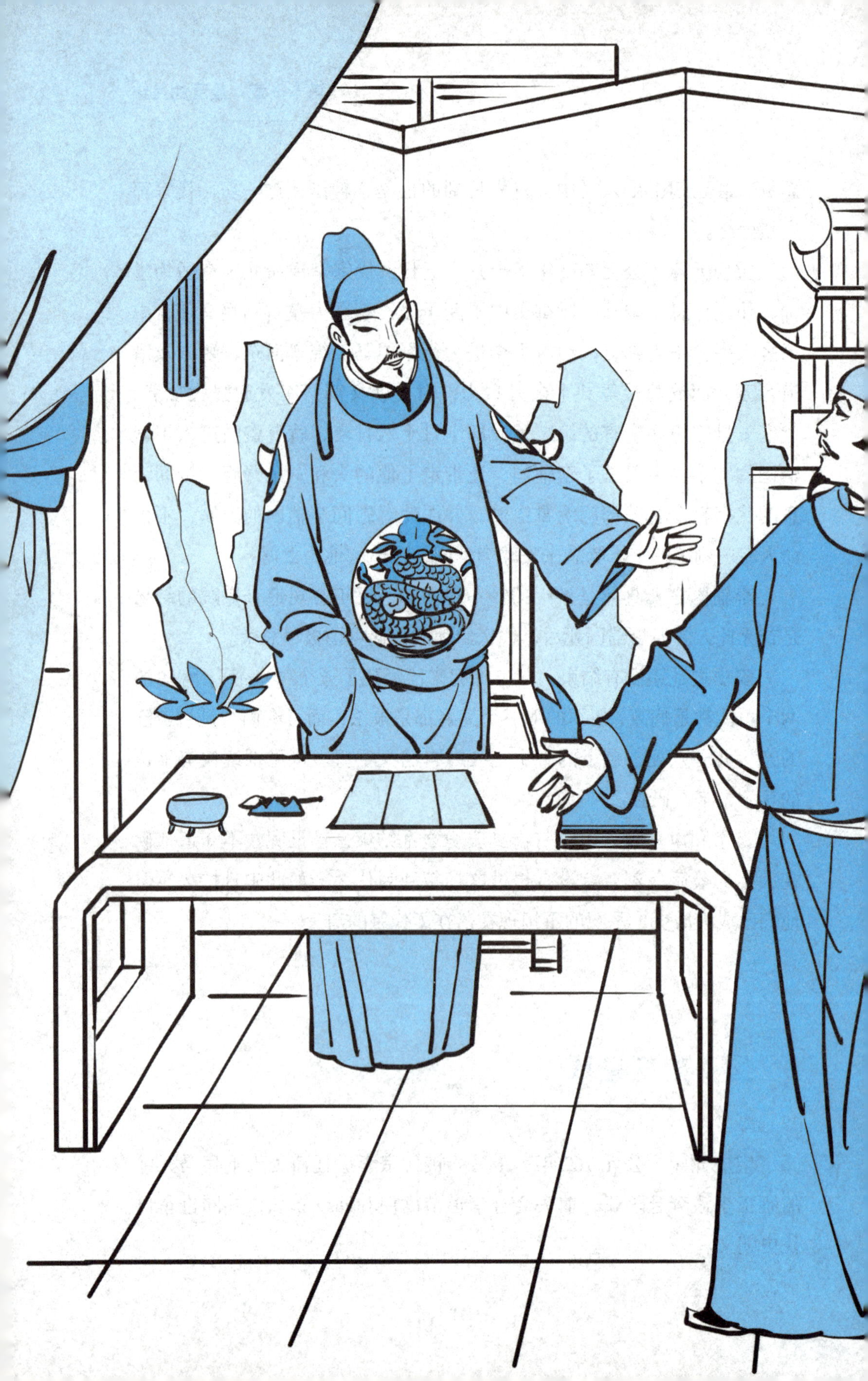

这次出征的将领中依然没有郭子仪。代宗原想任用郭子仪为副帅，但程元振、鱼朝恩等极力阻止，只好作罢，转而起用仆固怀恩为同平章事（副宰相）兼绛州刺史，担任李适的副帅。

到达陕州的李适，在拜会驻扎在这里的回纥可汗时还遭遇了一段意外的插曲。牟羽可汗叱责李适不行蹈舞大礼，这本是下级对上级、晚辈对长辈的一种礼节，因此药子昂据理力争道："雍王是天子的长子，如今又为元帅，何况太上皇和先帝尚未出殡，礼不可以蹈舞。"回纥将军车鼻却说："唐朝天子与可汗已经结为兄弟，对于雍王来说，可汗是叔父，怎么能不蹈舞呢？"

就因为此事，药子昂、魏琚、韦少华、李进等一群大唐重臣，被各打一百鞭，李适也被以年少不懂事为名遣送回营。由于受刑过重，魏琚、韦少华两人回来后第二天就死了。大唐皇帝的长子、堂堂天下兵马元帅竟被如此对待，大唐朝臣竟因为所谓礼节问题被活活打死，可见此时的回纥藐视大唐到了什么地步。

曾经那个"万国来贺"的大唐，怎么就沦落至此了呢？但目前的天下大势，也是到了"客大欺店"的时候，大唐不接受这样的耻辱又能怎样？就连唐军兵临东京洛阳时，阿史那承庆对史朝义说的也是："如果唐廷只以汉军攻城，就当率军与他们决战；但如果他们与回纥军一起来，我们就应该退守河阳，避其锋芒。"

久经战阵的阿史那承庆判断得没错，这些叛军将领几年下来也算真正认识到了大唐惨不忍睹的实力。但初登大位的史朝义怎能不战而撤？不战是怯懦的表现，撤出洛阳更是象征着丢失中原。在军事利益与政治利益的冲突下，史朝义选择了在军事上赌一把，他要固守洛阳。

十月二十七日，从陕州出发的唐军进至洛阳北郊，分兵攻怀州；二十八日，攻克怀州；三十日，唐军列阵于横水（今河南孟津西北）。

史朝义命其部将率兵数万于城外设置栅栏，阻挡唐军。仆固怀恩则布阵于洛阳西原，又派麾下精锐及回纥兵沿南山迂回至栅栏的东北，前后夹击，大破史军。

史朝义亲率主力十万出城援救，列阵于昭觉寺。唐军发起猛烈攻击，杀伤甚众，但史朝义军阵坚持不动。鱼朝恩派射生军五百人力战，虽对史军多有杀伤，但对其营阵的冲击仍不奏效。在这关键时刻，镇西节度使马璘单骑驰入敌阵，英勇奋击，史军阵内顿时大乱。唐军乘势而进，叛军大败。

史朝义转战于石榴园、老君庙，又败。此战，史军被歼六万余，被俘两万余，史朝义率轻骑数百向东落荒而逃，唐军收复东京洛阳及河阳城。

仆固怀恩命儿子右厢兵马使仆固玚（yáng）及朔方兵马使高辅成率步骑一万乘胜追击史朝义。史朝义先逃往郑州，被击败；又逃到汴州，陈留节度使张献诚闭城不纳，后投降唐军，史朝义只得又逃奔濮州［治所在今山东鄄（juàn）城北］。

大唐第二次收复洛阳。但由于借兵回纥并有过协议，回纥兵进城之后就疯狂抢掠，大火竟累旬不灭，残暴程度无异于“叛匪”。而政府军也以河南是“贼境”为由，所到之处一路抢掠，时间长达三个月，肆虐程度不亚于“同盟军”回纥。洛阳城的建筑全被毁坏，百姓只能以纸为衣。

洛阳两次被收复，两次都受到抢掠，而且一次比一次惨烈。不知此时洛阳民众还会不会日思夜盼着回归大唐的怀抱？对于他们的苦难，不知大唐朝廷作何感想？不知掌权者可否意识到，他们治下的百姓如此悲惨，帝国又怎会不命运多舛？

十一月初，史朝义从濮州北渡黄河，企图在河北重整旗鼓。

十一月初二，仆固怀恩攻克了滑州（今河南滑县），追击史朝义到卫州，再次将其击败。大燕的睢阳节度使田承嗣率兵四万与史朝义会合，仆固玚将其击败。史朝义再纠集魏州叛军反扑，又被仆固玚率军打败。

此时的叛军已是人心溃散，大燕邺郡节度使薛嵩、恒阳节度使张忠志等均举城降唐。史朝义自贝州（今河北清河西北）一路败退到莫州（今河北任丘北）。

宝应二年（公元 763 年）正月，早已感到山穷水尽的田承嗣，以让史朝义亲自到范阳调兵回救莫州为名将其支走，随即降唐。然后大燕的范阳节度使李怀仙也向大唐请求投降。史朝义来到范阳城下才知道范阳和莫州均已降唐。进不去范阳城，仆固玚的追兵又紧跟其后，跟随史朝义的叛军，此时也纷纷叩辞而去。

穷途末路的史朝义痛哭流涕之后，带数百名胡人骑兵逃奔广阳（今北京房山东北），广阳也不接受他们。史朝义只好再向北，企图进入奚及契丹境内躲避，行至温泉栅（今河北滦州西北）时，李怀仙率追兵赶到，实在走投无路的史朝义在树林里上吊自杀，备受他信任、被他任命为燕京留守的李怀仙割下他的头颅献给大唐朝廷。

至此，安史之乱终于落下帷幕。自公元 755 年至公元 763 年，安史之乱跨越八个年头，导致大唐朝廷的中央权威一去不返。可以说，正是安史之乱种下了大唐政治境况日趋衰落的病根，自此之后，大唐就走向了纷乱与衰败，直至灭亡。

第十二章 安史遗祸

不稳定的平衡

安史之乱爆发后，大唐之所以能够苟延残喘一个多世纪，只是因为安禄山、史思明及之后效仿他们的人没有能力从政治、组织、经济及军事协同的高度去推翻李唐政权。唐代中后期，可以说是在一种不稳定的平衡中度过的。

其实，这种“不稳定的平衡状态”，早在肃宗灵武称帝时就已现端倪。

昔日李亨为太子时，曾遥领朔方，这也是他决定北上的重要原因。但玄宗为什么执意去川蜀避难？其中当然有玄宗年老体衰、苟且偷生的原因，但他对西北军镇的猜忌和不信任，也是不能忽视的重要原因。

那么，连玄宗都没有信心驾驭的西北军，当时的太子、之后的新君李亨就有足够的把握拿捏吗？显然没有。事实上，北上朔方的李亨担着极大的风险。初到灵武的李亨面对的就是一群蛮横骄纵，甚至不遵基本君臣礼仪的“军阀”。

这也不奇怪，安史之乱的烽烟早已迷了这些边将的眼，甚至到了让他们觉得“有枪就是草头王”的程度。眼看如今大唐皇帝在自己的控制范围之内，他们岂不是随时可以化身为董卓、曹操？可能在他们的潜意识里，没有像安禄山那样谋反，皇帝就要对自己感恩戴德了。

就像管崇嗣，作为边镇大将，在肃宗刚登基时，他竟然在朝堂中背对肃宗而坐，肆意谈笑，旁若无人。这样的行为举止，显然用边将不知朝中礼仪的理由是解释不通的，因为这也不符合军纪的要求。

类似管崇嗣这样的边将，除粗鲁和骄矜之外，哪里有一丝逐鹿天下的王师之象？这样的心态举止下怎会有剑指天下的理想抱负？管崇嗣其实也是日后那些藩镇节度使的共同写照。就这样的人，一时半会儿能颠覆李唐政权吗？

可是，对手如此成色，李唐应付起来就会得心应手吗？并不。皇帝沦落至此，不依靠他们怎么办？从肃宗处理管崇嗣一事上就足见其窘迫和无奈。

当时，监察御史李勉就上奏弹劾管崇嗣，并把他抓了起来。肃宗是怎么处理的呢？他一方面赦免了管崇嗣的大不敬之罪，理由是管崇嗣就是个粗人，再给他一次机会，只要别人不要跟他学就行了；另一方面夸赞了李勉，说朝廷之所以有颜面，全靠李勉这样的人。

对管崇嗣网开一面能说明肃宗天性仁慈吗？显然不能。日后肃宗只因张皇后的谗言，就能赐死自己的儿子李倓；为收复两京，就与回纥签下抢掠城中百姓的合约。这样的君王有什么仁慈可言！

从他同时褒扬李勉的行为中也能看出，赦免管崇嗣只是无奈之举罢了。再从他之后对待郭子仪的态度来看，昏庸的帝王对待功臣的态度和措施可谓子学父样、一脉相承。

唐玄宗时期的名将王忠嗣，很小就被玄宗以烈士之子的身份养在宫中，与太子李亨一起长大，后来更是因屡立战功而身兼四镇节度使，可谓位高权重。可就是这样一位出身、能力及功绩都无可挑剔的人物，也差点因谗臣之言而被逼死。

我们之前说过王忠嗣是如何被李林甫诬告的。唐玄宗之所以听信谗言对王忠嗣小过大惩，到后来几乎要了他的性命，主要原因就是王忠嗣少年时与太子李亨一起长大，交往甚密，等王忠嗣手握兵权后，玄宗为了剪除太子羽翼，自然会采取这样的手段。

王忠嗣被陷害遭贬以致早亡，也是此后安禄山异军突起的原因之一。无论从哪个方面来看，玄宗无条件地信任安禄山，却要将王忠嗣置于死地，实在是匪夷所思。然而，这样的操作，在玄宗儿孙肃宗和代宗那里也在继续上演。

郭子仪在安史之乱中扭转战局，收复两京，厥功至伟。但唐军在对叛军完成最后一击时，肃宗各自为战的错误策略致使邺城惨败，宦官鱼朝恩将责任推给郭子仪正中肃宗下怀，郭子仪被迫赋闲。

此后的大唐皇帝，对于那些忠义之臣，采用的手段就是束之高阁、弃之不用，而对那些拥兵自重的大臣，反而毫无办法，不是猜忌以致逼反，就是不信任以致君臣离心。

前者像仆固怀恩。就算仆固怀恩起兵反叛证据确凿，代宗还是说：“不是仆固怀恩谋反，而是左右胁迫所致。”这样的定性不是因为仆固怀恩昔日平安史之乱，有“再造大唐”之功，所以代宗对他有什么感激之情，而是仆固怀恩的强大和反叛的事实已经让这个懦弱的帝王从心底深处被彻底震慑和降服了。出乎代宗意料的是，平叛仆固怀恩非常顺利，因此这一说法只是他聊以自慰而已。

后者像李光弼。李光弼与郭子仪并称“郭李”，曾为大唐立下赫赫战功，但最后竟与代宗离心到死都不敢回朝的地步。

公元 763 年，吐蕃攻入长安，逃亡的代宗命李光弼率军到陕州护驾，李光弼却因害怕遭到鱼朝恩等的暗算按兵不动。如此拥兵自重，怎么不是因为看清了大唐颓废的本质、看透了皇帝对待功臣的本意？

吐蕃被郭子仪击退后，唐代宗任命李光弼为东都留守，负责镇守东都。这一任命与之后三番五次地让仆固怀恩入朝有什么区别？而李光弼以诏书未至为由推辞，率军回到徐州。李光弼意欲何为？

史思明当初降唐，就是想在范阳割据自立。那时负责平叛的李光弼就制订计划，实施了对史思明的“分化”和“斩首”行动，如今轮到自己，他将如何应对呢？

没有任何证据表明李光弼采取了什么行动。史书只记载他在徐州因抑郁和担忧生病而亡，死时距离安史之乱平定仅一年多。追随他的将领也在这一时期内纷纷离他而去。

所以，没有见他起兵反叛，或为反叛做出准备，也可能只是因为时间太短。但李光弼对朝廷的愤懑和冷漠是显而易见的，他明确地表达了至死也不再为朝廷出力的态度。

在安史之乱中可谓战功第一的大功臣竟郁闷悲伤到如此程度，这样的朝廷岂能不寒了功臣的心？李光弼如此凄凉的结局，难道不是大唐日薄西山的缩影、江河日下的预兆吗？

此时的大唐朝廷防边将防到如此程度，采取的措施和手段却只是宫廷斗争那一套，似乎忘记了治国原本还有制度、体系革故鼎新等光明正大的一面，而且这一面才是长治久安的正途。

再回头看灵武时的唐肃宗，在矛盾纠结之下，对菅崇嗣一事做出不伦不类的处理，与其说他是无奈，不如说是无能更为恰当。

唐肃宗不敢完全顺着李勉的意思严惩菅崇嗣，菅崇嗣也不敢以报复李勉的方式杀鸡儆猴般地对唐肃宗还以颜色，这就是此后大唐这种“不稳定的平衡”局面的雏形。

究其根本，一方面，此时豪门士族已经式微，皇权并不像魏晋时那样脆弱，司马家族登高一呼天下归晋的时代已成过去。另一方面，大唐关内承平已久，边镇守将一直处于朝廷严格的掌控下，军阀集团还不像昔日南北朝和隋末时那样，拥有横扫天下的声望和实力；同时，官僚集团正在成长阶段，还不像后来宋朝时那样强势，那些行政、经济领域的官员，原本就依附于以皇权为代表的帝国权力系统，显然，此时他们还没有能力与皇权抗衡。

这是一个特殊的历史节点，处于由贵族政治向官僚政治过渡的时期。在这种背景下，大唐皇帝虽然窘迫到对边将忍气吞声，但名义上依然控制着天下。正是大唐朝廷与藩镇军阀的相互博弈，造就了大唐中后期这种“不稳定的平衡”的局面。

所以，肃宗到达灵武后，西北边将虽然没有造反之举，但未必没有拥兵自重之心；而肃宗虽然没有立即对他们下手，但未必没有秋后算账的心思。

后来安史之乱没有及时剿灭，旷日持久的征战与混乱之下，边将中也有忍不住起兵反叛的。平叛之后的代宗自然没有忘记秋后算账，但他盯上的，只是功高震主的郭子仪、李光弼及仆固怀恩等。

代宗李豫可能没有仔细鉴别，正是这些人为了大唐社稷浴血奋战，至少在战火纷飞的平叛岁月中，他们完全称得上忠义节烈之士；就算你为了“一家之天下”而不得不清理他们，至少手段不要如此拙劣，至少同时对昔日的叛军将领有所防范和节制。难道那些“罪大恶极”的叛将一旦投诚，就比有“再造大唐”之功的郭子仪、李光弼及仆固怀恩等更加忠心为国吗？

朝廷没有及时肃清安史之乱的流毒遗祸，反而不断重用昔日叛将，正是造成唐朝中晚期藩镇割据局面的原因之一。

此外，皇帝为了控制这些文臣武将，不断起用宦官，致使宦官权力膨胀，具体表现在两个方面：一是掌管禁军，二是充当监军。宦官统领禁军，就能控制内宫，李辅国与程元振就是如此；而作为监军，手握作战军队的最终决策权，就能控制大唐军队，边令诚与鱼朝恩就是如此。

这些宦官又时常在皇帝身边，揣摩上意、搬弄是非、颠倒黑白正是他们的长项。昏庸的皇帝在他们的挑唆、怂恿之下，又会让他们在朝中任职，以致这些宦官独断专权，甚至嚣张到废立皇帝的地步。

所以，宦官乱政也是安史之乱留给大唐的一大祸患。显而易见，若政治清明、朝堂稳固，怎么会有宦官小丑跳梁？起用宦官，不就是因为皇帝权威日渐丧失，朝中大臣派系林立、朋比为奸，皇帝只有身边的宦官可以信任吗？但大唐皇帝没想到的是，用宦官对付朝臣的内讧，不仅没有起作用，反而让宦官一方独大、肆虐猖狂，导致皇权更加衰落。

由朋党发展成朝臣内讧的局面是安史之乱的又一大遗祸。

藩镇割据、宦官乱政、朝臣内讧是安史之乱最显著的三大遗祸。但这些因素加在一起，要想颠覆李唐政权，暂时又显得力不从心。

因为安史之乱前后的一段时间内，大唐臣民对朝廷并没有强烈的不满情绪，这从两京百姓日思夜盼大唐军队到来就能看出来。原因也很简单，尽管皇帝昏庸、朝廷腐败，但太平的日子还是令百姓心向往之；相比之下，安史叛军实在不成气候，他们一味抢掠，怎么收服百姓之心？

没有强烈要求改朝换代的民意基础，星星之火怎会成燎原之势？所以，这段时间拥兵造反的武将虽多，但要真正颠覆李唐政权，似乎时机未到。

在这一背景下，即便是实力强大的藩镇割据势力，也难以形成联合协作的局面。一方起势，多方观望，众人等待的只是落井下石，期盼的也只是渔翁得利，因为每个人心中盘算的仅是为什么你能当皇帝，而不是我？

显然，颠覆李唐政权，并不是他们共同的利益诉求，没有民意根基的造反，也只是未成气候的军阀个人野心膨胀之举。不说大唐朝廷会出兵平叛，就是其他割据藩镇的军阀，也不会允许自己的同类登上帝位。

所以，安史叛军虽然折腾得惊天动地，但终究是以一隅之地与全天下对抗。八年不到，安史叛军建立的大燕政权就死了四位皇帝，灭亡是其必然的结局。

此后虽不断有人尝试颠覆李唐政权，但强如仆固怀恩，也很快被扑灭，原因就是叛军不能实现真正的团结一心。而这样的团结需要几代人的努力。

安史之乱后，这种“不稳定的平衡”局面维系了一百多年才被打破。它犹如帝国大地上的一块溃烂，李唐王朝的太宗李世民和他的文臣武将、汉胡百姓共同创造的崭新文明，慢慢地在这溃烂中沉沦。

二十年的处心积虑

唐玄宗时，大唐精锐集中在西北边境。除朔方、河西及陇右之外，安西、北庭也设置了节度使，此外，还有受降城及单于都护庭作为藩卫。

烽烟千里传信，戍卒百里巡逻，万里相继；大军万人，小军千人，北拒回纥，西御吐蕃。此时的大唐，边境安宁，国内承平。

安史之乱爆发后，大唐边境的精锐部队大部分被征发入关，参与平定叛乱。吐蕃趁机入侵，数年间先后蚕食大唐西北数十州，占据了河西、陇右等地。凤翔以西、邠州（今陕西彬州）以北的广大地区，都被吐蕃控制。

广德元年（公元763年）七月，吐蕃侵入大震关（今陕西陇县西），攻陷兰州（今甘肃兰州）、廓州（今青海化隆西黄河北岸）、河州（今甘肃临夏）、鄯州（今青海乐都）、洮州（今甘肃临潭）、岷州（今甘肃岷县）、秦州（今甘肃秦安西北）、成州（今甘肃成县）、渭州（今甘肃陇西东南）等地。

这一时期，吐蕃入侵大唐的频繁和混乱程度，甚至连正史的记载都多有出入。这主要是因为史官在叙事过程中，原本就没有按照时间线来具体交代每场战役，而他们之所以这样做，是因为同一地点在短时间内曾遭到反复抢掠，所以在记载历史事件时，由于关注点和视角的不同，就会在正史的不同地方呈现出差异。

然而，正是这样的出入和差异，才使我们更加清楚地看到了此时吐蕃对大唐边境的侵掠到了怎样频繁的地步。完全占据陇右后，吐蕃又打上了蜀地的主意，一是因为蜀地富庶，是著名的产粮地；二是因为一旦拿下蜀地，吐蕃便可从西南方向入侵大唐腹地，让大唐腹背受敌。而吐蕃要拿下蜀地，首先就要拿下维州。维州即今天的四川理县，治所薛城在今天四川理县东部的薛城镇。

维州东望成都，西邻岷山，南接江阳，北望陇山，三面临江，因地势险要，在唐朝时成为吐蕃入川蜀的门户，也成为大唐抵御吐蕃的桥头堡，唐军在此多次打败吐蕃军队的进攻。

为攻克维州，吐蕃可谓处心积虑。早在二十年前，吐蕃赞普就让一名吐蕃美女以寻亲为由，悄然进入维州城。这名女子在维州城生活下来，主动接近一名守门士兵，并成了他的妻子，还生下了两个儿子。

二十年后，也就是公元763年，当吐蕃大军再次进攻维州时，两名男子趁夜色从里面打开了维州城沉重而坚固的城门，大唐将士守护多年的川西咽喉要地，就这样落入吐蕃之手。

毫无疑问，里应外合打开维州城门的两名男子，正是那名吐蕃美女生下的两个儿子。二十年的隐忍与等待，可见吐蕃赞普具有何等长远的战略目光、何等坚韧的定力。这样的军队能够占领长安，又有什么大惊小怪？

占领维州之后，吐蕃大军一路向东，连克泾州（今甘肃泾川）、邠州等地。泾州刺史高晖举城投降，并亲自为向导，带领吐蕃军队深入内地。

你不仁，我不能不义

吐蕃大举入侵时，宦官程元振已是骠骑大将军兼内侍监，牢牢地把握着朝政大权，边将告急的消息都被他压下不报，所以直到吐蕃军队到了邠州时，代宗才知道吐蕃入侵的消息。

十月初二，吐蕃军队进攻长安近郊奉天和武功，代宗急忙任命长子雍王李适为关内元帅，郭子仪为副帅，出镇咸阳，抵御吐蕃大军。

这时的郭子仪闲居京师，部下早已离散。他临危受命，麾下只有二十名骑兵。郭子仪到达咸阳时，吐蕃与吐谷浑、党项、氐族与羌族的二十万联军已渡过渭河，正沿南山东进。郭子仪派中书舍人王延昌入朝奏报军情，请求增兵支援，但在程元振的阻拦下，王延昌竟然没有被代宗召见。

十月初四，渭北行营兵马使吕月将率两千精锐，在盩（zhōu）厔（zhì）（今陕西西安周至）西击败吐蕃。十月初六，吐蕃整军再次进犯盩厔，吕月将拼死作战，敌众我寡之下，唐军全部战死，吕月将也被吐蕃擒获。

到了这个时候，代宗才准备组织兵力迎战，而吐蕃大军已过便桥（西渭桥，今陕西咸阳）。仓促之下，代宗不知所措，只得于十月初七逃离长安，东奔陕州。朝中百官纷纷逃窜，禁军则一哄而散，长安再次沦陷。

郭子仪闻讯，立即从咸阳返回长安。等他到了长安，代宗已逃离京师。在代宗刚出苑门（光泰门）、渡过浐水之时，射生将王献忠就率领四百骑兵叛逃回长安，并胁迫唐玄宗第二十六子、丰王李珙等十王西迎吐蕃。

当他们走到长安城西的开远门内时，恰好遇上返回的郭子仪。面对郭子仪的呵斥，王献忠翻身下马说：“如今皇上已经东迁，社稷无主，令公身为元帅，皇上的废立就在于您的一句话了。”李珙也在旁附和。

郭子仪把他们怒斥一顿，派兵将这些人押送代宗行在。在此危难之际，连李珙这样的王子皇孙也手足无措，随波逐流，唯有郭子仪还在独撑大唐社稷，然而，他数日前还被代宗闲置京师。

十月初八，逃亡的代宗李豫一行到达华州（今陕西渭南华州），官吏早已逃散。像昔日的玄宗一样，因为无人供奉，代宗等只能忍饥挨饿。就在这里，他们遇到了率领神策军从陕州前来接驾的观军容使宦官鱼朝恩，随之前往营帐，才得以安顿。

丰王李珙到了潼关拜见代宗时，代宗并没有因他迎接吐蕃而责怪他。但李珙回到营帐后，又出言不逊，大臣们怕他引起军队哗变，就建议代宗赐死了他。

由李珙的死可知，此时大唐的王子皇孙不仅担不起救扶社稷的重任，甚至连起码的大局观都没有，同时，他们又是争夺皇位的合法人选，所以尽管他们有着皇族血脉，皇帝对他们下起手来也不会有半点儿怜悯和犹豫。

十月初九，吐蕃军队进入长安，但他们并没有打算在长安长期居住。他们立了一个傀儡皇帝，并在长安大肆掠夺府库钱财，焚毁士民房屋。顷刻间，繁华的长安满目疮痍，一片萧条。

原泾州刺史、叛将高晖与吐蕃大将马重英等在长安立已故邠王李守礼之子广武王李承宏为帝，更改年号，设置百官，任命前翰林学士于可封等为相。

吐蕃人之所以立李承宏为帝，是因为他是金城公主的兄弟。吐蕃人善于利用血缘关系来实现政治目的，此时他们就是想通过李承宏这个傀儡皇帝，达到统治中原的目的。

但不是所有人都甘为吐蕃犬马，宰相苗晋卿面对吐蕃人的威胁一言不发。此时苗晋卿年事已高，又卧病在床，面对如狼似虎的吐蕃人，除了这样的无言抵抗，他又能做什么呢？

昔日玄宗逃离长安后，很多朝臣投降了安禄山叛军，但苗晋卿由小路逃往了金州（今陕西安康），拒不接受伪职。苗晋卿一个进士及第的文人，实在不擅长军旅之事，在乱世之中能有此操守，也属难能可贵。

十月十二日，代宗到达陕州，一些朝臣也陆续赶到。此时，郭子仪率三十名骑兵，从长安城南的御宿川沿山向东，进入牛心谷。郭子仪判断局势后，对王延昌说："逃溃的禁军将士多在商州，我们应当迅速前去收容他们，再征调防守武关的将士，几天之内，我军北出蓝田，直指长安，吐蕃必然逃遁。"

郭子仪按照这个计划边走边收拢逃散的将士，经过蓝田时，遇到元帅都虞侯臧希让、凤翔节度使高升，得兵近千人。他担心溃逃的士兵到达商州后当地人心大乱，于是派王延昌抄近路去商州安抚人心。当时禁军诸将正在纵兵暴掠，听说郭子仪要来都非常欣喜，甘愿听命。可见，不是这些禁军将士苟且求生，实在是没有威望与能力兼具的将领给他们指出方向，他们才在代宗逃亡时一哄而散，到了商州又纵兵抢掠。

郭子仪一路不断收拢兵马，到达商州时已整军四千多人。郭子仪把将士们召集起来，声泪俱下地训勉一番，给他们指出方向，那就是攻取长安，共雪国耻。唐军将士都十分感动，军势大振。

一生两次收复长安

而此时的代宗还是只考虑自己的安危。他害怕吐蕃东出潼关，就下诏让郭子仪率军至陕州护驾。但郭子仪上表说："臣不收复京师，无以见陛下。若出兵蓝田，吐蕃必不敢东向。"郭子仪正确的战略思想及必胜的信心打动了代宗。

此时，鄜（fū）延（今陕西富县）节度判官段秀实也说服节度使白孝德领兵勤王。白孝德举兵南下，与蒲州（今山西永济蒲州）、陕州、商州及华州的唐军会合，准备进击吐蕃。

郭子仪命羽林将军长孙全绪率二百骑出蓝田去查探吐蕃军队的情况。长孙全绪至韩公堆（今蓝田东南），白天击鼓扬旗，夜晚多燃火炬，以此迷惑和恐吓吐蕃军；同时，派射生将王甫潜入长安，秘密纠集少年数百，深夜击鼓大声呼喊于朱雀大街，使得吐蕃军惊惶震骇。

吐蕃军以为唐军大军来袭，他们原本也没有久居的打算，又已经抢得盆满钵满，就此不战而走，于十月二十一日全部撤离长安。高晖听说吐蕃撤军了，率三百余骑东逃潼关，被潼关守将李日越擒杀，这个引吐蕃军攻入长安的叛徒，就此结束了他可耻的一生。而傀儡皇帝李承宏逃匿草野，代宗赦免其罪，后将其流放于华州。

十月二十五日，郭子仪从商州出发。此时事先潜入长安的王甫竟聚众二千余人，私置官属，自称京兆尹，在长安为非作歹。大唐真的沦落到如此地步了吗？一个小小的射生将，竟也敢这样嚣张行事？

十一月初三，郭子仪至浐水西，靠近京城，王甫却按兵不出。于是郭子仪亲率三十骑驰入长安，派人传召王甫，将其斩杀。此时白孝德与邠宁节度使张蕴琦领兵屯驻万年、长安两县，郭子仪将他们召入长安城，京畿遂安。都城长安就此被郭子仪率领的唐军再次收复。

此次吐蕃能够攻占长安，固然与维州失守以及泾州刺史高晖举城投降并引军深入有关，宦官程元振也难辞其咎。正是他封锁消息，才使得吐蕃军一路长驱直入，代宗仓皇出逃。代宗出逃时，曾发诏征诸道入卫京师，但各藩镇大多按兵不动，主要原因也是憎恨程元振居中专权，或者说，既然程元振隐瞒不报、嫉贤害能，各藩镇也乐得看热闹不嫌事大。

为此，太常博士柳伉上书代宗，认为吐蕃这次之所以能犯关度陇，兵不血刃而入长安，皆因朝臣一言不发、武将不肯出战、三辅百姓也不愿护卫朝廷，可见四方内外皆与皇帝离心离德，这是皇帝疏远贤良、专宠宦官的结果。为挽救社稷，应立斩程元振，并下罪已诏悔过自新。

唐代宗却以程元振有拥立之功为由，从宽处理，只下令削去程元振官爵，放归田里。代宗之所以不杀程元振，是因为他根本就不想彻底解决宦官专权的问题。他送走了宦官程元振，又用其他宦官取而代之，任命鱼朝恩为天下观军容宣慰处置使，总掌禁军；又诏令筑城于鄠（hù）县（今陕西西安鄠邑）及中渭桥（今陕西咸阳东渭水之上桥），屯驻兵马，以防吐蕃入犯京师，但他起用的鄠县筑城使也是宦官——骆奉仙，并让其兼领屯驻兵马。

尽管还京的唐代宗对率城中百官及诸军迎驾于浐水之东的郭子仪貌似诚恳地说："早用爱卿，何以于此？"但说归说，做归做，他信任和重用的依然是宦官。肃宗、代宗两代帝王，已为大唐之后的宦官乱政种下了祸根。

此次吐蕃主要是从西北和西南两个方向入寇大唐。在吐蕃占据长安之后，整个唐代宗时期，吐蕃军队每年秋季都要自西北方向入寇大唐，而京城每次都要戒严，称为"防秋"。而西南方向，广德二年（公元 764 年）正月，代宗下诏，合剑南东、西两川为一道，任命黄门侍郎严武为剑南道节度使。这年九月，严武在薛城西北击败吐蕃七万劲旅，从而解除了吐蕃对西南地区的威胁。

满门忠烈的仆固家族

平定安史之乱的三大功臣，无疑就是郭子仪、李光弼与仆固怀恩。八年平叛，郭子仪中途被解职，李光弼在尾声阶段退出了主战场，只有仆固怀恩自始至终战斗在第一线，并指挥了消灭史朝义的收官之战。

仆固怀恩出身铁勒九姓之一的仆固部，金微都督府（今蒙古国肯特）人。早在贞观年间李勣灭薛延陀汗国时，仆固怀恩所属的仆固部就投降了唐朝，因此他们家族的先祖仆固首领歌滥拔延还得了个世袭金微州都督的职位，替大唐镇守边疆。

仆固怀恩早年加入朔方军，骁勇善战，先后追随郭子仪、李光弼，参加了平定安史之乱的多次重大战役。公元 757 年，仆固怀恩因收复两京有功，晋封丰国公；公元 759 年，仆固怀恩任朔方行营节度，进封大宁郡王。

安史之乱后期，仆固怀恩接过了平叛的总指挥权。他与儿子仆固玚身先士卒，只用了半年就收复洛阳、横扫河北、攻克范阳，并大败史朝义，彻底平定了长达八年的安史之乱。

仆固家族可谓满门忠烈，一族先后有四十六位子弟牺牲在战场上。当初，仆固怀恩的长子仆固玢战败被俘，被迫诈降，后来寻得机会逃了回来。仆固怀恩为激励将士，严明军纪，竟然当众斩杀了儿子。

仆固家族中，不仅男儿英烈，女子也为大唐做出了巨大的贡献。为了获得回纥军队的支持，仆固怀恩的三个女儿先后与回纥和亲，换来了回纥最精锐的骑兵部队。在收复长安的香积寺之战以及收复洛阳、河北的一系列战斗中，这支部队发挥了扭转战局的重要作用。

然而，这样为国送女和亲的大义之举，却给仆固怀恩带来了意想不到的巨大灾难。公元 762 年，在平定安史之乱的最关键时刻，穷途末路的史朝义以花言巧语引诱回纥犯边，企图借此得到喘息之机。牟羽可汗亲率十万大军逼近关中，大唐帝国危在旦夕。

牟羽可汗是仆固怀恩的女婿，前去说服牟羽可汗迷途知返的重任自然就落到了仆固怀恩的肩上。然而，就是这样的翁婿关系，使得仆固怀恩踌躇不前。因为仆固怀恩手握重兵，不管此时的牟羽可汗支持哪一方，只要和岳父联合，就能搅动天下风云，所以无论谈判成功与否，仆固怀恩都有里通外国的嫌疑。

代宗当然明白仆固怀恩的顾虑，为了让他放心，特意向他颁发了免死铁券，意思很明显：你放心去谈，无论如何，朕都相信你。

从谈判结果来看，仆固怀恩颇有伶牙俐齿的一面。被说服的牟羽可汗追随仆固怀恩参加了对史朝义的进攻，并为剿灭叛军立下汗马功劳。

虽说按合约，回纥这次收获颇丰，但事实证明，仆固怀恩并没有与回纥联手颠覆李唐政权的嫌疑。如果他蓄意谋反，那这次岂不是最好的机会？

安史之乱平定后，仆固怀恩受代宗所托，一路护送自己的女婿牟羽可汗返回漠北。返程途中，回纥军因本性使然，又依仗平定叛乱的大功，一路烧杀抢掠，仆固怀恩不但不阻止，反而加入抢掠的行列。

这种兵匪不分的行为，实在天怒人怨，但这就是当时的实际情况。以此责之，当然没错；但视而不见，也司空见惯。然而，当他们走到太原时吃了闭门羹，河东节度使辛云京紧闭城门，拒不接纳回纥军。

当初回纥出兵南下时，就曾遭到辛云京的冷遇。辛云京给出的理由也冠冕堂皇，那时是不知道回纥人是否真心帮助大唐，如今却是担心回纥人进城抢掠。

大唐朝廷向回纥借兵时双方有协议，地方官有义务为回纥人的往来提供补给。辛云京置这样的协议于不顾，难道仅因为上述理由吗？未必。作为一方节度使，他为辖区的安全着想，原本没错，但他如此对待回纥军队有没有从大局上考虑？假如每一个节度使、每一个地方官都如此，大唐何以平叛？

被逼反的嫌疑

其实，不仅辛云京，“兼三节度”的李抱玉对回纥也是这样的态度，根本原因就是他们对仆固怀恩不满，而这种不满在很大程度上出于争权夺利的个人恩怨。

当初史朝义走投无路之时，叛将薛嵩向李抱玉投降，张忠志向辛云京投降，他们二人立刻进入叛军的军营，接管了叛军的地盘和军队。但没过多久，仆固怀恩就上奏代宗，将薛嵩和张忠志等降将官复原职。

仆固怀恩此举只是唐廷没有重视肃清安史余孽之事的缩影而已，但这显然触动了辛云京和李抱玉的利益。辛、李二人以此为由，上奏代宗，弹劾仆固怀恩有谋反之心，企图勾结回纥人行叛逆之事。如果起用叛将就是蓄意谋反，那代宗任用那么多叛将又作何解释？

仆固怀恩当然十分恼火，也将辛云京告到了代宗那里。此时代宗似乎闲了下来，没有了直面战事的窘迫，正好来处理这些矛盾。但此时的他，似乎已经不记得昔日他给仆固怀恩颁发免死铁券时对他的信任和期盼。于是，他从容地派了骆奉先前去调查、调解。

骆奉先首先到了辛云京那里，辛云京自然少不了一番殷勤招待，又添油加醋地痛诉仆固怀恩如何蓄意谋反，这些事被仆固怀恩安插在太原城内的密探探知。

但当骆奉先来到仆固怀恩的大营时，情形为之一变。因骆奉先与仆固怀恩有结拜之交，所以仆固怀恩的母亲并没有与他客气，劈头盖脸地把他训斥了一顿：“你与我儿有生死之交，怎么忘了情谊，听信了辛云京的挑唆？”

铁勒人的爽直，骆奉先这样习惯于在宫外颐指气使的宦官怎么受得了？于是他打定主意，先敷衍一番脱身再说。仆固怀恩怎么会清楚骆奉先的心思？生性豪爽的他大摆宴席，盛情招待了骆奉先，还在酒足饭饱后提出：“隔天就是端午节，不能让你在路上过节，多留两天再走。”

此时的骆奉先哪里敢留？他连连推托，仆固怀恩却将他的马藏了起来，坚决不让他走。如此行为，骆奉先更是认为仆固怀恩要加害他，当夜就孤身逃出大营。

听说骆奉先逃走，仆固怀恩自然大吃一惊，赶紧派人追赶，并解释道：“藏马留客是我们铁勒人的待客之道，既然你坚持要走，我就把马还给你，另附赠金银若干。”

遗憾的是，回去向代宗复命的骆奉先坚持认为仆固怀恩有勾结回纥的嫌疑，这让仆固怀恩无以自辩。此时仆固怀恩唯一自证清白的方法就是交出兵权，那他为什么没有这样做呢？

因为安史之乱使朝廷与藩镇节度使之间失去了基本的信任，像郭子仪，在连胜的一片大好形势下，唐肃宗却用九镇节度使各自为战的策略遏制他，导致邺城惨败；而李光弼在打赢河阳之战并将叛军围困于洛阳时，被逼贸然进攻，结果再次功亏一篑。

在此形势之下，连李光弼都不敢放弃兵权，仆固怀恩能交出兵权吗？更何况，还有来瑱（tiàn）之死为前车之鉴。战后，在平叛过程中厥功至伟的襄州节度使来瑱与朝廷发生激烈冲突，为了自保，来瑱主动放弃兵权入朝，却惨遭冤杀。来瑱的死，难道不令仆固怀恩引以为

戒吗？

广德元年（公元763年）九月，唐代宗派宰相裴遵庆宣旨抚慰仆固怀恩。见到裴遵庆时，仆固怀恩委屈得像个孩子，抱着裴遵庆的脚放声大哭，不停地诉说自己的冤屈。

裴遵庆此行的目的就是让仆固怀恩入朝，但仆固怀恩的副将范志诚坚决劝阻，他的理由显而易见：仆固怀恩已受朝廷猜忌，如果入朝，李光弼、来瑱的下场就是前车之鉴。

范志诚的判断对吗？应该对。仆固怀恩手握重兵，功高盖主，女婿又是回纥可汗，这样的人比来瑱更加危险，大唐朝廷怎能放任不管？

裴遵庆倒也非常理解仆固怀恩的处境，于是建议他派一个儿子进京做人质。这似乎是一个双方都能接受的条件，但不知为何，仆固怀恩还是没有答应。

这可能是仆固怀恩赌气所致？从仆固怀恩写给代宗的“请罪书”中便可见他委屈及愤怒的程度。

他先是说自己家族代居边塞，自祖上起就为大唐守边，满门忠烈，“兄弟死于阵敌，子侄没于军前，九族之亲，十不存一，纵有在者，疮痍遍身”；然后陈述自己“年未弱冠，即蒙上皇驱策，出入死生，竭力疆场”；接着正话反说，为自己列了六大罪状：“当初同罗部落叛乱，臣为先帝扫平河曲，此罪一；臣之子仆固玢，为同罗所俘，伺机逃回，为激励部众，臣将其斩首，此罪二；臣有女儿，远嫁回纥，为国和亲，合从讨难，荡平寇敌，此罪三；臣与子仆固玚舍命抛家，为国效力，身先行阵，驰骋疆场，此罪四；河北诸镇归降，各节度使手握重兵，臣竭力安抚，消除他们的疑惧，此罪五；臣说服回纥，让他们帮赴国难，天下平定，臣又亲自送之归国，永为邻好，此罪六。”

列完这“六大罪状”后，他更是悲愤地总结道：“而今戎事已安，陛下不加优奖有功将士，却采听流言，欲令忠直之臣枉陷邪佞之党的毁黩，可谓弓藏鸟尽，兔死犬烹。”

仆固怀恩把朝廷那点小心思都摊到了桌面上，话说到这里，本就触目惊心，但他意犹未尽，又补充一句：“陛下如此，臣实不敢说保家，陛下又岂能安国？”这就有点威胁的意味了。

如此悲愤很符合仆固怀恩的性格，但他这样发泄情绪，显然不利于解决问题。出于帝王的本性，代宗怎么可能听得进这样的“逆耳忠言”？他看到的分明只是臣子居功自傲、狂悖犯上。这样的“请罪书”，不但不会让代宗回忆起仆固家族的丰功伟绩，还会让他更加坚信仆固怀恩心怀二志。

如此僵局，裴遵庆也无能为力。他苦等多日，见仆固怀恩再无任何表示，只好回京复命，向代宗如实禀报了此行的经过。就在此时，御史大夫王翊出使回纥归来，走到汾州居然被仆固怀恩强行扣留了。

从辛云京、李抱玉发难弹劾仆固怀恩，到宦官骆奉先的实地调查、裴遵庆的宣旨抚慰，到今日扣留王翊，中间再穿插仆固怀恩上“请罪书”的事件，不难看出代宗对仆固怀恩的猜忌是事实，但仆固怀恩的所作所为，也一步步“完美”地加深了这样的猜忌。

颜真卿不懂代宗

恰在此时，吐蕃入侵关中，长安危在旦夕。颜真卿自请去召仆固怀恩率军入朝，一方面，可解京城之危；另一方面，能化解代宗与仆固怀恩之间的矛盾。

但颜真卿哪里了解代宗的心思？代宗宁可逃离长安当流亡皇帝，也不肯召仆固怀恩救驾！从这里也能看出，仆固怀恩的副将范志诚，至少在君臣博弈的关键节点上，看问题的眼光比颜真卿高出太多。道理很简单，范志诚不是颜真卿那样的饱学之士，但正因为不是，所以少了士大夫那些“忠君守节”思想的羁绊。多年奋战在最前线的军旅生涯，使他习惯于站在最直接、最现实的角度，去直面问题的核心。

吐蕃兵临长安，代宗仓皇而逃，如此危急关头、如此窘迫情景，他都执意不召仆固怀恩率军救驾，可见对仆固怀恩的不信任已经到了什么程度。此前范志诚坚决劝阻仆固怀恩入朝，难道不是慧眼如炬？

仆固怀恩不来救驾是他有“二心”，那弹劾仆固怀恩、一再表明自己忠君爱国的辛云京、李抱玉来了没有？同样没有来。当时，满天下竟然没有一位将领肯来勤王，代宗不得已重新起用郭子仪。郭子仪仅带着二十名骑兵出征，头衔却大得吓人——“关内副元帅”。

然而，不能小看了这样的头衔。当朝廷需要抵抗外敌时，这些藩镇将领可以隔岸观火；但如果哪个藩镇胆敢在帝国内部造反，其他藩镇不用朝廷动员，即刻就会像疯狗一样群起而攻之，将其除之而后快。因为他们关心的不是大唐朝廷的安危，而是除了自己，谁也不能取代李唐王室。所以，即便郭子仪启程时只有可怜的二十几人，但顶着大唐朝廷任命的“关内副元帅”这个头衔，总能收拢到一些散兵游勇。

这就是后来郭子仪能够整军四千多人的原因，也是日后仆固怀恩造反失败的原因，同时是大唐得以苟延残喘一百多年的根本原因。由此也能看出，历史真是有惯性的，李唐江山不就是在高祖尤其是太宗的推动之下勃然兴起的吗？到了此时，除了惯性，还有什么力量在维系它的存在呢？

郭子仪凭一己之力打败吐蕃夺回长安后，唐代宗久久不肯返回长安，可见他对武将的猜忌有多深。这样的帝王，可谓完全搞不清楚防范与猜忌的区别。也可能他根本没有防范手下的威望、能力和措施，那剩下的，就只有没完没了的猜忌了。

正是代宗这样盲目猜忌、应对失据，才导致藩镇武将集体离心，以致发展到不可控的程度。

回到长安的代宗再次将矛头对准仆固怀恩。代宗又找到颜真卿，让他去说服仆固怀恩入朝。此时颜真卿似乎也看清了代宗的本意，话说得明白："当初吐蕃入侵时召仆固怀恩入京，那叫为国救难，如今用什么名义召他？况且只有辛云京、李抱玉、骆奉先、鱼朝恩四人说仆固怀恩有异心，其他朝臣都说他冤枉。如果陛下实在不放心，目前只有一个办法，仆固怀恩的朔方军都是郭子仪的旧部，不如让郭子仪去收其部众吧。"

郭子仪就是旗帜般的存在

果然，郭子仪一到朔方，仆固怀恩的部下纷纷倒戈。这也不奇怪，郭子仪本就是汉人，战功卓著自不必说，重要的是在军中德高望重。他不仅爱护将士，而且在"忠君爱国"方面没有任何瑕疵——受命危难之际，则能力挽狂澜；被夺兵权，也能泰然处之；得到重新起用，更是毫无芥蒂、慷慨赴阵。

能力有余又毫无觊觎皇权之心的郭子仪自然深得人心。在他的麾下，起码"政治正确"这一点得到了保证，这就是郭子仪一到朔方就能收拢旧部的主要原因。

仆固怀恩作为郭子仪的老部下，自然知道郭子仪这杆大旗的作用。在历史的惯性下，帝王可以不择手段地对付朝臣，而朝臣往往做不到全力以赴地反击帝王，这就是仆固怀恩的纠结和矛盾之处。

这样的"弱势"心理，往往会导致进退失据，于是此时的仆固怀恩在愤怒之下竟然派儿子仆固玚率军去攻打辛云京。在封建帝王眼中，大臣在朝堂上相互弹劾甚至撸起袖子吵架都可以，有些昏庸的帝王，甚至乐于见到大臣之间的矛盾，沉醉其中，为他们左右调和，美其名曰“平衡之术”；但像仆固怀恩这样起兵攻打友军，无异于谋反。就这样，仆固怀恩将自己逼上了绝路。

这场内战可谓两败俱伤，辛云京大败而逃，仆固玚则被部下杀害，再也没了回头路的仆固怀恩率领残部逃亡回纥。

仆固怀恩的反叛让他的母亲愤怒不已，老人家表示：“我要为国家杀了这个逆贼，取他的心向三军谢罪。”仆固怀恩儿子被杀，连母亲对他也是这样的态度，他的反叛怎么可能成功？

两年后，已经完全站在大唐对立面的仆固怀恩卷土重来。他纠集吐蕃、回纥、吐谷浑、党项、奴刺十余万大军，杀奔大唐而来。

仆固怀恩的联军分三路进击：吐蕃军从北道奔赴奉天；党项军从东道奔赴同州（今陕西大荔）；吐谷浑与奴刺军从西道奔赴盩厔；回纥与朔方军则作为机动部队殿后。

在此危难之际，同样深陷信任危机的郭子仪挺身而出，再次率军北上平叛。仆固怀恩在进军途中突发急病，只好返回灵武。永泰元年（公元765年）九月初八，仆固怀恩在鸣沙县（今宁夏青铜峡）去世，其叛乱随即被平定。

仆固怀恩的一生，可谓为大唐社稷征战的一生。他骁勇善战，功高封王；他杀子立威，铁面无私；他远嫁三女，为国和亲；他全族牺牲四十六人，满门忠烈；他名列凌烟阁功臣榜之首，万古流芳。

然而，这位几乎毫无瑕疵的大唐功臣，却因朝廷的猜忌而起兵，最终被史书列入《叛臣传》，令人扼腕叹息。这样的帝王，这样的朝廷，这样的叛臣，也颇具讽刺意味。

仆固怀恩死后，唐代宗明确地说：“不是仆固怀恩谋反，而是左右胁迫所致。”代宗此言能掩盖藩镇彻底对朝廷失去信任的事实吗？

从之后藩镇割据宛如帝国毒瘤、烽火连天的历史来看，答案是“根本不能”。

第十三章
战后经济

“劣币驱逐良币”唐已有之

长达八年的安史之乱，战火纷飞，支撑帝国平叛战车隆隆开进的是源源不断的钱粮。钱粮从哪里来？自然是百姓身上。

唐玄宗时期，尤其到了天宝年间，他为了满足自己奢靡的享乐，不断任用钱谷之臣，肆意加大盘剥百姓的力度。

在制度方面，开元之前，掌管财赋之臣隶属尚书省；开元之后，其已能升任御史中丞、户部侍郎了。具体到杨崇礼及杨慎矜、杨慎名父子三人，不但锱铢必较，苛敛民财，更是将仓粟转成丝帛这样的轻货，运往京城。

此后的韦坚，尤其是王鉷等，不但沿袭了这样的做法，更是投玄宗所好，给皇帝专门设立了两个私人金库，一个叫“琼林库”，另一个叫“大盈库”，并曰：“这两个库里放的东西是额外的税收，即节余。”意思很明显，这些财物反正与国民生产生活无关，让玄宗挥霍起来不要有什么心理负担。

杨国忠为什么能当宰相？除靠姻亲关系及善于钻营之外，与他擅长敛财不无关系。事实上，他一开始就是以度支员外郎的身份进入大唐朝廷的。

这样的钱谷之臣行这样的偷梁换柱之举，朝廷怎能不奢靡挥霍？哪里会有什么“节余”？安史之乱爆发后，数月间叛军就打到潼关，但仅在潼关，双方就僵持了五个多月。

二十万唐军，人吃马喂，一天需要的后勤补给很是可观。此时哥舒翰坚持以守为攻打持久战，从战略的角度来看，当然没有错，但唐玄宗下令火速出击，难道没有经济方面的原因吗？

哥舒翰可以向朝廷催粮催饷，可玄宗清楚朝廷到底能不能支付得起持久战所需的军费。所以，玄宗催促哥舒翰出兵潼关，除听信宦官谗言之外，也是出于财政难支的考虑，而这也是繁花似锦的大唐早已败絮其中的明证。

但要说此时的大唐像后来的清朝康熙晚年那样，赈灾时连国库都拿不出钱来，也不尽然。因为长安沦陷时，仅唐玄宗的私人金库“大盈库”就有数百亿铜钱。所以当时的境况倒是更像明末，对外用兵没有钱，让大臣捐银更是没有；但等李自成攻陷北京后，刘宗敏胁迫这些明朝大臣拿钱时，却一下子搜刮到七千多万两白银。

大唐也是如此。连皇帝都不愿动用自己的“小金库”支出军费，官僚集团更不会慷慨解囊；皇帝只顾自己享乐，官僚集团更是谁入长安就拥戴谁，大不了换个皇帝，反正自己是一毛不拔的。

安禄山兵进长安时，即刻投降自保的不就是这些大唐官僚及受他们保护的垄断集团吗？遭受劫难的只有百姓。而随着两京的沦陷，接下来朝廷平叛不需要军费吗？朝廷怎能不变着花样向百姓要钱？

乾元元年（公元 758 年）七月，唐肃宗铸造新币“乾元重宝”，重量仅市场通行的“开元通宝”的两倍，却规定一枚乾元重宝兑换十枚开元通宝。这样一换，朝廷一下子就得到五倍的收益，与抢劫无异。

乾元重宝首先作为军饷发给士兵，他们自然成为最大的受益者。

肃宗用这样的方法盘剥百姓，支撑巨大的军费开支。

邺城之战惨败后，捉襟见肘的朝廷于公元759年再次铸造新币“重轮乾元重宝”。其重量是开元通宝的五倍，但朝廷规定一枚重轮乾元重宝兑换五十枚开元通宝，肃宗又将抢劫民财的收益提高到十倍之巨。

这两种“重宝”不但迫使“开元通宝”逐渐退出流通市场，还在发行中不断减值，导致货币混乱，物价飞涨。显然，这就是典型的“劣币驱逐良币”。

其中的道理很简单：融化五枚开元通宝，即可私铸一枚重轮乾元重宝，拿这样私铸的重轮乾元重宝去兑换开元通宝，可以获得十倍的利润。那谁还去用开元通宝？为什么不去铸造重轮乾元重宝？

私自铸造重轮乾元重宝从中牟利这事，百姓是做不到的，自然是那些军阀、官僚勾结奸商完成操作。这样一来，朝廷盘剥百姓，官僚集团勾结垄断奸商也参与其中，百姓哪里还有活路？

有数据表明，公元757年，河南之地的米价一斗四五百文钱，到了公元759年就升至一斗七千文。史书明确记载“物价腾踊，饿馑相望”，这就是当时百姓生活状况的真实写照。

不只是经济奇才的刘晏

安史之乱平定后，大唐经济早已满目疮痍。唐代宗登基后，在帝国财政方面所面临的无外乎两个问题：如何恢复经济？怎样增加财政收入？

要恢复经济秩序，首先就要恢复正常的货币制度，于是，乾元重宝、重轮乾元重宝的使命结束，在第一时间退出流通领域，足值的开元通宝重新成为市场通用货币。

与唐玄宗放开铸币权不同，唐代宗不允许民间铸币，只能由政府铸币。这样一来，统治集团只需操纵货币就能掌控天下财富。这一时期，唐廷实施了以扩大财政收入为目的的财政改革，具体经办人是理财奇才刘晏。

刘晏，曹州南华（今山东菏泽东明）人，自幼才华横溢，有“神童”之称。公元 725 年唐玄宗封禅泰山时，年方七八岁的刘晏就献上颂词，玄宗大悦，封他为秘书省太子正字。于是，《三字经》有云：“唐刘晏，方七岁，举神童，作正字。”

当时的一代文宗张说称刘晏为“国瑞”；唐代宗称赞刘晏为“朕酂（cuó）侯也”，把他比作汉高祖时的萧何；《旧唐书》评价刘晏“富其国而不劳于民，俭于家而利于众”。

刘晏在仕途初期历任夏县县令、温县县令、殿中侍御史，留下善政的“能名”，任职之地的人们都刻碑传颂他。

安史之乱爆发后，刘晏避乱到襄阳。永王李璘想要重用刘晏，但他坚决推辞，理由是：诸位王公从深宫出来，到了外面，立刻就希望像齐桓公、晋文公那样建立功业，这怎么可能？

此事充分说明刘晏颇具政治智慧。相较之下，那位浪漫而极具抱负的诗仙李白，却因卷入李璘谋反案差点儿丢了性命。

公元 756 年，唐肃宗在灵武登基后，任命刘晏为度支郎中兼侍御史，随后刘晏历任彭原太守，陇、华两州刺史，河南府尹，户部侍郎兼御史中丞，度支、铸钱、盐铁等使。

唐代宗即位后，任命刘晏为户部侍郎兼京兆尹，此后他还担任过国子监祭酒、吏部尚书，官至宰相。但为大唐朝廷理财，一直是刘晏肩负的重任。

肃宗和代宗时期，刘晏推动实施了榷盐法改革、漕运改革和常平法改革，取得了“民不加赋，而国丰饶”的辉煌成就。

刘晏对大唐财政经济的贡献，首推他的盐业新政。当然，通过盐业来获得财政收入并不是刘晏的首创。

颜真卿是唐代第一位征收盐税的官员。当时安禄山的叛军已攻入河南之地，担任河北招讨使的颜真卿因河北沧县产盐，就征收盐税以充军需。

公元 756 年，曾在玄宗时期担任江淮租庸使的第五琦被肃宗任命为监察御史、江淮租庸使。他沿用颜氏之法，创建了榷盐法。

颜真卿的盐业政策是征收盐税，第五琦的榷盐法则是由官府完全垄断食盐的产销。“榷盐”就是食盐专卖，第五琦规定，私人制盐、卖盐的行为按罪论处，推动食盐价格大幅上涨。这一政策虽然在较短时期内为朝廷新增了大量收入，却是典型的“与民争利”之举，导致民怨沸腾。

刘晏在此基础上进行了榷盐法改革，改“官府专营”为“官商分利”，即在官府控制食盐收购和批发环节的前提下，将食盐的运输和销售交给商贾，同时强化私盐缉查。

榷盐法改革，其实就是官府放弃了食盐零售的收益，转而向商贾征税。如此一来，既调动了盐商的积极性、适应了食盐零售多样性的需求，又激发了市场效率和活力，形成官府、商贾、百姓三方受益的局面。

刘晏榷盐法改革的效果显著。改革之前，朝廷每年盐利收入约四十万缗；改革之后，朝廷所获盐利逐年增加，到代宗晚期竟达到六百万缗，是改革前的十五倍，几乎占全国税赋收入的一半。

安史之乱后，汴水荒废不治，漕运只能从长江、汉水绕道而行。公元 764 年，代宗任命刘晏为东都、河南、江淮转运使，治理漕运。

为了解决问题，刘晏亲自乘船巡视，对三千里漕运线路进行实地考察，提出了改“民运”为“官运”的改革思路。

此前的漕运为“民运”，就是官府强行征集大量壮丁运送粮物。但这种临时征集，人员不专业，工作效率较低，而且路途之上的损耗太大。据统计，唐朝前期通过漕运送往长安的粮食，能顺利到达的只有十之一二。

刘晏组建了约一万人的漕运队伍，称为“漕卒”，纳入军队编制，负责具体的漕运工作。有了漕卒，沿途的盗贼问题、途经荒凉地区征集不到壮丁的问题都迎刃而解；在闲余时，漕卒还可以承担疏通淤塞河道的工作。

为了解决粮食途中损耗的问题，刘晏下令将粮食全部装入规格一致且由官府统一提供的麻袋中，捆好后再搬运。这样的麻袋就相当于现在的集装箱，刘晏将之前粮食散装运输的形式改为集装箱运输，损耗自然大大减少。

专业的运输队伍、集中统一的调度使漕运的效率和效益都得到显著提升。相较于唐玄宗时期，漕运所需时间由九个月缩短到四十天，而每石粮食的运输成本由约五匹半绢下降到约三分之一匹绢，降低了约九成四。

刘晏的漕运改革使长安及关中地区每年获得约一百一十万石的粮食供应，物价得到稳定。随着漕运的逐渐兴旺，饱受战乱摧残的中原地区又恢复了生机。

常平法，是指官府通过囤积和抛售物资来平抑市场物价的一种方法。之前朝廷的常平仓仅经营粮食，而且基本上不赚钱。

刘晏的常平法改革从三个方面展开：

一是在保留各地常平仓的基础上，将粮食的收购、销售和管理由各州自行负责改为中央政府统一负责。这种改“地方政府自营”为

“中央政府直营”的做法，显然减少了中间环节，加快了常平货物的周转速度。由于之前的常平仓基本上不赚钱，所以这项改革几乎没有遇到阻力。

二是组建了十三巡院，由数百专职人员通过快骑将各地市场的情报汇集到度支使。此外，刘晏还要求各州县定期上报当地主要物资价格数据。其实，刘晏的这个举措就相当于建立起了一个搜集市场信息的情报网，因而“四方货殖低昂及它利害，虽甚远，不数日即知”。全国的物价变化都在他脑子里，进行调控可不是信手拈来么？难怪他曾自言“如见钱流地上”。

三是将常平货物由粟、豆等粮食扩展到“万货”。和之前的官员将粮食一律换成绢帛等轻货运往京城的做法不同，刘晏规定，各地“常平仓”的粮食在出售之后，都应兑换成同等价值的当地土特产和手工品，而不是可作为货币通用的绢——土特产和手工品在产地的价值并不高，降低了当地经办具体业务的官吏贪墨的可能性。

而且，刘晏深知“水至清则无鱼”的道理，在粮食对土特产的兑换比例方面，故意留下了一些人为操作的空间。例如，如果常平仓的库管人员在地方军政官员的威逼利诱下不得不低价出售甚至赠送一些粮食，那么，在兑换当地土特产和手工品的过程中，库管人员就可以通过适当压低价格，将这部分损失弥补回来，甚至有得赚。

刘晏通过适时又准确地掌握全国各地的市场信息，再由迅捷高效的漕运队伍将各地常平仓兑换到的土特产及手工品运往全国各地卖出，赚取差价，大大增加了常平之利。

刘晏的常平法改革，不但确保了各地粮食的供应和价格稳定，而且保证了赈灾恤荒的需要；更关键的是，他将常平仓由不赚钱转变为赚钱，既加强了商品流通，繁荣了市场，也增加了中央政府的财政收入。

《新唐书》上对刘晏“敛不及民而用度足”的评价，可谓名副其实。早在一千多年前，刘晏就知道遵循经济规律进行经济改革，他所采用的财政改革措施，将行政手段与市场手段有机结合在一起，犹如神来之笔，为安史之乱后的唐朝经济发展做出了重要的贡献。

可惜，刘晏这样功在国计民生的大才，也倒在了朝堂的政治斗争下。

避不开的政治斗争

公元779年，唐德宗即位，此前刘晏审理元载案时被牵连贬官的杨炎重新获得重用，不久出任宰相。杨炎在唐德宗面前极力构陷刘晏，一年后德宗下诏处死了六十五岁的刘晏，但在抄没刘晏家产时仅获得书籍两车，粮食几斛。当时人们都为刘晏的清廉所叹服，也为他的蒙冤而死吃惊和惋惜。

也许是天道轮回，后来杨炎因奸相卢杞陷害被贬为崖州司马，在途经距崖州百里的鬼门关时，押送他的宦官秉承德宗旨意，将他勒死。

杨炎死不足惜，同时，他将刘晏陷害致死的恶果也很快就显露了出来。没有刘晏在国计民生方面运筹帷幄、力挽狂澜，大唐很快又陷入了财政危机。

公元763年，刘晏刚任宰相时，朝廷财政收入只有六十万贯；到了公元779年，财政收入已上升到一千二百万贯，十六年上涨到原来的二十倍，还形成了朝廷、商贾和百姓多赢的局面。

刘晏被杀之后，大唐朝廷的官僚集团在经济方面的举措不再是为了民生的需要，而是一味敛财、强行管制，只是压榨民众，不懂创造财富，也不会合理分配财富，致使此后的大唐经济越发窘迫，一步步走向万劫不复的深渊。

刘晏被杀之后，唐德宗李适一心只想敛财扩充国库，于是在公元780年诏令实行杨炎提出的“两税法”，名正言顺地向富商加税。

利大于弊的“两税法”

杨炎，凤翔府天兴县（今陕西宝鸡凤翔）人。他早有文名且相貌英俊，但为人任性狂放又睚眦必报。他在河西节度使吕崇贲手下做书记官时，因之前神乌县令李大简酒后言语冒犯他，令部下将其捆绑起来痛打，险些将其打死。

唐代宗时，杨炎历任兵部郎中、山南副元帅判官、礼部郎中、中书舍人等职，后受宰相元载提拔，升为吏部侍郎。公元777年，元载因专权跋扈被代宗诛杀后，杨炎受牵连被贬为道州司马。公元779年，唐德宗李适即位，杨炎受宰相崔祐甫举荐重新入朝，官至中书侍郎、同平章事，后为卢杞所陷害，被贬崖州而死。

杨炎为相期间最大的政绩就是建议废除租庸调制，创立并推行“两税法”。租庸调制是唐代初期施行的赋税制度，建立在均田制的基础上，即“有田则有租，有身则有庸，有户则有调”。唐中期之后，土地兼并愈演愈烈，均田制遭到破坏，加上户籍制度废弛，天下户口久未整理更新，租庸调制变得不合时宜。

据统计，天宝年间全国总人口为五千两百万，而免除租调的就有四千四百多万人。尽管朝廷不断巧立名目，无限度地增加赋税，但国家的财政收入始终呈现锐减的趋势，因而赋税改革势在必行。

任何一种制度改革都不可能一蹴而就。安史之乱后，人口锐减，百废待兴。公元 764 年，敛财甚急的代宗下诏：“凡天下苗一亩，须缴税十五钱。”他甚至等不到秋后征税，而是在庄稼还是青苗时就征收，故称“青苗钱”。

就是这样火急火燎征收上来的“青苗钱”，代宗还嫌不够，又于 770 年下诏每亩加收二十钱的“地头钱”，因为都是提前征收，所以两者通称“青苗钱”。

这就是唐代按亩征税的开始，以后渐为成例。朝廷按照庄稼成熟的季节分夏、秋两季以不同的定额征收赋税，这就是两税制的雏形。

两税制最终成形在杨炎手中。当时，人口凋敝，赋税的征收已无统一的标准。而且，按照过去的制度，全国赋税都应送交左藏库，太库每季度上报数额，尚书省审核收支；但到了此时，到处都在用钱，收支账目一塌糊涂。户部侍郎第五琦不能禁止这种随意列支的混乱局面，于是就把所有的赋税放进宫内“大盈库”。“大盈库”原本只是皇帝的私人“小金库”，所以第五琦的意思是要钱就找皇帝要去，但他没想到，此举不仅让宫内宦官以各种名义私吞国库资产，据为己有，皇帝本人也因为支取方便，不愿再把入库的资金交出来了。

这可真是所谓百官“群盗”碰上了皇帝这个“大盗”，可见当时的财政情况糟糕到了什么地步。就是在这样的背景下，杨炎奏请施行“两税法”。他的理由是赋税乃国家命脉、百姓根本，与江山社稷的兴衰存亡密切相关。战时临时由宦官管理尚可，但承平之世，大唐宰相和重臣连赋税情况也不知晓，还有比这更严重的事情吗？

所以，他请求将赋税收支移至宫外，由中央政府部门管理；同时将以征收谷物、布匹等实物为主的租庸调法，改为以征收金钱为主的

“两税法”，一年两次征缴。

这种方法将租庸调与各项杂税合并，统一征收，建立起了以原有的地税（按田亩征收）和户税（以户为单位，按资产征收）为基础的新税法。由于赋税分夏、秋两季征收，夏税限六月纳毕，秋税限十一月纳毕，所以被称为“两税法”。

“两税法”的原则就是“户无主客，以见居为簿；人无丁中，以贫富为差”，即不再区分土户（本贯户）、客户（外来户），只要在当地有资产、土地，就算当地人，要上籍征税，而且依据贫富差异分等征税。

关于两税制的优劣，早有人做过评论，唐代大政论家陆贽（zhì）就曾批评其有七大弊病。从他对此法实施过程中弊端的论述来看，以资产的多少确定税收的比例确有不当之处，因为商贾的资产的确难以像田亩那样统计精确，由此带来的影响就是人们更愿意去行商，而不愿意安居置业。

而且，两税制以钱币纳税，农民只好以实物换钱，而这样兑换，自然是商贾得利。所以，这样的规定加重了对农民的盘剥，显然利商而妨农。

再者，两税制的税率是由朝廷以某一特定年份所收之数为基础计算出来的，像杨炎推行“两税法”时，就是以大历十四年（公元779年）垦田总数所应交纳的钱谷总额为标准，将税额分摊到各州县，让各户按贫富等级交纳。这样的标准显然没有考虑征收对象的承受能力。

更有甚者，税额可以由朝廷按支出的情况随时改变，也就是所谓“量出制入”。那是不是朝廷花钱多了，就能加大赋税的数额？事实就是这样，“随地摊派”就是这种“量出制入”的必然结果。

当然，两税法无疑简化了税收名目，扩大了纳税面，能够保证国家的财政收入；“认亩不认人”的原则也改变了自战国以来以人丁为主的赋税制度，在一定程度上减轻了政府对农民的人身控制，促进了商品经济的发展。

但正因为其存在的天然弊病，十几年之后，“两税法”弊端丛生，不仅摊派日重，已经由两税取代的徭役又加到了百姓头上。

百姓承担了所有

“兴，百姓苦；亡，百姓苦”，由大唐赋税制度的改革历程就可见一斑。虽然施行“两税法”后，国家财政有所增加，但百姓越来越贫困。反映到市场上，就是民间既缺少投资，又减少了消费。货币流通减少，使得官僚及垄断集团即便掌握大量货币，也无法投入市场，国家经济进入了大萧条时期。

此时的大唐，一边是通货紧缩，物价暴跌；另一边是高利贷风靡一时。当时每匹绢的价格从四千文跌到八百文，每斗粮食的价格也从二百文跌到二十文；而那些手里掌握大量货币的官僚及垄断集团，就放贷给新上任的官僚，这些人搜刮民脂后再去还贷。

于是，晚唐出现了一种十分诡异的现象：一边是民间持续恶化的钱荒，另一边是统治阶级无所不用其极的奢侈。官僚集团收藏货币成为一时风气，甚至盛行用铜钱来装饰官邸。《旧唐书》记载的“铸铜为瓦，涂金于上，照曜山谷，计钱巨亿万”，就是当时的真实写照。

民间物价暴跌，朝廷的年财政收入却始终维持在二千万贯至三千万贯的高水平。皇帝腐败，官僚奢靡，不管百姓死活。

在这种情况下，逃户现象十分严重。据记载，公元780年，全国有三百零八万户，到了公元807年，只剩下二百四十四万户，减少了三分之一。就算是安史之乱时期，如公元760年，全国都还有一百九十万户。

由此看来，经济的掠夺难道不比战争对百姓的伤害更残酷?

此后的大唐朝廷，再也没有在经济上实施任何挽救举措。有意思的是，在朝廷与藩镇的博弈中，藩镇管辖下的百姓却可以得到片刻的喘息。

有人将安史之乱后的大唐藩镇分为四种类型：河朔割据型（指河朔三镇）、边疆御边型、中原防遏型、东南财源型。东南方的藩镇是朝廷的财政支柱，中原藩镇则很早就归顺了朝廷，所以，朝廷能够较好地控制这两个地区的藩镇。

但是，之后发生农民起义的重灾区，恰好是南方和中原地区。也就是说，正是在这些区域，朝廷横征暴敛，才激起大规模的民变。那是不是可以说，藩镇统治的区域反而给了民众更大的生存空间？当然不是。事实上，藩镇内部的战乱更频繁，原因就是他们对民众的压榨更加残酷。但从货币的层面来看，朝廷管辖的区域严禁私铸铜钱，货币权由政府垄断，统治者可以通过随意调节货币制度来获取财富；而藩镇管辖区域，政府和民间都在铸造钱币，反而没有出现明显的钱荒和通货紧缩现象。

究其原因，朝廷敛财，一为奢靡享乐，二为削藩与充实军备；而藩镇虽在敛财以充实军备方面与朝廷有着共同的诉求，但统治者显然还没有把注意力集中在经济尤其是货币方面。藩镇统治者惯于打家劫舍的强盗思维，反而使辖区百姓免受朝廷那般“不动声色”

的掠夺。

显然，此时的藩镇不会对朝廷唯命是从，两者之间的博弈如果没有升级为战争，总会有惠及百姓的地方。尽管藩镇统领本身已足够穷凶极恶，但他们实在愚蠢到除杀戮与抢掠之外，想不到其他能够压榨百姓的办法。

唐武宗的灭佛闹剧就是个很好的例子。河朔三镇对此进行了强烈抵制，而服从朝廷的河东藩镇，只能眼睁睁地看着佛教圣地五台山的三百六十多座佛寺惨遭毁弃。

河朔三镇之所以强烈抵制，难道是出于“信仰自由”的考虑？难道是出于对文物的保护？难道是对文明的敬畏，对文化的尊重？不是的。最大的可能只会是他们与朝廷对着干的心理在作祟，至少也是“自己家里的东西自己毁坏可以，怎么能便宜了别人”的想法使然。

但他们对抗朝廷，就变相弱化了皇权，也给了百姓喘息之机，尽管这绝非他们的本意。毕竟皇权越是集中、越是强硬的时候，百姓的苦难就越深重。以大唐户口数量为例，唐德宗和唐宪宗强力削藩，加强皇权，全国户口数量就直接骤降至二百三十七万；相反，在之后的皇帝“难有作为”的统治下，全国户口数量却攀升至五百万。

治大国若烹小鲜，古人早就告诫过统治阶级不要随心所欲地瞎折腾。此时，已不能指望大唐皇帝雄才伟略、励精图治，只愿他们不要再冤杀刘晏这样的治国能臣、经世之才，但从史实来看，这也是奢望。

事实上，藩镇与朝廷博弈导致的这种“不稳定的平衡”，从另一个角度来说，难道不是当时的百姓之福？藩镇未必好，但在朝廷腐败至此的局面之下，其能对朝廷起到制衡的作用，也未必是坏处；藩镇的百姓未必安逸幸福，但相较于朝廷治下的百姓，至少还能有些许的喘息之机。

当初李光弼按兵不动，既不造反也不入朝，是他看清了之后的历史走向而决意割据自立，还是他对朝廷的冷漠和疏远只不过是在等待时机？可惜天不假年，此问可能永远成谜。

到了此时，也就是唐朝中晚期，藩镇割据的形势已成，而武装割据势力的稳固，怎会不以武力为开端？所以，又一番腥风血雨在所难免。

第十四章
藩镇割据

忍气吞声的大唐朝廷

大唐节度使，原为戍边而设。安史之乱起时，中原刺史中那些兼治军旅的人，都加“节度使”之号；按唐制，节度使赐双旌双节，“旌”即专赏之权，“节”即专杀之权，不赐旌节的人，则称为“团练使”；“都统”或“大使者”则管辖各节度使。

鱼龙混杂的情况下，但凡手握兵权的人，除极个别的像郭子仪这样忠君爱国的人之外，大部分人会有自己的小算盘。飞扬跋扈的人自然想着割据自治，势力弱小的也少不了趁火打劫。

如果说公元756年的李璘之乱还有玄宗和肃宗“二元”政治的原因，那此时各节度使屡见不鲜的背叛和杀戮就是出于纯粹的利益相争了。比如，公元757年，河西兵马使盖庭伦杀其节度使周泌；公元760年，襄州将领张维瑾、曹玠杀其节度使史翙；同年，宋州刺史刘展造反，此时安禄山的叛军还未踏足江淮，仅刘展的反叛与平叛就已经致使南方烽烟骤起。

又如，公元757年玄宗由成都返回长安时，在绵、益二州分置东、西两节度使。梓州刺史段子璋因为东川节度使李奂奏代其职，一怒之下起兵反叛，而参与平叛的西川牙将花惊定又纵兵劫掠东蜀。

公元 762 年，太原尹邓景山因强迫部下吃发霉变质的粮食而激起众怒，部下小将黄抱节趁机作乱，杀了邓景山。黄抱节煽动哗变并刺杀主将无异于谋反，唐肃宗却将责任归结为邓景山治军不当。

煽动哗变的黄抱节不仅没有受到任何处分，还率部与朝廷讨价还价，要让自己选择的辛云京当节度使，而肃宗竟下诏同意了他的请求。由此可见，此时的朝廷对军队的掌控弱到了何种程度。

公元 761 年，李光弼出镇临淮，接替他成为朔方、北庭、镇西及陈、郑等节度行营都统的是殿中监李若幽（皇帝赐名国贞）。李若幽是淮南王李神通的玄孙，但即便是这样的皇族子弟，也于公元 762 年在坐镇的绛州被杀。原因是此地贫瘠，将士粮饷短缺，而李若幽多次上奏，朝廷未回复，部下将领王元振就借口士兵盼望郭子仪回归而发动兵变，将他杀死。

肃宗不但没有处罚王元振等一干叛变的将士，还顺着他们的借口，按着他们的要求，派郭子仪接替了被杀的李若幽。然而，到任的郭子仪并没有因为王元振拥戴自己而对他唆使哗变的罪责既往不咎。郭子仪斥责王元振杀害主帅，无异于谋反，遂杀王元振与其同谋者四十人，同时解决了粮饷问题，稳定了军心。

此时的兵变不仅暴戾，而且往往事出突然，似乎一点星星之火即刻就会形成燎原之势。镇西、北庭行营兵屯于翼城（今山西翼城），便杀其节度使荔非元礼，推其裨将白孝德继任，朝廷也只好顺水推舟地任命白孝德为新的节度使。

即便不算之前详述的仆固怀恩之乱、李光弼与朝廷离心、来瑱之乱、康楚元及张嘉延之乱等事件，仅通过以上列举的事件也能够看出这一时期天下乱到了何种地步、朝廷忍气吞声到了何种程度，而这些事件还只是当时藩镇作乱的缩影。

皇帝是制度的最大破坏者

唐朝藩镇割据现象的出现，源于唐玄宗时期节度使和采访使的权力合一。在唐朝前期，行政区划只分两级，国家直管着州，州管着县。但当时大唐共设三百六十州（府），对这么多州进行直接管理，长此以往，朝廷难免力不从心。

为了方便管理，从州往上再设置一级行政区划是不错的方法，但大唐朝廷又怕此举引起擅权割据，于是采取了折中的办法，派中央大员到地方担任采访处置使，并明令采访处置使只有地方监察权而没有地方行政权。尽管行政权和监察权都是很大的权力，但二者分开，不同时掌握在一个人手中，就无法形成真正的割据。

然而，玄宗晚年背离了这一设计的初衷。因为一己之好恶，他深深宠信安禄山，以致安禄山实现了行政权和监察权的合二为一，使得河北道完全成为安禄山的“后花园”。这就是安禄山能够起兵叛乱的背景和原因。

安史之乱平定后，唐代宗又将河北之地封给田承嗣、李怀仙等降将。正因朝廷没有及时清除叛军势力，才使得藩镇割据的局面最终形成。

藩镇割据，是指地方节度使利用手中的军队，完全控制了辖区内的军事、行政、经济和民生，形成自治的独立王国。这些藩镇表面上接受朝廷管辖，每年也会向朝廷进贡，实则早已成为对抗中央的分裂势力。

唐代的藩镇割据现象主要出现在河北，尤其集中在范阳、成德、魏博三镇。但应该注意的是，从安史之乱后到黄巢之乱前的大部分时间里，唐朝设立的绝大部分藩镇并不行割据之事，即使是割据的藩镇，也在一定程度上施行唐朝的政策法令，也就是所谓“须借朝廷官爵、威命以安军情”。

这是因为藩镇节度使是以大唐封疆大吏的身份自擅一方的，藩镇的财政基础仍然依赖于国家的赋税收入，藩镇拥有的武装力量名义上仍然属于国家的军队。所以，在这段时间里，那些行割据之实的藩镇既企图游离于中央集权之外，又不能彻底否定中央统治。在这百余年间，东南藩镇从财力上支撑朝廷，边疆藩镇对外作战，河朔藩镇及中原藩镇则具有镇遏河朔、屏障关中、沟通江淮的作用。它们在与朝廷割据与防割据的博弈之中，在武力和财力的相互依赖之中，构成了既密切联系又互相制约的平衡结构，从而维系了大唐王朝相对稳定的统治。

直到公元 875 年黄巢之乱爆发，唐王朝因此国力大衰，朝廷对地方的控制急剧下滑，从而普遍出现了真正意义上的藩镇割据现象，也直接导致了唐朝灭亡。

细究藩镇的成因，主要是唐朝经济的发展与兵制发生变化，朝廷开始在边境设立节度使。唐朝中后期，均田制遭到破坏，建立在这一基础上的府兵制也随之瓦解，大唐开始实行募兵制。

公元 711 年，唐睿宗设立河西节度使、支度使、营田使等职，统领凉、甘、肃、伊、瓜、沙、西七州，河西藩镇成为唐朝第一个藩镇。

唐玄宗于公元 713 年设置了幽州藩镇节度使与朔方藩镇节度使，于公元 718 年设置安西四镇节度经略使，又于公元 719 年设置剑南藩镇节度使。

不仅如此，唐玄宗在位期间，大量扩充军镇，设置节度使，赋予其军事统领、财政支配及管理州县的权力。到了天宝年间，共设置九个节度使、两个经略使及两个守捉，分别是安西、北庭、河西、朔方、河东、

范阳、平卢、陇右、剑南节度使；长乐、岭南五府经略使及东莱、东牟守捉。

随着边地藩镇的设立，府兵制完全被募兵制取代，大唐精锐部队几乎全部集中在边境。据史书记载，此时共有四十九万士卒和八万匹战马屯驻边地。

后来，为了平定安史之乱，大唐朝廷把军镇制度扩展到了内地，在重要的州设立节度使，负责邻近诸州的军事；在较小的州设立防御使或团练使，以扼守军事要地。

于是，在今天的陕西、山西、河南、安徽、山东、江苏、湖北等地出现不少节度使、防御使、团练使统领下的大小军镇，之后又不断扩展到全国。

节度使、防御使、团练使本是军事官职，但因为节度使常兼所在道的观察处置使之职，而观察处置使也常兼防御使或团练使，所以，他们逐渐成为地方上的军政长官，成为州之上一级的权力机构。

这些大则称节度使，小则称观察处置使的机构，就构成唐代中后期所谓藩镇，也称方镇。从藩镇的成因也能看出，他们一开始并非割据者，发展成藩镇割据的条件一是要实力强大，二是要在地方上根深蒂固。

实力强大无须多言，藩镇的实力来源于职业雇佣军，而均田制的逐步瓦解导致土地兼并日益严重，农民纷纷逃亡，从而为藩镇私募士兵提供了社会基础：破产农民和无业游民。但是，破产农民和无业游民也是大唐的子民，如果藩镇没有在辖区形成根深蒂固的稳定统治，即便雇佣了数量众多的军队，组成军队的民众也无法完成身份的转换和认同，藩镇又怎么能做到真正的割据自立？

所以，设立藩镇的必然走向并不是藩镇割据，因为藩镇要形成割据，必须增强实力，招募军队，而且要在辖区建立起根深蒂固的统治，这些都不是一蹴而就的事情。在这漫长的时间里，大唐帝国为什么不通过不断的探索与调整，重新树立起它对藩镇的权威与控制力呢？

而且，设立藩镇，难道不是朝廷为了平定安史之乱而采取的措施吗？事实证明，这样的举措相当理性与可行，对维护唐朝的统治、维持社会的运转、保证社会的安定起到了至关重要的作用。即便是今天，我们在综观全局之后，也不能提出区别于设立藩镇的更好办法。

既然藩镇应时而生，并且客观存在，为什么一定要将其视为覆灭大唐的根源呢？事实上，藩镇的存在必然会削弱帝国的政治权威与统治力这个结论原本也不成立。很简单，每个王朝灭亡的原因都不相同，不能以某个特定的因素去套用。

大唐朝廷的问题就在于，没有在业已成形的藩镇体制下调整自己的政治理念与治国方略，从而为自身及天下百姓带来切实的利益。

安禄山之所以起兵作乱并在短时间内攻占两京，直接的原因就是“惟边州置重兵，中原乃包其戈甲，示不复用”，换句话说，就是大唐边兵过重而关内空虚。这一局面如果是兵制过渡时期大唐朝廷的疏忽所致，那朝廷在平定叛乱之后，为什么不亡羊补牢呢？当时河北、河东、剑南、岭南依然要驻兵戍守，西北地区更是国防重点，这些地区的军队自然不能削减。边疆之重兵既不可去，那中原诸镇继续保持足够的兵力，完全可以维持住一种均势，使内外互相牵制。

中原诸镇居于河朔藩镇、东南财赋之地、关中地区组成的三角形的中心，即所谓“大梁当天下之要，总舟车之繁，控河朔之咽喉，通淮湖之运漕”。如果在蔡州西边的汝州屯兵，既可捍卫东都洛阳，又能联结唐州、许州；如果在河阳屯兵，即可占据魏博的水陆冲要之地；东有淄青、北有魏博的滑州，是重要的用武之地；位居山西、河北地区的昭义，更是“束山东之襟要，控河内之封壤”，具有抑制山东、防卫东都的特殊战略地位。

如果安史之乱时，大唐屯驻重兵于两河、汝、雒、淮、楚之间，叛军怎能直指函谷关？而当时的大唐朝廷又是怎么做的呢？坐视边疆藩镇一步步强大而束手无措。

从大唐朝廷的做法中也能看出，帝国的最终崩塌只是其自身的原因。君臣无能，才是唐王朝消亡的根源。

藩镇未必割据

唐玄宗天宝末年，采访处置使与节度使大多还是分开设置的，但安史之乱以后就合二为一了。究其原因，一是战时藩镇财政基本实现自给，二是战后中央调度能力减弱。藩镇自身强大的同时，朝廷对其约束力必然不断减弱，形势如此，节度使与采访处置使由一人兼领就成为必然。

虽然藩镇未必割据，但藩镇主帅在独揽军事、行政、人事、经济乃至监察大权之后，就存在割据自立的可能。所以唐代后期的藩镇几乎成了分裂割据的代名词，但这并不符合历史事实。

实际上，唐代中晚期有近五十个藩镇，而割据的藩镇最多不过八个，最具代表性的就是河朔三镇，即魏博镇（后改称天雄）、成德镇及卢龙镇（又称范阳或幽州）。那它们是怎样一步步走向割据的呢？

首先，河朔藩镇的节度使大多是安史旧部降将。

安史之乱结束之际，史朝义部将张忠志、田承嗣、李怀仙相继降唐。大唐朝廷为了笼络这些河北降将，任命张忠志为成德军节度使，并赐名李宝臣，统领恒、赵、深、定、易五州（幽州以南和山西接壤的地区，今河北中部），不久增领冀州，出镇恒州（今河北正定）；任命田承嗣为魏（今河北大名北）、博、德、沧、瀛五州（渤海湾至黄河以北，今河北南部、山东北部）都防御使，不久又升任节度使；任命李怀仙为幽州卢龙节度使，统领幽、营、平、蓟、妫、檀、莫七州（今河北北部，北京、保定及长城沿线一带），驻守幽州。

这些原属安史叛军的降将，名义上归顺朝廷，实际上并不服从中央，而朝廷也无力过问，只好采取姑息政策，致使其逐渐形成地方割据势力。由于这三镇都在大唐的河北道，所以被称为“河北三镇”，又称“河朔三镇”。

再者，大唐朝廷逐渐丧失了对这些藩镇的人事任免权，各节度使的任免或父死子继，或由部将推举，如此一来，这些藩镇渐成根深蒂固之势。

唐肃宗时，公元758年，平卢节度使王玄志病死，裨将高句丽人李怀玉杀了王玄志的儿子，伙同同僚推举其表兄侯希逸为平卢节度使。一个裨将，就能够废立节度使，而肃宗也默认了这样的废立。

自此，节度使任命再难受大唐朝廷制约，皆由军中自行废立。此前虽亦有军中的节度使废立发生，但有些是别有原因，有些事后也被朝廷追责惩治。而今朝廷不再过问节度使废立，虽然是不得已而为之，但如此姑息的态度实在令人不解。

唐肃宗为什么要如此姑息养奸？他在害怕和顾忌什么？他是不是把精力和心思全放在了对付郭子仪这样功高震主的功臣身上？不然，他对郭子仪采取的防范手段为什么总是那么及时与果断？

肃宗为防将领拥兵自重，不惜在对叛军的最后一战中变相解除郭子仪的兵权，他会不防范这些叛将吗？会容忍这样的自行废立吗？自然不会。那他为什么没有采取措施？

显然，在肃宗的心中，能够威胁皇权的似乎只有郭子仪这样的人物，而张忠志、田承嗣、李怀仙之流，即便能够威胁皇权，也是以后的事情。就像当年的李林甫，安禄山之所以能够异军突起，自然与他重用“寒族胡人”的政策有关，但要说李林甫提出这一政策就是存心颠覆大唐，似乎也不是事实。

此时肃宗的想法可能与昔日的李林甫如出一辙。眼前的事情已令他们应接不暇，而见微知著的远见连精明的李林甫都不具备，何况肃宗？肃宗此时姑息养奸，除证明他没有深谋远虑之外，更说明他根本没有知人之明。

这些是可以信任的人吗？

看看这三个降将吧。

张忠志，奚族人，因祖上内附大唐，自幼在幽州长大，擅长骑射功夫，初入军旅时成为安禄山麾下的射生手。

后来他随安禄山到长安时，作为射生子弟留了下来，受到玄宗器重，却在安史之乱起时逃回范阳，参加了叛军的第一战：率十八骑奔赴太原，力擒太原副留守杨光翙。此后，他更是作为叛军先锋，一路势如破竹，直至攻下东都洛阳。

后来，随着战局突变，张忠志被派往河北。他奉安禄山之命率军驻守土门关，扼守太行山要道井陉口，以防唐军再度东出。

安庆绪弑父即位之后，封张忠志为恒州刺史。但在唐军围攻相州时，张忠志见唐军势大，投降了大唐。肃宗不仅没有为难他，还任命他为恒州刺史，加封密云郡公。

但在史思明降而复叛后，张忠志再次起兵，率军三万驻守常山郡，与燕将辛万宝一起为史思明守卫河北。史思明被杀之后，唐军东征，张忠志派人杀死辛万宝，带着辛万宝的人头和恒、赵、深、定、易五州的土地，再次向唐朝请降。

降唐后的他，打开土门关，放唐军从井陉口进入河北，并亲自率军攻打困守莫州的史朝义。此时他奋勇杀敌的“英姿”，哪里像是刚刚归附大唐的叛将？

再看田承嗣。他的背景比张忠志更为深厚，祖上世代都在卢龙（今河北秦皇岛卢龙）军中担任将校。田承嗣起初在安禄山手下担任前锋兵马使，因在与奚族、契丹的战斗中屡立战功，被封为武卫将军。

安史之乱爆发后，田承嗣作为先锋，成为叛军攻克洛阳的主要功臣。此后，他又与武令珣一起围攻南阳（今河南南阳），城破后一直追击镇守南阳的山南东道节度使鲁炅到襄阳才返回。

安禄山死后，田承嗣见大势已去，献出颍川郡（今河南禹州），投降了大唐。但在安庆绪逃往相州时，田承嗣又从颍川一路北上，与蔡希德、武令珣等会合，纠集了六万多人投奔安庆绪。

安庆绪死后，田承嗣转而追随史思明父子。但在史朝义退守莫州时，田承嗣以花言巧语支走史朝义，举部再降大唐，而且将史朝义的母亲、妻儿等一百余家眷全部献给大唐作为投名状。

再看李怀仙。他本是柳城（今辽宁朝阳市朝阳县）一带的胡人，祖上世代都在契丹做官。契丹臣服大唐时，李怀仙趁机归降，被任命为营州（今辽宁朝阳）守将。

李怀仙自幼在契丹长大，强悍且极富心机，得到安禄山的赏识。安史之乱中，李怀仙在安禄山帐下担任副将，率部冲锋陷阵，也可谓战功卓著。

作为史朝义的心腹，李怀仙曾在其自登帝位后被任命为燕京留守、范阳尹，但在史朝义穷途末路，率部前往范阳投奔李怀仙之时，李怀仙却投降了大唐；而且，在史朝义走投无路自缢于林中后，也是此人将始终信任他的史朝义的人头割下，送到了长安。

张忠志、田承嗣、李怀仙之流的所作所为，别说忠义，就连起码的信用都没有。他们所有的依附与背叛、穷凶极恶或低眉顺眼，只是形势所迫和利益驱使，他们始终念念不忘的只有反叛和自立。

肃宗纵容这样的人，除了无奈，就只剩下无能这个解释了。而在他之后的大唐皇帝，还在不断采用更加昏庸的举措。

唐代宗时，公元765年，坐镇淄青的平卢节度使侯希逸与昔日推举他上位的表弟李怀玉发生冲突。这也不奇怪，随着声望和实力的此消彼长，一心争夺权力之人从来不会顾忌什么亲情，更不会因昔日的功劳和恩情而束手束脚。

侯希逸随便找个借口就罢免了李怀玉的军职，不愿坐以待毙的李怀玉随即在部下的拥戴下起兵征讨侯希逸，逼其奔归长安。

此时代宗采用的还是息事宁人的做法。他一方面赦免了侯希逸玩忽职守之罪，将其召回京师；另一方面让李怀玉担任淄青节度观察使，并赐名李正己。本来一起军队内讧哗变事件，在代宗如此处理之下，反倒没有了责任人。如果说“一个巴掌拍不响”确实有点冤枉人，那在代宗这里，两个巴掌都拍不响，也是莫名其妙。

代宗对此事的处理方式使其他藩镇节度使看到了机会，他们纷纷效仿。公元768年，幽州兵马使朱希彩与经略副使朱泚（cǐ）合谋诛杀节度使李怀仙，朱希彩自任留后。对此事毫无办法的朝廷，下诏任命朱希彩为节度使。公元772年，朱希彩为部下所杀，朱泚在弟弟朱滔的拥戴下趁机上位，被朝廷任命为幽州卢龙节度使。

朱泚、朱滔兄弟是幽州昌平（今北京昌平南）人，先后效力于李怀仙、朱希彩。朱泚成为幽州节度使时刚三十一岁。刚刚上任的他，为了改善与中央政府的关系，主动派弟弟朱滔领兵入关中参与“防秋”。

“防秋”，是指大唐朝廷在秋季防御吐蕃扰边。因为每年金秋收获之时，吐蕃铁骑就会出现在大唐的西部边境，大肆抢掠百姓，所以每到此时，大唐朝廷就会征调各道军队到此驻防御敌。

藩镇节度使本来就不愿意来回奔波，参与“防秋”，此时他们实力渐大，拥兵自重，更是找各种理由按兵不动。相比之下，朱泚还能主动参与，朝廷怎能不喜出望外？因为“防秋”不是单纯的军事行动，更具象征意义。

所以，代宗高规格接待了率军参与“防秋”的朱滔。从之后看来并无远见卓识的朱滔，却在这次觐见时表现得相当得体。代宗笑着问他："爱卿与朱泚的才华，谁更胜一筹呢？"朱滔巧妙作答："统御士众，操控大局，微臣不及家兄；可臣年仅二十八岁就见到了天子，家兄却至今都未能有幸面见圣上，这点家兄不如微臣。"

这话虽自谦，也不免有阿谀奉承之嫌，但也算说出了朱滔的心声。事实上，当时的大唐朝廷，还是有着这样的"向心力"的。

朱滔回去后，将他这趟京城之行的感受说给朱泚听，并建议哥哥入朝觐见，因为他认为河朔三镇当时虽归顺朝廷，但手握重兵的节度使大多对朝廷的征召置若罔闻，甚至从不入朝觐见。如果反其道而行之，不但朱泚会被加官晋爵，子孙也会受益。

朱泚采纳了弟弟的建议，于公元 774 年率五千精兵西去长安。七月，朱泚途经蔚州时身染重病，卧床不起。即便到了这个时候，他也没有返回幽州养病的打算，反而决绝地说："就是我死了，你们也要把我的尸体抬到长安。"

能说朱泚只是逢场作戏吗？能说朱滔劝说朱泚入朝就一定是设计谋取哥哥的兵权吗？他们的行为在当时可能只是个例，但这样的心态难道不具有普遍性吗？可是，大唐朝廷，尤其是之后的德宗，为什么没有好好利用这些藩将对朝廷根深蒂固的敬畏之心？削藩难道只能通过武力实现吗？

大历九年（公元 774 年）九月初四，朱泚踏入长安城，平生第一次亲眼看见了大唐京师的繁华，而欢迎他的百姓也是摩肩接踵、人山人海。显然，此时在世人心中，朱泚就是不远千里前来报效朝廷的忠臣，谁能想到，就是他，日后会登基称帝，与大唐分庭抗礼？

走向割据

总体来说，魏博节度使田承嗣、成德节度使李宝臣（张忠志）、卢龙节度使朱泚，各自拥兵数万，操练军队，修建城池，自行任命文武官员，拒绝向朝廷纳税，河北三镇俨然独立王国。

而且他们和山南东道节度使梁崇义、相卫节度使薛嵩及淄青节度使李正己遥相呼应，互相勾结。由此可见，到了这时，即便不是安史旧部的人，也因多种原因，早已与朝廷离心。

例如梁崇义，他是京兆长安（今陕西西安）人，当初在山南东道节度使来瑱部下为将。公元762年，来瑱赴长安时，派他镇守南阳。次年来瑱为朝廷所杀，他率兵至襄州，统领了襄汉军，代宗只得授他为节度使。

梁崇义善于治兵和安抚百姓，军政法令严厉，闭关自治，盘踞在襄、汉间年久日深，成为独霸一方的势力。曾有亲信劝他入朝，他说："来瑱有功，入朝后被奸臣、宦官诬陷而死，我何必要去见皇帝？"

和梁崇义怀有同样心思的藩镇节度使不在少数，这与朝廷的举措失当不无关系。

又如薛嵩，虽也为安史叛将出身，但家世远非田承嗣、李宝臣等可比。他祖父就是大唐名将薛仁贵，伯父薛讷曾镇守并州、幽州多年，父亲在开元年间担任过卢龙、平卢两镇节度使，而接替他父亲的就是名将张守珪。薛嵩家族可谓为大唐立下汗马功劳。

薛嵩自小跟随父亲在幽州长大，臂力过人，擅长骑射。安史之乱爆发后，他投靠叛军，奉命镇守相州。

昭觉寺惨败之后，史朝义北逃，薛嵩归降了仆固怀恩。在仆固怀恩的扶持下，薛嵩被唐代宗任命为相卫节度使。

从薛嵩的出身和经历来看，难道不应该成为朝廷积极争取的对象吗？可当年仆固怀恩上奏将他官复原职，却遭到辛云京、李抱玉的弹劾，以致一步步走上叛乱之路。仆固怀恩的结局对薛嵩这样的降将难道没有冲击吗？

原本，为了尽快结束战争，大唐朝廷对这些降将采取妥协政策并没有错；但战后没能及时调整方略，而任其割据自治，局面就逐渐失控了。

正如陈寅恪（kè）先生所言，此时的大唐“虽号称一朝，实成为二国”。

安史余孽田承嗣

魏博节度使田承嗣一手挑起藩镇内乱，首开河北三镇割据自治之风。

从田承嗣过往的从军经历来看，也称得上能征惯战，但他的人品实在卑劣。如果说他反复投降是形势所迫，那他在莫州对待史朝义之举，足见其阴险狡诈之本性。

当时史朝义困守莫州，田承嗣见史朝义死活不肯投降，便让史朝义突围回范阳，自己则断后坚守孤城，看上去完全是在此危难之时将机会留给主子，自己承担危险。田承嗣满腔忠义、一脸诚恳的表现，把史朝义感动得热泪长流，认定田承嗣是忠臣义士，毫不犹豫地将家小托付给他。

然而，史朝义刚离开，田承嗣转头就绑了史家满门一百余口开城投降。速度之快，甚至一路狂奔逃命的史朝义还没到范阳城下，唐军的追兵就到了，可见留在莫州的田承嗣哪里有什么断后和固守之举？

史朝义的愤懑自不必说，田承嗣却春风得意。他归降后不但成了大唐的魏博防御使，被赐誓书铁卷，占据富甲河北的魏博六州，坐拥数万悍卒猛将，还招募最剽悍的子弟组建起一支“父子世袭，姻党盘互”的魏博牙军。

可见，田承嗣的反叛之心早已根深蒂固，安禄山和史思明才是他真正的榜样，完成安、史二人未竟的事业似乎才是他的终极目标。事实上，此后的田承嗣一直向着这个目标跃跃欲试。

公元773年，田承嗣为了摸清朝廷底线，以及测试军心民意，为安、史父子建立祠堂，尊为“四圣”。对于这种无异于谋反的举动，唐代宗不但不出兵征讨，甚至连斥责都没有一句，只派人好言劝其毁掉祠堂，任命田承嗣为检校左仆射、守太尉、同平章事，将魏州升格为大都督府，甚至将永乐公主下嫁其子田华。

“怀柔抚远”是要以“虽远必诛”的魄力与实力为基础和保证的，而此时朝廷的软弱，只会使田承嗣变本加厉。公元775年，昭义军兵马使裴志清在田承嗣的引诱下举兵作乱，驱逐了节度留后薛嵩之弟薛崿，请求率部归附田承嗣。田承嗣以救援为名，率军袭取了相州。

这里需要补充的是，公元763年，薛嵩举相、卫、邢、洺四州归附朝廷，唐肃宗封其为相卫节度使，治所在相州，领有相州、卫州、贝州、邢州（今河北邢台）、洺州（今河北永年）五州。

公元765年，薛嵩上表，请求把相州的滏阳和洺州的邯郸、武安划出来，设立磁州。这就是其“相卫六州节度使”头衔的由来。公元

766年，朝廷改相卫节度使为昭义军节度使。

在裴志清举兵作乱的两年后，即公元777年，朝廷以泽潞节度司马李抱真兼领昭义军事务，之后，昭义与泽潞合为一镇。

李抱真是凤翔泽潞节度使李抱玉的堂弟。他们兄弟原姓安，在安史之乱时因为忌讳与安禄山同姓，请求朝廷得赐李姓。

公元780年，李抱真正式担任昭义节度使。昭义从此成为管辖泽州、潞州、邢州、洺州、磁州五州之地，横跨河东与河北两大区域的重要藩镇，在此后的半个多世纪里一直是大唐遏制河北藩镇割据的重要屏障。但正因为朝廷对藩镇的掌控失据，使其在六十年后成为大唐危险的敌人。

田承嗣袭取相州后，代宗告谕田承嗣恪守本境，田承嗣拒不奉诏，派卢子期、杨光朝攻取洺州及卫州。田承嗣在诱使卫州刺史薛雄投降时遭到拒绝，便暗中派人残忍地将薛雄一家老小屠戮殆尽。

占据了相卫四州之地的田承嗣势力更加强大，他生性凶顽，因而愈加放肆，自然招致其他藩镇的不满。原本河北三镇节度使同为叛军旧部，成德节度使李宝臣的弟弟李宝正还娶了田承嗣的女儿。但有次李宝正在魏州和田承嗣的儿子田维一起打马球时，一匹受惊的马把田维给踢死了。

这样的意外之事，田承嗣却迁怒到李宝正身上，他不顾李宝正是自己的女婿，将其囚禁，然后通知了李宝臣。李宝臣虽知这事绝非李宝正故意为之，但毕竟人死为大，于是在尴尬之下送了根棍子给田承嗣，意思就是为了表示歉意，让田承嗣把李宝正打一顿消消气、泄泄火。可是李宝臣怎么也想不到，田承嗣竟把李宝正打死了。自此之后，两镇结怨。

所以，眼看田承嗣一再抗旨，本来就与其有仇怨，更不能任其势力发展的李宝臣和李正己，都上表请求讨伐田承嗣。唐代宗李豫也想趁此机会削弱他们的实力，于是诏命成德、淄青、河东、幽州、淮西、永平、汴宋、河阳、昭义（泽潞）九镇节度使一同征讨魏博。

不久，李正己率军攻克了德州，李宝臣率军攻克了冀州，魏博大将霍荣国在磁州投降，被田承嗣派去攻打冀州的裴志清也投降李宝臣。田承嗣见各镇兵马围拢，部将大多叛逃，便开始了他的“投降”战术，于大历十年（公元775年）八月遣使奉表，请求“束身入朝”谢罪。田承嗣也算深谙大唐皇帝的心理，知道朝廷似乎总能对降将网开一面，就连这次的征讨诏书也说得明白：“只惩元凶，协从不问。”

可是，得到喘息之机的田承嗣，不久又命卢子期进犯磁州。同年九月，李正己与李宝臣两军在枣强会师，合兵包围了贝州。十月，田承嗣手下大将卢子期被李宝臣与昭义军节度使李承昭俘虏后斩于京师，就连田承嗣最器重的侄子田悦也在陈留兵败。

杀人又诛心的骗局

恰在此时，唐代宗派宦官马承倩前来劳军。马承倩临走时向李宝臣索贿，李宝臣奉上百匹锦帛，但马承倩不仅嫌太少，还将锦帛扔在路中，肆意辱骂李宝臣。战事当前，劳军宦官还能有此操作，可见大唐朝廷溃烂到了什么程度。

李宝臣勃然大怒。他觉得自己立下大功，却还遭到宦官的谩骂，不如拥兵自保，于是在兵马使王武俊的怂恿下，开始消极作战。而李宝臣和李正己在犒赏各自士兵时厚薄不同，“同工而不同酬”的对比之下，平卢军士早就颇有怨言，李正己害怕引起军队哗变，所以早就开始了消极作战。

这一切都被田承嗣看在眼里，他决定趁机对敌人进行分化瓦解。为了对付李宝臣，他派人秘密地在范阳境内埋入一块“谶石”，上面写着：“二帝同功势万全，将田为侣入幽燕。”这则预言的意思显而易见，就是李宝臣要想成就帝业，要有一姓田之人的协助才行。然后，田承嗣在“无意”中让李宝臣“侦知”此石。

李宝臣哪有什么见识，一见谶石，喜不自胜。这时，田承嗣又派人趁机游说：“即便您攻取沧州，沧州也归朝廷所有；如果您放过我，我就把沧州献给您，我们一起攻取范阳。您以精骑为前驱，我以步军殿后，取天下易如反掌。”李宝臣对田承嗣深信不疑，一是田承嗣的话与“谶石”上的预言不谋而合，他觉得这是天意所示；二是他们二人曾经就是这样并肩攻克了洛阳。田承嗣的后半句话可能是真的，但前半句自然是弥天大谎，李宝臣却中了计，暗中与田承嗣联络，化敌为友。

摆平了李宝臣，怎么对付淄青镇的李正己呢？这对于田承嗣来说更为简单。他派人送上自己辖地内户口、兵甲、谷帛的账册，又拿出当初对付史朝义时的一脸真诚，绘制了李正己的画像，每日点香跪拜，表示自己八十有六（田承嗣当时实际七十二岁），时日无多，但苦于诸子不肖，不能委以重任，死后愿将地盘让与李正己。

田承嗣一番惺惺作态，李正己大为受用，于是也按兵不进。田承嗣得以解除“南顾之忧”，开始专心应对北方。

不久，李宝臣偷袭“友军”：进攻幽卢节度使朱希彩麾下大将朱滔。朱滔大败而逃，李宝臣趁机要求田承嗣按照约定一同兵进范阳。

田承嗣眼见战局扭转，翻脸自然比翻书还快，他不但推翻前言，还四处宣扬：“石上谶文纯属杜撰，只是我戏弄之语。”田承嗣此举使李宝臣闹了个灰头土脸，又惭又愧之下被迫退兵。

其他各道见此，也各自退兵，回归本镇。这时田承嗣两次上表请求入朝谢罪，李正己也屡次上表为他说情，于是代宗在大历十一年

（公元776年）二月下诏，赦免田承嗣之罪，恢复其官爵，准许他与家属一起入朝。当然，赦免诏书到手后，田承嗣“逗留不至”，并没有入朝。代宗李豫此次进剿田承嗣，劳师无功，可见解决藩镇问题，不能只通过军事手段，而大唐朝廷显然缺乏这样的能力。

仅过去数月，田承嗣故技重施，兵进汴州和宋州。

大历十一年（公元776年）五月，汴宋留后田神玉病死，都虞侯李灵曜作乱，代宗李豫命李宝臣、李正己与河阳三城节度使马燧、永平军节度使李勉等前去讨伐。

当时河北三镇中的幽卢、成德尚不敢罔顾皇命，但田承嗣的目标却是把魏博变成既不听调也不听宣的独立王国。在这样的指导思想下，任何跟他有同样想法和行为的人，都被他视为同盟，所以，他义无反顾地派出了自己的侄子田悦前去救援李灵曜。

田悦在匡城（今河南商丘睢县）打败永平、淄青联军，乘胜向汴州进发，但在汴州被淮西节度使李忠臣的裨将李重倩偷袭，不战而溃，狼狈逃回。李灵曜见援军败退，自知不敌，就趁夜开城逃跑，途中被永平军将领杜如江抓获，送往京师斩首。

田承嗣不仅不入朝，还协助李灵曜对抗朝廷的举动，使得代宗想再次下诏讨伐魏博。可是此时的田承嗣，又一次送来了谢罪的表文，而朝廷的确也无力再战，于是做出妥协：恢复田承嗣官爵，答应他不必入朝。

田承嗣在与朝廷的博弈中，再次掌握主动。我们不得不感叹，他每次祭出“投降”大招的时机都把握得炉火纯青。藩镇节度使定期到京师述职本是惯例，即便是当年的安禄山也不例外。杨国忠那样信誓旦旦地向玄宗保证安禄山必不敢入朝，安禄山不是也召之即来吗？至于他最后一次不来，那是因为他已经决意起兵造反。

而如今的田承嗣，却可奉旨不必入朝，可见其玩弄大唐天子于股掌之间的狡黠。田承嗣的举动和待遇，其他节度使怎能不看在眼里，又怎能不追随效仿？所以继田承嗣之后，李宝臣、李正已、朱滔、李希烈等拥兵自重的节度使也开始公然拒绝再入朝述职。

平卢节度使李正已原本占据淄、青、齐、海、登、莱、沂、密、德及棣十州之地，因为李灵曜叛乱，各路军队进攻时占据的地方据为己有，所以李正已又得到曹、濮、徐、兖和郓五州。

此外像田承嗣占据魏、博、相、卫、贝、澶及洺七州；李宝臣占据恒、易、赵、定、深、冀及沧七州；梁崇义占据襄、邓、均、房、复和郢（yǐng）六州。

这些藩镇之间既有矛盾又相互勾结，矛盾缘于不愿对方一家独大，威胁自己；相互勾结是因为他们有共同的针对对象——大唐朝廷。面对大唐朝廷，他们总能迅速建立统一战线。

他们名义上是大唐的藩臣，表面听命于朝廷，实则不遵法令，官爵、甲兵、租赋、刑杀尽皆自专，并修筑堡垒、整治武备。而唐代宗对此束手无策，久而久之，这些藩镇便逐渐建立起了自己的“国中之国”。

继承人是个大问题

田承嗣之所以能首开割据自立之风，除本性狡诈之外，他本人也的确有些深谋远虑，这从他对接班人的选择中也可见一斑。当时藩镇主帅传承多为父死子继，田承嗣能够在不受任何胁迫的情况下将权力交给自己的侄子，可见他的胸怀和见识确实不一般。

田承嗣不是没有儿子，有史可查的就有十一个；他也并非没有舐犊之情，昔日他儿子田维意外身亡，丧子之痛竟让他打死李宝正。他之所以将主帅之位传给侄子，最大的可能只是他的儿子实在不成器。他从军旅战火中一路走来，安庆绪、史朝义的例子如在眼前，像二人这样的儿子岂能在乱世中立足？

田承嗣选中做自己继承人的这个侄子田悦，幼年丧父，因母亲改嫁平卢军的一名戍卒，流落至淄青一带。等田承嗣找到他时，他已经十三岁了。流落江湖的经历，使田悦比田承嗣锦衣玉食的儿子们多出了几分历练。

而且田悦不仅生性剽悍善斗、勇冠三军，还轻财重施、朴素节俭，深得将士们的爱戴。田承嗣对这个早年离散的侄儿格外器重，“老而黠”的他，把传承家族荣光的重任全部寄托在田悦的身上。

单从这一点来看，田承嗣的眼光就要比其他藩镇的节度使高出太多。李宝臣热衷于神仙之术，所以当初田承嗣略施小计，就让其深信不疑；汴州刺史李忠臣更是纯粹的酒色之徒；而李正己、李希烈等，只是逞一时之勇的兵痞，哪有什么政治远见？

像李宝臣，明知生性懦弱的儿子李惟岳不能控制局面，但他不惜亲手干掉二十多个潜在对手，也未想过另立他人。结果就是成德成为第一个被消灭的藩镇，平庸的李惟岳也被人用三尺白练缢死在辕门外，而干掉他的人，正是当初侥幸没有被李宝臣干掉的部下王武俊。

相较而言，唯有田承嗣至死都保有一颗觊觎天下之心，对于大唐而言，他才是最危险的人物。正因为他选择了田悦，才使魏博成为唐代第一个子孙承袭的藩镇，度过了九镇讨伐的最艰难时刻。不仅如此，后来田悦还联合幽卢、成德二镇将大唐搅了个天翻地覆，甚至僭位称王。

若论武勇狡诈的乱世生存智慧，田承嗣的儿子们比田悦实在差得太远，但仅靠武勇狡诈如何收服人心，又如何恩泽后代？这样的生存智慧，只会让人更加功利和暴戾，更加残忍和急躁。

所以，田承嗣的第六子田绪，最终在一个风高月黑之夜，带着心腹逾墙而入，潜进节度使府邸，亲手杀死了睡梦中的田悦。田悦死时，年仅三十四岁。

这样的藩镇，这样的节度使，为祸一方可以，颠覆大唐却能力不足。

第十五章
代宗朝局

“投机”世家

帝国宰相，百官之长，总揽政务。不管是德高望重还是才智卓绝、是狡诈残酷还是逢迎机变，他们的品性总有意无意地与当时帝国的本质相合。他们的作为怎么可能违背王朝的初衷？他们的人生历程怎么会不反映那个时代朝局的走向？他们的结局又怎么不是当时那个朝廷的缩影？

元载，历经玄宗、肃宗两朝，在代宗时成为大唐宰相，他的所作所为，又诠释着代宗时代怎样的政治朝局呢？

公元 756 年杨国忠死后，大唐朝廷的宰相连续六年都乏善可陈，直到公元 762 年，元载被任命为宰相。

元载，凤翔府岐山县（今陕西岐山）人，出身寒微。元载原姓景，其父亲在太宗之子曹王李明的王妃元氏手下当差，管理赐田，收取地租，于是请托王妃，改姓了元。可见元载的父辈就善于投机。

元载虽然出身寒微，却具有极高的读书天分，自幼博闻强识。只是元载虽然嗜学好读，却屡试不中。巧合的是，唐玄宗在晚年时崇尚道家，而元载正好精通道学。公元 742 年，为了征求通晓道家学说的人才，唐玄宗举行策试，元载应试才得以高中。

所学即所试，元载可谓生逢其时。进入官场的他，从新平（今陕西彬州）县尉做起，一路顺风顺水，不到二十年就升任户部侍郎、度支郎中、诸道盐铁转运使。

同大部分靠努力奋斗实现阶级跃迁的人一样，此时元载遭遇了职场的天花板。除非有郭子仪那样“再造大唐”般的特殊功绩，元载上升的通道早已被那些“朝中有人好做官”的“淤泥烂石”堵得密不透风、滴水不漏。

但投机似乎是元载的拿手好戏。投机需要精明的算计，生来就聪敏机变的元载对此自然得心应手；投机更需要放弃所谓“礼义廉耻”，元载对此似乎也不陌生，当初他的父亲就因不大的好处欣然改变了自己的姓氏。“元”这个姓怎么不是在时刻提醒着元载：为达目的，还需要在乎什么手段？

元载说干就干，迅速攀附上了此时位高权重的宦官李辅国。他是怎么做到的呢？

很简单，他得知李辅国的妻子姓元（当时宦官也能娶妻），就千方百计地与李辅国攀为姻亲关系。元载能说会道，连肃宗都曾因他的“善于奏对”而对其格外器重，他自然能取得李辅国的信任。总之，在这件事情上，元载的父亲早年改姓当居首功，但元载也没有辜负他父亲改的“元”这个姓。

姻亲关系的加持加上刻意的逢迎巴结，元载与李辅国亲密无间。唐肃宗病重时，李辅国专权，元载很快就被任命为同中书门下平章事，判度支、盐铁转运使。

唐代宗继位后，李辅国因有拥立之功，权势更重。他时常在代宗面前称赞元载，所以这一时期元载也颇受代宗恩宠。但善于揣摩上意的元载清楚地知道，李辅国只是自己的“登天之梯”，能够最终决定自已生死荣辱的，还是皇帝。

所以，元载在敏锐地看出代宗日益厌恶李辅国时，又毫不犹豫地站在了代宗一边，参与了铲除李辅国的密谋。元载面对昔日不遗余力提拔自己的恩人毫不手软，也许只有他最清楚李辅国那不知所踪的人头到底去了哪里。

李辅国死后，宦官鱼朝恩掌握禁军。相较于李辅国而言，鱼朝恩更加专权跋扈，甚至到了侮辱宰相的地步。而能言善辩的元载在这一时期拱手缄默，从不与之作对。

公元 769 年，元载再次敏锐地看出代宗对鱼朝恩不满，趁机密奏代宗，历数鱼朝恩罪行，建议将其诛除。唐代宗秘密授意元载策划此事。

对这样的事情，元载已驾轻就熟。他首先以重金买通鱼朝恩的亲信皇甫温和周皓，全盘掌握鱼朝恩的一举一动。元载的操作竟完全没有引起鱼朝恩的警觉，可见他做事缜密。接着，元载奏明代宗，调皇甫温为凤翔节度使，目的就是让自己的内线掌控兵权。为了麻痹鱼朝恩，他还上奏将兴平、武功等四县改隶神策军，归鱼朝恩节制。

一切准备就绪。大历五年（公元 770 年）三月的寒食节，唐代宗在禁中设宴，元载留守中书省控制朝局，皇甫温率军严阵以待。宴席结束后，唐代宗假借议事之名将鱼朝恩留下，指责他有不轨意图。鱼朝恩自辩，言语十分傲慢，周皓指挥武士当场拿下鱼朝恩，将其缢杀。

元载协助代宗铲除李辅国和鱼朝恩，在不同的时期，针对不同身份、不同影响的两个人，分别采取了恰到好处的不同手段。他策划谨慎、部署周密、杀伐凌厉，所以两次都能一举成功。铲除李辅国和鱼朝恩这两个权阉，元载厥功至伟，对于代宗来说，可谓有着再造之恩。自此以后，代宗才得以重掌朝政。

元载真让人一言难尽

拥有如此大功的元载，为什么之后又为代宗所杀呢？事实上，代宗最初对这位功臣还是十分宠信的，不仅封他为颍川郡公，更是将朝中之事悉数交给他处理。

但志得意满的元载逐渐开始胡作非为，排除异己、卖官鬻爵、鱼肉百姓、大兴土木这样的事情，他是一件也没少做。

公元 771 年，李少良上书弹劾元载。元载得知后，不但没有闭门思过、向代宗请罪，反而罗织罪名，私自将李少良杖杀于公府。即便如此，代宗也未追究他的罪责。

元载丝毫没有收敛，他为了阻塞言路、培植亲信，甚至上奏皇帝说，百官如果论事，要先报自己的主官，主官报宰相，然后奏报皇帝；他还要求吏部、兵部对六品以下官员的任命不得检验考核。所有这些都得到了代宗的批准。

但元载如此把持朝政、结党营私，也逐渐引起了代宗的厌恶。代宗多次单独劝诫未果，终于对元载彻底失去了耐心。为了肃清朝政，遏制朝堂腐败之风，代宗决定对元载下手。

大历十二年（公元 777 年）三月，唐代宗密诏自己的舅父、左金吾大将军吴凑收捕元载。有司会审后，元载服罪，被赐自尽，他的妻子及三个儿子也被赐死，家产被抄没。朝廷抄没元载家产时，仅胡椒就抄出八百石，约合现在的四十多吨。胡椒在唐代属于硬通货，相当于现在的金石玉器，元载家存有如此大的数量，实在令人触目惊心，可见当时他贪腐到了什么程度。

唐代宗将元载抄家灭族之后，又下令挖开元载的祖坟，劈棺弃尸，还拆毁他在长安以及东都洛阳的府第，焚毁他的家庙。唐代宗为什么如此生气？

唐代宗李豫在位十七年，其中元载居相位的时间就长达十五年，如果说元载毫无功绩也不现实。且不说他铲除李辅国、鱼朝恩两位权阉，就连杨炎、刘晏这样的财赋之臣，也是在他的提拔和支持下才得以建章立制，扭转大唐经济。由此可见，元载完全有能力在乱世之中逆转唐朝国力下滑的趋势。

事实上，代宗即位之初，不但安史之乱没有平息，吐蕃入侵也迫在眉睫，朝廷中权臣把持朝政，各地藩镇拥兵自重。到了代宗后期，经济环境得到改善，国家形势渐趋稳定，甚至出现了中兴复苏的态势，其中怎么可能没有元载的功劳呢？

元载为相期间的弄权和贪腐，要说代宗不知道，显然不符合事实。但当时更重要的是平叛，以及解决之后的藩镇问题，而要处理这些问题，需要朝局的稳定和国力的支撑，所以代宗完全可能对贪婪无度的元载做出妥协，一忍再忍。从代宗对藩镇将领的妥协来看，他这个人是很能忍的。

从这样的角度来看，元载对唐朝既有大功，也是祸害。而这也是代宗时代的特点。代宗对元载妥协，只用其卓越的执政能力去治国理政，但因对其贪腐心知肚明，又在这段时间内先后将李栖筠（yún）、张延赏等大臣调入朝廷，以制约元载。

代宗这样的手法，不仅用在元载身上，他对田承嗣、李宝臣等节度使也是这样。终代宗一朝，他对待文臣武将都是这样的方式。代宗这个人没有力挽狂澜的雄才大略，这种用中有防、在既用且防中寻机铲除以绝后患的做法，虽然阴鸷，但形势使然，也有其无奈之处。

显然，元载之死，弄权和贪腐并不是最重要的原因。这一点从代宗私下多次规劝他就能看出。代宗能够规劝元载，就说明此事尚在他容忍的范围之内；而从收捕元载的过程来看，并未像当初对付鱼朝恩那样进行旷日持久的谋划布局，这也说明代宗一直不对元载下手，不是因为元载势力太强，所以投鼠忌器、瞻前顾后。

那么，到底发生了什么事，让代宗李豫决定对元载收网，并将其党羽一网打尽呢？

这个关键节点出现在公元 768 年。当时唐朝和吐蕃的战事正紧，代宗命郭子仪、马璘等将领率兵抵御吐蕃的入侵。元载以马璘抵御吐蕃不利为由，向代宗提出了以河中（今山西永济蒲州）为中都的建议。

河中府位于中原腹地，历来无事，此时由郭子仪率兵屯守。元载的规划是在这里驻兵五万，让代宗在秋末时到这里避开吐蕃的袭扰，等初春时再返回京师长安。同时，他还建议调马璘为泾原节度使，镇守泾州，又以邠、宁、庆三州隶属朔方为由，建议把驻守河中的朔方节度使郭子仪调到邠州镇守。

元载的这个建议实际上就是把郭子仪调往抵御吐蕃大军的前线，加强防御；在深居中原腹地的河中府打造中都，就可以避免朝廷受到吐蕃的直接侵扰，再组建五万大军确保代宗李豫的安全，这样的规划，岂不是完美无缺？

元载认为这个建议一定会得到代宗的认可，甚至让部下提前到河中去规划宫殿，建造私宅。但出乎他意料的是，代宗很生气，不但搁置了元载这个迁都河中的建议，而且此后不断调任官员进京，逐渐瓦解元载在朝廷中的势力。

代宗会有如此改变，原因就在元载的建议之中。首先，元载调整对吐蕃作战的部署，调动防将，理由是马璘对吐蕃作战不力，事实上，马璘作为抗击吐蕃的主要将领，十余年间屡次击败入侵的吐蕃大军。

其次，郭子仪以朔方重兵驻守河中，是为了兼顾内地防御和边境支援。如果按元载的建议将郭子仪调往长安西北的邠州，的确离前线近了，但无暇兼顾关内。缺少了郭子仪这样的屏障，谁去制衡各地藩镇？代宗的安全怎么保证？

其实这个问题元载也想到了，他之所以提出新组建五万军队，就是希望起到屏障的作用。而这恰恰是他和代宗矛盾的关键，因为代宗怎么可能信任元载组建的军队？

代宗之所以能容忍元载在朝廷一手遮天，难道没有元载只是文臣的因素吗？如今元载提出组建五万大军，曾经做过天下兵马大元帅的代宗李豫，怎么会不明白这支大军将由何人节制？元载作为宰相，在朝堂上已是呼风唤雨，再手握如此重兵，代宗岂能容忍？

以郭子仪的功勋与忠诚，又经历了那么多次考验，代宗还不能稍减对其防范之心，何况对元载？当初的李辅国、鱼朝恩不都是因为掌控禁军从而跋扈专权，所以为代宗所不容的吗？

此前元载与宫中宦官董秀来往密切，还重金贿赂中书主吏卓英倩，通过他们打探内宫消息。代宗若是再联想到这些事，难道他会认为此时的元载真就没有“私心杂念”吗？就算元载此时忠心爱国，试想，如果按他的建议，代宗真的到了中都河中，深陷其党羽的势力范围之中，到时候独揽军政大权的元载，就一定会像郭子仪一样高风亮节吗？至少，代宗不信。

但当时代宗并没有就此事劝诫元载。他在等待大唐与吐蕃战争的结束，等待藩镇内乱阶段性的停息，等待朝局的进一步稳定。他等到了公元 777 年，一个风平浪静的年份，于是就在这一年，六十四岁的元载走到了生命的终点。

不知道临死时元载还记不记得当年写给妻子的那首《别妻王韫秀》:“年来谁不厌龙钟,虽在侯门似不容。看取海山寒翠树,苦遭霜霰到秦封。”

早年元载还是穷书生的时候,得到了王韫秀的青睐。王韫秀出身名门望族太原王氏,父亲是身兼四镇节度使的名将王忠嗣,但就像钟情于史思明的那位辛氏女子一样,身份尊崇的王韫秀也是非元载不嫁。婚后元载寄居在王韫秀的娘家,备受白眼。元载原以为娶了王忠嗣的女儿就能跻身豪门,没想到自己不努力也是枉然,于是,留下这首诗,到长安求取功名。他在这首诗中对妻子表达了虽在侯门却不被接纳的哀怨,同时向妻子表示,自己犹如苍松翠柏,只是暂时被困于冰天雪地而已。

王韫秀不愧为将门虎女,回书一封“路扫饥寒迹,天哀志气人。休零离别泪,携手入西秦”,即刻追随丈夫西去长安。她说得很明白:上天会可怜有志之士,别灰心丧气,我将和你携手前往长安,一起走过这段艰难时光。

如果元载少点儿投机之念,大权在握之后不曾排除异己、贪婪敛财;如果他身处政治清明、天下承平的时代,上升通道不那么堵塞,以元载的才学,此去长安,必将鲲鹏展翅。那此时他们夫妻之间写诗相和、惺惺相惜,该是多么唯美,多么励志!

然而,随着元载被满门抄斩,一切都烟消云散。而他这个结局,虽属量刑过重,但也不是冤案。这就是唐代宗李豫那个时代的产物。

肃宗的昏愚和代宗的懦弱

大唐在极盛之时遭遇安史之乱，唐玄宗李隆基难辞其咎。正是他沉醉于杨贵妃的温柔乡而一味享乐，将朝政交给杨国忠，把军权交给安禄山，致使鼎盛的大唐烽烟四起、生灵涂炭。

接着，扶江山于既倒、救生民于水火的重任落在了唐肃宗李亨的肩上。然而，这位战战兢兢当了十八年太子的皇帝，生性优柔寡断，做事患得患失。收复两京，与其说是他的丰功伟绩，不如说是“民望之，若大旱之望云霓”的形势使然。

肃宗李亨身处历史的转折点，并未深谋远虑、重整河山，而是置隐患于不顾、把猜忌当手段，以致河北狼烟遍地时，功臣却已没了兵权。尽管这是帝王的惯用伎俩，而肃宗心有余悸，但这样的节点、这样的局势，他是用所谓“非常时期行非常之举”来说服自己的吗？

昔日太宗李世民重用将领之时，可曾想过他们日后谋反？亲自冲锋陷阵之时，可曾想到自己也会命丧黄泉？防范功臣谋反，害怕自己身死，本来也算人之常情，但战场之上，需要的是一往无前，这是身为帝王的责任，也是使命。否则，平什么叛？安什么天下？

邺城之战惨败，史思明降而复叛，平叛战局急转直下，正是肃宗一手制造的“人祸”累积所致。历史证明唐肃宗李亨绝非力挽狂澜之君，他失去了“再造大唐”的机会。

李亨不相信文臣武将，笃信宦官，却在临死之时见证了他的亲信李辅国带兵入宫，当着他的面将张皇后带走的跋扈。

做太子时提心吊胆，做皇帝时瞻前顾后，李亨就在这样的惊恐无奈中撒手人寰。估计他若在弥留之际评价自己的一生，也逃不出“昏愚”二字。

继位的代宗李豫，虽曾以天下兵马大元帅的身份征战天下，收复两京，但哪里有昔日李世民的所向披靡、猎猎雄风？阻拦回纥人晚些动手抢掠的他，又是怎样猥琐和懦弱！

同样是有求于人，昔日的太宗独闯千军万马，一番慷慨怒斥，退却十万敌军，即便不可能没有代价，但哪有如今约定让回纥人明火执仗抢掠的窝囊？

即便如此，太宗每念至此，就食不甘味、寝不安席；反观代宗李豫，不仅没有学习到祖辈的心怀天下、锐意进取，反倒将妥协和隐忍发扬光大。

代宗在国破家亡之际，一味守成，但“成”在哪里？守之何用？又怎么守得住？代宗隐忍之后的反击，虽得以铲除李辅国、程元振和鱼朝恩等，但手段不免阴鸷，用于进行宫廷斗争尚可，对付藩镇又怎能沿用这样的宵小手段？

此外，这样的手段，对付个体似乎绰绰有余，但既没有制度和体系，又没有战略和步骤，怎么能解决一群人组成的势力、遏制不断恶化的趋势？结果显而易见，代宗清除了这一小撮宦官，马上就冒出来更多类似的宦官。

为什么一个小小的宦官马承倩就敢向堂堂节度使李宝臣索贿，还嫌贿赂太少破口大骂？原因很简单，就是有代宗的背后支持。

代宗不但不禁止出使各地的宦官主动索贿，而且曾因自己妃子的娘家给传旨宦官的回礼太少而不高兴，以致这位妃子惊恐之下用自己的东西对传旨宦官进行了补偿。

代宗是怎么想的？他无非就是把这种传旨或外出办事的宦官，看作自己的代表。在他的内心深处，对宦官不敬，就是对自己无礼。他为什么会有这样的想法？因为他阴暗、自卑，不信任任何的文臣武将，各种心理和情绪交织缠绕在一起，使得他把大唐帝王的尊严完全寄托在了一个个小小的宦官身上。

这样的代宗有时会表现得相当宽宏大量也就不奇怪了。比如，他对待郭暧夫妻吵架一事就是这样。郭暧是郭子仪第六子，娶了代宗的四女儿升平公主为妻。公主刁蛮，身为将门之后的郭暧也口无遮拦，夫妻俩一次口角时，郭暧脱口而出："你依仗你父亲是天子吗？那只是我父亲不愿当而已。"

公主也是不懂事，气急之下飞奔入宫，非要问问父亲郭暧说得对不对。此时的代宗，倒是和颜悦色地解释道："此事并非你所能知，事实上，他父亲要做天子，这天下怎会是咱家的呢？"郭子仪听说此事后，立即绑缚郭暧入朝请罪。代宗大度地对郭子仪说："俗话说'不痴不聋，不作家翁'，儿女闺房中的事，哪里值得去听呢？"但郭子仪回家之后，还是将郭暧打了数十军棍以示惩戒。

这哪里是代宗的仁厚大度，分明是他一贯的隐忍妥协，郭暧年轻不懂事，郭子仪怎能不明白？这样的代宗，原本也不是没有可取之处，但他显然生错了年代，或者说，他这样的性格特点，注定他无力承担起带领大唐再次走向辉煌的历史重任。

任用元载，难道不就是代宗这种"不合时宜"的心态和行为的集中体现吗？元载为相十五年，肯定不至于像史书中记载的那样罪过罄竹难书，要不然，为什么稍后德宗又为其平反了呢？可见元载为相时确有整饬时弊之处，但他仗势贪财，致使纲纪败坏，也是事实。

为什么代宗没有及时制止呢？如果说是因为他当时需要财赋之臣扭转大唐经济颓势，那不说杨炎，就是刘晏，也早已成为中流砥柱；即便是宰相人选，代宗也早已心有所属，那就是杨绾，那他为什么一直悬而不用呢？原因可能有很多，但如此非常时期，代宗所谓“四平八稳”的执政方式就一定合适吗？

可怜杨绾“冯唐易老”

在元载执掌大权时，朝中公卿大多依附于他，只有杨绾孤立中道，清贞自守，从未私下拜谒这位权倾朝野的宰相。元载因杨绾德高望重，表面上对其十分尊重，但内心饱含忌恨。权阉鱼朝恩死后，元载以鱼朝恩曾兼领国子监事务玷污了太学为名，上奏建议提拔杨绾为国子祭酒，名义上是用杨绾这个名儒主理国子监，实际上是将其置于闲职。

代宗明知元载贪财弄权，而杨绾众望所归，但他并没有采用凌厉的手段罢免元载，只是将杨绾升为太常卿、礼仪使，企图借助杨绾来振兴废弃已久的郊庙之礼，也可能是想借机考察其办事能力。

从代宗之前尤其是日后对杨绾的态度来看，他应该早就了解杨绾的品性和能力了，但他任由元载为相十五年，而将仅小元载不到五岁的杨绾束之高阁。

杨绾，华州华阴（今陕西华阴）人，出身弘农杨氏，是户部侍郎杨温玉之孙、醴泉令杨侃之子。杨绾早慧，博通经史，文辞清新，唐玄宗时以进士及第。

早年孤苦贫寒的杨绾，不但以孝闻名，更是沉静寡欲，常独处一室，身边摆满经书，可谓崇尚玄理使内心明澈，不慕声名而自得宁静。杨绾安贫乐道、德高望重，当时天下雅正之士争相投奔到他的门下。

安史之乱爆发后，杨绾“披榛求食”，于兵荒马乱中奔赴灵武。肃宗下诏授他为起居舍人、知制诰，此后转任中书舍人，兼修国史，再任礼部侍郎。

任礼部侍郎时，杨绾向唐代宗分条目上奏贡举的弊端；后来在吏部侍郎任上时，他又依据法则，以公平公正的态度，精确鉴别、详加考察，为朝廷推举、选用人才。

元载被杀之后，代宗旋即任命杨绾为中书侍郎、同中书门下平章事、集贤殿崇文馆大学士，兼修国史。杨绾多次恳请让出宰相之位，但代宗坚决不许，可见代宗内心十分看重杨绾，一心任用他。这一点从当时改革朝政弊病的举措全部由杨绾决断也能看出来。

杨绾质朴忠贞、车服俭朴，不留意家产，不过问生计，虽多次担任要职，却无一处田产房宅，所得薪俸也常常发给亲友。任命他为相的诏令公布后，不仅朝野相庆，社会风气也随之转变，史书上记载了许多例子：

御史中丞崔宽是剑南西川节度使崔宁的弟弟，家境殷实，在长安之南建有别墅，其中的池馆台榭在当时被称为第一。崔宽得知杨绾拜相后，当天就暗中派人将其拆毁。

中书令郭子仪驻守邠州，杨绾为相的消息传来时，他正在宴请宾客，立刻便将在座助兴的歌舞乐队减去五分之四。

京兆尹黎干受代宗宠信，每次出入车驾有一百多辆，也在杨绾拜相当日减少车马，只留十匹。

除此之外，其余闻风而动、由奢变俭的人不可胜数。

杨绾拜相后，与常衮一起向代宗举荐被贬的湖州刺史颜真卿，代宗当即令颜真卿入京担任刑部尚书。二人还向代宗举荐淮南判官关播，代宗召其为都官员外郎，后来关播在德宗朝官至宰相。杨绾在相位不到数月，便令大唐朝纲为之一振。

此时大唐朝廷的纲纪废弛已久，文臣武将皆溺于奢靡、安于享乐。武将拥兵自重，文官贿赂贪腐，形成了不良的社会风气。

应付这样的乱象，固然需要武力和刑罚，但朝廷溃烂至此，该从何处下手？受责之人可能心悦诚服？漏网之鱼岂不沾沾自喜？一网打尽？既不可行，也不现实。重点治理？盘根错节之下，何处是重点？又应如何下手？

所以，杨绾为相，以其清廉的操守、脱俗的品行，作为百官表率，将社会风气涤荡一新，也不失为一种方法。

大历十二年（公元 777 年）五月，在杨绾的主导下，代宗下诏，对藩镇出手了："自都团练使外，全部罢黜诸州团练守捉使；诸使非军事要务，均不得擅召刺史，不得停其职务，不得改其权限。"还规定诸州屯兵皆有定数，兵士一切军需粮草，甚至衣物酱菜之类，都有明确的定额，按时发放。

也许这样的制度还没成体系，也许这样的法令还有待细化；甚至成了制度也有不合时宜之处，甚至法令细化之后还有需要调整的地方。但即便这样的制度会遇到很大的阻力，即便这样的法令会再次激起兵变，其终究使大唐走在了正确的道路上。用制度和法令去约束藩镇是朝廷的当务之急。坚持这样的方法和道路，即便有波折，那也是大唐必须付出的代价；即便会激起兵变，到时候平叛也是正当且合理的。更重要的是，明确的方针和路线，可以让那些意欲叛乱的人看清自己的前途和命运。

这样做，就不会再给类似田承嗣那样的人以机会，使他们能够左右跳梁，在夹缝中兴风作浪，胁迫朝廷，谋取利益。他们少了闪转腾挪的空间，像当初田承嗣挑拨李宝臣及李正己那样的诡诈计谋就会流于无形。

而且从事实来看，藩将的反叛很多时候有“误会”和“心寒”的因素存在，这种例子不在少数。如果有了稳定的制度、成体系的法令，所有人都能一目了然，藩将再想反叛，就要掂量掂量能不能承受全天下群起而攻之的后果了。这样的后果，难道起不到杀鸡儆猴的警示作用？

从杨绾上书贡举弊端并能严格按照规则公允行事来看，他很注重通过制度和体系来解决问题。而且他仅为相数月就推出了一系列针砭时弊、约束藩镇的措施，由此来看，杨绾为相岂不是大唐之幸？

史书有证：“时厘革旧弊，惟绾是瞻，则所欲行者尚多。”这样的杨绾，难道仅是“雅望镇俗”吗？难道真是“绾之清名俭德，不过自善其身，而非拨乱救时之相”吗？

恰恰相反，杨绾作为救时宰相，与当年的姚崇相比，面对的局面更为复杂，任务更为繁重，道路更为艰辛。因为姚崇需要改变的只是国内的局面，而这样的改变又有相当深厚的民意基础；如今杨绾面对的是山河破碎、藩镇林立、经济衰退、军力萎靡的局面，此时的大唐无论是内政外交还是文治武功都处于极盛而衰的关键节点。

如果姚崇为相时需要的是匡补国政，那大唐朝廷面临如今的局面，需要的则是杨绾力挽狂澜。不幸的是，杨绾在拜相不久后就中风病倒，这真是大唐之憾！代宗诏令杨绾在中书省休养，尽管他病重到每次上殿都要有人搀扶的程度，代宗还是重用他。

此时，代宗每天派遣宦官前往询问杨绾病情，并命御医在他身旁时刻守候。每次听说他的病稍有起色，代宗都喜形于色。

可是，代宗早干什么去了？他为什么不早点起用杨绾？但不得不说，元载倒台之后，代宗能迅速起用杨绾、常衮以纠正之前的错误，也不算不识时务。从这点来看，至少他比他的父亲肃宗强太多。

大历十二年（公元777年）七月二十日，一代贤相杨绾病逝，享年六十岁。闻听噩耗后，代宗辍朝三日，并下诏追赠杨绾为司徒。代宗惋惜地对朝臣说："上天不让朕致力于太平，否则为什么要这么快从朕的身边夺走杨绾？"

代宗的话发自肺腑，更是实情。杨绾只当了四个多月的宰相，的确不能做太多事情，但即便如此，他已经迅速地改变了社会风气，更重要的是将大唐朝廷推向了治国理政的正确道路。可惜天不假年，天不佑唐啊。

难道透析玄理而又用语隐晦的杨绾，早就看到了这样的结局，不然他当初为什么执意辞去相位？这样的猜测虽然是无稽之谈，但也算是对崇尚玄理、喜好宁静的杨绾最诚挚的致敬吧！

沦为迷信治国

杨绾之后，代宗任用常衮为相。常衮性情孤傲，不畏权势，但行事任意随性。因平素忌恨杨绾备受代宗器重，杨绾死后，常衮就唆使比部郎中苏端上书大肆诋毁杨绾；又因憎恨元载，常衮用人以文辞出众而又登科第为标准，虽堵塞了卖官受贿之风，但他过分重用文士、对其他人才一概排斥的做法也有悖于一个宰相的职守。

之后代宗日渐迷信佛教，不但贻误朝政，而且靡费甚大。每次遇到外敌入侵时，代宗就命和尚讲诵《护国仁王经》，以此来祈祷免灾；待到敌人撤退后，他就赏给和尚丰厚的礼物。其实，这哪里是信佛？分明是信奉法术。

代宗大力提高僧人的地位，在宫中供养了一百多个僧人，甚至将其中的僧人不空封为国公；还在宫外修建镏金镀铜的寺院，并敕令天下，不得鞭打和欺辱僧尼。

因此，朝廷内外的官吏及百姓争相崇奉烧香拜佛，不事生产劳动，而京畿地区的良田和获利大的买卖多归佛寺所有，政务刑法以及经济民生日渐紊乱。

代宗为什么这么做？原因就是他相信了元载、王缙及杜鸿渐这些臣子的话。他们告诉代宗，国运长久，都是平素种下的福报。像安史之乱这样的叛乱，为什么会因安禄山、史思明的儿子弑父自立而走向衰亡呢？仆固怀恩又为什么刚刚起兵就病死了呢？吐蕃为什么在京城不战而走呢？这都是大唐福报所致，非人力可为。

这是什么话？安史之乱八年烽火狼烟，千万军民撒手人寰，以郭子仪为代表的一大批忠贞之士力挽狂澜，在这些人看来，却成了所谓“福报”，还“非人力可为”，不可悲吗？

但代宗之所以深信不疑、身体力行，也不费解。因为这些人的话说到了代宗的痛处。代宗何尝不想天下太平？然而，办法呢？在代宗看来，用百姓的血汗钱供养僧侣以换取福报，难道不也是一种办法吗？而且，这个办法难道不比运筹帷幄、铁血杀伐来得更加容易吗？

将心灵寄托转化为治国方略的代宗，似乎连昔日的石勒也不如。但如此愚蠢的行为，也算是他有心为了解决目前的困局而试验的一种方法，尽管此路不通。

此后，大唐朝廷又尝试了各种方法，效果如何呢？

读了还想读的中国史

读了还想读的大唐史

第二卷

从五品才人到铁腕武后

崔克顶 著

中国经济出版社
CHINA ECONOMIC PUBLISHING HOUSE
·北京·

图书在版编目（CIP）数据

读了还想读的大唐史 . 从五品才人到铁腕武后 / 崔克顶著 . -- 北京：中国经济出版社，2025. 7.
ISBN 978-7-5136-8033-2
Ⅰ . K242.09
中国国家版本馆 CIP 数据核字第 20253PE575 号

责任编辑　龚风光　张意妮
责任印制　李　伟
封面设计　柒拾叁号

出版发行　中国经济出版社
印 刷 者　三河市嘉科万达彩色印刷有限公司
经 销 者　各地新华书店
开　　本　710mm × 1000mm　1/16
印　　张　18
字　　数　244 千字
版　　次　2025 年 7 月第 1 版
印　　次　2025 年 7 月第 1 次
定　　价　158.00 元（全四卷）
广告经营许可证　京西工商广字第 8179 号

中国经济出版社 网址 www.economyph.com 社址 北京市东城区安定门外大街 58 号 邮编 100011
本版图书如存在印装质量问题，请与本社销售中心联系调换（联系电话：010-57512564）

目　录

第一章　武则天的上位 / 001

“女主昌”就是个故事 / 001

李君羡成了替罪羊 / 003

“才人”的封聘显然不高 / 005

终于熬到出头之日 / 010

三个女人一台戏 / 012

小公主之死 / 016

一计不成，再生一计 / 021

第二章　李治的政治手腕 / 023

元老和少主的矛盾 / 023

投机是对时机的精准把握 / 025

渐趋微妙的君臣关系 / 027

公主遭遇的“流氓案”/ 031

李恪人在家中坐，祸从天上来 / 035

清道夫的角色 / 038

优柔小弟遇上干练大姐 / 040

突然不会“斗争”了 / 043

第三章 “废王立武” / 047
“李猫”的投名状 / 047
武则天看不懂的“恩将仇报” / 049
小人扎堆 / 053
李勣成了“定盘星” / 055
皇后加冕大戏 / 058
秋后算账 / 060

第四章 武则天的强势 / 064
李治越来越不治 / 064
又一起扑朔迷离的暴亡案 / 066
谁制造了惊天绯闻？ / 069
废后废了上官仪 / 070
装上马达就是永动机 / 073
北门学士不只是编书 / 075
事情正在起变化 / 077

第五章 皇太子接连被废 / 080
李弘的“锅” / 080
李贤身世之谜 / 084
被架在火上烤的太子之位 / 085
爱江山更爱男人 / 089
为何不传位给儿子 / 091
遗嘱的隐患 / 093

第六章　众臣的反抗 / 097

裴炎成了“先驱” / 097

“破冰人”难堪大任 / 099

运气好到爆棚 / 100

对手如此之弱 / 102

刽子手的本来面目 / 106

猎猎雄风荡然无存 / 109

“会用人”的误解 / 111

第七章　灭亡高句丽 / 114

首鼠两端的高句丽 / 114

大唐双子星 / 116

“抗日”名将刘仁轨 / 119

自取灭亡的内讧 / 121

老将最后的峥嵘 / 122

第八章　突厥覆灭 / 127

“草原雄鹰”的腾飞 / 127

“放虎归山”与“密旨”悬案 / 129

踏雪千里追“凶” / 132

唐朝的疆域 / 134

总是春风吹又生 / 136

外战外行必遭羞辱 / 139

覆灭后突厥的是回纥 / 141

第九章　吐蕃之患 / 143

吐蕃也有权臣当政 / 143

内奸酿成的血案 / 144

剧本都不敢这样写 / 146

大非川之败 / 148

蕃患止于内讧 / 150

第十章　距登顶一步之遥 / 151

这个女人太疯狂 / 151

修建明堂的小混混 / 153

“祥瑞”扎堆出现 / 156

女皇深得法家真谛 / 158

连“佛经”也不放过 / 163

不断玩出新花样 / 164

由一桩告密案受到的启发 / 167

一代酷吏政治 / 169

第十一章　武周革唐 / 172

“闹剧”显然不是进步 / 172

折腾的本钱 / 174

武则天称帝的表演 / 176

卸磨杀驴 / 178

小人的可悲之处 / 182

女皇也有一筹莫展的时候 / 185

剑拔弩张显然不好使 / 188
“润物无声”的狄仁杰 / 192

第十二章　武周落幕 / 197
狄仁杰的“拥立”之功 / 197
有人等不及了 / 199
这个功劳有点勉强 / 200
“合葬”的难题 / 202
“无字碑”是烂尾工程 / 204

第十三章　政权的过渡 / 206
李显的顾忌 / 206
以武则天为榜样的女人们 / 207
走投无路的李重俊 / 210
一碗汤饼酿成的血流成河 / 211
意想不到的情报 / 214
韦氏母女的女皇梦破碎 / 216
不甘心的太平公主 / 219

第十四章　扭转乾坤 / 223
如此破局 / 223
斗争无处不在 / 228
刚直贤相的失误之处 / 233
改革就一定会有阻力 / 241

宫廷政变带来的隐患 / 245
贤相的书生意气 / 247
“前夫哥”的操作 / 251

第十五章　鼎盛繁华 / 254
名副其实的国际化都市 / 254
早就开始的海外贸易 / 257
广泛的国际交流 / 259
唐代的营商环境 / 263
胸怀是实力撑大的 / 266
世界性超级大帝国 / 269

第一章
武则天的上位

“女主昌”就是个故事

李治能当皇帝，估计是连他自己都没有想到的事。

李治大哥李承乾年仅八岁就被册立为太子，而四哥李泰俊朗聪慧、端肃多才，深得父皇李世民的欢心。即使后来他的这两个哥哥为皇位斗得不可开交时，也没有证据表明，彼时的李治有任何夺嫡之心。

相反，即使废了李承乾的太子之位、立李治为太子之后，李世民甚至还有过改立吴王李恪为太子的想法。因为时年十六岁的李治实在没有一点魄力，以至于李世民对长孙无忌等人说：“你们都劝我立治儿，可是治儿懦弱，怎么办呢？”

然而，命运的天平最终偏向了李治。这固然与李世民有关——雄才大略的他，出于父子亲情也好，考虑政权平稳交接也罢，终于还是决定立李治为太子。这可以说是李世民的无奈之举。而对于长孙无忌和褚遂良等重臣来说，李治这样的储君，因为懦弱，就好控制，因为没有能力，就不得不倚重大臣。所以，李治自然得到元老派的支持和推举。

公元 649 年，懦弱的李治就这样成了皇帝。出人意料的是，大唐王朝竟差点因此丢掉了锦绣江山，而长孙无忌、褚遂良等人则实实在在地因此丢了性命。

故事要从那句“女主昌”的卜辞说起。

贞观初年，太白金星数次在白昼出现，太史占卜后的结论是“女主昌”，后又有民间谣言“当有女武王者”。这不是花边野史，而是赫然记载于正史之中。

而且，正史的记载还具体到李世民与太史令李淳风的一次对话。李世民从图谶《秘记》中得知“唐三世之后，女主武王代有天下”这句话，于是密召李淳风询问此事。

李淳风说:“这样的形势已成定局，而且此人已在宫中，四十年后会成为天子，到时就会诛杀李唐子孙。”李世民问:“现在找到这个人，杀了怎么样呢?”李淳风说:“王者不死，天命不可违，这样做只会殃及无辜。再说，此人四十年后，年纪大了，也会仁慈，为祸或浅。如果现在杀了此人，上天或许会降下更为强大的人，四十年后要是血气方刚的年轻人成为天子，会更加狠毒，恐怕陛下子孙将无一幸免。”

不仅如此，正史还把这种玄幻的说法与李君羡被杀紧紧关联在一起。而李君羡确实是被武则天平反的，平反的理由则是李君羡充当了她的替罪羊。

这就至少涉及两个谜团。一是太史的占卜及李淳风的预言到底可不可信?二是李君羡究竟因何被杀?

第一卷介绍过占卜的前因后果，而且玄武门之变前，李世民集团就选择了“尽人事”而摒弃了“听天命”。但在当时，占卜不仅是太史的职责之一，而且与统治阶层的“天命说”联系在一起。

无论是故弄玄虚以维护其权威，还是以“天人感应”来警示自我、约束自我，这种占卜是当时一种普遍存在的现象。

要说统治者深信于此，似乎未必；但要说他们完全不信，似乎也未必。从他们的实际行动来看，最大的可能就是他们在选择性地相信。

这种选择性相信的具体表现是：有利于他们的，就相信；不利于他们的，就不相信。也就是说，对他们是否有利，才是决定他们相信和不相信的关键。

由此看来，如果占卜结果确是“女主昌”，自然应该引起李世民的高度关注。

“女主昌”来源于“太白昼见”，而这种天象曾不止一次地发生。据记载，在唐高祖时就发生过多达九次，唐太宗贞观时期发生过两次，高宗时出现过五次。出现如此多次的“太白昼见”，卜辞多与兵乱、灾害相关，虽然也有“女主昌”的结论，但毕竟是小概率事件。而且，整个贞观年间只有两次“太白昼见”，又何来史书中说的贞观初“频见”“数见”和“屡见”呢？

在史料记载中，“女主昌”的卜辞之后紧接着就是“当有女武王者”的谣言，两种说法合二为一之后，直指的就是李君羡案。如此清晰的行文，目的昭然若揭，就是为给李君羡平反。公元691年，武则天大方承认了“女主昌”指的就是自己，而此时还有谁会出来反对？

李君羡成了替罪羊

那么，李君羡被杀是冤案吗？或者说，他是因为“女主昌”一事被杀的吗？

和昔日杨广杀李敏不同。《隋书》中写道：“时或言李敏一名洪儿，帝疑‘洪’字当谶，尝面告之。”杨广明确提出要李敏改个名字，显然杀心已起。而李世民是在酒宴上开玩笑时提到过李君羡的小名，就算李君羡之死与此预言有联系，但实际被处斩时的罪名是“妖言惑众，图谋不轨”。

联系到开国功臣张亮和裴寂，都是因这样的罪名获刑，事实上，唐朝对“妖言”的治罪本来就很重，唐律中明文规定“诸造妖书及妖言者，绞”。张亮结交的术士程公颖、裴寂相熟的僧人法雅及李君羡信服的布衣员道信，这些人是不是妖人先不说，但“妄说灾祥，妄陈吉凶”的事实，在他们身上可能都不同程度地发生过。

由此可见，李君羡被杀确有律法依据，尽管今天看来，显然量刑过重。

如果非要说李君羡是因为“女主昌”一事被杀，那何来李淳风与李世民的那一段对话？既然嫌疑人没有了，“寻得此人而杀之”的说法又从何而来呢？

再者，《旧唐书》中记载袁天纲为武则天算命时说的“必若是女，实不可窥测，后当为天下之主矣”，又有多大的可信度呢？一句“谣传”，一个“梦境”，统治者都紧张到不惜“错杀一千”，面对指向如此清晰的预言，武则天这个襁褓中的女婴能够长大成人，岂不是天方夜谭？

关于武则天的种种神迹，其实与历代帝王自抬身价的说法如出一辙。

史书记载其他帝王的神迹，可能只是为了彰显他们天生尊贵，以此来使百姓臣服；而不加删减地保留武则天的神迹，则可能是为了警告后世——没有武则天之命，千万别去步武则天的后尘——如此而已。

而且，越是跨越出身和等级，越是把不可能变成可能，这种神迹的唬人效果就越显著。这似乎已成规律，只不过，它只是臆想和人造的规律而已。远的不说，就说武则天身上所谓的“神迹”为什么多于李世民？答案再清楚不过了，因为李世民压根儿就不需要，他的所作所为本身就比所谓的“神迹”更传奇、更辉煌。

由此，整个“女主昌”事件最大的可能就是：把“太白昼见”代表

“女主昌”这种小概率的卜辞笃定地说成唯一的结论，再配合“当有女武王者”的谣言，又加上李君羡案，天意、民情及具体实例三管齐下，再拉来袁天纲和李淳风作最后的佐证式发言，武则天天生神迹的故事完美出炉。

接下来就看她如何一步步兑现这样的神迹吧。

“才人”的封聘显然不高

公元637年，十四岁的武则天被唐太宗召入宫中，立为才人。

按当时唐朝的后宫制度，除皇后外，皇帝还有四妃、九嫔、九婕妤、九美人、九才人及宝林、御女、采女各二十七人。

才人为正五品，显然位分不高。

第一卷说的庐江王李瑗，在公元628年因谋反被杀，其姬妾被收入宫中，如此一个“籍没入官”的人，还被任命为美人。尽管美人位分不高，只是宫中四品女官，负责类似端茶倒水的一般性事务。但问题是，为什么武则天只是五品才人？武则天作为高官武士彟（yuē）的女儿，李世民给予她的封聘为什么如此之低？

其中的原因还要从武士彟说起。

武则天的家族史实在没有必要从周文王说起，那只是纯粹的政治攀附而已。其实，武氏家族的兴起，只是开始于武则天的父亲武士彟。

武士彟出身于世代经商的家族，昔日杨广营造东都洛阳时，他敏锐地抓住商机，因贩卖木材而成为一方巨富。

武士彟后与李渊结交，晋阳起兵前，他曾给李渊进献兵书和祥瑞。尽管兵书是他自己写的三十卷《古今兵要》，所谓的祥瑞也只是他梦见李渊骑马登天、手把日月，但这些足以令李渊明白他的忠心和用意。一句“尚能将来，当同富贵耳”也算把武士彟拉进了李唐的核心阵营。

而且，在太原副留守王威和高君雅怀疑李渊有异动的时候，是武士彟说服二人没必要无事生非。当留守司兵田德平也怀疑李渊私自募兵时，武士彟再次出面，成功打消了田德平的疑虑。

正是武士彟多次地暗中保护，才使晋阳起兵前的李渊争取到了更多闪展腾挪的空间和时间。

因此，唐朝建立后，武士彟作为太原元从功臣之一，进入了武德时期的中央权力集团。在李渊时代，武士彟所任最高职务为工部尚书。

公元 626 年，武士彟在扬州任都督府长史。正因为这次京外任职，他意外躲过了玄武门之变。所以，在整个玄武门之变的过程中，我们不清楚武士彟的具体立场。但从他之前与李渊的私人交情及之后的表现来看，至少他不会是李世民的坚定支持者。

可能正是这样的原因，武士彟的仕途在贞观时期呈现出平缓下滑的态势。

玄武门之变后不久，武士彟就被调任豫州都督。不到一年的时间，也就是公元 627 年末，他又被调往利州担任都督。细看这两次官职变化：第一次武士彟虽然由从四品的扬州长史升任从三品的豫州都督，但两州的地位不可同日而语，所以有明升暗降的嫌疑。武士彟第二次调任，一方面是因为豫州行政级别下降，由都督州改为刺史州；另一方面是因为李孝常在利州反叛，需要一位德高望重的老臣镇守此地。虽然如此，但这样所谓的“平级调动”，显然没有重用之意。

这里需要说明的是，恰恰因为这次调动，导致了后人对武则天出生地的争论，有说长安的，有说广元的。争论的根源就是世人不清楚武则天具体的出生年月，有的说她享年八十岁，有的说八十三岁、八十一岁，等等，不一而足。

本书不赘述具体的细节，采用的说法是武则天享年八十二岁，公元 624 年出生在长安，籍贯是并州文水（今山西吕梁文水）。

公元 631 年，在利州都督任上四年的武士彟改任荆州都督，此后一干又是四年多，直到公元 635 年死在此任上。

纵观武士彟后半生的官宦生涯，李渊时期任京官工部尚书，可谓位高权重；到了李世民时代，只是辗转于各地方任都督之职。武士彟作为太原元从二等功臣，到了贞观时期只在地方徘徊沉浮，最大的可能，就是他在玄武门之变中的立场至少在李世民看来有点问题。

其实，从武士彟之死中也能看出李世民为什么会有如此看法。

公元 635 年，唐高祖李渊去世，治丧期间的武士彟“奉讳号恸，因以成疾”，意思就是听说李渊死了，武士彟伤心难受到痛哭流涕，以至于作下了病，不久之后，大哭之下，吐血而亡。

武士彟因李渊去世悲伤过度而亡应该是事实。他之所以有如此表现，一方面固然是为李渊最后的十年而哭；另一方面何尝不是抒发自己心中多年郁结。作为元从之臣，玄武门之变后，他能说什么？李渊驾崩后，他追念太上皇而痛哭以致吐血，别人又能说他什么？

身为人臣应该具备的伦理道德、忠君爱国，武士彟通过痛哭以致吐血之举表达得淋漓尽致。这一举动呈现出来的不是世俗的阿谀谄媚，而是武士彟与李渊之间刻骨铭心的情谊，是本真的情感流露。

所以，武士彟伤心而死，带给人们的感受不是鄙夷而是震撼。但众所周知，当时的政治环境十分特殊，李世民虽然明知武士彟这种行为的根本原因，但他必须因势利导，把这种氛围和情绪扭转到有利于自己的轨道上来。

于是，在武士彟病重期间，李世民派去为他看病的名医可谓“道路相望”，一拨又一拨，尽全力救治武士彟。不管李世民是不是真的器重他，这样的统战对象，皇帝怎能不好好利用？

武则天的进宫，正是在这样的背景之下。无论如何，皇帝还是迎娶了武士彟的女儿，封了五品才人。李世民要的，只是显示自己的皇恩浩荡而已。

据说，面对要进宫的女儿，武则天的母亲哭得像生离死别一样，此时还不到十四岁的武则天却满不在乎地对母亲说：“去见天子焉知非福，何必哭哭啼啼、作儿女之态？”

武则天的母亲杨氏出身于隋朝宗室，从小饱读诗书，但直到四十多岁才在唐高祖李渊的牵线搭桥下嫁给武士彟，生下三个女儿。

长女武顺嫁给贺兰安石，生一男一女，儿子即贺兰敏之，女儿贺兰氏后被封为魏国夫人；二女儿就是武则天；三女儿嫁给郭孝慎，早亡。

武士彟在娶杨氏前还有过一个妻子相里氏，于武德年间因病去世。相里氏生有武元庆、武元爽两个儿子，后来武元庆生武三思，武元爽生武承嗣。

武氏一门人才不济，武则天入宫后，除武士彟算是为她铺了个路，真正能够为她提供帮助的人并不多。也正是因为这样，日后武则天“归政李唐”才比较顺利。

十四岁的武则天就这样被召入宫，官方说法是因美貌和才学被唐太宗李世民看重。武则天的美貌估计不是虚言，虽然没有具体的画像传世；她的才学应该也不错，读书极多应该是事实。然而正如我们上面所说，出于统战方面的考虑似乎才是她入宫的主要原因。

武则天入宫后被李世民赐号“武媚”，人称“武媚娘”的她，自此开启了全新的宫中生活。

终于熬到出头之日

公元649年，太宗皇帝李世民驾崩，此时武媚娘已在宫中度过了十二年的光阴。也许受年龄所限而无法作为，也许在强人李世民的压制下实在难以出头，总之，这十余年来，武媚娘在宫中过着“朝日残莺伴妾啼，开帘只见草萋萋”的生活，波澜不惊，无所事事。

太宗皇帝去世后，按惯例，她应与其他没有子女的嫔妃们一起到长安感业寺削发为尼。时年二十五岁的武媚娘似乎没有表现出任何与众不同，看起来她的下半生很可能与青灯古佛相伴了。

这也不奇怪，每个人都需要成长，成长就需要时间。而且，历史规律中有一个“强人效应”，即一个铁腕人物在世，似乎能镇住所有“妖魔鬼怪”，等这样的人物撒手人寰，就像潘多拉的魔盒被打开一样，天下瞬间乌烟瘴气，直到另一个强人出现，一切才又归于风平浪静。

这就是李世民耿耿于怀的李治太过懦弱的原因所在。

性格是遗传的吗？至少李治没有遗传到李世民的性格。性格能通过培养而改变吗？至少李世民没有做到。事实上，他迫切地想要改变李治，几乎到了耳提面命的程度。

长孙无忌曾宽慰李世民说：“陛下与太子性格相异，正是各得其所。因为创业之君需要神武，而守成需要的则是仁恕之德，如此看来，这正是天佑大唐，苍生之福啊！”

面对如此宽慰，李世民只有长叹道：“治儿可是从小就宽厚啊！”但实在不甘心的他又补充一句：“民谚有云，‘生子如狼，还怕是羊’。”

在看待李治的性格时，作为帝王和父亲的李世民，仍然希望自己只是看走了眼。

李世民如此渴望继承自己江山的是“虎狼之子”，可事实上，太子李治是个不折不扣的“羔羊”。后来武则天改唐为周，无论从哪个角度来说，李治都负有不可推卸的责任。

这个责任甚至要追溯到他以太子的身份侍候重病的李世民那段时间。

李世民重病期间，李治在御前亲侍汤药，昼夜不离侧，而此时的武媚娘因才人的职责所在，也经常在李世民身边侍候饮食起居。

两人朝夕相对，武媚娘知道在李世民那里已经没有任何机会，以她的心计和手段，此时对储君李治眉目传情在所难免。而李治本就是好色之徒，加上少年心性，对如花似玉又秋波暗送的武媚娘暗生情愫，也在情理之中。

此时的二人行苟且之事的可能性不大，但至少已经到了情投意合、心意相通的地步。

因为一年后，按礼仪规制，李治要在李世民的周年祭日到寺庙行香，而他选择了感业寺。这样的选择能说与武媚娘没有一点关系吗？而且，据《唐会要》记载，再次相遇的二人，一个泣不成声，一个潸然泪下。如此“执手相看泪眼”，如果没有感情基础，岂不荒唐？

武媚娘主动接近李治其实符合她的性格作风。她在感业寺写的一首《如意娘》也反映出她对李治下的功夫：

“看朱成碧思纷纷，憔悴支离为忆君。不信比来长下泪，开箱验取石榴裙。”

什么意思？就是我夜夜思君，魂不守舍、日渐憔悴，恍惚中竟将红色看成了绿色。你要是不相信我思念你到伤心欲绝，你可以来打开衣箱，看看我石榴裙上的斑斑泪痕。

这刻骨思念之意，楚楚可怜之状，娇羞嗔怪之情，不正是人人梦寐以求的缠绵爱情吗？试想，如果不知道写诗的人是日后君临天下的武则天，只看到写给自己的这首诗，有谁会不感动？有谁会不骤起怜香惜玉之心？

长于深宫、柔弱宽厚的李治没有让武媚娘失望，他迫不及待地想要带她回宫。

但武媚娘身为太宗的才人，要想再次进宫，需要给天下臣民一个交代。后来高宗的说辞是："宫壶之内，恒自饬躬；嫔嫱之间，未尝迕目。"意思就是当年朕作为太子侍奉先帝时，与父皇的嫔妃从来不曾目光相遇，先帝非常赞赏，遂以武氏赐朕。

好一个"未尝迕目"，李治的掩耳盗铃之说，反而成为他和武媚娘早就心心相印的确凿证据。

武媚娘能够再次入宫，无疑是因为李治旧情难忘，当然也是他竭力促成此事。但因为史书上有"时萧良娣有宠，王皇后恶之。乃召入宫，潜令长发，欲以间良娣之宠"这样笼统的记载，世人就把武媚娘得以再次入宫的责任完全推给了王皇后。

三个女人一台戏

王皇后这个女人，像昔日召董卓进京的袁绍一样愚蠢，为了对付受宠的萧淑妃，又召来一个更加受宠的武媚娘，企图在她们两败俱伤之下尽得渔翁之利。

武媚娘重入后宫，确实得到了王皇后的同意，这也是王皇后作为后宫之主的职责所在。昔日的长孙皇后就因自己身体的原因，曾力谏李世民选妃。此时的武媚娘由于身份特殊，如果没有王皇后的同意，入宫几乎是不可能的事。

但王皇后同意不等于要和武媚娘联手去对付受宠的萧淑妃。

王皇后出身太原王氏，母家在当时是天下一等一的高门士族，而且又与李唐皇室血缘亲近。她的叔祖母同安长公主，是唐高祖李渊一母同胞的亲妹妹。李治还是晋王时，正是同安长公主向李世民推荐了王氏，她才成为晋王妃的。李治即位后，她又被册封为皇后。

如此家世的王皇后，不仅“婉淑”，而且“有美色”，为人贤良淑德又端庄大方，足以母仪天下，但她的可怜之处就是碰到了李治这样的丈夫。喜欢“开箱验取石榴裙”的李治，怎么会喜欢王皇后这种性格？

王氏身为皇后得不到皇帝的宠爱，所以面对受宠的萧淑妃时心中不满，甚至生出怨恨，也是人之常情。但要说她召武媚娘进宫的目的是与其联手对付萧淑妃，似乎也有点牵强。这种说法在抬高武媚娘的同时，也贬低了王皇后。以王氏皇后之尊，还要借力于一个“尼姑”吗？“地实寒微”的武媚娘在王皇后的心目中，又有多大的分量呢？

再说，王皇后若真要和武媚娘联手，那具体的实例岂非不胜枚举？但史书上只有“更相与共谮（zèn）之，上皆不纳”“互谗毁之，帝皆不纳”这些语焉不详的表述。皇帝没有任何表态估计是事实——争风吃醋有什么好裁决的？

所以真实的情况很可能是：王皇后得知李治心念武媚娘，就顺从了李治的意思，具体经办了此事，武媚娘得以重入后宫。

此时李治的后宫中，地位最高、最不受待见的是王皇后；地位居中、最受宠的是萧淑妃；地位最低，也不知道会不会受宠的自然是武媚娘。

而已经年近三十的武媚娘，自然知道自己应该怎么做。

向萧淑妃靠拢显然不可能。人家正是受宠之时，你无所给；她也不是皇后，你无所求。这样的人，武媚娘怎么会去讨好呢？

武媚娘要紧紧抓住的是皇帝，这方面显然她有足够的能力；她还要示好皇后，因为那毕竟是后宫之主，她也不缺乏这方面的能力；此外，在底层摸爬滚打二十多年的武媚娘，最大的优势就是深谙底层这些人的需求和作用，所以，她还要笼络这些人。

于是，刚入宫的武媚娘在王皇后面前温顺乖巧，同时成功地让皇帝疏远了萧淑妃。重要的是，她对宫女、下人大方且友好，时不时就把皇帝赏赐的东西分给他们。这一点，王皇后和萧淑妃都没有想到，就算想到了也不会去做。

有这样手段、眼光和作为的武媚娘，以后在她治下出现“情报”机关、“酷吏”政治还有什么奇怪的呢？本来就是一回事，只不过应用范围从后宫挪到了前朝而已。

上到皇后下到宫女，李治从她们嘴里听到的都是对武媚娘的正面评价；而且皇后和萧淑妃宫中的消息，武媚娘也都能在第一时间得知。如此一来，武媚娘自然脱颖而出。

但要说她仅依靠“媚功”就能紧紧抓住李治，并且获得长久地受宠，似乎也不符合常理。事实上，我们参考王皇后和萧淑妃，就能看出李治对武媚娘的真正态度。

作为李治结发之妻的王皇后，显然端庄多过妩媚，本就没有鲲鹏之志的李治怎么会喜欢？遇上萧淑妃，两人终于能玩闹到一块儿，萧淑妃自然受宠。但萧淑妃天性自私善妒，总想独霸皇帝，对于好色的李治来说，又能容忍她多久呢？

最重要的是，李治虽然贵为九五至尊，但德不能泽被（pī）天下百姓，才不能驾驭文武重臣。在后宫，他需要一位知心人来倾听，更需要一双温柔有力的手来支持。

强如李世民那样的君王，不是也在后宫大发牢骚，大倒苦水吗？只不过长孙皇后明白自己的丈夫有足够的能力应对一切内政外交，她需要做的只是和稀泥而已。而李治比李世民需要更多的心理抚慰和切实支持，但王皇后和萧淑妃既没有长孙皇后之能，也没有长孙皇后之作为。

能够做到这一点的只有武媚娘。她媚而不独，在取悦李治的同时，又不像萧淑妃那样企图独占皇帝；她媚而有能，时常帮助李治处理朝政。

这就是林语堂说武则天“既媚且狠”的缘故。武则天狠是真的，但此时的她只是初露锋芒，所以出于公正的考虑，本书用“能”这个字暂时代替“狠”这个字。此时的她，突出的确实是一个“能”字，因为李治的内心世界，只有她能够完全洞悉并准确把握。

但这里的“能”，并不是通常意义上的才能卓越，而是武媚娘本性的自然流露。也就是她这样的本性，恰好碰到了李治这样的皇帝，而这个皇帝的后宫又恰好没有像隋文帝的独孤皇后、唐太宗的长孙皇后那样的人物。历史有时就是这样机缘巧合。

所以，李治对武媚娘的依赖不仅在生理方面，可能更偏重于心理方面，以至于这种依赖达到了使李治有些害怕，或者说有点忌惮的程度。

王皇后和萧淑妃被废后，囚禁在宫中别院，想念她们的李治私下来到她们的住所，见居室封闭严密，只留下一个送饭的小窗口。触景生情的李治非常难过，但也仅仅应她们所求将别院改名为“回心院”而已。即便如此，也惹得武媚娘大怒之下将王、萧二人折磨至死。

有人说，武媚娘就是唐代的褒（bāo）姒（sì），祸乱了李唐江山，这个说法并不准确。将“饮鸩止渴”用在此时的李治身上似乎更为贴切一点。在这个比他大四岁的女人身上，他找到了安慰和依靠。武媚娘对于李治来说，更像一杯有毒的美酒，由于酒瘾太大，不喝不行，但喝了就会慢慢致死。

小公主之死

靠着手段也好，能力也罢，昔日的武媚娘再次入宫后先是生下了儿子李弘，接着迅速打败萧淑妃，获得李治的宠爱。完成这些精彩“演出”后，武媚娘于公元652年被册封为正二品昭仪。

升为昭仪后的武媚娘不再温顺，也不再隐忍，开始露出她的尖牙利爪。

她的蓄意反击，是从小公主之死开始的。

公元654年前后，武昭仪生下一位公主，这是她的第一个女儿。一天，高宗皇帝兴致勃勃地来看女儿，却发现小公主死在了襁褓中。李治大惊之下询问原因，一众宫女异口同声地回答：“刚才王皇后来看望，还逗弄过公主。”

此时的武昭仪什么表现？据《资治通鉴》记载：“上至，昭仪阳欢笑，发被观之，女已死矣，即惊啼。”也就是刚刚还非常高兴，听闻女儿死后，大惊之下痛哭流涕。什么意思？就是她之前并不知道女儿已经死去；或者说她知道但装作不知道，而且装得非常自然。

这就是小公主暴毙案。

先看此案的后果及影响：宫中没有任何人因此事受到处分，史书上只有一句“帝始有废后意”的笼统记载。社会上似乎也没有关于此事的传闻，要不然，后来骆宾王为李敬业撰写的《讨武曌（zhào）檄》一文中为什么没有提及武则天杀害小公主之事？骆宾王在檄文中无所不用其极，甚至编造出武则天“弑君鸩母”这样离谱的谎话，可不会对武则天有半点的客气。

事实上，此案在当时并没有掀起什么轩然大波，而小公主也是在十年后才被追封为安定公主的。如果说宫中之事向来隐秘，解密需要时间的话，那现在的我们应该怎么看待当时的现场和具体的案情呢？

武昭仪生下小公主，皇后理应来看望，看望之时逗弄孩子也是应有之义。流程走完，皇后离开，小公主却死了。凶手是谁？如果是皇后，她有什么目的？给高宗添堵？让昭仪伤心？除此之外，还能有什么目的？

如果王皇后想除掉武媚娘的孩子，两年前武媚娘生下长子李弘时，王皇后为什么不对襁褓中的李弘下手呢？那时都没有下手，此时王皇后的养子李忠已成为太子，地位更加稳固的她反而要去杀害小公主，难道此时杀害小公主比两年前杀害小皇子更重要、更迫切吗？这说起来似乎情理不通。

而且，这样的目的与如此张扬的作案手段及要承担的后果相比，实在是得不偿失，有什么必要呢？世家大族出身、拥有皇后之尊的王氏，就这样明目张胆地借看望之机杀害小公主，有这种可能性吗？

由此可见，王皇后杀害小公主的可能性几乎不存在。但小公主的暴毙她也难以自证清白，理由很简单，还是那句话：“为什么你来看过之后，小公主就死了呢？”

所以李治才会在愤怒之下说出那句“后杀吾女”。李治为什么这么说？至少有两点原因：明面上的理由是“往与妃相谗媢（mào），今又尔邪”，即平常王皇后就和武昭仪不对付，今天更甚；暗地里也有一层意思，就是以此结论安慰哭得梨花带雨的武昭仪，显然，李治此时说出“后杀吾女”这样的话，是对武昭仪最大的体贴。

但李治真的相信王皇后是凶手吗？未必。直接的证据就是李治在废后时，挖空心思地寻找理由，但从没有拿王皇后杀害小公主来说事。如果坐实王皇后的这一罪名，废后岂不水到渠成？

既然王皇后不是凶手，那就只有武昭仪有嫌疑，除非小公主真的是暴毙。尽管这种可能性极小，但谁也不能笃定它不会发生。

即便小公主的确是暴毙，武昭仪及一众宫女的表现，显然是把凶手的嫌疑集中指向了王皇后。如此突发事件之下的众口一词，不免使人生疑。

而杀害小公主对于武昭仪来说，似乎并无坏处。

因为小公主是武昭仪的亲生女儿，谁会把凶手的嫌疑集中到她的身上？估计连此时的李治也不敢。所以从后果考虑，这是她能为凶手的条件。武昭仪想取皇后而代之，早如“司马昭之心”——路人皆知，所以从嫁祸王皇后的角度来看，这是她愿为凶手的原因。如果说李渊和李世民对宗亲甚至对手足毫不留情的话，至少他们二人都还“舐犊情深”，对子孙后代下不了手，那么，日后的武则天可谓“人挡杀人，佛挡杀佛”，从心狠手辣的角度来看，这是她敢为凶手的表现。

“能为”“愿为”又“敢为”，剩下的就是“怎么为”的问题了。

我们不妨来猜测一下：

首先要知道皇后什么时候来探望，还要算好或者设计好皇帝来的时间。早了不行，因为那时皇后还在；太晚也不行，万一再有别人来过呢？再者，就是要控制好在场的人员，不能太多，也不能太少，多了说辞可能会不统一，少了又没有足够的证人。

这一切，对于武昭仪来说难吗？应该不难。皇后的动向，她完全能够事先掌握；皇帝的时间安排，也在她的掌控之中。这一切，都源于她在后宫之中早已织就的一张情报大网，无孔不入地安插了无数“眼线”，源源不断地为她提供准确的情报。日后的上官仪，就倒在了这样的情报大网之下。

而那些不认为武昭仪是凶手的观点，一方面是因为此事在史书上记载不详；另一方面，也是主要原因：持这一观点的人用倒推法看待此事，认为此事似乎没有对武则天的崛起起到太大的作用。像这种舍了孩子却没有套到狼的行为，似乎不应该是武则天这个深谋远虑而又精

明的女人所为。

史书记载不详，正能证明此事没有掀起太大波澜。这件事当时都没有定论，史官能怎么写？如果此事真是武昭仪所为，那她做之前是无法预料到这样的后果的。武昭仪确实精明权变，但绝不是料事如神，况且，只问耕耘不论收获，也是成年人必须想到和接受的事实。

最关键的是，所谓“深谋远虑”，本身可能只是一个伪命题。刘邦起义时，就预见到自己能当皇帝吗？玄武门之变前，李世民笃定自己会成功吗？答案就算是肯定的，充其量也只是他们打出这个旗号，有这个信心而已，否则，那不是深谋远虑，而是纯粹的自不量力。如果当事人自不量力，却深信自己深谋远虑，一定是精神上出现了问题。

所以，以武昭仪深谋远虑这样的理由，来解释她不会搭上小公主的性命来做这项赔本生意，似乎并无太大的说服力。道理很简单，没有把握的事就不去做了吗？那刘邦会一直在沛县，李世民充其量就是个秦王。

而且，即便武昭仪的确深谋远虑，那也绝不是说她之所以能够成功，是因为她每次都能做到一本万利；相反，恰恰是因为她每次都敢于把手里全部的牌都压上。此外，她还很精明，所谓“手里全部的牌”，当然不包括她的儿子。难道她两年前生下李弘时王皇后就没来看望吗？

敢于下注，其实就是深谋远虑；留有翻盘的余地，就是精明。既深谋远虑又精明的武昭仪，对自己的小公主下手，完全符合她的性格和行事作风。

所以，小公主之死，有暴毙的可能，但如果有人为因素，最大的可能就是武昭仪自己下的手。而且，即便小公主是暴毙，武昭仪也在有意地把嫌疑通过众人之力引到王皇后的身上。

一计不成，再生一计

总之，小公主暴毙一案就这样不了了之了。但武昭仪怎会善罢甘休？于是，又发生了“厌胜案”。

厌胜，是一种诅咒他人致病、致死的巫术，即把仇人的形象绘成图画或刻成木偶，然后扎针念咒。这种诅咒形式由来已久，比如汉武帝时涉及人数达数十万的“巫蛊之祸”，又比如清朝康熙年间九子夺嫡时有人用“厌镇”之法对付太子。尽管名称不尽相同，但手法和目的一脉相传。

古代几乎所有的统治者，对巫蛊厌胜之术都非常重视，甚至把这样的事情上升到天下福祸和社稷存亡的高度来防范和打压。

公元655年，在王皇后的寝宫内搜查到扎满尖针的木头小人。这些木头小人的形象据说是高宗皇帝和武昭仪。

厌胜事件比小公主之死更加严重，因为这次证据确凿。不管皇后有没有诅咒武昭仪，在她寝宫搜出诅咒用的木偶应该是事实。

但此案究竟由何人告发，又经历了怎样的搜查过程，官修史书一概语焉不详。我们只能从“后惧不自安，密与母柳氏求巫祝厌胜”的只言片语中得知当时官方对此事的态度：厌胜事件是皇后与其母柳氏合谋，皇后由于不得宠而心生恐惧，于是希望高宗皇帝和武昭仪早死，而且最好暴死。

问题是王皇后不得宠由来已久，如果她相信“厌胜”的功效，那为什么不早用此法？至少也应该在三年前李忠被册封为太子的时候用，那时候只要李治暴死，她就能顺理成章地当上太后，要对付武昭仪还不易如反掌？

当然，你可以说：谁又能笃定地指出此时的王皇后就没有“厌胜”之举呢？但既然不能确定王皇后有没有做，那又怎么能确定是不是武昭仪所为呢？

“厌胜”事件的真相同小公主之死一样扑朔迷离，如果这两件事都不是武昭仪所为，那么只能说她运气太好，而这样的运气就来源于她在宫中的那张情报大网。当然，还得益于她的临场应变能力。

小公主之死自不必说，单说“厌胜案”，如果真是皇后所为，没有武昭仪接到情报后的临场应变，谁会发起搜查皇后寝宫的动议？谁又能准确无误地搜查到这样隐秘的证据？

只能说，这两件事如果是武昭仪所为，可能更合情理，尤其是“厌胜案”，操作起来根本毫不费力。

搜查到证据后，李治自然勃然大怒，立刻下令柳氏不得入宫。一个月后，又把皇后的舅舅、时任吏部尚书柳奭（shì）贬为遂州刺史。柳奭出京途经扶风县的时候，岐州长史于承素揣摩圣意，上奏告发柳奭泄露宫禁秘密，于是李治再贬柳奭为荣州刺史。

于承素之所以能够告发柳奭泄露禁中语，是因为他在见到柳奭之后百般讨好，而一肚子怨气的柳奭没忍住发了几句牢骚，谁知被于承素记录在案后快马报于朝廷。

不论柳奭本人好坏，也不管柳奭被贬的对错，于承素此举都是地地道道的小人行径。历史上从来不缺这种人，也正是因为这种人存在，皇帝干起坏事来才能得心应手。

“厌胜”事件为唐高宗打击皇后一党提供了切实的证据。以此为由，唐高宗李治拉开了废后的序幕。

第二章
李治的政治手腕

元老和少主的矛盾

“永徽”是唐高宗的第一个年号，在高宗登基后的第一个新年，即永徽元年（公元 650 年）正月初一当天发布，一直使用到永徽六年（公元 655 年）十二月，共六年。

短短六年，因为“废王立武”事件，又可以分为前期和后期两个截然不同的时期。

唐高宗即位时已经二十二岁，按说不应该存在“主少国疑”的情况和局面。

但特殊的是，一手打造出“贞观之治”的李世民与接班的李治反差太大，而李世民为李治选定的辅政大臣，又都是追随先帝多年的老人，个个功勋盖世，谋略过人。所以永徽初年，以长孙无忌为首的元老重臣似乎比皇帝李治更显强势。

但李治与长孙无忌等重臣之间，还是维持着基本的君臣之道。皇帝既不像汉宣帝那样因为霍光的存在而感到“芒刺在背”，更不像汉献帝那样沦为傀儡；而长孙无忌等人也没有飞扬跋扈到威胁皇权。

可以说此时的元老重臣们延续的是贞观时期的风格和态度，只不过在面对李治时显得有些强势而已，而他们内心深处一旦将这种强势解释为“恨铁不成钢”的时候，就会一定程度地忽略皇帝的感受。

但所有这些都还在君臣共同治理国家的范围之内，所以才有了高宗即位之初“无忌与遂良悉心奉国，以天下安危自任”的说法。

从永徽元年（公元 650 年）的褚遂良置产案中也能看出，此时的政治颇为清明。

这个案子案情很简单，就是当时的中书令褚遂良利用手中的权力，强行购买中书省译语人（翻译官）史诃耽的房屋，价格却是以政府征收时的估算为标准，显然，褚遂良低价购买了房屋。

大理寺卿张睿册认为此事合理，而监察御史韦思谦认为不合理，并上书告发了此事。即便只是一个涉及金额有限的普通腐败案，又发生在辅政大臣的身上，褚遂良还是被贬为同州（今陕西大荔）刺史，而为他开脱的张睿册也被贬为循州（今广东一带）刺史。

后来也有人认为朝廷快速处理此案，是长孙无忌有意让褚遂良暂避风头，以免穷追之下牵连更多的人。这种说法的根据就是永徽三年（公元 652 年）褚遂良便重回京师，升为吏部尚书，而且加“同中书门下三品”，正式身居宰相高位，而当初告发此事的韦思谦则被贬出京任清水县令。

这种说法也没有错。其实，这涉及如何看待历史和历史人物的问题，角度不同，结论就会有出入。根源就在于每一个人，尤其帝王将相，他们从来就不是所谓的完美无缺。深究细追之下，谁没有见不得光的一面？我们看待他们，要放到历史的大势当中，要看他们的所作所为是出于公心，还是为了一己之私欲；是顺应潮流，还是逆势而动；是故意为之，还是意料之外。

对于历史人物来说，看他们是否能够把握大节、应时权变，可能比纠结于他们个人的道德品质会更加凸显他们的历史作用和价值。但这绝不是说道德败坏的人会有什么正面积极的意义。

具体到这个置产案，涉案金额不大，案情普通，或许还存在情有可原之处，因为褚遂良估算的价格毕竟还有出处，严格意义上不算强买强卖。而且，此事褚遂良本人知不知道或知道多少都是问题，因为在古代，高门大户家里这样的事情一般都由专人操办，就像你能想象《红楼梦》中的贾政会去亲自操办置产之事吗？更不用说托孤辅政大臣褚遂良了。

即便褚遂良确实有罪，但他作为高官，朝廷还能据实、快速处理，而不是刻意压制、回护，这样的政治氛围还不算清明吗？至于后来的重新起用，一个辅政大臣，因为这样的事情接受外放两年的处罚还不够吗？“永不续用”的说法，历朝历代针对的只是不可饶恕的大罪，难道从此弃用褚遂良才合理吗？那恐怕才是真正的不合理吧？

至于韦思谦因告发褚遂良而遭贬官一事，也在情理之中。这不是个例，本身就是古代朝廷的通病和顽疾。因私废公的打击报复，在那个封建皇权时代有什么奇怪的呢？

单就此事来说，韦思谦和那个告发柳奭的于承素绝不可同日而语。于承素是个小人，而韦思谦的所作所为让人尊敬！弹劾辅政大臣，韦思谦怎能不知道可能会遭受打击报复？而他仍执意这么做，可见其勇气可嘉。

总的来说，永徽初年，登基伊始的高宗李治也算信任和倚重元老大臣。

投机是对时机的精准把握

公元650年，有洛阳人李弘泰告发长孙无忌谋反，李治连调查都没有，直接下令以诬告罪将其斩首。此时的李治显然不能容忍有人挑拨君臣关系。

李弘泰告发长孙无忌谋反当然不会有实际的证据，而他之所以这么做，就是揣摩当下朝廷的政治格局，认为皇帝和长孙无忌之间可能有矛盾。他这种做法属于政治投机，只不过结果没有如他所愿，白白丢了性命。然而他的这种想法却也在一定程度上反映了当时世人普遍的认知。

《帝范》一书是李世民亲自撰写、专门留给太子的言行规范。另外，据《贞观政要》中《教诫太子诸王》一篇的记载，李世民为了将李治培养成有道明君，可谓“遇物必有诲谕”，时时处处都在对李治耳提面命。比如吃饭时，则言种田之劳；骑马时，则云劳逸结合之道；乘船时，则论舟水相覆之理；就连在树下休息时，也要以“此木虽曲，得绳则正”，来告知李治兼听意见则明。

面对父亲如此这般的谆谆教诲、殷切希望，登基之初的李治应该说还是想努力实现太宗的遗愿的，表现就是他不仅勤政，而且乐于纳谏。

公元650年，唐高宗接见各地来朝官员。本来例行公事的统一朝见，被高宗改成了一个个单独会见。他不辞辛劳地每天接见十位刺史，询问百姓疾苦，了解地方政治。

同年，高宗欲外出打猎时，欣然接受谏议大夫谷那律的劝阻而罢猎。

另外，从公元651年的“左藏被盗案”，也能看出李治对谏议的态度。

左藏是大唐国家财政中枢机构，左藏库相当于现在的国库，史载“天下财赋皆纳于左藏库”。一天，一名低级武官——左武侯引驾卢文操，翻越左藏围墙偷盗财物时被当场抓获。

左武侯本就负责京城治安防御，他手下人盗窃，显然属于监守自盗。高宗大怒之下，“命诛之”。时任谏议大夫萧钧谏议卢文操法不至死，并陈奏：“天下闻之，必谓陛下轻法律，贱人命，任喜怒，贵财物。”

李治思虑之下，不仅赦免了卢文操的死罪，还称赞萧钧“此真谏议也”。

这一时期的唐高宗没有一意孤行，朝中大臣也敢于直谏。总的来说，延续了贞观之治的政治氛围。

渐趋微妙的君臣关系

然而此时的君臣关系，毕竟和贞观时期已不同。

贞观时期的君臣共治，是以李世民马首是瞻，即便臣子犯颜直谏，也如魏徵所言：“陛下导之使言，臣所以敢谏。”没有如此君王，臣子也不敢这样直言。就连对凌烟阁第一功臣长孙无忌，李世民也说过“无忌于朕，实有大功，今者委之，犹如子也”这样的话，其是把长孙无忌当作亲生儿子来看待的。可见，那时的朝中大臣，无一不是宾服在李世民的权威之下。

贞观时期的臣子谏议即便再激烈、再极端，也没有谁会认为是在挑战皇权。而到了李治在位，朝臣的行政命令、监察御史的谏议陈奏，却会令人不自觉地联想到强臣是不是要大权独揽？告发长孙无忌谋反的李弘泰，不就是这种声音的典型代表吗？

李世民在位时，大权在握，自然无论谁说什么都不相信长孙无忌敢独断专行，而长孙无忌本人甚至因为担心权威至极会带来灾祸，无论如何都要辞官不干，以绝流言。

相较之下，永徽初年的朝政局面，与其说是强臣主政，倒不如说是李治本人显得太过“可怜见儿”。因为皇帝孱弱，所以朝臣无论怎么做都显得飞扬跋扈。但事实上，除了在“废王立武”之事上李治的意见被驳回之外，并没有明显的事例说明他这个皇帝当得太过憋屈。

如果强要找这样的事例，也只有立李忠为太子勉强算一个。

公元652年，王皇后的舅舅柳奭看到皇后无子，就建议皇后立高宗庶长子李忠为太子，因为李忠生母地位卑微，册立之后必然和王皇后亲近。于是柳奭就联络长孙无忌、褚遂良、韩瑗、于志宁等人出面，说服高宗，册立了李忠为太子。

在此事上，柳奭固然有私心，但皇后无子不是失德所致，过继皇子也在宗法允许的范围之内。即便高宗开始不同意，但册立李忠为太子，他也不见得有多委屈。

或者还有一事：永徽初年，晋州连续两年的几次地震，被尚书右仆射张行成解释为：“女谒（yè）用事，大臣阴谋。”高宗采用的对策是让五品以上的官员对朝廷提意见。

高宗什么意思？是要广开言路，匡补过失？还是让臣子检举揭发，揪出真凶？

先不讨论李治的动机，来看结果。结果怎么样呢？结果就是“上疏虽多，而遂无可采者”，即都是些没什么价值的意见。

李治在朝堂上质问群臣：“先帝在世时，朕亲眼看见五品以上官员积极参议朝政，或反映民意，或封驳公文，整天络绎不绝。为何现在无人上书？难道时至今日，就没有国家大事要讨论了吗？”

群臣没有回应，长孙无忌站出来回答说：“陛下即位以来，各项政策都十分正确，没有疏漏，所以臣子上书就不会有什么真知灼见。”但同时，长孙无忌也肯定了广开言路的必要性。

不甘心的李治接着问：“朕怎么听说有关部门在处理各类案件时多讲情面呢？”

长孙无忌的回答很坦诚，他说：“讲人情、看面子是人之常情，历朝历代都有，相信陛下您也不能避免。但是官吏们处事讲情面归讲情面，绝没有严重到徇情枉法的地步。”

现在我们回头来看李治广开言路的动机，他是不是希望有人指出朝廷行政的失误和弊端？而目前朝廷的行政之权无疑掌握在长孙无忌等人手里，那是不是说，李治开始对长孙无忌等人产生了信任危机？

从李治采信晋州地震象征“大臣阴谋”的说辞来看，不排除这种可能。但广开言路这一招反响平平之后，李治没有再采取别的措施。不信任一旦产生，应该会逐渐加深才对，除非解开矛盾，而长孙无忌的回答显然没有令李治满意，达不到解开矛盾的效果。那么这事为什么没有下文了呢？最大的可能就是，至少到目前为止，李治没有不信任元老大臣。

大臣们没有提出什么有用的建议，李治不满意，但这事也有他自身的原因。一个皇帝，在朝堂上发出以前忙现在为什么不忙的疑问，这合适吗？你让大臣们怎么回答？再问为什么官员办事有讲情面的现象，更令群臣无以言对。

施政的战略、方向，你作为皇帝，不是应该烂熟于心吗？你和朝臣讨论的难道不应该是这些问题吗？不说重大国策执行的进度和实施的效果，就是日常的行政事务，你作为皇帝，难道一点不了解吗？你认为官吏处事有问题，难道不该是指出具体的事件吗？笼统的一句“办事多讲情面”，你让大臣怎么回答？

这种事情，皇帝不问时，大臣们抓大放小没有太大的问题。你既然问，说明你关注，但又不去了解，只是这样泛泛而谈，元老重臣们如果负责一点，怎么会对你这样的皇帝放心？尤其他们辅佐的上一任皇帝还是李世民这样的明君。

由此看来，长孙无忌的回答也算合情合理。而且长孙无忌在回答“人情”方面的提问时，说出“陛下恐怕也难以避免”这样的话，估计还有所特指。

因为李治的叔叔，也就是建造了滕王阁的那位滕王李元婴，还有李元婴的弟弟蒋王李恽（yùn），这二人因搜刮民财早已臭名远扬。一次赏赐诸王时，李治就说："他们二人就算了吧，他们家里钱太多了，赏他们两车麻绳，拿去穿铜板去吧。"

李治明知二人骄奢淫逸，为什么不治他们的罪？看来，讲人情一事在李治这里也在所难免。

总之，永徽初期的朝局，固然是以长孙无忌为首的元老大臣们在掌控，但高宗皇帝也不是处于从属地位，君臣共治的形式虽有别于贞观时期，但格局本质上没有改变。

这一方面说明了此时的李治并不昏聩，大唐盛世的奠定，李治也有一定的贡献；另一方面也说明李治并不贤明，平庸懦弱的他之所以能有开疆辟土之功，有时甚至被誉为能比肩唐太宗，不是凭他本人的能力，只是源于李世民的余威和贞观余荫而已。

唐高宗永徽初年，不乏李弘泰之流揣测是否"主少国疑"，但他们这样想的时候似乎忽略了一个基本的规律，漠视了当时的实际情况。

纵观历史，强臣和皇帝之所以开始针锋相对，应该是在君臣矛盾呈现和爆发之前没有了其他矛盾。就像昔日的司马懿之所以没有尽全力对付诸葛亮，就是因为没有了诸葛亮，曹魏也不会放过他。又比如西汉初时的燕王卢绾（wǎn），在臧（zāng）衍的点拨下，劝反叛的陈豨（xī）逃亡，以达到"连兵不决"的效果，目的就是让刘邦始终认为燕国有用，从而得以自保。

这个道理很浅显，运用它的实例也很多。李弘泰想进行政治投机，于是举报长孙无忌谋反，最终被杀，他不是死在判断失误，而是死在没有把握好时机。所谓的"投机"，最关键的就是对时机的把握，李弘泰利欲熏心之下，忽略了"机"，一猛子"投"下去，也是死有余辜。

那么，永徽初年唐王朝最大的矛盾是什么？

无疑是太宗时期夺嫡之争的流毒隐患。之所以会有这个隐患，是因为李世民的舐犊情深。对所有人都能下得去手的他，和他父亲李渊一样，唯独对自己的孩子心慈手软。以至于在选择接班人时，李世民还要考虑哪位皇子更能善待其兄弟姐妹，所以“仁弱”的李治能够被选中。

也因此，李世民当时在处理李承乾和李泰时，并没有扩大株连的范围。在他看来，这样做除了为儿子开脱之外，也是以宽厚换取李承乾和李泰追随者的幡然悔悟。

这样的做法对于李世民来说当然合理，因为李承乾和李泰的追随者反对的不是他，更不是大唐，他们选择跟随两个皇子起事，或因为是旧识，或因为是部下，或为攀附，或为荣华。总之，至少在李世民看来，这帮人除了主谋，都有允许其改过自新的充分理由。

所谓“未经他人苦，莫劝他人善”，李世民自然体会不到李治对这些人的看法。至少放在别的朝代，这种事情足以掀起一场大清洗。

而永徽初年朝堂上的辅政大臣正好是一致推举新皇帝李治的一帮人。不管他们当初推举李治的动机和目的如何，反正结局皆大欢喜，保障了永徽初年的君臣无猜。

对于清除太宗时夺嫡之争的流毒隐患，李治君臣根本不用讨论和交流，便在默契之中达到了高度统一。

公元 653 年的房遗爱谋反案，可谓永徽初年朝廷的重大政治事件。此案虽事出有因，却也是大势所趋，不可避免。

公主遭遇的“流氓案”

案件本身并不复杂，就是高阳公主状告丈夫房遗爱的哥哥房遗直非礼自己，朝廷详查之下，牵出一起谋反大案。

原本一桩“流氓案”，最后怎么就被定性为“谋反案”了呢？

本案中的原告高阳公主，是太宗皇帝的第十七女，十五岁时被李世民许配给房玄龄的次子房遗爱。高阳公主本来深受太宗宠爱，因为两件事，父女之间产生隔阂，以至于太宗去世之时，高阳公主没有表现出丝毫的悲戚之情。

其一是高阳公主婚内出轨，与和尚辩机私通。事发是因为一起盗窃案，窃贼指认赃物时，供出其中的玉枕是从辩机处偷来的。玉枕为皇家御用之物，官府顺藤摸瓜，排查之下，找到玉枕的原主人就是高阳公主，再次审讯时坐实了高阳公主与辩机的私情。

听闻此事的李世民恼羞成怒，下令腰斩了辩机，高阳公主身边的十几个侍女也一起被杀，高阳公主本人自然也逃不过严厉的斥责。失去情人的高阳公主，开始怨恨李世民。

其二是公元 648 年，房玄龄去世，他的爵位、财产自然由嫡长子房遗直继承，高阳公主却骄纵跋扈到要据为己有。官司打到李世民那里，房遗直迫于皇威，表示愿意放弃继承权，但李世民坚决不许这种僭（jiàn）越的事情发生，裁决房遗直享有继承权，还把高阳公主训了一顿。这样的处理，更加重了高阳公主的怨恨。

后来，高阳公主与房遗直的矛盾日渐加深。高宗即位后，高阳公主诬告房遗直对自己无礼，事关皇家和重臣的脸面，李治令长孙无忌彻查此案。

在审理的过程中，房遗直举报高阳公主和弟弟房遗爱图谋不轨。长孙无忌详查之下，发现确有此事，且涉及人员有驸马薛万彻、荆王李元景、驸马都尉柴令武等。

薛万彻以李建成部将的身份追随李世民，屡立战功的他也算深受李世民信任。李世民封他做左卫将军，还把妹妹丹阳公主嫁给了他。但薛万彻恃才傲物、盛气凌人，还时常口无遮拦地抱怨朝廷，连当时的英国公李勣（jì）都说他：“身为将军，又是驸马，私发怨言，罪不容诛。”

贞观末年，薛万彻更是参与到夺嫡之争中，坚定地支持李泰。李治登基后，薛万彻并没有醒悟，依然我行我素。一次和好友房遗爱吃饭时，房遗爱说：“若国家有变，我们就拥立荆王元景为主。”薛万彻立刻表示：“只要我坐镇京师，那些家伙一个都不敢动！”

长孙无忌调查房遗爱谋反案时，薛万彻被捕，但拒不认罪，后来房遗爱出面做证，拿出了上面那段对话，坐实了薛万彻谋反的罪名。

薛万彻冤枉吗？至少他自己感到很冤。因为他被处斩之前高呼道，不能因为房遗爱的举证就定他的罪。他还认为，像他这样的好男儿，留着为国效力岂不更好？

他却忘记自己亲口说过：“有我在，那些家伙谁都不敢动！”如此，又怎能留你？

荆王李元景为李渊的第六子，娶了裴寂的女儿裴氏为妻。李元景的父亲、岳父及兄长个个都是政变的行家里手，本来只是一个逍遥王爷的他，似乎也耐不住寂寞了。

李世民在世时，朝廷强人如林，他还算知道自己几斤几两，不敢妄动；如今李治在位，他想照葫芦画瓢来次政变，倒也不难理解。反正李元景的政变之举不确定，但政变之心的显露是事实。即便他的政变之心是照猫画虎抄来的创意。

当初武士彟献给李渊的祥瑞就是他梦到李渊骑马登天，手把日月。如今的李元景更直接，亲自做梦梦到自己手把日月。

而且，他还把这样的梦境讲给房遗爱、柴令武和薛万彻这些昔日李泰的拥趸听。

看看卷进房遗爱谋反案的这一帮人吧！

高阳公主，所谓的“千金之躯”，自轻自贱到与多人通奸的地步。

就算私德之事史书的只言片语不足采信，但意欲强占夫家家产一事总是属实的吧？就算此事也不属实，状告大伯子非礼自己不是杜撰的吧？就算是杜撰，丈夫狱中检举揭发她密谋造反，总该确有其事吧？就算这也不是真的，丈夫临死前要拉上几个垫背的，其中就包括她，不悲哀吗？

再看房遗爱，头上一片“绿草青青”，妻子高阳公主赏他几个小妾，他就醉卧温柔乡，对自己妻子的出轨听之任之。不说他有没有谋反之实，就算真是谋反，事败被杀时，好歹也像薛万彻一样，面对屠刀死得慷慨一点。

可惜，一经审讯他就和盘托出，甚至在别人的暗示下胡攀乱咬，致使李恪也与他共赴黄泉。没脑子不说，骨头也是酥软至极，房玄龄有这样的儿子真是罪过！

再看薛万彻，屡立战功是事实，但多次被俘也是事实。他一介武夫，遇到李世民才崭露头角，何来有他坐镇京师别人就不敢动一说？他估计忘了自己被俘之后被剃成光头时的羞辱了。薛万彻虽不是大奸巨恶，却也是实实在在没有自知之明，身为开国功臣，也算勇武善战，但对自己没有清醒的认知，落得这个结局也不算出乎意料。

而说到不自知，李元景可谓他们这一帮人中的“翘楚”。不是说身为庶子就不该有夺嫡之心，任何人想当皇帝都无可厚非，但至少不能只是梦中手把日月，好歹也要手握长槊，于千军万马中冲上几个来回。再说，眼前摆着那么多政变的“榜样”，他就仅仅学来个梦中“手把日月”，就这样还想当上九五至尊？

这一帮人不说家国情怀，连一点起码的常识都没有，攀附皇子，投机政治，即便没有谋逆之实，聚众谋逆之心也必然为当时的朝廷所不容。

李恪人在家中坐，祸从天上来

然而牵扯进此案的吴王李恪，却实实在在是被冤枉的。

李恪是李世民的第三子，母亲是隋炀帝杨广的女儿杨妃。秉承两代帝王血统的李恪身份高贵，史书中评价他“地亲望高，中外所向”。

而且李恪本人很有才干，史书说他“有文武才”。因为他和李世民性格很像，李世民一度想把他立为太子，因为他是庶出才作罢。假如李恪为长孙皇后所生，李治几乎不可能登上皇位。

李恪有才干、有威望，而且曾经被议储，这就是导致他被牵扯进房遗爱谋反案而后诛杀的关键原因。他显然并没有谋逆之实，那他有谋逆之心吗？

据史料记载，公元637年，在安州都督任上的李恪因畋（tián）猎过度、损害百姓庄稼而受到御史弹劾，唐太宗因此削去他的封户三百，并罢免了他的都督之职。

在长孙无忌的授意下，房遗爱招供说太宗此举本欲让李恪改过自新，没想到李恪变本加厉，在狼子野心膨胀之下，图谋造反。

这样的理由和逻辑实在说不通。坐实李恪谋反的唯一证据仅仅是房遗爱的证词，连一个具体的实例都没有，这恰恰说明根本就没有证据能够指证李恪，房遗爱纯属诬陷。

永徽四年（公元653年），三十五岁的李恪在长安宫禁之内被缢（yì）杀，只留下墓志上一句“潜构之恶，情灭于人理；干纪之衅，罪极于常刑”的笼统表述。

这无疑是长孙无忌等人罗织的罪名，但同时也标志着高宗一党的完胜：他们彻底清除了贞观末年夺嫡之争后的隐患。

讽刺的是，房遗爱诬陷李恪的目的就是想为自己减罪，但长孙无忌利用完他之后，并不打算放过他。房遗爱在临刑之前见到高宗时说出了诬陷吴王李恪的实情，这个愚蠢透顶的家伙显然是希望李治听后能放过他这条贱命。

而听闻李恪被冤枉后的高宗，仅是淡淡地说道："无乃晚乎！"既未饶了李恪，也未放过房遗爱，当然，更未追究长孙无忌的责任。

人命关天，房遗爱就在眼前，有什么太晚了的？杀房遗爱太晚了，让他说出了李恪是被冤枉的，这才是李治的心里话吧？

被冤枉的李恪临死之时，曾诅咒长孙无忌："长孙无忌玩弄权术，陷害忠良，如果祖宗有灵，必灭你全族！"

因为涉及房遗爱谋反案，历代史书上对李恪具体的事迹记载都不详，但从李世民"吴王恪英果类我"的话可以看出，李恪也许像他的父皇一样英武果敢，可惜历史没有留给他展示的舞台。

历史把舞台留给了李治。此时长孙无忌给李治呈上了这样的结案报告：房遗爱、薛万彻、柴令武斩立决；荆王李元景、吴王李恪、高阳公主、巴陵公主（柴令武妻子）赐死；江夏王李道宗、蜀王李愔（yīn）（李恪的同胞弟弟），唐高宗李渊之女九江公主的驸马都尉、安国公执失思力、柴令武的哥哥柴哲威、薛万彻的弟弟薛万备、侍中宇文节、房遗爱的三弟房遗则及四弟房遗义等人流放；房遗直贬为庶人；取消房玄龄太庙陪祭的殊荣。

触目惊心吗？

反正李治是哭着对他的大臣们说："荆王是朕的叔父，吴王是朕的兄长，能不能赦免了他们的死罪？"兵部尚书崔敦礼以周公诛管蔡、汉景帝平七国之乱为例，认为不可法外开恩。

李世民也哭过侯君集，曹操也不忍杀了陈宫，但哭归哭，杀归杀，他们还是分得很清楚的。统治者哭也不能说没有真心的成分，但在那

个时代，就连下战书都要客客气气地表示是一块“打猎”，面对诛杀皇亲宗室这种大事，此时的李治哭一哭，连带着求个情，也是他身为皇帝的应有之义。

所以李治的所作所为只是固定程式而已，之后面对长孙无忌谋反的结案报告时，李治不也是这一套吗？

如果由此得出李治不忍心杀了这些人，岂不天真？要是再由此推出此时的李治连救自己叔父和兄长的权力也没有，岂不糊涂？

事实上，房遗爱谋反一案，正是高宗和长孙无忌等元老重臣们的共同胜利。

经此一案，元老重臣们弄死了两个王、两个公主及三个驸马，连带着流放了两个王、一个宰相及一个驸马。按他们的逻辑，清除了高宗潜在的反对者之后，高宗再无掣肘，可以大展宏图了。

可惜世事难料，不惜冒天下之大不韪（wěi）的元老重臣们，千算万算，却怎么也想不到他们即将迎来更难缠的对手，而这个对手，将彻底瓦解他们和皇帝之间的默契。正所谓螳螂捕蝉，黄雀在后。

清道夫的角色

回看永徽初年的房遗爱谋反案，虽有大兴冤狱之实，但任何事情都要放在当时的环境和时人认知的范围内去看，否则，就会丧失基本的判断，从而陷入历史虚无主义。

就像封建帝王的世袭制，由大行皇帝指定接班人，合理吗？不合理。现在的我们甚至可以举出无数个世袭制不合理的理由，但这就是当时的法理和道统。不是不能颠覆这样的法理和道统，但不能像王莽那样，更不能像司马懿那样去颠覆。

为什么？原因就在于他们那样做太欺负人了。他们认可这种法理，又凭借这种法理壮大自己的势力，之后再用欺负孤儿寡母、当街弑杀幼主等方式去接替这样的法理和道统，太可耻了。

就像《水浒传》中卢俊义的管家，身在卢府，却想着陷害主人，企图灭门霸产，这种人难道不可恨且可耻吗？如果以我们现代人的视角辩护，说他认为卢俊义发的是不义之财，自当霸占，合理吗？即便卢俊义发的真是不义之财，也不该由他“替天行道”，何况他是卢俊义的管家，何况他还想独自占有卢俊义的家产。

联系到房遗爱谋反案，涉案人员不是王爷就是驸马，一个外人宇文节还是朝中高官。这些人从理论上说都有做接班人或是成为接班人有力支持者的正当理由，而他们又都正好与当今皇帝有隔阂或曾经有隔阂。

长孙无忌等当朝重臣之所以大动干戈，难道只是为了自己的权势地位？难道一点没有考虑到大唐的江山、太宗的重托？他们可能认为这样大开杀戒正是为了维护李治的皇权，正当且合理，所以他们心安理得，而这样的作为遭后人诟病也在情理之中。

因为他们确实没有像春秋时郑庄公对待其弟共叔段那样隐忍和等待。郑庄公对共叔段图谋篡位的种种大逆不道之举，一直冷眼旁观、不置可否。明面上，是因为他坚信“多行不义，必自毙”，所以，他从容地让那些急着出兵剿灭共叔段的大臣们“子姑待之”。而结果正如他所愿，大家确实看到了共叔段兵败自杀的下场。但共叔段不是“自毙”，是被一击即溃。显然，郑庄公相信的不是天意，而是自己的武装力量。

而此时的长孙无忌等人显然太急了，这种“宁可错杀一千、不可放过一人”的行为，势必会冤枉好人。究其原因，就是李治太弱了。

长孙无忌等人如此一网打尽的做法并不明智。从历史规律来看，朝堂上不同声音甚至不同派别的共存，对统治者而言是利大于弊的。将反对派一网打尽固然是能力的体现，但调和各种关系需要更强的能力，显然，长孙无忌等人不具备这样的能力。

他们不但不具备这样的能力，似乎还忘了矛盾是一个永恒的存在，此伏就一定会彼起。最好的做法就是人为地树立一个不涉及根本的矛盾，以此作为挡箭牌，这样就不至于使任何一个矛盾达到不可调和的地步；或者当一个不可调和的矛盾爆发时，马上找一个出口将其转移出去，利用争取来的时间和空间，回过头再慢慢解决这个矛盾。

其实，这才是宰相的本职工作，也就是通常说的调和阴阳。当然，这是针对有政治理想和行政抱负的宰相而言，长孙无忌等元老重臣们，本应该属于这样的人。

可惜的是，在他们的固执己见之下，事情开始变得糟糕起来。

优柔小弟遇上干练大姐

武媚娘再次入宫之后，可谓与李治珠联璧合——多愁善感、优柔寡断的“小弟弟”，碰上冷静果断、机敏干练的“大姐姐”。在李治心中，武媚娘不就是长孙皇后的母爱和太宗皇帝的威严的合体吗？而且，“憔悴支离为忆君”的武媚娘给予李治的，还有那说不尽的儿女情长。

李治沉迷温柔乡，武媚娘却一刻也没闲着。她打击情敌，广结人缘，晋封昭仪后开始向着皇后之位稳步迈进。

李治当然支持她当皇后。可废立皇后这样的国家大事，必须征得朝中大臣的同意。

心里实在没底的李治，决定亲自上门游说以长孙无忌为首的元老重臣。

公元 645 年，高宗和武昭仪临幸长孙府。酒宴之上，君臣“酣饮极欢”。一派祥和欢乐的气氛之下，李治一口气将长孙无忌三个庶子都封为朝散大夫，又赏赐了多达十车的金银财宝和绫罗绸缎。

用我们现代人的话来说，气氛烘托到这儿，也该说正事了。李治开始提起皇后无子的话题，长孙无忌当然明白皇帝此行的目的，见李治终于言归正传，他并没有接话，只是顾左右而言他，李治只得怏怏而归。

不死心的李治，在此后继续给长孙无忌送上重礼。但长孙无忌将礼物悉数收下，立后之事却只字不提。李治还请武昭仪的母亲杨氏亲自出面到长孙无忌府中说情，又请礼部尚书许敬宗说和，长孙无忌就是不同意。

在长孙无忌这里碰了软钉子，李治又把希望寄托到其他元老身上。

公元 655 年，李治召集太尉长孙无忌、尚书右仆射褚遂良和尚书左仆射于志宁三人入内殿开会，李治原本也通知了司空李勣，但李勣托病没有参会。

此时谁都没有注意到李勣的态度，又或者君臣双方都默认李勣站在元老派这一方。否则，李治为什么不早点取得李勣的认可？元老派又为什么不及时与李勣达成一致？

李治召开这个小范围、高级别会议的目的，就是再试探一下朝臣的口风。会上，李治以皇后无子为由提出要“废王立武”，短短的几句话，他说得软弱而断续，显然连他自己也觉得是在强词夺理。

皇后无子，还不是因为不受宠？不受宠，责任不就在你吗？而且此时的太子之位已定，又为什么要废后呢？

估计此时的李治也没有从皇后、太子及江山这样的逻辑链条去考虑。否则，他会有更加清晰的思路、更加有力的说法，毕竟李忠为太子确实有不尽完美的地方。但此时的李治，一门心思只是要另立武昭仪为后，顾不上其他。

李治的提议一说出来，于志宁不作声，褚遂良则激烈反对。

褚遂良反对的理由正当且合理：王皇后出身名门，为先帝所选，没有失德之处，而且侍奉先帝尽心尽力，还为先帝守孝三年，也符合不得休妻的规定。

长孙无忌没有明说反对，但在一定程度上表示支持褚遂良。

元老重臣们反对废后没有错。他们坚持他们认为正确的，这不仅是他们的职责所在，更体现了他们对皇帝负责的精神和态度。至少他们是这样认为的。

而面对重臣们的反对，李治也没有放弃。他没有放弃的原因固然有武昭仪背后的撺掇，本质上还是因为他的任性执拗，就像顽劣的孩子，对待正事时吊儿郎当、怎么着都行，反而像穿衣戴帽这样的小事，却是非他认定的不可，犟得九头牛都拉不回来。

像永徽年间的外患边防事宜，史书上从来没有任何朝堂争议的记载。李世民时代，关于是否出兵，朝堂上都还有不同意见，怎么到了李治在位时就突然“众志成城”了呢？不就是因为这事原本就不需要皇帝操心吗？而且李治也不愿操心这种事，或者说，他根本就没有这个能力。

我们做出这样的揣测，依据就是李治的所作所为。如果他想另立皇后是为江山社稷考虑，那为什么遇到阻力之后又提出晋封武昭仪为宸妃呢？宸妃的定位是皇后之下，但高于诸妃。唐朝后宫定制一品妃四位，分别为贵妃、淑妃、德妃和贤妃，这个凭空冒出来的宸妃是什么意思？无非就是安慰一下受委屈的武昭仪，就像不能为你买别墅，至少为你买辆豪车，而且是超级定制款的豪车。

即便如此，李治的这个提议还是遭到了韩瑗和来济的反对，理由同样正当且合理：如此晋封，不是视朝廷制度为儿戏吗？

元老派的坚持固然有道理，但跟随李世民大半辈子的他们，怎么能了解李治内心的苦楚——我说给情人买别墅，你们不许，我想为情人定制一辆跑车，给我自己找个台阶下，也不行，那我还就偏要给她买别墅了，怎么样？由此，皇帝与元老派嫌隙初显。

突然不会“斗争”了

这哪里是为了皇后之位展开的派系之争？这哪里有强臣在威胁皇权？这分明就是一个顽劣的孩子在向父母撒泼打滚儿，以满足他原始而又低级的欲望；而父母可能已经有很多别的孩子，都是“上马安天下，下马定乾坤”的人物，冷不丁遇到个这样的孩子，以前的教育方法突然都不管用了，所以显得手足无措。

至于陈寅恪先生说的：“在这些权力斗争的背后，是深刻的社会变动，从此掌控中国北方政治的关陇集团退出历史舞台，而代表新的社会阶层的一批人物在政治上崛起。”这样的说法没有错，但这是将斗争的结果上升到社会层面的总结，与斗争产生的初衷没有严格的因果关系。

而且历史是曲折式前进的，时间的推移并不是社会前进的衡量标准。更重要的是，看历史不能只看现状，还要看趋势。隋朝时，既富且强，但总的来说是在走下坡路；唐初时，虽百废待兴，却是从低处一路向上。贞观时的勃勃生机直到此时的永徽年间还在托举着唐帝国冉冉上升，但国力如此挥霍，已经显露出动力不足的迹象。

“君子之泽，五世而斩”的解释尽管很多，但有一种解释是，在五世之内，至少要出一个所谓的“败家子”。由此看来，真可谓人才难得呀！也难怪昔日李世民对李治这个接班人忧心忡忡。

正因为元老派没有强臣之心，才让武昭仪钻了空子。眼见李治一个人实在摆不平这些元老重臣，武昭仪决定亲自出马。就在褚遂良激烈反对“废王立武”的第二天，李治再次召开会议讨论此事。这次，武昭仪就隔着帘子坐在皇帝的身后。

毫无意外，褚遂良接着前一天的话题继续慷慨陈词。他在这次的发言中具体而深入地陈述了四条反对“废王立武”的理由：“其一，王皇后出身名门，母仪天下，青春鼎盛。现在没有子嗣，不代表将来没有，不能因此而废后。其二，武昭仪家世寒微，不配皇后尊贵的身份，就算另立皇后，也要选名门望族之女。其三，武昭仪是先帝旧人，立她为后，如何遮掩天下耳目？千秋万代之后，世人又将如何评说陛下？其四，先帝临终之时，曾经拉着陛下的手对臣说：‘朕的好儿子好儿媳，今天就交给你了。’先帝的话，想来陛下没有忘记吧？如果陛下真要这么做，微臣既辜负了先帝厚望，又忤逆了陛下圣意，羞愧莫名，无以自处，只能将陛下所赐的象笏（hù）奉还，请陛下准臣告老还乡。”

说完这番话，褚遂良将朝臣所用的象笏放在地上，叩首出血。

此时的褚遂良像不像父母面对一个怎么都不上进的儿子，苦口婆心、谆谆告诫，甚至在万般无奈之下，气得把自己脸都扇肿了？

为什么元老重臣们如此坚持反对“废王立武”？听听褚遂良的理由，不是很清晰明了吗？要说这是政治斗争，不仅辜负了元老们的一片苦心，也漠视了政治斗争的诡诈残酷。这些元老重臣真要抢班夺权、遗祸江山，放着这样一个送上门的“妲己”和“褒姒”做理由，为什么不用？他们在官场浸淫多年，连这点城府都没有吗？

当然，褚遂良的劝谏确实有些过激。

李治与武昭仪偷情乱伦虽是公开的秘密，但在这样的场合大张旗鼓地宣扬，确有不妥之处；另外，褚遂良虽是想用先帝的遗嘱去唤醒李治，让其悬崖勒马，但张口先帝、闭口先帝，将当今皇帝置于何地？这就像当着孩子的面说他不如张三、李四，本意是想让孩子迎头赶上，但实际效果很可能适得其反。

褚遂良这样倚老卖老般地摆资格、讲道理，正好说明他没有私心，至少在这件事情上，他心里只有对李治的怒其不争。如果他意图威胁皇权或明哲保身，都不应该如此作为。

可惜褚遂良怎么想，李治没有心情考虑，他只因此而勃然大怒。

李治一声怒喝："来人呀，把他拉出去！"与此同时，一声娇斥也从帘子后传出："何不扑杀此獠（lǎo）！"这当然是武昭仪的声音。

这里的"獠"是古代中原地区对南方人的辱骂性称谓，类似于现在的"南蛮子"。因为褚遂良是浙江钱塘（今浙江杭州）人，所以武昭仪这样骂他，而且还要"扑杀"，可见褚遂良当众揭了武昭仪侍奉过先帝这个伤疤，武昭仪有多愤怒了。可是，昔日的李斯被杀还有咎由自取之处，褚遂良这是干了什么罪不可赦的坏事，要被直接"扑杀"？

这位托孤重臣实在是悲哀，他若是学李勣，至少还多活几年。面对如此皇帝，随波逐流难道不是最好的选择吗？你认为不堪为后的这个女人，有着皇帝这个最大的拥趸，如今的皇帝眼里只有她，哪还记得当年你的努力？

然而，真要人人如此想，将会是怎样的世界？稍后的许敬宗、李义府之流，马上就会给出答案。

这里笔者想说明的是，不论是国家还是个人，要想登上巅峰，必须经历一段特别艰苦的岁月。在这段时间里，努力不见成效，困难却接踵而来，问题千头万绪、错综复杂，纵使有三头六臂，似乎也应接不暇，烦躁、压抑甚至苦闷和彷徨成为常态，教人深陷其中，难以自拔。

然而，这样的时期，却是力量积聚最快的阶段。不知读者在学习的时候，有没有过这样的感觉：越是感到学习压力大的时候，进步越快；相反，如果有一段时间感觉学习特别轻松，回头看时，反倒没有什么进步。

这样的道理也同样适用于国家，就像雍正时，短短的十几年，胤禛（zhēn）累成了什么样？而到了乾隆时，即便弘历整日风花雪月，不也天下太平吗？究其原因，就是乾隆享受到了雍正朝耕耘的红利；而弘历没能像胤禛那样持续输出，所以大清的颓势自乾隆一朝开始显现。

目前的大唐也一样，贞观时期的励精图治是其冉冉上升的力量之源，而之后，鼎盛之中也渐显颓势。

褚遂良等元老重臣们的努力和坚持，无疑是托举帝国上升的力量。但落花有意，流水无情。李治在武昭仪的怂恿下，开始挥舞皇权的大棒。谁说他没有权力？干正事，他插不上话；但为了情人，他使起权力来毫不犹豫。当初太宗临终时，在病榻前把李治托付给褚遂良和长孙无忌，李治趴在褚遂良肩头痛哭，而今还不是说抓就抓。最后还是在长孙无忌等人的苦苦哀求下，褚遂良才保住了性命。

只是死罪可免，活罪难逃。年过花甲的褚遂良被赶出京城，一路从潭州（今湖南长沙）都督、桂州（今广西桂林）都督，贬至爱州（今越南清化）刺史。

即便如此，褚遂良还不忘继续遵从太宗的托付，不惜搬出陈年旧事，把他当初如何支持晋王为太子、如何临终受命为辅政大臣、如何忠实执行太宗遗命的过程，用他那“九奏万舞，鹓鹭充庭，锵玉鸣珰，窈窕合度”的传世书法，写成奏书上呈给唐高宗李治。

如此苦口婆心，如此谆谆告诫，结果却是泥牛入海，杳无回音。褚遂良此举与其说是自救，不如说是为了政治理想。不过面对这样的皇帝，实在多此一举，反而让人可惜这幅书法没有传世。对于褚遂良来说，书法本来只是“小技”，但笔者情愿此时的褚遂良别管什么“废王立武”，潜心书法，多留一些“骨气深稳，体兼众妙，精能之至”的墨宝。

褚遂良劝谏李治这样的皇帝，显然比不上多留一件墨宝更有价值。

第三章
“废王立武”

“李猫”的投名状

公元 658 年，褚遂良在流放之地爱州忧郁而死，享年六十三岁。此时武昭仪成为皇后已经三年。武则天登上后位动作之快、用时之短，博识耿直的褚遂良可曾预见？

在“废王立武”事件中，李义府可谓有首倡之功。

李义府，瀛州饶阳（今河北饶阳）人，因写得一手好文章，早年以荐举入仕，历任门下省典仪、监察御史，直到太宗把他派到晋王身边，成为李治的属吏。公元 643 年，李治被册立为太子，李义府升任太子舍人，加崇贤馆直学士。

此时的李义府与太子司仪郎来济都以文辞知名，有“来李”之称。随着高宗即位，李义府迁任中书舍人，兼修国史，加弘文馆学士。

从李义府的仕途之路来看，他文学才华应该不错，而且李治从晋王、太子到皇帝的这三个阶段，李义府都是其属官，这都是他在官场上的优势。

虽然李义府从正八品的监察御史，到正六品上的太子舍人，再到正五品上的中书舍人，也算不断进步，但与跟他同一起点的来济相比，可谓天壤之别。

大他四岁的来济，在高宗即位后任中书侍郎，兼弘文馆学士，监修国史，公元653年便加同中书门下三品，次年又加银青光禄大夫，直至公元655年官拜中书令、检校吏部尚书。

从二人受重用的程度来看，长孙无忌也算眼光独到、老成谋国。因为来济耿直忠信，而李义府谄媚且阴险，当时人都称他“笑里藏刀”，给他起了个外号叫“李猫”。

公元655年，久不升迁的李义府连现在的职位也保不住了，因为长孙无忌十分讨厌他，不知道抓住了他什么把柄，要把他贬为壁州司马。

事先听到消息的李义府惊慌失措，匆忙找到同僚王德俭，低声下气地求他想想办法。王德俭是许敬宗的外甥，此时许敬宗在朝中任礼部尚书。李义府找王德俭，可能只是想通过他的舅舅许敬宗说说情，看能不能让朝廷收回成命。

没想到王德俭也是个“人才”，用我们今天的话来说，就是“卧龙凤雏”总是成对出现。历史也是吊诡，似乎不能容忍静水缓流，在关键的节点不是令豪杰辈出，就是让小人扎堆，惊涛骇浪似乎才是历史长河永恒的主题。

王德俭一语中的：“现在能救你的，只有一个人。”李义府心想也是，除了你舅舅，谁还能救我？但王德俭却一字一顿地说出了“武昭仪”三个字。

听闻此言，李义府心都凉透了，摇头叹道：“皇上想立武昭仪为后，找了长孙无忌几趟都没有结果，武昭仪自己的事都办不好，还能管我吗？”王德俭阴笑着说：“皇帝欲立武昭仪为皇后，之所以没有正式提出，就是因为在朝中孤立无援，你若能首倡此事，岂不是雪中送炭？要是立此大功，还用怕长孙无忌吗？”

一语点醒梦中人。小人的特点就是唯利是图，没有任何道义和节操，行动凌厉而快捷。李义府正是这样的人。他没有丝毫犹豫，当即就代替王德俭到宫中值夜，连夜叩门上表，请求废黜王皇后，改立武昭仪。

写文章本就是李义府的看家本领，眼下毕生所学终于派上用场，这封奏书看得唐高宗大喜。高宗召见李义府，得知他的诉求之后，自然收回贬官敕书，将他留居原职。更为荒唐的是，武昭仪被立为皇后之后，李义府官拜中书侍郎、加同中书门下三品，成为大唐宰相，后又升任中书令，封河间郡公。

武则天看不懂的“恩将仇报”

李义府任相期间，广结朋党，卖官鬻（yù）爵，权势熏天，从毕正义自杀案便可见一斑。

公元656年，洛州女子淳于氏作奸犯科，被收押在大理寺。李义府见淳于氏貌美，想纳为妾室，就暗中指使大理寺丞毕正义将其释放。但大理寺卿段宝玄将此事据实上奏了朝廷，李义府就逼迫毕正义在狱中自缢。死无对证之下，唐高宗不但没有追究李义府的罪责，反而把弹劾李义府的侍御史王义方贬为莱州司户。

案情如此简单明了，皇帝回护得如此明目张胆，相比昔日褚遂良因房屋买卖被贬一事，何为清明、何为黑暗？真是没有对比就没有差距。

李义府丝毫没有因此事而有所收敛，还讥讽弹劾他的王义方道：“王御史妄加弹劾，惭不惭愧？”扬扬得意的小人嘴脸显露无遗。而王

义方义正词严地对他说道："孔子担任鲁国司寇，仅七天便诛杀少正卯。我王义方就任御史已经十六日，却不能诛杀奸邪，确实有愧。"

有惊无险地度过此次危机的李义府，更加忘乎所以，不仅与同为中书令的杜正伦在朝堂上明争暗斗，还命人罗织罪名，将之前得罪过他的给事中李崇德下狱，迫使其在狱中自杀。

李义府拜相后主持铨（quán）选，却借此卖官敛财。他事先得知朝廷委任官员的名单，然后暗中联络当事人，以帮人升迁为由索要钱财。这样的操作可谓无耻之尤。

李义府在皇帝面前谄言自媚，出外则肆意乱法，百官尽皆畏惧，无人敢言其过。

李义府的嚣张气焰，就连唐高宗也有所耳闻，因此告诫他说："听闻你儿子、女婿多有不法之事，我都为你掩饰，你该对他们多加管教。"而李义府的反应却是"勃然变色，腮颈俱起"。

这是什么皇帝？又是什么宰相？为什么没有人告发此时的李义府强臣乱政？"宁得罪十个君子，不得罪一个小人"是不是当时人们心理的真实写照？这种人人噤若寒蝉的局面其实一点也不奇怪，这就是小人当道的真实景象。

多行不义必自毙，心里有鬼的李义府与术士杜元纪结交，最终被高宗以"窥测灾异，图谋不轨"的罪名流放巂（xī）州（今四川西昌）。

公元666年，李义府忧惧而死。直到此时，担心他会被再度起用的朝中大臣才彻底放下了忐忑不安的心，无不额手相庆、拍手称快，可见此人的危害之重、流毒之深。

死在流放地的李义府是回不来了，但称帝后的武则天念及他此前的辅助之功，还是在公元692年追赠他为扬州大都督，后赐实封三百户。

讽刺的是，李义府的小儿子李湛却在后来参与了神龙政变，成为迫使武则天退位的积极分子。当时武则天面对李湛，不禁发出疑问：“我对你们父子恩重如山，你何至如此？”她似乎忘了，她和李义府本来就是相互利用，哪来的恩重如山？没有任何气节和操守的联合，换句话说不就是一丘之貉（hé）、沆（hàng）瀣（xiè）一气吗？李湛背叛她，哪里会有道义缺失的愧疚，本来就是为了利益而见风使舵罢了。

小人扎堆

李义府上表请求“废王立武”，使高宗看到当时的朝廷并不是铁板一块，至少在中下级官员中，还是有人企图通过这样的政治投机来为自己谋取晋身之阶的。

许敬宗就是这些人中的典型代表。

许敬宗的人品低劣似乎与生俱来。有意思的是，这种天生品格低劣的人在历史上并不少见，他们的性情品格无可培养也无可改变，能够影响他们的只是环境对他们的压制或助长。清明的环境中不见这些人作恶，不是他们不想，只是没有机会而已；一旦有点风吹草动，他们一定会乘势而起。

许敬宗自从掌管国史，记事就曲从迎合、曲直不辨，哪里像春秋时记载“崔杼（zhù）弑其君”的史官那样，不惜全家被杀也要秉笔直书！

许敬宗出身高阳许氏，也算名门士族之后。隋朝末年的江都之变时，虞世基与许敬宗的父亲许善心一起被宇文化及杀害。虞世基被杀时，弟弟虞世南伏地而行，请求替兄受死，其状足以感天动地；反观许敬宗，面对父亲就刑，却做“手舞足蹈”的表演以求生。

正因为许敬宗这样的性格特点，他才能在归顺唐朝后官运亨通，一路做到宰相，最后于公元672年寿终正寝，死时八十一岁。“皓首匹夫，苍髯（rán）老贼”的许敬宗，活着不就是对当时朝廷最大的讽刺吗？

“废王立武”事件发生时，好色成性而又奢靡无度的许敬宗早就洞悉了朝中局势。怂恿李义府上书，不是许敬宗的外甥王德俭“慧眼如炬”，很可能他们早就在物色这样一个“出头鸟”，让其投石问路，他们再推波助澜。这样既能立功又规避了风险，许敬宗可谓老谋深算。

在李义府的首倡之下，李治接连召开两次高级别会议，会上的褚遂良剖肝沥胆、犯颜直谏，以致被贬。

反观许敬宗，跳梁小丑一般大搞宣传攻势，把“废王立武”一事说得正当且合理。也算饱读诗书的他，急切之下，不是从社稷的安危、百姓的福祉去论述此事的正当性，甚至连制度的合理性也弃之不顾。他的理由很“许敬宗”：“田舍翁多收了三五斗，还要考虑换个媳妇，何况天子？别人为什么要妄加议论呢？”

这是什么话？皇后连着太子，太子连着皇帝，是单纯换个老婆的事吗？而且，以田舍翁类比天子，许敬宗是谄媚还是不敬？不过武昭仪非常欣赏许敬宗的这个比喻，也许恰好说明现在的皇上李治还不如一个老农，因为他连决定谁当皇后的权力也没有。

看来武昭仪与许敬宗是一类人，他们关注的不是比喻的恰当与否，他们在意的始终是利益的归属。为了利益，还要什么礼义廉耻？还讲什么气节操守？为达目的不择手段，才是他们这类人的真实写照。

武昭仪能如愿吗？

李勣成了“定盘星”

武昭仪当然能够如愿以偿，因为她背靠的大树是皇帝。

封建专制时代，只见帝王的血腥镇压、大棒飞舞，又见过几个强臣专断、皇帝蒙难？昔日的霍光，不依靠汉宣帝行使权力，能治国理政吗？他行使权力，却又使汉宣帝感到“如芒在背”、浑身不自在。不作为不行，作为也不行，为臣何其难呀！

不是说历史上没有强臣当政的事实，但大概率来说，臣子不可能斗得过皇帝，尤其在贞观之治不久之后的永徽年间。

仅依靠李义府、许敬宗之流，要完成“废王立武”这样的大事，李治也明显感到助力不够。为此，他要做的是，一方面不断剪除长孙无忌的羽翼，另一方面争取更有分量的大臣支持。

唐高宗流放褚遂良之后，同年，又公开处分了裴行俭，将其从长安令贬为西州（今新疆吐鲁番）都督府长史，原因是御史中丞袁公瑜告发裴行俭私下与长孙无忌等人议论立武后之事。此事大臣之间难道不能讨论吗？李治以这个理由将裴行俭贬出京去，显然是杀鸡吓猴之举。

此时，御史中丞袁公瑜、御史大夫崔义玄、大理正侯善业及中书舍人王德俭等人都公开支持皇帝“废王立武”。

得到这些人的支持，李治终于感到自己并不是孤立无援了。但最后起到关键作用的是司空李勣的加入，这令李治大喜过望，并促成“废王立武”之事尘埃落定。

许敬宗、李义府之流支持武昭仪情有可原，小人投机、群魔乱舞，也在意料之中。李勣功勋卓著、德高望重，而且对李密、单雄信等旧人颇讲义气，可谓忠直仗义，这样一个人，为什么在这件事情上首鼠两端呢?

后世也有很多人给出解释，陈寅恪先生认为，李勣如此行为缘于他和武则天同属于“山东政治集团”；还有人认为二人同属于“庶族地主阶层”。总之，都是试图从他们天然的亲近关系中去寻求答案。

因为人们实在不愿意把李勣归于“奸臣”的类别，和许敬宗、李义府之流相提并论。但事实是，当高宗问李勣：“隋炀帝因拒谏而亡，朕虚心求谏，而无谏者，何也？”他的回答是：“陛下所为尽善，群臣无得而谏。”

李治所作所为已经尽善尽美，这是李勣看到的事实，还是他的真心所想？如果是实情，李勣岂不糊涂？如果不是，他为什么这么说?

而且，在高宗征求李勣“废王立武”的意见时，他说：“陛下家事勿问外人。”意思就是换个妻子，是皇帝的家事，何必问别人？册立皇后，国之大事，难道只是皇帝的家事吗？但李勣如此回答，李治当然心领神会。问题是，李勣为何如此态度呢?

李勣的功勋不用赘述。单就他的仕途来说，其与李治有着千丝万缕的联系。昔日唐太宗即位，李勣被任命为并州都督，后来晋王李治遥领并州大都督，于是晋王和李勣就成了上下级的关系。

同时，因为李勣在玄武门之变时的中立态度，贞观年间被派去镇守大唐的北大门十六年，职位提升很有限。

公元 643 年，李治被立为太子。这时，李勣因为是李治长史的关系，才得到唐太宗的格外重视，被封为太子詹事，特进同中书门下三品。李世民说得明白：“我儿新登储贰，卿旧长史，今以宫事相委，故有此授。”

一次，李世民闲来设宴，他望着宴上的李勣说：“朕准备把年幼的太子托付给大臣，想来想去没有谁比你更合适了，因为昔日你连李密都不辜负，怎么可能辜负了朕呢？”李勣痛哭着，把自己的手指都咬出了血。虽然史书没有记载李勣此时说过什么，但他誓死效忠的决心显露无遗。

但太宗为了万无一失，在临终之际，还特意面授李治“父降子升”的帝王之术，即先把李勣贬官降爵，再让李治重新任用，希望李勣感恩戴德之下甘心臣服于李治。可见，太宗对李勣还有一丝的不放心。

其实，太宗不放心也在情理之中，手握重兵又德高望重的臣子自然会令皇帝有所防范。但总的来看，太宗和李勣君臣二人还是同心同德的，起码矛盾没有大到李勣要以“废王立武”之事来报复太宗的地步。

如果非要说太宗对李勣还有一丝不放心，那李治与李勣的关系确实找不出任何的嫌隙。问题是，以他们之间的关系，李治决定“废王立武”时为什么三番五次找长孙无忌，而从来没有想到找李勣呢？

这固然是因为长孙无忌位高权重，只要说一句话就能成全此事。但长孙无忌多次拒绝，高宗都想到封武昭仪为宸妃了，还是没想到李勣，就有点不符合常理了。

联系到永徽初年李勣的“抗表求解仆射”，我们也许能从中找到一点线索。当时李勣位居宰相中地位最为重要的仆射一职，却上表非要辞职不可。这是什么原因呢？没有任何证据表明李勣在朝中受到排挤和打压，那最有可能的原因就是他真的不愿身居如此高位，或者说他感到自己不适合这种文官的角色。

李勣武将出身，史书上没有过多关于他行政工作的记载；而且当初玄武门之变时，即便李勣一直跟随李世民，却也不是政变的坚定支持者。似乎他的心只在战场之上，朝中的其他事情他都不是太执着，起码每次的政治站队他都选择中立。

李承乾与李泰夺嫡之争时，李勣是晋王的属官，他当时没有任何表态；就连议立晋王为太子时，史料上也没有见到他的意见。是不是在他的心中，政治与军事无关？而他这个人本身又对政治不感兴趣，所以有意在远离政治旋涡？

但议立皇后这事，再不表态，明显说不过去，所以当李治询问李勣时，才有了李勣那句“陛下家事勿问外人”的模糊回答。这样的回答可能是说出了李勣的真心话。由此我们可以判断，以前李勣远离政治是对的，因为他确实不善此道。

所以我们不能下结论说李勣一定是奸臣，也许他只是实在不擅长判断这样的事情。他之所以说出这样模棱两可的回答，可能只是考虑到先帝的重托，又考虑到与李治交情笃厚，想要忠义两全。在他这里，忠义两全的具体做法可能就是不让李治为难。

一生都远离政治旋涡的李勣，仅有的一次涉足政治，却是与许敬宗、李义府之流同流合污。也许把他这一错误归因于那个时代更合理吧。

皇后加冕大戏

就这样，“废王立武”之事在佞臣小人的推波助澜之下尘埃落定，武昭仪皇后加冕的风光大戏拉开帷幕。

这出戏的前奏是新皇后上表请求褒奖之前反对“废王立武”的韩瑗和来济，理由是：对抗圣意，风险很大，极为不易。要不是公忠体国，怎么能做到？做到了，又怎能不赏？

看看武后的格局，是不是比李义府强多了。李义府面对弹劾他的王义方，极尽嘲讽之能事；如今的武后，面对反对立自己为后的人却这样宽宏大量。那么问题来了，为什么当初对抗圣意最激烈的褚遂良没有得到赏赐呢？

韩瑗和来济等人也在考虑这个问题，可惜他们得出的答案是，这位新任皇后可能一时疏忽，忘了。因此，他们幻想着通过自己的提醒来改善褚遂良的境遇，于是他们频频上书高宗为褚遂良诉冤，结果可想而知。其实，这就是元老派在“废王立武”一事中失利的原因之一。对待小人，就要用更小人的办法，然而他们始终没有这样做，也不知道他们是不懂这样的道理，还是不屑于这样的手法。估计后者的可能性比较大。

事实上，武后根本就没打算放过褚遂良，就连韩瑗和来济她也要秋后算账。而眼下，她首先要对付的是被废黜的王皇后和失宠的萧淑妃。据史书记载，她们二人被武后下令砍去手脚，泡在酒桶而死。惨状我们不再赘述，但李治对此不闻不问是事实。

公元 655 年底，武则天这个昔日木材投机商的女儿、太宗皇帝的才人侍妾、感业寺中寂寞而又躁动的尼姑、高宗李治魂牵梦萦的情人，即将登上大唐皇后的宝座。

十一月初一，高宗李治为她举行了隆重的册封仪式。

太极殿前，大祭坛上的鎏金炉内香烟缭绕，直上云霄；装饰着锦鸡羽毛的册封翟车光彩夺目、熠熠生辉，在六列盛装宫女的簇拥下停放在祭坛前面的正中位置；身着盛装礼服的文武官员及外夷使臣静立于宫城之外。

整个场面一派庄严肃穆。

天将破晓，宰相韩瑗带领众人进入皇城，肃然分列于太极殿两边。李勣和于志宁担任正副授册使。烦琐的仪程过后，英国公李勣将皇后玺绶恭敬地递给武昭仪，标志着皇后加冕礼成。

盛装的新皇后乘坐翟车，众星捧月般地来到肃仪门，再次接受文武百官和四夷君主的祝贺。这是史无前例的盛况，因为朝拜皇后的仪式正是由武后别出心裁地首开先例。

风光、排场、强势和权力，这都是她与生俱来的喜好和追求，无须培养，也无法改变。

十四岁入宫，如今三十一岁的她，历经十七年的曲折人生，终于逆袭成为大唐皇后，怎么可能不容光焕发、神采飞扬？

不知道此时的李勣作何感想，但长孙无忌、韩瑗和来济等人参加这样的典礼，违心地说着歌功颂德的假话、套话，心中该是多么苦楚和伤感！

他们不知道，接下来的命运只会令他们更加绝望。幕后主使者当然是武后，而直接经手人就是许敬宗那一帮小人。

秋后算账

事实上，在封后大典的第二天，许敬宗就以礼部尚书的身份提出更换储君的谏议。理由冠冕堂皇：依照宗法制度，太子该是嫡长子，而现在的嫡长子就是武后所生的李弘。

都不用武后说话，高宗就满意地说："忠儿已经多次提出让位了。"许敬宗赶紧接道："这是古风，应该促成。"

十四岁的孩子，高风亮节地多次提出让位，帝王之家如此催人早熟吗？早熟又怎么样？公元656年初，唐高宗废黜李忠的太子之位，降封为梁王，授任为梁州都督，当年又将李忠改任为房州刺史，迁到今天湖北省神农架一带。四年后，李忠身边一个名叫阿刘的女仆在武后的指使下告发李忠经常穿女人衣服，还经常找人给自己算命。就因为这一纸荒唐的诉状，高宗认定李忠有谋反之心，将其贬为庶人，流放黔州，囚禁在黔州李承乾的故宅。又过了四年，也就是公元664年，许敬宗在武后的指使下告发李忠与宦官王伏胜、西台侍郎上官仪密谋反叛，时年二十二岁的李忠在黔州住所被赐自尽。

一个被囚禁在废太子李承乾旧宅、担惊受怕苦熬岁月的李忠都能谋反，那长孙无忌等重臣们不谋反，怎么可能？秉承如此逻辑的许敬宗早已锁定目标，长孙无忌的末日到来了。

公元659年，洛阳人李奉节状告太子洗马韦季方与监察御史李巢朋比为奸，图谋不轨。高宗派许敬宗与辛茂将共同审理此案。

这种贼喊捉贼的把戏还用赘述审理的细节吗？酷刑之下，韦季方自杀未遂，许敬宗趁机诬陷韦季方意欲伙同长孙无忌谋反。

看到结案报告的李治又开始了他一贯的表演，惊讶地问：“怎么会有这样的事？舅舅被小人挑拨离间有可能，哪至于谋反？如若此事为实，我怎忍心给舅舅判罪，后代史官会怎么看待我？”许敬宗有绝对的底气与把握，他侃侃而谈：“同案犯供认不讳，此乃人证；臣等反复推理，确认长孙无忌谋反之心确凿无疑，此乃理证。希望陛下能果断处理，尽快将其拘捕。昔日汉文帝杀舅父薄昭，天下人不都称其为明主吗？”

不仅案情无疑，而且还有真实的历史事例做榜样，“左右为难”的李治只好哭着说：“真是家门不幸，皇亲中怎么总有人居心不良，前有高阳公主和房遗爱，如今又是舅舅，真叫朕羞于见人。这可怎么办呀！”

历史的长河中翻腾的多是闹剧，励精图治换来的往往不过瞬间的清明。这也难怪，就像汹涌澎湃的河流改道，一经完成，滔天白浪归于平静，水流之下除了沉渣还能有什么？

李治的眼泪是廉价的，表演却是用心的，这说哭就哭的本事一般人还真没有。看起来怎么都想不明白舅舅为什么会谋反的李治，好歹像当初对待房遗爱那样当面问问长孙无忌为什么会谋反，才算是人之常情吧？

但他没有这样做，他是懒得用“无乃晚乎”这样的托词去糊弄长孙无忌吗？也许他是觉得这样搪塞不过去吧。或者他害怕直面长孙无忌凌厉的目光，那目光看向他时曾经带着期许，后来带上了哀怨，如今估计剩下的只是失望了。

总之，长孙无忌怎么想、怎么看，已经不再重要，李治未与长孙无忌对质便直接下诏。长孙无忌被削去官职和封邑，流徙于黔州，他的儿子们都被罢官除名，流放岭南。正如陈寅恪先生所说："此时长孙无忌的倒下，标志着自西魏宇文泰以来的关陇集团退出历史舞台。"

仅仅贬官流放显然不是武后的手段，也不符合许敬宗等人的小人做派。

三个月后，李治又让李勣、许敬宗复审长孙无忌谋反案。关于高宗为何重审此案，史料没有记载。我们今天能了解到的历史事实就是：许敬宗指派中书舍人袁公瑜到黔州审讯长孙无忌，袁公瑜刚到黔州，就逼令长孙无忌自缢。

许敬宗难道会如此自作主张？袁公瑜又怎么敢如此胆大妄为？没有皇帝和皇后的暗示甚至指使，他们两个能够做到如此地步吗？如果是，这难道不是强臣大权独揽的明证吗？而这样的熏天权势，昔日的长孙无忌和褚遂良他们何时有过？

长孙无忌倒台后，曾经的宰相韩瑗以及王皇后的舅舅柳奭都被牵扯进来，他们的亲属、族人或被贬，或被杀，或流放，或发卖为奴，就连保持中立的现任宰相于志宁也未能幸免。

大清洗之下，太宗时代留下的外戚、旧臣可谓被一网打尽。太宗昔日的才人，今日的"好"儿媳，一上位就显出了如此的"好"手段。

这里需要特别提及的是来济。前面说过，武后根本没打算放过褚遂良，就连为褚遂良鸣冤的人她也会秋后算账。公元 657 年，武后指使许敬宗、李义府诬告来济、韩瑗与褚遂良结成朋党，意图谋反。褚遂良被贬为桂州都督，韩瑗被贬为振州刺史，来济被贬为台州刺史。公元 660 年，来济改任庭州刺史。庭州就是今天的新疆昌吉回族自治州，在西突厥与大唐的交界处。公元 662 年，西突厥入侵大唐，来济不穿甲胄，率军出击，牺牲在战场上。这可能是他们这批元老大臣最好的归宿了，为国捐躯、马革裹尸是他们对自己的政治理想、志向抱负及士大夫气节操守最后的坚持，也是对大唐最后的奉献。

值得吗？至少他们认为值得。没有他们殷红的鲜血，大唐哪里会被渲染得鼎盛且辉煌？默然前行甚至流血牺牲的人们不应该被忘记，他们才是推动和托举大唐帝国前进的力量。

虽“步履蹒跚”，虽“衣衫褴褛”，虽“佝偻身形，狼狈不堪”，但他们内心依然蕴藏着蓬勃的力量，这才是真正的历史驱动力。

而那些沐猴而冠的统治者，面对山呼海啸般的三跪九叩，满足于只是占有权力的快感。就像李治，身上哪有一丝父辈“筚路蓝缕，以启山林”的影子？又将祖宗郑重传下来的光荣与梦想置于何地？

至于奸佞得志的许敬宗、李义府之流，骄奢淫逸、肆无忌惮，何曾反思过他们的无耻与贪婪？

第四章
武则天的强势

李治越来越不治

册封武后，取悦了情人，整顿了后宫；举起屠刀，清洗了旧臣，整肃了朝廷。此时的李治可谓志得意满。放眼朝堂，哪里还有“主少国疑”的杂音？哪里还有强臣不依不饶的聒噪？

但李治觉得自己越来越不像个皇帝。

李治面对因为卖官鬻爵而闹得民怨沸腾的李义府，好心提醒他好歹检点些，没想到竟惹得他勃然变色，并梗着脖子质问道：“这是谁对陛下说的？”而且没等李治把话说完，李义府竟撇下皇帝，扬长而去。

李义府为什么敢如此对待自己？李治心知肚明，还不是因为有武后撑腰？连武后的爪牙都飞扬跋扈到如此地步，那武后本人李治管得了吗？

当然管不了，不仅在后宫小事上管不了，在朝堂大事上也管不了。

武后的同胞大姐武顺年轻时嫁给豫州参军贺兰安石，生下儿子贺兰敏之与女儿贺兰氏。丈夫早亡，寡居的武顺因为妹妹贵为皇后，得以诰封韩国夫人，时常带着女儿出入后宫看望妹妹武后。

久而久之，风韵犹存的寡妇和年轻靓丽的女儿被李治看中。在她们母女这里，李治感受到的又是一番别样的温柔。如果说以前的他面对长孙无忌等元老重臣，还需要干练的武后支撑，好让自己在朝堂上的表现不至于太过怯懦；那此时的他需要的只是纯粹的似水柔情。

初入后宫的母女二人因为武后的强势不得不有所收敛，而武后的亲情又留给了她们放肆的空间。所以，她们对李治表现出来的是欲迎还拒。明推暗就下的热情似火，让李治彻底沉迷其间。

史书说此时的李治有病，应该是事实。先钟情于父皇之妾，又沉迷于妻子的姐姐，连带着对妻姐的女儿也钟情到不能自拔，这是怎样的心理疾病呀！

一直在后宫打转的李治到底是一个什么样的皇帝？估计他自己也认为他本不该坐到这样的位置。实在觉得做皇帝没有意思的他，曾想着禅位于太子李弘，自己去做太上皇。

这样的想法倒和他的爷爷李渊有点类似，但他即便和李渊比，也有着云泥之别。

公元 675 年，年仅二十四岁的李弘暴毙，李治当太上皇的计划落空。不甘心的他又在次年打算彻底交权，由武后独掌国政，或者干脆把皇帝的位置让给武后。这是他真实的意愿，所以还能说武周代唐没有他的责任吗？难道说一句他没有预见到身后事，就能推卸他的责任了吗？

要不是宰相郝处俊坚决反对，大唐可能早就是武后的天下了。事实上，正是李治的昏庸无能才让武后的欲望一步步膨胀，直至染指帝位。

又一起扑朔迷离的暴亡案

此时的武后是名正言顺的后宫之主，岂能任由韩国夫人母女受宠。没过多久，韩国夫人死了，并没有确凿的证据表明是武后害死了韩国夫人。但即便是武后下的毒手，也与昔日的宫斗不同。毕竟这次无论是从道德还是从亲情的角度，武后终于站在了制高点。

韩国夫人死后，李治又打算将其女儿魏国夫人正式收入后宫。遮遮掩掩似乎不是李治的性格，凡是他的女人，他都想方设法要给个名分。李治有病归有病，这一往情深的劲头倒符合他宽厚的性格特点，只不过这宽厚仅仅是对情人而已。

武后怎么可能答应，她绝不可能眼睁睁看着自己的故事在魏国夫人身上重演。公元666年，魏国夫人食物中毒，暴亡。

事件错综复杂又扑朔迷离。

公元666年，高宗封禅泰山，武后的堂兄武惟良和武怀运奉旨到泰山朝觐（jìn）后随高宗回京。武氏一家在京师相聚，家宴之上，魏国夫人吃了两个舅舅献上的食物而当场暴毙。事实清楚，证据确凿，武惟良和武怀运因故意杀人被判死刑。

此案似乎无懈可击，司法公正，皇后大义灭亲。然而，蹊跷之处就在于：他们二人为什么要毒杀自己的外甥女，而且作案手段如此明目张胆？如此作案与自首何异？他们是想不开要自杀，只是拉上了一个垫背的？那这个人为什么又恰好是魏国夫人？

这要从武后的家族说起。武后的父亲武士彟兄弟四人，三个哥哥分别是武士棱、武士逸和武士让。武士让有三个儿子，长子武怀亮早亡，剩下两个便是此时任始州（今四川剑阁）刺史的武惟良和任淄州（今山东淄博）刺史的武怀运。

当年武士彟死后，杨氏作为后妻不得不和她的三个女儿寄人篱下，经常受到武士彟前妻的两个儿子武元庆和武元爽的欺负。

不仅如此，因为杨氏没有儿子，武士彟三个哥哥的儿子们也伙同武元庆和武元爽迫害她们母女四人，最后忍无可忍的杨氏只得带着三个女儿来到长安生活。可见，武后与武氏家族的关系早就不睦，甚至武后对他们怀着深深的怨恨。

但武则天加冕皇后之后，一开始不但没有打击报复他们，反而对他们还有所关照。人性也是奇怪，再杀伐果断的人，心中似乎都有一块柔软的地方。李渊和李世民把温柔留给了自己的孩子，武则天似乎谁都不放过，但对她的娘家人却另眼相看。

武则天登上后位后，武元庆官至宗正少卿，武元爽担任少府少监，武惟良任职卫尉少卿，武怀运为淄州刺史。这难道不是武后的提拔？但他们本人并不领情，还认为自己身为功臣之后，现在又是皇亲国戚，怎么就不能出将入相呢？

一次，武后的母亲荣国夫人在家庭聚会上笑着问武惟良：“可曾记得从前是怎么对待我们母女的？”胜利者的趾高气扬，要的无非就是你低头认错、俯首听命而已。

武惟良的回答却显出他的智商和情商双双掉线：“功臣之后，受封理所当然，现在成了外戚，反而感到担忧。”正是这句话，将他彻底送上不归路。

什么意思？武则天成为皇后，让你们成为外戚，反而限制你们的发展了？此时的武后早已不是当年任由你们欺负而忍气吞声的小妹，马上就会让你们见识到什么是雷霆手段。不自知到如此地步，还说什么功臣之后，连武士彟那个木材投机商怕是都在地下替你们汗颜。

武后办起这类事驾轻就熟，她找到李治说：“为了大唐社稷、天下苍生，皇后的族人必须退出京师，外放为官。”这话冠冕堂皇得让李治都恍惚，武后这是被母亲文德皇后附体了吗？这不正是当年长孙皇后的言行举止吗？虽然这话若是出自长孙皇后之口，必是真心，而武后说来全是假意，但李治听起来，武后的话比真的更像真的。

于是，武则天的三个兄弟全部被贬为地方刺史，武怀运本来就是淄州刺史，所以得以留任。但武后的手段远不止于此，武元庆刚到龙州（今四川江油一带）刺史任上就意外去世了；武元爽在濠州（今安徽凤阳）刺史任上倒是没有出现意外，但很快又因事被流放到振州（今海南三亚），也毫无意外地死了。

武惟良和武怀运直到这时才明白：做人原来是要夹紧尾巴的呀！明白了这个道理的二人，总算多活了几年。

但武后能让他们一直活着吗？他们好不容易回到京师，就敢明火执仗地毒死武后的亲外甥女、高宗的新宠？他们愚蠢是真的，但似乎还没有活得不耐烦。

每一次发生在武后身边的案件，结果都对她那么有利，就好像她每一次坐上牌桌，都能拿到一手王炸牌。要说这里面没有猫腻，谁信？

而且，此次下毒案还涉及武惟良和武怀运早死的哥哥武怀亮之妻善氏。武后的这位堂嫂，是当初武氏家族所有女眷中对武后母女最狠毒的一个，除肆意凌辱母女四人之外，还多次要将她们置于死地。

毫无意外，牵扯进此案的善氏被罚入掖庭为奴，在苦役折磨之下惨死。想必在武后眼里，善氏也算种瓜得瓜、种豆得豆吧。

这次的下毒案就这样干脆利落地结案了，结案报告连高宗都不相信。

谁制造了惊天绯闻？

魏国夫人死后，她的同胞哥哥贺兰敏之进宫吊唁，高宗哭着说："朕早上见她还好好的，怎么转眼人就没救了呢？"贺兰敏之只是哭，什么都不说。

家宴上到底发生了什么，贺兰敏之是见证人，他为什么什么都不说呢？难道他与武惟良、武怀运的关系好到不忍再落井下石地控诉他们吗？

虽然武后母女受武氏家族欺负时贺兰敏之还未出生，但此时的他明显被武后看重，没过多久，他甚至在武后的操纵下改姓武，成为武士彟的后嗣。这样的人，与武氏家族成员的关系又能好到哪里去呢？

贺兰敏之什么都不说，唯一的原因就是不敢说。他明知事实的真相，但怎么能说得出口呢？武后听说此事后，当然明白贺兰敏之在怀疑自己。

对武后有异心的人，被杀是唯一的结局。四年半后，贺兰敏之被判流放，在途中自缢而死。他的罪名骇人听闻：与外祖母荣国夫人通奸、逼奸太子李弘的未婚妻、强奸武后之女太平公主的随行侍女等。

如果贺兰敏之的罪名属实，看看武家都是一帮什么人？

如果说李治是病得很重，那贺兰敏之就是一个不折不扣的妖孽，而这与武后有直接的关系。且不说遗传基因的问题，贺兰敏之父亲早亡，母亲、妹妹与自己的姨父不清不楚，以致落得惨死的下场，而下此毒手的二姨武后，鉴于家族实在后继无人，不得不尽力回护、拔擢他，可能如此冰火两重天的境遇，终于将他彻底击垮，使得他心理扭曲以致变态。

如果贺兰敏之的罪名纯属武后捏造，那她为什么下此本钱？为了一个小小的贺兰敏之，她至于搭上母亲和未来儿媳的名誉吗？如此大费周章既无必要，更不合理。

事实上，在对待武氏后人这件事上，武后起初还是有着“以德报怨”的胸襟和作为的，但这帮人既蠢且坏，还盲目自大，有此下场也是咎由自取，死有余辜。

即便如此，武后还是善待了武元爽及武元庆的儿子，也就是她的侄子武承嗣和武三思，尽管他们也堪称歪瓜裂枣！

自从韩国夫人及魏国夫人母女频繁出入后宫，李治与武后之间就开始出现嫌隙，武后很可能根本无法容忍这母女二人受宠，否则她不会对自己的外甥女痛下杀手。而武后的姐姐韩国夫人，史书没有记载她死亡的具体时间和具体原因，但民间盛传她死于武后之手，也是情理之中。

韩国夫人的死，李治虽束手无策，但未必不疑窦丛生。李治这个人，动了他的朝廷，他“是可忍”，动了他的情人，那就“孰不可忍”了。

很可能是出于这样的原因，公元664年，李治动了废后的念头，并差一点成功付诸行动。这是李治一生中的重大节点，可惜孱弱无能的他没有抓住这个力挽狂澜的机会。

废后废了上官仪

帝后之间嫌隙既已形成，机会还不俯拾皆是？这年冬天，内侍王伏胜密报高宗，说武后召道士郭行真出入宫禁，目的是行厌胜之术。

这可真是“天道好轮回”，昔日告发王皇后行厌胜之术的武昭仪，今日也被人告发行厌胜之术。昔日王皇后要对付的是高宗和武昭仪，此时的武后要对付谁？自己的姐姐和外甥女吗？包括高宗在内吗？

王伏胜诬告的可能性大吗？捉贼要捉赃，他一个小小的内侍，手眼通天到能在皇后的眼皮底下伪造作案现场吗？那么，是他揣度了李治的心理，在进行政治投机吗？也许有这个可能性。

接到告密的李治大怒之下密召上官仪商议此事，二人一致同意废后，并当即草拟诏书。

这样拟诏就能废后？当初废黜王皇后为什么那么费劲呢？但李治坚持要废后，谁又能说他就做不到呢？

从李治能密召上官仪到二人迅速达成废后的一致意见来看，上官仪显然不是武后一党；但从当年“废王立武”事件的反对派无一幸免的结果来看，他似乎又没有反对过立武后。

贞观初年，上官仪受扬州都督杨仁恭的赏识，任职扬州都督府，进士及第后，首任官职就是晋王府参军事，后升任东阁祭酒。李治为太子后，上官仪出任秘书郎，公元 648 年，因为参与撰修《晋书》，转任起居郎，之后再次回到李治身边，成为东宫的太子洗马。可见，上官仪无疑是李治的故旧属臣。李治即位后，上官仪升任秘书少监；公元 662 年加西台侍郎、同东西台三品的职衔，成为大唐宰相。

上官仪曾有任职李忠陈王府咨议参军的短暂经历，后来这一点被许敬宗拿来大做文章，将李忠的谋反案一手捏造成了事实。

但总的来说，上官仪的一路升迁是高宗皇帝提拔的结果。他不但与长孙无忌等元老派没有关系，甚至就是高宗为牵制朝中朋党而有意为朝廷补充的青年才俊。所以当初的“废王立武”事件，上官仪没有与元老派站在一起的政治基础；而且他作为李治为太子时的旧臣故交，也没有坚决反对李治的理由；再加上那时的他人微言轻，政治视野也达不到为此事非要你死我活的地步。

在“废王立武”事件中没有明显的态度，恰恰证明上官仪保持了士大夫的气节和操守，在当时的形势之下，对于看不清楚的事情不去进行任何的政治投机，也算难能可贵。

但从此时他与高宗一拍即合的情况来看，他对武后近些年来干预朝政是持明确反对态度的，甚至这种态度早露端倪，否则高宗为什么密召的会是他?

然而，这位以“上官体”著称的饱学之士还是太过缺乏政治斗争经验，就像笔者在前文怀疑的那样，如此仓促拟诏就能废后吗?可能上官仪认为，此时皇帝下定决心，正是扳倒武后的最佳机会。虽不知道他是信心满满还是孤注一掷，至少他在“反武”这件事情上付出了行动。

以上官仪的才学和文笔，草拟废后诏书应该不超过二十分钟，即使加上他与皇帝的商议时间，估计也不会很久。可即便如此，废后诏书墨迹未干，武后便站到了他们面前。

武后的到来，自然是接到宫人密报，她精心编织的情报网又一次帮了她。此时戏剧性的一幕出现了：刚才咬牙切齿数落武后、下定决心要废后的李治，在见到武后之后，既羞且愧。真不知道他羞从何来，愧出何处。

总之，惊愕惶然的李治顺手就把责任推给了上官仪，他结结巴巴地对皇后说：“我没有这个意思，都是上官仪的教唆。”说这话时，他倒是既不羞也不愧了，可见懦弱的李治还有无耻的一面。

结果可想而知，上官仪及告密的王伏胜身首异处，上官仪的家眷入宫为奴。在宫中长大的上官婉儿就是上官仪的孙女，日后的她也将成为大唐朝廷的风云人物。

这场犹如儿戏般的废后风波之后，不知道这对帝王夫妻是否和好如初，但可以确定的是，“由是天下之政归于后，而帝拱手矣”。也就是说，从此以后，大唐朝政完全被武则天掌控。

装上马达就是永动机

“一物降一物”的俗语真是一点都没错，哪怕你贵为皇帝，也自有人能对付你。经历了废后风波的李治越发忌惮武后，如此好色又多情的他，面对魏国夫人的暴毙也只能是哑巴吃黄连。

原本就没有“大争”之心的李治，自然对朝政没有兴趣。随着年岁渐长，他逐渐疾病缠身，三十三岁就患上了风眩病，以致目不能视。按现在的医学观点，这种病可能是家族遗传性的高血压。从这时开始，李治将一部分朝政顺水推舟地交给皇后处理。两年后，他又患风瘫，更是行动不便。四十六岁时再患疟病，长时间卧床不起。李治的后半生光是和病魔作斗争便已力不从心，实在没有精力打理朝政。

相反，此时的武后正值人生的华彩之年，精力充沛且心智成熟。与生俱来的权力欲望使她像打了鸡血一样亢奋；在煊赫的皇后排场加持下，她就像一台永动机，似乎永远容光焕发、干劲十足。

公元666年，武后与李治同往泰山封禅，首开皇后参与封禅的先例。八年后，也就是公元674年，她又改称“天后”，发布改革的十二条施政纲领，即“建言十二事”。

这十二条施政纲领，归纳起来是四个方面的政策：一为富国强民；二为善用人才；三为笼络百官；四为提高妇女地位。因为这些政策是站在普通百姓和中下级官员的立场，所以赢得了绝大多数人的拥护，影响很大。

此时的武后，实际上已成为大唐的核心人物和政治领袖。能够走到这一步，首先是因缘际会的结果，没有李治这样的皇帝，或者将当初的王皇后换成独孤氏、长孙氏这样的皇后，都不可能有武后的强势崛起；其次是朝中大臣都低估了这个女人，他们总以“虚荣心”和“爱出风头”来定义她的所作所为，却忽略了她对权力的强烈渴望。

正因为所有的人都没有站在政治与社稷的高度去看待武则天，她才得以悄然成长。不得不说，她这一路走来，勤奋过，努力过，尽管她的勤奋不见得都是深谋远虑，她的努力也不总是立竿见影地得到回报，但人只要做事，只要全力以赴，就会朝着最终的目标慢慢靠近。

李治沉溺在韩国夫人母女的温柔乡里玩闹嬉戏、流连忘返时，武后却在大唐的政治舞台上锐意改革、临朝听政。两人行为的反差，也是他们各自的天性使然。

武后不仅好读书，而且读了很多的书。她对书有着天然的亲近和敬畏，甚至向高宗提出要召集文学之士编纂书籍。这既是她本人的意愿，也可能是想学习文德皇后，因为文德皇后此前编纂的《女则要录》十卷曾被太宗皇帝评价为“足以垂范百世”。

如此榜样在前，武后怎能不深受启发？而且太宗皇帝和文德皇后一直是她内心深处的偶像，直到老年，她提到唐太宗李世民时，还带着敬爱的语气。如此性格的女人，心中定是有一个仰慕的英雄形象，而李世民无疑很符合这个形象。

皇后编书，既有先例，又正当合理，所以李治没有丝毫犹豫，答应让她放手去干。

北门学士不只是编书

武后召来编书的这些人被称为北门学士。北门是皇宫的后门，平时只供皇帝、后妃、太子和王公出入，即由此出入的都是“自家人”；大臣出入皇宫走的是正门，也就是南门。而武后奏请高宗批准，特许这些饱学之士从北门进宫，所以称其为北门学士。

但这里存在一个问题：武后为什么让这些人走北门？历代有一种说法是，武后的目的是要他们绕过宰相和百官办公的南衙。为什么要绕开南衙？因为武后安排这些人不仅仅是为了编书，更重要的目的是参与朝政，或者说是分割相权。

那么，此时的北门学士是不是武后抢班夺权的工具呢？或者说，以编书为名、行分割相权之实是不是武后蓄谋已久的战略计划？

其实御用文人进出北门等待皇帝召见或草拟诏书的惯例始于唐朝初年，原因可能只是北门离皇帝办公的地方比较近，可以提高效率。武后要编书，让编书的学士走北门，只不过是延续这样的惯例而已，与刻意绕开南衙的关系不大。

即便武后要分割相权，需要连走路都这么泾渭分明吗？相权分割后，难道不更需要交流和沟通吗？难道分割权力重要的标志就是彼此老死不相往来吗？

事实上，御用文人因为便捷而常走北门，此后演变为翰林院的院址就坐落在皇宫北边玄武门内不远的地方；而北门学士这样形象的称谓，也演变成专门的翰林待诏、翰林学士。

而且，从武后此次编纂了《列女传》《臣轨》《百寮新诫》《乐书》

等千余部书的成果来看，不能否认她诚心编书的初衷。只不过随着时局的发展，武后在朝廷的权力越来越大，她用这些人去分割相权，这一点也是事实。原因很简单，她为什么不信任她一手带出来的班底？

我们不能确定武后编书的目的就是分割相权，实现大权独揽；就像我们不能确定李世民当年浴血奋战，就是为了当皇帝一样。一是他们未见得如此高瞻远瞩、料事如神；二是如果他们真觉得自己料事如神，无疑是有点疯狂在身上的。

我们可以确定的是，李世民和武后不是神仙，也不是疯子。他们只是勇于担当、敢于作为，在解决问题的过程中培植了属于自己的班底，在能力与威望的逐步累积之下，欲望也一步步得以实现，直至登顶九五至尊。

武后很有可能是在编书的过程中敏锐地察觉到：写书岂不就是左右舆论？能编纂历史，为什么不能创造历史？依靠这些饱学之士，怎么就不能“指点江山”？

态度悄然发生转变，一定会在行动上表现出来。

公元 659 年《姓氏录》的颁行，标志着北门学士已经不是在简单地编书，武后要借助他们左右舆论，甚至左右政治变革的方向。

事情正在起变化

前面说过李世民修订《氏族志》时，曾因山东士族崔幹（gàn）被列为第一等而耿耿于怀，因为《氏族志》是一部家世门第的排行榜，它明确标出了各家各户的社会地位。

而目前的武氏家族，在《氏族志》中无疑是寒门小姓，按传统的门第声望，在唐帝国怎么也排不上号。怎么办？许敬宗和李义府想武后之所想、急武后之所急，拿出来的办法就是彻底颠覆《氏族志》。许敬宗、李义府之流甚至将已经流传的《氏族志》统统收缴后予以销毁，代之而颁行的就是如今的《姓氏录》。

《姓氏录》在历史上的革命性突破是以“官本位”取代了“血统论”。以官职大小为排名依据的《姓氏录》，自然把武氏家族及李唐皇室并列为一等，许敬宗和李义府则因为位居宰相，赫然列为二等，其余五品以上官员的家族也全部榜上有名。相反，那些没有一官半职的旧士族通通被淘汰出局。

武后此举原本是为了改变自己家族“地实寒微”的窘境，没想到却打响了摧毁门第观念的第一枪，而且出手既准且狠。从我们今天的角度来看，门第观念确有不合理的地方，但官本位的思想就一定正确吗？可见，摧毁不合理未必一定要用合理，用不合理推翻不合理有时也是一种进步，至少是在试错的道路上又迈出了坚实的一步。

所以，与其幻想能够料事如神，从而每一步都踩在正确的道路上，不如抱着试错的态度积极行动起来。

此时，武后编书的初衷在她一点点的调整下，早已面目全非。

现在的北门学士，当然要走进朝堂、分割相权、参与国政，刘祎之、刘懿（yì）之兄弟二人就是其中的佼佼者。

有人会说，刘祎之后来是被武则天赐死的，这是不是说明他们并不是武后借以夺权的力量呢？答案显然是否定的。刘祎之被赐死是因为反对武则天太后临朝，就像荀彧（yù）对曹操的态度——虽支持你成为霍光，但坚决反对你篡（cuàn）汉。刘祎之曾经支持武后，但当武后走得太远时又反对她，有什么奇怪的呢？

事实上，刘祎之的确不是许敬宗、李义府之流。有一件小事很能说明他的操守。一位小官因为被降职到凤阁投诉，当时的宰相骞（qiān）味道为了打发他，随口就说：“这是太后的决定。”刘祎之立即反对，他说：“官员升迁，程序是有关部门先提方案再上奏，怎么能说是太后的决定？”

这样的人，若武后公心为朝廷，他自然帮武后；但武后若要自己做皇帝，他内心是不接受，或者说不支持的。正因为他私下对下属说：“太后反正能废立皇帝，何必还要临朝称制，让天下人不得安心？”才招致杀身之祸。

刘祎之的话没有道理吗？武则天实在没有必要去当什么皇帝。封建王朝谁当皇帝，全凭谁手上有重兵强权，百姓并不过问；而且自古以来，以母后身份临朝而手握帝王实权者，也不乏其人。之所以没人以女儿身称帝，不是不能，而是不愿，原因之一就是身后事实在不好处理。若将帝位传给侄子，就如后来宰相李昭德对武则天所说：“哪有立宗庙祭祀姑姑的？”若传给儿子，姓氏问题又是难题。如此折腾，到头来还是一场血雨腥风。

不当皇帝，也有皇帝之实；而当了皇帝，等于授人以柄，白白招人讥讽非议不说，还使自己深陷四面楚歌，何必呢？

武则天称帝也许是女主的易姓革命，不过更可能只是她这样的恣意放纵之人的肆无忌惮之举；也许有过深谋远虑，不过也可能只是一个胆大妄为之人在特殊的历史背景下演出的一场闹剧而已。

第五章
皇太子接连被废

李弘的“锅”

李治一朝，共使用过十四个年号。

年号在古代被认为是帝王正统的标志，帝王定年号被称为“奉正朔”。另外，年号是历法的一部分，对政治、经济、军事、文化、农耕等社会的方方面面都有着十分重要的影响。

年号制度起源于汉武帝。汉武帝当年即位后，决定使用一个具有特殊意义的名字来标识自己在位的这个时期。因此，年号是由君王发起用于纪年的名号，也被新帝用来区别于前任君主。但在世袭制度下，为了表示对前任国君的尊重，一般来说，改变年号都在新君登基之后的第一个新年进行。

帝王在位期间更改年号并无不可，每逢国家有大事发生，秉承“国事纪念论”的原则改换年号，不仅有先例，而且也无可厚非。但像李治这样频繁更换年号，一方面说明他在位期间发生的大事实在太多；另一方面也是因为每一件大事都不太顺利，希望新年号能够带来新气象。

“永徽”是李治使用的第一个年号，意思就是永远美好，表达高宗皇帝希望天下太平安康的意愿，也有延续贞观之治的意思。

“显庆”是李治使用的第二个年号。“废王立武”之后，太子李忠被废，李治册立李弘为太子，此时改元，有祝福新太子之意。

武则天为李治生下四男二女。长女早亡，小女儿是历史上的太平公主；四个儿子分别是李弘、李贤、李哲及李旦。

武则天的长子李弘于公元656年被册立为太子，此时他年仅四岁。据《册府元龟》记载：“唐太子弘，性仁孝。”不知道这里的“仁孝”与史书说李治的“仁孝”是不是同一个概念。但从具体的实例来看，李治的“仁孝”偏重于“孝”，而李弘更偏重于“仁”。“孝”可能有表演的成分，而“仁”大多是本性的流露。

事实上，李弘不仅自幼深受父母喜爱，还被寄予厚望，证据就是他的名字。

李弘这个名字来自道教的一句谶语：“老君当治，李弘应出。”意思就是太上老君只要降临凡世，就会天下太平；而太上老君降临凡世时，会化身李弘。换句话说，李弘出世，就是老君临凡。所以当时好多民间起义都是打着李弘的旗号，可见“李弘”这个名字所体现出来的政治含义，在当时可谓人尽皆知。

而武则天给她的长子取名李弘，心思不言而喻。而且李弘死后，不仅被追谥为“孝敬皇帝”，就连葬礼也按皇帝的规格进行，是唐朝第一位死后被追封为皇帝的太子。

李弘早亡，留下的事迹不多，但从仅有的几件事情上，我们也能看出他“仁孝”的性格特点。

少年时的李弘，曾师从郭瑜学习《春秋左传》，讲到楚成王被太子商臣逼宫自杀时，李弘当即叫停，叹息道：“圣贤的经典，怎么会记载如此违背人伦天理的事情？这样的话，怎么能说得出口、听得进耳？”

郭瑜答道：“圣贤之书记载善恶之事的目的，就是要用善行去引导大众，用恶行来告诫后世，以免后人重蹈覆辙。”

郭瑜的答复没有错，但李弘一个少年能发出这样的疑问，也属心地良善的本真之举。

从小就善良的李弘，他的仁爱之心可谓纯朴自然。长大之后的他，曾专门上书高宗，建议修订朝廷征兵制度中严苛的规定。

当时征兵的规定要求士卒在限期之内到达兵营，否则就要斩首。但实际上前去服役的兵士常常因为客观原因不能按期到达，比如恰好遇上山贼、天灾、极端气候或是突发疾病等，就像秦末的陈胜、吴广因为大雨而耽误行程一样。

看到这种情况后，李弘上书进谏，阐明问题，希望以后对逃亡的士兵一律从轻处理，而他们的家人也不用受连坐之罪。

公元 671 年，关中大旱，皇帝率领百官出行东都洛阳，留二十岁的太子李弘在长安监国。李弘亲自到军中视察，看到士兵们吃的竟是草根树皮，便命令家仆打开自己的库房，给军队发放粮食。

此外，李弘极重亲情。当时废太子李忠被冤杀，他上表请求为其收尸。在当时的政治环境下，没有李弘，李忠无疑会暴尸荒野。而李忠被废出京时，李弘还不到四岁，可见李弘的行为不仅是出于兄弟感情，更是出于孝悌之心和同情。

李弘的良善举动在当时广为流传，其本人在大唐臣民中口碑也极好。但天性善良的李弘在监国期间第一次与自己的母亲武后发生了冲突。

当时李弘的两个异母姐姐义阳公主和宣城公主因为母亲萧淑妃的原因，虽保住了性命，但一直被幽禁在宫中无人问津，到了三四十岁的年纪，仍然待字闺中。

李弘听说后非常吃惊，上奏父皇说明此事，请求允许两位公主出嫁。在高宗的同意下，武后将两位公主许配给了宫中值班的卫士。

从如此敷衍的处理方式就能够看出武后的不满。原因很简单，这本来就有悖于她的意思，她就是不想让两位公主好过。而且，武后作为后宫之主，这件事难道不应该先向她请示吗？李弘直接上奏皇帝是什么意思？虽然武后无法拒绝这样的正当要求，但难免对这个儿子有点看法。

但要说因为这件事导致武后在四年之后毒杀了李弘，似乎也有些牵强。事实上，李弘的身体一直不好，早在被册封为太子的那一年就曾大病一场，以至于御医都束手无策，监国时也常因多病而将政务交由他人处理。从病情的记载来看，李弘得的很可能是肺结核，这种病在当时确实无法根治。

李弘之死，可能是所有关于武后的疑案中她嫌疑最小的一次。武后之所以有嫌疑，不仅是因为高宗曾有提前禅位给太子之意，更是这一时期武后戾气太重，宫中杀伐太多。

比如赵妃之死，武后无疑罪责难逃。赵妃是武后之子李显的结发妻子，又是高祖李渊之女常乐公主的女儿。常乐公主是太宗李世民的异母妹妹，也是高宗李治的姑姑。

唐高宗对待这位既是姑姑同时也是亲家母的常乐公主礼遇有加，关系亲密，而武后从不允许李治与任何女人过从甚密。所以无论高宗与常乐公主之间有没有更加亲近的关系，都不为武后所容。她以常乐公主的女儿赵氏对己不恭为由，下令将赵氏关进内侍省，并将常乐公主夫妇贬到远离京师的寿州。

被软禁的赵氏孤苦伶仃地过着暗无天日的生活。面对送进来的生食，她不得不自己生火做饭。后来卫士注意到赵妃的住处好几天都没有升起炊烟，打开门锁时才发现她的尸体已经腐烂。

赵妃如此惨死，难道不应归罪于武后？巧合的是，赵妃死后十八天，李弘也去世了。联想之下，很难不把怀疑的目光投到武后身上。而且以人们对武后的一贯认知，再离谱的惨案也不会有人认为她下不去手。

李贤身世之谜

公元675年，年仅二十四岁的李弘去世，李贤继立为太子。

李贤为太子之初，处事明审，曾受到高宗下诏表扬。他还组织文人学士，对注释《后汉书》做出了重要贡献。但为什么他仅仅当了五年的太子就遭废黜（chù）了呢？

当时甚嚣尘上的流言说李贤不是武皇后的儿子，而是她姐姐韩国夫人与高宗皇帝的私生子。传言甚至有鼻子有眼地描绘说在一个风雪交加的晚上，姐妹俩同时临盆，武后的儿子难产而亡，于是她就换走了姐姐的儿子，此事除了武后知情，甚至连高宗李治和韩国夫人都被蒙在鼓里。

史书没有记载这个流言具体出自何处，而是模糊地概括为“宫中”，这就为其真实性蒙上了神秘的面纱。这是武后主导的舆论吗？李贤已为太子，她制造这个舆论意欲何为？仅仅为了废黜李贤就出此下策吗？

以武则天的一贯手段，我们也不完全排除这种可能。李贤确实因为这样的流言开始怀疑自己的身份，整天惴惴不安。至少从这一点来看，李贤本人不会是流言的制造者和散布者。

武后在这一时期的表现，似乎也存心和李贤过不去。她送《少阳政范》和《孝子传》给李贤，责备他不懂为人子和为太子之道。她还亲自写信，对李贤加以训斥和指责，令李贤更加诚惶诚恐。而导致李贤正式被废的导火索是明崇俨被杀事件。

明崇俨是洛州偃师（今河南洛阳偃师区）人，据说精通各种巫术、医术和妖术，深受皇帝和皇后的信任，不仅时常出入宫廷，还被授予朝廷官职。明崇俨常假借鬼神之言论政事得失，一次，不知出于什么目的，他竟公然声称太子李贤不堪承继大统，而李显和李旦才有帝王气象。

明崇俨为何如此胆大，敢如此妄议皇储、品评皇子？如果说他慧眼如炬，只不过说出了实情，但从之后李显和李旦的表现来看，二人还不如李贤。如果说他是在信口开河，那他为什么要这样煽风点火？这样明显的挑拨离间之举，武后为什么没有惩罚他，以致流言四起？

公元668年，在李贤王府中做侍读的王勃因为一篇《檄（xí）英王鸡》惹得高宗大怒，将其逐出王府，理由就是高宗认为王勃此举是在挑拨沛王李贤和英王李显的关系。一篇关于斗鸡游戏的小文章都惹得高宗如此高度重视，如今明崇俨堂而皇之地针对当朝太子，怎么不见高宗震怒？

即便高宗因病而有心无力，那武后为什么没有出面制止？以此借口斩杀明崇俨，也算杀一儆百、以正视听之举。虽然后来明崇俨确实被杀了，却不是这种死法。

被架在火上烤的太子之位

公元679年，明崇俨被暗杀，结案报告是“为盗所杀”。史料没有写明具体的细节，我们无从得知明崇俨是死于盗贼谋财害命还是昔日仇人的买凶杀人。但凶手始终没有落网，而嫌疑集中指向了太子李贤，因为之前明崇俨口无遮拦，最直接的受害人就是李贤。

一年之后，李贤的家奴赵道生指控李贤“狎（xiá）昵（nì）”他，也就是将其收为男宠。

太子李贤虽聪慧好学，但身上纨绔子弟的毛病也不少。他平日喜爱声色犬马，不仅将赵道生收为男宠，还赏赐了许多金帛。东宫官员韦承庆曾就此献《谕善箴（zhēn）》劝谏太子亲贤能而远小人。韦承庆是前文中提到弹劾褚遂良强买房屋的韦思谦之子，韦氏父子同为进士出身，品学兼优。

武后让中书侍郎薛元超、门下侍郎裴炎及御史大夫高智周三堂会审，彻查此案。如此大动干戈，要查明的仅是一桩“狎昵案”，即便是“男宠”这两个字惹得武后震怒，当年李承乾宠信“美姿容，善歌舞”的太常乐人，李世民不也就是将男宠一杀了事吗？武后揪住太子的生活作风问题不放，什么意思呢？

也不知中书、门下两省外加监察部门组成的合议庭是不是领会了武后的意思，反正他们审来审去，又审出了一桩惊天大案：太子李贤谋反。

男宠赵道生供认不讳：李贤不仅指使自己暗杀了明崇俨，而且还蓄意谋反。审案官员在东宫马房搜出了数百件盔甲，坐实了李贤的谋反罪名，最终导致李贤的太子之位被废。

此事疑点颇多。赵道生不明白狎昵与谋反孰轻孰重吗？再说，审讯的是流氓罪，赵道生怎么把自己的杀人罪供出来了？暗杀明崇俨，又是太子指使，说出这样的供词，赵道生是怕自己死得不够快吗？

假如赵道生没有告发太子谋反，那马房搜出的盔甲是谁的？光凭一个流氓罪的罪名，就能到太子府抄家吗？假如赵道生没有供认暗杀明崇俨，那仅凭一个流氓罪就能废黜太子吗？

案情石破天惊，审讯程序却按部就班，依据的律法也严丝合缝，人证物证俱在，李贤的谋逆大罪成立。

此时显然没有人去想，凭借区区数百件盔甲能谋什么反；李贤身为太子又为什么要谋反。

事实上，当时不但没人提出这样的疑问，武后还大张旗鼓地把从李贤那里搜到的盔甲放在洛阳城外的天津桥南焚毁殆尽，以此昭告天下。

武后当然有她的逻辑：杀明崇俨，就证明太子怀疑自己武后之子的身份；私藏盔甲，就是谋反的明证。两者互为因果，太子谋反铁证如山。

似乎这样做还不够，武后又将太宗的第十四子曹王李明也卷入了李贤谋反案。李明的母亲原为李元吉的正妻杨氏，因出身名门又异常美丽，在玄武门之变后深受李世民宠爱。

李明在高宗登基后一直在地方做官，就算行事经常不循法度，算是个“荒唐王爷”，却也不至于谋反。但他哪里有申辩机会，被降为零陵郡王，流放黔（qián）州。公元 682 年，黔州都督谢佑在武后的授意下，逼迫李明自杀。

李贤谋反的审案报告呈上去，接下来就是李治的哭泣悲伤时间了。李治这个皇帝一路走来，公主、驸马谋反，舅舅、皇亲谋反，郡王、宗室谋反，废太子谋反，现在连现任太子也谋反。如果说之前李治面对这形形色色的谋逆之人痛哭流涕，怎么看都有表演的成分，那这次他对待李贤的态度，可能确实是真情流露。

李治的表现和以往如出一辙——哭着为李贤求情，但武后以一句“为人子而谋篡逆，天理不容。大义灭亲，哪有宽赦的余地”就打发了李治。接下来李治的表现也和以往一样——没有下文了。这不免叫人感慨，毕竟这次他面对的可是自己的亲生儿子，更重要的是，以前处置的那些谋逆之人，说到底都有利于他，如今废黜太子李贤，对他有什么好处呢？

也许怯懦的李治觉得，废黜太子李贤虽然没有好处，似乎也没有明显的坏处，反正他还有两个儿子。也不知道该说他是豁达还是没心没肺，这一点倒像是隔代遗传了李渊的性格。

李贤还想着父皇能出手保护自己，但终归是种奢望。公元 680 年，李贤被废为庶人，幽禁于长安；公元683年，流放巴州；公元684年，武后派酷吏丘神勣前往巴州搜查李贤住宅，以防有谋反隐患，没想到，丘神勣一到巴州就逼迫李贤自尽。

得知李贤死了，武后随即开始了她的表演：在洛阳显福门举哀；将“自作主张”的丘神勣贬到外地；又下诏恢复李贤的雍王爵位。但看似痛苦万分、仁至义尽的武后，用行动证明了她就是害死李贤的罪魁祸首：被贬的丘神勣很快官复原职，而且，李贤家人受到的迫害有增无减。

《旧唐书》里记载的一个故事很能说明当时李贤家人的凄惨情况。李贤的次子李守礼后来被封为邠（bīn）王，他有个“特异功能”，就是能够准确预报天气。哪怕晴空万里，他说下雨，不久之后一定下雨；哪怕乌云密布，他说天晴，马上就会艳阳高照。

唐玄宗李隆基问他怎么会有如此本领？邠王李守礼黯然答道：“臣哪有什么观天奇术？只不过小时候因为先父的原因，被关押在宫中十几年，时常被痛打到遍体鳞伤。如今每到下雨前，背部就会疼痛难忍；天将放晴，痛感随之稍得缓解，屡试不爽之下，才能预知阴晴而已。”说完，二人都已泪流满面。

李贤不仅父母二人均为皇帝，哥哥李弘死后还被追封为皇帝，两个弟弟也是皇帝。掉进“皇帝窝”的他，却有如此悲惨的命运，实在令人唏嘘。

武则天为什么一定要杀李贤呢？也许说李贤不是武后亲生儿子的流言并不是无中生有。李世民面对真正谋反的儿子李承乾尚能网开一面，相较之下，武后是不是少了点人性？

但即使从人性上考虑，李贤也只能苟活这三年半而已。这就是古代权力游戏的残酷性，要么从一开始就不要参与这样的“游戏”，若要参与，就必须以性命相搏。在权力的“游戏”中，从来就没有所谓的“全身而退”。

面对这种“游戏”规则，失败者当然会觉得残酷到泯灭人性，但胜利者有时也难免觉得万般无奈。当年秦王嬴政吞并韩国后，并没有杀死韩王安，而是将他迁离韩国旧地，软禁在陈县（治所在今河南淮阳）。

但四年后韩国旧贵族在故都新郑发动叛乱，就是打着韩王安的旗号。平定叛乱之后，秦王将软禁中的韩王安处死。

即便韩王安死了，别有用心的人也会利用他的名义图谋不轨，更别说让他活着了。韩王安尽管什么也没做，但必死无疑。

同样，此时的李贤也非死不可，这是时代的悲哀。事实上，李贤死了半年之后，徐敬业起兵反武，就是找到一个相貌像李贤的人，声称故太子李贤不但没有死，而且此时就在扬州。这就是旗号的作用。

总之，高宗时的太子之位，说是被架在火上烤的铁板似乎都不足以形容坐在上面的感觉。那高宗之后的皇帝之位呢？是不是另有一番如坐针毡的滋味？

爱江山更爱男人

唐高宗时期，武则天与唐高宗李治并称“二圣”。但其实“二圣”的称谓不是武则天的发明。

早在北魏时期，文明太后冯氏与孝文帝拓跋宏就曾被称为“二圣”；后来的胡太后与孝明帝元诩（xǔ）更是被正式称为“二圣”。但这种称谓针对的都是晚辈的皇帝与长辈的女性而言。

即便后来的隋文帝杨坚与独孤皇后被称为“二圣”，也仅限于内宫的范围。而且前提是杨坚的结发妻子独孤氏家世显赫、门第高贵，而且“雅好读书，识达今古，凡言事皆与上意合”。如此德高望重，如此才智卓绝，才得以“宫中称为二圣”。显然，这个“二圣”的称谓，是时人尊敬和爱戴之下的自然流露。

而与自己的丈夫、早已成年的皇帝并称“二圣”，且夫妻对坐，受朝臣朝谒，武则天可谓首开此风。虽然司马光认为武则天不至于飞扬跋扈到与高宗对坐在朝堂之上的地步，但武则天垂帘听政是早已有之，总不会也是杜撰的。

对褚遂良说的“何不扑杀此獠”难道不是武后在帘子后面发出的声音吗？她早就身居朝堂之上，后来与皇帝“对坐”也就没什么奇怪的了。以司马光的道德和操守，在看待武则天这种“新生事物”时出现偏差情有可原。如此天生异类，试问当时之天下，有谁是其对手？

公元655年高宗“废王立武”，武则天开始母仪天下；公元664年，高宗掀起废后风波，上官仪被杀，武则天与高宗“二圣临朝”；公元674年，朝廷改年号为上元，尊李治为天皇、武则天为天后。至此，做了二十年皇后的武则天，朝政大权已尽在掌握。

公元683年底，李治病重，头痛欲裂、双目失明。御医秦鸣鹤建议采用“刺头微出血”的疗法，天后在帷幔之后怒斥：“秦鸣鹤当斩。”因为她不允许有人刺破李治的脑袋。但在李治的坚持下，秦鸣鹤取针刺入李治百会及脑户穴，李治病情稍解。

从这件小事上能看出，此时的武则天还没有当皇帝的想法。否则，她称帝最大的阻力不就是李治？而李治早死，对武则天又岂能没有好处？但她厉色告诫秦鸣鹤，原因不正和当初曹操坚持要杀华佗时的原因一样吗？他们都认为在头上动手脚必将危害生命。

武则天不愿李治早死，可见她对李治的爱是真的；从她日后坚持与李治合葬的遗言中也能看出，她是爱这个男人的。强势如武则天，尚且对李治保留着爱意；那多情的李治，怎么会不将武则天看成自己的妻子呢？

笔者之所以相信他们之间不是纯粹的欲望和权力关系，根据就是武则天从来没有真正伤过李治的心，也没有任何加害李治的举动，与日后的韦皇后形成鲜明对比。至少在武则天和李治之间，呈现着“爱”的模样，至于强弱的对比，那实在是一个愿打一个愿挨的私事。

可能正是这样的原因，武则天才坚持与李治合葬。在她的逻辑里，她对得起这个男人，而且她深信这个男人一定会保护她生生世世，长眠在李治身边，她踏实。否则，以她那样的性格会委屈自己永远躺在一个讨厌的男人身边吗？

同样，李治对武则天很可能也是这样的感觉。在外人看来，如此强势的女人，有哪个男人会喜欢？会这样想的人可能忽略了武则天强势背后无尽的温柔和体贴，或者说武则天将普通意义上的温柔与体贴，用强势的态度和做法表现出来。一句“秦鸣鹤当斩”的断喝，在李治听来，可能正是对自己安危的极致呵护，而他，又恰好特别能理解和享受这样的呵护。

否则，李治对武则天的种种态度，就很难得出合理的解释。

为何不传位给儿子

公元 675 年，“天后亲蚕于邙（máng）山之阳，时帝风疹不能听朝”，也就是当武则天风风火火地忙于朝政时，李治却重病卧床。在这种背景下，李治提出了“天后摄政”的想法。李治不想当皇帝是实情，但他为什么让武则天摄政呢？

当时的中书侍郎同三品郝处俊及中书侍郎李义琰都有此疑问，并直言上谏：“天子主外，皇后主内，不能颠倒；天下是高祖、太宗的，陛下不能私相授受；就是要传位，哪有不传给儿子而传给妻子的道理？”

李治为什么不直接传位给儿子呢？此时的李弘已当了二十年的太

子，威望能力也不错。李治不传位给他唯一的原因，可能就是李弘身体太差了。李弘二十岁才大婚，从这点来看，他的身体情况确实不容乐观。有人说李治此举是欲擒故纵，用来试探武则天的真实想法。但从他日后的举动来看，这种可能性似乎不大。

事实上，李治有意等李弘病情好转就传位给李弘，只是他没有等来这一天，李弘先李治而去世。那有人也许会问，在李贤为太子时，李治传位给李贤不就顺理成章了吗？

但李贤为太子的五年，不仅关于其身世的流言满天飞，他本人还时时受到天后的训斥和打压，最后甚至被定了个谋反罪。

公元680年，李贤被废，李治册立英王李显（原名李哲）为太子，此时距李治去世还有三年。其间，李治就没想过传位给李显吗？

从公元675年李治提出“天后摄政”，又语焉不详地提到要传位给李弘之后，史书上就再也没有关于传位的记载。李贤和李显就如此不堪重用吗？可能吧。

李治对李显的不满意表现在册立“皇太孙”一事上。公元682年，李显的长子李重润（本名李重照）出生，满月时，高宗皇帝直接立其为皇太孙。有太子而立皇太孙，历史上虽然有先例，但毕竟不是惯例，而且各有特定的原因。高宗此举什么意思呢？

所谓一代人有一代人的使命，李治就如此相信自己的眼光？他懦弱是真，但他不傻，看惯宫廷争斗的他，不清楚这样隔代指定接班人的风险吗？再说，一个襁褓中的孩子，不说长大后是不是一定出类拔萃，就当时的医疗条件，能否长大成人都是问题，李治会不清楚这些吗？

所以，李治册立皇太孙的做法，除了不信任太子李显之外，似乎没有更好的解释。而且，册立皇太孙，就要有皇太孙的府衙，这三王并立的局面实在是亘古未有。但高宗却固执地说：“那就从我开始吧。”

李治是想用指定两代接班人的做法彻底断绝武则天的权力欲望吗？

那他此时就传位于李哲岂不是更简单有效？他难道不知道“覆巢之下焉有完卵”的道理吗？

李治难道就像战国时的吕不韦一样，算计到了几乎所有人，唯独漏掉了嬴政？吕不韦那样做，是出于“爱”，或者说是出于忠心侍主。以吕不韦的手段，不是真心诚意地对待嬴政，哪里会有以后的秦始皇？李治无能是真，但观其一生，真正受人挟持的情况似乎也没有。强如长孙无忌，强如武则天，似乎都没有使他这个皇帝当得如坐针毡、如芒在背。

那他让天后摄政的想法到底出自哪里？除了爱之外，就是武则天确实有能力，而且这样的能力在他看来，他的几个儿子远远不如。这似乎是唯一的解释，因为此时的他，既没有受天后所迫而无能为力，更不可能要将江山改李为武。

正因为他的这种想法，才导致他有了让武则天摄政的实际行动。所以归根结底，李治有此行为做派就是缘于无能，这样解释似乎一切就合理了。

遗嘱的隐患

公元683年，李治的生命走到终点，他最后一次更换年号为弘道；七月，召太子到东都洛阳，目的是封禅中岳；但到了十二月，他的病情突然加重，连上马的力气都没有了。

十二月丁巳日，裴炎被连夜召进宫，受遗诏辅佐朝政。当晚，五十六岁的唐高宗李治在洛阳贞观殿去世。

李治去世之前，颁发了两道诏书：一是遗诏，二是《改元弘道诏》。遗诏主要表达了三点意思：丧事从简从速；太子灵前即位；军国大事不决者，由天后定夺。但这三件事，只有第二件事勉强做到了。

高宗乾陵规模之大、靡费之甚，哪里算什么从简从速；太子李显倒确是四天之后于“柩前即帝位”；而最后一条“军国大事有不决者，兼取天后进止”，则直接被演绎成太后临朝称制。

但不得不说，遗诏上言明的事情可以不做、少做或多做，遗诏上没有的强要去做却也是困难重重。这也许就是遗诏的作用吧。

武后大兴土木修乾陵，是因为她想到自己百年之后也将葬于此地。太子虽然“柩前即帝位”，但是按照孝道，需要为大行皇帝守丧。当时普通人守丧要三年，皇帝比较特殊，一天算一个月，共二十七天，所以在这二十七天里，名义上的皇帝是李显，但国家大权实际上由武则天掌握，朝廷要下达什么命令，只能“宣天后令”，而朝中大臣也都认可这样的现状。造成如此局面的直接原因就是高宗遗诏，而那个匆匆颁布的《改元弘道诏》同样起着重要的作用。因为此诏书用大量的篇幅表扬武后，如“比来天后事条，深有益于为政，言近而意远，事小而功多，务令崇用，式遵无怠”等。

改元与对武后的溢美之词有什么关系呢？联系到两份诏书都受到李治高度重视的事实，可见这就是他的政治安排：两份诏书无疑加强和凸显了武后的地位。李治生前最后一搏，只是为了武则天日后的地位，这恐怕不仅仅是“爱老婆”或“怕老婆”那么简单了。

最大的可能就是李显实在不是当皇帝的料，而事实也很快证明了这一点。

二十八岁的李显即皇帝位，是为唐中宗。登基之后的他迫不及待地提拔了自己的老丈人韦玄贞，先是从普州参军这样的芝麻小官直接提拔为豫州刺史，没过几天又准备将其提拔为门下省侍中（宰相），遭到了首席宰相兼顾命大臣裴炎的反对。

年近三十的李显冲冠一怒，对着裴炎一顿输出：“国家是朕的，就算朕把天下都让给他也没什么大不了，何况只是让他当个侍中？”

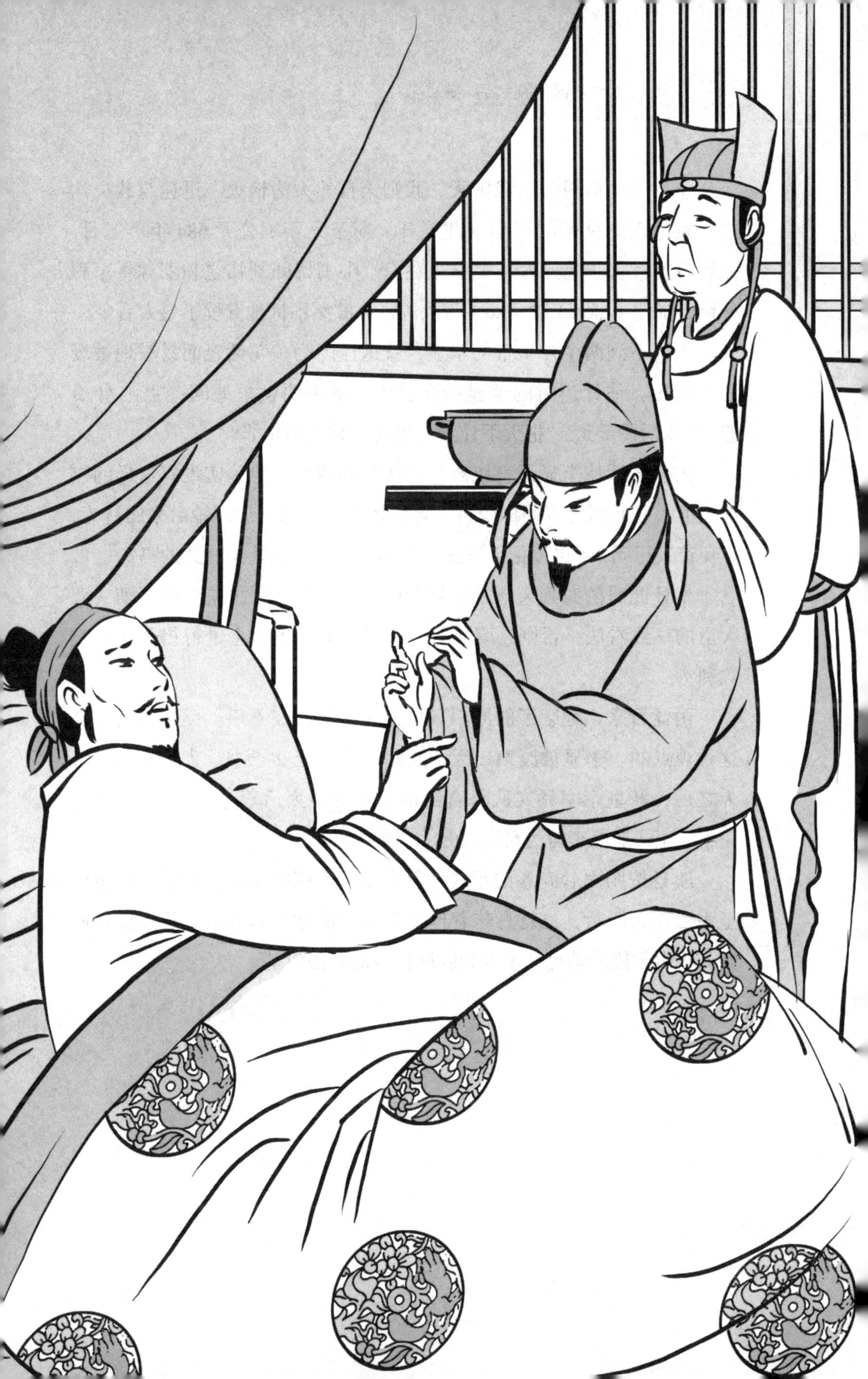

裴炎把这话报告给武则天，武则天自然大为恼火，迅速与裴炎达成一致，废立皇帝的行动就此展开。嗣圣元年（公元684年）二月，太后召集百官于乾元殿，中书令裴炎、中书侍郎刘袆之和羽林将军程务挺、张虔（qián）勖（xù）带兵进宫，波澜不惊地宣读了皇太后令。

当了不到两个月皇帝的李显，就这样因为一句话轻而易举地被废为庐陵王。估计当时的李显如在梦中，他不明就里地问："我有什么罪？"太后冷笑道："把天下让给姓韦的，难道不是罪？"

太后的话使李显无言以对，按法理和道统，他确实没有这样的权力。但太后的回答也同样令后人难以评价，因为联想到她后来的行为，不免让人想问：不可以把天下让给姓韦的，却可以让给姓武的吗？

估计此时的武则天还没有称帝的打算，这似乎也是当时满朝文武大臣的一致看法，否则，废黜皇帝这样的大事怎么会进行得如此干脆顺利？

由此看来，她废帝的原因只可能是李显实在不堪。反正裴炎是持这种观点的。李显被废第二天，武则天就确定幼子李旦为嗣皇帝。五天之后，新皇帝率领文武百官给母亲重上皇太后尊号，又三天之后，皇太后正式册封李旦为皇帝，是为唐睿宗。

李旦按照太后满意的程式礼仪完成了皇帝的加冕。他这个皇帝由皇太后正式册封，也就意味着他执政的合法性来自太后，这不仅是武则天权力欲望的满足，更是她临朝称制的合法根基。

第六章
众臣的反抗

裴炎成了“先驱”

两年后的公元686年，当武太后下诏还政李旦时，他再三推辞，坚持让太后临朝称制。这样来看，李旦是武则天几个儿子里最懂明哲保身的一个。

李旦本人能力既不突出，性格更不霸道。在这两年里，为了让他亲政，裴炎甚至差点发动了对太后的兵谏。当时太后曾打算到龙门游玩，裴炎就准备趁此机会领兵扣押太后，逼其还政于睿宗李旦，但因为大雨不止，太后没有成行而作罢。

前文中提到的刘祎之此时对太后临朝称制也颇有微词，甚至把不满的话私下说给了凤阁舍人贾大隐听。

就连高祖朝的老臣刘仁轨也主张还政睿宗。

此时的刘仁轨已年逾八十，可谓四朝元老。在朝中，官居同中书门下三品；在军中，白江口一战名震天下。连武太后都说：“刘公就是朕的萧何。”可见其德高望重。

废黜中宗之后，为防不测，武则天授权原与皇太孙李重照共同留守西京长安的刘仁轨专任西京留守，独自主持长安事务。然而他以年老多病为由上疏谢绝委任，并在信中特意提到汉初吕后乱政败亡的故事，目的不言而喻，就是告诫太后不要重蹈吕后的覆辙。

刘仁轨劝谏的话虽然重了点，但流露的是真情实意。而且刘仁轨的精明之处在于，他把这样的劝谏与坚决辞官的行为紧密地联系在一起，给太后的感觉就是：他不仅为大唐江山社稷考虑，而且还站在太后的立场，关键是他的想法和行为与为自己谋取高官厚禄没有丝毫关系。

相较之下，裴炎策划的“逼宫还政”之举就显得有些不够“老成谋国”。但不得不说，任何所谓的“精明之举”，都是“爱之不深、责之不切”的变相表现。这也许是因为刘仁轨出身贫寒，没有家族门第的渊源；也许是因为他逐级而上位居高官，没有少年得志的张狂。不过不管怎么说，他能如此表明政治态度也属难能可贵了。

武太后看过刘仁轨的奏书后，高度重视，特意派侄子武承嗣带着自己的亲笔书信赶到西京长安慰问刘仁轨。信中极尽谦卑，一再申明自己绝无吕后之念，临朝称制只因皇帝年轻，政权迟早会交还给李旦。而且，武则天以最隆重的玺书形式挽留刘仁轨，进封其为乐城郡公。

武太后的举动是否为表演暂且不谈，单说刘仁轨就算不相信又能怎样？像裴炎那样武力逼宫吗？估计他做不到，一是因为他年龄太大了，二是他原本就不是那样的人。

早在公元677年，他为洮河道行军镇守大使时，就因奏请多被中书令李敬玄压制而心生怨恨。他明知李敬玄没有将帅之才，但为了报复，力谏李敬玄担任洮河道大总管兼安抚大使，从而导致李敬玄在青海之战中兵败，被贬为衡州刺史。可见这种“公器私用”的“精明”在刘仁轨身上并不缺少。

公元684年，宰相裴炎因劝谏武太后还政而被扣上意图谋反的罪名下狱。卫军郎将姜嗣宗恰好到长安公干，西京留守刘仁轨亲自接待。言谈间，姜嗣宗提及裴炎下狱之事，得意扬扬地对刘仁轨说：“我觉得裴炎举止异常已经很久了。”刘仁轨厌恶地问：“是你察觉到的吗？”姜嗣宗不知死活地说："是的。"刘仁轨就告诉他："我有事禀告，请帮我将奏书进呈太后。"

这时的姜嗣宗根本没觉得刘仁轨有什么异常，他回到洛阳，将刘仁轨的奏章呈上，没想到奏章的内容竟是："姜嗣宗知道裴炎要反，却不报告。"结果可想而知，暴怒的武太后在大殿上命人将姜嗣宗拖出去，绞死在都亭驿。

姜嗣宗当然死有余辜，而刘仁轨将"催命信"让其本人亲自带回的方式也可谓杀人诛心。虽然大快人心，但刘仁轨的态度和做法不得不令人深思。如果说中宗被废时，朝臣还认为太后仍有还政之心的话，此时裴炎蒙冤下狱，群臣还这么想吗？

刘仁轨没有为裴炎辩护，也不再提吕后的故事。事情已经无可挽回，"精明"的刘仁轨没有选择殉道，但良知还是让他将心中沉郁的怒火倾泻在一个趋炎附势的小人身上，虽不壮丽，倒也干净。

"破冰人"难堪大任

刘仁轨这样的作为也是反武表现方式的一种，雷家骥先生将其概括为"反对力量的沉潜"，也算恰当而形象。正是这些"沉潜"力量的积聚才有了后来归政李唐的大潮。

还政睿宗在当时就像冰封的河面之下隐藏的湍急水流。潜流涌动，缺乏的仅是"破冰人"，哪怕凿开一个小口，坚实的冰面都有可能四分五裂。

而这个"破冰人"自然非睿宗李旦莫属。可惜，他既无此能力，也无此担当，从日后看，他甚至都没有这样的想法。

武则天的对手实在太弱了！不过归根结底，一来武则天本人确实太强；二来这就是古时官场的政治生态。封建官僚体系受绝对皇权的引领，唯掌权者马首是瞻，而此时太后武则天势力最大，权力最高。要想打破这样的格局，要么顺应民意，走群众路线；要么本人能力比这位掌权人高出好几个“段位”。当时武则天的对手跟她根本就不在一个“重量级”，对手显得太弱也不奇怪。

高宗朝的太子不容易，武太后时期的皇帝更难。李治和武则天这样的父母，在古时的皇家也实属罕见。

事实上，自公元683年高宗死后，大唐就进入了武太后临朝称制的时期。起初与其说是武则天专权，不如说是她这几个儿子确实不争气，包括高宗也是这么想的。对接班人实在不放心的这对帝王夫妇，不放手也在情理之中。

运气好到爆棚

回看武则天一路走来的历史，总让人觉得不可思议。为什么？因为她似乎每一步都踩在正确的位置上。从“废王立武”到二圣临朝，直至后来的太后称制，每一处细节，每一个过程，都那么恰到好处，就算让现代人穿越回去，都不可能做得比她更加完美。

试想，当年长孙无忌如果顺利答应了“废王立武”之事，二圣临朝会成为现实吗？正因为他不答应，才导致了一场针对元老派的大清洗，对武则天难道不是利大于弊吗？李弘不死，高宗不病，武则天有机会摄政吗？但凡武则天有个一半像李世民的儿子，她也不可能有称帝之心。

李义府恰好在那个关键的节点被贬；李勣恰好对皇帝家事漠不关心；王皇后恰好无子；就连大雨也恰好在裴炎磨刀霍霍向武后的时候下

个不停。所有这些，都恰恰利好于武则天，或者说，她的能力和性格恰好与所有出现在她面前的机会高度契合，从而使得她走出的每一步都正确到完美的程度。

但这并不能简单地归结为袁天纲、李淳风说的武则天“天生贵相”，真正的原因不外乎两点：

其一，武则天突出的个人性格特点。她天生对权力和排场有着一种根深蒂固的爱，乐此不疲。就像日后的雍正皇帝，勤政到让人不禁发问：何故如此？而他写在大臣奏折上的回复可能就是答案——这就是他最喜欢的事。他一忙起国事来就愉悦到不知疲倦，相反，闲下来时会浑身难受。这应该是雍正的心里话，也是为什么有人会如此专注于某件事的原因所在。

我们不要用功利的眼光去分析他们的行为，他们很可能在世俗的目的之外，就是特别喜欢做这件事情，就是特别享受做这件事的过程。任何长久专注、不知疲倦地沉浸在一件事里，一定是以兴趣和热爱为前提和基础的，因为纯粹为了目标而努力，很可能会因为目标暂时无法达成而心力交瘁、半途而废；而源于内心热爱的作为，会使人坚持不懈、越战越勇，并且在这样努力的过程中，机会随之增多，热望随之加深，目标也会更加清晰。

而且这样长时间、高强度的努力，一定要有健康的身体作保证，武则天恰好具有健康和长寿的基因，她的母亲就活到了九十多岁。

这也许就是武则天一步步登顶帝位的核心原因。之后李显的韦皇后想像武则天一样照葫芦画瓢成就自己的女皇梦，是多么愚蠢和可笑！

其二，外部环境对武则天相当友好。武则天的个人能力和性格特点是主因，而外部对她的看法及态度也非常有利于她。武则天崛起之时，不是没有“降妖捉怪”之人，但谁也没有意识到“妖孽”即将出世。高宗李治就不说了，“废王立武”时长孙无忌还保持着士大夫的矜持和体面，只给武则天碰“软钉子”，直到一句“何不扑杀此獠”彻底震碎了他们的三观。当他们还在恍惚是否碰到了“妖孽”的时候，“妖孽”早已拔剑捅向了他们的心窝。

有力杀贼之人，无心杀贼；无力杀贼之人，同情此贼。像北门学士中的佼佼者刘祎之，刚开始的他，难道不是被武则天的魄力、能力及热情感召吗？从编书到参与朝政，具体到拟定“建言十二事”，这一时期的武则天看起来难道不是一心为了大唐社稷、臣民百姓？到她羽翼丰满之后，废立皇帝、临朝称制之时，刘祎之即便心有不满，也无法撼动其半分了。

武则天不仅起用刘祎之这样的直臣干吏，像许敬宗、李义府这样被长孙无忌弃之如敝履的龌龊小人也拔擢（zhuó）重用，这是不是出人意料？而这样的奸佞之臣，无疑是武则天用来清扫前进路上障碍的得力帮手。

个性使然之下，无所不用其极；猝不及防之下，全体应对失策；加上恰到好处的政治环境，武则天得以“化形成精”，以太后的身份临朝称制。

但上天赐予武则天的好运似乎没完没了。公元 684 年，徐敬业（李敬业）在扬州起兵反武。

对手如此之弱

徐敬业是英国公李勣的嫡孙，公元 669 年李勣死后，他袭封英国公。徐敬业少年时，祖父李勣嫌其面相不好，趁他打猎之机，纵火烧林，原想让他葬身火场，没想到他杀马藏身马腹，躲过一劫。高宗时，朝廷派徐敬业出任柳州刺史，讨伐聚集为寇的蛮族。徐敬业不带一兵一卒，直接走进贼营，先宣讲朝廷政策，再表示谁先离开盗贼窝点就既往不咎，最后适当责罚贼首，用恩威并施、分化瓦解的办法就平息了此次贼乱。李勣听说此事后，虽肯定他的勇敢，但也不认同他的冒险行为。

李勣的看法和纵火杀孙的行为，真实与否不重要，只从这两个故事中我们就能够看出，徐敬业有其勇敢和机警的一面。所以，他起兵反武也不在意料之外。

徐敬业之所以起兵，有仕途落魄的原因。李旦即位后，武则天临朝称制，徐敬业被降职为柳州司马，同时被降职的还有他的弟弟李敬猷（yóu）、给事中唐之奇、长安主簿骆宾王、詹事司直杜求仁、御史魏思温等人。这些人聚集在扬州，因为对武太后任意废立皇帝、临朝称制不满，打出故太子李贤的旗号，起兵叛乱。

徐敬业迅速聚拢十万兵马，却仅支撑了四五十天就兵败被杀。原因何在？

首先是客观原因。贞观至今，天下承平，尽管朝廷风云多变，但没有波及百姓，至少民心思稳还是当时社会的主流；加上大唐边疆争战不断，朝廷军力并没有明显下滑，徐敬业起兵后，武则天直接派出三十万军队讨伐他，他何以为敌？

其次就是徐敬业个人的原因。徐敬业明知李贤已死，为什么要打出他的旗号？就因为李显、李旦不在身边吗？既然打出这样的旗号，意思就是要匡扶唐室，难道不应该挥师西进、直取洛阳吗？当时的魏思温就是这么建议的。

大张旗鼓地兵发洛阳，将救援天子的目的昭告天下，也可争取天下民心，赢得八方响应。但徐敬业南下润州（今江苏镇江），意思是据守"金陵王气之地"，作为霸业的根基，从而做到进可攻、退可守。

在挥军渡江攻打润州时，徐敬业又分兵唐之奇，让他留守江都。魏思温再次建议，兵势合则强，分则弱，如此分兵两地，哪有不失败的道理？但未获采纳。

也不知徐敬业据守一方意义何在，真要和大唐军队拼个山穷水尽吗？此时最好的策略就是像魏思温建议的那样挥军直指京师。日后的朱棣就是这样做的，不同的是，朱棣是以皇子之名清君侧，徐敬业是打出还政李唐王室的旗号。但不管怎么说，一举拿下京都、变换朝廷，要比一步步攻城略地简单得多。

那么，徐敬业为什么如此作为？因为打着李贤的旗号行割据之实，才是他真正的目的；而不打出中宗李显或睿宗李旦的旗号，或许是因为他还有更大的野心，比如他想自己取代李唐。如果他真有这种想法，只能说明他不仅糊涂，而且还相当愚蠢。昔日隋炀帝时那般乱世，起兵反叛的杨玄感那般骁勇，应者如云，甚至都快打到洛阳了，最后还是兵败自杀；今日冉冉上升的大唐，岂可能由他从外部颠覆？

打出匡扶唐室的旗号又不执行这样的路线，如此名实不符，岂能不败？这就是历史上评价徐敬业的扬州兵变有其私心的原因所在。

正因如此，武则天能登顶皇位，除了前面说的原因之外，也有像徐敬业等怀有私心的人反向助力。只是可惜了骆宾王那篇大气磅礴、慷慨铿锵的讨武檄文，连武则天看后都说骆宾王有宰相之才。他跟了徐敬业这样的主子，也是令人唏嘘。

徐敬业扬州起兵后，武太后任命李孝逸（淮安王李神通之子）为扬州道大总管，李知十、马敬臣为副将，魏元忠为监军，统兵三十万讨伐徐敬业。在魏元忠的催促和鼓动下，叛乱很快平息。

徐敬业的扬州起兵，无论是私心太多，还是战略失误，抑或是准备不足，事实就是既没有得到百姓的同情，也没有得到朝中群臣的支持，甚至连他的叔叔李思文都不支持他，可见他的势单力孤。

相比徐敬业的窘境，武则天却又收获了重大利好。扬州兵变真实检验了百姓的反应、官员的态度以及军方的立场，结果当然令她非常满意。

而且，武太后似乎对这样的结果信心十足，要不然，她为什么在扬州兵变不到二十天的时候，就将中书令裴炎下狱斩杀呢？要知道，裴炎在仅仅八个月前，还曾和她联手废了中宗李显。

大敌当前，先杀自己的宰相，武则天这是完全没把徐敬业放在眼里吗？事实上，就连裴炎也没把徐敬业放在眼里。徐敬业起兵后，他还趁机对武太后说："如果能还政睿宗，徐敬业不讨自败。"

裴炎的话当即被监察御史崔詧（chá）拿来大做文章，他指控裴炎通敌谋反，理由是："裴炎身为顾命大臣，大权在握，国难当头之时，不积极讨贼，反而趁机要挟太后归政，必有异心。"

历史上从来不乏崔詧这样的人。他们不说家国情怀，连士大夫的气节和操守也没有，只是挖空心思地大搞政治投机，利用一切机会和借口踩着别人的脑袋往上爬。而武则天需要的正是这样的人。

武太后当即将裴炎以通敌谋反罪关入诏狱。

裴炎当然冤枉。然而他在这个时候提出还政睿宗，确实有点逼宫的意味，这是他认为的最好时机。如果说他以前支持武则天是为了大唐的江山社稷，那如今的他反对武则天，同样也是为了大唐的江山社稷。裴炎没有变，变的是武则天，是历史的偶然把她推到了今天的位置，现在的她正处心积虑地向皇帝的宝座迈进。

一心为大唐的裴炎眼见武太后如此，岂能置之不理？也许，他就是想借扬州兵变这把火将武太后架起来烤，从而达到还政睿宗的目的。可惜，徐敬业太不争气，而武则天又太过凌厉。

徐敬业不争气，或者说朝廷这边的军力民心，裴炎是心里有数的，所以他敢于这样赌一把，起码在他心里，徐敬业比武太后容易对付得多。但是他没有想到这个女人下手会这么快、这么狠。

大敌当前，武太后没有任何顾忌地快刀斩乱麻。看到这里，可能有人会惊叹她的魄力和手段。其实，这很可能仍然只是她性格的自然流露，当时的她估计压根儿就没有想过杀裴炎会带来什么样的后果，而那个怀揣私心的徐敬业又从来没有想过怎样利用此事来争取百官的支持。武则天的对手真的都太弱了，才使得她这种孤注一掷式的举动屡屡得逞。

裴炎的忠诚朝野皆知，众多大臣拍着胸脯向武太后担保裴炎不会谋反，信誓旦旦地表示："如果他谋反，那臣辈岂非也反了？"还有人到狱中宽慰裴炎："等太后消气，马上就会放你出狱。"而武太后只是笑着摇头："朕知裴炎反，卿等不反。"狱中的裴炎也苦笑道："你们见过宰相入狱，还能活着出来的吗？"

武太后与裴炎都知道事情接下来会怎样。裴炎知道此时的武太后一定要称帝，而武太后也明白裴炎一定会阻止她，所以裴炎必死。否则，一向"合作愉快"的两人，为什么突然就水火不容了呢？

而当时的很多朝臣之所以赌上身家性命担保裴炎，就是因为他们还算忠直之士。但显然他们没有看透事情的根本，而等到他们看透时，大概就是他们的死期。刘祎之就是这样死的。

而那个弹劾裴炎的无耻之徒崔詧因这次成功的政治投机也算当了一回大唐宰相，虽然两年后就死于武则天的暗杀，但只能说死有余辜。

刽子手的本来面目

徐敬业起兵的同时，武太后也在大刀阔斧地进行改革，例如：旗帜改用金色；东都洛阳改称神都；中书省改称凤阁，长官改称内史；门下省改称鸾台，长官改称纳言；尚书省改称文昌台，左右仆射改称左右相，六部尚书改称六官；御史台改称肃政台；等等。至此，越来越多的人开始像裴炎那样意识到武太后的野心。

改朝换代的大戏即将拉开帷幕，而屠杀和流血必是登顶皇权之巅的前奏。

首先被拿来祭刀的就是裴炎，朝廷抄家时竟然发现官居宰相的他家徒四壁、一贫如洗。大将军程务挺当时正作为单于道安抚大使在军中与突厥作战，裴炎下狱后，他曾暗中上表替裴炎辩白，因此被构陷谋反，武则天派人赶到前线将其斩首于军中。过了两年，刘祎之也毫无意外地被杀。

裴炎曾是武太后的智囊，刘祎之既是北门学士的佼佼者亦是武太后的心腹，程务挺在武太后废李显立李旦时亲自带兵入宫保护她的安全。但当这些人成为她皇权路上的绊脚石时，她不曾有丝毫犹豫地举起屠刀。说来，就连她自己的儿子李贤还不是说杀就杀？李显还不是说废就废？

再去深究细追武太后为什么会如此翻脸无情已无意义。“人挡杀人，佛挡杀佛”只是她本性的自然流露，至于后果，也许她根本就没有考虑，心里想的仅仅是“杀了再说”。

就像她曾对朝臣吉顼谈起自己为李世民驯马一事时所说：“制马有三物，一铁鞭，一铁檛（zhuā），一匕首。鞭之不服则檛其首，檛之不服则以匕首断其喉。”这哪里是什么制马？这难道不是杀马吗？制人如制马的武则天，懂什么“制人”？她会的只是杀人而已。

据统计，经武则天手被杀的，不说朝臣，仅李唐皇室成员就多达九十六人，被株连者更是不计其数。

公元686年，武则天还政于李旦，但李旦知其并非出自诚心，“奉表固让”，于是武则天继续临朝称制，同时加快了迈向皇位的步伐。此时的她，对朝中大臣的杀戮并没有停止，而是还在继续。

典型的案例就是宰相魏玄同在七十三岁的年纪被赐在家中自尽，原因只是一向与他有隙的酷吏周兴诬陷他出言不逊，一句“太后老了，不如还政嗣君”的捏造之词，就将他送上了黄泉路。就连前来监刑的御史房济都看不下去，善意提醒魏玄同，让他随便举报一个人，因为武太后说了，但凡有人举报，一定亲自接见，到那时，他就能在武太后那里自证清白。但魏玄同不愿冤枉别人，从容赴死。

魏玄同不愿牵连冤枉别人，是他道德和操守的底线；而他“人杀鬼杀，亦复何殊”的遗言，也表明他看透了这个人鬼颠倒的世界，即使无能为力，死也要死得光明磊落。

相比魏玄同，武太后应该是真的不明白道德和操守有什么用。就像后来的忽必烈迷茫地问“你们汉人老作诗，到底有什么用”一样。可叹死也不愿牵连任何一个人的魏玄同，并没有想到因为他武太后又高高举起了屠刀。

魏玄同虽死，但他的案子依然牵扯了一大批人被杀、被贬、被流放。这也是武太后的常规操作。

武太后也算饱读诗书，还曾经力主把《老子》列为明经科的必考科目。这样的她，怎么会像后来的忽必烈一样不懂“有之以为利，无之以为用”的道理呢？

她是懂的。但懂道理与照道理去做，是泾渭分明的两件事。要不然后世的王阳明怎么会以“知行合一”来谆谆告诫世人呢？性格是行为的核心驱动力，而权力又会使人的性格扭曲，在扭曲的性格指导下，人自然会做出疯狂的举动。依此来看待武则天的肆意杀戮，就不会使人觉得太过惊诧了。

比如李孝逸，是刚刚平定扬州兵变的有功之臣，但他身为李唐宗室成员，武太后岂会放过他？公元686年，李孝逸在武太后侄子武承嗣的多次诋毁下，被贬为施州（今湖北恩施）刺史。第二年，武承嗣又诬陷李孝逸曾自解名字，说“逸”字带兔，兔即月宫玉兔，当有天子名分。武则天念李孝逸往日有功，免其死罪，削除名籍，流放儋州［今海南儋（dān）州］。可怜李孝逸到儋州不久就含恨而死。

这都是什么荒唐的罪名？这又是什么荒唐的朝廷？李唐宗室成员再忍气吞声下去，实在愧对他们先祖当初的猎猎雄风。

猎猎雄风荡然无存

随着武太后清洗李唐皇族力度的加大，宗室成员终于意识到不能坐以待毙，要奋起抗争。

公元688年，韩王李元嘉（高祖李渊第十一子）的儿子李撰（zhuàn）以家信的形式隐晦地与越王李贞（太宗李世民第八子）沟通，商定纠合李氏宗室举兵反对武则天，时间最晚不能拖到这年冬天。

这一年，武则天在明堂修建完成后召集宗室聚集于东都洛阳，在洛水举行祭神仪式。李元嘉借机向各王秘密传递了武太后要在宴席之上将李唐皇族一网打尽的消息。接着，李撰伪造唐睿宗李旦诏书给李贞之子琅琊王李冲，诈称皇帝被幽禁，令各王发兵救驾；李冲又伪造皇帝用玺印密封的书信，说武太后打算将李唐江山交给武氏。

就这样，他们借用皇帝之名开始行讨伐武氏之实。李冲首先在博州（今山东聊城）发难，募兵五千，计划横渡黄河，夺取济州，同时告知诸王，让他们各自起兵，向神都洛阳进发。

武则天接到消息，即刻任命丘神勣为清平道行军大总管讨伐诸王。

李冲率军进攻武水县（今山东聊城西南），堆柴焚烧城门，谁知火起之时风向逆转，反而阻挡了李冲的军队，士气低落。此时李冲属下董元寂大声说："琅琊王与国家战，是造反。"李冲将其斩杀，士卒惧怕，于是溃散。李冲带着数十个家童逃回封地博州，被守城门的兵卒杀死。

李冲起兵仅七天，仅遭遇小小的挫折就呈现出兵败如山倒的态势，最后又在自己的封地为守门人所杀，可见当时的军心民意实在不愿再次天下大乱。

丘神勣领兵到达博州时，李冲已死，博州官吏素服出迎，却被丘神勣全部杀死，一千余户家破人亡。显然丘神勣不能容忍无功而返，为此甚至不在乎杀害无辜。

不是朝廷多高明、多厉害，只是人心思稳，这就是李冲失败的主要原因。

越王李贞听说李冲起兵，也在豫州起兵，派兵攻陷上蔡。武太后任命左豹韬卫大将军麴（qū）崇裕为中军大总管、岑长倩为后军大总管，领兵十万讨伐李贞。

李贞此时已经听说李冲失败，本来要自缚到朝廷请罪，没想到他所任命的新蔡县令傅延庆正好招募到二千勇士。李贞索性谎称李冲拥兵二十万，已攻破数州，很快就要前来会合，由是又征发豫州属下各县兵共五千人，迎战麴崇裕。

然而，李贞仓促之下纠集起来的乌合之众一战即溃，最终李贞服毒自杀。

当初，范阳王李蔼［高祖李渊第十九子李灵夔（kuí）之子］曾派使者对李贞和李冲说："如果四方诸王同时起事，一定能成功。"可就在诸王往来协商约定时间还没有最后确定的时候，李冲却首先发难，结果只有李贞匆忙响应。父子二人没有得到其他诸王的响应和支持，这也是他们失败的原因之一。

李唐诸王的犹豫，也许是因为尚未准备充分，但正如常乐长公主（高祖李渊第十九女）所说："从前隋文帝篡夺北周，尉迟迥（jiǒng）是北周皇帝的外甥，还能起兵匡救国家。你们是先帝的儿子，李氏王朝危如累卵，难道还要犹豫吗？"

可叹这帮李唐王室的儿孙，有些许才能和操守就实属难能可贵了，哪里还有多少浴血疆场的勇气、剑指天下的雄心？靠他们既不可能力挽狂澜，也不可能匡扶社稷。

“会用人”的误解

李贞父子起兵反武就这样失败了，接下来李唐王室将要面对的只有更无情的杀戮，而这种事情，武太后是行家里手。她令监察御史苏珦（xiàng）查办这一谋反大案，暗示苏珦要尽杀诸王。可苏珦查来查去就是查无实据，武太后没办法，只好说：“你是才德高雅的读书人，朕将另有任用。”于是改命周兴查办此案。

不得不说，武则天确实会用人。酷吏周兴当然“不辱使命”，将韩王李元嘉、鲁王李灵夔、黄公李撰、常乐长公主等人通通收监，逼令自杀，被牵连判罪的达六七百家，籍没官府充当奴婢的更是达五千多人。

霍王李元轨（高祖李渊第十四子）被关在槛（jiàn）车里流放黔州，行至陈仓（今陕西宝鸡）时不堪折磨而死。他的儿子江都王李绪被构陷与殿中监裴承先（裴寂之孙）勾结谋反，两人被斩杀于街市示众。

武则天就连自己的女婿也没放过，太平公主的丈夫、驸马都尉薛绍被杖打一百后活活饿死在狱中。薛绍的两个哥哥薛顗（yǐ）、薛绪被处死。薛绍兄弟三人是太宗皇帝与长孙皇后的女儿城阳公主所生，这一次被斩杀殆尽。

这一番腥风血雨的清洗过后，朝中大臣、李唐皇室，还有谁敢反对武则天？

武则天扬扬得意地对着大臣们说：“朕没有什么对不起天下的。公卿之富贵，是朕赐予；天下之安乐，是朕养育。为什么谋反的都是王公大臣？”

答案不就明摆着吗？你起用周兴那帮酷吏，搞“酷吏政治”，兴告密之风，致使“朝士人人自危，相见莫敢交言”。你甚至亲口说“才德高雅”的人干不了这事，难道你忘了吗？谁敢给出答案？

面对沉默不言的群臣，武太后说道：“你们当中，有受命于先帝，倔强难制如裴炎的吗？有将门之贵种，纠合亡命之徒如徐敬业的吗？有重兵在握，战无不胜如程务挺的吗？看到了吧，这三个人，不利于朕，朕照杀不误。如果谁更有能耐，倒不妨试试，否则就得革心事朕，不要弄得身败名裂，成为天下的笑柄。”

群臣的表现自然是只管磕头，不敢仰视，而且高呼：“唯太后之命是从。”

武太后这是什么样的嘴脸和做派！司马光在《资治通鉴考异》中认为她不会轻狂浅薄到如此地步。这也难怪，我们这些后人从纯粹人性和学术的观点出发，自然很难相信武太后会有这番表演，但要知道，当时的朝臣已经被武太后胁迫到每次上朝前都要和家人诀别的地步！

武则天一路走来，从饱受迫害的童年到成为才人、尼姑、昭仪、皇后、太后，直到临朝称制，使群臣低头、皇亲俯首，也许并不能说张狂浅薄。只是武太后对权力的偏执太深，长久以来和最高权力的接触让她无法自拔，由此，甚至想更进一步。

此时朝堂上真的就没有任何反对武太后的声音吗？当然有，前面提到的苏珦就算一个。苏珦明知不遵从武太后心意查案将以通敌罪论处，但他依然据理力争，执意不愿株连诸王。他把能做的，已经做到了极限。

另外，裴炎死后，他的侄子裴伷（zhòu）先请求面见武太后。见到这位年仅十七岁的少年时，武太后阴沉地问：“你伯父谋反，朕留你不杀，你还有什么话说？”没想到裴伷先根本不是为叔父诉冤，他对着武太后一番劝谏：“太后身为李家的媳妇，岂能排斥宗室，滥杀忠臣？

如能及早还政，尚能安享晚年，否则，吕后的教训在前，只怕您将万劫不复。”

武太后大怒，命人将裴伷先拉下去杖打，裴伷先还不忘回头大喊：“您现在采纳我的话还来得及。”这是怎样的勇气和坚持！真是有志不在年高。

和裴伷先一样勇气可嘉的还有郝象贤。郝象贤是高宗朝宰相郝处俊的孙子，被周兴构陷犯有谋反大罪。当时的监察御史都认为证据不足，但武太后对当年郝处俊反对自己摄政一事耿耿于怀，自然不会让他的孙子郝象贤脱罪，郝象贤被判斩首且诛灭全族。

被押赴刑场的郝象贤一路上破口大骂武则天，虽不清楚他骂的具体内容，但从围观群众听得津津有味来看，估计颇有当年骆宾王那篇讨武檄文的风采。

虽然苏珦也好，裴伷先、郝象贤等人也罢，都没能阻挡得了武则天迈向皇座的疯狂脚步，但正是这些人的努力和牺牲，反武的种子得以散播和发芽，我们只需要时间静待它慢慢长大。

在贞观遗风之下，大唐民心思稳、国防强大，朝廷的混乱暂且还没有使大唐伤筋动骨，雄厚的国力还能让武则天再折腾几年。

第七章
灭亡高句丽

首鼠两端的高句丽

从公元612年到公元648年，短短三十多年里，隋、唐两朝君主对高句丽发动了多达四次的大规模战争。这还不包括公元598年之后，隋文帝杨坚对高句丽进行的多次试探性进攻，也不包括贞观末年唐太宗李世民对其百余次的骚扰性进攻。

正因为如此，建国七百余年的高句丽政权在经济、军事及民生方面，遭遇到史无前例的重创。而这，都是其为了谋取地区霸权不断挑衅中原帝国的后果，纯属咎由自取。

高句丽一贯就是打不过就降的作风。公元598年，隋文帝杨坚以安定属国为目的，派大军三十万分水陆两路进攻高句丽。随着高句丽婴阳王高元上表称臣，隋文帝也罢兵修好。

到了隋炀帝杨广时代，虽三次御驾亲征高句丽，但第一次因太过自大，惨败于辽东城；第二次又遇杨玄感兵变；到了第三次，国内义军已成蜂起之势，杨广纵有雄心万丈，也实在无能为力。隋炀帝杨广好大喜功，为了征讨高句丽过度残暴地征敛百姓，加上高句丽全民皆兵，杨广未能如愿剿灭高句丽，却致使隋朝大乱灭亡，也在意料之中。

公元645年，唐太宗李世民亲率六军从洛阳出发攻打高句丽。李世民将兵临阵的能力在古代所有的帝王中出类拔萃，无出其右，他此次亲征高句丽取得多次大胜，高句丽其实已被打残。其之所以没灭亡在太宗一朝，原因只是李世民天不假寿、英年早逝。

高句丽被彻底攻灭是在唐高宗时。高宗李治之所以能成就这一不世之功，是因为历史的惯性，贞观遗风的作用；再加上高句丽朝廷自身的混乱和倾轧。相较之下，大唐国力日盛，军队也以老带新，搭建起了人才梯队。

公元650年，初即位的高宗李治在元老重臣的辅佐下，对高句丽采取怀柔政策，接纳高句丽的朝贡，有意修复双方破裂已久的关系；同时，对高句丽、百济及新罗三方进行安抚，调解他们之间的矛盾。

这一时期的大唐希望在自己的调停下，终止高句丽与百济对新罗的联合进攻，保持朝鲜半岛局势的稳定。为此，高宗以玺书的形式，要求百济“韬（tāo）戈偃革”，归还原属于新罗的土地和城邑；同时警告百济、高句丽，不得继续侵占新罗，否则将出兵予以征伐。

早在公元643年，高句丽与百济这两个敌对国家由于共同利益的驱使，便握手言和，结成军事同盟联合进攻新罗。

在这个过程中，百济侵夺了新罗四十余城。同时，高句丽与百济企图断绝新罗入唐朝贡的通道。此事曾引起唐朝的强烈不满，成为唐太宗征伐高句丽的重要原因之一。

唐太宗都没有剿灭的高句丽，如今自然不把登基的新皇帝放在眼里，联合百济对大唐阳奉阴违。

一方面，高句丽继续遣使入唐朝贡，表面维持与唐朝的和平关系。例如，公元652年，高句丽“遣使入唐朝贡”；公元656年，高句丽再次“遣使入唐，贺册皇太子”。

另一方面，高句丽也继续联合百济对新罗发动军事进攻，甚至出兵攻打契丹。例如，公元654年，高句丽大将安固率军与靺（mò）鞨

（hé）连兵攻打契丹，唐朝松漠都督李窟哥在新城把他们一举击溃；公元655年，高句丽“与百济、靺鞨连兵侵新罗北境，取三十三城，新罗王春秋遣使求援”。

高句丽首鼠两端的行为，显然是对来自大唐的严正警告置若罔闻、无动于衷。

契丹族为中国古代游牧民族，发源于中国东北地区。公元628年，大贺氏联盟长摩会率领契丹各部依附唐朝。公元648年，唐朝在契丹之地设置松漠都督府，以契丹大贺氏联盟长窟哥为松漠都督，并赐姓李；契丹八部分设为九州，以各部落酋长为各州刺史，加上松漠都督府，合为十州建制，并隶松漠府统辖。至此，契丹大贺氏部落联盟所领契丹各部，成为唐朝统辖下的地方行政单位。

因此，高句丽进攻契丹，实际上等于直接挑衅唐朝。

同时，高句丽联合百济进攻新罗，不但违背了唐高宗的一再训示，而且使朝鲜半岛烽烟再起，严重破坏了和平稳定的政治格局。

大唐双子星

公元655年，新罗在高句丽、百济的联合进攻下丧师失地、损失惨重，新罗王金春秋遣使奉表向唐朝紧急求援。大唐朝廷立即做出军事决策，派营州都督程名振、左卫中郎将苏定方率领唐军征伐高句丽。

程名振，洺州平恩（今河北曲周）人，隋朝末年曾在义军窦建德麾下为普乐县令，不久投靠唐高祖李渊，被任命为永宁县令，率兵经略河北。

平定刘黑闼（tà）之战后，程名振因功官拜营州长史，封东平郡公，后转任洺州刺史；后随唐太宗征辽东，任平壤道行军总管，率军攻占沙卑城，连破独山阵，被李世民称赞“有将相之才”。

苏定方，冀州武邑（今河北武邑）人，少年时曾随父亲苏邕清剿当地贼寇，安定乡里。隋朝末年，他投奔窦建德，后又投奔刘黑闼，在军中屡建战功。刘黑闼兵败后，苏定方归隐故乡。

贞观初年，苏定方被大唐朝廷起用，任匡道府折冲都尉。公元630年，苏定方随李靖北伐东突厥，在阴山一役中，率两百骑兵为先锋，率先攻破颉利可汗牙帐，为剿灭东突厥立下大功；公元655年，随程知节出征西突厥；公元658年，作为统帅攻灭西突厥；公元659年再次西征，平定铁勒叛乱；公元660年，统率十万唐军剿灭百济。

从征西突厥、平葱岭、夷百济、伐高丽的丰功伟绩来看，苏定方无疑为大唐第二代将星中最灿烂、耀眼的一颗，当然也是李世民留给李治的股肱之臣。

公元655年，程名振、苏定方指挥一万唐军渡过辽水，进攻新城。高句丽见唐军兵少，渡过贵端水迎战。唐军大败高句丽军，歼敌一千余人，纵火焚烧了新城外郭及附近村落后回师。

此战揭开了唐高宗时期军事征伐高句丽的序幕。

公元658年，大唐朝廷再次派程名振与右领军中郎将薛仁贵率军进攻高句丽。

薛仁贵，河东道绛州龙门县修村（今山西河津修村）人。他虽是北魏河东王薛安都六世孙，但由于父亲早亡、家道中落，少时家境贫寒，只能以种田为生。薛仁贵天生勇武有力，在妻子柳氏的劝说和支持下，于贞观末年应募投军，随唐太宗征伐高句丽。

在安市城之战中，薛仁贵白衣亮甲，持戟（jǐ）悬弓，冲杀于敌阵之中，所向披靡，一战成名。

此后他升右领军中郎将，镇守宫城玄武门；后两度随击高句丽，并大破契丹于黑山；公元662年，随郑仁泰率军在天山击败九姓铁勒十余万人；公元670年，率军击吐蕃，在大非川之战中失利；公元682年，在云州大破突厥。

薛仁贵作为李世民晚年发现的将才，为大唐征战二十余年，大败九姓铁勒，降服高句丽，击破突厥，可谓功勋卓著。

此次征伐高句丽，唐军一举攻克赤烽城，斩杀高句丽军队四百余人，俘虏一百余人。面对增援的三万敌军，唐兵予以迎头痛击，挥军追杀溃兵二十余里，斩杀高句丽军队二千五百余人。

公元659年，大唐朝廷第三次派兵征伐高句丽。左骁卫大将军郕（chéng）国公契苾（bì）何力、右领军中郎将薛仁贵受命率唐军奔赴辽东作战。

在横山之战中，薛仁贵身先士卒冲入敌阵，弓弦响处，敌兵莫不应声而倒。在石城战斗中，薛仁贵更是单枪匹马，冲锋陷阵，生擒高句丽神箭手。唐军大获全胜。

大唐不仅对高句丽实行车轮战法，而且与新罗联合作战打击百济，使高句丽在军事上完全陷入孤立状态。

公元660年，唐高宗任命苏定方为神丘道行军大总管，率十万水陆大军讨伐百济。同时，新罗国王金春秋指挥新罗军队配合唐军的进攻。

苏定方率水军自山东横渡黄海，到达熊津江口（今朝鲜半岛南部锦江口），百济军沿江屯兵据守。苏定方与百济军交战，一战斩杀数千人，一举击破百济的阻军，而后唐军水陆并进，直逼百济都城泗（sì）沘（bǐ）。

面对唐军的团团包围，百济王扶余义慈及太子扶余隆弃城逃走，扶余义慈的次子扶余泰自立为王，率百济军队固守都城。

就在此时，宫廷猜忌和倾轧的故事又一次上演。太子扶余隆的儿子扶余文思不但没有帮叔父守城，反而认为自立为王的叔父打退唐军之后必然会加害扶余义慈及太子。于是，他竟率兵从城上缘索而下，投降了唐军，而且“百姓皆从之，泰不能止”。可见，百济的民众也厌恶这场战争。

见大势已去，扶余泰只好开城归降。而后百济大将祢（mí）植带着扶余义慈来降，扶余隆与百济众城主都前来奉表归诚。百济全国五部、三十七郡、二百城、七十六万户尽归大唐，百济灭亡。大唐在百济故地设置熊津、马韩、东明、金连、德安五都督府，行使大唐主权。

苏定方平定百济后班师回朝，留下左骁卫郎将刘仁愿驻守百济故都泗沘城。公元 661 年，百济旧将僧道琛（chēn）、鬼室福信聚集人众据守周留城，又从倭国（日本）迎来原先的王子扶余丰立为百济王，率军包围刘仁愿，百济再次反叛。

“抗日”名将刘仁轨

刘仁轨临危受命，率熊津都督府兵，又征发新罗兵，驰援刘仁愿。熊津江口一战，刘仁轨率军杀敌一万余人，与泗沘城中的刘仁愿会合。僧道琛等退守任存城。

刘仁愿、刘仁轨一鼓作气，先后攻占百济的支罗城及尹城、大山、沙井。随后刘仁轨夜袭真岘（xiàn）城，打通了与新罗之间的粮道，又奏请诏发淄、青、莱、海四州之兵七千人到熊津。而此时的百济王也派使者到高句丽、倭国求援。

公元 663 年，前来增援的右威卫将军孙仁师与刘仁愿及新罗国王金法敏率领陆军朝周留城进发，刘仁轨则与扶余隆率水军沿着熊津、白江进军，打算与陆军在周留城会合。在白江口，刘仁轨与倭国援军不期而遇。在这次遭遇战中，刘仁轨指挥唐军四次击败倭寇，焚烧倭国船只四百余艘，当时的战况可谓“烟焰涨天，海水皆赤”。百济王扶余丰逃往高句丽，百济再次平定。

刘仁轨在白江口一战成名，也因首次“抗日”胜利而名垂千古。

此次平定百济，大唐还收降了黑齿常之这员猛将。黑齿常之出身百济王室，本姓扶余，因祖先封于黑齿，故子孙以地名为姓。百济灭亡后，黑齿常之降唐，在青海大战吐蕃，所向披靡，又在北疆数破突厥，威震北方，因功进封燕国公，成为大唐一代名将。

百济灭亡后，高句丽失去军事盟友，更加孤立无援。公元 660 年十二月，大唐命契苾何力为浿（pèi）江道行军大总管、苏定方为辽东道行军大总管、程名振为镂（lòu）方道总管、刘伯英为平壤道行军大总管，统率唐军分道合击高句丽。这次战役，大唐朝廷高度重视，积极备战，不仅招募新兵，而且集结回纥（hé）诸部等少数民族士兵共三十五万大军，不断调整部署，力求给予高句丽以重创。

不仅如此，李治本还打算御驾亲征，虽不知他出于什么目的，也算显露出一点“英雄本色”，但在武后的抗表谏止之下，没有成行。武后坚决不同意李治御驾亲征，是早知他不是这块料，还是关心他生命安危、征途劳累？可能二者兼而有之吧。至少这再一次说明武后不愿李治早死。

公元 661 年正月，朝廷调整了作战部署，改命契苾何力为辽东道大总管、苏定方为平壤道大总管、同中书门下三品任雅相为浿江道大总管，统率大军及诸胡兵水陆并进，挺进高句丽都城平壤。

八月，苏定方指挥唐军在浿江（今朝鲜大同江）一举击败敌军，一路屡战屡胜，包围了平壤城。此时北线的契苾何力却在鸭绿江遭到高句丽军队的顽强抵抗，不得渡江，双方一直僵持到九月底。直到天气转冷，契苾何力率军踏冰过鸭绿江，斩杀高句丽军队三万余人。而后因天寒地冻，再加上漠北铁勒九姓发生了叛乱，契苾何力所率唐军奉命班师。

此战高句丽军队遭受重创，也成为高宗一朝征伐高句丽以来取得的最大一次胜利。

契苾何力所部唐军回朝，使得唐军南北合击高句丽的战略部署落空，苏定方、任雅相陷入了持久战。公元662年，任雅相在军中病逝，再加上粮道不继，唐军开始出现粮草、冬衣等补给问题，此时苏定方虽再次在苇岛的战斗中击败高句丽军，随后进攻平壤城，但他判断攻克平壤已不可能，遂撤军回国。虽然此次唐军未能攻灭高句丽，但连续不断的军事进攻进一步消耗了高句丽的军事实力，瓦解了高句丽的社会经济基础。

不得不说，此时大唐的军力相比太宗时期已稍显不足。

自取灭亡的内讧

高句丽最后的灭亡，固然是大唐连续军事打击的结果，但与其国家内部的矛盾也有很大的关系。

唐朝开国之后，高句丽荣留王高建武采取亲唐政策，使高句丽与唐朝之间保持了二十余年的和平友好关系。但公元642年，高句丽权臣渊盖苏文杀死荣留王高建武，另立高建武的侄子高藏为国王，自封为“大莫离支”（宰相），独专国政，同时出兵进攻新罗，最终导致唐太宗御驾亲征讨伐高句丽。

公元666年，渊盖苏文死，他的大儿子渊男生继任莫离支。上台伊始的他，不是巩固权力，也不是秣马厉兵，而是外出巡游；更要命的是，他把两个弟弟渊男建、渊男产留在了京城，让他们代为处理国政。

他倒是信任他的兄弟，但是他的两个兄弟并不信任他这个哥哥。

留守京城的渊男建逼迫国王高藏封自己为莫离支，发兵讨伐出游的原莫离支渊男生。渊男生当然要反击，他拉起一支队伍，夺取了六座城池，十余万户人口，要和弟弟们拼个你死我活。

这本是家庭矛盾，渊男生却决意将之扩大化，派自己的儿子渊献诚到大唐求救。

如此天赐良机，大唐岂能错过。同年六月，唐高宗李治任命契苾何力为辽东道安抚大使，右金吾卫将军庞同善、营州都督高侃为行军总管，以渊献诚为向导，征伐高句丽。同年十二月，李治又任命李勣为辽东道行军大总管兼安抚大使，司列少常伯郝处俊担任副手，庞同善、契苾何力一并受李勣调遣，薛仁贵、高侃、郭待封（郭孝恪的儿子）等几乎所有帝国猛将随同出征。

老将最后的峥嵘

公元 667 年，李勣率军杀向辽东重镇新城。新城建立在今天辽宁省抚顺市北部的高尔山上，地势险要，城高墙厚，易守难攻，在此前隋朝和唐朝征伐高句丽之战中从未被攻破。此次李勣率军从二月到九月围城半年多，最后一个叫师夫仇的高句丽人，不知出于什么原因，绑了新城的守将，开城投降了。看来，内奸带来的损失，有时远远大于敌人。

新城被攻占，敲响了高句丽政权灭亡的丧钟。李勣乘势率军连续攻克了新城周围的十六座城池，初战告捷。接着唐军兵分两路：一路由契苾何力、薛仁贵、庞同善、高侃等率领，继续扫荡辽东；李勣自己亲率一路，兵发鸭绿江。

此时大约有十五万高句丽军驻扎在金山、扶余等辽河上游；另外还有数万靺鞨兵驻扎在新城东边六十多里处的南苏城（今抚顺东苏子河与浑河合流处）周围。

李世民亲征高句丽时，坑杀了三千俘虏，那三千人就是靺鞨人。

李世民此举本来是以儆效尤，警告他们不要再为虎作伥，但他们显然没有吸取教训，还在为高句丽卖命。

面对高句丽这样的兵力布局，契苾何力决定先打下南苏城，回头再对付那十五万高句丽军。但高句丽趁着新城空虚之机，迅速出兵完成了对新城的合围。尚在新城的庞同善、高侃与高句丽展开激战，薛仁贵回军驰援，一路狂奔六十多里参与战斗。内外夹击之下，高句丽军溃败，被唐军一口气追出三百多里。

到达金山之后，筋疲力尽的双方再次短兵相接。薛仁贵挥军冲入敌阵，斩杀五万多人，实在打不过的高句丽军接着逃跑，薛仁贵挑选出三千精兵，没有任何休整，又一次追了上去。

就这样，三千人追着数万人跑了上百里，又斩杀和俘虏了高句丽一万多人，还顺便攻下了扶余城（今吉林四平）。最后这数万高句丽的残兵败将实在走投无路，举白旗投降，扶余城周围的四十多座城池亦皆望风而降。

就在薛仁贵攻下扶余城的时候，李勣在鸭绿江畔也取得了巨大胜利。

渊男建接到十五万高句丽军兵败的消息，匆忙抽调了五万精兵紧急驰援扶余城。这五万援军刚刚渡过鸭绿江，就迎头碰上李勣率领的唐军，于大行城附近一场大战后，高句丽军被斩杀、俘获三万多人，唐军顺势攻下了大行城。

随后，郭待封、郝处俊、契苾何力与李勣、薛仁贵等将，均率军抵达平壤城下，开始了对平壤一个多月的围困。

此时的战斗已无任何悬念。公元 668 年，高句丽国王高藏及渊男产投降，渊男建被擒获。至此，高句丽这个在我国东北乃至东北亚地区强盛了七个世纪的地方少数民族政权灭亡。

大唐平定高句丽后，分其境为九都督府、四十二州、一百县，并在平壤设安东都护府统领高句丽故地，任命右威卫大将军薛仁贵为检

唐

薛

校安东都护，领兵二万镇守平壤。

需要说明的是，之后大唐与新罗为争夺对百济和高句丽故地的统治权爆发了长达七年的战争（公元670年至公元676年）。新罗被唐朝李谨行、刘仁轨等多次击败，最终唐朝与新罗各退一步，双方以大同江与平壤为界，以南为新罗疆域，以北为唐朝疆域。新罗仍对唐朝称臣，而唐朝将熊津都督府从泗沘迁至建安故城，安东都护府也从平壤迁到辽东，成为唐朝管理辽东以及高句丽、渤海国等地的一个军政机构。

第八章 突厥覆灭

“草原雄鹰”的腾飞

唐贞观三年（公元629年）至贞观四年（公元630年），唐王朝为消除北方威胁而攻灭东突厥颉利可汗部。东突厥灭亡时，西突厥的势力范围已经南至克什米尔，北达阿尔泰山，西扩到了萨珊王朝。

正当唐朝准备向西突厥用兵的时候，西突厥的统叶护可汗（达头可汗之孙）被叔父杀死。由此，西突厥内乱不断，各部推举的可汗轮番登场，分设北庭、南庭，互相攻击。直到北庭的乙毗咄（duō）陆可汗兵力渐强，重新统一西突厥。

公元642年，几个不满乙毗咄陆可汗统治的西突厥部落首领遣使入唐，请求唐太宗为他们另选西突厥可汗。大唐扶立乙毗射匮可汗（达头可汗五世孙）为西突厥可汗，众叛亲离的乙毗咄陆可汗无奈之下逃往吐火罗国（今阿富汗北部地区）。

公元649年，唐太宗李世民逝世，西突厥大将阿史那贺鲁趁机拥兵反叛，击败乙毗射匮可汗，兼并其部众，自称泥伏沙钵罗可汗。

阿史那贺鲁是西突厥室点密可汗的五世孙，原为乙毗咄陆可汗的大将。乙毗咄陆可汗战败后，阿史那贺鲁于公元648年率部投降了唐朝，唐太宗安排他们驻在庭州，并授予阿史那贺鲁左骁卫将军之职。当时唐朝正在围攻龟兹，阿史那贺鲁听说后，率随从数十人至长安朝觐，主动要求担任大军的向导。平定龟兹后，唐朝在安西都护府下设置瑶池都督府，任命阿史那贺鲁为都督。

李世民在世时，对前来归附的阿史那贺鲁抚慰厚待，而阿史那贺鲁慑于“天可汗”的威严，也表现得毕恭毕敬，十分顺服。可仅仅一年后，他一听闻李世民去世的消息，便立刻向大唐露出了尖利的獠牙。

形势与实力的转变，本来就是人性的试金石，而阿史那贺鲁撕下虚伪假面的速度过快，甚至省略了所谓的“礼貌”与“客气”。

他迫不及待地要兴兵犯唐。

公元 651 年，阿史那贺鲁攻打庭州，攻陷金满城（今新疆奇台西）及蒲类县（今新疆奇台东南），杀掠数千人。大唐朝廷命左武卫大将军梁建方、右骁卫大将军契苾何力为弓月道行军总管，征发五万骑兵，大破西突厥处月部，斩杀五千余人。

此次唐朝派出的五万骑兵，包括唐军三万和回纥兵两万。因为当时唐军在安西虽有驻军，但常驻兵力不过数千人，一旦遇到大规模的战事，就需要从内地发兵。从这次唐军的数量来看，唐朝还是高度重视阿史那贺鲁反叛一事的。

重视的原因不仅是西突厥反叛，还有西域诸国也多有归附阿史那贺鲁，这当然是大唐不能容忍的事情。西域地处丝绸之路的咽喉，是当时西行的必经之地。大唐征伐西突厥、平定西域，对保证丝绸之路的畅通、增强东西方物质文化的交流具有重要意义。

而且，阿史那贺鲁刚刚叛乱，羽翼未丰，此时越重拳出击，越能起到孤立他的效果。

大唐就是要将阿史那贺鲁的反叛掐灭在“襁褓”之中，以最小的代价赢得最大的胜利，这也是大唐经略西域的一条重要原则。

然而，大唐朝廷还是低估了阿史那贺鲁。阿史那贺鲁出身王室贵族，又掌控军队实权多年，拥有的号召力和军事实力出乎大唐意料。

此次唐军大破西突厥处月部，似乎并不能使阿史那贺鲁伤筋动骨。阿史那贺鲁统领西突厥十部，每部均有上万名骑兵，俨然已经成为大唐的劲敌。

公元 653 年，乙毗咄陆可汗去世，其子真珠叶护可汗不仅起兵与阿史那贺鲁分庭抗礼，而且与大唐通好，寻求帮助。大唐不失时机地于这一年及公元 655 年两次兴兵西征，讨伐阿史那贺鲁。

这三次征伐，唐军虽有斩获，但没有达到剿灭西突厥的战略目的，甚至连重创阿史那贺鲁都没有做到。其原因一方面在于阿史那贺鲁龟缩防守，充当先锋、炮灰的都是西域诸部；另一方面在于高宗的决策和唐军的战术及指挥出现了问题。

当然，西突厥称雄草原百年，在西域的势力根深蒂固；阿史那贺鲁也算一代人杰，当初降唐时又得到唐朝的大力扶持，他趁机将昔日因战败而流落于碎叶川（今中亚之楚河）以东的突厥部族招至自己麾下，势力越发强大。

如此形势之下，想毕其功于一役地剿灭西突厥已不现实。

“放虎归山”与“密旨”悬案

先来看高宗李治的一个错误决策。唐太宗曾派遣重兵把守靠近阿史那贺鲁领地的西州和庭州，太宗驾崩后，阿史那贺鲁图谋夺取西、庭二州。庭州刺史骆弘义察觉到他的计划，上表汇报。朝廷派遣通事舍人桥宝明前往安抚，桥宝明劝说阿史那贺鲁让其长子咥（xì）运入朝宿卫，其实就是将阿史那贺鲁的儿子作为人质扣留在京师长安。

但李治可能认为咥运来了一趟长安便已心归大唐，可以让他说服自己的父亲不要再生反唐之心；抑或为了显示自己恩泽四海，原本就不需要人质。总之，愚蠢的李治莫名其妙地将咥运放回了西突厥。

讽刺的是，咥运一回去就鼓动父亲阿史那贺鲁发动政变，很快就一统西突厥。阿史那贺鲁随即以咥运为先锋，兴兵进犯西、庭二州。

不知李治听到这个消息作何感想。不过，估计此时的他心心念念的只是他的情人怎样才能当上皇后吧。李治从来不为军事问题和大臣发生任何争议，可见他对这样的事原本也不关心。

若是自知无能而不瞎折腾，倒也算是皇帝的修养，但李治这方面的修养显然不够。放咥运无异于放虎归山，是虎就会伤人，所以李治要为他的决策付出代价。

此外，战术及指挥的不当，也是唐军前三次无功而返的重要原因。

公元 655 年，朝廷起用老将程知节为葱山道行军大总管、王文度为副大总管，率军第三次征讨西突厥，随同出征的有苏定方、苏海政、周智度、刘仁愿等一众将领。由于唐朝内部问题，西征大军在公元 656 年才正式出发。

此次行军异常艰苦，唐军用时七个月才找到西突厥的踪迹。榆慕谷（今新疆吉木萨尔境内）一战，唐军大败西突厥歌逻、处月二部，斩敌千余人；周智度挥军追击西突厥主力，在咽城（今新疆额尔齐斯河流域）再破敌军，斩敌三万余人。

两次大胜之后，唐军一路推进，此时的阿史那贺鲁也在调兵遣将、层层设阻。阿史那贺鲁的两万精骑与苏海政所率的唐军前锋会战于鹰娑（suō）川（今新疆裕勒都斯河，或称开都河）。此战异常激烈，苏海政与敌军打得难解难分时，西突厥鼠尼施部两万名骑兵又加入了战斗，唐军逐渐不支，幸亏苏定方率军及时赶到，内外夹击之下，西突厥军四散溃逃。

鹰娑川一战后，取得大胜的唐军却莫名其妙地改变了战术，由以前的主动出击变为了被动防守。具体的做法是：将大军布成一个巨大的方阵，粮草辎重均藏于阵中，外围人马披甲戒备，缓缓而行，等待敌人的主动进攻。

不能说这样的战术毫无用处，汉时的卫青就用过，但那是侧翼支援之军骤然遇上匈奴单于率领的绝对主力，以弱对强又必须正面对攻的情形下，卫青不得已而采用的战术。即便如此，最后决定胜负的，也还是绕到敌军背后的精锐骑兵。

卫青使用这一战术是当时中原马匹实在有限，不得已而采用的权宜之计。时至今日，在广袤的草原上，兵强马壮的唐军再使用如此与时代和军备水平发展相悖的战术，意欲何为?

当时的苏定方就十分不解，他直接对主帅程知节说:“我们本来主动出击，现在却变为防守，致使马饿兵疲，逢贼即败。怯懦如此，何功可立?”

然而程知节并没有采纳苏定方的建议，因为副帅王文度坚持这样的战法，甚至拿出皇帝李治的“密旨”，控制了军中的最高指挥权。

“密旨”的真假历来众说纷纭，当时的苏定方就认为王文度“矫诏”。但战场“矫诏”，胁迫主帅，这是何等的大罪?王文度敢吗?即使他敢，事后朝廷能放过他吗?

事实上，此战之后，朝廷仅将王文度罢官三年，而且高宗很快就重新起用他为左卫郎将、熊津都督。可见王文度是替高宗背了“黑锅”，而且这个“黑锅”背得很值，就是可怜了大唐将士。

如果高宗不放心程知节，为什么要任命他为主帅?任命主帅又密诏副帅关键时刻节制主帅，这是什么操作?这难道不是逼着众将钩心斗角，争功诿过吗?看看孙权的“国门以内，孤做主;国门之外，将军制之”，李治真是差得太远!

前期战事一帆风顺，怀揣“密旨”的王文度怎么能容忍西征大功都算在程知节和苏定方等人的头上?只是王文度可能不知道，胜利的“果实”原本就是“带刺”的，非智慧和勇毅者莫属。贪天之功据为己有这种事，本就鲜少发生，何况还是在战场上。

战场是一个极其务实的所在，任何人些许失误都会被无限放大，造成无法估量的损失。在这里，需要的是真才实学、全力以赴。将机灵劲儿、鬼心眼全用在自己人身上，岂能不败？

程知节的态度并不令人费解。他当然认为"密旨"是真，他选择奉旨行事也没错。不奉旨，他有绝对取胜的把握吗？但奉旨，即使打输了，也与他无关。而且，胜败的裁量权不就在朝廷吗？打了一辈子仗的程知节能算不明白这个账吗？血雨腥风一路走来，李治什么成色，他难道心里没数吗？

若是程知节完全没有以上考虑，那他支持王文度的行为只能说明他老了，没有了冲锋的锐气，觉得防守也是不错的选择。从这里也能看到，此时唐朝的将军统帅当初的万丈雄心正在逐渐湮灭。

防守的战法本就缺少灵活机动，唐军进至恒笃城时，王文度又纵兵屠城。此举不仅使阿史那贺鲁率军远遁，而且使西域各国纷纷坚壁清野。唐军找不到敌人，又后勤不济，只好无功而返。

踏雪千里追"凶"

公元 657 年，大唐发动了第四次西征。这次的战略部署是兵分南北两路，统率北路唐军的是苏定方；配合唐军征伐西突厥的南路军是由真珠叶护可汗及阿史那弥射、阿史那步真（阿史那弥射族兄）率领的少数民族混编部队。

苏定方率领的北路军一改防守战术，快速推进至金山（今阿尔泰山）北，迅速击破西突厥的处木昆部。苏定方妥善安抚主动投降的西突厥部落兵卒，将其编入大唐军队，挥军至曳咥（dié）河（今额尔齐斯河上游）西，与阿史那贺鲁率领的十万西突厥军正面交锋。此战唐军大败阿史那贺鲁，斩获数万人。

第二天，在苏定方的指挥下，唐军马不停蹄一路追杀败军，西突厥五弩失毕举部归降。而咄陆五部听闻阿史那贺鲁兵败，也归降了阿史那步真率领的南路军。

面对西遁的阿史那贺鲁，苏定方令萧嗣业沿伊犁河向西追击。当时风雪弥漫，积雪达两尺多深，诸将请求待天晴后进军，但苏定方说："绝不能给敌人以喘息之机，因为阿史那贺鲁以为雪深，必存侥幸心理，以为我军不能前进，我军急追之下，必可大获全胜。"

决策已定，唐军继续踏雪追击，昼夜兼程，进至双河（今新疆博乐南之博尔塔拉河），与南路的阿史那弥射、阿史那步真会师。唐军休整一番，在离阿史那贺鲁二百里时列阵而进，抵达金牙山（今乌兹别克斯坦共和国塔什干东北）。此时阿史那贺鲁还在打猎，苏定方趁其毫无防备之际，发动突袭，直破其牙帐，斩获数万人。

阿史那贺鲁与其子咥运、女婿阎啜（chuò）等逃往石国（今乌兹别克斯坦共和国塔什干一带）。苏定方一边命萧嗣业率精兵继续搜寻、追歼阿史那贺鲁；一边着手战后事宜：令西突厥诸部各归所居，修复道路，设置驿站，划定区域，恢复生产，并将阿史那贺鲁掳掠的财物、牲畜等各归原主，使西突厥十姓安居如故。

不久，石国苏咄城主伊涅达干诱擒阿史那贺鲁，送交萧嗣业。公元658年，阿史那贺鲁被押回长安，有意思的是，他竟主动提出要为唐太宗殉葬。他是自知罪孽深重，还是真心追随太宗？可能兼而有之吧。

但大唐对待周边民族从来不以杀戮为目的，阿史那贺鲁被押到昭陵，祭告太宗以后赦免了死罪，留居长安。

唐朝的疆域

阿史那贺鲁的覆灭并不能代表西突厥汗国的灭亡，因为当时真珠叶护可汗尚在。公元657年，唐朝在五弩失毕部设置蒙池都护府，册封阿史那步真为继往绝可汗兼蒙池都护；在五咄陆部设置昆陵都护府，册封阿史那弥射为兴昔亡可汗兼昆凌都护。两大可汗驻扎于伊犁河流域，两都护府都隶属安西都护府。

公元659年，真珠叶护可汗东进，与阿史那步真大战于双河，战败被杀。随着真珠叶护可汗死亡，西突厥正式灭亡，以前隶属西突厥的昭武九姓和吐火罗等二十七国纷纷臣服于唐朝。大唐在这些小国设置都督府，册封其国王为都督。

唐朝一方面将安西都护府迁到龟兹王城，下辖“安西四镇”龟兹、焉耆、于阗、疏勒，牢牢掌控西域腹地；另一方面，将西部疆界扩展到帕米尔高原以西的广大地区，即“自于阗以西，波斯以东，凡十六国，以其王都为都督府，以其属部为州县，凡州八十八（都督府十六，州七十二），县一百一十，军、府一百二十六，皆隶安西大都护府”。至此，唐朝的疆域扩大到了巅峰。

这里的波斯以东十六国，吐火罗、罽（jì）宾等八国均在今天的阿富汗，怛（dá）没、乌拉曷（hé）二国在今天的乌兹别克斯坦共和国，解苏、骨咄施、俱密、久越得犍（jiān）四国在今天的塔吉克斯坦共和国，波斯即今天的伊朗，护密多的一部分在今天的我国境内。

但这一次建置，世人知之甚少。之所以没有引起太多关注，一是这些古国地名纷杂，而后又多湮灭于历史长河中，实在无法穷究；二是这些地方悬隔万里之遥，中原朝廷确实难以进行严格的管辖；但根本原因还是中国对外向来主张怀柔而非侵略的政策。所以，这次唐朝虽然名义上设立了州府，实际上却给予了地方最大的自治权。

这样的政策虽然保持了西域地区暂时的稳定，但也导致突厥被灭后又多次复国。

当年唐朝灭亡东突厥时，朝堂上就如何处理东突厥俘虏问题有过讨论。

以颜师古为代表的大臣们认为：把突厥俘虏迁往黄河以北，分别设立酋长，让他们互不归属，以此分化瓦解他们对大唐的威胁。以李百药为首的大臣们认为：应该把这些人安排在边疆地区，为唐朝把守边防。以窦静为首的武将们认为：把他们放回草原，行分化离间之计，让他们在内斗中消耗力量，就不会威胁唐朝。以温彦博为首的一派认为：应该用中原文化去同化他们，使其成为汉人的一员，这样就不会对唐朝构成威胁了。以魏徵为首的大臣们认为：这些人断不能留，否则，后患会连绵不绝。

这五种意见可以说各有千秋，但最重要的一点就是都忽略了要把突厥的草原故地纳入朝廷的管辖范围。关于这一点，其实自春秋战国以降，中原王朝都没有考虑过。

原因也很简单，就像昔日的匈奴单于冒顿认为他实在不习惯中原的生活一样，中原人也实在对草原不感兴趣。在农耕时代，他们有这样的认识也不奇怪。

所以，唐太宗最后采纳了颜师古等人的意见，将突厥俘虏迁往内地。这可以说是除了朝廷直接管辖外最合适的办法。对于边远地区，中原王朝很难直接管理，而其他的治理方法如作为守卫、分化瓦解等，自汉朝以来就一直在用，但效果都不显著，甚至有时还会适得其反。

而将其迁居内地的办法，不仅有效果，后来匈奴的灭亡正是主动或被动迁居内地所致。可以说，这是一个经过实践检验可行的办法。

显然，汉朝也好，唐朝也罢，将周边民族迁居内地的最终目的是对其进行彻底的教化。但教化需要时间，更需要引导，不能操之过急，也不能听之任之。当然，教化还要有强盛国力的支撑，这样一方面能保证受教化一方的心甘情愿；另一方面，如果出现叛乱，也能迅速镇压。

总是春风吹又生

然而，大唐采取的都护府管理模式却没有做到对草原民族的有效控制。单纯强调主权而放弃治理权的做法，在国力强盛时可能有作用，一旦朝廷有风吹草动，中原文化尚未在周边各国深入人心的情况下，他们就会趁机作乱，到时居住在黄河以北的突厥人再遥相呼应，局势就会天翻地覆。

这就是突厥被灭之后又能多次复国的原因所在。

这个问题得以真正解决是在元朝。元朝设置行省制度，由中央直接管辖草原地区。而清朝直到灭亡时都能有效管理北方少数民族地区，一方面是因为那里本就是他们的“龙兴之地”；另一方面也是因为此时枪炮已经出现，“冷兵器”时代所向披靡的草原民族在战场上不再有那么大的优势。

就唐朝而言，由于没有管理草原民族的恰当办法，突厥的威胁一直存在。即便没有突厥，新的游牧民族也一定会崛起，继续威胁大唐边境，比如后来的回纥。

所以，突厥最后的灭亡，一部分是大唐的兵锋所致，但其内部的混乱倾轧才是最重要的原因，再加上新的民族不断崛起，突厥退出历史舞台是必然。

公元679年，被安置在漠南单于大都护府辖下的东突厥首领阿史那德温傅、阿史那奉职二部落相继反唐，推立阿史那泥熟匐为可汗。高宗下诏授裴行俭定襄道行军大总管，率军讨伐。黑山（今内蒙古包头西北大青山）一战，突厥军大败，阿史那泥熟匐为部下所杀，阿史那奉职被活捉，突厥残余部队逃往狼山。裴行俭回朝以后，东突厥末代可汗颉利可汗堂兄之子阿史那伏念自称可汗，同阿史那德温傅会合。

公元680年，裴行俭重新统率各路军队讨伐突厥残部。他驻兵代州，派遣间谍实行反间计，果然，阿史那伏念绑了阿史那德温傅前来投降。可以说裴行俭深刻了解突厥人的心理，这些兴兵叛乱的突厥首领本没有什么家国情怀，也从不考虑民族复兴，他们争夺的只是眼前那点权力和利益。裴行俭先以大兵压境，再以利益为诱饵行离间之计，果然立下不战而屈人之兵的大功。

裴行俭得阿史那伏念来降，是因为他曾向其许诺降则不杀，然而高宗却在当时的宰相裴炎进言之下杀了阿史那伏念，裴行俭也没有被记功。裴炎的理由可能是对待反叛之人，必须杀一儆百。可是这样前后不统一的对外政策，岂不正使突厥人认为反正投降也是死，何不造反？

公元682年，阿史那伏念的余党阿史那骨咄禄自称可汗，率众占据黑沙城（今内蒙古呼和浩特北），复立了东突厥汗国，史称“后突厥”。

公元683年，后突厥先后侵掠定州（今河北定县）、妫（guī）州（今河北涿鹿西南）；围单于都护府，杀司马张行师；侵扰蔚州（今山西灵丘），杀刺史李思俭。

公元684年，后突厥又举兵侵掠朔州（今山西朔县）。这次大唐派出左武卫大将军程务挺率军拒敌。不幸的是，程务挺因替下狱的裴炎申辩，被武则天遣使杀死在军中。听到这个消息，阿史那骨咄禄一方面因大敌已亡而喜出望外，特地设宴欢庆；另一方面，他又为程务挺立祠，每次出兵前都前往祭祷敬拜。

虽为对手，却能惺惺相惜，阿史那骨咄禄也算有些英雄气概。相比此时大唐朝廷的血雨腥风，程务挺何其悲哀！

公元685年，后突厥再次侵扰代州（今山西代县）；公元687年，又进攻昌平（今北京昌平西南）。其间，唐军虽有黑齿常之在黄花堆（今山西山阴黄花梁）大破敌军的胜绩，但也有爨（cuàn）宝璧贪功冒进，致使全军覆灭的惨败。

当时爨宝璧以右监门卫中郎将的身份与黑齿常之共击后突厥。黄花堆大胜后，突厥人往大漠以北败退，爨宝璧直接上书武则天，请求横穿大漠追击后突厥。朝廷诏令他与黑齿常之会合，遥相声援，但他贪功心切，率领精兵一万三千人先行出发。本来千里转战、孤军深入，也算奇袭。但不知什么原因，爨宝璧硬是变奇袭为“约架”，出塞两千余里后郑重通知后突厥，摆下战阵与突厥军正面决战，最终全军覆灭。

从爨宝璧直接上书武则天来看，他自然是武则天的心腹；而从他在战场上不与黑齿常之商议谋划来看，一是说明他想据功为己有，二是说明两人没有明确的权属关系。两位统帅各自为战，武则天这样的安排意欲何为？难道是要把朝廷上的那一套钩心斗角搬到战场上来吗？那结果就只有惨败了。

公元689年，酷吏周兴诬告黑齿常之谋反，将其逮捕入狱。同年，黑齿常之自缢而亡，享年六十。可怜这位逢战必捷的将军，没有被敌人打败，却死在了自己人手中。

公元689年，后突厥再次犯边。此时将星凋零的大唐还能派何人御敌？武则天“不拘一格降人才”，起用了幸臣薛怀义——一个原本在洛阳街头卖大力丸和狗皮膏药的小混混。

公元689年和公元693年，薛怀义两次挂帅统兵征伐后突厥，但两次都没有和突厥有正面遭遇，无功而返。有人可能要问：此时的阿史那骨咄禄在干什么？如此的天赐良机，他为何不挥兵与唐军决一死战？

可惜，命运的天平没有偏向后突厥，此时的阿史那骨咄禄重病在床。不得不说，武则天的运气真的出奇地好，只是这一时期大唐的直臣良将倒了大霉。

阿史那骨咄禄自立为可汗后，东征西讨，四十七次出征，亲自参加战斗二十次，一举奠定了后突厥汗国的基业。

公元 691 年，阿史那骨咄禄病死，他的弟弟默啜自立为可汗。公元 694 年，默啜率众进犯灵州，被右鹰扬卫大将军李多祚（zuò）击败。

公元 695 年，武则天又任命王孝杰为朔方道行军总管，出兵攻打后突厥，默啜派使者请降。这原本是他们的一贯套路：打得过就打，打不过就投降。但武则天喜出望外，册封其为“归国公”，并授予最高武职左卫大将军。

第二年，契丹首领李尽忠、孙万荣反叛大唐，默啜趁机上书武则天，表示愿意为朝廷讨伐契丹，条件是将河套及以南的突厥降户放还。

武则天再次上当，不仅同意了默啜的请求，而且还在平定契丹后派使者册封默啜为颉跌利施大单于、立功报国可汗。

公元 697 年，实力大增的默啜掉头就进攻武周灵、胜二州，被守将击败。

外战外行必遭羞辱

一再被打脸的武则天，似乎对默啜的狼子野心毫无察觉。公元 698

年，默啜请求将自己的女儿嫁给武则天的儿子当妻子。武则天突发奇想，让侄孙武延秀迎娶默啜的女儿，于是她便派使者带着大量聘礼护送武延秀前往突厥。她原本以为这泼天的恩宠默啜该感激涕零。没想到默啜轻蔑地说："我女儿是要嫁给李唐皇子的，你却送了个姓武的来，这是皇帝的儿子吗？我突厥世代降附的只是李家，听说他家被杀得只剩两个儿子，我要带兵拥立他们。"

说到做到的默啜扣押了武延秀，随即率兵十万进攻武周，一路打到了定州、赵州。武则天派庐陵王李显为河北道元帅、狄仁杰为副元帅，迎战默啜。等狄仁杰率军赶到定州时，默啜早已大肆劫掠一番，满载而归。

默啜拥立李唐皇子是假，但甘心降附李唐是真，肆意羞辱武则天更将其性格展露无遗。草原民族坦率直接，素来以强者为尊，喜欢在战场上真刀真枪地一较高低，输了也心悦诚服；如果只是跟他们耍心机与手段，就算耍得再高明，也不会令他们真心臣服。

所以武则天当政，以周代唐，也是突厥人叛乱复国的原因之一。

公元 699 年，默啜任命他的儿子匐俱为小可汗，号"拓西可汗"，将军事活动的重点放在了西域的扩张上。这是草原民族强盛兴起之后首先要做的事，从匈奴至今概莫能外。原因很简单，西域的地理位置太重要、物产太丰富，而兵力又太孱弱。

公元 705 年，默啜进攻原州（今宁夏固原）、会州（今甘肃靖远）等地；公元 708 年，朔方道大总管张仁愿在黄河以北筑中、西、东受降城三座，截断了后突厥南侵之路；公元 714 年，默啜派遣儿子同俄特勤以及妹夫石阿失毕率领精锐骑兵围攻北庭都护府，大败于北庭都护郭虔（qián）瓘（guàn），同俄特勤被斩首，石阿失毕投降。

覆灭后突厥的是回纥

此时唐玄宗李隆基已经即位，大唐国力与实力已今非昔比，不仅突厥部落纷纷降唐，甚至连曾依附突厥的各少数民族也纷纷率部归唐。屋漏偏逢连夜雨，此时后突厥内乱再起。所以还是那句老话：打败你的不一定是你的对手，往往是自己人。

草原民族的内乱似乎是一个永远无法解开的死结。崇尚武力的民族，一切皆用武力来解决，在互相争斗中壮大，最后又在互相争斗中走向解体。就像草原上的雄狮，必定被另一头更加强壮的雄狮赶出它的狮群。

公元716年，默啜出兵攻击九姓铁勒的拔曳固部，遭伏击身亡。

一番刀光剑影的争夺之后，阿史那骨咄禄之子、默啜可汗之侄毗伽可汗即位。他审时度势，向大唐求和，此后的二十年间，双方相安无事。

唐玄宗李隆基抓住这段宝贵的时间，联络回纥、葛逻禄、拔悉密等突厥的部属，秣马厉兵，准备彻底剿灭后突厥。

公元745年，在大唐对后突厥的最后一战中，回纥的怀仁可汗率军杀死后突厥的白眉可汗，存在了六十三年的后突厥灭亡。

后突厥的崛起，有大唐对外政策的原因，正是高宗朝政策的分歧、操作的不当，才引发本已归降的突厥人反叛；但更直接的原因，无疑是武则天的“内斗内行，外战外行”。

武则天当政之前，唐朝的军事力量达到鼎盛；武周建立后，将北庭都护府内迁至长城之内，拱手让出漠北大地，致使整个西北防线烽火不断。

武周军屡战屡败，吐蕃开始趁火打劫，契丹和奚两个少数民族也联手攻打武周。武则天能派酷吏来俊臣将大唐名将黑齿常之的牙齿一颗颗掰下来，却怎么也平定不了这些边患强敌。

到了唐玄宗李隆基时代，国力才重新得以恢复，一一解决武则天时代留下的问题。

第九章
吐蕃之患

吐蕃也有权臣当政

说到吐蕃，我们最先想到的总是松赞干布，当然还有文成公主及金城公主。但拉萨大昭寺前的甥舅会盟碑，并不能代表大唐和吐蕃两个王朝关系的全部，仅《新唐书》记载，两百多年间双方的战斗就达四十场之多。

吐蕃王朝的建立稍晚于李唐王朝，松赞干布是立国之君。位于雪域高原上的吐蕃占有先天的地缘优势，不但遏制着河西走廊和丝绸之路的命脉，而且其兵锋能够通过青海直入长安。而中原的富庶和强盛，又怎会不令吐蕃垂涎与忌惮？两个王朝之间矛盾冲突的爆发只是时间问题罢了。

公元650年，松赞干布去世，因他的儿子共日共赞早亡，所以由他的孙子芒松芒赞继位。由于芒松芒赞年幼，由大相禄东赞摄政。自此，吐蕃开启了贵族权臣当政的历史。

禄东赞就是当年为松赞干布求娶文成公主的吐蕃大使，其人性格坚毅，颇有治国统兵之才。他有儿子五人，长子早亡，次子钦陵，三子赞婆，四子悉多干，五子勃论。

禄东赞及他的四个儿子轮番掌控吐蕃朝政。钦陵率军居中调度，他的三个弟弟分别领兵屯驻边境，其中老三赞婆在东境与大唐为邻达三十多年。父子兄弟五人完全掌控了吐蕃的行政、军事和外交之权。

公元663年，同在西北的吐蕃和吐谷浑相互攻击，摩擦不断。双方分别遣使到长安喊冤诉苦，都认为自己受了委屈，希望大唐朝廷能为自己撑腰出气。

这种事情哪有什么是非曲直？心知肚明的大唐自然是按惯例对两边都加以安抚，只要它们不起大的争端，大唐只会睁一只眼闭一只眼。

而志在扩张的禄东赞父子哪里会就此息事宁人？恰在此时，出了素和贵叛逃事件。

内奸酿成的血案

素和贵原为吐谷浑大臣，畏罪潜逃至吐蕃。为了寻求庇护，他把吐谷浑的虚实向吐蕃和盘托出。这又是一个内奸酿成的血案，只不过，这个素和贵的罪孽太过深重。

禄东赞根据素和贵的情报，挥兵北上，吐谷浑被打了个措手不及，国破。吐谷浑可汗诺曷（hé）钵与弘化公主率残部败走凉州（今甘肃武威），遣使向大唐告急。

弘化公主是唐朝第一位和亲公主。公元640年，十八岁的她以李唐宗室女的身份被册封为弘化公主，嫁给吐谷浑可汗诺曷钵。

不过就算没有弘化公主，大唐也不能对此事置之不理。吐蕃和吐谷浑任意一方坐大，都是大唐朝廷不愿看到的事情，何况如此恶劣的灭国行径，大唐当然要出兵制止。

大唐朝廷派遣凉州都督郑仁泰、右武卫将军独孤卿云等人率军屯驻凉州、鄯州，抵御吐蕃，而此次大军的统帅，就是名将苏定方。

看似无可避免的一场大战，不知什么原因，我们自己的史书却语焉不详，甚至连苏定方去世的具体时间和原因也没有记载。高宗李治直到很久之后，才从他处得知苏定方已经病死于公元 667 年。

如此战神级别的名将，朝廷连他是否去世都不知道，这是什么情况？而且，据藏史记载，苏定方此次出征，战绩显赫到几乎覆灭了吐蕃。

精忠报国的苏定方晚年战绩史书记载不详，难道只因他曾是李世民对手窦建德的部下？难道只因他在李唐建国时归隐故乡？难道因为他个性率直得罪了朝中大臣？难道因为他的朋友中有许敬宗和李义府这样的小人？

即便以上的原因都存在，朝廷也不至于将如此名将忽略到如此程度吧？隋末乱世，有才之士各为其主，归降李唐后受重用的比比皆是；玄武门之变时，诸将中保持中立态度的不是一两个，之后也都受到重用；唐初名将性格率直的大有人在，甚至还有居功自傲、拳打王爷的，也没有被冷落到如此地步。

至于说苏定方“结交劣友”，并没有证据能明确地证明苏定方与许敬宗、李义府交好，只有许敬宗在掌管修国史时有着“汉将骁健者，唯苏定方与庞孝泰耳”这样的论断。虽然这个评价放在庞孝泰身上可能有些夸张，但放在苏定方身上名副其实。仅这么一句话，就能引起众将的嫉妒而一致针对苏定方吗？

剧本都不敢这样写

我们从史料中可以看到，初唐时苏定方东征西讨，纵横万里：跟随李靖出征东突厥，突袭颉利可汗大帐，崭露头角；随程知节讨伐西突厥，积极求战，洁身自好，展露英雄本色。此后他独挑大梁，统率大军，生擒西突厥可汗阿史那贺鲁；在西域，生擒五弩失毕阿悉结部首领都曼；在辽东，俘获义慈王及太子，平定百济。

苏定方每战必胜，而且必生擒或斩杀对方主将，确是天赋异禀。尤其他三战灭三国，将高宗时期的军事成就推向了巅峰。他之所以在晚年没有得到应有的重视，原因只可能是当时朝廷的混乱及高宗李治军事指挥方面的无能。

我们以藏史的记载作为佐证也能看出，苏定方在年过古稀之时，还以精忠报国之心、英勇果敢之举，在大唐边疆筑起了一座坚固的血肉长城。

早在公元 659 年，苏定方就与吐蕃进行了第一次交手，即乌海之战。

当时禄东赞趁着大唐忙于西域及辽东战事而无暇他顾，率十二万吐蕃大军进攻吐谷浑，占领了吐谷浑西南大片国土。公元 659 年，苏定方以少胜多，于乌海（今青海喀拉海附近）大败吐蕃副大相达延莽布支。

史书对这场战斗的前期情况交代不详，双方很有可能是狭路相逢之下开战的。因为当时苏定方率领的唐军只有一千多人，而达延莽布支率领的军队达八万余人。如此悬殊的兵力，又缺乏详尽的史料记载，不太可能是唐军谋划已久的行动。

狭路相逢勇者胜，苏定方甚至来不及穿上战甲，便率领这一千骑兵迎战，结果竟然大败八万吐蕃军队，而且还在战斗中斩杀了达延莽布支。要知道，作为副大相的达延莽布支，在吐蕃王朝可是仅次于禄东赞的实权人物。

这样不可思议的胜利，甚至使吐蕃贵族们认为此战是禄东赞的借刀杀人之计，因为他们实在找不到达延莽布支失败的原因。为此，禄东赞还引咎辞职，以证清白。当然，两年之后，禄东赞又杀了政敌重回权力巅峰。

而当时想不明白达延莽布支失利原因的那些吐蕃贵族，很快意识到他们是真的冤枉了禄东赞，因为之后他们真切地感受到了苏定方究竟是一个怎样的对手。

此时的苏定方已回军西域，一举擒获了西突厥的都曼。他在战场上的从容与写意，简直是大唐最耀眼的星光，可惜当时的朝廷根本配不上苏定方这样的大将。

如果说在乌海之战中苏定方仓促应战也能取胜，是因为对面多是吐谷浑降军，那让我们看看接下来对阵真正的吐蕃主力时，苏定方的卓越表现。

公元 667 年，禄东赞率吐蕃十万主力屯驻青海，连破羌地十二州。苏定方率八千骑兵与之鏖战。史书上同样没有清楚地记载此战具体的战略战术，只知道结果是苏定方击败十万吐蕃军，斩首九万两千余人。

苏定方以八千人对阵十万人，还斩首对方九万多人，难怪有人质疑这个数字的准确性，编故事都不敢这么写。但不得不说，世界上真实发生的事情有时就是远比虚构的故事还要精彩得多，或者也残酷得多。就像武则天没登基之前，要是谁说她会真的当皇帝，恐怕会被旁人看作神经错乱。

而且，禄东赞就是在这场战役后去世的。他是在战场上受伤，还是战败后急火攻心？具体情况我们不得而知。但他亲自统兵作战，足见他对苏定方的忌惮和重视，而他的死无疑也与这场惨败有着直接的关系。

不仅如此，就在禄东赞的儿子钦陵率残部逃回吐蕃时，苏定方还集结大军穷追不舍。

接下来更加不可思议的事情出现了：苏定方竟然率军深入吐蕃，直抵布达拉宫，并纵火焚之。那么此次唐军为什么没有彻底剿灭吐蕃？有说是因为钦陵击败了唐军，但最可能的原因是大唐朝廷的不作为。而苏定方此时已经七十六岁高龄，常年征战加上高原反应，可能恰好在这个时候去世了。

将星陨落，大唐朝廷竟然不知道，这是怎样的朝廷？这又是怎样的皇帝？

大非川之败

禄东赞死后，他的儿子们相继接替了他大相的职位。尤其是钦陵，被誉为“雪域第一名将”，能力与声望不在其父之下。

公元670年，钦陵率号称四十万的吐蕃大军大举入侵西域，先取于阗、疏勒，再挥师东进龟兹，后攻陷西域十八个羁縻州。

大唐朝廷以薛仁贵为帅，带领阿史那道真、郭待封等将，起兵五万讨伐吐蕃。这次唐军的战略任务不仅要使吐蕃臣服，还要帮助吐谷浑复国。

薛仁贵率军至青海湖南的大非川。然而大非川一战，唐军几乎全军覆灭，成为唐朝自开国以来对外战争中最大的一次失败。

此战之后，吐蕃完全占据了青海西部，立国三百五十年的吐谷浑再无复国之望；唐朝被迫撤销“安西四镇”建制，将安西都护府迁至西州（今新疆吐鲁番）。自此，西域的“安西四镇”成为大唐与吐蕃反复争夺的对象。

无论大非川之败出于什么原因，其都是当时唐朝国情军力的真实写照。一个将直臣良将几乎斩杀殆尽的朝廷，一个连镇守国门的大将何时去世都不知道的皇帝，如果还能持续取得军事外交的胜利，那才真是天理难容，所以受此打击和羞辱也是应有之义。

公元676年和677年两年，吐蕃不断侵掠鄯、廓等州，此时镇守洮河道的是刘仁轨。前文说过，刘仁轨因对中书令李敬玄不满，公报私仇，力荐让李敬玄接替自己直面吐蕃大军。

公元678年，本无将帅之才的李敬玄被高宗赶鸭子上架，率兵十八万进攻吐蕃。双方先战于龙支（今青海民和东南），吐蕃选择战略性撤退，将唐军诱入青海湖附近的包围圈后，钦陵亲率吐蕃主力在这里大败唐军，要不是黑齿常之率敢死之士夜袭吐蕃军，李敬玄的残部可能都回不到鄯州。

公元680年，吐蕃再次进攻河源地区，黑齿常之率军顽强抵抗。但此时的唐军已没有之前的猎猎雄风，黑齿常之因功升任河源军经略大使后，也只能在河陇一带采取守势，屯田备边。而吐蕃在河陇以西至剑南一带稳扎稳打，逐步扩大着其占领的区域。

此时的西北，混杂有羌、吐谷浑及党项各少数民族部落，战事频起之下，他们逐渐发展壮大，河陇陷落后的藩镇之祸就起因于此。由此可见，此时大唐的军事败绩带来了多大的隐患和遗祸。

所以，一个国家的强盛是一个逐渐累积的过程，衰亡也是如此。就大唐而言，李世民的贞观之治开花结果在开元盛世；而高宗和武则天的胡作非为，为大唐埋下了衰亡的种子。

蕃患止于内讧

由于地缘的关系，大唐与吐蕃之间的战争还常常牵扯到双方的盟友。例如，公元 673 年，唐朝派萧嗣业发兵征讨依附吐蕃的疏勒军；公元 694 年，唐朝派王孝杰率军对阵吐蕃与西突厥余部的联军。

公元 692 年，王孝杰率兵从西州出发，转战数千里，大破吐蕃，复取安西四镇，从而结束了大唐与吐蕃在西域反复争夺的局面。

公元 695 年，钦陵、赞婆兄弟率吐蕃军入侵临洮（今甘肃临潭西南）；第二年，朝廷以王孝杰作为肃边道行军大总管，以娄师德为副手，出击吐蕃，双方交战于素罗汗山，唐军大败，朝野震动。

综观这一时期的唐吐战争形势，大唐在西域略占优势，吐蕃则在河陇占有优势。

公元 699 年，吐蕃赞普器弩悉弄长大，不满钦陵专权。为了夺回权力，他率军逼迫钦陵自杀，结束了禄东赞家族几十年的专权统治。赞婆及钦陵的儿子论弓仁都投奔了武周，吐蕃实力开始衰落。

公元 703 年，吐蕃南境属国泥婆罗门等全部反叛，器弩悉弄亲自率兵讨伐，却死于军中。器弩悉弄的儿子——年仅七岁的弃隶缩赞继位为赞普。此时的吐蕃由于君主年幼，又内无谋臣、外无良将，政局动荡不安，属国起兵反抗，大臣们也纷纷叛乱。对于大唐来说，吐蕃之患得以缓解。

吐蕃可以说与大唐同生共灭，只比唐朝早灭亡六十五年，吐蕃之患几乎贯穿了整个唐朝。但吐蕃接下来的故事，我们稍后再讲。

第十章
距登顶一步之遥

这个女人太疯狂

武则天从临朝称制到当了武周皇帝的二十一年，光年号就换了十七个。她还创造了许多新的汉字，字形构造之怪异，颇似道家符咒，但在当时一直流行到偏远的西北及西南地区。

究其原因，就是自上而下的淫威压制加自下而上的趋炎附势。这些汉字中还算方方正正的“曌”，意为日月当空，更取日月星辰都为之一空之意，颇有人挡杀人、佛挡杀佛的气势，自然被她拿来当作了自己的名字。

而加尊号也是她的发明，她甚至将“加尊号”演绎成了一种政治文化。

高宗死后，武则天以太后的身份临朝称制，废中宗，杀裴炎，诛宗室，平定扬州事变。公元688年，大权独揽的她，又变着法地给自己加了“圣母神皇”的尊号。

“圣母”的意思就是比母仪天下的皇后、太后还要厉害，“神皇”听起来像皇帝，但更神气。超越皇后及太后，比肩皇帝，“圣母神皇”这个尊号的意思不言而喻。

武则天加这个尊号与“洛水白石”事件紧密相关：有人在洛水发现了一块白色的石头，它的神奇之处在于白底之上有紫色纹理，清晰地组成了“圣母临人，永昌帝业”八个大字。

这样不可思议的事情当然被当时的人视为“祥瑞”。不过史书上明确记载，此事是武承嗣所为。他用紫色石粉与药物混合之后，填入白色石头，形成那清晰的八个大字，然后再让唐同泰上表献给武则天，谎称在洛水捡获。

进献祥瑞首功的武承嗣，自然深得武则天欢心。而且这件事很有可能就是她私下指使武承嗣所为，可见她对这个侄子的信任程度。所以后来武承嗣希望成为武周帝业的继承人也不是没有原因的。

这块“洛水白石”起初被武则天命名为“宝图”，后来她似乎嫌“宝图”这个名字不够响亮尊贵，又更名为“天授神图”。而且，因此石出自洛水，武则天又为洛水加尊号为“永昌洛水”，再封洛水之神为“显圣侯”；捡获白石的地方也被加“圣图泉”称号；圣图泉旁设置永昌县；再远处的嵩山也被加“神岳”尊号，嵩山之神被封为“天中王”，还配了个“天灵妃”；因洛水与汜（sì）水相连，又改汜水为广武。

不仅瑞石所出之地及周边山水被一一加封，武则天还亲拜受图，带领皇帝、皇太子、文武百官及各蛮夷酋长郑重其事地祭祀上天，以示感恩。仪式之烦琐、规模之盛大，为李唐开国以来仅见。

然而，如此大费周章、肆意奢靡，意义何在？显然，这一切与国计民生无关，与军事外交无关，只为满足武则天的个人欲望，是她登顶帝位的铺垫。

修建明堂的小混混

那么，就没有人反对吗？自然有。琅琊王李冲等李唐皇室诸王就在此时起兵反武，明确地表达了他们的态度。可惜，因为种种原因，李冲等人的起兵被军事镇压，之后李唐宗室遭遇大清洗。

这之后，“圣母神皇”武则天更加为所欲为，命人于洛阳修建明堂。

明堂的由来可以追溯到黄帝。传说雷公向黄帝请教人的经络血脉，黄帝就是坐在明堂传授给他的，所以，现在标明人体经络的针灸穴位图也称“明堂图”。

此后的明堂专为祭祀昊天上帝而设立，只不过在夏朝时称“世室”，商时叫“重屋”，周代才有“明堂”之称。

因儒家尊崇周制，周又能上溯到黄帝，所以，几经演变之下，明堂就成为儒家的圣殿，变成圣君秉承天意、颁布圣教的地方，建造明堂也是重塑华夏文化正统的一个显著标志。

正是这样的原因，隋文帝杨坚在统一了历经四百多年混乱与战争的华夏之后，就有建造明堂之意。此后唐太宗李世民及唐高宗李治都有此意。

但这几位皇帝为什么都没有建成明堂呢？

首先是隋唐两代开国之君，都算励精图治之主，奢靡铺张不是他们的标签。更重要的是，他们无一例外都对此事太过重视、太过敬畏。隋文帝时，督造洛阳的天才建筑师宇文恺甚至都把明堂的模型做出来了，但因为朝中那些饱读诗书的大儒对明堂的样式意见不一，此事只好作罢。

前代帝王与儒臣将明堂视为圣殿，心存敬畏，力求完美，反而将修建明堂一事耽误了；而今明堂却在武则天的手里建成，设计人是她与北门学士，监修人是薛怀义。讽刺吗？

薛怀义，原名冯小宝，本来是在洛阳街头卖大力丸的小货郎，由于身材魁梧、肌肉发达，受到高祖皇帝的女儿千金公主青睐。千金公主将其留用，而后又推荐给武则天，推荐语是："小宝材用非常，可以近侍。"

千金公主有这一举动也不奇怪。昔日她受李唐宗室谋反案牵连，为了活命，就曾主动要求当武则天的女儿。她是高祖李渊的女儿，算是太宗李世民的平辈、高宗的姑姑辈，如此挖空心思地讨好武则天，忍辱偷生，既可恨又可怜。

千金公主的遭遇和行为，其实也是当时一大部分人的真实写照。环境能使人性扭曲到这种程度，而这样的事情在历史上又屡见不鲜，实在悲哀。

年逾花甲、孀居两年的太后得了冯小宝十分高兴。为了能与他长相厮守，武则天让冯小宝改名薛怀义，让太平公主的丈夫薛绍认其为"季父"，给了冯小宝一个高贵的出身；而后又命冯小宝剃度出家，为白马寺住持，因为当时僧侣和道士能以做法事为名自由出入后宫。

说到太平公主与薛绍，还有一段插曲。当时吐蕃向大唐求亲，指名道姓只娶太平公主，高宗和武后无奈之下，只好为女儿建造道观，取名"太平观"，让太平公主为观主，以此拒绝吐蕃的求亲，可见当时吐蕃嚣张到什么程度，而高宗又多么窝囊。

此后，太平公主嫁给薛绍，对外一筹莫展的武则天，对内的手段却层出不穷。因为薛绍哥哥的妻子萧氏和弟弟的妻子成氏都不是贵族出身，她就让这兄弟二人遗弃自己的妻子，理由是："怎么能让我的女儿与田舍翁的女儿做妯娌呢？"

这是多么霸道！武则天说这话时，没想想自己曾经不也是"平民"

吗？她为了成为“贵族”煞费苦心钻营多年，如今以“贵族”的身份说出这样的话，实在是霸道极了。

在武则天的亲自策划下完成身份转变的假和尚薛怀义，立即成为炙手可热的人物，连武三思和武承嗣都争相为他牵马坠镫。薛怀义仗着自己得宠，飞扬跋扈，经常骑着高头大马在洛阳城里横冲直撞，躲避不及的人被他打得头破血流。

就连宰相李昭德以幕僚身份随他出征突厥时，也因一言不合就招致拳打脚踢。可怜李昭德，能做的只是惶惶求饶而已。

但偶尔也会有人发出正义的声音。一次薛怀义进宫，对宰相苏良嗣傲慢无礼，苏良嗣毫不客气，当即让人将他按在地上狠狠抽了几十个耳光。

面对薛怀义的哭诉，武则天笑呵呵地对他说：“以后进宫走北门吧，南衙是宰相们理政的地方，不可冒犯。”

这是武则天的宽容大度还是公私分明？都不是，这只是她对待玩物的态度而已。不久后，监察御史王求礼奏请阉割薛怀义，理由是端正宫闱，武则天同样一笑了之。

武则天的想法其实很简单：玩物而已，何必为此生气？玩够了，自然就会丢弃。薛怀义日后被杀，不就是这个原因吗？

当然了，眼下飞黄腾达的薛怀义，不但被武则天指派监修白马寺，而且武则天还让他做监工，征发数万民工，开始建造明堂。

公元688年，武则天下令拆除乾元殿，在其原址上建造明堂。委派一个出家人修建儒家圣殿明堂，武则天不可谓不荒诞；而一个街头小混混欣然从命，也不可谓不疯狂。在这两个无知妄为之人的联手下，明堂用时不到一年就大功告成。

修建而成的明堂有九十多米高，共三层，呈下方上圆结构，对应了天圆地方的思想。四方形的底层，代表着东西南北及春夏秋冬；第二层十二边形，象征着十二时辰；圆形的第三层，象征着二十四节气，同时九根龙柱支撑圆顶，象征九五至尊。另外，圆形的穹顶上还插着三米多高的镀金铁凤凰，这个不知道代表着什么，难道是凤凰压九龙？

看到这座明堂，儒生们莫名惊诧，武则天却毫不在意，兴致勃勃地将其命名为“万象神宫”，赐宴君臣，大赦天下，让民众来观。

薛怀义因督建有功被拜为大将军，封梁国公。然而他似乎意犹未尽，又在明堂北面开始建造“天堂”，也叫“通天塔”，作为武则天的御用礼佛圣地。天堂高达五层，塔内供奉着巨大的佛像，佛像的小指头上就能站下数十人。

历经数百年而没有修建的明堂，在武则天手里完工，可喜可贺吗？未必。且不说其形制不伦不类，其修建目的只为满足一己私欲，既无教化之功，更无传世之实，恐怕徒费国力民力而已。

武则天称帝后，身边的男宠逐渐多了起来。公元695年正月十六夜里，备受武则天冷落的薛怀义愤恨之下，一把火将天堂点燃，火借风势迅速蔓延，把明堂也点着了。这一场熊熊大火，将洛阳城照得亮如白昼。大火一直烧到天亮，明堂与天堂化为灰烬，也标志着武则天与薛怀义的关系彻底结束，半个多月之后，薛怀义被杀。

“祥瑞”扎堆出现

随着“洛水白石”的祥瑞适时出现，再加上明堂和天堂的建成，加尊号为“圣母神皇”的武则天离皇位仅一步之遥。

就在这段时间里，天下开始祥瑞频出。

公元686年，雍州新丰县出现山体变化，有山自地踊出。武则天认为这是大瑞，不但大肆庆祝，而且还改新丰为庆山。俞文俊上书认为，这不但不是祥瑞，反而是灾变，是因为武则天“以女主处阳位”导致的天谴。不识时务的俞文俊自然遭到了流放的处分。

公元688年，敦煌地方政府上报：武兴川的野谷长到两尺以上，种子大如葵花籽，有数百石之多，完全可以当作军粮。看来地处偏远的敦煌官吏也不忘“忧其君”呀！

因进献祥瑞而得以升官的，在这一时期大有人在。最典型的例子莫过于李仁（后改名李千里），他是吴王李恪的儿子，幼时父亲蒙冤获罪而死，年仅七岁的他和三个弟弟被流放岭南，侥幸得以活命。在武则天称帝前后，他不断进献祥瑞，反复证明武周政权的天然合法。他是忘记武则天篡夺的正是李唐的江山，还是以如此无耻的行为来自保呢？无疑，这又是一起环境使人性扭曲的典型案例。

武则天喜欢祥瑞无疑，但她并不像王莽那样沉迷于此。襄州人胡庆用红漆在龟腹上写下“天子万万年”的字样，然后进献武则天，宰相李昭德怀疑这是伪造的祥瑞，便用刀刮之，结果字迹立尽。李昭德要将胡庆治罪，武则天却说：“他也没有恶意，就放过他吧。”可见，祥瑞对于她，也只是宣传手段而已。

大足元年（公元701年）三月，天降大雪，凤阁侍郎苏味道等人认为这是祥瑞，率“百官入贺”，只有王求礼坚持说这是灾祸。而武则天也没有将其治罪，反而罢朝思过。这至少说明武则天既不迷信，也不固执，她所有的凌厉杀伐，都只是为了实现她的目标罢了。从这一点来看，她倒是具有当皇帝的一些特质。

加“圣母神皇”的尊号，再配合频出的祥瑞，这当然是武则天为登基所做的舆论准备。不但如此，她还掀起了造神运动。

女皇深得法家真谛

武则天为了称帝，还利用佛教将自己“神化”，从而制造舆论。

她为什么选中佛教？原因正如陈寅恪先生所讲：“儒家经典不许妇人与闻国政。武曌以女身而为帝王，开中国政治之创局。如欲证明其特殊地位之合理，决不能于儒家经典求之。此武曌革唐为周，所以不得不假托佛教符谶（chèn）之故也。”

武则天利用佛教神化自己，主要利用的就是《大云经》及其注疏。“经”是原典，“注”是对经的解释，“疏”是对注的进一步解释。一部典籍流传日久，由于语言文字等的变迁及演化，原典的意思不太容易读懂，就需要有人做注来帮助解释经的原意；等时间长了，注又读不懂了，就需要疏来帮助解释。

之所以在这里强调注疏的意思，就是因为武则天这时所用的不是《大云经》原典，而是《大云经疏》，而这个疏，也与注疏的原意相去甚远，甚至可以说是断章取义而胡乱阐发的伪作。而作者就是假和尚薛怀义。

说来也怪，如此一个小混混，不仅会干建筑，还会编书，当真是武则天会用人吗？

事实当然不是这样。以明堂为例，就建筑的规格形制而言，虽有创新的余地和必要，但每一个时期都有特定的风格。这就是明堂虽历经成百上千年，仍然可以称为中原建筑艺术顶峰的原因所在，也是隋唐两代开国之君都没有擅自修建明堂的原因。

到了武则天和薛怀义这里，他们只一味追求把明堂建得既高且大，外加金碧辉煌。在这样的指导思想下建造起来的明堂，拼凑各种元素，嫁接各种概念，不讲任何传承，只不过是一堆杂乱无章地堆砌起来的建筑材料而已。

就像她用人一样，哪有什么“进用不疑，求访无倦”，只不过是在无人可用之下的“宽进严出”之举罢了。人人可以推荐别人，自己也可自荐，而且“所荐必行，所举必试”，以致朝堂之上良莠不齐、鱼龙混杂。面对这些人，武则天又以个人好恶随心所欲地决定其罢黜或提升。

如此“人才”，哪里会深谋远虑、行稳致远？哪里会犯颜直谏、顾及民生？只是人人敷衍、个个谄媚罢了。

在武则天统治时期，任命的宰相就多达七十三人。所谓的“务取实才真贤”者不过姚崇、宋璟等二三人而已；就是狄仁杰、魏元忠等人，也是知进而不知退；还算不错的李昭德，也有逢迎薛怀义的不堪一面。

而其他宰相，像姚寿，一门心思只在遍访名山、搜寻仙草，只要与“武”字沾边的东西，就当作祥瑞上奏武则天；像娄师德，就是成语“唾面自干”的来处，在为官时将“忍辱负重”做到了极致，论“气量宽厚”简直无出其右者；像苏味道，外号叫“苏模棱”，因为他的人生哲学是“处事不欲明。决断明白，若有错误，必贻（yí）咎谴，但模棱以持两端可矣”；而杨再思更甚，谁也不得罪，因为他认为“世路艰难，直者受祸，苟不如此，何以全身”。

这些谄媚苟且之徒，却是武则天任命的当朝宰相，若只饱食终日、明哲保身，就算不错了，当时朝廷的风气可见一斑。

朝廷既然风气如此，那自然有人会为了“上位”极尽“表演”之能事，如和逢尧、阎朝隐即是如此。

和逢尧效法伊尹，身背大鼎来到殿前，昔日伊尹负鼎于汤是因为夏桀无道，如今他这行为是什么意思明眼人皆知，如此谄媚的作秀实在讽刺，不过他没能如愿，而是因为对皇上不敬流放庄州。

阎朝隐性格滑稽，素来得武则天赏识，累迁为内供奉。一次，武则天生病，令他到少室山祷告。阎朝隐焚香沐浴之后，“伏身俎（zǔ）盘为牺牲，请代后疾”。什么意思？就是俯下身子趴在供盘之上，把自己作为供品胙（zuò）肉，以此请求上天，让他代替武后生病。

祈祷上天，代人受过甚至代人去死这种事，历史上不是没有，周公就做过。当年周武王病重，周公作为他的同胞兄弟，深感天下可以没有自己，但不能没有周武王，情急之下写了封祷书，请求上天，言明愿代替周武王而死。这是何等的真诚之举！即便如此，周公也是将祷书藏于金縢之匮（guì），没有大肆张扬，甚至连后来的周成王都不知道曾有此事。

阎朝隐可好，就这样明晃晃地趴在俎盘之上，唯恐天下不知。

和逢尧和阎朝隐这样的人，还知道什么是羞耻吗？再想想武三思、宗楚客这样的百无一用之辈，这难道就是武则天会用人的表现？

薛怀义，本为市井无赖之徒，而被武则天委任征伐突厥；武攸宜、武懿宗，本为纨绔子弟，因为姓武，就能率军讨伐契丹。武则天用人如此随心所欲，打起仗来岂能不败？

薛怀义建造天堂时，日用劳役万人，所用木材均采自江岭，所费何止万亿？他平日挥金如土，武则天听之任之；后又铸九鼎，广收民间农器，仅用铜就达五十六万七百多斤。如此靡费，除了为自己歌功颂德、供自己安逸享乐之外，他们可想过什么是国计民生？

武则天当政时，“补阙连车载，拾遗平斗量，欋（qú）推侍御史，碗脱校书郎”成为当朝一景。这几句话的意思是武则天对待所有被荐举上来的人，无论有没有才能，都先加以任用；才高的试任凤阁舍人、给事中，其次的试任员外郎、侍御史、补阙、拾遗、校书郎，试任官员制度自此开始。而此举造成的局面就是官僚机构极度膨胀臃肿，各级官员多如车载斗量。

针对这样的“景观”，武则天是什么态度和看法呢？

当时，有个被荐举的人沈全交为上面那几句歌谣续写了两句：“糊心存抚使，眯目圣神皇。”意思就是神皇瞎了眼，存抚使糊了心，不问贤愚，擢用了这么多的官员。沈全交说出这样明确的不敬之语，被御史纪先知告到了武则天那里，而她的反应却是笑着说：“只要你们自己称职，何必怕人家说？应该宽免他的罪。”

武则天虽然滥用禄位笼络天下人心，但对不称职的人，也是一旦发现就立刻撤职，甚至加以判刑或处死。她这样一手甜枣一手大棒的做法，倒可谓深得法家真谛。

但如此为政，怎么保证政治清明？

郭霸的故事就是例证。此人靠着对武则天的阿谀奉承，官至监察御史。他的上司御史中丞魏元忠患病卧床，他前去探视时，竟亲口尝了魏元忠的粪便，然后高兴地说：“大人的粪便如果味甘便可忧了，现在是苦的，这病应该快好了。”

郭霸如此之举，魏元忠不但没有感动，反而在厌恶之下逢人就宣扬揭露郭霸的无耻。而郭霸本来就是靠着下作的手段上位的，为了保住目前的位置，把这样的手段发扬光大，在他看来自然没有错。就算他知道不对，他能改吗？改了之后，他又靠什么继续待在这样的位置上呢？

没有自己立身处世的一技之长，靠无耻博出位，一路走下去只会更加无耻，哪里有什么回头路？由此可见，对于个人来说，一开始就把路走正是多么重要。而对于朝廷来说，选拔郭霸这样的人，除了贻害国家之外，还能有什么好处呢？

所以，武则天统治下的“升进之易”，表面看来是为了求取真才实贤，实际上却是泥沙俱下、鱼龙混杂，还常常伴随着残酷的杀戮。

连“佛经”也不放过

薛怀义就是个典型的例子。此时的他，为了帮助武则天称帝，正与法明等僧人“潜心书海”，伪造《大云经》。

他们所写的《大云经》，应该是《大云经疏》，而且严格意义上说都无法与“疏”相提并论。因为他们只是杜撰出大量对武则天有利的谶语和谣言，汇成一个大合集，然后罩上一层佛教经典的外衣。

薛怀义的《大云经》所提到的“谶纬之说”多达十八种。

其中不仅包括《无名歌》《无名谶》这样的歌谣传说，还有《龙吐图》《推背图》这样的谶图，儒家的《孔子谶》、道家的《崇岳道士寇谦之铭》也收纳其中，“天授圣图”“瑞石”等祥瑞无一例外地囊括其中，甚至还引用了“河图洛书”及“易卦”，就连“唐兴辩占”也被他们从故纸堆里扒出来写在书里。

如此东拉西扯的大杂烩，哪里有丝毫的学术价值？这只不过是借助宗教的名义，以迷信的方式愚弄民众，达到为武则天登基造势的目的而已，就像建造明堂一样。倾尽国力折腾这样的东西，也算是对武则天时代最大的讽刺。

然而毫无廉耻之心的薛怀义等僧人却从这些谣谶之中觍着脸得出结论：“则天是弥勒下生，作阎浮提主，唐氏合微，故则天革命称周。”

“阎浮”是树名，“提”是洲的意思。“阎浮提”即须弥山四大洲之南赡部洲。为什么选中阎浮提呢？因为四大洲中唯此洲有金刚座，“一切菩萨将登正觉，皆坐此座”。所以，“作阎浮提主”，更显示武则天的正统和独一无二。

为什么说武则天是弥勒下生呢？我们看看薛怀义他们炮制出来的《大云经》。

此书开篇便借《大云经》原文中的“尔时众中有一天女，名曰净光……佛告净光天女言：汝于彼佛暂得一闻《大涅槃经》。以是因缘，今得天身。值我出世，复闻深义。舍是天形，即以女身，当王国土”这一小段话开始发挥，笃定地将彼“净光天女”解释为此“圣母神皇”。如此开门见山、简单粗暴的生拉硬扯，实在惊世骇俗。

薛怀义之流继续往下杜撰的时候，又碰到了弥勒除恶的典故，就顺便扯到了武则天明诛凶徒徐敬业一事。就这样，薛怀义等人硬生生地将佛教故事与武则天时期的政治现象一一对接。

但他们似乎写着写着忘了一件事：武则天不是净光天女吗？怎么此时又成了弥勒呢？他们根本不会考虑这样的问题，反正只要把武则天说成是佛、是菩萨，就达到了他们的目的。由此可见这本书的行文逻辑是怎样地混乱，结论的得出又是如何地随意。

就是这样的伪作，于公元689年由薛怀义与法明等十余位僧人献给朝廷，言之凿凿唐宗室衰微，而太后乃弥勒下生、阎浮提主，神皇受命革唐为周是天人共盼，普天同庆。

武则天下令将此伪作《大云经》四卷颁布天下，而且令诸州各置大云寺，每寺收藏一套，并由各寺高僧升坛开讲。自此，武则天得到了对抗儒家男尊女卑思想的理论武器，助她名正言顺地登上皇位。

不断玩出新花样

幸臣薛怀义，据说是与太医沈南璆（qiú）争风吃醋，惹得武则天厌恶，被秘密处死的。从武则天开始费尽周折让他出家为僧到最后将他暗杀而死，薛怀义在武则天那里扮演的仅是秘密情人的角色无疑。

毕竟薛怀义得幸于武则天时，是公元685年前后，武则天尚未称帝。受当时的环境和身份所限，武则天可能还不想让外界了解她与薛怀义的真实关系。但称帝后的她，公开成立“控鹤府”，似乎已经不在意外界的声音和看法了。

薛怀义死后两年，张易之、张昌宗兄弟成了武则天的新宠。“控鹤府”便是武则天专为张氏兄弟所设，以使他们的地位合法化。

其实，张氏兄弟也算高官之后，唐初宰相张行成就是他们的族亲。兄弟二人起初靠祖荫在朝中为官，公元697年，张昌宗被太平公主推荐给自己的母亲，张昌宗又推荐自己的哥哥张易之，就这样，兄弟二人入侍禁中。

此时，武则天七十四岁，张氏兄弟二十来岁。他们不仅年轻貌美，还擅长音律，而且张易之还通晓医理。相较于头脑简单、四肢发达的薛怀义，“二张”更为精致文雅一些，所以迅速得到武则天的宠爱。

因为受宠，张昌宗很快便被封为从三品的散骑常侍，张易之也升迁为从四品上的司卫少卿。名为高官实为男宠的张氏兄弟整天“傅粉施朱，衣锦绣服”，变着花样取悦武则天。

武则天不但宠爱二张，爱屋及乌之下，又封他们的母亲韦氏为太夫人。更为荒唐的是，武则天还诏令宰相李迥秀做了这位太夫人的情夫。

李迥秀是右卫大将军李大亮的同族侄孙，初为兵部侍郎，因长相俊美而被纳入控鹤监内供奉，后升任宰相。据说上官婉儿对其一见钟情，惹恼武则天，上官婉儿眉心的伤疤就是因为此事被武则天用小刀戳伤所留。

这一时期的张氏兄弟可谓炙手可热。武承嗣、武三思、武懿宗、宗楚客及宗晋卿等人时常等候在张易之家门口，争着为他执鞭牵马。

张氏兄弟人称“五郎”和“六郎”，估计这在当时是绝佳的溢美之词。因为有次武则天大宴群臣，左御史台中丞宋璟就厌恶地称张易之为“卿”，天官侍郎郑杲（gǎo）立刻“郑重”地纠正道：“中丞怎么能称五郎为张卿呢？”

相比郑杲的“严肃认真”，人称“两脚野狐”的宰相杨再思显然圆滑许多。有人称颂张昌宗长得漂亮，就像莲花一样，杨再思马上打断，正色言道：“怎么能这样说话？”没等人们缓过神来，他马上补充说：“分明是莲花长得像六郎才对呀！”

身为宰相，如此谄媚拍马，杨再思真是为百官做了个“好榜样”，由此可见当时的朝廷乌烟瘴气到了什么地步。

但单纯的夸赞是不够的，“有识之士”自然懂得“引经据典”。当时有轻狂之徒说张昌宗是周代王子晋转世，因传说这位王子羽化登仙，于是，武则天就让张昌宗穿着用羽毛制成的衣服，跨坐在用木头做成的仙鹤之上，边吹笛子边绕场一周。如此场景，自然大大激发了那些阿谀逢迎之徒的灵感，他们争相献诗作赋，挖空心思地讴歌颂扬这亘古未有之“盛况”。

武则天先为二张设置控鹤府，后又改为奉宸府。两府虽是武周设置的国家机构，但显然只服务于武则天个人，而由“控鹤”到“奉宸”的名字改变，也表明武则天有把“后宫”制度化、正规化的想法。

正因如此，当时的人们向朝廷推荐男色蔚然成风，甚至纷纷削尖脑袋自荐，有的官员推荐自己的儿子，更有官员宣称自己“器官”雄奇而毛遂自荐。可想而知，此风之下，朝堂内外是何等不堪。

朱敬则身为中书省谏官，实在看不下去了，上奏武则天：“男欢女爱本是人之常情，但要张弛有度，陛下前有薛怀义，后又有二张，应该心满意足了。像现在这样众人以器官壮硕而自荐，实在不可理喻。”

武则天却笑着说：“是吗？若非你直言，朕还不知道呢。”

武则天的私德问题这里不多说，毕竟并未伤天害理。但像朱敬则这样上书赤裸裸地挑明问题，又有武则天这样风轻云淡、不知廉耻的回答，这已经成为社会风气的问题了。

由一桩告密案受到的启发

任用酷吏是武则天的处心积虑之举。为了加强自己的权威，武则天建立起一套完善的告密制度，借助酷吏之手在朝廷上制造白色恐怖，这就是有名的“酷吏政治”。

酷吏政治开始于一桩告密案。

唐中宗李显被废那天，十几个禁卫军将士聚在一起喝酒。不知是酒后吐真言，还是酒壮㞞人胆，其中一人发牢骚说：“早知没有奖赏，还不如仍然遵奉庐陵王（李显）。”结果酒席未散，就有人悄悄离开，密报了武则天。这些人被当场抓获，发牢骚的人被砍头，其他人被绞死，告密的人当然飞黄腾达，由此大开告密之风。

两年之后，告密作为制度被完善地建立起来，这要“归功”于一个叫鱼保家的人。

鱼保家是侍御史鱼承晔的儿子，鱼承晔就是裴炎谋反案的主审。鱼保家十分聪明，热衷于搞科技发明，当年徐敬业造反，他就曾教授徐敬业制造刀、车和弩等武器装备。徐敬业败亡后，鱼保家投靠朝廷，侥幸脱罪。

眼见武则天大开告密之门，鱼保家献出了自己的科技发明。这项名为“铜匦（guǐ）”的原创发明，类似于现在的信箱邮筒，特点是书信投进去后非专人不能取出，非常适用于告密；而且投递书信之时便可进行分门别类，大大减少之后分拣的工作量。

此铜匦从外面看浑然一体，但中间隔成四个小间，每个小间上面各有孔，以便将表疏投入。东边的名叫“延恩”，投入歌功颂德的赋颂及自荐做官的奏表；南边的名叫“招谏”，谈论朝政得失者可将奏表从此投入；西边的名叫“申冤”，可投入诉冤的奏表；北边的名叫“通玄”，所有关于天象灾异和军机秘计的奏表皆由此投入。

造出此物的鱼保家真可谓奇巧之才，然而讽刺的是，正是他的这一发明将他送上了断头台。铜匦造成启用不久，一封告密信就检举揭发了鱼保家曾为徐敬业打造兵器、杀伤众多大唐官兵一事。武则天看到这封告密信后，立即下令逮捕了鱼保家，经过调查，情况属实，鱼保家被判当街腰斩。

鱼保家两面投靠，最后倒在了自己的发明创造之下，也算是天道好轮回。不知他被押赴刑场时，想到自己发明告密铜匦却反受其害，心中作何感想。

武则天得此告密铜匦，又诏令任何人不得阻拦告密者，即便是樵夫和农民，沿途驿站都要按五品官的待遇送到洛阳，她本人还要亲自接见，并给予赏赐，就算揭发不实也不反坐；而所告称她意者，更是立即升官发财。

于是，四方告密之人蜂拥而至，朝中大臣人人自危，能做的就是“重足屏息”——既不敢迈步，更不敢出声。

武则天的逻辑很清楚：告密制度的建立，目的就是事无巨细地搜寻一切敌对势力，“宁可错杀一千，不可放过一人”；由告密而发现端倪后，再顺藤摸瓜牵出背后势力，加以残酷的镇压。所以，制造的案子也就越大越好，最好是所谓的“惊天大案”，方能起到威慑作用。

在如此逻辑之下，由告密而引发的案件自然不能交给那些尊重法律、严守程序的正派法官。但甘当帝王鹰犬爪牙的人，历朝历代还少吗？更不要说在此时。因此，酷吏应运而生。

一代酷吏政治

胡人索元礼便深谙（ān）武则天所想，他就是因告密而被召见，得以提拔为游击将军，后来武则天又委派其查办御案。此人办案极具特色，但凡抓住一个人，一定会牵连进数十上百人，即便再小的案子也能办成大案、要案，因此深得武则天器重，成为最早一批的酷吏之一。

眼看索元礼得宠，那些无耻之徒怎会不纷纷仿效？

例如，人称“白兔御史”的王弘义，本是地痞无赖，因向瓜农索要瓜吃而不得，就向官府报告瓜田有白兔，目的就是让官府的人在搜查时踩烂地里的瓜果。白兔是祥瑞，搜捕白兔进献是官府必须完成的任务。如果说他此举尚属小恶，那诬告民间正常活动为乡民造反，就是罪大恶极。因为此案有两百多人无辜被杀，而他本人则因举报有功得到擢升。

酷吏侯思止的故事更显荒唐。起初靠卖饼谋生的他，因诬告裴贞与李元名谋反而被武则天召见。按当时的惯例，告密人往往能当个五品官。但侯思止张口就要当御史，无知狂妄的嘴脸更胜武则天，连武则天都觉得此人离谱，问：“你不识字，怎么能担任御史？”

侯思止恬不知耻地回答：“獬（xiè）豸（zhì）哪里识字，只是用角去触邪恶的人就足够了。”獬豸是我国古代传说中的神羊，能辨曲直，如果两人相争，它会用角去顶理亏的一方。

武则天听到这个回答自然大喜，当即任命侯思止为朝散大夫、侍御史。这就是武则天要找的人：足够无耻、足够卑鄙、足够残忍，而又表现得足够正义、足够凛然、足够听话。

武则天时期最臭名昭著的两个酷吏就是周兴和来俊臣，他们一个连续升官至秋官侍郎，另一个则连续升官至御史中丞。

他们的特点是私下豢养无赖数百人，专门从事告密活动。如果想诬陷一个人，便让这些无赖分几处同时告发，确保案件坐实。

来俊臣还伙同司刑评事万国俊共同撰写《罗织经》，用来教授手下这些无赖如何搜罗无辜者的言行，再如何编成谋反罪状。他们还发明各种酷刑用在审讯中，如“定百脉”“突地吼”“死猪愁”“求破家”及“凤凰晒翅”“驴驹拔橛（jué）”“仙人献果”“玉女登梯”，等等。

来俊臣等人还奏请武则天规定：凡一经审问即承认谋反者，可以免除死罪。目的就是不仅逼无辜之人认罪，而且迫使其攀咬举报，扩大战果。

尽管有这样的规定，但也有死不承认谋反的人，比如魏元忠。扬州兵变后，徐敬业的弟弟徐敬真逃亡被捕。为了活命，他诬陷了一大批朝廷重臣，其中就包括平定扬州兵变的功臣魏元忠。

魏元忠被逮捕下狱，但他无论如何就是不承认谋反，以致被侯思止命人倒吊起来用头拖地。直到临刑之时，魏元忠也是泰然自若，好在他及时被赦。魏元忠前后三次被酷吏诬陷下狱，后来武则天问他：“为什么总有人告你的状？”魏元忠回答：“因为猎人总在等着鹿肉下锅。”

谁是“猎人”？以魏元忠的老道，他会认为“猎人”仅仅是来俊臣这样的酷吏吗？如果他这样认为，为什么不承认自己谋反而求得免死呢？原因就是他清楚酷吏只是“鹰犬”，真正的“猎人”是武则天本人，所以他不认为自己有平反的机会，宁可选择慷慨赴死。

而狄仁杰就对武则天抱有幻想。公元692年，他与司礼卿崔宣礼、同凤阁鸾台平章事裴行本等七位大臣被来俊臣罗织罪名告发谋反。狄仁杰随即认罪，以此换来看管稍微松懈，借机将实情写下藏在绵衣中，将消息传递给儿子狄光远，这才得到武则天的直接问询。

即便如此，涉及此案的七人也被降职流放，而且来俊臣和武承嗣等人还一再坚持要处死他们。奇葩的是，霍献可本为崔宣礼的外甥，但为表忠心，他竟然对武则天说："陛下不杀崔宣礼，我就死在陛下面前。"说完他一头撞在宫殿的台阶上，黑红的鲜血把地面都弄脏了。更为滑稽的是，霍献可从此之后常用显眼的绿色布帛包扎伤口，而且尽可能显露于帽子之外，以期武则天能时时看到他的忠心。

公元693年，有人告发流放岭南的人谋反，武则天派万国俊前往查问。万国俊一到广州，就假传圣命，强逼这些人自杀，这些流放的人大声喊冤，万国俊便将他们驱赶到河边全部斩首，一个早上就杀戮三百多人。而后万国俊伪造这些人的谋反罪状，回来上报，被提升为朝散大夫、行侍御史。

万国俊还对武则天说其他各道的流放者也一定有怀恨在心而伺机谋反的，必须及早清除。武则天便派出酷吏到各地查问。这些酷吏纷纷效仿万国俊的手段做法，刘光业杀戮七百人，王德寿杀戮五百人，其余地方的流放者少的也被杀戮一百余人。

如此白色恐怖，算什么"圣母神皇"、弥勒出世？武则天只不过是在用无辜者的鲜血染红她登顶帝位的猩红地毯而已。

第十一章
武周革唐

“闹剧”显然不是进步

武则天这个“圣母神皇”的尊号之所以强调圣母，就是立足孝道，以皇帝的母亲为立场，向皇帝之位发起的最后冲击。

因为生为女身是武则天称帝的一个弱项。她用“圣母”的概念来做过渡，也不失为一种办法，毕竟“圣母神皇”去掉两个字就成了“圣皇”。

但就武则天本人而言，性别似乎没有给她带来多大的困扰。所以，后世在提及武则天为什么能够称帝时，许多历史大家试图从阶级基础、制度演变，甚至唐代世风、妇女地位等方面，给出深层次、多角度的解析。

他们或从女性角度出发，认为唐代社会开放、女性地位较高才导致女皇的出现；或认为唐代破除门阀制度，新兴的社会阶层成为武则天称帝的社会基础；或从制度的弹性层面入手，认为武则天的称帝反映了帝制之下唯强是从的官场生态。

这所有的分析，虽然都立论有据且言之有理，但正如吕思勉先生所说：“从来居权势之地者，多无学识，亦罕能深思远虑，不能以读史者之见衡之，求之深而反失之也。”

如果说这些分析都成立，那日后的韦后为什么不能像武则天一样称帝呢？或者更进一步地说，武则天之后为什么再没有女性称帝呢？只能说，武则天称帝是各方面原因在机缘巧合之下凑到一起所致，巧到数千年来仅此一例。

女性当政在中国历史上屡见不鲜。秦昭王时代的宣太后、汉代的吕后，不都是女性当政的典型代表吗？远的不说，北魏时期的文明太后冯氏，不也是“太后临朝专政，事无巨细，一禀于太后”吗？

北魏孝明帝时，胡太后被尊为皇太后，不但临朝听政，而且自称为“朕”，就是群臣上书，也称她为“陛下”。就算到了封建王朝的末期，不也有慈禧这样的人物出现吗？我们不能忽视在“男尊女卑”的古代有这么多女性辅政角色存在的事实，且这些女性中有许多并没有遭到汹涌澎湃的反对，比如康熙的祖母孝庄太皇太后。究其原因，可能确实有官场生态唯强是从、唯贤是从的因素存在。

所以，女性当政不足为奇。但女性称帝，仅有武则天一例。不是说历史的长河中，就绝对没有第二个女性遇到称帝的机缘，而是就算有这样的机缘，当事人也没有称帝之心；而武则天则是正好有机缘又有称帝之心而已。

所以我们不能拿“妇女解放”来看待武则天称帝的孤例。女性称帝既不是妇女解放的明证，武则天也没有推动妇女解放的初衷和行为。

妇女解放是指对女性开放各个岗位，而不只是皇位，这应该是一个自下而上的过程。当社会认知、群众基础成形，再加上有了大量妇女从政的实践活动，女性成为国家领导者就会水到渠成，所以在现代，女总统、女总理并不鲜见。相反，如果像武则天这样，自己登上帝位之后没有任何推动妇女解放的举措，女性当政的制度怎么能延续？这样的变革怎会不昙花一现？

折腾的本钱

此时的武则天篡夺李唐政权似乎相对容易，而真正的麻烦在于她的皇位怎么传承下去？按惯例应该传给自己的儿子，可事实上武则天的皇位正是从儿子那里夺来的。你让她费尽心机夺来皇位之后再还回去吗？

要是还回去，那当初的篡夺意义何在呢？就算还回去，但她的儿子姓李，继承武周的合法性何在呢？赐儿子姓武吗？如此折腾，岂不是将社稷置于风雨飘摇之中？

那颠覆惯例，不传给儿子，传给兄弟、侄子。然后呢？就这么一直“姐终弟及”“姑终侄及”？那即位的男性是按这种关系传承皇位还是再恢复成“父死子继”的制度？

再不行，就传给侄女、女儿？那侄女婿和女婿算什么？皇夫或男皇后吗？这在以“男尊女卑”为社会基本伦理秩序的古代可能吗？如此一来，要变革的岂止是后宫制度？这样的变革可能一蹴而就吗？

不要说开创新的继承制度，就是历朝历代一直施行的嫡长子继承制，都掀起了多少血雨腥风！所以宰相刘祎之十分不解，说：“太后权力大到都能随便更换皇帝了，为什么还要自己当皇帝呢？”

笔者认为，解答这样的问题不能以正常人的思维，因为当事人就不正常。称帝就是武则天的无知妄为之举，就是特殊的政治环境导致在王朝的鼎盛之时出现了这么一个政治怪胎，上演了这么一出政治闹剧。

武则天称帝，国力不鼎盛不行。如果身处国贫民弱之时，她光是应对内忧外患就得焦头烂额，哪有心思称帝？一个悄然崛起的吐蕃都让她灰头土脸、疲于应对。历来乱世称帝，要么是像袁术那样“垂死挣扎”，只是过过皇帝瘾；要么是像后周太祖郭威那样，竖起大旗，率领千军万马征战四方。哪有像武则天这样寸功未立，靠狐媚惑主就轻易登顶帝位的？

显而易见，贞观之治积累出来的鼎盛国力，是她肆意折腾的最大本钱。

而唐初那些看惯了隋文帝、独孤皇后及唐太宗、文德皇后的元老重臣，骤然面对武则天这样的“妖妇”，猝不及防之下被连根铲除，则是武则天得以朝帝位前进一大步的另一重要原因。她的这一举动“晃瞎”了一众朝臣的双眼，使她“声名鹊起”，拥有了众多拥趸。

根除元老派后，武则天精力充沛且斗志昂扬，与懦弱又多病的皇帝形成鲜明对比，就连众多保持士大夫气节和操守的朝臣，也因为心怀天下而不自觉地“团结”在她的周围。李治是武则天的贵人，在世时将朝政委托于她，死前留下的遗诏更确立了她的地位，这是她得以不断前进的又一重要原因。

随着武则天手中的权力不断增大，她的野心也随之膨胀。如果说废黜中宗、镇压徐敬业，是因为他们本人实在不争气，成不了气候；那肃清李唐宗室就足见武则天的司马昭之心了。看清她真面目的朝臣，当然不能再与其合作，于是裴炎、程务挺、刘祎之等人相继与她离心，结果被杀。不计任何后果的个性、凌厉的手段，加上没有能与之匹敌的对手，成为武则天不断前进的第四大原因。

如果说此前她还没有称帝想法，自此之后，她一定是心系帝位。从给自己上尊号、伪造祥瑞、造《大云经》比附弥勒，到任用酷吏滥杀无辜，她处心积虑地为登顶帝位做着铺垫和准备。

武则天称帝的表演

一切准备就绪，武则天的登基称帝从一系列的“请愿活动”开始。

公元690年，傅游艺，一个七品上的侍御史，带领九百多关中父老到宫门上表请愿。他们的诉求是：奏请将国号改唐为周，赐皇帝睿宗改姓武。

改换国号，改变皇帝姓氏，这样冒天下之大不韪的诉求，旷古未闻，傅游艺不怕掉脑袋吗？

事实上，武则天虽然没有答应傅游艺及“百姓”的诉求，但也没有治罪于傅游艺，反而将他拔擢为正五品上的给事中，表现出弥勒般的“大度”，因为就在两个月前，薛怀义等人炮制的《大云经》宣称她就是弥勒佛转世下凡。

榜样的力量立竿见影，请愿活动随之升级。首先是人数由九百变成六万，其次是参与人员由无业游民变成王公大臣、四夷酋长及和尚道士，就连睿宗皇帝也上表自请赐姓武氏。

更令人称奇的是，两天后，群臣一致奏称：“凤集上阳宫，赤雀见朝堂。”也就是他们亲眼看见一只凤凰从明堂之上飞出，落在了上阳宫肃政台的梧桐树上，此后数万朱雀云集朝堂，翩然起舞，久久不肯离去。

凤凰当然寓意武则天，而朱雀则象征大周的火德，自然就是群臣，这一场景岂不就是百鸟朝凤，万雀朝宗？直到群臣力谏，武则天答应称帝之后，这只凤凰才带领这群朱雀向东南飞去。

既然天降祥瑞、民意归一，气氛都烘托到这个程度了，武则天实在“却之不恭”。正所谓“天予弗取，莫辞其咎”，实在“推托”不过的武则天，在两日后宣布同意臣民的请愿，并将正式接受天命、登基为帝的时间定在两天之后的九月九日。

九九重阳，登基之日，时年六十七岁的“圣母神皇”武则天来到洛阳紫微城的正南门，登上门楼。此门为隋炀帝杨广于公元605年修建而成，命名为“则天门”，“则天”就是以天为法则，取敬畏天命之意。谁能想到则天门却在八十多年后见证了一个无知妄为之人的登基大典，而且这个人的名字就叫“则天”。历史有时实在是讽刺得很。

看看武则天称帝的表演，就知道滔天权势带来的一定是欲壑难填、为所欲为。九月十二日，群臣为武则天上尊号为“圣神皇帝”。次日，武则天在洛阳立武氏七庙，追封周文王姬昌为始祖文皇帝，以达到政治攀附的目的。就是不知道一千多年前这位擅长周易八卦的老人家，有没有预测到自己还有如此的“身后殊荣”。

试想：如果他老人家真的预测到了这一切的发生，该作何评价？血流成河的无辜杀戮，他不会觉得触目惊心吗？多达六万人的请愿，他会认为这就是民心所向吗？武则天从先帝才人到尼姑到皇后再到皇帝，拾级而上，他会认为这是她才智卓绝的必然结果吗？他会担心江山社稷、黎民百姓此后的命运吗？

当他老人家看到此时天下一片歌功颂德之声，会作何感想？当他看到就连再三上书批评酷吏和苛政的陈子昂，在此时都满怀激情地写下《上大周受命颂表》及《大周受命颂四章》来极力讴歌大周和大周皇帝武则天，会认为这是纯粹的献媚吗？

如果他老人家早已在冥冥之中预测到了这一切，会陷于这究竟是正剧还是闹剧的纠结吗？还是说他早已洞悉一切，看清了来龙去脉，只是无能为力而已。因为试错原本就是前进必须付出的代价，历史就是在错误中不断前行的。

不得不说，武则天似乎有与生俱来的政治斗争思维和手段，而且时机、火候都把握到精妙绝伦的程度。

革唐为周大功告成，血祭新王朝的任务再一次落到了那些酷吏的身上。不管是为了抚慰告祭，还是为了平怨补憾，抑或是为了彰显新皇仁德，总之，女皇再一次举起了屠刀，而这次她大开杀戒的对象就是这些曾经为她充当鹰犬爪牙的酷吏。

卸磨杀驴

武则天的高妙之处是让他们“狗咬狗”。可能她深知，不是疯狗，怎么能对付得了疯狗？群狗撕咬之下，最后留下来的那个人形单势孤，对付起来不就容易多了吗？

如此出招实在是高，不仅省力，而且将自己摘得干干净净。武则天以此向天下表示：昔日的告密之风、白色恐怖全是这些龌龊小人所为，而今武周的朗朗乾坤，绝容不下这些隶属李唐的奸贼佞臣。

武则天出手从不拖泥带水。她登基四个月后，就处死了酷吏丘神勣。丘神勣杀人如麻、恶贯满盈，废太子李贤就是被他逼迫致死；平定李冲兵变时，他甚至为了邀功而屠城。作为第一代酷吏，他跟随武则天日久，武则天对他下手时却没有丝毫的迟疑和怜悯，以伙同周兴等人阴谋造反的罪名将他处斩于太乙门前的菜市口。

酷吏周兴更是血债累累，罄竹难书，武则天临朝称制时半数左右的诬陷案都出自他的手笔，如郝象贤案、魏元忠案、魏玄同案等。武则天派酷吏来俊臣审理周兴，就是“纵狗咬狗”的典型手法。

来俊臣的狠毒丝毫不亚于周兴。接到查办周兴的旨意后，他一反常态，不动声色地请周兴吃饭。宴席之上，他一本正经地向周兴请教：“如有人犯不肯招供，有什么好办法呢？”

不知原委的周兴侃侃而谈：“这太容易了，找一个大瓮来，架在火上烤，再把人犯放进去，还有什么不招的？”来俊臣随即派人找来一口大瓮，用火围着烤，然后笑嘻嘻地对周兴说：“那就请君入瓮吧！”

周兴搬起石头砸自己的脚，叩头伏罪。按律谋反罪当处死刑，武则天饶他一命，将他流放岭南。周兴却在流放途中被仇人杀死，也是死有余辜。

酷吏索元礼也是以这种方式伏罪的。当初他刑讯犯人时，常给人犯戴上铁帽子，再慢慢打进楔子，直至犯人脑浆四溢，以至于“取我的铁帽子来”成了索元礼的口头禅，让人闻风丧胆。而轮到他自己被提审时，审案人如法炮制，只一句“要不要把你发明的铁帽子拿来”，就“完美”结案。

看来，这些手段残忍的酷吏也只是“纸老虎”而已。

还有那个昔日为武皇登基立下请愿首功的傅游艺，两年后也死于狱中。原因是一步登天为鸾台侍郎、同平章事的他，做了一个美梦，梦中登上了湛露殿。得意忘形之下，他将这个美梦告诉了自己最亲近的人。

傅游艺小人得志，以至于忘乎所以，肆无忌惮地说出自己梦登皇帝专享的殿堂。虽然他不大可能有觊觎皇位的想法，但无所不用其极才登上皇位的武则天能饶得了他吗？

所以傅游艺前脚刚把话说出去，后脚就被告密、下狱，定谋反罪名，被迫自杀。

一个宣之于口的美梦，搭上了一串鲜活的生命。傅游艺当然死不足惜，武则天却也是真的冷酷无情。

武则天登基之后大杀酷吏，却唯独留着来俊臣。为什么？因为武则天还有人要杀。

小人的可悲之处

她首先要铲除的当然是李唐宗室。武则天称帝后，睿宗李旦被降为皇嗣，赐姓武氏，迁居东宫。即便如此，武则天依然对李旦怀有戒心，甚至连许多私下拜见李旦的官员也莫名获罪被处以极刑。不久，李旦被诬图谋不轨，审讯此案的就是来俊臣。来俊臣对东宫属官严刑逼供，让他们“招出”李旦谋反的实情，就在将要坐实案情的时候，却突发意外。

面对来俊臣的刑讯逼供，乐工安金藏毫不畏惧，高喊：“大人不信皇嗣不反，金藏掏出心来给你看。”说完，拔出佩刀刺入腹中，五脏皆出，血流满地。

安金藏“剖腹验心”以证太子清白，何其惨烈悲壮！

安金藏的壮举可能唤回了武则天的些许人性，她下令将其抬入宫中，交由太医紧急抢救。也许忠勇之士命不该绝，第二天，醒过来的安金藏只听武则天说：“太子有冤，却不能自证清白，害得你吃了这么大的苦头。”

经此一事，武则天不再怀疑李旦，命来俊臣停止审理，李旦因此而幸免于难。但她还有非杀不可的对象，比如与她意见不合的朝中大臣。

宰相李昭德就因为在立嗣的问题上与武则天意见不统一而逐渐招致武则天反感，最终被杀。他被杀的罪名当然还是惯用的谋反，告密的就是来俊臣和时任秋官侍郎的皇甫文备。

讽刺的是，和李昭德同时被送上刑场的还有来俊臣，而告发来俊臣的是太平公主和武氏诸王。两大家族之所以联手，是因为来俊臣多次告发太平公主、武氏诸王及张昌宗等人，策划要把李唐和武周两个皇室的成员都送进监狱，这才逼得他们先下手为强。

行刑这天，洛阳城万人空巷。来俊臣的人头刚一落地，群情激奋的人们就蜂拥而上，对其尸体争抢撕咬。人们的这一疯狂举动，是在欢呼武周的清朗乾坤还是女皇的明察善断？那同时被斩的李昭德，无论如何也算得上是个直臣，人们对他的死又作何感想呢？

来俊臣作为武则天豢养的御用打手，为什么把魔爪伸向两大皇室中炙手可热的人物？他是膨胀了，还是失心疯了？

从来俊臣编纂的《罗织经》能够看出，此人不但心思缜密，而且深谙“人性恶”的真谛，以此为据处理案件，不但有完整的理论，更有具体的手段。从史书对他生平的记载来看，他也从来不像傅游艺之流那样肤浅轻佻，做个梦就把自己送进大牢这种事，绝对不会发生在心机深沉的来俊臣身上。

再看武则天对来俊臣的态度。武则天登基后，杀酷吏丘神勣、周兴、索元礼及傅游艺等人时，眼皮都不眨一下，但她直到六年后才对来俊臣开刀。甚至在来俊臣被下狱后，武则天仍然迟迟不肯对其下手。

有一天，女皇在园中骑马，问身边的宰相吉顼（xū）：“最近宫廷之外都有什么议论？”吉顼的回答是：“人们都在说‘来俊臣的判决书怎么还没有下来’。”武则天只说了一句：“来俊臣毕竟有功于国。”

这恐怕才是真正的答案。虽然来俊臣“有功于国”是假，“有功于女皇”是真。这里的“功”，吉顼怎么会懂？或者说，女皇怎么会让他懂？

来俊臣能够连番对皇嗣李旦、皇女太平公主及武氏诸王下手，没有武则天的默许甚至暗示，怎么可能？而此时武则天本人对这些人的态度正左右摇摆，主人都举棋不定，猎狗又怎么会有明确的捕猎目标？但猎狗又不能白吃饭什么都不干，于是来俊臣这条“猎狗”，就在这样

“盲目”的捕猎中，被“主人”武则天下狱。

这就是小人的可悲之处。像那些正直之士，心中有着明确的理想信念，坚持气节操守，尽管在当时的环境之下也可能招致无妄之灾，但他们能坦然面对，慷慨赴死，死得重于泰山，死后留名青史；而像来俊臣之流的酷吏奸佞，活着遭世人痛恨，死后也只落得一句“死有余辜”的唾骂，遗臭万年。

武则天此时犹豫，是因为皇嗣问题始终没有得到完美的解决。她不断打压可能的继承人，又实在不好把握打压的程度，所以，她最终成全了安金藏的壮举，舍弃了来俊臣这个得力臂膀。

武则天诛杀来俊臣，看似是选择正义、摒弃邪恶，但其实这不是武则天本人良心发现，更不是她明察秋毫。这是正义对奸邪的胜利，是人性的光辉占据了上风，否则在登顶帝位的路上，怎么不见她有丝毫的悲天悯人？为了一己之私利，她什么时候有过菩萨心肠？如今她因为皇位传承问题首鼠两端，进退两难，是不是终于明白，在选择的天平之上，还有正义和人性这两个砝码？

甚至她可能直到现在都搞不清楚为什么她一路走来，会有那么多的人头落地。来俊臣被杀三个月后，她问后来成为开元名相的姚崇：“当年朕也曾怀疑周兴、来俊臣他们报上来那么多谋反案，是不是也有冤枉的，但再派人去复核，又都证据确凿，这是为什么呢？”姚崇的答案是：“当时人人自危，查案的人自身尚且难保，哪里敢说真话。”

其实，早在公元692年，宰相乐思晦不到十岁的儿子就回答过这个问题。当时乐思晦被来俊臣诬陷处死，他九岁的儿子被没入司农寺为奴，那个孩子说有急事上告，得到武则天的召见。见到武则天后，那孩子说：“来俊臣等人玩弄司法，陛下如不相信，我有方法一试便知。请选朝中忠诚清廉且陛下一贯深信之人，告他们谋反，交给来俊臣审理，他们是没有不承认自己谋反的。”

小家伙固然聪明，但他怎么能知道当时社会的险恶？只知其一，不知其二的他，怎么会想到事情背后还有更多的弯弯绕绕？武则天是真不知道实情吗？检验出实情又能如何呢？天真的孩子呀！一个连亲生儿子都能痛下杀手的人，你让她找到她认为的忠贞之士去做检验，这不是难为人吗？

五年了，武则天都没有去做这个检验，看起来也没有解决心中的“疑问”。这要不是装糊涂，那一定是得了老年痴呆。事实上，她的健康情况良好到超越了时代水平，可惜这并不是一件好事。

女皇也有一筹莫展的时候

在封建时代，太子是国之储君，也是国之根本，既代表着王朝的未来，更预示着江山的稳定。而稳定，对于古老的农耕社会而言，是弥足珍贵的。

为了稳定，我们的先祖甚至舍弃了“立贤”，而选择了嫡长子继承制。即便如此，在皇位的传承上，还是不停地出问题。

秦始皇青春鼎盛，霸业一统，但因为没有事先立储，结果秦二世而亡；晋武帝司马炎倒是严守宗法制度，早早册立嫡次子司马衷（嫡长子两岁夭折）为皇储，但西晋也四世而亡；汉武帝刘彻立了太子又杀太子，腥风血雨之后几乎后继无人；就连唐太宗李世民也是通过玄武门之变而登上皇位，之后，更因选择李治为继承人而导致李唐江山易姓。

皇储问题是古代封建王朝的头等大事，况且武周时期的皇嗣问题更为复杂。

公元 690 年，武则天称帝之时，就以李旦为武周皇嗣，并赐武姓。此种操作因无先例，所以武则天也无法得知以后会怎样。试想，如果李旦即位，要么世代姓武，延续武周国祚；要么革周为唐，恢复李唐江山。

如果李旦恢复李唐江山，那武则天这一段岂不成了闹剧？武则天既不想亲手抹杀自己的“丰功伟业”，又深知此后的李唐子孙大概率会“认祖归宗”，因此陷入了矛盾之中。

这可能是她有生以来遇到的最大困惑，可能也是唯一的困惑。她一路走来，目标明确，杀伐凌厉，时时透着义无反顾，处处显着当仁不让。她孤注一掷、斩草除根的行事特点，使万物皆惊、鬼神让路。

武则天看似为了登顶九五至尊生生杀出一条血路，但实际上她又经历过什么真正的考验呢？目前的皇嗣传承问题，才是真正对她智慧和能力的检验，而她却表现得进退失据、一筹莫展。

如果说明堂上的“凤凰压九龙”意有所指，那以此作为传承帝位的路线方针也行啊！

你武则天既然能当皇帝，为什么不能引领妇女解放？为什么不能改变妇女地位？为什么不能让妇女参政？为什么不能颠覆宗法制度，让女性也有权继承皇位？为什么不能重塑社会秩序与人伦体系？

显然，她自己的思想都没有解放。她身为皇帝，为什么始终不敢让自己的情人取得合法地位？前有偷偷摸摸的假和尚薛怀义，中间还穿插个不清不楚的沈南璆，后来宠幸张氏兄弟时，还企图用控鹤府、奉宸府来欲盖弥彰。

武则天不敢合法建立自己的后宫，因为这是涉及社会思想、伦理秩序的大问题。不解决这个问题，她无论选择谁做继承人都不可避免地会招来非议，留下遗祸。

究其原因，只能说明她既无此魄力又无此能力，甚至，她根本就无此想法。她对权力的渴望只是一己之私欲，压根儿就不包含解放其他女性在内。如果说在高宗时，她确实上奏了一些有利于女性地位提高的条陈，那也是为了彰显她自己的地位而已。

她所做的，或者她能做的，都是想一出是一出，完全没有完整系统的规划、前因后果的呼应。看似变幻莫测，实则只是喜怒无常。

从对待张德吃荤一事上，就能看出武则天的这个性格特点。

公元692年前后，以弥勒自居的女皇，“佛心”大起，下令禁止屠杀牲畜和捕捞鱼虾。此时，恰巧有一个叫张德的小官，因喜得贵子，就违禁杀羊宴请宾客。尽管张德此事做得偷偷摸摸，请的都是知己同僚，但在第二天上朝时，武则天就把他们前一天宴席上吃剩的一块羊肉丢在了他的面前。

张德吓得瘫软在地，只是一个劲儿地磕头谢罪。他也不用申辩，也不用去搜索昨晚的记忆，女皇讲得明白：“昨晚的宾客有人告密，还随信附上羊肉一块，以示证据确凿。爱卿以后请客，最好先看清楚了人。”不但如此，她又补充说：“朕禁杀生，但红白喜事可以例外。”最神奇的是，她还将此封密信交给群臣传阅。

告密者被如此戏弄，自然大快人心。只是她当政时，告密者无数，她都是这样处理的吗？再说，鼓励告密不就是她的初衷吗？此时为什么要表现得如此“愤恨”？再说，禁杀牲畜不是她的诏令吗？因为告密，就不追究了？

即使将“双标”二字用在武则天身上，都不足以形容她的喜怒无常。她就是这样阴晴不定、肆无忌惮、百无禁忌的性格和做派。

在武周皇嗣的难题上，她同样今天一个想法、明天一个想法。她怎么看李旦都不是合适的继承人，于是李旦被诬陷谋反，要不是安金藏舍生取义，李旦可谓命悬一线。但她又实在想不出更好的继承人，所以后来还是暂时放过了李旦。

武则天对李旦态度的摇摆不定还表现在韦团儿被杀一事上。

公元693年，武则天的宠婢韦团儿因引诱皇嗣李旦被拒，怀恨在心，于是举报皇嗣妃刘氏、德妃窦氏（李隆基生母）行“厌咒”之法诅咒武则天，两人因此被杀。受到激励的韦团儿为了再立新功，竟然想通过举报陷害李旦。

可惜，这次被杀的却是韦团儿自己。这就是这类人的下场。而从这件事情上也能看出，武则天杀皇嗣妃，是对李旦及其追随者的警告，但至少目前，她还不想废黜皇嗣李旦。

武则天还有过将武周天下传给侄子的打算，武承嗣就是她起初认为的合适人选。

因为自贺兰敏之被杀之后，武则天就钦定武士彟一脉由武承嗣来继承，所以武承嗣一路升迁，直至特进、太子太保，封魏王。

武承嗣也十分支持武则天这个姑姑。“洛水白石”的祥瑞就是武承嗣一手制造出来的，不但紧密配合“圣母神皇”的尊号，而且首次将祥瑞与武则天称帝牢牢锁定。此外，武承嗣还为武则天充当打击政敌的急先锋，早年的右卫大将军李孝逸、同凤阁鸾台三品韦方质、隋州刺史李上金、舒州刺史李素节等人，都是被武承嗣诬告陷害的。

武则天登基后，武承嗣、武三思又一直为她制礼作乐，歌功颂德。公元 693 年，武承嗣率五千人上表，请为武则天加封尊号“金轮圣神皇帝”；公元 694 年，他又率二万六千余人，请为武则天加封尊号“越古金轮圣神皇帝”。这样神化武则天、神化武周的行为，自然深得武则天欢心。

剑拔弩张显然不好使

受宠且有功的武承嗣，自然要对武周皇位发起冲刺。公元 691 年，凤阁舍人张嘉福指使洛阳人王庆之效法当年的傅游艺，纠集洛阳市井之徒数百人到宫门外请愿，奏请废掉皇嗣李旦，立武承嗣为皇太子。

当时的文昌右相、同凤阁鸾台三品岑长倩及地官尚书、同凤阁鸾台平章事格辅元都向女皇表达了不可更换储君的意见。就在武则天犹豫之际，岑长倩和格辅元被武承嗣伙同来俊臣以谋反的罪名处斩。

武则天的犹豫表现在她对待王庆之的态度上。

王庆之同当初的傅游艺一样，傅游艺请愿改换国号，王庆之请愿改立皇嗣。他们为什么如此胆大包天？

武则天召见王庆之，问："皇嗣李旦是我的儿子，他为什么不能是太子？"王庆之答："神不享非类，民不祀非族，当今是武家的天下，为什么要立姓李的做太子？"

听听他们的对话，我们就能很清楚地知道王庆之之流只不过是在揣摩圣意。武则天抛出问题，就表示她有困惑。除了她，历朝历代哪个皇帝会问出"自己的儿子为什么不能为太子"这样荒唐的问题？

但王庆之的回答显然不能令武则天满意。什么是"同类"？母子不是，姑侄才是吗？子不祭母，难道侄子必须祭姑吗？再说什么叫姓李？武则天分明早已赐李旦姓武了呀！

才学不够、人性也分析不到位的王庆之，见说不动武则天，只能"披肝沥胆"地表忠心，他不但磕头不停，而且赖着不走，坚持说武则天不答应他，他情愿死在这里。

他又错了，武则天会在意他这条贱命吗？她没有立即杀他的原因，只是没有从他这里听到必须册立武承嗣的完美理由。已经不耐烦的武则天给了王庆之一张盖了御印的纸条，允许他想来面圣的时候，凭此条就能随时进宫。

武则天什么意思？分明就是要他回去，收集民意也好、苦思冥想也罢，找到无可辩驳的理由，再进宫陈奏。可愚蠢鲁钝、利令智昏的王庆之显然没有领会武则天的意思，此后虽频繁进宫，却拿不出新的理由，翻来覆去就是这点说辞。

武则天看出此人已黔驴技穷。对于武则天来说，没有利用价值的人只有一个下场。换句话说，王庆之死期已到。王庆之再一次进宫求见时，她命李昭德将其乱棒赶出。李昭德心向李旦，武则天心知肚明，所以落到李昭德手里的王庆之被打得鼻口躏血，死于杖下。

李昭德下手之狠，让武则天明白了他的政治态度。还没有想好是否将武周天下传给李旦的武则天，怎能留着李昭德这样坚定的“保皇嗣”派？所以李昭德与来俊臣同时被杀也就不奇怪了。

李昭德和来俊臣二人，一个坚持自己的理想和抱负，一有机会就以“杖毙”的形式将政治对手“斩草除根”；一个却妄揣圣意，挖空心思地将他认为的“潜在”威胁女皇的对手一一下狱。虽然他们的动机不同，但手段和结果是一样的。在武则天看来，二人都是巨大的威胁，因为她压根儿就不在乎什么动机，只从结果判断。

坚定支持李旦不行，坚定支持武氏也不行，这就是武则天对待武周皇嗣问题的态度。这样的态度不是她良心发现，而是她为保自己的皇位，不能让两者中任何一方坐大；但面对延续江山社稷的实际问题，她又不能将两者绞杀殆尽。

此时朝中大臣明智的做法应该是这样：要么对皇嗣问题闭口不言，充耳不闻；要么只发表观点，而且要直接对着武则天本人说，观点要切中要害，既打动她又不使其认为是在煽动舆论；最重要的一点是，切忌采取任何行动。

傅游艺请愿以武代李得以平步青云是事实，但此一时彼一时。傅游艺请愿，是在武则天心有定见、箭在弦上之时的作为，那时的她需要这样舆论的力量，这是傅游艺能够成功的原因所在；而此时面对皇嗣问题，连她本人都迷茫而不知如何选择，王庆之请愿掀起的舆论，会让她认为是对她皇权的挑战，这是王庆之失败的原因。而以实际行动坚定支持或反对某一方皇嗣候选人，更会让她感到别有用心、意在夺权，这是李昭德与来俊臣同时被杀的原因。

那么，在武则天游园时进言、力主杀掉来俊臣的吉顼，为什么也被贬官了呢？

因为来俊臣死后，吉顼逐渐成为“保皇嗣党”，拥护李显。他在朝堂上不但政见犀利，指向明显，而且态度也过于盛气凌人。拜相后的吉顼，曾与河内王武懿宗在御前争论。体格魁梧、能言善辩的他，怒视着矮小驼背的武懿宗，口若悬河、声色俱厉、寸步不让。

武氏家族本来就人才凋零，现在武懿宗又被吉顼在朝堂之上驳斥得张口结舌、哑口无言，武则天会作何感想？她当时就勃然大怒，一语道出心里话：“吉顼在朕的面前尚且如此轻视我武氏子弟，这种人以后岂可依靠？”

几日后的朝会上，当吉顼又要引经据典、长篇大论时，武则天打断他的发言，冷冷地问道：“昔日我说的制马三策，太宗皇帝也是大为欣赏。制马如制人，如今你是不是也想试一试朕的匕首啊？”

事至此时，吉顼被贬也是顺理成章。吉顼出京前向武则天辞行，从两人的对话也可见武则天此时的心境。

吉顼问：“和水土为泥，有纷争吗？”女皇答：“没有。”吉顼又问：“把泥分为两半，一半塑成佛祖，一半塑成天尊，有纷争吗？”女皇又答：“那就会产生纷争了。”吉顼正色道：“宗室（李氏）和外戚（武氏）各安其分，则天下太平；如今太子已立，而武氏依旧为王，两者势均力敌，将来就会纷争不已。”武则天默然道：“朕也知道，但事已至此，徒之奈何？”

“润物无声”的狄仁杰

“徒之奈何”，就是武则天对皇嗣问题的无奈；吉顼被贬官，核心原因也是在这个问题上态度表现得太显激烈嚣张。看来，要解武则天心中的这一困惑，非和风细雨不可。历史上担此重任的是狄仁杰，他能成功吗？

狄仁杰出身官宦家庭，以明经及第，受河南道黜（chù）陟（zhì）使阎立本推荐而入仕。公元 688 年他担任豫州刺史时，越王李贞在豫州起兵反抗武则天。叛乱平息后，狄仁杰为以谋反罪名被判处死刑的两千多人求情，从而进入武则天的视野。

当时狄仁杰以密信的形式上奏朝廷，之所以密信陈奏，他的理由是：“没有这么多人谋反，这些人其实是被冤枉的。但臣如果公开上奏，有为贼人开脱之嫌；但臣如不言明此事，又恐违背了陛下的好生之德。因此臣这份奏折写了又毁，毁了又写，竟不知所云，还请陛下不要见怪。”

看看此时的狄仁杰，是不是早已谙熟“润物无声”的政治手法。他将奏书“写了又毁，毁了又写”当然不是实情，但他这么一说，就把他心系朝廷颜面及百姓性命的心境刻画得淋漓尽致。他会不知所云吗？他在奏书里把一切写得清清楚楚。他只不过把“好生之德”的名声推给朝廷和皇帝而已。

做了所有的事，又把功劳推得干干净净，而且这一套连招做得如此流畅和丝滑，这样的下属，怎能不被上司牢牢记住？此时还是太后的武则天当然批准了狄仁杰的请求。就这样，狄仁杰不动声色地将两千多条性命从屠刀下救了出来。

武则天称帝一年之后，就将狄仁杰调到了朝廷中枢，让他做了宰相。见面之时，女皇问他："朕清楚你在地方上做了很多好事，但朝中也有人说你坏话，想知道是谁吗？"狄仁杰答："陛下如果认为臣有错，臣自当改正；如果陛下知臣无过，臣何必还要知道那些人的名字，不知道，反而还能正常相处。"

狄仁杰当上宰相后，同样不事张扬，一如既往地以职责为重。即便如此，公元692年，他还是被诬告谋反，差点死在来俊臣的手里。他侥幸活命、被贬出京后，武承嗣也没打算放过他，还在不断怂恿女皇将其斩草除根。但武则天始终没有使武承嗣等人如愿，这也表明此时的武则天没有坚定传位于武承嗣的计划。

公元697年，狄仁杰再次回到神都洛阳为相。这几年他被贬出京，也算躲过了皇嗣之争的高峰期。此时，朝臣们都已明白闭嘴才能自保的道理，朝堂上没有了妄猜圣意的弹劾与请愿，也少见了非此即彼的争论与坚持。

公元698年，武承嗣谋求皇太子之位不得，忧郁而死。而反复考虑日后怎么妥善处理武氏与李氏两个所谓"皇族"之间关系的武则天也想出了一个办法。公元699年，她将两族子弟召集到一起，让他们盟誓，企图以此永保两族的和睦关系。但昔日刘邦那般庄重的"白马之盟"，在他死后还不是废纸一张？今日武则天发起的盟誓，更像儿戏一样。

随着武则天日渐衰老，她越发渴望表现自己的精神矍铄，所以，张昌宗、张易之兄弟两人越发受宠。

张氏兄弟二人也算名门之后，目光没有那么短浅，深感眼下立身处世的底气不足，于是向吉顼和狄仁杰讨教长久之计。两位宰相都认为，他们应该借着亲近女皇的先天优势，积极参与立储大业。因为以色事人必不长久，做一件功在千秋的事才是正途。

吉顼因为在立储问题上急切霸道的态度被踢出局，狄仁杰尽管与吉顼的立场看法相同，但他的做法似乎更能让武则天接受。狄仁杰不放过任何一个与女皇单独相处的机会，见缝插针地进行游说，他用来说服武则天的理由是："姑侄与母子哪个更亲？天底下有侄儿给姑姑立庙的吗？"这话其实李昭德说过，虽是老调重弹，但在狄仁杰春风化雨般的态度下，武则天亦有所触动。

此外，狄仁杰还从帝位传承的法理角度来劝谏武则天，他说："太宗文皇帝不避风霜雨雪，甘冒刀枪箭簇，平定天下，传之子孙。陛下却要将江山社稷交给外姓，也不符合上天的意思呀！"

他还不失时机地以解梦为由，劝谏武则天。一次，武则天梦见一只鹦鹉双翼折断。她把这个梦境说给狄仁杰时，他为之解梦道："'鹉'通'武'，也就是陛下的姓，双翼指的是陛下的两个儿子。这个梦的意思是，如果陛下起用两个儿子，就能振翅高飞。再说，他们是先帝托付给陛下的，陛下难道忍心让先帝无人祭祀吗？"

武周建立后，尽管唐高祖、太宗和高宗仍在祭祀之列，但长安的李唐太庙和洛阳的唐高祖、太宗、高宗三庙均改为享德庙，算是降级保存。如果武则天把皇位传给侄子，还会不会有李唐太庙呢？显然，这是一个重大的政治问题，武则天自然也想过。

道理虽然如此，但狄仁杰老是如此絮絮叨叨，武则天也不是每回都耐烦。不耐烦时，她便会说："这是朕的家事，你就不要管了。"而狄仁杰抓住这句话的漏洞，马上说："君王以四海为家，四海之内皆是陛下的臣民，天下之事都是陛下的家事。君主是元首，臣子为四肢，何况我还忝（tiǎn）任宰相，哪能不管呢？"

就这样，狄仁杰看似聊家常一样，在潜移默化之中完成了促使武则天下定决心立储的政治重任。当然，这里面也有吉顼、李昭德等人的努力和贡献，甚至还包括张氏兄弟的枕边风，更有许多人为此付出了血的代价。

立储问题几乎贯穿了大半个武周朝。傅游艺首开请愿之风时，唐

朝的皇帝还是睿宗李旦；武则天当了“圣神皇帝”后，睿宗的身份必须下降，所以他被称为“皇嗣”，回到东宫居住，虽然“其具仪一比皇太子”，但的确不是太子。

所以“皇嗣”这个特殊的称谓是特殊历史时期的产物。如果“皇嗣”是太子，那武则天革唐为周意义何在？但如果不给睿宗安排个名号，他将向何处？李唐旧臣又该作何评论？矛盾缠绕纠结之下，擅长改变名号的武则天别出心裁地以“皇嗣”命名李旦，也算她的一贯作风。但也正因武则天对“皇嗣”的定义模糊，才引得各方觊觎储君之位。

第十二章
武周落幕

狄仁杰的“拥立”之功

以杖杀王庆之为标志，武承嗣第一次的夺嫡行动宣告失败。当时朝廷宰相级别的官员几乎都是“保皇嗣派”，但中下层官员多支持武承嗣。

因为身居高位者，毕竟有“身后之名”的顾忌；而中下层官员，或怀侥幸之心，想进行政治投机，或缘于武氏家族的胁迫，不得已而为之。而且此时的突厥，更是扬言只认李唐不认武周。由此可见，李唐皇室的威望仍在。

虽然狄仁杰重返神都洛阳时，朝廷恰好处于嫡位之争的间歇期，暂时风平浪静，但女皇已经称帝七年，到了七十四岁的年纪，不得不考虑接班人的问题了。武则天深感此事已经拖得太久，再加上狄仁杰时时处处和风细雨式的劝谏，明确立储的问题就这样又被提上日程。

从公元697年的“武承嗣、武三思并罢政事”上，能看出武则天已经“决意还太子”。但公元698年，武则天以为李显治病为由，派徐彦伯秘密召回李显及家人，显然属意李显为太子。她为什么不直接立李旦为太子呢?

狄仁杰给女皇解梦时，将梦中鹦鹉的两翼解释为女皇的两个儿子，似乎并没有厚此薄彼之分。而宰相吉顼曾劝张易之、张昌宗兄弟推立李显为储君。事实上，也正是李显被册立为皇太子。

史料上没有明确的记载说明为什么被立为太子的是李显而不是李旦。李显被废为庐陵王后，先后被软禁在均州（今湖北丹江口）、房州（今湖北房县）十四年；而李旦昔日在位时，太后还政，他坚决推辞；武则天称帝时，李旦也上书积极推进此事；武则天当了皇帝后，身为皇嗣的李旦，小心谨慎到不敢越雷池一步，即便妻妾子女被害，仍“容止自如”，不敢表现出丝毫悲伤怨愤；即便到了现在，看到武则天将李显接回洛阳，身为皇嗣的李旦也是数次称病不朝，请求将储君之位让于李显。

如此皇嗣，除了显得能力不足外，似乎没有什么足以被废黜的理由。史书多言武则天选立李显而非李旦是狄仁杰的功劳，因为史书上记载了这样一个故事：武则天将李显召回洛阳后，一天，武则天召见狄仁杰，然后让李显躲在屏风之后。等狄仁杰来了，武则天便故意提起李显，狄仁杰慷慨陈奏应该立李显为太子，情真意切到流泪。武则天此举什么意思？难道是想让李显看到狄仁杰的拥立之功吗？

根据史书的记载，狄仁杰说完之后，武则天让李显从屏风后走出来，然后对狄仁杰说：“国老看，谁来了？朕把储君还给你。”狄仁杰拜倒在地，半天都扶不起来。

如此细节，似乎能证明是狄仁杰推举了李显。那他如此力劝立李显，意欲何为？是不是以长幼的次序来看，李显年长，应该被立为皇太子呢？当然，这样的理由也算合理。

但有没有可能是因为立李旦无望，狄仁杰才想到立李显呢？或者，推立被流放在外的李显，才显出其功劳之大？

然而，后来的李显似乎并没有太过感激狄仁杰的拥立之功。武则天病重时，狄仁杰为了巩固李显的太子之位，建议让其趁机监国。而登上皇位后的李显却对宰相杨再思说：“人臣事主，必在一心，岂有皇帝刚刚得病，就让太子监国的道理。这是狄仁杰在树立私惠，想趁机讨好我。”

如果李显判断为实，则表示他早已看透狄仁杰的用心；如果他以小人之心度君子之腹，则说明他十几年的苦难也是自作自受。

历史的晨烟暮霭，虽然遮挡了武则天册立李显为太子的真相，但从结果来看，他们兄弟二人其实“半斤八两”，立年长的李显只能算是“瘸子里挑将军”。

有人等不及了

武则天用武周取代李唐，无疑是改朝换代的重大事件，而继承人问题不解决，武周政权就没有前途。如今看似解决了这个问题，但武则天推行的那些畸形的变革，导致谁也不清楚武周天下以后的走向。

年事已高的武则天纵容张氏兄弟把持朝政。二张的权势之大，就连绍王李重润、永泰郡主李仙蕙及丈夫魏王武延基，只不过暗地里非议二人专政，就被处以绞刑。

李重润是太子李显的嫡长子，李仙蕙是李显的嫡女，武延基是魏王武承嗣的嫡长子，三人是李唐和武周两个皇室的嫡传继承人，却以这样的方式被杀，可见张氏兄弟飞扬跋扈到了什么程度。

然而，围绕张氏兄弟的一系列事件，尤其是公元701年李显子女被杀之事，导火索是二张无疑，但要说他们兄弟就是针对李显，似乎也有些勉强。因为在推举李显为太子时，他们也出力不少，如今他们再针对已为太子的李显，有什么目的呢？难道他们要争夺太子之位吗？这样的想法实在疯狂，从二人昔日就如何安身问计于吉顼来看，他们压根儿没有这样的想法。

那就只有武则天默许杀人这一种解释了。尽管此时的武则天“政事多委易之兄弟”，但二张并没有形成独立的政治势力，他们仅仅是女皇的办事人、传话人而已。所以，这一时期张氏兄弟的专政不如说是武则天的专权。

一年后，太子李显、相王李旦和太平公主联名上书，奏请册封张昌宗为王。

他们如此反常的举动，似乎从另一个侧面证明了此时朝堂上的矛盾和斗争不但没有随着太子的册立而尘埃落定，反而有愈演愈烈之势。究其原因，就是一方要牢牢把控权力，而另一方有点等不及了。

要把控权力的人自然是武则天，把权力攥在手中是她的天性；但等不及了的人，却不是太子李显，他奏请张昌宗封王就是俯首称臣的表现，而逼宫的人，是以张柬（jiǎn）之为首的五位大臣，史称“五王”，他们之所以等不及，是因为看过太多的前车之鉴，觉得即便李显已是太子，但变数还是太多了。

公元 705 年，宰相张柬之、崔玄暐（wěi）与中台右丞敬晖、司刑少卿桓彦范、相王府司马袁恕己等人，借口诛杀“二张”，发动政变，武装夺权，史称“神龙政变”。

这个功劳有点勉强

张柬之是狄仁杰推荐给武则天的。当年武则天要狄仁杰推荐人才，狄仁杰问：“陛下用来做什么？”武则天答：“出将入相。”狄仁杰说：“那就只有张柬之。”几天后，武则天再次要狄仁杰推荐人才，狄仁杰说：“臣已推荐了张柬之。”武则天说：“朕已经让他当了洛州司马。”

而狄仁杰却说："臣推荐的张柬之是宰相之才，不是用来做一个区区司马的。"

正因为参与逼宫的张柬之是狄仁杰力荐为宰相的，所以有人把逼宫的功劳也分给了狄仁杰一份。但事实上，册立太子后，狄仁杰已经完成了政治使命。以他的出身、立场及眼光，怎么可能推荐甚至安插一个人进入朝政中枢，进而去发动宫廷政变呢？

张柬之拜相，是在公元704年，此时距离狄仁杰去世已经整整四年。没有任何证据表明狄仁杰在世时他们两人有过对政变之事的交流，而且，神龙政变之时，张柬之已经年过八十，说狄仁杰早早就寄逼宫夺权的希望于如此高龄之人，也不现实。

所以，神龙政变只可能是在矛盾激化之下，恰逢特殊的契机，临时决定，仓促发动。

矛盾激化的原因自然是"麟台监张易之、春官侍郎张昌宗居中用事"，而"太后疾甚"就是那个特殊的契机。这也能说明张氏兄弟确实没有形成独立的政治势力，否则，武则天即使病重，张氏兄弟也应该有实力与太子派胶着对峙，政变怎么能如此轻易就成功？再者，从日后来看，这次政变并没有完全且周密的部署。

神龙政变开始前，太子李显没有参与谋划；就是正式行动时，他表现得也不积极。其中虽有受裹挟的因素，但他乐得袖手旁观也是事实。

张柬之等人率左右羽林军将士五百多人从玄武门入宫，砍下张氏兄弟的脑袋，提着人头去见女皇。此时，他们身后就站着哆哆嗦嗦的李显。

女皇问这个儿子："这件事是你让他们干的吗？这两个小子已被诛杀，你可以回到东宫了。"什么意思？群臣奉太子之命诛杀了张易之和张昌宗，女皇不仅不生气，还让李显继续回去做太子吗？

见太子不说话，桓彦范上前说："太子还回得去吗？当初天皇将太子托付给陛下，现在天意民心，都希望陛下将帝位传于太子。”

知道大势已去的武则天，在人群中看到了李湛，也就是李义府的儿子，于是问道：“我对你们父子不薄，你为什么在这里？”李湛羞惭而不能作答。女皇再看到崔玄暐，问他：“别人都是经他人推荐之后提拔的，只有你是朕亲手提拔，怎么也会在这里？”崔玄暐倒是慨然答道：“我这样做，正是为了报答陛下对我的大恩大德。”

此时的武则天似乎有太多的问题，但她是否知道这所有问题的根源在哪里？她有没有想过武周政权一夕倾覆，又将带来怎样的影响和破坏？

“合葬”的难题

神龙政变两天后，当了十四年零四个月皇帝的武则天，下诏传位给太子李显。李显即大周皇帝位，称母亲为则天大圣皇帝。一个多月后，李显宣布恢复大唐国号。

恢复李唐，这是李显当皇帝的必然结果，也是武则天在太子问题上犹豫不决的核心原因。但正如她对李显所说：“我从房陵把你接回来，就是要将天下交给你。”虽然武则天说这话是在神龙政变之后，这句话前面还有一句“五贼贪功，惊我至此”，但她有将政权交给李显的想法和行动也是事实。

不管武则天的这一选择是否坚决，但被迫彻底执行之后，武则天倒也能坦然面对现实，虽然其中也有她已到风烛残年的因素。武周政权黯然落幕后，武则天更是迅速衰老，她虽然还在接受新皇十天一次的探望，但身份显然已经变成了“母后”。

公元705年底，八十二岁的武则天在软禁中孤独地死去。临终前她留下遗言：赦免王皇后和萧淑妃等情敌；赦免褚遂良及韩瑗等政敌；自己去帝号，称皇后，与李治合葬于乾陵。

从遗嘱来看，她亲手推翻和否定了自己大半生的所作所为，用实际行动回答了刘祎之当年“太后权力大到能更换皇帝，为什么还要称帝”的疑问。这样的遗嘱，虽然是神龙政变的结果，但可能也是武则天的心声。

从朝堂上围绕着武则天归葬问题展开的讨论，能看出当时的人们对她及她建立的武周的真实看法如何。因为继位为帝的李显毕竟是武则天的亲儿子，朝臣们显然不能对武则天持完全否定的态度。

即便如此，在讨论将武则天与李治合葬乾陵一事时，给事中严善思仍上表反对。他的理由是：“尊者先葬，卑者不合于后开入。以卑动尊，事既不经，恐非安稳。”他甚至从实际操作层面给出反对意见：“乾陵修建得十分坚固，如果合葬，不仅施工万分困难，还会破坏先帝陵寝。”

严善思曾担任太史令，当时的太史令主要工作就是天文历算，而且此人颇擅卜相之术。这次他在上书中给武则天做了一个明确的定位：相较于唐高宗，作为皇后的武则天当然是卑者；如果以卑动尊，就会招致灾祸。

既然不宜合葬，他的建议是：“在乾陵之旁，另择吉地，再起一陵。只有这样，才能使社稷长享，天下永安。”

显然，不同意合葬，就是在变相否定武则天为李治皇后的事实。其实想想，逻辑也是如此，武周的皇帝，再回到李唐的“祖坟”，这要如何向天下及后世解释？

看似一个归葬的问题，其实就是政治路线的选择。而武则天与此时的皇帝李显，既是母子，又曾为君臣，在这样特殊的关系之下，李显想要彻底地肃清武周，也有为难之处。严善思的上表，就是要借归葬表明朝廷的政治态度。李显如果采纳这样的建议，对他之后开创王朝新风不无裨益。

然而李显却没有看懂严善思的深意，或者他原本就不想多动脑子，只想按照武周政权的既定框架亦步亦趋。所以，在“百官详议”之后，他下了一道敕令：“准遗诏以葬入乾陵。”

“无字碑”是烂尾工程

当然了，或许李显也处于艰难抉择之中，乾陵的“无字碑”应该就是明证。武则天陵墓前竖立着由一块整石雕成的石碑，虽然刻着螭和龙，却没有字，所以也称“无字碑”。

为什么碑上无字？有人说，可能女皇的一生连她自己也说不清楚；还有人说，她有意在身后留下一片空白，目的就是任由褒贬、随人评说。

武则天自己说不清楚她这一生是事实，但把评论权交由后人显然不是她的性格。而且，这块石碑，临终的她既没关注，更无须关注。她要说的、要做的已经全部体现在她的遗嘱中。她的遗嘱清晰地表明，她就是想以“李家媳妇”的身份来盖棺论定。

事实上，立碑而无字，只是典型的烂尾工程，因为负责撰写《则天哀册文》的崔融死了。崔融作为朝廷的文胆，自然是大手笔，为了写这篇文章，“用思精苦”，竟活活累死在五十四岁的年纪。连崔融都因此而累死，谁还敢来执笔完成此碑文呢？于是这事就此搁置，只留下了我们现在看到的无字碑。

作为冠绝当世的文豪，崔融写作这篇碑文时遇到的困难早已超出文学的范畴——没有明确结论和说法的政治问题，他如何措辞、怎么谋篇？

就连皇帝李显本人也实在不知道应该怎样评论自己的母亲。作为刚刚复辟成功的皇帝，对于篡夺李唐江山的女皇，难道不该是批判吗？但他又是这位女皇的儿子，更是女皇册立的太子，他要怎么去批判这样的女皇和母亲呢？

但他作为新上台的皇帝不对武则天做出评价，就无法明确新王朝的路线、方针和政策，朝廷局面就不可能焕然一新，各种势力就不会朝着有利于自己的方向聚拢。各自为政之下，一定会爆发始料未及的矛盾和冲突。

单从“无字碑”一事上，已能看出李显的昏庸和无能。他完全可以采纳严善思的建议，为武则天另置陵墓，这样既能承认她的皇后地位，又能明确尊卑，给出否定武周政权的明确信号。他还可以公开表态，引导舆论方向，不对武则天进行大肆批判，而是表示她称帝只是受到蛊惑和蒙蔽；至少，要传达出武周政权只是过渡性质，表明归政李唐也是女皇本人的愿望。他还可以做出一些朝政方面的改革，在具体的政策和做法上和武周时期做明显的区分，或者说对武周时期的做法进行矫枉和修正，方法都是现成的，只要延续贞观路线即可。

第十三章
政权的过渡

李显的顾忌

这个“革周复唐”的过渡时期敏感又复杂，李显究竟是怎么应对的呢？他什么也没做。他看似延续武周朝廷的做法，但也没有贯彻到底，更别提什么贞观路线了。

此时的朝堂上，大概分为四股势力：一是中宗李显，二是皇后韦氏，三是发动神龙政变、拥立李显复位的功臣势力，四是武氏集团。

看起来韦后及功臣势力应该属于李显一派，但也不尽然；武氏集团应该是李显的政敌，他却和他们打得火热。

武周落幕后，朝廷之所以没有肃清武氏集团，完全是李显的意思。当时的洛州长史薛季昶（chǎng）、朝邑尉刘幽求等人都曾力劝张柬之、敬晖他们早日除去武三思等人，但张柬之等人始终没有这么做。针对此事，有两种说法：一是认为发动神龙政变的这些人觉得大事已成，所以没有认真对待善后事宜；二是张柬之不动武氏集团，目的就是把这个机会留给李显，让这个新上台的皇帝立威。

联系到当时的实际情况，估计两方面的原因都有。为此，张柬之还曾专门找到李显劝说：“昔日革唐为周时，宗室诸李几乎被斩杀殆尽。

而今陛下返正，面对武氏的滥官僭（jiàn）爵，惩治他们，难道不是天下所望吗？”见李显无动于衷，张柬之甚至拍案而起，以至于手指都磕出了血，他苦苦规劝：“我等之所以不诛杀武氏，就是要留给陛下，以彰显天子之威，如今再错失良机，怎么得了？”

张柬之的苦劝，已是到了武三思的势力进一步坐大之后。自武则天退位到去世将近一年的时间里，张柬之等人确实没有在肃清武氏集团上有过任何行动。当然在这件事上，他们确实遇到了来自韦皇后的阻力，但从根源上说，最大的阻力无疑来自李显。

李显是认为神龙政变多余，还是他根本就不敢对武三思等人下手？可能两个原因都有。

李显认为神龙政变多余的表现，一是他开始并不想参与，只不过在王同皎（jiǎo）等人的“生拉硬扯”下，才站到了政变大臣们的队伍中；二是神龙政变之后，张柬之等五人虽然封郡王，但很快就被贬至外地，离开了帝国政治舞台的中心。

李显不敢对武三思等人下手，原因则是韦皇后。李显复位后，韦皇后与武三思结成儿女亲家，对他十分信任，甚至关系暧昧，两人在政治上联手，结成一股强大的势力左右朝政。不清楚李显知不知道实情，反正他时常在韦皇后与武三思聚赌作乐时，乐呵呵地忙前忙后，帮着兑换筹码。这哪像皇帝，分明就是宦官的做派。

如此重大的历史节点，出现李显这样的皇帝，帝国怎么会不再次经历一番腥风血雨？

以武则天为榜样的女人们

李显似乎还不如他那个懦弱的父亲李治。如果说李治和武则天之间还存在爱情纽带的话，那李显和韦后之间似乎连爱情的影子也见不到。

韦后是豫州刺史韦玄贞之女。李显为太子时，韦氏因姿色美艳被立为太子妃。公元684年，李显第一次登基时，她被册立为皇后。韦后为李显生下长子李重润及永泰、永寿、长宁、安乐四位公主。

当年李显被废时，韦氏随他来到房州，途中生下后来的安乐公主。安乐公主出生之后，李显脱下自己的衣服将其包裹，所以她的小名叫“裹儿”。由此也能看出，他们曾经是怎样的困厄与艰辛。

李显在被幽禁房州期间，简直活成了惊弓之鸟，每次听到京城使者前来，他都惊慌失措地要上吊自杀。此时的韦氏能做的就是好言相劝:“祸福本就相依，最多不过一死，何必急在一时。”

韦氏的话说得不无道理。在韦氏这里找到依靠和安慰的李显，也曾向她吐露肺腑之言:“日后，如果我能重见天日，一定让你随心所欲，不加任何限制。”

苦难真是一把双刃剑。有人靠此“动心忍性，增益其所不能”；但也有人生出怨怼愤恨之心，日后会变本加厉地为所欲为。李显夫妻及他们的女儿“裹儿”，无疑属于后者。

重见天日的李显倒没有食言。他登基不久就大封韦氏一脉宗亲，似乎忘了自己当初为什么被废。或者这就是他的疯狂报复之举。之后，他更是将天下分成两半，一半交给了他的老婆韦后，另一半交给了他的女儿——小名“裹儿”的安乐公主。

韦后不仅干预朝政，甚至野心膨胀到要学婆婆当女皇帝，而安乐公主则异想天开地要做皇太女，亲口说出:“阿武（武则天）连天子都能当，我不过当个皇太女，有何不可？”

榜样是有力量的，武则天的称帝无疑为蠢蠢欲动的她们提供了完备的参考方案。

韦后集结的政治势力包括上官婉儿和武三思。中宗即位后，上官婉儿被封昭容，专门负责起草皇帝的诏令，但这个冰雪聪明又命运多舛的女人，却和韦皇后一起变成了武三思的情妇。而安乐公主，先嫁武三思的儿子武崇训，再嫁武承嗣次子武延秀。韦后与武三思既是儿女亲家，又是秘密情人，“武韦联盟”就这样结成了。以如此关系而结成的政治联盟，也算“别具一格”。

因为李显的昏庸无能，“武韦联盟”在这一时期得以把控朝政，投靠者甚众。就连敬晖派去监视武三思的崔湜（shí）也主动反水投靠了“武韦联盟”，将自己实为敬晖耳目的秘密对武三思和盘托出。

崔湜也因此受到武三思的信任，升任中书舍人。此后，崔湜又与上官婉儿通奸，一路青云直上。

当时，像崔湜这样的人不在少数。原来张氏兄弟的追随者也都纷纷倒向武三思，像郑愔，二张被杀后，他被贬为宣州司士参军，后偷偷拜见武三思说“不除‘五王’，危如朝露”，遂被武三思看作心腹，并任命为中书舍人。

反之，像毕构，仅仅因为在宣读敬晖等人要求降削武氏诸王的奏请时声音洪亮、语调流畅，就被武三思等人赶出朝廷，贬为润州刺史。

所以，李唐看似复辟成功，但投靠武三思的人不仅前罪一笔勾销，而且立刻荣升要职，反之则被贬官乃至流放。似乎此时能够代表大唐朝廷的，既不是唐中宗，也不是“五王”，而是武三思。

此外，在这个敏感的过渡期，由于皇帝李显没有拿出明确的路线、方针和政策，朝堂上各派势力盘根错节，各种意见和看法也莫衷一是。像魏元忠，本来也算忠直之臣，但在武则天刚去世时，面对武三思矫诏而实封的百户，竟“感咽涕泗”。

他的“感咽涕泗”，也许不是针对百户之封，而是对武则天君臣之情的追忆，更是对武周朝廷的怀念。可见在朝臣们的心中，此时的朝局可能还比不上武周时代。

走投无路的李重俊

即便是参加了神龙政变的姚崇，在看到武则天从长寿殿迁往上阳宫的时候，也是“呜咽流涕”，应该是真情实感的自然流露。

所有这些都在表明，武则天能够称帝，固然是她胆大妄为，但法定的几个接班人实在不成器也是不可忽视的关键因素。

由此看来，以张柬之为首的功臣势力，将开创朝廷新风的希望寄托在李显的身上是多么天真；而他们希望他能够与武则天一刀两断的愿望，在政治上又是多么不成熟。姚崇仅仅因为看到武则天迁居上阳宫而流泪，就被张柬之等人视为异己，贬为亳（bó）州刺史，可见功臣势力又是何等地操之过急。没有明确的行事路线，缺乏广泛的同盟，又得不到皇帝的支持，“五王”虽成功发动了神龙政变，却担负不起“拨乱反正”的历史重任。

武三思逐渐在朝廷占据上风后，劲吹武周旧风，重弹女皇老调，但他的手段、作风乃至威望都与武则天相去甚远，自然也难成大器。

此后，朝臣与武三思的斗争层出不穷，直到公元707年，矛盾集中爆发。李显即位后，因嫡长子李重润已死，他便将第三子李重俊册立为太子。李重俊不是韦后亲生，所以不但饱受猜忌，而且时常受到武三思、安乐公主及武崇训等人的凌辱；后来，安乐公主更是直接请废太子，要李显册立她为皇太女。

忍无可忍的李重俊决定先下手为强。他联合左金吾大将军李千里、左羽林大将军李多祚（zuò）、右羽林将军李思冲等人，率左右羽林军发动兵变，史称“景龙政变”。

他们先冲入武三思府邸，杀死武三思、武崇训父子及其党羽，而后李千里率军闯入肃章门，在皇城内搜捕韦皇后、安乐公主与上官婉儿。

此时李显在韦皇后的簇拥下，登上玄武门城楼，向兵变军士喊话：“卿等都是朕的卫士，为何要作乱？若能归顺，斩杀李多祚等，将永保富贵。”

由于景龙政变准备仓促，人员良莠（yǒu）不齐，许多兵士当即临阵倒戈，斩杀李多祚等人。政变失败，李重俊逃出京城后被杀。

“景龙政变”失败的原因：一是时机不恰当，二是思想不统一。此时神龙政变刚过去两年，即便朝廷日益混乱，李重俊作为太子，哪怕深受打击到朝不保夕的地步，针对的目标也不能是自己的父皇。

所以，他杀了武三思没有关系，但攻入皇宫之后，他的行为就失去了“正当性”。可以弥补这个“不正当”的只有深厚的威望和强大的人脉，借助这两个基础一鼓作气，去取得绝对的军事胜利。显然，太子李重俊没有能力做到这一点，他召集的李多祚就在犹豫不战之下为乱军所杀，本来参与了这次政变谋划的魏元忠，也在实施的过程中首鼠两端。

“景龙政变”虽然以失败告终，但武三思的被杀，也算是武氏集团遭遇的毁灭性打击。遗憾的是，李显并没有从中总结出任何经验教训。

一碗汤饼酿成的血流成河

太子李重俊起兵失败，反而使得韦皇后、安乐公主及上官婉儿这三个女人更加嚣张，甚至开始公然卖官鬻爵。而且她们相当诚信，不管是谁，只要肯出三十万两，就能弄个一官半职。由于向她们买官的人太多，以至于这种官有一个专有称谓，叫“斜封官”，也叫“墨敕斜封官”，甚至干脆就称为“斜封墨敕”。

自唐太宗起，三省六部制的程序规定：凡属皇帝的诏令，必须加盖“中书门下之印”，即须经政事堂会议通过，再送尚书省执行；而由皇帝直接发出的诏令，没有法律效力。

此时的李显却不经两省而直接任命官员，如此违反程序制度的做法，甚至连李显本人都觉得不好意思，所以，装置诏敕的封带改用斜封，而封带上的“敕”字，也不用朱笔而用墨笔，因此被称为“斜封墨敕”。

更为荒唐的是，安乐公主常常自己草拟诏书，遮挡住内容，让父皇李显签字，李显也照签不误。如此看来，武则天当年废黜李显，倒也情有可原，因为这个人实在是个扶不起来的阿斗。

既然扶不起来，就干掉他——这样的想法竟出自韦后及安乐公主，也可谓骇人听闻。就连当年的武则天也从没有过杀害高宗李治的念头，韦后和安乐公主这两个女人，真是“青出于蓝而胜于蓝”吗？

公元710年，李显吃了汤饼之后中毒身亡。能够操纵此事的，除了韦后及安乐公主之外，就是韦后的两位情夫杨均和马秦客，他们一个精通医术，一个擅长烹饪。韦后及安乐公主负责筹划实施，杨均和马秦客提供技术支持，可怜李显，没有被母亲武则天杀死，反而死在妻子和女儿手里。

此前，在上官婉儿的幕后策划下，韦后照葫芦画瓢一般地复制着武则天的作为。武则天发明了“天皇”和“天后”，她就弄出个“应天神龙皇帝”和“顺天翊（yì）圣皇后”，而中宗李显竟欣然接受。

无论怎么胡闹，韦后都得到李显的包容和支持，为什么还要将他杀死呢？

是因为韦后想效仿武则天称帝吗？武则天当年亲理朝政，是有李治病重的前提条件，之后的称帝也有几十年为政而积累的经验和威望。即便如此，她也在神龙政变后黯然退场。而如今的韦后根基并不稳固，即便想学武则天，显然也是时机未到。此时，李显明明是她最大的靠山，她反而要除之而后快，是出于怎样的考虑？

难道真如后人推测那样，毒杀李显是李隆基强加给韦后的罪名吗？不排除这样的可能，因为李显死后，新皇李重茂登基，韦后临朝称制，仅仅半个多月后，李隆基就发动了“唐隆政变”，借口就是剿灭毒死先帝的韦后一党。

但从另一方面来看，李显与韦后之间的感情并不是铁板一块，李显虽然昏庸无能，但他并不狠毒，他固然纵容妻女，但也不是毫无底线。

太子李重俊兵变失败后，韦后的党羽要大开杀戒，他不肯；又要杀了魏元忠，他也不同意。政治上没有任何想法和作为的李显，却不妄开杀戒，倒也不算一无是处。

一再要求册立自己为皇太女的安乐公主，也没有得到父皇李显的认可。

而且此时，以许州参军燕钦融为代表的几位大臣纷纷上奏，痛陈韦后淫乱，干预国政，与安乐公主、武延秀、宗楚客（武则天堂姐之子）等人图谋颠覆社稷。

李显一反常态地关注了此事，不仅召见燕钦融详加问询，而且在韦后将燕钦融当廷扑杀后露出不快的神色。如此明显的信号，无疑表明李显已经对韦后有了猜疑。所以不能完全令韦后及安乐公主满意，可能正是李显被杀的主要原因。

无论如何，李显的死，对于韦后来说似乎没有明显的好处。

李显死后，韦后先是秘不发丧，之后立李重茂为皇太子，由李旦辅政，自己作为皇太后临朝称制。也许她想以此过渡到称帝也未可知。

韦后临朝称制后，迅速调集五万府兵进驻长安，并安插堂哥、族侄、女婿、外甥共七人控制了三万禁军与五万府兵。同时，宰相宗楚客伙同太常卿武延秀、司农卿赵履温以及韦氏诸人，一同劝说皇太后韦氏沿用武则天之例登基称帝；又大肆伪造图谶祥瑞，以此证明韦氏理当取代李唐而君临天下。眼看着又一场闹剧即将上演。

然而，他们忽略了李隆基和太平公主的存在。

意想不到的情报

李显死后，韦皇后扶立李重茂登基，改元“唐隆”。当时守卫宫城的南北禁卫军以及尚书省诸司，都已经被韦氏子弟控制。朝中不依附于韦后的政治势力仅剩相王李旦与太平公主，而韦后为了万无一失，又让李旦辅政。

如此局面之下，大唐又将诞生一位女皇吗？

李隆基首先就不答应。作为李旦的第三个儿子，此时封临淄王的他二十五岁，很早就在京师私招智勇双全之士，谋划发动政变。

他最成功的做法是对万骑营军士深相结纳。万骑营的由来要追溯到唐太宗时期，昔日李世民挑选骁勇善战之人，并让他们身穿绘有虎皮花纹的衣服，在唐太宗巡游狩猎时随侍在鞍前马后，这些人被称为“百骑”；到了武则天时期，逐渐增为千骑，隶属左右羽林军；后来，李显又把这支部队称为“万骑”，设置官员统领，成为保卫皇帝的一支重要禁卫军。

当时统领万骑兵的韦璿（xuán）、韦播及高嵩三人，为了树立自己的权威，不是以恩德服人，而是采用鞭打士卒的高压政策，早就引起万骑营兵士的怨恨。果毅（唐时武官名）葛福顺、陈玄礼及李仙凫（fú）等人多次向李隆基诉说此事，李隆基暗示他们应当诛除韦后势力。反韦的种子就这样在万骑营军中悄然种下。

取得万骑营支持的李隆基，意外地收到一个重要情报：韦太后即将对相王李旦发难。情报虽准确无误，但情报的来源却出乎李隆基的意

料之外。

宝昌寺僧人普润秘密来到李隆基府上，将此消息亲口告诉李隆基，并再三强调，自己是受崔日用所托前来，建议李隆基先下手为强。

时为兵部侍郎的崔日用原本依附于“武韦联盟”，而且平素一向与宗楚客交好，此时他为什么倒向李隆基呢？

公元 701 年，武则天回长安，途经陕州时，崔日用殷勤接待；公元 705 年，中宗复位后，崔日用又攀附武三思、宗楚客、武延秀等人。从这些事中足以看出此人的人品及政治态度。如今他得知宗楚客等人的阴谋以后，选择投靠李隆基而不是李旦，可见此人十分善于政治投机，眼光颇为敏锐和独到。

因为就连李隆基本人在发动“唐隆政变”前，也没有把这件事告诉父亲李旦。只不过他的理由十分冠冕堂皇：“我们干这样的事，只是为了大唐的江山社稷，如果成功，自然是相王之福，万一失败，责任只在我，不必因此而连累相王。”

然而，如果李隆基起兵失败，相王就算事前不知道，就能不受牵连了吗？再说，按崔日用所说，即便没有政变的打算，韦太后不照样准备对你们下手了吗？精明果敢的李隆基，真的会认为相王不知道此事就能自保吗？

当然不是。和崔日用一样，李隆基太了解李旦了。如此大事，李旦怎么能担得起来？与其让他知道后扰乱军心、走漏消息，不如瞒着他干了再说。

韦氏母女的女皇梦破碎

李隆基把起兵之事瞒着自己的父亲，却向姑姑太平公主详述了自己的计划。这当然是为了争取更多的同盟。太平公主是武则天的女儿，被武则天认为是子女中最像自己的一个，就连韦太后也颇为忌惮这位“姑奶奶”。

武则天的判断十分准确，李隆基向这位姑姑袒露实情后，太平公主没有辜负这位侄儿的信任，当即表示坚定支持李隆基，并将自己的儿子、时任卫尉卿的薛崇简交给李隆基，任其调遣，参与起事。

李隆基与薛崇简、西京苑总监钟绍京、尚衣奉御王崇晔、前任朝邑尉刘幽求、利仁府折冲麻嗣宗等人密谋筹划，定于景云元年（公元710年）六月庚子晚起事。为防万无一失，先由万骑营果毅煽动军卒暴动，趁乱斩杀韦璿、韦播及高嵩三人，并约定见到三人人头后，李隆基再出面整军，诛杀韦氏一族。

众人约定将起事当晚的指挥部设在禁苑之中的钟绍京住处。然而，当李隆基身穿便服与刘幽求等人按原定计划到钟绍京住所集合时，钟绍京却因为害怕而萌生后悔之意，不敢开门。

那边万骑营整装待命，这边的总指挥却连门都进不去，千钧一发之际，钟绍京的妻子许氏立下奇功。她对丈夫说：“为了国家大事，而不计个人安危的人必得神助，再说你平常就一直与他们共同谋划这件事，现在即使你不去参加，又哪里能够脱得了干系呢？”

“必得神助”自然是宽慰之说，但首鼠两端也脱不了干系是事实。看来，钟绍京这位钟繇（yáo）的十七世孙，虽因卓越的书法艺术而闻名，但见识实在不如夫人许氏。

命运的天平显然倾向了李隆基。钟绍京打开门，李隆基等人进入禁苑。当葛福顺等人来请示何时动手的时候，恰遇流星划过夜空，刘幽求不失时机地说：“天意如此，机不可失。”

葛福顺、李仙凫等人拔剑直闯羽林营，将韦璿、韦播及高嵩的人头砍下，高声断喝：“韦太后毒死先帝，危害社稷，今晚铲除韦氏一党，凡是高过马鞭者一律斩杀；拥立相王为帝，以安定天下。”

羽林军将士群情激愤，欣然从命。看到韦璿等人已死，李隆基与刘幽求等人一同走出禁苑南门，命葛福顺率领左万骑攻打玄德门，命李仙凫率领右万骑攻打白兽门，李隆基则率兵守在玄武门外。

三更时分，就连在太极殿负责守卫中宗灵柩的卫兵，也加入万骑营的队伍。羽林军几乎全部倒戈，韦氏一族插翅难飞。浮躁轻狂的韦太后狼狈地逃往飞骑营寻求保护。

但令她万万没想到的是，正是一个飞骑营兵将她的人头砍下，献给了披挂整齐的李隆基。不知她临死前可曾想到，如果有李显在，她何至有如此下场？昔日太子李重俊政变时，李显登高一呼就能化险为夷，何况今日的李隆基？

安乐公主倒是沉着，她没有像她母亲那样慌不择路地逃命，反而一头撞到了刀口上。相反，她整装对镜而坐，安安静静地画着眉毛。此时此刻，她想念她亲手毒死的父亲吗？宠爱她的父亲，尸骨未寒，现在正躺在太极殿的棺椁之中。想不想念不重要，她马上就会随她的父亲而去，却是无法改变的事实。

持续一夜的杀戮过后，宫中的韦氏一党被斩杀殆尽。

当李隆基率军进入宫中时，上官婉儿手执灯笼率领宫人在门口迎接。为什么她有如此底气？看惯了宫廷政变的她，早已将政治投靠和依附演绎成了立身处世的基本技能。她以罪人之后的身份入宫，受到武则天的青睐；“神龙政变”时，她不仅安然无恙，事后又轻易跻身权力中枢；各派争斗之下，她依然做到了“万花丛中过，片叶不沾身”。

此时，皇宫里血流成河，她却面如桃花、仪态从容地来到李隆基的面前，将她亲手起草的李显遗诏的底稿拿了出来。无疑，这便是她自保的撒手锏，也是她左右逢源的明证，因为她起草的遗诏明显偏袒李旦。有此底稿在手，她还用过多解释吗？一切都是韦氏所为，她也是受胁迫者之一。

这样的操作的确具有迷惑性，连昔日力主清算武氏的刘幽求都替她求情。但二十五岁的李隆基显然与他的父辈、祖辈不同，此时的他更像曾祖父李世民。李隆基轻蔑地瞟了一眼上官婉儿，就下令将其斩首。

不甘心的太平公主

一切风平浪静之后，李隆基为自己的“先斩后奏”向李旦叩头谢罪。李旦一把抱住他，泪流满面地说：“大唐宗庙社稷得以保全，全是你的功劳呀！”

接下来，李隆基可不会像“神龙政变”后的“五王”那样“志得意满”和“温良恭俭让”了。政治肃清随即展开，京城戒严，朝廷大肆搜捕韦氏党徒。太子少保、同中书门下三品韦温及中书令宗楚客等人旋即被斩首；昔日投靠安乐公主的赵履温，即便此时手舞足蹈地山呼万岁，但都没等他表演完，就已人头落地；毒杀李显的嫌疑人马秦客、杨均等人也被枭首示众。事先通报消息有功的崔日用带兵诛杀韦氏家族的其他成员，连尚在襁褓中的婴儿也没放过。

此后的事情似乎顺理成章。太平公主轻飘飘地说了一句“皇位要让给叔叔”，李重茂就被她从御座上拎了下来，看着这位年近十六岁的废帝，她还不忘安慰一句：“好孩子，这座位不是你的了。”

李旦成了新皇帝，李隆基则成为皇太子，一众有功人员均被加封：钟绍京被任命为中书令，封越国公；薛崇简封郢（yǐng）国公，加上柱国称号；麻嗣宗被任命为卫尉卿、左金吾卫大将军，封凉国公，赐名李延昌；刘幽求被任命为尚书右丞，加封为银青光禄大夫、世袭徐国公，并享有免死十次的特权。

但不得不说，此次政变的功臣，实在不能与太宗朝那些开国功臣相提并论。

像钟绍京，兵变开始时首鼠两端，当上宰相后飞扬跋扈、公权私用的嘴脸，俨然就是小人得志，甚至还将睿宗的圣旨当垃圾一样扔掉。此后，钟绍京在宦海几经沉浮，不但不思己过，还试图与宰相姚崇一较高低。也算李隆基念旧，没有太过追究，钟绍京得以无疾而终，活到了八十七岁。

薛崇简却因为日后太平公主叛乱被赶出京城，虽得以免死，余生却甚是凄惨。

麻嗣宗日后渐渐受到冷落，只是因为他的能力不适应新的形势而已。他死后，李隆基让他的子孙世袭凉国公，也是一种恩赐了。

刘幽求虽然能力不错，但没有摆正自己的位置。李旦即位后给他封的职位，他嫌低，常常心有怨言、满脸愤怒，最终在贬黜的途中郁郁而终。

这些人没有脚踏实地的功劳，缺乏血与火的淬炼，仅依靠一场政变就骤居高位，最容易迷失自我。从这四位功臣的经历中，我们也能看到，幸福来得太突然有时并非好事。

重新登上皇位的睿宗李旦，似乎也不像一个真正的皇帝。一边是发动政变推举自己上位的儿子，一边是政变中厥功至伟的妹妹，每次处理国政时，这位皇帝总要先问一句："向太平公主请示了吗？"再问一句："跟三郎讨论过吗？"李旦夹在英姿勃发的太子李隆基与镇国太平公主之间，努力寻求着政治平衡，以免伤及任何一方，好好的皇帝让他做成了个左支右绌的苦差事。

太平公主自恃拥立睿宗有功，又觉得太子李隆基过于精明能干，所以她为了更多参与朝政，起了另立太子之心。公元 711 年，太平公主竟乘辇车在光范门内拦住宰相，明目张胆地要他们更换太子。这遭到宋璟的严词拒绝，也吓坏了睿宗李旦。李旦不知如何是好，干脆让太子监国，自己躲到幕后。

公元 712 年，实在不愿再看到朝廷大乱的李旦，不顾太平公主的反对，坚决把帝位让给了李隆基。据说当时的情形是：李旦实在不愿再当这个皇帝，李隆基却还在礼节性地推托，来回推让之下，甚至逼得李旦说："难道你非要在我的灵柩（jiù）前即位才满意吗？"

实在"推托不掉"的李隆基，才顺水推舟地即大唐皇帝位。按说，大势已定，太平公主应该消停了吧？

但她不这样认为。身上流着李唐和武周两家皇帝血脉的太平公主，并不认为大唐江山就该是李旦和李隆基父子二人的。李旦这个哥哥"从无帝王之心"，与世无争，是她从小到大根深蒂固的印象，李隆基又只是这个哥哥的第三个儿子。而且，她觉得昔日的"唐隆政变"没有自己的支持怎么可能成功？再说，现在的她，可谓手握大唐半壁江山，朝中七位宰相之中有五位出自她的门下，文臣武将之中也有一半以上的人依附于她。作为最像武则天的女儿，她要是不有所行动，那也太反常了。

李隆基登基后，她联络窦怀贞、崔湜、薛稷、李晋、常元楷、李慈等文臣武将，密谋推翻李隆基，史称"先天政变"。不得不说，欲望的魔盒一经打开，就不是谁都有那个能力能将其再次关上的了。

他们计划武装起兵夺权，甚至还计划在李隆基的食物中下毒，似乎打算将以前所有的政变形式都再来一遍。但他们忘了一个核心问题：推翻李隆基之后，谁来当这个皇帝？从之前的经验教训来看，不切实解决这个问题，政变失败的可能性非常大。

接到魏知古密报的李隆基，决定先发制人，他命龙武将军王毛仲、太仆少卿李令问及果毅李守德等人，先杀左、右羽林大将军常元楷、李慈二人；再在内客省擒散骑常侍贾膺（yīng）福及中书舍人李猷，又在朝堂上逮捕宰相岑羲（xī）、萧至忠，将四人一起斩首；尚书右仆射窦怀贞逃入城壕之中自缢而死，李隆基下令斩戮他的尸体。

一夜之间，太平公主的亲信被捕杀殆尽，太平公主见大势已去，不得不只身逃入佛寺，三天后才出来。虽有李旦出面为其求情，但李隆基没有放过她，将其赐死在家中。

初登大宝的李隆基正是因为太平公主的步步紧逼，才终于有了乾纲独断的权力。“先天政变”后，李隆基把年号改为“开元”，表明了自己励精图治、再创大唐盛世的决心。

第十四章
扭转乾坤

如此破局

从公元705年到公元712年，短短七年间，大唐历经神龙、景龙、唐隆及先天四次宫廷政变，分别针对武则天、武三思、韦后及太平公主这几个人。这几次动荡，根源其实都在武则天身上，自从她称帝的闹剧上演之后，这股无知妄为的邪火似乎总在奄奄一息中时刻准备着，企图死灰复燃。

因为武则天的身份问题，也因为继任者的魄力问题，或许还因为当时的风气及舆论问题，总之，各种因素之下，武则天下台后，大唐朝廷的政治路线一直得不到确定，方针政策一直得不到明确和完善。就在贞观红利日渐消耗殆尽之时，天生李隆基，他先彻底巩固了皇权，后复兴贞观路线，终于使大唐又走上了正确的轨道。

可以想见，年轻的李隆基面对的是一个怎样混乱和腐败的局面。他将如何破局？又将怎样开创属于自己的时代？

皇室内部倾轧和颠覆的历史，亲历唐隆及先天两次宫廷政变的李隆基应该深有体会。一句“谁掌控了玄武门，谁就掌控了朝廷”，也算说出了他的心声。所以，在他的时代，朝廷的基本政策措施就是：对于李唐诸王，外示敦睦，实则严加约束。

像驸马都尉裴虚己，妻子是睿宗李旦的女儿霍国公主。但他迷恋谶纬之术，又与岐王李范（原名李隆范）交往过密。李隆基就以“王公贵戚不得私自结交”为由，在公元720年将其流放岭南，但没有因此而大搞株连，只是令他与霍国公主离婚。另外像万年尉刘庭琦、大祝张谔等人，都因经常与李范在一起饮酒赋诗而遭贬官出京。

而李隆基本人却与李范这位四弟感情深厚，不但经常对身边人说他们兄弟之间毫无芥蒂，而且李范在朝中也不用战战兢兢。当时王毛仲因为随李隆基发动“先天政变”，成为皇帝身边炙手可热的宠臣，诸王见必加礼，唯独李范“接之自如”。李范在李隆基一朝一直做到太子太傅，死后李隆基还恸哭以示惋惜。

不得不说，李隆基这种“防患未然”的做法确实高明。他及早清除围绕在李范身边的一切“隐患”，不伤兄弟之情，不开杀戮之风，可谓尽显一代明君的风范。

李隆基对待五弟李业也是如此。一次唐玄宗李隆基生病，李业的妻弟内直郎韦宾与殿中监皇甫恂（xún）私下妄言吉凶，事发后韦宾被杖杀，皇甫恂被贬为锦州刺史。王妃韦氏恐惧至极，降服待罪，李业亦不敢进谒。但李隆基不但没有降罪弟媳韦氏，更是特意召见李业，拉着他的手说：“我要是对兄弟有猜忌，天地不容。”

这样的作为已经不能归结于“表演”的范畴。这是在能力与手段的保障之下，在亲情的基础之上，强大自信的表现。显然，李隆基已经自信到不用再通过血流成河的杀戮来给自己壮胆了。

昔日后赵皇帝石虎肆意屠杀大臣、百姓，高僧佛图澄常以佛法规劝他。石虎问什么是“佛法”，佛图澄回答“佛法不杀”，而石虎高声说道：“朕为天下之主，岂能做到不杀？”以致民心尽失。李隆基却不一样，他明文规定“李唐诸王不得与外人结交”，违反此律者，李隆基也会治罪，但此时他杀人，更多的是不得已。

公元722年，尚书左领军卫兵曹参军权楚璧趁李隆基移驾东都洛阳之际，伙同党羽李齐损（李迥秀之子）等人发动叛乱，拥立自己兄长之子权梁山为光帝，诈称其为襄王李重茂之子，率数百人闯入宫城。

此次兵变闹剧虽然不攻自溃，但也说明混乱已久导致的朝局不稳之下，人心浮动到何种程度。所以李隆基能够在刑罚上保持克制已是难能可贵。

李隆基对待李唐皇室如此，对待朝臣亦如此。这是明君的基本素质，而李隆基似乎天生便具备。

初登基时的李隆基，在朝中并无深厚的根基，加上太平公主的经营，当时政事堂的七名成员中有四个都是太平公主的人，就连宫廷禁卫部队的四军，也有两军效忠于太平公主。

而且武韦之世告密、酷吏、卖官鬻爵和滥杀无辜盛行，使朝堂风气及世道人心都遭受了毁灭性的打击和破坏。“唐隆政变”后，韦后心腹宗楚客伏诛，太平公主进入他的府第，都不禁感叹一句“见其居处，吾辈乃虚生耳”，足见当时朝臣奢靡腐败、纲纪废弛到何种程度！

所以，平息“先天政变”正式接管政权三个月后，也就是先天二年（公元713年，同年年底，改元开元）十月，李隆基在骊山脚下检阅二十万大唐将士。他要用这种庄严隆重且雄壮威武的方式昭告天下：新的时代从此开始！

面对受阅现场的三军将士，时年二十八岁的李隆基一身戎装，手持长枪向众人彰显新帝王的朝气和威严。这位大唐的第七任皇帝，已经做好了准备大展身手。但就在此时，李隆基认为军容不整，这让他很生气，于是便降罪时任兵部尚书郭元振，要直接砍了他。

郭元振出身太原郭氏，十八岁进士及第，因才华横溢受武则天赏识而进入朝廷；后出使吐蕃，镇守凉州，都护安西有功，于公元710年返回朝廷，位居宰相。

在诛杀太平公主时，他坚定地站在李隆基的一边。当时李隆基接到线报，先发制人，捕杀太平公主党羽。此时太上皇李旦还被蒙在鼓里，胆战心惊地登上城楼时，身边护驾的就是兵部尚书郭元振。郭元振对李旦说："皇帝奉命诛杀乱党，陛下尽管放心。"

郭元振此举看似是让李旦安心，实则是为李隆基的这次行动定了调子、上了保险。因为无论李隆基清剿太平公主成功与否，只要李旦怪罪、群臣附和，形势立刻就会天翻地覆。如今把诛杀太平公主一党说成是奉太上皇之命，李隆基的行为就合情合理了。

立下如此大功的郭元振却在这次阅兵中突然出班奏事，打乱了军演，从而导致军容不整，被李隆基下令以军法处置。

不明就里的宰相刘幽求和张说赶紧跪在李隆基的马前苦苦哀求，郭元振因而被免去死罪，流放新州（今广东新兴）。

李隆基哪里是想要郭元振的脑袋？一个月后他就特赦郭元振，又将其起用为饶州（今江西鄱阳）司马，可见他一直没有忘记这位老臣。只是在新的形势之下，郭元振这样的老臣，已经不能胜任宰相的职位而已。

如若不然，郭元振当时任兵部尚书、同中书门下三品，如此高位，为什么在他获罪被流放的第二天就有人顶替了呢？没有皇帝的反复权衡和深思熟虑，这样的高位怎能轻易授人？

防患未然而不无端猜忌，走马换将而又多方体谅；该下手时，没有丝毫拖泥带水，但从不以斩尽杀绝来显示帝王的威严，能够根据形势来甄选合适的人才，开元时期的李隆基颇有几分贞观时期李世民的风采。

李隆基正是要延续贞观路线，所以，当此拨乱反正之时，他需要的是大刀阔斧、革故鼎新，而郭元振虽然是有功之臣，但至少在他看来欠缺一些能力和魄力。

郭元振的继任者就是姚崇。八年前，"神龙政变"时，姚崇因武则天的下台而泣不成声，所以被张柬之等"五王"排斥出朝廷的权力中心。公元 713 年，李隆基到新丰（今陕西临潼）检阅军队，此时姚崇正在距离新丰不到三百里的同州担任刺史，受到李隆基的召见。姚崇一见到李隆基，当即上奏“十事”，包括：仁义治国，不靠严刑峻法；不穷兵黩武，不好大喜功；宦官不得干预朝政；外戚不得担任宰相，冗官一律淘汰；臣僚都能犯颜直谏；将两汉及武周的历史教训记录在案，永为警示；等等。

李隆基眼前一亮——这不就是魏徵吗？这不就是房、杜吗？甚至听起来，这“十事”比起贞观时魏徵谏太宗的“十疏”有过之而无不及。走贞观路线岂能缺少贞观之才？拨乱反正之时岂能没有雷霆手段？次日，李隆基就将姚崇任命为兵部尚书、同中书门下三品，封梁国公。

姚崇上任后，辅助李隆基贬逐冗员、杜绝“墨敕斜封官”、整治外戚。霹雳手段之下，朝廷政风焕然一新。如此看来，李隆基确实眼光独到。

从开元初年朝廷治理蝗灾一事，也能看出此时大唐的行政能力、作风已经全然不是旧时模样。

蝗灾对农业社会的危害极大，在贞观年间，李世民就有在视察蝗灾现场亲自吞食蝗虫的举动，意思就是上天如有惩罚，他一人承担，只求放过黎民百姓。由此也能看出当时的朝廷对蝗灾也是无可奈何的。

开元四年（公元716年），黄河南北各地发生严重蝗灾，百姓只知设祭膜拜，却不敢捕杀蝗虫。李隆基下令灭蝗，姚崇临场指挥，从朝廷到各郡县有条不紊，全力以赴捕杀蝗虫，蔓延的蝗灾很快得到遏制。这是协同行政的成果，也是对朝廷施政能力的检验，显然，面对这一考验，开元新政交出了漂亮的答卷。

当然，任何一个拨乱反正的历史时期，都存在反复，都存在不和谐的杂音。如果说此时朝臣的贤愚尚不难分辨的话，忠奸却实在不好把握。自武则天开始，因为治国方略缺乏统一理念，所以朝廷官员的升迁没有既定之规；武则天之后的朝廷更是混乱，国家政策忽左忽右，官员职位忽上忽下。

如此局面长期存在，导致朝臣即便没有颠覆社稷之心，也会因理念的不同各持己见；即便没有钩心斗角之念，也会因昔日的部下转头就变成自己的上司而心生芥蒂。而且，因为各自的坚持不同，一定会上升到对彼此做事态度、方法，乃至人格品行的指责和厌恶。所有的这些加在一起，又怎么能够说得清朝臣们谁“忠”谁“奸”呢？

斗争无处不在

此时的姚崇与同居宰相之位的魏知古及张说就是这样。

开元初年，姚崇和魏知古、卢怀慎及张说四人同朝为相。魏知古、卢怀慎是姚崇的旧部，卢怀慎倒是有自知之明，处处以姚崇马首是瞻；而魏知古虽然受姚崇的提携之恩，但似乎更以朝廷为重，甚至对姚崇多有轻慢。魏知古的这些心思和行为，久居官场的姚崇怎能不心知肚明？

公元 714 年，时任宰相兼吏部尚书的魏知古奉唐玄宗之命，去往东都洛阳主持铨选官吏之事。姚崇的儿子姚彝、姚异二人私宴魏知古，想让他通融一下，谋个肥缺。魏知古不仅断然拒绝，而且回到长安后就将此事报告给了唐玄宗。

姚崇教子无方是事实，但按照官场惯例，魏知古拒绝之后，不是应该通报姚崇，要他对儿子严加管教吗？魏知古直接向皇帝汇报，岂不是杀人诛心？

唐玄宗倒是沉得住气，当时按下没有发作，只是后来一次随口问道：“姚公的儿子才能如何？现在哪里任职？”姚崇何等机警，立刻听出皇帝的意思。他早已明白原委，此时不能不替这两个不争气的儿子善后，于是带着恨铁不成钢的心酸口吻回道：“臣有两个成年的儿子在洛阳任职，但臣深知他们欲望很多又不谨慎，实在不成器呀！臣早年曾有恩于魏知古，他们二人一定是想借这个铨选的机会请托于魏知古，还请陛下恕罪。”

姚崇这话也算没有任何隐瞒、如实相告。唐玄宗顿时觉得如此老臣，深知儿子的能力所限，既没私自提拔，也没暗示同僚帮忙，只是这两个儿子因父亲有恩于魏知古，才私自请托；反倒是魏知古“恩将仇报”，不仅不顾姚崇的提携之恩，而且他断然拒绝也就罢了，还要将姚崇置于死地。

两者对比之下，唐玄宗认为姚崇公正无私，而魏知古有负于姚崇，因此要罢了魏知古的官职。虽不知此时姚崇内心作何感想，但他行动上不能不阻止，他劝阻唐玄宗的话说得也合情合理：“是臣的儿子行为失检、扰乱法纪在先，陛下罢免魏知古，天下人一定会以为是陛下偏私于臣。”

事实上，此时的李隆基就是偏私于姚崇。保护自己的肱股之臣本来就是明君的职责之一。唐玄宗虽在姚崇的劝阻下没有当场罢免魏知古，但后来魏知古还是被唐玄宗以铨选不力的理由罢相，迁为工部尚书。

张说与姚崇之间的矛盾纠葛更是由来已久。

张说出身低微，自幼聪明好学，很早就因出众的文采名满天下，被称为大唐一代文宗。他进士及第后历居要职，年仅四十四岁就当上了宰相。

唐睿宗李旦在位时，张说以中书侍郎的职位加领同中书门下平章事、监修国史，首次拜相。中书省的职能之一就是负责诏书的起草，张说未拜相之前供职于中书省，起草了大量的朝廷诏令，显然，他在这个位置上干得驾轻就熟。

而姚崇虽出身于武职世家，却以“文华”闻名于世。姚崇早在武则天时代就已拜相，任兵部侍郎、同凤阁鸾台平章事，文职经历远超张说，而且二人有着十六岁的差距，但张说对年长的姚崇从来没有心悦诚服过，姚崇显然也不是“唾面自干”的娄师德，对张说有所打压也在所难免。

此后，姚崇、张说因不肯依附太平公主而被贬黜。“先天政变”后，因为李隆基的新政需要人才，二人才被召回朝廷。姚崇被李隆基起用时，张说已在朝中任中书令，但他显然没被唐玄宗当作“首席宰相”看待和使用。

李隆基有意任命姚崇为相，眼见就要屈居姚崇之下的张说，又是指使御史大夫赵彦昭弹劾姚崇，又是教唆殿中监姜皎提议任命姚崇为河东总管，总之千方百计地阻止姚崇入朝拜相。

此时的唐玄宗，不仅具备坚定的意志，更具备敏锐的观察力，他明察秋毫，直接对姜皎说：“你的提议是张说之意吧，如此当面欺君，罪当死！”

姚崇得以成功拜相后，张说十分害怕，又无计可施，于是想到了岐王李范。张说私自到李范府中拜见，试图从他那里寻求帮助，扳倒姚崇。

事情做到这个份儿上，张说可谓过分且出格了。文学成就无论高低，也只是文人相轻的范畴；官职无论大小，也只是仕途一时进退的区别，调侃甚至嘲讽几句，羡慕甚至嫉妒几日，本也是人之常情。但像张说这般没完没了，非要分出高下、拉人下马，就实在是分不清主次、罔顾大局了。

但要说张说是奸臣，却也未必。

武周时，武则天命男宠张昌宗主持编修《三教珠英》，召集了一大批当世知名的文学之士参与修撰，张说就在其中，因此其与“二张”交好。后来魏元忠被张昌宗兄弟诬告谋反，张说被张昌宗指为证人出庭做证。那时的张说只要证明魏元忠在和他的私下谈话中妄议武则天老迈年高，魏元忠谋反罪名即可成立。

在当时的政治氛围下，这种两个人之间的谈话，张说就是无中生有地诬陷魏元忠，也算铁证如山，可谓一言决人生死。三堂会审魏元忠时，武则天本人也在旁听，气氛紧张到了极点。凤阁舍人宋璟、殿中侍御史张廷珪（guī）、左史刘知幾皆在殿外等候，纷纷正言规劝即将进殿做证的张说。张说刚一进来，魏元忠就忍不住高声叫道："张说，你要伙同张昌宗诬陷我吗？"

张说则开口先斥责了魏元忠："你身为宰相，怎么像贩夫走卒一样没有见识。"然后正色禀告武则天："当着陛下的面，张昌宗就能把人逼成这样，不难想象在外面是何等猖狂。臣不敢欺君，确实不曾听过魏元忠有过不当言论，倒是张昌宗许以高官厚禄，要臣信口雌黄。"

这样的张说，能是奸佞之臣吗？就算是他慑于宋璟等人的凛然正气而现场改口，那也说明他心底深处最终还是正义和良知占了上风。从他后来成为支持李隆基的太子一党，也能看出他有着基本的政治判断。再后来他在李隆基与太平公主的斗争中被罢去宰相之职，排挤到洛阳任东都留守，在此期间，他派使者献给李隆基一把佩刀，暗示李隆基要果断行事，尽早铲除太平公主，这至少说明他也有着敢于斗争的一面。

如今他不依不饶地针对姚崇，除私人恩怨之外，主要还是施政方针或是为政方式之争。先不说谁对谁错，至少他不认为姚崇的能力在他之上。但两人对峙时，张说每次都棋差一着却也是事实。

姚崇拜相后，张说频繁与岐王沟通，想要扳倒姚崇，却被姚崇毫不客气地"反杀"。两人的这次斗争颇具戏剧性：一天，姚崇一瘸一拐地上朝，玄宗关切地问："爱卿难道有足疾？"姚崇答："没有足疾，只有心病。"玄宗再问："病在哪里？"姚崇再答："中书令张说秘密进了岐王府。"

玄宗李隆基何等聪明，马上明白了姚崇的意思。于是张说被贬出京，可谓"偷鸡不成蚀把米"。

就连两人之间的最后一次争斗，张说也没有占到上风。公元721年，姚崇病重，他深知张说在自己死后肯定要报复自己的家人，于是在弥留之际交代儿子："我死后，等张说前来吊唁（yàn）的时候，你们就拿出我收藏的奇珍异宝让他挑选，并请他为我撰写碑文。如果他看都不看，那你们就有危险了；如果他收了礼物，那你们得到他写的墓志后就迅速刻碑，广为宣扬。他一定会后悔，必以修改为托词收回碑文，到时候你们就说已呈报皇上，并将雕刻好了的碑拿给他看。"

果然，姚崇的料想一一变为现实。等张说明白过来，以修改为由派人到姚崇家索回那篇充满溢美褒颂之词的墓志时，却发现文稿早已被刻成碑文，天下皆知了。此时的张说才知道又钻进了姚崇的圈套，不禁懊恼地说："死姚崇犹能算生张说，吾今日方知才之不及也远矣！"

姚崇生性洒脱，史书上记载了一次有趣的对话，生动地说明了他的性格特点。

姚崇问他的下属齐澣（huàn）："你看我这个宰相可以跟谁比？"齐澣不语。姚崇再问："比得上管仲、晏婴吗？"齐澣答："比不上。"姚崇再问："虽然如此，总得有个说法吧？"齐澣答："也不过救时之相而已。"意思是说姚崇只是拯救时弊的宰相。姚崇听后，满意得哈哈大笑，拍着腿说："救时之相，岂易得乎！"

姚崇不是低调的性格，否则他不会这样对自己的政绩扬扬得意；但他又对自己有着清晰的认识和判断，所以他治理朝政，一定会有雷霆手段，但又不会造成难以挽回的破坏。

其实，"救时之相"更加难得，既要收拾残局，又要走出新路，为日后的发展积蓄力量。刚毅果决的姚崇的确当得起这个评价。不管是眼光独到还是机缘巧合，开元初年的唐玄宗在选择宰相这件事上是做对了。

刚直贤相的失误之处

然而，姚崇仅做了三年多的宰相，就主动辞去相位。这是他在齐澣建议下的“逊位避祸”之举，直接的原因就是他教子无方，而且他还在下属赵诲接受胡人贿赂时极力回护。李隆基准其辞职，并未挽留，究其原因，也是看到姚崇打造的小集团、小圈层出现了问题。

姚崇要对积弊流俗进行大刀阔斧的改革，没有自己信任的得力干将，必定会举步维艰；再加上还有像张说这样的人时时挑刺、处处掣肘，没有几个自己人，难免孤立无援。但这样的“圈层”文化一旦形成，为政时就会牵扯进太多个人感情和关系的成分，政绩越是斐然，这样的“圈层”越是固化。

如果李隆基放任不管，那么朝堂上的氛围就会变得越来越混浊僵化，最终成为死水泥潭；眼下的贤相，将来也难保不会成为威胁皇权的顽疾。所以，当姚崇这个“救时之相”的历史使命完成时，他的仕途也就走到了尽头。

这就是所谓的“在其位谋其职”，既不能像李旦、李显那样袖手旁观，也没有必要像晚年的李隆基一样死不撒手，恨不得“向天再借五百年”。唐玄宗要是能活得短点，肯定会是大唐和百姓之福。

姚崇罢相后，李隆基授予了他从一品的荣誉职衔——开府仪同三司，使其得以“软着陆”，这不仅是时代之幸，也是姚崇个人的幸事。

姚崇在辞职时，推荐了时任广州都督宋璟继任宰相。宋璟的风格与姚崇完全不同，但这样的推荐和任用，姚崇和李隆基一定有他们审慎的考量。

宋璟七岁能写诗文，十七岁就进士及第，历经唐高宗、武则天、唐中宗、唐睿宗及唐玄宗五朝，博学多才，持重老成，恪守原则。据说，当时唐玄宗派一位将军迎宋璟进京拜相，宋璟一路都闭口无言，因为他认为，执行公务时不该说什么私话。

武则天时代，宋璟就因为坚持原则，一度让飞扬跋扈的武则天都下不来台。公元704年，张昌宗私召术士看相一事东窗事发，时任御史中丞的宋璟要求将其正法，理由是："术士妄称张昌宗有天子之相，张昌宗没有将其移送司法，就是包藏祸心。"武则天急忙替张昌宗说话："这事他已经向朕奏明，可以算自首。"宋璟寸步不让，说："大逆不道之罪，自首也不能免责。"

武则天强行用特赦令将张昌宗放出来之后，特意叮嘱张昌宗去向宋璟谢罪，宋璟却仍然不给面子，对张昌宗说："如果谈公事，请公开说，如果讲私情，对不起，国法无情。"

这就是宋璟，如此刚直不阿的秉性作为，使他成为那个纷乱时代的中流砥柱。公元705年，宋璟参与"神龙政变"，拥立唐中宗复位，升为朝散大夫、吏部侍郎兼谏议大夫，后因得罪武三思被贬出京。睿宗登基后，他被召回京升任吏部尚书、同中书门下三品，行宰相之职掌管人才选拔，同时辅导太子李隆基，后来又因为得罪了太平公主而被贬外地。直到此次受姚崇推举，回京拜相。

李隆基登基的前三年，正是拨乱反正、革故鼎新之际，需要以霹雳手段快刀斩乱麻，就像疯长已久的花草树木，不管老枝新叶，需要先按既定图样修剪一番，原则就是：宁多毋少，宁短毋长。剪多点，留少点，更有利于日后的有序生长。

但当修剪过后的花木已经进入新一轮的生长期，照管花木的原则就该变成保障规律和有序。换句话说，三年后的此时，国家已经进入建设期，有条不紊和依法办事应该成为施政的主题。宋璟的性格作风，恰好适合这样的过渡。

后来唐玄宗曾评价各位宰相，对姚崇的评价是“贼不足灭”，这一句话就能够使我们知道姚崇的办事能力极强；对宋璟的评价则是“卖直以取名耳”，可见宋璟的直谏曾令唐玄宗很不舒服。但此时的大唐，不正需要这样的人吗？

宋璟一上任，就提出百官奏事必须有谏官、史官在旁的规定，同时他本人也敢于犯颜直谏。像对李隆基子女封号的问题、对王皇后之父下葬规格的问题等，他都能提出具有建设性的提议。李隆基虽觉得不合意，却也能勉强采纳。正是因为宋璟，李隆基在奢靡享乐方面不得不有所收敛，他刚愎自用、沉迷享受的本性，也推迟到了天宝年间才显露出来。

李隆基天生英明，确有识人之才，但显然也缺乏长期的锤炼。他亲历两次宫廷政变，看似凶险，实际也算一帆风顺；他所接手的帝国，看似乱局，实则自有上升的潜力。他登基之后，路线选择正确，宰相安排合理，每一步都踩在正确的节律之上，所以到了天宝年间，当他听着在他的指挥之下演奏出来的盛世乐章，怎会不心旷神怡？怎能不陶醉其间？

直到安史之乱时，李隆基还认为宋璟的刚正不阿是为了沽名钓誉。宋璟早在武则天时期就发出“臣必知言出祸从，然义激于心，虽死不恨”这样振聋发聩的呐喊，而如此刚直之臣，李隆基至死也没有完全了解。究其原因，就在于唐玄宗本人既是“花花公子”本性，又并非雄才大略之人，他的后半生潦草收场，也可谓咎由自取。

治理乱世，需要找到乱世的根源，有针对性地革故鼎新、重塑秩序。这要付出何等艰辛？这要具备怎样的才略？如此历史重任，岂是一个本性奢靡又逐渐放纵的帝王所能承担起来的？

在姚崇和宋璟为相的时代，由于特殊的原因，中书和门下两省最高长官总有一个空缺，不是中书令没有合适的人选，就是侍中暂时没人担任。久而久之，中书和门下两省变成了一个协调的组织，行政效率固然提高了，但分权与制衡的用途显然也遭到了破坏。

如此集权，自然是唐玄宗乐意看到的，但明君贤臣的局面，谁能保证会一直持续呢？事实证明，即便是唐玄宗本人，开元初年的励精图治也很快就被纵奢淫乐取代。

这样的局面，难保不再有武则天这样的人物出世。但帝国集权制度下，这个问题不可能从根本上解决。

作为封建王朝的宰相，宋璟自然也不能解决这个问题，但难能可贵的是，他能够对此做出补救，他的办法是权力集中与政务公开并行。既然皇权至上，权力会不可避免地集中在皇帝手中，那至少行政事务不能再暗箱操作。基于武则天时期“酷吏政治”的教训，在宋璟的运筹下，公元717年，唐玄宗下诏：“从今往后，除事关国家核心机密，一切政务公开，并记录在案。”

宋璟为相期间，坚持“虽资高考深，非才者不取”的准则，任贤选能，刑赏无私，从不徇私枉法，使百官各称其职，点亮了大唐“以法治国”的政治前景。

开元初年的姚崇和宋璟，前赴后继地完成了各自的历史任务，守住了帝国的根本，使得开元盛世初见端倪。宋璟与姚崇并称贤相，号“姚宋”，史称“崇善应变以成天下之务，璟善守文以持天下之正。二人道不同，同归于治”。

尽管他们的治国方略是：“四夷来寇，驱之而已；百姓富饶，税之而已。”但这一时期，唐玄宗对皇权的运用还是谨慎而明智的，宰相对政务的处理也避免激进和冒险，君臣同心，努力探索着适合帝国发展的治理之道。当然，这样的探索不可能一帆风顺。

公元720年，当了四年宰相的宋璟也被免职，同姚崇一样被授予“开府仪同三司”的荣誉头衔。

宋璟罢相，直接的原因就是货币问题。

当时的货币虽然理论上只能由官方发行，但由于商业的发达，官铸铜钱根本不够用，民间私铸的铜钱便在流通的过程中逐渐合法化，这当然不合理也不合规。

身为宰相的宋璟想解决这个问题，而他虽为饱学之士，却对财政货币一窍不通。加上根深蒂固的轻商观念，他对商业流通也从不关注。所以他不是从经济规律入手，更不会从商人的角度来看待问题，而是一味地站在“无商不奸”的立场，企图单纯以强硬的行政手段来一劳永逸地解决这个问题。

于是，宋璟接连出手对私铸铜钱进行严厉打击。刚开始，他上奏“禁断一切私钱”，企图以行政命令的方式达到目的，显然无济于事；接着，他采用以官钱收购私钱及用粮食换取私钱等方式，企图收回市面上流通的私钱，效果仍不显著；最后，他奏请恢复私铸铜钱判处死刑的禁令，派专使前往私铸之风最为盛行的地区整顿，希望起到杀一儆百的效果。显然，这样的行动越是雷厉风行，物价越是起伏不定，以致民不聊生。如此一来，就连普通百姓也纷纷怨恨起宋璟的做法；再加上宋璟为了社会的安定和政权的稳固，十分反感罪犯没完没了地申诉，于是规定认罪伏法者宽大处理，继续上诉者统统收监。

宋璟在财政和司法两方面的失误，惹得怨声载道，就连当时的艺人都看不下去了。当时恰逢天旱，一个优伶在表演节目时，扮作旱魔在李隆基面前讽喻道：“三百多苦主被宰相关押，旱魔都忍不住跑出来了。”

此时大唐帝国进入新的时期，工商业得以迅猛发展，宋璟在财政管理上的不得力，正是他不再胜任此时宰相之位的重要表现。宋璟完成了他的历史使命，此时的大唐帝国需要像西汉时的桑弘羊那样的人物来管理经济、理顺财政。宇文融就是这样的人物。

改革就一定会有阻力

开元初年，农民流亡问题已成为重大的社会问题之一。种种原因之下，许多农民逃离原籍，而大唐的税制以户籍为据，按户收税，所以，将这些离开原籍的农民重新纳入户籍成为当务之急。

公元 721 年，看到这一社会积弊的监察御史宇文融上书唐玄宗，建议清查户口，统计逃户，这就是增加租赋收入的检括之法。得到唐玄宗认可的宇文融，很快就拟定了明确的方针和具体的办法。

公元 723 年，括户、括田及赋役改革结合进行，宇文融被任命为“勾当租庸地税使”（或称“括地使”），经办此事。自公元 721 年至公元 724 年，他只用了三年半就将帝国的编户增加了八十多万户，相应的田地也被登记在册，相当于增加了当时全国总人口的百分之十，税收也增加了十分之一。解决流民问题的工作可谓大获成功。

但这项工作也遭到一些人的反对，其中张说就是代表。张说被重新起用是在宇文融作为特使专门经办检括之法的半年之后，反对的原因自然是“括地”触动了以其为代表的人们的利益。离开原籍的农民能够逃税是因为他们依附于当地的土豪，而这些土豪又多是官员或他们的家族成员。如今这些附籍的“客户”被清理出来登记在册，重新交税，这些人当然利益受损。再者，要完成积弊已久之事，哪能少得了霹雳手段？宇文融精明能干，行事作风强硬，自然引起各级地方官员的不满。

朝廷和地方都有不满宇文融的声音，可见在那个时代做事之难！此时，难道皇帝不应该给予其鼎力支持吗？至少给予保护是应有之义。

但仅仅做了不足百天宰相的宇文融，就被牵扯进殿中侍御史李宙弹劾信安王李祎的案件中而遭罢相；此后的宰相裴光庭，唯恐唐玄宗再召回宇文融，更是指使御史弹劾宇文融的儿子贪赃受贿，致使宇文融再遭贬黜，最终死在被贬的路上。

宇文融被贬之后，朝廷财政困难，唐玄宗问裴光庭："卿等皆言融之恶，朕既贬之矣，今国用不足，将若之何？卿等何以佐朕？"

明明是自己将宇文融贬出京城，需要用人时，又责怪是别人的原因，此时的李隆基已逐渐回归好大喜功、居功诿过的本性。他再次起用张说就是明证——夸夸其谈、粉饰太平本就是张说这等御用文人的拿手好戏。

宋璟罢相后，张嘉贞接替了他的位置。张嘉贞与张说也是死对头，二人矛盾由来已久。公元723年，张嘉贞的弟弟张嘉祐贪赃事发，张说趁机游说张嘉贞主动承担罪责，唐玄宗随即将其贬为豳（bīn）州刺史，让张说接替了张嘉贞的宰相之位。明白中了张说圈套的张嘉贞已无力回天。

张说为相时，做了三件大事：一是裁军，二是改制，三是封禅。

张说裁军二十万，使大唐边防军由六十万变成四十万。张说为什么裁军？其实原因很简单，他久居朝廷，很清楚国家财政实情；而且他又有过从军的经历，甚至被贬官的这些年多驻守北方边镇，所以府兵制框架之下那些扩军自肥的伎俩，怎么能瞒得过他？

洞悉问题症结而做出改变，是宰相的职责。张说裁军，不但大规模减少了军费开支，也能提高军队的作战能力，本来是件好事。但唐玄宗在这条路上走得太远，直接将府兵制改为募兵制，在边境设置了十大军镇，进一步降低国防开支。显然，边疆军镇过于强大独立，就会削弱大唐朝廷的直辖军力，此消彼长之下，三十多年后的那场安史之乱自是无可避免。

当然，安史之乱的爆发不能归咎于张说。然而，恰在此节点张说为相，而他又恰好插手军队，导致裁军，一连串的恰好之后，安史之乱爆发，大唐从此中落。

张说改制，迈出的步子同样不小。公元723年，张说奏请将政事堂改为中书门下，政事堂印也改为中书门下印。原来的政事堂是宰相集体议事的一个场所，宰相们会商议事之后，政府公文的出台还有特定的程序；而改后的中书门下直接就是决策机构，从这里形成的就是政府公文。

原来的会商机构变成了今日的行政机构，也就是之前还需要商讨一番的事，今天直接就能办理。如此一来，皇帝和宰相岂不是能独断专行？当然，这样的集权化演变是封建帝国制度的下的必然趋势，张说所为，只不过是迎合唐玄宗的态度而已。

公元724年，张说倡议唐玄宗到泰山封禅。如果说裁军和改制两件事张说还算立足朝廷的话，那在唐玄宗封禅泰山时，他作为封禅使，也就是总司仪，不断在随行队伍中安插自己的亲信，已是纯粹的小人之举了。他利用职权，把本是九品小官的女婿郑镒（yì）提升至五品，并赐绯色朝服。唐玄宗大宴群臣，看到郑镒，问他为什么升得这么快。郑镒无言以对，戏子黄幡绰道："这都是泰山的功劳啊！"这就是岳父又被称作"老泰山"的由来。

张说倒台的直接原因，是宇文融的反击。唐玄宗封禅泰山之后，张九龄眼见宇文融权势逼人，便劝张说："宇文融承恩用事，辩给多词，不可不备也。"而张说则不以为然，轻蔑地说："此狗鼠辈，焉能用事？"意思就是：宇文融那样的鼠辈能干得了什么？这话传到宇文融耳朵里，宇文融自然要报复。

公元726年，宇文融联合御史大夫崔隐甫及李林甫等人联名弹劾张说"引术士王庆则夜祠祷解，而奏表其间；引僧道岸窥词时事，冒署右职；所亲吏张观、范尧臣依据说势，市权招赂"，即张说不但危害国家安全，而且收受贿赂。于是，张说被捕下狱。

下狱的张说蓬头垢面地坐在蒲草之上，惊慌恐惧地等候处分。他等来的审理结果是：私引术士夜观天象确有此事，但是下人所为，张说本人并不知情。唐玄宗于是赦免张说，仅罢免其中书令之职。能够如此结案，是一个宦官的功劳，这位宦官对唐玄宗说："张说不仅有功且忠于陛下。"这个宦官就是高力士。

高力士能救张说，就能害王毛仲。王毛仲是高丽人，原为李隆基当临淄王时府上的家奴，因参与"唐隆政变""先天政变"有功，做了禁卫军首领，后一路升迁，被授予开府仪同三司的荣誉职衔——这可是名相姚崇和宋璟享受的政治待遇。恩宠备至之下，志得意满的王毛仲开始了猖狂的表演。

公元 730 年，在王毛仲儿子的百天宴上，受唐玄宗委派前来贺喜的高力士反而受到了王毛仲的奚落和嘲讽。高力士回去后，唐玄宗询问他："朕册封那婴儿五品官衔，王毛仲一定很高兴吧？"高力士不动声色地回答："王毛仲抱着儿子对臣说：这样的孩子不够封个三品官吗？"

王毛仲说这话，一方面是嫌唐玄宗册封其子的五品官太低；另一方面，他这话对着官阶为正三品的高力士说，正是对宦官高力士的轻蔑和讽刺，意思就是我这个健全的儿子，难道还不如你一个宦官？可见王毛仲膨胀到了什么地步。高力士尽管只是原封不动地转述了王毛仲的原话，但这话如此不知天高地厚，高力士甚至都不用换个语气和态度，就能将其置于死地。

王毛仲这话虽然主要是为了侮辱高力士，但在李隆基听来意思就变了。此前王毛仲曾谋求兵部尚书的职位而不得，唐玄宗自然联想到他是借此事而泄愤。此时高力士又不失时机地来上一句："北门奴才气焰太盛，又早就拉帮结派，不除之，必起大患。"高力士口中的"北门"就是玄武门，那可是大唐宫廷政变的地标性建筑，自带讳莫如深的政治敏感性。唐玄宗之所以安排王毛仲为北门禁军首领，就是看重他出身家奴，理应对自己绝对忠心，但高力士几句话就瓦解了这种信任，之后王毛仲被唐玄宗剥夺兵权并赐死也就不足为奇了。

王毛仲自然死不足惜，但一个宦官，光凭几句话就能决定张说、王毛仲等高官的生死，如此翻手为云、覆手为雨，这难道不是朝廷的隐患？高力士还不算是奸邪之徒，但谁能保证所有的宦官都不私用、滥用这“生杀予夺”的话语权？此后唐朝的宦官乱政，也许在此时就已现端倪。

宫廷政变带来的隐患

其实，这就是唐玄宗时期的人才特点。靠宫廷政变起家的李隆基，开始时所仰仗的多为用心邪僻险恶之人，比如崔日用。崔日用曾对人说：“吾一生行事，皆临时制变，不必重专守始谋，每一念之，不觉芒刺在于背也。”而像他这样的人，在当时不在少数。

因为当时朝廷的风气本就如此，历经武则天、中宗、睿宗的统治，那些坚持政治理想、坚守士大夫气节的人不是被贬就是被杀，剩下的官员怎能不见风使舵？他们出于政治投机的目的，最终聚集在李隆基身边，协助其发动宫廷政变夺取政权。

这帮人没有在坚定的目标下、艰苦卓绝的奋斗中逐渐磨合而形成的统一信念，只是在赌徒般的心态之下进行他们孤注一掷的冒险。这些人哪里能像当初李世民的部下那样被称为亲兵？他们只不过是在昧死谋取富贵而已。

像崔日用这样的投机分子，谁能想到他的反水能为李隆基登基立下首功？谁又能保证他不会再次反水从而给李隆基带来毁灭性的打击？像张说，谁能保证他的所作所为不偏离家国情怀？像宇文融，他与张说的朋党之争，难道没有私人恩怨在作祟吗？像王毛仲，飞黄腾达之后，注定露出狂妄嚣张的嘴脸。

这样的朝堂现状，固然是历史遗留问题，但此时作为皇帝的李隆基没有深刻地认识并着力解决也是关键。比如他任由朝臣排挤宇文融，致使宇文融最后死在流放的路上，却在没钱用的时候怪罪昔日这些排挤宇文融的朝臣。

朝堂上的朋党之争，是这一时期皇帝李隆基必须面对和解决的问题。朋党之争的出现，自然是因为执政团队没有来得及很好地磨合，缺乏统一的执政理念和明确的为政规范，而给出这样的理念和规范本该是皇帝李隆基的责任，但显然李隆基对此力不从心。

朋党之争因而成为一个痼疾。张说因宇文融的弹劾而离开朝廷政治中心，宋璟也退休不问政事，此后的大唐宰相几乎没有不相互争斗的。公元733年，侍中裴光庭病逝，韩休在中书令萧嵩的推荐下入阁拜相。

萧嵩推荐韩休拜相，是认为韩休生性柔和，易于控制。按说韩休受萧嵩推荐，不说感恩，至少两人之间应该不会有什么矛盾。事实却正好相反，韩休刚直不阿，宁折不弯，经常与萧嵩在朝堂上争论，并当面矫正萧嵩的意见。宋璟叹道："没想到韩休竟能如此，这真是仁者之勇啊。"

韩休耿直，常谏言时政得失。一次，万年县尉李美玉获罪，唐玄宗下令将其流放岭南，新任宰相韩休却劝谏说："李美玉只是一个小官，所犯的也不是大罪；而金吾大将军程伯献依恃恩宠，贪图财利，住宅车马多有僭越。臣请先惩处程伯献，再治李美玉之罪。"唐玄宗不同意，韩休坚持说："陛下连李美玉这样的小官都不能容，那么像程伯献这样的巨奸怎能不问？臣不敢奉诏。"唐玄宗无奈，只好同意了他的请求。

敢于犯颜直谏的韩休令唐玄宗多有忌惮，据说，唐玄宗只要稍微放纵一下自己，就会问左右的人："韩休知道吗？"而往往话音刚落，韩休的劝谏奏表就送到了御前。后来就连唐玄宗身边的人都说："自从韩休拜相，陛下都瘦了好多，没过过一天舒心的日子。为什么不将他贬谪呢？"而唐玄宗则说："朕虽瘦了，但国家却富裕了。萧嵩倒是事事顺着朕，但朕退朝之后常睡不着；韩休虽然顶撞朕，可朕退朝之后反而睡得香。朕用韩休，不是为了自己，是为了江山社稷！"

说得如此冠冕堂皇的唐玄宗，不应该以实际行动一以贯之地支持韩休吗？这样的支持，正是重振朝纲的信号，可为朝臣们树立楷模和标杆。可惜，他没有这样做。

韩休拜相不到一年，萧嵩因与其不和而提出退休申请。明白原委的唐玄宗很不高兴，将二人各打五十大板，降萧嵩为尚书左丞，降韩休为工部尚书。唐玄宗将二人同时罢相，是要借这一行为传递什么信号？团结压倒一切，还是唐玄宗本人对宰相的容忍期限就只是两三年？

贤相的书生意气

接替韩、萧二人新任宰相的是裴耀卿和张九龄，这是励精图治的开元年间最后两位宰相，他们一如既往地只在任了三年多。此后的天宝年间，李林甫任职十九年，那时的李隆基已经完全恢复本性，不复此时选贤用能的模样了。

裴耀卿自幼聪慧，八岁就高中童子举，成年后更是以能臣干吏的身份和行为得到唐玄宗的赏识。裴耀卿注重经济、财赋方面的工作，在建筑仓廪、治理河渠、改革漕运等方面做出了许多贡献。公元734年，升任侍中的裴耀卿沿黄河建置河阴仓、集津仓、三门仓，征集天下租粮，由孟津溯河西上，三年便积存粮米七百万石，节省运费三十万贯。有人建议他将这一成绩上报朝廷，裴耀卿却说：“这原本就是公家的钱，怎么能用来沽名钓誉？”

可见，裴耀卿不仅具备出色的统筹管理能力，更具士大夫的气节操守。

张九龄更是以能诗善文闻名于世。他少时聪慧，十三岁就能写出一手好文章，就连当时的文坛领袖、一代词宗张说也夸赞他是“后出词人之冠也”。张九龄还是盛唐前期重要诗人，其五言古诗在唐诗发展史中有很高的地位和巨大的影响力。

张九龄耿直温雅，风仪甚整，时人誉为“曲江风度”。但从他提出国家放弃对货币发行的垄断、允许民间铸造铜钱一事，我们又能看出怎样的一个张九龄？在宋璟为相时灾难性地试图处理私铸问题以后，大唐的通货膨胀状况进一步恶化。公元 734 年，张九龄提出彻底废除官铸货币。这是心无定见的放任，还是胸有成竹的改革？放任就等于束手无策，文人士子就如此直白地承认且袒露自己在财政管理方面的无能为力吗？如果决意改革，又怎么会刚一遭到裴耀卿等人的反对，就戛然而止了呢？

不是说张九龄提出的观点绝对不正确，因为我们也没有看到这一政策实施的效果。但至少，张九龄本人也没有想清楚，或者说，没有决定实施这一政策的魄力及能力。

处理复杂的事务性工作显然不是张九龄的强项，但他为相时，还是颇有谏官本色的，就连面对皇帝也寸步不让，其中最典型的就是反对和阻止边将拜相。

当时幽州都督张守珪不但平定突厥乱局，还屡次击败东侵的吐蕃军队，更是于公元 734 年剿灭了契丹的叛乱，并将契丹首领遥辇屈列（一说屈剌）与可突于（一说可突干）斩首，立下赫赫战功，因而唐玄宗有意将他调入朝廷为相。

此事遭到了张九龄的反对，他说：“宰相者，代天理物，非赏功之官也。”他这样的说法也有道理，宰相之位原本的确不是用来做奖品的。

唐玄宗只好说：“假以其名而不使任其职，可乎？”即给个名义，不管政务行不行呢？张九龄还是不同意：“不可。惟名与器不可以假人，君之所司也。且守珪才破契丹，陛下即以为宰相；若尽灭奚、厥，将以何官赏之？”

此时的张九龄就有点强词夺理了，他提出的反对理由是：灭契丹为相，那尽灭外敌怎么赏？以此逻辑，什么功可以为相？武将难道在朝廷就永无出头之日了吗？武将永不为相，如果是定制，也无可厚非，但朝廷一定要有其他的封赏办法；而太宗朝的那些武将能为相，可见这不是定制，那为什么今天张守珪就不能为相了呢？

由此看来，张九龄反对张守珪拜相，只是他对边将的偏见而已。再如河西节度使牛仙客，因为治军有方且勤于政事，使其防区兵强马壮、气象一新，唐玄宗需要这样的将才作为改革兵制的标杆，所以提出给牛仙客加封尚书头衔，张九龄同样反对。

张九龄与张守珪、牛仙客等人并无个人恩怨，之所以反对，就是他认为宰相及尚书应该是像他这样的士大夫，而不该是军人。为此，他甚至傲慢地说：“自开国以来，尚书之职只有德高望重者才可担任。牛仙客边疆小吏出身当了尚书，朝廷会因之而蒙羞。”

作为边将，文章水平欠缺倒有可能，但办事能力绝不会差。边将常年扎根在对抗外寇的第一线，每日面对的无一不是亟待解决的实际问题。实事求是的他们和朝堂上推诿扯皮的政客相比，到底谁更影响朝廷声誉呢？

唐玄宗只好让步，提出给牛仙客加个爵位，张九龄仍然不同意，理由是：“爵位是用来奖励功臣的，而牛仙客作为边将，充实仓库，修整器械，这是他的本职工作，哪有功劳可言？”

忍无可忍的唐玄宗厉声指责张九龄：“天底下，难道什么事情都得由你这个宰相说了算吗？”张九龄丝毫没有退让，只是跪倒在地回道：“臣愚蠢，但不敢不实话实说。”唐玄宗问道：“你口口声声说牛仙客出身河湟小吏，身份卑微难登朝廷大雅之堂，那么你自己又是什么门第？”

面对唐玄宗近乎杀人诛心式的问话，张九龄回道：“牛仙客生于中原，是华夏正宗，确非臣这岭南边鄙野人可比。但臣在朝廷任职多年，牛仙客却是边境小吏，胸无点墨，岂能担当重任？”

话说到这个份儿上，明显带有赌气的成分，已经超出正常的劝谏。张九龄所坚持的固然是他心中士大夫理想的一面，但清高到书生意气也是事实。

读书人自命清高的这点“毛病”，让张九龄演绎得淋漓尽致。这些文人出身的高官，不读书，自然入不了他们的“法眼”，读了书，又因为“文人相轻”，谁也不服谁。所谓的“祖宗成法”和“圣人教诲”就是他们心中的“理想灯塔”，坚持起来不死不休，固执得理直气壮，任谁也不得稍作修改或变通。

但这样的固执也被看作是所谓的“文人气节”，所以在历史上多是正面评价。但要据此就说与张九龄持相反态度和做法的李林甫一无是处也不全面。在加封牛仙客一事上，李林甫就说：“只要有才干，何必一定要会写文章。”难道这话就完全没有道理吗？

又比如唐玄宗要从洛阳返回长安，张九龄就劝谏说要等到入冬之后成行，因为他认为当时正值秋收，皇帝西行可能会耽误农事。但李林甫说的是：“长安和洛阳，不过是陛下的西宫和东宫，想住就住，还挑什么日子？”

巧合的是，上天也在此时给张九龄开起了玩笑。唐玄宗离开洛阳那天，长安发生地震，他趁机免去两京当年赋税，又提拔奖赏沿途地方官员并特赦罪犯，于是，唐玄宗一路上非但没有耽误农时，还收获一片歌功颂德之声。张九龄可谓又被“打脸”。

“前夫哥”的操作

公元 736 年，任职不到三年的张九龄与裴耀卿被同时罢相。这标志着开元时代即将结束，历史即将进入天宝时期。天宝年间的大唐虽繁花似锦却暗流涌动，“安史之乱”的爆发致使帝国盛极而衰，再也没能恢复往日的鼎盛与辉煌。

张九龄被罢相与太子废立及严挺之事件相关。当时的太子李瑛在宠妃武惠妃的挑拨陷害下地位岌岌可危，张九龄力保太子，惹得唐玄宗不满，后其又为严挺之辩护，被唐玄宗定性为结党营私，因此罢相。

严挺之进士出身，颇富才学，为官刚直。张九龄不仅与严挺之交好，还想举荐其为宰相。但严挺之前妻嫁蔚州刺史王元琰，王元琰因贪污罪而下狱，严挺之看在前妻的情分上，为其托人说情，李林甫因此当廷责问严挺之，而张九龄明显袒护严挺之。

因为此事，张九龄受到牵连被罢相，这中间固然有李林甫挑拨的原因，但张九龄本人也不是没有任何责任。至少唐玄宗觉得严挺之为王元琰说情是事实，而且张九龄、裴耀卿和严挺之互通声气也是事实。

事实上，张九龄明确告诉过严挺之要和李林甫搞好关系，甚至他自己写了一首名为《咏燕》的诗送给李林甫，用“无心与物竞，鹰隼（sǔn）莫相猜”这样的诗句来表明无意于争权夺利的心迹。

难怪李林甫都说他书生意气。张九龄与李林甫同朝为相，不说争权夺利，单就二人行事作风都背道而驰，自然会有矛盾，而这样的矛盾岂是一首诗就能彻底化解的？张九龄既然以鹰隼与燕子做比喻，难道不清楚“鹰隼”说什么都不会放过“燕子”的道理吗？

从张九龄力主杀掉安禄山一事上，也能看出他的性格特点。公元733年，时任范阳节度使张守珪因副将安禄山对契丹和奚的征伐不利，将其押送京城，交由唐玄宗发落。一个小小的安禄山，张守珪为什么如此大动干戈？

唐时藩镇的主要职责是抚远外藩、征讨反叛，但随着藩镇的日益坐大，朝廷和藩镇的关系日渐微妙，这就是唐玄宗打算让张守珪、牛仙客等人入阁拜相的原因之一。而此时的张守珪将既是自己手下得力干将又是干儿子的安禄山交由唐玄宗处置，分明就是投石问路，一方面表明自己谨遵法纪礼仪，不敢擅作主张；另一方面也是以此观察朝廷对自己的真实态度。

唐玄宗怎么会不明白一个堂堂节度使有没有权力处置自己的部下，但张守珪这样的态度使他大为满意，怎么还会去处置安禄山呢？

但张九龄坚持要杀了安禄山，理由是此人天生反骨，不杀必后患无穷。后来的事实证明了张九龄的确一语成谶。但预言在二十多年后成真，就意味着张九龄绝对正确吗？

试想，因战场失利而主动往京城请罪的藩镇边将，却由于“面带反相”而被杀，将会引发什么后果？浴血疆场、保家卫国之人，如果朝廷大员只看其“面相”就将其斩杀，岂不是又要掀起一番腥风血雨？

张九龄说安禄山有反相不幸而言中，这本就是一个带有玄学色彩的历史逸闻。即使张九龄笃定安禄山天生反骨，作为宰相的他，也不能以此理由劝谏皇帝大开杀戮。宰相的职责是统率百官治理天下，如果发现祸端，难道不是该和风细雨、润物无声般地化解冲突于无形吗？难道不是该建章立制，于矛盾萌芽之初防患未然吗？难道不是该充实国库、富民强兵，以便在突发事件来临之时能够做到从容应对吗？

以“面相不佳”为由而开杀戮之风，难道是宰相所当为的吗？显然，书生意气的张九龄颇有些迂腐，缺乏宰相所必备的变通之术。相较于同一时代的其他宰相，张九龄在廓清乱局和任职做事上不如姚崇，在权谋机变方面不如张说，就是在建章立制方面也不如宋璟。

但这绝不是说张九龄为相就没有功绩，相反，他的道德文章、他的理想信念、他的尽忠职守、他的谏官本色等，对推动大唐进入繁盛的顶峰做出了巨大贡献。

张九龄与裴耀卿退出历史舞台，大唐迈进一个新的时代。那是一个殷实富庶的时代，“稻米流脂粟米白，公私仓廪俱丰实”；那是一个辉煌鼎盛的时代，“九天阊（chāng）阖（hé）开宫殿，万国衣冠拜冕旒（liú）”。

那就是中国历史上流光溢彩的开元盛世。

第十五章
鼎盛繁华

名副其实的国际化都市

大唐帝国的首都长安，由鲜卑族天才建筑师宇文恺在隋文帝时规划设计并主持建造，经过唐代的不断修建扩充，在唐玄宗时已成为名副其实的国际化大都市，充分体现了中华帝都的气派和威严。

方方正正的长安城以南北方向的朱雀大街为中轴线，呈东西对称格局；中轴线两侧整齐排列着数目与面积相等的坊市；城市的边缘规划修建了园林区，既美化了环境，又可供民众游览及休闲。

长安城分为宫城、皇城、外郭，从北至南平行排列。之所以这样排列，是因为星宿中最为尊贵的紫微垣（yuán）居于北天中央，它以北极星为中枢，东、西共有十五颗星围绕环抱。在古代“天人合一”的理论中，地上的君主和天上的星宿遥相呼应，紫微垣有皇宫的意思，所以要把宫城设置在长安城北面的正中。而且长安城北边靠近渭水，从防卫的角度看，宫城设置在此也比较安全。

以宫城象征北极星，以皇城百官衙署象征环绕北辰的紫微垣，外郭则象征向北环拱的群星，唐代诗人将这种城市布局描写为“开国维东井，城池起北辰”。

长安城中的宫城和皇城两部分是大唐帝国的政治中心。宫城坐落于城市最北面的正中位置，宫城正中是皇帝的太极宫，太极宫东西两侧分别是太子的东宫和宫女居住的掖庭宫。宫城之内，还有宫廷办事机构内侍省。

宫城之南是皇城，是中央政府各高级署衙的所在地，像中书省、门下省和尚书省等均设在此处。皇城最南边东西两侧是太庙和社稷坛。

宫城和皇城东西两侧对齐，都呈规整的长方形，且占地面积基本相等。皇城北面没有墙，两城以一条宽三百步、东西走向的街道相隔，街北正中是承天门，东西两边是长乐门及永安门。这里也是朝廷举行盛典、接待外国使团和少数民族豪酋的地方。

从宫城南门承天门向南，经皇城南门朱雀门，直到长安城南门明德门，是一条笔直的大道，这就是长安城的中轴线朱雀大街，也称“天街”。

朱雀大街宽约一百五十米，两边设有人行道和排水沟，还栽种着整齐漂亮的榆树、槐树。

天街两边各有五条南北走向的道路，与十四条东西走向的街道纵横交错，将宫城和皇城以外的城区，即外郭城，进行网格式分区。外郭城被分隔为一百一十个格子，除东市和西市外，其余的网格都是居民区，东边五十三个，西边五十五个，叫作“坊”。

因为街道宽窄不一，排列在街道两侧的“坊”也大小不等，坊与坊之间的距离均在四十米左右。各坊设有围墙和坊门，坊内分布着民宅、官邸、寺院和道观等，有街道和小巷通往各处。大坊一般开四门，内设十字街；小坊则开东西二门，设一横街，街宽都在十五米左右。各坊均由坊正负责，采取封闭式管理，坊门有卫兵把守，清晨开门，傍晚关闭。

八十四平方公里、百万人口的长安城，就这样呈现出规规整整的网格状布局，真可谓“百千家似围棋局，十二街如种菜畦（qí）”。

外郭城靠近皇城处有东市、西市两座市场，内有井字形街道和沿墙街道，将市内分为九个区。每个区都四面临街，店铺沿街而设，有饮食店、珠宝店和手工业作坊等。另外，其他各坊内也有一些零散的商业设施。

东市和西市是唐代长安城的经济活动中心和贸易中心，是中外各国进行经济交流活动的重要场所。东市相当于国内的贸易中心，而西市进行的多是国际贸易。这里商贾云集、店铺林立，物品琳琅满目，贸易极为繁荣。

唐代的东都洛阳城格局与长安城大同小异，也是由东西南北纵横交错的道路进行规整的网格化划分，稍微有些区别的是，洛阳的宫城和皇城偏向西北一角，街道稍窄，坊的数量也没有长安多。

洛阳位于洛水北岸，隋炀帝时作为东都，武则天时又改称神都，人口极盛时有一百三十万人左右。唐玄宗在位时曾五次到洛阳，居住达十年之久。唐代诗人王建的"上阳花木不曾秋，洛水穿宫处处流"及"曾读列仙王母传，九天未胜此中游"等诗句，都反映了当时洛阳经济繁荣的景象。

长安城与洛阳城如此规划，自然是为了凸显皇帝的尊贵和皇权的至高无上。天下子民、士农工商都众星捧月般地围绕在皇帝和象征皇权的皇城周围；而网格状的布局，既保证了城市井然有序，又为居民提供了独立而私密的个人空间。

两座都城既强调伦理秩序，又不失予民自由宽松空间的设计理念，自然是隋唐恢宏气度、包容万象的风格表现。

贞观初年，唐太宗曾让近万户投降的突厥人入住长安。盛唐时，鸿胪寺的国宾馆住着几十个国家和民族的使节和代表，而且有的一住就是四十余年，所有的开销都由鸿胪寺包揽。

安史之乱后，宰相李泌查到这些久居长安的使节在城内都有田宅妻子，有的还经营当铺获利，生活自给自足者达四千余人，于是下令停止给养，并命他们要么取道回纥或海路回国，要么留下干活领俸禄，为大唐效力。

结果没有一个人愿意走，李泌就把他们编入神策军。仅此一策，鸿胪寺每年就省下五十万两费用。可见当时的长安国际化程度之深。

不仅长安如此，甚至河西走廊的凉州、甘州（今甘肃张掖）、肃州（今甘肃酒泉）、沙州（今甘肃敦煌）等西北城市，也伴随着驼铃的一路摇响，聚集了不同国家和民族的人们，他们操着印度语、波斯语、粟特语、突厥语及吐蕃语，热闹非凡。

早就开始的海外贸易

随着海外贸易的兴盛，广州成为当时重要的通商口岸。各国的商船停满了广州港，大唐则给予这些外国商人保护和优惠的政策，允许他们保留自己的宗教信仰和风俗习惯，甚至他们居住的蕃坊被授予一定的自治权。

我们现代所谓的法外治权，早在唐代已有。据《唐律》记载，同一国家的人在中国发生纠纷，由他们自己解决；不同国家的人在中国发生纠葛时，因各国法律的不同，为避免任何一方吃亏，则由中国人出面调停。

另外，唐时对侨民财产的处理也有明文规定。外国人在中国病故，遗产由中国政府代管，其族人如能提供准确可靠的证据，政府可以随时发还。

对于中外通婚，唐时法律规定凡居住在中国境内的外国人，允许娶中国女子；但为免中国女子在外国遭受欺凌，又规定外国人离华返国时，不得携同中国女子出境。

此时的大唐，深信自己的政权稳如泰山、自己的文化博大精深，因而敞开心胸，推倒壁垒，自信而从容地接纳各国人士，平等而自由地通商互惠。

这才是大唐的风度，这才是大国的气派，大唐就是国际目光的汇集地、世界潮流的引领者。

许多客居广州的侨民，早已将大唐看作自己的祖国。唐末黄巢攻打广州的时候，居住在此的侨民很自然地站在了广州保卫战的第一线，结果有十二万至二十万侨民被杀，包括波斯及阿拉伯人。

而靠着京杭大运河富庶起来的扬州，则成为唐代最为繁盛的贸易港。天宝年间，扬州城人口达五十余万人。史书上记载了这样一则发生在扬州的小故事：

开元初年，司徒李勉在浚（jùn）仪（治所在今河南开封）做官，任期届满后，便乘船沿汴水到扬州游玩。途经睢（suī）阳（今河南商丘）时，一位患病的波斯老人请求随李勉同船返回扬州，途中病重身亡。这位波斯老人在弥留之际对李勉道出实情：波斯国王遗失一明珠，为传国之宝，如有人觅得送还可获重赏。因当时天下宝贝均集中在中国，老人觉得贼人盗宝后很可能卖到中国，所以前来中国寻珠。在中国，他果然找到这颗明珠，将其密藏腿内，今病危之际，他愿将明珠赠予李勉。

李勉没有乘人之危，他将明珠塞入老人口中随其下葬。故事到这里还没有完，李勉来到扬州后，见一波斯青年，面相酷似那位老人，询问之下，果然是那位老人的儿子。李勉以实情相告，这位波斯人取得明珠后返回波斯。

从这个故事可见当时中国人道德水准之高、唐代中外商贸之盛。

唐朝时，外国人涉足的中国城市很多，除了长安、洛阳、扬州、广州之外，还有扶风、建昌、汴州、宝应、睢阳及泉州、南昌等地。

“襟三江而带五湖”的南昌，在唐代已是政治、经济和军事重镇。

南昌位于有着“鱼米之乡”之称的鄱阳湖平原上，与珠江流域的广州、长江流域的江陵及扬州等城市连贯畅通，特殊的地缘优势使南北客商会聚于此。

南昌城设有专门的贸易市场，由政府官员督导管理。史书上也记载了一个小故事，很能说明南昌水陆交通的便利：

天宝年间，一个叫杨溥（pǔ）的人与同伴进山采伐木材。恰逢大雪，几个人无处寄宿，只得钻进空木中，借以避寒。中间能容纳数个成年人的大型木材，在南昌转运，如果没有便捷的交通，岂不是难以想象？

当时，不仅外国人纷纷来华贸易，中国人也多有到海外经商的。据记载，当时广州的华商就乘铜制货船，装载国产货物前往安南、东南亚及中亚各国经商，有的甚至远到欧洲。

当时的大唐，不仅与各国保持着频繁的贸易往来，而且在政治、文化方面也保持着良好的沟通和交流。

广泛的国际交流

唐朝初年，波斯被阿拉伯帝国（大食）侵占，波斯王俾（bǐ）路斯偕（xié）其子尼聂斯逃到长安，受到唐高宗的保护。二十多年后，俾路斯客死长安，吏部侍郎裴行俭派兵护送尼聂斯返回波斯，但途中受阻于吐火罗（今阿富汗），尼聂斯只得折返长安定居，直至病逝。可见唐时中国与波斯两国的交情深厚。

唐朝时，许多波斯人定居长安，子孙后代完全融入了中原文明。比如晚唐著名的花间词人李珣，先祖便是来长安贩卖香料的波斯商人。李珣自小生长在中国，不但精通诗词，而且深谙药理。他写过一首

《南乡子》:“云带雨，浪迎风，钓翁回棹（zhào）碧湾中。春酒香熟鲈鱼美，谁同醉？缆却扁舟篷底睡。”词风清疏，心胸旷达，在当时广为传诵。而且，李珣还曾编写《海药本草》一书，收录了许多从海外传入的药物，成为后来李时珍撰写《本草纲目》的参考书之一。

从唐太宗时开始，高句丽、百济及新罗三国均派遣贵族青年来长安留学，新罗在朝鲜半岛一家独大之后更是如此。这些来华的留学生有考中进士的，时人称为“宾贡进士”，很多就此自愿留在中国任职。其中成绩卓异者如崔致远，十二岁乘船西渡入唐，十八岁高中进士，其著作《桂苑笔耕集》流传至今。

除了留学生之外，新罗商人更是络绎不绝地乘船经黄海来华经商，聚集于登州（今山东蓬莱）、莱州（今山东掖县）、楚州（今江苏淮安）及泗州（今江苏盱眙对岸）一带。当时大唐朝廷还专门在楚州等地设立“新罗馆”，以处理两国间的商贸往来事宜。

日本与中国文化的渊源极为深厚。日本的文字早期几乎都是袭用汉字，此外像书道、茶道、武术、禅宗佛教等都是传自中国。

究其源头，就是在唐代时，凡中国的文字、建筑艺术、工艺制造、冶炼金属、中医药典、订制历书、绘画书法、音乐舞蹈以及七夕、重阳等各种节令，都被日本学去。日本的“大化革命”，事实上就是参照了唐代的律令制度、学术思想、文化科技甚至风俗习惯而进行的。日本的奈良和京都两个城市，也是仿照唐代长安城的规制而建立的。

在唐代，中原朝廷不仅与现在的东南亚、中亚及南亚等国建交通商，而且早在唐高宗永徽年间，就与横跨亚、欧、非三大洲的阿拉伯帝国贸易频繁。

世界各国的皇族、王室、商人、书生、探险家、外交官及传教士等，为什么在此时不约而同地对大唐帝国趋之若鹜？是历史的必然，还是人为的努力？是因为大唐地缘的优势，还是包容而开放的外交政策所致？是财富的诱惑，还是文化的影响？

唐代的营商环境

唐太宗李世民二十四岁平定天下，二十九岁登顶帝位。在位期间明君贤臣时时以隋亡为戒，勤于朝政不敢有骄纵享乐之举，问民疾苦不敢有懈怠荒疏之心。

公元 647 年，晚年的唐太宗在翠微殿上不无得意地说：“贵中华与贱夷狄之称由来已久，只有朕爱之如一，因此各民族都视朕为父母。”

各邦国心悦诚服地倾心大唐的原因就是大唐朝廷的“爱之如一”，李世民总结得也算合情合理。大唐自开国就奠定了海纳百川、兼容并蓄的基本国策，所以才能做到民族团结，文化交融。

总的来看，大唐正是以其恢宏的气度、强大的军事力量、雄厚的经济实力、深厚的文化渊源、公平且宽松的政策措施，演绎了世界强国的绝代风华。

唐代不限制工商业的发展，不收一切商业赋税，这是有别于战国及秦汉的显著特征。如此开明的政策，源于唐太宗轻徭薄赋的初衷。

早在公元 626 年，唐太宗就说过：“民之所以为盗，就是因为赋繁役重，官吏贪求，致使饥寒切身。朕当轻徭薄赋，选用廉吏，使民衣食有余。”

唐太宗有这样的初衷并身体力行。他曾患关节病，大臣们因其所居宫室湿冷，奏请另造楼阁居住；而他反对大兴土木，不愿劳役百姓，不但仍居旧宫，还减轻了百姓的赋税。

唐初是工商业发展的黄金时期，那时虽设关卡，但不征税。直到一百年后，才对盐业征税；而征收茶税及对私人酿酒征税，更是在大唐立国一百四五十年后的代宗和德宗时代才实行。

工商业的发展、贸易的繁荣离不开交通运输。水路运输，即漕运，是重要且便捷的运输方式。然而，“天倾西北，地陷东南”一说，点出了我国的漕运特点：自西北向东南一路倾斜而下，直到大海。

我国作为大陆性的国家，沿海一带虽有如江苏、浙江及福建等对外贸易发达的省份，但海上交通毕竟不像地中海那样方便。东低西高的地形特点导致我国河流多为东西走向，所以，为了沟通南北，才有了隋炀帝时代建设大运河之举。

作为以出产粮食为主的农业国，农业区域按不同水系划分，各地人口数量与粮食产出成比例，基本符合自给自足的原则。即耕地少，人口就减少；耕地多，人口就相应增加。

但如果某一地区或城市成为政治及军事中心时，像当时的长安和洛阳等地，由于人口大量集中，便无法做到自给自足，这就需要依靠外来的补给，于是就出现了漕运的需求。像大运河开通后，朝廷在洛口置兴洛仓，穿三千三百窖，每窖可容八千石，用来存储东南、东北两渠所运达的粮食，满足洛阳的需求。

前文中提到的裴耀卿建仓运粮，就是漕运改革的实例。后来的刘晏更进一步地施行了“缘水置仓，转相授给”的漕运改革，也就是在师法裴耀卿分段转运的基础上，根据江、河、汴、渭这四条河流不同的水力等特点分别置仓，再督造漕船，训练漕卒。

唐代的漕运，从贞观时每年二十万石的运力，到唐玄宗时每年运米二百三十万斛，再到唐宣宗时每年只有十万斛，可以看出大唐的兴衰与漕运的盛衰有着密切的关系。

漕运的兴盛也带动了海运的蓬勃发展。

唐代时已有了所谓的“万石船”，操控这样的船，仅船工就需要数百人。这些船工居住在水边船上，日常起居甚至婚丧嫁娶都在船上。

这样的船，打造得如同水上城市，不仅生活用具一应俱全，甚至街道花园也与城市一般无二。当时的商贾富豪很多都拥有自己的大船，船上婢仆如云，歌舞昼夜不停。

早在唐太宗时代，阎立本就在江西南昌造海船五百艘，不仅能自东海直上高句丽，而且也有远洋至红海的商船；到唐德宗时，更有南方海岸的官员自造海船从事海上贸易，可见当时海外贸易之盛。

其实，我国对外沟通及贸易早在汉代已经开始，只是在隋唐时更具规模而已。唐代来华外商，所走路线一为西北陆路，二为东南海路。西北陆路，即为我们熟知的丝绸之路；东南海路，则经交州（今越南河内附近）、广州等地。

提到开拓对外沟通的道路，不能不提到为此付出巨大精力与心血的先驱。凿空西域的张骞自然是首屈一指，隋末唐初的裴矩及唐代的贾耽也功不可没。

裴矩，河东闻喜（山西闻喜）人，曾在北齐、北周为官，隋朝初年随杨广灭陈，隋炀帝时被委派主持与西域及西方各国的贸易与联系。其间，他撰写《西域图记》三卷，此书除了对西域各国风土物产进行了详细介绍之外，还标出了自敦煌到印度洋、波斯湾及地中海的三条通道，即我们前文说的丝绸之路之北道、中道及南道。

贾耽，河北南皮人，德宗贞元时任宰相。他博闻强识，嗜好地理，广泛结交各国来使，仔细询问各国山川地形、习俗风貌，经过多方求证，备究源流，用了数十年绘成《关中陇右山南九州别录》及《海内华夷图》等，大大开阔了大唐的眼界。

正是因为他们的努力，才使大唐得以睁眼看世界，心胸与气度随着开阔的眼界而延展和充盈。

随着对外贸易的日益繁荣，唐玄宗开元年间，朝廷在广州设立市舶使，专门管理从事海外进出口贸易的商船，主要的职责是抽收船税，相当于我们现在的海关。可见，当时大唐对外贸的管理措施和手段已经十分严谨且到位。

正是形成了这样贯通东西、连接南北、四通八达、流畅便捷的交通网，才使得商品贸易和流通成为可能；而监管得当、一视同仁、公平有序、互通互利的营商环境，又使商贸得到进一步蓬勃发展。

胸怀是实力撑大的

没有梧桐树，自然招不来金凤凰，而没有主见的所谓开明，不过就是懦弱的表现；缺乏实力与保障措施的开放，则无异于引狼入室。

早在公元前 175 年前后，汉初的贾谊在阐述应对匈奴的方略时，便提出了“三表五饵”的政策，核心其实就是李世民所说的“爱之如一”。“三表”就是信、爱、好。“信”即立德守信；“爱”就是“爱人之状”，即接纳匈奴人的身体外貌；“好”就是“好人之技”，即学习匈奴人独特的技艺。“五饵”就是吸引匈奴人投靠中原的五种诱惑。

“五饵”是具体的策略，不必细说；“三表”作为这项政策的核心思想，就是要通过内有信义、外有亲近的方式，达到融合胡汉的目的。

但如此无差别地看待和对待匈奴与当时的主流社会思想不符，再加上“五饵”中的有些策略在当时的国力之下实施起来的确有困难，以至于连当时的史学大家班固都认为贾谊过于“迂疏”。但抛开这项政策不完善的地方，贾谊“胡汉融合”的思想，难道不是中华文化的底色？难道不值得发扬光大吗？

其实在汉武帝时代，贾谊的这种思想就得到了初步的实现，代表人物就是大名鼎鼎的金日磾（dī）。金日磾作为匈奴休屠王的太子，随着休屠王部降汉，十四岁便被带到了长安。他在汉宫中长大成人之后，逐渐进入汉室朝廷，为人处事恭谨持重、干练老成，日后更是被汉武帝选为托孤重臣之一。

这难道不是汉武帝的“爱之如一”？而且，当时金日磾不仅受到权臣霍光的敬重，就连班固在修《汉书》时都称赞他说：“世名忠孝，七世内侍，何其盛也。”从皇帝到大臣，可曾将金日磾当作“外人”看待？

但此时汉朝君臣对金日磾的态度看法，不能等同于对所有胡人的看法，否则班固也不会说贾谊迂腐了。而数百年后的大唐，在汉朝的基础上，将胡汉融合推向了史无前例的高度。

事实上，大唐就是以兼容并包的世界帝国形象横空出世的。玄武门之变的功臣尉迟敬德，是于阗国的王族之后，于阗在今天的新疆和田市，在当时属于西域，尉迟家族就是早已汉化的胡人。

此后的安禄山，原籍康国，随养父在安国长大，父亲是粟特人，母亲是突厥人，血缘更加复杂。种族偏见在此时毫无意义，因为李唐王室，连同之前的隋杨、北周王室成员，都是混血。

李唐王室虽不是以少数民族的身份入主华夏，事实上却带着混血基因。唐太宗对内以华夏正宗的身份而统御九州四海；对外以天下共主的身份受到周边各民族的支持与拥戴，被称为“天可汗”。

志向高远、气度恢宏的唐太宗，不仅开放边境贸易，而且招募外族豪酋到朝廷任职，鼓励戎狄子弟到中国留学，在对待外族人的任命、赏罚、安置和抚恤等方面，都与大唐子民一视同仁。

昔日贾谊的思想，在今天的大唐得以开花结果，这是历史的发展、时代的进步。

当然，尽管民族融合是大势所趋，但也不等于利益纠葛之下各民族就没有各自的“小算盘”。事实上，这些噼啪作响的“算盘声”与民族融合的主旋律交织在一起，才是真正的历史“乐章”。为了使这些“算盘声”不至于太过突出，从而变成刺耳噪声，就要掌握好鼓点和节奏，显然，大唐这一点做得很好。

像回纥，原本属于铁勒的一支，在隋炀帝大业年间从西突厥的统治下独立出来，自称“回纥”；公元788年，又宣称改为“回鹘（hú）”，取回旋轻捷如鹘鸟之意，这倒是符合他们善于周旋的特点。

回纥作为游牧民族，和匈奴、突厥不同，不但很少与中原起冲突，而且在历次战争中都站在大唐的一边。公元630年，回纥助唐攻灭了东突厥；公元657年，其又助唐攻灭了西突厥；安史之乱后，公元757年，它们帮助唐肃宗收复了西京长安；公元762年，它们又帮唐代宗收复了东都洛阳。

作为大唐的同盟军，回纥也没有被亏待。灭亡西突厥后，大唐将突厥的土地交给回纥。回纥建立自己的汗国时，也得到大唐的册封。而且，按双方的约定，大唐每年付给回纥雇佣军的酬金，仅仅绢帛就多达两万匹。

和平友好是大唐对外的基本国策，只要坚持互不侵犯的底线，利益方面的些许让步，大唐完全能够接受。回纥坐拥丝绸之路咽喉要道，又得到大唐在财力上的支持，于是从游牧民族变成商贸民族，财富滚滚而来。

回纥在长安的常住人口在千人之上，而冒充回纥的粟特人更是达数千人。直到公元840年，黠（xiá）戛（jiá）斯突袭回鹘，回鹘灭亡。黠戛斯在汉代被称坚昆，也早已汉化。此后黠戛斯接管了回鹘的土地，积极与大唐交好，成为唐朝藩属。

风云变幻，此消彼长，变化的是各国的形势，不变的是民族的融合。

世界性超级大帝国

当时来华侨民中既有波斯的王子、突厥的将军，也有吐蕃的使节、西域的高僧，还不乏粟特的巨贾、回鹘的商人。他们在长安和洛阳置田建宅，娶妻生子，俨然就是中华民族的一员。

而大唐的皇亲国戚、达官贵人和文人墨客，也真正做到了“爱人之状”和“好人之技”，他们与来华侨民频繁交往，听着龟兹乐，看着胡旋舞，喝着葡萄酒，享受着胡姬的招待，乐此不疲，流连忘返。

李白曾有诗云“胡姬招素手，延客醉金樽”。如花似玉的胡姬，醇厚甘洌的美酒，就在这一招手一劝酒之间，李白不觉已醉倒在金樽之下。李白还写过“细雨春风花落时，挥鞭直就胡姬饮”“落花踏尽游何处，笑入胡姬酒肆中”。胡姬的酒肆还用招揽客人吗？你看李白岂不是就“自投罗网”？

当时的胡姬酒肆就像我们现在的“网红店”，社会名流纷纷在这样的酒肆中以诗会友、醉酒饯别并被引为韵事，其他人怎会无动于衷？

打马球、着胡服这样的休闲生活方式，在当时也风靡一时。马球运动是波斯人的发明，所以也称“波斯球”。唐玄宗李隆基就是马球高手，曾经让吐蕃的专业马球手都自愧不如。而胡服，更是以窄小、贴身的剪裁方式，凸显出了穿着者的身材曲线，正所谓“回鹘衣装回鹘马，就中偏称小腰身”。

大唐的女子怎能不“与时俱进”？她们跟波斯人学戴耳环，跟印度人学搭披肩，跟中亚人学梳称为“髻堆”的发型，跟吐蕃人学画称为“面赭（zhě）”的脸妆。各种装饰风格的混搭，使当时的长安成为时尚之都，起着潮流风向标的作用。

像戴帽子这件事，唐初女人帽檐有布帛下垂，长可过膝；后来就只有丝网，垂到脖子；再后来改戴胡帽，露出脸蛋；最后干脆不戴帽子，露髻出行。大唐女子甚至还会身着男装外出踏青和骑马打球。在如此环境和氛围之中，武则天以女身称帝，似乎也不是那么“离经叛道”了。

盛唐时的长安，已能吃到盛行于中亚、印度及伊斯兰国家的手抓饭。而且长安城的“西餐厅”之多，可谓鳞次栉比。就是经由丝绸之路传来的葡萄酒，太宗皇帝也在原本外来配方的基础上，监制出了八个口味的新品种。

盛唐时的人们不仅在生活方面兼容并包，在建筑上也博采众长。盛唐的长安人修建住宅时流行西亚的建筑风格，并且采用了西亚在酷暑天气降温的技术手段。设计师让水从屋檐流下，形成水帘隔断室外热浪，同时用流水推动风扇在室内送风，这就是一千多年前的“空调”。

这种“空调”的效果非常好。据说，唐玄宗曾在这样的凉殿接待一位喋喋不休的谏官，结果该官员的长篇大论还没有说完，就因着凉而腹泻，狼狈不堪。

衣食住行之外，胡汉在艺术文化方面也多有融合。唐德宗时期，曾有一位来自南洋的康昆仑，原是康国（今乌兹别克斯坦撒马尔罕）人，因弹得一手好琵琶，在长安声名鹊起。

贞元年间，长安大旱，皇帝诏令东西两市祈雨，于是就在天门街搭起两座彩楼，东西两市各请乐工上台表演，以争胜负。

东市请来康昆仑，他以一曲新翻羽调《六幺》征服了人们。西市则派出一位怀抱着琵琶的妙龄女郎，声称也要弹奏《六幺》，不同的是，她要换一个调弹奏。正当人们为她的狂妄而七嘴八舌地议论时，曲声响起，所有人都屏住了呼吸。女郎出神入化的技法、宛如天籁的琴声让台下的人们听入了神，一曲终了，掌声雷动。

康昆仑自知技不如人，当即就要拜女子为师。而弹琴的女郎缓缓地脱下外衣，取下头上的假发，却原来是庄严寺的和尚段善本。

此事立刻传遍京城，第二天，德宗皇帝就将段善本和康昆仑传入皇宫，让他们分别演奏，听后也对段善本的技艺赞叹不已。德宗皇帝为将其琵琶技艺发扬光大，让段善本收康昆仑为徒。段善本却对康昆仑说："你本音太杂，技巧不纯，且带有邪声。"

康昆仑心悦诚服地承认："我学琵琶的启蒙老师是一位女巫，后来，又跟很多老师学习过，所以杂而不纯。"段善本说："你要向我学习，必须停奏十年，尽忘前学，然后再从头学起，方能有成。"

康昆仑严格按照段善本所说停奏十年，而后虚心求教，刻苦学习，终成一代琵琶大家。从这则故事也能看出当时大唐的文明和富强。

长安作为国际贸易之都，声名远播海外。当时很多胡商来华售卖珠宝，又将中国的丝绸等消费品远销海外。天宝年间，有一位魏生，极为富有。有一次，他邀请胡人举行珠宝展销大会。有胡人展出四个硕大珍稀的宝珠，就在人们一致赞叹并要为其颁奖时，一位中国人却拿出更大、更为珍稀的宝珠，从而一举夺魁。可见当时的大唐何等富裕。

大唐不仅物质富裕，而且人们见多识广，眼光也很高，那些常年在华经商的胡人商团都养成了极高的专业素养。史书上记载了这样一则有趣的小故事：一次，某寺院做完道场后，得到一件施主奉献的宝物，长约数寸，形如朽钉。寺僧不知为何物，就拿到西市请胡商鉴定。

胡商看了一眼，马上问道："哪里来的？开个价吧。"寺僧壮着胆子，开价到十万两。胡商却不紧不慢地说："这是佛骨，价值一千万两。"

事实上，隋唐时所谓的"胡"，并非仅指中国境内北方和西北的少数民族，还包括波斯人、印度人、阿拉伯人和罗马人等。将这些人通称"胡人"，不但不是贬义，而且正是对其一视同仁的表现。这就是大国国民的世界眼光。

认为自己是世界中心的大唐，毫不介意甚至雄心勃勃地要把其他国家和民族纳入中华的体系；大唐的版图南到越南，东到朝鲜和韩国，北到蒙古国和俄罗斯，西边更是包括现在哈萨克斯坦的东部和东南部、吉尔吉斯斯坦全部、塔吉克斯坦东部、阿富汗大部、伊朗东北部、土库曼斯坦东半部、乌兹别克斯坦大部。

这样的大唐，是真真正正的世界超级大帝国。

任何一个帝国建立后，随着物质的丰富、人口的增长，无论是发展生产还是保家卫国，无论是主动还是被动，必然面对"拓土开疆"的问题。

而对外扩张包括"打下来"和"住下去"两个方面，两者缺一不可。打下来就是占领，住下去就是治理。占领需要强悍的军事力量，治理则需要全面而系统的综合实力。

这就是游牧民族能够迅速扩张却又容易土崩瓦解的原因所在。因为他们一直在打，一直在占领，却没有任何的治理，导致他们没有安身立命的根基，往往打下一片又丢掉一片，一直到打不动为止。

大唐却不同，他们打到哪里，就会把人民迁到哪里，就会把中原的治理模式搬到哪里。当然，他们也会认为有些地方不适宜居住，就像汉朝时人们认为草原实在没用那样。这时，他们就会停下战车，停止扩张。

这就是生活环境不同而产生的文化差异，这样的差异又在社会生活中表现出来，从而影响着不同民族人们的思想和行为。而这些思想和行为，放在当时的历史时期来看，就有了优劣、强弱之分。

中华数千年的古老文明，在经历了四百多年的混乱磨难后，又由五胡和鲜卑注入了新鲜血液，从而兼具了农业民族的沉稳和游牧民族的血性。深厚的人文底蕴加上世无匹敌的孔武有力，使得大唐有了超越两汉的文化优势。

文化不是空中楼阁，它本身就是一种生活方式。强大的国力使得唐人的生活方式充满了趣味和诗意。一次，诗人高适、王昌龄和王之涣在酒肆小酌，无意间邂逅了皇家乐团的几位歌女。三人来了兴致，约定以歌女所唱各人诗歌的多少，来确定各自在诗坛的排名。

结果歌女们唱来唱去，不是王昌龄写的诗，就是高适写的诗。王之涣尴尬之下，赌气地指着其中一位最出色的歌女说："她如果再不唱我的诗，从此再不与你们一争高下。"

最后，那位最漂亮的歌女终于开口。她唱道："黄河远上白云间，一片孤城万仞山。羌笛何须怨杨柳，春风不度玉门关。"荡气回肠、清亮高亢的歌声，为王之涣挽回了颜面。

崇尚知识和才情，向往自由和洒脱；既有类似韵律与平仄的规范，还有所谓传唱与粉丝的评判。这样的文化氛围，难道不是极具魅力？又怎么会没有强大的生命力？

盛唐时，不仅国内文风蔚然，而且文明程度极高的中外交流平台也恰好在此时搭建完成，这正是大唐选择开放和包容的结果。

日本圆仁法师作为请益僧入唐求法的故事，就很能说明当时中外文化交流的盛况。

当时到大唐学习佛法的僧人有请益僧与学问僧两种。学问僧享受留学生待遇，可以在大唐国内长期滞留；而请益僧随访华使团而来，随使团而去，相当于现在签证期有限的访问学者。

圆仁法师本以请益僧的身份随遣唐使到中国求法，但某个渊源外加一个现实情况，导致他私自留居大唐近十年。

在日本时，圆仁先跟随大慈寺鉴真和尚的三传弟子广智学习佛法，十五岁时到比睿山，投在最澄门下。最澄当年就是以请益僧的身份入唐学法，学成归国时还从临海龙兴寺带回《法华经》等一百二十八部共三百四十五卷，并携回王羲之等名家碑帖拓本十七种，回国后正式创立日本佛教天台宗。

但最澄因为以请益僧的身份入唐，学习时间显然不长，也没有像同船而来的真言宗创始人空海法师那样在长安学习正统密教，以至于此事成为日本天台宗的一块心病。

此次圆仁来唐，就是希望能够弥补这个缺憾，这是他执意留居大唐的渊源。

而现实情况则是当时航海业还不发达，从日本横渡到中国更是艰难。圆仁入唐时，就历经三年三次尝试，才勉强而惊险地成功登岸。

公元 838 年，历经风险的圆仁抵达扬州，被安排在开元寺学习梵文。而作为天台宗的僧人，他希望到老师最澄访问过的天台宗圣地天台山参拜，却没有得到批准，更不用说前往长安深造了。公元 839 年，日本遣唐使团准备回国，圆仁只好随船从扬州踏上归途。

圆仁九死一生来到大唐，却无法登上天台山，怎么甘心就这样空手而归，于是他决定继续留在中国完成梦想。船到海州（今江苏连云港）靠岸时，圆仁带着三个弟子偷偷下船，打算非法留居大唐。

这样做显然是有风险的。海州官府发现圆仁等人后，又护送其登上第二艘遣唐使团官船欲将其遣送回日本。但船到赤山浦（今山东文登）停靠时，圆仁再一次离船登陆，这一次，他躲进了新罗人的法华院。

当时很多新罗人侨居在中国沿海，赤山浦就是他们的聚居地之一，他们还在此修建了佛教寺院法华院。而且，圆仁此时搭乘的日本遣唐使团官船，就是使团雇用的新罗船。由此可见当时的大唐确实很国际化。

圆仁等人入住法华院，得到张保皋（gāo）的首肯和保护。张保皋就是修建赤山法华院的新罗侨民领袖，他通过国际贸易成为一方巨富，长袖善舞，人脉极广。

在张保皋的运作下，八个月后，圆仁等人领取了地方政府颁发的通行证，一改偷渡客的身份，成为合法的旅行者。据史书记载，具体经办此事的叫“勾当新罗押衙”，也就是“勾当新罗所”的一员小吏。“勾当新罗所”是朝廷在当地专设的机构，专职沟通协调大唐与新罗侨民的关系。

一个日本人的心愿，通过新罗人与中国人的合作而达成，这样的国际合作，在当时的大唐屡见不鲜。

获得了新身份的圆仁，又在新罗僧人圣林的帮助下，获得平卢节度使张咏的批准，终于踏上了去五台山的求法之路。之后，他又进入长安学习了将近五年的时间。

公元 847 年，留居大唐十年、学业有成的圆仁，携经疏传记五百八十五部共七百九十四卷及法物多种，返回日本。

作为比睿山延历寺分院的日本京都赤山禅院，“赤山”之名就来源于延历寺第三代座主圆仁入唐求法的经历。圆仁在延历寺住寺十年，使日本天台宗获得很大发展，去世后被清和天皇谥（shì）为“慈觉大师”。

圆仁法师将自己这段入唐的经历，用汉语写成日记，即《入唐求法巡礼行记》，其中翔实记录了他在唐的见闻经历，涉及唐代中日两国间的交通往来、文化交流以及唐代中国的典章制度、风俗礼仪、政治外交、经济文化、宗教等各个方面，无疑是古代中日文化交流史上一部十分珍贵的文献。

圆仁是随日本最后一批遣唐使来到中国的。整个唐代，这样的遣唐使团络绎不绝。其中，日本共派出遣唐使达十三次（其中一次仅抵达百济），此外，另有一次是为迎入唐日使回国，还有三次任命未成行，派船迎送大唐赴日使者两次，共计十九次之多；涉及人数最多的是唐文宗时的公元 838 年，达六百五十一人，还有唐玄宗时的公元 733 年及公元 717 年，分别达五百九十四人和五百五十七人。

经由如此大规模的学习和交流，这些遣唐使有的学成回国后为日本文明做出贡献，像创造了片假名的吉备真备；有的回国开宗立派，像空海和最澄；还有的留在中国，为中日友好牵线搭桥，像阿倍仲麻吕。

阿倍仲麻吕的中文名字叫晁（cháo）衡，公元717年，他作为留学生来到大唐，与他同行的还有吉备真备。来到唐都后，年仅十九岁的阿倍仲麻吕进入国子监学习，毕业后参加科考，以优异的成绩一举考中进士。

此后阿倍仲麻吕慕中国之风不肯离去，于是改名晁衡，留在长安，成为大唐的官员，一住就是几十年。公元753年，他被玄宗皇帝任命为大唐出使日本的使节，与久别重逢的故人遣唐副使吉备真备一起回国。

阿倍仲麻吕与李白、王维等人均为知己朋友，临行之时，李白、王维等人纷纷作诗送别。阿倍仲麻吕也触景生情，写下“平生一宝剑，留赠结交人”的诗句送给中国老友。

后阿倍仲麻吕又回到唐朝，共在唐五十四年，历仕玄宗、肃宗、代宗三代皇帝，备受厚遇，官至客卿，荣达公爵，显然已经融入大唐，俨然就是中国人了。

像这样仰慕大唐文化的外国侨民不止日本人阿倍仲麻吕，还有前文中提到的波斯人李珣兄妹、新罗人崔致远，此外还有阿拉伯人李彦升。

李彦升出身大食（阿拉伯）的名门望族，随商船来华，后侨居中国。由于喜爱中国文化，所以勤奋学习，有了很高的学识，受到当时的汴州刺史、宣武军节度使卢钧赏识，将其推荐给朝廷。

唐宣宗令礼部官员考察后，恩准李彦升参加科举考试。公元847年，李彦升进士及第。要知道，当年全国考中的进士也不过二十二人，可见李彦升才学何等出众。他也成为我们所知的第一位大食进士。

李彦升能够得到堂堂刺史兼节度使的卢钧推荐，的确难能可贵。试想一个金发碧眼的外国人出现在大唐的朝堂，会是怎样的情形？所以李彦升进士及第后，朝堂内外对授与其官职不乏反对的声音，而卢钧说得好:“有的人虽是中国人的外貌，但不爱中国，这就是‘形华而心夷’；李彦升虽是蕃客，但他热爱中国，这就是‘形夷而心华’。有才且爱华的外国侨民，朝廷为什么不能破格重用？”

于是，唐宣宗钦点李彦升为翰林学士。这种激励夷狄以使其归化中华文明的做法，可谓开创一代新风。唐宣宗能够这样做，自然是因为当时大唐的基本国策没有歧视外人之心。

大运河的开通与陆上和海上两条丝绸之路的贯通，使国际贸易成为可能。在繁华的经济和富庶的国力吸引与带动之下，开拓创新、锐意进取成为唐代的主旋律，加上中华的深厚文化底蕴作为基础，又有大唐的制度推波助澜、掌握航向，各国、各民族、各行业的各色人等，得以在大唐逐梦而行，学有所成、耕有所获、商有所利。

开放、兼容、自信且雍容的大唐，将辉煌灿烂的中华文明传播到东亚、中亚、西亚、南亚、西欧和北非。鼎盛的大唐也以世界帝国的姿态和形象定格在历史的长河之中。

读了还想读的中国史

读了还想读的大唐史

崔克顶 著

第四卷 从奉天之乱到朱温代唐

中国经济出版社
CHINA ECONOMIC PUBLISHING HOUSE
·北京·

图书在版编目（CIP）数据

读了还想读的大唐史．从奉天之乱到朱温代唐 / 崔克顶著．-- 北京：中国经济出版社，2025. 7.
ISBN 978-7-5136-8033-2
Ⅰ．K242.09
中国国家版本馆 CIP 数据核字第 20257NU868 号

责任编辑　龚风光　张意妮
责任印制　李　伟
封面设计　柒拾叁号

出版发行　中国经济出版社
印 刷 者　三河市嘉科万达彩色印刷有限公司
经 销 者　各地新华书店
开　　本　710mm × 1000mm　1/16
印　　张　20
字　　数　271 千字
版　　次　2025 年 7 月第 1 版
印　　次　2025 年 7 月第 1 次
定　　价　158.00 元（全四卷）
广告经营许可证　京西工商广字第 8179 号

中国经济出版社 **网址** www.economyph.com **社址** 北京市东城区安定门外大街 58 号 **邮编** 100011
本版图书如存在印装质量问题，请与本社销售中心联系调换（联系电话：010-57512564）

目 录

第一章　德宗即位 / 001

开局似乎很励志 / 001

先拿宰辅开刀 / 004

“破”容易，“立”很难 / 007

一场生动的“教学课” / 010

第二章　四镇之乱 / 014

各怀鬼胎 / 014

成德镇自我了断 / 016

嘈杂的大唐朝廷 / 018

“封赏”种下的祸根 / 021

竭泽而渔地搜刮民财 / 024

改变战局的一场大病 / 026

亲自指挥的闹剧 / 031

第三章　奉天保卫战 / 035

为何迟迟不出场 / 035

预言造就的奉天城 / 041

沐猴而冠的称帝 / 043

并非铁板一块 / 048
萧复一言救驾 / 050
为乾陵考虑得很“周到” / 055
疑似的逼反 / 060
李晟是这么勤王的 / 062
箭在弦上的反叛 / 065

第四章　宪宗的困境 / 069
叛将的结局 / 069
身体力行的示范 / 075
“永贞革新”的转瞬即逝 / 076
接手一个烂摊子 / 077
刘辟撞到枪口上 / 080
“强送”人头的杨惠琳 / 082
李锜走入了“死胡同” / 083

第五章　“元和中兴” / 086
田季安的阴谋很成功 / 086
李绛拨云见日 / 088
刘总杀父自立 / 090
宰相也会被刺 / 092
两线作战的力不从心 / 093
教科书般的正确 / 094

第六章　平定藩镇 / 099

刺杀宰相的真凶 / 099

出尔反尔的李师道 / 100

众分藩镇而弱其势 / 103

天下之力，数次换帅 / 104

李愬雪夜入蔡州 / 106

第七章　中兴梦碎 / 110

一切确实在向好 / 110

宪宗不死，又能如何？ / 111

李恒扑朔迷离的即位 / 115

宪宗看儿子的眼光很独到 / 117

刘总的良心发现 / 118

朝廷真的没钱吗？ / 120

第八章　“甘露之变” / 123

宦官掌握的权力 / 123

简直无法无天 / 128

又一个要励精图治的皇帝 / 130

文宗借力打力 / 134

宏大计划的破产 / 138

宦官哪里比不上朝臣？ / 140

报复同样惨烈 / 141

第九章　宦官乱政的终结 / 144

“模范监狱的罪囚” / 144

帝王的修养 / 146

为虎作伥的立帝 / 148

这个“傻子”让人惊掉下巴 / 151

宦官是怎样影响储位的？ / 153

别开生面的选官方式 / 154

宦官终与大唐同生死 / 156

第十章　朋党之争（上）/ 158

朋党真相 / 158

谁会认为自己结朋党？ / 161

制举案引发的争端 / 165

又一场科举大案 / 166

扯不清的关系 / 169

不惜出卖国家利益 / 172

你方唱罢我登场 / 174

酒后吹牛吹出了人命 / 175

第十一章　朋党之争（下）/ 178

信口开河，栽赃陷害 / 178

直至斗到最后一人 / 180

无聊透顶的党争 / 182

李德裕也会“人情世故” / 185

君臣共治下的破回鹘 / 186
李德裕正确的战略战术 / 188
源于坚强决心的平昭义 / 191
为了经济不择手段 / 193
党争的责任到底在谁？ / 194

第十二章　两京再次沦陷 / 198

“咸通之治”的丧乱 / 198
大唐的“桓灵二帝” / 204
打破“动态平衡”的力量 / 206
先驱王仙芝的结局 / 210
黄巢接过“接力棒” / 211
节度使也有自己的算计 / 213
重走入川的老路 / 215
称帝怎么总是头等大事？ / 218
黄巢困守长安 / 220

第十三章　乱局中覆亡 / 223

朱温降唐与黄巢被灭 / 223
王仙芝、黄巢死后乱局 / 229
李克用、朱温斗法 / 231
盛年早逝的僖宗 / 233
昭宗除了心腹大患 / 234
丧钟的敲响 / 237

河中节度使之争 / 244
朱温灭唐 / 247

第十四章　大唐史诗 / 251
唐诗气象 / 251
初唐诗风 / 260
诗坛双子星 / 272
边塞四诗人 / 277
盛世繁华 / 288
繁华落尽 / 299

第一章
德宗即位

开局似乎很励志

大历十四年（公元 779 年）五月初三，五十三岁的唐代宗李豫患病；五月二十一日，唐代宗死于紫宸殿，遗诏让郭子仪总摄群臣，辅助朝政。时年三十八岁的皇太子李适（kuò）即位，是为唐德宗。

唐代宗李豫与其正妃崔氏为政治联姻，崔妃之母为杨贵妃的姐姐韩国夫人，崔妃倚仗其母之势，悍妒跋扈。安史之乱时，韩国夫人被杀，失去根基的崔妃随李豫来到灵武，本就不怎么喜欢她的李豫，此时对这位正妃越发疏远。

回京后不久，崔氏病逝，其子郑王李邈即代宗次子。代宗的长子李适为沈氏所生，这里的沈氏就是民间传说中的“沈珍珠”。多年后，下落不明的沈氏被儿子德宗追谥为睿真皇后。

和传说不同的是，沈氏“流落民间”虽似有其事，但代宗对沈氏的感情并非多么深厚。事实上，开元末年，沈氏是以良家子的身份被选入东宫的。当年，沈氏陷落于乱军之中，被安禄山拘于东都掖庭。代宗收复东都之后见到沈氏，又将其留在宫中。而后，史思明再次攻陷河洛，沈氏自此下落全无。

如果说代宗对沈氏真如传说中那样痴情，那么即便当时的局势再乱，以大唐太子和皇帝的身份，又怎能让爱妾两度陷于战乱而不顾？其实，自崔氏之后，代宗最宠爱的是独孤氏。因出众的身材和容貌，代宗即位之后，就将独孤氏封为贵妃。民间之所以有沈氏的传奇，只不过是因为她是德宗的生身之母。

代宗虽未册立皇后，但崔氏作为他的结发之妻，其所生之子理应是嫡出。既然如此，郑王李邈为什么没有被册立为太子呢？

关于这个问题，古往今来颇多猜测，要不然民间也不会杜撰出“沈珍珠”这样凄美的爱情故事。但究其缘由，崔氏母亲的家世背景及她的失宠并非主因，代宗对沈氏的追念更是姑妄之辞。最关键的原因，只是李适早早就作为天下兵马大元帅，统领天下之兵。就像当初李泌（bì）对肃宗说的一样：“如果掌管天下之兵，而不确立其太子之位，岂不是促使玄武门之变重演吗？”

就像当初李隆基的大哥李宪，身为嫡长子却主动让出皇位一样。为什么玄宗之后，就没有那么血腥的夺嫡之争了呢？其实我们只要看看元载，即便娶了王忠嗣之女，在豪门的境况依然如此窘迫，就能明白无论皇室还是豪门，如果你没有奋斗的经历、没有功绩加身，就无从谈什么出人头地，乃至争夺天下。

这中间，其实也有肃宗张皇后的螳臂当车。此后，因代宗宠爱独孤氏，也有黎干勾结宦官刘忠翼，企图动摇李适的太子之位。然而，随着郑王李邈于公元 773 年早逝，独孤氏于公元 775 年早逝，李适的太子之位逐渐稳固。

德宗即位之初，可谓饱含励精图治之志。

他下诏废止全国岁贡，减少宫中服御常贡，就连生诞也不纳中外之贡。其间，德宗仅接受了李正己、田悦二人献上的六百匹缣（jiān）（质地细密的绢），还是将其用于政府开支。

此外，德宗还严令不得进贡珍禽异兽，文单国（陆真腊王国，8 世纪存在于今以老挝地区为中心的地带）所献的三十二头用于歌舞表演的大象，也被放生于荆山（唐京兆富平县界）之南。

另外，德宗还驱逐宫女百余人，减少梨园舞者及乐官三百人，并下令僧侣不得在宫内设立道场，此后也不得再建寺庙道观。

建中元年（公元780年）十一月，唐德宗在宣政殿朝会群臣及贡使。这是自安史之乱以来，朝会旧制在二十五年之后终于重启的标志。以此为契机，德宗大力整肃贪腐与奢靡之风。当时的官员及百姓，其田产家宅、车马服饰，凡有僭越制度规定者，均依法处置。

对于代宗朝的宦官索贿之象，德宗更是深恶痛绝。当年勾结黎干企图阴谋颠覆太子之位的宦官刘忠翼，就曾受宠于代宗，集财巨万。德宗即位后立即斩杀此人，以儆效尤。此外，宦官绍光烈到淮西送节度使旌（jīng）节时，接受了李希烈七百匹缣的贿赂，事发后被杖打六十，发配流放。

在德宗的大力整顿下，前代弊政一扫而空。

德宗能肩负天下太平的重任吗？

此时的大唐经济，在杨炎和刘晏等人的运筹下正在好转。作为调整与重构大唐财赋体系的两位中枢大臣，刘晏建立了以榷（què）盐法为核心的财税体系，杨炎则废止了积弊已深的租庸调制，制定了统一的两税法。

他们两人的经济思想与实践，在中国古代经济史上具有划时代的意义。然而，两位财赋之臣不因经济产生分歧，却因政治矛盾而水火不容。先是杨炎构陷，刘晏被赐死；继而杨炎祸及自身，也死于流放途中。

刘晏曾于唐肃宗晚期掌管国家财政。当时，鸿胪卿康廉因参与女婿造反被杀，事情牵连到严庄。而这个严庄就是怂恿安禄山造反的核心人物，投唐后任司农卿。在严庄被贬期间，京兆尹刘晏基于职责所在，派人监视严庄一家，由此引起严庄嫉恨。于是，被开释回京的他，便诬陷刘晏矜功怨上，泄露禁中事，刘晏因此被贬。

刘晏此次被贬颇为蹊跷。一个曾经的叛臣，以待罪之身构陷朝中大臣，理由还是莫须有的“怨上泄密”，朝廷竟也能采信？但无论如何，此事之后，刘晏并非元载一党被坐实。

而这就是后来在审讯元载时，刘晏能作为主审的原因。但在这个时候，早已成为大唐财相的刘晏，并没有对元载及其党羽落井下石。

相反，他主动劝说代宗对本案的从犯从轻处理：元载的党羽、宰相王缙从赐死改为贬官；杨炎也仅是被判贬官。如果刘晏决意要置杨炎于死地，此时无疑是最好的时机。显然，刘晏并没有这样做。

而杨炎是元载选定的接班人。此前，元载将吏部郎中刘单视为自己的接班人，刘单早亡；又选了礼部侍郎薛邕，之后薛邕被贬；再选了杨炎。不管出于什么目的，元载这种始终留意培养接班人的做法，很值得称道。

杨炎以文辞雄丽著称，有着“小杨山人”的美誉。他任职中书舍人之后，依附于宰相元载，后因受元载案牵连，被贬为道州司马。

先拿宰辅开刀

唐德宗李适即位后，新任宰相崔祐甫推荐杨炎任银青光禄大夫、门下侍郎、同中书门下平章事。此时的杨炎，弹劾刘晏在代宗时期参与扶持独孤氏为皇后一事，并密谋将其子韩王李迥推上皇太子之位。

在德宗看来，这样的弹劾无异于在说刘晏谋反。于是，刘晏被罢相，贬为忠州刺史。但被杨炎推荐为荆南节度使的庾准刚一上任，便再次弹劾刘晏，同样直指刘晏谋反。他说刘晏曾给泾原节度使朱泚（cǐ）写信，不但言语中对朝廷多有怨恨，而且让朱泚增补州兵以抗拒朝廷。

如果说之前的所谓谋反已是陈年旧事，那么现在的行为使刘晏在劫难逃。于是，刘晏被赐死。此案在当时引得天下哗然。一方面，朝野一致认为刘晏冤枉；另一方面，此案只是杨炎及庾准的一面之词。

当年的密谋因为久远且物是人非而无法查证，似乎还情有可原。可今日的那书信，为什么不昭告天下？而正因为在查无证据之下，就能赐死朝中大臣并草草结案，使得人人皆惊。

尤其是和朱泚一样的节度使——即便今天没有处置朱泚，但谁能保证下次不用这样的手段来对付这些节度使呢？因此，就连与此事毫无关系的李正已，此时也上表指责朝廷，为刘晏鸣冤，甚至连德宗一手提拔的首相崔祐甫也反对处死刘晏。

毋庸置疑，杨炎要置刘晏于死地，原因不外乎党争。提起唐代党争，大多指向此后的牛、李之争，但那只是极端的典型例子而已。其实，帝国时代的党争无处不在，昔日的褚遂良与刘洎（jì）、李林甫与李适之，难道不是党争吗？

问题是，杨炎就真的能置刘晏于死地吗？显然，这一定是德宗的决定。可德宗为什么要处死刘晏？

单纯的党争何至于死罪？而且作为掌控唐朝财政数十年的财相，在没有任何所谓审讯的情况下就被赐死，这恐怕是在武则天时代也没有过的事情。况且武则天时代的酷吏也是要有审讯流程才能定死罪的。

何况当年独孤氏立后及扶立韩王李迥为太子之事，参与密谋的黎干及刘忠翼已经被德宗流放后赐死。如此大案，当时都没有牵连刘晏，可见他与此案并无关系。

再者，庾准是杨炎一手提拔，两人一丘之貉，先后弹劾刘晏谋反，德宗竟然没有觉得蹊跷吗？关键是，刘晏是勾结节度使朱泚谋反，不查朱泚，先杀刘晏，也曾为天下兵马元帅的李适，会不知道藩镇出身的朱泚如果谋反，会对大唐造成什么样的影响吗？

唐德宗李适的这种匪夷所思的举动，还表现在将常衮（gǔn）罢相一事上。如果将两者相结合，能不能找到他做出如此举动的真正原因？

常衮是唐代宗留给儿子的大唐宰相，但德宗刚一登基，连父皇的丧事还没办完，就将如此重臣贬放外地。

区别于之后的嘉庆与和珅，德宗与常衮之间并无太多交集，也未见二人之前在政治上发生过冲突。而且常衮被贬的原因也颇为蹊跷——欺君罔上。那么，常衮是怎么“欺君罔上”的呢？

事情的起因是常衮和中书舍人崔祐甫的争执。二人在代宗时期就政见不合，还为吏部铨（quán）选之事发生过不少冲突。代宗治丧期间，按礼制规定，群臣应早晚各哭十五声。但常衮受代宗拔擢之恩，哭起来难以自制，显然不太体面。

其实这就像当初的武士彟（yuē）因李渊死去而哭得昏天黑地，最后吐血而死。李渊与李世民的微妙关系众所周知，因此武士彟的哭法显然另有所指。但即便如此，李世民还是派出了“不绝于道”的御医为他诊病。

但此时德宗名分早定，不说代宗和德宗的父子关系不像李渊父子那般微妙，就连玄宗父子那般的尴尬也不存在。而且即便在代宗晚年，有人试图动摇李适的太子之位，代宗在如此宠爱独孤氏的情况下，也没有更换太子的想法。

如果说就连代宗本人的皇位，当初都还存在所谓建宁王李倓（tán）及张皇后的威胁的话，那么德宗的皇位可谓大唐开国至今最没有悬念的一个。这样的儿子，怎么会对父皇不满？有大臣表达自己对先皇的哀思，就算有些过分，至于遭贬吗？

崔祐甫指责常衮哭丧不合礼制，常衮就指责崔祐甫擅改治丧制度。常衮建议将崔祐甫贬为潮州刺史，德宗将其改为河南少尹。但在将正式文件上报给德宗时，他却说常衮违背流程，欺君罔上。

唐德宗不但将崔祐甫召回，更是授予他门下侍郎、同平章事的官职。与之相反的是，德宗下诏把常衮贬为河南少尹。回到长安后的崔祐甫，又被改任为中书侍郎。而常衮被一贬再贬，人还没到河南，就又被改为潮州刺史；不久，又被改为福建观察使。

唐德宗李适这一连串操作，当真令人目不暇接。让他如此震怒的常衮，难道真的欺君罔上吗？

按工作流程，贬谪崔祐甫的诏令需要所有宰相签名。但按惯例，对于这样的事情，像郭子仪、朱泚这样被冠以宰相头衔的人，都是由当值的常衮代签的。因为军人为相，本来就只是名誉职衔，而且军人也不宜过多插手宰相事务。

这本来就是约定俗成的事情，年近四十、多次代为监国的李适，会不清楚这点？而且将崔祐甫从潮州刺史改为河南少尹也是他的主意。但以此给常衮定罪，郭子仪和朱泚又能怎么说？只有说他们也不同意贬谪崔祐甫。

从如此急迫地处理常衮，到刘晏被杀，这怎么可能不与德宗的执政理念、方略及措施相关？

安史之乱结束已经十六年，而代宗的隐忍和制衡策略的效果显然不理想。藩镇拥兵自重，吐蕃虎视眈眈，朝廷奢靡贪腐，经济举步维艰……这样的局面，作为储君的李适，可能看得更为清晰。此时，他最可能做的，就是彻底改变之前的路线。

“破”容易，“立”很难

可抛弃了宦官集团，唐德宗还能依靠谁呢？军人自然不可信，兵连祸结、藩镇林立，不都是那些军人的杰作吗？一个郭子仪，显然不能改变德宗对军人的忌惮。

依靠文臣吗？那为什么德宗要如此对待常衮与刘晏等人？从能力品行来看，这两人不但不是什么大奸巨恶，相反还能力出众。正因为实在太过莫名其妙，所以后世的人们对此众说纷纭。

罢常衮而任用崔祐甫，难道是因为德宗把目光投射到了门阀世家身上？毕竟崔祐甫出身世家大族，而常衮起于微末。但做出这样的判断，显然是把个例看成了趋势。

德宗朝二十五年，任用的宰相多达三十五位，但这些人并不都出身门阀世家，即便崔祐甫出身世家，其本人也是进士及第后进入的官场。科举制完善至此，仅以所谓门阀世家的身份，不但会缺少晋身之阶，也缺乏理直气壮的基础。

就不说在李世民及武则天的治理下，门阀世家早已逐渐凋零，就算以此出身能够跻身朝廷，为什么非要放着敞开的科举之门不走呢？不经此道，哪来为政的底气？经由此道，还分什么世家、寒门？

从这件事情的本身来看，德宗不也是先贬崔祐甫，再贬常衮吗？而且，之后德宗评价崔祐甫、杨炎、卢杞（qǐ）及李泌等四位宰相时，也是从他们的个性特征、行事风格上入手的。因此，没有任何证据说明德宗在意他们的出身。

显然，德宗并没有寄希望于依靠所谓的门阀世家。就像关陇集团一样，门阀世家作为一个概念的提出，既便于表述，也便于研究；但作为一种势力，它早已失去了对朝局的把控。此时依靠世家，不就像要去依靠关陇集团一样异想天开吗？

从先杀刘晏，就能看出德宗宠信杨炎吗？那后来杀杨炎，又说明了什么？有人把刘晏与杨炎被杀合起来研究，得出这是所谓“传统的统筹办理与新型财政的冲突”。

这种所谓从结构性的逻辑入手，冠以理性、专业之名，去归纳演绎而推理出来的结论当然非常有价值——它的价值在于虽不“惩前”，但未必不“毖（bì）后”。前事成烟，浩渺往事的成败得失之根源，怎么会没有事物本身的矛盾冲突？以此警示后人，也为之后的问题解决提供了新的思路和视角。

但回到刘晏与杨炎被杀的原因，这样的解释显得力不从心。很简单，所谓“传统的统筹办理与新型财政的冲突”，不仅没有大到要清算责任人的程度，刘晏的政策还做到了“官用足而民不困”。而且两人的被杀，都不是因为经济政策；相反，他们无一例外被冠以“图谋不轨”的罪名。

更重要的事实是，刘晏被杀之后，大唐很快就陷入了财政危机。为了搞钱，后来的唐德宗可谓厚颜无耻：他派宦官到各地公开索取，号称“宣索”；甚至派人到集市上直接掠夺，号称“白望”。离开了刘晏，大唐的财政矛盾显然不是被平息，而是被激化了。

因此，想要揭示其原因，还要回到所谓“道德人格”的层面。帝王本就不是理性的产物，用理性去分析他们的所作所为，无疑有隔靴搔痒之嫌。所以，以所谓理性与逻辑的研究成果去警示后人可以，去揭示具体的原因则不行。

此时的德宗，对常衮、对刘晏之所以要如此“快刀斩乱麻”，目的就是要推翻代宗留下的一切制度，消除前朝的一切影响，立即开始自己的新政。但从他对常衮与崔祐甫左右摇摆的选择中也能看出，他本心并无定见——德宗的方略只是全盘否定后，开始自己的一往无前。

为此，他在代宗大丧期间就贬谪宰相，不经审讯就处死刘晏。如此急迫，以至连处理的理由都不能令天下信服，手段更是猥琐龌龊。唐德宗道德败坏、人品卑劣甚至到了不顾帝王体面的程度。这样的皇帝、这样的为政，能匡扶社稷、拯救黎民吗？

一场生动的“教学课”

即位之初的唐德宗李适，严刹奢靡贪腐之风，严禁宦官干政。因崔祐甫病故，任用杨炎为相，改行“两税法”，大唐朝廷焕然一新。

以“强明自任”的德宗，旋即开始了自己对军事的整顿。他从神策军开始，将执掌禁军十余年的王驾鹤罢职，任命白志贞为神策军使。

对于郭子仪，德宗一方面提高其名誉地位，不但将其尊为“尚父”，而且加太尉兼中书令；另一方面又夺其兵权。郭子仪所辖各地，由他的部将李怀光、常谦光、浑瑊（jiān）等分领节度使。同时，德宗召“恃地险兵强，恣为淫侈”的西川节度使崔宁入朝，将其留居京师。

建中元年（公元780年）二月，德宗任命十一位黜（chù）陟（zhì）使分道巡查全国各地。河北黜陟使洪经纶来到魏博镇。当他听到田悦拥兵七万时，惊讶于为何要养这么多兵，并疑惑朝廷财政不是还捉襟见肘吗？于是，洪经纶大手一挥发下军符，要求裁军四万。

这其实就是德宗急于全盘否定前朝政策的隐患之一。我们来看看他用的人，以洪经纶为例，他仅因为财政紧张，就因藩镇兵多将广而惊讶，而且只用一张军符就企图裁军四万。军事问题真要如此简单，代宗为什么还要忍受他们的跋扈？

顺利登基看来也不全是好处——未经历惨烈的夺嫡之争就骤然大权在握的德宗，在自己一展抱负的想法的驱使下，期盼着励精图治，于是眼空四海、睥睨天下，顿感唯我独尊，只想大刀阔斧地改革。

在这种情况下，越是以天下为己任，就越容易对自己的改革孤芳自赏——没有任何阻力和羁绊的所谓整顿，自然是所向披靡、一往无前；在这个过程中，所有的问题，必将迎刃而解——这就是德宗的心声。

我们不能否认德宗力挽狂澜的责任感和热情，就连他所起用的人，也是如此斗志昂扬。然而他可能忽略了，任何事物都有其自身的发展规律，一切改革都必须符合这一规律。

对前朝的全盘否定，本身就打断了传承；如果再如此急躁，无疑会模糊对前景的判断。看看田悦给李适上的那一堂生动的“教学课”，二者的差距一目了然。

田悦接过军符，表示自己一定会听从指挥，然后马上着手筹备裁军事宜。洪经纶走后不久，田悦就召集这些朝廷要裁减的士兵，开始了他慷慨激昂的演说：“你们长期在军中服役，上有年迈双亲需要奉养，下有妻子儿女需要照料。现在奉朝廷之命裁军，你们拿什么养活父母妻儿呀？”

下面人群中哭声一片，可谓惊天动地。“不用悲伤，我会拿自己的家财供养你们，你们安心回到军营吧！”一番操作下来，这军队究竟姓田还是姓李？为家还是为国？结果不言自明。

“老而黠（xiá）”的田承嗣不传子而传侄，被他选中的田悦自然能有把洪经纶这样的人玩弄于股掌之中的本事。而成德节度使李宝臣，显然没有田承嗣的远见和明智。

为了保证自己的儿子李惟岳能够顺利接班，自知将不久于人世的李宝臣为儿子保驾护航，居然在一天之内连杀了自己的十余名将领——然而，历史反复证明，这样的做法往往会适得其反。

除非真能算无遗策，否则这样的杀戮总会有漏网之鱼——此时的漏网之鱼，便是王武俊和张孝忠。其实，王武俊与李宝臣还是儿女亲家——李宝臣的女儿嫁给了王武俊的儿子王士真。而张孝忠是在自己敏锐的判断下，坚守在自己易州刺史的岗位上，无视李宝臣让他到恒州议事的传唤，直至将其耗死，才得以保命。

公元781年正月初九，李宝臣过世。李惟岳自称成德节度留后，又上奏大唐朝廷，请赐节度使旌节。魏博节度使田悦、淄青节度使李正己都上书声援李惟岳，目的就是促成这种“父死子继”的制度。

彼时，河北三镇及淄青镇的节度使俨然已是终身制，朝廷无力更换节度使的局面在德宗看来也是前朝往事——在他的时代，十一位黜陟使的分道巡查，难道都没有让这些节度使警觉朝廷的意图，还在做什么世袭的春秋大梦？

同洪经纶一样，德宗也是大手一挥：“不同意。”洪经纶的裁军不但没有被实施，反而使魏博军彻底效忠了田悦。德宗拒绝任命李惟岳为节度使，不仅没有削弱李惟岳的权力，反而使魏博、成德、淄青与山南东道四镇结成同盟，一致对抗朝廷。

恰在此时发生了一件事情，使朝廷与四镇之间的矛盾彻底被激化。德宗让永平军节度使李勉重新修建汴州城，作为漕运的枢纽。汴州城太过狭小，扩建原是应有之义。可没想到，李正己把这看作进攻自己的信号，即刻派军一万驻守曹州（今山东菏泽），防备朝廷的突然袭击。

田悦看到李正己未雨绸缪，也立刻修葺（qì）魏州城墙防御朝廷，同时联络李惟岳、梁崇义二人，起兵反叛。

第二章
四镇之乱

各怀鬼胎

首先发起进攻的田悦，派康愔率军包围邢州（今河北邢台），自己则统兵数万，包围临洺（今河北邯郸永年），以援助李惟岳为名，实为侵占昭义之地。

四镇之乱的帷幕就此正式拉开。

德宗接到昭义节度使李抱真的上报后，立即派李晟（shèng）率领神策军、马燧（suì）率领河东军，增援李抱真，讨伐田悦。

唐军首战告捷，在临洺大败田悦。

但恰在此时，节度使李正己突然病死。他的儿子李纳秘不发丧，并利用这段时间掌控了淄青的军政大权。面对田悦的求救，李纳派了一万人，李惟岳也派出了三千人驰援。同时，德宗也紧急征调河阳节度使李艽（jiāo）北上增援，三路唐军会师在漳水之滨。

此时，幽州节度使朱滔和淮西节度使李希烈，主动表示要为朝廷分忧解难。于是，唐德宗就将征讨李惟岳和梁崇义的任务分别交给了他俩。

田悦派部将王光进沿漳水修筑城墙防守长桥。不能从长桥渡河的唐军，在马燧的指挥下从上游截流漳水，从下游泅（qiú）渡到对岸。两军对峙，田悦叛军坚守不出，以待唐军粮草不济。而此时，马燧将主攻方向转到了田悦的老巢——魏州。

孙膑围魏救赵的故事，在这里“变换个题型”再次上演。马燧大张旗鼓地向魏州进发，留给田悦的“选择题”也很简单：你救不救？救，就此决战；不救，就攻打魏州。

老巢岂能不保？犹豫再三的田悦，挥军踏上浮桥，追击唐军。早有准备的唐军烧毁浮桥，转头便杀向毫无退路的叛军。唐军此战斩杀叛军两万多人，落水淹死的叛军尸体横陈，连绵三十余里。

仅带一千多残兵逃回魏州的田悦，遭遇了当年史朝义的窘况——来到魏州城下时，田悦怎么也叫不开自己家的城门。难道又出了一个李怀仙？没错，驻守魏州的大将李长春决意向大唐投降，而田悦的人头就是他的投名状。

但唐军并没有像当年追击史朝义那样，将田悦追至魏州城下。这是为什么呢？显然，又是一出彼此猜忌、相互观望的闹剧。

当年，河阳三城使马燧和怀州刺史杨鉥（xǐ）同为昭义节度使李抱真的属官。当时杨鉥获罪，要被李抱真正法时，逃到了马燧那里。马燧不仅收留了他，还上奏称杨鉥无罪。而朝廷和稀泥的做法，也使得李抱真与马燧从此结怨。

李长春在魏州翘首以盼，唐军却因陈年旧怨，在推诿扯皮下，各自裹足不前。所以不是大唐没有机会解决问题，这个足以改变唐王朝百年国运的千载良机，就在这样的内耗中悄然而逝了——他们要是知道魏博藩镇将一直影响之后的五代十国，不知道会作何感想。

历史机遇转瞬而逝，哪有重来的机会？没有唐军，李长春岂能坚守魏州？进城后的田悦先杀李长春，再重赏手下将士，虽元气大伤，但也保住了根基和老巢。

为征伐四镇叛军，幽州节度留后朱滔也驻军莫州，准备讨伐李惟岳。但张孝忠驻守易州，朱滔不敢轻举妄动。张孝忠勇武过人，原为安禄山部将，降唐后在李宝臣麾下任易州刺史。

为劝降张孝忠，朱滔派判官蔡雄对其进行游说，言明此时降唐恰逢其时。昔日李宝臣大开杀戒时，张孝忠就意外逃脱；如今李惟岳反叛，他更是感到前景渺茫。于是，张孝忠决定派人到京城进献降表。

这就是李宝臣企图通过杀戮为儿子接班铺平道路，不但没有成功，反而被反噬的具体表现。不仅如此，这种行为的恶果还在继续。

朱滔立即将此事上奏朝廷，德宗大喜，任命张孝忠为成德节度使。此后，朱滔、张孝忠二人合力攻占束鹿（今河北辛集），围困深州。

唐军之所以连败成德叛军，就是因为叛军先锋王武俊出工不出力。因为他清楚地知道，李惟岳如果战胜唐军，声威大震，回去之后就是自己的死期——或者此时的他，更想取李惟岳而代之。

可见，无论是叛军还是唐军，其内部都是矛盾重重。军事上的胜败往往关系着政治上的地位、经济上的利益，以及个人的恩怨情仇。其间，比的不是谁更英明，而是谁能够少犯错误，谁就能成为最后的胜利者。

成德镇自我了断

就在朱滔一路势如破竹，准备乘胜一举攻占成德镇老巢恒州时，张孝忠却率军转向西北，驻扎义丰（今河北安国）。朱滔对此大为震惊，以为张孝忠反水。对于此举，甚至连张孝忠的部将都感到不解。但张孝忠对此的解释是："你们就坐等李惟岳的覆灭吧。恒州城坚将广，逼迫太紧，必奋死抵抗，缓和之下，他们就会自相图谋。而且，朱司徒（朱滔）见识短浅，与他合力攻城，必不能善终。"

不得不说，张孝忠确是将才，不仅勇武，还颇具头脑，更有识人之明。在这一战争阶段，分化瓦解应当作为另一有力手段。因为当下的形势，确实具备“不战而屈人之兵”的基础和条件。

果然，李惟岳手下的将领康日知率先归附朝廷，并献出赵州。李惟岳立即派王武俊与卫常宁率兵征讨康日知。李惟岳为什么将王武俊放虎归山？此时的情况与昔日曹操放走刘备不同，那时曹操可能因被刘备蒙蔽而一时大意，也或者是为了招揽人心而有意为之，但无论如何，那时的曹操即便放走刘备，后果也不会严重到立竿见影。

但今天的情势完全不同，李惟岳不想，或不敢让王武俊领兵在外——甚至李惟岳当时就有杀了王武俊的想法。但如此勇武之将，与自己又有姻亲关系，且名义上是父亲留给自己的可用之人，不用他还能用谁领兵退敌呢？

鉴于此，李惟岳索性“将信任进行到底”。他不但让王武俊领兵在外，还让他的儿子王士真带兵驻守军府，保护自己。

李惟岳如此安排，从结果来看当然错了。但如果再给他一次机会，他又能怎么做呢？他难道能杀了王武俊吗？谁能保证此时还有人比王武俊更加忠心？康日知不是就反叛了吗？

李惟岳懦弱无能是事实，但形势使然、无力回天也是事实。此情此景，犹如当年的李密，远见才干、智慧谋略远超李渊的他，即便对不能先占洛阳有过那么透彻的分析，不也在进攻洛阳时折戟沉沙了吗？此后，他不得不用一场接一场的胜利来鼓舞士气，来稳定形势。

如此乱局，所谓的形势就是胜利，就是光明的前景。否则，士气低落之际，部下一定会离心离德、各奔前程，内乱显然远比强敌可怕，这就是没有所谓“子弟兵”的结果。而李宝臣的大肆杀戮，早已割裂了其内部的情感纽带，所谓的向心力早已不复存在，等待他的就是但凡风吹草动，立刻天翻地覆。

李惟岳如此决策，结局便已定。当李惟岳派谢遵前来督战之时，王武俊和卫常宁趁机策反了他——其实他还用策反吗？亮明态度之后，谢遵当即表示，自己盼这一天太久了。

李惟岳无疑非常可悲，但这并非他一人之错：能力有大小，无可厚非；资历需历练，不可急躁。特殊的节点，父死子幼，实属天灾。如果他确是这块材料，如此乱世，低调成长之后，未必不能脱颖而出。但作为父亲的李宝臣，对儿子揠（yà）苗助长，无疑就是人祸。天灾尚情有可原，人祸就是咎由自取。

李惟岳的结局，难道没有警示作用吗？

领兵在外的王武俊和卫常宁，统率军府警卫部队的王士真，再加上内应谢遵，李惟岳哪里还有活路？谢遵与王士真假托李惟岳之命打开城门，王武俊和卫常宁率军从容开进恒州城。

缢杀李惟岳之后，王武俊等人随即将他的人头传送京师。深州刺史杨荣国（李惟岳姐夫）见大势已去，就近投降了朱滔。朱滔的起兵本就是趁火打劫，意在扩大地盘，如今得到深州，也是喜不自胜。之后，李惟岳手下的定州刺史杨政义也投降了朝廷。

嘈杂的大唐朝廷

此时，淄青镇内部也矛盾重重。徐州刺史李洧（wěi）（李正己堂弟）在彭城（今江苏徐州）县令白季庚的劝说下，亦决意归顺朝廷。

他派崔程携表章前往京师长安，作为归降的交换条件，他的诉求是能够担任徐、海（今江苏海州）、沂（今山东临沂）三州观察使。他的理由看来也很充分：一是徐州无力独自抵抗李纳；二是海、沂二州，目前还被李纳占据，但李洧早与两州的刺史王涉、马万通商定，只要得到朝廷的诏书，他们就献城归降。

这种送上门的好事，大唐朝廷为什么没有同意呢？当然又是老生常谈的原因。崔程久在藩镇，哪里会明白大唐朝臣之间错综复杂的关系？他按李洧的要求，先口头将此事汇报给宰相。结果阴差阳错间，他先遇到了宰相张镒（yì）。然而此宰相并非彼宰相，宰相卢杞得知崔程不首先向自己汇报，即认定他是轻视自己，因此决意阻挠此事。

就这样，李洧担任三州观察使一事被卢杞搁置——事关战事进程，影响战局走向，甚至决定藩镇命运的大事，就在卢杞这样狭隘且龌龊的运作下时机渐逝，海州和沂州也因此未能趁机回归大唐。就是徐州，若不是李洧率领一千余人死命坚守；若不是宣武节度使刘洽、神策都知兵马使曲环、滑州刺史李澄及朔方大将唐朝臣的共同援救，也不能脱离淄青镇的控制，江淮漕运也不能得以恢复。

之后，卢杞这样的行为继续上演，大唐朝廷的失误也没有停止。但即便如此，大唐朝廷依然有亡羊补牢的机会。

唐军在刘玄佐（原名刘洽）的率领下，一鼓作气攻下了濮州外城，将李纳的老巢濮州城团团围住。此时，坐困愁城的李纳也学会了昔日田承嗣“打不过就降”的那一套策略。

事后来看，李纳的归降确实能够使河南的战事迅速平息，但此时如果一鼓作气攻下濮州也没有错。因为昔日的田承嗣、今日的李纳之流，哪有真正的归附之心？反复的叛乱也终是祸患。

事实上，德宗之所以采纳宦官宋凤朝的建议，理由无非就是趁敌山穷水尽之机将其斩草除根。德宗采纳这样的建议也在意料之中，毕竟以强明自任的他，怎会放过这样的大好时机？

但这里也存在两个问题：一是看建议是谁提出来的，二是看对提出的建议有没有辩证地思考。前者并非质疑宦官的身份，而是强调深入一线人员的意见，因为一线人员不仅最清楚形势走向，而且作为直接参与者，他们的态度和倾向很大程度上决定着成败。像昔日的赤壁之战，正好是文官主降、武将请战，如果相反，结果将会怎样？后者则是说，凡孤注一掷或言之凿凿的建议，非特殊情况之下，都要审慎对待。为什么好的建议都分上、中、下三策？这不是故弄玄虚的杜撰，历史上真实的案例俯拾皆是，像当年的李密就向杨玄感提出了上、中、下三策；西汉时期的贾让，也对治理黄河提出过上、中、下三策。他们这样的提法，就是针对某一问题，在做出全面的考察及思考之后，从不同角度提出不同的应对措施。至于最终采用什么策略，则是根据形势和资源的匹配情况、对投入和产出的诉求及对结果的承受能力进行综合评判后得出结果。

所以，对宦官提出的务必斩草除根的建议，即便采纳，也要谨慎地分析：如果相反，会有什么结果？接受李纳的归降，难道以后就没有手段节制他吗？而那时的节制，会不会成本更小呢？如果不接受，还要注意哪些方面的问题？“狗急跳墙”之下，哪一支力量会成为平叛的中坚力量？又要防止谁去趁火打劫？

德宗的操作正好相反——他一如既往地大刀阔斧：设立河阳节度使，管辖怀州和河阳三城等地；从永平镇划出宋州、亳（bó）州和颍州，设立宣武镇。以此永平、河阳及宣武三镇对魏博、淄青及淮西进行了战略分割。

用藩镇去对付藩镇；藩镇数量不够，就再设立藩镇。

德宗的平庸之处就表现在，认为自己之前不能大展宏图，只是因为没有大权在握。在他的心中，大权在握之后，自己的一切整顿都会完美地契合历史的节拍。但他根本不知道，他在意的仅仅是自己的控制力——而且是暂时的、目前的控制力。

对藩镇进行如此的拆分整合，虽然暂时能够使其得以节制，但藩镇本身并没有被遏制，相反还得以发展。唐德宗的作为没有从汉武帝当年“众建诸侯而少其力”的角度，通过分拆而达到使其消亡的目的，而是像李林甫当初重用“寒族胡人”一样，任其发展为不可控之势。

像宣武镇，此时唐德宗任命宋州刺史刘玄佐为首任节度使，就是这样一个开始仅仅三州之地的藩镇，却埋葬了二百九十年的大唐帝国。而精准把握具体灭亡唐朝时间的，正是宣武镇最后一任节度使。

德宗似乎对藩镇的拆分整合特别着迷。完成河阳及宣武镇的设立之后，在围攻濮州的紧要关头，他一纸诏令，又开始了他拆分整合的游戏。

没有进击魏州城，失去了剿灭魏博的机会；没有答应李洧的诉求，保存了李纳的实力。如今围困濮州，大唐还能抓住机会吗？

显然不能。不仅不能，还由此掀起了惊天巨浪——大唐再次陷入战火纷飞的局面。此次战乱的危害及混乱程度，一点不亚于当年的安史之乱。

安史之乱时，全国大部分地方还奉唐朝为正朔。到了唐德宗时期，唐朝皇帝却再也没有之前的掌控力了。可这怪谁呢？

四镇之乱，唐军几次曙光显现，几次胜利在望，无一例外地功败垂成、功亏一篑。遗憾吗？其实哪有什么差一点就成功的事情，有的只是“行百里者半九十”，有的只是“差之毫厘，谬以千里”。

德宗一朝的作为，只说明了他实在配不上“太平天子”的称谓。

“封赏”种下的祸根

建中三年（公元 782 年）二月十一日，距离唐德宗下诏讨伐魏博、成德、淄青、山南东道四镇刚刚过去大半年时间。李惟岳、梁崇义身死，李纳决意归降，就算负隅顽抗的田悦，在德宗看来也只不过是强弩之末。

于是在这一天，德宗迫不及待地要封赏有功将士——与其说是封赏，不如说是展示自己的权威，而且展示得趾高气扬、盛气凌人。

德宗的封赏是：撤销成德节度使，将其辖区一分为三，张孝忠为义武节度使，下辖易、定、沧三州；王武俊为恒冀都团练观察使，下辖恒、冀二州；康日知为深赵都团练观察使，下辖深、赵二州；而原属淄青镇的德州及棣州，划归朱滔管辖。

这样的封赏，可能除了人微言轻的康日知能够勉强接受之外，人人都有不满。

即便张孝忠也很难满意。降唐之初，张孝忠明明就被任命为成德节度使；胜利在望时，却被夺去三分之二的地盘，而且沧州与易、定二州并不接壤。他能满意吗？

朱滔接到诏书，曾一度认为是自己看花了眼；再次上书确认后，才明白朝廷决意如此。于是，他拒不奉让其还镇的诏令，驻军深州不走了。

朱滔认为自己占领的深州与幽州接壤，理当划归给他。而淄青镇的德、棣二州距离幽州很远，对他来说实际上相当于两块“飞地”。

王武俊可能比朱滔更加愤怒——仅仅管辖恒、冀二州不说，两州还互不相连，中间隔着康日知的辖区。冀州，也成了他的“飞地”。而且，诛杀李惟岳的王武俊认为，剿灭成德镇，自己当为首功，可如今仅仅被封都团练观察使，反而与寂寂无名的康日知平起平坐。

拆分藩镇，降低官职，划归“飞地”……德宗这是在封赏他们，还是在羞辱他们？这样的小聪明，如果寄希望于他们看不出来，那只能说明德宗的愚蠢。如果摆明就是要欺负他们，那这样做又有什么意义？

难道真的以为现在还是“君叫臣死，臣不敢不死”的时代吗？难道德宗真的以为唐代宗的忍让妥协，纯粹只是懦弱无能吗？难道他真的以为只要自己雷霆万钧，立刻就会玉宇澄清了吗？

德宗难道不知道剿灭成德镇，是李宝臣的功劳吗？没有清除魏博镇，难道是没有看出问题出在哪里吗？他难道不担忧淄青镇死灰复燃吗？

意气风发的德宗李适，哪有工夫考虑这些问题？他只想将他的志得意满进行到底。坐镇长安，千里调控的德宗，又一纸诏令，让王武俊送朱滔三千石粮，送马燧五百匹马。

至此，以强明自任的唐德宗李适完美地做到了“以身饲虎”——他不但成功地解救了李纳、田悦，而且义无反顾地将自己置身于水深火热之中。

田悦、李纳、朱滔与王武俊等人岂能放过这样的机会？四方再次结为同盟。

可笑的是，此时的德宗还在征调幽州、恒冀与义武三镇的部队，前往魏州讨伐田悦。王武俊趁机扣押了朝廷的使臣并送给朱滔。朱滔集结军队南下，驻扎在宁晋，王武俊率军与朱滔会师后，南下驰援田悦。

河北战局突变，德宗不得不征调朔方、邠（bīn）宁节度使李怀光，让他前去增援李抱真与马燧。初来乍到的李怀光不知是立功心切，还是根本就没有把朱滔、王武俊放在眼里，他不顾劝阻，即刻出战。

急躁与鲁莽此时像瘟疫一样蔓延在大唐朝廷。在德宗的带领下，前有文臣洪经纶，后有武将李怀光。这就是“只争朝夕”吗？这分明是送死！只可怜了大唐将士。

朱滔的幽州军不知是不堪一击，还是诡计多端，不但一触即溃，而且逃走时丢下了大量财物。就在朔方军哄抢这些财物时，王武俊率两千精锐将朔方军拦腰截断，而逃跑的幽州军此时也精神抖擞地转头加入了战斗。

此战，朔方军死伤无数，尸体都堵塞了永济渠，使“水为之不流”，其状甚惨。而朱滔又引永济渠水入王莽故河［名北渎（dú），因王莽时水绝，故名王莽河］，以绝唐军粮道与归路。第二天，唐军营帐外的水足有三尺多深。

马燧无奈，只能卑躬屈膝地向朱滔道歉，并信誓旦旦地表示：

“只要让我们返回本道，我们就上奏朝廷，将河北事务全权委托给你处理。”

马燧这样的话朱滔竟信了，怪不得张孝忠当初说朱滔见识短浅。王武俊苦劝无果后，也不得不感叹朱滔确实是难成大事。也正因为此，陷入绝境的唐军有了一线生机。

其实这也不能全怪朱滔。当初他到长安时，对京城的雄伟是何等神往，对君王的威仪是何等敬仰。联想到他哥哥朱泚，死都要被抬到长安，那时的他们何曾想过反叛。但随着朝廷的真实面目一点点浮现，心灰意冷之下，他的野心也不断膨胀。然而其内心对朝廷的神往和敬仰，怎么可能就消失得无影无踪？这可能就是朱滔“难成大事”的核心原因吧。

然而，唐军并没有返回本道，而是涉水向西，驻防魏县（属魏州，今河北大名西）。一念之差放走唐军的朱滔，此时也醒悟过来——自己在政治上是何等幼稚！这也是他哥哥朱泚日后想称帝的原因之一。

竭泽而渔地搜刮民财

此时的大唐财政已无法支持这场战争，诸道军士出境作战，军费都由中央供给。而且按制度规定，兵在外讨贼，不仅能领取“本道粮”，还能领“出界粮”及“酒肉”。算下来，相当于平时的三倍工资。

此时每月的军费已经达到一百余万贯。钱从哪里来？财赋之臣被清除殆尽。卢杞构陷杨炎之后，为了搜刮钱财，不得不亲自上阵。于是，他把目光盯向了商人，办法是留给他们一万贯作为周转资金，多余的都要借给国家，以供军需。

这样的办法得到德宗的批准，并和这些商人约定，仗打完后再把钱还给他们。这也是没有办法的办法，按卢杞估算，此举可筹得的五百多万贯，能支撑大军将近半年的开支。

但这种办法操作起来引得民怨沸腾。显然，规定预留一万贯，够不够商人周转？又怎么知道他们剩余多少？强制缩小经营规模不说，甚至存在抄家的嫌疑。

果然，随着对长安城中商贾的搜刮，开始出现大量破产商户，甚至为此自杀的商人。即便如此，也不过仅仅得到八十八万贯。这所谓的"抄家"之财，哪里有凭据可言？又怎么会没有中饱私囊的现象？

这点钱，显然连一个月军费开支都不够。卢杞又上奏德宗——他又盯上了当铺和钱庄，规定只要是蓄积钱帛粟麦的账户，都要先借四分之一。此时不说百姓，就连官员也怨声四起，文武百官甚至堵着门向卢杞投诉。无奈的他，只好另择小路躲避。

此次，长安城百姓几乎都没有被放过，搜刮一遍之后，得到二百万贯的德宗，害怕激起民变，才叫停了这种抢劫式的政策，却也在京师长安把民心丢光了。之后逃出京城的他，还会不会像肃宗时那样，能让百姓盼着他早日收复长安呢？反复遭受蹂躏的长安百姓，还会不会以"大唐子民"的身份为荣呢？

德宗不但搜刮关中百姓，天下百姓他都不放过。不久，德宗下诏增收各道百分之二十的税赋，同时又将每斗盐的价格一律增加百钱。此时的大唐朝廷，无疑在竭泽而渔。

拿着如此搜刮来的钱财，德宗能扭转河北的战局吗？

大唐这边可谓出动了所有精锐。最开始，德宗就派出了由阳惠元率领的三千神策军；战斗打响后，又派李晟率神策军精锐参战；救援徐州时，再派神策都知兵马使曲环和朔方大将唐朝臣前去支援；现在，李怀光的朔方军主力也被调出来了。

加上马燧的河东军、李抱真的昭义军、李艽的河阳军，以及李勉的永平军、刘玄佐的宣武军，可以说除了凤翔的幽州系士兵以及泾原的四镇及北庭系士兵没动之外，大唐所有兵力都投入了战场。

财源枯竭，兵力匮乏，其实这时的关中已经存在巨大的隐患。好在前方战场已经进入相持阶段——很明显，双方都有点打不动了。此时，马燧与诸军涉水向西退保魏县，而朱滔、王武俊、田悦三镇军屯于河东，李纳退守郓（yùn）州（今山东泰安东平）。

其实当时还有一支部队一直按兵不动，那就是张孝忠的义武军。朱滔曾晓以利害，使其降唐；如今朱滔反叛，再次拉他入伙时，张孝忠却不为所动。从张孝忠的态度和行为，也能看出当时仍然存在一批人不为形势所动，坚定地追随大唐。

改变战局的一场大病

就在战事胶着之际，神策行营招讨使李晟请求以所率之兵，北解赵州之围，与张孝忠共同出击图谋范阳。这是一着险棋，显然有些激进，但不得不说也是一步好棋。

直捣朱滔老巢，这不就是当年李泌向身在灵武的肃宗献上的方略吗？而且从目前的局势来看，围魏救赵以打破目前的僵局，也是上策。因为这里面有两个前提：一是反攻对大唐有没有利，二是范阳可不可取。

首先，旷日持久的对峙空耗军需，又给敌以喘息之机；更重要的是，不能迅速平定叛乱，必定助长叛军气焰，声势舆论也会偏向叛军。因此，无论以什么方式，朝廷所要做的就是尽快平息战乱。

而且，此时的唐军已处于推诿扯皮、消极怠工的状态，形势与当年的邺城之战颇为类似，数路人马先后投入战场，没有元帅居中调度，各自为战之下，难免有停战观望之举。德宗的所谓封赏，又如此令人心寒，谁会去拼死一战？

但如果直取范阳，必定打破目前微妙的平衡，朱滔回军之际，唐军趁势反攻、前后夹击，未必不能平叛。

那能够攻下范阳吗？这就要分析当时的军情民意。直取范阳，用的是神策军与义武军，这两支部队一个是机动灵活的突击队，另一个是起防御作用的后备队。然而事实上，他们都没有主攻的任务，所以分兵取范阳不会对目前的战局造成太大的影响。

再看范阳。当初朱滔起兵反叛时，面对他慷慨激昂的战前动员，范阳的将士默然以对。即便他用所谓的霹雳手段一连诛杀数十位大将，将士们还是不愿跟他造反。最后在他所谓“荣华富贵”的承诺下，范阳将士才勉强随他上路。

即便如此，当军至束鹿时，军队也差点哗变，当时的朱滔都吓得躲了起来。可见范阳作为安禄山曾经的老巢，饱尝叛乱之苦，唐军直指范阳，存在攻克的民意基础。

结果如何呢？

李晟自魏州引兵北进，直指赵州，王武俊的儿子王士真见唐军势大，便撤围而走。李晟与张孝忠两军在赵州会合后，北征恒州。他们在清苑（今河北保定清苑）包围了朱滔部将郑景济，决堤灌水攻城。田悦、王武俊派兵救援，双方会战于白楼。此战一直持续了近五个月。此时，田悦的魏博军也几乎全部集中在了恒州战场。

而唐军，李晟在内围攻郑景济，张孝忠在外与叛军作战。此时的战斗激烈到李晟的战马接连被流箭射中，张孝忠率军甚至一天要应付好几场战斗。

相比叛军源源不断的救援，唐军投入的兵力明显不足。恰在此时，李晟突发重病，甚至几次人事不省。可能德宗没有认识到李晟战略的重要，也可能军队因没有统一的指挥而支离破碎，总之，李晟的计划就这样付诸东流。

将李晟运回定州养病后，叛军也不再追击。等李晟病情好转，又要进兵时，天下形势已然大变——此时他要做的，不是平叛，而是勤王了。

所以，对于任何的功败垂成，盘根错节的缘由其实早就种下。看似不起眼的原因，却是怎么都迈不过去的高山大河。

德宗一系列的“运筹帷幄、千里调控”，不但使四镇扛过了风雨飘摇，而且增强了他们对抗朝廷的信心。为感谢朱滔的救援之恩，田悦与王武俊商议后，想奉朱滔为主称臣。但此时的朱滔显然不想把自己“架在火上烤”。

在幽州判官李子千、恒冀判官郑濡（rú）等人的建议下，他们决定效仿春秋战国时诸侯建国称王的模式：共建四国，称王但不改年号，筑坛同盟，背约者，众伐之。

建中三年（公元782年）十一月，朱滔、田悦、王武俊与李纳分别称冀王、魏王、赵王、齐王。朱滔等筑坛于军中，告天而受之，朱滔为盟主，称孤，王武俊、田悦、李纳称寡人；所居堂曰殿，处分曰令，群下上书曰笺；妻曰妃，长子曰世子；各以其所治州为府，置留守兼元帅，以军政委之；又置东西曹来做中书、门下省，左右内史做侍中、中书令，余官都换个名字，仿朝廷建制。

但如此建制，即便是过渡时期的产物，也能看出这哪里有逐鹿天下的气象？都说朱滔难成大事，看看这四个人的作为，又有谁能成大事呢？

连模式都要捣鼓到春秋战国时期，而且把自己定位为诸侯王，那不还是准备尊奉李家天子的意思吗？这样的模式早在秦始皇时期就废止了。帝国时代，即便是皇帝亲封的所谓诸侯王，有汉晋旧例可循，也难以善终。

所以这哪里是什么四王？分明是四个沐猴而冠的宵小之徒粉墨登场而已。

德宗怎么应对呢？他一方面加授李怀光、马燧同中书门下平章事；另一方面，任命淮西节度使李希烈兼任淄青节度使，全权负责讨伐李纳。同时宣诏：剿灭魏博，那里就是马燧的地盘；剿灭李纳，河南就归李希烈管辖。

又是加官晋爵，又是提前许愿，德宗也可谓方法用尽。那么，起到作用了吗？

此时的李希烈，率本部三万人马驻守许州（今河南许昌）。他不但没有进剿李纳，反而准备采用假途灭虢（guó）之计，以借道汴州到淄青赴任为由，趁机拿下汴州。只是在李勉的严加防备下，李希烈才未能得逞。

但看到四镇同气连枝、羽翼渐成之后，李希烈也不甘受朝廷节制，派人秘密联络李纳、田悦等人，阴谋造反。

有前车之鉴，此时的李希烈怎么会相信德宗的承诺？而且即便德宗能兑现承诺，李希烈的淮西镇与将要封给他的淄青镇，中间还隔着宣武和永平——又是一块“飞地”。德宗是不看地图还是故意为之？四镇造反的原因，他是丝毫没有总结过吗？

李希烈的态度和行为对于朱滔等四王来说，无异于救命稻草。因为此时孤军深入的朱滔和王武俊的军需粮草，只能依靠田悦的供应。争取到李希烈，无疑是他们翻盘的最好机会。

于是，河北三镇派人南下，共同推举李希烈称帝——他们当然希望李希烈能够把唐军吸引在河南之地，以减轻他们自己的压力。

建中三年（公元 782 年）十二月二十九日，更加无知妄为的李希烈自称天下都元帅、太尉、建兴王。公开反叛之后，李希烈旋即兵发汝州（今河南汝州）。

其实，李希烈觊觎汝州已经很久了。李元平受关播推荐任汝州别驾，到任之后的他立即招募劳工整修州城。那时的李希烈就派数百名兵勇，以劳工为名混入城中。此时兵临城下，里应外合，迅速攻占了汝州。接着，李希烈又攻取尉氏县，围困郑州城。

此时的德宗还寄希望于李希烈能够悬崖勒马。他问计于卢杞，卢杞不但不劝谏德宗打消这样的想法，还推荐颜真卿去劝说李希烈归降。

卢杞与颜真卿有过节吗？没有，不但没有，颜真卿对卢杞还有大恩。安史之乱时，卢杞的父亲卢奕在东都洛阳宁死不降，为叛军所杀，就是颜真卿帮其装殓发送。而且见到卢奕满脸血污，颜真卿不忍用衣服去擦，而是用自己的舌头将其舔净。按说如此大恩，卢杞不得以“结草衔环”相报吗？

要不说小人之心难测呢！面对颜真卿这样刚正纯良的老臣，卢杞自惭形秽之下，时常如坐针毡，必欲去之而后安。他用“以颜真卿的威望，去宣谕圣旨，不用派遣军队就能安定叛乱”的理由说服德宗，将颜真卿派到了李希烈的军营。

河北二十四郡首倡大义，传檄河北十七郡为国死难，安史之乱，颜氏一门死难三十余口，《祭侄文稿》天下洒泪，李适诏下之时，可谓举朝失色。

谁看不出来这是卢杞在借刀杀人？李勉上表说：“让一位元老去冒险，有辱朝廷名声呀！”走到洛阳时，洛阳留守郑叔更是劝颜真卿多住几天，因为他认为朝廷一定会改变想法，召回颜真卿。

然而颜真卿明白，这是君命，他怎能逃避这样的责任？留下“服侍家庙、抚育遗孤”的遗言后，颜真卿就来到了李希烈的军营。

劝降李希烈是不可能的，李希烈反而劝颜真卿投降。但颜真卿也说得明白：“痛骂安禄山而死的颜杲（gǎo）卿，是我堂兄。我活了八十多岁，只知道恪守臣节。朱滔、田悦等四人，原是四凶，怎配称四王？”

李希烈扣押颜真卿近两年之后，见大势已去的他，在蔡州杀害了颜真卿。

所谓颜真卿之运，即大唐国运。朝廷如此，颜真卿又怎可能偷生？“天不悔祸，谁为荼毒？”颜真卿早就发出了这样的千古之问，但谁能阻止大唐朝廷的人祸呢？

公元783年，攻克汴州的李希烈登基称帝。烽火狼烟之中，天下纷乱至此，就这么堂而皇之地称帝，这是竖起招揽四方英杰的大旗，还是竖起天下共诛之的靶子？

相比之下，朱泚的称帝还有所谓“拥戴”的成分，李希烈就是纯粹将自己架在了火山口。但无论如何，此时的天下又多出了两个皇帝、四个诸侯王。

德宗又该怎么应对呢？

亲自指挥的闹剧

建中四年（公元783年）正月二十一日，唐德宗李适任命左龙武大将军哥舒曜（yào）为东都、汝州节度使，前去讨伐李希烈，并诏命各道一同进军。

哥舒曜所率的神策军，可谓是关中仅有的军事力量了。

德宗在即位之初整合神策军时，将文官出身的白志贞提拔到了神策军使的岗位。此人最大的本领就是揣测圣意，由他坐镇禁军，充当帝国的仪仗队可以，真要上阵打仗，可就急坏了白志贞。

而且德宗不断征调神策军，白志贞不得不强征百姓入伍，使“贫者甚苦之，人心动摇”。此时的关中百姓可谓苦难深重，被横征暴敛不说，还时刻忧虑着可能被抓了壮丁。史书上的“人心动摇”，多次出现在这一时期。

哥舒曜是名将哥舒翰的儿子，八岁时就曾受到玄宗的召见，还被破格提升为尚辇奉御。安史之乱时，哥舒曜跟随李光弼（bì）屡立战功，曾担任东都镇守兵马使。

临行前，对他寄托着满腔希望的德宗，不忘再给他鼓鼓劲、打打气："令尊在开元时，朝廷无西忧；今日朕得卿，亦无东虑。"

二月二十日，哥舒曜攻克汝州，擒周晃。三月，江西节度使曹王李皋（gāo）（太宗五世孙）率军渡过长江，攻陷了李希烈的黄州、蕲（qí）州（今湖北蕲春南）。

为了保证南方财源，按大唐成例，不在江南设置节度使。但德宗时，战争全面爆发，江南也开始设置节度使。

哥舒曜和李皋的南北夹击，让李希烈军心浮动。周曾率军攻打哥舒曜时，曾密谋回军袭击李希烈，奉颜真卿为节度使。但消息走漏，李希烈派李克诚袭杀了周曾及其党羽。

三月二十日，荆南节度使张伯仪与李希烈军战于安州。唐军大败，张伯仪只身逃走，连自己的旌节都丢了。张伯仪当年追随李光弼时功勋卓著，是此时大唐南方为数不多的名将。

李希烈派人把其旌节和唐军俘虏的左耳拿给颜真卿看，颜真卿痛哭以至气绝。被抢救过来后，颜真卿自此不再与人讲话，可见其内心悲痛、绝望到何种程度。

八月二日，李希烈率三万精兵，将防守襄城的哥舒曜军团团围住。为解襄城之围，焦头烂额的德宗准备殊死一搏。

此时的军费，每月已涨到一百三十余万贯。德宗在卢杞党羽赵赞的建议下，开始实行臭名昭著的"税间架"法和"除陌钱"法。

所谓"税间架"，就是所谓的"房产税"。当时规定：屋二架为间，屋分上中下三等，上间出钱二千，中间一千，下间五百。隐匿一间者，杖六十。告者赏钱五十贯，由犯家付款。

所谓“除陌钱”，就是所谓的“印花税”。当时规定：所有商品赠予和买卖，每价值一贯的官家要留五十钱（百分之五），有隐钱一百的，罚二千，仗六十。告者赏十千，由犯家付款。

这两种税收都给了检举揭发人丰厚的回报，目的就是严禁偷税漏税。如此横征暴敛，当然又是一次“愁怨之声，盈于远近”。

不但如此，德宗再次责令白志贞招募禁军，增援哥舒曜。实在没有办法的白志贞，勒令此前凡担任过节度使、观察使、都团练使的官员，都要让其子弟率家奴和马匹，自己置办军资从军。而朝廷能做的，就是将他们全部授予五品官衔。

德宗这一连串的操作可谓不分地域、不分阶层，将朝廷管辖之地的所有人等都搜刮得罪了一遍。此时的大唐已处于崩溃的边缘。

神策军将领刘德信就带着这样招募到的兵士，与李勉派遣的唐汉臣会合后，赶赴襄城救援。九月十二日，唐军与淮西军在沪涧［今河南郏（jiá）县西］相遇，唐军一触即溃。

此时的李勉，看到李希烈的精锐都在围攻襄城，认为叛军老巢许州必然空虚，于是决定用围魏救赵之法偷袭许州，以解襄城之围。

他随即派唐汉臣和刘德信二将去偷袭许州。事与愿违的是，大军刚刚走出数十里，就被德宗派来的使臣叫回。看来，德宗是亲自下场指挥战斗了。在他的“英明”决策下，二人只得原路返回。

返回的唐军甚至连斥候都没设，是刚刚走过这条路太过大意，还是接到这样的圣命太过窝火？总之，没有任何预警，唐军就进入了李克诚为他们设下的包围圈。

这样的军队，就是到了许州又能如何？

战斗毫无悬念，刘德信和唐汉臣手下的将士死伤大半，唐汉臣逃奔汴州，刘德信逃往汝州。而李希烈的游兵已经劫掠到了与东都洛阳近在咫尺的伊阙（quē）。

经此一战，河南地区的形势大变，唐军变得更加艰难，李勉不得不在兵力严重不足的情况下再分兵协防洛阳。唐军无力对李希烈发起有效的攻势，汴军士气低落，襄城愈加危险。

千里调控不行，亲自下场指挥也不行。几乎穷途末路的德宗，万般无奈之下，才想到应该安排个主帅，统一指挥前方战事。

第三章
奉天保卫战

为何迟迟不出场

德宗任命舒王李谟（mó）（赐名李谊，李邈之子）为荆襄等道行营都元帅，又任命户部尚书萧复为长史，右庶子孔巢父为左司马，谏议大夫樊泽为右司马。

但显然为时已晚——唐军目前面临的，已不是什么征讨藩镇，而是怎样逃命的问题了。因为泾原军哗变，长安危在旦夕——原因就是德宗的一纸诏令：泾原节度使姚令言火速率军前去援救襄城。

德宗为什么此时才想起泾原军呢？因为他压根就不想征调这支部队。具体原因，还要上溯到泾原节度使的设立。

泾原镇设置于唐代宗时期的大历三年（公元768年）十二月。设立的原因主要是防御西北的吐蕃。

如果说因为在邠州的马璘（lín）不能很好地防御吐蕃，而需要移防泾州的话，也不是没有道理。因为坐镇今天的陕西彬州，确实没有来到今天的甘肃泾川更直面吐蕃。

但如果说移防泾原，只是马璘为了开拓边疆而主动要求的话，似乎也不合理。事实上，数年来，马璘在邠宁节度使任上也多次击败吐蕃的进攻，完全起到了保卫边疆的作用。

况且马璘率军西迁，还差点引起军队哗变。通过诛杀、利诱等各种手段之后，军心才得以稳定。如果设置泾原节度使，真是马璘主动请缨的话，这样的事情应该不会发生。

再联系因为马璘的调任，郭子仪由河东而到邠宁接替马璘来看，这本身应该是朝廷的一次换防调整，只不过以防御吐蕃为名而已。而之所以进行这样的调整，一是为了打击以鱼朝恩为首的宦官集团，二是为了防范郭子仪这样功高震主的老臣。

坐镇泾川，下辖泾、原、渭、武四州的泾原军，原本就不是朝廷的嫡系。从安西、北庭而来的这些边兵，不是目无组织纪律的番兵，便是流放、逃难的子弟。当初高仙芝在怛（dá）罗斯之战中兵败于大食，很大程度上就是安西军纵兵掳掠，引发整个昭武九姓的愤怒所致。

安史之乱时，他们又从西域四镇、北庭行营，来到中原勤王；频繁调动之下，如今又驻守西北边疆泾川。这些将士在颠沛流离之后，并没有得到妥善安置。

因此，军中多有牢骚抱怨之声，刀斧将王童之见人心浮动，就引诱他们叛乱。当时的泾原留后段秀实设计将王童之及其党羽八人擒杀，将叛乱掐灭在萌芽之中。

段秀实早年征战于西域，安史之乱后辅佐大将李嗣业、荔非元礼、白孝德平叛，后任邠宁节度行军司马兼都知兵马使，协助节度使马璘治镇，深得马璘敬重与信任。公元777年，段秀实升任四镇北庭行军兼泾原郑颍节度使，总揽西北军政。

在各种原因之下，泾原军本就人心浮躁、时常作乱。李嗣业、马璘先后去世，能镇得住这支军队的只有安西出身，又追随过李嗣业和马璘的段秀实。

这就是如果不是因为襄城的局势实在紧张，朝廷不会决定动用泾原军来支援淮西的原因。

然而段秀实一路走来，不仅忠心耿耿、战功赫赫，而且在他任内，边患稍减，边境百姓也安居乐业。

即便如此，公元 780 年，段秀实还是被征召入朝任职司农卿。而原因只是当时的宰相杨炎想实施元载过去的计划，修筑原州城、开挖陵阳渠，但段秀实认为不能在春天征劳役，请求等待农闲，杨炎认为他反对自己的计划，于是就夺取了段秀实的兵权，让李怀光兼任泾原节度使。

此时的大唐朝廷，看来也不是不能将藩镇节度使征召入朝。但如段秀实这样遭到政治打击与报复而入朝的，恰恰是忠心耿耿而又能力出众之臣。

放着这样的人才不用，德宗的出逃岂不是咎由自取？好在历史留下了德宗的悔恨和懊恼——听到段秀实的死讯后，德宗涕泪交流地将“为什么没有早点用他”这句话喃喃自语了好久，好久……

我们来看看，事情是如何发生的吧。

泾原节度使姚令言奉诏，率军五千前往襄城救援。他们和以往被从西北调往东线一样，先前往长安，再从广运潭［位于灞（bà）河中下游］中转，抵达关东战场。

十月的秋雨淅淅沥沥，仍旧穿着单衣的这五千将士冒雨行军。当他们于建中四年（公元 783 年）十月初二抵达长安时，已是饥寒交迫。

按惯例，远征军来到长安，朝廷会在丰厚的款待之外，再赏赐这些将士，目的就是战前动员。但这次来犒劳他们的京兆尹王浐（chǎn），带来的是粗米饭和土菜饼。显然，如此寡淡的饭食，已经到了令他们难以下咽的程度。

其实，这正是朝廷应对财政紧缺的一项新政策——为了共度时艰，取消了以往劳军犒赏的惯例。不得不说，此时的德宗和大唐朝廷实在分不清孰轻孰重，得罪天下百姓不说，连军人也不放过。

什么叫“共度时艰”？那是暂时牺牲一部分人的利益，去强化另一部分人的利益；靠着得到利益的人去打开缺口、扭转局面之后，再弥补牺牲利益的这部分人。也就是所谓的集中优势资源和兵力，去取得胜利。

具体到此时，就是再苦，也不能苦了前方的将士。即便如此，“共度时艰”也不能久。更何况还要让所有人都“共度时艰”，意义何在呢？

这五千将士也说得明白：“我们舍生忘死，如今却连口饱饭也吃不上。听说皇上琼林、大盈两个内库里面的金银财宝堆积如山。既然你们不给，我们就亲自去取。”

于是，泾原军将士们穿上铠甲、拉起旌旗、擂鼓呐喊，浩浩荡荡地杀奔长安城。

此时的泾原节度使姚令言正在御前辞行，泾原军哗变的消息传入宫中，惊呆了在场的所有人——这是自马嵬（wéi）坡之后，唐军的又一次哗变。显然，这次哗变来得更加猛烈。

姚令言职责所在，慌忙拜辞了唐廷君臣。他想要拦住哗变的士兵，但他显然高估了自己。愤怒且焦躁的士兵已经彻底失控，他们鼓噪、叫嚷着，疯狂地冲向长安城。

骑马迎面而来的姚令言，在长安城外的长乐阪（bǎn），甚至不得不紧紧趴在马背上，来躲避泾原兵士射向他的乱箭。尽管如此，他还在做着最后的努力，对着哗变的兵士大喊：“东征立功何愁不富贵！为何要犯这灭族之罪啊！”

话未说完，姚令言就被乱兵反过来裹挟着杀向长安城。被挟持的姚令言，再也没了力挽狂澜的能力；相反，在这短短的一段路中，他似乎也有了随波逐流的心思。

德宗却似乎认为事情还有回旋的余地，他命中使赏赐给每名泾原军士两匹丝帛。没想到，这样的赏赐却激起了乱兵们更大的愤怒，他们甚至一箭射死了中使。

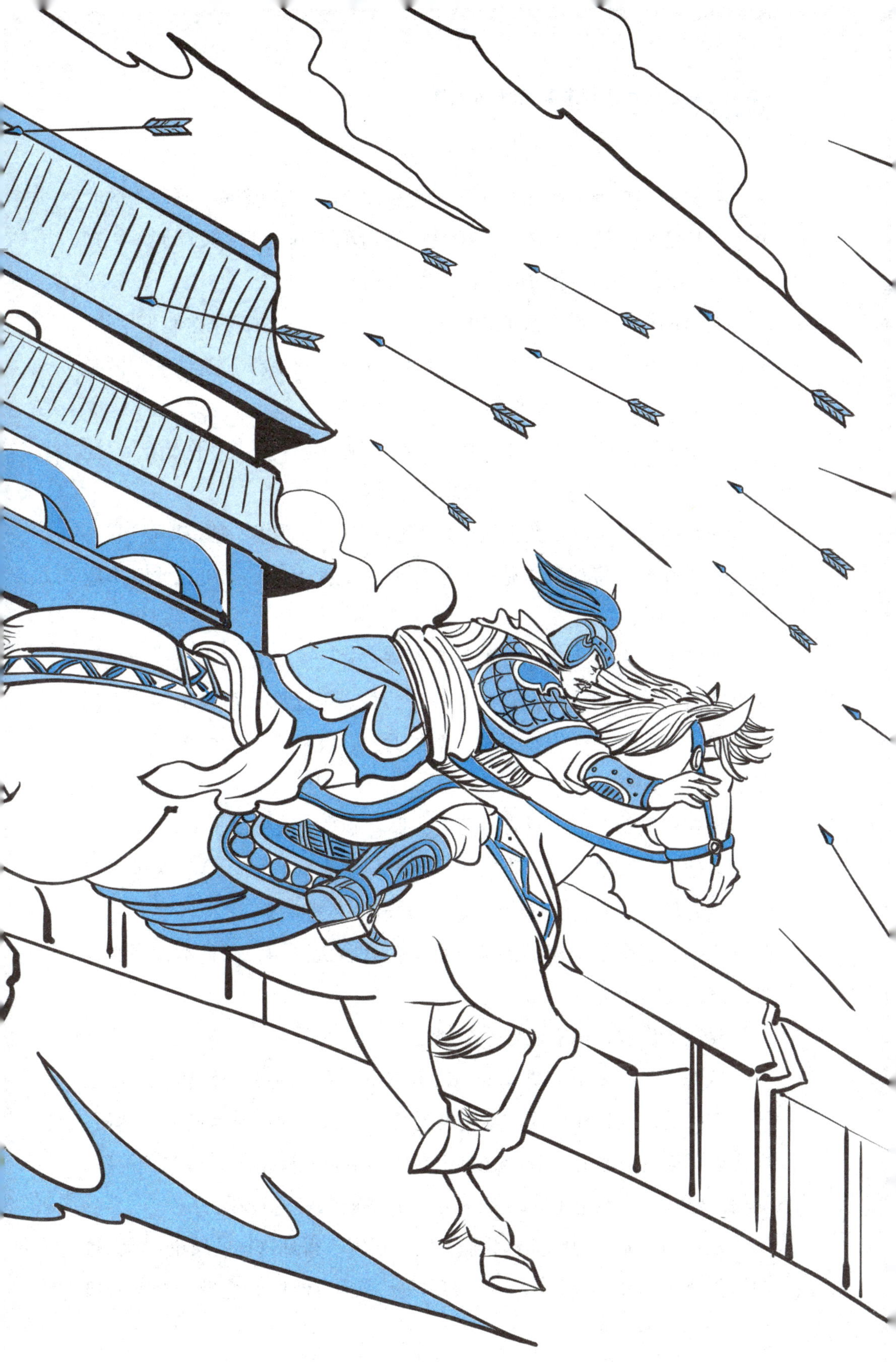

等德宗急忙派人推出二十车的金银帛锦，准备赏赐泾原军士的时候，为时已晚。他们的欲望在朝廷的吝啬和苛刻之下越发膨胀——现在他们想要的，是整个的琼林和大盈内库！

面对四散奔逃的长安百姓，他们一边走、一边喊："你们不用怕，不抢你们！我们不像朝廷那样抢百姓的间架、陌钱！"随着他们的呼喊，长安百姓也发出了由衷的欢呼声！

唐德宗李适的行为算什么复兴大唐？他又是什么"天平太子"？泾原兵变，从这样的层面来讲，出现得似乎晚了点。

面对汹涌而来的哗变士兵，京城禁卫军去了哪里？德宗即位伊始，不是豪情万丈地将神策军整顿一新了吗？他换上的白志贞，此时不应该挺身而出吗？

事实上，白志贞对东征的神策军阵亡军士一概隐瞒不报，而是收受市井商贾等人的贿赂，将他们补为兵员。但这些人虽在军籍，也领着军饷，实际上根本不在军中。既如此，还在做着买卖的他们，怎么能来保卫皇城呢？

现在留给德宗的，只有一条路，那就是第三次逃离长安。第一次，是跟着他曾祖父唐玄宗；第二次是跟着他父亲唐代宗。第一次逃离长安，是他曾祖父不相信安禄山会造反；第二次逃离长安，是宦官程元振隐情不报。德宗前两次的出逃，看似都有客观原因，而且本人当时也处于被裹挟的状态。

这次的出逃，德宗还有什么理由？

这绝不是在对其落井下石，而是在揭示他完整的心路历程。以强明自任的他，没有经历这样绝望的过程，怎么会前后判若两人？然而，即便逢此大变、遭此大难，这也不能成为他自甘堕落的借口和挡箭牌。显然，德宗不但不是越挫越强的人，反而脆弱得一折就断。

从他一开始大刀阔斧，我们其实就很容易得到这样的结论：既强且韧的作风，往往不是德宗这样表现的。相反，他们会选择一个突破口或者说一个示范区，集中优势资源，深耕细作之后再迅速推广。德宗则是妄图经济、军事、民生、人事和藩镇等全面开花，而后在资源枯竭之下，企图以共度时艰的名义，将百姓绑架到这辆早已偏离正确轨道的战车之上埋头狂奔。

帝国的战车其实早就可以停下——即便从李家天下的角度来看，李适执意不停止这场战争，也是遗祸无穷。因为他意欲解决的只是藩镇个体，而没有立足根本去解决藩镇问题。

此时的乱兵已近宫门，李适领妃嫔、太子、诸王、公主以及一百多个太监仓皇逃跑，但后宫诸王、公主有七八成都没来得及跟李适一块出逃。

预言造就的奉天城

他们要逃到哪里去？此时的李适，想起了当年桑道茂的预言，于是就领着众人自咸阳投奔了奉天（今陕西乾县）。

原来早在三年前，术士桑道茂就曾对德宗说："在数年之内，陛下会有暂离宫廷的危难。微臣望见奉天有天子之气，应当早做准备。"德宗倒也信任桑道茂，即刻征发京城民夫及六万士兵重修奉天城，今天果然派上用场。

哗变的泾原军士进入宫城，登上含元殿，大呼："天子已经逃走了，现在正是我们大发横财的时候！"他们争相进入府库，热火朝天地搬运金帛，直到搬不动、拿不走为止。而百姓也跟着入宫，拿回了原本属于他们的东西。那些没能进入宫内的人，就拦路抢劫，诸坊居民因此不得不组成保安队自卫。

德宗还有钱吗？当然有，而且数量相当出人意料。

不说这次抢掠，之后的朱泚，就一直拿这些钱慷慨地犒赏将士们，对所有留在城中的公卿家属也按时支付薪俸，就连对神策军和随从李适的车驾六军以及哥舒曜、李晟等人的家属，也全部拨粮。此外，还建造和修复了大量的兵器和攻城器械。即便如此花销耗费，直到长安平定后，朝廷府库里仍有物资积蓄。

放着巨额的财富，却让东征将士忍饥挨饿，泾原兵变难道还不能让德宗警醒吗？遗憾的是，他以后所做的却是变本加厉地盘剥百姓、搜刮财富。

就在德宗仓皇出逃之际，翰林学士姜公辅拦住李适的马，请示如何处置太尉朱泚。他为什么有此一问？

当年朱泚入朝之后，代宗对他大加封赏，三十五岁时，朱泚就加授同中书门下平章事，跻身“使相”；三十六岁时，朱泚任检校司空，位列三公；四十岁时，朱泚升任太尉，位居三公之首。相比之下，郭子仪与李光弼即使有所谓的再造大唐之功，也不过官至太尉。而且被封太尉时，李光弼已五十三岁，郭子仪更是已经六十八岁。

如此封赏朱泚，当然有做给其他藩镇看的用意，身在其中的朱泚，又怎么会不明白或感受不到同为太尉，自己与郭子仪的天渊之别呢？

城市的雄伟，帝王的气象，看多了不就那回事吗？藩镇节度使大权在握，自由自在，不比在京城做个空头太尉来得实惠？估计此时的朱泚，想到他当初死也要被抬到长安，已只剩懊悔。

但幽州显然回不去了，即便不至于与弟弟翻脸，朝廷也早已任命朱滔为幽州节度使，他一旦回去，不仅兄弟会反目，朝廷也不允许。

德宗即位之后，朱泚曾担任过泾原节度使，后又接任凤翔兼陇右节度使。因此，凤翔府就成为朱泚当年带出来的那些幽州将士暂时的归宿。

战事胶着到如此程度，德宗最后才先派泾原军，再派凤翔军，就可见德宗对这两支军队不信任的程度。而正好做过这两支军队节度使的朱泚，在朝中又会有什么重要地位？只不过是所谓的“吉祥物”而已。

不久前朱滔称王时，派人送蜡书密信，希望哥哥朱泚也跟着造反，没想到被马燧拿到证据，连信带使者一块送到了长安。

被从凤翔召回的朱泚，看到朱滔的蜡书和使者之后，震惊之余，惶恐顿首请罪。当时李适说：“你们相距千里，又不是同谋，非卿之罪也。”朱泚可能确不知此事，更没有同谋。但凤翔他肯定回不去了，只好留在京城。

这就是姜公辅请示要怎么处置朱泚的原因。姜公辅的意思很明显：朱泚曾任泾原节度使，其弟又称王造反，此时要么带上朱泚一块走，要么立刻杀了朱泚。

急于逃命的德宗，哪里管得了什么朱泚？德宗此举却酿成了大祸——朱泚怎么就在长安称帝了呢？他又是如何搅动风云的呢？

沐猴而冠的称帝

在偌大的宫城里，肆意地抢掠，尽情地发泄……姚令言看着心满意足的泾原军将士，忧心忡忡地叹了一口气，说：“得不到天下，财物有什么用呢？你们将何以安身呢？”

是啊！连他们自己也没想到，区区五千人就占据了长安，而且速度之快、得来之易，如今仍像在梦里一样。回过神来的他们也知道，必须找到一个可以带领他们夺取天下的人。

找谁呢？

朱泚目前就闲居府中，不如就拥戴他吧！因为朱泚不仅曾任泾原节度使，而且性情宽和，恰好又刚刚失去兵权，一定怨恨朝廷——最重要的是，他弟弟已经称王造反。

这泼天的“富贵”，就这样降临到了朱泚头上。

半夜时分，商量已定，几百名泾原军代表骑马来到朱泚的府邸，把他迎了出来。朱泚端坐马上，两旁火炬照明，被前呼后拥着进入宫城，住进了含元殿，并设置警戒，自称暂且统辖六军。

建中四年（公元 783 年）十月初四，朱泚放榜文声称：泾原将士久处边陲，不熟悉朝礼，突然进入宫阙以至于惊走圣驾，太尉此时已经暂时接管六军，文武百官及神策军将士，凡领朝廷俸禄的，即刻西去天子行在；不能去的，到我的官署报到；超过三天，两处都不去的，一律斩首。

至此，百官都来见朱泚。有人劝他迎回天子，也有人劝他趁机称帝，其中，源休、张光晟与李忠臣等人就支持朱泚称帝。

当然，他们拥戴朱泚称帝的原因各不相同。光禄卿源休是与当时的宰相卢杞有仇；李忠臣是因为在淮西节度使任上，被部将李希烈驱逐，逃归京师后郁郁不得志；而张光晟本为御边谋国尽忠之臣，却因李适讨好回纥，而将其贬职闲置。

要说这些人是大奸巨恶，似乎不是事实。

像张光晟，当年哥舒翰兵败潼关时，他只是一名小小的骑卒，因王思礼的战马中流矢而死，张光晟把他的战马给了王思礼，遂救了王思礼一命。当时的张光晟没有告诉王思礼自己的名字，日后也没有找过他谋求进身之阶。

只是后来在辛云京手下时，张光晟见其为小人所害，王思礼又要杀辛云京时，才找到王思礼说情。多年来，王思礼一直寻找这位救命恩人而不得，今日见到他，王思礼涕泪横流，当即与他结为兄弟，并提拔张光晟为兵马使。

王思礼死后，辛云京为了表达对张光晟的感激之情，又把张光晟提拔为代州刺史。

到了代宗时期，张光晟迁单于都护，兼御史中丞、振武军使。受代宗密令，张光晟相机攻杀回纥，但在事成之后，回纥遣使到大唐投诉，朝廷却把张光晟推了出来，承担了全部责任，其职务被一降再降。

这样的张光晟，为什么会拥戴朱泚称帝？张光晟早年都没有投机取巧之心，如今的降职，也有朝廷回护之意，张光晟怎能不明白这样的道理？

而且提前看出泾原军一定会拥戴朱泚时，还是张光晟提前来到朱泚府邸，让他远走避祸，只是还没来得及走，拥戴朱泚的泾原军士就包围了他们。

张光晟的反叛，可谓造化弄人；也不排除他义气为先，不愿有人受到伤害，才会出此下策。但收复长安的文武大臣，没有放过张光晟。

李忠臣在之前更是战功赫赫，因为朝廷对藩镇的妥协政策才不得不赋闲在京。就连源休，之前在出使回纥、处理张光晟事件时，也维护了大唐的利益和体面，只不过受到了卢杞的排挤和打压，性命几乎不保，才坚定地支持朱泚称帝。

朱泚本人也是以宽和著称，以至朱泚都要攻打奉天了，卢杞和白志贞等人还以全家性命担保，朱泚绝对不会造反。就连德宗本人，也认为朱泚不会造反。朱泚的叛军快到奉天时，德宗还在要求各道勤王的部队，距奉天三十里驻扎。由此可见，朱泚反叛并不是蓄谋已久，更不是昭然若揭。

但事实上，朱泚确实造反了，而且称了帝。这里面的原因，难道不值得深思吗？大唐的皇帝、朝廷以及大臣们，难道对此就没有责任吗？

此时凤翔的幽州军正在襄城跟随哥舒曜讨伐李希烈。当他们听说自己的老上级占据了长安，张廷芝、段诚谏（jiàn）等将就带着三千溃卒到长安投奔了朱泚。

在长安的源休也入宫力劝朱泚称帝。他从古今成败之理，讲到符谶（chèn）命理，目的就是告诉朱泚，称帝正当此时。源休说得有道理吗？没有。

其他原因不说，最主要的——朱泚手下没有兵。安禄山起兵之时，他的武装力量已可以称雄天下；朱滔虽然可以作为朱泚的呼应，但河北局势就令朱滔深陷其中，更不要说之后必然出现的兄弟反目。

哪怕相比昔日的董卓，朱泚手里的实力也远远不如，但此时的他，开始模仿董卓刚刚进京时的作为。朱泚让士兵在半夜时分悄悄出城，早上时再大张旗鼓入城，显示兵强马壮、声势浩大的样子。

他似乎没有想到，昔日的董卓是西北军还没有赶到，事出仓促间临时为之；而他此时手里的筹码，却真的只有这几千嫡系幽州兵。

即便如此，朱泚也敢造反。如果不是李适民心尽失、兵源皆空，他又怎么会有如此胆量？

朱泚起用了太仆卿张光晟、检校司空李忠臣、工部侍郎蒋镇等人。但在他传唤段秀实时，却吃了闭门羹。无奈之下，只有将其劫持，绑着来见朱泚。

国家危难之际，段秀实也知道自己不能一味躲避，于是他规劝朱泚说：“你本来以忠义闻名天下，但现在因为犒赏的原因，而使泾原军哗变，那只是有关部门的责任，圣上怎么知道此事？你为什么不用这样的理由去劝解将士，再把圣上迎回来呢？”

但此时的朱泚显然不想再做什么“忠臣孝子”，而此时的段秀实也开始秘密联络左骁卫将军刘海滨、泾原都虞候何明礼及孔目官岐（qí）灵岳等人，欲寻机刺杀朱泚，迎回德宗。

朱泚派泾原兵马使韩旻（mín），率三千精锐兵发奉天，名义上是迎接德宗回京，实际上是出其不意，闪袭奉天。段秀实知道韩旻此去，奉天必然危在旦夕。情急之下，段秀实瞒天过海，让岐灵岳盗取姚令言印符，又派人快马追上韩旻，用司农印符假冒军符，将其召回长安。事情败露后，岐灵岳一人承担了所有责任，被朱泚处死。

当决心造反的朱泚，与众人商议称帝事宜的时候，段秀实拍案而起，一把抢过源休的象牙笏（hù）板，一边大骂朱泚，一边追着他打。躲避不及的朱泚被打破额头，血流了一地。

事出仓促，刘海滨被吓得直接逃走。在李忠臣的帮助下，朱泚才得以逃脱。段秀实见不能杀死朱泚，就高声对朱泚的党羽喊道："我不愿与你们同流合污，为什么不杀了我？"回过神来的这些人，才想起上前去杀段秀实。

然而此时的朱泚，一只手放在自己的头上止血，一只手还在制止众人："他是义士呀！不要杀他！"然而朱泚话还没说完，段秀实就被杀死。朱泚还为此悲伤恸哭，以三品官的葬礼规格埋葬了段秀实。

段秀实就这样死了，留下了"自古殁（mò）身以卫社稷者，无有如秀实之贤"的美名。从如此慷慨赴死的壮举来看，这样的评价不算过誉；但如果这样的评价仅是站在所谓"忠君"的立场上看，似乎也不全面。

曾经的泾原军统帅，当初为什么闭门不出？真要刺杀朱泚，为什么要在朝堂上搞出那么大动静？岐灵岳、刘海滨被杀，就连何明礼也在之后攻打奉天时，因策划诛杀朱泚而被杀，为什么只有段秀实被杀时，朱泚以"义士"为名喝止众人手下留情呢？

可见，朱泚对段秀实"义士"的评价，可能更为妥当。而且段秀实也很可能就是从"义士"的层面出发，去做人做事。这样的人，即使自己深受委屈，造反的可能性也不大。但从他事前的闭门不出，事后的冲冠一怒来看，其绝非忍辱负重的匡扶社稷之臣。只不过，他这样的精神、这样的举动，从产生的影响来看，已足以惊世骇俗、提振士气。

卸下伪装的朱泚，进入宣政殿，自称大秦皇帝，改年号为应天，大封群臣：姚令言为侍中、关内元帅；李忠臣为司空兼侍中；源休为中书侍郎、同中书门下平章事、判度支；蒋镇任吏部侍郎；樊系任礼部侍郎；彭偃（yǎn）为中书舍人。

另外，朱泚在源休的建议下，杀掉了尚未逃出京城的皇室、郡王、王子、皇孙，共计七十七人，以根绝复辟势力的希望。

然而，此时的蒋镇虽投靠朱泚，在苦闷彷徨之下，时常怀揣匕首，随时准备自杀。性格懦弱的他尽管没有自杀，却也尽力营救逃亡隐匿的大唐朝臣。还有樊系，尽管投靠朱泚，但在巨大的心理压力之下，不久后就服毒自杀了。

朱泚称帝之后，立即册立朱滔为皇太弟，并写信给他说："我很快就会平定关中，河北的事情就交给你了，我们兄弟二人，不久就会在洛阳相见。"

看来朱泚敢于称帝的底气，还包括他弟弟。接到哥哥的信，朱滔喜出望外，但河北的形势、朱滔的作为，能让朱泚放心吗？

并非铁板一块

此时的河北战场，唐军因李晟病重而退守定州；坚持数月之久的朱滔也不再追击，还军瀛（yíng）州（今河北河间）。但因为朱滔没有回到魏桥，遭到了王武俊的猜疑。

于是，王武俊遣使宋端去催促朱滔。因宋端说话很不客气，激怒了朱滔，他让宋端告诉王武俊，自己只是得了热疾，才没有及时南下而已。而且自己因为救魏博而叛君弃兄，如今却受到田悦与王武俊的怀疑，显然，朱滔表现得十分委屈与愤怒。

可见，此时的所谓"四王"也并非铁板一块，为了各自的利益，他们私底下也是争斗不断。但谁都清楚，他们表面上的同盟关系还没到破裂的时候。于是，王武俊把责任推到了宋端的身上，又与朱滔握手言和。

经过此次风波，虽说各方又相待如初，但彼此间的矛盾也已悄然种下。尤其是王武俊，本就因朱滔曾放走马燧的唐军而心怀不满，再加上此事，他更加怨恨朱滔。

李抱真就在这样的相持阶段，对“四王”进行了分化瓦解。他派贾林秘密联络王武俊，结果以投降为名见到王武俊的贾林，却说自己是奉诏而来。他对王武俊说:“皇上知道你的忠诚。你登坛称王之日，捶胸顿足对左右说的‘我本忠义，奈何天子不察啊！’传到圣上那里之后，他就对使者说:‘前事都是朕的失误，悔恨不及。朋友失意尚可改错道歉，何况朕为四海之主。’”

像王武俊此等刀口舔血之人，如何会计算不出此中的利弊？所谓的忠义都是幌子，能打动他的，只有利益和形势的筹码。一番忠诚的表白之后，他的条件是让天子下诏赦免诸镇之罪。

在奉天的德宗，穷途末路之下，不仅答应赦免他们的谋反之罪，而且许给他们高官厚禄。于是，田悦、李纳和王武俊三人，虽仍称王，却早已与朝廷暗通款曲。此时的河北还被蒙在鼓里，执意造反的只剩朱滔。

在被封为皇太弟之后，朱滔更是得意忘形。为了援助朱泚，他劝说田悦，想再联合回纥军一块儿兵发洛阳。如果“四王”齐心协力，再按朱滔的计划，联合回纥军，大唐的国运很有可能就会断送在此时此刻。

然而即便大唐就此灭亡，从目前的局势来看，也少不了一番血雨腥风，那时的朱泚兄弟显然有更大的胜算。这样的结局，无疑是其他三王不愿看到的。因此，此时朱滔的主要任务不应是急于进攻洛阳，而是稳固四方联盟。

显然，朱滔并没有这样做。他只是以曾经援助过田悦为由，就想当然地认为他此时应该回报自己。可他怎么忘记了，昔日的朱希彩也曾十分宠信他的兄弟，对他们可谓恩重如山，他们不也夺权自立了吗？

所谓恩情，对于当时这些“军阀”来说，岂不是转瞬即忘的事情？巩固的联盟，又有哪一个不是建立在对地位和利益期许的基础上的？以皇太弟的身份扬扬自得的朱滔，怎么能不招致其他三王的针对？最明智的做法难道不是上奏朱泚，给其他三王更加尊崇的地位和切实的利益吗？

失去其他三王的支持后，朱滔联合回纥，率军近七万，自魏州出发，浩浩荡荡，前后绵延四十多里，杀奔洛阳。

走到王武俊的辖区，朱滔虽受到盛情招待，但王武俊找出各种理由，就是不发兵。朱滔又派人找到田悦，田悦同样无动于衷。他们的态度和行为显然惹怒了朱滔，朱滔不仅派军攻占王武俊三城，还派回纥军进攻田悦。二人虽坚守不战，朱滔却身陷河北。

此时身在长安，正举兵攻打奉天的朱泚，情况又是怎样呢？

萧复一言救驾

建中四年（公元 783 年）十月初四清晨，唐德宗李适一行人经过一夜的狂奔，逃到了近两百里外的奉天。随后，德宗任命浑瑊为行在兵马使、白志贞为行在都知兵马使，令狐建为中军鼓角使、侯仲庄为奉天防城使。

尽管拉起了这样的草台班子，德宗却没想到朱泚居然能登基称帝。随着段秀实的被杀，奉天保卫战进入了倒计时。

段秀实瞒天过海，将韩旻半路召回，可谓让德宗躲过了一轮攻击。但初到奉天的德宗，所遇情况仍极凶险，而将德宗拉出险境的，是户部尚书萧复。

事情的起源，要追溯到朱泚被罢凤翔节度使。昔日朱滔称王，给哥哥千里传信，消息走漏之后，德宗虽未深责朱泚，却也夺了他的兵权。而接任朱泚的，就是当时的宰相张镒。

德宗之所以起用张镒，并不是他能力出众，也不是他在军中资历深厚。前文说过，同为宰相，张镒饱受卢杞排挤。这次的人事调整，就是卢杞玩弄手段的又一“杰作”。

凤翔节度使空缺之际，卢杞主动请缨，理由是：朱泚名位素来尊崇，凤翔将校的地位也水涨船高，非宰相重臣不得镇抚，臣请自行。

朱泚徒有虚名尽人皆知，凤翔军原本就不是嫡系，何来什么地位？这一套虚词，只是为了扯出需推荐一位宰相，而首相坐镇边疆显然又不合适。

就在德宗还未开口之时，卢杞紧接着说：“陛下肯定是觉得臣长得太难看了，无法镇服三军将士吧？”

如此自嘲的卢杞，真的长得丑吗？应该是很丑。史书对此留下的记载是“体陋甚，鬼貌蓝色”，即不仅形体丑陋不堪，还生有一副暗蓝色的面孔，像恶鬼一样。

从郭子仪对他的态度中也能看出，此人不但相貌丑陋，内心更加阴暗。每次卢杞登门拜访时，郭子仪总会让貌美的侍妾回避，以防她们遭到他的嫉恨。郭子仪担心那样家人会因小人而死无葬身之地。

可见，卢杞并不是不在意自己的相貌。事实上，杨炎与张镒之所以受到他的排挤及打压，与两人相貌俊朗也不无关系。

此时卢杞自嘲相貌，意欲何为？果然，德宗转头看向张镒，说道：“你才兼文武，望重内外，没人比你更合适了。”

卢杞的目的达到了——既是宰相，又相貌堂堂的张镒，完全符合卢杞所说凤翔节度使的全部条件。而这样的条件，就是卢杞为张镒量身打造的。只不过卢杞欲扬先抑、欲擒故纵、欲取姑予的手法，已经炉火纯青而已。

连一张“鬼脸”，都能作为权力斗争的有力武器。难怪后来的欧阳修说：“木头将要腐朽，蛀虫就会产生；国家将要灭亡，邪恶就会出现。形貌如鬼的卢杞败坏纲纪，以致国家危急。能不引以为戒吗？”

将张镒排挤出朝廷，是卢杞的唯一目的。而张镒实在不是做藩镇节度使的材料。他性格儒雅宽缓，注重仪表，喜好修饰，缺乏果断杀伐一面的他，对治军征战本就不感兴趣。

逃到奉天的德宗却把希望寄托在了张镒的身上。他要移驾凤翔，一是为远离长安避祸，二是因为当年肃宗就是从此起兵收复两京。

但他可能不知道的是，天下形势早已今非昔比。而远在凤翔的张镒，正在积极筹备诸如衣食住行等物资，以迎接德宗的到来。如此逃亡时刻，张镒的工作重点仍然在生活细节之上，这样的节度使，岂能担当救亡重任？

户部尚书萧复就劝谏德宗：“凤翔将士，都是朱泚旧部，其中难免有与其意气相投之人，臣现在尚且担忧张镒活不了多久，陛下又岂能再羊入虎口？”

此时的德宗显然没有萧复的远见和预判，但昔日雄心荡然无存的他，总算听了一回劝。德宗表示：“此行，朕意已决，但爱卿既然这样说，就为卿留一日，明天再走。”

没想到就是这一日救了他，否则德宗很可能命丧凤翔。因为凤翔这边出事了，正如萧复所说，张镒被杀，凤翔军也造反了。

就在要出发迎接德宗时，时任行军司马齐映和齐抗对张镒说：“李楚琳为人剽悍，又是朱泚的心腹，不杀此人，必出内乱。”

非常之时，张镒却没有非常手段，他免除后患的方式是将李楚琳调往陇州。如此欲盖弥彰，张镒还当这是朝堂上的阳奉阴违，是朝臣之间的钩心斗角吗？

而且他似乎并没有对此有所关注，就连李楚琳找借口没有按时出发也没有注意到。也许是他太忙了，为了保障德宗到来之后的衣食起居，这段时间的张镒，满脑子都是“锅碗瓢盆的协奏曲”。

建中四年（公元 783 年）十月初六夜，李楚琳发动兵变，杀了张镒。李楚琳自称凤翔节度使，投降了朱泚。此时的奉天，东边是长安，西边是凤翔，北边是泾州。河北、河南又烽火连天，兵荒马乱。无路可走的德宗倒也踏实了——只能固守奉天，调兵救援。

在浑瑊、李观等将的紧急招募下，整个奉天城凑了五千兵士，就依靠这临时拼凑起来的五千兵士，没有选择地准备固守待援了。

第三次拯救德宗于危难之中的是冯河清及姚况。姚令言率泾原兵东出关东之时，冯河清任泾原留后，姚况任泾州刺史。冯河清早年在郭子仪麾下，以战功授左卫大将军同正，后被划归泾原，追随了马璘，在抵御吐蕃时屡立战功。

在泾原兵变、朱泚称帝的危难时刻，冯河清及姚况控制了泾原留守部队，仍效忠大唐。与张镒“关心”生活不同，他们首先将武器装备第一时间送到了奉天。德宗也随即诏令冯河清为四镇、北庭行营、泾原节度使，姚况为行军司马。

段秀实拖住了朱泚的偷袭；萧复劝阻了德宗前往凤翔；冯河清及姚况又送来了军械。就这样，德宗总算在奉天度过了危机四伏且手忙脚乱的最初的紧张阶段。

德宗又急调留守邠州的朔方军到奉天勤王。邠宁留后韩游瑰等将，率军三千南下，与朱泚军在醴（lǐ）泉（今陕西咸阳礼泉）相遇。但韩游瑰没有就地驻扎，吸引朱泚主力，以解奉天之围，而是直进奉天。

他们的决策也没有错。天下纷乱如此，谁忠君，谁反叛，一切都似乎在转瞬之间。战事不利之下，谁能保证朔方军不会哗变？如今兵进奉天，起码表明自己不会反叛的态度。

但这样的行为，无疑也将朱泚军引到了奉天。十月十三日，双方会战于奉天城下，浑瑊和韩游瑰血战一天，才勉强阻挡了叛军的首轮攻势。

此后近十天内，叛军每日都来攻城，浑瑊和韩游瑰等昼夜力战，双方都死伤惨重。事实上，此时彼此的兵力都不强，但唐军背水一战，城内就是德宗，相当于御驾亲征，唐军自然拼死力战。

而朱泚叛军也清楚，不攻下奉天、夺得天下，不说荣华富贵，就是刚刚抢掠到手的金银财宝也保不住。

所以明明兵力不强、规模不大的奉天保卫战，却打得惊心动魄。为了争取后援，双方调兵增援的使臣都接连来到了河北。

李怀光率朔方军赶赴长安，马燧和李艽各引兵归镇，李抱真退屯临洺。在李抱真的努力下，田悦、李纳与王武俊并没有追随朱滔起兵。河北局势暂时趋于稳定。

接到勤王诏令的李晟，此时病已痊愈，但被朱滔和王武俊夹在中间的张孝忠不愿李晟再分兵北上。其实，这就是当时各方势力的真实心态。张孝忠虽无反心，但身为降将，也有自保之意。而李晟作为神策军将领，根基自然在朝廷，即便奉天是龙潭虎穴，此时的他也必须一往无前。

然而，李晟分兵北上，在张孝忠看来，岂能没有拥兵自重的嫌疑？李晟此去，无论谋反与功成，于张孝忠何益？这也许就是张孝忠开始不同意李晟领兵北上的主要原因。

李晟岂能看不出张孝忠的心思？为打消其疑虑，他不仅将儿子李凭留下做了人质，还让儿子娶了张孝忠的女儿。意思很明显：此去，我要谋反，你就杀我儿子；我要功成，你也荣华富贵。为了说服张孝忠，李晟又解下自己的玉带贿赂张孝忠亲信，让他们帮自己说项。

从这里也能看出，所谓的忠诚与背叛，也不完全是品格的原因，还与形势及制度紧密相关。形势使然之下，藩镇的存在就会使那些节度使拥兵自重。当遭遇委屈与不满、排挤与倾轧时，朝臣会偏向于“逆来顺受”，而藩镇节度使有时就会“拍案而起”。这也是之后的李怀光能够拥兵反叛的主要原因。

在李晟的坚持下，张孝忠也派杨荣国率精锐六百跟随李晟北上，好歹算表明了自己忠君的态度。李晟随即引兵出飞狐陉来到代州（今山西忻州代县）。

十一月初，德宗又征调灵武留后杜希全、盐州刺史戴休颜、夏州刺史时常春、鄜坊节度使李建徽等将，合兵六千入援讨贼——整个大唐西北防线，居然仅拼凑出这点人马，可见德宗登基之后的这场内乱，把军力消耗到了什么地步。

那么，大唐此时兵荒马乱，边境空虚到如此程度，外敌为什么没来落井下石呢？至少有以下几大原因：

其一，国内纷乱，周围的夷狄未必太平。历史的发展似乎有同步效应，崛起之时似乎同时兴盛，衰亡之时也不会有谁一枝独秀。

其二，国内虽然战乱，但外部入侵也并不容易。像三国，四分五裂之下，都到了“白骨露于野，千里无鸡鸣”的程度，但毕竟各占一块，如果侵犯他们的地盘，也会遭到激烈的抵抗，逐个去对付这样的割据势力，显然并非易事。

其三，怎么会没有边境百姓的流离失所、苦难深重？像蔡文姬都被掳到了匈奴十余年，而且“马边悬男头，马后载妇女”不正是受到劫掠的真实写照吗？只是记载太少，且当时这些周边的夷狄的确没有入主中原之心而已。

所以只要战乱，怎可能没有苦难？只是这种苦难暂时只降临到了百姓的头上而已。

为乾陵考虑得很“周到”

征调的西北四路援军将至奉天，德宗召集朝臣，商议援兵入援的路线时，卢杞和白志贞坚持走漠谷道，目的是避开乾陵，理由是“不能惊动李治和武则天的在天之灵”。

面对浑瑊等人走漠谷道，因其险峻，恐被乱贼前后夹击的诘（jié）问，卢杞的回答是：“漠谷路近，若虑逆贼邀击，即出兵应接。”

大敌当前，以何为重？卢杞的选择是“恐惊陵寝”，而浑瑊考虑的是对战局是否有利。作为朝臣，无论对错，能提出自己的主张总是好的。关键是德宗怎么选择的呢？他选择听取卢杞的建议，命援军自漠谷路进军奉天。

还是欧阳修的话有道理：国破与邪恶到底是什么关系呢？看来国家将要灭亡，邪恶就会出现比较中肯。都说奸佞误国，那是谁用的奸佞？又是谁宠信奸佞，对奸佞言听计从的呢？“主少国疑”的情况暂且不说，年富力强的德宗，再要把如此乱象的责任推给奸佞，显然说不过去，也有悖于事实。

十一月初三，杜希全等率军兵至漠谷，不出所料地被叛军截击。居高临下的叛军，一顿弓弩、巨石的攻击，唐军死伤甚众，从奉天前来接应的唐军也为叛军所败。好不容易才拼凑出这四路六千人的援军，崩溃之下，只能退保邠州。

士气大盛的叛军，不但在四周挖掘沟堑，将奉天城团团围住，更是猛攻奉天城，致使城内矢石乱入，昼夜如雨，死伤者甚众。人心崩溃之际，束手无策的德宗与浑瑊相对哭泣。此时的卢杞，还有什么退敌之计？此时的德宗，又是否还一如既往地信任卢杞？

就在德宗山穷水尽之时，李怀光率朔方军进入关中——正是李怀光的回军救援，才又一次解救了德宗。小小的奉天城，此时已是弹尽粮绝，如果不是李怀光的及时出现，奉天被攻陷在所难免。

然而，卢杞与德宗联手，再一次丢失了大好局面。

李怀光当初去河北时带了一万五千人，但这次回援奉天时，五万朔方军倾巢出动，而且昼夜兼程。为了和时间赛跑，李怀光又派兵马使张韶换上百姓的衣服，抄小道先行赶赴奉天报信。

奉天的朱泚叛军，此时正动用大型云梯，攻城正酣。云梯是西明寺的法坚和尚为朱泚打造的，有数十丈之高，外裹生牛皮，上悬水囊，下装巨轮，不仅高大坚固，而且防火防箭，还能推着移动行走，是极具威力的大型攻城军械。

浑瑊和侯仲庄针对云梯极重的特点，命人在云梯来往的路下开凿地道，并储备木材草料，准备等云梯塌陷之际，再用火焚烧。

十一月十五日，北风猛烈，朱泚启动云梯攻城。叛军也做了万全的准备，兵士躲在云梯两侧的战车之下，抱薪负土以填沟壑，云梯顺利推进到奉天城下。

奉天城内早已乱作一团，德宗让浑瑊拿着千余张御史大夫以下的官员任命书，去招募敢死队。此时的德宗，手里只剩下封官许愿这张空头支票了。德宗甚至将御笔都赐给了浑瑊，让他依据将士的功劳，自己决定封赏的大小多少。此时的德宗，除了性命，显然什么都顾不上了。

危急时刻，浑瑊提前挖掘的地道派上了用场。云梯偏陷之时，唐军点燃地道柴草，烈焰腾空而起。恰在此时，北风突然转向，烧向南边的叛军，浑瑊急命城上兵卒投下芦苇火炬，再泼松脂膏油，焚烧云梯及梯上叛军。

就在此时，李怀光的兵马使张韶也赶到了奉天城下。被抓了壮丁的他混在叛军之中，抓住机会向城上的唐军亮明了身份。城上放下绳子，等张韶被拉上来时，他已身中数十箭，幸得铠甲护体。重伤的他，取出了怀中那颗写着李怀光大军将至的蜡丸。

这样的消息，无疑最大限度地点燃了士气，给绝望中的唐军带来了战斗下去的勇气和希望。

朱泚也明白，奉天城下的决战已到了最后一刻，李怀光朔方军的到来必将让自己前功尽弃。所以，他组织叛军，发动了更为猛烈的进攻，战斗激烈到箭矢一度落在德宗御驾前三步的地方。

人们判断，当时李怀光晚到三天，奉天城就会被攻破。然而，就在朱泚合围奉天一个多月后，李怀光率军赶到，先败叛军于鲁店，又在奉天城下大战一天，将朱泚叛军击溃。

建中四年（公元 783 年）十一月二十日，朱泚败退长安。

疑似的逼反

此时的李怀光千里奔命，舍死勤王，可谓忠心耿耿。但同当初的仆固怀恩一样，李怀光生性粗疏，他认定此次奉天之难，卢杞等人就是罪魁祸首。于是，他宣称："我见到圣上，一定奏请圣上杀了他们。"

杨国忠与哥舒翰的剧情，再次上演。为了不让李怀光与德宗见面，卢杞劝谏德宗，趁叛军新败之际，何不令李怀光一鼓作气，攻克长安？一旦给叛军喘息之机，收复长安必定遥遥无期。

德宗深感卢杞言之有理，立刻责令李怀光限期收复长安。不到一个月，狂奔两千里，竭诚赴难，破朱泚、解重围的李怀光，满怀希冀以不世之功受到德宗的隆重召见。没承想一纸诏令，浇灭了他澎湃的热情。

这是德宗急躁吗？不尽然。这更是昏庸无能的表现，甚至是帝王嘴脸最无耻的一面。泾原兵变的原因，转脸就忘了吗？臣忠君，被认为天经地义；那君对臣，难道就可以如牛马般肆意驱使吗？

继承了祖宗的江山，之所以天下共主，一是习惯使然，毕竟和平是民之所盼，不到万不得已，谁也不愿再起烽烟；二是各方平衡的结果，就像王武俊所说："为什么放着二百年的天子不奉，而去跟随朱泚？"

习惯之下，名分早定，才成为天下共主；各方掣肘，彼此不服，才凸显帝王尊贵。不明白这样的道理，真以为自己就是天之骄子，那这样的名分和尊贵迟早会烟消云散。

李怀光率军走到咸阳，连部下将士也群情激愤。为了至少给将士一个交代，李怀光多次上表，直言卢杞等人的罪状。

此时的德宗是怎么做的呢？

即便要求李怀光乘胜收复长安有些不近人情，但也情有可原，毕竟小小的奉天，又能如何犒赏五万大军呢？

当接到李怀光如此直白的奏章后，就该将朔方军的愤怒转嫁到卢杞等人的身上，杀了此贼，以安军心。若德宗因为所谓皇权的威仪，考虑的是不能受大臣胁迫，那为什么还不断给李怀光加官晋爵呢？

当升官的诏书与免死的铁券送到李怀光这里时，他当着使臣的面，就将这些东西摔到地上。李怀光认为，像安禄山这样的人，在朝廷猜忌之下，为防其谋反，才授以铁券。难道朝廷认为自己也会谋反吗？

德宗的作为，就是如此荒诞不经。即便要顾及所谓的威仪和脸面，也要分时候。道理很简单，那些东西本来只是用来巩固地位的，怎能因顾及这些东西而影响自己的地位，甚至威胁自己的生命安全呢？

如果执意要“脸”，那就强硬到底。可在僵持整整一个月后德宗又屈服了，把卢杞贬为新州司马、白志贞贬为恩州司马、赵赞贬为播州司马，并杀了心腹宦官翟文秀。

在李怀光看来，这分明就是德宗在情势所迫之下的心不甘、情不愿，所以才说“怀光屯军咸阳，数上表暴扬杞等罪恶，上不得已为贬杞、赵赞、白志贞以慰安之”。

这样，李怀光怎能不心灰意冷？又怎能不担心被秋后算账？朔方军的三位节度使郭子仪、李光弼、仆固怀恩三人，只有郭子仪得以善终，而用李怀光替换郭子仪的德宗，如今又把自己信任和提拔起来的李怀光，逼到了这个地步。

那么，李怀光最终是怎么走上反叛之路的呢？

李晟是这么勤王的

建中四年（公元 783 年）十一月二十日，奉天围解，朱泚退守长安整整十天之后，李晟率军赶到了东渭桥（今陕西西安高陵）。

这个当初奉诏便即刻动身勤王的李晟，为什么姗姗来迟呢？因为他一边赶路，一边募兵，这就是记载上所谓的“行且收兵”。效果当然也很明显，他的部队从出发时的四千多人，发展到如今的一万余人。

问题是如果没有李怀光，这样的行军速度就不是勤王，而是收尸了。莫非李晟预判到了李怀光能够千里驰援？即便如此，他也没有像李怀光那样派人疾进，事先通报消息。相比李怀光提前尽散河中府库，自掏腰包预支军费的行为，李晟能做的只是将儿子押为人质，然后率军四千上路。

李晟率军刚到东渭桥，这位半路上被提拔的神策军节度使就以“军礼不备”为由，杀了神策军将领刘德信。李晟为什么杀刘德信？原因是“军无统一，晟不能制”。整肃军纪，严明军令，似乎也无可厚非。但这样的举动更像是“收兵”的手段。杀了刘德信，无疑就收服了刘德信之兵。

李晟的勤王之路，也是别开生面。他以儿子为人质，分兵北上。但不着急赶赴奉天解围，而是树立勤王大旗，一路收拢部众。刚入关，李晟就杀了不久前还与自己平级的将领，吞并了人家的军队。一番操作之下，李晟的部队成了关中仅次于李怀光的军事力量。

此时，神策兵马使尚可孤也从武关入援，屯军于七盘关，并击败了那里的叛军，攻下了蓝田。河东节度使马燧也派行军司马王权率兵五千人关，无论如何，也算表明了自己的态度。而诸路军中，李晟几乎是最后一批到达关中的。

宦官骆奉先的养子，镇国军副使骆元光，率兵守卫潼关近十年。此时，他们也打败叛军何望之部，占据华州，防御朱泚叛军东出。

此时的唐军也算完成了对长安的包围，那为什么朱泚还能困守长安半年之久？因为唐军内部再起纷争，以致李怀光拥兵反叛。

李怀光滞留咸阳一月之久，此时的李晟上书德宗，请求移驻军队到东渭桥。但在德宗没有允准的情况下，李晟不但自己擅自移防，还煽动鄜（fū）坊节度使李建徽和神策行营节度使阳惠元也脱离李怀光的控制，移防东渭桥。

作为攻击长安的总指挥，竟然无法得知所属部队的动向，李怀光的震惊程度可想而知。更关键的是，李晟的神策军是德宗的嫡系部队，这样的移防，李怀光无从得知是皇帝的旨意，还是李晟的个人行为。

不但如此，当时的各军中，除了李晟的神策军，都得不到朝廷充足的军需供应。所以朔方军中经常发生抢掠百姓的事情，而李晟军则对百姓秋毫无犯。

一向治军严厉的李怀光，为什么到了长安城下，就如此纵容部下了呢？根本原因不就是待遇不同而引发的心态失衡吗？本就牢骚满腹的李怀光及朔方军将士此时的诉求就是平等。但据实而言，德宗此时也有难处：几万大军的开销，朝廷也是捉襟见肘。

无论如何，李怀光在咸阳按兵不动两月有余，令众多朝臣不满。如果说之前德宗有错在先，毕竟现在已将卢杞等人贬官。如果说李晟跋扈，且有窃取胜利果实之嫌，但朔方军毕竟是攻城的主力。显然，此时已经不是委屈与争功的事情了，李怀光简直走在了反叛的边缘。

无可奈何之下，朝廷甚至想到了借兵吐蕃来收复长安，可见对李怀光的失望程度。没想到吐蕃无意之间再次献上“神助攻”——他们以武将签署借兵合约的惯例，指名道姓这事要由李怀光来办。

大唐朝廷的信誉竟然不如李怀光！吐蕃的“死心眼”，无疑助推了朝廷对李怀光的猜忌。而此时的他，不但没有主动化解矛盾，反而对前来与他商议此事的翰林学士陆贽（zhì）说出了不可借兵吐蕃的三点理由。尽管李怀光诸如“饮鸩止渴”这样的理由不无道理，但他的按兵不动作何解释？

显然，他给出的军士疲惫、需要休息的理由，并不能说服众人。就连回到奉天的陆贽，也建议德宗：“目前，李晟、阳惠元（神策军兵马使）、李建徽（邠宁节度使）受李怀光节制，为防李怀光反叛，应该让他们东移，与李怀光分开，以牵制李怀光。”

此时的李晟又不失时机地上奏德宗：任命自己的三名副将分别担任洋州、利州及剑州三州刺史，各分兵五百加强防御。

洋州是关中通往山南东道的门户，而利州及剑州是山南东道通往剑南的门户。李晟此举，实际作用似乎不大，但象征意义极强。不用任何说辞，这样的行动一方面能使德宗看到，自己保证了南下道路的通畅；另一方面等于直接点明，就是防范李怀光的朔方军。

虽然这样的建议被德宗否决，但李晟的忠心，德宗怎么会感觉不到？李晟的所谓忠诚，明显不是世俗的“愚忠”。但自李怀光屯兵咸阳，德宗似乎也认识到了事情的“真相”。李怀光固然受到委屈，却也拥兵自重；李晟忠心可鉴，但未必没有争功之心。

但德宗能怎么做呢？就是从事后来看，此时的德宗也已经黔驴技穷。加官晋爵吗？免死铁券都发了，不是让李怀光大怒之下，摔到地上了吗？不是因为没有受到召见而委屈吗？这次，德宗决定亲往咸阳，但还是事与愿违——无他，李怀光认为德宗此举，是汉高祖游云梦而诛杀韩信的重演。

什么叫事情无法挽回？此时的德宗与李怀光就是。无论德宗如何坦诚，也不能取信于李怀光了；反过来，如果此时的李怀光收复长安，德宗就不会对他秋后算账吗？

看看李晟，此次收复长安第一功，功劳地位甚至名列奉天保卫战中浴血奋战的浑瑊之前，最终还不是被唐德宗解除了兵权吗？李怀光又能比李晟好到哪里？

箭在弦上的反叛

李怀光的反叛已箭在弦上，德宗还在做着最后的努力。他派李怀光的儿子李璀到咸阳，劝说父亲。李怀光对儿子说："主上无信，吾非贪富贵也，直畏死耳，汝岂可陷吾入死地耶？"

这可能就是李怀光的肺腑之言。他应该没有称帝之心，但割据自立之念似乎是事实。此时李怀光的反叛，值得玩味——一个围困长安的功臣，胜利在望之际，就这样因为畏惧自己为朝廷所害而起兵反叛，这是对大唐失望到何等程度？

联系之前突然爆发的泾原兵变，有武将骄横难治的原因，也有文官的党争不止。而朝廷应对失当，大唐风雨飘摇，人人自危之下，反叛频发也就不意外了。

反叛的李怀光，首先对阳惠元及李建徽部发动了偷袭。毫无戒备的他们瞬间被击溃，阳惠元父子三人遇害，李建徽只身逃回。

兴元元年（公元 784 年）二月二十六日，李怀光派部将赵升鸾潜入奉天城，派朔方别将达奚小俊焚烧乾陵，以火为号，赵升鸾在城内接应李怀光的大军进城。

但赵升鸾到了奉天之后，就将李怀光的计划对浑瑊和盘托出。吓破胆的德宗，没等浑瑊收拾停当，就逃出西门，准备投奔山南西道节度使严震。逃亡路上，负责追击德宗的三名朔方将领又合谋将其放走，并装模作样地跑到南山劫掠一番后，回去交差。

显然，李怀光的部下还是有人不愿追随他造反。然而，即便是李怀光本人，就一定要置德宗于死地吗？也未必。要不然他为什么宣称“吾今与朱泚联合，车驾且当远避”？他如果真有与朱泚的联兵之举，唐军岂能抵挡？

李怀光领兵东撤，劫掠泾阳、三原、富平，经同州开往河中。韩游瑰杀死李怀光的邠州留后张昕，举州归唐。四月，李怀光到达河中，又窃据同、绛等州，按兵不动。

李怀光领兵东撤，就是在既不愿造反又不信任朝廷的心态之下采取的举措。从他占据山西的河中地区也能看出，他只是想效法河北藩镇，占据一块地盘后，自立为王。

而李晟能独占收复长安的首功，无疑是建立在李怀光的功劳之上。形势的影响、性格的偏执、政治的幼稚……使李怀光走上了一条不同的人生之路。

兴元元年（公元 784 年）五月二十日，李晟下达了收复长安的攻击令。战斗毫无悬念，朱泚仓皇逃离长安，一路向西直奔驿马关，计划逃往吐蕃。走到彭原县西城时，跟随他多年的梁庭芬反叛。他杀死了朱泚，首级被送往长安。

最晚到达长安的李晟，却被德宗流着泪褒奖道：“天生李晟，以为社稷，非为朕业！”而这样的场景，却是千里奔命、浴血奋战的李怀光苦求而不得的。岂非造化弄人？

当然，此时的德宗也许已经对天下纷乱的形势、对各方力量之间的关系，以及对文武大臣之间的角逐，甚至对背叛与忠诚、分裂与联合，都有了更深层次的认识和理解，所以他对李怀光不再那么苛责，不再那么痛恨。

但德宗的态度，显然是李晟不愿看到的。原因很简单：赦免李怀光，那他的奉天救驾之功，无疑将在李晟收复长安之上。李怀光按兵不动，充其量也不过两个多月，而李晟攻打长安，准备时间有数月之久。

就连李晟自己在接驾的时候，都表示收复长安时间太迟了，自己有罪。这样的态度，是李怀光永远都不具备的“素质”。

李晟上言，宣称李怀光有不可赦免的五大理由。事到如今，不要说五大理由，个个立论有据，就是再加十条八条，又何尝没有道理？

但从德宗派遣给事中孔巢父前往河中来看，他并没有完全接受李晟的观点。因为他不但要任命李怀光为太子太保，还要悉数恢复朔方将士们原来的官爵。

相比德宗在政治上越来越成熟，李怀光却还陷于政治幼稚的旋涡。以当时的天下形势，这可能是李怀光最好的出路。显然，德宗已经首先抛出了橄榄枝。

且不说家国情怀，就是为朔方将士考虑，为自己及家族考虑，李怀光也不应该断然拒绝德宗的善意。此后的境况，当然会不尽如李怀光之意，但这也是反叛的代价。为什么要一意孤行呢？

当然，来到河中府的孔巢父也没有把握好宣慰使的身份和态度，居高临下地宣读圣旨，颐指气使地任意发挥，这也促使事态发展到不可控的地步。朔方军多为胡人，爽直而暴躁，孔巢父神态漠然地宣读完圣旨之后，又冷冰冰地问了一句：“军中有谁可以代替太尉（李怀光）统领军队呢？”

李怀光的亲信听孔巢父的口气，分明是来收缴李怀光的兵权，来对他们秋后算账的。一时激愤之下，他们将孔巢父当场杀死。随着孔巢父的身亡，李怀光与朝廷和解的最后一扇大门也紧紧地关闭了。

新任朔方节度使浑瑊、河东节度使马燧、镇国节度使骆元光、鄜坊节度使唐朝臣，四路大军完成了对李怀光的合围；而李怀光的朔方军早已人心涣散，不战自乱。

结局总是那么地悲惨与凄凉——大势已去的李怀光在撤军途中自缢而死，首级被部将牛名俊割下，送往长安。曾经战功赫赫、赤胆忠心的李怀光，就这样退出了历史舞台；曾经转战南北、扭转大唐国运的朔方镇，也逐渐湮没于历史的晨烟暮霭。

而当初那些驻足观望，至少没像李怀光这样千里驰援、突出重围的藩镇武将，此时却沐浴在胜利的荣光中。

德宗感念李怀光之功，鉴于他的七个儿子已死，就把李怀光的外孙李承绪过继给他，以延后嗣。此时的德宗经过奉天之难的洗礼，显然有了宽厚明智的帝王气象；但经此一难，他也心力枯竭、壮志全无。

有“伟略”而无“雄才”的德宗，志大才疏之下，将大唐推到了万劫不复的边缘。历经艰难、曙光初现之时，却无心再复兴大唐。德宗的悲哀，莫过于此！

第四章
宪宗的困境

叛将的结局

泾原兵变后，唐德宗逃至奉天被围时，当初搅动天下风云的四镇也分裂为两大阵营。田悦、李纳、王武俊虽还称王，仍与朱滔保持联系，但按兵不动。只有朱滔在哥哥的煽动下，成了河北的最大威胁。

针对河北的形势，翰林学士陆贽上言德宗，劝谏其“痛自引过以感人心”，也就是所谓的颁布罪己诏。甚至就连“以言谢天下”的诏书，陆贽都替德宗写好了。

兴元元年（公元 784 年）正月初一，唐德宗大赦天下，改元兴元，并颁布了这份著名的罪己诏。

其一，总揽罪责：今日之战火离乱，都是朕一人之错。其二，深刻剖析原因，即“愧疚之心如坠悬崖”，可谓声泪俱下。其三，补救措施：李希烈、田悦、王武俊、李纳等人及部下官吏将士，全部免罪，待之如初，并给予朱滔改过自新的机会；虽不赦朱泚之罪，但其胁从将吏百姓等众，只要在官军未到京城以前，或起义或归附原道原军者，全部赦罪；诸军、诸道等一切赴奉天及长安的将士，赐名奉天定难功臣。其四，所有加征的除陌钱、税间架以及竹、木、茶、漆、榷铁等税，从此全部免除。

罪己诏颁发后，王武俊、田悦、李纳等人不再首鼠两端，纷纷去王号，并上表谢罪——直到此时，他们仍无意或无力真正颠覆大唐。难道削藩真的就只有武力这一条途径吗？

但此时的朱滔，显然还沉迷于皇太弟的封号中不能自拔。

兴元元年（公元 784 年）正月十九日，德宗以王武俊为恒、冀、深、赵四州节度使；正月二十日，德宗加封李抱真、张孝忠为同中书门下平章事；正月二十四日，加田悦检校左仆射，前深、赵观察使康日知为同州刺史、奉诚军节度使，曹州刺史李纳为郓州刺史、平卢节度使。

三月初一，孔巢父到魏州宣慰，受到田悦的盛情接待。然而这次宴席之后，意外发生了——受叔父所托，田悦原本对田承嗣的几个儿子颇为厚待，其第六子田绪还被委派为最精锐的牙军统帅。但田绪对自己没有接任节度使一直怀恨在心，于是趁这次田悦醉酒熟睡，狠心将其杀死。

三十四岁的田悦被杀的消息传来，最兴奋的无疑是朱滔——他想趁乱一举攻下魏州！于是，朱滔调集了一万两千精锐围困魏州。

此时的李抱真与王武俊这一对老对手、老朋友再次联手，一方面争取田绪，另一方面讨伐朱滔。随着田绪归唐，李抱真与王武俊两军也在四月二十八日完成了集结。

之前，在各藩镇坚守不战的情况下，朱滔已经围攻贝州一百多天了。此时，围攻魏州也达四十多天。五月初六，开始反攻的唐军由王武俊与李抱真两军前后夹击，大败魏州城下的朱滔幽州军。

溃逃回幽州的朱滔虽被留守范阳的大将刘怦（pēng）迎入城中，但连河北都出不去，更不要说与朱泚会师洛阳了。而信誓旦旦很快就能扫平关中的朱泚，此时也被围困在长安城，难以脱身。

朱泚兵败被杀的消息传到幽州后，朱滔惊恐之下病情加重，于贞元元年（公元 785 年）六月死于幽州。不顾天下大势，知进而不知退，一味逞匹夫之勇——这就是朱滔的结局。

河南战场的李希烈显然更具兵痞作风。泾原兵变后，朝廷调兵勤王，李希烈看到了机会，于是开始疯狂扩张。他先是猛攻李勉坐镇的汴州，甚至在攻城时将百姓当作土木，直接填入坑道，可谓残忍至极。在攻取汴、滑二州之后，李希烈又南下攻取了襄邑、宁陵，致使江淮震动。

此时的李勉与刘玄佐联合，整个中原仅剩这支宣武军还在苦苦支撑。本来淮南节度使陈少游要来支援他们，但他一听到朱泚作乱，就赶紧回军广陵，修堑垒、治甲兵，立足自保。为此，陈少游不但抢了盐铁使包佶（jí）运往京师的百万钱帛和三千兵卒，还派人向李希烈及李纳示好——显然，陈少游走的也是一条拥兵自重的路。

此时，镇海军节度使韩滉（huàng）不断加固城防，以备德宗车驾渡江，并以防止战火烧过长江为由，不但封锁了辖区的关口与桥梁，禁牛马出境，还紧急修筑了要塞石头城，开凿水井近百眼。

韩滉之前与刘晏一西一东分掌天下财源，手握关内、河东、剑南财赋。他原本被德宗放任苏州刺史，后在德宗整顿军事时，以浙江西道为镇海军，被任命为镇海军节度使。

德宗首开在南方设置藩镇先例，也不是风险全无——节度使拥兵自重之后，立刻就会截断南方财源。更何况，难道此时的韩滉，就一定不会成为下一个李怀光吗？

韩滉造不造反暂且不说，仅就他修筑南京城的行为，就让德宗认定他图谋不轨。此时的李泌，从劝说到上书，从非正式到正式，不惜以全家百余口性命为代价三保韩滉，才使得德宗暂且打消猜忌。

李泌在肃宗时，赶赴灵武，助其平叛；在代宗时，执意辞官回乡。逃到梁州的德宗，无奈之下，再次召李泌入朝，任命其为左散骑常侍。李泌究竟什么头衔并不重要，反正他做的都是宰相之职，干的都是战略规划。

再次出山的李泌对德宗说：“河中的李怀光不足为忧。”理由是：“朔方军必不肯全部听命于李怀光，内乱之下，李怀光不久就会为部下所杀。”后来的事实验证了李泌的看法。更重要的是，李泌此次在战略上为大唐规划了方向，使其在如此孱弱的国力下，防御和阻挡住了吐蕃的入侵。

当时，德宗借兵吐蕃，吐蕃趁此机会，提出了将安西和北庭两镇割让给他们的条件。德宗本不在乎这两块“飞地”，但这一决定遭到了李泌的反对。

李泌正色道：“安西、北庭，不仅控制西域五十七国及十姓突厥，还可防御吐蕃，为何要拱手与之？而且两镇之人，为国戍边二十余年，弃之以与戎狄，必深怨中国，他日随吐蕃入寇，如何化解这种私怨？再者，吐蕃之兵，观望不进，又大肆抢掠，何功之有？”

李泌的劝阻不但为大唐保住了安西、北庭两镇，而且为他之后“北守南攻”的“困蕃之策”提供了得天独厚的战略支点。

公元 787 年，吐蕃大举入侵大唐边境。李泌提出交好回纥、南诏、大食等国，孤立吐蕃使其四面受敌的战略。对于回纥，李泌一改德宗前期的敌对政策，开放边境贸易，和亲交好。这就是所谓的“困蕃之策”。

断绝与吐蕃的外交关系，在与原陇右道接界的京西地区保障后勤充足，筑城以取守势；而在剑南，联合南诏使其向北，唐军向西，两路夹击吐蕃。在这样的不断进攻下，吐蕃受到持续的压力。这就是所谓的“北守南攻”。

李泌一方面打击吐蕃，减少其对大唐的侵扰；另一方面，也解除了回纥和南诏强盛之后对大唐的威胁。可以说，正是李泌之策，为大唐延续了百年国祚。

此时的德宗，为什么还要猜忌韩滉呢？而李泌的担保，难道只是因为看重其人品吗？可在此时的天下，所谓的人品哪里还靠得住？李泌无疑在冒险！然而，这样的冒险是必须付出代价的。

不管韩滉立场如何，此时的朝廷能做的只有绝对信任他。在没有制约手段的前提下，除了把这样的信任进行到底，大唐还有别的选择吗？大唐天子就剩下“九世天子”这点合法性的本钱了，除了把它运用到淋漓尽致，还能如何？这也许就是李泌选择相信韩滉的主要原因。

韩滉也没有辜负李泌的信任——他立即发米百万斛到长安，以示忠心。而且此后，大唐朝廷及前线所需的钱粮布帛，均得益于韩滉源源不断的供应，这才撑起了大唐摇摇欲坠的生命线。李泌此举，正是阻止了李怀光之乱的重演。

韩滉不仅是财政大臣，也是书画大师，其代表作《五牛图》早已是国宝级经典画作。正是兼有统兵之才的他，率镇海军救援宁陵，才使李希烈向南扩张的计划宣告破产。

随着河东的平定，李希烈也逐渐陷入四面楚歌的绝境之中。在攻打襄州与郑州接连失利后，李希烈退守汴州。宣武军节度使刘玄佐攻克陈州，兵临汴州城下，李希烈逃奔蔡州。

李希烈最终死在了一位传奇女子的手里。

当初攻克汴州的李希烈，强娶曹参军窦良的女儿窦氏为妾。与父母临别之时，窦氏便悄悄告诉父亲：“别难过，我有办法灭贼。”

来到李希烈身边的窦氏，一刻也没有忘记自己说的话。她得知李希烈部将陈仙奇的妻子也姓窦，就主动与其结为姐妹。在交往中，她一方面替陈仙奇在李希烈面前说好话，取得其信任；另一方面，找机会表达自己对形势的悲观，以观察陈仙奇的反应。

陈仙奇早就对李希烈称帝不满，一拍即合之下，窦氏便趁李希烈生病时，与陈仙奇里应外合，在其药中下毒，将李希烈毒杀。但李希烈死后，他儿子选择了秘不发丧——他要在诛杀诸位将领后拥兵自立。此时，窦氏借着给陈仙奇妻子送樱桃的机会，将纸条密封进一粒蜡丸中。接到消息的陈仙奇立刻带兵闯进李希烈府邸，将李希烈全族上下斩杀殆尽。

弱女子窦氏，凭着自己的机智与勇敢灭了仇人全族，不可谓不传奇。而李希烈的死，也标志着这场席卷大半个帝国的叛乱终于结束。

身体力行的示范

在叛乱最后的阶段，从李泌处理陕郡的变故一事上也能看出，削藩不一定要完全依靠武力征伐，也不是单纯的杀戮或宠信就能解决问题。因为杀了叛乱的朱泚、李怀光及李希烈等人，还会有人继续叛乱。而任命了宠信的节度使，也不一定能保证他们日后不会叛乱。李怀光当初不就是德宗用来接替郭子仪的亲信吗？

李泌的做法，是否具有借鉴意义？

事情的起因是陕虢都兵马使达奚抱晖毒杀了节度使张劝，代为掌管军务后，不但向朝廷索封旌节，还召李怀光旧将达奚小俊为援。

面对这样胁迫的手段，朝廷该何去何从？李泌的做法是：只身前往陕郡。理由是：陕城三面悬绝，发兵征讨，恐旷日持久。而德宗的问题是：李泌一个人去行吗？

李泌的考虑是："陕城军民没有叛乱的民意基础，今日之事，只是达奚抱晖一人作恶而已。若大兵压境，会使其众志成城；我一人前往，未必不能感化他们。"

当然，此行肯定存在风险。为防万一，李泌让马燧同行，以马燧河东军的震慑作用，来为此行加道保险。但冒此风险，德宗还是不放心，他不但说出了"朕宁失陕州，不可失卿"的肺腑之言，还命邠坊节度使唐朝臣率军将李泌送至陕郡。

德宗体恤李泌之情自不必说，但他此举也是没有完全理解李泌之意的表现。李泌婉拒了唐朝臣的护送，以押运江、淮之米赈济陕地为名，与马燧前往陕郡。

正如李泌所料，本来严阵以待的达奚抱晖，见只有李泌一人前来，也选择了出城十五里迎接。到达陕郡的李泌开门办公，只要账本簿书，只负责粮储工作，并安抚众将，让他们各安其职，不要听信流言。

开诚布公的李泌，见军心民意安定下来之后，便秘见达奚抱晖，对他说："我不杀你，并非偏爱于你，只是怕今后有危疑之地，朝廷所命将帅无法上任，才给你留了活路。你自己找个安身之地接走你的家小，我必定保证你全家的安全。"

自知已无退路的达奚抱晖接受了李泌的安排，陕郡危机得以和平化解。李泌的方法是建立在对形势、民意以及人性深刻把握的基础上的。可惜天不假年，公元 789 年，李泌病逝。我们没能看到他从根本上治理藩镇的想法和措施。

"永贞革新"的转瞬即逝

唐德宗时期，使用过建中、兴元和贞元三个年号。建中年间，他雄心勃勃、全面整顿，力图复兴大唐、建功立业，却导致烽烟四起、天下大乱；兴元年间，他焦头烂额、历经劫难，虽然妥协求变、平定叛乱，局势却仍暗流涌动、颓势难挽；到了贞元年间，德宗当初的万丈雄心已消磨殆尽，心有余悸之下，他早已背离初心，重新宠信宦官的举动也为此后的大唐带来无穷的祸患。

贞元二十一年（公元 805 年）正月二十三日，唐德宗李适病逝。但在一个月前，太子李诵就因中风而卧病在床，此时的他已经丧失了说话的能力。为了安定朝局，李诵还是身穿紫衣麻鞋，抱病出了九仙门，召见朝臣军使。

二十六日，太子李诵在太极殿即皇帝位，是为顺宗。尽管重病至此，即位后的顺宗还是即刻开展了所谓的“永贞革新”。

在顺宗还是太子的时候，王伾（pī）、王叔文作为太子伴读深受其器重。顺宗即位后，“二王”身边迅速聚集了像柳宗元、刘禹锡等主张改革的官僚集团。

他们出台了一系列革新措施，主要针对宦官和地方藩镇，这自然引起了对方的不满和抵触。永贞元年（公元 805 年）五月，范希朝出任左右神策京西诸道行营兵马节度使，韩泰为行军司马。他们上任伊始，就谋划夺取宦官掌控的神策军兵权。

但此时的大唐，宦官势力正盛。于是，他们又联合剑南西川、荆南及河东节度使，密谋除掉王叔文集团。然而顺宗病重，不能给予改革派很好的支持，且此时宦官势力已经坐大，因此改革派的急于求成也导致了最终的失败。

八月，顺宗被迫让位于太子李纯，是为唐宪宗。王伾被贬为开州司马，不久病死；王叔文被贬为渝州司户，次年被赐死。革新集团的其他人不是被贬，就是被免。所谓“永贞革新”，仅仅在进行了一百四十六天后就宣告失败。

接手一个烂摊子

在李纯出生的第二年，其祖父德宗即位，父亲顺宗被立为太子。贞元四年（公元 788 年）六月，十一岁的李纯就被册封为广陵郡王。

唐宪宗李纯的母亲王氏曾是代宗的才人。李纯的妻子郭氏是郭子仪的孙女，即郭暧（ài）与升平公主之女——实际上，李纯比妻子郭氏还低了一辈。如此奇特的婚姻关系，也是那个时代的产物。他与郭氏的儿子李宥（yòu）就是后来的唐穆宗。

永贞元年（公元805年）四月初六，李纯被册立为皇太子；八月初四，宪宗得父皇传位；八月初九，即位于宣政殿。从一个普通的郡王到登上帝位，李纯仅仅用了四个月的时间。

年满二十八岁的他，在被拥立的过程中，难道毫不知情？早已成年的皇子，为什么会被拥立为帝？一个年幼的皇帝难道不是更好控制吗？顺宗为什么是退位，而不是被杀？拥立皇帝这样的大事，如果单纯是宦官所为，那他们会让李纯像当年的李世民那样，尊父皇为太上皇吗？

虽然没有明确的证据可以证明以上猜测，但从宪宗即位后大刀阔斧的行为来看，他不但没有受制于人，还颇有一番雄心壮志。宪宗虽然驱逐了王叔文集团，却继续了革新路线。

种种迹象是不是也表明，宪宗的登基其实是依靠宦官的拥立，并发动了某种程度的宫廷政变呢？然而即位后的宪宗，接手的无疑是一个千疮百孔的大唐。

河北三镇、淄青、淮西等藩镇割据一方，拥兵自重；在昔日德宗的拆分整合下，此时全国已是藩镇林立。大唐经济捉襟见肘，已到崩溃边缘。宦官势力也已猖獗到可以废立皇帝的地步。

宪宗时期，大唐共四十八道，二百九十五州府，但其中十五道七十一州都不向朝廷申报户口，朝廷的赋税仅来自八道四十九州。

即便以上数据不够精准完备，但来自江南、淮南地区的赋税，在朝廷税收总量中占据着不可动摇的主体地位却是事实。其他各道就算上缴税赋，也数量很少，占比极低。

安史之乱后，朝廷财政收入捉襟见肘的原因相当复杂。其一，地方开支激增。安史之乱前，朝廷只设置九位节度使和一位经略使。安史之乱后，大唐疆域面积大为缩减，今陇山、六盘山和黄河以西，以及四川盆地以西的西域、陇右、河西之地均被吐蕃侵占；今云南、四川南部、贵州西部，也相继被南诏占领；东北地区几乎丧失殆尽。即便如此，藩镇数量却在宪宗时期增至四十八个，几乎所有州府之上都设有藩镇。

而且安史之乱前，内地州县除了“留州”的定额部分外，所有赋税均要上缴朝廷，而之后却是将赋税首先交到藩镇，他们再依据自己所需，将剩余的交到朝廷。因此，地方行政开支过大就严重挤占了原本属于朝廷的份额。

其二，军费开支巨大。安史之乱后，朝廷与藩镇割据势力的战争几乎没有间断过。玄宗天宝年间，国家供养的军队不足六十万人；到了德宗初年，军人数量已增加到近七十七万；到了宪宗时，更是多达八十八万人。

而此时，大唐在册的百姓仅为一百四十四万户，比起玄宗的天宝年间减少了四分之三。军队与供养军队的人数出现如此大的差距，可见当时百姓的负担有多重。这还不包括战时的开销。以军人战时军饷为平时的三倍算，大唐的经济怎么能够承担旷日持久的战争呢?

其三，传统赋税区大量减产。安史之乱前，河北、河南两大区域是朝廷赋税的重要来源。但在战乱的破坏之下，这里田地荒芜、农户离散，真正从事农业生产的人数仅占原来的三成。

而且河北之地及淄青镇所占的河南地区，因其实际割据自立的现状，更少向朝廷缴纳赋税。再加上如今，这一地区几乎每两三个州就设置一个藩镇，花销之大可想而知。

其四，朝廷管控财政的能力下降。安史之乱前，大唐对财政收支体系有着统一的制度规范与绝对的控制权，能在统收统支之下做到统筹规划。而之后的赋税政策，已成了对百姓竭泽而渔的手段。

经济情况不容乐观，藩镇节度使也蠢蠢欲动。首先发难的就是剑南西川节度副使刘辟。

元和元年（公元806年）八月，剑南西川节度使韦皋病逝，他的心腹刘辟企图割据自立，于是上表朝廷，请求将三川都划归自己管辖。

三川是指山南西道、剑南西川及剑南东川三道。其中，刘辟所在的剑南西川实力最为强大，下辖二十六个州；而剑南东川及山南西道却仅分别管辖十二个州和十五个州。

刘辟为什么有如此要求？此事还要追溯到韦皋任职时期。泾原兵变时，韦皋起兵举义，力抗叛军，被德宗授为奉义军节度使。公元785年，韦皋出任成都尹、剑南西川节度使，总镇川蜀。

后来，王叔文曾拒绝韦皋所提出的担任三川节度使的请求，韦皋因此成了宪宗监国的坚定支持者，宪宗登基，韦皋也是拥戴者之一。

而当时替韦皋上书朝廷请求总镇三川的人，正是刘辟。如此渊源，真不知道如果韦皋不死，重提此事，宪宗将作何应对。

韦皋病逝之后，刘辟不满足朝廷任命他的节度副使之职。如今，换他来重提此事，宪宗显然连所谓的面子也不会顾及。遭到拒绝的刘辟，恼羞成怒之下，竟率军围困东川节度使的驻地梓州（今四川三台）。

刘辟撞到枪口上

刘辟的要求确不合理，从宪宗断然拒绝了他也能看出，宪宗其实想做个奋发有为的皇帝。藩镇林立、山河破碎至此，登基伊始的帝王，怎么可能不想改变这样的混乱局面呢？德宗，甚至重病的顺宗，不也都是如此吗？

作为太子，或是皇子，在使命感、责任感爆棚之际，却因为没有皇权而自感无力改变这一切。此时，他们眼中的“父皇”，哪里有丝毫他们可以借鉴的地方？因此一旦皇权在握，要么全盘推翻“父皇”的一切作为，要么将“父皇”未竟的事业进行到底。

混乱的背景之下，上一代的确没有大作为的事实，很容易让年富力强的下一代产生幻觉——“换上我一定会更好”。人性中的这点盲目自信，甚至让宪宗都等不及重病的父皇自然死亡，就迫不及待地结束了他的政治生命。

如此急于大展宏图的人，结果往往都不会太好。急躁本身就不是根除病源的态度，它总会让你在某一方面出问题。而这样的问题，又因为本身就缺乏系统的考虑，很可能导致满盘皆输。

只是，无论之后如何，此时的刘辟可谓撞到了宪宗的枪口上。意气风发的宪宗，怎么忍得住不拿刘辟试手、祭刀？二十九岁的李纯，要展现他作为帝王的勇气和魄力！

元和元年（公元 806 年）正月二十三日，宪宗皇帝命左神策行营节度使高崇文率兵五千为前军，神策京西行营兵马使李元奕率兵两千为后军，与山南西道节度使严砺共同讨伐刘辟。

高崇文兵出斜谷，李元奕由骆谷进军，分两路奔赴梓州。由于要翻越秦岭山脉和大巴山区，路途遥远且道路险峻，刘辟实在没想到宪宗会派军征伐，而且唐军来得如此之快。

高崇文来到梓州时，梓州已经陷落，但此时的刘辟也主动撤围而走，还将俘虏的东川节度使李康交给高崇文主动示好。这样的刘辟，造哪门子反？

正如举荐高崇文为将的宰相杜黄裳所说：“刘辟一介书生，狂妄自大，志大才疏，派有勇有谋的高崇文征伐他，易如反掌。”高崇文施展霹雳手段，当即以失职之罪斩杀了李康这个封疆大吏。

三月十三日，宪宗下诏，削夺刘辟官爵——至此，刘辟已没有回头路。唐军则势如破竹，一路向西川推进。

六月初，刘辟的军队在鹿头关（今四川德阳北黄许）、万胜堆（今四川德阳东北）先后修筑城堡和栅栏，屯驻重兵防守，准备和朝廷军队决一死战，可高崇文率神策军迅速地包围了刘辟的军队并将其围困。严砺和李元奕则马不停蹄地收复了德阳、汉州（今四川广汉）、绵州（今四川绵阳）、玄武（今四川中江）、神泉（今四川安县南塔水镇）等地。

在三路唐军的合围之下，刘辟走投无路。高崇文一路高歌猛进，攻克了成都。刘辟仅带数十人仓皇西逃，准备投奔吐蕃。高崇文岂能这么轻易地放走他。被追得无路可逃的刘辟，只得跳入长江意欲自杀。可即便如此，唐军也没有放过他。被抓获后，刘辟被装入铁笼囚车送往长安。宪宗下令，诛杀刘辟全家。

难道已经造反成风，以至于刘辟都跃跃欲试了吗？那也至少该掂量掂量自己的实力与斤两吧？寸功未立，威望全无，这样的人物，也学着别人造反，甚是可悲。

“强送”人头的杨惠琳

高崇文成为新任西川节度使，而此时的宪宗也将西川的资州、简州、陵州、荣州、昌州、泸州六地划归东川。至此，西川下辖二十个州、东川下辖十八个州、山南西道下辖十五个州。趁此机会，宪宗基本扭转了三川力量对比严重失衡的局面。

但就在高崇文平蜀之际，西北边陲出事了。

当时，夏绥（suí）节度使韩全义入京朝见。临行时，他命外甥杨惠琳处理军政事务。韩全义行伍出身，一直在神策军中效力，曾参与讨伐淮西。但此人贪而无勇、抚御无术，宪宗一向厌恶其讳败为胜的劣迹。

他本人也算有自知之明，此次他就是自请入朝。宪宗命他以太子太保致仕，再任命右骁卫将军李演为夏绥节度使。

在自知这方面，杨惠琳却一点也不像他舅舅。此时的他，不但率军阻拦新任节度使李演上任，还上奏朝廷，说将士们逼迫他出任节度使。

激战正酣的西川、主动入朝的韩全义，竟都不能使杨惠琳认清形势、正视自我。宪宗遂命河东节度使严绶（shòu）与天德军（初名大安军，隶属唐关内道丰州，治所在今内蒙古巴彦淖尔阴山山脉南麓）合击恣意妄为的杨惠琳。

严绶派牙将李光进、李光颜兄弟率军为先锋，讨伐杨惠琳。李光进兄弟，河曲（今山西河曲）人，突厥阿跌族，原名阿跌光进、阿跌光颜，因功赐姓李，以骁勇善战著称。

河东军未到之时，夏绥镇就已望风而乱。元和元年（公元 806 年）三月十七日，夏州兵马使张承金斩杀杨惠琳，并将他首级传送京师。

刘辟好歹还能与唐军正面交锋一二，杨惠琳却连这样的机会都没有，就在内乱之中被部将杀死了。此时的造反与平叛之所以如此儿戏，倒不是因为朝廷有多强悍，而是这些造反者实在太愚蠢。

刘辟与杨惠琳这两个无知妄为的狂徒在“恰当”的时机强行出头，以他们的人头铺就了宪宗登上权力巅峰的红毯。

李锜（qí）走入了“死胡同”

此时的宪宗牛刀小试，十分注意对分寸与时机的把握。他虽然不姑息养奸，但也不搞“一刀切”。政策的灵活性与手段的强硬性，表现在他对待不同藩镇采取了不同的方式。比如此时的淄青与镇海，就是朝廷根据情况的不同采取不同措施的实例。

自安史之乱后，淄青节度使一直由李家把持，朝廷只是在事后予以追认。对于这种现象，宪宗当然颇为不满，但鉴于其早已根深蒂固，故而也没有贸然终止这样的惯例。

公元 806 年，李纳之子——现在的淄青节度使李师古，病入膏肓。李师古掌权时虽专横暴戾，但因畏惮朝中宰相杜黄裳，也“终身不敢失节”。

这年的六月初一，李师古病死，他的部将暗中将远在密州（今山东诸城）的李师道迎回了节度使驻地郓州。李师道是李师古的弟弟，他在将士的拥戴下，上表请赐节度使旌节。此时的宪宗选择了妥协，顺势任命李师道为新一任淄青节度使。

但对镇海节度使李锜的出尔反尔，宪宗决定不再容忍。

当时，李锜鉴于形势，主动请求入朝。如此明智之举，自然深得宪宗欢心。为了促使他尽快成行，宪宗特地派遣中使前去抚慰镇海军。

李锜是淄川王李孝同的五世孙，即李虎的八世孙。身为李唐宗室的李锜，此时入朝无疑起到了表率作用。但面对朝廷的催促，李锜迟迟不肯动身，甚至在镇海节度留后王澹与朝廷派来的中使三番五次的催促下，反唆使部将杀死了王澹。尽管不想与朝廷彻底决裂的他留下了中使，但宪宗还是下诏免去了他镇海节度使之职，改任尚书左仆射。

这显然是李锜最后的机会，但他还是以平定兵乱为由拒绝入朝。宪宗决定不再姑息，出兵从宣州、杭州和信州三路征讨李锜。李锜则派兵马使张子良、李奉仙和田少卿等将，率军三千去袭击宣州。

而张子良等人依据当时的形势判断李锜绝无胜算，于是他们回军直指镇海军驻地润州（今江苏镇江），将李锜锁拿，送往京师。随后，李锜和儿子李师回被腰斩于长安。

宪宗登基之初，在机缘巧合之下，对剑南西川、夏绥、镇海三镇连战连捷，在困境之下迅速打开突破口，这让本就意气风发的他更加信心百倍。

随后，他将战略重点移向了事实上已从大唐割出去近半个世纪之久的河北地区。

第五章
“元和中兴”

田季安的阴谋很成功

元和四年（公元 809 年）三月，王武俊之子，即当时的成德节度使王士真病死。宪宗想趁此机会收回任命节度使的权力，并把德州和棣州从成德分离出来，以削弱王承宗的力量，并将成德纳入国家赋税的征收范围。

为此，宪宗在八月初九派京兆少尹裴武前去安抚王承宗。王承宗对裴武表现得极为恭敬，主动献出德、棣二州。于是在九月初七，宪宗正式任命王承宗为成德节度使，辖区为恒州、冀州、深州及赵州四州，另设保信军节度使，管辖分离出来的德州和棣州。

这显然是双方博弈的结果——王承宗以两州之地换来朝廷成德节度使的旌节，而朝廷也削弱了成德镇的实力。

薛昌朝既是昔日昭义节度使薛嵩的儿子，也是王承宗的女婿。考虑到薛昌朝特殊的身份背景，宪宗任命德州刺史薛昌朝为首任保信军节度使。可没想到，还是出现了变故。

首先跳出来挑拨离间的是田季安。田季安是田绪第三子，十五岁时接替病死的田绪，成为魏博节度使。他自然不愿看到王承宗归附朝

廷，更不愿朝廷蚕食他的地盘。更何况他也清楚，今日是王承宗，明日就会轮到他田季安。

为了让王承宗对抗朝廷，以测试朝廷的反应和底线，田季安派人对王承宗说：薛昌朝正是一直在暗中充当朝廷的耳目，才被委派为节度使。王承宗听后，大怒之下派人到德州抓捕薛昌朝。

朝廷派去任命薛昌朝的中使途经魏州时，被田季安盛宴款待，而且一连留住好几天，目的就是给王承宗抓捕薛昌朝争取更多时间。

果然，当这位朝廷中使到达德州时，王承宗已经派数百骑兵突袭德州，将薛昌朝抓走了。王承宗竟然以如此恶劣的手段撕毁了刚刚达成的协议，宪宗决定不再容忍。

十月十一日，宪宗下诏削除王承宗一切官职爵位，任命左神策中尉吐突承璀为左右神策，河中、河阳、浙西、宣歙（shè）等道行营兵马使、招讨使，讨伐王承宗。

吐突承璀从长安发兵后，下令成德周围军镇配合中央军一起出兵征讨成德。在各镇还观望摇摆之时，幽州节度使刘济亲自率军七万讨伐王承宗，一举攻占了饶阳和束鹿等地。相比之下，吐突承璀所率的中央军却连战连败，左神策大将郦定进战死——郦定进一向骁勇善战，他的死极大地打击了中央军的士气。

李绛拨云见日

刘济是刘怦的儿子，朱滔死后，幽州将士拥戴刘怦主持军务，德宗也任命他为幽州节度使。不久之后，刘怦病死，刘济接任了幽州节度使之位。由于刘济对朝廷比较恭顺，朝廷不断对其加官晋爵。

这次刘济出兵，也是他对朝廷态度的一贯表现。宪宗没有亏待率先出兵的刘济，又加封他为中书令。当然，刘济也绝非“忠君爱国”之人。作为幽州节度使，他怎么会没有割据自立之心？又怎么会没有趁火打劫之意？

唐肃宗时设立的昭义镇横跨河北、河东，一直是朝廷遏制河北藩镇的桥头堡。然而，几经演变之后，此时的节度使卢从史首鼠两端、阳奉阴违。一方面，他是第一个提出讨伐王承宗的人；另一方面，他却不仅在讨伐王承宗时按兵不动，还与王承宗暗通款曲。

身处乱世，如此明目张胆地“脚踏两只船”，看似左右逢源，实则两边树敌，这样的“聪明”实不可取。

此时的宪宗已然着手除掉卢从史这个祸害。恰逢他派牙将王翊元入朝奏事，宰相裴垍（jì）以人臣之道的说辞成功将他策反。后在王翊元的游说下，潞州都知兵马使乌重胤等将也决定站在朝廷一边。

此时的吐突承璀面对贪生怕死的卢从史，拿出了很多奇珍异宝供他赏玩，以此拉近关系。一切准备就绪之后，吐突承璀便以约卢从史赌博为名将其生擒，并立即押送长安。

昭义军将士见节度使被擒，喧闹哗变之时，乌重胤站在军营门前呵斥道：“此乃天子诏令，遵从者赏，违令者斩。”当即弹压住了将士们躁动的情绪。而冷静之后的将士，又有谁会为卢从史这样的人去拼命呢？

为避免杀节度使而自立的惯例继续上演，宪宗采纳李绛的建议，并没有直接委任乌重胤为昭义节度使。他将河阳节度使孟元阳调到了昭义镇，任命乌重胤为河阳节度使。

迫于唐军的压力，此时的王承宗主动上表请罪，表示之前都是受到卢从史的挑唆才犯下大错。如今，他主动请求向朝廷缴纳赋税，并请朝廷任命藩镇官吏。作为条件，宪宗需任命他为成德节度使，并将德、棣两州重新划归成德镇。

在讨伐成德镇时出现这样的反复，均在李绛的意料之中。李绛，赵郡赞皇（今河北赞皇）人，出身下级官僚家庭，进士及第。公元 807

年，任翰林学士，参与中枢决策，公元 811 年后任宰相。

当时的李绛认为取代王承宗的时机并不成熟，因为河朔三镇与西川、镇海等方镇存在根本不同，最主要的区别就是河朔三镇虽有矛盾争斗，但在对朝廷的态度上同气连枝，很容易联为一体、共抗朝廷。

宪宗也接受了李绛的意见。之前王承宗公然拘捕薛昌朝，逼得宪宗只有对其进行征讨这一条路可走。战局不利之下，王承宗主动请罪，加之以白居易为首的朝臣停战呼声强烈，宪宗于是下定决心，停止对成德的征讨。

罢兵之后，宪宗听从群臣的意见罢去吐突承璀的左神策军中尉一职，降其为军器使。对于多次批评宦官的李绛，宪宗在不久之后将其任命为宰相。这一系列的信号都表明，宪宗自讨伐成德失利以后，在政治上更趋成熟。

刘总杀父自立

恰在此时，幽州节度使刘济病倒了，只得留在瀛州休养，没想到却给了瀛州刺史刘总可乘之机。

刘总为刘济次子，镇守瀛州。刘济出征前，任命长子刘绲（gǔn）为节度副使，暂管幽州军政事务。显然，刘济之后，接班的就是刘绲。但病倒在瀛州的刘济病情迟迟不见好转，于是就命刘总暂任行营都知兵马使。掌握军权的刘总，随即联络父亲身边的亲信，开始了秘密的夺权行动。

刘总决定在封锁消息的情况下两头蒙骗。他先在刘济面前造谣，说朝廷责怪刘济停滞不前，已经任命刘绲为幽州节度使了。刘济大怒之下，一连斩杀了与刘绲交好的几十位大将。接着，他又借刘济之名，召刘绲即刻前来行营。

元和五年（公元810年）七月十三日，刘总毒杀父亲刘济。依然蒙在鼓里的刘绲在行至涿州时被刘总命人乱棍打死，刘总随后篡位自立为幽州节度使。

当时朝廷忙于征伐淮西，王承宗又飞扬跋扈。在特殊的形势之下，为了安抚幽州，刘总被加封同中书门下平章事。

淮西镇在来瑱（tiàn）担任节度使时，达到全盛，一度管辖十六州之地。到了李忠臣担任节度使时，所辖州府已大量减少。李希烈赶走养父李忠臣时，只剩下数州之地。

因当年诛杀李希烈之功，陈仙奇被德宗任命为淮西节度使。但仅四个月后，淮西大将吴少诚就以复仇之名杀死了陈仙奇，并取而代之。此时的淮西仅剩蔡州（今河南驻马店汝南）、申州（今河南信阳浉河）及光州（今河南信阳潢川）三州而已。

公元809年，吴少诚病死，他的亲信大将吴少阳杀了吴少诚的儿子吴元庆，并拥兵自立。他们曾借助朝廷征讨王承宗的时机，获封淮西节度使。公元814年，吴少阳死，他的儿子吴元济秘不发丧，以父亲的名义上奏朝廷，请求由他统领淮西军政事务。

父死子继的惯例，显然令宪宗不能容忍。而且淮西不像河北三镇那样彼此接壤，相对孤立的地理位置使朝廷可以从四面八方同时向淮西发起进攻。此时的宰相李吉甫也支持平定淮西，意思很明显，就是要借此起到杀鸡儆猴的震慑作用。

公元815年，在战斗不利的情况下，吴元济向成德节度使王承宗与淄青节度使李师道求救。王承宗当然希望停止对吴元济的征伐，于是就派牙将尹少卿到长安，替吴元济游说开脱。

王承宗此举遭到了宰相武元衡的严厉斥责。为此，王承宗上书对武元衡大加诽谤。

恰在此时，武元衡遇刺身亡。

宰相也会被刺

元和十年（公元 815 年）六月初三清晨，武元衡像往常一样，从府邸出来，就在上朝的路上，被人当街杀死。同时被刺杀的还有裴度，只是锋利的凶器并没有贯穿他的头颅，头上厚实的毡帽救了他的命——满脸血污的裴度，滚入了路旁的水沟，得以死里逃生。

当朝宰相在京城上朝的路上遇刺，一死一伤。如此事件，当真骇人听闻。恐慌和流言迅速蔓延和充斥了整个长安城。宪宗随即下诏，全力缉捕凶犯，而且发出悬赏令，凡抓获凶手者，赏钱一万缗（mín），赐官五品；胆敢包庇凶手者，诛杀九族。

大搜捕随即展开，线索逐渐指向成德进奏院，以张晏为首的几个成德士卒被锁定为重点嫌疑人。此时，神策将军王士则（王承宗之叔）告发王承宗派张晏等刺杀武士衡。提审张晏等人时，他们对杀害武元衡之事供认不讳。

有人揭发，有人认罪，王承宗也有动机。六月二十八日，张晏及其同伙被明正典刑。此案有没有疑问？当时的宰相张弘靖就对此案有过质疑，不过宪宗并没有耐心将他提出的种种疑点一一查实，致使真凶李师道所派的刺客得以潜匿而去。

七月初五，宪宗下诏历数王承宗的种种罪恶。朝廷没有立即征伐王承宗，只是为了避免淮西、成德两线作战。

但此时魏博节度使田弘正，因饱受王承宗的侵扰，接连十次上书，请求征伐成德。元和十一年（公元 816 年）正月，宪宗顶着巨大的压力，下诏削除王承宗的官职爵位，令河东、义武、魏博、昭义、幽州、横海六道，进军讨伐王承宗。

两线作战的力不从心

历时两年之久的这次征伐，唐军虽有斩获，但各道不仅互不配合，还相互防范。真正出工又出力的，只有郗士美的昭义军及浑镐（浑瑊之子）的义武军。

而王承宗针对浑镐义武军倾巢出动的情况，分兵深入义武辖区，展开所谓的敌后扫荡。王承宗的“釜底抽薪”，使浑镐的义武军当即陷入进退两难的境地。回军救援，就会丢失刚刚打开的大好局面；继续进攻，却已军心涣散。

恰在此时，朝廷督战的中使来到军中，没有退路的浑镐只有强攻恒州城。但作为成德的老巢，恒州城高大坚固，在这样的形势下，只想速战速决的义武军，反而遭受了一场惨败。此时的郗士美在得不到支援的情况下，又在柏乡战败，无奈率军返回本镇。

元和十二年（公元 817 年）五月十七日，唐宪宗下诏撤销河北行营，令六镇兵马各自返回本镇。第二次讨伐王承宗的行动宣告失败。

得到这样的结果，最根本的原因在于帝国的财政根本应付不了此时的两线作战。因为此次征讨，朝廷每月要消耗十五万贯钱，物资运输的路程更是长达千里，以至于运输过程中，累死的牛、驴，就多达十分之四五。

至于各路军为保存实力而踟蹰不前的问题，正如李逢吉所说：“应该首先合力攻取淮西，等淮西平定后再征伐成德，就将不费吹灰之力。”

在平定淮西之后，即公元818年，王承宗主动找到田弘正，托他向朝廷表达自己的顺从之意。这次，诚意满满的他不但愿意将二子送到长安为质，而且主动献出德、棣二州，并一再表示，一切都按朝廷的要求去办。

并不固执的宪宗综合考虑之后，答应了王承宗的请求。四月，王承宗的儿子王知感、王知信二人，以及德、棣二州的图印被送到了长安。

公元820年，王承宗病死，此时穆宗在位，他以魏博节度使田弘正为成德节度使，以李愬（sù）为魏博节度使，以王承元（王承宗之弟）为义成节度使，成德镇归顺朝廷。

教科书般的正确

元和七年（公元812年）八月十二日，年仅三十二岁的魏博节度使田季安病死。田季安用自己的表现将其短短的人生旅程分成了截然不同的两段。

如果说养母嘉诚公主在世时，他的表现还可圈可点的话，随着养母的去世，他开始放飞自我、沉湎酒色。身患风疾之后，更是杀戮无度，致使军政废乱。

田季安娶洺州刺史元谊之女，子田怀谏，此时刚刚十一岁。夫人元氏在田季安病重期间就召集诸将立田怀谏为节度副大使，掌管军务。

如何应对魏博镇被大唐朝廷提上了日程——是姑息，还是讨伐？两次讨伐王承宗的失利，显然也使宪宗心有余悸；但承认田怀谏为节度使，也绝非宪宗本意。

此时的强硬派宰相李吉甫认为，应趁此“主少国疑”之际，出兵讨伐魏博。但李绛认为不可，他的看法是“酌量事势，必不劳兴师，魏博当须归国”。

不战而屈人之兵，李绛为什么有这样的把握？

因为他观察到河南、河北这些骄横强暴的藩镇节度使，为了防止有人拥兵自重，都把兵力分散开来，使之隶属各个将领，势均力敌之下方便节制，不至于威胁自己的安全。

如此一来，即便这些将领打算联合，也会因考虑各自的利益，而形不成真正的合作。如果有将领打算单打独斗，不仅力量不够，还会受到其他将领的打击。再加上各镇悬赏优厚，刑罚严厉，各将领顾忌、畏惧之下，都不敢首先叛乱。

这样的格局其实对藩镇主帅提出了更高的要求，他要有足够的能力和威望去节制和驾驭这些将领，并且不能让某一个矛盾成为共性的问题，否则这些将领很可能在这一共性问题上迅速达成共识，那样叛乱就不可避免了。

而田怀谏尚未成年，一定要选择辅政的人，且不说此人是否怀有私心，能不能平衡各方关系，单从他一定会遭到其他人的不满与嫉恨来说，就必生祸乱。田氏即便不会被举家屠戮、陈尸示众，至少也会成为俘虏与囚徒。因此李绛认为，不一定要用兵，可以坐等魏博的归附。

李绛的意见对不对？应该说很对。

帝国在“主少国疑”之际都有这样的问题，何况藩镇？所谓的“正统”与“习惯”，还有人跃跃欲试着去挑战，那背叛藩镇就意味着归附朝廷，左右都是荣华，里外都是富贵，此时的藩镇将领，为什么要去“忍受委屈”？又怎么不会“滋生祸乱”？

只不过在这样的大前提、大趋势下，“滋生祸乱”的情境和方式千差万别。令李绛没想到的是，结局竟如此和平、如此圆满。

这要得益于一个叫田兴的人，也就是田弘正，“弘正”这个名字就是宪宗为了表彰他归顺朝廷的义举，而特地赐给他的。

田弘正是首任魏博节度使田承嗣的侄子，他孔武有力又涉猎诗书，性情恭谨且为人谦和，曾多次规谏田季安，不要滥杀胡为，在军中颇有威望。

但田季安在世时，由于猜忌这位堂叔，将田弘正由牙内兵马使贬为临清镇将。田弘正不愿搅进这因权力斗争而骨肉相残的旋涡，于是索性“病倒了”。得了“冷湿病”的田弘正，整天用艾草熏蒸全身，烟雾缭绕之下，深居简出的他逐渐淡出权力核心。

到此时，田怀谏自知难以掌控大局，家族之中，德高望重者非田弘正莫属，于是田弘正顺理成章地被委任为步射都知兵马使。

不谙世事的田怀谏，并没有真正倚重田弘正；相反，他将军政事务全部交给自己的家僮蒋士则处理，而蒋士则居然按照个人爱憎调换诸将、处理政务。而田怀谏自为节度副大使，朝廷的正式任命却迟迟不到。所有这些，均导致军心惶恐，众将不满。

此时，魏博镇军将士卒都把希望寄托在田弘正的身上。一天早晨，田弘正入军府议事，数千士卒将他环绕在中间，跪拜在他周围，恳请他出任节度留后。田弘正提出四点要求：保全田怀谏，遵守朝命，申报版籍，由朝廷任命官员。看来，他早就想好了魏博的出路。大家也一致表示同意。

就这样，在众人的拥戴下，蒋士则等十多名田怀谏亲信被田弘正诛杀；随后，他上奏朝廷，请求处置。

宪宗接到奏报，当然喜出望外。这是李绛的建议，同时也是宪宗的决策。当初，面对李吉甫、李绛两人截然不同的主张，即便在李吉甫上奏，且征伐魏博所需的粮草金帛皆已有备的情况下，宪宗还是决定静观魏博局势变化。

显然，宪宗比德宗更具战略定力。最关键的是，宪宗不会一味地等待，他在等待的同时又派左龙武大将军薛平为郑、滑节度使，集中兵力，训练士卒，严阵以待，以便随时对魏博发生的情况做出反应，对其构成一定的军事压力。

这一点尤其难得和可贵，至少宪宗已经清楚地认识到，“虽远必诛”要以实力作为基础和保障，而“怀柔抚远”也是“虽远必诛”的一种方式——如今看起来，还是不错的一种方式。

到了长安的田怀谏，结局也不错，宪宗不但封其为将军，还赏赐了府邸和丰厚的钱粮。

宪宗派使赴魏州宣慰，任命田弘正为魏博节度使，并带去了一百五十万贯钱，犒赏军中将士，同时免除了魏博所辖六州百姓一年赋税。

为什么如此优待魏博？李绛的理由是，不如此重赏，他们就不会对朝廷感恩戴德。而且这样的功劳，如此赏赐也在合理的范围。更重要的是，这能起到表率的作用，让其他藩镇看到，分裂割据并无好处。

可以说，在魏博归朝的整个事件中，李绛起到了关键的作用。君臣一心的太宗朝局，又在此时出现，并结出累累硕果。

在朝廷使臣到达魏博的同时，淮西、淄青、成德等镇派遣的使者也到了，他们劝说田弘正遵奉河朔旧例，不要归附朝廷。田弘正一概不听。

淄青节度使李师道又遣使游说宣武节度使韩弘，劝他与淄青、成德联合攻打魏博。韩弘非但不听，还威胁说：“如果你敢渡河北上，攻打魏博，我则出兵攻取曹州。”李师道畏惧后路被攻，始终不敢有所行动。

魏博镇的归附，初步改变了河朔割据藩镇父死子继、不由朝廷任命的旧例，打破了自代宗以来形成的河朔诸镇的割据局面，为唐朝廷再次实现集权创造了条件。

从公元812年起，魏博镇每年定期向朝廷输纳赋税，不但在一定程度上增强了朝廷的财力，也坚定了宪宗平藩的决心，对宪宗朝中兴局面的出现具有积极意义。

第六章 平定藩镇

刺杀宰相的真凶

元和十年（公元 815 年）六月初三，发生在长安城的刺杀宰相案，不久后便被远在洛阳的东都留守吕元膺破了，真凶就是淄青节度使李师道——他设在东都洛阳的留后院，成为各种阴谋的策源地。

当时，由于淮西军时常侵扰洛阳的周边地区，吕元膺将主力部队驻扎在战略要地伊阙，用来防御吴元济。无暇顾及之际，淄青留后院藏匿的李师道手下的上百名亡命之徒，便开始为非作歹。

当李师道得知朝廷不同意他们赦免吴元济的奏请后，就商议要给朝廷施加点压力。征讨藩镇最急需的是粮储，李师道命这些亡命之徒突袭河阴转运仓，杀死守卫兵卒十余人，放火烧毁钱帛三十万贯匹，谷物三万多斛，仓房五十五间。

此举不仅使朝廷物资受损，而且人心惶惶之下，朝中对淮西罢兵的呼声也日益高涨。随着对战争悲观情绪的蔓延，李师道又在策划更大的阴谋——他准备在东都焚烧宫阙，抢劫市肆，以掀起更大的社会骚动。

而且李师道认为，宪宗征伐淮西，志在削藩，都是宰相武元衡、裴度等人的怂恿所致，所以他又派人到长安刺杀宰相。

就在李师道欲命人火烧洛阳宫廷，然后纵兵杀掠的前夜，其中一个参与者在良心未泯之下，向东都留守吕元膺告了密。

顿感事态严重的吕元膺，紧急召回屯驻伊阙的兵马，并迅速包围了淄青留后院。战斗打响，面对穷凶极恶的亡命之徒，官军竟眼睁睁地看着他们从长夏门逃入了深山。

此时，吕元膺手中的兵力本就有限，却既要防御淮西军北上，又要防止城中动乱，一时之间焦头烂额。

东都洛阳的西南与邓州和虢州接壤，那里山高林深，当地居民无法从事耕种，都以打猎为生。这些矫捷勇猛的猎人被称为“山棚”。

几天之后，一个山棚在出售自己刚刚捕获的鹿时，却被李师道手下那伙贼人抢走了。这个山棚立刻报官，并召集同伴，与唐军一起进山剿贼。

在山棚的配合下，唐军将这伙叛贼全部擒获。其实，他们中很多人也是山棚。审讯之下，得知他们的头领竟是僧人圆净。

出尔反尔的李师道

圆净绝非等闲之辈，他曾是史思明手下一员悍将。安史之乱后，他没有选择投降，而是隐居在群山之中。此时，已经八十多岁的他，依然躁动着一颗造反的心。

与李师道一拍即合之下，他建议李师道在伊阙、陆浑两地间大肆购买田产，为那些山棚免费提供食宿，恩威并用之下，将其招为“死士”。他还从李师道那里要来一千万钱，名义上是重修佛光寺，实则纯

粹为了准备暴动。

圆净的计划并非没有成功的可能。若不是有人告密，洛阳城防守如此空虚，他们很容易得手。如果李师道再同时率淄青军西进，与北边的淮西军遥相呼应，天下形势立刻就会翻转。

但此时，圆净与他的数千党羽都被送上了断头台，吕元膺也将刺杀武元衡的主谋正是李师道的证据及证人送到了长安。

李师道、王承宗对朝廷讨伐吴元济的破坏，尤其是李师道，刺杀宰相武元衡，烧毁河阴仓的钱帛、粟米，在东都制造混乱、杀人抢劫、出兵进攻徐州等，早已为唐廷所不容。

但宪宗权衡形势之后，认为还不到讨伐李师道的时候，因为他不愿像德宗那样，陷入四面楚歌的境地。裴度伤势好转后，宪宗就任他为宰相，主持削藩大计。

淮西吴元济被平定后，李师道自知罪恶深重，惶惶不可终日。在谋士李公度及牙将李英昙等人的劝说之下，他决意向朝廷交纳人质，进献土地。

元和十三年（公元 818 年）正月，李师道遣使奉表，请求朝廷允许以长子入京为人质，并献出沂、密、海三州。宪宗允其请求，派左常侍李逊前往郓州宣慰。

然而李师道昏聩无能，凡军政大事，只与其妻魏氏，家奴胡惟堪、杨自温，宠婢蒲氏、袁氏及孔目官王再升等人商议，大将与幕僚反而不能参与。

由于其妻魏氏不愿自己的儿子做人质，就联合蒲氏、袁氏共同向李师道进言："我们世代掌管这十二个州，为什么要交给朝廷？目前，淄青境内兵力也不下数十万，即便不献三州之地，朝廷只不过是派兵讨伐，我们力战不胜之时，再献三州也不迟。"

李师道出尔反尔的举动不但让朝廷忍无可忍，就连淄青镇内部也是群情激愤。他的幕僚贾直言，甚至抬棺自缚其妻，冒死进谏。而李师道不仅囚禁了李公度、贾直言等人，还缢杀了李英昙。

元和十三年（公元 818 年）五月十三日，宪宗为讨伐李师道，任命忠武节度使李光颜为义成节度使；命河阳节度使乌重胤兼任怀州刺史，向北移驻河阳三城；命淮西节度使马总为忠武节度使，同时将原属淮西镇的蔡州划归忠武镇，将申州划归鄂岳，将光州划归淮南，设立于公元 756 年，存在六十二年的淮西镇不复存在；又命李愬为武宁节度使。

至此，朝廷彻底完成了讨伐淄青镇的军事部署。同年七月，宪宗下诏命宣武、魏博、义成、武宁、横海等五路军队，共同出兵讨伐李师道。命宣歙观察使王遂为供军使，全面负责军需物资的供给。

武宁节度使李愬率军与淄青交战十一次，取得十一连捷的战绩。韩弘也主动率军，包围了曹州。十一月，魏博节度使田弘正率军从杨刘渡过黄河，在距离淄青老巢郓州仅四十里处筑垒下寨，淄青将士大为震惊。

唐军一路势如破竹，到十二月底，仅魏博、义成两军就俘获了淄青将领四十七人之多，淄青军伤亡惨重。而且唐军优待俘虏的政策传到淄青，投降者“相继于道”。

众分藩镇而弱其势

李师道生性残忍又胆小怯懦，自朝廷讨伐以来，听到小败或者城邑失守的消息便忧郁成疾，因此凡有作战失利的消息，其左右都隐瞒不报。金乡、兖（yǎn）州等战略要地的失守，守将虽派人报告，然其左右从不转告，因此李师道直到失败而死，也不知战场的实际情况。

淮西节度使吴元济，仅凭三州之地，还与朝廷对抗四年之久；如今的李师道，依托十二州之地，却连一年都坚持不了。

率先倒戈的是淄青镇将领刘悟。

当初宪宗命五道兵马征讨李师道时，为了防备魏博军队从河北渡黄河进攻淄青，李师道命都知兵马使刘悟率军镇守阳谷。但田弘正出人意料地从杨刘渡横穿黄河，疏于防范的刘悟，使唐军顺利逼近郓州。

刘悟的失误引起了李师道的不满，加之刘悟本来就宽以治军，此时有人诬陷刘悟收买军心，以图谋反，就更加重了李师道对刘悟的猜忌。

元和十四年（公元 819 年）二月初八，李师道下定决心除掉刘悟，却走漏了消息，刘悟得知后提前动手，举兵偷袭郓州，处死了李师道父子，并把首级献给田弘正，由田弘正转送朝廷。

自李正己驱逐侯希逸割据，淄青镇历经李正己、李纳、李师古、李师道三代四人，共五十四年的割据局面终于烟消云散。

宪宗随即将拥有十二州之地的淄青镇一分为三。淄青镇虽得以保留，却仅管辖淄州、青州、齐州、登州及莱州等五州之地；设置兖海节度使，管辖兖州、海州、沂州、密州等四州；设置郓濮节度使（后改称天平节度使），管辖郓州、曹州、濮州等三州。

宪宗的策略就是沿用汉武帝“推恩令”的做法，不断地拆分藩镇，逐步消弭其对抗朝廷的实力。

天下之力，数次换帅

元和九年（公元 814 年）八月十二日，淮西节度使吴少阳病死，其子吴元济请赐节度使旌节。宪宗决意不再纵容，出兵征讨淮西。

江南、淮南地区是大唐的经济命脉，将这些地区的赋税运抵长安和洛阳，前提就是运输线畅通。当时沟通南北的运输线主要有两条：一条是大运河，另一条是水陆相兼的汉沔（miǎn）道。

淮西地处中原腹心地带，扼江淮至长安的漕运之道，控御颍水、汝水入淮河的口岸，向东可以威胁到大运河，向西则可以威胁到汉沔道。因此，割据一方的淮西镇本就令朝廷如鲠在喉。

元和十年（公元815年）二月二十七日，宪宗下诏削除吴元济的官职爵位，命宣武等十六道军队从东、西、南、北四面围攻淮西。

面对仅有三州之地的淮西，朝廷怎么也不会想到这场战争竟会如此旷日持久。韩愈的态度在当时很具代表性，他说："况以三小州残弊困剧之余，而当天下之全力，其破败可立而待也。"

在此战中，宪宗任命山南东道节度使严绶为申、光、蔡三州节度使，担任前敌总指挥。之所以如此重用严绶，不但因为他担任河东节度使时政绩突出，培养了一批能征善战的将领，还因为他在讨伐杨惠琳之战中立下了大功。

战斗打响，严绶率先向淮西军发起进攻，初战告捷之后，没想到在夜间遭到淮西军的突袭，猝不及防的唐军兵败退守唐州（今河南泌阳）。

严绶进士及第，文职出身，军事才能本就堪忧，新败之下，又奉行保守战略，消极应战。宪宗派宰相裴度到前线视察之后，决定换帅。

元和十年（公元815年）九月初五，宪宗任命韩弘为淮西诸军统帅。韩弘自公元799年出任宣武节度使，至此时已近二十年。事实上，此时的宣武镇也呈现半割据的状态。起用韩弘，并非因为他值得信赖，而是不得不倚重他那支精锐的宣武军。

韩弘是否心存异志？

从他仅派儿子韩公武率军三千跟随李光颜作战来看，他似乎并不想尽快结束这场战争。但从他的威望与实力来看，居中联络各藩镇造反易如反掌，而实际上，他自始至终都没有那样做。

这也许就是宪宗起用他的根本原因。田弘正归附时，李师道准备起兵讨伐田弘正，就是在韩弘的出面干涉下，才没有成行。可能宪宗对此事印象深刻吧！

从此时整个战场形势来看，除了李光颜和乌重胤之外，其他藩镇的军队一直持观望的态度，双方胶着僵持的状态始终没有改变。

元和十一年（公元816年）六月初十，唐随邓节度使高霞寓在铁城大败。无奈之下，宪宗让刚刚赴任的荆南节度使袁滋接替高霞寓。但袁滋似乎更不是统兵之才，他甚至企图以谦恭的姿态央求吴元济撤围。这哪里还是征伐？简直让朝廷威严扫地。

宪宗随后任命的节度使是李愬，同时命裴度以同中书门下平章事衔，充任彰义节度使、淮西宣慰招讨处置使，总揽前方军务。启程时，裴度表示：倘若贼人覆灭，臣不久便会前来朝见陛下；倘若贼人尚在，臣便誓不回朝。宪宗听完，也不禁潸然泪下。李愬是李晟的儿子，时为太子詹事，此前一直默默无闻。因此，就连吴元济都因为连败高、袁二帅，而对李愬非常轻视。

李愬雪夜入蔡州

李愬要的就是敌方这样的态度。为此，他采取示弱蓄势的策略。到达唐州后，他亲自慰问伤病士卒，却不调整军政事宜，目的就是让吴元济认为他怯懦，待其放松警惕时，再一举将其歼灭。

不久，李愬派兵巡逻时抓获了吴元济部将丁士良。此人骁勇善战，曾多次进扰唐军。将士请求将其处死，但李愬知其可用，因此以礼相待，并成功策反丁士良。

丁士良为报李愬大恩，献计招降吴秀琳，表示吴秀琳拥兵三千之众，据守文城栅，之所以唐军屡攻不克，只是有陈光洽辅佐。他提议先擒陈光洽，吴秀琳会不战自降。

果然，几天之后，丁士良设计擒获陈光洽，李愬兵进文城栅，吴秀琳降唐。吴秀琳部将李宪因为勇武过人，李愬为他改名“忠义”，优待于他并加以重用。

五月二十一日，淮西大将李祐在率手下到张柴村收割麦子时被李愬派兵包围，并被生擒活捉。在与李愬一夜长谈之后，李祐诚心归附朝廷。

在李愬的攻心战术下，淮西军将士纷纷倒戈降唐，李愬趁势率军连续攻下数个城池。此时的李光颜也率领北线唐军，大败淮西军三万余人。

十月十五日，李愬命马步都虞候、随州刺史史旻留守文城栅，李祐与李忠义率三千敢死队为前锋，李愬与监军率三千兵马为中军，李进诚率三千兵马殿后，趁夜冒雪出发。

东进六十里后，到达张柴村，将屯驻村中的士兵和守候烽火的士卒全部杀死，占领了敌军的栅垒。

唐军在此稍作休息，吃些干粮、整顿行装后，将义成军的五百人留下镇守张柴村，并负责截断通往洄曲的所有道路与桥梁。

引军继续前进之时，众将请示前进方向，李愬回答：“入蔡州活捉吴元济。”众将皆大惊失色，监军的宦官更是痛哭流涕——果然中了李祐的奸计。

但这就是李愬的既定方针，他随后严令诸军前进。当时，风雪更加猛烈，旌旗撕裂，人马冻死者随处可见。自张柴村向东的道路，唐军从未走过，人人都感觉踏上的似乎是一条不归路。但他们又畏惧李愬的军令，只好抱定必死之心继续前进。

又急行军七十多里，半夜时分，唐军到达蔡州城下。此时，近城之处有鹅鸭池，李愬命军士击打鹅鸭，以混淆部队行进发出的声响。

自从吴少诚割据以来，唐军已有三十余年没有到过蔡州城下了，再加上此时正是大雪的深夜，唐军兵临城下，竟无一人觉察。

李祐、李忠义在城墙上掘出坑坎，率先登城，其余军卒紧跟其后。唐军攀上城墙时，守门军卒仍在熟睡之中。唐军将军士全部杀死，只留下打更者，让其依旧打更报时。等先入城的唐军打开城门，迎接后续部队全部入城后，城中之人仍无觉察。

鸡叫天明，风停雪住，李愬已率军占据吴元济外城。听到报告的吴元济还笑着说："俘囚为盗耳，晓当尽戮之。"

蔡州城是由外城、内城和牙城组成的三层防御体系。此时的吴元济只能依托牙城争取时间，因为淮西大将董重质正率一万精锐镇守于距蔡州城咫尺的洄曲，只要董重质成功回援，吴元济就有翻盘的希望。

但李愬早有准备。他进城之后立刻派人找到董重质的家人，不但厚待其家属，还遣其子董传道带着李愬的劝降书信赶往洄曲规劝董重质。

董重质见大势已去，又感念李愬厚待其家人，于是单骑赶赴蔡州向李愬投降。忠武节度使李光颜趁机突入董重质部，将之全部招降。

十月十七日，唐军攻克牙城，李愬用囚车将吴元济押送京城。当日，淮西所辖的申、光二州得以收复，两万多名淮西将士相继归降。

十一月一日，押送吴元济的囚车到达长安，宪宗在群臣簇拥下驾临兴安门城楼上受俘，百姓欢声雷动。吴元济被押至楼前示众，随后宪宗下令将其处斩。

淮西自割据以来，已成为河南、河北强藩中实力甚强、为患甚烈的藩镇，所以淮西之役是唐宪宗“元和中兴”最为关键的一战。唐政府出动十六镇兵马进攻淮西，经过近四年苦战，终于以名将李愬夜袭蔡州、生俘吴元济而宣告结束。

第七章
中兴梦碎

一切确实在向好

随着成德、魏博、淄青与淮西等镇的归附，幽州回归朝廷也只是时间问题——宪宗无疑实现了肃宗、代宗、德宗和顺宗四代人的梦想。但正在他向着大唐的中兴之梦稳步迈进时，这位皇帝的生命定格在了四十三岁。

唐宪宗可谓“生逢其时”，且“顺势而为”。宪宗即位时，德宗时期横行跋扈的节度使大多年老病弱而死去，其后代缺乏历练，大多沦为平庸无能、奢靡享乐之辈。他们一方面去应付朝廷及其他藩镇，另一方面再去解决内部的重重矛盾，显然力不从心。

此外，河朔、中原连续不断的战争，势必加重百姓的赋税和兵役负担。旷日持久之下，统一、和平的呼声日益高涨，藩镇割据逐渐不得人心。

而宪宗的削藩也代表了当时人们的普遍意愿，顺应了历史发展的必然趋势。更重要的是，宪宗先后任用杜黄裳、武元衡、李吉甫、李绛、裴度等人为相，组织了一个相对稳定、意志统一的领导中枢。

宪宗不仅善于纳谏，也敢于起用新人，像在平定西川刘辟时，他就任命当时并无资望的高崇文为帅；在平定淮西吴元济时，又重用李光颜与李愬等人。

这一时期的宪宗及大唐朝廷，战略决策也运用得当，像魏博镇归附，就是不战而屈人之兵的经典案例。即便有所失误，也能及时纠正。相比德宗朝时屡屡因战略决策的失误而导致功亏一篑的现象，宪宗能将主攻目标牢牢锁定在淮西，并以此打开突破口，扭转了战局。

此时的经济情况也有好转。宪宗在“两税制”的基础上完善了“三分制”，即分天下之赋为三：一为上供，二为送使，三为留州。

两税三分制处理的，不是国家与税户的关系，而是中央财政与地方财政对两税收入的再分配问题。像青苗地头钱等朝廷直接税和盐铁茶酒等禁榷收入，仍由朝廷独享，在此基础上实行地方财政支出定额包干制，从而保证了中央财政收入的稳定性。

如此一来，尽管由于朝廷的控制力大不如前，经济情况并没有实质性改观，但朝廷财政紧张的状况却得到了一定程度的缓解。

“元和中兴”的出现就是建立在这样的政治、军事及经济背景和基础上的。然而，这样的背景依然错综复杂，这样的基础依然危如累卵。

各藩镇半个多世纪以来一直割据自立，一朝归附，怎会没有人心浮动、暗流涌动？此时的皇帝及朝廷，则应更加谨慎勤政、励精图治。

宪宗不死，又能如何？

遗憾的是，此时的宪宗逐渐滋生了骄矜奢靡之气。户部侍郎皇甫镈（bó）与盐铁转运使程异就投其所好，屡屡向宪宗的“小金库”里输送额外税收，供其享乐。宪宗嘉许，竟将二人拔擢为大唐宰相。面对裴度与崔群等人的竭力劝谏，宪宗却以裴度等人结为朋党之由，一

意孤行。

而且此时的宪宗迷恋上长生不老之术，下诏寻访天下方士。宗正卿李道古本来贪婪残暴，臭名昭著，趁此机会，勾结皇甫镈，送上术士柳泌。宪宗经常服用柳泌炼制的金丹，不仅身体每况愈下，而且脾气越发暴躁，宫女、宦官稍不如意，就被毒打致死。

元和十五年（公元 820 年）正月二十七日，四十三岁的唐宪宗李纯暴毙于中和殿。之所以有暴毙一说，就是因为宪宗的突然死亡，是宦官陈弘志弑君所致。

陈弘志为什么杀死声望日隆的大唐皇帝呢？正史给出的原因是他为了自保——为了不至于被服用丹药之后的宪宗打死，于是先下手杀了宪宗。

如果情况属实，陈弘志还活得了吗？事实上，他不但活得好好的，而且穆宗即位之后，还任命他为淮南监军——宪宗朝时，最得宠的宦官吐突承璀就担任过此职，可见穆宗对陈弘志相当恩宠。

陈弘志的被杀，也是李昂当皇帝之后的事了，那时距离宪宗被害已过去了十五年之久。在如此长的时间内，陈弘志不但逍遥法外，而且步步高升，原因何在呢？

先来看宪宗死后，谁是受益人。显然，以陈弘志为首的庞大的宦官集团集体受益。因为他们随后就拥立了穆宗。据记载：宪宗疾大渐，内宫陈弘志等弑逆。但云药发暴崩。时王守澄、梁守谦、刘承偕、韦元素等定册立穆宗皇帝。

而且马存亮、梁守谦分任左、右神策军护军中尉，之后的王守澄也升任枢密使，文宗朝又升任右神策军中尉。要知道，在唐中后期，左、右神策军中尉与左、右枢密使，并称宦官中的“四贵”。

那穆宗是不是受益人呢？当然是。但李恒的情况与这些宦官不同，身为太子、日后的皇帝，他会甘冒如此大的政治风险，背负弑父的骂名，迫不及待地登基吗？

李恒扑朔迷离的即位

这就要来看看李恒的实际处境了。李恒身世显赫，他的母亲郭氏是宪宗的结发之妻，郭氏的母亲是德宗皇帝的亲妹妹，郭氏祖父就是中兴名将郭子仪。

但宪宗并未册立郭氏为皇后——微妙的是，此时的大唐也没有其他人为后。正因如此，郭氏虽以贵妃的身份总领后宫，但李恒也不是名正言顺的嫡子。

所以公元809年，宪宗确立的太子是李宁，而非李恒，理由就是李宁是长子。李宁的母亲身份低微，只是宫女的她也是在李宁为太子后，因为母以子贵，才晋升为美人。

但两年之后，年仅十九岁的李宁因病去世。从宪宗受此打击，以至于连续十三天不曾上朝的情况来看，宪宗皇帝对李宁的早逝还是非常悲痛与惋惜的。

在接下来的皇储选择问题上，宪宗还是没打算册立李恒，他更看好次子李恽。但李恽的母亲与李宁的母亲一样，同为宫女出身。显然，再册立李恽，宪宗不能不考虑朝野上下的巨大压力。

拖了七个月之久，李恒才成为新的太子。但郭贵妃并没有因“母以子贵”而晋封皇后。如此信号，李恒怎能不感到自己的太子之位摇摇欲坠？

就在此时，宦官吐突承璀从淮南返回朝廷，为更换太子之事上蹿下跳；而一向支持李恒的宰相崔群却被罢相，贬为湖南观察使。

如坐针毡的太子李恒，派心腹问计于舅舅郭钊，郭钊的回复是：

“殿下但尽孝谨以俟之，勿恤其他。”“俟”是等待之意，郭钊要李恒等待什么？郭氏家族门生故吏遍布朝廷，郭贵妃又是实际上的后宫之主，对于储君之争，这样的家族，怎么可能袖手旁观？

李恒即位后，有关他的宫廷秘事，谁能去大肆宣扬？李恒即位不到四年就撒手人寰，他的三个儿子李湛、李昂与李炎，先后登上帝位。即便文宗李昂杖杀了陈弘志，处死了王守澄，考虑到他帝位的合法性，他又怎么会深究宪宗皇帝的死因？

直到李忱以皇太叔的身份登上帝位，才着手追查父亲暴毙之事。仍然健在的郭太后此时登上勤政楼，看着儿孙被杀、家族凋零，她知道轮到自己了。临死之时，她欲把逼死嫡母的罪名，加到李忱的头上。

跳楼自杀未遂的郭太后，在李忱大怒之下，暴毙于几天之后的深夜。当然，李忱对郭太后的怨恨也有他们之间的个人恩怨。

李忱的母亲因出众的身材相貌，被当时的镇海节度使李锜看上收为侍妾。之后，李锜兵败被杀，这个苦命的女人就被送入宫中侍候郭贵妃，得到宪宗宠幸之后，生子李忱。

宪宗暴毙之时，李忱虽然年幼，但“颇记其事，追恨光陵商臣之酷”。在他的记忆中，就是李恒害死了自己的父皇。而且当时的郭贵妃，对他们母子迫害起来也是毫不留情。在苦难中长大的李忱，怎么不会对郭贵妃生出怨恨？

这位历经穆宗、敬宗、文宗、武宗及宣宗五朝的太后，并没有得到与此相称的身后哀荣，唐宣宗李忱甚至不允许她与宪宗合葬。而对于穆宗李恒，唐宣宗也撤销了其忌日庆典，停止了对他寝陵的朝拜，甚至撤走了守护光陵的宫人。

宪宗看儿子的眼光很独到

元和十五年（公元820年）正月初三，在宦官的拥立下，太子李恒在长安太极殿即皇帝位，是为唐穆宗。

即位之初的穆宗，就杀了曾威胁自己太子之位的李恽和支持李恽的吐突承璀以及术士柳泌等人，任用马存亮、王守澄等人掌控了神策军。

朝局稳定之后，穆宗即刻尊奉郭贵妃为皇太后——至此，郭贵妃终于得到了丈夫不曾给予她的至高尊荣。

然而，他的儿子实在不成器。刚刚结束父皇葬礼的李恒，就迫不及待地登上大明宫丹凤城楼，饶有兴致地观看起歌舞和杂戏表演。仅仅十天后，他又来到左神策军营，津津有味地看起了将士们的摔跤比赛。

接下来的日子里，打猎游乐、沉迷歌舞及纵情声色，几乎成了李恒生活的全部。这样的人，当初宪宗不肯册立其为太子，只能说明宪宗眼光确实独到。

穆宗即位之初，朝廷与地方藩镇的矛盾暂时有所缓和，就采纳了宰相萧俛（fǔ）、段文昌的建议，实行了“销兵”政策。具体的办法，就是让这些藩镇以每年百分之八的递减比例裁军。

出发点固然没错，目的也很明确，但说不上是一项好政策，原因就是它几乎无法实施。

当时当兵与生产、生活息息相关，那些破产的农民，以当兵为职业养家糊口。这项政策没有给予他们裁军之后更好的出路，自然会招致他们的反对，甚至铤而走险。

即便那些节度使，也会借此煽动军士的不满情绪，以对抗朝廷。所以所谓的“销兵”不仅必然失败，还会引发祸乱。

元和十五年（公元 820 年）十月，王承宗病死，其弟王承元上表，请求朝廷另行委任节度使。当时的穆宗和宰相认为田弘正既有威望，又忠诚于朝廷，就任命其为成德节度使。

但他们忽略了两镇的恩怨纠葛。魏博、成德两镇，自首任节度使田承嗣、李宝臣起，就在联合与争斗中一路走来。在前不久，双方还兵戎相见，惨烈厮杀。

这样的任命也不是不可以，如果能谨慎对待，也不失为进一步分化瓦解两镇的一种方法。遗憾的是，穆宗并没有认识到这种潜在的危机。

刘总的良心发现

与此同时，幽州节度使刘总主动请求将幽州一分为三，并建议朝廷任命三镇主帅。刘总意欲何为？

当年，刘总毒死父亲、杖杀哥哥。近一段时间以来，父兄两人血淋淋的人头总出现在他的噩梦中。深深的负罪感使他夜不能寐、精神恍惚，在几百名僧人不停念经祈祷之下，他才能得到片刻的喘息。

幽州他是待不下去了，于是屡次上书，请求弃官为僧。心怀深深的忏悔之意，刘总决定帮助朝廷，彻底扭转幽州长期以来的割据局面。

为此，他请求将幽州管辖的州县分为三道：幽州、涿州及营州为一道；北部的平州（今河北秦皇岛卢龙）、蓟州（今天津蓟州区）、妫（guī）州（今河北张家口怀来）及檀州（今北京密云区）为一道；南部的瀛州、莫州为一道。

他还建议宣武节度使张弘靖为新的幽州节度使；建议淄青节度使薛平为平、蓟、妫、檀四州节度使；建议京兆尹卢士玫为瀛、莫两州观察使。

刘总的方案和人事任用的建议怎么样？首先，幽州镇一分为三，正是宪宗的一贯方略；再者，拆分之后，三方也能起到相互牵制的作用。一致对外，防御边境，没有问题；哪怕一方作乱，不用调兵征伐，其他两镇就足以应对。

再看具体人选，张弘靖曾任河东与宣武节度使，宽容大度、经验丰富、资历深厚；而薛平出身名门，是一代名将薛仁贵曾孙，原昭义节度使薛嵩之子，而且薛嵩本就出身幽州，借父、祖威名，也便于掌控局面，薛平本人又长期担任禁军将领，对朝廷的忠诚可以放心；卢士玫也有管理京兆尹的经验，而且是刘总妻子的亲戚。

从方案到人员，刘总可谓披肝沥胆，说出了肺腑之言。果然还是藩镇了解藩镇，他们知道藩镇的优势或者说是问题，究竟在哪里。让他们自己动手解决问题，自可药到病除！

所谓人之将死，其言也善，决定出家的刘总，原本就是要脱胎换骨，与过去的自己彻底告别。希望重生的他，此时也算徘徊在人生的鬼门关。这时的话，怎么不代表他悔过之后的拳拳之心？

不仅如此，他还将幽州镇可能作乱的将领全部送到长安，其中就包括朱滔的孙子、幽州都知兵马使朱克融。他的目的就是让朝廷厚待这些人，从而让幽州的将领对在中央任职的他们心生向往，彻底消除幽州将领根深蒂固的割据思想。

历史真是个万花筒，谁能想到标本兼治藩镇的良方，竟出自幽州节度使刘总之手？

那么，此时的刘总还有没有不为人知的阴谋呢？

长庆元年（公元 821 年）三月十七日，唐穆宗任命刘总为新任天平节度使，但他实在厌烦了“红尘俗事”，恳请朝廷允许他出家为僧。甚至等不及朝廷将赐给他的僧服送到，刘总就剃发为僧，匆匆离开了幽州。这样的刘总，还会有什么阴谋？

后来，刘总被发现死于定州境内。虽然死因不明，但也标志着割据近六十年之久的河朔三镇全部回归大唐。

朝廷真的没钱吗？

穆宗沉湎歌舞声色，宰相崔植、杜元颖等人又缺乏政治远见。朝廷出于防御边疆的考虑，并没有采纳刘总的建议，只是将瀛、莫两州分离出来，由卢士玫统辖，其余各州则全部交给了张弘靖。

即便如此，局面依然向好。然而，大唐朝廷不断偏离正确的轨道。到了长安的朱克融等人不但迟迟等不到任命，甚至因为得不到饷银，一度窘迫到需要借衣讨食的地步。

朝廷的财政拮据到如此程度了吗？且不说穆宗时又加征了两税与榷茶，就说他在宫里大兴土木，修建了永安殿、宝庆殿等；就说他重金整修京城内的安国寺、慈恩寺、千福寺、开业寺、章敬寺等；就说他疏通宫中鱼藻池，观看宫人乘船竞渡等。这些难道不用花钱吗？

玩闹嬉戏，花钱如流水；涉及大政方针、固国根基时，却怎么都拿不出钱来。以朱克融为首的那些将领，竟被勒令返回幽州。崔植与杜元颖这样的大唐宰相，是不是还为甩掉了这些所谓的财政包袱，而长出了一口气？如此短视的行为，足以说明他们根本没有明白刘总的深意。

回到幽州的朱克融等人犹如虎归深山、龙入大海。初来乍到幽州的张弘靖能怎么做？宽容不足以立威，严厉又容易引起反弹。稍有偏差，在这里就能被无限放大。

长庆元年（公元 821 年）七月初十，张弘靖任命的判官韦雍因为一个幽州小将冲撞了他的仪仗，下令对其当众杖责。当天夜里，幽州士卒就发生了大规模的骚乱，他们冲进节度使官邸，肆意抢掠，杀死韦雍，并关押了张弘靖。

朱克融在父亲朱滔的举荐、士卒们的拥戴下，再次割据自立。而张弘靖被贬为吉州刺史，三年后郁郁而终。

幽州叛乱之后，成德镇也步其后尘——直接原因，还是朝廷“没钱”。

被任命为成德节度使的田弘正率领两千魏博兵一起赴任，这仅仅是为了自身安全的必要之举。然而在田弘正奏请朝廷，拨付这两千人的军饷时，宰相崔植的堂兄，当时的户部侍郎、判度支崔倰（lèng），却认为朝廷压缩财政开支之际，不能首开此风。

面对田弘正连续四次的上表请求，崔倰始终置若罔闻，迫不得已的田弘正，只能将这两千魏博兵遣返本镇。

同张弘靖的情况类似，此时成德镇任何一点仇恨的火苗，立刻就会形成燎原之势。穆宗下诏赏赐给成德镇将士的一百万贯钱，迟迟不能到位。长庆元年（公元 821 年）七月二十八日夜，成德都知兵马使王庭凑，利用兵士的不满情绪发动叛乱，出动牙兵杀死田弘正及其幕僚、随从官吏和家属三百余人，自立为节度留后。

朝廷感到事态严峻，就任命田弘正之子田布为魏博节度使，讨伐王庭凑。但田布并不愿去魏博，固辞不成，只能勉为其难。前往魏博赴任后，田布唯有以钱财赏赐士卒，以讨取军士欢心。

由于田布纲纪不申，致使将士骄横不法；加上幽州、成德两镇相继发生叛乱，魏博镇也是人心思变。此时，尽管朝廷多次催战，但魏博将士仍然按兵不动。

长庆二年（公元 822 年）正月十一日，田布在催促魏博将士无果后，仰天长叹："我为国立功的愿望无法实现了。"随后，他走到父亲的灵位前，自杀身亡。

发动兵变迫使田布自杀的魏博大将史宪诚，自立为留后，朝廷无力征伐之下，只好承认现实，正式下诏任命史宪诚为魏博节度使，任命王庭凑为成德节度使，任命朱克融为幽州节度使。

自此，直到唐朝灭亡，河北地区再也没能回归大唐。

河朔三镇再次反叛，一是朝廷没有真正控制河北之时，宪宗突然暴毙；二是继位的穆宗对藩镇的政策一再失误。河北归附，固然付出了巨大的艰辛，但要长治久安，还需要更加地励精图治。显然，大唐朝廷没有做到。

在河朔三镇相继叛乱时，武宁节度副使王智兴也驱逐了节度使崔群，致使贯通南北的运输线受到很大的威胁。

昭义节度使刘悟看到朝纲不振，也开始仿效河北诸镇，逐渐脱离朝廷管辖。公元825年，刘悟病死，其子刘从谏继任节度使，也开始了父死子袭。

至此，唐宪宗开创的统一局面完全被破坏，唐朝藩镇割据再度兴起，"元和中兴"的成果也如流星般，迅速滑落在漆黑的夜空。

第八章
“甘露之变”

宦官掌握的权力

宦官原是负责宫廷杂事的奴仆。“宦”即星座之名，由于星空中帝座之西有宦星而得名。早期的宦官包括士人与阉人，直到东汉时，才开始全部使用阉人。明代以宦官充任十二监主管，从那时起，所有宦官都被尊称为“太监”。

唐代第一个炙手可热的宦官，就是唐玄宗时期的高力士。高力士虽然富可敌国，却没听说有什么权钱交易；虽然权倾朝野，朝臣也并不反感。

清醒且聪明的他，始终坚守自己只是皇帝家奴的本分和职责。但到了中晚唐时期，宦官绝不仅仅只是所谓家奴般的存在。

宦官的崛起，是从被任命为监军开始的。安史之乱起，以边令诚、鱼朝恩为代表的宦官，就是以监军的身份逐渐掌控军权。

唐代首都的驻军早期有南北之分，北门专职保卫皇帝的叫禁卫军，南边保卫政府的叫中央军。但安史之乱致使中央军土崩瓦解，禁卫军名存实亡。随之崛起并影响中晚唐政治格局的，是神策军。

神策军本是哥舒翰为了对付吐蕃而建立的边防军。安禄山叛乱后，这支神策军被调往东部战场，就在他们与史思明激战时，他们的大本营却被吐蕃趁机占领。

此时，正在前方监军的宦官鱼朝恩就把这支无家可归的神策军，变成了自己的武装力量。此后，这支神策军两次保卫了皇帝。

第一次，吐蕃攻陷长安时，鱼朝恩率神策军，将逃难的代宗接到了陕州；第二次，泾原兵变，德宗仓皇逃到奉天，又是神策军第一时间赶来救驾。

尽管后来鱼朝恩由于专横跋扈，被代宗诛杀，但德宗还是将这支军队扩充为左右神策军，将兵权交给了自己信任的两个宦官。

因出任监军，从而掌控了禁卫军的兵权，这就是宦官能够大权在握的直接原因。

皇帝之所以有这样的决策，是因为信任。而信任宦官的原因，也只是不信任将领——安禄山、史思明之流殷鉴不远，皇帝又怎么可能再信任将领？

而领兵的宦官既没有地盘，也没有后代，作乱缺乏根基，称帝又后继无人。由他们统领神策军，岂不是可以放心？

但李辅国、程元振等宦官，虽然确实没有像藩镇那样拥兵反叛，却嚣张跋扈、专权乱政。因为保卫皇帝的武装力量都掌握在他们手中，皇帝听话，他们可以“挟天子以令诸侯”；如果不听话，他们甚至可以杀掉皇帝，再换一个。

那么，大唐皇帝就对这样的宦官束手无策，任其为所欲为吗？显然也不是。代宗不就杀了很多擅权的宦官吗？到了德宗即位，更是首先对执掌禁军多年的宦官王驾鹤下手。为了万无一失，德宗找来崔祐甫商议对策。胸有成竹的崔祐甫特地召王驾鹤来宰相官署谈话，二人相谈甚欢，不知不觉就过去了很长时间。就在这段时间内，德宗新任命的神策军使白志贞已经前往神策军营，全面而和平地接管了这支部

右

队。结束谈话的王驾鹤，被安排了一个新的职务——以东都园苑使的身份，前往东都洛阳去管理园林宫苑。

从代宗、德宗对这些宦官的态度和行为来看，只要皇帝愿意，还是有办法节制他们的。

德宗出于对武将的不信任，才选择文官出身的白志贞来统领禁军。白志贞虽然对德宗俯首帖耳，却辜负了他的厚望。

泾原兵变、奉天之难中，大部分的文臣武将有自己的小心思。拥兵的武将，不是按兵观望，就是趁机壮大自己；身在长安的文臣，不是已经投降朱泚，就是与之暗通款曲。有多少人像李怀光那样千里驰援？又有几人像浑瑊那样死守奉天？还有谁像段秀实那样殉身以卫社稷？

然而，当时在奉天，日夜陪在德宗身边的是宦官，让他感受到与之荣辱与共的也是宦官。其实，这就是宦官与皇帝的共生关系，也是宦官能得到皇帝宠信的原因。

于是，兴元元年（公元 784 年）十月三十日，德宗任命宦官窦文场为神策军左厢都知兵马使，任命宦官王希迁为神策军右厢都知兵马使。这无疑成为宦官再次染指禁军兵权的开始。

德宗即位之时，在他的打压下，宦官势力曾一度一蹶不振。但奉天之难后，他又亲手扶植宦官势力，使其大有死灰复燃之势。德宗的态度和行为可谓前后判若两人。

公元 796 年，德宗又创制了两个新的职位，即左、右神策军护军中尉，分别由宦官窦文场和霍仙鸣担任。“中尉”在古代是负责京城防卫的高级军官，相当于今天首都的卫戍区司令员；在汉代，“中尉”改名为“执金吾”；到了唐代，左、右金吾卫仅仅负责京城防卫。

负责保卫皇帝的禁军中尉，官衔二品，而左、右神策军大将军只有正三品。显然，中尉的级别在大将军之上。也就是说，由武官出任的大将军，彻底沦为由宦官担任的护军中尉的属官。

所以，德宗应对神策军无法节制的办法就是将其一分为二，以护军中尉作为神策军的两个最高统帅，再让两个心腹宦官各自统领一军，从而相互制约。

而且与中尉制相继确立的枢密使制，初衷就是将神策军的军政分离，避免像李辅国、程元振及鱼朝恩那样，借助军事权力谋求政治影响，进而要挟皇帝。

而枢密使也像神策军一样，一分为二成左、右枢密使，分别由两名心腹宦官担任。两个枢密使、两个护军中尉，就是中晚唐时期所谓的宦官“四贵”。

德宗怎么也不会想到，在如此周全的上升到制度层面的设计下，这些卑躬屈膝甚至身世悲惨的宦官，一旦操控了军政大权，就会变成皇帝身边最危险的人，日后将左右皇帝的册立，甚至决定皇帝的生死。

在德宗皇帝之后，大唐还将迎来十一位皇帝。只有顺宗李诵和敬宗李湛是依靠太子身份即位的，却也受到宦官的干扰；唐朝的最后一位皇帝哀帝由篡唐的朱温拥立；剩下的八位皇帝均由宦官拥立。

其中，俱文珍拥立宪宗皇帝李纯，王守澄、陈弘志拥立穆宗皇帝李恒，王守澄拥立文宗皇帝李昂，仇士良拥立武宗皇帝李炎，马元贽拥立宣宗皇帝李忱，王宗实拥立懿宗皇帝李漼（cuǐ），刘行深拥立僖宗皇帝李儇（xuān），杨复恭拥立昭宗皇帝李晔。

宦官势力如此猖獗，与藩镇割据之下，中央权威的荡然无存不无关系。唐朝皇帝不能完全信任朝臣武将，就只有依靠宦官。可又怎么去节制宦官呢？山河破碎至此，这个问题似乎无解。

简直无法无天

公元822年，唐穆宗与宦官在宫中打马球时，受惊中风，致使半身不遂。此后，穆宗在宫中养病。在朝臣多次请求面圣之下，十二月初八，穆宗在紫宸殿接见群臣。

穆宗的病情不容乐观，裴度与李奉吉劝谏早立太子。两天之后，穆宗下诏，册立长子李湛为皇太子。随后，穆宗病情逐渐好转。

但和他父皇一样，迷恋上金石之药的穆宗，在公元824年病情再次发作，遂命太子李湛监国。正月二十二日，时年三十岁，当政四年的穆宗李恒死于寝殿。二十六日，太子李湛在太极殿登基，是为唐敬宗。

敬宗的游乐无度较之其父，可谓有过之而无不及。追求玩乐的他，连例行的早朝也抛之脑后。左拾遗刘栖楚为了劝谏他，甚至“头叩龙墀，血流不止”，他却置若罔闻，之后更是发展到一个月也难得上朝两三次。

敬宗近乎疯狂的游乐，引发了一系列匪夷所思的突发事件。有一次，甚至被人攻入了宫中。然而这些人既不是王公大臣，也不是宦官藩将，他们只是些普通的老百姓，其中一个是染坊的役夫张韶，一个是长安街头卜卦的苏玄明。他们的目的既不是推翻李唐，也不是受人指使拥立某人，而只是为了想“体验”一下皇家生活。

张韶和苏玄明是朋友。一天，苏玄明给张韶卜了一卦，说他注定大富大贵，能坐在皇宫的御榻上和他喝酒。于是这二人商议，皇上白天打马球，晚上猎狐狸，大多数时间不在宫中，趁此机会，可以共图大事。

随后，他们决定找帮手，比如张韶染坊的同事，以及长安街头的闲杂人员。在他们的一番活动下，竟招募到一百多人。

那怎么进皇宫呢？浑水摸鱼肯定不行，不久前就有一个叫徐忠信的百姓，大摇大摆地进入大明宫浴堂门内，被发现后打了四十棍。

在染坊工作的张韶，想到了运送紫草的车辆。他的计划是，让那些没有通行证的人藏在运送紫草的车里，混入大明宫。待到夜深之后，听号令统一行动。

但到实际行动时，却被守门的宦官看出了破绽，张韶仓促之下，只得抽刀杀了这个宦官。其余人等迅速行动，一部分人去攻打弓箭库；另一部分人则朝清思殿杀去。大明宫内立刻响起喊杀声。

后来，张韶与苏玄明等人果然攻进清思殿，登上御榻，摆上酒食，在这里开席了。估计被杀之后，他们也能“含笑九泉”了吧。

徐忠信进入浴堂门内，没有引起任何警觉；张韶与苏玄明攻进清思殿，依然没有引起重视。敬宗的玩乐还在变本加厉，花样不断翻新。

这样的皇帝，这样的朝廷，没有亡国已是万幸，还用讨论他为什么会为宦官所杀吗？事实上，他没为张韶等人所杀，已是运气爆棚了。

宝历二年（公元 826 年）十二月初八，敬宗外出打猎在夜里回到宫中，与宦官刘克明、田务澄、许文端以及玩球的同伴苏佐明、王嘉宪、石从宽、阎惟直等二十八人一起饮酒。

因敬宗对这些人动辄毒打，甚至流放，导致人人对他怀恨在心。于是，趁敬宗到房中换衣之机，苏佐明等人将其杀死。刘克明等人假传圣旨，由绛王李悟（唐宪宗李纯第六子）暂代朝政。第二天，宣布敬宗遗制，绛王在紫宸殿的外廊接见了宰相和百官。

此时宦官的胆子有多大？刘克明等人打算撤换内侍省掌权的宦官。于是，枢密使王守澄、杨承和，神策军中尉魏从简、梁守谦四人商议，决定派禁军迎接江王李涵（穆宗次子，改名李昂）入宫。与此同时，他们四人又调集神策军和飞龙兵擒拿杀害敬宗的凶手，将他们全部斩首，绛王李悟也为乱兵所杀。

从漫无目的而溜达到大明宫的徐忠信，再到非要在皇宫御榻上对饮的张韶与苏玄明，今天又是喝着酒就能起意杀了皇帝的苏佐明，还有赤手空拳就想拥立皇帝的刘克明等人。这一时期是怎么了？人们竟都异想天开到如此荒诞不经的地步。

敬宗被杀，事出仓促。王守澄认为翰林学士韦处厚学识渊博，于是就找他商量，该以什么名义对外发号施令。韦处厚说："为国讨贼，当然是以国家的名义，与忠君有什么冲突呢？"王守澄再问："江王应以什么形式登基？"韦处厚说："首先以江王教令的名义宣告天下，宫廷叛乱已经平定，然后百官再三上表，劝江王登基，最后由太皇太后下令，正式册命江王即皇帝位。"

韦处厚以政治正确，给了这些做贼心虚的宦官一颗定心丸；又以程序合法，为他们指明了方向。剩下的具体操办环节就是他们的强项，再不需要询问其他部门和朝臣的意见了——蛮横和跋扈，他们原本就驾轻就熟。

又一个要励精图治的皇帝

宝历二年（公元826年）十二月十二日，唐文宗李昂正式即皇帝位。十八岁的他，深知穆宗、敬宗两朝弊政，即位之后，一度励精图治。

即位后，文宗便下诏：三千多个没有担任后宫职务的宫女，被全部放出宫；五坊使所养鹰犬，少数保留外，一律放生；供应宫中的日常用品，按德宗贞元年间的规定数额，不得增加；裁减教坊、翰林院和宫苑总监所辖冗余人员一千二百多人；之前敬宗朝额外的上供，一律停止；每逢单日都要上朝；等等。

公元 828 年，唐文宗亲自主持科举考试，考生刘蕡（fén）在回答文宗的对策时，猛烈抨击宦官专权的罪行，洋洋洒洒一篇宏论，从现象讲到本质，从危害讲到对策。他清醒且冷静，知道自己必遭报复，而且深知即便皇上采纳他的意见，自己也难免被迫害致死，但正如他所说，这样做只是“痛社稷之危，哀生人之困”。

对刘蕡的政论，考官冯宿等人赞不绝口，但由于惧怕宦官而不敢录取他。文宗从内心深处，怎能对这样的事情无动于衷？虽为宦官拥立，但看到他们如此飞扬跋扈，文宗也一心要铲除宦官势力，夺回政权。可在朝中毫无根基的他，能依靠谁呢？

公元 830 年的一天，文宗向翰林学士宋申锡谈起宦官专权的问题，宋申锡表示应当剪除宦官势力。宋申锡的表态，令文宗大为振奋，于是将其提拔为尚书中丞，不久再任命其为同平章事。

没想到，宋申锡密谋诛除宦官的消息泄露，王守澄在郑注的出谋划策下，诬告宋申锡阴谋拥立漳王李凑（文宗的弟弟）。从之后文宗的表现来看，这次他未必确信王守澄的检举揭发，但他还是将宋申锡贬官流放，导致其死在被贬之地。

从此时文宗的作为来看，此后“甘露之变”的结局似乎已能确定。他虽有剪除宦官之心，却没有与宦官斗争到底的勇气，甚至中间出现任何一点变故，他所做的只是退却。

针对此事来说，一开始王守澄派二百骑兵去屠杀宋申锡全家时，飞龙使马存亮以会招致京城大乱为由，让他召集宰相一块商议此事，王守澄就听取了他的建议。由此可见，王守澄还没到丧心病狂的程度。

而且朝中大臣，像崔玄亮、马存亮、李固言、王质、裴休、韦温，甚至牛僧孺等人，都在为宋申锡申辩，情绪激愤且言辞恳切。此时的文宗，怎么不能保护宋申锡？即便不能保护，为什么连个态度也没有？

宋申锡被贬后，宦官更加骄横，李训、郑注揣摩文宗心意，多次暗示文宗剪除宦官。但他们两人都是由宦官推荐入朝，文宗也算走了一步险棋，将自己的意图告诉了他们。没想到，他们二人欣然领命，从此便以诛除宦官为己任。

尤其是郑注，他的转变可谓出人意料。但从他的人品和作为来看，也在情理之中。

郑注出身贫寒，不但身材瘦小，还有些近视。年轻时的郑注靠行医为生，四处飘荡，也算饱经世态炎凉。善于察言观色的他，深谙巧言谄媚之道。

公元818年，作为游医的郑注辗转来到了襄州，没想到这里竟然会成为他命运的转折点——他遇到了重病中的李愬。

山南东道节度使李愬，雪夜奇袭蔡州，一战成名。然而此时的他，却饱受痿症困扰，虽遍请名医诊治，仍然迟迟不见好转。此时，部下一个牙将把郑注推荐给了李愬。郑注用了一剂偏方，李愬病情竟大为好转。

李愬感激之下，将郑注留在身边，举荐他担任节度衙推，就这样，郑注踏上仕途。但此时的郑注并没有感谢当初推荐他的那位牙将，反而为了掩饰之前的身份，罗织罪名，奏请李愬杀了那位牙将。

之后，李愬移镇徐州出任武宁节度使，郑注也随之前往。长期相处下来，李愬发现郑注不仅医术精湛，而且办事颇为干练，于是就将衙署之事，渐渐都交由郑注处置。

既没有饱读诗书，也非世家望族；既没有征战沙场，更别提战功赫赫。如此郑注，却能在李愬的信任下，大权独揽，在大唐官场也是另类。就算宦官，也是从监军开始，进而掌控神策军、枢密院而异军突起的。

这样的郑注，显然让宦官都看不起。日后炙手可热的宦官王守澄，此时就在徐州担任监军，他就对郑注心生憎恶，甚至面见李愬，力主斩杀郑注，以安军心。

李愬不愿贸然得罪朝廷派来的监军，当然更不愿意杀了郑注，就让王守澄先与郑注见上一面再说，因为他认为郑注就是天下难得的奇才。

郑注的确有过人之处，抱着杀他之心与他见面的王守澄，与郑注一番话说下来，竟将他请入内室，促膝长谈到了深夜。就这样，深感与他相见恨晚的王守澄也把他引为知己，郑注成了王守澄府上的常客。

后来，王守澄奉调回京，也把郑注带到了长安，郑注的人生又将迎来第二次大的转折。

不久，王守澄、陈弘志等宦官合谋弑杀了宪宗，拥立了穆宗李恒。因拥立之功，王守澄出任枢密使，郑注被推荐入朝，受到穆宗的器重，得以不断升迁。

王守澄权倾朝野时，他的私邸只有郑注等极少数人能够出入，人们为了巴结王守澄，只得求助于郑注，此时的郑注可谓“秤砣虽小压千斤”，能量大得惊人。就连当时的工部尚书郑权，堂堂三品朝廷大员，也主动逢迎郑注，通过他的关系被外放为岭南节度使，脱离了朝廷的“清水衙门”，开始了“捞钱人生”。

穆宗、敬宗，直到即位之初的文宗，都颇为宠信王守澄，而依附于王守澄的郑注也得以扶摇直上。公元833年，郑注卸任邠宁行军司马，回到京城，没想到却差点遭到杀身之祸。

此时的王守澄不仅被文宗猜忌，也遭到了其他宦官的憎恨。于是侍御史李款在紫宸殿弹劾郑注“内通敕使，外连朝士，广受财贿，窃取大权”。

李款接连几十次的上书弹劾，每条罪状都能将郑注置于死地。为了保护郑注，王守澄将其藏于右神策军的军营之中。但左神策军中尉韦元素，枢密使杨承和、王践言等也要密谋除掉郑注，可见在宦官中，也已经形成了反对王守澄的强大势力。

文宗借力打力

拿出除掉郑注具体办法的人，是左神策军将领李弘楚。他们计划以韦元素生病为名，请郑注前来诊治，趁此时机斩杀郑注。然后让韦元素借向文宗请罪之机，将郑注的罪行和盘托出。到时，两位枢密使从旁相助，以韦元素的拥立之功，文宗岂能因除奸而加罪韦元素？

计划可谓滴水不漏，而且具有极强的可操作性。这次，郑注还能逢凶化吉吗？

李弘楚前往右神策军请郑注，郑注如约而至。此时郑注的性命，就在韦元素的一个眼神之间。然而，奇迹再次发生了——其貌不扬的郑注，似乎有着摄人魂魄的魅力与鬼神皆惊的谈吐。一番畅聊之下，早已听入迷的韦元素，完全忘记了这次见面的目的。郑注离开时，韦元素甚至还拿出大量金银钱帛相赠。

郑注就这样走了。李弘楚这个策划人千算万算，算漏了韦元素的“智商”。也难怪，李愬不也认为郑注是天下奇才吗？王守澄不也是这样将郑注引为知己的吗？他只有遗憾地说：“失去这次诛杀郑注的天赐良机，将来必会遭受他的陷害。”

当时的宰相王涯也是郑注的“保护伞”，因为他能出任宰相，就是郑注暗中助力的结果。再加上他惧怕王守澄的势力，所以他将李款弹劾郑注的奏章都暗中压了下来，尽量消除其在朝野的影响。

就这样，在王守澄的举荐下，郑注又升任侍御史，充右神策军判官，后又出京任昭义行军司马。

大和七年（公元 833 年）十二月，文宗因中风不能说话，郑注的人生此时再度迎来转机。

王守澄推荐郑注为文宗诊病，匆忙回京的郑注的确妙手回春，几服药下去，文宗病情大为好转。又得到文宗宠信的他，这次更是升任昭义节度副使。

此时，郑注竭力推荐的李训也开始强势崛起。

李训与郑注截然不同，他不仅出身名门，为肃宗朝宰相李揆（kuí）的族孙，而且相貌堂堂、一表人才。进士及第后，李训因政治斗争被流放象州，直到文宗即位、大赦天下，他才得以返回洛阳。

此时的李训，通过郑注的关系攀附上王守澄，王守澄将他极力推荐给文宗。朝堂上，则是在王涯的帮助下，李训才逐渐站稳脚跟。

李训的复出之路曲折而艰难，这是由当时的党争所致，稍后再叙。而此时，一路升迁的李训已官至兵部郎中，并担任翰林侍讲学士，时常为文宗讲解《周易》，因而被文宗视为股肱之臣。

李训与郑注二人，就这样进入文宗视野，并被委以重任。李训已贵为宰相，而郑注也由正三品的工部尚书，再出任凤翔节度使。文宗要借助二人之力，诛除宦官势力，能成功吗？

宋申锡案之后，面对王守澄等宦官的骄横跋扈，文宗决定寻机诛除宦官；李训与郑注揣摩圣意，也不惜对王守澄痛下杀手。

此时，外人只知道他们二人依靠宦官势力贪腐受贿、作威作福，却不知道他们正与文宗昼夜密谋如何诛除宦官。最终，二人拿出了利用宦官内部的矛盾，对其进行分化瓦解的办法。

他们首先在宦官中，找到了右领军将军仇士良。仇士良可谓生在了宦官世家，曾祖父仇上官、祖父仇奉诠均为宦官，父亲仇文晟生前官职不详，但从死后追赠左监门卫将军来看，应该也是宦官，因为当时宦官多任此职。

仇士良在德宗朝净身入宫，当时不到二十岁的他侍奉的是太子李诵；李诵登基，又侍奉太子李纯。在宪宗、穆宗及敬宗三朝，仇士良历任宫教博士，内给事，五坊使，内常侍，平卢、凤翔、鄂岳监军使等职，爵封南安开国郡公，地位逐渐显赫。

仇士良地位虽高，却一直被王守澄压制。于是，李训、郑注建议文宗将其任命为左神策军中尉。为了不打草惊蛇，当然，郑注也为了报当初险些被杀之仇，和李训又建议将右神策军中尉韦元素及枢密使杨承和、王践言三人外放，让他们分别担任淮南监军、剑南西川监军及河东监军。又以当年袒护宋申锡为由，建议文宗将杨承和贬到欢州；以收受过李宗闵、李德裕等人的贿赂为由，建议文宗将韦元素和王践言分别贬到象州及恩州。很快，朝廷就赐死了三人。临死之际，韦元素悔不当初，若依李弘楚之言，又怎会有今日的下场？

也是在这个时候，当初害死宪宗李纯的宦官陈弘志得到清算。在李训的建议下，正在山南东道任监军的陈弘志被文宗召回京城，走到青泥驿时，便被朝廷派来的中使杖杀。可见，皇帝若决意清除这些宦官，也不是毫无办法。

大和九年（公元835年）九月二十六日，王守澄被任命为左、右神策军观军容使兼十二卫统军。这是文宗和李训、郑注商定的明升暗降之法。名义上虽更加尊崇，实际上却削除了他的兵权。就这样，王守澄逐渐沦为孤家寡人，这与文宗重用郑注不无关系。郑注的反水对于王守澄来说，无疑是釜底抽薪。

十月初九，文宗派宦官李好古前往王守澄私邸，赐给他一杯毒酒，曾经显赫一时的王守澄，可能至死都想不明白，自己极力举荐的李训、郑注等人，为什么要这样对待自己。

宏大计划的破产

四天后，帮文宗诛杀宦官大功告成的郑注，春风得意地前往凤翔上任。他盛情邀请韦温担任节度副使——这是多少人都梦寐以求的职位，韦温却婉言谢绝。

做官也是奇怪，有的人削尖脑袋而不得，但盛邀而不就，也有问题。此时的郑注就认为韦温分明就是看不起自己。韦温却认为，得罪郑注不至于死，但追随他，必死无疑。两害相权，只得取其轻了。事实证明，韦温确实成熟老到。

李训、郑注决定乘此机会，为文宗谋划中兴之策。他们的策略是先除宦官，再收复河湟，进而收复河北、稳定中原。两人都是口若悬河之徒，说话不仅极富煽动性，言辞更是极具魅力。文宗听得如醉如痴之下，当然深信不疑。

然而，且不说如此宏大的计划怎么实施的问题，单就两人的合作而言，就一定会出现问题。很简单，两个翻脸无情、蝇营狗苟的人，怎么会精诚团结？如果有例外，那一定是有一个强势之君，威望正隆，能力过人且明察秋毫，通俗地说，即能从各个方面压制两人人性、心态和行为上的“劣根性”。

太宗朝难道人人都是所谓的“正人君子”？是在“天可汗”治下不敢“擅动”，恐怕更接近事实吧。显然，此时的文宗“心有余而力不足”。

彻底清除宦官的计划即将展开。但显然，他们低估了仇士良。以为靠分化瓦解的手段，轻松清除了王守澄，清除其他人定也不在话下，却忽略了对付“个体”与对付“集体”的区别。

矛头指向王守澄，其他宦官不会有兔死狐悲之感，他们拍手称快的原因，只是看到自己有了可以取而代之的机会。但当他们明白，这原本是要将他们一网打尽的时候，怎会不因同病相怜而众志成城？

反观李训与郑注，不但没有正视斗争的残酷性，还自乱了阵脚。他们原本计划在十一月二十七日王守澄的葬礼上对宦官发难。为此，郑注奏请文宗，由自己亲率兵士为王守澄送葬，暗藏兵刃的护卫寻机关闭墓门，一举将跋扈的宦官统统诛杀。

李训却不愿郑注独享如此大功，虽表面同意了郑注的计划，但为了争功，他决定提前动手，于是也开始了紧锣密鼓的准备。

要诛除掌握禁军实权的宦官，就必须有一定的武装力量。李训推举户部尚书王璠（fán）为河东节度使、大理卿郭行余为邠宁节度使，指使二人在赴镇之前，招募兵卒，助除宦官；又以京兆少尹罗立言权知府事、太府卿韩约为左金吾卫大将军、刑部郎中兼御史知杂李孝本权知御史中丞，由他们率麾下士卒，以诛宦官。

如此一来，就出现了两套方案对付宦官。宦官在劫难逃，插翅难飞了吗？面对强敌，不是所谓的同仇敌忾，而是首先开始了所谓的窝里斗，别说很难成功，即便侥幸成功，这样的胜利也将后患无穷。

显然，历史没有给李训机会。十一月二十一日，决定提前动手的李训，指使韩约在紫宸殿上奏称：左金吾衙署后院的石榴树上，昨夜突降甘露，此乃祥瑞之兆。宰相李训等人率百官向文宗道贺，并与宰相舒元舆等人乘机劝文宗前去观看，以受天之吉兆。

于是，文宗命宰相及朝中大臣前去察看“甘露之事”。很久才回来的李训，模棱两可地说似乎不是真正的甘露。文宗再派左、右神策军中尉仇士良、鱼弘志等人，率诸宦官去察看。

宦官走后，决定收网的李训，召集郭行余、王璠上殿接旨。王璠此时却吓得两腿发抖，竟不能迈步，只有郭行余一人接下诛杀宦官的旨意。此时，二人招募的几百私兵，暗藏利刃在丹凤门外等待命令，但前来的这些私兵，只有王璠的河东兵，郭行余的邠宁兵一个也没来。主帅与兵卒的表现出现如此意想不到的反差，似乎已预示了行动的不利。

宦官哪里比不上朝臣？

仇士良等人来到左金吾卫衙署，却发现等在这里的韩约紧张得大汗淋漓。深冬季节，这样反常的表现，仇士良也不禁问他：为何如此？就在韩约紧张得话都说不连贯时，一阵风吹起院中帐幕的一角，仇士良不仅看到后面藏着很多手执利刃的士兵，更听到了兵器的碰撞之声。

难道这些士兵也像王璠、韩约这些人一样，紧张得发抖吗？可见当时的这些朝臣，论胆识，的确不如宦官。反观仇士良，当机立断，箭一样地向外冲去，甚至守门的士兵都来不及关门，就被仇士良冲到了门外。

奔回含元殿，仇士良等人就高喊："陛下，有人谋反。"此时的宦官，似乎瞬间明白了事情的原委，仓促之间根本不用指挥调度，也不用战前动员，他们集体走在了正确的路上，既没有王璠的"两股战战"，也没有韩约的"汗出如浆"。

他们要做的只有一件事，就是"保护"文宗速速回宫。所谓职业素养，此时完美地体现在了这帮宦官的身上，也真是讽刺。究其原因，其实也不复杂，就是这些宦官始终明白并坚守一个原则：掌握了皇帝，就掌握了一切。

首鼠两端的，反而是此时的朝臣。党争就已经令他们左右摇摆，面对投靠宦官还是皇帝的选择，他们又犹豫不决。这种情况下，他们会去坚守什么呢？或者说，此时无论支持谁、投靠谁、反对谁，甚至是诛杀谁，在他们内心深处，难道没有所谓政治投机的认识？这可能就是他们不坚定、不彻底的主要原因吧。

将文宗抬上轿子的宦官们，甚至冲破了殿后的丝网，他们的目的地只有后宫，且行动无比迅捷。而李训为了阻止宦官的行为，不得不喊出“快来保护皇上，每人赏钱百缗”这样的激励措施。

此时，金吾兵几十人已到含元殿，罗立言所率京兆府的三百士卒也从东边冲来，李孝本率领御史台二百人也从西边赶到，合力围剿宦官。

而文宗所乘软轿在宦官的保护下，已狂奔到宣政门。李训死死拉住轿子不放，换来的却是文宗一连串的呵斥。宦官郗志荣挥拳将李训打倒在地，于是文宗的软轿消失在重重关上的宣政门之后。

宦官胜利了，失去对皇帝控制权的李训已经没有号令朝廷及天下的任何正当理由了。自知大势已去的他，换上属下的朝服，上马仓皇逃窜。

假如此时的文宗坚定地站在李训的一边，未必不能诛除宦官。但事出仓促之间，他首先想到的是自保——也许他并不愿与宦官撕破脸，只是考虑着此后无论哪一方取胜，他都能推卸责任。连皇帝本人都如此首鼠两端，所谓的宦官乱政，责任真能都推给宦官吗？

报复同样惨烈

只不过，文宗和朝臣们都没有想到，此时的宦官会大开杀戒。仇士良下令神策军士卒冲进南衙各司衙门，在京城大肆搜捕李训同党，一时之间，尸横遍野，血染长安。

宰相王涯七十多岁，被抓后扛不住毒打，只得自称与李训谋反，准备拥立郑注为帝；宰相舒元舆，逃跑未及，全家被杀；宰相贾𫗧（sù），潜入百姓家躲了一夜，自知无法逃脱，主动投降神策军，却也被灭族；御史中丞李孝本，打算投奔郑注时，在路上被抓；河东节度使王璠，以招募的私兵把守府邸，闭门不出，神策军故意在门外高喊“王涯等人谋反，朝廷任用您为宰相，中尉鱼弘志派我等特地来向您道喜”，王璠大喜之下，打开府门，却哭着被神策军带走。

接着，神策军又在崇义坊抓获了韩约，在太平里逮捕了罗立言，并借口搜寻贾𫗧，在曾任岭南节度使的胡证家中大肆抢掠了一番。

整整十二天之后，文宗皇帝才亲临紫宸殿，召集百官上朝，四名宰相无一人前来。仇士良的回答是：“王涯等人谋反，已被逮捕入狱。”文宗生气地说：“果真如此，王涯罪不容诛。”此时的文宗，已然成为“模范监狱的罪囚”。

李训逃走后，投奔到昔日好友、终南山僧人宗密门下，因其弟子不容，只得去投靠郑注，中途被周至镇遏使宋楚抓获，押往京城。自知没有活路的他，怂恿押送的兵士杀死自己，将首级送往长安。

按照约定，郑注带五百精锐从凤翔出发，到达扶风时，得知李训提前动手，且一败涂地，只得仓皇逃回凤翔。仇士良将诛杀郑注的敕令秘密交给凤翔监军张仲清，张仲清设计斩杀郑注，并将其家眷一千多人全部杀死。

此次“甘露之变”，包括李训、郑注，王涯、王璠、舒元舆、贾𫗧及李孝本、郭行余、韩约、罗立言等人全被灭族。

一波才平，一波又起。当初由于受王守澄排挤，田全操、刘行深、周元稹（zhěn）、薛士干、似先义逸、刘英誗（chán）等六人，分别被派往盐州、朔方、泾原、夏绥、振武及凤翔等镇巡防。他们刚走，郑注就指使翰林学士顾师邕（yōng）起草诏书，下令六道杀掉田全操等人。

“甘露之变”后，六道节度使才接到这个诏书，仇士良便胁迫文宗召回这六位巡边使。险些被杀的田全操等人，在回京的途中就扬言：“到了京城后，凡着儒服者，当尽杀之。”

当田全操等人进入长安西北的金光门时，惊慌失措的官吏及百姓开始四散奔逃，有的官员甚至都来不及系上带袜，狼狈至极，可见宦官的嚣张程度。

公元835年的“甘露之变”，尽管有提前举事的变故，但毕竟是得到皇帝同意的谋诛宦官在先，而宦官反击在后。结果是六百多位朝臣及族人惨遭屠杀，还有一千多位官员及家族和其他人员连累被杀，不得不说，大唐纲纪真是废弛已久。

究其原因，难道仅仅是宦官地位过高、权势日重吗？即便如此，这样的局面又是怎么造成的呢？单纯从此次双方的交锋来看，从临场应变到事后清剿，甚至召回六位巡防使，宦官们真是做得有条不紊、滴水不漏。

当然，杀戮没有任何值得肯定的地方，只是反衬出皇帝及朝廷更加无能罢了。宦官乱政被归结为之后灭国的原因之一，作为学术的总结当然很清晰，但作为真实的原因探讨，似无必要。这样一代又一代昏聩至此的帝王，更应承担起灭国的责任。既然“普天之下，莫非王土；率土之滨，莫非王臣”，就不要把责任都推给宦官了。唐朝之所以此时还没有灭亡，只是惯性而已，或者说是所谓“正统”观念的根深蒂固。而这所谓的“正统”，也只是李世民他们那一代努力的成果，只是子孙们将其“红利”吃到了现在。

如此看来，即便不是宦官，也一定会有其他的阶层来动摇李唐。所以，唐朝的灭亡，只是帝王的咎由自取。日后来看，宦官还算“客气”，至少没有颠覆李唐，换成其他人，唐朝早已烟消云散。

第九章
宦官乱政的终结

"模范监狱的罪囚"

身经甘露之变，仇士良等人怎么会看不出文宗也参与其中？所以，仇士良此后对文宗时常出言不逊，这样的事情可能为真。但要说他决意擅行废黜，似乎也不符合事实。真实的情况，要从文宗自身的感受及仇士良对文宗的言行两方面分析。

甘露之变后的文宗，之所以被称为"模范监狱的罪囚"，必然是受到仇士良等人的胁迫。

开成四年（公元 839 年）十一月的一天，文宗在思政殿召见当值的翰林学士周墀，问他自己可以跟前代哪些帝王相比。

周墀能怎么说？只好回道："陛下乃尧舜之主。"听到如此恭维的文宗，非但没有高兴，反而凄然地说："朕岂敢自比尧舜，只是想问，比得上周赧王、汉献帝吗？"周墀大惊失色："他们都是亡国之主，岂可与陛下圣德相比？"文宗却说："周赧王、汉献帝只是受制于诸侯、强臣，今朕却受制于家奴。如此看来，朕还不如他们。"说完，文宗泪如雨下。

文宗说的"家奴"，自然指的就是仇士良。而正史则通过一件事，将仇士良的跋扈生动具体地刻画了出来。

文宗开成年间的某天深夜，当值的翰林学士崔慎由被召进秘殿，仇士良端坐堂上，开口就说：“皇上即位以来，政令荒废，太后要更换皇帝，你起草诏书吧。”

仇士良的几句话，吓得崔慎由魂飞魄散，战战兢兢地说：“此等灭族的大事，我虽死不敢承命。”仇士良沉默片刻，将崔慎由带到偏殿，坐在这里的，竟是文宗。仇士良当面历数文宗的过失，文宗低头不语。仇士良再转头看向崔慎由，对文宗说：“如果不是这位学士不肯草诏，这地方，你恐怕坐不成了。”

出来后，仇士良告诫崔慎由要严守当晚的秘密。其实，不用交代，崔慎由岂敢宣扬？他只是将此事记录下来，深藏箱底。之后在宣宗朝为相的崔慎由，临终时才将其秘交给儿子崔胤。崔胤深恶宦官，因此借助藩镇之力，将宦官彻底清除。

然而证据链如此完整，细节又如此丰富的记载，很可能不是事实。因为整个事件，不仅太过骇人听闻，而且中间疑点颇多。如果此事为真，仇士良岂能贸然找当值的翰林学士？这样的事情，难道不需要周密策划吗？别说崔慎由不答应，就是答应，仅仅一个当值翰林的草诏就能废黜皇帝吗？

再说，若仇士良执意如此，岂是一个崔慎由不答应就能停手的？反过来说，别说一个宦官，就是之前的霍光，之后的张居正，之所以能大权独揽，也是恰逢所谓“主少国疑”的特殊时期。曹魏时，十八岁的曹髦（máo）就能“宁为玉碎，不为瓦全”。早已成人、为政九年以上的文宗，岂能受此羞辱？

唐朝的宦官尽管能够拥立皇帝，但拥立的都是成年的皇子；尽管跋扈，却没有实际上的摄政之举。即便是之后的皇帝清除宦官，也没有所谓的“挫骨扬灰”之恨。像对付李辅国，代宗也只是采用掩人耳目的暗杀，并没有掀起大规模的杀戮；像王守澄，也在其死后，为他举行隆重的葬礼；就是仇士良，之后也能“告老还乡”，安享晚年。

可见，中晚唐时期的宦官跋扈是真，但要说朝局完全由宦官左右，或者完全由朝臣掌控，则未免言过其实。此时势焰熏天的仇士良，之后就是因遭到李德裕的抵制，恐惧之下而申请退休的。而且，之前的牛僧孺也是看到自己不被皇帝信任，而主动申请离开朝廷。

帝王的修养

在帝国的模式之下，成年且智力正常的君主，才更应该对江河日下的朝局负责。所谓的藩镇割据、宦官乱政及朋党之争，不都是由于君主的昏聩无能、荒淫享乐而造成的吗？

而且，甘露之变后，文宗所谓的“苦闷”，只是一个此消彼长的呈现方式。就像当年的德宗一样，雄心壮志受到泾原兵变的打击之后，迅速萎靡不振。此时的文宗，就算不受制于他说的“家奴”，又能怎样力挽狂澜呢？

所以文宗的所谓“苦闷”，与其说是因家奴的威逼，不如说是他虽然有心，却无能力，又无胆量之下，一种推卸责任、聊以自慰的借口而已。

像宋申锡事件，开成元年（公元836年）九月十一日，宰相李石上奏，认为宋申锡忠厚正直，却因被奸臣诬陷死在被贬的荒远之地，至今未被平反昭雪。

文宗什么表现呢？他泪流满面地强调了至少三点。其一，他早就知道宋申锡是冤枉的。他给出的理由是：那时为奸人（王守澄）所逼，自己连兄弟（李凑）都不能保全，何况宋申锡？其二，当时他不仅为宦官所迫，而且朝臣中也多有勾结宦官的人。其三，他承认是自己的问题，说出“向使遇汉昭帝，必无此冤矣！”。

文宗尽管一直在找客观原因、推卸责任，但最后也算说出了自己的心声。还用替他辩解吗？看看汉昭帝怎么做的，就能明白此时的文宗作为帝王，远远不合格。而且，这种“帝王修养”的缺陷，更多表现在朝廷、表现在治国理政方面。

一个帝王，把一个宰相受到如此大的冤屈推到宦官的身上，合适吗？当时的文宗，真的就受到宦官如此大的胁迫吗？王守澄与现在的仇士良比怎么样？然而，就是此时的仇士良，我们也可以看到一个“小小的”京兆尹是怎么对待他的：

甘露之变后，很多神策军将士暴虐骄横、无视法度，朝廷任命司农卿薛元赏接任京兆尹，维持京城治安。有一天，他去拜访宰相李石。快到客厅时，听到里面传来争吵声，声音很大，这让他很是疑惑，一问才知，原来是一个神策军军将认为宰相处事不公，就来宰相府闹事。

知道原因后，他小跑入客厅，指着军将大声斥责说：“宰相是重臣，处理事情都是因公所需，你怎么能跑到宰相家里闹事？如果人人都学你，那宰相日后还如何处理公务？”随后，他命令手下将此人擒到下马桥等候发落。

神策军头目仇士良闻讯后，即派手下传信要召见他。他知道仇士良的用意，无非就是要干预此事。这种情况下，如何处理此人成为令人头疼的事情，但他自有主见：先令手下将此人杖杀示众，然后才去见仇士良。

听说薛元赏杖杀自己手下，仇士良怒火填胸，见到薛元赏便大骂道：“汝竟敢杖杀禁军大将？”面对仇士良的滔天怒火，薛元赏不急不慌。他说：“宰相是朝廷之大臣，中尉也是朝廷之大臣。这个军将既然能无礼于宰相，也能无礼于中尉。大唐的法度，就算是中尉大人也应该遵守。如果大人认为我做错了，那么我任凭大人处置！”

薛元赏的一番言论入情入理，令仇士良无可反驳。

京兆尹薛元赏，因为有人冒犯宰相，就能将其杖毙，而且这人是仇士良的部将，甚至在仇士良极力回护之下，几乎就是当着他的面杖杀了此人。那作为皇帝的文宗，就能受宦官胁迫，以至于无力保护自己的宰相吗?

为虎作伥的立帝

唐文宗李昂病重，皇储之争又成为焦点。文宗只有两个儿子：王德妃所生的鲁王李永和宫女所生的蒋王李宗俭。

原本鲁王李永被册立为太子，但他的母亲失宠后，得宠的杨贤妃虽然没有子嗣，却不断地在文宗面前诋毁鲁王李永，一度让文宗动了废黜太子的想法，只是在朝臣的反对下才作罢。

然而经此一事，太子李永惶恐之下，不久就暴病而亡，死因成谜。文宗认为自己不能保全儿子，从此也是抑郁成疾。此时，立储之事迫在眉睫。

首先跳出来的是杨贤妃，她决意拥立文宗的八弟安王李溶。但宰相李珏（jué）坚决反对，认为文宗虽以皇太弟的身份继位，但此风决不可长，因为“父死子继”才是政治常态。李珏的观点也没错，因为皇位的传承，首先就要保证“名正言顺”。因为文宗次子蒋王李宗俭也已去世，为此，他认为与其传给李溶，不如传给李成美，因为李成美既是文宗的晚辈，更是敬宗的儿子。

于是，开成四年（公元 839 年）十月，文宗册立敬宗的第六子陈王李成美为太子。文宗病重期间，枢密使刘弘逸、薛季棱与宰相杨嗣复、李珏等人，商议后决定让皇太子李成美代行皇帝职权。

然而，此时的左、右神策军护军中尉仇士良、鱼弘志二人，不愿让刘弘逸、薛季棱独享拥立之功。他们矫诏，以李成美年幼多病为名，将其废黜，并率领禁军，将文宗的五弟颍王李瀍（chán）（后改为李炎）迎至少阳院。

开成五年（公元 840 年）正月初四，李炎即皇帝位，是为唐武宗。即位前夕，在仇士良的鼓动下，陈王李成美、安王李溶、杨贤妃等人就被诛杀。即位后，刘弘逸、薛季棱等人也被诛杀。这么多人被杀，此时已二十七岁的武宗是怎么想的呢？难道他也是被仇士良胁迫的吗？

事实上，不仅不是被胁迫，武宗要杀的人还不止于此。会昌元年（公元 841 年）三月二十四日，武宗派宦官前往潭州（今湖南长沙）、桂州赐死被贬的杨嗣复和李珏。李德裕听闻消息后，急忙召集宰相崔珙（gǒng）、崔郸、陈夷行等人，联名上奏武宗，请求刀下留人，同时，又邀枢密使到中书省，请他们转告武宗，让他们在延英殿当面奏对。

在延英殿上，李德裕痛哭着对武宗说："还望陛下赦免杨嗣复和李珏的死罪，否则悔之晚矣！"武宗却坚定地说："朕不后悔！"

恳切之下，李德裕等人甚至连武宗赐座都不肯坐，对武宗说："陛下若不恩准，臣等不敢坐。"武宗沉默良久，才终于说道："朕特为卿等赦免二人。"

武宗为什么能决绝地说"不后悔"？听听他对此事的总结发言："想当初，李珏、薛季棱意在册立陈王李成美，杨嗣复、刘弘逸意在册立安王李溶。立陈王也算是遵循文宗之意，立安王却是为了攀附杨妃。假如安王继承了帝位，朕怎会有今日？"

看看，这才是武宗真实意图的表达。分明就是为了皇位之争，又哪里有什么宦官的胁迫？宦官的作用不过是为虎作伥而已。

武宗为仇士良所拥立，但武宗就一定受制于仇士良吗？从会昌二年（公元 842 年），登基不久的武宗与宦官的第一次交锋，似乎能看出皇帝与这些宦官之间的真实关系。

当时的宰相李德裕，想趁武宗由百官上尊号、宣赦天下时，起草诏令减少神策军粮饷，以达到限制仇士良的目的。此举自然引起仇士良的愤恨，他扬言："真要如此，到时禁军兵士定然要在丹凤楼前喧哗闹事。"

此言不可谓不嚣张；真要有此举，更不可谓不跋扈。但仇士良这样的言行举动，显然针对的只是宰相，而之所以敢对宰相口出狂言，背后的依靠自然是皇帝。

四月二十一日，李德裕在延英殿将仇士良的威胁当面上奏给了武宗。武宗听后大怒，当即派宦官转告左、右神策军中尉："赦书皆出朕意，非由宰相，尔安得此言！"

这样的表态，使仇士良惊慌恐惧之下，连连请罪。而且逐渐感到失宠的他，以年老多病为由，请辞中尉之职。会昌三年（公元843年）六月十六日，仇士良致仕回乡。这样的宦官，真的能玩弄皇帝于股掌之中吗？

听听仇士良总结的怎么侍候皇上的心得体会，也许更能明白他们之间的关系。面对欢送自己退休的一众心腹宦官，仇士良毫无保留地侃侃而谈："侍候皇上的关键之处，就是不能让他闲着。闲下来，他就会博览全书、接见儒臣，一旦他知晓历代王朝的兴亡更替之道，产生忧惧之情，就会疏远排斥我们这些人。因此，上上之策，莫过于让皇上沉湎于声色犬马，变着花样地供其嬉戏玩乐，那样朝政就会交给我们处理。如此一来，恩泽和权力，不都在我们这里吗？"

仇士良的肺腑之言，哪里提到了什么嚣张和跋扈？分明就是在皇帝的默许之下，才能实现自己的大权在握和荣华富贵。

致仕七天后，六十三岁的仇士良郁郁而终。而终其武宗一朝，宦官再也没有掀起多大风浪。可见大唐所谓的宦官乱政，根源实在就是皇帝太过孱弱。

这个“傻子”让人惊掉下巴

会昌六年（公元 846 年）三月，唐武宗李炎病入膏肓。关于皇储的争夺，再次拉开帷幕。

由于武宗的五个儿子年幼，因此还没有册立太子。在这样的敏感时期，宦官们再次封锁了宫中消息，此时连宰相李德裕也无法见到皇帝，虽多次请求觐见，但在宦官的阻拦下，一直得不到批准。

自穆宗之后，敬宗、文宗和武宗延续了“兄终弟及”的模式。目前的事态之下，武宗的兄弟和宦官似乎又看到了机会。但此时，神策军中尉马元贽选了一个几乎没有任何可能继承皇位的人——武宗的叔叔，宪宗李纯的十三子，光王李忱。

李忱的母亲郑氏身份卑微，她原是镇海节度使李锜的小妾，李锜谋反被杀后，郑氏入宫为奴，被宪宗临幸后，生下李忱。如此出身的李忱，从小性格孤僻，为人木讷，时常被哥哥们奚落排挤，甚至连宪宗都认为这个儿子可能是个傻子。

而且在他小时候，去面见郭太后时，恰遇刺客行刺，吓得当场尿了裤子。自此之后，李忱更是很少开口说话，大家都认为他被吓傻了。文宗时，在御花园的宴会之上，文宗当着诸位亲王的面，调侃李忱：“谁能让其开口说话，重重有赏。”但李忱无论如何都一言不发，只顾埋头吃喝。

武宗即位后，曾怀疑这位叔叔在演戏。武宗越是这样认为，李忱越是“意外”不断。不是正打马球时，从马上跌落，就是走着走着，突然从台阶上摔下来。而且，每次都是鼻青脸肿、浑身是伤。万幸的

是，每次都没有生命危险。

马元贽之所以会选中李忱，就是因为他觉得既蠢且笨的李忱便于控制。于是，他假托武宗的名义颁诏立光王李忱为皇太叔。会昌六年（公元846年）三月二十三日，三十三岁的唐武宗李炎死于大明宫，三十七岁的皇太叔光王李忱即皇帝位，是为唐宣宗。

结果人们惊讶地发现，掌握皇权之后的李忱，竟在愚痴木讷的外表下，隐藏着常人莫及的才干和韬略。继位不久的他，就通过将如日中天的李德裕赶出朝廷的方式，宣告自己绝非等闲之辈。

宦官是怎样影响储位的？

能够迅速将李德裕罢相的李忱，同样也没有受制于宦官。而且作为宪宗之子，他一直对父皇的暴死耿耿于怀，如今大权在握，正好借“宪宗被杀”一事，对宦官敲山震虎。

但由于他宠信宦官王宗实，致使王宗实在宣宗死后，能够将其长子李漼推上皇位。这也从侧面证明，即便到了此时，宦官的权力也是来自皇帝的宠信，他们并没有对皇帝有什么明目张胆的胁迫之举。

事实上，至少在文宗朝（公元826年）以前，宦官尚不能名正言顺地干预储君废立。顺宗至敬宗（公元805—826年）朝的储君废立，基本上还是按照君主的意志进行的。因此，不能因为宦官干预储位，而忽视君主对储位的决策权。

这一阶段，宦官对储位的作用和影响，一般只表现为参与储君册立、保护储君顺利登基以获得更大的权势。

到了文宗至宣宗（公元826—859年）朝，宦官主要是借君主病重，丧失行为能力或死亡之机，通过篡改诏令的方式达到干预传位的目的。

直到懿宗（公元 859 年）朝，宦官才真正开始代替君主决定储君人选。

宣宗时，受宠而炙手可热的宦官首推王宗实和王归长。而唐宣宗生前一直未立太子，直到弥留之际，才留下遗诏，由王归长、马公儒、王居方三人共同扶立四子李滋。而手握重兵的王宗实在宣宗死后，却以立长为借口，闯进紫宸殿，宣布宣宗长子李漼为继任皇帝，是为唐懿宗。

这里，很难说清李滋与李漼到底谁才是宣宗真正指定的接班人。正因为宣宗生前不立太子，才致使皇位承袭发生如此变故。而唐懿宗李漼显然是一个不折不扣的昏君，这样的后果，唐宣宗自然难辞其咎。

那么，宣宗为什么不立太子？

别开生面的选官方式

早在公元 851 年，魏谟（mó）（魏徵五世孙）就曾经哭谏唐宣宗，应该早立太子。公元 856 年，当时的宰相裴休再次请立太子。这次，宣宗迫于压力，终于说出了心里话："如果立了太子，朕岂不就成为闲人了吗？"

太子，国之根本。宣宗却认为，太子只会分了他的皇权，甚至架空他。如此荒唐的逻辑，也表明他内心深处的极度焦虑与不安。早年的经历，使他早已将猜忌与敏感融入了血脉之中，这样的君王怎么能配得上"小太宗"的称呼？事实上，唐宣宗的心理，有着明显区别于唐太宗的相当阴暗的一面，他最擅长的似乎是玩弄"权术"。

懿宗为宦官所立，他之后的僖宗也是宦官所立。当时的宦官田令孜等人将懿宗第五子，年仅十二岁的李儇推上帝位。由于皇帝年幼，宦官田令孜等人也可谓为所欲为。

田令孜的哥哥陈敬瑄本是个卖烧饼之人，在弟弟田令孜的推荐下，虽无任何能力和战功，但在数年间，也升任神策军大将军。更为荒唐的是，田令孜曾推荐左神策军将领陈敬瑄、杨师立、牛勖（xù）、罗元杲前去镇守三川。但他推荐了四个人，只有三个位子，僖宗裁决的方式也可谓别开生面：他让四人通过赌球的方式，来决定大唐节度使的归属，结果，陈敬瑄、杨师立、牛勖三人胜出，分别担任剑南西川节度使、剑南东川节度使和山南西道节度使。

军国大事，竟以如此儿戏的方式决定，也是僖宗朝呈现的奇葩政治生态。陈敬瑄被任命为西川节度使的消息传到成都时，朝野一片哗然——一个卖烧饼的手艺人，寸功未立，未经任何历练与过渡，直接升任藩镇节度使。无论如何，这样的升迁，都显得太过突兀与格格不入。

但从以赌球的方式来决定节度使这件事情本身来看，更多表现出来的是僖宗的少年心性，而不是宦官的胁迫。因为从整个事件来看，不管是田令孜推荐自己的哥哥，还是之后推荐四人为节度使人选，最终的决定权依然在僖宗。也就是说，即便面对年仅十二岁的帝王，宦官能做的也只是“教唆”，而不是“威逼”。

而且在之后黄巢起义，力克东都，兵临潼关时，卢携、高骈等一帮文臣武将，纷纷以重病为由，直接撂了挑子，而不管出于什么目的，至少让僖宗看到坚定地同自己站在一起，甚至主动担当的人中，就有田令孜这样的宦官。

所以所谓的宦官之乱，有着深刻的背景和复杂的原因。单纯因“强势”，就能以宦官之身掌控朝局、左右皇帝的人，纵观整个大唐，也实属凤毛麟角。

在绝大多数情况下，这些宦官的表现就是依附于皇帝，而皇帝有时候会纵容这些宦官，甚至纵容到没有底线的程度。原因也只是皇帝感觉到，这些宦官确实忠心不二，不管他们这样的感觉是否正确。而皇帝们也基本都认为，自己要对付这些宦官还是易如反掌的。

就像小鸟敢于站在树梢的顶端，随风摇摆之下，从不害怕自己会掉下来摔死一样；就像岩羊敢于攀上几乎垂直的悬崖，而不担心自己会发生意外一样——小鸟信任自己的翅膀，岩羊可以依仗自己特殊的蹄子造型。

然而，站在树梢的小鸟和登上峭壁的岩羊，也可能会遭遇意外。中晚唐的皇帝与宦官之间，就类似这种关系。认为对宦官有足够把控的皇帝遭到反噬的情况，也时有发生。但围绕宦官所出现的一切问题，皇帝都负有不可推卸的责任，也是事实。

宦官终与大唐同生死

之后，到了昭宗时代，宰相崔胤（崔慎由之子）一心想要铲除宦官。他劝皇帝杀掉了担任枢密使的大宦官宋道弼、景务脩（xiū）。此举自然引起了其他宦官的恐惧与仇恨，不甘心坐以待毙的他们，决定铤而走险。

光化三年（公元 900 年）十一月初六，左、右神策军中尉刘季述、王仲先，要挟宰相召集百官在“废昏立明”的诏书上签字，随即带兵入宫，罢黜了昭宗，拥立太子李裕为新皇帝。而昭宗被囚禁在东宫少阳院。

崔胤因与朱温关系密切，刘季述没敢杀他，只是罢其职务。崔胤当然不甘失败，他一方面假称奉有昭宗密诏，恳请朱温前来勤王；另一方面，他又秘密联系受到刘季述羞辱的左神策军将领孙德昭、董彦弼、周承诲等人，准备拥立昭宗复位。

光化四年（公元 901 年）正月初一，王仲先在安福门被孙德昭率军擒杀，刘季述随后也被擒获，押到长乐门被活活打死。被关押近两个月的昭宗，又重见天日。

崔胤上奏昭宗，朝廷之所以祸乱频发，原因就是宦官主管禁军，所以他请求由自己来主管左神策军，另一位宰相陆扆（yǐ）主管右神策军。但昭宗没有采纳崔胤的建议，他仍然选择由宦官韩全诲、张彦弘为左、右神策军中尉。

崔胤见不能削夺宦官兵权，就再次上奏，请昭宗将宦官全部处死，只留宫女掌管内廷各司事务。韩全诲等人听闻此信，一边痛哭流涕着向昭宗哀求饶命，一边也在紧锣密鼓地谋划如何铲除崔胤。

在崔胤的怂恿下，天复元年（公元 901 年）十月二十日，朱温兵发长安。韩全诲等人为了挟持昭宗去凤翔，不惜放火焚烧皇宫。但来到凤翔的昭宗，眼见凤翔节度使李茂贞被朱温打败，不得不来到朱温的军营。尽管此时的朱温表现出一副忠君的姿态，但昭宗实际上已沦为其傀儡。

五天后，昭宗回到长安。朱温随即命部下将数百名宦官，全部关押在内侍省。一场血腥的杀戮随之展开——朱温不但尽杀在京城的宦官，而且诏令收捕处死出使外地的宦官。随着七百多个宦官被杀，一百多年来宦官乱政的局面彻底宣告结束。

朱温一口气杀光了所有的宦官，顺手把大唐也杀死了。

第十章
朋党之争（上）

朋党真相

藩镇割据乃至军阀混战在历史上屡见不鲜。汉末隋初四百年烽火连天，可谓苦难深重。武将的争斗硝烟弥漫，文官之间的争斗，正如唐文宗李昂所说："去河北贼易，去朝中朋党难。"可见其惨烈程度，一点也不亚于军阀混战。

所谓朋党，就是朝臣们的"窝里斗"，即那些封建士大夫，为争权夺利、排除异己而进行的争斗。其特点就是形成主要的两个派系，以集团的形式针锋相对。

所以，朝臣之间的争斗区别于军阀混战的特点，就是拉帮结派。军阀为什么很少真正去拉帮结派？他们充其量叫联合，而且联合中一定存在着背叛，因为他们争斗的目的是触手可及的实际利益，资源总是有限，岂容他人染指？

而朝臣不同，他们多半为了理想。要实现理想，显然不能单打独斗。即便是为了"受宠"，得到所谓"言必听，计必从"般的"器重"，这样的器重，也可以"普照"到这一集团的每一个人。他们为什么不联起手来？就算是那些纯粹为了升官发财的朝臣，也都明白"朝中有人好做官”及“背靠大树好乘凉”的道理。

武装夺取利益，不太需要什么资历甚至能力，正所谓“英雄不问出处”，也是军阀大多出身草莽的原因。但朝臣不同，科举取士，首先从进入官场的第一关，就将其分成了三六九等。而且除极个别之外，这样的区分通常都能使人心悦诚服。以此安排不同的职位后由于经历的不同，经验、能力的距离就会越拉越大。

如此一来，正常情况下，一个县令怎么可能有取代宰相的想法？充其量度德量力，投靠在某个集团之中，能做到州府主官，就已经是他们最高的政治理想了。

而且，形成的这两派，很难用所谓的“忠”或“奸”去定义。就是他们自己，从心底深处，也从不认为自己是什么“大奸巨恶”。相反，有“圣人之书”的所谓理论作为支撑，又有所谓“清正廉洁”的作风作为底气，他们的联合会变得牢不可破，他们所坚持的所谓“理想”和“政见”也会坚如磐石，他们两派之间会越来越水火不容。

像公元838年的一天，由于反抗宦官乱政失败，实际上已成为“模范监狱的罪囚”的文宗，按“牛党”的意见，提出给贬官多年的李宗闵安排个官职。但立即遭到“李党”郑覃（tán）的反对，他言辞激烈地表示：让他挪个地方可以，提拔绝对不行。文宗恳求：给个刺史行不行？郑覃却说：顶多让他做洪州（今江西南昌）司马。

“李党”的反对，“牛党”当然不服。于是，两派在文宗面前吵成了一锅粥。退朝后，文宗问身边人：“宰相这样，像话吗？”身边人回答：“是不像话，但郑覃他们也是一片忠心。”

为什么得到这样的评价？至少因为这样的宰相，在他们心里，都不是纯粹的“小人”。像牛僧孺，就因公正执法和严于律己而声名卓著。

牛僧孺，安定鹑（chún）觚（gū）（今甘肃灵台）人。公元805年进士及第，初为伊阙县尉，后任御史中丞、户部侍郎等职。

公元821年，宿州刺史李直臣贪污数十万贯钱财事发，按律当斩的他，为免一死，行贿穆宗身边宦官。宦官以李直臣颇有才干为由，请穆宗法外开恩。

穆宗传牛僧孺进宫，当面要他放了李直臣。刚刚升任御史中丞的牛僧孺，据理力争：叛逆朝廷、扰乱天下的安禄山、朱泚等人，哪个不比李直臣有才？但能免于处罚吗？而且李直臣贪污腐化、阿谀奉承，充其量不过是个歪才而已。怎能以这样一个歪才，而废除国法呢？穆宗也只好同意了牛僧孺的做法。

牛僧孺不仅执法公正，还律己甚严。当时的宣武节度使韩弘镇守大梁二十多年，家中集财数百万贯。后入朝升任中书令。他的儿子韩公武曾带着父亲的亲笔信，给牛僧孺送上巨额贿赂，遭到牛僧孺的坚决拒绝。韩弘、韩公武父子死后，穆宗恐其孙韩绍宗年幼，家中财产被家奴盗窃，就派使者到他家，将韩家财产登记簿全部取来，亲自阅视。

其中一本账簿上，详细记录了他家的行贿情况——几乎朝中有权势的大臣都接受过韩家的贿赂，却独在牛僧孺的名下写着：某年某月，送户部侍郎牛僧孺钱千万，不纳。可见牛僧孺的清正廉洁。

李德裕也是在得势之后，不但没有忙着清除政治对手，反而不顾唐武宗的意愿，顶着宦官仇士良的压力，竭尽全力为自己的政治对手请命，救回了两位前任宰相的性命。

李德裕，李吉甫次子，更被李商隐誉为“万古良相”。李德裕自幼胸怀大志，苦心攻读经史，虽满腹经纶，却不屑于科考，以门荫入仕，出镇浙西，治理西川，最后官至宰相。

公元841年，唐武宗罢免了宰相杨嗣复、李珏的官职，二人分别被贬为湖南观察使及桂管观察使。后在宦官仇士良的多次怂恿下，武宗派宦官前往潭州、桂州杀杨嗣复和李珏。

李德裕听闻此事，急忙上书武宗：“即便杨嗣复、李珏有罪，也应审讯定罪，以免冤杀。”武宗言：是因为在皇位之争时，有明显证据表明他们二人并不支持自己。即便如此，李德裕还是以整个事件复杂且蹊跷为由，说动武宗，救下二人性命。

两党党魁，人品、能力，甚至作为都似乎无可挑剔，但为什么会有如此激烈的党争呢？其实，就连当事人宪宗也有此疑问。

宪宗曾问宰相李绛：“派系斗争这么严重，为什么呢？”李绛的回答是：“历代帝王，最痛恨派系斗争。但派系，说起来可恶，查起来没影。小人要攻击君子，就说他们搞派系，但君子之间，本就同声相应、同气相求。难道一定要让君子与小人苟且在一起，才叫没有派系吗？”

谁会认为自己结朋党？

李绛的意思是派系本不存在，只是小人攻击君子的借口，即便君子团结在一起，那也只是他们的天然属性。

李绛说得对吗？显然不对。

事实上，从宪宗到宣宗，半个世纪中，除极少数洁身自好或人微言轻的人之外，朝臣泾渭分明地结为朋党，各自拉帮结派，彼此互不相让。

而且朝臣一旦结成朋党，不管亲疏远近，不分贵贱贫富，朋比胶固，牢不可破，一定会祸端丛生。因为只要是同党，不管贤与不贤，一定百般庇护。不是一党，不管好与不好，均会百般攻击。如此一来，就会呈现视朋党荣枯为性命，置国家大局于不顾的局面。

具体到唐朝中后期，不仅李绛有对朋党问题的回答，李德裕在和文宗讨论朋党时也说过：现今朝廷中，有三分之一的人都参与了朋党活动。李德裕说的这三分之一的比例当然保守了，而且他认为自己显然

不在此列。

文宗和他讨论朋党的背景，正是给事中杨虞卿和他堂兄中书舍人杨汝士以及他弟弟户部郎中杨汉公等人，攀附勾结，依附朋党。讽刺的是，李德裕倒是趁此机会，得以打压和排挤了他所不喜欢的人。

像李绛、李德裕等人，从内心深处可能都不认为自己是朋党一员，但他们做的事与朋党何异？事实上，朝臣就是分成了以李德裕为首的“李党”和以牛僧孺、李宗闵为首的“牛党”。

两大对立的官僚集团，结怨于宪宗的元和年间。他们各自结党，相互倾轧，为祸甚烈。像李绛，就与宰相李吉甫是死对头，李吉甫主张什么，他就反对什么。而李吉甫的儿子李德裕又跟牛僧孺、李宗闵是死对头，文宗要提拔李宗闵，李党的郑覃就坚决反对。

所以，中晚唐的派系斗争，被称为“牛李党争”或“二李党争”。

朋党形成的原因也很特殊，正如李德裕不认为自己是朋党的一员，也正如李绛所说查之无影一样，它是自然而然形成的，甚至如果朋党是刻意形成，反而不会有这么大的破坏作用。打着所谓“正义”的旗号，才往往会把“坏事做绝”。

藩镇的刘总能幡然悔悟，藩镇的节度使能归附朝廷，就是铤而走险的“歹徒”也有放下屠刀、立地成佛一说——其原因是他们清楚地知道，自己手里拿的是“屠刀”。

而朋党却正好相反，无论怎么做，他们根深蒂固且理直气壮地认为自己是“君子”，而对方是“小人”。

此时朋党的形成与出身有关，也与藩镇有关。李德裕和郑覃，代表着延续百年的关东世族。而牛僧孺和李宗闵，代表的是进士出身的科举官员。身份认同使他们具有天然的亲近感，不是靠攀附与谄媚所能达到的。

而对待藩镇，“李党”持强硬态度，“牛党”则希望和平解决。其实，这也与他们的出身密切相关：世族派维护传统，而科举派希望用新的手段解决新的问题。

门户有别，政见有异，当然针锋相对。双方矛盾初显，就是针对科举。

制举案引发的争端

朋党之争起因于元和三年（公元808年）四月的制举案。这年宪宗下诏开贤良方正、直言极谏制科，伊阙县尉牛僧孺、陆浑县尉皇甫湜（shí）及华州参军李宗闵等人在策试中指陈当时政治的弊端，并指斥当时的宦官专权。

牛僧孺、皇甫湜及李宗闵三人，都是进士出身。牛僧孺与李宗闵是德宗贞元二十一年（公元805年）同科进士，皇甫湜是宪宗元和元年（公元806年）的进士。

前书详述过唐时的科举分常科和制科，制科考试时间不固定，但目的明确，就是皇帝选拔急需的人才。参加制科考试的人员由朝臣推荐，然后参加一次预试，最后由皇帝亲自出考题。

这一年，李宗闵二十出头，牛僧孺、皇甫湜也正值而立之年。意气风发且颇愤世嫉俗的这三位青年才俊，在这次制举考试中大放异彩，因为优异的成绩，得到考官及宪宗的赏识。

正当他们三人的政治前景一片光明之际，事态却发生了逆转——宰相李吉甫泣诉于宪宗，宦官刘光琦等人也向宪宗哭诉，原因就是他们在策论中不仅指摘时弊，更直言宦官专权。

李吉甫还找到了另一个理由：皇甫湜是王涯的外甥，王涯在复核时知情不报，而其他考官也玩忽职守，徇私舞弊。改变主意的宪宗，不仅长期没有提拔重用他们三人，主持此次制举的官员也遭到了贬斥。

负责复核的王涯、裴垍被免去翰林学士的职务；考策官韦贯之被贬为果州刺史，再贬为巴州刺史；另一位考策官杨於陵，也离京任岭南节度使。牛僧孺等三人，只得前往藩镇幕府充作幕僚。

“牛”“李”之间的嫌隙由此形成，后来牛僧孺和李吉甫的儿子李德裕都做到了宰相。牛党首领为牛僧孺、李宗闵，主要成员有李逢吉、李珏、李训、郑注、白敏中、杨嗣复等人。李党首领为李德裕，主要成员有郑覃、李绅、刘轲、陈夷行等人。他们各自拥有一批官员为骨干，互相排斥、残酷打击，形成势不两立的朋党之争。

制举案固然是牛僧孺等人与李吉甫父子争端的开始，但要说仅仅因为此事，就能掀起所谓的朋党之争，显然也不全面，更不深刻。就像宦官的确乱政，但没有宦官乱政，也一定会有其他的人乱政一样。

没有制举案，朋党之争就不会出现了吗？这样的假设显然不成立。朋党之争是源于皇帝昏聩无能，没有既定大政方针，缺乏中央集权之下，朝臣在各自出身、理念的基础上，因政见不同而引发了不可调和的矛盾。在这样的矛盾之中，又衍生出与他们各自初衷相悖的种种问题和矛盾。

正因为如此，朋党之争虽发轫于宪宗朝，但司马光所说的“牛李两党的揭幕战”，是发生在穆宗时期。制举案十四年后，又一场科举大案上演。

又一场科举大案

长庆元年（公元821年）三月，礼部侍郎钱徽主持贡举，此次共录取进士三十三人。但在放榜后，即将出镇西川的原宰相段文昌面见穆宗时，举报进士郑郎等十四人才疏学浅不应该被录取。

进士科考试事关重大，而且当时同为翰林学士的李德裕、李绅及元稹等人，都一致认为钱徽受人请托，所取不公。

穆宗诏令中书舍人王起、主客郎中白居易等人，对段文昌所举报的十四名进士进行复试。最终判定孔温业、赵存约、窦洵直及第，裴撰赐及第，郑朗等十人落第。

此次科举案，因取士不公，主考官钱徽被贬为江州刺史；因干扰科举，李宗闵被贬为剑州刺史，杨汝士被贬为开江县令。

看看这十四人的家世背景，便会发现背后的蹊跷之处。

特赐及第的裴撰，其父就是大名鼎鼎的宰相裴度，当时仍是官居一品的使相；孔温业之父孔戢（jí），当时为湖南观察使，孔温业的伯父孔戣（kuí），曾为岭南节度使，当时已改任吏部侍郎；赵存约之父赵植，因在平定朱泚叛乱中立下军功，官至岭南节度使，虽已去世，但门生故吏也遍布朝廷；窦洵直堂兄窦易直，曾任宣歙观察使，当时为浙西观察使。而且他们三人的父兄皆是朝廷三品以上的封疆大吏。

反观落第的十人中，七人的出身不详，应该没有大的背景。郑朗之父郑珣瑜虽然曾为德宗、顺宗朝宰相，然而这次事件，分明就是针对他的。尽管郑朗并非顽劣之辈，但他拜相仍要等到宣宗时代。而苏巢是李宗闵的女婿，杨殷士的兄长是杨汝士，堂兄是杨虞卿，他们二人都与李宗闵交好。

如果此案李德裕是幕后推手，郑朗为什么被当作了众矢之的？郑朗的哥哥郑覃分明就是李德裕一党，而且事情的起因不是李德裕。那段文昌为什么举报钱徽呢？

当时，科举的“请托”之风日益严重，已故刑部侍郎杨凭之子杨浑之为了求取功名，不惜拿出家藏的名家书画，献给时任宰相段文昌，其中不乏钟繇（yáo）、王羲之等人的真迹。受此重礼的段文昌，不仅将此事托付给主考官钱徽，还专门写信保荐杨浑之。李绅则向钱徽大力举荐了周汉宾。但放榜后，杨浑之、周汉宾皆名落孙山。

看来，私怨应该是段文昌、李绅迁怒钱徽的主要原因。而元稹之所以出面抨击此事，主要是因为与李宗闵不睦。反观李德裕，在此事中虽然支持对这十四位进士复试，但似乎插手不深。

尽管如此，从补录的这四位进士的出身也能看到，此案李德裕一党显然占了上风，即便李德裕无心为之，但他与李宗闵之间的矛盾无疑进一步加深。

对待科举的态度，牛李二党显然背道而驰。世族派恨不得废了进士科的考试，只留下明经科。他们的理由，正如之后的郑覃对文宗说的："官员有能力就行，何必还要才艺？"他们为什么不屑于"才艺"？因为他们认为："陈后主和隋炀帝倒是文采飞扬，结果还不是国破家亡。"

估计那时的郑覃都差一点脱口而出：唐玄宗若不是"才艺"太盛，何来安史之乱？但他当时说的是："进士轻浮浅薄，不堪重用。"

这样的结论，显然带有明显的偏见。文宗就说："也不能一概而论吧，轻浮浅薄的人，未必都是进士出身，科举官员中也有敦厚的，再说，进士科的设立已经有二百年了，总不能说废就废。"郑覃的回答是："那也不能太抬举他们了。"

可见所谓的朋党之争，也由他们对科举截然不同的态度而致。

这里，郑覃与文宗的对话显然不算客气，虽然没有明显的证据证明他与宦官有什么勾连，但李党与宦官也绝不是泾渭分明。

而所谓的牛党，像牛僧孺和李宗闵，能够官至宰相，与他们奉迎宦官也不无关系。牛僧孺首次拜相，就得益于宰相李逢吉的力荐，而李逢吉的发迹正是因为他攀附上了大宦官王守澄。李宗闵的首次拜相，更是直接依靠王守澄的推荐。

所以此时的牛僧孺和李宗闵，不再像当年制举案时那样站在宦官的对立面了，形势已经让他们明白，与宦官交恶，实在难以在朝中立足。

所以，牛李二党这些朝臣，尽管都反对宦官乱政，但又都与宦官有着千丝万缕的联系。只是相比较之下，牛党比李党与宦官的联系紧密一点而已。其中的原因，也只是他们没有世家大族的背景，不得不依靠宦官的势力。

扯不清的关系

“牛李党争”历经宪宗、穆宗、敬宗三朝后，在文宗时达到白热化。

穆宗为太子时，便素闻李吉甫之名，即位后，对其子李德裕非常器重。公元 822 年，李德裕改任中书舍人，仍充任翰林学士。

李逢吉早与李吉甫结怨，当他被王守澄力荐为相后，就打算引荐牛僧孺。而此时的李德裕在朝廷如日中天，李逢吉便先下手为强，向皇帝进言将李德裕外放为浙西观察使。之后，牛僧孺被授为同中书门下平章事，拜为宰相。

敬宗时，李德裕虽然在浙西政绩卓著，几年之内，便使得江南弊风尽除、盗贼肃清，但由于李逢吉的阻挠，李德裕始终不能回朝。

唐文宗即位后，加授李德裕为检校礼部尚书。公元 829 年，李德裕被召回京，拜为兵部侍郎，时年四十三岁的他，在朝廷重臣裴度等人的力荐下，出任宰相的呼声日益高涨，却再次与宰相之位失之交臂——这次阻挠他的人，是李宗闵。

李宗闵能抢先拜相，得益于两个人的帮助：一是宫中女学士宋若宪，二是宫中宦官杨承和。宋若宪是博学之人宋庭芬的女儿，姐妹五人因经艺诗赋的出众才华，被德宗一同招入宫中。大姐宋若莘掌管宫中图书，曾因写就《女论语》而名噪一时。大姐死后，二姐宋若昭又成为尚官，因对《女论语》作注，皇亲国戚争相拜她为师。如今，宋若宪又接替了去世二姐的职位，并受到文宗的器重。

当时的杨承和任职枢密使，对重要的人事任命及重大事项的决策都有着极大的影响力，是文宗最信赖的宦官。

得到他们二人的相助，登上相位的李宗闵，即刻就将李德裕外放为郑滑节度使。李德裕在浙西八年，回朝不到十日，又被李宗闵排挤出京。

此时两派争斗的主要根源，还有对藩镇问题的政见不同。裴度和李吉甫当年都力主用武力来解决藩镇割据问题；而李逢吉主张对藩镇采取姑息之策，为此，他不仅竭力阻止朝廷对淮西用兵，还暗中阻挠讨伐大计。

其实政见的不同，原本无可厚非，全看皇帝如何权衡。像在宪宗朝，李纯的中兴之梦要依靠武力征伐来实现，所以李逢吉就只能离开朝廷，出任剑南东川节度使。

但穆宗时期，一方面李恒感念李逢吉昔日的侍读之情；另一方面，李逢吉又与大宦官王守澄勾结在一起。更重要的是，李恒对大政方针毫无定见，如何用人，只能出于形势所迫和情感的因素。这就是李逢吉能够回京拜相的根本原因。

李逢吉拜相后，三度出任宰相的裴度很快就被罢相。但到了文宗时，随着王守澄的被杀，李逢吉也旋即失势，第四次拜相的裴度，竭力推荐与其政见一致，且能力出众的李德裕。而由于李宗闵得到宦官的支持，李德裕看清了现实，经过两次政治打击，他也不得不借助宦官的力量。

这就是牛李两党与宦官有着扯不清的关系的原因所在。

不惜出卖国家利益

公元830年，在敬宗时出任武昌节度使的牛僧孺，在同党李宗闵的力荐之下，成为大唐宰相。再度为相的他，再也不是亦步亦趋，活在李逢吉阴影之下了。他与李宗闵联手把持朝政，凡与李德裕亲善的官员，都被陆续排挤出朝廷。

此时的他们连裴度也不放过，即使李宗闵曾是裴度昔日幕僚，裴度早年对李宗闵也有过所谓的提携之恩——平定淮西时，作为淮西节度使的裴度，就任命李宗闵为淮西观察判官。但因为这次裴度推荐李德裕为相，李宗闵对其怀恨在心。

大权在握的李宗闵，三番五次上书，执意外放裴度。直到将其外放为山南东道节度使，他们才善罢甘休。至此，牛党彻底把控朝政。

而李德裕在这一时期，则被从义成节度使，改任剑南西川节度使。他所到之处，一个比一个混乱，一个比一个难以治理。到任后的李德裕，即刻着手整顿边防，他用一个月对当地的山川、城邑、道路、关隘进行调查研究，并绘制与南诏、吐蕃有关的军事地图。同时，李德裕又遣使入南诏，使南诏将俘获的僧道、工匠四千余人放回唐朝。他治理西川两年，西拒吐蕃，南平蛮蜒（yán）（生活在巴东、奉节、巫山一带的盘瓠[也作槃（pán）瓠（hù）]族不断向川东发展，和原居此地的蜒人融合，所以被称为“蛮蜒”），境内安宁，民生也有所恢复。

此时的文宗要诛除宦官，就不能不绕开与宦官关系密切的李宗闵、牛僧孺等人，他重用没有党派背景的宋申锡，但在宋申锡争取王璠时，他却将消息泄露给王守澄，随后在郑注的谋划下，宋申锡被贬为开州（今重庆开州）司马，两年后，郁郁而终。

经此一事，牛僧孺等人在朝中更是炙手可热。大和五年（公元831年）九月发生的“维州之耻”，可谓将这种党争表现得淋漓尽致。

当时吐蕃维州副使悉怛谋率军到成都，献城降唐。维州作为西川门户，当初的吐蕃不惜用间谍，等待二十年的时间，终于窃而得之，并将占尽山川之险的维州尊称为“无忧城”。

如今可谓“天上掉馅饼”的好事，落到了李德裕的头上，他怎能不喜出望外？踌躇满志、整军备战的李德裕当即命部将虞藏俭率兵进入维州，并上书文宗，准备直捣吐蕃故地，替大唐报仇雪恨。

然而李德裕等来的，是让他将维州归还吐蕃，同时遣返降军，任吐蕃处置的诏令。难道文宗忘记了吐蕃攻陷长安的烧杀抢掠，忘记了吐蕃屡屡背信弃义，侵占陇西及西域的事实？难道维州自古以来就是吐蕃的领土？难道唐朝再不欢迎吐蕃部将降唐？难道吐蕃再无侵扰唐朝边境之心？

其实原因很简单，就是牛僧孺竭力反对。他的理由是：“我们天朝大国，岂可因小利而失大义，一旦吐蕃因此事蒙羞，兵发长安，就会动摇国本。为了区区维州，付出如此大的代价，显然不值得。”

如果只是政见的不同，这样的妥协显然极其愚蠢。因为扼守维州，不仅可以从南面牵制吐蕃，甚至可以趁吐蕃主力东征或北上之机，攻其腹地，改变彼此的战略格局。而放弃维州，失去如此战略要地，就能换来和平吗？而且将降卒遣返吐蕃，等待他们的，只有被残酷地杀戮，这样做究竟意欲何为？

朝中百官都认为李德裕之策可行，难道只有牛僧孺“慧眼如炬”吗？他极力反对的原因，有没有想要阻止李德裕建功立业呢？肯定有——此时的党争，已发展到了是非不分，甚至出卖国家利益的地步。

你方唱罢我登场

但最昏聩无能的无疑是文宗，“维州之耻”之所以发生，因为最终的决策者正是他。这件事也成了压在李德裕心头的石头，终其一生不能释怀。他又会怎么看待牛僧孺呢？无论“国仇家恨”，他们的矛盾都再无法调和。

大和六年（公元 832 年）十一月二十七日，剑南西川监军王践言入朝担任枢密使，回到京城的他，多次对文宗说：朝廷命西川将悉怛谋捆绑后送入吐蕃，吐蕃倒是感到大快人心，但无人再敢降唐，真乃失策。

文宗听到这些实际情况，有所悔悟之下，也对牛僧孺心生不满。此时朝中李党中人也不断上书弹劾牛僧孺，说他故意阻挠李德裕立功，实乃误国之举。

大和六年（公元 832 年）十二月初七，牛僧孺被外放为淮南节度使。大和七年（公元 833 年）二月二十八日，文宗任命李德裕为相。这里面难道没有王践言的功劳？虽然他说的都是实情，但能替李德裕说话，至少证明李德裕没有刻意得罪宦官，甚至还与王践言关系很好。

李德裕为相后，很快就将给事中杨虞卿贬为常州刺史、中书舍人张元夫贬为汝州刺史、给事中萧浣贬为郑州刺史。

遭到李德裕贬官的这些人，究竟是不是罪有应得呢？听听李宗闵在文宗面前的说辞，就知道答案了。面对文宗关于朋党的问话，李宗闵说：“臣素知朋党事，故而杨虞卿等人皆不予美官。”李德裕当即反驳："给事中、中书舍人，难道还不够好吗？是谁授予他们如此官职的？究竟是谁在朋比为奸呢？"李宗闵一时之间哑口无言。

李宗闵不从为官之道上为杨虞卿等人申辩，可见他也知道这些人的底色。事实上，他们确定在相互勾结、依附权贵、攀附宰相而大权在握之后，去行了不法之事，以牟取私利。而李宗闵显然知道自己没有尽到宰相的职责。

朝廷之事，可以睁一只眼闭一只眼，但对付李德裕一党，李宗闵可谓竭尽全力。他颇为不满翰林学士郑覃，屡次奏请罢免郑覃。甚至文宗夸赞殷侑经学水平与郑覃不相上下时，李宗闵也不失时机地反驳道：郑覃、殷侑经学水平的确很高，但他们对朝政之言不足为信。

势如水火的两派可谓"你方唱罢我登场"。随着郑覃升任御史大夫，李宗闵被外放为山南西道节度使，李德裕终于获得了治国理政的机会。那么，他的表现如何呢？

酒后吹牛吹出了人命

作为李训的堂叔，李逢吉对这个侄子颇为倚重，但李训因卷入政治斗争而惨遭流放。

敬宗时，宰相李程与李逢吉不和。其实李程能够为相，还是李逢吉推荐的结果。李程是高祖李渊的堂弟襄邑王李神符的五世孙，宗室出身的他却并非靠门荫入仕，而是贞元十二年（公元 796 年）进士科状元。

但拜相后的李程，不仅没有感念李逢吉的知遇之恩，反而极力上奏敬宗，迎回老臣裴度。这自然引起李逢吉的怨恨。

公元825年，石州刺史武昭被贬为袁王府长史，李程的族人李仍叔对武昭说："李程本要提拔你，都怪李逢吉从中作梗，才坏了你的好事。"武昭听后，自然对李逢吉怀恨在心，一次酒醉，竟然当着左金吾兵卒曹茅汇的面，吵着要去刺杀李逢吉。

此事被人告发，李训就想以唆使刺杀当朝宰相为名，将李程扳倒，替叔叔铲除政敌。于是，一个酒后失言的小事迅速升级为重大的政治事件，敬宗下诏命御史台、刑部、大理寺三司会审。

李训为了坐实此案，威逼曹茅汇，让他举报李程与武昭合谋。曹茅汇倒也算硬气，宁可蒙冤而死，也绝不诬告别人。因为此事，武昭虽然被杖杀，但李训诱供之事也东窗事发，被流放象州。

一年后，文宗即位，大赦天下，李训才得以回到东都洛阳。而此时的李逢吉，也被贬出京，担任东都留守。

此时的李训，已经攀附上郑注，于是李逢吉就让侄子带着重金向郑注行贿，以图东山再起。等到李训在郑注及王守澄的力荐下得势时，李逢吉却因病不得不致仕，退出了历史舞台。

李训要入朝为官，宰相李德裕当然极力反对，他对文宗说："像李训这等奸邪之人，本来就是错出本心，根本不会轻易改邪归正。"但在文宗的坚持下，另一位宰相王涯却做了"墙头草"。原本在面见文宗前，他还专门写了一篇劝阻任用李训的奏章，而且言辞颇为激烈。但看到文宗的态度之后，他为求自保，临时变卦，转而支持任用李训。

大和八年（公元834年）九月初三，时任昭义节度副使郑注被召回京，与李训、王守澄联手，谋划构陷李德裕。他们向文宗力荐李宗闵，企图借他之手，达到排挤李德裕的目的。

毫无定见的文宗，又任命李宗闵为中书侍郎、同中书门下平章事，这也是他最后一次拜相。仅仅四天后，李德裕便被外放为山南西道节度使。

李德裕似乎壮心不已，他面见文宗，言辞恳切地要求继续留在京城任职，文宗将其改任为兵部侍郎。但李宗闵丝毫容不下李德裕，在他及李训等人的极力反对下，李德裕被贬为镇海节度使，出任宰相仅仅一年多后，便被罢免。

第十一章
朋党之争（下）

信口开河，栽赃陷害

李宗闵等人仍要将李德裕置于死地，仅仅四个月后，他就再遭贬谪。李宗闵找到的理由是李德裕早年贿赂杜仲阳，意在秘结漳王李凑，图谋不轨。

杜仲阳原为镇海节度使李锜的侍妾，是色艺双绝的金陵女子。李锜兵败被杀，杜仲阳入宫为奴。当时的宪宗一见之下，就甚为宠爱。宪宗死后，杜仲阳无依无靠，穆宗就让自己的第六子李凑认杜仲阳为傅母，令杜仲阳照顾李凑的衣食起居。

到了文宗时，年老的杜仲阳获准回乡，曾经的金陵已为那时的润州（今江苏镇江）。回到润州的杜仲阳，被文宗嘱托当时的浙西观察使李德裕，对其多加关照。当时的李德裕会找到这样的杜仲阳，让她说服李凑谋反吗？再说，接到诏令时，李德裕已经调离浙西，关照杜仲阳的任务，是由留后李蟾来完成的。

但唐文宗李昂居然信以为真，一时间，李德裕性命堪忧。就在此时，一直默默无闻的宰相路隋却力排众议，为李德裕伸张正义。路隋是在韦处厚死后为相的，但面对牛李党争，他虽然为相七年之久，一直谨言慎行，甘居次位，这次却为李德裕挺身而出。他说道："李德裕不至有此，果如此言，臣亦应得罪。"路隋此举，固然有仗义执言的因素，但他与李德裕是儿女亲家的事实也不能忽略。在这一时期，为了所谓的"窝里斗"而赤膊上阵、大打出手是常见的事，而鲜有为"社稷"抛却成见、造福黎民的人。

在路隋的坚持下，因为实在查无实据，只好免了李德裕的死罪，将其再贬为太子宾客、分司东都。此时的李德裕，连一点真职实权也没有了。只可怜路隋，六十多岁了，还因此事被贬为镇海节度使，接替李德裕，没到润州，就死在了路上。

路隋死后，李宗闵一党对李德裕的构陷更加肆无忌惮。王涯揭发：文宗患病时，他曾邀约李德裕一同去看望皇帝，李德裕竟然不去。这样的弹劾之辞，竟出自堂堂宰相之口，也算是那个群魔乱舞的时代最好的注脚吧。这样的宰相，在甘露之变中，能信口开河，说李训要拥立郑注为帝，还有什么奇怪的呢？这样的宰相，最终为宦官所杀，又有什么遗憾呢？

更有人揭发李德裕在剑南西川节度使任上，曾在征收赋税时欠当地百姓三十万缗，致使百姓穷困，民怨沸腾。这种墙倒众人推，而且推得毫无理智与节操的疯狂且无耻的举动，正是那个时代的残酷现实。

就这样，李德裕再被贬为袁州（今江西宜春）长史。被一贬再贬的李德裕，已由当朝宰相沦为从五品长史，似乎难以东山再起了。此时，李训、郑注等人又准备对李宗闵下手。当初推荐他只是为了打击李德裕，如今李德裕已经彻底失势，李宗闵还有什么利用价值呢？

直至斗到最后一人

回京升任太仆卿兼御史大夫的郑注，对这样的三品高官并不满足，想谋求宰相之位。李宗闵从心底原本看不上郑注此人，自然竭力反对。于是，两派矛盾终于公开化。

当时京城传言，郑注为皇上炼制金丹时，要用小孩儿的心肝入药，谣言四起，百姓惶恐不安。李训与郑注却抓住时机，大肆诋毁京兆尹杨虞卿，一口咬定谣言就是他散布出去的。于是，杨虞卿被收监在御史台。

李训、郑注这一招“投石问路”可谓精妙，李宗闵救不救？不救，就继续剪除你的羽翼，同时也让你的同党对你彻底失望；救，他们早就在文宗那里铺垫好了，你要说的话他们都当作罪状，早就告诉了文宗。

果然，李宗闵进宫为杨虞卿申辩时，话未说完，文宗就将他呵斥出宫。大和九年（公元 835 年）六月初四，李宗闵被贬为明州（今浙江宁波）刺史。自此以后，他再也没有回过京、进过宫。

李训、郑注等人并不打算轻易放过李宗闵。他们随即又揭发了他的一件陈年旧事。公元 829 年，李宗闵之所以能够出任宰相，并把裴度与李德裕排挤出京，是因为他攀附上了女学士宋若宪和枢密使杨承和。

当时为他牵线搭桥的就是驸马都尉沈立羲。结交外戚，串联宫人，攀附宦官——无论哪一条，都令文宗神经紧张。一怒之下的文宗，责令宋若宪自尽，又把李宗闵贬为处州（今浙江丽水）长史；不久，再贬为潮州司户。潮州是岭南的一个下州，潮州司户仅为从八品，此时的李宗闵比李德裕更惨，由宰相直接沦为从八品司户。而此前被羁押的杨虞卿也被贬为虔州司马。

李训、郑注联手，接连贬逐了李德裕、路隋、李宗闵三位宰相，一时之间权倾朝野，炙手可热。大权在握的李训与郑注，不仅任人唯亲，还肆意打击报复与他们有过节的朝臣，几乎每天都有人被贬逐。

这种情况致使文宗不得不下诏：凡是与李德裕、李宗闵有联系的一切亲朋故旧、门生部属等，除今日以前贬黜的以外，其余一律不再追究。如此一来，才令朝臣的惶恐之心稍安。

大和九年（公元 835 年）八月初四，郑注再次升任工部尚书，此时的他已为正三品的朝廷大员，离登上相位似乎只有一步之遥。然而阻挠郑注的，却是李训。也是，政敌都被驱除干净了，剩下的这两个人，也到相互争斗的时候了。

李训能够为相，本来得益于郑注的帮助，但此时的李训开始梦想着独掌朝局。于是，他推荐郑注任凤翔节度使，明面上是为他谋个“肥差”，实则是要将他排挤出朝廷。

按照惯例，宰相一般为四人，此时的宰相是王涯、贾餗与李固言，但李固言为相仅两个月之后，就被外放为山南西道节度使。而分司东都的舒元舆，因与李训亲近，得到快速升迁。在审理杨虞卿一案时，为扳倒李宗闵，舒元舆出力甚大。此后，成为李训、郑注的政治“打手”的他，一直冲在替李训打压朝臣的“最前线”。

就是这样的舒元舆，被文宗任命为刑部侍郎，李训为吏部侍郎，并加同中书门下平章事衔，成为唐朝宰相。

李训从流放到起用，仅一年的时间就登上了宰相的高位，文宗也可谓昏聩至极。这一时期的王涯、贾餗和舒元舆，虽为宰相，却也唯李训马首是瞻。但李训并不满足，还要将内斗的矛头对准郑注。

这就是甘露之变之所以发生的主要原因。甘露之变后，没有参与此次事件的王涯、贾𫗧为什么也被杀了呢？以仇士良为首的宦官集团就是要借此机会，一举拿下朝廷的行政之权，因为接二连三对宦官采取的行动已经让他们意识到，除了军权，政治权力也必须掌控在自己手里。王涯、贾𫗧只不过是为此做了牺牲品而已。

无聊透顶的党争

甘露之变后，郑覃推荐陈夷行为相。此时，李石、郑覃、陈夷行三位宰相也算和谐。

开成二年（公元 837 年）五月，五十一岁的李德裕离开浙西，接替牛僧孺任淮南节度使。牛僧孺听闻李德裕前来，就将交接事务托付给副使张鹭，自己先行入朝。连面都不愿见，可见两人成见之深。

然而，初来乍到的李德裕就遇到了麻烦：他上报的扬州府库库存，只有钱帛四十万贯匹。在京的牛僧孺岂能放过这个整倒李德裕的机会，他证明库存明明还有八十万贯匹！

再次清点之下，另一半为副使张鹭所支用，李德裕据实上奏：自己初到淮南镇，为下属官吏所欺瞒，甘愿受朝廷责罚。

交接之际瞒报漏报，在当时已成积习，李德裕原本也没有大错；而且牛僧孺提前离开，又如此举报，就没有错吗？这样的党争，虽说也能起到一些相互监督的作用，但相互攻讦之下，不仅无聊透顶，更让这些原本可以成为帝国中流砥柱的士大夫漠视职责，泯灭了操守。

牛僧孺就是例子，此时他的行为已逐渐背离了自己三十年前的政治理想和抱负。牛僧孺多次上表请求致仕，朝廷任命他为东都留守。来到洛阳后的牛僧孺，沉溺于服药和女色之中难以自拔，开始了奢靡享乐的生活。牛僧孺曾自夸前后服用的钟乳多达三千两，而钟乳据说有温肺气、壮元阳的功效。白居易就曾为他写下“钟乳三千两，金钗十二行。妒他心似火，欺我鬓如霜”的诗句。

出镇淮南的李德裕，却仍然壮心不已。

开成三年（公元838年）正月初五，宰相李石在上朝途中遇刺，虽幸免于难，但也引起了轩然大波。这是继宪宗朝武元衡、裴度被刺之后，又一起刺杀宰相案。文宗虽下令全力缉拿凶犯，却迟迟没有破案。

凶手究竟是谁？估计李石本人最怀疑的就是仇士良，因为不久前，薛元赏才因为仇士良部下对李石无礼，而杖杀了此人。于是，就在遇刺事件十二天后，李石主动上表请辞，被外放为荆南节度使。

李石被外放后，在前任宰相李固言的力荐下，牛党中坚人物杨嗣复、李珏一同出任宰相。

杨嗣复是杨於陵之子，而杨於陵正是前文提到的元和三年制举的主考官，因录取牛僧孺、李宗闵、皇甫湜三人而被贬官。

杨嗣复少时就下笔成文，二十岁进士及第，二十一岁登博学宏词科。其父杨於陵更是十九岁进士及第，二十岁登博学宏词科。父子二人都年少成名。

李珏也是博学多才，二十岁明经科及第，接着进士科及第，随后又高中书判拔萃科，可谓连登三科，声名远扬。此外，他还曾因向文宗直谏“郑注乃是一奸邪小人”，而被贬为江州刺史。

但就是这样的两人，与清正俭朴的郑覃、性情耿直的陈夷行矛盾重重。可见，所谓的党争，已使彼此成见颇深。

就在杨嗣复为相后不久，围绕李宗闵的任用问题，两派再次发生

鐘乳三千兩
金釵十二行
妒他心似火
欺我鬢如霜

激烈的争执。李宗闵在杨嗣复的推荐下暗中联络宦官，企图再次入京为相。而此时的郑覃却竭力反对，因为他认为，正是李宗闵与李训、郑注等人的勾结，才酿成了甘露之变。

当时，不但郑覃以辞职相要挟，反对李宗闵入京，陈夷行更是对文宗直言："李宗闵在朝中朋比为党，扰乱朝政，陛下为何偏爱此等卑鄙小人？"陈夷行怎会不明白文宗为何如此？但他能直言文宗就是昏聩无能吗？

开成四年（公元839年）三月初四，中兴名臣裴度病死，大唐朝局因为两派之争，更加混乱不堪。文宗又想起用牛党，将郑覃和陈夷行罢相。但留给他的时间不多了，开成五年（公元840年）正月初四，三十一岁的唐文宗李昂病死在太和殿，结束了他志大才疏、苦闷抑郁的一生。

李德裕也会"人情世故"

穆宗第五子李炎被仇士良等人拥立为帝，是为唐武宗。武宗即位之初，就开始物色新的宰相人选，他将目标锁定在历经宪宗、穆宗、敬宗及文宗四朝的老臣身上——这个人就是李德裕。

正远在淮南任节度使的李德裕，之所以能进入武宗的视野，其实也与宦官有关。如果说八年前，剑南西川监军王践言入朝，就维州降唐一事为李德裕申辩是仗义执言，那么这次淮南监军杨钦义入朝担任枢密使，又在武宗面前力荐李德裕，却是收到了李德裕实实在在的好处。

"德裕独延钦义，置酒堂中，情礼极厚。陈珍玩数床，罢酒，皆以赠之，钦义大喜过望”，“其后，钦义竟知枢密，德裕柄用，钦义颇有力焉”。这些记载，无不说明此时的李德裕经历多年宦海沉浮，也开始主动与宦官交好。

所以，李德裕此次之所以能够入朝，就是在回京任枢密使的杨钦义力荐下成行的。武宗早闻其名，于是即位不到一年就任命李德裕为中书侍郎兼同中书门下平章事，成为大唐首辅重臣。

武宗的用人不疑，与文宗形成鲜明对比。武宗与李德裕君臣二人的相得益彰，也算为颓废的晚唐增添了一抹亮色——尽管此时的大唐，已是日薄西山。

李德裕本人显然也没有辜负武宗的信任和重托。起码在为杨嗣复、李珏开脱死罪之时，在他身上并未看到一丝朋党的影子。

在李德裕的辅佐下，武宗开始大刀阔斧地整顿吏治。仅在公元 844 年，朝廷便削减冗员一千二百一十四名。同时，李德裕还向武宗建议：严格官吏的选拔，强化进士科的考试制度；对门荫入仕，又制定了一整套严格的标准；针对当时官员游宴无度、结党营私的现状，李德裕下令取缔了进士的曲江夜宴。

李德裕不仅肃清朝政，而且大力抑制宦官势力。仇士良主动致仕，就是李德裕为相时的政绩之一。更重要的是，李德裕在平定大唐内忧外患方面也是不遗余力。

君臣共治下的破回鹘

武宗初年，适值北方回鹘汗国长期内乱，人祸之下，又天灾不断。西北方的黠（xiá）戛（jiá）斯部落，逐渐崛起之后，用了二十多年灭了回鹘。被灭的回鹘分成了三支：一支到了吐蕃，一支到了安西，还有一支由嗢（wà）没斯（回鹘可汗之弟）率领，南下到天德军（今内蒙古乌拉特前旗北阿拉奔苏木附近），请求“保塞内附”。

什么是“保塞内附”？“内附”就是归降大唐朝廷的意思，而“保塞”，有居边守塞之意。“保塞内附”即塞外民族居住在塞内，有寻求大唐保护、帮助大唐守边，以及利用长城等要塞自我保护等三个方面的含义。

但此时天德军使田牟、监军韦仲平的策略是要联合吐谷浑、沙陀、党项等部，趁势出击，以武力解决嗢没斯这支回鹘部落。李德裕以为不可“乘其困而出”，他建议“宜遣使者镇抚，运粮食以赐之”，武宗随即“许以谷二万斛赈之”，并册封嗢没斯为金吾卫大将军。

唐武宗与李德裕对率部来降的回鹘部落采用了怀柔抚远的政策，一方面接济其粮食，另一方面阻止他们骚扰塞上百姓的和平生活。这样的处理方式是建立在他们对边境秋毫无犯的基础上的，他们如果胆敢以武力相要挟，李德裕也绝不对其有任何的姑息。

会昌元年（公元 841 年）二月，塞北十三部回鹘，拥立乌希特勤为乌介可汗，同时向南移动，不断骚扰大唐边民。乌介可汗凭借尚有十万之众，变本加厉地胁迫朝廷，不但向朝廷索要粮食和牛羊，还要求借天德城，以帮助他们收复失地。

决意不再容忍的李德裕，建议武宗征讨乌介可汗。大唐随即征调六镇兵马，任命河东节度使刘沔为回鹘南面招讨使，幽州节度使张仲武为东面招讨使，李思忠（嗢没斯）为西南招讨使，共击乌介可汗。

李德裕制定了奇袭乌介可汗的战术。他精选了以猛将石雄为首的一批精兵强将为先锋，趁着夜色，以挖地道的方式，突入乌介可汗牙帐。乌介可汗身受重伤，仓皇逃走。刘沔率大军随即赶到，在后来被称为“杀胡山”的一处戈壁，又斩杀回鹘兵一万多人。自此，回鹘一蹶不振，再也难成气候，大唐北部边境得以安定三十余年。

李德裕也因此功，被晋升司徒。平定回鹘不仅是李德裕军事才能的展现，也是此时君臣彼此信任的体现。有了这样“君臣共治”的基础和保障，在此后讨伐昭义的战争中，唐军才能一改此前应对藩镇时的颓废与萎靡。

李德裕正确的战略战术

昭义镇横跨山西东部的太行山，管辖泽州、潞州、洺州、磁州与邢州五州。连绵的太行山将昭义镇分割为两个区域：泽、潞两州位于今山西东南部山区；洺、磁、邢三州位于今河北西南部的平原地区。

作为安史之乱后形成的一支藩镇势力，昭义镇可谓“步兵冠诸军”，且“雄视山东”。其由于举足轻重的战略地位和强大的军力，一直以来都被朝廷作为平定叛乱和拱卫京师的重要军事力量。

安史之乱后，河朔三镇曾与朝廷爆发过多达八次的战争。其中六次，昭义镇都是平叛的主力。宪宗平定淄青李师道之叛时，刘悟斩杀李师道有功，宪宗任命其为义成节度使。穆宗时改任昭义节度使。刘悟临死时，上表请求以其子刘从谏继任，敬宗昏庸，听从宰相李逢吉、宦官王守澄的建议，任以留后，不久升为节度使。但自从刘从谏接任节度使后，就逐渐与朝廷离心离德。

甘露之变后，宰相王涯被杀，因与王涯过从甚密，刘从谏多次上书，为其鸣冤叫屈，这自然得罪了仇士良等人。武宗即位后，想与朝廷缓和关系的刘从谏，主动提出进献给武宗一匹宝马良驹，但遭到了武宗的严词拒绝。刘从谏羞愤之下，亲手杀死了那匹宝马。如此一来，双方关系走到了剑拔弩张的地步。

会昌三年（公元 843 年）四月，刘从谏病死，他的侄子刘稹秘不发丧，自立为昭义留后。藩镇老生常谈的问题，又一次摆在武宗的面前。是战是和？宰相李德裕力主出兵征讨。他的理由是：昭义镇深处内地，与河朔三镇不同，不能让“父死子继”成为惯例。而且刘从谏本来就跋扈难治，如今再不讨伐，何以号令天下？

但当时刚平回鹘，如果再讨昭义，会不会国力难支？而且，河朔三镇若乘机与其勾结，共同对抗朝廷，又将何以为计？

李德裕的考虑是，刘稹依仗的无非就是河朔三镇，只要魏博、成德不出兵相助，刘稹之乱必平。为了安抚魏博与成德，可令他们出兵昭义镇位于河北的三州，以领土作为诱惑，他们必不会反叛大唐。

李德裕的分析令武宗大喜道：“朕与德裕同之，保无后悔。”五月十三日，武宗下诏削夺刘从谏与刘稹的官职与爵位。随即征召成德节度使王元逵、魏博节度使何弘敬、河中节度使陈夷行、河东节度使刘沔、河阳节度使王茂元五镇兵马，征伐昭义。

当时的藩镇大多首鼠两端，虽出兵征讨，也只是虚张声势，逗留不进——毕竟，他们的目的只是向朝廷邀功请赏罢了。

李德裕对这种情况十分清楚，诸道军队出发之际，他又上奏武宗：“昔日朝廷平叛时，各藩镇只要离开本镇，军饷就由朝廷负担，各节度使不但消极作战，甚至与叛军密谋，夺取一县或一栅寨之地，就向朝廷上报大捷。今日陛下可令魏博、成德只收取州城，不攻打县邑。”

武宗采纳了李德裕的建议，随后又命武宁节度使李彦佐为晋绛行营诸军节度招讨使、山南东道节度使卢钧为昭义节度招抚使。

成德节度使王元逵果然不出李德裕所料，虽奉诏出兵，但也仅攻占了宣务栅（今河北隆尧西北），在朝廷的战略调整下，又在尧山（今河北顺平西北）击败了刘稹的增援部队。

尽管如此，战役的总体推进依然缓慢。成德军进入邢州境一个多月，魏博的何弘敬仍未出兵。李彦佐从徐州出发，不仅行军迟缓，还请求在绛州休整。李德裕清楚李彦佐踟蹰不前的根本原因，就是他本就没有平叛之意。于是李德裕建议武宗，命天德防御使石雄为晋绛行营节度副使，以便到任后接替李彦佐。

石雄随即率军从翼城出发，越过乌岭（位于今山西翼城境内），攻破昭义军五个营寨，斩杀俘获一千多人，初战告捷。

为迫使魏博节度使何弘敬出战，李德裕又向朝廷建议，派忠武节度使王宰，率兵借道魏博镇进攻磁州。因为他认为忠武军英勇善战，何弘敬素来惧怕，不愿忠武军入魏博境，听到诏书后，必然会率军开赴战场。

武宗采纳李德裕的意见，何弘敬果然于八月率全军渡过漳水，进逼磁州。

此时的河北与河东战场，由于推进缓慢，昭义军得以南下作战。在这种情况下，河阳节度使王茂元与昭义军不得不正面交锋。科斗店一战，河阳军被刘稹部将薛茂卿大败，守将马继被擒，叛军焚毁唐军小寨十七座，进至怀州十余里处。

科斗店之败，使王茂元一病不起。武宗采纳李德裕的建议，命忠武节度使王宰兼任河阳行营攻讨使，主持河阳军务。不久，王茂元病死，武宗命河南尹敬昕为河阳节度使，负责粮饷供给，而王宰专主征战。

源于坚强决心的平昭义

薛茂卿攻取科斗店后居功自傲，希望得到厚赏。昭义军中却有人对刘稹说："此战虽胜，但也惹怒了朝廷。"刘稹听信谗言，也认为此战薛茂卿不但无功，反而有过。心怀怨恨的薛茂卿随即与王宰暗通款曲，在他的暗中帮助下，王宰军攻克天井关。

退入泽州后的薛茂卿，又派人告知王宰愿为内应，请他迅速进兵。就在王宰迟疑，不敢进兵之际，消息走漏，薛茂卿被刘稹诱到潞州斩杀，刘公直接替薛茂卿，挥军攻下天井关。

泽潞之战呈胶着状态时，河东节度使刘沔却在石会关停滞不前，武宗命荆南节度使李石接任河东节度使。而此时河东镇发生的兵变，再次牵制了唐军的推进，延缓了昭义灭亡的时日。

会昌三年（公元 843 年）十二月，屯驻榆社的河东行营都知兵马使王逢，迫于叛军的压力，屡次向李石请求增援。而此前将刘沔调任义成节度使，本就令其不满，于是在离任时，刘沔将仓库中的储备物资几乎全部带走。

当时河东已无兵可派，就连值守仓库的人和工匠都被遣从军，李石又从北部防御回鹘的军队中抽调一千五百人，派都将杨弁（biàn）率领赶赴榆社。

十二月二十八日，杨弁率军抵达太原。按惯例，军队出征，每人赐绢二匹，但当这支部队经过太原时，由于府库早被刘沔搬空，李石无奈之下，只得把自己私人的绢帛拿出来赏赐，但每人仅得绢一匹。

这时已到年终，军士要求过了年再出发，但监军吕义忠不同意，屡次催促。杨弁心怀不轨，乘军士怨恨，太原城中兵力空虚之机，发动兵变，剽掠街市，杀人抢掠。

李石无兵可御，只好逃往汾州。次年正月，杨弁占据太原，派人和刘稹联系，约为兄弟，刘稹大喜。石会关守将杨珍闻知太原兵乱，随即献城投降了刘稹。

形势的逆转，使朝堂上再度兴起了罢兵言和的舆论。李德裕力排众议，力主征讨昭义。因为他认为杨弁只有一千多人的兵力，实不足忧。

武宗令李石返回太原行营，又下诏调义武一千骑兵、宣武等镇三千步兵，共讨杨弁。忻州刺史李丕主动切断杨弁北逃之路，而屯驻在榆社的河东军队在得知朝廷调其他诸道军队讨伐杨弁后，怕他们入太原后屠杀自己的妻室儿女，主动请战，拥监军吕义忠直趋太原，抢在义武、宣武等道军队到达之前，猛攻太原。

会昌四年（公元 844 年）正月二十八日，太原府被唐军攻克，参与叛乱的士兵全部被杀。李石由于平叛不力，被免职安置于东都洛阳。河中节度使崔元式为河东节度使，石雄为河中节度使。

王宰当初之所以没有受薛茂卿之请，迅速进军，与他的儿子王晏为磁州刺史不无关系。面对因担心儿子安危而观望不进的王宰，朝廷只好又任命刘沔为河阳节度使，率精兵直抵万善，以所谓“兵谏”的方式，催促王宰出兵。四月，王宰率军向泽州发起进攻，王逢从北面也发起进攻，击败刘稹部将康良佺，攻占了石会关。

七月，刘稹心腹高文端在唐军的四面围攻之下，自知大势已去，随即归降朝廷。李德裕采纳了他的建议，建筑夹城围困潞州，再断绝固镇寨水道，使潞州沦为一座孤城。

大军压境之下，邢州、洺州、磁州相继投降。八月，昭义镇大将郭谊、王协杀死刘稹及其亲信，向朝廷请降。李德裕对武宗说："刘稹不过是年幼无知的小儿，郭谊等人才是敢于同朝廷抗衡的罪魁祸首，如今又杀死自己的主人，这种人的罪责断不可恕。"

郭谊、王协等人被石雄押送长安，镇守泽州的刘公直见刘稹已死，也举城投降了王宰。至此，持续一年之久的昭义叛乱终于落下帷幕，这也成为唐朝征讨藩镇的最后一次大捷。

平定昭义后，李德裕发现李宗闵曾与刘稹相互勾结的证据，于是上奏武宗，将李宗闵流放封州（今广东封开），牛僧孺也被贬为循州长史，牛党至此一蹶不振。

相比之下，因破回鹘、平昭义之功，李德裕的名气、声望如日中天。此时，与他交往甚密的李回、郑肃都得以出任宰相，李党完全占据了大唐朝廷。

为了经济不择手段

唐武宗时期，掀起了一场毁誉参半的"会昌灭佛"运动。在中国佛教史上，曾发生过四次较大的灭佛事件，即北魏太武帝灭佛、北周武帝灭佛、唐武宗灭佛、后周世宗灭佛。而无论从规模还是影响力来看，唐武宗灭佛都远远超出其他三次灭佛。

那么，唐武宗到底为什么要对佛教痛下杀手呢？

首先是出于经济方面的考虑。当时由于佛教鼎盛，众多僧尼和寺庙消耗着国家大量的财力。当时的情况正如文宗所说："古者三人食一农人，今加兵、佛，一农人乃五人所食，其间吾民尤困于佛。"

文宗虽然看到这一弊端，但由于宦官问题更为突出，没有来得及拿出解决佛教问题的办法。武宗即位后，破回鹘、平昭义，耗费了大量的军费，他终于决定要对积聚大量财富又养活众多“闲人”的寺院禅刹出手了。

武宗的想法得到了宰相李德裕的积极响应。他当然清楚，灭佛不仅会给大唐财政带来巨大的收益，而且会进一步削弱和压制宦官势力，因为仇士良就是一个虔诚的佛教徒，曾任功德使之职。在仇士良的推波助澜下，宦官势力已经渗透到了佛门清净之地——而这里，也成为他们敛财的重要场所。

武宗灭佛，除了经济原因之外，也缘于他自己的意识形态。武宗本人与之前的很多大唐帝王一样，对道教有着根深蒂固般的崇信。究其原因，其实是享乐思想的体现——房中术帮助他们无节制、无休止地寻欢作乐，而炼丹术又能使他们“长生不老”，“无限延长”这种享乐的时间和空间。

各种原因之下，会昌二年（公元 842 年）十月，武宗灭佛宣告开始。灭佛持续的三年中，摧毁寺庙四千六百余所，毁招提（官赐额者为寺，私造者为招提）、兰若（山台野邑为兰若）四万余所；归俗僧尼二十六万五百人；收良田数千万顷，奴婢十五万人。

但到了公元 846 年，武宗病死后，佛教又逐渐得以恢复。讽刺的是，笃信道教的武宗，正是因服食丹药过量，年仅三十三岁就病死于含风殿。

党争的责任到底在谁？

即位的宣宗，要走的是一条与武宗截然相反的政治路线。他似乎是要以这样的方式，来强势宣告自己时代的来临。

为此，宣宗首先杖杀了武宗最为宠信的道士赵归真，又将大批术士流放岭南。随后，宣宗将复兴佛教的举措向全国推行。而对于李德裕，宣宗更是直言，每当李德裕看他一眼，都会令他毛骨悚然。

李德裕随即便被宣宗罢免了宰相之位，外放为荆南节度使。仅仅五个月后，又被改任东都留守。此时，曾为河南府永宁县尉的吴汝纳，为其弟吴湘喊冤，控告李绅与李德裕欺瞒武宗，枉杀吴湘，牛党借机将李德裕再被贬为潮州司马。但当李德裕来到潮州，仅仅四个月后，就再被贬往崖州。

宣宗为什么会对李德裕一贬再贬？这与他本人的成长经历及执政理念密不可分。事实上，宣宗有着相当阴暗和冷酷的一面。一则故事颇能说明问题：当时越地官员送给宣宗一支女子乐队，其中一名女子姿色绝伦，宣宗十分宠爱。但数月后，他突然想到，唐玄宗就因为一个杨贵妃，导致天下至今未平，自己怎能留下此女？当身边的人都认为他会放还这个女子时，宣宗却用毒酒赐死了她，给出的理由令人不寒而栗："放还我必思之。"

原本荒淫奢靡的宣宗，非要做如此沽名钓誉的伪装，而且手段如此残忍和冷酷，这样的帝王，哪有丝毫的"仁民爱物"？即便是宣宗朝位高权重的宰相令狐绹（táo），也曾说过："吾十年秉政，最承恩遇，然每延英奏事，未尝不汗沾衣也。"

令狐绹之所以有如此的感受，原因就是宣宗经常对宰相们说："卿等要忠于职守，好自为之，卿等一旦辜负了朕的期望，你我便不会再有见面的机会了。"可见，宣宗本就是冷酷多疑之主。

被贬为崖州司户参军的李德裕，在今天的海南琼山做了个管理民政的小吏，级别仅仅为从八品下。大中三年（公元 849 年）八月，李德裕的妻子刘氏病死于崖州。夫妻四十一年风雨同舟，如今形单影只的李德裕，也即将走到生命的终点。

孤独而多病的李德裕，走进了崖州的一座禅院，他看见内壁挂着十几个葫芦。于是问方丈："葫芦里装的是什么药？可以救救弟子吗？"

方丈长叹一声，说道："哪里是什么药，只是骨灰。这些人，都是太尉您当年为了泄私愤，贬死在这里的。"李德裕闻言，一言不发却心痛如绞。

当晚，六十四岁的李德裕死于崖州。

李德裕罢相，牛党白敏中、令狐绹等成为宰相，他们大肆贬黜李党中人，李党完全失势，两党斗争也自此结束。不过此时，离大唐亡国也已经不算太远了。

牛李党争，所谓"垂四十年"，应该是从穆宗长庆元年，即公元821年算起，到宣宗大中十三年，即公元859年，令狐绹罢相结束，正好三十九年。

宣宗死后，朝中派系也随之烟消云散。然而朝廷内讧结束时，能够改变国家命运的内部力量也随之荡然无存。

同宦官乱政一样，朋党之争也是为了一己私利而排除异己之风大行其道，这加重了大唐王朝的统治危机，对大唐丧钟的敲响负有无可推卸的责任。但为什么会造成如此局面？为什么会有所谓的宦官乱政和朋党之争？根源难道不在大唐帝王的身上吗？

宣宗朝最大的成就，就是收复了河湟之地。当时吐蕃的尚婢婢与论恐热为了争夺吐蕃赞普之位，进行了旷日持久的战争，使曾经强盛一时的吐蕃国力日衰。宣宗趁机收复了维州、扶州等地。

公元848年，在当地豪强张议潮的领导下，被吐蕃奴役百余年的沙州汉族百姓，起义攻占了沙州，此后又成功收复了瓜州、伊州、西州、甘州、肃州、兰州、鄯州、河州、岷州、廓州十州之地。张议潮随即派哥哥张议潭，携带这十一州地图与户籍奉献给朝廷。

这是自安史之乱以来，大唐抗击吐蕃取得的最大胜利。

此时的大唐，虽经武宗、宣宗两朝的所谓励精图治，得以恢复些许生气，但也只能说是弥留之际的回光返照。藩镇问题没有得到彻底解决，且愈演愈烈；国家财政没有根本好转，且愈加窘迫。就连宣宗本人也不能做到与朝臣推心置腹，朝臣怎可能与其共济艰难？

随着宣宗离世，大唐迅速走向衰亡。谁将最终敲响大唐的丧钟，埋葬这个曾经鼎盛辉煌，却也早已行将就木的腐朽王朝呢？

第十二章
两京再次沦陷

“咸通之治”的丧乱

公元859年，二十七岁的李温将自己的名字改为李漼，在宦官王宗实等人的拥立下即大唐皇帝位，是为唐懿宗，定年号为“咸通”。“咸通”取自宣宗《泰边陲乐曲词》的“海岳晏咸通”，显然，这是一个开创四海升平时代的美好愿望。

然而事实上，懿宗的“咸通之治”是在一团乱局之下，直接导致大唐王朝趋于崩溃。

懿宗在位十四年，仅宰相就任用了二十一位，他们分别是令狐绹、白敏中、萧邺、夏侯孜、蒋伸、杜审权、杜悰（cóng）、毕諴（xián）、杨收、曹确、高璩（qú）、萧寘（zhì）、徐商、路岩、于琮、韦保衡、王铎、刘邺、赵隐、萧仿、崔彦昭。

在这份宰相名单中，除了前朝的令狐绹、白敏中多少还有点宰相气度外，其余的多是尸位素餐之辈。像杜悰，人送外号“秃角犀”，只因是德宗朝宰相杜佑之孙、宪宗的驸马，便被任命为宰相，但其本人不仅庸碌无为，更兼品性恶劣；像路岩与韦保衡，更是成为懿宗朝两大误国奸相，不但恃恩弄权、排除异己，更是贪腐奢靡，大肆搜刮钱财；曹确、杨收、徐商、路岩等宰相，惹得天怒人怨，百姓甚至将他们编入歌谣："确确无余事，钱财总被收。商人都不管，货赂（路）几时休。"

这些位极人臣的宰相，早已沦落为国家的蛀虫，全然不顾朝廷与百姓的水深火热，只是无耻而贪婪地疯狂吞噬着大唐干枯而脆弱的肌体。

懿宗也义无反顾地加入这场吸干朝廷与百姓最后一滴血的狂欢盛宴。他在宫中一日一小宴，三日一大宴，享受歌舞、沉湎游乐。仅宫中乐工就达五百多人，而且对这些乐工随手的赏赐就达上千贯钱。由于他恣意游乐，行宫负责接待的官员必须随时待命，时刻准备着食宿与乐工。更荒唐的是，他每次出行都会动用多达十余万扈（hù）从，费用开支之大，简直难以计数。

咸通十年（公元 869 年）正月，懿宗宠妃郭淑妃所生的同昌公主，嫁与左拾遗韦保衡为妻。懿宗"倾宫中珍玩以为资送。赐第于广化里，窗户皆饰以杂宝，井栏、药臼、槽匮亦以金缕为之，编金银为箕筐。赐钱五百万缗，他物称是"。

从这段记载中可以想见，这位大唐第一公主的嫁妆是何等奢靡！而韦保衡在不到两年之内，累迁为翰林学士承旨、兵部侍郎、同中书门下平章事，一时之间，真可谓"势动天下"。

咸通十一年（公元 870 年）八月，同昌公主病死，懿宗一气之下，杀医官韩宗劭（shào）等二十余人，收捕医官亲族三百余人。他还亲写挽歌，以国葬的规格为同昌公主举行葬礼。据说出殡当天，送葬的队伍竟然连绵三十余里。

当文武百官披麻戴孝，一路哭着吟唱懿宗亲笔写下的挽歌之时，懿宗及这些大唐朝臣可曾想到，大唐王朝的挽歌也将写就——他们能等待的，只是大唐挽歌的最后唱响。

最早为大唐谱写挽歌的人来自浙东，名叫裘甫。公元 859 年，盐商出身的裘甫，率领数百名农民在象山起义。他们一路势如破竹，先后攻克了宁海、奉化、剡（shàn）县，沿途百姓纷纷响应。

裘甫率起义军在剡县“大聚资粮，购良工，治器械”，将队伍分成三十二个分队。不久之后，裘甫在越州（今浙江绍兴）自称天下都知兵马使，改元罗平。

起义军占据江淮，这可是大唐重要的税收之地。财源被断，懿宗恐慌之下，派王式为浙东观察使，前往讨伐裘甫义军。王式倒也没有辜负“成服华夷，名闻远近”之名，来到越州之后，他采用不断孤立与逐步瓦解的策略，没有与裘甫军直接兵戎相见，而是四面围困，切断其兵力来源及后勤供给。

一切准备就绪之后，王式联合吐蕃、回鹘骑兵，向裘甫部发起猛攻。被孤立分割包围的裘甫突围未果，兵败被俘，被押往长安斩首。

历时短短七个月的农民起义，就这样被大唐朝廷扼杀在襁褓之中。懿宗的后宫再次莺歌燕舞，大唐朝廷也继续着昔日的腐化堕落。

他们根本没有意识到，此时已是山雨欲来风满楼。

咸通九年（公元 868 年）七月，以庞勋为首的桂州戍卒起义再次爆发。这是继裘甫之后，又一次声势浩大的起义——显然，新的政治力量即将登上历史舞台，而他们的使命，就是埋葬腐化、堕落、倒退的大唐王朝。

庞勋的这支起义队伍，其实是咸通四年（公元 863 年）被从徐州派去驻守桂州的八百将士组成的。这些“风土雄劲，甲士精强”的徐州兵，当时的任务是去驰援被南诏攻陷的安南地区。

按照唐代每三年一换防的军制，这些戍卒三年后，就可以返回故乡徐州。然而，服役近六年的他们，不但没有等来可以返乡的命令，还接到了再服役一年的通知。群情激愤之下，他们杀了监视他们的军官，推举粮料判官庞勋为首领。在洗劫了大军仓库之后，他们在庞勋的带领下一路挥戈北上。

他们的目的非常简单，就是回到徐州，回到阔别多年的家园。然而，当他们渡过淮河之后，却被徐泗观察使崔彦慎、都虞候元密等人率军堵在了徐州城下——原来，朝廷要在这里将他们悉数剿杀。

训练有素、能征惯战的戍卒当然不会坐以待毙。他们在庞勋的率领下夺取了彭城，控制了徐州，斩杀了崔彦慎、元密等人。此后，他们又接连占领了濠州（今安徽凤阳西北）、滁州（今安徽滁州）、和州（今安徽和县），围攻泗州，严重威胁了江淮漕运，切断了唐王朝的经济大动脉。

这些从桂州千里转战，以胜利者的姿态回到家乡的起义军，赢得了家乡父老的热烈响应。一时之间，“至父遣其子，妻勉其夫，皆断锄首而锐之，执以应募”。当初八百人的队伍，最终竟然扩大为二十多万人的武装力量。

咸通十年（公元 869 年）正月，朝廷任命康承训为徐泗行营兵马都招讨使、王晏权为徐州北面行营招讨使、戴可师为徐州南面行营招讨使，联合沙陀、吐谷浑等少数民族骑兵，共讨庞勋义军。

戴可师率三万余士兵，先行增援江淮要地泗州。庞勋审时度势，连夜撤出泗州东南的都梁（今江苏盱眙东南），留给官军一座空城。之后再趁大雾之机，挥军数万合围都梁。杀戴可师，全歼官军三万多人，尽得唐军器械、资粮与车马。

淮南节度使令狐绹害怕义军进入淮南，决定用缓兵之计拖住庞勋。他派人向庞勋表示：自己将代其向朝廷奏请徐州节度使旌节。于是庞勋息兵待命，丧失了进击淮南的有利时机。由此可见，庞勋等起义军之所以失败，与他们“革命”不彻底不无关系，直到此时，他们认为最好的出路还是朝廷的所谓“招安”。

接连取得胜利的义军，也逐渐被胜利冲昏头脑，庞勋等上层军官也开始了“日事游宴”，军卒也不断地“夺人资财，掠人妇女”。义军此举，致使“由是境内之民皆厌苦之”，逐渐不再得民心。

正因如此，当唐军大兵压境时，庞勋义军连失数城、军心涣散。最终，康承训率步骑八万，在沙陀与吐谷浑骑兵的配合之下，将庞勋部围困。率军突围的庞勋被联军斩于马下，起义军几乎全军覆没。

曾一路高歌猛进的桂林戍卒起义军，历经一年零四个月的千里转战，最终土崩瓦解。但正所谓“唐亡于黄巢而祸基于桂林”，桂林戍卒起义，实际上已经拉开了唐末农民大起义的序幕。庞勋的“余党犹相聚于闾里”，或者“散居兖、郓、青、齐之间”，他们后来都有参与王仙芝、黄巢的起义军。

在位期间，经历了两次规模较大的民变，懿宗早已心惊胆战。晚年的他，比他的父皇宣宗更热衷于佛教。咸通十四年（公元 873 年）三月，他执意迎奉佛骨真身舍利，理由是“为百姓祈福”。但其实谁都明白，他只不过是要“圣寿万春”。

只不过，此举并没有为懿宗祈求来长寿和平安。在佛骨迎入长安三个月后，四十一岁的他就病死在咸宁殿，结束了他十四年荒诞不经的帝王生涯。

大唐的“桓灵二帝”

此时的大唐，已经无力回天。即位的皇帝——唐僖宗李儇与他的父皇李漼，可谓唐朝的“桓灵二帝”。在昏庸荒淫方面，二位可谓“争奇斗艳”“各领风骚”。

这原本也不奇怪，李儇就是因为年幼与贪玩才被拥立为皇帝。李儇原名李俨，是懿宗的第五子，即位时年仅十二岁。迟迟不立太子的唐懿宗，在弥留之际已无法决定自己的身后事。丝毫没有接受任何教训的懿宗，只好按惯例，任由宦官拥立大唐新的皇帝。

当时把持内廷的三个宦官是田令孜、刘行深和韩文约，他们将李儇推上皇位的同时，又毫不留情地清洗了对僖宗皇位构成威胁的皇室宗亲——再一次的血雨腥风，将风雨飘摇的大唐，加速推入了风烛残年。

登基之后的唐僖宗，除了声色犬马，就是游宴无度。他继承了李唐祖宗所谓“文艺”的基因，无论是骑马、射箭，还是舞槊、蹴鞠，甚至是蒲博、斗鸡，都天赋极高、驾轻就熟。唐僖宗唯独不适合的，就是做皇帝。

当时大权在握的宦官是田令孜，这位在唐僖宗为晋王时，就是与其寸步不离的亲密玩伴，还被僖宗称为“阿父”。被任命为神策军中尉的他，更是成为僖宗朝一手遮天的人物。他大肆敛财、卖官鬻爵，大到宰相、节度使，小到刺史、县令，都明码标价。

针对当时乌烟瘴气、腐朽没落的政治乱局，翰林学士、礼部侍郎刘允章曾上书直谏：国有九破，民有八苦。

“终年聚兵，一破也；蛮夷炽兴，二破也；权豪奢僭，三破也；大将不朝，四破也；广造佛寺，五破也；贿赂公行，六破也；长吏残暴，七破也；赋役不等，八破也；食禄人多，输税人少，九破也。”

“官吏苛刻，一苦也；私债征夺，二苦也；赋税繁多，三苦也；所由乞敛，四苦也；替逃人差科，五苦也；冤不得理，屈不得伸，六苦也；冻无衣，饥无食，七苦也；病不得医，死不得葬，八苦也。”

国有九破而无一成，民有八苦而无一乐——此时此刻的大唐王朝，算是到了灭亡的边缘。

公元 874 年，河南发生旱灾，各州县官员却欺上瞒下，以至于治下的百姓流离失所，苦不堪言。

爆发农民大起义的时机已经成熟，新的力量即将登上历史舞台。

打破“动态平衡”的力量

安史之乱后的大唐，藩镇、外朝和内廷的关系，本质上就是军人、朝臣和宦官的明争暗斗和相互钳制。他们有角逐，也有勾连；有斗争，也有妥协。着眼于私利的争斗，原本就没有孤注一掷的勇气；首鼠两端的行为，又怎么能够吹响改朝换代的号角？

动态的平衡，就在如此停滞不前、一潭死水般的三方角力之下形成。打破这种僵局的，只有对现状极为不满的人，或者说在这样的现状下已经无法生存下去的人。那就是处于社会最底层、深受战乱和各种盘剥之苦的农民和士兵——只有他们，才是当时那个时代的掘墓人。

这些人的代表就是王仙芝和黄巢。

公元 874 年，濮州［今山东鄄（juàn）城北］人王仙芝，聚拢数千人在今河南长垣起义。王仙芝早年以贩卖私盐为生。当时关东大旱，官府却依然强征赋税、强制徭役，将百姓逼入绝境，他们纷纷聚集在王仙芝周围，以反抗唐朝的残暴统治。

起义之初，王仙芝就发布檄文，自称“天补平均大将军”，同时担任“海内诸豪都统”，带领起义军攻陷了曹州（今山东曹县）、濮州等地。

公元 875 年，冤句（今山东菏泽西南）人黄巢，率领数千义士，在曹州与王仙芝会师，起义队伍迅速发展到数万人。

黄巢出身于一个世代贩卖私盐的家庭，家境应该十分富足。虽没有生于书香门第，但他仍旧怀揣着科举入仕的梦想。然而，由于才学有限，又缺乏举荐的门路，他屡次参加科考，始终没有及第。

科场的不顺断绝了黄巢读书做官之路，他无奈接管了祖业，干起了贩卖私盐的营生。在此期间，他结识了同样以贩卖私盐为业的王仙芝，两人因志趣相投，很快就成为生死与共的好兄弟。

当时国家垄断食盐经营，民间对食盐的自由贸易，被称为贩卖私盐。既然有官盐，为什么还有私盐的经营空间？这自然是百姓的选择，因为官盐不仅价格高，质量还差。而王仙芝、黄巢他们的私盐物美价廉。国家既然不能靠优质产品和良好服务来赢得百姓，那私盐的贩卖就只会屡禁不止。

既要对抗官府的追查，又要源源不断地供给百姓，这些私盐贩子不得不建立起自己的销售渠道，并且必须想尽办法保护这一相对隐秘的网络。于是，他们就建立起了自己的武装力量。

这种明显涉嫌“黑社会”性质的地下组织和私人武装，由于能给百姓带来实际的好处，受到了民众的暗中支持，甚至刻意保护。同样，当王仙芝、黄巢他们，代表苦难的底层人民，用这种武装的班底聚众为生存而战斗时，百姓怎么可能不群起响应？

乾符三年（公元 876 年）九月，起义军成功占领了汝州（今河南临汝）；十月，又相继攻占了唐州（今河南泌阳）、邓州（今河南邓州）；十一月，更是连破郢州（今湖北京山）、复州（今湖北仙桃西南）；十二月，又攻克了随州（今湖北随州）、安州（今湖北安陆）、黄州（今湖北黄冈）。另一支义军则向东挺进淮南，从申州（今河南信阳）、光州（今河南潢川）出发，占领了舒州（今安徽潜山）、庐州（今安徽合肥）一带，声威震动整个淮南地区。短短半年时间里，义军在江淮河汉之间广阔的土地上流动作战，迅速发展壮大到三十多万人。

然而在这一时期，朝廷和义军分别犯错。其实，这种情况也在所难免，因为对于朝廷来说，这原本就是腐朽的延续；对于义军来说，也是惯性思维之下，潜意识的举动罢了。

首先看朝廷，原本调集淮南、忠武、宣武、义成和天平五道兵马合围义军，但由于招讨草贼使、淄青节度使宋威的自私和轻敌，上演了一出乌龙闹剧。

在王仙芝进攻沂州（今山东临沂）时，发现唐军向运河全线集结，为避实击虚，遂挥军向西，趁东都洛阳防守空虚之机，接连攻下阳翟（今河南禹州）、郏城（今河南郏县）。由于义军的战略撤退，宋威部在沂州城下取得大捷。

此战的胜利，竟让宋威未经核实，就上奏王仙芝已被诛杀，而且自己与各道兵马都返回了本镇。这里且不说王仙芝没有死，即便王仙芝确实被杀，义军也远远没到彻底被剿灭的地步，宋威为什么如此急于撤军呢？

原因只可能是各镇原本就没有合力剿贼的任何动力和意愿，面对天下的烽火狼烟，他们关心的只是别让战火烧到自己那一亩三分地就万事大吉了。

当昏庸腐败的朝廷正在庆贺义军“灰飞烟灭”之时，州县的官员却上奏：王仙芝不但活着，更是在大肆攻掠州县。僖宗无奈之下，只得再度征召诸道兵马前去讨伐。

可想而知，本就不愿讨贼的这些藩镇兵卒再经此折腾，已经没有什么士气和战斗力可言。相反，接连胜利，又经过休整的义军，迅速攻陷了汝州，活捉了汝州刺史王镣。由于攻打郑州不利，又遭到屯驻于中牟的昭义监军判官雷殷符部的突袭，义军只得攻掠淮南。

王仙芝率军来到蕲州城下，此时的蕲州刺史是裴偓（wò），他是王铎作为贡举主考时所取的进士，所以王铎与裴偓有师生之谊，而当朝宰相王铎又是王镣的堂兄，王镣作为俘虏，目前正在王仙芝军中。

此时的王镣，就替王仙芝给裴偓修书一封，裴偓接信后，便打开蕲州城门，请王仙芝、黄巢三十余人入城，不但盛宴招待，还拿出了金银珍玩送给王仙芝和黄巢，以示言和罢战的诚意，并承诺上奏朝廷，促成招安事宜。

朝中虽有宰相郑畋（tián）等人坚决反对招安，但宰相王铎以大唐再也经不起折腾为由，力主招安义军。也想尽快结束战争的僖宗，采纳了王铎的建议，但不知出于什么考虑，朝廷仅仅任命王仙芝为左神策军押牙兼监察御史这一象征性的官职，而且对黄巢等人不理不睬。

这是要达到让义军“窝里斗”的目的吗？这样的内斗，岂不是照样会烽火连天？即便想分化瓦解，秋后算账，为什么不等到义军完全解除武装之后？显然，即便到了如此地步，大唐朝廷依然傲慢且愚蠢。

出于惯性思维，王仙芝欣喜若狂，因为他认为在这“两百年天子”手下做官，算吃上了“皇粮”，名正言顺且理直气壮。他完全没有想到，自己今天扮演的很可能将是昔日李唐王朝祖宗的角色。

朝廷的“小聪明”显然效果明显。黄巢怒气冲冲地闯进了王仙芝、裴偓、王镣与朝廷使者庆贺的现场。他当面呵斥王仙芝：“你我共誓，当携手纵横天下，如今你却要赴长安，出任禁军军官，你这一走，我们五千多弟兄，将在何处安身？”

愤怒的黄巢，不仅大骂王仙芝，甚至动手打伤了他。黄巢的坚决反对，迫使王仙芝放弃了朝廷授予的官职，但义军也因此产生严重裂痕，黄巢脱离王仙芝，踏上转战之路。

先驱王仙芝的结局

乾符四年（公元 877 年）二月，黄巢率军攻陷了天平节度使驻地郓州，斩杀了天平节度使薛崇。此时，唐招讨副使、都监、宦官杨复光，再次派人诱降王仙芝。王仙芝派尚君长等人去邓州见杨复光沟通此事，却再次发生意外。

尚君长等人在途中被宋威劫获，却谎称是临阵生擒，随后就将其悉数斩首。就这样，在王仙芝的犹豫不决之下，义军不但损兵折将，还一再错失良机。

乾符五年（公元 878 年）二月，王仙芝的义军在黄梅地区陷入重重包围。经过激烈的战斗，五万义军将士战死，王仙芝也死在突围途中。其余众一部分南下，活动于江浙一带，一部分加入了黄巢的队伍。

王仙芝的死，首先源于他革命意志的左右摇摆。他因走投无路揭竿而起，却在风起云涌之时，希望以此为筹码，接受朝廷的招安，致使他多次错过了重击朝廷的良机。正因为如此的犹豫和摇摆，才使得义军内部出现严重的分裂，而得以喘息、重整旗鼓的朝廷，则集中兵力，对王仙芝完成了剿杀。

王仙芝意志的不坚定，源于他对唐朝统治阶级的幻想和期待，这其实也是唐朝能够苟延残喘的一大原因。而这种没有明确的纲领、缺乏稳固的根据地的起义，还要走上一段曲折的道路。

其实这样的曲折，原本就是必经之路。因为只有通过这样的艰难险阻，才能从心底深处、从潜意识里培养和激发出“唯我独尊”的意念，才能使敌我双方同时看到、感知到这样的领袖才是“天命所归”。

也只有这样，才算真正达到所谓的“民心所向”。显然，王仙芝没有走过这条“曲折”之路。

在王仙芝战死的时候，黄巢正在率部攻打亳州。王仙芝的死，使以黄巢为首的起义军将领，感受到和唐王朝已没有妥协的余地。于是，他们决定建立自己的军政府，公推黄巢为主，号“冲天大将军”，改元“王霸”。

鉴于唐朝重兵都集结在东都附近、运河全线及长江北岸西起江陵东抵扬州沿线，所以黄巢认为，义军应该向唐军力量薄弱的地区发展。

黄巢接过“接力棒”

乾符五年（公元 878 年）三月，黄巢率军南下，起义军连续攻下虔（今江西赣州）、吉（今江西吉安）、饶（今江西鄱阳）、信（今江西上饶）四州。一时之间，义军势如破竹。

八月，黄巢军进攻宣歙镇治所宣州。作为藩镇治所的宣州，自然城池坚固、兵精粮足。久攻不克的义军，转而进入浙东地区。黄巢率军披荆斩棘，开山路七百里。十二月，义军一举攻下福建道治所福州。

公元 879 年，义军又由福州出发，进军岭南。朝廷故伎重演，企图招安黄巢，但直到此时，他们给出的筹码依然不多。广州是当时海外贸易大港和唐朝财源重地，一直主战的宰相卢携强烈反对将如此重要之地让给“盗贼”控制。因此，朝廷没有任命黄巢为岭南节度使，而是仅任命他为太子率府率。

当时东宫设有十率府，即太子左右率府、太子左右司御率府、太子左右清道率府、太子左右监门率府、太子左右内率府，每府长官为率府率，为正四品上阶。虽然品级并不算低，却只是个闲职，与位高权重的节度使自然不可同日而语。

得知自己仅被任命为率府率的黄巢，恼羞成怒之下，率军急攻广州，当日就攻占了广州这座岭南重镇，杀死岭南节度使李迢，以示与朝廷彻底决裂。

但黄巢麾下大部分是北方人，来到瘴疫横行的岭南后，由于水土不服，病死的兵卒居然达十之三四。黄巢只得听从部下劝告，放弃割据岭南的打算，率军北还。

黄巢的起义军自桂州乘坐大木筏，沿湘江顺流而下，经衡州（今湖南衡阳）、永州（今湖南零陵），直抵潭州（今湖南长沙）城下，一天就攻下潭州城。镇守潭州的湖南观察使、泰宁节度使李系，惊慌失措之下弃城逃跑。攻占潭州的黄巢，将城中唐军戍卒全部杀死，抛尸湘江，顺流而下的尸体将江面都遮盖得严严实实，其状甚惨。

尚让率义军乘胜进逼荆南道治所江陵府，号称拥兵五十万。而当时江陵唐兵不满万人，荆南节度使（镇江陵）、南面行营招讨都统王铎自知不敌。于是，留下部将刘汉宏守江陵，自己率众退往襄阳。王铎的理由是到襄阳与山南东道节度使刘巨容会合后，再回救江陵。

然而，刘汉宏怎能不知王铎分明就是临阵脱逃——搬救兵难道需要主帅率大军前往吗？不愿坐以待毙的刘汉宏，在王铎走后，就率兵大掠江陵，然后一把大火，将富庶的江陵城焚荡殆尽。时值隆冬季节，纷纷逃往山谷避难的城中百姓，冻死于山野之中的不计其数。而刘汉宏也率部向北逃亡，沦为群盗。

在刘汉宏焚烧江陵城的十多天之后，义军占领了江陵。两战两捷的黄巢，乘胜向北进攻襄阳。山南东道节度使刘巨容和江西招讨使、淄州刺史曹全晸（zhěng）联军驻扎荆门（今湖北荆门）。唐军在此设下埋伏，曹全晸率轻骑迎战，佯装败退，将义军引入了伏击圈。此战，唐军将义军从襄阳一路追击到江陵，义军遭受重创，人员损失十之七八。

襄阳大败之后，黄巢、尚让收拢余部，渡过长江向东转移。此时的刘巨容有机会在义军转移的过程中，将其一举歼灭，永绝后患。但他显然还想留着这支义军，作为他与朝廷讨价还价的筹码。他清楚，留着这样的义军作为“对手”，他这个藩镇节度使才会更加安全。

节度使也有自己的算计

下令停止追击，主动放弃这样千载难逢的机会，这就是当时这些出兵讨贼的节度使的“精明”算计。受到如此重创的义军，也就在这样的局面之下，迅速恢复元气。他们再次挥师进攻江南之地，一举攻破饶州、信州、池州（今安徽贵池）、宣州、歙州（今安徽歙县）、杭州等十五州之地，部众又迅速发展到二十万人。

南面招讨使王铎组织的围剿行动一再失败，卢携趁机大肆诋毁王铎，力荐淮南节度使高骈，于是高骈得以接替王铎主持招讨事宜。此前因与郑畋水火不容而被罢相的卢携，这次又得到起用。

但山河破碎之际，卢携身为宰相，不但没有去力挽狂澜，反而在内勾结宦官田令孜，在外依靠高骈的藩镇势力，把持朝政、专权祸国。国难之时，还有这样的宰相，执政集团如此昏聩，官僚机构如此腐朽，这样的王朝如果再不灭亡，才真的是天理难容。

广明元年（公元 880 年）四月，高骈部将张璘渡江进攻黄巢，义军退保饶州，义军将领常宏率众数万投降。后张璘又攻陷饶州，黄巢退保信州。

义军驻扎信州时，又遇到瘟疫在军中传播。一时之间，义军士卒因病死伤无数。张璘趁机强攻信州，此时的黄巢却拿出大量黄金贿赂张璘，表示要向高骈投降。高骈信以为真，答应向朝廷保奏黄巢，替他谋求节度使的职位。

当时昭义（泽潞）、感化（徐泗）、义成（镇滑州白马，今河南滑县东）等数万兵马，已经在淮南集结。但高骈怕诸道分走他的功绩，就奏称黄巢不日可以平定，不烦诸道兵相助，并请他们悉数回归本镇。

朝廷果然相信了黄巢想要归降，并采纳了高骈的建议。昔日因王仙芝已死的奏报，而遣归各路兵马的教训，似乎早已被抛到了九霄云外。而信誓旦旦能够轻松拿下义军的高骈当然不知道，他早已掉入黄巢为他设下的圈套。

如此一来，义军显然从处于绝对的劣势，逐渐转为拥有明显的优势。黄巢随即出兵，不断挑衅唐军。高骈气急败坏之下，令张璘出战，力图一举剿灭义军。而以逸待劳、士气高涨的义军大败唐军，张璘也在此战中被杀。

六月，义军分兵攻破睦州（今浙江建德东）、婺州（今浙江金华）。义军主力则在黄巢亲自指挥下，攻下宣州。七月，义军自宣州的采石矶（位于今安徽马鞍山长江东岸）渡江，进围六合（今江苏六合）、天长（今江苏天长）。

面对义军的高歌猛进，之前高调宣称黄巢不足为惧的高骈，却害怕得不敢出兵，致使义军如入无人之境。淮南军将领毕师铎向高骈进言："朝廷把安危托付给您，如今贼众数十万，乘胜长驱直入，若不及时占据险要，攻击贼军，一旦让他们越过淮河，必成中原大患。"

但此时早已被吓破胆的高骈只求自保。按兵不动的他，反而无耻地向朝廷告急求援。这就是宰相卢携力荐的文武大才，这就是遣归各镇兵马、大言不惭平定黄巢指日可待的大唐招讨使。面对朝廷的斥责，厚颜无耻、胆小如鼠的高骈，索性假装风痹病发，坐视黄巢义军一路往北杀去。

朝廷新任命的天平节度使兼东面副都统曹全晸，率军六千退屯于泗水之上，被义军一举击溃。九月，黄巢率义军渡过淮河，进入中原之地。这次义军对所过之处秋毫不犯，只是收纳壮丁壮大队伍。

面对日益壮大又来势汹汹的起义军，朝廷将如何应对？

重走入川的老路

其实，在黄巢北渡淮河之前，宰相豆卢瑑（zhuàn）就曾请求僖宗，将天平节度使的旌节授予黄巢，先平定民变，再徐徐图之。但宰相卢携认为，应该赶快调发诸道军队扼守泗州，任命宣武节度使为都统，率大军袭击黄巢贼众。黄巢北上无望之下，必定会南下转攻江浙一带，甚至会逃至海上偷生。

两种意见本无根本的冲突，只是应依据形势的变化，而采取不同的应对措施而已。只不过需要将这些措施完善、贯彻下去，并在实施的过程中根据形势的发展，做出相应的调整。

僖宗采纳了卢携的意见。但随后淮北诸州相继告急，卢携并未因势利导，也没有幡然醒悟，而是惊恐之下，索性像高骈一样，宣称重病在身，不再上朝议政，彻底“撂挑子”了。朝廷对你言听计从，你提出的策略也得以实施，你自己却万事不管了——卢携的行为当真令人匪夷所思。

朝廷此时已乱作一团，宦官田令孜自请率神策军弓弩手，前去东守潼关。僖宗倒也没有糊涂透顶，他认为禁军将士很久没有训练和征战，只怕派不上什么用场。田令孜却表现得相当慷慨，他说：“从前安禄山作乱的时候，曾有过玄宗到四川避难的先例。”他的意思很明确，那就是坚守潼关，实在守不住，他也为僖宗做好了到四川避难的准备。

比较悲观的崔沆（hàng）认为，当初安禄山仅五万部众，怎能与今日黄巢的六十万大军相比？豆卢瑑却同意田令孜的意见，因为目前的蜀中三川节度使，正是昔日僖宗以赌球方式，选定的陈敬瑄、杨师立与牛勖，而他们都是田令孜的亲信。

情况与安史之乱时惊人地相似，那时的杨国忠经营四川多年，今日的田令孜也早已安插心腹入川已久。玄宗和僖宗，两个大唐帝王，相隔一个多世纪的悠悠岁月，都走上了入川之路——悲剧，就是如此周而复始。

虽然崔沆、豆卢瑑等朝臣认为潼关并无重兵，难以阻挡黄巢的六十万义军，但放弃潼关，无异于放弃长安。国难之际，宦官倒是比卢携、高骈之流的文武重臣更有担当——这也许就是中晚唐的皇帝们，一方面咬牙切齿地清剿前任留下的宦官，另一方面却不遗余力地培植自己宠信的宦官的原因吧。

广明元年（公元 880 年）十月，黄巢率军攻下申州（今河南信阳），转战颍州（今安徽阜阳）、宋州（今河南商丘）、徐州（今江苏徐州）、兖州（今山东兖州）等地，所到之处，官吏逃溃，如入无人之境。

十一月十七日，黄巢大军进抵洛阳城下，汝郑把截制置使齐克让率部退守潼关，并上奏朝廷，请求尽快运送粮草，加派援军。而东都留守刘允章，则率众出城迎接黄巢大军入城。

唐僖宗下令选拔左、右神策军弓弩手两千八百人，任命张承范为兵马先锋使兼潼关把截制置使，率军赶赴潼关。二十一日，东都陷落四天后才接到消息的僖宗，又任命田令孜为洛、汝、绛、晋、同、华都统，统率左、右神策军征讨黄巢。

当时的神策军，正如僖宗本人所说，招摇过市甚至欺压百姓时，能力绰绰有余，一旦出征上阵，却顿失平日的嚣张气焰，甚至害怕到与亲人抱头痛哭。很多人花钱雇用贫民代替自己出征，而这些雇用来的人更是大多连武器都不会拿。

而先行出征的张承范，临行之时念念不忘的只是希望朝廷早点派兵前来支援。如此军队和主帅，岂能御敌？然而相比刘允章等不战而降之辈，张承范、齐克让等人已是此时的佼佼者了。

张承范率军来到华州时，适逢华州刺史调任宣歙观察使，群龙无首之下，军民全部逃进华山避难。冷冷清清的华州城，只有州库里的几只老鼠窜动。幸好这里还有一千多斛稻米，军士们每人带了三天的口粮，赶赴潼关。

到达潼关的张承范，在草丛中找到百十名村民，于是役使他们运石汲水，作守城的准备。此时，张承范与齐克让两军都已断粮，饿着肚子守城，战斗力和士气可想而知。

黄巢军进逼潼关城下时，齐克让率军出战，此战从午后一直打到日落。次日，面对义军的挑战，张承范再率军出战，拼死抵抗。

潼关城外，本来有一道深深的壕沟，黄巢军驱赶千余名无辜百姓，将他们推入壕沟，然后掘土将壕沟填平，顺利跨过了壕沟。当天夜里，黄巢军纵火，将潼关的关楼焚毁。张承范分派八百士卒，命王师会率领，前去守卫“禁坑”。这是潼关左边山谷中的一条隐秘小道，平时禁止百姓由此往来，只供官府征收商税之用，故称“禁坑”。

然而，尚让早已率军从“禁坑”绕到了关后。此时，黄巢与尚让率军对唐军前后夹击，一举攻下了潼关。王师会兵败，走投无路之下，自杀身亡。

张承范收拾溃军逃走，逃至长安渭桥时，这些饥寒交迫、身着破衣烂衫的溃兵，见田令孜招募的新军寸功未立，却反而穿着新衣皮裘，激愤之下，双方发生火并。这些战后余生的兵卒不但抢劫了新军，而且其中很多人成了义军的向导，甚至盼望着义军尽快打到长安。

潼关失守，力主清剿义军，并在义军兵临洛阳时托病擅离职守的卢携，自知罪责难逃，服毒自杀。田令孜举荐王徽、裴澈（裴休之侄）

为相，又率神策军五百人，护卫着僖宗皇帝自金光门出城。仓促之间，仅有福王、穆王、泽王、寿王四王及几个妃嫔跟随，百官一时之间竟无人知晓僖宗的去向。

惶恐不安的僖宗一行，昼夜不停地一路逃亡，以至于连随从人员都追不上，可谓狼狈至极。同当年的唐玄宗一样，僖宗也一路逃亡到了成都府。

见僖宗弃长安而逃，城中士卒及坊间百姓，争先恐后地进入皇家府库，大肆抢掠金银布帛。偌大的长安城一片混乱，昔日静肃的皇宫此时也是一片狼藉。

称帝怎么总是头等大事？

黄巢义军攻克潼关，乘胜攻取华州，留义军将领乔钤（qián）镇守。河中节度使王重荣投降义军后，黄巢率军直趋长安。

义军攻取长安，不仅兵不血刃，甚至被夹道欢迎。义军前锋柴存率军进入长安，金吾大将军张直方则率文武官员数十人，赶往灞上迎接黄巢。

此时的黄巢，坐着用黄金装饰的轿子，前面铁甲骑兵开道，后面辎重车辆压阵，士兵都用红缯（zēng）扎起头发，身着锦绣华服，手执武器，跟随其后，大军延绵不绝。

长安居民夹道欢迎，义军大将尚让宣谕城中百姓：黄王起兵，本为百姓，非如李氏不爱汝曹，汝曹但安居无恐。

黄巢经过春明门，进入太极殿，数千宫女争相迎接拜见，伏地口称“黄王”。

黄巢和他的将士们住在田令孜的府上，其麾下将士看到贫穷百姓，开始还会给些钱物。但仅仅几天后，不安分的义军将士便开始大肆抢劫。他们尤其痛恨唐朝官吏，只要抓到，一律杀死，以至于连黄巢都难以禁止。

广明元年（公元 880 年）十二月十三日，将李唐宗室全部杀光的黄巢，于大明宫含元殿即皇帝位，国号“大齐”，建元金统，同时大赦天下。但藏匿于民间的宰相豆卢瑑、崔沆，尚书左仆射于琮等朝廷重臣，均被义军搜出后诛杀，就连曾领衔到灞上迎接义军的张直方，也被满门抄斩。

此时的黄巢，也像当初的安禄山一样，没有在夺取长安之后追击逃亡的皇帝，这也是他功亏一篑的重要原因。显然，入主长安之后，黄巢已志得意满。

中和元年（公元 881 年）三月十六日，朝廷任命的京城四面诸军行营都统、凤翔节度使郑畋与关中地区的泾原、鄜延、夏绥等镇节度使共同起兵，传檄天下，号召天下藩镇合兵攻讨黄巢。黄巢派遣大将尚让率兵五万进攻凤翔，郑畋巧用疑兵之计，诱敌深入，将刚刚占据长安、趾高气扬的尚让部引进伏击圈。此战，唐军斩杀义军两万多人。

前朔方节度使唐弘夫率军驻扎于渭北，河中节度使王重荣率军屯驻沙苑，义武节度使王处存驻军渭桥，夏绥节度使李思恭（拓跋思恭）屯军武功，郑畋率领大军进达盩（zhōu）厔（zhì），形成了全面合围长安之势。

这里的王重荣，在黄巢进攻长安之前诈降义军，后因黄巢的军政府“调财不已，又将征兵”，河中吏民杀黄巢使臣，黄巢派其弟黄思邺、大将朱温率兵进攻河中，为王重荣所败，河中重新回归朝廷。

四月初五，黄巢率军撤出长安，向东转移。京城四面诸军行营副都统、泾原节度使程宗楚和京城四面诸军行营行军司马、前朔方节度使唐弘夫，率先从延秋门进入长安城，义武节度使王处存也于当晚率精锐五千进入长安。

起初，长安百姓还争先恐后地出来欢迎唐军，入城的唐军却大肆抢夺金帛、掠取姬妾，长安城内顿时陷入混乱。入城的程宗楚等人又唯恐别的将领分去他们的战功，竟然拒不向郑畋与李思恭等人通报战况。

黄巢困守长安

而此时的黄巢并未走远，他率军露宿于灞上，当侦察到城内唐军号令不整，且围攻长安的诸路唐军似乎也互不联系时，果断地率军杀回长安。正在大肆抢掠的唐军，万没想到黄巢居然会杀了个回马枪，顿时溃不成军。程宗楚、唐弘夫二人被杀，王处存收拾残兵，狼狈逃到渭桥驻扎。

重归长安的黄巢，对长安居民协助官军的行为十分愤怒，他纵兵对城内百姓进行大肆屠杀，据说，当时罹难的平民多达八万之众，以至于尸骨成山、血流成河，黄巢称之为“洗城”。

作为长安的百姓，实在是难，官军来了被抢，义军来了也被抢。黄巢第一次进入长安，受到夹道欢迎；四个月后，官军进入长安，长安居民高兴得用砖块参加战斗对付义军，有的还捡起地上的箭，送给官军。是战是降，困扰过王仙芝，也令黄巢动摇过，如此的矛盾纠结，同样萦绕在长安百姓的心中，挥之不去。

黄巢自起兵以来，转战中原，远征岭南，又从岭南回返，渡过淮河，力克洛阳，直指长安，一直处于四处征战的状态。这种所谓的“流寇”思维和行动，使义军常常是攻下一城便放弃一城，始终未能建立起巩固的根据地，所以义军的后勤得不到充足的供给。

而此时关中地区的粮食，主要依靠扬州和益州。高骈割据淮南，镇海节度使周宝控制两浙，江淮的物资自然不会供应关中、洛阳。因此，两京根本无法支持几十万义军的开支，而其他地区的粮食又迟迟运不到长安，以至于义军将士窘迫到以树皮充饥的悲惨境地。

而来到成都的僖宗，同样遭遇到后勤补给不足的困扰。由于蜀中军士得不到应有的赏赐，西川军使郭琪首先发难，向田令孜要求得到与外镇将士同等的报酬。田令孜恼怒之下，让其喝下毒酒，明知有毒的郭琪回去之后，吸血解毒，吐出黑色毒液数升，才保住了性命，随即率部造反。

郭琪用金蝉脱壳之计，让部下假装将自己刺死江中，拿着自己的官印与佩剑回去，将其交给陈敬瑄。因为他判断，陈敬瑄即使明知他无罪，也必须以他的首级来安定军心，所以若知他已死，陈敬瑄必不会难为他的家人。果然，在郭琪前往广陵投奔淮南节度使高骈时，郭琪一家也得到赦免。

这样的陈敬瑄是纯粹的“草包”加“奸人”吗？历史也是讽刺，选择在特殊的节点，让屡立战功的郭琪，走投无路之下，去相信一个“卖烧饼”出身，靠宦官的关系出任节度使的陈敬瑄，而陈敬瑄显然没有辜负郭琪的“信任”。

此时的长安已沦为孤城，黄巢战略的失误就是太过留恋长安，没有趁兵力强盛、士气高昂之际，转移阵地，打通粮道，建立稳固的根据地。

其实，唐军在长安新败之时，藩镇内部仍是矛盾重重。武宁节度使支详为其部将陈璠所杀，另一部将时溥又杀陈璠，朝廷只得任命时溥为武宁节度使。而凤翔行军司马李昌言利用凤翔仓库虚竭，以“粮馈不继”为由，逼走凤翔节度使郑畋，使郑畋出走成都，李昌言则如愿出任凤翔节度使。

黄巢没有趁此机会对唐军分化瓦解，等到唐军集结完毕，困守长安的他已无力回天。

中和二年（公元882年）正月，朝廷任命王铎充任诸道行营都统兼义成节度使，全权指挥调度围剿黄巢义军。王铎统率西川、东川、梁州三路兵马，驻军盩厔；泾原节度使张钧率部驻扎京西；义武节度使王处存和河中节度使王重荣两军驻扎在渭北；凤翔节度使李昌言驻军兴平；鄜坊节度使李孝昌和夏绥节度使李思恭率部驻扎在渭桥；忠武军由监军杨复光率领，攻下邓州，并把兵锋推进到蓝田关，进屯武功。

各路唐军完成了对长安的合围。义军既不能战胜沙陀的李克用，黄巢又无法制止部将朱温降唐，等待他的只有一条覆灭之路。

第十三章
乱局中覆亡

朱温降唐与黄巢被灭

公元 882 年，黄巢任命朱温为同州刺史。八月，王重荣围困同州，朱温见黄巢势力日渐衰微，就杀死监军严实，举州投降了王重荣。大齐华州刺史李详也想投唐，被监军告发，黄巢斩杀李详，派弟弟黄思邺为华州刺史。不久，李详旧部赶走黄思邺，推举华州镇将王遇为主，举州投降了王重荣。

此时，黄巢控制的同、华二州均已丢失。而降唐的朱温，被僖宗任命为右金吾大将军、河中行营招讨副使，并赐名“全忠”。大唐朝廷就是要用这样的收买政策，分化瓦解义军，孤立黄巢。

大中六年（公元 852 年）十月，朱温出生在宋州砀（dàng）山县午沟里。朱温兄弟三人，老大朱全昱，老二朱存，朱温排行老三。由于父亲早亡，母亲王氏带着兄弟三人，寄居在萧县刘崇家中。

朱温长大后常常以豪侠自许，但乡里人对游手好闲的朱温颇为反感，刘崇更是时常对他羞辱打骂。只有刘崇的母亲一贯善待朱温，并告诫家人：朱三绝非等闲之辈，你们要好好对待他。

公元 877 年，朱温与二哥朱存辞别家人，投入黄巢军中。在转战岭南时，朱存战死，朱温却因功补为队长，渐渐成长为黄巢所倚重的心腹将领，一路攻城略地，战功颇多。

攻陷长安后，朱温奉命领兵驻扎在东渭桥。前夏绥节度使诸葛爽，率军屯驻于栎阳（今陕西西安阎良）。朱温兵不血刃，仅凭一席话就诱降了诸葛爽，使黄巢对他更加器重。

中和元年（公元 881 年）二月，朱温被任命为东南面行营都虞候，一举攻占了邓州，成功阻断了荆襄地区唐军北上的通路，初步稳定了东南面的局势。

当年七月，朱温又被调到长安西面，当时鄜延节度使李孝昌、夏绥节度使李思恭驻扎在东渭桥。骁勇善战的朱温联合尚让，率军将李孝昌、李思恭部击溃，迫使他们逃回本镇，解了长安西面之围。

中和二年（公元 882 年）二月，朱温被任命为同州防御使。同州此时仍被唐军占据，但就在朱温率军赶到同州时，同州刺史米诚已逃往河东，朱温占据同州。

但在这里，朱温多次被王重荣打败。他连上十次奏章，向黄巢紧急求援，但都被知右军事孟楷私自扣下。孟楷的隐瞒不报，也使朱温看到义军将帅不和、军心涣散的事实。于是，朱温投唐，并认王重荣为舅父。

此时，僖宗万万没想到，就是这个让他赞誉为“上天赐予如此上将”的朱温，会在二十五年后，亲手敲响了大唐王朝的丧钟。

朱温虽然降唐，同、华二州也复归朝廷，但黄巢的势力依然不容小觑。王重荣对行营都监杨复光说出讨贼兵力不足的忧虑，杨复光建议征召雁门节度使李克用，因为他认为此人不仅英勇善战，还有报国之心，如果朝廷诚心招用，李克用不会推辞。

李克用，本姓朱邪（又作朱耶），沙陀人，赐姓李。当时西突厥余部沙陀部落酋长为朱邪赤心（赐名李国昌），率沙陀部附塞后，曾帮助唐王朝镇压庞勋起义有功，官至振武节度使（今内蒙古和林格尔西北），后来为吐谷浑大同节度使赫连铎所袭，逃奔到塞外的达靼部落。

李国昌的儿子李克用十五岁从军，骁勇善战，军中称之为“飞虎子”。他别号“李鸦儿”，所以他的军队主力也称“乌鸦兵团”。

在河中节度使王重荣和行营都监杨复光的推荐下，王铎调用李克用的“乌鸦兵团”，镇压黄巢的起义军。中和元年（公元 881 年），李克用被任命为雁门节度使，率军进至河中。

中和三年（公元 883 年）正月，李克用的先头部队在沙苑（今陕西大荔东南）击败黄巢之弟黄揆的义军。二月，李克用进军乾阬（kēng）（今陕西大荔西），与河中的王重荣、义武的王处存、忠武的杨复光三道联军，直逼梁田陂（今陕西华县西三十里）。

黄巢麾下大将尚让正率军十五万，驻扎在梁田陂。两军相遇，即刻展开激战。此战从中午一直持续到傍晚，尚让部遭受重创，唐军俘虏斩杀义军数万人之多，横卧的尸体达三十余里。

黄巢接连受挫，军粮又接济不上，就准备秘密撤离长安。他派出三万兵马，加强对蓝田的控制，以便经蓝田南下。在这段时间内，李克用经常派部将薛志勤、康君等人潜入长安，抓捕俘虏，烧毁仓库，使得黄巢义军人心惶惶。后李克用联合诸道军与义军大战于渭南，义军再次惨败。

四月初八，沙陀、忠武及河中军进入长安，义军焚烧宫室后向蓝田道撤退。唐军入城后，又将长安抢劫一空。此时的长安，可谓“室屋及民所存无几”。

逃离长安的黄巢义军，从蓝田进入商山，沿途扔下许多金银财宝。前来追赶的唐军，因争抢财物而放慢了追击的脚步，使黄巢得以率部逃脱。

随后，黄巢义军经过蔡州（今河南汝南）。蔡州本是淮西镇治所，朝廷讨平吴元济后，便撤销了淮西镇，将蔡州划归忠武镇。公元 882 年，朝廷在蔡州设置奉国军节度使，秦宗权成为首任节度使。

面对义军孟楷部的进攻，秦宗权战败，投降黄巢。公元885年初，秦宗权在黄巢殉难于狼虎谷之后，据蔡州称帝，分封百官，建立政权，沿用“大齐”国号，以示对黄巢政权的延续。

黄巢在进攻陈州（今河南淮阳）时，陈州刺史赵犨（chōu）早有防备，不但早早就修筑了工事，而且积储了大量的粮草。此战，孟楷战败被杀，孟楷部全军覆没。黄巢震怒之下，决定长期围困陈州，赵犨上表求援。中和三年（公元883年）七月，朝廷命宣武节度使朱温为东北面都招讨使，前去解陈州之围。朱温与武宁节度使时溥、忠武节度使周岌率兵前来救援。

没想到，朱温等人被黄巢打败，不得不向已经因功升任河东节度使的李克用求救。中和四年（公元884年）二月，李克用亲率蕃、汉兵五万前来增援。此时黄巢围困陈州三百多天，已是疲惫不堪。

四月，李克用率军先击败了驻守在陈州以北太康的尚让军，又击败了驻守在陈州以西西华的黄思邺军，黄巢被迫退至陈州以北的故阳里，陈州之围被解。

五月，连日大雨，黄巢军营为雨水所淹，又听说李克用大军将至，于是带兵疾奔汴州。李克用率军追击到中牟以北汴河上的王满渡口时，对义军发起攻击。黄巢军损失惨重，死伤上万人。被逼到绝境的黄巢义军，再次发生了严重的分裂。

大将尚让率军万余人向徐州方向转移，投降了武宁节度使时溥。其他将领如李谠、葛从周、张归霸等人，则率部投降了朱温。

黄巢率残部东奔兖州，李克用穷追不舍，经封丘、胙（zuò）城（今河南延津北三十里）、匡城（今河南长垣南），一路追到了黄巢的老家冤句，终因昼夜行军，粮尽之下，进入汴州休整。

此时，武宁镇将领李师悦与义军叛将尚让也加入了追击黄巢的行列。六月十五日，瑕丘一战，黄巢军丧失殆尽，无奈退至狼虎谷（今山东莱芜西南）。

六月十七日，走投无路的黄巢，对部将也是自己的外甥林言说：“我本想洗干净这污浊的世界，没想到竟一败涂地。现在，你砍下我的头领赏去吧，不要便宜了别人。”林言不忍下手，黄巢遂拔剑自刎。

黄巢此次计划的撤军路线，原本并没有明显的错误。他出蓝田关，经蔡州，然后过陈州、亳州，到达徐泗，取淮南道作为根据地，再和唐军一决胜负。他错就错在，围攻陈州三百余天，历经大小数百战，不但士卒疲惫不堪，而且耽误日久，使淮南道各镇都做好了充分的准备，这是黄巢的严重失误。

显然，作为主帅，黄巢因一城一地的得失而大动肝火，以至于放弃了原本的战略规划，致使军心涣散之下，分崩离析，其本人难辞其咎。但从此也能看出，所谓“洗干净这污浊的世界”该是多么艰难的一项事业，原本就需要很多人，甚至很多代人的努力。这中间怎么会没有坎坷、曲折、迂回，甚至倒退？但历史的车轮滚滚向前，不可阻挡，这时候的黄巢等人，无疑是这股前进力量的先驱。

壮志未酬身先死的黄巢，虽有遗憾，却也是历史的必然规律。林言将“巢及二弟邺、揆等七人首并妻子函送徐州”，但路遇沙陀、博野军。他们杀了林言，夺黄巢等首级，送往徐州献给时溥请赏。

黄巢死后，他的儿子黄浩率义军余部七千，号“浪荡军”，转战江湖，公元 901 年前后，攻破浏阳。湘阴土豪邓进思在山中设下埋伏，黄浩部遭到阻击，随后黄浩也被斩杀。

七月二十四日，时溥遣使臣进献黄巢和他家人的头颅及黄巢众妾。唐僖宗登上成都大玄楼，似有不解地问黄巢众妾：“你们出身显贵，世受国恩，为什么要追随贼寇？”站在最前面的一位女子，朗声答道：“贼寇起兵之时，大唐的百万军队都不能固守祖庙，以至流落巴蜀，如今斥责一个女子不能御寇，朝中那些王公大臣、将军统帅又怎么说呢？”这与后世那句“十四万人齐解甲，更无一个是男儿”的表述何其相像！

把亡国的责任推给一个个弱女子，大唐皇帝的问话，显得那么虚弱和无耻。而一位女子的反问，却那么铿锵有力。谁能回答他们两人的疑问，谁也许就能找到王朝更替、帝国兴亡的秘密和规律了。

王仙芝、黄巢死后乱局

王仙芝、黄巢领导的农民起义军，从乾符元年（公元 874 年）十二月王仙芝在濮州起义，至中和四年（公元 884 年）六月黄巢在狼虎谷自杀，前后历时十年之久。起义虽然失败了，但唐王朝也从此分崩离析，趋于覆亡。

为了剿灭黄巢义军，朝廷征调了大量番兵，像沙陀的李克用、党项的李思恭等人，再加上大量册封节度使，导致自唐中期以来的藩镇割据局面愈演愈烈。战乱之后，朝廷对各藩镇更是束手无策，节度使权力空前强大，这为后来五代十国乱局的出现埋下了伏笔。

而且黄巢转战唐朝大半疆域，对江淮地区的士族造成了毁灭性打击。大齐政权建立后，又在长安城里大肆杀戮门阀士族，导致从东汉以来出现的门阀大族基本被毁灭殆尽。中原大地开始从贵族门阀时代进入士子时代。

因此，黄巢起义对后世中原王朝的政策和整体风气造成了深远的影响。

光启元年（公元 885 年）正月，唐僖宗从成都起驾，二月到凤翔，三月十二日回到了阔别近五年的长安。长期的战乱，已使昔日繁华的长安破败不堪。整个长安城不仅荆棘、野草丛生，狐狸和野兔更是四处乱跑。

令悲从中来的僖宗更加绝望的是，虽为大唐皇帝，实际能够控制的地方也仅剩关中、山南、剑南、岭南这几十个州而已，至于其他区域，他已经逐渐失去了实际控制权。

唐僖宗流离在外多年，回到他魂牵梦萦的长安城之后，噩梦却并没有结束。藩镇力量与宦官势力之间争斗不断，而且日益升级。明面上是两派之间的斗争，实质上也是对皇权的挑战。

作为皇帝的僖宗，此时能信任谁？又能依靠谁？

藩镇拥兵自重，军队的私有化逐渐架空了皇权，他们时刻准备着对皇权发起挑战。皇帝与藩镇，早已没有了所谓“君臣”的“正统”和“道义”的约束。对此时的藩镇来说，是否造反只是出于利益的考量和对时机的把握。

相比之下，宦官倒是依附于皇帝，但禁军掌握在他们手中，所以这些宦官又不依附于某一个特定的皇帝。哪一个皇帝猜忌他们，他们就会拥立一个更听话的皇帝。

此时的僖宗，左右为难。

唐僖宗在成都时，田令孜曾大肆招募新军，设五十四都，每都一千人，分别隶属左、右神策军，还有南衙、北司的官员，达一万余人。如此多的官员士卒，都需要朝廷供养，而各藩镇却独占赋税，甚至连河南道、河北道、江南道、淮南道等藩镇，此时也已不再向朝廷纳赋。大唐财政仅仅依赖长安所在的京兆府以及周边的同州、华州、凤翔府等几个州府上缴的田租赋税艰难度日。

没有足够的军饷和赏赐，神策军将士多有怨言。于是急于开辟财源的田令孜，盯上了蒲州安邑、解县的盐池。原本隶属盐铁转运使的这两地盐池，一向由朝廷任命官吏管理池盐专卖事宜，但河中节度使王重荣趁乱独占盐池收入之后，每年仅向朝廷进献三千车盐供国家调用。

急于恢复旧制的田令孜，奏请僖宗将王重荣调任泰宁节度使，并任命自己兼任两池榷盐使，以尽收安邑、解县两池盐利。

自认在收复长安中立下大功，又占尽红利的王重荣，怎会不对田令孜此举勃然大怒？对于这些藩镇节度使来说，动了他们的利益，甚于挖了他们的祖坟。王重荣拍案而起，历数田令孜十大罪状，公开与其决裂。

田令孜联合邠宁节度使朱玫、凤翔节度使李昌符等人，而王重荣选择了向李克用求援。双方剑拔弩张，一场内斗又将拉开帷幕。

李克用、朱温斗法

李克用原本不愿帮助王重荣，因为朱温曾企图谋害自己，现在又认了王重荣为舅父。李克用与朱温这段过往，发生在李克用追击黄巢，而到汴州休整时。

黄巢占据长安时，刚刚三十二岁的朱温被朝廷任命为宣武节度使，令其与河中军进攻黄巢，待收复长安后赴镇。黄巢被赶出长安后，朱温率军来到汴州，繁华的汴州至此成为朱温的大本营。

宣武本来是脱胎于永平镇的小藩镇，可自从将治所迁到汴州后便实力大增，因处于漕运枢纽而富甲一方。朱温上任之初饥民遍野，但他治理有方，渐渐在此站稳了脚跟。

李克用追击黄巢，兵疲粮尽时，进入汴州休整。朱温倒是热情地尽地主之谊，将李克用安置在上源驿馆舍歇息，并制备了丰盛的酒宴。

酒宴之上，李克用可能原本就看不上朱温孱弱的兵力和投降的做派，醉酒的他对朱温恶语相加。受此羞辱的朱温，气愤之下，对李克用动了杀机。他截断通往上源驿的主干道，随后派宣武军杀进了李克用的住所。然而连嘈杂的喊杀声，也没能惊醒大醉的李克用。

李克用的亲兵薛志勤、史敬思等十几人，不愧为南征北战的精兵强将，见宣武军已经杀进上源驿，随即与他们展开厮杀。也是李克用命不该绝，当宣武军用火箭将馆舍点燃，烈焰腾空而起，他们瞬间被大火包围之际，突然间电闪雷鸣，一场大雨倾盆而下，将大火浇灭。

薛志勤搀扶着李克用越墙逃走，一路冲杀。李克用登上汴州城南的尉氏门，抓住绳子逃出城外。断后的史敬思，却力战而死。回到城外军中的李克用，立即就要整军攻打汴州城，他的妻子刘氏却劝谏他：本来朱温蓄意谋害的罪名明确、证据确凿，如果起兵攻城，反而说不清是非曲直了。

李克用听从了妻子的劝诫，率军离去，并上奏僖宗，希望朝廷为他主持公道。此时的僖宗两边都惹不起，只好从中调和，为了安抚李克用，赐给他“陇西郡王”的爵位。

自此之后，李克用、朱温两人争斗了几十年，直到李克用的儿子李存勖灭掉朱温建立的后梁，这段长达四十年的恩怨才彻底画上了句号。

此时，李克用就因为这段恩怨，而不愿帮助王重荣对付田令孜。但此时的联合与背叛，当真匪夷所思。朱玫与李昌符两人，早就与朱温暗中勾结，朱玫为了迫使朝廷讨伐李克用，不惜派人潜入京城，纵火焚烧物资，刺杀皇帝近臣，然后嫁祸给李克用。愤怒的李克用，与王重荣联手，在沙苑会战中大败朱玫与李昌符联军，二人逃回本镇。

挑起事端，又无力应对，朱玫与李昌符二人意欲何为？他们难道本就想将水搅浑，企图摸到大鱼？或者他们根本就没有什么明确的目标，只是按捺不住那颗小丑跳梁之心？末日的王朝，也许正适合一众小丑粉墨登场。

李克用的“乌鸦兵团”逼近长安，田令孜十分清楚，自己的神策军绝不是沙陀兵的对手。光启元年（公元 885 年）十二月二十五日夜，返回长安仅仅八个月的唐僖宗，只得再度从长安的开远门仓皇出逃。

但这次僖宗是被胁迫而逃，因为李克用的诉求只是诛杀田令孜。

作为宦官的田令孜怎会不清楚，此时离开僖宗，自己无异于丧家之犬。于是，他率神策军强行冲入宫中，挟持着僖宗，企图逃往兴元府（今陕西汉中）。匆忙之中，跟随在僖宗身边的宦官、侍卫仅有几百人，就连宰相也不知道皇帝的下落。

此时的朱玫与李昌符瞬间变脸，又投靠了李克用。为向李克用表示忠心，他们递上了投名状——派兵拦截田令孜一行。但此时，田令孜已经挟持着僖宗到了兴元府。

田令孜自知不为藩镇所容，也明白皇帝再也保护不了自己，就推说有病，以到成都求医为名，投奔了他的哥哥——西川节度使陈敬瑄。接替田令孜成为枢密使兼左神策中尉、观军容使的是宦官杨复恭。朝廷的大权，如今又掌握在了杨复恭的手中。

盛年早逝的僖宗

光启二年（公元 886 年）四月，朱玫、李昌符与留在长安的朝臣们商议后，拥立唐肃宗之子襄王李僙（guāng）的曾孙李煴（yùn）为主。十月，李煴即皇帝位。

但因为李煴为远房宗亲，缺乏号召力，朱玫自立为宰相后，以麾下有限的兵力又不能做到挟天子以令诸侯。此时，就连与他一起拥立李煴的李昌符，见朱玫自为宰相后专横弄权，也对其颇为不满。

而此时的僖宗，不断遣使笼络王重荣与李克用。王重荣上表献绢十万匹，并请讨朱玫，以赎自己攻打长安之罪；李克用也声讨朱玫谎称僖宗晏驾，擅立李煴的罪行。

十二月，朱玫为部将王行瑜所杀，京城大乱之下，逃奔河中的李煴为王重荣所杀。转过年来，僖宗由兴元回京，但由于长安遭到严重破坏，只得暂时住在凤翔。光启四年（公元 888 年）二月，逃亡在外两年多的僖宗，拖着病体再次踏上回长安的路。

僖宗可谓命运多舛，就在回京的途中，他又遭到凤翔节度使李昌符的劫杀，这次救了僖宗的是武定节度使李茂贞。

李茂贞本是博野牙军的士卒，当初黄巢兵进关中时，他随着勤王的各道兵马来到了奉天。因讨伐黄巢屡立战功，李茂贞一路升任为神策军统军，后被田令孜收为养子，又因护驾有功，官至武定节度使，管辖洋州（今陕西洋县）。

骁勇善战的李茂贞打败了李昌符，并将其斩首，僖宗任命李茂贞为凤翔节度使，接替了李昌符。朱玫、李昌符两个跳梁小丑，就这样身首异处。

而历经坎坷，也没有终成大器的唐僖宗李儇，尽管只有二十七岁，却已病入膏肓。三月初五，僖宗病情急剧恶化。第二天，这个年轻的皇帝就死在了大唐大厦将倾之际。

僖宗死后，神策十军观军容使、神策左军中尉杨复恭与神策右军中尉刘季述共同拥立唐懿宗李漼第七子、唐僖宗李儇之弟——寿王李杰为帝，后又改名李晔，是为唐昭宗。

昭宗除了心腹大患

杨复恭出身世代权宦之家，其养父杨玄翼曾担任枢密使，天下兵马都监杨复光是他的堂兄。杨复恭从小就进入内侍省，经常出监各镇军队。唐懿宗时，他就已成为河阳监军，后因镇压庞勋起义有功而升为宣徽使。公元 869 年，杨复恭接替其父杨玄翼为枢密使。

他的堂兄杨复光虽是宦官，却在征讨黄巢时功绩卓著——正是他出面劝降了朱温，也是他引李克用率军进入关中。但随着杨复光的暴病而亡，杨复恭被田令孜贬为飞龙使。杨复恭一直称病在蓝田休养，直到田令孜出走成都，才接替田令孜出任神策十军观军容使、神策左军中尉。

昭宗昔日就与田令孜、陈敬瑄兄弟不睦，于是大权在握的杨复恭也着手清算田令孜。朝廷任命韦昭度为西川节度使，征召陈敬瑄入京，并下诏削夺田令孜官爵，长流端州（今广东肇庆）。

然而，田令孜依靠其兄西川节度使陈敬瑄的势力，对朝廷之命置之不理。陈敬瑄更是拥兵自重，拒绝韦昭度入川。朝廷对他们兄弟二人无可奈何，没想到他们竟然死于田令孜养子之手。

王建，陈州项城（今河南沈丘）人，曾为忠武镇（今河南许昌）牙将。忠武监军杨复光抽调忠武军八千人，立为八都，每都一千人，此后八都围攻黄巢于长安，王建是八都中一个都的都头。

杨复光病死，王建随另一都头鹿晏弘来到山南西道的兴元府。鹿晏弘自称节度留后，以王建为属郡刺史。当年僖宗在成都时，田令孜派人去游说王建，王建等五个都头率众数千，逃奔成都，田令孜都把他们收为了养子。

当唐僖宗第二次逃奔兴元时，王建为神策军使，护驾有功。但此时的杨复恭自然容不下王建，他被排挤出长安，前往壁州（今四川通江）担任刺史。

公元 887 年，杨复恭以养子杨守亮为山南西道节度使，出镇兴元。杨守亮忌惮王建骁勇，要将王建调回兴元。王建惧怕为杨守亮所杀，招募当地酋豪，拥兵八千，沿嘉陵江而下，攻取阆州（今四川阆中），自称东川防御使。

因王建和东川节度使顾彦朗曾同在神策军共事，二人关系十分要好，王建占据阆州之后，顾彦朗时常接济其军粮物资，王建也从不侵犯东川地界。陈敬瑄却害怕顾彦朗和王建合兵进犯西川，于是同田令孜商议此事。

田令孜认为王建是其养子，可以招致麾下，就写信召王建到成都。王建大喜，率军进至鹿头关（今四川德阳北）。但此时的陈敬瑄在幕僚的劝说下，开始害怕落得个引狼入室的下场，于是在沿途增加守备，阻止王建入川。

田令孜、陈敬瑄出尔反尔的举动，彻底激怒了王建。他攻破鹿头关，连克汉州（今四川广汉）及德阳（今四川德阳），直抵成都城下。攻城不下，王建遂率军退屯汉州。

昭宗即位，任命韦昭度为西川节度使，同时将剑南西川北部的邛（qióng）州［今四川邛崃（lái）］、蜀州（今四川崇州）、黎州（今四川汉源北）、雅州（今四川雅安）四个州划出，设置永平军，任命王建为永平军节度使。

陈敬瑄自然不肯放弃原属自己的地盘，拒绝接受朝廷诏命。韦昭度、顾彦朗与王建聚兵十万，围攻成都府，然而打了三年之久，仍未攻破城池。

大顺二年（公元 891 年）三月，昭宗在无奈之下做出妥协，下诏恢复陈敬瑄官爵，令顾彦朗、王建返回本镇。王建自然心有不甘，他上表请求继续攻城，但韦昭度意欲撤兵，于是王建暗中派部将杀韦昭度亲兵，诬陷其私盗军粮。韦昭度当然明白王建意欲何为，于是在大惧之下将节度使旌节留给王建，随即逃回长安。

当时的成都城内，也已粮草不济，只是在苦苦支撑，见王建攻城甚急，田令孜无奈，只得登上城头向王建求和："你我父子一场，怎会到了如此兵戎相见的地步？"王建的回答是："养父之恩，没齿难忘，我如今只是奉皇帝之命，讨伐不听诏令之人。"

事已至此，大顺二年（公元 891 年）八月，田令孜只得将西川节度使印信旌节授予王建，王建随即进入成都。两年之后，王建杀陈敬瑄于新津（今四川新津），并将田令孜下狱，田令孜饿死狱中。

公元897年，王建发兵攻下梓州，兼并东川。公元902年，王建以假道勤王为名，进占兴元，取得山南西道，就此占据了三川之地。

丧钟的敲响

唐朝之亡与高骈有很大的关系。高骈是唐宪宗时期的西川节度使高崇文之孙，出身山东（太行山以东）汉族名门渤海高氏。高家世代为禁军将领，高骈初为右神策都虞候。

公元864年，高骈为安南都护，后因功迁天平军节度使。公元876年，又移镇成都，任西川节度使。此后，高骈又转为荆南节度使。公元879年，高骈任镇海节度使（浙江西道，出镇今江苏镇江）。两年后，高骈迁任淮南节度使，兼江淮盐铁转运使、诸道兵马都统。

然而，在黄巢攻占两京时，高骈在保存实力。公元881年，高骈虽移檄四方，讨伐黄巢，却只是虚张声势。看出他本意的镇海节度使周宝与其发生矛盾，并且仇怨日渐加深。之后，周宝依附拥立李煴的朱玫；李煴倒台后，由于镇海军作乱，周宝出奔常州，依附于钱镠（liú），后死于杭州。

晚年的高骈迷信神仙之术，重用术士吕用之、张守一等人，付以军政大权。吕用之以“绝俗累，招致神仙”为名，变相将高骈“软禁”，专断独行，高骈部将多为吕用之所杀。

公元887年，高骈为抵御秦宗权攻打淮南，派部将毕师铎屯兵高邮。但毕师铎疑惧吕用之早晚会杀了自己，就起兵回攻广陵，一时之间却难以取胜，于是向宣歙观察使秦彦求援。为此，他开出的条件是：“城克之日，迎秦彦为帅。”

秦彦遣将率兵三千渡江至扬子（今江苏扬州南）襄助毕师铎，合力攻下广陵。吕用之、张守一出走，投奔庐州刺史杨行密。不久，杨行密将二人处死。

攻下广陵的毕师铎囚禁了高骈，按照当初的承诺，秦彦率三万宣歙兵进入广陵，自任淮南节度使，以毕师铎为行军司马。

此时，杨行密以援救高骈为名，率军围攻广陵。秦彦、毕师铎为防止高骈旧部充当内应，就将高骈及其子弟甥侄全部杀死。杨行密围攻广陵半年，双方经大小战役数十场，城中粮草尽无，甚至连草根树皮也被吃净，不得不以黏土为食，军民饿死者大半。秦彦、毕师铎在无奈之下弃城而走，杨行密占据广陵，自任淮南留后。

在蔡州称帝的秦宗权见淮南动乱，早已按捺不住躁动之心。他派弟弟秦宗衡、大将孙儒率军一万余人渡过淮河，与秦彦、毕师铎的残部联合，进驻淮南。但孙儒认为秦宗权必败，就杀其弟秦宗衡自立，迫使杨行密撤出广陵，自任淮南节度使。

杨行密则出兵南渡长江，攻下池州（今安徽贵池）、宣州（今安徽宣城），被朝廷任命为宁国节度使。公元 890 年，杨行密又从宣州出兵，攻下润州（今江苏镇江）、常州及苏州。

公元 891 年，孙儒焚掠苏州、常州，进逼宣州。钱镠趁杨行密与孙儒混战之际，又夺取苏州。在钱镠武器和粮草的资助下，杨行密举兵反攻，夺取常州、润州，并攻取了淮南道的和州（今安徽和县）和滁州（今安徽滁州）。

此时的孙儒不但屡战屡败，而且军中疫病突发。天灾人祸之下，孙儒兵败被杀，杨行密乘胜攻克扬州。朝廷任命杨行密为淮南节度使。此时，原本富甲天下的江淮之地，在秦彦、毕师铎、孙儒、杨行密等人挑起的战火之下，已是赤地千里、破败萧条。

公元 893 年，杨行密攻取庐州、舒州（今安徽潜山）。公元 894 年，攻取黄州。不久，又攻取濠州（今安徽凤阳）、寿州（今安徽寿县）、蕲州（今湖北蕲春）、光州（今河南潢川）。至此，杨行密完全占据淮南之地。

而此时，割据越州的是董昌。董昌，杭州临安人，初为石镜（今浙江临安南一里）镇将，后在镇海节度使周宝的保荐下为杭州刺史，屡破浙东观察使刘汉宏的军队。

公元886年，董昌部将钱镠攻打越州，刘汉宏逃奔台州（今浙江一带），台州刺史杜雄诱捕刘汉宏，送予董昌，董昌杀刘汉宏，占据越州。朝廷任命董昌为浙东观察使，钱镠为杭州刺史。

占据浙东富饶之地的董昌，由于向朝廷求封越王而不得，于公元895年在越州称帝，自称大越罗平国，改元顺天。他的部将钱镠劝谏他说："与其闭门作天子，与九族、百姓俱陷涂炭，岂若开门作节度使，终身富贵邪。"董昌不听。

钱镠认为，此时正是兼并浙东的天赐良机。于是，他一再上表朝廷，请求出兵讨伐董昌。朝廷下诏削除董昌官爵，并任命钱镠为浙东招讨使。

公元896年，钱镠攻下越州，杀死董昌。至此，浙东的明、衢、处、婺、温、合六州，尽归钱镠。而早在公元893年，钱镠就已经出镇杭州，为镇海节度使，如今平定董昌后，朝廷又将越州的威胜军改为镇东军，钱镠成为镇海、镇东两镇节度使。

此时的荆南被成汭（ruì）率军割据。成汭（因杀人避仇改名郭禹），青州人，出身于军人家庭，由于父亲常年在外打仗，缺乏管束的他后来沦落为恣意妄为的市井无赖。

成汭少时纵酒杀人，亡命为僧，走投无路时投奔秦宗权麾下。在被调往江陵的途中，成汭又归降到荆南节度使陈儒帐下，很快就做到了牙将。陈儒被部将张瑰驱逐后，张瑰自立为荆南节度使。张瑰认为成汭生性凶悍，打算除掉他。成汭与他的几个死党逃往三峡。

此后，成汭纠集起了一千多人的队伍，袭取了归州（今湖北秭归），自称刺史。公元888年，朝廷任命成汭为荆南节度留后。不久，任荆南节度使。

公元903年，杨行密派大将李神福围攻鄂州，成汭出兵救援，未到鄂州，就听闻湖南的马殷与武陵的雷彦威合兵，袭取了江陵。成汭老巢被袭，军中士气低落，李神福率军在君山（在洞庭湖中）大败成汭军。此战中，荆南军全线溃败，成汭也投水而死。

王建闻听成汭战死，也来趁火打劫，命部将王宗本率军顺流而下，攻取夔（kuí）（今重庆奉节）、忠（今重庆忠县）、万（今重庆万州）、施（今湖北恩施）四州。至此，荆南只剩荆（今湖北江陵）、归（今湖北秭归）、峡（今湖北宜昌）三州之地。

此时天下形势：河东节度使李克用与宣武节度使朱温互相厮杀，搅动中原；凤翔节度使李茂贞、邠宁节度使王行瑜、镇国节度使韩建驻守京畿，觊觎京城；淮南节度使杨行密占据江淮地区，虎视眈眈；剑南西川节度使王建据守蜀地，伺机而动；镇海节度使钱镠占领浙东、浙西；威武节度使王潮割据福建。

面对如此形势，“体貌明粹，有英气，喜文学。以僖宗威令不振，朝廷日卑，有恢复前烈之志。尊礼大臣，梦想贤豪”的昭宗已然无力回天。三川之地均不受朝廷控制——乱起之时，皇帝已无退往兴元与成都的可能；江淮的动荡又切断了唐王朝的经济命脉。此时的大唐王朝，实际上已然瓦解，唐昭宗又能有什么起死回生之术呢？

宦官杨复恭掌控禁军、专制朝政，“素疾宦官”的昭宗命他出任凤翔监军，并将其调离京城。杨复恭愤恨之下称病致仕，但暗地里与其义子——玉山军使杨守信密谋作乱。

事败之后，杨复恭逃往兴元，联络山南西道节度使杨守亮（杨复恭堂弟杨复光义子）、武定（今陕西西乡）节度使杨守忠（杨复恭义子）、龙剑（今四川平武东南）节度使杨守贞（杨复恭义子）、绵州（今四川绵阳）刺史杨守厚（杨复恭义子），举兵反抗朝廷。

凤翔节度使李茂贞攻陷兴元，杨复恭率杨守亮等退保阆州。在李茂贞与王建的联合进军下，杨复恭、杨守亮及杨守信等人自商山逃奔河东，在乾元［今陕西柞（zhà）水］被华州巡逻兵擒获，斩于长安。

就在杨复恭逃往兴元时，李茂贞请求朝廷让自己以山南西道招讨使的名号出兵讨伐杨复恭。但朝廷不愿李茂贞兼有两镇之地，就没有批准他出兵山南。然而，李茂贞擅自出兵，在攻取兴元后又上表请求镇守兴元。

朝廷双管齐下：一方面，应李茂贞所请，任命他为山南西道节度使；另一方面，又任命宰相徐彦若为凤翔节度使。李茂贞的意思是要兼有山南西道、凤翔两镇，朝廷却削夺了他的凤翔节度使之职。

昭宗迅速剪除了拥他为帝的杨复恭，又对手握重兵的李茂贞寸步不让。但如此形势之下，这样的强硬只会加速自己的灭亡。此时的李茂贞甚至对昭宗失去了基本的尊重，不但不奉诏，还出言不逊，上表讥毁昭宗。

君臣关系由此恶化。但此时杜让能劝谏昭宗：如今李茂贞势大，朝廷无力应对，凤翔与京城长安近在咫尺，一旦讨伐失利，即便如汉景帝那般诛杀晁错向诸侯谢罪，恐怕也难以挽回败局。昭宗却道："难道让朕软弱到遭受藩镇欺凌，而默不作声的地步吗？"

昭宗执意如此，杜让能只得从命，竭尽所能帮助昭宗筹划讨伐李茂贞的前期事宜。但京城中杜让能的一举一动，都被另一名宰相崔昭纬秘密禀告给了李茂贞。

公元 893 年，昭宗命宰相杜让能总揽军事，征调禁军三万人，送凤翔节度使徐彦若赴镇。李茂贞联合邠宁节度使王行瑜，起兵六万对抗朝廷。

一方是新募的市井少年，另一方是身经百战的边兵。昭宗虽壮怀激烈、气势如虹，无奈实力悬殊。兴平会战之中，禁军可谓一触即溃。

河中节度使之争

战场的胜负、血的代价，才终于使昭宗认清了目前残酷的现实。真实而强大的压力之下，必须找到一个替罪羊来承担战败的责任。崔昭纬为了争夺权力，借机将责任完全推到杜让能的身上，义正词严地表示：“朝廷用兵征伐，并非昭宗本意，都是杜让能从中挑拨所致。”

杜让能当初提醒的“汉景帝诛杀晁错向诸侯谢罪”的戏码，果然真实地上演了。昭宗命宰相杜让能自杀，又斩杀了观军容使西门君遂和内枢密使李周潼、段诩等人，才平息了李茂贞的怒气。

朝廷任命李茂贞为凤翔节度使，兼山南西道节度使。于是李茂贞尽有凤翔、兴元、洋（武定节度）、陇秦（天雄军）等四镇十五州之地。

然而，此事也正如杜让能所说，即便杀了他，“恐怕也难以挽回败局”。乾宁三年（公元 896 年）七月，昭宗遭遇更大的败局，其导火索就是河中节度使之争。

公元 887 年，河中节度使王重荣为牙将常行儒所杀，河中镇将士拥立王重荣的哥哥——陕虢节度使王重盈为新任节度使。公元 895 年，王重盈病死，李茂贞、王行瑜与韩建等人力挺王重盈之子王珙担任河中节度使，而李克用推荐了他的女婿——王重盈的侄子王珂接任节度使。

争执之下，双方大动干戈。李克用率军攻伐王行瑜，王行瑜在败逃途中为部下所杀。李克用还军渭北，欲乘胜进讨凤翔，朝廷恐李克用势大难制，婉言劝止。李克用引兵东归。

但李克用率军返回河东后，李茂贞再无忌惮之人，骄横如故，河西州县多为他占据。乾宁三年（公元 896 年）七月，昭宗置殿后四军，选补军士数万人，以防卫京畿之地。李茂贞知道昭宗此举是针对自己，遂兵发长安。

昭宗自知不敌，于七月十七日在韩建的力邀下，逃往镇国军驻地华州。这一时期，韩建可谓“挟天子以令诸侯”，他与枢密使刘季述矫诏，发兵围十六宅诸王第，以诸王谋反为名，将延王李戒丕、通王李滋等十一王杀死。

在韩建的授意下，昭宗免去了崔胤的宰相职务。崔胤在杜让能罢相被杀之后，受崔昭纬的推荐成为大唐宰相。崔胤表面上对人宽宏大量，实则奸巧阴险，其叔父崔安潜就私下说过：“我崔家辛辛苦苦创立的基业，恐怕要毁在崔胤的手中了。”

崔胤罢相后，外放为武安节度使。但湖南不久之前才发生过兵变，武安节度使李建锋为乱军所杀，军政事务暂由武安节度留后马殷主持——此人就是十国之一的楚国的开国之君。

崔胤显然不想蹚此浑水，就向友人朱温求援。朱温以请求昭宗迁都洛阳为由，对韩建施压。韩建显然得罪不起朱温，就奏请昭宗，让仅下野两个月的崔胤再度出任宰相。

乾宁五年（公元 898 年）八月，昭宗从华州回到长安。昭宗本来就厌恶宦官，逃亡华州期间，刘季述又配合韩建杀十一王，这使得他对之更加愤恨。于是，昭宗常与宰相崔胤密谋该如何铲除宦官。但当时的另一个宰相王抟（tuán）认为，此事不能操之过急。

王抟对宦官的态度，使崔胤认为他是在针对自己，因而对其怀恨在心。此时的崔胤被外放为清海节度使，他再次求助于朱温。迫于朱温的压力，昭宗不得不再次任命崔胤回朝为相。

此时的宰相徐彦若为了不与崔胤发生正面冲突，主动提出外放为清海节度使。至此，崔胤彻底操控朝政。徐彦若在清海节度使任上去世。临终前，他上表举荐副使刘隐担任留后。刘隐很早就显露了自己过人的军事才能，十七岁时就成功地镇压过叛乱。而且他一直打着忠唐的旗号，讨伐岭南各州割据谋反的势力。

刘隐派使重金贿赂朱温，在朱温的力荐下得以被朝廷任命为清海节度使——此人就是十国之一的南汉的奠基人。

崔胤为相，设计在蓝田驿、灞桥驿内杀死王抟及担任枢密使的宦官宋道弼、景务脩等人。而自华州回到长安后的昭宗，苦闷之下常常纵酒，且喜怒无常。于是左、右神策军中尉刘季述、王仲先及左、右枢密使王彦范、薛齐偓等所谓的“四贵”时常密谋，认为：“主上轻佻多变诈，难奉事。专听任南衙（宰相），吾辈终罹其祸。不若奉太子立之，尊主上为太上皇，引岐（凤翔李茂贞）、华（华州韩建）兵为援，控制诸藩，谁能害我哉！”

主意既定，光化三年（公元 900 年）十一月，刘季述等人乘昭宗在苑中打猎之后，置酒夜宴，大醉不醒，陈兵宫中，威胁百官联名署状，将昭宗幽禁于少阳院（东宫），立太子李裕为帝。

不甘心的崔胤外恃朱温为援，内结左神策指挥使孙德昭等人为内应，于光化四年（公元 901 年）正月元旦杀刘季述、王仲先、王彦范、薛齐偓等人，迎昭宗复位。由刘季述等宦官发动的一场宫廷政变，不到两个月就宣告失败。

在有枪就是草头王的乱世之下，区区几个宦官又能成什么气候？本来就依附于皇帝，才得以飞扬跋扈的他们也不想想，就连皇帝本人此时也对天下纷争束手无策，他们就算换个皇帝又有什么用呢？

自灭秦宗权后，朱温军势更盛。公元 893 年，朱温率汴军攻破徐州，感化节度使时溥自焚而死。公元 897 年，汴军又攻取郓州（今山东东平西北）、兖州，连破天平军、泰宁军。公元 901 年，朱温攻克河中，杀王珂。

朱温灭唐

此时的朱温，已经迫使朝廷任命自己为宣武、宣义、天平、护国（河中）四镇节度使，而且佑国（镇河南洛阳）节度使张全义、昭义（镇潞州上党，今山西长治）节度使丁会、河阳（镇孟州孟县，今河南孟州）节度使孟迁从前都是朱温的部将，故而关东诸镇多属朱温。

朱温实际上已经基本具备控制朝廷的条件和能力。

然而，大唐朝廷内部依然冲突不断，且愈演愈烈。矛盾的焦点就是南衙、北司之间的争斗，也就是以崔胤为首的朝臣与宫中宦官之间势如水火的纷争——朝廷早已对外部的藩镇无能为力，所谓的党争也消失无影，朝中仅存的两派如果再不挑起点事端，又该怎么体现他们存在的价值？怎么满足他们钩心斗角的本性呢？

但此时，这样的争斗已经没有任何的价值和意义。即便宦官胜出，再换一批宰相，甚至再换一个皇帝，又能如何？即便尽如崔胤所想，难道尽诛宦官之后就能玉宇澄清了吗？

纷争还是会一如既往地上演，不过是你方唱罢我登场的游戏罢了。宰相崔胤一味推行他尽诛宦官的设想，神策军左、右中尉韩全诲、张彦弘等宦官，也在奋力抗争。宰相崔胤投靠朱温，宦官韩全诲等人则依附于李茂贞，而朱温与李茂贞又因觊觎皇位，乐得分别与他们联手。

天复元年（公元 901 年）十月，朱温从汴州发兵，迎昭宗出京。十一月，韩全诲等人将昭宗劫往凤翔。朱温率大军过华州，迫使韩建投降，兵进长安，转而攻打凤翔。李茂贞向李克用求援，李克用出兵进攻河中，连破汴军。

天复二年（公元 902 年）六月，朱温再次率军进兵凤翔城下，李茂贞屡战屡败。此时，西川节度使王建也趁火打劫，攻占了山南西道。李茂贞在困守无援之下，决定以出卖盟友的方式向朱温求和。

公元 903 年，左、右神策军中尉韩全诲、张彦弘，枢密使袁易简、周敬荣等一众宦官被杀。迫于朱温的压力，此次凤翔城内先后有七十二位宦官被捕杀。朱温又密令京兆尹，捕杀留京宦官九十人。一切妥当之后，朱温这才命侄子朱友伦率军护送昭宗回长安。昭宗回京后，朱温、崔胤又杀宦官七百余人。

这次杀戮，朱温仅留下黄衣（品秩最低的宦官）弱幼三十人，以备洒扫，其余宦官被斩杀殆尽。宰相崔胤兼管六军十二卫事务。至此，唐代宦官掌控禁军、干预朝政的局面彻底结束。

朱温大败李茂贞后，兼并关中州镇，挟制昭宗，威震朝野，意图篡位之心已经昭然若揭。此时的崔胤内心十分矛盾和纠结——借助朱温之手打击政敌可以，但要让他完全倒向朱温，助纣为虐，颠覆李唐王朝，他还没有这种想法，况且这也背离了他的初衷。

但他能怎么做呢？神策军已经解散，朱温留步骑一万人入驻神策军旧营，指挥使是他的侄子朱友伦。此时，整个京城防卫已经尽在朱温之手。崔胤能做的，只有招募新军，做垂死挣扎。于是，他奏请昭宗重建六军，每军步兵六百人、骑兵一百人，共六千六百人。

但崔胤此举显然引起了朱温的警觉和不满，他不露声色地派遣自己的亲信应召入伍，目的就是随时监控崔胤的一举一动。恰在这时，朱温的侄子朱友伦在打马球时意外坠马暴亡，前后事件联系之下，朱温很难不怀疑这是崔胤的策划，故意置自己侄子于死地。

乱世之下，形势瞬息万变，这样的嫌隙一旦产生，就再难有弥合的机会。任何风吹草动，甚至捕风捉影，立刻就会掀起惊天巨浪。而且朱温篡位，已是箭在弦上，不得不发了。现在的朱温，岂是新募的六军可以阻挡的呢？

天复四年（公元 904 年）正月，朱温一边密奏崔胤“专权乱国，离间君臣”，一边命另一个侄子朱友谅率兵包围崔胤的私邸。随后，五十一岁的崔胤为乱兵所杀，崔胤所招募的兵士也一并解散。

此时，凤翔节度使李茂贞不甘心让朱温大权独揽，便联合静难军节度使杨崇本，出兵进犯京畿之地。此举正中朱温下怀，他借口李茂贞等人侵逼京畿，强迫昭宗和百官、士民迁往洛阳。

昭宗也明白，自己此去再无归期，他哀伤地说：“朕今漂泊，不知竟落何所？”路过华州时，昭宗更是对夹道山呼万岁的百姓说：“勿呼万岁，朕不复为汝主矣！”

朱温不但强迫昭宗迁都，更是要彻底毁掉长安。他命部将张弘范督兵拆毁恢宏的宫殿、繁华的市场、规整的民宅，取建筑材料，沿渭河而下。之后又一把大火将长安焚为灰烬——曾经鼎盛繁华的都城长安，就这样在朱温的手里顷刻间化为一片废墟。

来到洛阳的昭宗，也走到了生命的尽头。天复四年（公元 904 年）八月十一日夜，朱温派蒋玄晖和史太带人闯入宫内，杀死了时年三十八岁的昭宗——也许，死亡对昭宗来说才是最大的解脱。亡国之君，总是显得那么的凄苦与悲凉。顽疾已成，亡国并不是昭宗一个人的责任，可他无疑要承受这样的悲惨结局。

昭宗被杀后，朱温立昭宗第九子辉王李祚（zuò）为帝，更名柷（chù），是为唐哀帝。而等待着年仅十三岁的李柷的，只有死亡——至于具体的日期，他自己也无权决定。

天祐二年（公元 905 年）二月，朱温让心腹蒋玄晖在九曲池设宴，招待昭宗的儿子们——德王李裕等九王饮酒。酒酣之际，他们被一一缢杀，投尸池中。六月，朱温又杀宰相裴枢、独孤损、陆扆等三十余人于白马驿（今河南滑县东）。

朱温手下的判官李振曾屡试进士而不第，因此对科举出身的官员充满了仇恨。他对朱温说：“此辈常自谓清流，宜投之黄河，使为浊流。”朱温深以为然，含笑听从。

天祐四年（公元907年）四月，唐昭宣帝李柷被迫退位，国祚二百八十九年的大唐王朝终于走到了它的终点。朱温在汴州即皇帝位，是为梁太祖，国号大梁。第二年，朱温派人鸩杀李柷，追谥其为唐哀帝。

在朱温称帝的同时，王建也在成都自称蜀帝，李克用在晋阳称晋王，李茂贞在凤翔称岐王。

自此，五代十国拉开了帷幕。

第十四章 大唐史诗

唐诗气象

“以诗证史”为史学大家陈寅恪首创，这种援诗入史、诗史互鉴的方法为史学研究开辟了新的渠道与路径。而对于大唐而言，诗歌不仅作为一种艺术形式存在，更呈现了一种人文态度、时代气象、生活方式。

“却嫌脂粉污颜色，淡扫蛾眉朝至尊。”如果张祜没有在开篇就点明“虢国夫人承主恩”，那么这种认为脂粉只会遮污自己容颜的女子，必然被认为是国色天香的美人——在拜见帝王这样的隆重场合也素面朝天的女子，该是何等自信从容！

在对一位女子作出“态浓意远淑且真，肌理细腻骨肉匀”的生动描写、工笔刻画后，杜甫又以“炙手可热势绝伦，慎莫近前丞相嗔！”进行强烈对比。如此姿态凝重、神情高远、文静自然，而又肌肤丰润、胖瘦适宜、身材匀称的女子，原来竟是这样的奢靡骄恣、盛气凌人。再加上“杨花雪落覆白苹，青鸟飞去衔红巾”一句，更是借曲江边的秀美景色，巧用北魏胡太后私通大臣杨华的故事以及青鸟传书的典故，揭露出杨国忠与虢国夫人淫乱的无耻行径。

诗人用一名雍容华贵、美貌绝伦的女子，将繁花似锦的鼎盛王朝表现得淋漓尽致。然而，盛世繁华之下，竟是如此荒淫龌龊、奢靡腐朽的行径。

我们还曾一味沉醉于李白写下的“云想衣裳花想容，春风拂槛露华浓。若非群玉山头见，会向瑶台月下逢”般的花团锦簇，又怎能知晓《还陕述怀》中，开创这盛世的一路艰辛、猎猎雄风？

慨然抚长剑，济世岂邀名。
星旂（qí）纷电举，日羽肃天行。
遍野屯万骑，临原驻五营。
登山麾武节，背水纵神兵。
在昔戎戈动，今来宇宙平。

《还陕述怀》是李世民写于平定王世充、窦建德回师关中的途中。当时年仅二十三岁的李世民是何等雄姿英发。“慨然抚长剑，济世岂邀名。”何止声名，他甚至屡次将生死置之度外！单枪匹马就冲锋陷阵的李世民，发出的是“济世”的宣言。

“在昔戎戈动，今来宇宙平。”前后呼应间，李世民以战止战，期盼天下太平的终极愿望跃然纸上。而这一切，则是通过“登山麾武节，背水纵神兵”般的艰苦卓绝的奋斗得来的。

回忆破薛举时，李世民写下了“移锋惊电起，转战长河决”“一挥氛沴（lì）静，再举鲸鲵灭”。击溃刘武周、宋金刚时，李世民又即兴写下《饮马长城窟行》，虽然“塞外悲风切，交河冰已结”，但依然“悠悠卷旆（pèi）旌，饮马出长城”。李世民不但一战功成，可谓“扬麾氛雾静，纪石功名立”，更是“荒裔一戎衣，灵台凯歌入”。这首诗的意思很明显：只要有李世民这等大唐将帅军士在，边关自会捷报频传。

如此豪情万丈的长诗，一扫《玉树后庭花》这类宫廷诗绮靡、艳丽之音。太宗皇帝大气磅礴的诗风之下，尽显初唐筚路蓝缕的峥嵘气象。这等以启山林的开拓之姿，强劲且刚猛。此时的大唐，哪里有腐朽？何处有萎靡？

就连当时的朝堂之上，也多是萧瑀（yǔ）这样忠直谨肃的大臣。李世民在《赐萧瑀》一诗中就曾高度评价他“疾风知劲草，板荡识诚臣”。因为李世民认为“勇夫安识义，智者必怀仁”，而萧瑀正好完美符合这样的要求。

从李世民的诗中，我们可以对“天可汗”的称号、对“贞观之治”有进一步的认识和理解。看着这样的开国之君，此后的子孙何止是承“贞观遗风”？他们甚至干脆就是在消耗着“贞观红利”。没有李世民的“贞观之治”，即便打下天下，唐王朝又怎么会有二百八十九年国祚？

隋炀帝杨广就是前车之鉴——当年的大隋，文臣武将灿若星辰，物资钱帛冠绝古今。看看文韬武略冠绝一时的杨素写下的《出塞》诗，就知道当时的隋朝是何等气象。

汉虏未和亲，忧国不忧身。握手河梁上，穷涯北海滨。
据鞍独怀古，慷慨感良臣。历览多旧迹，风日惨愁人。
荒塞空千里，孤城绝四邻。树寒偏易古，草衰恒不春。
交河明月夜，阴山苦雾辰。雁飞南入汉，水流西咽秦。
风霜久行役，河朔备艰辛。薄暮边声起，空飞胡骑尘。

杨素的这首五言乐府诗《出塞》不仅霸气，而且明朗，这不正是一个新的王朝蒸蒸日上的象征吗？

隋代的著名诗人薛道衡因才华横溢而受到世人追捧，其诗《昔昔盐》中的一句“空梁落燕泥”，更是被传诵一时。但也因为此，薛道衡遭到了隋炀帝杨广的嫉恨。在以“文字狱”为借口将薛道衡杀害时，杨广还不忘补上一句：“还能作‘空梁落燕泥’否？”

这样的问话，岂是一个帝王所为？也算博古通今的杨广，竟然自负到了不能让任何人盖过自己风头的地步，又怎能做到一个帝王该有的虚怀若谷？唐人周昙用一首“拒谏劳兵作祸基，穷奢极武向戎夷。兆人疲弊不堪命，天下嗷嗷新主资”来形容一意孤行的杨广——这首名为《隋门·炀帝》的诗，正好为其穷兵黩武做了注解。

而许浑也以一首《汴河亭》描绘了杨广当年乘龙舟下江南的盛况。

广陵花盛帝东游，先劈昆仑一派流。
百二禁兵辞象阙，三千宫女下龙舟。
凝云鼓震星辰动，拂浪旗开日月浮。
四海义师归有道，迷楼还似景阳楼。

如此张扬皇权、睥睨天下、好大喜功、为所欲为的隋炀帝杨广，如何能够开创持久鼎盛的王朝？最后，也只落得个“君王忍把平陈业，只博雷塘数亩田”的结局。罗隐在《炀帝陵》中，也算对杨广做了盖棺论定：“什么君王大业？死后只是薄葬在雷塘而已。”

而时时处处以隋炀帝为戒的唐太宗李世民，励精图治且从谏如流，为子孙后代打下稳固的江山社稷。

唐代诗歌之所以繁荣，正源于唐王朝的统一强盛、经济的高度发展、文化的空前繁荣。在这样的历史时期，在物质充盈和人身安全得到充分保障的生活环境下，人们会不自觉地打造自己的精神世界，基于其内心的满足和宁静，以愉悦和自豪的外在形式，尽情展示繁荣昌盛下的青春活力和雍容华贵。

此时，有李白的兴致所至、汪洋恣肆。像“弃我去者，昨日之日不可留；乱我心者，今日之日多烦忧”，既然“抽刀断水水更流，举杯消愁愁更愁”，那就干脆“人生在世不称意，明朝散发弄扁舟”。即便是面对烦忧，也是这般洒脱，这是何等快意的人生！

“五花马，千金裘，呼儿将出换美酒，与尔同销万古愁。”别以为只是李白的张狂，宋代刘望之《水调歌头·劝子一杯酒》中的“谪仙人，千金龟，换美酒”写的就是贺知章用金龟换酒招待李白的典故。

就是杜甫，也曾以“知章骑马似乘船，眼花落井水底眠。汝阳三斗始朝天，道逢曲车口流涎，恨不移封向酒泉。左相日兴费万钱，饮如长鲸吸百川，衔杯乐圣称避贤。宗之潇洒美少年，举觞白眼望青天，皎如玉树临风前。苏晋长斋绣佛前，醉中往往爱逃禅。李白一斗诗百篇，长安市上酒家眠。天子呼来不上船，自称臣是酒中仙。张旭三杯草圣传，脱帽露顶王公前，挥毫落纸如云烟。焦遂五斗方卓然，高谈雄辩惊四筵”这样的诗来刻画所谓“饮中八仙”的群像。

真实、率性、不扭捏作态，疏财、豪放、不斤斤计较。如此包容、大气，不正是盛唐的真实写照吗？酒能开胃，也能助兴，更能将本性展露无遗，被白居易盛赞为“开瓶泻樽中，玉液黄金脂”的琼浆玉液，似乎才真正配得上这盛世的豪放与繁华。

不论是白居易“绿蚁新醅酒，红泥小火炉。晚来天欲雪，能饮一杯无？”中的家宴小酌，还是李白“五陵年少金市东，银鞍白马度春风。落花踏尽游何处，笑入胡姬酒肆中”中的外出狂饮，起码都要具备“醉眠秋共被，携手日月行”的酒仙素质，更要具备“朝回日日典春衣，每日江头尽醉归”的酒仙心态。

他们以酒为媒，以诗为号，尽情宣泄着自己的人生态度，肆意释放他们的绝世才情。他们用“三杯通大道，一斗合自然”来宣告盛唐不是一个需要小心翼翼的时代——似乎只有“天子呼来不上船”，才应该是属于富庶和鼎盛时代的标签。

当然，这怎么可能是唐诗及盛唐气象的全部？作为艺术的形式，唐诗既有融合，更有创新。隋以前的诗坛，就影响力而言，在江南首推徐陵，在关中则应该是庾信。而唐代的李白和杜甫等人，都曾受到庾信诗风的深刻影响。

唐诗的文学艺术成就，在于格律诗的发明和成熟。这种讲究平仄、对仗、用典及意象表达的形式体例，以李商隐的《锦瑟》最为典型。

锦瑟无端五十弦，一弦一柱思华年。
庄生晓梦迷蝴蝶，望帝春心托杜鹃。
沧海月明珠有泪，蓝田日暖玉生烟。
此情可待成追忆，只是当时已惘然。

这首按古诗惯例，取全诗前两个字为题的七律，实际上是借瑟为隐题的“无题诗”。它被公认为李商隐最难索解的作品之一。此诗借用庄生梦蝶、杜鹃啼血、沧海珠泪、良玉生烟等典故，以比兴的手法，将联想融入意象之中，幻化听觉为视觉，最终汇入感觉，以此体味真挚浓烈而又缠绵悠远的情思心志。

李商隐要说什么？“当时已惘然”，怎么去“追忆”？但如果不需要“追忆”，又为什么会“当时已惘然”？含蓄深沉之间，将不可说说得如此声声入耳，正是李商隐，乃至唐诗情真意切、感人至深的所谓“大写意”的魅力所在。

相较于李白的天马行空，杜甫显然更加忧国忧民。公元756年，肃宗时的唐军与安史叛军会战于长安西北的陈陶，而此战唐军几乎全军覆没。此时困在长安的杜甫，悲痛欲绝地写下了《悲陈陶》。

孟冬十郡良家子，血作陈陶泽中水。
野旷天清无战声，四万义军同日死。
群胡归来血洗箭，仍唱胡歌饮都市。
都人回面向北啼，日夜更望官军至。

在这首诗中，杜甫几乎用白描的手法再现了当时的情景：寒冬腊月，十郡子弟，四万军士，同日战死。胡寇的箭上还在滴血，却已高唱狂饮在长安的集市。百姓转头朝着北方痛哭，日夜盼望着官军前来退敌安邦。

一句“野旷天清无战声”，却让人听到了穿越千年的鼓角争鸣、铁戈杀伐。没有任何渲染的“四万义军同日死”，却如此直击心灵般地让人感受到了战争和死难的震颤与沉痛。

这就是杜甫——即便在盛世之下，他也会写下“朱门酒肉臭，路有冻死骨”来揭露社会的不公。正是对底层百姓与生俱来的同情，才会让他对那些生离死别的新婚夫妇、相依为命的老年伴侣，以及无家可归的漂泊之人，有感同身受般的体贴入微。

杜甫客居夔州（今重庆奉节）时，有位寡妇常到他门前打枣。后来，草堂被亲戚借用，他们便在这里筑起了篱笆。杜甫听说后，专门写诗《又呈吴郎》一首，请他的这位亲戚不要阻拦那位妇人来打枣。

堂前扑枣任西邻，无食无儿一妇人。
不为困穷宁有此？只缘恐惧转须亲。
即防远客虽多事，便插疏篱却甚真。
已诉征求贫到骨，正思戎马泪盈巾。

没有宏大的叙事，没有唯美的铺陈，光一句“已诉征求贫到骨，正思戎马泪盈巾”就写尽了安史之乱后，百姓身处水深火热中的现状。个体的命运就这样通过一件打枣的小事，与天下兴亡紧密地联系了起来——杜诗被赞誉为诗史，原因正在于此。

论文学成就，杜甫的贡献在七律。七律是格律诗的一种，相比而言，李白和岑参更喜欢古体诗，而孟浩然和王维多作五绝或五律，王昌龄则尤其喜欢写七绝。

律诗和绝句有所区别。

绝句源于汉及魏晋南北朝歌谣，又称截句、断句、绝诗。它每首四句，每句又分为五言、七言，简称五绝或七绝，也偶有六绝。绝句对格律的要求不是太严格，但也有人把绝句归于律诗。

律诗起源于南朝，讲究声律与对仗。律诗一般每首八句，每句五言或七言，简称五律或七律。如果每首仅有六句，则称小律或三韵律诗。如果每首超过八句，则称排律或长律。

以七律为例，最重要的是平仄，分“仄起”与“平起”两式。平，相当于现代汉语的阴平和阳平；仄，是上声和去声。在一句当中，第二个字与第四个字，第四个字与第六个字，都要平仄相反。而句子之间的平仄要求叫粘对，粘即相同，对即相反。也就是一首诗中，第一句与第二句要相反，否则叫失对；第三句与第二句要相同，否则叫失粘，以此类推。

律诗要求整首诗通押一韵，限平声韵。第二、四、六、八句押韵，首句可押可不押，凡韵脚的字，平仄都是一样的。

如此要求，通篇就会错落有致，字与字、句与句都是相反之后又相同，再配合一韵到底，就会朗朗上口、悦耳动听。

这种体现文学与音乐之美的格律诗，会不会像所谓的“八股文”一样，让人怀疑它因为囿于僵化的形式，而限制思想的表达呢？让我们先来欣赏一首杜甫的七律《登高》。

风急天高猿啸哀，渚清沙白鸟飞回。
无边落木萧萧下，不尽长江滚滚来。
万里悲秋常作客，百年多病独登台。
艰难苦恨繁霜鬓，潦倒新停浊酒杯。

这首被誉为唐诗七律第一的《登高》，可谓一篇之中句句皆律，一句之中字字皆律，把格律诗的对称美做到了极致。“风急”对“天高”，

“渚清”对“沙白”。“无边落木萧萧下，不尽长江滚滚来”中，用“落木”和“长江”，加上叠字，深秋的悲凉与时间的空逝，连画面带声音扑面而来，巨大的压迫感和焦虑之情使人逃无可逃。孤独的漂泊、垂垂老去的现状，萧瑟秋风里，志向和理想就像这江水一样止不住地流逝，终于，这一切潦倒在这浊酒杯中的悲凉——个中滋味，可谓被刻画得形神兼具。

还能说形式是枷锁吗？事实上，形式正是内容的载体，思想的表达怎能离开具体的方式？甚至愈是严苛的形式，就愈能传递精准的内容。然而，形式毕竟为内容服务，在这样的主次关系下，又怎么可能存在一成不变的形式？

程式化、规范化的七律在发展的过程中，呆滞的一面由晚唐五代兴起的“长短句”，即之后宋词来代为弥补，成为另一种形式活泼的文学艺术形式。

其实，艺术形式的演进与国家管理的完善可谓同频共振，因为新阶级需要新文化，新文化在新的历史时期一定会得到新发展。于是，此后的大唐有了以韩愈、柳宗元为代表的古文运动，“推行古道，复兴儒学”的主张，就是借复古之名，行创新之实。

像韩愈的《师说》:“弟子不必不如师，师不必贤于弟子，闻道有先后，术业有专攻。”像柳宗元的《小石潭记》:“潭中鱼可百许头，皆若空游无所依；日光下澈、影布石上。”诸如此类，难道不是没有严格韵脚的白话诗？

而且白居易推出的新乐府，通俗到连不认字的百姓都能听懂。这一时期，更推出了喜闻乐见的唐传奇，即现在的小说。像作为元代戏曲《西厢记》前身的《莺莺传》，其作者就是大名鼎鼎的元稹。

初唐诗风

唐朝无疑是中国文学史上诗歌的黄金时代，而灿若星辰的大唐诗人更是将诗坛这片天空照得雪亮。清康熙时，在明人胡震亨的《唐音统签》和清人季振宜的《唐诗》基础上编成的《全唐诗》，收录了唐诗四万八千九百余首，诗人二千二百余人。

这里虽不能穷尽他们的姓名与作品，但可以选取几位代表，去领略他们的旷古才情，在时代大潮、盛衰变换之中，感受他们的家国情怀、人生悲欢。

初唐诗人王绩（公元585—644年），一生三仕三隐，这种放旷与疏野不正符合那个乱世将尽、新局未开的时代特征吗？王绩也曾壮志凌云，也曾博览群书。在历史的旋涡之下，既不能展翅高飞，何不归隐山林？

“阮籍生涯懒，嵇康意气疏。相逢一醉饱，独坐数行书。小池聊养鹤，闲田且牧猪。草生元亮径，花暗子云居。倚床看妇织，登垄课儿锄 。”王绩写下的《田家三首》（其一），不正是他心境和生活的写照吗？

初唐诗人的代表人物是王勃、杨炯、卢照邻和骆宾王，人称“初唐四杰”。其实，按年龄，生于公元634年的卢照邻最年长，其次是生于公元638年的骆宾王，生于公元650年的王勃和同样生于公元650年的杨炯。

之所以按王、杨、卢、骆这样的次序排列，既不是按年龄，也不是按诗文成就，而是按姓氏的声律。按声律学，平声字排在仄声字之前，若同为平声，则按声韵的阴阳、洪细及清浊来排定先后次序。显然，这样的排序非常有诗意，且十分契合他们的身份。

杜甫就十分推崇他们四人，曾写下“王杨卢骆当时体，轻薄为文哂未休。尔曹身与名俱灭，不废江河万古流。”意思就是即便他们四个人都死了，即便讥讽他们的人一直喋喋不休，但他们的成就依然会像长江大河一样万古长流。

天赋异禀且少年早慧的王勃出身诗书世家，王绩就是他的叔爷爷。王勃的一篇《滕王阁序》被赞为千古第一骈文。而滕王阁之所以能够名动天下，正是因为王勃的到来。此外，一首《送杜少府之任蜀州》更是脍炙人口、妇孺皆知。

城阙辅三秦，风烟望五津。
与君离别意，同是宦游人。
海内存知己，天涯若比邻。
无为在歧路，儿女共沾巾。

还有一首五绝《山中》：“长江悲已滞，万里念将归。况属高风晚，山山黄叶飞。”只用短短二十个字，就已将秋景与游子的心态融为一体，并自然地呈现了出来。

再看看杨炯的《从军行》。

烽火照西京，心中自不平。
牙璋辞凤阙，铁骑绕龙城。
雪暗凋旗画，风多杂鼓声。
宁为百夫长，胜作一书生。

还有他的《战南城》。

塞北途辽远，城南战苦辛。
幡旗如鸟翼，甲胄似鱼鳞。
冻水寒伤马，悲风愁杀人。
寸心明白日，千里暗黄尘。

杨炯不仅写出了初唐鼎定天下、廓清四方的艰难历程，更是以“宁为百夫长，胜作一书生”一句，彰显了当时尚武刚猛的历史风貌。

“初唐四杰”中，王勃溺水受惊而死，杨炯死于任上，骆宾王卷入政治旋涡。但无论如何，他们都曾受过重用，唯有卢照邻仕途不达，病苦一生，最后自投颍水而死。可能唯有在蜀中，与王勃志趣相投的那一段时光，才是卢照邻最为惬意的人生回忆吧。病痛的折磨、仕途的不顺，使他的文字愈加悲切。比如《雨雪曲》这首边塞诗。

虏骑三秋入，关云万里平。
雪似胡沙暗，冰如汉月明。
高阙银为阙，长城玉作城。
节旄（máo）零落尽，天子不知名。

冰雪将长城装扮成如银似玉般的神仙宫殿，明明已经是“万里平”了，但胜利之下，为什么又是“节旄零落”？这里无疑省略了所谓的战争场面——显然，参加战斗的军士全部牺牲在了这里，而皇帝并不知道这里所发生的一切，他看到的只是“万里平”。

悲伤的基调之下，难道不是战争的真相？卢照邻这首诗的独特之处，就是从另一个角度来揭示和反映战争的残酷。

提到骆宾王，总要从“鹅，鹅，鹅，曲项向天歌。白毛浮绿水，红掌拨清波”开始——这首诗出自七岁孩童之口，其“天才儿童”的称号实至名归。早在岑参与高适之前，骆宾王就已经用自己高亢雄浑的诗句，唱响了大唐边塞的诗篇。

平生一顾重，意气溢三军。
野日分戈影，天星合剑文。
弓弦抱汉月，马足践胡尘。
不求生入塞，唯当死报君。

骆宾王的这首《从军行》写于他被贬从军时期。“投笔怀班业，临戎想顾勋”应该是他像汉时的班超那样投笔从戎、建功立业的初衷。但身在西域的数年，对骆宾王来说却是段蹉跎岁月。“风尘催白首，岁月损红颜”的现实，不正是大唐边军制度存在严重缺陷的明证吗?

武则天当政之时，骆宾王以一首《在狱咏蝉》，写出了自己那怀才不遇、壮志难酬的心境。

西陆蝉声唱，南冠客思侵。
那堪玄鬓影，来对白头吟。
露重飞难进，风多响易沉。
无人信高洁，谁为表予心?

骆宾王含冤入狱，是因上书劝谏高宗不能政出武氏，而遭到政治清算。因此，之后参与徐敬业兵变，并不是骆宾王心血来潮，而是他一贯的政治理想和主张的体现——只有如此，才能唤起他曾经的意气风发，才能找回他所追寻的志向抱负。

也正因如此，一篇《为徐敬业讨武曌檄》才能写得辞采斐然，甚至稍有夸张的铺陈之下，有急于求成之嫌。但“班声动而北风起，剑气冲而南斗平。喑呜则山岳崩颓，叱咤则风云变色。以此制敌，何敌不摧；以此图功，何功不克”这样的表述，难道不是一个心怀天下的书生，对现实世界弊病丛生的现状，发出的悲愤宣言吗？

与“初唐四杰”同时代的上官仪生于公元608年，他的诗因“绮错婉媚，人多效之”，而被称为“上官体”。

上官仪的父亲上官弘曾为隋炀帝近臣，杨广在江都被杀时，上官弘也没躲过叛兵的杀戮。而少年上官仪却幸运地逃了出来，落发为僧，在寺院研习佛典，博览经史。

公元627年，不到二十岁的上官仪在扬州大都督府长史杨恭仁的举荐下蓄发还俗，参加科举。进士及第的他，自此开始了自己的政治生涯。

一首《入朝洛堤步月》将景物的审美与整肃的意象完美融合，正值盛世华年的上官仪，志得意满地走在上朝的路上，其展示的气韵，又如此清新而生动。

脉脉广川流，驱马历长洲。
鹊飞山月曙，蝉噪野风秋。

能够以自己的姓氏来命名诗体的，上官仪可谓大唐第一个。彼时，他的诗以素淡精细、秀朗明丽而著称于世。

然而，高宗的一句“上官仪教我”，将他推入了万劫不复之境。

黑暗的政治结束了上官仪的生命，这可能在他的意料之中。但“上官体”在他尸骨未寒之时，就遭到铺天盖地般的口诛笔伐，恐怕出乎他的意料。而痛批“上官体”为阿谀谄媚之词的，正是当年疯狂追捧“上官体”的那帮人。

政治与文学如此绑定，是时代的悲哀，还是人性的丑陋？更有意思的是，“上官体”在三十年后又短暂辉煌了一次——只不过人们争相效仿的人，由上官仪变成了他的孙女上官婉儿。

这次不会再出人意料了——随着上官婉儿被杀，“上官体”再次沦为声讨的对象，直至彻底销声匿迹。

在初唐诗人中，陈子昂也算一个特立独行的存在。生于公元661年的陈子昂出身蜀中豪族之家，虽以诗书传家，但他的几世祖都好黄老之道，乱世之下也是隐逸不仕。

所以，少时的陈子昂并没有深研儒学，反而有几分豪侠之气。直到陈子昂十八岁这年，他的父亲陈元敬的一番“推演”，才开启了他别样人生。他父亲按“赤龙之兴四百年”的理论，即从尧舜开始，每隔四百年，就是一个盛衰周期推算出，如今，四百年乱世已过，盛世即将出现，要为经世致用做准备了。

陈子昂笃信父亲的推断，自此遍览儒家经典，决定参加科考。深入钻研的他，迅速发现了当世空洞无物、浮华造作的文风弊端，转而把刚劲质朴的汉魏风骨作为自己追求的目标。

陈子昂出仕于武则天时代。面对武则天大兴崇佛工程，致使劳民伤财的现状，他写下《感遇·十九》，痛斥当时的弊政。

圣人不利己，忧济在元元。
黄屋非尧意，瑶台安可论？
吾闻西方化，清净道弥敦。
奈何穷金玉，雕刻以为尊？
云构山林尽，瑶图珠翠烦。
鬼工尚未可，人力安能存？
夸愚适增累，矜智道逾昏。

在当时武则天的高压政策下，陈子昂不畏天威、直言弊政，也可谓铁骨诤臣。但这样的陈子昂，怎么可能进入朝廷的核心圈层？在豪侠之气的驱使之下，陈子昂主动要求随军出征、征战沙场。

从军的他更加压抑和悲愤，竟然一连写出七首《蓟丘览古》。

南登碣石坂，遥望黄金台。
丘陵尽乔木，昭王安在哉？
霸图怅已矣，驱马复归来。

原因也很简单——这次出征的主帅是武攸宜。陈子昂心中，萦绕的是高筑黄金台的燕昭王，对标的是声震千古的剧辛和乐毅，但在武攸宜军中，陈子昂被贬为军曹。

前不见古人，后不见来者。
念天地之悠悠，独怆然而涕下！

当年那个出蜀入京、毁琴散诗、一鸣惊人，终成一代文宗的陈子昂，在留下《登幽州台歌》这样千古悲怆的叩问之后，准备追随他的先祖隐身林泉。

然而，在似乎太平的年代，他却不能在数十间茅屋里完成他写出《后史记》的夙愿。武三思勾结当地县令段简，将陈子昂投入狱中——陈子昂甚至都做不到像他的先祖那样避乱山林。

他父亲当初“推演”出的盛世，就是这样的景象吗？但深谙卜卦之术的陈子昂，准确地算出了自己必死狱中。年仅四十二岁的陈子昂，没有机会展示他的经世致用之学，便梦碎于盛世前夜。

“初唐四杰”之后，沈佺期和宋之问被并称为“沈宋”。生于公元656年的宋之问，一方面辞采卓然、文格高绝；另一方面又低劣卑下、趋炎附势。这种文格与人格的撕裂与扭曲，也算是让宋之问成了盛开在那个时代的一朵“奇葩”。

宋之问的家世并不显赫，但他继承了父亲“富文辞”的特点。擅

后史记

长诗文歌赋的他，在公元675年进士及第，踏入仕途。二十出头的宋之问，就“尤善五言诗，当时无能出其右者”。

公元698年，武则天率领一众大臣游历洛阳龙门。赋诗助兴时，宋之问以一首《龙门应制》的长诗技压群僚。在“河堤柳新翠，苑树花先发”的明媚时节，宋之问通过“千乘万骑銮舆出，水静山空严警跸”这样对仪仗的描写，烘托“郊外喧喧引看人，倾都南望属车尘”的场面和气氛。所有的铺陈都是为“先王定鼎山河固，宝命乘周万物新。吾皇不事瑶池乐，时雨来观农扈春”服务的。洋洋洒洒之间，一个勤勉政事、心系苍生的女皇形象跃然纸上。

“先王”与“大周”有什么关系？觍脸写出这样的诗句，也可见其人豪阔的意境——宋之问高昂的笔力之下，隐藏着多么卑劣龌龊的灵魂！而这样的朝臣，在当时多如牛毛，他们不会认为宋之问写的有什么不好，只会像东方虬那样，尴尬而窘迫地认为自己技不如人，不能将歌功颂德的文字锤炼到炉火纯青。

这样的宋之问，能够自荐力图成为女皇的面首，也就不足为奇了。“明河可望不可亲，愿得乘槎（chá）一问津”是什么意思？宋之问笔下的明河虽然美丽，却让人感到难以接近，他希望自己能乘着木筏去一探明河的奥秘——宋之问将自己向武则天“自荐枕席”的意图，以如此传神的笔触写出来，也可谓“千古第一人”。

遗憾的是，女皇因嫌他口臭而拒绝了他的“秋波”，也算对他做到了“既杀人，又诛心”。像宋之问这样的无耻之徒，心理却异常强大。女皇不纳，他便转向攀附女皇的情人，甚至不惜为张易之、张昌宗兄弟二人端捧溺器，为他们二人写诗就更不在话下了。

王子乔，爱神仙，七月七日上宾天。
白虎摇瑟凤吹笙，乘骑云气吸日精。
吸日精，长不归，遗庙今在而人非。

空望山头草，草露湿君衣。

一首《王子乔》，将张昌宗夸成传说中羽化登仙的周灵王之子王子乔。宋之问的才情，全用在了不遗余力地攀附权贵上。

神龙政变之后，偷偷潜回洛阳的宋之问以一首《渡汉江》写出了自己忐忑又充满希望的心理状态。

岭外音书绝，经冬复历春。
近乡情更怯，不敢问来人。

像游子归乡，似芳心暗许，热烈的期盼，未卜的前路，如此清新而自然的流露，能是宋之问所作？文如其人的说法，看来也不尽然。

宋之问迅速出卖了好心藏匿他的朋友张仲之，转而接连投靠了武三思、太平公主以及安乐公主。总之，宋之问终其一生所做的，就是一头扎进权力的炙手可热之处，而他的诗文就成了他的敲门砖。

英藩筑外馆，爰主出王宫。
宾至星槎落，仙来月宇空。
玳梁翻贺燕，金埒倚晴虹。
箫奏秦台里，书开鲁壁中。
短歌能驻日，艳舞欲娇风。
闻有淹留处，山阿满桂丛。

这首《宴安乐公主宅得空字》就是宋之问转投安乐公主的投名状。他这样的人，似乎总能在政坛游刃有余，可到了李隆基励精图治的时代，宋之问的政治生命终于走到了尽头——面对御赐的毒酒，一向挥洒诗文如水银泻地般的他终于汗如雨下，一度语无伦次。

“诗家射雕手”宋之问，用自己的华丽诗文，成就了自己卑劣无耻的一生。而在特殊的历史节点，蜿蜒出的如此污浊龌龊的人生轨迹，也成了那个时代最好的注脚。

与宋之问不同的是，大唐帝国在逐渐走向鼎盛的过程中，怎会没有温文儒雅、气宇轩昂的朝臣？张九龄就是其中佼佼者。

生于公元678年的张九龄，二十五岁时就高中进士。来自岭南的他，与姚崇、宋璟等人一样，在武则天时代踏入政坛，到了唐玄宗时代真正进入朝廷的权力核心。

张九龄不加粉饰、率真质朴的诗风与陈子昂颇为相像，而且对于陈子昂，作为后生晚学的张九龄一直心怀景仰，成为一改“彩丽竞繁”浮靡文风的坚定支持者。

与君尝此志，因物复知心。
遗我龙钟节，非无玳瑁簪。
幽素宜相重，雕华岂所任。
为君安首饰，怀此代兼金。

这首《答陈拾遗赠竹簪》，就是张九龄写给陈子昂的答谢诗。当他从前辈手中接过被赠予的竹簪，一句“幽素宜相重，雕华岂所任”，就用竹簪的清雅，表达了不慕浮华的态度。显然，张九龄懂得该如何传承陈子昂不事雕琢华艳的诗风。

在《湖口望庐山瀑布泉》一诗中，这种清雅简素的风格就得到了淋漓尽致的展现。

万丈红泉落，迢迢半紫氛。
奔流下杂树，洒落出重云。
日照虹霓似，天清风雨闻。

灵山多秀色，空水共氤氲。

同样是写庐山瀑布，李白笔下是“飞流直下三千尺，疑是银河落九天”的气象。而张九龄却以“万丈红泉落，迢迢半紫氛”写出了形状景色，又以“灵山多秀色，空水共氤氲”写出了意境气势。这种所谓简约的素描，同样传递了别样的壮美。

即便身处帝国全盛之时，张九龄依然选择了写诗讽谏，以防患未然。

庭树日衰飒，风霜未云已。
驾言遣忧思，乘兴求相似。
楚国兹故都，兰台有余址。
传闻襄王世，仍立巫山祀。
方此全盛时，岂无婵娟子。
色荒神女至，魂荡宫观启。
蔓草今如积，朝云为谁起。

这首《登古阳云台》就是张九龄借楚襄王的荒淫来警示：历史的教训历历在目，今日的人们不能重蹈覆辙。张九龄可谓颇具先见之明。

但在李林甫的笑里藏刀下，刚直而务实的张九龄逐渐为承平日久、志得意满的唐玄宗所不容。在被贬为荆州长史的任上，张九龄写下了《望月怀远》。

海上生明月，天涯共此时。
情人怨遥夜，竟夕起相思。
灭烛怜光满，披衣觉露滋。
不堪盈手赠，还寝梦佳期。

“海上生明月，天涯共此时。”如此唯美的佳句，将中秋之夜的景象连同意境，深深地嵌入了炎黄子孙的共同记忆和想象之中。但此时的张九龄，在壮志难酬之下，该是何等落寞与孤寂？

三年之后，公元 740 年，张九龄在大唐王朝盛极之时郁郁而终。

诗坛双子星

提到唐诗及唐代诗人，李白和杜甫无疑是泰山北斗般的存在。桀骜不驯是李白的标签，悲天悯人则专属于杜甫。但风格的迥异似乎一点也不影响他们的一见如故、惺惺相惜。

生于公元 701 年的李白比杜甫大了十一岁，他出生于中亚碎叶城［也有说为焉耆（qí）碎叶］，四五岁时便随父迁徙到剑南（今四川）定居。李白家家财虽多，但不显贵。因出身商人家庭，他连参加科举的资格也没有。

少年时的李白读书击剑、才华横溢。二十多岁的他出蜀经三峡，过荆、襄，漫游吴越，其后又来到金陵和扬州。这一时期，李白被许圉（yǔ）师招赘为孙女婿——许圉师曾在高宗朝出任过左相，家住湖北安陆。成婚时的李白，已然二十七岁。

公元 734 年，李白来到东都洛阳。但繁华如洛阳，却挡不住他的思乡之情。

谁家玉笛暗飞声，散入春风满洛城。

此夜曲中闻折柳，何人不起故园情。

漫漫长夜中，那穿越千年的声声玉笛，搅动的岂止李白一人的思乡之情？“何人不起故园情”分明说出了所有游子的心声。

公元742年，四十一岁的李白又走进了长安。此时的他，受到了唐玄宗“以七宝床赐食，御手调羹以饭之”的隆重礼遇。但一首《月下独酌》，也将他那骨子里的孤傲表露无遗。

花间一壶酒，独酌无相亲。
举杯邀明月，对影成三人。
月既不解饮，影徒随我身。
暂伴月将影，行乐须及春。
我歌月徘徊，我舞影零乱。
醒时相交欢，醉后各分散。
永结无情游，相期邈云汉。

没有呼朋唤友的豪饮，“举杯邀明月，对影成三人”的李白，独酌也是如此诗意盎然。“仰天大笑出门去，我辈岂是蓬蒿人”的他，岂是在官场蝇营狗苟之人？如果不如此张狂，只是一味将这旷世的才华，寄托在那些俗媚的歌功颂圣的诗文上，唐诗的倜傥风流何在？傲然风骨何在？

我们对李白的推崇和热爱，难道不正源于他“安能摧眉折腰事权贵，使我不得开心颜”的自由洒脱吗？

一向自比贤相伊尹的李白，怎可能没有自己的政治抱负？

翡翠为楼金作梯，谁人独宿倚门啼？
夜坐寒灯连晓月，行行泪尽楚关西。

这首《别内赴征（其三）》就是李白面对永王李璘的三次征召，决定应征后写给妻子宗氏的临别之作。当时，由于安史之乱，唐玄宗逃亡四川，太子李亨在灵武即位，江南的永王李璘决意与肃宗分庭抗礼，担起力挽狂澜的重任。

帝国时代，哪里有纯粹的军事问题？金戈铁马又怎么可能不与政治紧密相连？但李白决定要放手一搏。

显然，我们喜爱的是“白发三千丈，缘愁似个长。不知明镜里，何处得秋霜”。如此极富张力的李白，甚至连“燕山雪花大如席”这样的夸张，也让人心驰神往。

“谈笑三军却，交游七贵疏。仍留一只箭，未射鲁连书”与其说是李白的政治抱负，不如说就是他的侠客风范。“十步杀一人，千里不留行。事了拂衣去，深藏身与名”也更符合他的性格特点和行事作风。

李白与杜甫相识在公元744年的洛阳，当时的李白早已名满天下，而杜甫还默默无闻。有人形容他们两人的会面，是“太阳与月亮的相撞”——太阳自然是李白，热情奔放；而杜甫则像月亮，深沉内敛。的确，李白是诗仙，杜甫是诗圣，仙出世，圣入世。李白超然世外，杜甫在现实中跋涉。

杜甫出身豪门士族京兆杜氏，祖父杜审言也是大名鼎鼎的诗人。优越的家境，使少年的杜甫安定而富足。“七龄思即壮，开口咏凤凰”的杜甫，少年时也非常顽皮：“忆年十五心尚孩，健如黄犊走复来。庭前八月梨枣熟，一日上树能千回。”杜甫活泼的天性，也让人读来忍俊不禁。

然而，时事的动荡使杜甫的后半生陷入了颠沛流离和饥寒交迫的旋涡。青年时代的他，也曾以祖父杜审言为荣，“吾祖诗冠古”“诗是吾家事”，可见他对自己“读书破万卷，下笔如有神”的自信。从“致君尧舜上，再使风俗淳”，也可见他成就伟业的志向。

一首《望岳》，写出了他的豪气干云。

岱宗夫如何？齐鲁青未了。
造化钟神秀，阴阳割昏晓。
荡胸生层云，决眦入归鸟。
会当凌绝顶，一览众山小。

此时的杜甫，虽然初试不第，但只留下一句“忤（wǔ）下考功第，独辞京尹堂”，就去游历泰山了。在他的心中，自己一展抱负只是迟早的事，这是对自己才学的自信。同样，这也是杜甫对那个繁花似锦时代的自信。

此后，遇到李白的杜甫，更是随他遍游大江南北。公元 745 年，李白南下江南，杜甫北上长安。短暂的相逢，让这诗坛双子星，争相放出穿越千古的璀璨华光。

此时的大唐，已是李林甫一手遮天的时代。杜甫没有了往日的壮怀激烈，“衣不盖体，常寄食于人”“奔走不暇，只恐转死沟壑”已成常态。困守长安十年的杜甫，只是做了个看守武器库的小官。

回到奉先老家，杜甫看到的又是小儿子刚刚饿死的惨状。此时的大唐，岂不就是“朱门酒肉臭，路有冻死骨”？安史之乱的爆发，难道没有征兆吗？杜甫真切的个人经历，已经给出了答案。

国破山河在，城春草木深。
感时花溅泪，恨别鸟惊心。
烽火连三月，家书抵万金。
白头搔更短，浑欲不胜簪。

杜甫的《春望》写于安史叛军将他擒获，扣押于长安之际。

两京陷落，杜甫要做的是北上灵武，投奔即位的新皇帝。此时的肃宗，给了他左拾遗的官职。

“今朝汉社稷，新数中兴年。”杜甫兴奋于他终于能够为国效力了。但由于替兵败的房琯（guǎn）求情，他又被贬为华州司功参军。

这一时期的杜甫身处战乱的烽火狼烟之中，对百姓的痛苦离愁感同身受。杜甫以现实的笔触写下《新安吏》《潼关吏》《石壕吏》。“士卒何草草，筑城潼关道”——如此辛苦筑城，结果怎么样呢？还不是“哀哉桃林战，百万化为鱼”？看来，城防武器从来都不是战争胜败的决定因素。“吏呼一何怒，妇啼一何苦”这样的征兵方式，“府帖昨夜下，次选中男行”这样的兵源选择，“慎勿学哥舒”的叮嘱和期盼，又有什么用呢？

当《新婚别》《无家别》《垂老别》这些诗中的景象，成为活生生的社会现实时，杜甫也开始了他的漂泊人生。

杜甫一家从华州出发，流浪于秦州、同州一带，后翻山越岭，来到成都。在剑南节度使严武的接济下，杜甫在成都浣花溪畔建起一座草堂。虽然还要通过沿街叫卖草药来维持生计，但杜甫终于远离了战火纷飞。结束颠沛流离的杜甫，还是难得地有了一段“留连戏蝶时时舞，自在娇莺恰恰啼”的闲适时光。

好雨知时节，当春乃发生。
随风潜入夜，润物细无声。
野径云俱黑，江船火独明。
晓看红湿处，花重锦官城。

写于这一时期的《春夜喜雨》，与《茅屋为秋风所破歌》一起，交织成了杜甫的悲喜人生——草庐、花径，已是最大的满足，而“八月秋高风怒号，卷我屋上三重茅”之后，他想到的却是“安得广厦千万间，大庇天下寒士俱欢颜，风雨不动安如山”。为了自己的茅屋而哀怨吗？分明是“何时眼前突兀见此屋，吾庐独破受冻死亦足！”。杜甫的悲天悯人，显然已经超越了个人的饥寒交迫，升华为着眼天下苍生的理想与期盼。

然而，即便这样的草庐，随着严武的入京和病死，加上蜀地也开始了兵乱，杜甫也不可复得，不得不再次逃亡。“飘飘何所似？天地一沙鸥。”此时，居无定所的杜甫已垂垂老矣。

公元 770 年，年近花甲的杜甫一路漂泊，在潭州往岳阳的一条破旧老船上，写下了《风疾舟中伏枕书怀三十六韵奉呈湖南亲友》这首绝命诗后，撒手人寰。

“书信中原阔，干戈北斗深。”“战血流依旧，军声动至今。”死于干戈未平、战乱频仍之际，杜甫数经离乱的一生，难道不是由盛转衰的大唐的缩影吗？

边塞四诗人

在唐代，高适、岑参、王昌龄、王之涣被合称为“边塞四诗人”。

生于公元 704 年的高适，比岑参大十一岁，比王昌龄小六岁，比王之涣小十六岁。由军功而至封侯，且诗文成就又如此斐然者，高适算是其中的佼佼者。

高适的爷爷高侃是高宗朝的名将。二十多岁的高适也曾踌躇满志，写下“二十解书剑，西游长安城。举头望君门，屈指取公卿”的他，是何等意气风发！

但“白璧皆言赐近臣，布衣不得干明主”的现实，让他深深感到了“归来洛阳无负郭，东过梁宋非吾土”的悲凉。初试不第的高适，用“兔苑为农岁不登，雁池垂钓心长苦”这样的诗句来表明自己虽躬耕垂钓，但依然怀揣建功立业梦想的心境。

此后的高适曾游览燕赵蓟门一带，曾久居宋州十年之久，曾与李白、杜甫同游梁宋，赋诗唱和。这一时期的高适，一首《燕歌行》，在写出将士们“相看白刃血纷纷，死节从来岂顾勋”般的不求回报而血洒疆场的场景时，却又以“战士军前半死生，美人帐下犹歌舞”与之形成鲜明对比，不由让人疑惑这般厮杀的性质和意义。

千里黄云白日曛，北风吹雁雪纷纷。
莫愁前路无知己，天下谁人不识君。

六翮（hé）飘飖（yáo）私自怜，一离京洛十余年。
丈夫贫贱应未足，今日相逢无酒钱。

如果将《别董大》与《燕歌行》这两首诗放到一块儿来看，那么“莫愁前路无知己，天下谁人不识君”一句，难道是仅送给房琯的门客董庭兰的吗？相同的境遇、一样的心态，这何尝不是高适对自己的自信和期许？

公元 749 年，四十五岁的高适终于迎来了人生的转机——在张九龄的弟弟，即宋州刺史张九皋和监察御史颜真卿的举荐下，参加制举的高适一举中第。

“褐衣不得见，黄绶翻在身”的高适，以封丘尉的身份开始了自己的仕途生涯。但“拜迎长官心欲碎，鞭挞黎庶令人悲”的现实状态，又令高适异常纠结——显然，这不是他施展抱负的场所。

任封丘尉的第二年，高适奉命向蓟北运送新兵的途中，看到“边兵若刍狗，战骨成埃尘”的景象。同时，他也知道“行矣勿复言，归欤（yú）伤我神”。自己位卑言轻，说了又有什么用呢？黯然之下，高适决定弃官而走。

“我本渔樵孟诸野，一生自是悠悠者。乍可狂歌草泽中，宁堪作吏风尘下。”这也许是高适壮志未酬之下的自我解嘲。这样的文人风骨，是宋之问之流永远难以望其项背的。

来到长安的高适，受到崔颢、杜甫、岑参等人的热烈欢迎。公元752年，时任陇右节度使的哥舒翰，将他招为幕僚。“男儿功名遂，亦在老大时”，年近五十的高适，对于这样的从军机会，表现出了极大的热情。

“浅才登一命，孤剑通万里。岂不思故乡？从来感知己。”高适不仅感激哥舒翰的知遇之恩，更对建功立业满腔豪情。一次游历、一次公干——平生第三次来到边塞的高适，却要“击剑酣歌当此时”。

公元755年，安史之乱爆发，哥舒翰潼关兵败，高适上书痛陈利弊，因得玄宗赏识而入朝任谏议大夫。后高适极力反对玄宗将天下众分诸王，肃宗投桃报李，任命其为淮南节度使。一跃而为封疆大吏的高适，在年过半百之时，终于开始了一段叱咤风云的军旅生涯。

率军东征的高适，首战永王李璘，再解睢（suī）阳之围，战功卓著。公元763年，迁任剑南节度使的他，在花甲之年出征抵御吐蕃。这位以将军的身份、以诗人的笔触，书写由布衣而侯爵传奇的高适，真正做到了他所吟诵的“莫愁前路无知己，天下谁人不识君”。

同高适相比，岑参的家世更为显赫。他的曾祖父岑文本、伯祖父岑长倩及堂伯父岑羲，分别是太宗、高宗和睿宗朝的宰相——这就是岑参说的“国家六叶，吾门三相”。但同高适一样，到了他们这一代，已经家道中落了。

劝友人“功名须及早，岁月莫虚掷”的岑参，又何尝不是这样要求自己的？但怀揣梦想到长安碰壁之后，他也只能以“来亦一布衣，去亦一布衣。羞见关城吏，还从旧路归”这样的诗文来自嘲。

公元744年，岑参一举中第，被任命为“右内率府兵曹参军”。对于壮志凌云、力图重现家族荣光的岑参来说，如此官职，显然不能令他一展抱负。

三十始一命，宦情多欲阑。
自怜无旧业，不敢耻微官。
涧水吞樵路，山花醉药栏。
只缘五斗米，辜负一渔竿。

一首《初授官题高冠草堂》，也算把岑参年已三十，却还徘徊在基层的不甘展露无遗。虽然如此，岑参还是在诗中表明了自己积极入世的心态。

随后五年的蹉跎岁月，让岑参决定不能再浑浑噩噩。他要投笔从戎，在边塞建功立业。公元749年，岑参策马离开长安，目的地是六千多里外的龟兹镇（今新疆库车），他要投奔的是安西节度使高仙芝。

临走之前，岑参辞去了京城的官职——也就是说，这次远行完全是他个人的行为。一路风尘仆仆的他，晚上在驿站写下《逢入京使》。

故园东望路漫漫，双袖龙钟泪不干。
马上相逢无纸笔，凭君传语报平安。

岑参走得匆忙而决绝，没有纸笔，只好托人给长安的家人带个平安的口信。岑参为什么舍弃与家人的团聚？行至吐鲁番西南库木什的岑参，以一首《银山碛（qì）西馆》将个中缘由说了个明白。

银山碛口风似箭，铁门关西月如练。
双双愁泪沾马毛，飒飒胡沙迸人面。
丈夫三十未富贵，安能终日守笔砚。

家族昔日的荣光，使他不顾“十日过沙碛，终朝风不休。马走碎石中，四蹄皆血流”的艰辛。他要走出一条建立边功、求取功名的别样之路！

三年的边塞军旅生涯，也许是军营之中也有内斗，高仙芝的顶头上司夫蒙灵察就因争功而与高仙芝不和；也许是高仙芝一直将岑参作为文人看待——总之，岑参并没有得到建功立业的机会。

但在西域的奇风异景，边关的纵马驰骋、戈壁弓鸣、烽烟战鼓之间，胸襟开阔的岑参，诗风更加雄奇。受封常清所邀，第二次来到边关的岑参以“何幸一书生，忽闻国士知”这样的诗句，表达了自己的喜悦之情。

君不见，走马川，行雪海边，平沙莽莽黄入天。
轮台九月风夜吼，一川碎石大如斗，随风满地石乱走。
匈奴草黄马正肥，金山西见烟尘飞，汉家大将西出师。
将军金甲夜不脱，半夜军行戈相拨，风头如刀面如割。
马毛带雪汗气蒸，五花连钱旋作冰，幕中草檄砚水凝。
虏骑闻之应胆慑，料知短兵不敢接，车师西门伫献捷。

这首《走马川行奉送封大夫出师西征》，写的仅仅是封常清披挂出征吗？难道不是岑参自己内心的汹涌澎湃、气贯长虹吗？

北风卷地白草折，胡天八月即飞雪。
忽如一夜春风来，千树万树梨花开。
散入珠帘湿罗幕，狐裘不暖锦衾薄。
将军角弓不得控，都护铁衣冷难着。
瀚海阑干百丈冰，愁云惨淡万里凝。

中军置酒饮归客，胡琴琵琶与羌笛。
纷纷暮雪下辕门，风掣红旗冻不翻。
轮台东门送君去，去时雪满天山路。
山回路转不见君，雪上空留马行处。

在《白雪歌送武判官归京》中，一句“雪上空留马行处”，不就是岑参今日处境的写照吗？封常清视他为知己，但从未委他以重任。不远千里投效边疆的岑参，却是“轮台万里地，无事历三年”。

也许应该离开了。

岑参东归之时，正是安史之乱爆发之际。也许历史要给岑参的一生再加上更浓重的悲凉——他两次前往边关时的上司，都命丧唐玄宗之手；而此时的他，在凤翔任职右补阙，成为肃宗近侍。

曾经逐梦前行，两次策马出塞，历经烽火狼烟，饱尝宦海变幻的岑参，将自己那高亢雄奇的诗文，汇入泱泱盛唐。

盛唐已衰，诗文却源远流长，这似乎才是岑参追寻到的真正的荣光。

被称为“诗家夫子”的王昌龄出身南朝世族琅琊王家，但到了王昌龄这里，也是家道衰落已久。“久于贫贱，是以多知危苦之事”的他，自小就立下了济世安邦之志。“气高轻赴难，谁顾燕山铭”正是他的少年宣言。

但在长安处处碰壁之后，王昌龄策马西去，想法与岑参相似，都是怀揣建功边塞之志——他的目的地是陇右节度使驻地鄯州。盛唐的文人，骨子里似乎都有铁马冰河的梦想，大唐开国的猎猎雄风，可能早已成为他们挥之不去的灵魂底色。

公元 724 年，一路西行的王昌龄，途经武街古战场，这里十年前曾发生一场唐蕃会战。

饮马渡秋水，水寒风似刀。
平沙日未没，黯黯见临洮。
昔日长城战，咸言意气高。
黄尘足今古，白骨乱蓬蒿。

《望临洮》一诗使这场战争广为人知。“白骨乱蓬蒿”——十年过去，白骨依然乱如蓬蒿，不能入土为安，这哪里是盛世的景象？

在青海湖畔，王昌龄也用《从军行（其四）》表达了自己的慷慨豪迈。

青海长云暗雪山，孤城遥望玉门关。
黄沙百战穿金甲，不破楼兰终不还。

一口气写下七首《从军行》，可见王昌龄心中的英雄之气。诗中的将军，是如此急切地奔赴边关、杀敌立功，不正是他心情的写照吗？

秦时明月汉时关，万里长征人未还。
但使龙城飞将在，不教胡马度阴山。

真的还用讨论王昌龄这首《出塞（其一）》中的“龙城飞将”指的到底是卫青还是李广吗？他分明就是借“龙城飞将”，抒发自己的抱负。

并没有机会浴血沙场的王昌龄，终于感悟到“早知行路难，悔不理章句”。一年之后，王昌龄回到了长安，参加了科举。

公元727年，进士及第的他得到了一个闲散的官职。公元734年，在博学宏词科，王昌龄再次登第。但命运多舛的他，七年后的官职不升反降，被任命为汜（sì）水尉。但就是这样微不足道的小官，几年之后竟然也成奢望——王昌龄获罪被贬岭南。

两年后，王昌龄遇赦，任江宁县丞。

楼头广陵近，九月在南徐。
秋色明海县，寒烟生里闾。
夜帆归楚客，昨日度江书。
为问易名叟，垂纶不见鱼。

虽然没有回到长安，但到了江南的王昌龄，还是以一首《客广陵》表达了自己的喜悦之情。然而，随着李林甫当政，不懂投机钻营、不会曲意逢迎的王昌龄，再次被贬到龙标（今湖南怀化一带）。

王昌龄这样的人一再被贬，究竟是时代的耻辱，还是个人的不幸？但能与李白、高适、岑参、王维、王之涣、孟浩然这样的人结伴唱和，谁又能说王昌龄不幸呢？

这是孟浩然写给王昌龄的《送王昌龄之岭南》。

洞庭去远近，枫叶早惊秋。
岘（xiàn）首羊公爱，长沙贾谊愁。
土毛无缟（gǎo）纻（zhù），乡味有槎头。
已抱沈痼疾，更贻魑（chī）魅忧。
数年同笔砚，兹夕间衾裯（chóu）。
意气今何在，相思望斗牛。

这是李白送给王昌龄的《闻王昌龄左迁龙标遥有此寄》。

杨花落尽子规啼，闻道龙标过五溪。
我寄愁心与明月，随风直到夜郎西。

有如此友人，夫复何求！

安史之乱时，王昌龄为濠州刺史闾丘晓所杀。兵荒马乱之中，生命轻如鸿毛，贱若蝼蚁，而“一片冰心在玉壶”的王昌龄只不过是其中我们记住的一个而已。

盛唐诗人王之涣少年早慧、弱冠能文，以门荫入仕，但受人诬陷之后，也潇洒辞官，后死于文安县尉任上，终年五十五岁。

可能王之涣早年也有过与岑参和王昌龄同样的想法和行为，也曾游历过边塞，有过投笔从戎、沙场建功的凌云壮志——但同他们一样，他也壮志未酬。

《凉州词》二首，就是王之涣边塞诗的代表。

黄河远上白云间，一片孤城万仞山。
羌笛何须怨杨柳，春风不度玉门关。

单于北望拂云堆，杀马登坛祭几回。
汉家天子今神武，不肯和亲归去来。

还有这首《登鹳雀楼》更是脍炙人口。

白日依山尽，黄河入海流。
欲穷千里目，更上一层楼。

边塞四诗人用诗意的笔触，挥洒悲喜人生，让我们穿越千年，去感受遥远大唐的风云变幻。

盛世繁华

唐代的诗人，可谓“百花齐放，争奇斗艳”，被称为“诗佛”的王维又呈现着别样的风采。与李白同岁的王维，出身太原王氏的分支河东王氏，他工诗善画、精通音律，并且状元及第。

王维二十岁时便以“摩诘”为字，足见他对佛经《维摩诘经》的谙熟与喜爱。但佛缘深厚的他，一开始也是走在求取功名的世俗之路上。

十五岁就来到长安的王维，以其超高的禀赋、敏锐的文思，致使“凡诸王驸马，豪右贵势之门，无不拂席迎之，宁王、薛王待之如师友”。而王维的目的，也正是为求取功名造势。

如愿以偿进入仕途的王维，却因帮岐王排练了一场“黄狮子舞”惹恼了皇帝，玄宗以僭越为名将其贬为济州司仓参军。力图东山再起的王维，一路辗转来到嵩山。而王维之所以选择到这里，是因为玄宗来到了东都洛阳。

王维追随张九龄来到洛阳，但此时的张九龄因受“朋党论”的攻击而自顾不暇，于是他只好隐居在离洛阳不远的嵩山等待消息。此时王维之所以隐居，只是为之后的复出做准备。

清川带长薄，车马去闲闲。
流水如有意，暮禽相与还。
荒城临古渡，落日满秋山。
迢递嵩高下，归来且闭关。

《归嵩山作》是一首富含禅意、萌生归隐之意的诗作。可是他真的要“归来且闭关”吗？此时的他，其实等待的是张九龄的提拔和重用。何以见得呢？

公元 735 年，丁忧归来的张九龄将王维提携为右拾遗，再任命为监察御史。此时的王维什么心情和表现呢？王维以“所不卖公器，动为苍生谋”这样的句子，对张九龄大加赞美，又用“贱子跪自陈：可为帐下不？”这样的语言来表示自己的忠心。

但仅一年后，张九龄就被李林甫取代相位。一方面，王维以“举世无相识，终身思旧恩”来表达对张九龄的感恩之情；另一方面，他也曾对李林甫的亲信苑咸写下“仙郎有意怜同舍，丞相无私断扫门”，来赞扬李林甫刚正无私。

正是王维这样的态度，使他在公元 737 的秋天被任命为监察御史。在这期间，王维曾被派往凉州（今甘肃武威），宣慰打败吐蕃的河西军。途中，王维创作了《使至塞上》。

单车欲问边，属国过居延。
征蓬出汉塞，归雁入胡天。
大漠孤烟直，长河落日圆。
萧关逢候骑，都护在燕然。

“大漠孤烟直，长河落日圆。”王维仅用孤烟和落日的直与圆，就将边塞的雄浑和辽阔传达得如此形象而生动。寥寥数笔，这种极简的构图，不就是中国画大写意的精髓所在吗？

大概从公元 740 年起，王维便隐居于终南山的别墅。这里距长安仅百里路程，散朝归来的王维，在檀香清茶间，独享着“隐身于朝”的那份超然的自在。

空山不见人，但闻人语响。
返景入深林，复照青苔上。

在购得宋之问的蓝田辋川（今陕西蓝田西南）别业之后，王维的这首《鹿柴》已渐得“诗佛”真谛。而且，王维以他独特而富含人文艺术的审美，在这里打造了包括鹿柴、竹里馆在内的二十余处景观。

独坐幽篁（huáng）里，弹琴复长啸。
深林人不知，明月来相照。

其中，以景点名作为诗名的这首《竹里馆》，就是他远离政治旋涡、心情平静而祥和的自然流露。这就是安史之乱前的大唐。

山水，如此清幽；深林，如此静谧；明月，如此皎洁；甚至连禅理，也如此奥妙。诗佛王维的内心，不知有没有孤独到空寂，寂寞到穿越了现实。

然而，安史之乱的铁蹄和狼烟，就连这样的王维也不能置身事外。长安的大唐官员被押往洛阳，王维就在其中。

万户伤心生野烟，百僚何日更朝天。
秋槐叶落空宫里，凝碧池头奏管弦。

这首在洛阳叛军中写就的《凝碧池》，因对昔日天朝的怀念之情而打动了肃宗，王维遂得以继续在肃宗朝为官。历经生死劫难的王维，一边写下“一生几许伤心事，不向空门何处销”，一边又参悟了“曾是巢许浅，始知尧舜深”。

不入空门，怎解伤心事？但巢父、许由的隐士生活，怎有尧舜这样的兼济天下来得更有意义？王维可能正是陷于这样的两难之间而无法抉择。

被合称为“王孟”的另一位主人公，是孟浩然。生于公元689年的孟浩然，比王维大十二岁，两人联手，可谓将大唐的山水田园诗推向了高峰。

比起“大隐于朝”的王维，孟浩然可谓仕途不济——孟浩然身逢开元的全盛大唐，但终身未能入仕，这在唐代著名诗人中十分罕见。

孟浩然四十岁之前，一直在湖北襄阳的涧南园过着隐居的生活，活动范围只不过是襄阳城东南三十多里处，与涧南园相距不远的鹿门山而已。

然而，公元728年，年逾不惑的孟浩然离开了祖上留下的这片庄园——他要参加大唐的科举考试。隐居有时也是当时的文人自抬身价的一种方式，要不为什么有“终南捷径”之说？而且自唐高祖时起，诏求隐士就成了一种重要的选官方式。

可见，隐居的孟浩然也不是完全没有出仕的想法。“谁能为杨雄，一荐甘泉赋”不正是他期盼平步青云的心情的写照吗？但开篇的“弊庐隔尘喧，惟先养恬素”，又是如此“田园”。孟浩然向往隐逸，又流连仕途，这与王维的矛盾纠结也可谓异曲同工。

来到长安的孟浩然，与张九龄、王昌龄及王维等人交往甚密，甚至还受到张说的器重。一则故事说：张说私邀孟浩然到内署，面对玄宗的突然到来，只好让他暂避床下，张说不敢隐瞒，也可能就是要借机将他推荐给玄宗，就据实以告。但当玄宗要听听孟浩然的诗作时，他一句“不才明主弃”，却遭到了玄宗的厌恶，一句“卿不求仕，而朕未尝弃卿，奈何诬我？”就让孟浩然彻底断送了前程。

这就是当时的政治现状——一句无心之语、一场莫名的误会，人才就这样与朝廷失之交臂。科举不第的孟浩然，从此不再应试。

春眠不觉晓，处处闻啼鸟。
夜来风雨声，花落知多少。

回到襄阳的孟浩然，提笔写下这首妇孺皆知的《春晓》。远离长安的繁华，也褪去了他的浮躁。闲适的田园、淡雅的意趣，让孟浩然乐在其中。

八月湖水平，涵虚混太清。
气蒸云梦泽，波撼岳阳城。
欲济无舟楫，端居耻圣明。
坐观垂钓者，徒有羡鱼情。

这首《望洞庭湖赠张丞相》是孟浩然写给张九龄的投赠诗。当时的张九龄被贬为荆州长史，但他并没有忘记这位昔日文友。而后，孟浩然得以出任荆州从事，成为张九龄的幕府。但就是这样没有实职的幕僚，也因孟浩然病重而只做了不到一年时间。随后，孟浩然就又回到了襄阳。

“欲取鸣琴弹，恨无知音赏。”可能就是孟浩然在那个王朝最鼎盛之时发出的哀叹吧！

旷达不羁的贺知章，似乎更贴合盛世大唐的气韵。少时以诗文著称，后状元及第，书法尤善草隶，与张若虚、张旭、包融并称“吴中四士”。他度过了八十六年的旷达人生，被尊称为“诗狂”。

“山源夜雨度仙家，朝发东园桃李花”般洒脱的贺知章，当然尽得“落花真好些，一醉一回颠”的妙处。生于公元659年的他，比李白大了整整四十二岁，但这丝毫不影响他们的一见如故。真性情的碰撞让他们超越了年龄的阻隔，迅速成为忘年交。

一句“谪仙人”，看似是对李白的评价，其实何尝不是贺知章对自己的定义？“贬谪到凡尘的神仙”，也许是对他们两人最准确的定论。

四明有狂客，风流贺季真。
长安一相见，呼我谪仙人。
昔好杯中物，翻为松下尘。
金龟换酒处，却忆泪沾巾。

李白写给贺知章的这首《对酒忆贺监（其一）》，将贺知章的酒中性情描写得妙趣横生。为了与“谪仙人”痛饮美酒，一位八十老翁，不惜摸出亲王和三品以上朝廷大员的随身佩带之物——金龟。他要干什么？要拿这个身份地位的象征之物，去换取酒钱。老翁童趣，舍贺知章，还有何人？

“知章骑马似乘船，眼花落井水底眠。”这是杜甫笔下的贺知章。由此可见，他这样的“老顽童”形象深入人心。

公元744年，贺知章上表致仕，依他所愿，玄宗将其浙江越州旧宅，赐名为千秋观，这里成了贺知章的修道之所。回乡之后的贺知章卸下了案牍的劳形，反倒在诗文上焕发了前所未有的生机。

清新脱俗如《咏柳》。

碧玉妆成一树高，万条垂下绿丝绦。
不知细叶谁裁出，二月春风似剪刀。

平易质朴如《回乡偶书（其一）》。

少小离家老大回，乡音无改鬓毛衰。
儿童相见不相识，笑问客从何处来。

“惟有门前镜湖水，春风不改旧时波。”这可能才是那个生逢盛世、悟透人生、风流倜傥而又痴心不改的“鹤发童心”的贺知章。

少年成名，状元及第，高官显爵，身后哀荣——金龟换酒，回乡为道，诗酒书法，快意人生。贺知章的一生，显然没有辜负大唐最美好的黄金时代，也成为盛世大唐的另一个解读和注脚。

无论如何，李渊父子，尤其是李世民，开创的是浴火重生的全新王朝——新的民族，新的文明，新的制度，新的经济，一切都在孕育萌芽，一切都在成长上升。所有沉渣泛起，所有倒行逆施，都不能在这样的节点阻挡历史的车轮滚滚向前。

大唐在开元年间达到辉煌鼎盛之巅，是基于开创之功、奠基之业的历史必然。

孔圣家邹鲁，儒风蔼典坟。
龙骖（cān）回旧宅，凤德咏馀芬。
入室神如在，升堂乐似闻。
悬知一王法，今日待明君。

盛世文宗张说的《奉和圣制经邹鲁祭孔子应制》正写于玄宗封禅泰山的归途中。儒家思想难道不是支撑大唐的文脉？这样的意识形态，难道不是“王道仁政”的精神内核？

然而，李白在《嘲鲁儒》中写道：“鲁叟谈五经，白发死章句。问以经济策，茫如坠烟雾。”这样的表达也正是对儒学的反思和争鸣。能有这样的思想，能发出这样的声音，反映了那个时代的包容，体现了那个时代的气派。

辞章讽咏成千首，心行归依向一乘。
坐倚绳床闲自念，前生应是一诗僧。

白居易的《爱咏诗》也是唐代“外服儒风，内宗梵行”的诗人心态的流露。这样的心态，又岂止是诗人独有的？佛教盛行又怎能不与儒学融会贯通？

佛教如此，本来就带有儒学基因的道教就更让当时的人们趋之若鹜了——贺知章如此，而笃信佛教的王维同样对道教热情不已。

太乙近天都，连山接海隅。
白云回望合，青霭入看无。
分野中峰变，阴晴众壑殊。
欲投人处宿，隔水问樵夫。

王维的《终南山》与其说是他道家情怀的流露，不如说是他对多元文化的渴望，而这样的多元精神信仰和思想源流，出现在那个自信而包容的时代，并不足为奇。

少年负胆气，好勇复知机。
仗剑出门去，孤城逢合围。
杀人辽水上，走马渔阳归。
错落金锁甲，蒙茸貂鼠衣。
还家且行猎，弓矢速如飞。
地迥（jiǒng）鹰犬疾，草深狐兔肥。
腰间悬两绶，转眄生光辉。
顾谓今日战，何如随建威？

崔颢写下《杂曲歌辞·游侠篇》，但具有如此任侠精神的何止他一个，陈子昂、李白、卢照邻、岑参等，不都是如此吗？而且“重义尚气节”本来就是大唐的气质和性格，崇侠尚武之风，从帝国肇始就融入了大唐血脉，只不过我们从诗文中触摸到了它的脉动而已。

气象的呈现需要制度的保障，而不拘一格降人才的通道，在唐代就是科举。“延英引对碧衣郎，江砚宣毫各别床。天子下帘亲考试，宫人手里过茶汤。”这几句诗就是对殿试的描述。天子亲招，宫人奉食，目的只是“天下英雄，尽入吾彀中矣”。

昔年将去玉京游，第一仙人许状头。
今日幸为秦晋会，早教鸾凤下妆楼。

尽管科举有种种不尽如人意的地方，但卢储的这首《催妆》还是充分反映了他状元及第后的幸福愉悦。《催妆》前的他，难道没有过壮志凌云？难道没有为之付出过寒窗苦读？而这难道不是底层百姓心中的希望？他们的才情，又怎么不会在曲江之宴上被尽情地释放？

“玄冬猛寒，清晨之会，涕冻鼻中，霜凝口外，充虚解战，汤饼为最。”所谓“汤饼”，就是汤面。面、水混合之下，糅合擀压之间，各种形状的面条再配合荤素各宜的汤汁，香气四溢的汤饼就成为一道美食。但就是这碗由安乐公主亲手烹制的汤饼，却要了他父皇唐中宗李显的命。在即将进入“稻米流脂粟米白”的时代，“汤饼”也被附上了血腥的味道。

制作美食而杀人，才会如此不露痕迹，可见当时餐饮的兴盛和人们对其的乐此不疲。“粥香饧（táng）白杏花天。”李商隐告诉了我们什么是唐代的“饧粥”，此粥加入杏仁、奶酪和麦芽糖，既清香爽口，又营养丰富。

“岂无青精饭，使我颜色好。”杜甫笔下的“青精饭”又称“乌饭”，是将南烛枝叶捣碎后，取其汁液泡米。所谓“九蒸九曝”之下，“米粒紧小，黑如璧珠”，不仅营养，更能驻颜。

胡麻饼样学京都，面脆油香新出炉。
寄与饥馋杨大使，尝看得似辅兴无。

《寄胡饼与杨万州》这首诗讲的就是白居易要将亲手制作的胡饼送给友人。胡饼由西域传入，像今天的馕或烧饼，上着胡麻，内可放馅，当时的胡饼就已经是长安街头备受欢迎的西域美食。而且从“贵人御馔，尽供胡食”的描述中，也能看出唐人饮食结构的多样。

食物丰富，连带酒文化也随之兴盛。此时，诗人中著名的“酒中八仙”就演绎了别具韵味的诗酒才情。“天若不爱酒，酒星不在天。地若不爱酒，地应无酒泉。天地既爱酒，爱酒不愧天。”李白对酒如此执拗的宣言，正是他“三杯通大道，一斗合自然”般孤傲洒脱的精神体现。

生活中“柴米油盐酱醋茶”里的茶，也与诗酒并列，称作诗酒茶。茶文化在中国可谓源远流长。相传神农尝百草时，日遇七十二毒，就是以茶解之。而饮茶之风深入民间，甚而风靡大江南北的时间节点，正是唐代。

九日山僧院，东篱菊也黄。
俗人多泛酒，谁解助茶香。

僧人皎然，据说是南朝谢灵运的十世孙，他的这首《九日与陆处士羽饮茶》中提到的陆羽，就因一部光耀千古的《茶经》而被尊称为“茶圣”。也正是这部《茶经》的问世，才将中国的茶文化带入了一个有理论和体系支撑的新纪元。

生于开元年间的陆羽幼时被遗弃后，幸得龙盖寺住持智积禅师收养。但少年陆羽既无心皈依佛门，也无意科举求仕，反而对茶倾注了全部热情。

千峰待逋（bū）客，香茗复丛生。
采摘知深处，烟霞羡独行。
幽期山寺远，野饭石泉清。
寂寂燃灯夜，相思一磬声。

皇甫曾的这首《送陆鸿渐山人采茶回》描写的就是陆羽孤独穿行于烟霞升腾的高山深谷间，负筐采茶的景象。

三卷十类七千余字的《茶经》，第一次对茶叶制作的历史、源流、现状、技术及冲泡的茶道原理，进行了系统阐述。从茶叶的产地、土壤、气候等生长环境，讲到茶叶的制作过程；从煮茶、饮茶的器具及对水质的要求，完整地讲述了煮茶的技艺。

陆羽“天育万物皆有至妙”的思想，岂不就是“禅茶一味”的精髓所在？

丰富而精致的珍馐美味，一壶浊酒浓烈醇香，一杯清茶涩甜绵长。盛世王朝的人间烟火，被以唐诗的形式，永存于历史长河。

繁华落尽

韩愈和柳宗元作为唐宋八大家中生活在唐代的两位，可谓提倡古文运动及诗歌改革的先驱。

生于公元768年的韩愈，比柳宗元大五岁。父母早亡、由兄嫂抚养长大的韩愈，少年时就“口不绝吟于六艺之文，手不停披于百家之编”。不仅早慧而且刻苦的他，时刻提醒自己“勿忘身之不肖兮，谓青紫之可拾”，立志到长安求取功名。

然而，“四举于礼部乃一得，三选于吏部卒无成”的韩愈，科举之路也是曲折坎坷。“尽能通《六经》、百家学”的他，为什么会屡试不第呢？这与他的文风不无关系。在骈文盛行的中唐，韩愈却坚持那份古朴淡雅的简洁，自然与时代格格不入。

《杂说·世有伯乐》中那句“千里马常有，而伯乐不常有”，就是他对自己现状的愤慨。但蹉跎十一年的韩愈，即便入仕为官，也绝不随波逐流。公元792年，进士及第的韩愈，在监察御史任上，因直言上谏“群臣之所未言，陛下之所未知者”而得罪京兆尹李实，被贬为阳山（今广东清远）县令。

仍不改其志的韩愈，几经沉浮之下，因随裴度平藩有功，被宪宗任命为刑部侍郎。但仅两年后，他又因以《论佛骨表》一文极力劝谏宪宗辟佛而被贬为潮州刺史。

“一封朝奏九重天，夕贬潮阳路八千。”韩愈的仕途可谓跌宕起伏。然而，正是这样的坚守，才让他独树一帜，一扫中唐浮华藻丽的文风，享有“文起八代之衰”的美誉，成为一代文宗。

草树知春不久归，百般红紫斗芳菲。
杨花榆荚无才思，惟解漫天作雪飞。

韩愈的《晚春》自然而清新，“文以明道”的思想使他终成古文运动的重要推手。“文起八代之衰，而道济天下之溺；忠犯人主之怒，而勇夺三军之帅。”苏东坡对韩愈的评价可谓全面而准确。

出身于河东柳氏的柳宗元，二十一岁就进士及第。顺宗即位，柳宗元受王伾、王叔文推荐，任礼部员外郎。二王“永贞革新”失败后，柳宗元也在公元 805 年被贬为永州（今湖南永州）司马。

“澹然离言说，悟悦心自足。”受母亲卢氏影响，自幼笃信佛教的柳宗元在历经宦海之后，开始在青灯古佛中审视这“真源了无取，妄迹世所逐”的空寂与纷扰。

千山鸟飞绝，万径人踪灭。
孤舟蓑笠翁，独钓寒江雪。

《江雪》中，空旷的四野人畜皆无，孤舟之中，蓑笠老翁，他在钓鱼吗？他钓的分明是江雪。孤独而坚守，卓立而超然，这不就是柳宗元的现状和心境吗？

但柳宗元显然没有哀怨沉沦，他的旷达使他与永州山水相融。这一期间写就的《永州八记》，正是源于他对这片土地和百姓的深情和热爱。

《至小丘西小石潭记》，更是将一个普通到随处可见的小潭，写得清幽灵动、妙趣横生。没有融入自然之意，怎能发现自然之美？柳宗元的传世之作，正得益于他谪居永州十年的人生经历。

十一年前南渡客，四千里外北归人。
诏书许逐阳和至，驿路开花处处新。

公元 815 年，奉诏回朝的柳宗元再遭贬黜，原因只是宪宗仍对他们这些“永贞革新”的骨干心存戒备，且耿耿于怀。

任柳州刺史的柳宗元为政一方，勤政为民。四年后，柳宗元病死任上，走完了他四十七年的人生旅程。

生于公元 772 年的刘禹锡，自称中山靖王刘胜之后。公元 793 年，“清白家传远，诗书志所敦”的他与柳宗元同榜进士及第。

与柳宗元关系甚笃、命运相同的刘禹锡，在“永贞革新”失败之后被贬连州，再贬朗州。

自古逢秋悲寂寥，我言秋日胜春朝。
晴空一鹤排云上，便引诗情到碧霄。

一首《秋词（其一）》，刘禹锡将“寂寥”的困厄转化为“碧霄”的高阔。虽在“秋日”，“春朝”的气象却奔涌而出。显然，意志消沉与此时的刘禹锡无关。

公元 815 年，他与柳宗元一起奉诏回京，但因一首诗再次遭贬。

紫陌红尘拂面来，无人不道看花回。
玄都观里桃千树，尽是刘郎去后栽。

这首《玄都观桃花》是什么意思？如此人人称道的娇艳桃花，为什么十年前却没有？十年前是什么日子？“永贞革新”失败之日，“二王八司马事件”发生之时。难道刘禹锡不是借桃花，讽刺如今这些新贵？一首小诗，成为昔日王叔文一党死灰复燃的铁证。

宪宗将刘禹锡贬到播州，在裴度与柳宗元等人的苦谏下，才勉强改到连州。在穆宗时代，刘禹锡依然没能得到起用，辗转于夔州与和州。

朱雀桥边野草花，乌衣巷口夕阳斜。
旧时王谢堂前燕，飞入寻常百姓家。

随着裴度再次为相，刘禹锡在回京途中写下的《乌衣巷》表现了时空变幻之下，物是人非的巨大反差。刘禹锡似乎特别钟情于这样的写法。

百亩庭中半是苔，桃花净尽菜花开。
种桃道士归何处，前度刘郎今又来。

或是执拗，或确是有感而发。回到京城的刘禹锡写下《再游玄都观》。昔日的桃花已被菜花取代，且荒芜了一半——而写下这首诗的他，不出意料地再次被贬。

玄都观两次“桃花之劫”，“前度刘郎”刘禹锡以他的诗文，让人们看到了桃花无论盛开还是净尽，他都罪责难逃。

同样的桃花，诗人无论描写繁盛还是凋零，都能被一个王朝认定为对其深深讥讽的话，这个王朝也将“繁花落尽”了。

生长太平日，不知太平欢。

今还洛阳中，感此方苦酸。
饮药本攻病，毒肠翻自残。
王师涉河洛，玉石俱不完。
时节屡迁斥，山河长郁盘。
萧条孤烟绝，日入空城寒。
蹇（jiǎn）劣乏高步，缉遗守微官。
西怀咸阳道，踯躅心不安。

一首《广德中洛阳作》，韦应物也算道出了与盛唐的依依惜别之情。

生于公元772年的白居易可谓神童的代表人物。据说六七个月大时，白居易就能分清“之”“无”。“略识之无”这个原本形容早慧的成语，就出自白居易。

离离原上草，一岁一枯荣。
野火烧不尽，春风吹又生。
远芳侵古道，晴翠接荒城。
又送王孙去，萋萋满别情。

白居易十六岁写就的这首《赋得古原草送别》，得到了顾况的高度认可。公元800年，二十九岁的白居易高中第四名进士。“慈恩塔下题名处，十七人中最少年”，此时的白居易可谓春风得意。

出仕后的白居易来到马嵬坡，写下了著名的《长恨歌》，后又写下《卖炭翁》。如此针砭时弊又心系百姓的他，怎能得到当时朝廷的青睐？

草草辞家忧后事，迟迟去国问前途。
望秦岭上回头立，无限秋风吹白须。

被贬为江州司马的白居易，写下了这首《初贬官过望秦岭》。这无限的秋风，一如萧瑟苍凉的帝国。一首《琵琶行》，诠释的正是江河日下、日薄西山的大唐王朝。

与白居易合称“元白”的元稹为北魏宗室鲜卑拓跋部后裔，生于公元779年。比白居易小七岁的他，在公元802年与白居易同应吏部的考试，同时登科。二人相见恨晚，遂义结金兰，关系笃厚。

曾经沧海难为水，除却巫山不是云。
取次花丛懒回顾，半缘修道半缘君。

即便不熟悉元稹的人，多半也听过《离思（其四）》。尤其是前两句，几乎被当作成语使用。的确，元稹终其一生，也没能离开一个“情”字。

在妻子韦丛病逝后，悲痛欲绝的元稹一口气写下五首《离思》、三首《遣悲怀》，可谓声声涕泪、句句泣血。

然而，此时的元稹不仅前有《西厢记》原型——自己的表妹崔莺莺，还有“薛涛笺”的发明者——风华绝代的女诗人薛涛。

崔莺莺早被他写进《莺莺传》，而且是以张生的口吻，将自己的始乱终弃说得正当而合理。

而与薛涛，则是他到成都公干时一见钟情的。

桃花浅深处，似匀深浅妆。
春风助肠断，吹落白衣裳。

如果说元稹的这首《桃花》，还是在对一袭白衣、才貌双绝的薛涛心生爱慕之后，小心翼翼地示爱，那薛涛的回应就可谓大胆而炽热了。

绿英满香砌，两两鸳鸯小。
但娱春日长，不管秋风早。

薛涛不仅写下了这首《鸳鸯草》来回应元稹，而且她所有的情诗都是为元稹而写——“仪形美丈夫”的元稹显然深深地吸引着这位官妓出身、“姿容既丽，才调尤佳”的才女。

成都的艳遇，相差十岁的两人，在诗文的唱和中心意相通、缠绵悱恻。但数月之后，元稹也走得一如既往地决绝。多情而美丽的薛涛，以其特有的细腻和柔情，将思念融入了蜀纸之中。她独具慧心地将其染成桃红色，又深情地裁成窄笺——似乎只有这样，才配得上她写下的思念。

尽管后世都以“薛涛笺”命名这种特殊制作的纸张，尽管这位大唐才女深情如故，但元稹无疑辜负了她的痴情守望。此后的元稹，续娶了名门之女裴氏。

而后，元稹又掳获了江南才女刘采春的芳心。无独有偶，能诗善唱、红极一时的刘采春，也被元稹始乱终弃。

有着“诗鬼”之称的李贺，曾勤奋到“要呕出心乃已耳”的程度。

黑云压城城欲摧，甲光向日金鳞开。
角声满天秋色里，塞上燕脂凝夜紫。
半卷红旗临易水，霜重鼓寒声不起。
报君黄金台上意，提携玉龙为君死。

李贺的这首呕心沥血之作——《雁门太守行》，就是他进入京师文化圈的敲门砖。由于受到当时文坛泰斗韩愈的器重和推荐，李贺在长安声名鹊起。

小小年纪就有如此声名，嫉妒之人自然要百般阻止他参加科举。加上身体每况愈下，李贺不得不走上了与病魔抗争、与心灵对话的孤独且空寂的诗歌之路。

幽兰露，如啼眼。
无物结同心，烟花不堪剪。
草如茵，松如盖。
风为裳，水为珮。
油壁车，夕相待。
冷翠烛，劳光彩。
西陵下，风吹雨。

这首《苏小小墓》，是在追念英年早逝、姿容秀丽，而又文采出众的苏小小吗？年仅二十七岁就匆匆离世的李贺，难道不是在借此诉说自己的精神世界？

而早年为僧的贾岛，则在韩愈的鼓励下，重返红尘。

十年磨一剑，霜刃未曾试。
今日把示君，谁有不平事。

贾岛的《剑客》，显然流露了他入世报国之志，但他在《病蝉》中，还是用“病蝉飞不得，向我掌中行。拆翼犹能薄，酸吟尚极清”

这样的讥讽诗句，将主考和应考之人一网打尽。

在吟成“僧推（敲）月下门”一句时，因究竟用“推”还是“敲”，贾岛陷入了深思。正在做着极致思考的他，信马由缰之下，冲撞了时任京兆尹的韩愈的仪仗。韩愈建议贾岛用“敲”，因为富有声音元素的“敲”字更能给予静寂的深山古刹以空灵的意境。

如此执着“推敲”的贾岛，无疑与当时那个藩镇、宦官、朋党纠缠纷扰的时局格格不入。

松下问童子，言师采药去。
只在此山中，云深不知处。

《寻隐者不遇》也许才是贾岛悟透的人生。寻找什么人？隐者。结果呢？不遇。本来就是寻求心灵的隐逸，明明知道结果就在那里，却还是没找到。

孟郊的人生，似乎在科举中第之时便达到顶峰。

昔日龌龊不足夸，今朝放荡思无涯。
春风得意马蹄疾，一日看尽长安花。

这首《登科后》可谓妇孺皆知，但孟郊幼年丧父、中年丧妻、晚年丧子、屡试不第的苦难，才是他写下此诗的核心原因。

慈母手中线，游子身上衣。
临行密密缝，意恐迟迟归。
谁言寸草心，报得三春晖。

先不说他登第后的孟浪，单看他在出仕之后，将老母接到任上时写下的《游子吟》，就能明白出身寒苦的孟郊——唯有如此，他才能报答母亲的含辛茹苦。而且四十六岁才登科出仕的孟郊，怎会不明白自己其实也没有多少侍奉老母的时间了。

如果说孟郊像一位诗坛苦行僧，为了生活、为了功名、为了老母妻儿苦苦跋涉，以微名薄禄，承担人生职责和使命，那李商隐就有着近乎辉煌的人生开局。

生于公元813年的李商隐，少年早慧，十六岁就“以古文出入诸公间”。公元837年，二十四岁的他就高中进士。“牛党”令狐楚亲授他以今体章奏之学，聘其入幕。李商隐曾饱含热情地写下“自蒙半夜传衣后，不羡王祥得佩刀”，以感念令狐楚的知遇之恩。而“李党”泾原节度使王茂元，更是将女儿许配给了他。

尝闻宓妃袜，渡水欲生尘。
好借常娥著，清秋踏月轮。

在写于新婚燕尔时的《袜》中，李商隐将妻子王氏比作仙姿绰约、凌波微步的洛神，可见他对这桩婚姻的满意及对王氏的喜爱。

当时牛李两党势同水火，一边是恩师，一边是岳父，李商隐该如何选择？遭到牛党迁怒的他一再被打压，而一旦李党抬头，他又因与牛党千丝万缕的联系而得不到重用。

昨夜星辰昨夜风，画楼西畔桂堂东。
身无彩凤双飞翼，心有灵犀一点通。
隔座送钩春酒暖，分曹射覆蜡灯红。
嗟余听鼓应官去，走马兰台类转蓬。

李商隐的《无题（其一）》写于辞官之后，此时的他正辗转寻求自己的立身之地。

君问归期未有期，巴山夜雨涨秋池。
何当共剪西窗烛，却话巴山夜雨时。

《夜雨寄北》就是李商隐仕途困顿、求告无门时的酸楚之作。此时的大唐，哪里还有李商隐“凌云之志”的舞台？只空余“一生襟抱未曾开”的遗恨。

相比李商隐前后两段截然不同的人生，杜牧虽受党争牵连，但并没有如此坎坷。

烟笼寒水月笼沙，夜泊秦淮近酒家。
商女不知亡国恨，隔江犹唱后庭花。

生于公元803年、出身世家望族的杜牧，其祖父杜佑历任德宗、顺宗、宪宗三朝宰相。只是因为其父杜从郁英年早逝，杜牧家才开始家道中落。身处晚唐，杜牧写下了大量充满忧患意识的诗篇，企图警醒这个腐朽没落的时代。而这首《泊秦淮》，就是对大唐王朝最后的疯狂的体现。

用《阿房宫赋》借古喻今，难道就能挽救病入膏肓的王朝？虽也曾献计平虏，虽也曾直陈藩镇之患，虽也曾革除地方弊政——但时势如此，杜牧只有借《杜秋娘》，抒发心中忧郁。

折戟沉沙铁未销，自将磨洗认前朝。
东风不与周郎便，铜雀春深锁二乔。

杜牧在《赤壁》中似乎预感到了朝代的更替，自负有“王佐”之才的他也明白，他这一生，也许等不来周瑜那样的“东风”了。

落魄江南载酒行，楚腰肠断（一作，纤细）掌中轻。
十年一觉扬州梦，赢得青楼薄幸名。

《遣怀》的格调用在对末世王朝的总结上，可谓恰如其分。看来，一切都来不及了——二百八十九年的大唐梦，辜负了太多人；而黄巢的“菊花”，已然成了黄金铠甲。

待到秋来九月八，我花开后百花杀。
冲天香阵透长安，满城尽带黄金甲。

黄巢的《不第后赋菊》是其落第后所写：不让我榜上有名，我就要脚下辟路，用黄金之甲来涤荡这污浊的世界，让“菊花”的芬芳香透整个天下！